GRUNDRISSE DES RECHTS

Lüke · Zivilprozessrecht

Zivilprozessrecht

Erkenntnisverfahren
Zwangsvollstreckung
Europäisches Zivilverfahrensrecht

Begründet von
Dr. Peter Arens †
weiland o. Professor an der
Universität Freiburg i. Br.

seit der 5. Auflage fortgeführt von
Dr. Wolfgang Lüke, LL.M. (Chicago)
o. Professor an der
Technischen Universität Dresden
Richter am Oberlandesgericht Dresden a. D.

10., neu bearbeitete Auflage

Verlag C. H. Beck München 2011

Verlag C. H. Beck im Internet:
beck.de

ISBN 978 3 406 61571 9

© 2011 Verlag C. H. Beck oHG
Wilhelmstraße 9, 80801 München
Druck: Nomos Verlagsgesellschaft
In den Lissen 12, 76547 Sinzheim

Satz: Druckerei C. H. Beck Nördlingen

Gedruckt auf säurefreiem, alterungsbeständigem Papier
(hergestellt aus chlorfrei gebleichtem Zellstoff)

Vorwort

Für die Neuauflage wurde das Buch insgesamt überarbeitet. Der über die verschiedenen Auflagen ständig zunehmende Umfang des Buches erforderte eine – wenn auch moderate – Kürzung. Der Verfasser hat sich dabei bemüht, diese möglichst nicht auf Kosten des Inhalts vorzunehmen. So wurde das Paragrafenregister insgesamt gestrichen und der Umfang der vorangestellten Literatur deutlich vermindert. Grundlegende Aufsätze, wenn auch älteren Datums, sind aber im Text verblieben. Dies geschieht aus der Überzeugung des Verfassers, dass die Strukturen des Zivilprozessrechts und die zu einem Problembereich vertretenen Ansichten ohne Lektüre dieser Beiträge nur schwer zu verstehen sind. Literatur, die vorrangig aktuelle Probleme aufgreift, wurde bei eingebüßter Aktualität gestrichen, es sei denn sie betrifft grundsätzliche Fragen.

Das europäische Zivilverfahrensrecht wurde nun auch formal zu einem eigenständigen dritten Teil und musste angesichts der hinzugekommenen Verordnungen Nr. 1896/2006 (EG) zur Einführung eines Europäischen Mahnverfahrens (ABl. EU 2006 Nr. L 399, 1) und Nr. 861/2007 (EG) zur Einführung eines europäischen Verfahrens für geringfügige Forderungen (ABl. EU 2007 Nr. L 199, 1) erweitert werden. Es ist abzusehen, dass im Zuge der erweiterten Kompetenzen der EU nach dem Lissabon-Vertrag weitere europäische Regelungen dazu kommen werden. Als europäisches Recht spielt das „EU-Prozessrecht" eine zunehmend große Rolle, die sich auch in einem Lehrbuch widerspiegeln muss. So wird sogar schon von dem „Zivilprozessrecht als Motor der europäischen Integration" (*Coester-Waltjen*, Jura 2006, 914, 915) gesprochen.

Der Band gibt den Stand der Gesetzgebung vom Juli 2011 wieder. Entsprechendes gilt für Rechtsprechung und Literatur. Neben den bereits angesprochenen europäischen Verordnungen wurden das *Zweite Justizmodernisierungsgesetz* (vom 22. 12. 2006, BGBl. I, 3416) und die Änderungen im Vollstreckungsrecht, die neuen Regelungen über Internetversteigerungen (*Gesetz über die Internetversteigerung bei Zwangsvollstreckung und zur Änderung anderer Gesetze* vom 30. 7. 2009, BGBl. I, 2474) sowie des Kontopfändungsschutzes (*Gesetz zur Reform des Kontopfändungs-*

schutzes vom 7. 7. 2009, BGBl. I, 1707) berücksichtigt. Dasselbe gilt auch für das *Gesetz zur Reform der Sachaufklärung in der Zwangsvollstreckung* (vom 29. 7. 2009, BGBl. I, 2258), wenn auch dessen größter Teil erst im Jahre 2013 in Kraft tritt. Weiterhin waren die Bestimmungen des FamFG (*Gesetz über das Verfahren in Familiensachen und in den Angelegenheiten der freiwilligen Gerichtsbarkeit* vom 17. 12. 2008, BGBl. I, 2586) einzuarbeiten. Auf geplante Gesetzgebungsvorhaben – etwa im Bereich des Gerichtsvollzieherwesens und des Pfändungsschutzes – wird an den entsprechenden Stellen hingewiesen.

Das Zivilverfahrensrecht ist – wie die vorgenannten Gesetzeszitate zeigen – im Blickfeld der Politik. Ob dies ihm stets nutzt, muss bezweifelt werden. Zu häufig sind es fiskalische Anforderungen, die Grund für die Veränderungen sind. Dieses in der Sache ohnehin nur schwer verständliche Motiv, beruht es doch auf insoweit verfehlten Prioritäten im Bereich der staatlichen Haushalte von Bund und Ländern, schafft häufig schlechtes Recht. Immerhin besteht gleichwohl Hoffnung, sind doch auch dann noch Korrekturen möglich, wie das *Gesetz zur Änderung des § 522 der ZPO* zeigt, das während der Drucklegung verabschiedet wurde.

Der Verfasser ist seinem Mitarbeiter, *Herrn Ass. iur. Alexander Scherz*, für die vielfältige Hilfe bei der Erstellung des Manuskripts zu besonderem Dank verpflichtet. Weiter dankt er seinen ehemaligen studentischen Hilfskräften, den *Herren Markus Kohlmann* und *Gottfried Stute* für ihre Unterstützung sowie *Frau Ass. iur. Nicole Ginder* für die völlig reibungslose Lektorierung.

Dresden, im Juli 2011 *Wolfgang Lüke*

Aus dem Vorwort zur 5. Auflage

Im Februar 1991 verstarb ganz plötzlich *Professor Dr. Dr. h. c. Peter Arens*. Er konnte daher die Neuauflage des von ihm begründeten Lehrbuches leider nicht mehr bearbeiten. Das Angebot des Verlages, diese Aufgabe zu übernehmen, habe ich gerne angenommen. Als Schüler von *Peter Arens* habe ich mich bemüht, das Lehrbuch in seinem Sinne fortzuführen.

Freiburg, im September 1991 *Wolfgang Lüke*

Aus dem Vorwort zur 1. Auflage

Das Buch enthält die Grundzüge des Erkenntnisverfahrens und des Zwangsvollstreckungsrechts. Es berücksichtigt damit hauptsächlich die Bedürfnisse der Studenten, weil die Prüfungsordnungen Grundkenntnisse in beiden Rechtsgebieten vorsehen. Deshalb mußte auf die Darstellung mancher Einzelheit verzichtet werden. In jedem Fall ist versucht worden, das Verständnis für das prozessuale Denken zu wecken, wobei auf die Auswirkungen der letzten Reformen, vor allem der Vereinfachungsnovelle, besonderes Gewicht gelegt wurde.

Freiburg, im Juli 1978 *Peter Arens*

Inhaltsverzeichnis

	Seite
Abkürzungsverzeichnis	XXI
Literaturverzeichnis	XXIX

1. Teil. Erkenntnisverfahren

		Seite
1. Kapitel. Grundlagen		1
§ 1.	Begriff und Aufgaben des Zivilprozesses	1
§ 2.	Die Prozessmaximen	5
	I. Die Dispositionsmaxime	6
	II. Die Verhandlungsmaxime	11
	III. Der Grundsatz der Mündlichkeit	21
	IV. Der Grundsatz der Unmittelbarkeit	26
	V. Der Grundsatz der Öffentlichkeit des Verfahrens	29
	VI. Rechtliches Gehör und andere Verfahrensgrundrechte	30
§ 3.	Überblick über den Gang des Verfahrens	43
2. Kapitel. Die Zivilgerichtsverfassung		52
§ 4.	Begriff und Grenzen der Zivilgerichtsbarkeit	52
	I. Die Gerichtsbarkeit	52
	II. Die Grenze der Zivilgerichtsbarkeit, der sog. Rechtsweg	54
	III. Die räumlichen und die persönlichen Grenzen der Zivilgerichtsbarkeit	62
§ 5.	Die Organe der Zivilrechtspflege	63
	A. Die Gerichte	63
	I. Die Spruchkörper	63
	II. Die Arbeitsweise der Kollegialgerichte	64
	III. Das Minderheitsvotum des überstimmten Richters	65
	IV. Der (originäre und obligatorische) Einzelrichter, der beauftragte und der ersuchte Richter	65
	B. Die Gerichtspersonen	69
	I. Der Richter	69
	II. Der Urkundsbeamte der Geschäftsstelle	77
	III. Der Rechtspfleger	78
	IV. Der Rechtsanwalt	81
§ 6.	Die Zuständigkeitsordnung	85
	I. Die Zuständigkeit im Allgemeinen	85
	II. Die internationale Zuständigkeit	87
	III. Die sachliche Zuständigkeit	89
	IV. Die örtliche Zuständigkeit, der Gerichtsstand	90
	V. Die Gerichtsstandsvereinbarung (Prorogation)	94

	Seite
VI. Die Prüfung der Zuständigkeit im Prozess und die Folgen der Unzuständigkeit	96
VII. Die Geschäftsverteilung und das Recht auf den gesetzlichen Richter	99

3. Kapitel. Die Parteilehre 102
§ 7. Der Parteibegriff 102
    I. Der formelle Parteibegriff 102
    II. Die Prozessführungsbefugnis 103
    III. Wie wird man im einzelnen Prozess Partei? 107
    IV. Das Zwei-Parteien-System 107
§ 8. Die Parteiänderung 108
    I. Die gesetzliche Parteiänderung 108
    II. Die gewillkürte Parteiänderung 109
§ 9. Parteifähigkeit und Prozessfähigkeit 113
    I. Die Parteifähigkeit 114
    II. Die Prozessfähigkeit 117
    III. Die prozessuale Behandlung und das Fehlen von Partei- und Prozessfähigkeit 118
§ 10. Die Postulationsfähigkeit und die Stellvertretung im Prozess 120
    I. Die Postulationsfähigkeit 120
    II. Die Notwendigkeit und Zulässigkeit der Vertretung 121
    III. Die Voraussetzungen und Wirkungen der Vertretung 122
    IV. Der Umfang der Vollmacht 123
    V. Das Erlöschen der Vollmacht 123
    VI. Die Behandlung der Vollmacht im Prozess 124

4. Kapitel. Die Klage 126
§ 11. Die Arten der Klage 126
    I. Die Leistungsklage 126
    II. Die Feststellungsklage 126
    III. Die Zwischenfeststellungsklage 131
    IV. Die Gestaltungsklage 133
§ 12. Die Klageerhebung 134
    I. Allgemeines 134
    II. Form und Inhalt der Klage 135
§ 13. Die Zulässigkeit der Klage, die Sachurteils-(Prozess-)voraussetzungen 140
    I. Der Begriff der Prozessvoraussetzungen 140
    II. Die Einteilung der Zulässigkeitsvoraussetzungen 142
    III. Die prozessuale Behandlung der Zulässigkeitsvoraussetzungen 143
    IV. Die Reihenfolge der Prüfung 145
    V. Außergerichtliche Streitbeilegung 145
    VI. Verzichtbare Rügen 147

Inhaltsverzeichnis XI

Seite

VII. Die Entscheidung über die Zulässigkeitsvoraussetzungen und die verzichtbaren Rügen 148
VIII. Die abgesonderte Verhandlung über Zulässigkeitsvoraussetzungen 150
IX. Das Rechtsschutzinteresse 151
X. Die Klage auf künftig fällige Leistung 152

§ 14. Der prozessuale Anspruch, der Streitgegenstand 152
I. Notwendigkeit der Streitgegenstandsbestimmung 153
II. Begriff des Streitgegenstandes 155

§ 15. Die Wirkungen der Klageerhebung 161
I. Die Rechtshängigkeit 161
II. Die Klageänderung 164
III. Die Veräußerung des Streitgegenstandes 167

5. Kapitel. Die Entwicklung des Verfahrens 172

§ 16. Der äußere Ablauf des Verfahrens 172
I. Die Prozessleitung durch das Gericht 172
II. Termine 174
III. Fristen 175
IV. Ladungen und Zustellungen 177
V. Die Versäumung von Prozesshandlungen und die Wiedereinsetzung in den vorigen Stand 181

§ 17. Die mündliche Verhandlung und ihre Vorbereitung 187
I. Die Prozessförderungspflicht der Parteien 188
II. Der Verzögerungsbegriff 190
III. Die Prozessförderungspflicht des Gerichts 192
IV. Weitere Voraussetzungen der Zurückweisung verspäteten Vorbringens 197
V. Der Haupttermin 199

§ 18. Der Stillstand des Verfahrens 207

6. Kapitel. Das Parteiverhalten während des Prozesses 211

§ 19. Die Prozesshandlungen der Parteien 211
I. Die Abgrenzung von Prozesshandlungen und materiellen Rechtsgeschäften 211
II. Die Arten der Prozesshandlungen 214
III. Die rechtliche Regelung der Prozesshandlungen 215

§ 20. Das Parteiverhalten während des Prozesses 221
I. Die Verteidigung des Beklagten 221
II. Das Geständnis 225
III. Die Aufrechnung 228
IV. Anerkenntnis und Verzicht 235
V. Die Widerklage 238

§ 21. Die nichtstreitige Erledigung des Prozesses 242
I. Die Klagerücknahme 242

Seite
    II. Die Erledigung der Hauptsache 245
    III. Der Prozessvergleich 250

7. Kapitel. Die Beweislehre 259
§ 22. Allgemeine Einführung 259
    I. Volle richterliche Überzeugung 259
    II. Glaubhaftmachung 260
    III. Streng- und Freibeweis 260
    IV. Der Gegenstand des Beweises 261
    V. Haupt- und Gegenbeweis, Beweis des Gegenteils 262
    VI. Unmittelbarer und mittelbarer (Indizien-)Beweis 263
    VII. Die Beweisbedürftigkeit 263
    VIII. Der Grundsatz der freien Beweiswürdigung 266
    IX. Die Vorschrift des § 287 267
§ 23. Behauptungs- und Beweislast 271
    I. Die Behauptungslast 271
    II. Die Beweislast 272
§ 24. Der Ancheins- oder prima-facie-Beweis und die Beweisvereitelung 276
    I. Der Anscheinsbeweis 276
    II. Die Beweisvereitelung 280
§ 25. Das Beweisverfahren 281
§ 26. Die einzelnen Beweismittel 287
    I. Der Beweis durch Augenschein 287
    II. Der Zeugenbeweis 290
    III. Der Sachverständigenbeweis 295
    IV. Der Urkundenbeweis 301
    V. Die Parteivernehmung 304
§ 27. Das selbständige Beweisverfahren 307

8. Kapitel. Die Urteilslehre 310
§ 28. Die Arten der gerichtlichen Entscheidungen 310
    I. Urteile, Beschlüsse und Verfügungen 310
    II. End- und Zwischenurteile 311
    III. Sach- und Prozessurteile 314
    IV. Voll- und Teilurteile 314
    V. Bedingte Urteile 315
    VI. Leistungs-, Feststellungs- und Gestaltungsurteile 316
    VII. Kontradiktorische Urteile und Versäumnisurteile 316
§ 29. Erlass, Form und Mängel des Urteils 317
    I. Der Erlass des Urteils 317
    II. Die Form des Urteils 318
    III. Die Mängel des Urteils 320
§ 30. Die Urteilswirkungen 322
    I. Die Tatbestandswirkungen 322

Inhaltsverzeichnis

Seite

 II. Die Vollstreckbarkeit 322
 III. Die innerprozessuale Bindungswirkung nach § 318 323
 IV. Die Gestaltungswirkung 323

§ 31. Die formelle Rechtskraft 324

§ 32. Die materielle Rechtskraft 325
 I. Der Zweck und die Aufgabe der materiellen Rechtskraft 326
 II. Die rechtskraftfähigen Entscheidungen 328
 III. Die sog. Rechtskrafttheorien 329
 IV. Die objektiven Grenzen der Rechtskraft 330
 V. Die zeitlichen Grenzen der Rechtskraft 336
 VI. Die Abänderungsklage des § 323 338
 VII. Die subjektiven Grenzen der Rechtskraft 340
 VIII. Möglichkeiten zur Beseitigung der materiellen Rechtskraft 341

9. Kapitel. Besonderer Verlauf des Verfahrens 344

§ 33. Das Versäumnisverfahren 344
 I. Die Bedeutung des Versäumnisverfahrens 344
 II. Die Voraussetzungen für das Versäumnisverfahren und das -urteil 344
 III. Die Säumnis des Beklagten 346
 IV. Die Säumnis des Klägers 348
 V. Der Einspruch 350

§ 34. Die Entscheidung ohne mündliche Verhandlung 353
 I. Gesetzliche Ausnahmen vom Mündlichkeitsgrundsatz 353
 II. Im Einverständnis der Parteien 353

10. Kapitel. Die Rechtsmittel 355

§ 35. Allgemeine Grundsätze 355
 I. Der Zweck der Rechtsmittel 355
 II. Zulässigkeit und Begründetheit der Rechtsmittel 357
 III. Die gemeinsamen, für die Berufung, Revision und Beschwerde geltenden Zulässigkeitsvoraussetzungen 358

§ 36. Die Berufung 367
 I. Allgemeines 367
 II. Die Zulässigkeit 368
 III. Die Begründetheit 374
 IV. Die Entscheidung 383
 V. Das Versäumnisverfahren 384

§ 37. Die Revision 385
 I. Die Zulässigkeit 385
 II. Die Begründetheit 392
 III. Die Entscheidung 395
 IV. Das Versäumnisverfahren 396
 V. Die Sprungrevision 397

	Seite
VI. Das Verfahren zur Sicherung einer einheitlichen Rechtsprechung	397
§ 38. Die Beschwerde	398
I. Allgemeines zum Beschwerderechtsweg	398
II. Zulässigkeit der sofortigen Beschwerde	399
III. Verfahren und Entscheidung	400
IV. Die Rechtsbeschwerde	401
§ 39. Die Wiederaufnahme des Verfahrens	403
I. Grundlagen	403
II. Die Wiederaufnahmegründe	404
III. Die Zulässigkeit der Wiederaufnahmeklage	405
IV. Die Begründetheit der Wiederaufnahmeklage	406
V. Das wiederaufgenommene Verfahren	407

11. Kapitel. Die Mehrheit von Klagen und Parteien; die Beteiligung Dritter am Rechtsstreit ... 409

§ 40. Die objektive Klagenhäufung	409
§ 41. Die subjektive Klagenhäufung (die Streitgenossenschaft)	410
I. Die einfache Streitgenossenschaft	410
II. Die notwendige Streitgenossenschaft	412
§ 42. Die Nebenintervention	415
§ 43. Die Streitverkündung	417
§ 44. Musterverfahren von Kapitalanlegern	419

12. Kapitel. Besondere Verfahrensarten ... 423

§ 45. Der Prozess vor dem Amtsgericht	423
§ 46. Der Urkunden- und Wechselprozess	424
§ 47. Das Mahnverfahren	426
§ 48. Das Verfahren in Familiensachen	430
I. Das Familiengericht	432
II. Ehesachen	434
III. Der Entscheidungsverbund von Scheidung und Folgesachen	437
IV. Rechtsmittel im Familienverfahren	438
V. Andere Familiensachen (Auswahl)	439
§ 49. Das Verfahren in Wohnungseigentumssachen	441
§ 50. Außergerichtliche Streitbeilegung	442
I. Das Schiedsverfahren	442
II. Schlichtungsstellen nach Landesrecht	448
III. Besondere Schlichtungsstellen	450
IV. Obligatorisches außergerichtliches Streitschlichtungsverfahren gem. § 15a EGZPO	450
V. Der Anwaltsvergleich	451
VI. Mediation	452

	Seite
§ 51. Kostenrecht	454
I. Die Gerichtskosten	455
II. Die Rechtsanwaltsgebühren	455
III. Die Kostenentscheidung	457
§ 52. Die Prozesskostenhilfe	458
I. Einführung	458
II. Die Bewilligung	460
III. Die Folgen der Bewilligung	462

2. Teil. Zwangsvollstreckungsrecht

1. Abschnitt. Allgemeiner Teil ... 465

13. Kapitel. Grundlagen und Rechtsquellen ... 465

§ 53. Einführung	465
I. Das Zwangsvollstreckungsverfahren als Teil des Zivilprozesses	466
II. Der sog. Vollstreckungsanspruch und der Grundsatz des Formalismus in der Zwangsvollstreckung	467
III. Das der Vollstreckung unterliegende Vermögen; der Schuldnerschutz; der Grundsatz der Verhältnismäßigkeit	468
§ 54. Die Rechtsquellen des Zwangsvollstreckungsrechts	471
I. Die wichtigsten Gesetze	471
II. Die verschiedenen Arten der Zwangsvollstreckung	472
III. Einzel- und Gesamtvollstreckung	473

14. Kapitel. Die Organe der Zwangsvollstreckung ... 474

§ 55. Der Gerichtsvollzieher	474
I. Die funktionelle Zuständigkeit	474
II. Die Rechtsstellung	475
III. Das Verfahren	476
§ 56. Das Vollstreckungsgericht	476
I. Die funktionelle Zuständigkeit	476
II. Die örtliche Zuständigkeit	477
III. Das Verfahren und die Rechtsbehelfe	477
§ 57. Andere Vollstreckungsorgane	478
I. Das Prozessgericht	478
II. Das Grundbuchamt	479

15. Kapitel. Die Voraussetzungen der Zwangsvollstreckung ... 480

§ 58. Die Voraussetzungen im Allgemeinen	480
§ 59. Der Vollstreckungstitel im Allgemeinen	481
§ 60. Das Endurteil	482
I. Die als Titel in Frage kommenden Urteile	482

	Seite
II. Die vorläufige Vollstreckbarkeit	482
III. Der Schadensersatzanspruch aus § 717	486
IV. Ausländische Urteile als Vollstreckungstitel	489
§ 61. Andere Vollstreckungstitel	490
I. Gerichtliche Entscheidungen	490
II. Beurkundete rechtsgeschäftliche Erklärungen	491
III. Andere Vollstreckungstitel	494
§ 62. Die Vollstreckungsklausel	494
§ 63. Die Vollstreckungsklausel in besonderen Fällen	496
I. Die titelübertragende Vollstreckungsklausel	496
II. Die titelergänzende Vollstreckungsklausel	498
§ 64. Das Verfahren auf Erteilung der Vollstreckungsklausel	499
§ 65. Die Vollstreckung in besondere Vermögensmassen	501
I. Überblick	501
II. Die Fälle der Rechtsgemeinschaft	501
III. Die Fälle des Rechts eines Dritten am Schuldnervermögen	503
§ 66. Die Vollstreckung in den Nachlass und das Eigenvermögen des Erben	504
I. Grundlagen	504
II. Die Vollstreckung in den Nachlass	504
III. Die Vollstreckung in das Eigenvermögen des Erben	505
§ 67. Die Voraussetzungen für den Beginn der Zwangsvollstreckung	506

16. Kapitel. Das Vollstreckungsverfahren ... 508

§ 68. Beginn, Stillstand und Beendigung der Zwangsvollstreckung	508
I. Der Beginn der Vollstreckung	508
II. Der Stillstand des Verfahrens	508
III. Die Beendigung der Vollstreckung	510
§ 69. Mängel des Vollstreckungsverfahrens	511
§ 70. Vereinbarungen in der Zwangsvollstreckung	512
§ 71. Die Kosten der Zwangsvollstreckung	514

17. Kapitel. Die Rechtsbehelfe in der Zwangsvollstreckung ... 516

§ 72. Die Erinnerung und die sofortige Beschwerde	516
I. Die Erinnerung	516
II. Die sofortige Beschwerde	518
§ 73. Die Vollstreckungsgegenklage	519
I. Ziel und Bedeutung	519
II. Das Verfahren	521
III. Die Einwendungen	522
IV. Das Verhältnis zu anderen Rechtsbehelfen	525
§ 74. Die Drittwiderspruchsklage	526
I. Grundlagen	527

Inhaltsverzeichnis XVII

Seite
II. Die Voraussetzungen des § 771 528
III. Das Verfahren 531
IV. Das Verhältnis zu anderen Rechtsbehelfen 533
§ 75. Die Klage auf vorzugsweise Befriedigung 534

2. Abschnitt. Die einzelnen Arten der Zwangsvollstreckung 536

18. Kapitel. Die Zwangsvollstreckung wegen Geldforderungen in das bewegliche Vermögen 536
§ 76. Allgemeine Vorschriften: Pfändung, Verstrickung und Pfändungspfandrecht 536
  I. Die Pfändung 536
  II. Die Verstrickung 537
  III. Das Pfändungspfandrecht 538
  IV. Die Versicherung an Eides statt 542
§ 77. Die Zwangsvollstreckung in bewegliche Sachen 543
  I. Die Pfändung 543
  II. Die Verwertung 550
§ 78. Die Zwangsvollstreckung in Forderungen 555
  I. Grundlagen 555
  II. Die Zuständigkeit 555
  III. Der Gegenstand der Pfändung 555
  IV. Der Schuldnerschutz 558
  V. Die Pfändung verschleierten Arbeitseinkommens 561
  VI. Pfändung und Verstrickung 561
  VII. Die Verwertung 563
  VIII. Die Pfändung und Überweisung von Hypothekenforderungen 567
§ 79. Die Zwangsvollstreckung in Herausgabe- und Leistungsansprüche . 568
  I. Ansprüche auf Herausgabe oder Leistung beweglicher Sachen 568
  II. Ansprüche auf Herausgabe oder Leistung unbeweglicher Sachen 569
§ 80. Die Zwangsvollstreckung in andere Vermögensrechte 570
  I. Die in Frage kommenden Rechte 570
  II. Die Durchführung der Pfändung 571
  III. Die Verwertung 572
  IV. Die Pfändung und Verwertung der Eigentümergrundschuld .. 572
  V. Die Pfändung und Verwertung der Anwartschaft 573
§ 81. Das Verteilungsverfahren 574

	Seite

19. Kapitel. Die Zwangsvollstreckung wegen Geldforderungen in das unbewegliche Vermögen 576

§ 82. Einführung 576
    I. Die Gegenstände der Zwangsvollstreckung in das unbewegliche Vermögen 576
    II. Die Arten der Zwangsvollstreckung 576
    III. Das Verfahren 576
    IV. Die Beteiligten 577

§ 83. Die Zwangshypothek 577

§ 84. Die Zwangsversteigerung 579
    I. Der Zweck der Zwangsversteigerung 579
    II. Der Anordnungsbeschluss 579
    III. Die Bedingungen der Versteigerung 580
    IV. Der Versteigerungstermin 582
    V. Der Zuschlag 583
    VI. Das Verteilungsverfahren 583

§ 85. Die Zwangsverwaltung 584

20. Kapitel. Die Zwangsvollstreckung wegen anderer Ansprüche 586

§ 86. Die Vollstreckung von Herausgabeansprüchen 586
    I. Ansprüche auf Herausgabe einer bestimmten beweglichen Sache 586
    II. Ansprüche auf Herausgabe einer bestimmten Menge beweglicher Sachen oder Wertpapiere 586
    III. Ansprüche auf Herausgabe, Überlassung oder Räumung von unbeweglichen Sachen 587
    IV. Sachen im Gewahrsam eines Dritten 589

§ 87. Die Vollstreckung zur Erwirkung von Handlungen und Unterlassungen 589
    I. Ansprüche auf Vornahme vertretbarer Handlungen 589
    II. Ansprüche auf Vornahme unvertretbarer Handlungen 590
    III. Ansprüche auf Unterlassung oder Duldung einer Handlung .. 591

§ 88. Die Verurteilung zur Abgabe einer Willenserklärung 592

21. Kapitel. Eidesstattliche Versicherung und Haft 594

§ 89. Eidesstattliche Versicherung und Haft 594

22. Kapitel. Arrest und einstweilige Verfügung 597

§ 90. Der Arrest 597
    I. Einführung 597
    II. Die Voraussetzungen des Arrestbefehls 598
    III. Das Verfahren 599
    IV. Die Rechtsbehelfe 600

	Seite
V. Die Vollziehung	601
VI. Der Schadensersatzanspruch des § 945	601
§ 91. Die einstweilige Verfügung	602
I. Die Sicherungsverfügung	603
II. Die Regelungsverfügung	603
III. Die Befriedigungs- oder Leistungsverfügung	604
IV. Die Unterlassungsverfügung	604
V. Das Verfahren	605

3. Teil. Europäisches Zivilverfahrensrecht

23. Kapitel. Überblick über das Europäische Zivilverfahrensrecht 607

§ 92. Quellen des Europäischen Zivilverfahrensrechts 607
  I. Zivilverfahrensrechtliche Regelungen in internationalen Übereinkommen 608
  II. Europäische Zivilverfahrensregelungen 609
  III. Der Gedanke eines einheitlichen europäischen Zivilprozesses 613
  IV. Weitere europäische Einflüsse auf das Zivilprozessrecht 614
§ 93. Das Verfahren nach der EuGVVO 616
  I. Auslegung der Vorschriften der EuGVVO 616
  II. Sachlicher Anwendungsbereich 617
  III. Allgemeine Zuständigkeit und besondere Zuständigkeiten 620
  IV. Prüfung der Zuständigkeit 625
  V. Anerkennung und Vollstreckung von Urteilen 626
§ 94. Der Europäische Vollstreckungstitel 631
§ 95. Das Europäische Mahnverfahren (Der Europäische Zahlungsbefehl) 635
§ 96. Das Verfahren über geringfügige Forderungen 637

Sachregister 641

Abkürzungsverzeichnis

a. A.	anderer Ansicht
a. a. O.	am angegebenen Ort
abl.	ablehnend
ABl.	Amtsblatt
Abs.	Absatz
AcP	Archiv für die civilistische Praxis (Band, Seite)
a. E.	am Ende
AEUV	Vertrag über die Arbeitsweise der Europäischen Union
a. F.	alte Fassung
AG	Amtsgericht/Aktiengesellschaft
AGB	Allgemeine Geschäftsbedingungen
AGG	Allgemeines Gleichbehandlungsgesetz
AktG	Aktiengesetz
AL	Ad Legendum (Jahr, Seite)
allg.	allgemein
AnfG	Gesetz über die Anfechtung von Rechtshandlungen eines Schuldners außerhalb des Insolvenzverfahrens
Anm.	Anmerkung
AnwBl	Anwaltsblatt (Jahr, Seite)
AP	Arbeitsrechtliche Praxis (seit 1954 Nachschlagewerk des Bundesarbeitsgerichts)
ArbG	Arbeitsgericht
ArbGG	Arbeitsgerichtsgesetz
arg.	argumentum
Art.	Artikel
Aufl.	Auflage
ausf.	ausführlich
AVAG	Gesetz zur Ausführung zwischenstaatlicher Verträge und zur Durchführung von Verordnungen und Abkommen der Europäischen Gemeinschaft auf dem Gebiet der Anerkennung und Vollstreckung in Zivil- und Handelssachen (Anerkennungs- und Vollstreckungsausführungsgesetz)
BAG	Bundesarbeitsgericht
BAGE	Entscheidungen des Bundesarbeitsgerichts (Band, Seite)
BayObLG	Bayerisches Oberstes Landesgericht
BayVerfGH	Bayerischer Verfassungsgerichtshof
BB	Der Betriebs-Berater (Jahr, Seite)
BBG	Bundesbeamtengesetz
Bd.	Band
BeamtStG	Gesetz zur Regelung des Statusrechts der Beamtinnen und Beamten in den Ländern (Beamtenstatusgesetz)

bes.	besonders
BeurkG	Beurkundungsgesetz
BezG	Bezirksgericht
BFH	Bundesfinanzhof
BGB	Bürgerliches Gesetzbuch
BGBl.	Bundesgesetzblatt (Jahr, Band, Seite)
BGH	Bundesgerichtshof
BGHR	BGH-Rechtsprechung Zivilsachen
BGHZ	Entscheidungen des Bundesgerichtshofs in Zivilsachen (Band, Seite)
BMinG	Gesetz über die Rechtsverhältnisse der Mitglieder der Bundesregierung
BORA	Berufsordnung für Rechtsanwälte
BRAGO	Bundesgebührenordnung für Rechtsanwälte
BRAO	Bundesrechtsanwaltsordnung
BR-Drs.	Bundesratsdrucksache (Nr./Jahr, Seite)
BRRG	Rahmengesetz zur Vereinheitlichung des Beamtenrechts (Beamtenrechtsrahmengesetz)
BSG	Bundessozialgericht
BSGE	Entscheidungen des Bundessozialgerichts (Band, Seite)
Bsp.	Beispiel
bspw.	beispielsweise
BT-Drs.	Bundestagsdrucksache (Wahlperiode/Nr., Seite)
BVerfG	Bundesverfassungsgericht
BVerfGE	Entscheidungen des Bundesverfassungsgerichts (Band, Seite)
BVerfGG	Gesetz über das Bundesverfassungsgericht
BVerfGK	Kammerentscheidungen des Bundesverfassungsgerichts (Band, Seite)
BVerwG	Bundesverwaltungsgericht
bzw.	beziehungsweise
cic	culpa in contrahendo
DDR	Deutsche Demokratische Republik
DENIC	Deutsches Network Information Center e. G.
dgl.	dergleichen
DGVZ	Deutsche Gerichtsvollzieherzeitschrift (Jahr, Seite)
d. h.	das heißt
dies.	dieselbe(n)
ders.	derselbe
DM	Deutsche Mark
DNotZ	Deutsche Notar-Zeitschrift (Jahr, Seite)
DR	Deutsches Recht (Jahr, Seite)
DRiG	Deutsches Richtergesetz
DRiZ	Deutsche Richterzeitung (Jahr, Seite)
DtZ	Deutsch-Deutsche Rechts-Zeitschrift (Jahr, Seite)

Abkürzungsverzeichnis XXIII

DVO	Durchführungsverordnung
DZWIR	Deutsche Zeitschrift für Wirtschafts- und Insolvenzrecht (Jahr, Seite)
EFTA	Europäische Freihandelsassoziation
EG	Europäische Gemeinschaft(en)
EGMR	Europäischer Gerichtshof für Menschenrechte
EGZPO	Gesetz, betreffend die Einführung der Zivilprozessordnung
EheRG	Erstes Gesetz zur Reform des Ehe- und Familienrechts
Einl.	Einleitung
EL	Ergänzungslieferung
EMRK	(Europäische) Konvention zum Schutz der Menschenrechte und Grundfreiheiten
etc.	et cetera
EU	Europäische Union
EuBVO	Verordnung (EG) Nr. 1206/2001 des Rates über die Zusammenarbeit zwischen Gerichten der Mitgliedstaaten auf dem Gebiet der Beweisaufnahme in Zivil- und Handelssachen
EuGFVO	Verordnung (EG) Nr. 861/2007 des Europäischen Parlaments und des Rates zur Einführung eines europäischen Verfahrens für geringfügige Forderungen
EuGH	Europäischer Gerichtshof
EU-GRCharta ..	Charta der Grundrechte der Europäischen Union
EuGRZ	Europäische Grundrechte-Zeitschrift (Jahr, Seite)
EuGVÜ	Europäisches Vollstreckungsübereinkommen über die gerichtliche Zuständigkeit und die Vollstreckung gerichtlicher Entscheidungen in Zivil- und Handelssachen
EuGVVO	Verordnung (EG) Nr. 44/2001 des Rates über die gerichtliche Zuständigkeit und die Anerkennung und Vollstreckung von Entscheidungen in Zivil- und Handelssachen
EuInsVO	Verordnung (EG) Nr. 1346/2000 des Rates über Insolvenzverfahren
EuMVVO	Verordnung (EG) Nr. 1896/2006 des Europäischen Parlaments und des Rates zur Einführung eines Europäischen Mahnverfahrens
EuRAG	Gesetz über die Tätigkeit europäischer Rechtsanwälte in Deutschland
EUV	Vertrag über die Europäische Union i.d.F. des Vertrags von Lissabon
EuVTVO	Verordnung (EG) Nr. 805/2004 des Europäischen Parlaments und des Rates über einen Europäischen Vollstreckungstitel für unbestrittene Forderungen
EuZVO	Verordnung (EG) 1393/2007 über die Zustellung gerichtlicher und außergerichtlicher Schriftstücke in Zivil- oder Handelssachen in den Mitgliedstaaten („Zustellung von

	Schriftstücken") und zur Aufhebung der Verordnung Nr. 1348/2000
e. V.	eingetragener Verein
EWG	Europäische Wirtschaftsgemeinschaft
EWiR	Entscheidungen zum Wirtschaftsrecht (Jahr, Seite *[Bearbeiter]*)
EWIV	Europäische Wirtschaftliche Interessenvereinigung
f., ff.	folgende
FamFG	Gesetz über das Verfahren in Familiensachen und in den Angelegenheiten der freiwilligen Gerichtsbarkeit
FamGKG	Gesetz über Gerichtskosten in Familiensachen
FamRZ	Zeitschritt für das gesamte Familienrecht (Jahr, Seite)
FAO	Fachanwaltsordnung
FG	Festgabe
FGG	Gesetz über die Angelegenheiten der freiwilligen Gerichtsbarkeit
FGO	Finanzgerichtsordnung
FS	Festschrift
GBl	Gesetzblatt
GBO	Grundbuchordnung
GbR	Gesellschaft bürgerlichen Rechts
gem.	gemäß
GG	Grundgesetz für die Bundesrepublik Deutschland
ggf.	gegebenenfalls
GKG	Gerichtskostengesetz
GmbH	Gesellschaft mit beschränkter Haftung
GmS-OGB	Gemeinsamer Senat der obersten Gerichtshöfe des Bundes
GNeuMoP	Gesetz zur Neustrukturierung und Modernisierung des Pfändungsschutzes
grds.	grundsätzlich
GRUR	Gewerblicher Rechtsschutz und Urheberrecht (Jahr, Seite)
GS	Gedächtnisschrift
GVBl.	Gesetz- und Verordnungsblatt
GVG	Gerichtsverfassungsgesetz
GVGA	Geschäftsanweisung für Gerichtsvollzieher
GVO	Gerichtsvollzieherordnung
HGB	Handelsgesetzbuch
h. L.	herrschende Lehre
h. M.	herrschende Meinung
Hrsg./hrsg.	Herausgeber/herausgegeben
HS	Halbsatz
i. d. F.	in der Fassung
i. d. R.	in der Regel

i. Erg.	im Ergebnis
i. e. S.	im engeren Sinn
insb.	insbesondere
InsO	Insolvenzordnung
InVo	Insolvenz und Vollstreckung (Jahr, Seite)
IPR	Internationales Privatrecht
IPRax	Praxis des internationalen Privat- und Verfahrensrechts (Jahr, Seite)
i. S.	im Sinne
i. S. v.	im Sinne von
i. V.	in Verbindung
i. V. m.	in Verbindung mit
i. w. S.	im weiteren Sinn
IZVR	Internationales Verfahrensrecht
JA	Juristische Arbeitsblätter (Jahr, Seite)
JR	Juristische Rundschau (Jahre, Seite)
Jura	Juristische Ausbildung (Jahr, Seite)
JurBüro	Das Juristische Büro (Jahr, Seite)
JuS	Juristische Schulung (Jahr, Seite)
JVEG	Justizvergütungs- und -entschädigungsgesetz
JW	Juristische Wochenschrift (Jahr, Seite)
JZ	Juristenzeitung (Jahr, Seite)
KapMuG	Gesetz zur Einführung von Kapitalanleger-Musterverfahren
Kfz	Kraftfahrzeug
KG	Kammergericht/Kommanditgesellschaft
KKZ	Kommunal-Kassen-Zeitschrift (Jahr, Seite)
krit.	kritisch
KTS	Zeitschrift für Insolvenzrecht – Konkurs, Treuhand, Sanierung (Jahr, Seite)
LAG	Landesarbeitsgericht
LG	Landgericht
lit.	litera
LLP	Limited Liability Partnership
LM	Nachschlagewerk des Bundesgerichtshofs, begründet von Lindenmaier und Möhring
LPartG	Gesetz über die Eingetragene Lebenspartnerschaft (Lebenspartnerschaftsgesetz)
LugÜ	Luganer Übereinkommen über die gerichtliche Zuständigkeit und die Anerkennung und Vollstreckung von Entscheidungen in Zivil- und Handelssachen
m. Anm.	mit Anmerkung
mat.-rechtl.	materiell-rechtlich

MDR	Monatsschrift für Deutsches Recht (Jahr, Seite)
m. a. W.	mit anderen Worten
MMR	MultiMedia und Recht (Jahr, Seite)
m. N.	mit Nachweisen
m. w. N.	mit weiteren Nachweisen
m. zust. Anm.	mit zustimmender Anmerkung
n. F.	neue Fassung
NJ	Neue Justiz (Jahr, Seite)
NJOZ	Neue Juristische Onlinezeitschrift (Jahr, Seite)
NJW	Neue Juristische Wochenschrift (Jahr, Seite)
NJW-RR	NJW-Rechtsprechungs-Report Zivilrecht (Jahr, Seite)
Nr.	Nummer
NVwZ	Neue Zeitschrift für Verwaltungsrecht (Jahr, Seite)
NVwZ-RR	NVwZ-Rechtsprechungs-Report Verwaltungsrecht (Jahr, Seite)
NZA	Neue Zeitschrift für Arbeitsrecht (Jahr, Seite)
NZG	Neue Zeitschrift für Gesellschaftsrecht (Jahr, Seite)
NZM	Neue Zeitschrift für Miet- und Wohnungsrecht (Jahr, Seite)
o.	oben
OGHZ	Entscheidungen des Obersten Gerichtshofs für die Britische Zone in Zivilsachen (Band, Seite)
OHG	Offene Handelsgesellschaft
OLG	Oberlandesgericht
OLG-NL	OLG-Rechtsprechung Neue Länder (Jahr, Seite)
OLGZ	Entscheidungen der Oberlandesgerichte in Zivilsachen (Jahr, Seite)
OVG	Oberverwaltungsgericht
PartG	Gesetz über die politischen Parteien (Parteiengesetz)
PatG	Patentgesetz
PKH	Prozesskostenhilfe
PkRiL	Richtlinie (EG) Nr. 2003/8 des Rates zur Verbesserung des Zugangs zum Recht bei Streitsachen mit grenzüberschreitendem Bezug durch Festlegung gemeinsamer Mindestvorschriften für die Prozesskostenhilfe in derartigen Streitsachen
Pkw	Personenkraftwagen
ProdHaftG	Gesetz über die Haftung für fehlerhafte Produkte (Produkthaftungsgesetz)
PStG	Personenstandsgesetz
RabelsZ	Rabels Zeitschrift für ausländisches und internationales Privatrecht (Jahr, Seite)
RBerG	Rechtsberatungsgesetz
RDG	Gesetz über außergerichtliche Rechtsdienstleistungen (Rechtsdienstleistungsgesetz)

RegE	Gesetzentwurf der Bundesregierung
RGZ	Entscheidungen des Reichsgerichts in Zivilsachen (Band, Seite)
RiLi	Richtlinie
Rn.	Randnummer(n)
Rom II-VO	Verordnung (EG) Nr. 864/2007 des Europäischen Parlaments und des Rates über das auf außervertragliche Schuldverhältnisse anzuwendende Recht („Rom II")
Rpfleger	Der Deutsche Rechtspfleger (Jahr, Seite)
RPflG	Rechtspflegergesetz
RsprEinhG	Gesetz zur Wahrung der Einheitlichkeit der Rechtsprechung der obersten Gerichtshöfe des Bundes
RVG	Gesetz über die Vergütung der Rechtsanwältinnen und Rechtsanwälte
s.	siehe
S.	Seite/Satz
SGG	Sozialgerichtsgesetz
sog.	sogenannte (r, s, n)
SigG	Gesetz über Rahmenbedingungen für elektronische Signaturen (Signaturgesetz)
StGB	Strafgesetzbuch
StVG	Straßenverkehrsgesetz
st. Rspr.	ständige Rechtsprechung
StPO	Strafprozessordnung
str.	streitig
TKG	Telekommunikationsgesetz
u.	unten/und
u. a.	unter anderem, und andere
UmweltHG	Umwelthaftungsgesetz
UN	Vereinte Nationen
UNCITRAL	Kommission der Vereinten Nationen für Internationales Handelsrecht
unstr.	unstreitig
UKlaG	Gesetz über Unterlassungsklagen bei Verbraucherrechts- und anderen Verstößen (Unterlassungsklagengesetz)
Urt.	Urteil
u. U.	unter Umständen
UWG	Gesetz gegen den unlauteren Wettbewerb
v.	von/vom/vor
Vereinfachungsnovelle	Gesetz zur Vereinfachung und Beschleunigung gerichtlicher Verfahren (BGBl. 1976 I, 3281)
VersR	Versicherungsrecht (Jahr, Seite)
VerwArch	Verwaltungsarchiv (Band, Seite)

vgl.	vergleiche
VO	Verordnung
Vorbem.	Vorbemerkung
VV-RVG	Vergütungsverzeichnis (Anlage 1) zum RVG
VwGO	Verwaltungsgerichtsordnung
Warn	Warneyer, Die Rechtsprechung des Reichsgerichts (Jahr, Nummer)
WEG	Gesetz über das Wohnungseigentum und das Dauerwohnrecht (Wohnungseigentumsgesetz)
WM	Wertpapier-Mitteilungen (Jahr, Seite)
WuB	Wirtschafts- und Bankrecht
WuM	Wohnungswirtschaft und Mietrecht (Jahr, Seite)
WuW	Wirtschaft und Wettbewerb; Zeitschrift für deutsches und europäisches Wettbewerbsrecht (Jahr, Seite)
ZEuP	Zeitschrift für Europäisches Privatrecht (Jahr, Seite)
ZInsO	Zeitschrift für das gesamte Insolvenzrecht (Jahr, Seite)
ZAkDR	Zeitschrift der Akademie für Deutsches Recht (Jahr, Seite)
z. B.	zum Beispiel
ZfIR	Zeitschrift für Immobilienrecht (Jahr, Seite)
ZHR	Zeitschrift für das gesamte Handels- und Wirtschaftsrecht (Jahr, Seite)
ZIP	Zeitschrift für Wirtschaftsrecht; bis 1982: Zeitschrift für Wirtschaftsrecht und Insolvenzpraxis (Jahr, Seite)
ZMR	Zeitschrift für Miet- und Raumrecht (Jahr, Seite)
ZPO	Zivilprozessordnung
ZPO-RG	Gesetz zur Reform des Zivilprozesses (BGBl. 2001 I, 1887)
ZRP	Zeitschrift für Rechtspolitik (Jahr, Seite)
z. T.	zum Teil
ZVG	Gesetz über die Zwangsversteigerung und Zwangsverwaltung
ZZP	Zeitschrift für (früher: deutschen) Zivilprozess (Band, Seite)

Paragrafen ohne Gesetzesangabe sind solche der ZPO.

Literaturverzeichnis

Adolphsen	Adolphsen, Zivilprozessrecht, 2. Aufl., 2009
Baur/Stürner/Bruns	Baur/Stürner/Bruns, Zwangsvollstreckungsrecht, 13. Aufl., 2006
B/L/A/H	Baumbach/Lauterbach/Albers/Hartmann, Kommentar zur Zivilprozessordnung, 69. Aufl., 2011
Blomeyer I	A. Blomeyer, Zivilprozeßrecht, Erkenntnisverfahren, 2. Aufl., 1985
Blomeyer II	A. Blomeyer, Zivilprozeßrecht, Vollstreckungsverfahren, 1975
Bork, AT	Bork, Allgemeiner Teil des BGB, 3. Aufl., 2011
Bork	Bork, Insolvenzrecht, 5. Aufl., 2009
Brox/Walker	Brox/Walker, Zwangsvollstreckungsrecht, 8. Aufl., 2008
Foerste	Foerste, Insolvenzrecht, 5. Aufl., 2010
Gaul/Schilken/Becker-Eberhard	Gaul/Schilken/Becker-Eberhard, Zwangsvollstreckungsrecht, 12. Aufl., 2010
Geimer/Schütze	Geimer/Schütze, Europäisches Zivilverfahrensrecht, 3. Aufl., 2010
Grunsky	Grunsky, Zivilprozessrecht, 13. Aufl., 2008
Hannich/Meyer-Seitz/Bearbeiter	Hannich/Meyer-Seitz, ZPO Reform 2002 mit Zustellreformgesetz, 2002
Hügel/Bearbeiter	Hügel, GBO, 2. Aufl., 2010
Hufen	Hufen, Verwaltungsprozessrecht, 8. Aufl., 2011
Jauernig/Berger	Jauernig/Berger, Zwangsvollstreckungs- und Insolvenzrecht, 23. Aufl., 2010
Jauernig/Hess	Jauernig/Hess, Zivilprozessrecht, 30. Aufl., 2011
Kissel/Mayer	Kissel/Mayer, GVG, 6. Aufl., 2010
Kropholler	Kropholler, Europäisches Zivilprozessrecht, 8. Aufl., 2005
Kropholler, IPR	Kropholler, Internationales Privatrecht, 6. Aufl., 2006
Lackmann	Lackmann, Zwangsvollstreckungsrecht mit Grundzügen des Insolvenzrechts, 9. Aufl., 2010
Lippross	Lippross, Vollstreckungsrecht, 10. Aufl., 2011
Lüke	Lüke, Sachenrecht, 2. Aufl., 2010
G. Lüke/Hau	G. Lüke/Hau, Zwangsvollstreckungsrecht, Prüfe dein Wissen, Bd. 13/1, 3. Aufl., 2008
Maurer	Maurer, Allgemeines Verwaltungsrecht, 17. Aufl., 2009
MünchKomm/Bearbeiter	Münchener Kommentar zur Zivilprozessordnung, 3. Aufl., 2007 ff.

MünchKomm-BGB/ Bearbeiter	Münchener Kommentar zum Bürgerlichen Gesetzbuch, 5. Aufl., 2006 ff.
Musielak	*Musielak*, Grundkurs ZPO, 10. Aufl., 2010
Musielak/*Bearbeiter*	*Musielak*, ZPO, 8. Aufl., 2011
Palandt/*Bearbeiter*	*Palandt*, BGB, 70. Aufl., 2011
Paulus	*Paulus*, Zivilprozessrecht, 4. Aufl., 2010
Pohlmann	*Pohlmann*, Zivilprozessrecht, 2. Aufl., 2011
Prütting/Gehrlein/ Bearbeiter	*Prütting/Gehrlein*, ZPO, 3. Aufl., 2011
Rimmelspacher	*Rimmelspacher*, Zivilprozessreform 2002, 2002
Rosenberg/Schwab/ Gottwald	*Rosenberg/Schwab/Gottwald*, Zivilprozessrecht, 17. Aufl., 2010
Saenger/*Bearbeiter*	*Saenger*, ZPO, 4. Aufl., 2011
Schack	*Schack*, Internationales Zivilverfahrensrecht, 5. Aufl., 2010
Schellhammer	*Schellhammer*, Zivilprozess, 13. Aufl., 2010
Schilken	*Schilken*, Zivilprozessrecht, 6. Aufl., 2010
Schlosser	*Schlosser*, EU-Zivilprozessrecht, 3. Aufl., 2009
Schuschke/Walker/ Bearbeiter	*Schuschke/Walker*, Vollstreckung und Vorläufiger Rechtsschutz, 5. Aufl., 2011
M. Schwab,	*M. Schwab*, Zivilprozessrecht, 3. Aufl., 2010
Stein/Jonas/ Bearbeiter	*Stein/Jonas*, Kommentar zur Zivilprozessordnung, 22. Aufl., 2002 ff.
Stöber	*Stöber*, Forderungspfändung, 15. Aufl., 2010
Thomas/Putzo/ Bearbeiter	*Thomas/Putzo*, Zivilprozessordnung, 32. Aufl., 2011
Ulrich	*Ulrich*, Der gerichtliche Sachverständige, 12. Aufl., 2007
Wieczorek/Schütze/ Bearbeiter	*Wieczorek/Schütze*, Zivilprozessordnung und Nebengesetze, Großkommentar, 3. Aufl., 1994 ff.
Zeiss/Schreiber	*Zeiss/Schreiber*, Zivilprozessrecht, 11. Aufl., 2009
Zimmermann	*Zimmermann*, Zivilprozessordnung, 9. Aufl., 2011
Zimmermann, Fälle	*Zimmermann*, ZPO-Fallrepetitorium, 8. Aufl., 2010

1. Teil. Erkenntnisverfahren

1. Kapitel. Grundlagen

§ 1. Begriff und Aufgaben des Zivilprozesses

Literatur: *Arens*, Die Grundprinzipien des Zivilprozeßrechts, Humane Justiz, 1977, 1; *Baur*, Entwicklungslinien des Zivilprozeßrechts in den Jahren 1947 bis 1987, NJW 1987, 2636; *Bettermann*, Hundert Jahre Zivilprozeßordnung, ZZP 91, 365; *Brehm*, Rechtsfortbildungszweck des Zivilprozesses, FS Schumann, 2001, 57; *Bruns*, Der Zivilprozess zwischen Rechtsschutzgewährleistung und Effizienz, ZZP 124, 29; *Gaul*, Zur Frage nach dem Zweck des Zivilprozesses, AcP 168, 27; *Henckel*, Materielles Recht und Prozeßrecht, 1970 (dazu Arens, AcP 173, 250); *Jauernig*, Materielles Recht und Prozeßrecht, JuS 1971, 329; *Franz Klein*, Zeit- und Geistesströmungen im Prozesse, 1901 (Nachdruck 1958); *Lames*, Rechtsfortbildung als Prozeßzweck, 1993; *Leipold*, Die „Stärkung der ersten Instanz" im Rahmen der deutschen Zivilprozessreform 2001, in: Würtenberger (Hrsg.) – Rechtsreform in Deutschland und Korea im Vergleich, 2006, 105; *Roth*, Das Spannungsverhältnis im deutschen Zivilprozeßrecht, in: Gottwald (Hrsg.) – Recht und Gesellschaft in Deutschland und Japan, 2009, 149.

Das materielle bürgerliche Recht regelt die Rechte des Einzelnen, ihre Entstehung, Veränderung, Übertragung, ihren Untergang. Von Ausnahmen abgesehen, ist im materiellen Recht (z.B. BGB, HGB) nicht geregelt, was geschieht, wenn sich der Verpflichtete der Erfüllung seiner Pflichten entzieht, sei es, dass er seine Verpflichtung guten Glaubens bestreitet, sei es, dass er sich ihrer Erfüllung wider besseres Wissen entziehen will. *Selbsthilfe* üben, d.h. sein Recht selbst durchsetzen, darf der Gläubiger nur in eng begrenzten Ausnahmefällen, in Notwehr sowie bei Gefahr im Verzug und wenn obrigkeitliche Hilfe nicht zu erlangen ist (§§ 227 ff. BGB). In allen anderen Fällen ist die *Selbsthilfe* verboten. Die Gründe dafür liegen auf der Hand: eine Gewaltanwendung durch Einzelne oder die Drohung mit Gewaltanwendung bedeutet in jedem Fall eine Störung des Rechtsfriedens. Der dabei entstehende Schaden kann sehr leicht außer Verhältnis zum ursprünglichen Anlass stehen. Außerdem besteht bei privater Rechtshilfe die Gefahr, dass der Stärkere siegt und nicht der, der im Recht ist.

Die Konsequenz aus dem Verbot der Selbsthilfe ist das sog. *staatliche Rechtsschutzmonopol:* wenn der Staat seinen Bürgern die Selbsthilfe verbietet, muss er ihnen einen anderen Weg zur Durchsetzung ihrer Rechte zur Verfügung stellen. Dies ist für den Bereich des Zivilrechts der Zivilprozess, ein gesetzlich geregeltes Verfahren, in dem vor staatlichen Gerichten die Rechte des Einzelnen festgestellt und durchgesetzt werden. *Außergerichtliche Schlichtungsverfahren* können den Zivilprozess allenfalls ergänzen, ihn aber nicht ersetzen. Vor allem aus dem englischsprachigen Ausland kommt der Gedanke einer solchen Schlichtung als Alternative zum Zivilprozess. Diese vielfach in Form der *Mediation* durchgeführte Streitbeilegung orientiert sich gerade nicht an der materiell-rechtlichen Situation, sondern stellt die Beilegung des Konfliktes in den Mittelpunkt (hierzu ausführlich Mediation und Recht, BB 2001, Beilage 2). Der Gesetzgeber nahm diesen Gedanken auf, indem er die Umsetzung der Richtlinie 2008/52/EG über bestimmte Aspekte der Mediation in Zivil- und Handelssachen (Abl. L 136, 3) zum Anlass nahm, die Mediation in Deutschland grundlegend zu fördern (s. Rn. 492f). Zuvor hatte er bereits bei bestimmten Streitigkeiten den Länder die Möglichkeit gegeben, zur Voraussetzung für ein Urteil machen zu können, dass die Streitbeilegung vor einer *Gütestelle* versucht worden ist (§ 15a EGZPO; s. Rn. 153a, 492b ff.). Weiterhin hat der Einzelne einen Anspruch gegen den Staat auf Ausübung der Rechtspflege, den sog. *Justizgewährungsanspruch,* nicht dagegen einen Anspruch auf ein ihm günstiges Urteil (Lehre vom sog. *Rechtsschutzanspruch,* dazu BGHZ 37, 113, 120ff.). Der Zivilprozess hat also zwei Funktionen: *Feststellung* und dann *Durchsetzung,* d.h. Verwirklichung der festgestellten Rechte. Man spricht vom *Erkenntnisverfahren* und der sich daran anschließenden *Zwangsvollstreckung.* Beides ist in der ZPO geregelt, ein Teil der Zwangsvollstreckung (in Grundstücke) im ZVG. Im Erkenntnisverfahren hat der Richter eine doppelte Aufgabe: Er muss zunächst feststellen, welcher Sachverhalt vorliegt und dann auf diesen Sachverhalt die Normen des materiellen Rechts anwenden. In der Praxis bereitet die Feststellung des Sachverhalts häufig größere Schwierigkeiten als die Rechtsanwendung. Es ist ein Problem des akademischen Unterrichts, dass die Feststellung des Sachverhalts, die nur aufgrund von Beweisen und ihrer Würdigung erfolgen kann, in der Theorie kaum darstellbar ist. Allenfalls *moot*

§ 1. Begriff und Aufgaben des Zivilprozesses

courts und Prozessspiele können hier in gewissem Umfang Abhilfe schaffen.

Das Zivilprozessrecht ist, wie alle Verfahrensordnungen, *Teil des öffentlichen Rechts:* es regelt nicht die Beziehungen zwischen Gleichgestellten, sondern zwischen dem Gericht und den Parteien (zum Vergleich mit dem Verwaltungsprozess *Schifferdecker,* JA 2003, 319).

Man hat früher behauptet, das Prozessrecht sei „technisches Recht", „von wechselnden Zweckmäßigkeiten beherrscht, des Ewigkeitswertes bar" (*Friedrich Stein* im Vorwort zur 1. Aufl. seines Grundrisses, 1921). Diese Auffassung ist unzutreffend. Das Prozessrecht regelt das Verhältnis zwischen dem Einzelnen und dem Staat. Es ist seine Aufgabe, den Einfluss der Parteien und des Gerichts auf den Ablauf des Prozesses abzugrenzen. Diese Abgrenzung wird nicht nur von Zweckmäßigkeitserwägungen beeinflusst, sondern mindestens ebenso stark von bestimmten weltanschaulich motivierten Prinzipien, die sich seit dem Erlass der ZPO im Jahre 1877 verschiedentlich geändert haben. Solche Änderungen haben auch Gesetzesnovellen zur Folge gehabt; soweit der Text der ZPO unverändert geblieben ist, haben sich die neuen Prinzipien auf die Auslegung des Gesetzes ausgewirkt. Die Auswirkungen derartiger Grundanschauungen werden sich vor allem bei den sog. *Prozessmaximen* zeigen (vgl. Rn. 5 ff.).

Die Möglichkeit, in einem staatlichen Verfahren Recht zu erhalten, hat verschiedene Auswirkungen. Die unmittelbarste ist, dass dem einzelnen Gläubiger, der das Gericht angerufen hat, geholfen werden kann; er erhält das ihm Geschuldete. Darüber hinaus wirkt sich die bloße Möglichkeit der prozessualen Geltendmachung von materiellen Rechten auf die Bereitschaft vieler Schuldner aus, ihre Verpflichtungen zu erfüllen. Der Gedanke an Prozess und Zwangsvollstreckung verbessert die Schuldnermoral. Nicht zuletzt hierin liegt ein Problem der nicht am materiellen Recht ausgerichteten Streitbeilegung.

Die indirekten Auswirkungen reichen aber noch weiter. Die Rechtsprechung der Gerichte dient der *Weiterentwicklung* nicht nur des Verfahrensrechts, sondern auch und vor allem des materiellen Rechts. Viele heute allgemein anerkannte Rechtsinstitute des materiellen Zivilrechts wären nicht denkbar ohne die Rechtsprechung insbesondere des Reichsgerichts und des Bundesgerichtshofs. Wenn in Deutschland auch kein Fallrecht *(case law)* gilt, wie in den angelsächsischen Ländern, so nimmt doch die Rechtsprechung maßgeblichen Einfluss auf die Weiterentwicklung des kodifizierten Rechts.

4 Über diese Aufgaben des Zivilprozesses besteht heute weitgehend Einigkeit. Darüber hinaus hat es seit dem Erlass der ZPO im Jahre 1877 *einen Wandel* der Auffassungen vom Zweck des Zivilprozesses gegeben. Die ZPO selbst beruhte auf dem damals herrschenden liberalen Verständnis, das im Prozess nur den Kampf um das private Recht des Einzelnen sah und das Gericht auf eine möglichst neutrale, lediglich beobachtende Rolle beschränken wollte. Danach obliegt die eigentliche Prozessführung den Parteien. Dieses Prinzip wird heute noch im englischen Zivilprozess verkörpert. Hiergegen wurde eingewandt, dass es im Prozess in erster Linie um die Bewährung der objektiven Privatrechtsordnung gehe, ein eher konservativer als liberaler Standpunkt. Schließlich wurde auf die soziale Seite des Prozesses hingewiesen und seine Hauptbedeutung in der Herstellung und Erhaltung des Rechtsfriedens gesehen (wichtigster Vertreter dieser Auffassung war *Franz Klein*, a. a. O. 26 ff.; dazu *Meyer*, JR 2004, 1). Von diesem Standpunkt aus, der Prozesse grundsätzlich als Übel ansieht, liegt es nahe, die Beendigung von Streitigkeiten und auch die der Prozesse im Wege von Vergleichen herbeizuführen.

Alle vorangehend angesprochenen Grundauffassungen beleuchten eine Seite der mit dem Zivilprozess verbundenen Problematik, aber eben nur eine. Für sich genommen ist deshalb jede dieser Theorien zu einseitig. Die *objektive Privatrechtsordnung* wird *durch den Schutz und die Durchsetzung privater Rechte* gewährt. Unstreitig ist heute, dass dabei soziale Momente berücksichtigt werden müssen.

Übersicht: Aufgaben des Zivilprozesses

Zivilprozess als Ausdruck des staatlichen Rechtsschutzmonopols

Verfahren zur Durchsetzung und Verwirklichung von privaten Rechten durch: • Feststellung des Sachverhalts • Anwendung der materiellen Normen auf den festgestellten Sachverhalt	Weiterentwicklung des Rechts	Gewährung der objektiven Rechtsordnung durch Schutz und Durchsetzung privater Rechte

§ 2. Die Prozessmaximen

Literatur: *Damrau,* Die Entwicklung einzelner Prozeßmaximen seit der Reichszivilprozeßordnung von 1877, 1975; *Fritzsche-Brandt,* Die zivil-, verwaltungs- und strafprozessualen Verfahrensgrundsätze im Überblick, JA 2009, 625; *Henckel,* Gedanken zur Entstehung und Geschichte der Zivilprozeßordnung, GS Bruns, 1980, 111; *Leipold,* Verfahrensbeschleunigung und Prozeßmaximen, FS Fasching, 1988, 329; *Möller,* Die Verfahrensgrundsätze des Zivilverfahrens, JA 2010, 47; *Redeker,* Verfahrensgrundrechte und Justizgewährungsanspruch, NJW 2003, 2956; *Schreiber,* Die Verfahrensgrundsätze im Zivilprozess, Jura 2007, 500; *Stürner,* Verfahrensgrundsätze des Zivilprozesses und Verfassung, FS Baur, 1981, 647.

Jedes Verfahrensrecht baut auf einer Reihe von Grundsätzen auf, den sog. *Prozessmaximen.* Diese behandeln die Aufgabenverteilung zwischen Gericht und Parteien, betreffen aber auch das Beweisrecht und die Beweiswürdigung sowie die Verfahrensgestaltung unter dem Aspekt der Verfahrensdauer. Die Prozessmaximen sind im Zusammenhang mit dem Verfahrenszweck zu sehen, den sie fördern sollen. Sie unterliegen in gewissen verfassungsrechtlichen Grenzen (hierzu *Stürner,* FS Baur, 1981, 647) der Dispositionsbefugnis des Gesetzgebers. Zu den verschiedenen Zeiten haben denn auch im deutschen Prozessrecht unterschiedliche Prozessmaximen gegolten. Es gibt Verfahrensgrundsätze, die für jegliches Verfahren prägend sind – Mündlichkeit und Anspruch auf rechtliches Gehör –, andere dagegen sind für den Zivilprozess charakteristisch, z.B. Dispositions- und Verhandlungsgrundsatz. Die Aufgabenverteilung zwischen Gericht und Parteien muss eben unterschiedlich sein, je nach dem, ob es sich um einen Strafprozess oder einen Zivilprozess handelt, weil jeweils völlig verschiedene Interessen auf dem Spiel stehen. Die zivilprozessualen Verfahrensgrundsätze sind nicht ausdrücklich geregelt, sondern haben als gesetzgeberische Grundentscheidung den Ausgangspunkt für die Gestaltung des Verfahrens gebildet und stellen damit den Hintergrund für die Bestimmungen der ZPO dar. Prozessmaximen ermöglichen nicht nur das verfahrensrechtliche Verständnis, sondern dienen auch als Auslegungsmaßstab und erleichtern die Rechtsvergleichung im Verfahrensrecht.

I. Die Dispositionsmaxime

Literatur: *Musielak,* Die Bindung des Gericht an die Anträge der Parteien im Zivilprozess, FS Schwab, 1990, 349; *Schreiber,* Der Dispositionsgrundsatz im Zivilprozess, Jura 1988, 190.

1. Die Einleitung des Verfahrens

Fall 1: Das Amtsgericht X erhält einen anonymen Brief mit dem Inhalt, der Schauspieler A, der bei der Witwe W in Untermiete wohne, zahle seit Monaten seine Miete nicht.

Fall 2: Dem Familiengericht X geht ein anonymer Brief, unterzeichnet mit „ein Nachbar", zu, in dem unter Ausführung von Einzelheiten berichtet wird, die Eheleute Z misshandelten ihre zweijährige Tochter.
Müssen die Gerichte diesen Hinweisen von Amts wegen nachgehen?

6 Die erste Frage, die in jeder Verfahrensordnung geregelt werden muss, ist, *wer das Verfahren in Gang setzt:* die Parteien, das Gericht oder eine andere Behörde. Nach der ZPO kann nur eine Partei einen Prozess einleiten (wo kein Kläger, da kein Richter). Dies geschieht in erster Linie durch Klageerhebung (§ 253), aber auch durch Antrag auf Erlass eines Mahnbescheids (§ 688) oder auf Erlass eines Arrestes oder einer einstweiligen Verfügung (§§ 920, 936). Der Grund für diese Regelung liegt darin, dass der Staat es in das Belieben des einzelnen Bürgers stellt, ob seine privatrechtlichen Rechte durchgesetzt werden oder nicht. So wie die Einzelnen ihre privatrechtlichen Beziehungen durch Vereinbarung selbst regeln können, so können sie auch darüber entscheiden, ob sie diese Rechte mit Hilfe der Gerichte durchsetzen wollen oder

nicht. Verzichten sie darauf, so respektiert der Staat diese Entscheidung. Der *Grundsatz der Privatautonomie*, der das materielle Zivilrecht beherrscht, wirkt sich in dieser Weise im Zivilprozessrecht aus. *Die Dispositionsmaxime ist das prozessuale Gegenstück zur Privatautonomie.*

In **Fall 1** wird das Gericht nichts unternehmen, bevor die Witwe W ihre Ansprüche in einer der genannten Formen geltend macht.

In **Fall 2** handelt es sich dagegen um den möglichen Missbrauch der elterlichen Gewalt, der nach § 1666 BGB das Familiengericht verpflichtet, die zur Abwendung der Gefahr erforderlichen Maßregeln zu treffen. Dieses Gericht ist nach §§ 23 b, 23 a Abs. 1 S. 1 Nr. 1 und S. 2 GVG i. V. m. §§ 111 Nr. 2, 151 Nr. 1 FamFG ausschließlich zuständig. Die hier auf dem Spiel stehenden Interessen des Kindes machen es erforderlich, dass das Gericht von Amts wegen einschreitet (MünchKomm-BGB/*Olzen* § 1666 Rn. 206; zum Umfang der Amtsermittlung *BGH* JuS 2010, 819 [*Wellenhofer*]), wann immer es einen ernst zu nehmenden Hinweis auf einen Missbrauch erhält. Auf eine formelle Antragstellung kann man hier nicht warten. Dieser Grundsatz, die *Offizialmaxime,* gilt in einigen Bereichen der Familiensachen und Angelegenheiten der freiwilligen Gerichtsbarkeit (s. dazu MünchKomm/*Ulrici* vor § 23 FamFG Rn. 9 ff.). Beide Verfahren sind im FamFG geregelt. Die Offizialmaxime hat zum Inhalt, dass das Gericht, ohne an eine Initiative (Antragstellung) durch eine Partei gebunden zu sein, von Amts wegen nach pflichtgemäßem Ermessen einschreiten, d. h. ein Verfahren in Gang setzen muss. Sie ist also das Gegenstück zur Dispositionsmaxime. (Letztere gilt nicht nur im Zivilprozess, sondern auch in den anderen Verfahrensordnungen, §§ 46, 81 ArbGG; §§ 42, 43 VwGO; §§ 40, 41 FGO; § 54 Abs. 1 S. 1 SGG.)

In **Fall 2** muss also das Familiengericht aufgrund des anonymen Briefs ein Verfahren einleiten mit dem Ziel, festzustellen, ob ein Missbrauch der elterlichen Gewalt vorliegt und welche Maßnahmen zu ergreifen sind.

2. Die Bindung an den Antrag

Fall 3: A hat einen Unfall gehabt und sowohl Sach- als auch Körperschaden erlitten. Er klagt einen Gesamtbetrag von 7.500,– Euro ein. Das Gericht kommt zu dem Ergebnis, dass der Schaden noch höher war. Kann es dem A Ersatz des vollen Schadens zusprechen? (Damit könnte vielleicht ein neuer Prozess vermieden werden.)

8 Die Bedeutung der Dispositionsmaxime erschöpft sich nicht in dem Grundsatz, dass die Parteien den Zivilprozess einleiten müssen. Die Parteien ==legen durch ihre Anträge auch den *Umfang des Prozesses* fest,== sie bestimmen, worüber das Gericht entscheiden darf: Das Gericht darf einer Partei weder etwas zusprechen, was nicht beantragt ist (§ 308 Abs. 1, Ausnahme Abs. 2), noch einen Anspruch aberkennen, der nicht zur Entscheidung gestellt ist (*BGH* NJW 1991, 1684). Es darf allerdings in seinem Urteil hinter dem Antrag des Klägers zurückbleiben. Aus der Antragsbindung ergibt sich, dass die Parteien im Zivilprozess ein gewisses Risiko tragen: beantragt der Kläger zu viel, so läuft er Gefahr, dass er wenigstens teilweise abgewiesen wird und damit einen Teil der Kosten tragen muss (§ 92). Beantragt er zu wenig, muss er gegebenenfalls einen zweiten Prozess führen.

Dieses Risiko wird allenfalls dadurch gemildert, dass das Gericht nach § 139 Abs. 1 S. 2 darauf hinwirken muss, dass die Parteien sachdienliche Anträge stellen. Es hat dabei aber alles zu vermeiden, was den Verdacht einer Bevorzugung einer Partei und damit die Besorgnis der Befangenheit begründen könnte. Diese Aufgabe stellt bisweilen hohe Anforderungen an den richterlichen Takt. Die Dispositionsmaxime baut letzten Endes auf der Eigenverantwortung der Parteien auf.

In **Fall 3** kann dem A also nicht mehr als der eingeklagte Betrag von 7.500,– Euro zugesprochen werden, wenn er die Klage nicht erweitert (§ 308 Abs. 1 S. 1).

Nach h.M. (*BGH* NJW 1984, 2295 m. Anm. *Dunz*) ist in dem Leistungsbegehren der Antrag auf Feststellung (Rn. 126 ff.) der entsprechenden Verpflichtung des Beklagten als weniger weit gehender Antrag enthalten. Bei einer unbegründeten Leistungsklage soll das Gericht dem Feststellungsantrag stattgeben können, wenn dieser begründet ist. § 308 soll dem nicht entgegenstehen, weil er nicht verbietet, weniger zuzuerkennen als beantragt ist; denn nach h. M. liegt im Übergang von der Leistungs- zur Feststellungsklage keine Klageänderung. Dies ist zwar richtig, aber nur auf § 264 Nr. 2 (dazu Rn. 171) zurückzuführen. Begrifflich liegt eine Änderung des Streitgegenstandes vor. Besser ist es deshalb, wenn in einem solchen Fall das Gericht von seinem Fragerecht Gebrauch macht und auf eine entsprechende Antragsänderung hinwirkt (in diesem Sinne auch *Musielak,* FS Schwab, 1990, 349, 355 f.).

3. Die Einlegung von Rechtsmitteln

Fall 4: Das Landgericht in X hat ein bestimmtes Urteil erlassen. Der Vorsitzende Richter A am Oberlandesgericht in X erfährt von diesem Urteil, das er für völlig falsch hält. Kann er veranlassen, dass das Oberlandesgericht als das höhere Gericht das Urteil des Landgerichts abändert?

Fall 5: K hat den B auf Schadensersatz wegen Sach- und Körperschadens aus einem fahrlässig verursachten Unfall verklagt. Das Landgericht gibt der Klage statt. B überzeugt sich, dass das Urteil hinsichtlich des Sachschadens richtig ist. Er meint aber, der Körperschaden habe andere Ursachen als den Unfall und legt deshalb Berufung ein, um die Abweisung der Klage zu erreichen, soweit er zur Zahlung wegen des Körperschadens verurteilt ist. Das Berufungsgericht verneint die Fahrlässigkeit des B. Kann es die Klage ganz abweisen?

Die Parteien haben unter bestimmten Voraussetzungen die Möglichkeit, vor dem nächsthöheren Gericht die Überprüfung der zu ihren Ungunsten ergangenen Entscheidungen zu erreichen (Rn. 380ff.). Auch hier gilt die Dispositionsmaxime; das höhere Gericht darf Urteile der unteren Instanz nicht von sich aus überprüfen. Es ist vielmehr daran gebunden, *dass die unterlegene Partei ein Rechtsmittel einlegt* (§§ 511, 542, 567). Dies zu tun liegt im freien Belieben der Parteien; auch diese Freiheit ist eine Auswirkung der Dispositionsmaxime.

In **Fall 4** kann der Vorsitzende Richter damit keine Abänderung des vom Landgericht erlassenen falschen Urteils veranlassen.

Ebenso wie der Kläger durch seinen Klageantrag über den Umfang des Prozesses entscheidet, bestimmt derjenige, der ein Rechtsmittel einlegt (der Rechtsmittelkläger) durch seinen Antrag, *in welchem Umfang der Rechtsstreit neu verhandelt werden kann* (§§ 528 Abs. 2, 557 Abs. 1). Man kann also ein Urteil zum Teil hinnehmen und zum Teil mit dem Rechtsmittel anfechten. Das Rechtsmittelgericht ist daran gebunden.

In **Fall 5** könnte das Berufungsgericht also die Klage nicht ganz abweisen, weil B die Verurteilung zur Zahlung von Schadensersatz wegen Sachschadens nicht angefochten hat. Insoweit müsste das Urteil bestehen bleiben.

4. Die Beendigung des Prozesses durch Klagerücknahme

Fall 6: K hat gegen B Klage auf Zahlung einer bestimmten Geldsumme erhoben. Er erfährt kurz danach, dass B vermögenslos ist. Sein Anwalt sagt ihm, eine Zwangsvollstreckung werde sicher erfolglos bleiben.

Fall 7: Nach Klageerhebung stirbt Z, auf dessen Zeugenaussage K seine Prozessführung aufbauen wollte.
In beiden Fällen möchte K den Prozess nicht weiterführen.

10 Die Möglichkeit, den Prozess zu beginnen, korrespondiert mit jener, *den Prozess zu beenden*. Der Kläger leitet den Prozess ein, indem er die Klage erhebt. Er kann die Klage auch *zurücknehmen*, § 269 (Rn. 241 ff.). Das Gericht ist daran gebunden und kann über die Klage nach ihrer Rücknahme nicht mehr entscheiden.

Der Kläger kann die Ansprüche, die er mit der zurückgenommenen Klage geltend gemacht hatte, mit einer neuen Klage wieder dem Gericht zur Entscheidung unterbreiten. Der Beklagte muss also befürchten, mit derselben Sache erneut behelligt zu werden. Ein klageabweisendes Urteil hätte ihm davor Sicherheit verschafft. Deshalb muss der Beklagte der Klagerücknahme zustimmen, wenn er bereits zur Hauptsache mündlich verhandelt hatte (§ 269 Abs. 1). Die darin liegende Einschränkung der Dispositionsbefugnis des Klägers erfolgt also nicht im öffentlichen Interesse, sondern im Interesse des Beklagten an einem klageabweisenden Urteil.

In **Fall 6 und 7** könnte K also die Klage zurücknehmen. Nach Beginn der mündlichen Verhandlung zur Hauptsache bedarf es aber der Einwilligung des B.

5. Beendigung des Prozesses durch Anerkenntnis und Verzicht

11 Aus der Dispositionsmaxime ergibt sich eine weitere Möglichkeit für die Parteien, über den Prozess zu disponieren. Der Beklagte kann durch ein *Anerkenntnis* des klägerischen (prozessualen) Anspruchs, der Kläger durch *Verzicht* darauf den Streit beenden (§§ 306, 307; Rn. 233 ff.). Es ergeht dann ein besonderes Anerkenntnis- oder – Klageabweisungsantrag vorausgesetzt – ein Verzichtsurteil. Das Gericht ist an das Anerkenntnis oder den Verzicht gebunden, auch wenn es vom Gegenteil überzeugt ist. Die Urteile beruhen hier also auf der *Dispositionsbefugnis* der Parteien, nicht auf der Überzeugung des Gerichts. Ein Anerkenntnis ist deshalb dort nicht möglich, wo die Parteien über das streitige Rechtsverhältnis nicht disponieren können: z.B. in Ehesachen (§ 113 Abs. 4 Nr. 6 FamFG). Weil im Falle des Verzichts der Beklagte ein klageabweisendes Urteil erhält, ist, anders als bei der Klagerücknahme, seine Zustimmung nicht erforderlich.

6. Beendigung des Prozesses durch Prozessvergleich

12 Die Parteien können den Streit auch auf andere Weise beenden als durch Klagerücknahme, Anerkenntnis oder Verzicht. Sie kön-

nen einen *Vergleich* schließen (Rn. 248 ff.). Ein solcher Vergleich, der im Prozess geschlossen und protokolliert wird, hat alle *Wirkungen eines materiellrechtlichen Vergleichs* (§ 779 BGB). *Außerdem beendet er den Prozess und bildet einen Vollstreckungstitel* (§ 794 Abs. 1 Nr. 1). Wenn der Schuldner des Vergleichs seine darin übernommenen Verpflichtungen nicht erfüllt, kann unmittelbar ohne neuen Prozess und Urteil gegen ihn vollstreckt werden. Auch die Möglichkeit, diese Rechtswirkungen herbeizuführen, ergibt sich aus der Privatautonomie bzw. der Dispositionsmaxime.

II. Die Verhandlungsmaxime

1. Die Beibringung der Tatsachen

Literatur: *Bischoff*, Tatsachenvortrag im Zivilprozessrecht, JA 2010, 532; *Coester-Waltjen*, Die Parteien als Herren des Verfahrens und der Richter im deutschen Zivilprozeß, Jura 1998, 661; *Fellner*, Richterliche Hinweispflichten – Die Bedeutung des § 139 ZPO für die erste und zweite Instanz, MDR 2004, 728; *Jauernig*, Verhandlungsmaxime, Inquisitionsmaxime und Streitgegenstand, 1967; *Reischl*, Der Umfang der richterlichen Instruktionstätigkeit – ein Beitrag zu § 139 Abs. 1 ZPO, ZZP 116, 81; *Rensen*, Richterliche Hinweispflicht – Neutralitätspflicht und anwaltliche Vertretung als Grenzen, MDR 2002, 1175; *Schreiber*, Der Verhandlungsgrundsatz im Zivilprozeß, Jura 1989, 86; *Stackmann*, Richterliche Anordnung versus Parteiherrschaft im Zivilprozess, NJW 2007, 3521; *Stürner*, Parteiherrschaft versus Richtermacht – Materielle Prozessleitung und Sachverhaltsaufklärung im Spannungsfeld zwischen Verhandlungsmaxime und Effizienz, ZZP 123, 147.

Die Dispositionsmaxime beantwortet die Frage, wer den Zivilprozess einleitet, beendet, seinen Umfang bestimmt und ihn in die nächsthöhere Instanz bringt. Die zweite Frage, die in jeder Verfahrensordnung zu beantworten ist, betrifft den *Sachverhalt*, über den das Gericht entscheidet. Wie oben ausgeführt, hat das Gericht zuerst einen Sachverhalt (Tatsachen) festzustellen, auf den es dann das Recht anwendet (den es unter die in Betracht kommenden Rechtsnormen subsumiert). Das Gericht hat das Recht zu kennen *(iura novit curia)*. Die Parteien können dazu Ausführungen machen, sie müssen es aber nicht. Das Gericht ist an die Rechtsausführungen der Parteien in keiner Weise gebunden. Allerdings hat das Gericht heute auch eine Pflicht, auf rechtlich relevante Gesichtspunkte hinzuweisen, die die Partei erkennbar übersehen hat. Die erteilten Hinweise muss es aktenkundig machen (§ 139 Abs. 4 S. 1). Eine Niederschrift lediglich in den Urteilsgründen ist grds.

nicht ausreichend (*BGH* NJW 2006, 60, 62). Zweck des richterlichen Hinweises ist es, dass die Parteien sich hierzu äußern können, bevor das Gericht diesen Aspekt seiner Entscheidung zugrundelegt (§ 139 Abs. 2 S. 1).
Die Tatsachen kann das Gericht nicht kennen, jedenfalls in aller Regel nicht. Es erhebt sich die Frage, wie es das Tatsachenmaterial beschafft. Diese Frage wird in den verschiedenen Verfahrensordnungen unterschiedlich beantwortet, je nach dem, welche Interessen auf dem Spiel stehen, also anders im Strafprozess als im Zivilprozess.

14 So wie die Einleitung des Zivilprozesses den Parteien obliegt, *so obliegt ihnen auch die <u>Beibringung der Tatsachen</u>*. Nur die Tatsachen, die sie vortragen, kann das Gericht bei seiner Entscheidung berücksichtigen (vgl. *BGH* NJW-RR 1996, 1009f.). Das Gericht kann nach § 139 Abs. 1 S. 2 anregen, dass bestimmte Tatsachen vorgetragen werden. Kommen die Parteien dieser Anregung nicht nach, ist das Gericht daran gebunden, kann also nicht vorgetragene Tatsachen nicht von sich aus berücksichtigen. Man spricht insoweit unter Übernahme eines Ausdrucks, den der Prozessualist *Gönner* erstmals in seinem Handbuch des deutschen gemeinen Prozesses im Jahre 1801 gebraucht hat, von der *Verhandlungsmaxime;* gebraucht wird in neuerer Zeit auch der Ausdruck „*Beibringungsgrundsatz*". Dieser Grundsatz wird im Gesetz stillschweigend vorausgesetzt (nur das Gegenteil bzw. seine Einschränkung ist ausdrücklich geregelt; z.B. in Ehe- und Abstammungssachen, §§ 127, 177 FamFG).

In anderen Verfahrensordnungen kann das Gericht unabhängig vom Parteivortrag Tatsachen ermitteln (§§ 86 VwGO, 76 FGO, 103 SGG, 26 FamFG, 244 Abs. 2 StPO). Man spricht insoweit vom *Untersuchungsgrundsatz* oder von der *Inquisitionsmaxime*.

15 Die Verhandlungsmaxime betrifft also die Beibringung von Tatsachen. Man muss die Tatsachen sowohl von Rechtsnormen als auch von Erfahrungssätzen unterscheiden. Sowohl bei Rechtsnormen als auch bei Erfahrungssätzen ist das Gericht nicht an den Vortrag der Parteien gebunden. Dieser ist unabhängig davon zu berücksichtigen. Die Unterscheidung der Tatsachen von Rechtsnormen bereitet keine Schwierigkeiten. Problematischer ist die Abgrenzung von Tatsachen und Erfahrungssätzen. Der Sprachgebrauch des Alltags bezeichnet vielfach Erfahrungssätze als Tatsachen, etwa, dass das Wasser den Berg hinunter fließt. Erfahrungssätze spielen in vielen Prozessen eine große Rolle, so medizinische Erfahrungssätze bei Fragen des Kausalzusammenhangs zwischen Verletzungshandlungen und Körperverletzungen und den sich daraus ergebenden Behinderungen. Bei der Feststellung von Erfahrungssätzen müssen häufig Sachverständige hinzugezogen werden.

2. Die Beweisbedürftigkeit der Tatsachen

Fall 8: Der Kläger behauptet, er habe dem Beklagten die Klagesumme als Darlehen gewährt. Der Rückzahlungsanspruch sei fällig, weil die vereinbarte Zeit abgelaufen sei. Der Beklagte bestätigt diesen Vortrag des Klägers. Das Gericht hat starke Zweifel, ob der Beklagte die Wahrheit sagt. Es vermutet, dass die Parteien ein anderes Rechtsgeschäft abgeschlossen haben, von dem Dritte nichts erfahren sollen. Kann das Gericht seinen Zweifeln nachgehen und den Wahrheitsgehalt des Geständnisses prüfen?

Die Bedeutung der Verhandlungsmaxime erschöpft sich nicht darin, dass das Gericht nur von den Parteien vorgetragene Tatsachen berücksichtigen kann. Die Parteien bestimmen vielmehr auch, _welche Tatsachen bewiesen werden müssen:_ nur die vom Gegner bestrittenen. Wenn der Gegner nicht bestreitet (§ 138 Abs. 3) oder ausdrücklich zugesteht (§ 288), bedürfen die betreffenden Tatsachen keines Beweises mehr. _Das Gericht ist an dieses Verhalten der Parteien gebunden_, nach nicht unbestrittener, aber herrschender Auffassung sogar bei einem bewusst unwahren Geständnis.

In **Fall 8** könnte das Gericht also nicht die Wahrheit des Geständnisses prüfen.

Dies ist wiederum anders in den Verfahren, in denen der Untersuchungsgrundsatz gilt. Hier können die Parteien das Gericht durch *Nichtbestreiten oder ausdrückliches Zugestehen nicht binden*. Das ist besonders einleuchtend im Strafprozess, wo das Geständnis eines Angeklagten natürlich ein schwerwiegendes Indiz für seine Schuld sein wird, das Gericht aber nicht binden und von weiteren Untersuchungen abhalten kann. Es kann durchaus vorkommen, dass ein Angeklagter durch sein Geständnis einen anderen decken will, der Hehler etwa die Diebesbande. Auch in der freiwilligen Gerichtsbarkeit (Rn. 7) muss das Gericht über die Beweisbedürftigkeit selbst entscheiden. In diesem Verfahren stehen ebenso wie im Strafprozess und den anderen Verfahren, in denen der Untersuchungsgrundsatz gilt, öffentliche Interessen auf dem Spiel, die es nicht erlauben, dass die Parteien über das Tatsachenmaterial bestimmen können, über das das Gericht zu entscheiden hat. Im Zivilprozess ist das anders. Die Dispositionsbefugnis der Parteien wirkt sich auch auf die Herbeischaffung des

Tatsachenmaterials und die Bestimmung der Beweisbedürftigkeit aus. Gleichwohl sollte man die Dispositionsmaxime und die Verhandlungsmaxime auseinanderhalten. Die erstgenannte bezieht sich auf die Einleitung des Prozesses, also die Anträge, die Verhandlungsmaxime auf die Tatsachen und ihre Beweisbedürftigkeit (anders *Grunsky* Rn. 36 und 40).

18 Es ist nur konsequent, wenn die Verhandlungsmaxime dort nicht gelten kann, wo die Parteien *nicht* über das streitige materielle Rechtsverhältnis disponieren können, wie bspw. in Ehe- und Abstammungssachen (§§ 127, 177 FamFG; s. auch § 113 Abs. 4 Nr. 1 und 5 FamFG).

3. Die Benennung der Beweismittel

19 Wenn Tatsachenbehauptungen beweisbedürftig sind, müssen sie bewiesen werden. Das Gesetz hat das dabei erforderliche Verfahren geregelt (§§ 355 ff.) und bestimmt, welche Beweismittel zulässig sind (§§ 371 ff.). Es erhebt sich die Frage, *wer die Beweismittel benennt*, die Parteien oder das Gericht. Nach der ursprünglichen Fassung der ZPO hatten die Parteien die Beweismittel zu benennen. Das Gericht war daran gebunden (§ 282 a.F.). Das Gericht konnte also nicht etwa Zeugen hören oder sich Urkunden vorlegen lassen, deren Existenz ihm bekannt war, die die Parteien aber nicht in den Prozess einführen wollten.

Zwar gilt nach wie vor der Grundsatz, dass ein Beweismittel von der beweisbelasteten Partei angeboten werden muss (*BVerfG* NJW 1994, 1211), doch hat inzwischen der Gesetzgeber auch im Zivilprozess die Position des Gerichts verstärkt. Mit Ausnahme des Zeugenbeweises (der der unsicherste Beweis ist) kann das Gericht heute die Beweise auch von Amts wegen erheben (§§ 142, 143, 144, 273 Abs. 2, 448) und ist an die Benennung der Beweismittel durch die Parteien nicht gebunden. Das Gericht kann weitergehend anordnen, dass eine Partei oder sogar ein Dritter die in ihrem Besitz befindlichen Urkunden oder sonstigen Unterlagen vorlegt, auf die sich eine Partei bezogen hat. Bei Vorliegen der Voraussetzungen von § 142 Abs. 1 hat das Gericht eine solche Anordnung grds. in Betracht zu ziehen (*BGH* NJW 2007, 2989). Die Pflicht des Dritten zur Vorlage ist durch die Zumutbarkeit und das Zeugnisverweigerungsrecht begrenzt (§ 142 Abs. 1, 2; für ein Beispiel s. *BGH* NJW 2007, 155).

Der Dritte muss die Unzumutbarkeit oder sein Zeugnisverweigerungsrecht geltend machen. Dies kann schriftlich oder durch Erklärung zu Protokoll der Geschäftsstelle bzw. im Termin geschehen (§§ 142 Abs. 2, 144 Abs. 2, 386 Abs. 1). Dabei hat er die Tatsachen für seinen Verweigerungsgrund anzugeben und glaubhaft zu machen. Über die Weigerung entscheidet das Gericht durch Zwischenurteil (§§ 144 Abs. 2, 387 Abs. 1). Hiergegen ist die sofortige Beschwerde statthaft. Bei Weigerung des Dritten ohne Angabe von Gründen kann das Gericht zur Durchsetzung des angeordneten Verhaltens nach §§ 142 Abs. 2, 390 oder nach §§ 144 Abs. 2, 390 ein Ordnungsgeld oder im Wiederholungsfall Erzwingungshaft anordnen.

Es besteht jedoch keine Pflicht des Gerichts i. S. einer Aufklärungspflicht, alle in Betracht kommenden Beweise von Amts wegen zu erheben. Dem steht auch die Unzulässigkeit des Ausforschungsbeweises entgegen (dazu Rn. 287).

4. Die Prüfung von Amts wegen

Literatur: *Rimmelspacher*, Zur Prüfung von Amts wegen im Zivilprozeß, 1966.

Aufgrund einer Anzahl von Bestimmungen muss das Gericht bestimmte Tatsachen *von Amts wegen berücksichtigen* (etwa §§ 341, 522 Abs. 1, 552, 577 Abs. 1, 589). Es handelt sich dabei durchweg um Tatsachen, die die Zulässigkeit von Rechtsbehelfen betreffen. Auch die Zulässigkeitsvoraussetzungen der Klage (Rn. 150 ff.) müssen von Amts wegen festgestellt werden (§§ 56, 589; dies gilt für alle, nicht nur für die dort genannten Zulässigkeitsvoraussetzungen). Diese Prüfung von Amts wegen steht in der Mitte zwischen Verhandlungs- und Untersuchungsmaxime. Einerseits kann auch hier das Gericht nur die Tatsachen berücksichtigen, die die Parteien vorgetragen haben. Es kann daher im Gegensatz zum Untersuchungsgrundsatz nicht von sich aus, also nicht von Amts wegen ermitteln. Das Gericht kann nur im sonst zulässigen Rahmen von sich aus Beweise erheben, also nicht etwa Zeugen hören, die die Parteien nicht benannt haben (a. A. dagegen *BGH* NJW 2000, 289, 290). Soweit gilt die Verhandlungsmaxime. Andererseits können die Parteien in diesen Fällen *nicht über die Beweisbedürftigkeit der Tatsachen bestimmen*, ihr Nichtbestreiten oder Geständnis bindet das Gericht nicht. Auch wenn die andere Partei alle Tatsachen zugesteht, aus denen sich die Prozessfähigkeit (gleich Geschäftsfähigkeit) des Gegners ergibt, kann und muss das Gericht bei bestehenden Zweifeln auf der Vorlage von Beweisen durch die Parteien bestehen oder, sofern dies zulässig ist, diese selbst erheben. Insoweit gilt also die Untersuchungsmaxime. Der Grund für diese Regelung ist, dass das Vorliegen der Zulässigkeitsvoraussetzungen auch im öffentlichen Interesse liegt (wie z. B. bei Partei- und Prozessfähigkeit sowie dem Rechtsschutzbedürfnis) und deshalb die Parteien grundsätzlich nicht darüber disponieren können (s. aber die Möglichkeit der rügelosen Einlassung und der Prorogation bei der internationalen, sachlichen und örtlichen Zuständigkeit, §§ 39 f.; Rn. 80 ff.). Diesen öffentlichen Interessen würde freilich dann noch besser Rechnung getragen werden, wenn insoweit die Untersuchungsmaxime gelten würde.

5. Die Wertung der Verhandlungsmaxime im Zivilprozess, ihre Modifizierung durch die richterliche Frage- und Aufklärungspflicht sowie die Wahrheitspflicht der Parteien

Literatur: *Arens*, Zur Aufklärungspflicht der nicht beweisbelasteten Partei im Zivilprozeß, ZZP 96, 1; *Brehm*, Die Bindung des Richters an den Parteivortrag und Grenzen freier Verhandlungswürdigung, 1982; *Henke*, Die aufklärende Prozeßleitung des Zivilrichters, JZ 2005, 1028; *von Hippel*, Wahrheitspflicht und Aufklärungspflicht der Parteien im Zivilprozess, 1939; *Katzenmeier*, Aufklärungs-/Mitwirkungspflicht der nicht beweisbelasteten Partei im Zivilprozess, JZ 2002, 533; *Kiethe*, Zivilprozessuale Sanktionen gegen unrichtigen und rechtswidrigen Parteivortrag, MDR 2007, 625; *Leipold*, Zivilprozeßrecht und Ideologie, JZ 1982, 441; *Olzen*, Die Wahrheitspflicht der Parteien im Zivilprozess, ZZP 98, 403; *Peters*, Auf dem Wege zu einer allgemeinen Prozeßförderungspflicht der Parteien?, FS Schwab, 1990, 399; *Stürner*, Die Aufklärungspflicht der Parteien des Zivilprozesses, 1976; *ders.*, Die richterliche Aufklärung im Zivilprozeß, 1982; *ders.*, Parteipflichten bei der Sachverhaltsaufklärung im Zivilprozess, ZZP 98, 237.

21 Die Geltung der Verhandlungsmaxime ist in der Vergangenheit viel angegriffen worden; die Ideologen des Dritten Reiches hatten erhebliches Unbehagen an der Freiheit, aber auch der Verantwortung, die diese Maxime dem Einzelnen im Verhältnis zum Gericht aufbürdet. In ihrer ursprünglichen Ausgestaltung war die Verhandlungsmaxime in der Tat ein Kind des *Liberalismus*. Die gegen diesen gerichteten Angriffe mussten auch sie treffen. Ebenso wie im Bereich des materiellen Rechts ist aber zu berücksichtigen, dass der Liberalismus des späten 19. Jahrhunderts inzwischen

§ 2. Die Prozessmaximen

zahlreiche Modifizierungen erfahren hat, auf dem Gebiet des Prozessrechts durch die Erweiterung der richterlichen Frage- und Aufklärungspflicht sowie die ausdrückliche Einführung der Wahrheitspflicht und der Prozessförderungspflicht der Parteien. Hier ist spätestens seit dem ZPO-RG von 2001 § 139 von zentraler Bedeutung. Mit der Reform wollte der Gesetzgeber die Vorschrift zur „Zentralnorm für die materielle Prozessleitung ausbauen" (*Rimmelspacher* S. XIII; s.Rn. 196).

Nach § 139 Abs. 1 muss das Gericht durch die Erörterung der Streitsache mit den Parteien für die *Ergänzung ihres etwa unvollständigen Tatsachenvortrages* sorgen. Es darf ein auf unvollständigen Klägervortrag gestütztes Klagebegehren nicht als unschlüssig abweisen oder eine lückenhafte Verteidigung als unerheblich zurückweisen, bevor es der Partei einen entsprechenden Hinweis gegeben hat. Wenn der Kläger auf Rückzahlung eines Darlehens klagt und zwar die Hingabe der Geldsumme vorgetragen hat, nicht aber, dass er gekündigt habe oder dass eine bestimmte Zeit für die Rückzahlung vereinbart sei, muss er darauf hingewiesen werden, dass dies Voraussetzung für die Fälligkeit des Darlehens ist (§ 488 Abs. 3 S. 1 BGB). Es ist streitig, ob dies auch gilt, wenn beide Parteien anwaltlich vertreten sind (einerseits *BGH* WM 1977, 1201, andererseits *BGH* NJW 2001, 2548; *E. Schneider,* NJW 1986, 971; *ders.,* MDR 1996, 868). Da der Umfang der Hinweispflicht sich nach den tatsächlichen Gegebenheiten richtet (vgl. *BGH* NJW-RR 1990, 1242f.; *OLG Frankfurt/Main* FamRZ 1996, 174: keine Pflicht, wenn der Hinweis bereits durch den Prozessgegner erfolgte; vgl. auch *BGH* NJW-RR 1998, 16), kann der Umstand einer anwaltlichen Vertretung nicht unberücksichtigt bleiben (vgl. *BayVerfGH* NJW 1992, 1094), ohne dass eine Hinweis- und Aufklärungspflicht bei anwaltlicher Vertretung von vornherein auszuschließen wäre (*BGH* NJW-RR 1993, 570). Die eine Gleichbehandlung beider Parteien befürwortende Ansicht verweist darauf, dass auch Anwälte Fehler machen können. Damit ist freilich noch nicht beantwortet, weshalb diese Fehler vom Gericht ausgeglichen werden sollen und deren Begehung nicht lediglich Folgen im Verhältnis zwischen Partei und Prozessvertreter hat. Konsequenz wäre, dass hiervon der Gegner unberührt bliebe. Allerdings – und dies ist der erstgenannten Auffassung zuzugeben – differenziert der Wortlaut von § 139 nicht zwischen anwaltlich und nicht anwaltlich vertretenen Parteien.

Als zweiter Aspekt der Hinweispflicht soll das Gericht gegebenenfalls auf Stellung *sachdienlicher Anträge* hinwirken. Dies gilt bei unklaren, unvollständigen oder ungenauen Klageanträgen, aber auch bei solchen, die nicht zum vorgetragenen Klagegrund passen, so etwa wenn der Kläger versäumt hat, die Verurteilung des Beklagten auch zur Zahlung von Zinsen zu beantragen, oder wenn wegen des Untergangs der herausverlangten Sache nur noch die Umstellung auf Schadensersatz in Betracht kommt (§ 264 Nr. 3). Hinzuweisen hat das Gericht die Parteien auf Mängel der Klageerhebung oder der Rechtsmitteleinlegung, sofern diese behebbar sind. Bei (sachlicher oder örtlicher) Unzuständigkeit des Gerichts fragt es, ob ein Verweisungsantrag gestellt wird.

Der Richter hat folgende Grenzen zu beachten: Es gehört nicht mehr zu seinen Pflichten, den Kläger auf neue Klagegründe und den Beklagten auf bisher nicht geltend gemachte Einwendungen hinzuweisen. Im Übrigen ist es auch nicht Aufgabe des Richters, dem Kläger eine Klageänderung zu empfehlen oder dem Gegner gewisse materiell-rechtliche Rechtsgeschäfte (z.B. Anfechtung oder Kündigung) anzuraten, die seine rechtliche Lage verbessern könnten. § 139 verpflichtet den Richter aber zum Nachfragen, wie ein bestimmter Parteivortrag gedeutet werden solle, z.B. bei widersprüchlichem Parteivortrag (*BGH* MDR 2004, 169). Das Gericht muss weiterhin über die Beweislast und die Unvollständigkeit eines Beweisantritts belehren. Nicht zu den Aufgaben des Gerichts gehört es dagegen, nach prozesshindernden Einreden zu fragen (§§ 113, 269 Abs. 6, 1032). Bei alledem hat der Richter den Eindruck zu vermeiden, dass er eine der beiden Parteien begünstige, weil sonst seine Ablehnung wegen *Besorgnis der Befangenheit* möglich ist (§ 42; hierzu Rn. 73). Die Hinweispflichten nach § 139 stellen deshalb hohe Anforderungen an die Verhandlungsführung des Richters.

Es bleibt aber festzuhalten, dass das Gericht im Rahmen seiner Verfahrensleitung nach § 139 stets nur anregen kann. Wenn die Parteien der Anregung nicht folgen, muss das Gericht etwa nicht vorgetragene Tatsachen unberücksichtigt lassen. Eine erneute Hinweispflicht des Gerichts besteht insofern nicht (s. *BGH* NJW 2008, 2036). Weiterhin darf das Gericht sich nicht die Tatsachen selbst beschaffen, über die es urteilen will. Andernfalls käme es zu einer Aushöhlung der Verhandlungsmaxime und damit zu einer Verlagerung der Verantwortlichkeiten von Gericht und Parteien bzw. Anwälten (dazu *Birk*, NJW 1985, 1489 u. *Engels*, DRiZ 1985, 196). Das Gericht kann Tatsachen, von denen es auf anderem Wege als durch Parteivortrag Kenntnis erlangt hat, nicht berücksichtigen (so z. B. wenn sich durch die Zeugenaussage erst ein Mitverschulden des Geschädigten ergibt, der Schädiger sich darauf im Prozess jedoch nicht beruft). Ausnahmsweise ohne entsprechenden Parteivortrag kann das Gericht jedoch offenkundige Tatsachen seiner Entscheidung zugrunde legen. Dazu gehören gerichtsbekannte oder allgemeinbekannte Tatsachen (z. B. allgemeinkundige Tatsachen infolge Mitteilung in den Medien). Diese bedürfen keines Beweises (§ 291; hierzu *Stackmann*, NJW 2010, 1409 und *Pörnbacher/Suchomel*, NJW 2010, 3202). Aufgrund der Wahrheits- und Vollständigkeitspflicht der Partei nach § 138 Abs. 1 ist ein entgegenstehendes Parteivorbringen unbeachtlich (s. nachfolgende Rn.).

Eine weitere Einschränkung der Verhandlungsmaxime stellt die durch die Novelle vom 27. Oktober 1933 eingeführte Bestimmung des § 138 Abs. 1 dar, die die *Wahrheitspflicht der Parteien* ausdrücklich im Gesetz verankert hat. Nach h. M. verbietet diese Vorschrift, die sich nur auf Tatsachen, nicht auf Rechtsausführungen bezieht, lediglich die bewusste Lüge. Die Wahrheitspflicht ist also die *Pflicht zur subjektiven Wahrhaftigkeit,* die Parteien dürfen nicht wider besseres Wissen Behauptungen aufstellen oder unterdrücken (vgl. *BGH* NJW 1995, 2846). Dagegen ist es zulässig, dass die Partei Behauptungen aufstellt oder Behauptungen des Gegners bestreitet, über deren Wahrheit sie sich nicht sicher ist. Dies kann häufig unvermeidlich sein, weil die Parteien oft auf die Angaben Dritter angewiesen sind oder die Partei keine Einblicke in die dem Gegner bekannten Geschehensabläufe hat. Rechtsmissbräuchlich und verwehrt sind der Partei lediglich willkürliche Behauptungen „aufs Geratewohl" oder „ins Blaue hinein" (*BGH* NJW 1995, 2112; 1996, 3150).

23

Da die Wahrheitspflicht in erster Linie den Gegner schützen soll, wird sie nicht verletzt, wenn die Partei Tatsachen behauptet oder nicht bestreitet, die ihr selbst ungünstig sind. Das bewusst unwahre Geständnis bindet also und kann nur unter den Voraussetzungen des § 290 widerrufen werden.
Wenn eine Partei die ihr obliegende Wahrheitspflicht verletzt, kann darin ein strafbarer Prozessbetrug liegen (§ 263 StGB). Das Zivilurteil könnte nach einer strafgerichtlichen Verurteilung mit der Wiederaufnahmeklage (§ 580 Nr. 4) angegriffen werden. Die betrogene Partei könnte gegebenenfalls auch Schadens-

ersatz verlangen. Aus der Wahrheitspflicht wird auch die sog. *Vollständigkeitspflicht* abgeleitet: die Partei darf, wenn sie die Tatsachen vorträgt, aus denen sie die geltend gemachten Rechte ableiten will, dazu gehörende, ihr aber ungünstige Tatsachen nicht wider besseres Wissen unterdrücken.

Eine andere Frage ist es, ob die Parteien verpflichtet sind, Tatsachen, aus denen der *Gegner* Rechte herleiten will, vorzutragen. Dass eine solche allgemeine *prozessuale Aufklärungspflicht* besteht, wie teilweise behauptet wird (*Stürner*, a.a.O., dazu *Arens*, ZZP 96, 1; dagegen wiederum *Stürner*, ZZP 98, 237), ist nicht anzunehmen. Es ist zwar richtig, dass es Fälle geben kann, in denen einer Partei die für einen genauen (substantiierten) Vortrag erforderlichen Kenntnisse fehlen, weil die betreffenden Tatsachen in die Sphäre des Gegners fallen. Dieser weiß deshalb genau darüber Bescheid und wäre zu einem Vortrag im Prozess in der Lage. Wollte man daraus aber eine allgemeine prozessuale Pflicht jeder Partei zum Vortrag ihr ungünstiger Tatsachen ableiten, so wären die Parteien gezwungen, dem Prozessgegner das Material zum Sieg zu verschaffen, über das er von sich aus nicht verfügte (sehr weitgehend nimmt *Stürner*, JZ 1985, 453 eine Offenlegungspflicht von Geschäftsgeheimnissen an; seine Idee eines „Geheimverfahrens" erscheint kaum vertretbar). Das hat die Rechtsprechung grundsätzlich abgelehnt (RGZ 63, 410; *BGH* NJW 1958, 1491). Außerdem wäre der Gegensatz zwischen Verhandlungsmaxime und Untersuchungsgrundsatz weitgehend aufgegeben. Der richtige Weg zur Lösung dieser Fälle führt über das materielle Recht: oft wird sich daraus (z.B. aus vertraglichen Nebenpflichten) eine Pflicht zur Aufklärung ergeben. Damit wird den Interessen der Parteien auf eine Weise Rechnung getragen, die Differenzierungen auch in Umfang und Grenzen der Auskunftspflicht nach der Art ihrer rechtlichen Beziehung zulässt. Gegen eine allgemeine prozessuale Aufklärungspflicht hat sich auch der Bundesgerichtshof (BGHZ 116, 47; *BGH* NJW 1997, 127) ausgesprochen. Das Gericht vertritt ebenfalls die Auffassung, dass sich Auskunftspflichten aus materiell-rechtlichen Vorschriften ergeben. Daneben könnten der Inhalt des Rechtsverhältnisses und die Interessenlage nach dem Grundsatz von Treu und Glauben eine solche Pflicht rechtfertigen. Allerdings schränkt das Gericht seine Erwägungen ein. In bestimmten Fällen würde dem Gegner der primär behauptungs- und beweisbelasteten Partei von der Rechtsprechung eine gewisse (sekundäre) Behauptungslast auferlegt. Dies träfe vor allem für Fälle zu, in denen eine darlegungspflichtige Partei außerhalb des von ihr darzulegenden Geschehensablaufs stehe und keine nähere Kenntnis der maßgebenden Tatsachen besitze, während dem Gegner eine entsprechende Auskunft zumutbar sei. Dies wird vom Gericht in bestimmten Situationen befürwortet (dazu Rn. 275ff.).

Die Verhandlungsmaxime ist also heute in ihrer Geltung vielfach eingeschränkt. Nach heutigem Recht liegt zwar die primäre Verantwortung für die Prozessführung bei den Parteien und ihren Anwälten. Diese sind aber nicht schutzlos dem Gericht oder dem Gegner ausgeliefert. Die Rechte der Parteien sind geringer, wenn die gesamte Tatsachenfeststellung in der Hand des Gerichtes liegt.

Insoweit dient die Verhandlungsmaxime dem Prinzip der Parteifreiheit und Parteiverantwortung im Zivilprozess (*Leipold*, JZ 1982, 448).

Nicht nur diese *grundsätzliche Überlegung*, sondern auch *praktische Gesichtspunkte* sprechen entschieden *für* die Geltung der Verhandlungsmaxime. In allen Verfahren, in denen die Untersuchungsmaxime gilt, geht dem Prozess ein Verfahren vor einer Behörde voraus, durch das die gerichtliche Feststellung des Sachverhalts weitgehend vorbereitet wird. Dies gilt etwa im Strafprozess für die Ermittlungstätigkeit der Staatsanwaltschaft, im Verwaltungsgerichtsprozess für das Verwaltungsverfahren. Auch dem Finanzgerichts- und dem Sozialgerichtsverfahren gehen entsprechende behördliche Verfahren voraus. Das Gericht hat also in allen diesen Fällen bereits Material, auf dem es aufbauen kann. Etwas Entsprechendes fehlt im Zivilprozess. Es gibt hier keine Behörde, die durch Ermittlungen die Tätigkeit des Prozessgerichts vorbereiten könnte. Dem Gericht bleibt deshalb gar nichts anderes übrig, als zuerst die Parteien anzuhören. Hinzu kommt, dass diese in aller Regel auch am besten über den Sach- und Streitstand informiert sein werden. Wenn sie auch am Ausgang des Prozesses zu ihren Gunsten interessiert sind, so ist doch ihr sich ergänzender und gegebenenfalls widersprechender Tatsachenvortrag das beste Mittel zur Aufklärung des Sachverhalts. Auch diese praktischen Erwägungen sprechen dafür, es bei der Geltung der Verhandlungsmaxime in der heutigen Form zu belassen. **24**

III. Der Grundsatz der Mündlichkeit

Literatur: *Arens*, Mündlichkeitsprinzip und Prozeßbeschleunigung im Zivilprozeß, 1971; *Fezer*, Die Funktion der mündlichen Verhandlung im Zivilprozeß und im Strafprozeß, 1970; *Gaier*, Urteilstatbestand und Mündlichkeitsprinzip, 1999.

1. Die Bedeutung und Entwicklung des Mündlichkeitsgrundsatzes

Es gibt verschiedene Möglichkeiten, den *äußeren Ablauf des Verfahrens* zu gestalten: die Parteien können ihren Vortrag beim Gericht schriftlich einreichen, es kann statt dessen ein Termin vor dem Gericht anberaumt werden, in dem die Parteien mündlich **25** vortragen, was sie dem Gericht zur Kenntnis bringen wollen, und es kann schließlich Mischformen dieser Regelungen geben.

Die Bedeutung des Schriftlichkeits- oder Mündlichkeitsprinzips beschränkt sich aber nicht auf diese äußere Gestaltung des Verfahrens. In jedem Verfahren muss nämlich feststehen, *was das Gericht seiner Entscheidung zugrunde legen darf*, und darin wird heute die Hauptbedeutung des Mündlichkeitsprinzips gesehen: *nur das mündlich Vorgebrachte ist Entscheidungsgrundlage*. Das in diesem Sinne verstandene Mündlichkeitsprinzip, das die ZPO im Jahre 1879 eingeführt hat, hat das vorher im gemeinen Prozess geltende *Schriftlichkeitsprinzip* abgelöst, nach dem nur das schriftlich Festgehaltene bei der Entscheidung berücksichtigt werden durfte („quod non est in actis, non est in mundo"). Mit der Einführung des Mündlichkeitsprinzips, die eines der Hauptziele der Reformbestrebungen im Bereich des Verfahrensrechts im 19. Jahrhundert gewesen war, sollte der Rechtsschutz verbessert, vor allem der Prozess beschleunigt werden, weil man davon ausging, dass die mündliche Verhandlung der Parteien vor dem Gericht am besten geeignet sei, den Streitfall schnell und gründlich aufzuklären. In der Tat müsste vor allem auch die Ausübung des richterlichen Frage- und Aufklärungsrechts in einem schriftlichen Verfahren zu erheblichen Verzögerungen führen.

26 Nach der ursprünglichen Konzeption des Gesetzgebers der ZPO sollten die Parteien vor ein *unbefangenes Gericht* treten. Die Vorbereitung der mündlichen Verhandlung durch Schriftsätze war nicht obligatorisch.

Weil sich diese Regelung nicht bewährte, wurde in der Folgezeit das neue Mündlichkeitsprinzip der ZPO durch verschiedene Gesetzesnovellen abgemildert. So wurde die Vorschrift gestrichen, dass das Unterbleiben eines Austauschs von Schriftsätzen keine Nachteile mit sich bringen dürfe und statt dessen die Bestimmung eingefügt, dass Angriffs- und Verteidigungsmittel zurückgewiesen werden konnten, wenn sie aus Verschleppungsabsicht oder grober Nachlässigkeit nicht rechtzeitig durch vorbereitenden Schriftsatz mitgeteilt worden waren (§ 279 Abs. 2 a. F.).

Die völlig veränderte Bedeutung der vorbereitenden Schriftsätze wird auch noch aufgrund einer nachträglich (1924) eingeführten Bestimmung deutlich, die in der Praxis erhebliche Bedeutung erlangt hat (§ 283a, jetzt § 283, dazu *Katzenstein*, ZZP 121, 41). Einer Partei, der der Gegner ein neues tatsächliches Vorbringen nicht rechtzeitig durch Schriftsatz mitgeteilt hat, so dass sie sich im Termin dazu nicht erklären kann, kann auf Antrag eine Frist gewährt werden, innerhalb derer sie ihre Entgegnung vorbringen kann. Diese Erklärung erfolgt dann in der Form eines Schriftsatzes, dessen Inhalt das Gericht berücksichtigen kann, auch ohne dass es noch einmal zu einer mündlichen Verhandlung kommt. Die nicht rechtzeitige Ankündigung des beabsichtigten Vorbringens führt also dazu, dass die nachlässige Partei dem Gegner das letzte Wort überlässt.

Den schwerwiegendsten Eingriff in das Mündlichkeitsprinzip brachte aber die durch die Novellen von 1909 und 1924 eingeführte Möglichkeit der *Bezugnahme auf Anträge und Schriftsätze* (§§ 297 Abs. 2 und 137 Abs. 3). An die Stelle des ursprünglich vorgesehenen freien Vortrags trat damit in sehr weitgehendem Umfang, vor allem vor dem Landgericht in der ersten Instanz, diese Bezugnahme. Dies führte dazu, dass in vielen Prozessen die mündliche Verhandlung nur noch aus den Bezugnahmen auf Schriftsätze bestand, also zur reinen Formsache wurde (sog. Durchruftermine). Deshalb konnte die mündliche Verhandlung ihre Aufgabe einer mündlichen Erörterung des Rechtsstreits zwischen Gericht und Parteien nicht mehr erfüllen. Die Folge davon war in sehr vielen Prozessen, dass die Parteien ihre tatsächlichen Behauptungen etappenweise in immer neuen Schriftsätzen vorbrachten, was zu einer erheblichen Prozessverlängerung führte.

Die *mangelnde Effektivität der mündlichen Verhandlung* wurde deshalb als Hauptursache der häufig ungebührlich langen Dauer der Prozesse angesehen. Eine geraume Zeit wurden in der Praxis (sog. *Stuttgarter Modell*) Versuche unternommen, die mündliche Verhandlung wirksamer zu gestalten, sie wieder zum Mittelpunkt des Prozesses zu machen und damit die Prozesse zu verkürzen. Diese Überlegungen führten im Jahre 1976 zum Eingreifen des Gesetzgebers durch die sog. *Vereinfachungsnovelle*.

Mit den in dieser Novelle neugefassten §§ 272–296a sollte die *Straffung und Beschleunigung der mündlichen Verhandlung* erreicht werden. Diese sollte wieder *Mittelpunkt des Verfahrens* und so ausgestaltet werden, dass der Rechtsstreit mit den Parteien umfassend erörtert und nach Möglichkeit in einem Termin abgeschlossen werden kann.

Das Gesetz sieht *zwei verschiedene Wege* dafür vor, die dem Gericht *wahlweise* zur Verfügung stehen (§ 272 Abs. 2): der eine ist ein *schriftliches Vorverfahren* (§ 276), das die mündliche Verhandlung so vorbereiten soll, dass sie die ihr zugedachte Funktion erfüllen kann. Dies soll dadurch erreicht werden, dass die Parteien innerhalb bestimmter Fristen ihr Vorbringen dem Gericht und dem Gegner schriftlich zu unterbreiten haben, so dass eine *intensive Vorbereitung der mündlichen Verhandlung* möglich wird. In schwierigen Fällen, in denen der Prozess so umfangreich ist, dass ein Vorverfahren nicht straff geführt werden kann und deshalb zur Unübersichtlichkeit führt, soll statt dessen *ein früher erster*

Termin anberaumt werden können (§ 275). In diesem soll dann der entscheidungserhebliche Streitstoff besprochen und sinnvoll eingegrenzt werden. Ein früher erster Termin ist auch sinnvoll in den Fällen, in denen die Sach- und Rechtslage so einfach ist, dass vermutlich schon in diesem frühen Stadium entschieden werden kann (zu Einzelheiten Rn. 188 ff.).

Die Rechtsentwicklung seit dem Erlass der ZPO hat gezeigt, dass das Mündlichkeitsprinzip seine Aufgabe nur erfüllen kann, wenn die mündliche Verhandlung intensiv vorbereitet wird. Dies ist ohne einen Schriftsatzwechsel der Parteien (gegebenenfalls unter Leitung des Gerichts) nicht möglich. Das Mündlichkeitsprinzip bedarf also zu seiner Wirksamkeit der *Ergänzung durch Elemente der Schriftlichkeit;* in doktrinärer Weise durchgeführt, ist es höchst unzweckmäßig. Die Frage kann also nicht lauten, ob mündliches oder schriftliches Verfahren; sie muss vielmehr dahingehend gestellt werden, *wie Elemente der Mündlichkeit und der Schriftlichkeit zu dosieren sind.*

2. Die Einheit der mündlichen Verhandlung

Fall 9: K klagt gegen B auf Zahlung von 7.500,– Euro. Im ersten Termin gesteht B einen Teil der vom Kläger vorgebrachten Tatsachen zu, andere bestreitet er. Nach mündlicher Verhandlung vertagt das Gericht und beraumt einen neuen Termin zur mündlichen Verhandlung an. In diesem Termin möchte B den gesamten Tatsachenvortrag des Klägers bestreiten. Kann er dies, ohne dass die Voraussetzungen des § 290 vorliegen?

28 Die gesetzliche Regelung soll dazu führen, dass der Prozess nach Möglichkeit in *einem* Verhandlungstermin erledigt werden kann. In allen Fällen lässt sie sich keinesfalls erreichen. Es gibt also eine Anzahl von Prozessen mit einer *Mehrheit von Terminen*, wenn dies vielleicht auch eher die Ausnahme ist. In jedem Verfahren, in dem es mehrere mündliche Verhandlungstermine gibt, erhebt sich die Frage, ob die Parteien in einem neuen Termin *ihr Vorbringen aus den früheren Terminen wiederholen müssen*, ob sie an Geständnisse und Versäumungen gebunden sind oder nicht.

Wenn die Parteien an die bisherige Prozessführung, etwa an Geständnisse und andere Prozesshandlungen, nicht gebunden wären und außerdem jedes Mal in einem neuen Termin der gesamte Tatsachenvortrag wiederholt werden müsste, würde jede Vertagung praktisch bedeuten, dass der Prozess von vorne geführt werden müsste (im Strafprozess besteht diese Notwendigkeit, wenn die mündliche Hauptverhandlung länger als drei Wochen unterbrochen war, § 229 StPO). Sämtliche Verhandlungstermine gelten deshalb für die Urteilsgrundlage als Einheit, sie bilden in ihrer Gesamtheit die mündliche Verhandlung, sog. *Grundsatz der Einheit der mündlichen Verhandlung.*

Dies bedeutet auch, dass grundsätzlich die Parteien bis zum Schluss der letzten mündlichen Verhandlung alles vorbringen können. Durch die aufgrund der Vereinfachungsnovelle vorgesehenen Fristen (vgl. Rn. 188 ff.) ist diese Möglichkeit freilich sehr eingeschränkt worden. Darin liegt eine gewisse Annäherung an die sog. *Eventualmaxime,* d. h. die Bindung des Parteivorbringens an bestimmte Termine oder Prozessabschnitte, wie es etwa im gemeinen Prozess der Fall war. Hier mussten die Parteien bei Gefahr der Zurückweisung die Tatsachen und Beweise vorbringen, auch diejenigen, die nur gelten sollten (eventualiter), wenn das primär gewollte Vorbringen keinen Erfolg hatte.

In **Fall 9** kann B also nur bestreiten, soweit die Voraussetzungen des § 290 vorliegen.

3. Die obligatorische und die fakultative mündliche Verhandlung

Grundsätzlich ist die mündliche Verhandlung *obligatorisch;* ein Urteil kann in der Regel nur aufgrund einer mündlichen Verhandlung ergehen (s. aber § 307 S. 2: Anerkenntnisurteil ohne mündliche Verhandlung). In einer Reihe von Fällen sieht das Gesetz aber nur *wahlweise* eine mündliche Verhandlung vor, sog. *fakultative mündliche Verhandlung.* Dies gilt grundsätzlich – d. h. vorbehaltlich einer abweichenden gesetzlichen Regelung – für alle Verfahren, die durch Beschluss entschieden werden (§ 128 Abs. 4).

Im Ermessen des Gerichts liegt die mündliche Verhandlung etwa im Beschwerdeverfahren (§§ 572 Abs. 4, 577 Abs. 6 i. V. m. § 128 Abs. 4) oder im Berufungs- und Revisionsverfahren, wenn es um die Zulässigkeit der Rechtsmittel geht (§ 522 Abs. 1 S. 3, Abs. 2 i. V. m. § 128 Abs. 4). Hier kann das Gericht dann von der mündlichen Verhandlung absehen, wenn von dieser keine weitere Aufklärung zu erwarten ist, weil etwa die Unzulässigkeit des Rechtsmittels wegen Verstreichens der Rechtsmittelfrist sich schon aus den Akten ergibt. Die Entscheidung ergeht dann durch Beschluss. § 495 a Abs. 1 S. 2 sieht für sog. Bagatellverfahren eine mündliche Verhandlung erst auf Antrag vor. Dagegen kann in anderen Situationen von einer mündlichen Verhandlung abgesehen werden, wenn ein entsprechender Antrag gestellt wurde (§ 331 Abs. 3).

In allen Fällen der fakultativen mündlichen Verhandlung können, selbst wenn mündlich verhandelt worden ist, schriftlich vorgetragene Tatsachen berücksichtigt werden.

4. Die Entscheidung ohne mündliche Verhandlung

30   Nach der ursprünglichen Fassung der ZPO musste dem Urteil immer eine mündliche Verhandlung vorausgehen. Diese strenge Durchführung des Mündlichkeitsprinzips wurde dann als hinderlich empfunden, wenn alle Beteiligten, die Parteien und das Gericht von der Entbehrlichkeit der mündlichen Verhandlung überzeugt waren (Schweigen einer Partei gilt nicht als Zustimmung, *BGH* NJW 2007, 2122). Nachdem in verschiedenen Verordnungen der beiden Kriegs- und Nachkriegszeiten die Möglichkeit einer einverständlichen Entscheidung ohne mündliche Verhandlung eingeführt und im Jahre 1950 diese Regelung als § 128 Abs. 2 in das Gesetz aufgenommen worden war, hat der Gesetzgeber jetzt im neugefassten § 128 diese Regelung präzisiert. In das Ermessen des Gerichts ist die mündliche Verhandlung ohne Zustimmung der Parteien gestellt, wenn nur noch über die Kosten des Verfahrens entschieden werden muss (§ 128 Abs. 3). Diese mit dem ZPO-RG geschaffene Regelung greift die bestehenden Kostenregelungen im Beschlusswege (§§ 91 Abs. 1 und 516 Abs. 3 S. 2, 269 Abs. 4) auf und führt sie weiter. Die bisherige fakultative Verhandlung bei geringen Streitwerten in *vermögensrechtlichen* Streitigkeiten gem. § 128 Abs. 3 a. F. hat der Gesetzgeber im Hinblick auf ihre geringe praktische Bedeutung aufgrund des § 495 a Abs. 1 S. 1 aufgehoben, der dem Amtsgericht bei jeglicher Streitigkeit bis zu einem Streitwert von 600,– Euro (geplant ist eine Erhöhung auf 1.000,– Euro, BT-Drs. 17/2149, 5) ein Verfahren nach billigem Ermessen und damit auch ohne mündliche Verhandlung gestattet.

IV. Der Grundsatz der Unmittelbarkeit

Literatur: *Bachmann,* „Allgemeines Prozessrecht" – Eine kritische Untersuchung am Beispiel von Videovernehmung und Unmittelbarkeitsgrundsatz, ZZP 118, 133; *Schultzky,* Videokonferenzen im Zivilprozess, NJW 2003, 313; *Völzmann-Stickelbrock,* Unmittelbarkeit der Beweisaufnahme und Parteiöffentlichkeit – Nicht mehr zeitgemäße oder unverzichtbare Elemente des Zivilprozesses?, ZZP 118, 359.

§ 2. Die Prozessmaximen

Fall 10: Die beiden ersten Termine zur mündlichen Verhandlung haben vor der Kammer des Landgerichts, besetzt mit den Richtern A, B und C stattgefunden. Bevor der bereits anberaumte dritte Verhandlungstermin stattfindet, erkrankt Richter A. Kann der ebenfalls der Kammer angehörende Richter D am dritten Termin teilnehmen und zusammen mit B und C das Urteil fällen?

Wie wäre es, wenn die mündliche Verhandlung bereits geschlossen war und im nächsten Termin das Urteil verkündet werden soll? Kann bei der Urteilsfällung D jetzt an die Stelle des A treten?

Nach § 128 Abs. 1 verhandeln die Parteien vor dem erkennenden Gericht mündlich; § 355 Abs. 1 schreibt vor, dass auch die Beweisaufnahme vor dem Prozessgericht erfolgt; sie darf nur in den vom Gesetz bestimmten Fällen einem Mitglied des Prozessgerichts oder einem anderen Gericht übertragen werden. Schließlich bestimmt § 309, dass das Urteil nur von den Richtern gefällt werden kann, die der dem Urteil zugrunde liegenden Verhandlung beigewohnt haben (vgl. auch § 329 Abs. 1). 31

Der *Unmittelbarkeitsgrundsatz*, wie er sich aus den angegebenen Bestimmungen des Gesetzes ergibt, ist keine Selbstverständlichkeit. Es hat Verfahrensordnungen gegeben, in denen die Sammlung des Tatsachenstoffes einer anderen Instanz als dem entscheidenden Gericht übertragen war. Eine solche Regelung enthält dem erkennenden Gericht aber sehr wesentliche Eindrücke vor, die sich aus dem unmittelbaren Kontakt mit den Parteien und den Beweismitteln, etwa bei der Vernehmung von Zeugen, ergeben. Es verstößt daher gegen den Grundsatz der Unmittelbarkeit, wenn ein Gericht Aussagen eines Zeugen in einem anderen Verfahren als gerichtsbekannt verwertet (*BGH* NJW-RR 2011, 569). Der heute geltende Unmittelbarkeitsgrundsatz soll deshalb sowohl der Wahrheitsfindung dienen (die Glaubwürdigkeit eines Zeugen lässt sich am besten beurteilen, wenn das Gericht ihn bei der Vernehmung gesehen und gehört hat) als auch die Prozessbeschleunigung fördern. Er hat vor allem auch bei der Beweisaufnahme große Bedeutung.

Soweit der Unmittelbarkeitsgrundsatz für die mündliche Verhandlung gilt, muss er freilich im Zusammenhang mit dem Grundsatz der Einheitlichkeit der mündlichen Verhandlung gesehen werden. Angesichts der Dauer der Zivilprozesse und der üblichen Zersplitterung der mündlichen Verhandlung in mehrere Verhandlungstermine lässt sich ein *Richterwechsel während des Prozesses* nicht immer vermeiden. Maßgebend ist i. S. v. § 309 deshalb die letz- 32 te mündliche Tatsachenverhandlung, sie liegt dem Urteil zugrunde. Es ist also erforderlich, aber auch ausreichend, dass die entscheidenden Richter an diesem letzten Termin teilgenommen haben.

Bei einem Richterwechsel muss der neu eingetretene Richter Kenntnis von dem bisherigen Prozessstoff erlangen. Allerdings hat der Parteivortrag nur referierende Bedeutung, es steht deshalb im Ermessen des Gerichts, ob der Vortrag tatsächlich zu wiederholen ist oder ob eine Bezugnahme auf Schriftsätze ausreicht. Ebenso ist es unstreitig, dass Geständnisse, Anerkenntnisse und Verzichte sowie andere bindende Prozesshandlungen der Parteien für den ganzen Prozess wirken und ebenso nicht wiederholt zu werden brauchen wie Anträge der Parteien und richterliche Akte, also Beschlüsse, Teil- und Zwischenurteile (Stein/Jonas/*Leipold* § 128 Rn. 96; *Rosenberg/Schwab/Gottwald* § 60 Rn. 1). Auch eine vorher durchgeführte Beweisaufnahme darf der neu eingetretene Richter anhand der Protokolle würdigen (BGHZ 53, 245, 256 ff.). Kommt es allerdings beim Zeugenbeweis auf die Glaubwürdigkeit und damit den persönlichen Eindruck an, so müssen alle an der Entscheidung beteiligten Richter auch an der Beweisaufnahme teilgenommen haben, damit der Unmittelbarkeitsgrundsatz gewahrt ist (BGH NJW-RR 1997, 152; 506; NJW 1997, 1587).

Wenn der Richterwechsel nach Schluss der letzten mündlichen Verhandlung, aber vor Urteilsfällung erfolgt, muss die mündliche Verhandlung wiedereröffnet werden und in der beschriebenen Weise verfahren werden, damit der neu hinzugetretene Richter an der Urteilsfällung teilnehmen kann. Anders ist es, wenn das Urteil bereits gefällt ist und nur noch die Verkündung aussteht (Rn. 331).

In **Fall 10** könnte Richter D an die Stelle von Richter A treten, müsste aber in der beschriebenen Weise von dem Prozessstoff Kenntnis nehmen. Wenn die mündliche Verhandlung schon geschlossen war, müsste sie wieder eröffnet werden.

32a Auf Antrag kann das Gericht den Parteien, ihren Bevollmächtigten und Beiständen gestatten, die mündliche Verhandlung gemäß § 128a als *Video-Verhandlung* durchzuführen. Dies enthebt die Partei und ihren Prozessvertreter oder sonstige Beteiligte von der Notwendigkeit, am Verhandlungsort persönlich anwesend zu sein. Hierin liegt eine Durchbrechung des Unmittelbarkeitsprinzips zugunsten der Prozessökonomie. Allerdings ist diese Art der Verhandlung noch von geringer Bedeutung, da die entsprechende technische Ausstattung des Gerichts teilweise noch nicht besteht. Ein Anspruch auf Einrichtung kann aus § 128a nicht abgeleitet werden. Gleiches gilt für die Vornahme einer solchen *Video-Vernehmung*. Sie muss zugleich in das Sitzungszimmer am Ort des Gerichts übertragen werden (§ 128a Abs. 2 S. 2), eine Aufzeichnung findet nicht statt (§ 128a Abs. 3 S. 1).

Nach § 284 S. 2 kann das Gericht die Beweisaufnahme mit Einverständnis der Parteien auch im Wege des Freibeweises durchführen. Damit ist die Möglichkeit der Beweiserhebung etwa auch per Telefon oder durch Nutzung anderer Kommunikationsmittel möglich (s. unten Rn. 259). Dies soll nach Vorstellung des Gesetzgebers Verfahrensabläufe vereinfachen sowie den Prozess beschleunigen und im Übrigen die Gestaltungsrechte der Parteien stärken (RegE BT-Drs. 15/1508, 18). Die Vorschrift gestattet damit eine Einschränkung des Unmittelbarkeitsgrundsatzes. Unverändert bleibt jedoch das zur richterlichen Überzeugungsbildung erforderliche Beweismaß (s. Rn. 257).

V. Der Grundsatz der Öffentlichkeit des Verfahrens

Literatur: *Baumgärtel,* „Geheimverfahren" im Zivilprozeß zur Wahrung von Geschäftsgeheimnissen nach Schweizer Vorbild?, FS Habscheid, 1989, 1; *Gundisch/Dany,* Rundfunkberichterstattung aus Gerichtsverhandlungen, NJW 1999, 256; *Fenger,* Die Öffentlichkeit in Arzthaftpflichtverfahren, NJW 2000, 851; *Rothe/Danwerth,* Die Bedeutung des Öffentlichkeitsprinzips im Zivilprozess, AL 2010, 313; *Stadler,* Der Schutz von Unternehmensgeheimnissen im Zivilprozeß, NJW 1989, 1202; *Walker,* Zur Problematik beweisrechtlicher Geheimverfahren an einem Beispiel aus dem Arbeitsgerichtsprozeß, FS E. Schneider, 1997, 147.

Nicht nur der Unmittelbarkeitsgrundsatz sondern auch der der *Öffentlichkeit* hängt mit der Mündlichkeit zusammen. Ein mündliches Verfahren kann leichter der Öffentlichkeit zugänglich gemacht werden als ein schriftliches, bei dem die Öffentlichkeit kaum herzustellen ist. (Sollte man der Allgemeinheit die Möglichkeit geben, die Akten zu lesen?) § 169 S. 1 GVG sieht vor, dass die Verhandlung vor dem erkennenden Gericht ebenso wie die Verkündung der Urteile (§ 173 GVG) öffentlich ist. Nicht öffentlich sind Verhandlungen in Familiensachen und in Angelegenheiten der freiwilligen Gerichtsbarkeit, § 170 GVG. Ein Ausschluss der Öffentlichkeit kann nach § 172 GVG wegen der dort genannten Gründe erfolgen. Fernseh-, Rundfunk- und Filmaufnahmen sind auch in einer öffentlichen Verhandlung unzulässig, § 169 S. 2 GVG (zu dessen Verfassungsmäßigkeit *BVerfG* NJW 2001, 1693 m. Anm. *Haft*; zu weiteren Problemen der Gerichtsberichterstattung *G. Müller,* NJW 2007, 1617). Die Öffentlichkeit des Verfahrens hat im Übrigen im Strafprozess eine größere praktische Bedeutung als im Zivilprozess, der nur selten das Interesse der Allgemeinheit findet. Die Öffentlichkeit ist zwar nicht verfassungsrechtlich verankert (BVerfGE 15, 303, 307; siehe *Kissel/*

33

Mayer, § 169 GVG, Rn. 4), stellt aber einen prozessualen Leitgedanken nach Art. 6 Abs. 1 EMRK dar.

34 Unter dem Grundsatz der *Parteiöffentlichkeit* versteht man das Recht der Parteien, von den Gerichtshandlungen und den Prozesshandlungen des Gegners offiziell in Kenntnis gesetzt zu werden und auch der Beweisaufnahme beizuwohnen (§ 357 Abs. 1). Dieses Recht umfasst auch die Befugnis, die Prozessakten einzusehen und sich Abschriften anfertigen zu lassen, §§ 299, 299a (dazu *Zuck*, NJW 2010, 2913).

VI. Rechtliches Gehör und andere Verfahrensgrundrechte

1. Der Anspruch auf rechtliches Gehör

Literatur: *Fellner*, Der Anspruch auf Gewährung rechtlichen Gehörs und dessen Schutz, MDR 2008, 602; *Huber*, Anhörungsrüge bei Verletzung des Anspruchs auf rechtliches Gehör, JuS 2005, 109; *Kettinger*, Die Statthaftigkeit der Anhörungsrüge (§ 321a ZPO), Jura 2007, 161; *Kreft*, „Greifbare Gesetzeswidrigkeit", Gedanken zur Entlarvung eines Phantoms, FS Graßhof, 1998, 185; *Kutsch*, Das Institut der außerordentlichen Beschwerde nach dem Zivilprozessreformgesetz, 2004; *Lerche*, Zum „Anspruch auf rechtliches Gehör", ZZP 78, 1; *Marotzke*, Urteilswirkungen gegen Dritte und rechtliches Gehör, ZZP 100, 164; *Schumann*, Bundesverfassungsgericht, Grundgesetz und Zivilprozeß, ZZP 96, 137; *Schneider*, Gehörsrüge des § 321a ZPO – Anhörungsrüge, Ausnahmeberufung, Ausnahmebeschwerde, Willkürverbot, MDR 2006, 969; *Schwab/Gottwald*, Verfassung und Zivilprozeß, in: Effektiver Rechtsschutz und verfassungsmäßige Ordnung, 1983, 1; *Vollkommer*, Der Anspruch der Parteien auf ein faires Verfahren im Zivilprozeß, GS Bruns, 1980, 195; *ders.*, Zur Einführung der Gehörsrüge in den Zivilprozeß, FS Schumann, 2001, 507; *Voßkuhle*, Bruch mit einem Dogma: Die Verfassung garantiert Rechtsschutz gegen den Richter, NJW 2003, 2193; *Waldner*, Der Anspruch auf rechtliches Gehör, 2. Aufl., 2000; *Zeuner*, Rechtliches Gehör, materielles Recht und Urteilswirkungen, 1974; *Zuck*, Rechtliches Gehör im Zivilprozess – Die anwaltlichen Sorgfaltspflichten nach dem In-Kraft-Treten des Anhörungsrügengesetzes, NJW 2005, 1226; *ders.*, Wann verletzt ein Verstoß gegen ZPO-Vorschriften zugleich den Grundsatz rechtlichen Gehörs?, NJW 2005, 3753.

Fall 11: Der Kläger klagt auf Rückzahlung eines Darlehens, das er dem Beklagten gewährt haben will. Im Termin zur mündlichen Verhandlung erscheint der ordnungsgemäß geladene Beklagte nicht. Der Kläger stellt Antrag auf Versäumnisurteil. Das Gericht weist ihn darauf hin, dass er die Fälligkeit des Rückzahlungsanspruchs nicht vorgetragen habe, also weder die Vereinbarung einer bestimmten Zeit noch die Kündigung (§ 488 Abs. 3 BGB). Der Kläger holt dies im Termin nach und behauptet, er habe gekündigt. Kann das Gericht nunmehr Versäumnisurteil gegen den Beklagten erlassen? (vgl. auch unten den Fall vor Rn. 373)

Art. 103 Abs. 1 GG bestimmt, dass vor Gericht jedermann das 35 *Recht auf rechtliches Gehör* hat. Damit ist dieses Recht zum *Grundrecht* erhoben worden (BVerfGE 9, 95). Das heißt aber nicht, dass es vor dem Erlass des Grundgesetzes der Sache nach unbekannt war. Unabhängig von einer verfassungsmäßigen Garantie des Rechts auf rechtliches Gehör setzt jede gerechte Entscheidung eine *vollständige Sachaufklärung* voraus. In einem Verfahren, in dem die Verhandlungsmaxime gilt, muss jede Partei und jeder, der durch die Entscheidung unmittelbar in seinen Rechten beeinträchtigt werden kann (z. b. alle Gesellschafter bei der gesellschaftsrechtlichen Auflösungsklage, *BVerfG* NJW 1982, 1635; oder Kinder des Annehmenden bei einer Adoption, *BVerfG* NJW 2009, 138), auch die Gelegenheit zum Sachvortrag haben. Dies gilt einmal für den *eigenen Sachvortrag,* beschränkt sich aber nicht darauf. Jede Partei hat auch das Recht, Gelegenheit zu bekommen, *zum gesamten Vortrag des Gegners Stellung zu nehmen und Anträge zu stellen.* Das Gericht muss das Vorbringen unabhängig vom Inhalt seiner Entscheidung tatsächlich berücksichtigen (z. B. *BGH* NJW 2009, 2137). Daraus folgt auch, dass rechtliches Gehör grundsätzlich *vor* Erlass der Entscheidung gewährt wird und nur dann nachträglich im Wege des Rechtsmittels oder -behelfs eingeräumt werden kann, wenn früheres Gehör den Zweck der Maßnahme vereiteln würde (sog. Vorherigkeitsgrundsatz, s. unten Rn. 36). Diese Grundsätze haben der ZPO von vornherein in weitem Umfang zugrunde gelegen.

So darf etwa nach § 335 Abs. 1 Nr. 3 ein Versäumnisurteil nicht ergehen, wenn der nicht erschienenen Partei ein tatsächliches mündliches Vorbringen oder ein Antrag nicht rechtzeitig mittels Schriftsatz mitgeteilt war. In **Fall 11** wäre also der Antrag auf Erlass eines Versäumnisurteils zurückzuweisen, weil der Kläger sein tatsächliches Vorbringen, er habe gekündigt, dem Beklagten nicht vorher durch Schriftsatz mitgeteilt hatte (s. dazu im Einzelnen u. Rn. 373). Würde man diesen erst im Termin vorgebrachten Umstand berücksichtigen, so hätte man der Klage aufgrund von Tatsachen stattgegeben, zu denen Stellung zu nehmen der Beklagte keine Gelegenheit gehabt hatte. Sein Recht auf rechtliches Gehör wäre verletzt worden. Dem hat § 335 Abs. 1 Nr. 3 schon vor Erlass des Grundgesetzes Rechnung getragen (vgl. auch §§ 136, 337).

Ist das Recht auf rechtliches Gehör auch nichts grundsätzlich Neues, so hat seine Garantie im Grundgesetz doch zur Folge gehabt, dass die Rechtsprechung Rechtsbehelfe und Anhörungsrechte auch in solchen Fällen gewährt hat, in denen die ZPO sie ursprünglich nicht vorgesehen hatte (s. aber sogleich zu § 321 a ZPO). Außerdem begründet die Verletzung dieses Grundrechts die Verfassungsbeschwerde (Art. 93 Abs. 1 Nr. 4 a GG). Die Garantie im Grundgesetz hat also eine nicht unbeträchtliche *Ausdehnung des Rechtsschutzes* zur Folge gehabt. Das Bundesverfassungsgericht hat durch seine Rechtsprechung das Recht auf rechtliches Gehör geprägt und inhaltlich bestimmt. Es hat klargestellt, dass dieses Recht das „prozessuale Urrecht" des Einzelnen ist, das verbietet, mit ihm „kurzen Prozess" zu machen (BVerfGE 55, 6).

2. Abhilfe bei Gehörsverletzung

35a Die Verletzung des Rechts auf rechtliches Gehör (wie etwa auch die Verletzung der gerichtlichen Hinweispflichten nach § 139) kann zum einen grundsätzlich im Wege der zulässigen allgemeinen Rechtsmittel oder Rechtsbehelfe geltend gemacht werden, zum anderen steht als besonderer Rechtsbehelf die Gehörsrüge nach § 321 a offen. Sie ist bspw. in Fällen von Bedeutung, in denen ein Vorbringen zu Unrecht als verspätet ausgeschlossen oder als unsubstantiiert nicht berücksichtigt wird.

Vor Geltung des § 321 a in seiner jetzigen Fassung gab es Fälle der Gehörsverletzung, in denen kein Rechtsmittel zulässig war. Hier konnte letztlich nur das Bundesverfassungsgericht mittels Verfassungsbeschwerde angerufen werden (s. BVerfGE 42, 237, 248 f.; 46, 185, 187). Die Wahrung und Durchsetzung von Grundrechten obliege aber – so das Bundesverfassungsgericht – zunächst den Fachgerichten. Ihre Aufgabe sei es, den durch den Verfahrensfehler erfolgten Grundrechtsverstoß zu beseitigen.

Zur Lösung dieses Problems im Bereich des *Beschwerdeverfahrens* wurde in der Rechtsprechung die *außerordentliche Beschwerde* entwickelt (*BGH* NJW-RR 1986, 738; NJW 1993, 1865, ausführlich hierzu *Kutsch,* a.a.O.). Dabei handelt es sich um einen außerordentlichen Rechtsbehelf, dessen Anwendung nach Ansicht des Bundesgerichtshofs auf Ausnahmefälle begrenzt ist, in denen eine „greifbare Gesetzeswidrigkeit" vorliegt (krit. dazu *Kreft,* FS Graßhof, 1998, 185). Diese sei anzunehmen, wenn die Entscheidung einer gesetzlichen Grundlage entbehre und inhaltlich dem Gesetz fremd sei (*BGH* NJW 1990, 838, 840; MDR 1998, 733). Nach der Rechtsprechung begründet die Verletzung des rechtlichen Gehörs allein allerdings keinen solch schweren Verstoß (*BGH* NJW 1990, 838, 840; 2002, 754). Vielmehr müssten weitere Umstände hinzutreten, die eine „greifbare Gesetzeswidrigkeit" begründeten. Im Übrigen könne die Verletzung rechtlichen Gehörs nur durch eine – ebenfalls ungeschriebene – *Gegenvorstellung* geltend gemacht werden, die dem Ausgangsgericht die Möglichkeit der Selbstkontrolle gebe (*BGH* NJW 1995, 403; 2000, 590). Solche ungeschriebenen Rechtsbehelfe wurden zunächst vom Bundesverfassungsgericht gebilligt (BVerfGE 73, 322, 327). Deren Anwendungsbereiche und die genauen Voraussetzungen waren in Literatur und Rechtsprechung aber umstritten (dazu *Jauernig*, FS Schumann, 2001, 241 ff.) sodass der Rechtssuchende keine Rechtssicherheit erlangen konnte.

Durch eine Plenarentscheidung des Bundesverfassungsgerichts (NJW 2003, 1924; hierzu *Voßkuhle*, NJW 2003, 2193) erfolgte eine Klärung der unübersichtlichen Rechtslage. Nach Ansicht des Plenums verstößt eine in der Verfahrensordnung fehlende fachgerichtliche Abhilfemöglichkeit für entscheidungserhebliche Gehörsverletzungen gegen das Rechtsstaatsprinzip i. V. m. Art. 103 Abs. 1 GG (so auch *BVerfG* NJW 2003, 3688). Die Grundrechtsgarantie wirkungsvollen Rechtsschutzes zusammen mit dem Rechtsstaatsprinzip erfordere eine einmalige fachgerichtliche Kontrolle ihrer Einhaltung (allgemeiner Justizgewährungsanspruch). Erst die infolge des Rechtsschutzes ermöglichte Korrektur eröffne ein „Gehörtwerden" im Verfahren. Die zur Schließung der im Zivilprozess bestehenden Lücken entwickelten Rechtsbehelfe der außerordentlichen Beschwerde oder der Gegenvorstellung würden den an einen effektiven Rechtsschutz gestellten verfassungsrechtlichen Anforderungen der Rechtsmittelklarheit jedoch nicht genügen, da sie dem Rechtssuchenden den Weg zur Überprüfung der Entscheidung nicht klar vorzeichnen würden. Dazu sei vielmehr eine Ausgestaltung in der Rechtsordnung erforderlich, die dem Bürger die Prüfung der Zulässigkeit ermögliche.

Infolge dieser Entscheidung wurde § 321 a als subsidiärer Rechtsbehelf ausgestaltet. Auf diesem Wege wurde auch in alle anderen Verfahrensordnungen eine fachgerichtliche Abhilfemöglichkeit für Gehörsverletzungen eingeführt. Da grundsätzlich jede Verfahrensnorm eine Konkretisierung des Art. 103 Abs. 1 GG darstellt (*Jauernig/Hess* § 29 Rn. 11; a. A. aber *BVerfG* NJW 1998, 2273), hat die Vorschrift eine erhebliche Bedeutung. § 321 a wird man zu den „allgemeinen Verfahrensgrundsätzen" zählen müssen, da er zur Verwirklichung des für ein rechtsstaatliches Verfahren konstitutiven Anspruchs auf rechtliches Gehör beiträgt.

Die Anhörungsrüge nach § 321 a erfolgt nur auf Antrag einer Partei. Insoweit ist sie keine echte Selbstkontrolle. Das Gericht oder der Richter können aber im Rahmen ihrer Hinweispflicht (§ 139) eine Rüge anregen. Die Gehörsrüge ist kein Rechtsmittel, da weder Suspensiv-, noch Devolutiveffekt bestehen.

Sie ist *nur* gegen unanfechtbare Endentscheidungen statthaft, sofern die Verletzung rechtlichen Gehörs entscheidungserheblich ist (zu Fallgruppen *Vollkommer*, GS Bruns, 1980, 520 ff.; *Zuck*, NJW

2005, 3753). Erfasst werden alle Endurteile, auch die des Bundesgerichtshofs, und verfahrensbeendende Beschlüsse, z.B. der die Berufung oder die Nichtzulassungsbeschwerde zurückweisende Beschluss (§ 522 Abs. 2 u. § 544 Abs. 3 S. 1). Selbst gegen Endentscheidungen im einstweiligen Rechtsschutz ist die Rüge zulässig. Zwischenentscheidungen, die einer Endentscheidung vorausgehen, können grds. nicht mit der Anhörungsrüge angegriffen werden, da zu dieser Zeit keine endgültige Beschwer infolge Gehörsverletzung feststellbar wäre (s. die Begründung des Gesetzesentwurfs BT-Drs. 15/3706, 16). Hierzu zählt auch der Verweisungsbeschluss nach § 281 Abs. 2 S. 4 (daraus ergibt sich aber keine Änderung für die Einschränkung der Bindungswirkung des § 281 Abs. 2 S. 2 bei Verletzung von Verfahrensgrundrechten, BT-Drs. 15/3706, 16, s. unter Rn. 94). In verfassungskonformer Auslegung des § 321a Abs. 1 S. 2 beschränkt das Bundesverfassungsgericht diesen Grundsatz jedoch auf Zwischenentscheidungen, die im Hinblick auf mögliche Gehörsverletzungen im weiteren fachgerichtlichen Verfahren noch überprüft und korrigiert werden können (*BVerfG* NJW 2009, 833). Die übrigen Zwischenentscheidungen, wie bspw. im Verfahren der Richterablehnung vor dem Oberlandesgericht, die abschließend sind und mit Bindungswirkung für das weitere Verfahren ergehen, können hingegen mit der Gehörsrüge angegriffen werden (*BVerfG* a.a.O., 834).

Die Anhörungsrüge ist subsidiär, also nur zu erheben, wenn die Verletzung nicht mit einem anderen Rechtsbehelf geltend gemacht werden kann (s. *BGH* NZM 2011, 274). Dazu gehört neben Einspruch, Berufung, Revision, sofortiger Beschwerde und Rechtsbeschwerde auch die Nichtzulassungsbeschwerde (dazu *Zuck*, NJW 2008, 2078), da die Verletzung des Anspruchs auf rechtliches Gehör einen Revisionszulassungsgrund nach § 543 Abs. 2 Nr. 2 Alt. 2 darstellt (s. BT-Drs. 14/4722, 67, 104 und BT-Drs. 15/3706, 15; BGHZ 154, 288, 296; 159, 135, 139f.; *BGH* NJW 2005, 2710 wonach jede Verletzung von Verfahrensgrundrechten die Zulassung zur Sicherung einer einheitlichen Rechtsprechung erfordert). Im Gegensatz zur Gehörsverletzung im Berufungsverfahren, über die nachträglich immer der Bundesgerichtshof entscheidet (abgesehen von der Ausnahme nach § 26 Nr. 6 EGZPO), wird dieser im Beschwerdeverfahren nur bei ausdrücklicher Zulassung (§ 574 Abs. 1 Nr. 1, vgl. *BGH* NJW 2004, 367) tätig, im Übrigen das Beschwerdegericht selbst, trotz Vorliegens eines Zulässigkeitsgrundes nach § 574 Abs. 2 Nr. 2. Im Beschlussverfahren wird bei Verletzung des rechtlichen Gehörs regelmäßig zugleich die Zurückweisung eines das Verfahren betreffenden Gesuchs i.S. des § 567 Abs. 1 Nr. 2 vorliegen, so dass eine sofortige Beschwerde statthaft ist. Greift die Partei aufgrund ausdrücklichen Hinweises des Gerichts die Entscheidung mit der Gehörsrüge an, obwohl ein statthafter Rechtsbehelf in Betracht kommt, kann ihr nach dem Meistbegünstigungsprinzip (s. Rn. 392) dies nicht zum Nachteil gereichen (*BGH* NJW 2004, 1598).

Die Rügeschrift muss die angegriffene Entscheidung bezeichnen und die Verletzung des Anspruchs auf rechtliches Gehör sowie deren Entscheidungserheblichkeit genau darlegen. Sie ist innerhalb einer Notfrist von zwei Wochen nach Kenntnis der Verletzung des rechtlichen Gehörs schriftlich beim Gericht, dessen Entscheidung angegriffen wird, zu erheben (§ 321a Abs. 2). Die Kenntniserlangung ist dabei (innerhalb der Frist) glaubhaft zu machen. Ab Bekanntgabe der Entscheidung (formlos mitgeteilte Entscheidungen werden mit dem dritten Tag nach Aufgabe zur Post als bekannt gegeben fingiert) läuft eine Ausschlussfrist von einem Jahr. Eine Wiedereinsetzung ist nicht möglich. Das Gericht prüft zuerst die Zulässigkeit der Rüge. Fehlt es daran, so wird die Gehörsrüge durch nicht anfechtbaren Beschluss verworfen. Andernfalls befasst sich das Gericht anschließend mit der Verletzung des Anspruchs auf rechtliches Gehör und deren Entscheidungserheblichkeit, d.h. der Möglichkeit, dass das Gericht ohne die Verletzung zu einem anderen Ergebnis gekommen wäre. Soweit es diese bejaht, ist dem Gegner nach § 321a Abs. 3 Gelegenheit zur Stellungnahme zu geben. Anderenfalls weist es die Rüge wiederum durch unanfechtbaren Beschluss zurück (§ 321a Abs. 4 S. 4; gegen den Beschluss soll selbst dann nicht eine weitere Gehörsrüge möglich sein, wenn eine originäre Gehörsverletzung durch diesen Beschluss geltend gemacht wird, *BayVerfGH* NJW-RR 2011, 430). Hält das Gericht nach der Stellungnahme des Gegners die Verletzung für erheblich, so führt es den Prozess fort, indem ein neuer Termin bestimmt wird. Die Fortführung des Verfahrens erfolgt aber nur insoweit, als es aufgrund der Rüge geboten ist, m.a.W. es wird über den Teil des Streitgegenstands weiter verhandelt, der von der Gehörsverletzung betroffen ist. Für die Endentscheidung gilt § 343 entsprechend. Wird das angefochtene Urteil aufgehoben, liegt darin eine Durchbrechung der formellen

Rechtskraft, da die Anhörungsrüge deren Eintritt nach § 705 nicht hindert.
Die Beschränkung von § 321 a auf die Verletzung des Anspruchs auf rechtliches Gehör wirft die Frage auf, ob die Institute der außerordentlichen Beschwerde und der Gegenvorstellung bei Verletzungen anderer Verfahrensgrundrechte (dazu sogleich Rn. 37 a ff.) fortbestehen. Die Handhabung ist hier zum Teil auch innerhalb der Bundesgerichte uneinheitlich (s. dazu BVerfGE 122, 190, 195 ff.; *Rüsken*, NJW 2008, 481; allgemein zu dem Problem *Desens*, NJW 2006, 1243; die Gegenvorstellung neben § 321 a lehnt ab: *BGH NJW* 2007, 3786). Unabhängig davon, wie die Frage zu beantworten ist, kann aufgrund der Rechtsprechung des Bundesverfassungsgerichts (BVerfGE 107, 395, 416 f.; *BVerfG NJW* 2008, 502) nicht erst nach einer erfolglosen Einlegung dieses ungeschriebenen Rechtsbehelfs eine Erschöpfung des Rechtswegs angenommen werden, die Voraussetzung für die Verfassungsbeschwerde ist.

3. Gewährung rechtlichen Gehörs im Prozess

36 *Wie* das rechtliche Gehör zu gewähren ist, richtet sich nach der Art des Verfahrens.

Im mündlichen Verfahren muss also Gelegenheit zur mündlichen Äußerung gegeben werden, im schriftlichen reicht in der Regel eine schriftliche Äußerung. Wenn (bei nur fakultativer mündlicher Verhandlung) eine schriftliche Stellungnahme nicht ausreiche, muss ausnahmsweise mündlich verhandelt werden. Auch die Wiedereröffnung einer schon geschlossenen Verhandlung (§ 156) kann verlangt werden, wenn neues Vorbringen ergibt, dass es aufgrund eines nicht prozessordnungsgemäßen Verhaltens des Gerichts nicht rechtzeitig eingeführt worden ist (*BGH* NJW 2000, 142, 143; NJW-RR 2002, 1071). Die Gelegenheit zur Stellungnahme muss in jedem Fall angemessen sein, eine vom Gericht gesetzte Frist muss lang genug sein. Die Möglichkeit zur Äußerung setzt zwingend voraus, dass dem Gegner die Angriffs- und Verteidigungsmittel vollständig zugänglich gemacht werden (*BGH* NJW 2004, 2019 zur Mitteilung einer Anerkenntniserklärung; *OLG München* NJW 2005, 1130 zur Zusendung der Anlagen zum Schriftsatz). Falls erforderlich, muss den Parteien mehrfach Gelegenheit zur Äußerung gegeben werden, jedesmal, wenn neue Streitpunkte auftauchen. Die Parteien müssen zu neuen ausführlichen mündlichen Begründungen eines Sachverständigen Stellung nehmen können (*BGH* NJW-RR 2011, 428). Das Gericht muss die Ausführungen der Prozessbeteiligten zur Kenntnis nehmen und in Erwägung ziehen (BVerfGE 83, 24, 35 f.; *BGH* NJW-RR 2011, 424), ohne jedoch zu einer detaillierten Begründung verpflichtet zu sein (*BGH* NJW-RR 2006, 63; s. auch *BAG* NJW 2008, 2362). Außerdem gebietet Art. 103 Abs. 1 GG die Berücksichtigung entscheidungserheblicher Beweisanträge (BVerfGE 69, 141; *BVerfG* NJW-RR 2004, 1150; *BGH* NJW 2005, 2710; vgl. Rn. 286) sowie eines Antrags auf Ladung und Anhörung des Sachverständigen, auch wenn das Gericht keinen Erläuterungsbedarf sieht (*BGH* MDR 2003, 168; 2005, 1308). Selbstgesetzte Äußerungsfristen muss das Gericht beachten und darf auch dann nicht vorher entscheiden, wenn ihm die Sache entscheidungsreif erscheint (BVerfGE 64, 224). Wenn die Verspätung eines Vorbringens oder das Unterlassen ihrer Entschuldigung auch auf einer Verletzung der richterlichen Fürsorgepflicht beruht, indem etwa das Gericht eine nach der Prozesslage gebotene Sachverhaltsklärung unterließ, ist die Ausschließung (Präklusion) nach § 296 unzulässig (s. unten Rn. 194). Diese ist also dann mit dem Recht auf rechtliches Gehör unvereinbar, wenn eine unzulängliche richterliche Verfahrensleitung die Verzögerung mitverursacht hat (BVerfGE 60, 1), oder wegen Unterlassens zumutbarer Maßnahmen bei der Terminvorbereitung missbräuchlich ist (BVerfGE 81, 264; *BVerfG* NJW-RR 1995, 1469 jeweils m.w.N.). Eine Gehörsverletzung besteht auch, wenn das Berufungsgericht das Vorbringen nach § 531 Abs. 2 nicht zulässt, obwohl das Erstgericht seiner Hinweispflicht aus § 139 Abs. 1 S. 2 nicht nachgekommen ist (*BGH* NJW 2005, 2624, zur Prozessleitung s.Rn. 178). Auch darf das Berufungsgericht die Aussage eines in erster Instanz vernommenen Zeugen ohne erneute Vernehmung nicht anders als die Vorinstanz würdigen (*BGH* NJW 2011, 1364). Das Bundesverfassungsgericht bezieht in solchen Fällen die rechtsstaatlich gebotene *faire Verfahrensführung* in die Prüfung der Grenzen des Rechts auf rechtliches Gehör mit ein (BVerfGE 75, 183; *BVerfG* NJW 2003, 2524). Die Parteien haben weiterhin das Recht, zu dem Ergebnis der Beweisaufnahme Stellung zu nehmen (§ 285 Abs. 1). Auch im Zusammenhang mit der Rechtsprechung des Bundesverfassungsgerichts zu § 296 zeigt sich die Schwierigkeit, die Grenzen verfassungsgerichtlicher Nachprüfung von fachgerichtlichen Entscheidungen zu bestimmen. Das Bundesverfassungsgericht sieht es wegen des Ausnahmecharakters der Präklusionsvorschriften als gerechtfertigt an, Auslegung und Anwendung der Vorschriften einer strengeren verfassungsgerichtlichen Kontrolle zu unterziehen (BVerfGE 75, 302, 312; vgl. auch *BayVerfGH* NJW 1990, 502; für weitere Einzelheiten s. *Arens*, 40 Jahre Grundgesetz, 1990, 87, 92 ff.; s. auch *Leipold*, JZ 1988, 93). Dabei soll nicht in jeder fehlerhaften Rechtsanwendung ein Verstoß gegen Art. 103 Abs. 1 GG liegen (*BGH* NJW 1991, 2275). Mit gleicher Begründung unterzieht es auch die Auslegung und Anwendung von Form- und Fristvorschriften der Rechtsbehelfe einer strengeren verfassungsgerichtlichen Kontrolle (*BVerfG* NJW 2004, 3551). Der Anspruch auf rechtliches Gehör sowie das Recht auf Gewährleistung eines fairen Prozesses und eines wirkungsvollen Rechtsschutzes seien verletzt, wenn einer Partei, der die Gegendarstellung zum Inhalts eines Vier-Augen-Gesprächs mangels Zeugen nicht möglich war, keine Gelegenheit zur Stellungnahme nach § 448 oder § 141 gegeben wird (vgl. *BVerfG* NJW 2001, 2531; *BGH* NJW-RR 2006, 61 sowie wegen Verletzung von Art. 6 Abs. 1 EMRK *EGMR* NJW 1995, 1413; *BAG* NJW 2007, 2427, krit. dazu *Noethen,* NJW 2008, 334; zum Ganzen *Bruns,* MDR 2010, 417). Im Einzelfall kann aber auch eine Darstellung im Rahmen einer Wortmeldung gem. § 137 Abs. 4 genügen (*BVerfG* NJW 2008, 2170). Zur Gewährung rechtlichen Gehörs durch Wiedereinsetzung in den vorigen Stand siehe Rn. 185 ff.

Grundsätzlich muss den Parteien die Gelegenheit zur Äußerung gegeben werden, bevor eine gerichtliche Entscheidung ergeht (vgl. *OLG Brandenburg* NJW-RR 2002, 1215). Ausnahmen von diesem Grundsatz gibt es vor allem im Mahnverfahren und in der Zwangsvollstreckung, wo Vollstreckungsmaßnahmen ergehen können, ohne dass der Schuldner vorher gehört werden darf (vgl. §§ 834, 916 ff.). Das Recht auf rechtliches Gehör wird dadurch nicht verletzt, weil der Zweck dieser Maßnahmen durch eine vorherige Anhörung des Schuldners vereitelt würde und diesem Rechtsbehelfe zur sofortigen Überprüfung der gegen ihn verhängten Maßnahmen zur Verfügung stehen.

In allen Fällen ist es ausreichend, dass die Parteien die *Gelegenheit* zur Äußerung hatten, es ist nicht erforderlich, dass sie von dieser Gelegenheit Gebrauch machen. Andernfalls könnten sie das Verfahren in unerträglicher Weise verzögern. Deshalb sind auch das Versäumnisverfahren und die Präklusionsvorschriften (§§ 296, 529 Abs. 2) mit dem Recht auf rechtliches Gehör vereinbar (*BVerfG* NJW 1980, 277; 1737; Anm. *Deubner*, NJW 1980, 1945). Weil sie sich aber nachteilig auf das Bemühen um eine materiell richtige Entscheidung auswirken und einschneidende Folgen für die säumige Partei haben, müssen sie ihren Ausnahmecharakter behalten (BVerfGE 67, 39; 69, 145).

Fall 12: Der Kläger hat mit der Klage die Rückzahlung eines Geldbetrages verlangt und seinen Anspruch aus § 823 Abs. 2 BGB i. V. m. § 263 StGB hergeleitet. Der Beklagte hat seinen Vortrag darauf eingerichtet und vor allem das Vorliegen einer Täuschungsabsicht bestritten. Das Gericht gibt der Klage aus § 812 BGB statt. Der Beklagte hatte diese Möglichkeit, einen Anspruch zu begründen, nicht in Betracht gezogen und dementsprechend keine Ausführung zum Vorliegen des rechtlichen Grundes gemacht.

37 Es ist streitig, ob sich das Recht auf rechtliches Gehör auch auf die *Rechtsanwendung* erstreckt, ob das Gericht verpflichtet ist, mit den Parteien die rechtliche Seite des Prozesses zu erörtern, sog. „*Verpflichtung zum Rechtsgespräch*" (dafür vor allem *Arndt*, NJW 1959, 6 und 1298; dagegen *Rosenberg/Schwab/Gottwald* § 82 Rn. 14; *Stein/Jonas/Leipold* vor § 128 Rn. 73 ff.). Die Praxis der Gerichte hat bisher nur eine Pflicht zur *Vermeidung von Überraschungsentscheidungen* anerkannt (*BVerfG* NJW 1991, 2823;

BVerwG NJW 1961, 891 und 1549). Danach genügt es nicht, dass sich die Partei irgendwie zur Sache habe einlassen können. Hat die Partei das aus ihrer Sicht Erhebliche in der Sache vorgetragen und ergeben sich im Laufe der Verhandlung (z. B. in der nächsten Instanz) infolge weiterer Tatsachen oder anderer rechtlicher Auffassung neue relevante Gesichtspunkte, muss die Partei in der Lage sein, ihren Sachvortrag darauf auszurichten. Der Gesetzgeber hat durch § 139 Abs. 2 S. 1 das Gericht verpflichtet, einer Partei Gelegenheit zur Äußerung zu geben, wenn es seine Entscheidung auf einen rechtlichen Gesichtspunkt stützen will, den eine Partei erkennbar übersehen oder für unerheblich gehalten hat (dazu *Hinz*, NJW 1976, 1187). Gleiches gilt für die von der oder den Parteien abweichende Beurteilung eines Aspekts durch das Gericht (§ 139 Abs. 2 S. 2). Damit besteht der Schutz der Parteien vor Überraschungsentscheidungen im Zivilprozess ähnlich wie im Strafprozess (s. § 265 StPO). Die Vorschrift gilt sowohl, wenn das Gericht den *Sachverhalt* abweichend von den Anschauungen der Parteien beurteilen will, als auch dann, wenn es den Streitgegenstand unter anderen *rechtlichen Gesichtspunkten* betrachtet als die Parteien (*Hinz*, a.a.O.). Diese Pflicht gilt unabhängig davon, ob die Partei anwaltlich vertreten ist (*BGH* NJW-RR 1993, 569, 570). Darüber hinaus wird man dem § 139 Abs. 2 aber keine Verpflichtung des Gerichts zum Rechtsgespräch mit den Parteien entnehmen können.

In **Fall 12** müsste das Gericht also die Parteien auf seine Auffassung hinweisen, nach der die Klage aus § 812 BGB begründet sein könnte. Den Parteien müsste die Gelegenheit gegeben werden, sich dazu zu äußern.

4. Weitere Verfahrensgrundrechte

Literatur: *Althammer*, Schmerzensgeld wegen überlanger Dauer von Zivilverfahren, JZ 2011, 446; *Jarass*, Bedeutung der EU-Rechtsschutzgewährleistung für nationale und EU-Rechtsakte, NJW 2011, 1393; *Lüke/Scherz*, Die geplante Verzögerungsrüge im System zivilprozessualer Rechtsbehelfe, AL 2010, 316; *Matusche-Beckmann/Kumpf*, Rechtsschutz bei überlangen Gerichtsverfahren – nach langem Weg ins Ziel?, ZZP 124, 173; *Scheuch/Lindner*, Rechtsbehelfe bei der Verletzung von Verfahrensgrundrechten, ZIP 2004, 973;

Ein weiteres wichtiges Verfahrensgrundrecht ist der Anspruch auf den gesetzlichen Richter gem. Art. 101 Abs. 1 S. 2 GG (dazu Rn. 96 f.). Daneben wurden vom Bundesverfassungsgericht weitere Justizgrundrechte entwickelt, die sich teilweise auch in der

37a

EMRK und der EU-GRCharta wieder finden (zu deren Verhältnis s. Art. 52 Abs. 3 EU-GRCharta). Hierzu gehört etwa der allgemeine Justizgewährungsanspruch oder auch Justizanspruch. Danach ist der Staat verpflichtet, eine wirkungsvolle Rechtspflege zu errichten und zu unterhalten. Diese ist durch unabhängige Richter auszuüben. Das Gericht muss das Begehren eines Einzelnen in einem rechtlich strukturierten vorhersehbaren Verfahren behandeln und sich des tatsächlichen wie des rechtlichen Parteivorbringens annehmen. Es versteht sich, dass der Justizgewährungsanspruch keinen Anspruch auf eine richtige Entscheidung umfasst. Dem steht schon die Unabhängigkeit der Richter entgegen. Der Grundsatz verpflichtet den Staat nicht einmal zur Schaffung eines Rechtsmittelzuges. Er garantiert aber ein effektives und faires Verfahren und schließt dabei auch Bagatellforderungen ein. Das Bundesverfassungsgericht (NJW 2003, 1924) hält aufgrund des allgemeinen Justizgewähranspruchs eine einmalige gerichtliche Kontrolle ihrer Einhaltung für zwingend erforderlich. Nach der Rechtsprechung des Bundesgerichtshof (NJW 2005, 2710; s. oben Rn. 35 a) stellt ihre Verletzung einen Zulassungsgrund nach § 543 Abs. 2 S. 2 dar.

Die verfassungsrechtliche Grundlage des Anspruchs ist umstritten. Die Meinungen reichen von Art. 101 Abs. 1 S. 2 GG über die Verpflichtung zu rechtlichem Gehör nach Art. 103 Abs. 1 GG bis hin zum Rechtsstaatprinzip, das dem Grundgesetz immanent ist (*BVerfG* NJW 2004, 3320). Er findet sich auch in Art. 6 EMRK (dazu *EGMR* NJW 2010, 3207) und verbietet etwa u. a. überlange Verfahren. Sollten die Rechte aus Art. 6 EMRK verletzt werden, muss gemäß Art. 13 EMRK Rechtsschutz gewährt werden. Art. 13 EMRK (ebenso Art. 47 Abs. 1 EU-GRCharta, dazu *Jarass*, NJW 2011, 1393) verlangt dabei einen wirksamen nationalen Rechtsbehelf zur Durchsetzung der Rechte und Freiheiten der EMRK (*EGMR* NJW 2006, 2389; dazu *Lüke/Scherz*, AL 2010, 316, 319; s. auch *EGMR* NJW 2007, 1259, 1263) konkret von Deutschland nunmehr binnen einer Jahresfrist (*EGMR* NJW 2010, 3355, Urt. v. 2. 9. 2010; dazu *Huerkamp/Wielpütz*, JZ 2011, 139).

37b Angesichts dieser Rechtsprechung und der unklaren Voraussetzungen einer ebenfalls als ungeschriebenen Rechtsbehelf diskutierten Untätigkeitsbeschwerde (z. B. *OLG Düsseldorf* NJW 2009, 2388; *Jakob*, ZZP 119, 303; *Kroppenberg*, ZZP 119, 177) plant der Gesetzgeber mittlerweile (Regierungsentwurf vom 12. 8. 2010) ein Gesetz über den Rechtsschutz bei überlangen Gerichtsverfahren und strafrechtlichen Ermittlungsverfahren (für ein besonders extremes Beispiel s. *BVerfG* NJW-RR 2010, 207: Zivilprozess über

22 Jahre; zur Amtshaftung in solchen Fällen s. *BGH* NJW 2011, 1072). Der Entwurf sieht die Einfügung eines entsprechenden Rechtsbehelfs nicht nur für das Verfahren vor den ordentlichen Gerichten, sondern für alle Gerichtszweige, das Bundesverfassungsgericht und das strafrechtliche Ermittlungsverfahren vor (§§ 199 ff. GVG des Entwurfs). Verfahrensbeteiligten, die infolge eines unangemessen langen Gerichtsverfahrens einen Nachteil erleiden, soll ein verschuldensunabhängiger Entschädigungsanspruch zustehen, der auch Nichtvermögensnachteile (grds. 1.200,– Euro für jedes Jahr der Verzögerung) umfasst. Der Anspruch auf Entschädigung ist nach der Entwurfsregelung ausgeschlossen, wenn der Betroffene bei dem mit der Sache befassten Gericht die Dauer des Verfahrens zuvor nicht rügt. Geltend zu machen ist der Entschädigungsanspruch klageweise neben dem angegriffenen Verfahren vor dem Oberlandesgericht oder für Nachteile, die aufgrund von Verzögerungen bei Gerichten des Bundes eintreten, vor dem Bundesgerichtshof. Die gesetzliche Regelung einer solchen Verzögerungsrüge wäre – unabhängig einzelner Detailfragen (dazu *Lüke/Scherz*, AL 2010, 316, 320 ff.) – jedenfalls ein rechtsstaatlicher Gewinn nicht nur für die Rechtsmittelklarheit. Ohne eine entsprechende Einführung gibt es ansonsten auch keinen vorläufigen verfassungsrechtlichen Rechtsschutz gegen Untätigkeit eines Gerichts (*BVerfG* NJW 2011, 594; s. auch *BGH* EWiR 2011, 145 [*Fölsing*]).

Weiterhin wird allgemein ein faires Verfahren durch Art. 6 EMRK garantiert, vom Bundesverfassungsgericht auch aus dem Grundgesetz, dem Rechts- und Sozialstaatsprinzip abgeleitet (*BVerfG* NJW 2004, 1097; 2006, 1579). Sein konkreter Inhalt für den Zivilprozess ist schwer fassbar. Man wird es vor allem dann als verletzt ansehen müssen, wenn kein bestimmtes grundgesetzlich verankertes Justizgrundrecht verletzt ist, aber das konkrete Vorgehen des Gerichts in einem Verfahren nicht hingenommen werden kann (*BVerfG* NJW 2004, 2149). So gesehen hat dieser Grundsatz vor allem eine Auffangfunktion. 37c

1. Kapitel. Grundlagen

ÜBERSICHT: VERFAHRENSGRUNDSÄTZE

Faires Verfahren (Art. 2 Abs. 1, 20 Abs. 3 GG)

Gleichbehandlung (Art. 3 GG)

Justizgewährungsanspruch (Rechtsstaatsprinzip i. V. m. den Grundrechten)

Gesetzlicher Richter (Art. 101 Abs. 1 S. 2 GG)

Rechtliches Gehör (Art. 103 Abs. 1 GG)

Dispositionsgrundsatz
Parteien bestimmen Beginn, Gegenstand und Ende des Verfahrens
Gegenbegriff: Offizialmaxime
materiell-rechtlicher Parallelbegriff: Privatautonomie

Verhandlungsgrundsatz
Parteiverantwortung für Tatsachen, Beweisbedürftigkeit und Beweismittel (strikt nur für Zeugen)
Gegenbegriff: Untersuchungsgrundsatz

Mündlichkeit
Entscheidungsgrundlagen werden in mündlicher Verhandlung gewonnen, § 128

Unmittelbarkeit
Beweisaufnahme und mündliche Verhandlung müssen vor dem erkennenden Gericht stattfinden

Öffentlichkeit
keine Kammerjustiz (Art. 6 Abs. 1 EMRK)

Erläuterungen:

— Verfassungsrechtlicher Rahmen, sog. Verfahrensgrundrechte (Verletzung ermöglicht Verfassungsbeschwerde; im Übrigen s. § 321 a und §§ 199 ff. GVG-Entwurf)

-- Prozessrechtlicher Rahmen für das Zivilverfahren (an Zweckmäßigkeit orientierte Grundsätze)

...... Prozessrechtlicher Rahmen für den Gerichtstermin

Willkürverbot und Gleichbehandlungsgrundsatz spielen im Zi- 37d
vilprozess eine zunehmend bedeutsame Rolle (*BVerfG* NJW
2005, 409; NJW 2010, 1349; *BGH* NJW 2005, 153; *EGMR* NJW
1995, 1413 zur Waffengleichheit im Zivilprozess; siehe auch unten: bei Verweisungen wegen Unzuständigkeit, Rn. 94 oder der Gewährung von Prozesskostenhilfe, Rn. 498). Ausdruck des Gleichheitsgrundsatzes ist vor allem die *prozessuale Waffengleichheit*, die erforderlichenfalls vom Gericht durch entsprechende Hinweise sicherzustellen ist. Darüber hinaus können eine nicht hinreichende rechtliche Regelung und ihre konkrete Anwendung einen Gleichheitsverstoß darstellen. In diesem Zusammenhang wurden etwa die Zulassungsregeln und ihre Anwendung unter diesem Aspekt immer wieder verfassungsrechtlich angegriffen, ohne dass das Bundesverfassungsgericht dem gefolgt wäre. Allerdings hat das Gericht den Fachgerichten die Vorgabe gemacht, dass sie die vorhandenen Regeln so zu konkretisieren hätten, dass sie für den Einzelnen verständlich und durchschaubar seien.

Als problematisch erweisen sich immer noch die Fälle, in denen kein Rechtsbehelf besteht (s. bereits Rn. 35 a). Nur bei Verletzung von Art. 101 Abs. 1 S. 2 GG ist ein Wiederaufnahmeverfahren möglich. Nach dem Willen des Gesetzgebers sollte die Änderung von § 321 a nicht zur Folge haben, dass andere Verletzungen von Verfahrensgrundrechten nicht mehr mit den bisherigen außergesetzlichen Rechtsbehelfen geltend gemacht werden können (BT-Drs. 15/3706, 14). Dem könnte entgegenstehen, dass die außerordentliche Beschwerde und die Gegenvorstellung nicht den verfassungsrechtlichen Anforderungen der Rechtsmittelklarheit genügen (*BVerfG* NJW 2003, 1924) und daher für eine Rechtswegerschöpfung (§ 90 Abs. 2 S. 1 BVerfGG) nicht erforderlich sind. Dies hat das Bundesverfassungsgericht jedoch nur für die Verletzung von Art. 103 Abs. 1 GG entschieden. Dementsprechend hat der Gesetzgeber die Anwendung von § 321 a ausdrücklich nur für die Gehörsverletzung bestimmt, da nur diese Gegenstand des Plenarbeschlusses und des darin enthaltenen Gesetzgebungsauftrags war (BT-Drs. 15/3706, 14).

§ 3. Überblick über den Gang des Verfahrens

Man unterscheidet zwischen *Erkenntnisverfahren* und *Zwangs-* 38
vollstreckung (zum Verfahrensablauf siehe die Übersichten Rn. 199
und Rn. 607). Beide sind Teile des Zivilprozesses und in der ZPO
geregelt (die Zwangsvollstreckung außerdem noch in anderen Gesetzen). Das Erkenntnisverfahren ist der Rechtsstreit zweier Parteien, des Klägers und des Beklagten (Zweiparteienprinzip) vor

dem erkennenden, d.h. entscheidenden Gericht. Es können auch mehrere als Partei beteiligt sein, man spricht dann von *Streitgenossen* (§§ 59 ff.). Im Erkenntnisverfahren wird *festgestellt, was rechtens ist,* und eine entsprechende Entscheidung getroffen; im Zwangsvollstreckungsverfahren wird dieses Recht dann gegebenenfalls unter Zuhilfenahme *staatlichen Zwangs* auch gegen den Willen des Verurteilten *durchgesetzt.* Das gesetzlich geregelte Erkenntnisverfahren *beginnt* entweder mit der *Klageerhebung* oder mit dem Antrag auf *Erlass eines Mahnbescheids* (§§ 688 ff.). Wenn das entsprechende Landesrecht es vorsieht, muss der Versuch einer außergerichtlichen Streitbeilegung erfolgen. Dem vorgelagert, aber in der ZPO nicht geregelt, ist die Vorbereitung des Prozesses. Diese wird von der Partei betrieben, die sich der Hilfe eines Rechtsanwalts bedienen kann. Erst wenn die Aussichten für eine erfolgreiche Rechtsverfolgung ausreichend sind, wird eine Partei ein gerichtliches Verfahren einleiten. Das hierfür nötige Tatsachen- und Beweismaterial müssen sich die Partei und ihr Prozessvertreter eigenständig beschaffen, ohne dass ein Richter diese vorprozessuale Phase leitet. Lediglich bei Gefahr des Verlustes eines Beweismittels oder der Erschwerung seiner Benutzung kann ein selbstständiges Beweisverfahren zur Sicherung des Beweises durchgeführt werden (§§ 485 ff.). Der Zivilprozess wird beherrscht von den bereits dargestellten allgemeinen Prozessmaximen, also der Bindung des Gerichts an die Anträge der Parteien und an das Beibringen der Tatsachen durch die Parteien.

39 Die Klage wird durch Einreichung einer Klageschrift bei Gericht erhoben, die bestimmte Angaben enthalten muss und andere enthalten sollte (vgl. § 253). Statt einer Klage in der Schriftform (d.h. mit eigenhändiger Unterschrift des Klägers oder jener des Prozessvertreters, zwingend beim Landgericht, § 253 Abs. 5) kann vor dem Amtsgericht die Klage auch zu Protokoll der Geschäftsstelle angebracht werden (§§ 496, 129). Die Einreichung einer Klage kann durch Telegramm, Fernschreiben, Telefax, Telebrief oder mittels elektronischer Übertragung einer Textdatei erfolgen (§ 130 a). Mit ihr ist die Klage anhängig, d.h. sie ist bei Gericht eingegangen (vgl. z.B. §§ 147 Abs. 1, 281 Abs. 3, 696 Abs. 1 S. 4). Das Gericht wird vor Zustellung der Klage, die zur Begründung der Rechtshängigkeit erforderlich ist (§ 261 Abs. 1), entscheiden, wie es in dem Verfahren weiter vorgehen will. Ihm stehen als

§ 3. Überblick über den Gang des Verfahrens

Möglichkeiten die Anordnung eines frühen ersten Termins (§ 275) oder eines schriftlichen Vorverfahrens (§ 276) zur Wahl. Ziel ist es, den Rechtsstreit in der Regel in *einem* umfassend vorbereiteten Termin zur mündlichen Verhandlung *(Haupttermin)* zu erledigen (§ 272 Abs. 1). Beide Möglichkeiten dienen diesem Ziel einer schnellen Erledigung durch angemessene Vorbereitung des Haupttermins.

Beim *schriftlichen Vorverfahren* wird dem Beklagten die Klageschrift zugestellt, damit er über das Vorbringen des Klägers informiert wird und sich auf die Prozessführung vorbereiten kann. Er muss sich dann entscheiden, ob er sich gegen die Klage verteidigen will. Gegebenenfalls hat er dies innerhalb einer Frist von zwei Wochen nach Zustellung der Klageschrift dem Gericht anzuzeigen. Damit sollen die Fälle erfasst werden, in denen Schuldner nicht zahlen, obwohl sie gegen den geltend gemachten Anspruch nichts vorzubringen haben. Hier kommt es für die Gläubiger nur darauf an, ein Urteil (einen Titel) zu erlangen, aus dem sie die Zwangsvollstreckung betreiben können. Wenn der Beklagte seine Verteidigungsbereitschaft nicht anzeigt, ergeht auf Antrag des Klägers ohne mündliche Verhandlung ein Versäumnisurteil (§ 331 Abs. 3). Wenn sich der Beklagte zur Verteidigung entscheidet, muss er innerhalb weiterer zwei Wochen auf die Klage erwidern (§ 276 Abs. 1 S. 2). Das Gericht bestimmt dann einen möglichst frühen Termin zur mündlichen Verhandlung (§ 272 Abs. 3). Es hat diesen Termin intensiv vorzubereiten (§ 273).

Auch wenn sich das Gericht für das *mündliche Vorverfahren* entscheidet, also einen *frühen ersten Termin* anberaumt, muss es diesen gründlich vorbereiten. Es kann zu diesem Zweck amtliche Auskünfte einholen und den Beklagten auffordern, innerhalb einer bestimmten Frist auf die Klage zu erwidern. In diesem ersten Termin kann ausnahmsweise das Verfahren schon beendet werden. Im Allgemeinen dient der frühe erste Termin aber nur der Vorbereitung des Haupttermins.

Je nachdem, wofür sich das Gericht entscheidet, wird es entsprechende Verfügungen (zur Klageerhebung, Mitteilung der Verteidigungsbereitschaft etc., §§ 274 ff.) erlassen und diese mit der Klage zustellen. Die Zustellung geschieht – grds. nachdem die Verfahrensgebühr zur Justizkasse eingezahlt wurde (§ 12 Abs. 1 S. 1 GKG) – von Amts wegen an die Partei. Die Einzelheiten des Zustellungsverfahrens sind im Gesetz geregelt (§§ 166 ff.). Sie wird durch die Geschäftsstelle bewirkt (§ 168 Abs. 1 S. 1) durch Aushändigung an der Amtsstelle (§ 173) oder gegen Empfangsbekenntnis (§ 174). Möglich ist aber auch die Zustellung durch Post. Nach Abschluss der Verfahrensvorbereitung kommt es zur *mündlichen Verhandlung*, der allerdings in erster Instanz grundsätzlich eine *Güteverhandlung* vorausgehen muss (§ 278 Abs. 2 S. 1). Zu ihr sollen die Parteien persönlich geladen werden (§ 278 Abs. 3). In dem Termin hat das Gericht den Sach- und Streitstand zu erörtern sowie die Parteien zu hören. Können diese sich nicht gütlich einigen oder bleibt trotz Anordnung persönlichen Erscheinens eine Partei aus, so schließt sich diesem Abschnitt die mündliche Verhandlung (zum frühen ersten Termin oder zum Haupttermin) an.

40 In der Regel ist die mündliche Verhandlung im Haupttermin dann streitig, die sog. *kontradiktorische Verhandlung*. Diese wird vom Gericht geleitet (vgl. § 139). Die Parteien stellen entgegengesetzte Anträge, der Kläger beantragt Verurteilung, der Beklagte Klageabweisung. Das Gericht muss als erstes die *Zulässigkeitsvoraussetzungen* für die Klage (auch Prozess- oder Sachurteilsvoraussetzungen genannt) untersuchen. Es muss zuerst prüfen, ob es über den geltend gemachten Anspruch überhaupt entscheiden darf: Man unterscheidet zwischen *Zulässigkeit und Begründetheit der Klage*. Die Begründetheit betrifft die Frage, ob der gestellte Antrag nach dem materiellen Recht gerechtfertigt ist, die Zulässigkeit die Frage, ob das Gericht diese Entscheidung über die Begründetheit fällen darf. Die Zulässigkeitsvoraussetzungen muss das Gericht von Amts wegen prüfen (Rn. 149 ff.). Fehlen sie, so ist die Klage *als unzulässig* abzuweisen; das Urteil, das dann ergeht, ist ein sog. *Prozessurteil.* Obwohl es nur über die Zulässigkeit und nicht über die Begründetheit entscheidet, erwächst es doch wie andere Urteile in formelle und materielle Rechtskraft.

41 Kommt das Gericht zu dem Ergebnis, dass die Zulässigkeit der Klage gegeben ist, muss es über die *Begründetheit* entscheiden. Es muss immer diese Reihenfolge einhalten und darf nicht etwa dann, wenn das Fehlen der Begründetheit schon feststeht, das Vorliegen der Zulässigkeitsvoraussetzungen aber noch zweifelhaft ist, die Klage mit der Begründung abweisen, sie sei entweder unzulässig oder unbegründet, weil die Rechtskraft eines solchen Urteils unklar wäre (dazu *BAG* AP Nr. 2 zu § 275 ZPO m. Anm. *Jauernig*). Bei der Prüfung der Begründetheit muss das

§ 3. Überblick über den Gang des Verfahrens

Gericht zuerst die *Schlüssigkeit* der Klage prüfen. Aus den Tatsachenbehauptungen des Klägers muss sich, ihre Wahrheit unterstellt, die geltend gemachte Rechtsfolge ableiten lassen. Ist dies nicht der Fall, ist die Klage *unschlüssig* (zum Umfang der für eine Schlüssigkeit notwendigen Darlegungen: *BGH* NJW-RR 1998, 713). Sie ist dann als *unbegründet* abzuweisen. Bei einer schlüssigen Klage muss sich das Gericht zuerst eine Überzeugung über den *Sachverhalt* bilden, auf den es das materielle Recht dann anzuwenden hat. *Hier* liegt in den meisten Prozessen die Hauptschwierigkeit und nicht in der Entscheidung komplizierter Rechtsfragen. Bei der Ermittlung des Sachverhalts ist das Gericht an den Tatsachenvortrag der Parteien gebunden (Verhandlungsmaxime, Rn. 13 ff.). Es hat aber darauf hinzuwirken, dass sich die Parteien über alle erheblichen Tatsachen vollständig erklären und die sachdienlichen Anträge stellen (§ 139). Das Gericht muss dann zuerst feststellen, was nicht bestritten ist; insoweit bedarf es keiner Beweise. Über die bestrittenen Tatsachenbehauptungen der Parteien muss in der Beweisaufnahme, die der streitigen Verhandlung folgen soll (§ 279 Abs. 2), Beweis erhoben werden, wenn diese Behauptungen für die Entscheidung erheblich sind. Dies ist keine Selbstverständlichkeit, wie man denken sollte; in vielen Prozessen wird von den Parteien Überflüssiges vorgetragen.

Bei der Erhebung der Beweise ist das Gericht gezwungen, ein förmliches, im Gesetz geregeltes Verfahren (§§ 355 ff.) einzuhalten. Ebenso kann das Gericht nur die im Gesetz vorgesehenen Beweismittel (§§ 371 ff.) verwenden, wenn der volle Beweis erbracht werden soll, sog. *Strengbeweis.* Ein freies Verfahren, den sog. *Freibeweis,* lässt die Praxis etwa bei der Feststellung von Prozessvoraussetzungen zu. Darüber hinaus kann das Gericht mit Einverständnis der Parteien das Beweisverfahren im Wege des Freibeweises durchführen (§ 284 S. 4; s. Rn. 32a, 259). Wenn die Beweisaufnahme durchgeführt worden ist, die Zeugen gehört und die Urkunden vorgelegt worden sind, soll die mündliche Verhandlung fortgesetzt werden (§ 370 Abs. 1). Den Parteien wird Gelegenheit gegeben, zu den Ergebnissen der Beweisaufnahme Stellung zu nehmen. Das Gericht muss *die Beweise würdigen,* d. h. es muss sich anhand der Beweise entscheiden, ob es die betreffenden tatsächlichen Behauptungen für wahr erachten will. Es hat diese Entscheidung nach seiner freien Überzeugung zu treffen, ohne dabei an gesetzliche Regeln gebunden zu sein, die ihm vorschreiben, wie der Wert der einzelnen Beweismittel zu veranschlagen ist (§ 286), *Grundsatz der freien richterlichen Beweiswürdigung.* Wenn eine Sachbehauptung weder bewiesen noch widerlegt worden ist (Situation des sog. *non liquet*), muss das Gericht gleichwohl eine Entscheidung treffen. Es greifen dann die *Regeln über die Beweislast* ein: Die Partei, die die Beweislast trägt, muss die Folgen der Nichterweislichkeit tragen, d.h. zu ihren Ungunsten gilt die nicht bewiesene Tatsache als nicht bestehend. Die Beweislastregeln sind nach h.M. *Bestandteil des materiellen Rechts,* von der Verteilung der Beweislast hängt sehr häufig der praktische Wert eines Anspruchs ab. Der Grundsatz für die *Beweislastverteilung,* von dem es viele Ausnahmen gibt, ist, dass jede Partei die Tatsachen beweisen muss, aus denen sie ihr günstige Rechtsfolgen herleiten will.

43 Wenn sich das Gericht eine Überzeugung über den Sachverhalt, gegebenenfalls mit Hilfe der Beweislastregeln, gebildet hat, muss es das materielle Recht anwenden. Es kann zu dem Ergebnis kommen, dass die Klage begründet ist. Dann wird der Beklagte verurteilt. Wenn die Klage unbegründet ist, wird sie abgewiesen. Es kann auch eine teilweise Verurteilung und Abweisung erfolgen. In allen diesen Fällen ergeht ein Urteil über die Begründetheit, ein sog. *Sachurteil,* das von den Richtern gefällt werden muss, die der dem Urteil zugrundliegenden Verhandlung beiwohnten (§ 309). Es bedarf eines bestimmten Inhalts (§ 313), ist zu verkünden (§ 311) und muss den Parteien zugestellt werden (§ 317 Abs. 1 S. 1).

44 Das Verfahren kann auch auf andere Weise zum Abschluss kommen. Der Beklagte kann den klägerischen Anspruch anerkennen (§ 307), der Kläger kann auf seinen Anspruch verzichten (§ 306). Dann wird der Prozess durch Anerkenntnis- oder Verzichtsurteil beendet. Möglich ist auch eine Beendigung des Prozesses ohne Urteil, so wenn der Kläger die Klage zurücknimmt (§ 269), die Parteien die Hauptsache übereinstimmend für erledigt erklären (etwa weil der Beklagte inzwischen gezahlt hat, § 91a) oder die Parteien einen Prozessvergleich abschließen.

45 Das Urteil beendet die *Instanz,* d.h. den Prozess vor diesem Gericht, nicht aber unbedingt den Prozess schlechthin. Gegen die Urteile sind unter bestimmten Voraussetzungen und innerhalb bestimmter Fristen *Rechtsmittel* vorgesehen, die den Prozess vor das nächsthöhere Gericht bringen und aufschiebende Wirkung bezogen auf die bindende Kraft des Urteils (Rechtskraft) haben (sog.

§ 3. Überblick über den Gang des Verfahrens

Devolutiv- und Suspensiveffekt) – *Berufung und Revision*. Die Berufung führt nicht mehr zur völligen Neuverhandlung vor dem höheren Gericht: Mit ihr kann grundsätzlich nur eine Rechtsverletzung der Vorinstanz (§ 513) gerügt werden. Das Berufungsgericht ist heute grundsätzlich an die erstinstanzlichen Tatsachenfeststellungen gebunden (§ 529 Abs. 1 Nr. 2). Neues Vorbringen kann von den Parteien nur noch sehr eingeschränkt geltend gemacht werden. Gleiches gilt für neue Begehren. Die Revision bringt den Prozess zum Bundesgerichtshof. Sie dient zur *Geltendmachung von Fehlern bei der Rechtsanwendung*, darüber hinaus gibt es grundsätzlich keine Neuverhandlung.

Wenn die Parteien von den Rechtsmitteln keinen Gebrauch machen, d.h. die Fristen verstreichen lassen, oder wenn sie auf Rechtsmittel verzichten, erwächst das Urteil in *Rechtskraft*, gleichgültig ob es ein Prozess- oder ein Sachurteil ist. Dasselbe gilt, wenn gegen das Urteil kein Rechtsmittel vorgesehen ist. Man unterscheidet *zwei Arten* der Rechtskraft: die *formelle* und die *materielle*. Formelle Rechtskraft bedeutet, dass es in diesem Verfahren kein Rechtsmittel mehr gegen das Urteil gibt (§ 705). Die materielle Rechtskraft bindet grundsätzlich die Parteien und die Gerichte an die im Urteil festgestellte Rechtsfolge, und zwar auch in späteren Prozessen. In objektiver Hinsicht umfasst die Rechtskraft das prozessuale Begehren, das ist der Streitgegenstand. Dasselbe Begehren kann nicht mehr zum Gegenstand eines gerichtlichen Verfahrens gemacht werden (ne bis in idem), ebenso wenig sein kontradiktorisches Gegenteil. In einem Verfahren, in dem das Bestehen des Anspruchs eine Vorfrage ist, muss das Gericht das Erkenntnis seiner Entscheidung zugrunde legen (sog. *Präjudizialität*). Im Einzelnen können sich schwierige Abgrenzungsprobleme ergeben. Auch wenn die formelle Rechtskraft eingetreten ist, kann das Urteil unter bestimmten, engen Voraussetzungen aufgehoben und das Verfahren weitergeführt werden, sog. *Wiederaufnahme des Verfahrens* (§§ 578 ff.).

Das der Klage stattgebende Urteil allein führt aber nicht zur *Befriedigung des Klägers*. Stattdessen ist das Urteil noch zu *vollstrecken*. Dies geschieht in einem eigenen Verfahren, das auf Grundlage des Urteils als sogenannter Vollstreckungstitel durchgeführt wird. Wegen der gegenüber dem Erkenntnisverfahren anderen Zielsetzung, nämlich der Befriedigung des klägerischen Anspruchs, gelten hier teilweise andere Grundsätze. Das Verfahren ist insgesamt vom Prinzip des Formalismus der Zwangsvollstreckung geprägt. Der Titel ist mit einer Klausel zu versehen (§ 724) und dem Vollstreckungsschuldner zuzustellen (§ 750 Abs. 1). Die Klausel wird in einem eigenen Verfahrensabschnitt erteilt, der der Vollstreckung vorgelagert ist. Für diesen sieht das Gesetz spezielle Rechtsbehelfe vor. Die Zustellung soll dem Schuldner – falls nötig – Kenntnis von dem Urteil verschaffen, damit er sich auf die Vollstreckung einstellen kann. Die Vollstreckung selber findet nach unterschiedlichen Regeln statt, je nachdem welchen Inhalt der (Leistungs-)Titel hat und in welche Art von Vermögen vollstreckt werden soll (Mobilien, Immobilien, Forderungen). Nur bei Mobilien spielt der Gerichtsvollzieher als Vollstreckungsorgan die zentrale Rolle. Bei der praktisch häufigen Vollstreckung in Forderungen ist es das Vollstreckungsgericht. Weder der Bestand des titulierten Anspruchs noch materiell-rechtliche Fragen des Vollstreckungsgegenstandes sollen vom Vollstreckungsorgan geprüft werden. Stattdessen wird auf äußere Tatbestände – wie etwa den Gewahrsam (s. z. B. § 808) – abgestellt. Das bringt es mit sich, dass das Zwangsvollstreckungsrecht nicht nur *spezielle Rechtsbehelfe* zur Rüge bei Verfahrensverstößen vorsieht, die sich dann danach unterscheiden, welches Organ den Verstoß begangen hat, sondern auch spezielle Klagen enthält, mittels derer materiell-rechtliche Einwände geltend gemacht werden können. Dies gilt für den Schuldner, der mittlerweile auf die Forderung gezahlt haben kann, oder auch für Dritte, auf deren Vermögen materiell-rechtlich rechtswidrig zugegriffen wurde.

Ein gepfändeter Gegenstand wird verwertet und der Erlös unter Abzug der Verfahrenskosten an den Vollstreckungsgläubiger ausgekehrt. Eventuelle Überschüsse (d. h. Beträge, die die Vollstreckungsforderung übersteigen) sind an den Schuldner zu geben. Mit Befriedigung des Gläubigers ist das Vollstreckungsverfahren beendet und die besonderen Regeln des Vollstreckungsrechts finden keine Anwendung mehr. Stattdessen sind materiell-rechtliche Ausgleiche dann wieder nach allgemeinem bürgerlichen Recht vorzunehmen.

47 Bisher wurde stillschweigend von der *Leistungsklage* ausgegangen, der auf Verurteilung des Beklagten zur Erbringung einer bestimmten Leistung (Geldzahlung, Übereignung, Herausgabe, Duldung, Unterlassung) gerichteten Klage. Sie ist die wichtigste und häufigste, aber nicht die einzige Klageart. Es gibt daneben die

Feststellungs- und die *Gestaltungsklagen* (Rn. 126 ff., 135 ff.). Für das Verfahren bestehen bei den drei Klagearten grds. keine Unterschiede, abgesehen von den Besonderheiten bei Verfahren nach dem FamFG (z. B. familienrechtliche Statusverfahren, Rn. 471 und 479). Gestaltungs- und Feststellungsurteile sind der Vollstreckung nicht fähig, da sie unmittelbar wirken oder lediglich feststellende Bedeutung haben.

2. Kapitel. Die Zivilgerichtsverfassung

§ 4. Begriff und Grenzen der Zivilgerichtsbarkeit

Literatur: *Deckert,* Zur Verfahrensgestaltung im Fall kumulativer Rechtswegzuständigkeit, ZZP 110, 341; *G. Lüke,* Grundlage der Rechtswegprüfung, JuS 1997, 215; *Schaub,* Die Rechtswegzuständigkeit und die Verweisung des Rechtsstreits, BB 1993, 1666; *Schilken,* Gerichtsverfassungsrecht, 4. Aufl., 2007; *Vollkommer,* Die Neuregelung des Verhältnisses zwischen den Arbeitsgerichten und den ordentlichen Gerichten und ihre Auswirkungen, FS Kissel, 1994, 1183; *Walker,* Die Grundlage für die Prüfung der Rechtswegzuständigkeit, ZZP 123, 185.

I. Die Gerichtsbarkeit

48 Die Gerichtsbarkeit wird üblicherweise definiert als die auf *Verwirklichung der Rechtsordnung* gerichtete Tätigkeit des Staates, die durch *Rechtspflegeorgane* ausgeübt wird. Sie ist von der Gesetzgebung und Verwaltung zu unterscheiden, wobei es für die moderne Betrachtung zunehmend problematischer wird, in der Tätigkeit des Richters bloße Gesetzesanwendung zu sehen. Die Gerichtsbarkeit ist in der Bundesrepublik aufgeteilt zwischen Bund und Ländern.

49 Man teilt die Gerichtsbarkeit ein in die *Justizverwaltung* und die *Ausübung der rechtsprechenden Gewalt* (Gerichtsbarkeit im engeren Sinne).

Die Justizverwaltung hat die äußeren Grundlagen für die Ausübung der Rechtspflege zu schaffen. Dazu gehört etwa die Errichtung und Erhaltung der Gerichtsgebäude, die Ernennung der Beamten und Angestellten, vor allem auch die der Richter. Die Justizverwaltung obliegt dem Bund oder den Ländern, je nach dem ob ihnen die Gerichtsbarkeit zusteht. Die Abgrenzung von Justizverwaltung und rechtsprechender Gewalt ist unter anderem auch deshalb von Bedeutung, weil der Richter bei der Ausübung der rechtsprechenden Gewalt weisungsfrei und nur dem Gesetz und Recht unterworfen ist (Art. 20 Abs. 3, 97 Abs. 1 GG, § 1 GVG, § 25 DRiG). Soweit es um die Ausübung der rechtsprechenden Gewalt geht, kann gegen den Richter keine *Dienstaufsichtsbeschwerde* erhoben werden; hier sind die Parteien auf die Rechtsbehelfe der verschiedenen Prozessordnungen verwiesen. Etwas anderes gilt für die ordnungsgemäße Führung der Dienstgeschäfte. Wenn dagegen verstoßen wird (etwa weil der Richter nicht zu angemessenen Zeiten in seinem Dienstzimmer

§ 4. Begriff und Grenzen der Zivilgerichtsbarkeit

zu erreichen ist), ist eine Dienstaufsichtsbeschwerde möglich (§ 26 DRiG; dazu *BGH* NJW 2006, 692).

Es gibt heute in der Bundesrepublik verschiedene *Gerichtsbarkeiten*. Die Rechtsnatur der einzelnen Streitsachen ist zu verschieden, als dass man mit einem für alle zuständigen Gericht auskommen könnte. Die Gerichte wären überfordert, wenn sie auf allen Rechtsgebieten immer auf dem letzten Stand der Entwicklung sein sollten. Eine gewisse *Spezialisierung* ist unerlässlich. Deshalb hat der Gesetzgeber die verschiedenen Rechtsgebiete auf entsprechende Gerichtsbarkeiten verteilt (Zivil- und Strafgerichtsbarkeit, Arbeits-, Sozial-, Verwaltungs- und Finanzgerichtsbarkeit). Gegenüber dem Rechtszustand vor dem Inkrafttreten des Grundgesetzes ist es eine Neuerung von großer Bedeutung, dass alle diese Gerichtsbarkeiten untereinander völlig *gleichwertig* sind. Alle Gerichte der verschiedenen Gerichtsbarkeiten sind mit unabhängigen Richtern besetzt, und in allen Gerichtsbarkeiten gibt es einen voll ausgebildeten Instanzenzug mit der Möglichkeit der Berufung und der Revision und einem obersten Bundesgericht (den Bundesgerichtshof für Zivil- und Strafsachen in Karlsruhe, das Bundesarbeitsgericht in Erfurt, das Bundessozialgericht in Kassel, das Bundesverwaltungsgericht in Leipzig, den Bundesfinanzhof in München). Alle diese Gerichte der verschiedenen Gerichtsbarkeiten üben die rechtsprechende Gewalt aus. Die Zivil- und Strafgerichtsbarkeit bilden zusammen die sog. *ordentliche Gerichtsbarkeit* (§ 13 GVG). 50

Der Ausdruck ordentliche Gerichtsbarkeit ist veraltet. Er war berechtigt in einer Zeit, in der es neben der Zivil- und Strafgerichtsbarkeit noch keine voll ausgebildeten anderen Gerichtsbarkeiten gab.

54   2. Kapitel. Die Zivilgerichtsverfassung

Übersicht: Gerichtsorganisation in der Bundesrepublik Deutschland

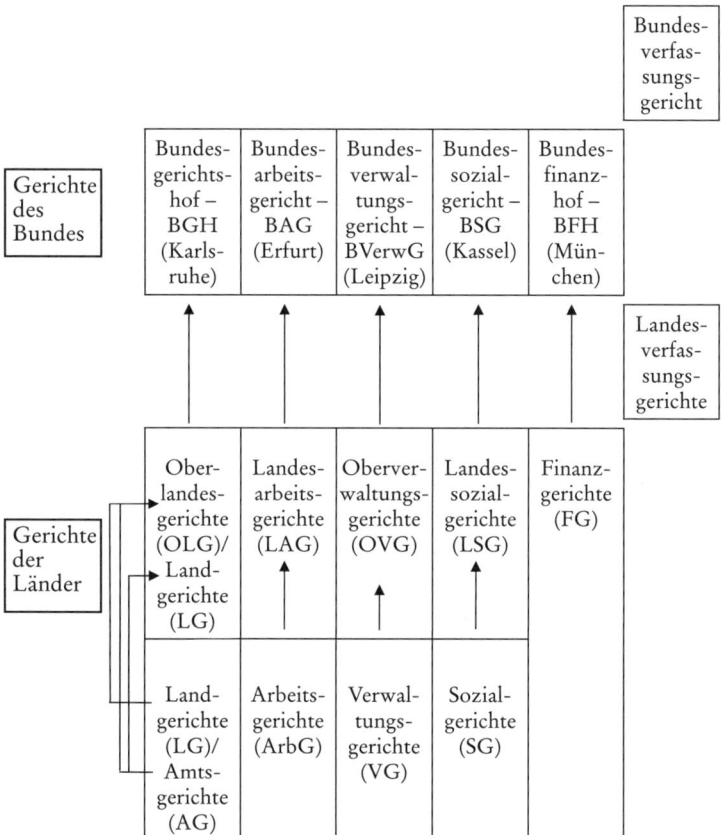

II. Die Grenze der Zivilgerichtsbarkeit, der sog. Rechtsweg

1. Merkmale des zivilgerichtlichen Rechtsweges

51   Für die Abgrenzung zwischen Zivil- und Strafgerichten ergeben sich heute keine Probleme. Strafrecht und Zivilrecht sind nach ihren Rechtsfolgen grundsätzlich verschieden, auch wenn derselbe Sachverhalt, etwa eine Körperverletzung, vorliegt (Schadensersatz einerseits, Strafe andererseits).

§ 4. Begriff und Grenzen der Zivilgerichtsbarkeit

Wichtiger ist die Abgrenzung der Zivilgerichtsbarkeit von den anderen Gerichtsbarkeiten. Auszugehen ist von § 13 GVG. Vor die Zivilgerichte kommen – vorbehaltlich abweichender gesetzlicher Regeln – alle _bürgerlichen Rechtsstreitigkeiten_.

Vor der Einführung des vollen verwaltungsgerichtlichen Rechtsschutzes (mit Hilfe der sog. *Generalklausel* des § 40 VwGO) war diese Abgrenzung von großer Wichtigkeit, weil nur der Weg zu den Zivilgerichten zu unabhängigen Gerichten führte. Die Verwaltungsgerichte konnten nur über bestimmte Streitigkeiten entscheiden *(Enumerationsprinzip)*. Im Übrigen entschieden weisungsgebundene Stellen. Im Grunde grenzte § 13 GVG also die Gerichtsbarkeit von der Verwaltung ab. Die Frage nach der Zulässigkeit des Rechtsweges musste deshalb sehr oft vom Reichsgericht entschieden werden. Heute besteht kein besonderes Bedürfnis mehr, Rechtsstreitigkeiten gerade vor die Zivilgerichte zu bringen, weil aufgrund der verwaltungsgerichtlichen Generalklausel (§ 40 Abs. 1 VwGO) alle öffentlich-rechtlichen Streitigkeiten nichtverfassungsrechtlicher Art vor die Verwaltungsgerichte kommen, die unabhängige Gerichte wie die Zivilgerichte sind. § 13 GVG hat deshalb heute eine ganz andere Bedeutung. Er entscheidet nicht mehr darüber, *ob* der Rechtsweg gegeben ist, sondern *welcher* Rechtsweg gegeben ist, der Zivilrechtsweg oder der Rechtsweg zu einer anderen Gerichtsbarkeit. (Nach Art. 19 Abs. 4 GG ist ein Rechtsweg immer gegeben.)

Für die Abgrenzung ist zunächst die *ausdrückliche gesetzliche Zuweisung* maßgebend, wobei es dann auf die Rechtsnatur nicht ankommt (BGHZ *[GmS-OGB]* 56, 396).

Ausdrücklich den Zivilgerichten zugewiesen sind Schadensersatzansprüche aus Amtspflichtverletzung (Art. 34 GG), der Streit um die Enteignungsentschädigung (Art. 14 Abs. 3, 15 S. 2 GG), vermögensrechtliche Ansprüche aus Aufopferung, aus öffentlich-rechtlicher Verwahrung und aus der Verletzung öffentlich-rechtlicher Pflichten (§ 40 Abs. 2 VwGO, dazu BGHZ 43, 34). Eine solche ausdrückliche Zuweisung liegt schon dann vor, wenn sich aus den gesetzlichen Regelungen klar ergibt, dass die Entscheidung über bestimmte Rechtsverhältnisse nach dem Willen des Gesetzgebers einem bestimmten Gerichtszweig zugewiesen sein soll (so *BGH* NJW 1990, 1604 m.w.N. zu § 40 Abs. 1 S. 1 HS 1 VwGO).

Wenn eine Zuweisung nicht vorliegt, kommt es darauf an, ob eine „*bürgerliche*" (§ 13 GVG) oder eine „*öffentlich-rechtliche*" Rechtsstreitigkeit (§ 40 Abs. 1 VwGO) vorliegt. Die Abgrenzung zwischen bürgerlich-rechtlichen und öffentlich-rechtlichen Streitigkeiten kann im Einzelfall schwierig sein. Für die Abgrenzung sind im Laufe der Zeit verschiedene Theorien entwickelt worden. Die sog. *Subjektions-* oder *Subordinationstheorie* (BGHZ 35, 175; 95, 312, 314) nimmt an, ein Rechtsverhältnis gehöre dem Privatrecht an, wenn sich beide Parteien *rechtlich gleichgeordnet* gegenüberstehen, dem öffentlichen Recht dann, wenn eine Partei der anderen *kraft Hoheitsgewalt* übergeordnet sei, also ein *Über- und Unterordnungsverhältnis* bestehe.

Bürgerlichrechtlich ist z.B. der Anfechtungsrechtsstreit eines Insolvenzverwalters gegen eine gesetzliche Krankenkasse (*BGH* ZIP 2011, 683; s. aber *GmS-OGB* NJW 2011, 1211: Arbeitsrechtsweg bei Insolvenzanfechtung von Lohnzahlungen) oder eine Rechtsstreitigkeit, wenn etwa die Gemeinde, ein Land oder eine sonstige öffentlich-rechtliche Körperschaft am privaten Rechtsverkehr teilnimmt, ein Grundstück kauft oder andere Gegenstände des Bedarfs (sog. Bedarfsverwaltung). Wird ein solcher Vertrag nicht erfüllt, muss er vor dem Zivilgericht eingeklagt werden, selbst wenn eine Partei eine öffentlich-rechtliche Körperschaft ist (z.B. *BGH* MDR 1999, 1458). In Fällen dieser Art haben die Parteien auf dem Boden der Gleichordnung miteinander verkehrt. Nicht entscheidend ist es, ob es sich um einen vermögensrechtlichen Anspruch handelt (die früher vertretene sog. *Fiskustheorie* hatte privatrechtlich mit vermögensrechtlich gleichgesetzt). Bei Steuersachen geht es um vermögensrechtliche Forderungen, die aber gleichwohl öffentlich-rechtlich sind. Das Über- und Unterordnungsverhältnis wird hier besonders deutlich. Betrifft der Rechtsstreit hingegen die Insolvenzanfechtung einer Zahlung auf Steuer- oder Abgabenanforderungen, so ist die Streitigkeit wiederum bürgerlichrechtlich (*Jauernig/Berger* § 51 Rn. 14).

Zwar lassen sich die dargestellten Fälle mit der Subjektionstheorie sachgerecht lösen, doch versagt sie bei anderen Sachverhalten. Im Übrigen erscheint es jedenfalls fraglich, ob sie mit dem Über- und Unterordnungsverhältnis den entscheidenden Aspekt erfasst und es ihr nicht vielmehr um vom Staat oder anderen Körperschaften einseitig verfügte Maßnahmen mit Verbindlichkeit für den Einzelnen geht (*Hufen* § 11 Rn. 16). Auch der Bundesgerichtshof ergänzt die Subjektionstheorie um ein Element, das für die sog. *Sonderrechtstheorie* kennzeichnend ist: der Träger müsse sich der besonderen, ihm zugeordneten Rechtssätze des öffentlichen Rechts bedienen (BGHZ 102, 280, 283; 116, 339, 342). Die Sonderrechtstheorie bestimmt als öffentlich-rechtlich solche Rechtsverhältnisse, die sich nach Normen richten, die sich ausschließlich an Träger hoheitlicher Gewalt wenden.

Hiermit lassen sich die Gleichordnungsfälle lösen, die mit der Subjektionstheorie nicht befriedigend zu entscheiden sind. Nicht jeder Rechtsstreit zwischen gleichgeordneten Rechtssubjekten ist nämlich dadurch schon dem bürgerlichen Recht zuzuordnen. So hat der Bundesgerichtshof für eine Rechtsstreitigkeit zwischen ei-

§ 4. Begriff und Grenzen der Zivilgerichtsbarkeit

ner Allgemeinen Ortskrankenkasse und einer Ersatzkasse, in der es um Maßnahmen auf dem Gebiet der Mitgliederwerbung ging, nicht die Zivilgerichte, sondern die Sozialgerichte als zuständig angesehen. Ein Rechtsverhältnis sei – so das Gericht – dann öffentlich-rechtlich, wenn es durch Vorschriften des öffentlichen Rechts geprägt werde, also Bestimmungen, die überwiegend dem Interesse der Allgemeinheit dienten oder sich nur an den Hoheitsträger als solchen wendeten, oder wenn der Sachverhalt einem Sonderrecht für Träger öffentlicher Aufgaben unterworfen sei (BGHZ 103, 256, 257; 116, 339, 342). Streitigkeiten zwischen privaten Rechtssubjekten sind nur dann öffentlich-rechtlicher Natur, wenn eine Partei gegenüber der anderen als mit öffentlich-rechtlichen Handlungsbefugnissen ausgestattetes Unternehmen aufgetreten ist (*BGH* MDR 2000, 347). Die bei Realakten (Immissionen, Warnungen etc.) auftretenden Abgrenzungsprobleme können weder durch die Subordinationstheorie noch die Sonderrechtslehre gelöst werden. Es fehlt in diesen Situationen an einem Über- und Unterordnungsverhältnis ebenso wie an gesetzlichen Regelungen. Eine Abgrenzung erfolgt hier nach dem Sachzusammenhang (Handlungszweck; vgl. *Maurer* § 3 Rn. 20f.). Die Ausführungen zeigen, dass auch die Rechtsprechung nicht starr einer Theorie folgt, sondern Elemente verschiedener Abgrenzungswege miteinander verbindet, um zu einer sachgerechten Lösung zu gelangen.

Besonders problematisch ist die Behandlung von Rechtsstreitigkeiten aus öffentlichen Subventionen. Nach der herrschenden sog. *Zweistufentheorie* muss man zwischen der *Bewilligung* und der *Abwicklung* (der Gewährung) unterscheiden. Die Bewilligung ist ein Verwaltungsakt, so dass insoweit der Verwaltungsrechtsweg gegeben ist. Die Gewährung kann sowohl öffentlich-rechtlich (wohl die Regel) als auch privatrechtlich geregelt sein (BGHZ 52, 155; 57, 130). Der Verwaltungsträger kann hier wählen (Wahlfreiheit). Je nachdem ist der Verwaltungs- oder Zivilrechtsweg gegeben. Dies kann bedeuten, dass für die Bewilligung und die Gewährung ein anderer Rechtsweg gegeben ist (BGHZ 61, 299).

Bei privatrechtlichen Streitigkeiten können öffentlich-rechtliche *Vorfragen* auftauchen, ebenso wie umgekehrt im Verwaltungsrechtsstreit Fragen des Privatrechts. Jedes Gericht kann derartige Vorfragen aus dem Bereich einer anderen Gerichtsbarkeit entscheiden, soweit sie von der anderen Gerichtsbarkeit noch nicht rechtskräftig entschieden worden sind. Insoweit besteht ein Rechtsweg kraft Sachzusammenhangs nach § 17 Abs. 2 S. 1 GVG. So

52a

kann das Zivilgericht, das über eine Amtshaftungsklage entscheidet, auch über die Vorfrage entscheiden, ob der betreffende Verwaltungsakt rechtswirksam oder nichtig ist. Hat über diese Frage das Verwaltungsgericht bereits rechtskräftig entschieden, so ist das Zivilgericht daran gebunden (BGHZ 9, 329).

53 Innerhalb der Zivilgerichtsbarkeit wird unterschieden zwischen *streitiger* und *freiwilliger* Gerichtsbarkeit. Die letztere ist teils im Gesetz über das Verfahren in Familiensachen und in den Angelegenheiten der freiwilligen Gerichtsbarkeit (FamFG) geregelt, teils in besonderen Gesetzen (z.B. in der GBO). Es gehören dazu etwa Betreuungs-, Register-, Nachlass- und Teilungssachen. Die Worte „streitig" und „freiwillig" besagen nichts, weil es in der freiwilligen Gerichtsbarkeit auch Streitverfahren geben kann (z.B Freiheitsentziehungssachen, §§ 415 ff. FamFG), in der streitigen Gerichtsbarkeit nichtstreitige Verfahren (Anerkenntnis, Verzicht, Vergleich). Eine überzeugende begriffliche Abgrenzung der beiden Gerichtszweige ist bis heute nicht gelungen, übrig bleibt deshalb nur eine positivistische Abgrenzung. Entscheidend ist das Gesetz; zur freiwilligen Gerichtsbarkeit gehören die ihr vom Gesetz zugewiesenen Sachen. Auch diese Unterscheidung wird wie eine Rechtswegfrage behandelt (BGHZ 130, 162), so dass die Verweisungsvorschriften (§ 17a GVG) entsprechende Anwendung finden (BGHZ 115, 285; *BGH* NJW-RR 2005, 142 zur formlosen Verweisung innerhalb der ordentlichen Gerichtsbarkeit).

Wenn eine bürgerliche Rechtsstreitigkeit vorliegt, besteht die Möglichkeit, dass sie einem *besonderen Gericht* zugewiesen ist (§ 13 GVG). Dies sind vor allem die *Arbeitsgerichte*, die nach § 48 ArbGG (s. Rn. 54), der auf die entsprechende Bestimmung des GVG verweist, als Gerichte einer eigenständigen Gerichtsbarkeit anzusehen sind (*BAG* NZA 1992, 954; NJW 1996, 2950; hierzu *G. Lüke,* JuS 1997, 215). Die besonderen Gerichte sind von den unzulässigen *Ausnahmegerichten,* die für einen besonderen Fall gebildet werden (Art. 101 Abs. 1 S. 1 GG), zu unterscheiden.

54 Es erhebt sich die Frage, wie das ordentliche Gericht *im einzelnen Fall* entscheiden soll, ob der Rechtsweg zu den ordentlichen Gerichten nach § 13 GVG eröffnet ist. Die Zulässigkeit des Rechtsweges gehört zu den Zulässigkeits-(Prozess-)voraussetzungen, die am Anfang des Prozesses geprüft werden müssen, bevor das Gericht die Begründetheit der Klage untersuchen darf. Nicht zweifelhaft ist es, dass es auf die rechtliche Beurteilung des Sachverhalts durch die Parteien nicht ankommen kann. Andernfalls könnten diese darüber entscheiden, vor welche Gerichtsbarkeit die Sache kommt. Entscheidend ist daher die rechtliche Beurteilung des vorgetragenen Tatsachenstoffs durch das Gerichts (*BGH*

NJW 2010, 873, 874 m. w. N.). Nach h. M. soll dieses aber jedenfalls *aufgrund des Tatsachenvortrags des Klägers* die Rechtsnatur der geltend gemachten Rechtsfolge beurteilen, wenn die zuständigkeits- und die anspruchsbegründenden Tatsachen zusammenfallen (sog. doppeltrelevante Tatsachen, BGHZ 133, 240; *BGH* NJW 2010, 873, 874; s. a. *G. Lüke*, JuS 1997, 215). Im Ergebnis kann das aber bedeuten, dass die Klage bei gleichzeitig nicht gegebener Zulässigkeit und Begründetheit nach einer Beweiserhebung durch Sachentscheidung abgewiesen werden muss (*G. Lüke*, a. a. O.; hierzu auch *BGH* NJW 2010, 873, 875). Beim Fehlen doppeltrelevanter Tatsachen soll der Kläger hingegen die für die Begründung der Rechtswegzuständigkeit maßgeblichen Tatsachen beweisen müssen, sofern der Beklagte diese bestreitet (*BGH* a. a. O.; dazu ausführlich *Walker*, ZZP 123, 185 ff.).

2. Kompetenzkonflikte und deren Entscheidung

Die Zuordnung der Rechtsstreitigkeit zu dem einen oder anderen Rechtsweg kann im Einzelfall Schwierigkeiten bereiten. Daher werden Klagen des Öfteren vor Gerichten des falschen Rechtswegs erhoben. In derartigen Fällen sind zwei Situationen zu unterscheiden: Die Klage wird fälschlicherweise vor dem Zivilgericht erhoben und dort für zulässig erachtet, allerdings als unbegründet abgewiesen. Nach erneuter Klage vor dem Verwaltungsgericht hält dieses den Verwaltungsgerichtsweg für gegeben. Dies ist die Lage des sog. *positiven Kompetenzkonflikts*. Hier besteht die Gefahr eines doppelten Verfahrens und sich widersprechender Entscheidungen. Beim *negativen Kompetenzkonflikt* halten dagegen zwei Gerichte verschiedener Gerichtszweige den jeweils beschrittenen Rechtsweg für unzulässig und sehen sich daran gehindert, die Begründetheit der Klage zu prüfen.

In beiden Fällen stellt sich die Frage, wer diese Konflikte entscheiden kann (sog. Kompetenz-Kompetenz). Den gesamten Problembereich regeln die §§ 17–17 b GVG durch entsprechende Verweisungen für alle Gerichtsbarkeiten (§§ 48 ArbGG; 83 VwGO; 98 SGG; 70 FGO). Ziel dieser Regelungen ist es, eine möglichst frühzeitige Entscheidung der Rechtswegfrage und eine Reduzierung des Instanzenzuges wegen derartiger Streitigkeiten zu erreichen. Grundsätzlich sind wiederum zwei Situationen zu unterscheiden:

55 Hält das angerufene Gericht den beschrittenen Rechtsweg für gegeben, so kann es durch einen entsprechenden Beschluss hierüber vorab entscheiden (§ 17a Abs. 3 GVG). Der Beschluss kann ohne mündliche Verhandlung ergehen und ist zu begründen. Ein solcher Beschluss muss grundsätzlich erfolgen, wenn eine Partei die Zulässigkeit des Rechtswegs rügt (hierzu BGHZ 131, 169; weitergehend *Jauernig/Hess* § 3 Rn. 18). Die Entscheidung ist mit der sofortigen Beschwerde gem. §§ 567ff. angreifbar (§ 17a Abs. 4 S. 3 GVG). Hiergegen ist die Rechtsbeschwerde gem. §§ 574ff. eröffnet, die sich gegen die Beschlüsse des Landgerichts oder des Oberlandesgerichts richtet, sofern das Beschwerdegericht diese zugelassen hat (*BGH* NJW 2003, 2913; MDR 2006, 530; a.A. Zöller/*Gummer* GVG § 17a Rn. 16). Die Zulassung richtet sich nach § 17a Abs. 4 S. 5 (*BGH* NJW-RR 2003, 277, 279). Sieht das Gericht bei fehlender Rüge von einem Beschluss ab, so wird die Zulässigkeit mit der Hauptsacheentscheidung ausdrücklich oder stillschweigend festgestellt.

Das Gericht, das über das Rechtsmittel gegen die Hauptsacheentscheidung zu befinden hat, prüft die Zulässigkeit des Rechtswegs nicht noch einmal (§ 17a Abs. 5 GVG). Diese bleibt zwar weiterhin Sachurteilsvoraussetzung, ist aber nur vom Prozessgericht erster Instanz zu prüfen. Das gilt auch für Prozessurteile, die eine Zulässigkeit der Klage aus anderen Gründen verneinen (BGHZ 119, 250). Der Kompetenzstreit wird also bei Unterbleiben einer gesonderten Entscheidung auf die erste Instanz beschränkt. Eine Änderung der Umstände ist ohne Einfluss auf die einmal gegebene Zulässigkeit des eingeschlagenen Rechtswegs (§ 17 Abs. 1 S. 1 GVG). Die Bindung nach § 17a Abs. 5 GVG setzt aber voraus, dass das Verfahren nach § 17a GVG eingehalten wird, also entweder auf Rüge ein Beschluss gem. § 17a Abs. 3 S. 2 GVG ergeht oder das Gericht von einem solchen Beschluss absehen durfte, dann aber mit der Entscheidung über die Hauptsache ausdrücklich oder konkludent die Zulässigkeit des Rechtsweges bejaht hat (*BGH* NJW 2008, 3572f.). Ansonsten ist eine Überprüfung der Auffassung des Gerichts nicht möglich (*BGH* a.a.O.; zur verspäteten Rüge *Brückner*, NJW 2006, 13).

Das zuständige Gericht prüft das klägerische Begehren unter allen in Betracht kommenden rechtlichen Gesichtspunkten. Es hat also nicht nur die Klagegründe zu untersuchen, die in seine Kompetenz fallen. Vielmehr ist es bei *gemischten Rechtsverhältnissen* auch

§ 4. Begriff und Grenzen der Zivilgerichtsbarkeit   61

für solche Anspruchsgründe zuständig, die ebenso gut isoliert vor einem Gericht eines anderen Rechtswegs hätten geltend gemacht werden können. Ausgenommen hiervon sind allerdings Fragen, die in die von Verfassungs wegen angeordnete Zuständigkeit der ordentlichen Gerichte gem. Art. 14 Abs. 3 S. 4 u. Art. 34 S. 3 GG fallen (§ 17 Abs. 2 S. 2 GVG). Unberührt von diesen Regelungen bleibt die objektive Klagenhäufung (*OVG Münster* NVwZ-RR 1993, 517). Bei ihr muss jeder prozessuale Anspruch in die Gerichtsbarkeit des angerufenen Gerichts fallen (zur Aufrechnung s. Rn. 227).

In der zweiten denkbaren Situation hält das Gericht den eingeschlagenen Rechtsweg für unzulässig. Das Gericht hat dann hierüber zu entscheiden und auch ohne entsprechenden Antrag den Rechtsstreit an das zuständige Gericht des zulässigen Rechtswegs nach Anhörung der Parteien zu verweisen (§ 17a Abs. 2 S. 1 GVG; hierzu *BVerwG* NVwZ 1993, 358). Wie bei Stattgabe ist der Beschluss zu begründen. Eine mündliche Verhandlung wird nicht vorausgesetzt. Das Gericht darf also die Klage nicht mit der Begründung als unzulässig abweisen, dass der Rechtsweg zu den Zivilgerichten nicht gegeben sei. Gegen den Beschluss gibt es dieselben Rechtsbehelfe wie bei Bejahung des Rechtswegs. Eine Verweisung an das Verwaltungsgericht soll allerdings unterbleiben können, wenn das Verwaltungsverfahren, das einer Klage vorausgehen müsse, nicht abgeschlossen sei (*BGH* NJW 1993, 332 f.). Ob dem angerufenen Gericht jedoch insoweit Prüfungsbefugnis zusteht, erscheint fraglich und kann allenfalls für offensichtliche Mängel richtig sein. Der Verweisungsbeschluss ist für das Gericht, an das der Rechtsstreit verwiesen wird, soweit es die Rechtswegfrage betrifft, bindend (§ 17a Abs. 2 S. 3 GVG). Dieses Gericht darf also weder zurückverweisen noch an ein Gericht eines weiteren Rechtswegs weiterverweisen.

56

Im Unterschied zu den Verweisungsbeschlüssen innerhalb der Zivilgerichtsbarkeit (vgl. Rn. 94) sind nach Rechtsprechung des Bundesgerichtshofs (anders z. B. *BAG* NJW 2006, 1371; 2006, 1372) derartige Beschlüsse selbst dann bindend, wenn sie mit schwerwiegenden Rechtsfehlern, wie der Verletzung des rechtlichen Gehörs, behaftet sind. Begründet wird dies mit der Möglichkeit der Beschwerde entsprechend § 17a Abs. 4 GVG, die im Unterschied zu den Verweisungen nach § 281 bestehe (*BGH* NJW 2003, 2990; s. dazu auch *BGH* ZZP 124, 239 m. Anm. *Jacobs/Frieling*).

Diese Regelung sorgt für eine Abkürzung der Rechtswegstreitigkeiten und beseitigt Unsicherheiten bei der bislang umstrittenen Frage, ob eine „abdrängende" Weiterverweisung zulässig ist. Nach Eintritt der Rechtskraft des Verweisungsbeschlusses wird der Rechtsstreit mit Eingang der Akten bei dem Gericht anhängig, an das verwiesen worden ist (§ 17b Abs. 1 S. 1 GVG). Allerdings kann auch der (stets gesetzeswidrige) Rückverweisungsbeschluss des Gerichts, an das verwiesen worden ist, in Rechtskraft erwachsen und die Bindungswirkung des § 17a Abs. 2 S. 3 GVG entfalten (*BGH* MDR 2000, 598 m. krit. Anm. *E. Schneider*). Im Ergebnis setzt sich also die spätere Rückverweisung trotz Rechtswidrigkeit gegen die bindende ursprüngliche Verweisung durch.

III. Die räumlichen und die persönlichen Grenzen der Zivilgerichtsbarkeit

1. Die räumlichen Grenzen

57 Die Gerichtsbarkeit beschränkt sich auf das *Inland,* also de facto auf das Gebiet der Bundesrepublik. Im Ausland können Gerichte keine Prozesshandlungen vornehmen. Sie müssen, wenn etwa ein Zeuge im Ausland vernommen werden soll, die ausländischen Behörden um *Rechtshilfe* ersuchen. Die Einzelheiten sind in Staatsverträgen, vor allem dem Haager Übereinkommen über den Zivilprozess vom 1. März 1954 und der EuBVO (Rn. 289, 729) geregelt.

2. Die persönlichen Grenzen

Literatur: *Becker,* Zwangsvollstreckung in ein für diplomatische Zwecke genutztes Grundstück? – BGH NJW-RR 2003, 1218, JuS 2004, 470.

58 Der deutschen Gerichtsbarkeit unterliegen alle *deutschen Staatsangehörigen* und *im Inland wohnende Ausländer.* Es gibt aber Ausnahmen von *der deutschen Gerichtsbarkeit,* die sog. *Exemtionen.* Dies gilt vor allem für die sich aus dem Völkerrecht ergebende *Exterritorialität.*

Von der deutschen Gerichtsbarkeit sind befreit nach Maßgabe des Wiener Abkommens über diplomatische Beziehungen vom 18. April 1961 die Mitglieder der bei der Bundesrepublik beglaubigten diplomatischen Vertretungen, ihre Familienmitglieder und ihre privaten Hausangestellten (§ 18 GVG). Dasselbe gilt für Konsulatsbeamte einschließlich der Wahlkonsulatsbeamten (Wiener Abkommen über konsularische Beziehungen vom 24. April 1963, § 19 GVG). Ebenfalls sind nach den allgemeinen Regeln des Völkerrechts (§ 20

GVG) fremde Staatsoberhäupter und ausländische Staaten exterritorial, soweit sie nicht privatrechtliche Beziehungen aufnehmen (str.). In allen diesen Fällen kann die deutsche Gerichtsbarkeit durch freiwillige Unterwerfung begründet werden. Diese hat das Gericht als Voraussetzung seines hoheitlichen Tätigwerdens vorab zu prüfen; schon eine Verweisung nach § 17a Abs. 2 GVG wäre unzulässig (*VGH Kassel* NJW 2010, 2680). An einen Verzicht auf Immunität sind strenge Anforderungen zu stellen (*BGH* NJW 2009, 3164, 3167).

Die *Folge* der Exemtionen ist das *Fehlen der Gerichtsbarkeit.* Dies ist nicht nur eine Frage des Rechtsweges oder der Zuständigkeit, es hat vielmehr weiterreichende Wirkungen. Das Gericht darf keinerlei Tätigkeit entfalten, keinen Termin zur Verhandlung gegen einen Gerichtsfreien anberaumen, einen Gerichtsfreien nicht als Zeugen laden. Stellt sich das Fehlen der Gerichtsbarkeit erst im Laufe des Verfahrens heraus, so ist die Klage sofort durch Prozessurteil abzuweisen. Dasselbe gilt, wenn das Vorliegen der Gerichtsbarkeit streitig war. Auch hier ergeht ein Prozessurteil, wenn das Gericht zu dem Ergebnis kommt, dass die Gerichtsbarkeit fehlt. Ergeht ein Urteil gegen einen Gerichtsfreien, so ist es auch ohne besondere Aufhebung wirkungslos.

Von der Frage nach der deutschen Gerichtsbarkeit ist die Frage nach der internationalen Zuständigkeit zu unterscheiden (Rn. 84).

§ 5. Die Organe der Zivilrechtspflege

A. Die Gerichte

I. Die Spruchkörper

Unter „Gericht" kann man die Gerichte als Ganzes, die *Gerichtsbehörden* verstehen. In diesem Sinne spricht man vom „Bundesgerichtshof", der seinen Sitz in Karlsruhe hat, oder vom „Oberlandesgericht Karlsruhe". Man sagt aber auch, dass der Bundesgerichtshof eine bestimmte Frage entschieden habe. Diese Ausdrucksweise ist inkorrekt; denn vom Gericht als Behörde ist das „erkennende" Gericht zu unterscheiden. Es entscheidet nicht das Gericht als Ganzes, sondern eine Abteilung des jeweiligen Gerichts, ein *Spruchkörper.* Spruchkörper sind beim Bundesgerichtshof und bei den Oberlandesgerichten die Senate, beim Landgericht die Kammern und beim Amtsgericht die Abteilungen. Beim Bundesgerichtshof sind die Senate mit vier Beisitzern und einem Vorsitzenden besetzt (§ 139 GVG), bei den Oberlandesgerichten die Senate und bei den Landgerichten die Kammern mit zwei Beisitzern und einem Vorsitzenden (§§ 122, 75 GVG) und bei den Amtsgerichten die Abteilungen mit einem Einzelrichter. Weiter gibt es bei den Landgerichten die mit einem Berufsrichter als Vorsitzenden und zwei Laienrichtern (Handelsrichtern) besetzten Kammern für Handelssachen (§ 105 GVG). Gem. § 348 entscheidet die Kammer am Landgericht grundsätzlich durch den (originären) Einzelrichter. Insoweit ist die Kammer lediglich formell Spruchkörper (für Einzelheiten s. Rn. 63a).

60 Der Überblick über die verschiedenen Spruchkörper hat gezeigt, dass sie *Kollegialgerichte* und *Einzelrichter* haben. Beide Systeme haben Vor- und Nachteile, wobei aber die Vorteile des Kollegialsystems überwiegen. Der Einzelrichter kann vielleicht in kleineren Prozessen (vor dem Amtsgericht, wo kein Anwaltszwang besteht) besser mit den möglicherweise rechtsunkundigen Parteien verhandeln. In allen größeren Prozessen, vor allem dann, wenn schwierige Rechtsfragen auftauchen, ist das Kollegialsystem mit der Möglichkeit der Diskussion innerhalb des Kollegiums weitaus besser geeignet, den Parteien vollen Rechtsschutz zu gewähren. Es ist deshalb auch kein Zufall, dass die Spruchkörper der höheren Instanzen mit mehr Richtern besetzt sind als die der unteren Instanzen. Trotz der offensichtlichen Vorteile der Kollegialgerichte hat der Gesetzgeber, um die Kosten der Justiz zu senken (er spricht hier von der Nutzung der „Binnenressourcen" der Justiz), die Zuständigkeiten der Einzelrichter auch am Landgericht mit dem ZPO-RG erheblich erweitert und insgesamt sehr unübersichtlich gestaltet (dazu u. Rn. 63a).

II. Die Arbeitsweise der Kollegialgerichte

61 Vor dem Erlass des Urteils muss eine *Beratung* stattfinden, dann eine *Abstimmung* (§§ 192 ff. GVG). Beratung und Abstimmung sind *geheim* (§§ 193 GVG, 43 DRiG). Bei der Abstimmung genügt die *absolute Mehrheit*, Einstimmigkeit ist nicht erforderlich (§ 196 Abs. 1 GVG). Bei der Beratung und Abstimmung hat der Vorsitzende nur eine Stimme, er ist primus inter pares, nicht etwa der Vorgesetzte der Beisitzer. Seine Befugnisse im Verfahren sind in § 136 geregelt.

Er hat gleichwohl im Erkenntnisverfahren vor der Beratung und Abstimmung eine starke Stellung. Er eröffnet und leitet die mündliche Verhandlung, er erteilt das Wort und kann es entziehen, er schließt die Verhandlung und verkündet die Urteile und Beschlüsse, die damit bindend werden. Weiterhin setzt er die Termine fest (§§ 216 ff.) und hat in der Verhandlung für die Aufrechterhaltung der Ordnung zu sorgen (§ 176 GVG, sog. Sitzungspolizei).

III. Das Minderheitsvotum des überstimmten Richters

Literatur: *Heyde,* Das Minderheitsvotum des überstimmten Richters, 1966; *Lüderitz,* Recht von anonymen Richtern, AcP 168, 329; *Ritterspach,* Gedanken zum Sondervotum, FS Zeidler, 1987, 1379; *Lamprecht,* Beratungsgeheimnis, „dissenting vote" und richterliche Unabhängigkeit, DRiZ 1996, 233.

Das Minderheitsvotum eines überstimmten Richters, das aus dem angelsächsischen Recht bekannt ist, war dem deutschen Verständnis von der Rolle des Richters fremd. Dieses fördert nicht die individuelle Richterpersönlichkeit, der einzelne Richter tritt hinter dem Kollegium zurück. Reformvorschläge, das Minderheitsvotum allgemein einzuführen, haben sich deshalb auch nicht durchgesetzt. Lediglich im Verfahren vor dem Bundesverfassungsgericht ist das Minderheitsvotum vorgesehen (§ 30 Abs. 2 BVerfGG) und hat dort eine gewisse Bedeutung erlangt (dazu *Heyde,* Jahrbuch für öffentliches Recht, Bd. 19, 201 m. w. N.).

IV. Der (originäre und obligatorische) Einzelrichter, der beauftragte und der ersuchte Richter

Literatur: *Feskorn,* Die Zuständigkeit des Einzelrichters gemäß § 568 ZPO, NJW 2003, 856; *Huber,* Grundwissen – Zivilprozessrecht: Einzelrichter- und Kammerzuständigkeit, JuS 2011, 114; *Schneider,* Die Zuständigkeit des Einzelrichters, MDR 2004, 1269; *Stackmann,* Einzelrichterzuständigkeit an Kollegialgerichten im Zivilprozess, JuS 2008, 129.

1. Der Einzelrichter

Den Einzelrichter gibt es nicht nur beim Amtsgericht, sondern auch beim Landgericht und beim Oberlandesgericht, also bei Gerichten, die an sich durch Spruchkörper entscheiden. Der Einzelrichter ist dann ein Mitglied des Spruchkörpers, der Kammer oder des Senats. Seine Aufgaben sind *verschieden,* je nachdem ob das Gericht in erster Instanz (nur das Landgericht) oder in zweiter Instanz (Landgericht oder Oberlandesgericht) entscheidet.

2. Originärer und obligatorischer Einzelrichter

63a Bis zum ZPO-RG war beim Landgericht die Zivilkammer als solche zuständig. Dem entsprechend erfolgte auch die Geschäftsverteilung. Sie sollte nach § 348 den Rechtsstreit einem Einzelrichter übertragen, wenn die Sache weder besondere Schwierigkeiten aufwies noch von grundsätzlicher Bedeutung war.

Nunmehr ist im erstinstanzlichen Verfahren zwischen *obligatorischem* und *originärem Einzelrichter* zu unterscheiden. Letzterer ist von Gesetzes wegen zuständig. Gem. § 348 Abs. 1 S. 1 entscheidet grundsätzlich die Zivilkammer durch eines ihrer Mitglieder. Das Gesetz macht hiervon allerdings zahlreiche Ausnahmen, in denen dem Einzelrichter die Qualifikation fehlt oder eine Entscheidung durch den Spruchkörper aus Gründen, die im Gegenstand des Rechtsstreites liegen, erfolgen soll (§ 348 Abs. 1 S. 2 Nr. 2, Abs. 2).

Die *originäre* Zuständigkeit muss sich aus dem Geschäftsverteilungsplan ergeben und ist daher bei der Aufstellung der Geschäftsverteilungspläne nach § 21e GVG zu berücksichtigen. Sie entfällt bei einem Richter auf Probe, der in seiner Funktion noch nicht ein Jahr in Zivilrechtsstreitigkeiten zuständig gewesen ist. Weiter bestehen Ausnahmen für schwierige oder besonders bedeutende Sachgebiete (§ 348 Abs. 1 Nr. 2 lit. a–k), die nach dem Geschäftsverteilungsplan der Kammer als Sondersachen zugewiesen sind. Erstaunlich daran ist, dass der Einzelrichter für Streitigkeiten aus diesen Sachgebieten originär zuständig bleibt, wenn keine Zuweisung als Sondersache vorliegt. In diesen Fällen wird er den Rechtsstreit in einer Sache, die nach seiner Ansicht besondere Schwierigkeiten tatsächlicher oder rechtlicher Art enthält oder von grundsätzlicher Bedeutung ist, der Kammer zur Entscheidung darüber vorlegen, ob sie die Sache übernimmt (§ 348 Abs. 3 Nr. 1, 2).

Der Einzelrichter muss der Kammer in diesen Fällen vorlegen, ohne dass ihm eine Ermessensspielraum bliebe (*BGH* NJW 2003, 1254; Zöller/*Greger* § 348 Rn. 20). Eine Missachtung kann einen Verstoß gegen Art. 101 Abs. 1 S. 2 GG darstellen (BGHZ 154, 200; Prütting/Gehrlein/*Kessen* § 348 Rn. 7; s. dazu Rn. 95f.; zum Auftreten in der Praxis Zöller/*Greger* a.a.O.).

Die Übertragung wird positiv durch unanfechtbaren Beschluss entschieden, wenn die Kammer die Auffassung des vorlegenden Mitglieds teilt (§ 348 Abs. 4). Eine Rückübertragung ist ausgeschlossen. Die praktische Bedeutung der Vorlagemöglichkeit erscheint insoweit fraglich, als der Einzelrichter damit zugleich sein Leistungsvermögen preisgibt. Nach § 348 Abs. 3 Nr. 3 können die Parteien gemeinsam die Vorlage vor die Kammer beantragen. Die Kammer ist unter diesen Voraussetzungen jedoch zur Übernahme nicht verpflichtet.

Soweit die originäre Zuständigkeit des Einzelrichters nach § 348 nicht begründet ist, ist zwar die Kammer als solche originär zuständig. Sie muss aber nach § 348a Abs. 1 den Rechtsstreit durch Beschluss auf den Einzelrichter übertragen, wenn die Sache keine besonderen Schwierigkeiten aufweist und keine grundsätzliche Bedeutung hat. Das Gesetz bezeichnet diesen Richter als *obligatorischen* Einzelrichter. Anders als nach dem bis 2002 geltenden Recht (§ 348a. F.) besteht eine generelle Pflicht zur Übertragung. Es ist daher nicht möglich, die Sache erst vor der Kammer zu verhandeln, um sie anschließend dem Einzelrichter zu übertragen. Eine von der Kammer dem Einzelrichter übertragene Sache kann dieser wiederum der Kammer zur Entscheidung über eine Übernahme nach § 348 Abs. 2 vorlegen, wenn sich durch wesentliche Änderungen der Prozesslage besondere Schwierigkeiten oder eine grundsätzliche Bedeutung ergeben oder die Parteien es gemeinsam beantragen. Die Kammer hat vor ihrer Entscheidung die Parteien anzuhören. Die Entscheidungen des Gerichts zur Übernahme sind nicht anfechtbar (§§ 348 Abs. 4, 348a Abs. 3).

Wird das Landgericht als Berufungsgericht tätig (§ 72 GVG), so gelten die §§ 526f. wie auch für das als Berufungsgericht tätige Oberlandesgericht. Abzugrenzen sind hier der *entscheidende* und der *vorbereitende Richter*. Das Berufungsgericht kann durch Beschluss den Rechtsstreit einem seiner Mitglieder als Einzelrichter zur Entscheidung übertragen. Voraussetzung ist, dass es sich um eine erstinstanzliche Einzelrichterentscheidung handelt (1), die Sache weder in rechtlicher noch in tatsächlicher Hinsicht besondere Schwierigkeiten aufweist (2) und auch keine grundsätzliche Bedeutung hat (3). Schließlich darf grundsätzlich nicht bereits im Haupttermin zur Hauptsache verhandelt worden sein (4). Meint der Einzelrichter, dass die Entscheidung dennoch grundsätzliche Bedeutung hat, kann er die Revision wegen grundsätzlicher Bedeutung zulassen (*BGH* NJW 2003, 2900). In bestimmten Situationen kann dieser *entscheidende Einzelrichter* den Rechtsstreit dem „Berufungsgericht" zur Entscheidung über die Übernahme vorlegen (§ 526 Abs. 2). In Rechtsstreitigkeiten vor der Kammer für Handelssachen kann der Vorsitzende allein in den durch § 349 Abs. 2 bezeichneten Punkten tätig werden, obwohl er kein Einzelrichter ist (BGHZ 156, 320). Zwar bedarf die Einzelrichterübertragung nicht der Zustimmung der Parteien; diese können allerdings durch übereinstimmenden Antrag einen Beschluss zur Übernahme einer Sache vom Einzelrichter durch den Senat oder die Kammer erwirken (§ 526 Abs. 2 Nr. 2). Ein Rechtsmittel kann nicht auf die Verletzung der dargestellten Regeln gestützt werden (§ 526 Abs. 3). Daneben kennt das Gesetz den vorbereitenden Einzelrichter für jene Fälle, in denen eine Einzelrichterübertragung unterbleibt. Das Berufungsgericht kann die Sache einem seiner Mitglieder zur Entscheidungsvorbereitung zuweisen. Die Einzelheiten sind in § 527 geregelt. Hier ist in der Kammer für Handelssachen einzig der Vorsitzende möglicher Einzelrichter.

64a Im Verfahren der sofortigen Beschwerde entscheidet das Beschwerdegericht durch originären Einzelrichter, wenn die angefochtene Entscheidung von einem Richter oder Rechtspfleger erlassen wurde (§ 568). In Fällen grundsätzlicher Bedeutung der Rechtssache (§ 568 Nr. 2) hat der Einzelrichter das Verfahren an das Beschwerdegericht in der nach GVG vorgeschriebenen Besetzung zu übertragen (ein Ermessen besteht nicht, *BGH* NJW 2004, 448). Obwohl die Rechtsfortbildung und -sicherung nicht als Übertragungspflicht vorgesehen ist, begründen diese Interessen laut Bundesgerichtshof die grundsätzliche Bedeutung (*BGH* NJW 2003, 3712).

3. Der beauftragte Richter

65 Das Kollegialgericht kann durch Beschluss einem seiner *Mitglieder* einen bestimmten Abschnitt des Verfahrens zur Erledigung übertragen, z.B. bei der Güteverhandlung (§ 278 Abs. 5 S. 1) oder bei der Beweisaufnahme (§§ 355 Abs. 1, 375 Abs. 1 und 1a). Der beauftragte Richter kann in diesem Zusammenhang keine eigene Entscheidung treffen. Nach der Neuregelung des Einzelrichters hat der beauftragte Richter an Bedeutung verloren.

4. Der ersuchte Richter

66 Es kann vorkommen, dass ein Gericht in München einen in Hamburg wohnenden Zeugen hören muss. Grundsätzlich er-

streckt sich die Pflicht des Zeugen zur Aussage auch auf das Erscheinen vor dem Prozessgericht. Dies kann jedoch in vielen Fällen unnötig hohe Kosten (für die Reise, Verdienstausfall etc.) verursachen. Das Prozessgericht kann deshalb in einem solchen Fall *im Wege der Rechtshilfe* (§§ 156 ff. GVG) das Amtsgericht (§ 157 GVG) um Vernehmung des Zeugen ersuchen. Die Vernehmung wird dann von dem zuständigen Richter am Amtsgericht *als ersuchtem Richter* durchgeführt. Darin liegt eine Durchbrechung des Grundsatzes der Unmittelbarkeit, weil das entscheidende Gericht ja nur das Vernehmungsprotokoll seiner Entscheidung zugrunde legen kann. Dies muss bei der Beschlussfassung über das Ersuchen berücksichtigt werden. Nunmehr gestattet § 128a die Lösung solcher Probleme auch im Wege der Video-Vernehmung (s. o. Rn. 32 a).

B. Die Gerichtspersonen

I. Der Richter

Literatur: *Baur,* Justizaufsicht und richterliche Unabhängigkeit, 1954; *Bettermann,* Der Richter als Staatsdiener, 1967; *Paul Johann Anselm Feuerbach,* Betrachtungen über das Geschworenengericht, 1813 (Nachdruck 1970); *Geiger,* Der Richter und seine Bindung an Gesetz und Recht, DRiZ 1963, 170; *Grimm,* Richterliche Unabhängigkeit und Dienstaufsicht in der Rechtsprechung des Bundesgerichtshofs, 1972; *Henckel,* Richter im demokratischen und sozialen Rechtsstaat, JZ 1987, 209; *Papier,* Die richterliche Unabhängigkeit und ihre Schranken, NJW 2001, 1089; *Sendler,* Politikermeinung und richterliche Unabhängigkeit, NJW 2001, 1909; *Windel,* Soll am Laienrichterwesen festgehalten werden?, ZZP 112, 293.

1. Berufs- oder Laienrichter

Eine der wichtigsten rechtspolitischen Fragen, die sich bei der Regelung eines gerichtlichen Verfahrens stellt, ist die, ob die Entscheidung in die Hände von Berufs- oder von Laienrichtern oder von beiden gelegt werden soll. Berufsrichtern wurde früher, wie allen Juristen, ein erhebliches Misstrauen entgegengebracht, das aus den Zeiten des absoluten Staates herrührte, in dem Juristen als Staatsdiener verdächtig waren. Die Forderung nach der Hinzuziehung von Laien, nach dem Beispiel des Geschworenengerichts, war deshalb Bestandteil der Forderungen nach einer demokratischen Verfassung. Diese Überlegungen sind im demokratischen

Rechtsstaat nicht mehr von Bedeutung. Heute sind für die Frage der Laienbeteiligung sachliche Gründe maßgebend (im Strafprozess sind die politischen Fragen ohnehin von größerer Bedeutung gewesen als im Zivilprozess). Es kommt darauf an, wer *besser geeignet* ist, die streitigen Tatsachen festzustellen und das Recht anzuwenden. Dies ist im Zivilprozess mit seinen komplizierten Tat- und Rechtsfragen ohne Zweifel der Berufsrichter. Der Vorteil der Beteiligung von Laienrichtern ist es, dass der Berufsrichter in der Beratung die Stimme von Nichtjuristen hört und ihnen seine Rechtsauffassung verständlich machen muss. Dies ist eine nützliche Kontrolle. Weiter sind Laienrichter wertvoll, wenn sie besondere Kenntnisse mitbringen, die der Berufsrichter als Jurist nicht haben kann, und die durch Sachverständige so nicht vermittelt werden können. Dem Sachverständigen können zwar bestimmte Fragen zur Beantwortung vorgelegt werden, der Sachverständige kann aber nicht an der Beratung teilnehmen.

68 Die gesetzliche Regelung trägt sachlichen Notwendigkeiten Rechnung. Im Zivilprozess gibt es Laienrichter nur bei der *Kammer für Handelssachen* und außerdem noch im *Arbeitsgerichtsverfahren*. Bei den Kammern für Handelssachen war unbestrittenermaßen die *Sachkenntnis* der Laienrichter der Grund für ihre Hinzuziehung (vgl. § 109 GVG).

Bei den Arbeitsgerichten waren andere Gründe bestimmend. Hier werden die Arbeitsrichter (also die Laien) je zur Hälfte aus Kreisen der Arbeitnehmer und Arbeitgeber berufen (§§ 16 Abs. 1, 35 Abs. 2, 41 ff. ArbGG); niemand darf zugleich Arbeitsrichter für die Arbeitnehmer- und Arbeitgeberseite sein (§ 21 Abs. 4 ArbGG). Die Arbeitsrichter haben also in gewissem Umfang die Funktion von Interessenvertretern – eine Regelung, die dem Gedanken des unabhängigen und überparteilichen Richters gerade entgegengesetzt zu sein scheint. Die gesetzliche Regelung trägt aber dem Umstand Rechnung, dass sich die Parteien als Angehörige verschiedener wirtschaftlicher und sozialer Gruppen gegenüberstehen. Sie hat sich im Ganzen durchaus bewährt, vor allem, weil die Laienrichter auch hier im allgemeinen besondere Sachkunde mitbringen.

69 Der Berufsrichter spielt im Zivilprozess die entscheidende Rolle. Seine *Rechtsstellung* ist im Grundgesetz (Art. 98) und im Deutschen Richtergesetz geregelt. Der Richter ist danach nicht mehr, wie man früher annahm, Beamter; er wird vielmehr in das *besondere Richterverhältnis* berufen. Die Voraussetzungen dafür nennt § 9 DRiG: der zu Ernennende muss Deutscher sein, die Gewähr dafür bieten, dass er jederzeit für die freiheitliche demokratische

§ 5. Die Organe der Zivilrechtspflege 71

Grundordnung eintritt, und er muss die Befähigung zum Richteramt besitzen. Diese wird durch das Bestehen der beiden juristischen Staatsexamen erworben (§§ 5 ff. DRiG). Die Ernennung zum Richter kann frühestens nach drei Jahren richterlicher Tätigkeit erfolgen (§ 10 DRiG). Vorher ist der Richter *auf Probe* tätig (§ 12 DRiG).

2. Die Unabhängigkeit des Richters; richterliche Unabhängigkeit und politische Betätigung

Literatur: *Burckhard,* Politisches und gesellschaftliches Engagement von Richtern, DRiZ 1985, 486; *Deguchi,* Das mißbräuchliche Ablehnungsgesuch, GS Arens, 1993, 31; *Dütz,* Richterliche Unabhängigkeit und Politik, JuS 1985, 745; *Günther,* Persönliche Spannungen als Ablehnungsgrund, ZZP 105, 20; *ders.,* Der vorbefaßte Zivil- oder Verwaltungsrichter, VerwArch 82, 179; *Hill,* Wie politisch dürfen Richter sein?, DRiZ 1986, 81; *Krekeler,* Der befangene Richter, NJW 1981, 1633; *Pfeiffer,* Die innere Unabhängigkeit des Richters, FS Zeidler, 1988, 67; *Schilken,* Die Sicherung der Unabhängigkeit der Dritten Gewalt, JZ 2006, 860; *Schmidt-Jortzig,* Richteramt und politische Betätigung, NJW 1984, 2057; *Sendler,* Was dürfen Richter in der Öffentlichkeit sagen?, NJW 1984, 689; *Wassermann,* Zur Ablehnung des Richters wegen politischer Befangenheit, DRiZ 1987, 144.

Die *Unabhängigkeit des Richters* ist eine der *Grundregeln des Rechtsstaates.* Sie ist vom Grundgesetz garantiert. Die Richter sind unabhängig und nur dem Gesetz unterworfen (Art. 97 Abs. 1 GG; ebenso § 25 DRiG; vgl. auch Art. 20 Abs. 3 GG: Die Rechtsprechung ist an Gesetz und Recht gebunden). Man spricht insoweit von der *sachlichen Unabhängigkeit* der Richter; diese setzt die Unabhängigkeit des Gerichts als Institution und damit die Gewaltenteilung voraus (§ 1 GVG). Die sachliche Unabhängigkeit, also die Bindung an das Gesetz bedeutet, dass der Richter nach seiner *Überzeugung* entscheiden muss. Es dürfen ihm *keine Weisungen* in Bezug auf seine Entscheidungstätigkeit erteilt werden; er dürfte sich nicht danach richten, wenn doch solche ergehen würden. Soweit es um die Entscheidungstätigkeit geht, ist der Richter auch nicht der Dienstaufsicht unterworfen (§ 26 Abs. 2 DRiG; lesenswert: BGH DRiZ 1997, 467). Der Richter ist auch grundsätzlich *nicht* an die *Entscheidungen anderer Gerichte* (Präjudizien) gebunden (von den Fällen der materiellen Rechtskraft abgesehen), auch nicht an die Entscheidungen höherer Gerichte. Eine gewisse Durchbrechung erfährt dieser Grundsatz durch die

Bindung an die Rechtsauffassung des Revisionsgerichts (§ 563 Abs. 2), durch die Bestimmungen zur Rechtsprechungsvereinheitlichung und das in ihnen normierte Abweichungsverbot (§§ 132 ff. GVG und RsprEinhG, s. u. Rn. 421) sowie durch das Vorabentscheidungsverfahren zum Europäischen Gerichtshof nach Art. 267 AEUV (für Einzelheiten s. *Lüke*, in: Recht und Verfahren, 1993, 73, 76 ff.; zum Vorabentscheidungsverfahren allgemein auch *Prütting*, GS Arens, 1993, 339). Tatsächlich richten die meisten Gerichte ihre Entscheidungen zum großen Teil aber doch an der höchstrichterlichen Rechtsprechung aus. Dies ist angesichts der Möglichkeit, dass abweichende Entscheidungen aufgrund von Rechtsmitteln im Instanzenzug aufgehoben werden können, nur vernünftig (hierzu *Lüke*, a. a. O., 83 ff.).

Eine juristische Bindung besteht aber insoweit nicht, von der Ausnahme abgesehen, dass ein höheres Gericht ein Urteil aufhebt und die Sache an das untere Gericht zurückverweist. Dann ist das untere Gericht an die Rechtsauffassung, die der Aufhebung zugrunde liegt, in dieser Sache gebunden, nicht in anderen Prozessen (vgl. § 563 Abs. 2). Damit wird ein sinnloses Hin- und Herschieben der Prozesse vom höheren an das untere Gericht und umgekehrt vermieden.

70a Die politische Betätigung von Richtern hat in den letzten Jahren die Gerichte nicht selten beschäftigt und zu einer Diskussion in der Literatur geführt. Hierher gehört der Fall der Lübecker Richter, die mit ihrer Amtsbezeichnung politische Aufrufe unterschrieben haben (*Hill*, DRiZ 1986, 87; hierzu *BVerfG* NJW 1989, 93), weshalb ein Disziplinarverfahren gegen sie durchgeführt wurde. In einem anderen Fall wurden Richter ohne Erfolg wegen Besorgnis der Befangenheit abgelehnt, weil sie denselben politischen Aufruf unterschrieben und derselben Gewerkschaft angehört hatten wie eine der Parteien (*ArbG Frankfurt/Main* NJW 1984, 142; *BVerfG* NJW 1984, 1874). Schließlich soll noch ein Urteil des Amtsgerichts Frankfurt am Main (berichtet von *Hill*, a. a. O., 81) genannt werden, in dem der Freispruch von Demonstranten politisch (mit dem angeblichen Verstoß der Bundesregierung gegen das Grundgesetz) begründet wurde (dazu *Hill*, a. a. O., 82 ff.).

Es ist heute h. M., dass sich ein Richter politisch betätigen darf (z. B. Thesen des Deutschen Richterbundes, DRiZ 1984, 116). Die Grenzen dafür ergeben sich aus § 39 DRiG, wonach sich der Richter innerhalb und außerhalb seines Amtes, auch bei politischer Betätigung, so zu verhalten hat, dass das Vertrauen in seine Unabhängigkeit nicht gefährdet wird. Diese Grenze ist im Einzelfall sehr schwer zu ziehen. Die Anforderungen an die Zurückhaltung des Richters sind heute weit weniger streng als früher, auch der Richter behält seine demokratischen Rechte. Er unterliegt aber dem Gebot der Mäßigung, er darf seinen „Amtsbonus" nicht missbrauchen. In jedem Fall muss man von ihm verlangen, dass seine politischen Stellungnahmen im Rahmen der Verfassung bleiben. Wird diese Zurückhaltung nicht geübt, sollte die Ablehnung wegen Besorgnis der Befangenheit großzügig gehandhabt werden, jedenfalls großzügiger als es bei vielen Gerichten üblich ist. Darüber hinaus sollte man unterscheiden, ob er sich zu allgemeinen politischen Fragen äußert (wie im Fall *BVerfG* NJW 1989, 93 – Lübecker Richter) oder zu solchen, die sich auf konkrete Verfahren auswirken (*ArbG Frankfurt/Main* a.a.O.). Allgemeine Äußerungen können nur unter dem Gesichtspunkt einer Verletzung der Dienstpflichten disziplinarrechtlich überprüft werden. So konnte das Bundesverfassungsgericht in der dienstrechtlichen Ahndung des Verhaltens der Lübecker Richter keinen Verfassungsverstoß erblicken. Das Amt des Richters setze in persönlicher und sachlicher Hinsicht Unabhängigkeit voraus, wie sie durch Art. 97 GG verbürgt sei. Die Überzeugungskraft der Entscheidung beruhe auch auf dem von der Bevölkerung dem Amt entgegengebrachten Vertrauen. Dieses setze die innere und äußere Unabhängigkeit des Richters sowie seine Neutralität und Distanz voraus. So sei die Feststellung einer Dienstpflichtverletzung verfassungsrechtlich nicht zu beanstanden, wenn der Amtsinhaber sein Amt und das damit verbundene Ansehen und Vertrauen gerade dazu einsetze, um einer politischen Meinung größeren Nachdruck zu verleihen.

Wirken sich Äußerungen auf ein konkretes Verfahren aus, steht die Ablehnung wegen Besorgnis der Befangenheit im Vordergrund. In diesen Fällen sind höhere Anforderungen an die Zurückhaltung des Richters zu stellen als bei allgemeinen Fragen, weil es hier lediglich auf die Besorgnis einer Partei ankommt, der Richter könne befangen sein. Noch besser ist es, wenn es der Richter in solchen Fällen nicht auf die Ablehnung durch eine Partei ankommen lässt, sondern von § 48 (Selbstablehnung) Gebrauch macht. Sicher zu vermeiden sind Entscheidungen mit einseitigen politischen Begründungen (*AG Frankfurt/Main*, berichtet von *Hill*, a.a.O., 81; weitere Beispiele bei *Sendler,* NJW 1984, 691). Sie sind mit dem Grundsatz der Bindung des Richters an Gesetz und Recht und damit auch mit der richterlichen Unabhängigkeit nicht zu vereinbaren. Im Einzelfall kommt allerdings eine Ablehnung nach § 42 in Betracht (*BVerfG* DtZ 1991, 408f.). Grundsätzlich keinen Ablehnungsgrund stellt es dar, wenn ein Richter sich zu einer Rechtsfrage des von ihm zu entscheidenden Rechtsstreits bereits wissenschaftlich geäußert hat (*BVerfG* NJW-RR 2010, 1150; *BGH* NJW 2002, 2396f.; MünchKomm/*Gehrlein* § 42 Rn.21; krit.: *Lamprecht,* NJW 1993, 2222; hierzu ablehnend *de Wall,* NJW 1994, 843).

71 Die sachliche Unabhängigkeit ist in der Praxis nicht zu trennen von der persönlichen: Nur wenn der Richter *unabsetzbar* (und unversetzbar) ist, kann er einem möglichen Druck von oben oder durch die Öffentlichkeit widerstehen. Deshalb bestimmt Art. 97 Abs. 2 GG, dass *endgültig angestellte Richter* gegen ihren Willen nur kraft richterlicher Entscheidung und nur aus Gründen und unter Formen, die die Gesetze bestimmen, vor Ablauf ihrer Amtszeit entlassen werden können. Eine weitere Voraussetzung für die persönliche Unabhängigkeit ist eine angemessene wirtschaftliche Unabhängigkeit (dazu die Besoldungsgesetze des Bundes und der Länder, vgl. Art. 74 Abs. 1 Nr. 27 GG). Problematisch im Hinblick auf die persönliche Unabhängigkeit ist einmal die Stellung der *Richter auf Probe* und die *Möglichkeit der Beförderung* der endgültig angestellten Richter. Im einen Fall ist die Ernennung, im anderen die Beförderung von der dienstlichen Beurteilung durch die Dienstvorgesetzten abhängig, ein Umstand, der sich auf die Unabhängigkeit auswirken kann. Das englische Recht vermeidet beides, indem die Richter sofort auf Lebenszeit ernannt werden (sie werden allerdings aus dem Anwaltsstand nach besonderer Bewährung genommen) und nicht befördert werden können (dazu *Cohn,* Richter, Staat und Gesellschaft, 1958).

Eine solche Regelung beruht jedoch auf einer sehr unterschiedlichen Rechtskultur und kann nicht auf ein ganz anderes System übertragen werden. Es bleibt aber dabei, dass in unserem Recht vor allem die Beförderung problematisch ist. Für die Richter auf Probe bestimmt § 29 DRiG, dass bei einer Entscheidung nicht mehr als ein Richter auf Probe mitwirken darf. Dadurch soll vermieden werden, dass der auf Lebenszeit ernannte Vorsitzende einen allzu großen Einfluss bekommt (vgl. dazu BGHZ 95, 22).

3. Der Ausschluss und die Ablehnung von Richtern

Literatur: *E. Schneider*, Zivilprozessreform – Das neue zivilprozessuale Ablehnungsrecht, MDR 2001, 1399; *Sturm*, Die Kosten im Beschwerdeverfahren um ein Richterablehnungsgesuch, MDR 2007, 382; *Vossler*, Entscheidungszuständigkeit bei Ablehnungsersuchen gegen den Einzelrichter, MDR 2006, 304.

Die Unabhängigkeit des Richters sollen auch die Vorschriften über den Ausschluss und die Ablehnung von Richtern garantieren (§§ 41–48). Niemand kann *Richter in eigener Sache* sein; er sollte es nicht sein, wenn er ein eigenes Interesse am Ausgang des Rechtsstreits hat. Zum einen kann den Parteien ein Richter nicht zugemutet werden, auf dessen *Objektivität* sie nicht vertrauen können. Zum anderen muss die Unabhängigkeit des Richters nicht nur gegenüber der Justiz, sondern auch gegenüber den Parteien gewährleistet sein. 72

In bestimmten Fällen ist der Richter *kraft Gesetzes* von der Ausübung des Richteramtes *ausgeschlossen* (§ 41), wenn er selbst oder ein naher Angehöriger Partei ist oder wenn er in dem Rechtsstreit in anderer Eigenschaft mitgewirkt hat. Diese Gründe beziehen sich immer auf einen bestimmten Richter, nicht auf den Spruchkörper (die Kammern oder den Senat). Der ausgeschlossene Richter hat sich jeder richterlichen Handlung zu enthalten. Gegebenenfalls kann wegen Mitwirkung eines ausgeschlossenen Richters die Wiederaufnahmeklage erhoben werden (§ 579 Abs. 1 Nr. 2 und 3).

Die Parteien können einen ausgeschlossenen Richter aber auch *ablehnen*, also den Ausschließungsgrund geltend machen. Sie können ihn außerdem *wegen Besorgnis der Befangenheit ablehnen* (§ 42 Abs. 1). „Besorgnis" der Befangenheit bedeutet *nicht*, dass der Richter tatsächlich befangen ist, es reicht vielmehr aus, dass ein objektiv vernünftiger Grund vorliegt, der die Partei von ihrem Standpunkt aus befürchten lässt, der Richter werde nicht unparteiisch entscheiden. Die Rechtsprechung hat als Ablehnungsgrund etwa anerkannt unsachliche Bemerkungen gegenüber der Partei oder ihrem Prozessvertreter, unsachliche Randbemerkungen an Schriftsätzen, Mitteilung des Prozessergebnisses vorab in einem Pressegespräch. Bei Ratschlägen und Hinweisen ist die Grenze zwischen entsprechenden richterlichen Aufklärungs- und Hinweispflichten, die sich vor allem aus §§ 139 Abs. 1, 2 ergeben, und einer parteilichen oder zumindest die Besorgnis der Befangenheit 73 begründenden Prozessführung nur sehr schwer zu bestimmen. Gerichtliche Vorschläge zur Formulierung von Unterlassungsanträgen im Wettbewerbsprozess wurden vom *Oberlandesgericht Köln* (NJW-RR 1993, 1277) als regelmäßig sinnvolle und gebotene Einflussnahme auf das Verfahren angesehen; der Hinweis des Gerichts gegenüber dem anwaltlich nicht vertretenen Beklagten, er könne sich der Präklusion durch Flucht in die Säumnis entziehen, soll dagegen eine Parteinahme des Gerichts sein (*OLG München* NJW 1994, 60; krit. *Deubner,* JuS 1994, 235). Besonders umstritten ist die Frage, ob ein Hinweis auf die Einrede der Verjährung die Besorgnis der Befangenheit begründen kann. Der Bundesgerichtshof (NJW 1998, 612) hat dies abgelehnt, ohne allerdings damit zugleich eine Pflicht des Gerichts, auf die Verjährung hinzuweisen, zu bejahen. In einem solchen Hinweis ist eine zumindest vertretbare, und nicht unsachliche oder willkürliche Anwendung von § 139 zu sehen (ähnlich *BayObLG* NJW-RR 1999, 1875; kritisch *Jauernig/Hess* § 25 Rn. 46). Die Rechtsprechung zur Besorgnis der Befangenheit ist naturgemäß sehr umfangreich. Grundsätzlich können unrichtige Rechtsauffassungen des Richters ebenso wenig die Besorgnis der Befangenheit begründen (*BAG* NJW 1993, 879) wie eine verfahrensrechtlich fehlerhafte Sachbehandlung (*BayObLG* WuM 1993, 456). Das Ablehnungsverfahren dient eben nicht dazu, richterliche Entscheidungen auf ihre Richtigkeit zu überprüfen. Nur wenn die Fehler auf einer unsachlichen Einstellung des Richters oder seiner Willkür beruhen, ist die Richterablehnung begründet (*BAG* a.a.O.). Der Bundesgerichtshof hat es daher auch nicht als Ablehnungsgrund angesehen, wenn der ehemalige Senatsvorsitzende nun der Kanzlei eines Prozessvertreters angehört oder ein an der Entscheidung beteiligter Richter bereits in der Vorinstanz mit der Sache befasst war (*BGH* ZIP 2011, 685).

Der Ablehnungsgrund ist durch ein Ablehnungsgesuch geltend zu machen (§ 44), das grundsätzlich bis zu der die Instanz abschließenden Entscheidung zu stellen ist, ohne dass es auf den Zeitpunkt ankäme, in dem der Ablehnungsgrund bekannt wurde (*BayObLG* MDR 1993, 471). Der Richter kann auch selbst einen Ablehnungsgrund anzeigen (§ 48); dies ist den Verfahrensbeteiligten mitzuteilen (*BVerfG* NJW 1993, 2229; *OLG Zweibrücken* FamRZ 1994, 520; a. A. aber *BVerfG* NVwZ 1993, 55 sowie *OVG Kassel* NJW 1994, 1083 mit der zweifelhaften Begründung, dass es sich um einen rein gerichtsinternen Vorgang handele, der Art. 103 Abs. 1 GG nicht unterliege). Die Partei kann mit dem ihr bekannten Ablehnungsgrund präkludiert (ausgeschlossen) werden, wenn sie ihn nicht geltend macht, bevor sie weiter verhandelt oder Anträge stellt (§ 43). Der Auschluss soll dann auch für einen weiteren Rechtsstreit wirken, wenn beide Verfahren in einem tatsächlichen und rechtlichen Zusammenhang stehen (*BGH* NJW 2006, 2776, 2777 m. w. N.). Über das Gesuch entscheidet das Gericht, dem der abgelehnte Richter angehört, ohne dessen Mitwirkung (§ 45 Abs. 1; entgegen dem Wortlaut soll bei pauschaler Ablehnung aller Richter ohne Vorbringen konkreter Anhaltspunkte für eine Befangenheit das Gericht „ausnahmsweise" unter Mitwirkung der abgelehnten Richter entscheiden dürfen, *BVerfG* NJW 2007, 3771, 3772; *BFH* NJW 2009, 3806). Das gilt auch bei einem Ablehnungsgesuch gegen einen originären Einzelrichter (Rn. 63 a, 64; *BGH* NJW 2006, 2492). Wenn dieses Gericht durch Ausscheiden des abgelehnten Richters beschlussunfähig wird, ist das nächsthöhere Gericht zuständig (§ 45 Abs. 3). Bei Ablehnung eines Richters beim Amtsgericht entscheidet ein anderer Richter des Amtsgerichts (§ 45 Abs. 2 S. 1). Bis zur Entscheidung über das Ablehnungsgesuch darf der Richter nur solche Handlungen vornehmen, die keinen Aufschub dulden (§ 47 Abs. 1). Wird der Richter während der mündlichen Verhandlung abgelehnt und wird Vertagung notwendig, kann der Termin unter Mitwirkung des abgelehnten Richters fortgesetzt, bei Begründetheit der Ablehnung muss der Termin dann wiederholt werden (§ 47 Abs. 2). Die Entscheidung erfolgt durch Beschluss (§ 46 Abs. 1). Wenn dem Gesuch stattgegeben wird, haben die Parteien keinen Rechtsbehelf (auch keine Anhörungsrüge gem. § 321 a, *BGH* NJW 2007, 3786); bei Zurückweisung findet für den Antragsteller die sofortige Beschwerde statt (§ 46 Abs. 2; zu der dortigen umstrittenen Kostenentscheidung *Stollenwerk*, NJW 2007, 3751 ff.).

II. Der Urkundsbeamte der Geschäftsstelle

Bei jedem Gericht wird eine *Geschäftsstelle* eingerichtet und mit der erforderlichen Zahl von Urkundsbeamten besetzt (§ 153 GVG). Der Urkundsbeamte ist ein Beamter der Justizverwaltung; er übt eine sehr *verschiedenartige* Tätigkeit aus. Er legt die Akten an und führt sie, eine Aufgabe, deren ordnungsgemäße Erfüllung für das reibungslose Funktionieren der Justiz unerlässlich ist. Darüber hinaus wird der Urkundsbeamte als *Urkundsperson* tätig. Ihm obliegt die *Führung* des Protokolls (§§ 159 ff.) in der Sitzung (falls der Vorsitzende nicht davon absieht, ihn hinzuzuziehen, § 159 Abs. 1 S. 2). Weiterhin nimmt der Urkundsbeamte der Geschäftsstelle Anträge und Erklärungen zu Protokoll (z. B. im Prozess vor dem Amtsgericht, in dem die Klage durch mündliche Erklärung zu Protokoll der Geschäftsstelle erhoben werden kann, § 496, s. o. Rn. 39). Er erteilt *Abschriften* (z. B. §§ 299, 706) und *Ausfertigungen* (z. B. nach § 317 Abs. 3 die Ausfertigungen des Urteils).

Die Ausfertigung ist von der Abschrift, auch von der beglaubigten, zu unterscheiden: Häufig muss das Original einer öffentlichen Urkunde bei den Akten bleiben, z. B. das von den Richtern unterschriebene Urteil. Auf der anderen Seite brauchen die Parteien das Urteil für die verschiedenartigsten Zwecke, etwa für die Zwangsvollstreckung oder um Eintragungen in öffentliche Register (etwa das Grundbuch) herbeizuführen. Diesen Zwecken dient die Ausfertigung: Damit wird die in gesetzlich vorgeschriebener Form erfolgte Abschrift einer bei den Akten verbleibenden öffentlichen Urkunde bezeichnet, die bestimmt ist, im Rechtsverkehr an die Stelle der Urschrift zu treten (§§ 47ff. BeurkG). Der Ausfertigungsvermerk bezeugt die Übereinstimmung mit der Urschrift und verleiht die Eigenschaft als öffentliche Urkunde. Die Ausfertigung ist gewissermaßen das Original der Urkunde, das vervielfältigt worden ist. Die Abschrift ist hingegen nicht das Original; wenn sie beglaubigt ist, bezieht sich das auf die Übereinstimmung mit dem Original.

Die Geschäftsstelle als solche wirkt auch bei dem *Betrieb* des Prozesses mit. Sie hat *Ladungen* und *Zustellungen* im Amtsbetrieb zu veranlassen (§§ 168, 176). In jedem Verfahren werden Termine bestimmt, etwa zur mündlichen Verhandlung oder zur Beweisaufnahme. Eine solche Terminsbestimmung ist erforderlich, um dem Gericht eine Einteilung seiner Arbeit und den Parteien eine entsprechende Vorbereitung zu ermöglichen. Die Beteiligten (Parteien, Zeugen, Sachverständige etc.) müssen von der Terminfestsetzung Kenntnis erhalten. Dies geschieht durch die Ladung (§§ 214ff.).

Häufig müssen den Parteien Schriftstücke mitgeteilt werden. Die *Zustellung* ist die Übergabe eines Schriftstückes durch amtliche Organe unter *Beurkundung des Vorgangs* (§§ 166ff.). Damit wird gewährleistet, dass der Adressat das Schriftstück bekommt und dies durch die Beurkundung nachgewiesen werden kann (was etwa im Versäumnisverfahren von großer Bedeutung ist).

Zur sog. öffentlichen Zustellung vgl. §§ 185ff. Diese Art der Zustellung, die vom Prozessgericht bewilligt werden muss (§ 186 Abs. 1), wenn der Aufenthalt einer Partei unbekannt ist, ist letzten Endes eine aus praktischen Gründen gebotene Fiktion: Sie ist erforderlich, um eine Klageerhebung gegen einen Schuldner zu ermöglichen, der sich seinen Verpflichtungen entziehen will.

Auf den Urkundsbeamten sind die Vorschriften über den Ausschluss und die Ablehnung von Richtern entsprechend anzuwenden (§ 49).

III. Der Rechtspfleger

Literatur: *M. Wolf,* Richter und Rechtspfleger im Zivilverfahren, ZZP 99, 361.

75 Der Rechtspfleger war ursprünglich im Zivilprozess nicht vorgesehen. Seine Stellung wurde zur Entlastung des Richters geschaffen und ist im Rechtspflegergesetz geregelt. Der Rechtspfleger ist danach zwar ein *selbständiges Organ,* er steht aber zwischen dem Richter und dem Urkundsbeamten, auch wenn seine Unabhängigkeit und Eigenständigkeit durch entsprechende Ge-

§ 5. Die Organe der Zivilrechtspflege

setzesänderungen gestärkt wurden. So ist der Rechtspfleger im Gegensatz zu früher heute nicht mehr verpflichtet, eine Sache dem Richter vorzulegen, wenn er gegen dessen bekannte Rechtsauffassung entscheiden will bzw. rechtliche Schwierigkeiten bei der Bearbeitung der Sache auftreten. Er ist ein Beamter des gehobenen Justizdienstes, der einen dreijährigen Vorbereitungsdienst abgeleistet hat (§ 2 RPflG). Der Rechtspfleger ist *sachlich unabhängig* (§ 9 RPflG), allerdings ist diese Unabhängigkeit nicht uneingeschränkt (§ 5 RPflG). Auch für seinen Ausschluss und seine Ablehnung sind die für den Richter geltenden Vorschriften anzuwenden (§ 10 RPflG). Der Rechtspfleger darf *keine* Aufgaben der rechtsprechenden Gewalt ausüben, da diese den Richtern vorbehalten ist (Art. 92 GG; vgl. *BVerfG* NJW 2000, 1709). Abgrenzungsschwierigkeiten hat der Gesetzgeber durch eine kasuistische Aufzählung der Aufgaben des Rechtspflegers zu vermeiden versucht.

Im Zivilprozess hat der Rechtspfleger wichtige Aufgaben in der Zwangsvollstreckung, im Insolvenzrecht und vor allem im Mahnverfahren (§§ 688 ff., § 20 RPflG). Gegen Entscheidungen des Rechtspflegers gibt es seit der Novelle des Rechtspflegergesetzes im Jahre 1998 nur noch im Ausnahmefall den besonderen Rechtsbehelf der sog. *Erinnerung* (§ 11 Abs. 2 RPflG). Im Übrigen wurde sie abgeschafft. Ist somit nach allgemeinen verfahrensrechtlichen Vorschriften ein Rechtsmittel zulässig, findet dieses gem. § 11 Abs. 1 RPflG gegen Entscheidungen des Rechtspflegers statt. Bei Unstatthaftigkeit eines Rechtsmittels ist ausnahmsweise die Erinnerung statthaft.

2. Kapitel. Die Zivilgerichtsverfassung

Übersicht: „Kreis" der Gerichtspersonen und ihre Aufgabenbereiche

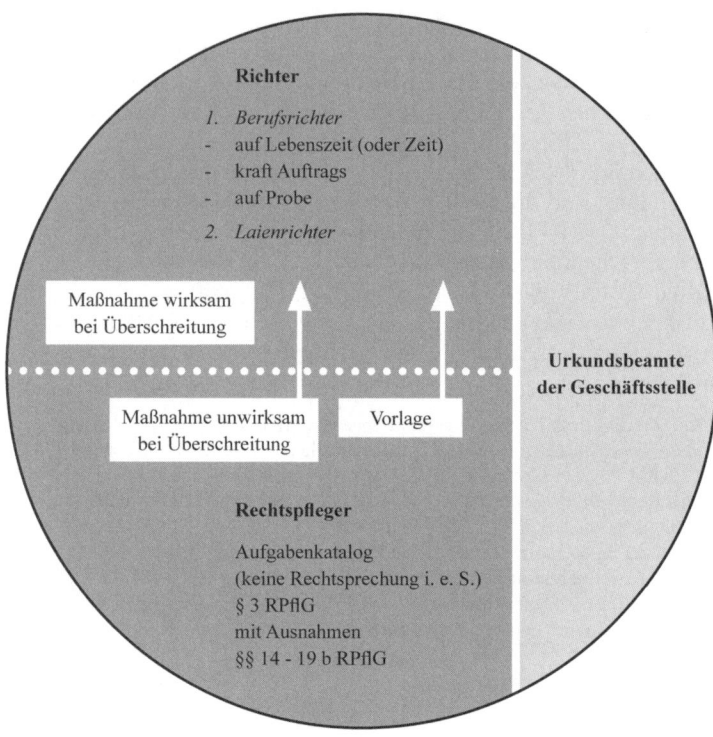

IV. Der Rechtsanwalt

Literatur: *Ahrens,* Der europäische Rechtsanwalt zwischen Rechtspflege und Dienstleistung – Erfordernis und Grenzen der Staatsintervention aus Gemeinwohlgründen, ZZP 115, 281; *Henssler,* Der europäische Rechtsanwalt zwischen Rechtspflege und Dienstleistung, ZZP 115, 321; *Jaeger,* Rechtsanwälte als Organ der Rechtspflege – Notwendig oder überflüssig? Bürde oder Schutz?, NJW 2004, 1; *dies.,* Künftige Stellung der Rechtsanwälte im System der Rechtspflege und in der Gesellschaft, NJW 2004, 1492; *Kleine-Cosack,* Vom Rechtsberatungsmonopol zum freien Wettbewerb, NJW 2000, 1593; *Kluth,* Recht und Ethos der Freien Berufe, JZ 2010, 844; *de Lousanoff,* Der europäische Rechtsanwalt zwischen Rechtspflege und Dienstleistung, ZZP 115, 357; *Nirk,* 50 Jahre NJW, Die Entwicklung der Anwaltschaft, NJW 1997, 2625; *Stürner/Bormann,* Der Anwalt – vom freien Beruf zum dienstleistenden Gewerbe?, NJW 2004, 1481; *Vollkommer/Greger/Heinemann,* Anwaltshaftungsrecht, 3. Aufl., 2009; zur Geschichte der Rechtsanwaltschaft: *Rosenberg/Schwab/Gottwald* § 28 Rn. 1 ff.

Der Rechtsanwalt spielt im Zivilprozess eine große Rolle. Nach § 78 gilt vor allen Gerichten vom Landgericht an aufwärts (nicht vor dem beauftragten und ersuchten Richter, § 78 Abs. 3) und in den wichtigsten Fällen vor dem Familiengericht (s. § 114 FamFG) der sog. *Anwaltszwang,* d.h. die Parteien müssen sich von einem zugelassenen Anwalt vertreten lassen (zur Bestellung eines Notanwalts s. §§ 78b f.; zur Vertretung durch eine ausländische LLP *BGH* NJW 2009, 3162: die Rechtsprechung kommt hier im Wege der Auslegung häufig dazu, dass die Prozesshandlung auch von dem handelnden Anwalt selbst vorgenommen ist; zur Eintragung einer LLP im deutschen Partnerschaftsregister *Henssler,* NJW 2009, 3136 ff.). In den übrigen Fällen ist die Einschaltung eines Prozessvertreters grundsätzlich freigestellt. Mit dieser Regelung soll nicht der Anwaltsstand begünstigt werden, es soll vielmehr durch die Einschaltung der Anwälte dafür gesorgt werden, dass nicht völlig aussichtslose Klagen erhoben werden und dass der Tatsachenvortrag der Parteien „gefiltert" wird, d.h. dass nur entscheidungserhebliche Tatsachen vorgetragen werden. 76

Die *Rechtsstellung der Rechtsanwälte* ist von der Bundesrechtsanwaltsordnung geregelt. Der Rechtsanwalt ist ein *unabhängiges Organ der Rechtspflege* (§ 1 BRAO). Das bedeutet, dass er nicht nur die Interessen seiner Partei wahrnehmen darf. Er muss auch dafür sorgen, dass der Prozess sachgemäß geführt wird und die Partei ihrer Wahrheitspflicht genügt. Der Rechtsanwalt übt einen 77 *freien Beruf* aus, seine Tätigkeit ist aber *kein* Gewerbe (§ 2 BRAO). Er hat das Recht zur Beratung und Vertretung vor dem Gericht (§ 3 BRAO). Diese Verbindung von Beratung und Vertretung ist keine Selbstverständlichkeit; beide Funktionen sind z.B. im englischen Recht getrennt. Die Möglichkeit, sich in jedem Rechtsstreit von einem Rechtsanwalt vertreten zu lassen, ist eine elementare Garantie für ein rechtsstaatliches Verfahren.

Der Rechtsanwalt muss durch eine Rechtsanwaltskammer *zugelassen* werden. Voraussetzung dafür ist die Befähigung zum Richteramt (§ 4 BRAO). Die Zulassung kann nur in den gesetzlich vorgesehenen Fällen abgelehnt werden; *mangelndes Bedürfnis* ist kein Versagungsgrund (*Grundsatz der freien Advokatur*, §§ 6, 7 BRAO; vgl. *BVerfG* NJW 1983, 1535). Der Anwalt wird mit Zulassung in eine bei der Rechtsanwaltskammer geführten Liste aufgenommen (§ 31 Abs. 1, 2 BRAO).

Eine Verknüpfung von berufsrechtlicher *Lokalisation* und Postulationsfähigkeit besteht nicht mehr. Damit kann jeder zugelassene Rechtsanwalt vor jedem Landgericht, Oberlandesgericht und Familiengericht als Prozessbevollmächtigter auftreten (§ 78 Abs. 1, 2; § 114 FamFG). Die einzige Beschränkung der Zulassung auf ein Gericht ist damit nur noch die Singularzulassung beim Bundesgerichtshof nach §§ 164 ff. BRAO (mit Art. 12 Abs. 1 GG vereinbar, *BVerfG* NJW 2002, 3765; *BGH* NJW 2005, 2304; JZ 2002, 944 m. Anm. *Schlosser*; dazu allg. *Nirk*, NJW 2007, 3184).

Der Rechtsanwalt, der besondere Kenntnisse auf einem Gebiet erworben hat, kann hierauf durch das Führen einer Bezeichnung als Fachanwalt (§ 43c Abs. 1 BRAO) hinweisen. Die Zahl der Rechtsgebiete für eine Fachanwaltsbezeichnung ist stark angestiegen. Während § 43c BRAO nur die ursprünglichen Bereiche des Verwaltungs-, Steuer-, Arbeits- und Sozialrechts nennt, können nach § 1 S. 2 FAO außerdem die Fachanwaltsbezeichnungen für Familien-, Straf-, Insolvenz-, Versicherungs-, Medizin-, Miet- und Wohnungseigentums-, Verkehrs-, Bau- und Architekten-, Erb-, Transport- und Speditionsrecht, Handels- und Gesellschafts-, Urheber- und Medien-, Informationstechnologie-, Bank- und Kapitalmarkt- sowie das Agrarrecht und den gewerblichen Rechtsschutz geführt werden. Die Befugnis zum Führen der Fachanwaltsbezeichnung wird von der Rechtsanwaltskammer verliehen (§ 43c Abs. 2 BRAO i.V.m. §§ 1 ff. FAO). Diese darf für höchstens drei Rechtsgebiete erteilt werden (§ 43c Abs. 1 S. 2 BRAO).

77a Daneben gibt es den niedergelassenen sogenannten *europäischen Rechtsanwalt*. Er kann unter der Bezeichnung seines Herkunftsstaates als Rechtsanwalt in Deutschland tätig sein (§§ 1 ff. EuRAG). Ein solcher Rechtsanwalt kann (auch bei deutscher Staatsangehörigkeit) zur (deutschen) Rechtsanwaltschaft zugelassen werden, wenn er mindestens drei Jahre im deutschen Recht und in jenem der Europäischen Gemeinschaft tätig war (§ 11 EuRAG; die Tätigkeit als Syndikus soll nicht ausreichen, *BGH* NJW 2011, 1517). Bei kürzerer Tätigkeit kann eine sogenannte Eingliederung erfolgen, wenn der Anwalt erfolgreich eine Eingangsprüfung absolviert (§§ 16–24 EuRAG). Die Prozess-

§ 5. Die Organe der Zivilrechtspflege 83

vertretung ist dem europäischen Rechtsanwalt sehr eingeschränkt möglich. Sie setzt das Einvernehmen mit einem vor dem Prozessgericht vertretungsbefugten Anwalt voraus (§§ 25 ff. EuRAG, sogenannter Einvernehmensanwalt).

Die Anwaltschaft hat eine *eigene Organisation,* es gibt an jedem Oberlandesgericht grds. eine Rechtsanwaltskammer (§ 60 BRAO). Diese Kammern sind zur Bundesrechtsanwaltskammer zusammengeschlossen (§ 175 BRAO). Am Bundesgerichtshof besteht eine eigene Rechtsanwaltskammer (§ 174 BRAO). Alle diese Anwaltskammern sind *Körperschaften des öffentlichen Rechts* (s. § 62 Abs. 1 BRAO). Ihre Aufgabe ist die Selbstverwaltung des Anwaltsstandes, wobei der Ehrengerichtsbarkeit besondere Bedeutung zukommt (§§ 113 ff. BRAO). 78

Rechtsanwälte können sich zu Sozietäten zusammenschließen. Dies geschieht in unterschiedlichen Rechtsformen. Neben der BGB-Gesellschaft kommt vor allem die Partnerschaftsgesellschaft in Betracht. Es besteht auch die Möglichkeit der Gründung einer Rechtsanwaltsgesellschaft als GmbH (§ 59c Abs. 1 BRAO). Zunehmend gehen große inländische Sozietäten mit ausländischen – vor allem britischen und US-amerikanischen – Anwaltsbüros internationale Sozietäten ein. Diese Entwicklung betrifft in erster Linie nicht die forensisch tätigen, sondern die wirtschaftsberatenden Kanzleien. Sie ist – wie auch die Möglichkeit, Nicht-Anwälte, etwa Wirtschaftsprüfer oder Steuerberater, in eine Rechtsanwaltsgesellschaft aufzunehmen – im Zusammenhang mit der gegenwärtig zu beobachtenden starken wirtschaftlichen Orientierung von Anwaltskanzleien zu sehen. Die wachsende Größe von Anwaltsgesellschaften und -sozietäten führt zu teilweise erheblichen Problemen, die nicht nur die Sozietät als solche und ihre Leitung betreffen, sondern auch Fragen des Verhältnisses zu den Mandanten. So vergrößert sich die Gefahr von Interessenkollisionen und Parteiverrat. Diese zu vermeiden, erfordert mitunter einen erheblichen Überprüfungsaufwand. 78a

Das Rechtsverhältnis des Rechtsanwalts zu seinem Mandanten beruht auf einem *Dienstvertrag,* der eine Geschäftsbesorgung zum Inhalt hat (§ 675 BGB). Der Vertrag kommt nach den üblichen materiell-rechtlichen Regeln zustande. Vertragspartner des Mandanten ist der Einzelanwalt, die Sozietät oder die Rechtsanwaltsgesellschaft (s. Rn. 121). Ein *Kontrahierungszwang* besteht grundsätzlich nicht (vgl. aber § 44 BRAO). Nur *ausnahmsweise* 79 gibt es eine Pflicht zur Übernahme der Prozessvertretung (§ 48 BRAO), etwa bei der Beiordnung nach Bewilligung von Prozesskostenhilfe (§ 121 Abs. 4). Von dem materiell-rechtlichen Dienstvertrag ist (wie auch sonst) die Vollmacht (Prozessvollmacht, Rn. 121 ff.) zu unterscheiden.

Die *Vergütung* der Rechtsanwälte erfolgt nach dem *Gesetz über die Vergütung der Rechtsanwältinnen und Rechtsanwälte* (RVG; s. dazu Rn. 494).

Unterlaufen bei der Vornahme von Prozesshandlungen Fehler (z. B. verspätete Einlegung von Rechtsmitteln), so wird ein etwaiges Verschulden des Anwalts der Partei gem. § 85 Abs. 2 zugerechnet. Bei Versäumnissen des Büropersonals ist ein zurechenbares Verschulden des Anwalts i. S. d. § 85 Abs. 2 nur bei dessen mangelhafter Auswahl, Anweisung oder Überwachung anzunehmen (sog. *Organisationsverschulden*, *BGH* VersR 1973, 88; 1985, 1140; für Beispiele u. w. N. Rn. 186 bei Wiedereinsetzung in den vorigen Stand). Für anwaltliches Fehlverhalten nach Mandatsbeendigung gilt § 85 Abs. 2 nicht (*BGH* NJW 2008, 2713).

Wenn die Partei infolge des Verhaltens des Rechtsanwalts prozessuale Nachteile erleidet, etwa den Prozess verliert, kann der Rechtsanwalt bei Vorliegen von Fahrlässigkeit wegen Pflichtverletzung (§ 280 Abs. 1 BGB) zum *Schadensersatz* verpflichtet sein (zum Umfang der Beratungspflicht vgl. BGHZ 89, 178; für einen Überblick zum Anwaltshaftungsrecht *Borgmann*, NJW 2010, 1924 ff.). Er haftet dabei für ein Verschulden seines Büropersonals gem. § 278 BGB. Der Rechtsanwalt ist verpflichtet, seinen Mandanten auf einen gegen ihn bestehenden Schadensersatzanspruch und dessen Verjährung hinzuweisen (st. Rspr. z. B. *BGH* NJW 1985, 1151; 2000, 1267).

Übersicht: In der Bundesrepublik Deutschland tätige Rechtsanwälte

Rechtsanwalt mit inländischem Berufsabschluss (BRAO, DRiG)	Europäischer Rechtsanwalt mit ausländischem Abschluss (EuRAG)
– Organ der Rechtspflege – Spezialisierung als Fachanwalt – Zulassung bei Rechtsanwaltskammer – Zulassung am BGH mit Lokalisation – Zusammenschluss zu Sozietäten – Selbstverwaltung in Bundesrechtsanwaltskammer, Rechtsanwaltskammer beim OLG	– Vorübergehende Dienstleistung *oder* – permanente Niederlassung unter ausländischer Berufsbezeichnung

Statuswechsel zur Vollintegration:
1. Eingliederung nach drei Jahren Tätigkeit im deutschen Recht
oder
2. Eignungsprüfung (jederzeit)

§ 6. Die Zuständigkeitsordnung

I. Die Zuständigkeit im Allgemeinen

Literatur: *Coester-Waltjen*, Die gerichtlichen Zuständigkeiten in der ZPO, Jura 2007, 826; *Mankowski*, Ist eine vertragliche Absicherung von Gerichtsstandsvereinbarungen möglich?, IPRax 2009, 23.

Bei der Zulässigkeit des Rechtsweges (Rn. 51 ff.) ging es darum, ob ein bestimmter Rechtsstreit überhaupt durch die Zivilgerichte entschieden werden kann. Wenn dies bejaht wird, steht damit noch nicht fest, vor *welches* Zivilgericht der Rechtsstreit gehört. Dies ist die Frage nach der *Zuständigkeit*.

Bei der Frage nach dem zuständigen Gericht ist zu unterscheiden, ob damit das Gericht als Ganzes, als Organ oder als Spruchkörper gemeint ist (Rn. 59). Für die Zuständigkeit kommt es auf das *Gericht als Ganzes* an (z. B. das Landgericht Freiburg ist zuständig). Welcher Spruchkörper des Gerichts, also etwa welche Kammer innerhalb des Landgerichts dann über die Sache zu entscheiden hat, ist nicht ein Problem der Zuständigkeit, sondern der sog. *Geschäftsverteilung* (Rn. 95 ff.).

81 Für die *Einteilung* der Zuständigkeit gibt es verschiedene Aspekte: Es gibt in der Bundesrepublik Gerichte an den verschiedensten Orten. Die eine Frage ist also, welches von diesen Gerichten für welche Streitsache zuständig ist, die örtliche Zuständigkeit. Außerdem gibt es (hier nur bezogen auf den Zivilprozess) verschiedene Arten von Gerichten: die Amtsgerichte, Landgerichte, Oberlandesgerichte und den Bundesgerichtshof. Von diesen Gerichten sind einige erstinstanzliche (oder Eingangs-)Gerichte, andere Instanz- oder Rechtsmittelgerichte. Die Klage muss bei erstinstanzlichen Gerichten erhoben werden, bei Instanzgerichten können nur Rechtsmittel eingelegt werden. Erstinstanzliche Gerichte sind im Zivilprozess das Amts- und das Landgericht, *nur* Instanzgerichte sind das Oberlandesgericht und der Bundesgerichtshof, das Landgericht ist *auch* Instanzgericht. Die Frage, vor welchem erstinstanzlichen Gericht die Klage erhoben werden muss, ist die nach der sachlichen Zuständigkeit. Die Streitsachen sind nach sachlichen Gesichtspunkten auf die verschiedenen erstinstanzlichen Gerichte verteilt worden. Bei der sachlichen Zuständigkeit geht es also darum, ob die Klage beim Amts- oder Landgericht erhoben werden muss.

82 Aus der Unterscheidung zwischen Eingangs- und Rechtsmittelgerichten ergibt sich die Notwendigkeit einer *weiteren* Zuständigkeitsverteilung: die Verteilung nach *Funktionen.* Sie betrifft die *Art* der Tätigkeit, die entfaltet werden soll. Es ist etwas anderes, ob über die Klage oder über ein Rechtsmittel entschieden wird, dies sind verschiedenartige Rechtspflegehandlungen. Diese Abgrenzung ist nicht eine Frage der sachlichen, sondern der funktionellen Zuständigkeit. Für eine Klage beim Oberlandesgericht oder beim Bundesgerichtshof würde also nicht die sachliche, sondern die funktionelle Zuständigkeit fehlen. Die Unterscheidung zwischen sachlicher und funktioneller Zuständigkeit, die früher noch nicht recht klar war, ist wichtig, weil Vereinbarungen über die funktionelle Zuständigkeit nicht möglich sind; diese ist immer zwingend (ausschließlich). Vereinbarungen über die sachliche Zuständigkeit können hingegen unter bestimmten Voraussetzungen

(Rn. 88 ff.) geschlossen werden. Unterschiedliche Funktionen gibt es nicht nur im Hinblick auf die einzelnen Instanzen, sondern auch sonst. So etwa bei den Aufgaben des Vorsitzenden oder des Einzelrichters im Verhältnis zu denen der Kammer oder des Senats, oder im Zwangsvollstreckungsverfahren bei den Funktionen des Gerichtsvollziehers und denen des Vollstreckungsgerichts (Rn. 513, 516).

Man unterscheidet *ausschließliche* und *nicht ausschließliche* Zuständigkeiten. Ausschließlich bedeutet *zwingend*, d. h. die Parteien können nichts Abweichendes vereinbaren (§ 40 Abs. 2 S. 1). Die Ausschließlichkeit kann sich auf die örtliche oder die sachliche Zuständigkeit oder auf beide beziehen. Ausschließlich ist immer die funktionelle Zuständigkeit sowie die sachliche und örtliche Zuständigkeit in nichtvermögensrechtlichen Streitigkeiten, soweit sie ohne Rücksicht auf den Streitwert dem Amtsgericht zugewiesen ist (§ 40 Abs. 2 Nr. 1). In anderen Fällen ist die Zuständigkeit nur dann ausschließlich, wenn das Gesetz dies ausdrücklich anordnet (§ 40 Abs. 2 Nr. 2, Beispiele: §§ 24 Abs. 1, 584 Abs. 1). 83

II. Die internationale Zuständigkeit

Literatur: *Pfeiffer,* Internationale Zuständigkeit und prozessuale Gerechtigkeit, 1995; *Schack,* Internationales Zivilverfahrensrecht, 5. Aufl., 2010, § 8; vgl. auch u. die Literatur zu § 92.

Dabei geht es zum einen um die Frage, wann in Fällen mit sog. *Auslandsberührung* die deutschen Gerichte überhaupt entscheiden können, so etwa, wenn ein Engländer mit Wohnsitz in London gegen einen in Hamburg wohnenden Franzosen eine Klage auf Zahlung erhebt oder gegen Internetveröffentlichungen der New York Times wegen Verletzung des Persönlichkeitsrechts geklagt werden soll (s. *BGH* NJW 2010, 1752). Zum anderen hat die internationale Zuständigkeit Auswirkungen auf die Anerkennung von Urteilen ausländischer Gerichte; diese setzt neben anderem die internationale Zuständigkeit des entscheidenden Gerichts voraus (§ 328 Abs. 1 Nr. 1; s. Rn. 355). Die Frage nach der internationalen *Zuständigkeit* kann nicht aufgrund der Staatsangehörigkeit beantwortet werden. Sie ist von der deutschen *Gerichtsbarkeit* zu unterscheiden (Rn. 58). Eine umfassende Regelung der internationalen Zuständigkeit fehlt. Die h. M. nimmt deshalb an, dass die internationale Zuständigkeit sich nach der örtlichen Zu- 84 ständigkeit richtet. Für einzelne Bereiche der ZPO ist aufgrund in neuerer Zeit geschaffener Bestimmungen die internationale Zuständigkeit unabhängig von der örtlichen geregelt (§§ 98 ff. FamFG) oder eine Regelung zur internationalen Zuständigkeit bestimmt gleichzeitig die örtliche Zuständigkeit (§ 1086 Abs. 1). Im Übrigen gilt nach wie vor der Grundsatz: Wenn nach den geltenden Vorschriften eine örtliche Zuständigkeit (ein Gerichtsstand, Rn. 86 ff.) vorliegt, dann ist auch die internationale Zuständigkeit gegeben, andernfalls fehlt sie (BGHZ 115, 92 ff.). Maßgeblich sind für die internationale Zuständigkeit also die §§ 12 ff. Trotz dieser Verknüpfung müssen internationale und örtliche Zuständigkeit getrennt werden: Die internationale Zuständigkeit sagt nämlich nichts über das innerhalb des Staates konkret (sachlich, örtlich und nach Rechtsweg) zuständige Gericht, das sich aus den dort geltenden Verfahrensvorschriften ergibt. Im Fall des § 23 (Vermögensgerichtsstand) hat der Bundesgerichtshof (BGHZ 115, 92 ff.; *BGH* NJW 1999, 1937) in Ergänzung des Wortlautes der Vorschrift für die internationale Zuständigkeit zusätzlich einen „hinreichenden Inlandsbezug des Rechtsstreits" gefordert (abl. *Geimer,* NJW 1991, 3072 ff.; *Lüke,* ZZP 105, 221 ff.; *Schack,* JZ 1992, 54 ff.; s. auch *Schlosser,* IPRax 1992, 140; *Pfeiffer,* FS BGH, Bd. III, 2000, 625 ff.). Eine internationale Zuständigkeit kraft Sachzusammenhangs hat der Bundesgerichtshof (BGHZ 132, 112 ff.) unter Hinweis auf eine dies ablehnende Entscheidung des Europäischen Gerichtshofs (NJW 1988, 3098) und dem Bedürfnis des „internationalen Rechtsanwendungseinklangs" auch außerhalb des früheren EuGVÜ (dazu Rn. 729) abgelehnt. Die internationale Zuständigkeit eines deutschen Gerichts kann auch durch eine Abrede nach § 38 Abs. 1 oder weitergehend, wenn auch formgebunden, nach Abs. 2 vereinbart werden. Darüber hinaus kommt eine Begründung der Zuständigkeit durch rügelose Einlassung in Betracht (BGHZ 101, 301; für die Anerkennungszuständigkeit gem. § 328 Abs. 1 Nr. 1 s. BGHZ 120, 337). Die Rüge der örtliche Unzuständigkeit enthält im Zweifel auch die Rüge der internationalen Unzuständigkeit (*BGH* NJW 2005, 3067).

Sonderbestimmungen gelten für den Bereich der EG aufgrund der EuGVVO (dazu u. § 92; s. auch Rn. 729). Daneben wurde im Verhältnis zu den EFTA-Staaten das LugÜ geschlossen. Fehlt dem deutschen Gericht die internationale Zuständigkeit, so sind ihm Verhandlung und Urteil in der Sache verwehrt, und es muss die Klage abweisen. Ein gleichwohl ergangenes Urteil ist anfechtbar und kann somit in Rechtskraft erwachsen (*Rosenberg/ Schwab/Gottwald* § 31 Rn. 46 ff.). Bei dem international zuständigen Gericht gilt grundsätzlich die lex fori (*BGH* NJW 1996, 1413). Auch die Rechtshängigkeit vor einem ausländischen Gericht steht einer Klage vor einem deutschen Gericht entgegen, sofern das ausländische Urteil voraussichtlich anzuerkennen sein wird (h. M., *OLG Celle* NJW-RR 1993, 1413). Die Rechtshängigkeit bestimmt sich dabei nach der lex fori des ausländischen Gerichts (*BGH* NJW-RR 1992, 642).

III. Die sachliche Zuständigkeit

Die sachliche Zuständigkeit regelt die Verteilung der Prozesse 85
in der ersten Instanz auf Amts- und Landgericht, und zwar *nach dem Gegenstand des Streites*. § 1 ZPO verweist dafür auf die Vorschriften des GVG (§§ 23 ff., 71). Während lange Zeit zwischen *vermögensrechtlichen* und *nichtvermögensrechtlichen* Streitigkeiten zu unterscheiden war, ist dies heute insoweit nicht mehr erforderlich (entsprechend auch bei § 511 Abs. 2 Nr. 1). Gleichwohl behält die Unterscheidung beider Arten von Rechtsstreitigkeiten ihre Bedeutung: so etwa im Gebührenrecht (§ 48 Abs. 2 GKG) oder für Zuständigkeitsvereinbarungen (§ 40 Abs. 2 Nr. 1). Im Übrigen entscheidet bei vermögensrechtlichen Streitigkeiten der Wert des wirtschaftlichen Interesses über die Frage des Streitwertes (BGHZ 128, 85, 89). Vermögensrechtlich sind alle Ansprüche, die entweder auf vermögensrechtlichen Beziehungen beruhen oder, ohne Rücksicht auf ihren Ursprung, auf Geld oder Geldwert gerichtet sind. Das Amtsgericht ist bis zu einem Streitwert von einschließlich 5.000,– Euro zuständig (§ 23 Nr. 1 GVG). Für höhere Streitwerte liegt die Zuständigkeit beim Landgericht. Die Höhe des Streitwertes ist nach den §§ 3 ff. vom Gericht zu berechnen; nicht immer wird ein Geldbetrag eingeklagt, bei dem der Streitwert sofort feststeht. Sowohl dem Amtsgericht als auch dem Landgericht sind bestimmte Rechtsstreitigkeiten ohne Rücksicht auf den Streitwert zugewiesen. Für das Amtsgericht ergibt sich die Zuweisung aus den §§ 23 Nr. 2 und 23a GVG, hier sind vor allem die Mietstreitigkeiten über Wohnraum sowie Familiensachen und Angelegenheiten der freiwilligen Gerichtsbarkeit von Bedeutung. Die Zuordnung von Familiensachen an das beim Amtsgericht

(§ 23 GVG) als Abteilung bestehende Familiengericht (Rn. 469) wurde bisher von der h.M. (z.B. *Adolphsen* § 35 Rn. 3) als gesetzliche Geschäftsverteilung angesehen, während die Gegenauffassung darin eine Frage der sachlichen Zuständigkeit sah. Nunmehr sind gem. § 17a Abs. 6 GVG die Regeln über den Rechtsweg (§ 17a Abs. 1 bis 5 GVG) entsprechend anzuwenden (das gilt nicht für das Verhältnis Zivilkammer/Kammer für Handelssachen, *LG Hannover* NJW-RR 2011, 834; vgl. dazu §§ 96ff. GVG). Dem Landgericht sind Klagen aus Amtspflichtverletzung zugewiesen (§ 71 Abs. 2 Nr. 2 GVG; Nr. 1 ist heute bedeutungslos, weil für die dort genannten Klagen der Beamten und Richter der Verwaltungsrechtsweg gegeben ist, §§ 126 BRRG, 125 BBG, 54 BeamtStG, 60 DRiG; Saenger/*Rathmann* § 71 GVG Rn. 3).

Im Ganzen ist die Abgrenzung der Zuständigkeit von Amts- und Landgericht nicht problematisch. Die Befürchtung, durch zwei erstinstanzliche Gerichte werde der Rechtsschutz des Bürgers beeinträchtigt, ist sehr übertrieben, vor allem, wenn man bedenkt, dass selbst dann, wenn ein Kläger irrtümlich beim Amts- statt beim Landgericht Klage erhoben hat oder umgekehrt, immer noch die Möglichkeit besteht, den Rechtsstreit an das richtige Gericht zu verweisen (Rn. 94). Die Reform der Gerichtsorganisation durch Schaffung eines neuen, für alle Klagen zuständigen Eingangsgerichts (sog. *Dreistufigkeit des Gerichtsaufbaus,* weil dann außer diesem Eingangsgericht nur noch zwei Gerichte, Oberlandesgericht und Bundesgerichtshof vorhanden wären), über die eine Zeit lang viel diskutiert worden ist (z.B. *Bender,* ZZP 89, 110), dürfte kaum dringlich sein. Sie ließe sich auf absehbare Zeit aus Kostengründen ohnehin nicht realisieren.

IV. Die örtliche Zuständigkeit, der Gerichtsstand

Literatur: *Balthasar,* Der besondere Gerichtsstand am Erfüllungsort gemäß § 29 I ZPO – BGH NJW 2004, 54, JuS 2004, 571; *Cuypers,* Gerichtsbestimmung für mehrere Beklagte, MDR 2009, 657; *Schumann,* Examensprobleme der örtlichen Zuständigkeit im Zivilprozeß, JuS 1984, 865; 1985, 39, 122, 203.

86 *Allgemeiner Gerichtsstand* einer Person ist das Gericht, das für alle gegen sie zu erhebenden Klagen örtlich zuständig ist, soweit nicht ein anderer ausschließlicher Gerichtsstand begründet ist (§ 12). Der allgemeine Gerichtsstand einer natürlichen Person ist ihr *Wohnsitz* (§ 13). Grundsätzlich muss die Klage also dort erhoben werden.

Darin liegt eine gewisse Begünstigung des Beklagten, die gerechtfertigt ist, weil er als der Schutzbedürftigere erscheint; er hat den Prozess nicht in Gang

§ 6. Die Zuständigkeitsordnung 91

gebracht. Wenn der zu Verklagende keinen Wohnsitz hat, ist allgemeiner Gerichtsstand sein Aufenthaltsort und, wenn dieser nicht bekannt ist, sein letzter Wohnort (§ 16). Der allgemeine Gerichtsstand juristischer Personen ist ihr Sitz (§ 17 Abs. 1). Diese Vorschrift ist nach der vom Bundesgerichtshof (BGHZ 146, 341) befürworteten aktiven und passiven Parteifähigkeit der BGB-(Außen-)Gesellschaft auch auf diese anzuwenden. Soll der Fiskus (etwa das Land Baden-Württemberg) verklagt werden, so ist Gerichtsstand der Sitz der Behörde, die nach den einschlägigen öffentlich-rechtlichen Vorschriften berufen ist, ihn in dem Rechtsstreit zu vertreten (§ 18). Partei wird hier aber nicht die Behörde, sondern die öffentlich-rechtliche Körperschaft, die von ihr vertreten wird. Der Gerichtsstand des Insolvenzverwalters in Verfahren, die die Insolvenzmasse betreffen, wird vom Sitz des Insolvenzgerichts bestimmt (§ 19a).

Die *besonderen Gerichtsstände* sind in den §§ 20ff. geregelt. Sie können neben dem allgemeinen Gerichtsstand für bestimmte Arten von Klagen eröffnet sein. Unter mehreren örtlich zuständigen Gerichten kann der Kläger wählen (§ 35; zum Verbrauch dieses Wahlrechts durch Klageerhebung s. *KG NJW* 2006, 2336). 87

Hier können nur die wichtigsten Gerichtsstände angesprochen werden.

Der *Gerichtsstand der gewerblichen Niederlassung* (§ 21) ist der Ort der Niederlassung für Klagen, die sich auf den Geschäftsbetrieb der Niederlassung beziehen.

Voraussetzung ist, dass von der Niederlassung aus unmittelbar Geschäfte vorgenommen werden. Dieser Gerichtsstand ist wichtig für die Filialen von großen Unternehmen, wie etwa Banken. Es erleichtert diesen eine gewisse Dezentralisierung und den Geschäftspartnern, die sich ja häufig am Ort der Niederlassung befinden, die Rechtsverfolgung.

Der *Gerichtsstand des Vermögens* (§ 23) gilt für vermögensrechtliche Klagen gegen Personen, die im Inland keinen Wohnsitz, aber Vermögen haben. Hier kann bei dem Gericht geklagt werden, in dessen Bezirk sich das Vermögen oder der mit der Klage in Anspruch genommene Gegenstand befindet.

Dieser Gerichtsstand ist vor allem bei Klagen gegen Ausländer wichtig. In vielen Fällen kann dadurch ein Prozess im Ausland vermieden werden. Für den Anwendungsbereich der EuGVVO gilt aber Art. 3 EuGVVO.

Der *dingliche Gerichtsstand* (§ 24) ist ausschließlich. Er besteht für dingliche Klagen aus Eigentum oder Hypotheken, für Feststellungs- und Duldungsklagen, auch für Klagen auf Herausgabe bei dem Gericht, in dessen Bezirk das Grundstück belegen ist. Mit diesen dinglichen Klagen können (nicht müssen) persönliche Klagen verbunden werden, etwa bei der Hypothek die Klage aus der Forderung, wenn beide gegen denselben Beklagten gerichtet werden (§ 25, weitere Fälle in § 26).

Wenn etwa der Eigentümer ein Grundstück in Dresden hat, selbst aber in Hamburg wohnt, kann wegen der Hypothek und der Forderung vor dem Landgericht Dresden geklagt werden. Grund für diese Regelung ist, dass wegen des tatsächlichen und rechtlichen Zusammenhangs die Erledigung beider Klagen bei demselben Gericht sinnvoll ist.

Der *Gerichtsstand des Erfüllungsortes* (§ 29) knüpft an die materiell-rechtliche Regelung des § 269 BGB an. Er fällt deshalb häufig mit dem allgemeinen Gerichtsstand zusammen, weil Erfüllungsort der Wohnsitz des Beklagten ist.

Der Gerichtsstand des Erfüllungsortes kann für beide Parteien verschieden sein, weil maßgeblich ist, wo die jeweilige Vertragspflicht zu erfüllen ist. Ein einheitlicher Erfüllungsort am Ort der vertragscharakteristischen Leistung wird nur in Ausnahmefällen angenommen, z. B. bei Arbeits- und Bauwerksverträgen sowie Geschäften des täglichen Lebens (BGHZ 157, 20 ff. = JuS 2004, 203 f.). Dieser Gerichtsstand gilt für alle Klagen aus Verträgen, nicht nur Erfüllungsklagen, sondern auch für Klagen auf Rückgewähr (nach Rücktritt; s. dazu auch *Stöber*, NJW 2006, 2661 ff.), Schadensersatz statt der Leistung oder nach erfolgter Anfechtung (§ 122 BGB). Auch bei Ansprüchen aus einem vorvertraglichen Verhältnis (§§ 311 Abs. 2, 241 Abs. 2, 280 Abs. 1 BGB) gilt der Gerichtsstand des § 29 (h. M. für cic, a. A. *LG Kiel* NJW 1989, 841). Für Klagen aus Haustürgeschäften ist das Gericht am Wohnsitz des Verbrauchers zuständig. Diese Zuständigkeit ist ausschließlich, soweit es sich um Klagen gegen den Verbraucher handelt. Im Übrigen kann vertraglich nur unter sehr engen Voraussetzungen hiervon abgewichen werden (§ 29 c Abs. 3).

Von besonderer Bedeutung ist schließlich noch der *Gerichtsstand der unerlaubten Handlung* (§ 32; krit. zu den Problemen bei Rechtsverletzungen im Internet *Deister/Degen*, NJOZ 2010, 1 ff.). Hier ist das Gericht zuständig, in dessen Bezirk die Handlung begangen worden (hierzu *Würthwein*, ZZP 106, 51 ff.) oder der Erfolg eingetreten ist. Fallen Handlungs- und Erfolgsort auseinander, so hat der Kläger die Wahl (§ 35).

Dieser Gerichtsstand gilt auch für die Fälle der Erfolgs- und Gefährdungshaftung. Die Nähe des Gerichts zum Ort des Geschehens kann die Führung des Rechtsstreits beträchtlich erleichtern, etwa wenn die Zeugen ortsansässig sind oder wenn das Gericht eine Ortsbesichtigung (Beweis durch Augenschein) vornimmt. Ist ein Gerichtsstand der unerlaubten Handlung gegeben, so kann auch über nichtdeliktische Ansprüche als einheitlicher prozessualer

§ 6. Die Zuständigkeitsordnung 93

Anspruch entschieden werden, sog. Gerichtsstand kraft Sachzusammenhangs (BGHZ 153, 173 ff.; *BGH* JZ 2003, 687 m. Anm. *Mankowski*).

In der Praxis sind auch die ausschließlichen Gerichtsstände bei *Mietsachen* (§ 29 a) und im *Mahnverfahren* (§ 689) von erheblicher Bedeutung.

Durch das UmweltHG wurde der Gerichtsstand des § 32 a eingeführt, nach dem für Klagen aufgrund dieses Gesetzes ausschließlich das Gericht zuständig ist, in dessen Bezirk die Umwelteinwirkung von der Anlage ausgegangen ist. Das gilt jedoch nicht, wenn die Anlage im Ausland belegen ist (krit. zu dieser Bestimmung vor allem unter dem Aspekt des internationalen Zivilprozessrechts *Pfeiffer*, ZZP 106, 159 ff.).

In bestimmten, gesetzlich näher geregelten Situationen (§ 36 Abs. 1; § 2 ZVG) kann das zuständige Gericht durch das im Instanzenzug nächst höhere Gericht bestimmt werden. Dies gilt in Fällen, in denen das Gericht aus tatsächlichen oder rechtlichen Gründen verhindert ist (§ 36 Abs. 1 Nr. 1), ein zuständiges Gericht sich nicht feststellen lässt (§ 36 Abs. 1 Nr. 2) oder zwei Gerichte sich über die Zuständigkeit uneins sind (§ 36 Abs. 1 Nr. 5, 6). Besondere Bedeutung hat die Zuständigkeitsbestimmung für die Klage gegen mehrere Streitgenossen, für die es in der ZPO keine spezielle Zuständigkeit gibt. Haben die verklagten Streitgenossen keinen gemeinsamen allgemeinen Gerichtsstand und besteht für das Begehren auch kein gemeinsamer besonderer Gerichtsstand, so wird gem. § 36 Abs. 1 Nr. 3 auf Antrag und nicht auf Vorlage (*BGH* NJW 1991, 767; zur Antragsbefugnis *BGH* NJW 1990, 2751) nach Zweckmäßigkeitserwägungen (verfassungsgemäß: *BVerfG* NJW 2009, 907) das zuständige Gericht bestimmt (hierzu *Vossler*, NJW 2006, 117 ff.). Die Gerichtsstandbestimmung erfolgt in der Regel für die örtliche Zuständigkeit, kann aber auch die sachliche Zuständigkeit betreffen. Für den Fall, dass das zunächst höhere gemeinschaftliche Gericht der Bundesgerichtshof ist, erfolgt die Zuständigkeitsbestimmung durch das Oberlandesgericht, in dessen Bezirk das zuerst mit der Sache befasste Gericht liegt (§ 36 Abs. 2; z. B. *BGH* NJW 2007, 163). Das gilt auch, wenn dort keiner der Streitgenossen seinen allgemeinen Wohnsitz hat (*BGH* NJW 2008, 3789). Nur im Fall einer Abweichung von der Entscheidung eines anderen Oberlandesgerichts oder des Bundesgerichtshofs ist die Sache diesem vorzulegen (§ 36

87a

Abs. 3; z.B. *BGH* NJW 2000, 3214; 2008, 1238). Eine Gerichtsstandsbestimmung gem. § 36 Abs. 1 Nr. 3 ist nicht mehr möglich, wenn gegen die Beklagten bereits vor verschiedenen Gerichten Klage erhoben wurde (*BGH* NJW-RR 2011, 929).

V. Die Gerichtsstandsvereinbarung (Prorogation)

Literatur: *F. O. Fischer,* Gerichtsstandsvereinbarungen in AGB – Gerichtliche Zuständigkeit und Verweisungen, MDR 2000, 682; *Keller,* Die Gerichtsstandsvereinbarung gem. §§ 38 ff. ZPO, Zugleich ein Beitrag zur Prorogationsbefugnis des Insolvenzverwalters, Jura 2008, 523; *Mark/Gärtner,* Gerichtsstandsvereinbarungen zwischen Kaufleuten im internationalen Rechtsverkehr, MDR 2009, 837; *Schücking,* Wirtschaftsrechtliche Schranken für Gerichtsstandsvereinbarungen, GS Arens, 1993, 385; *Weyland,* Zur Frage der Ausschließlichkeit internationaler Gerichtsstandsvereinbarungen, GS Arens, 1993, 417.

88 Nach der früher geltenden Fassung der §§ 38–40 konnten die Parteien in weitem Umfang *Vereinbarungen über die Zuständigkeit* treffen.

Mit dieser Freiheit, letzten Endes einer Auswirkung der *Privatautonomie* im Bereich des Zivilprozessrechts, wurde in beträchtlichem Umfang Missbrauch getrieben. Entsprechende Klauseln wurden in allgemeine Geschäftsbedingungen und Formularverträge aufgenommen und damit Vertragsbestandteil, was häufig zu einer Beeinträchtigung des Rechtsschutzes der wirtschaftlich schwächeren Partei führte. Es kann einen beträchtlichen Unterschied bedeuten, ob man als Beklagter einen Prozess am eigenen Wohnsitz führen kann, oder ob man zu diesem Zweck ggf. Reisen und womöglich die Korrespondenz mit einem auswärtigen Rechtsanwalt auf sich nehmen muss. Der Gesetzgeber wollte aus den angedeuteten Fehlentwicklung die Konsequenz ziehen und hat die Freiheit der Parteien zum Abschluss von Gerichtsstandsvereinbarungen ganz beträchtlich eingeschränkt. Gerichtsstandsvereinbarungen sind jetzt vielfach auch dann nicht mehr möglich, wenn ihr Abschluss im berechtigten Interesse beider Parteien liegt. Dieses weitgehende Verbot steht im auffälligen Widerspruch zur EuGVVO, die in erheblich weiterem Umfang als die ZPO eine abweichende Vereinbarung zulässt (vgl. Art. 12, 15, 17 EuGVVO).

89 Die heutige Regelung ist verhältnismäßig kompliziert. In allen Fällen *unzulässig* und damit *wirkungslos* sind Vereinbarungen über die Zulässigkeit des Rechtsweges, die funktionelle Zuständigkeit und die Zuständigkeit bei nichtvermögensrechtlichen Ansprüchen, die den Amtsgerichten ohne Rücksicht auf den Streitwert zugewiesen sind, sowie dann, wenn für die Klage ein *ausschließlicher Gerichtsstand* begründet ist (§ 40 Abs. 2). Für die

§ 6. Die Zuständigkeitsordnung

verbleibenden Fälle muss man unterscheiden, ob Gerichtsstandsvereinbarungen *vor* Entstehen der Streitigkeit oder *danach* geschlossen werden sollen. Vorher sind sie nur zulässig, wenn die Vertragsschließenden Kaufleute, juristische Personen des öffentlichen Rechts oder öffentlich-rechtliche Sondervermögen sind (§ 38 Abs. 1). Auch mittelbare Zuständigkeitsregelungen durch Vereinbarungen eines vom Regelfall abweichenden Erfüllungsortes können nur von diesen getroffen werden (§ 29 Abs. 2). Damit soll die Umgehung der gesetzlichen Regelung vermieden werden. Von Kaufleuten und den Vertretern juristischer Personen wird erwartet, dass sie die Tragweite der Vereinbarung überblicken (von Rechtsanwälten nicht). Sie können Vereinbarungen über die sachliche (Amtsgericht statt Landgericht oder umgekehrt) oder über die örtliche Zuständigkeit treffen, in der Regel dahingehend, dass ein an sich unzuständiges Gericht zuständig wird. Diese Vereinbarung kann formlos geschlossen werden (§ 38 Abs. 1) und ist meist in Allgemeinen Geschäftsbedingungen enthalten (hierzu *F. O. Fischer,* MDR 2000, 682). Sie muss sich aber auf ein *bestimmtes Rechtsverhältnis* und die daraus entspringenden Rechtsstreitigkeiten beziehen (§ 40 Abs. 1). Die *Rechtsnatur* dieses Vertrages ist streitig: Prozessvertrag oder materiell-rechtlicher Vertrag (BGHZ 49, 384; 57, 72; Rn. 206). Die Zuständigkeitsvereinbarung wirkt auch gegen den Rechtsnachfolger, selbst wenn dieser nicht Kaufmann ist (*OLG Köln* NJW-RR 1992, 571). Im Übrigen ist nach § 38 Abs. 2 S. 1 eine Vereinbarung über die *internationale Zuständigkeit* grundsätzlich, wenn auch mit Einschränkung (S. 3), zulässig.

Zuständigkeitsvereinbarungen *nach* Entstehen der Streitigkeit werden vom Gesetzgeber als weniger gefährlich angesehen, weil den Parteien hier die Folgen ihrer Verabredung schon vor Augen stehen. Sie sind deshalb in weitergehendem Umfang möglich, können also auch von Nichtkaufleuten getroffen werden. Voraussetzung ist, dass sie ausdrücklich und schriftlich (und wieder im Hinblick auf ein bestimmtes Rechtsverhältnis) geschlossen werden (§ 38 Abs. 3 Nr. 1).

Wenn die Klage bereits erhoben ist, kann der Beklagte die Zuständigkeit eines an sich (international, sachlich oder örtlich) unzuständigen Gerichts dadurch begründen, dass er zur Hauptsache (über die Begründetheit) verhandelt, ohne die Unzuständigkeit geltend zu machen (§ 39; sog. *rügelose Verhandlung*). Soweit den

Parteien aber nach § 40 Abs. 2 die Dispositionsbefugnis über die Zuständigkeit entzogen ist, kann diese auch nicht durch rügeloses Verhandeln nach § 39 begründet werden. Vor dem Amtsgericht, vor dem kein Anwaltszwang gilt, die Parteien ihren Prozess also selbst führen können, tritt diese Rechtsfolge allerdings nur ein, wenn die Parteien über die Unzuständigkeit und die Folgen der rügelosen Verhandlung belehrt worden sind (§§ 39 S. 2, 504).

Übersicht: Gerichtsstandsvereinbarung

Gerichtsstands-vereinbarung	zwischen Privaten	zwischen Vollkaufleuten
generell unzulässig	– zulässiger Rechtsweg – funktionelle Zuständigkeit – nichtvermögensrechtliche Streitigkeiten gem. § 40 Abs. 2 Nr. 1 – ausschließlicher Gerichtsstand	
zulässig	– örtliche Zuständigkeit – sachliche Zuständigkeit – internationale Zuständigkeit	
bes. Wirksamkeitsvoraussetzung	– Bezug auf ein konkretes Rechtsverhältnis	
vor Entstehen der Streitigkeit	– grds. unzulässig – Ausnahme: § 38 Abs. 2 (schriftl.) § 38 Abs. 3 Nr. 2 (ausdrückl. u. schriftl.)	– formlos zulässig, § 38 Abs. 1
nach Entstehen der Streitigkeit	– zulässig nach § 38 Abs. 3 Nr. 1 (ausdrückl., schriftlich)	– formlos zulässig, § 38 Abs. 1

VI. Die Prüfung der Zuständigkeit im Prozess und die Folgen der Unzuständigkeit

Literatur: *Fischer,* Entwicklungen und Entscheidungen zur Willkür von Verweisungen im Rahmen des § 281 ZPO, MDR 2009, 486.

90   Die Zuständigkeit ist eine *Zulässigkeits- (Sachurteils- oder Prozess-)voraussetzung* der Klage. Das Gericht hat *von Amts wegen*

(Rn. 20) seine Zuständigkeit zu beachten. Dies gilt für alle Arten der Zuständigkeit. Bei der örtlichen und sachlichen Zuständigkeit kann aber das unzuständige Gericht nach § 39 durch rügeloses Verhandeln des Beklagten zuständig werden. Das Amtsgericht muss deshalb mit Rücksicht auf seine Belehrungspflicht (§ 504) die Zuständigkeit sofort nach Klageerhebung prüfen, das Landgericht kann abwarten, bis der Beklagte die Unzuständigkeit rügt (§ 39 S. 1).

Es erhebt sich die Frage, *aufgrund welchen Tatsachenmaterials* das Gericht über die Zuständigkeit zu entscheiden hat. Man muss hier unterscheiden, ob sich die Zuständigkeit aus der Art des Anspruchs (z.B. aus Vertrag, § 29, oder aus unerlaubter Handlung, § 32) oder aus anderen Merkmalen ergibt (z.B. aus dem Wohnort des Beklagten, § 13, oder aus der Lage des Grundstücks, § 24). In den letztgenannten Fällen kommt es auf das tatsächliche Vorliegen der Voraussetzungen an, diese müssen *bewiesen* werden, z.B. der Wohnsitz beim allgemeinen Gerichtsstand. Wenn sich die Zuständigkeit nach der Art des Anspruchs richtet, ergibt sich die Schwierigkeit, dass erst mit der Entscheidung über die Begründetheit, also am Ende des Prozesses, der Anspruch und seine Rechtsnatur feststehen. Der Nachweis der Zulässigkeit würde dann mit dem Beweis der Hauptsache zusammenfallen. Da aber die Zulässigkeit feststehen muss, *bevor* das Gericht über die Begründetheit verhandeln und entscheiden darf, genügt es, wenn das Gericht aufgrund des Tatsachenvortrages des Klägers den Anspruch als aus Vertrag oder unerlaubter Handlung einordnen kann. In diesen Fällen reicht also für die Zulässigkeit die *schlüssige Behauptung* des Klägers aus (BGHZ 132, 110).

Wenn der Kläger die Zuständigkeit mit einer Gerichtsstandsvereinbarung begründet, muss er deren wirksamen Abschluss beweisen, falls nicht der Beklagte die Tatsachen, aus denen sich der Abschluss ergibt, zugesteht (§ 288) oder nicht bestreitet (§ 138 Abs. 3, s.u. Rn. 223 ff.).

War die Zuständigkeit bei Klageerhebung (die mit Zustellung der Klage vollendet ist) begründet, so wird sie durch eine Veränderung der sie begründenden Umstände nicht berührt (§ 261 Abs. 3 Nr. 2, sog. *perpetuatio fori*).

Wird etwa die Klage gegen den in Düsseldorf wohnenden Beklagten beim Landgericht Düsseldorf erhoben, so bleibt dieses auch dann örtlich zuständig, wenn der Beklagte nach Klageerhebung nach München zieht.

98   2. Kapitel. Die Zivilgerichtsverfassung

93   Kommt das Gericht zu dem Ergebnis, dass die Zuständigkeit gegeben, *die Klage also zulässig ist,* kann es über die Begründetheit verhandeln und entscheiden. In den Gründen des Urteils muss es dann begründen, warum es die Zuständigkeit bejaht. Nimmt das Gericht an, dass die Zuständigkeit nicht gegeben ist, muss es die Klage *als unzulässig abweisen* (sog. Prozessurteil, Rn. 40). Gegen dieses Urteil sind die üblichen Rechtsmittel gegeben. Wird gegen die Vorschriften über die örtliche oder sachliche Zuständigkeit verstoßen, so ist das betreffende Urteil nicht wirkungslos. Auch ein Rechtsmittel kann auf die fehlende Zuständigkeit des erstinstanzlichen Gerichts nicht gestützt werden (§ 513 Abs. 2), eine angesichts des Rechts auf den gesetzlichen Richter nicht unbedenkliche Regelung (vgl. zu den früheren ähnlichen Bestimmungen *BGH* ZZP 93, 331).

94   Die Abweisung der Klage als unzulässig belastet den Kläger mit den Kosten. Die Situation ist ähnlich der bei Zulässigkeit des Rechtsweges. Es besteht deshalb auch hier die Möglichkeit der *Verweisung an das zuständige Gericht* (§ 281). Voraussetzung ist ein entsprechender Antrag des Klägers, für den insoweit kein Anwaltszwang besteht (§ 281 Abs. 2 S. 1 i.V.m. § 78 Abs. 3). Die Verweisung des rechtshängigen Verfahrens (*BGH* NJW-RR 1997, 1161) erfolgt durch Beschluss, der vom Beklagten nicht angefochten werden kann (§ 281 Abs. 2 S. 2). Die Verweisungsentscheidung bedarf keiner mündlichen Verhandlung (§ 281 Abs. 2 S. 2, 128 Abs. 4). Der Verweisungsbeschluss ist auch für das Gericht bindend, an das verwiesen wurde (das sog. Adressatgericht, § 281 Abs. 2 S. 4). Die Bindungswirkung beschränkt sich allerdings nicht nur auf dasselbe Verfahren, sondern auch auf die Zuständigkeit, die vom angerufenen Gericht verneint wurde und Anlass zur Verweisung war (zur beschränkten Bindungswirkung der Verweisung im Prozesskostenhilfeverfahren *BGH* NJW-RR 1991, 1342; *BAG* NJW 1993, 751). Diese Bindungswirkung ist selbst im Verfahren der Zuständigkeitsbestimmung nach § 36 zu beachten (*BGH* NJW 2006, 699; s.o. Rn. 87a). Sie besteht nicht mehr, wenn der Kläger sein Klagevorbringen vor dem zurückverweisenden Rechtsmittelgericht geändert hat (*BGH* NJW 1990, 53). Auch ein rechtswidriger Verweisungsbeschluss bindet, wie aus der Unanfechtbarkeit gem. § 281 Abs. 2 S. 2 zu folgern ist (BGHZ 102, 332, 340). Dies gilt jedoch nicht bei Beschlüssen, denen eine Rechtsgrundlage fehlt, die willkürlich oder unter Versagung rechtlichen

§ 6. Die Zuständigkeitsordnung

Gehörs gefasst sind (BGHZ a. a. O.; für ein Beispiel s. *BGH* NJW 1993, 1273; zu dieser Rechtsprechung *Fischer,* NJW 1993, 2417; *Tombrink,* NJW 2003, 2364). Einfache Rechtsfehler genügen nicht für die Annahme von Willkür (*BGH* NJW-RR 1992, 902; *OLG Brandenburg* NJW 2004, 780).

Ein vom zuständigen Gericht ausgesprochener Verweisungsbeschluss ist dann „willkürlich" und nicht bindend, wenn die Verweisung entgegen einer seit längerem erfolgten Gesetzesänderung erfolgte, durch die gerade solche Verweisungen unterbunden werden sollten (*BGH* NJW 2002, 3634). Willkürlich ist er allerdings nicht allein aufgrund Abweichung von einer „fast einhelligen" oder „ganz überwiegenden" Rechtsauffassung (*BGH* MDR 2002, 1450).

Mit Eingang der Akten gilt der Rechtsstreit als bei dem im Beschluss bezeichneten Gericht anhängig (§ 281 Abs. 2 S. 3). Das neue Verfahren setzt das alte fort. Die prozessualen Wirkungen des bisherigen Verfahrens, vor allem also die Rechtshängigkeit, bleiben erhalten. Dies ist wichtig wegen der Wahrung der Fristen (z.B. § 204 BGB). Wird der Kläger durch die Verweisung somit sehr begünstigt, so muss er auf der anderen Seite die durch die Anrufung des unzuständigen Gerichts entstandenen *Mehrkosten* selbst dann tragen, wenn er in der Hauptsache obsiegt. Die Kostenentscheidung erfolgt einheitlich durch das Gericht, an das verwiesen worden ist (§ 281 Abs. 3).

VII. Die Geschäftsverteilung und das Recht auf den gesetzlichen Richter

Literatur: *Bäcker,* Altes und Neues zum EuGH als gesetzlichem Richter, NJW 2011, 270.

Die Zuständigkeit bezieht sich immer auf das Gericht als Ganzes (Rn. 80). Damit ist noch nicht gesagt, *welcher Spruchkörper* des jeweiligen Gerichts, welcher Amtsrichter, welche Kammer oder welcher Senat die Entscheidung zu fällen hat und *welcher Richter innerhalb des Kollegiums* welche Sache bearbeitet. Dies bestimmen die Regeln über die sog. *Geschäftsverteilung* (§§ 21 e ff. GVG). Für jeweils ein Jahr werden die Richter und die verschiedenen Sachen auf die einzelnen Spruchkörper verteilt. Dies erfolgt nach bestimmten sachlichen Überlegungen, wie nach den Anfangsbuchstaben der Parteien, aber auch nach Sachgebieten (z.B. Amtshaftungsklagen). Der Vorteil der Verteilung nach Sach- 95 gebieten ist eine (freilich nicht zu übertreibende) Spezialisierung des Richters, die im Übrigen unter den Voraussetzungen des § 348 Abs. 1 S. 2 die Zuständigkeit des originären Einzelrichters am Landgericht einschränkt. Bei der Geschäftsverteilung muss natürlich darauf geachtet werden, dass die Arbeitsbelastung der einzelnen Richter und Spruchkörper ungefähr gleich ist.

96 Besonders wichtig ist aber, dass durch die Geschäftsverteilung sichergestellt ist, dass keine Manipulationen bei der Besetzung eines Spruchkörpers im Hinblick auf einen bestimmten Prozess möglich sind. Die *Änderung* der Geschäftsverteilung innerhalb des laufenden Geschäftsjahres ist nur aus ganz bestimmten Gründen möglich (vor allem wegen Überlastung eines Richters, § 21e Abs. 3 GVG; s.z.B. *BGH* NJW 2009, 1351). Die Geschäftsverteilung ist damit *Voraussetzung und Garantie des Rechts auf den gesetzlichen Richter* (Art. 101 Abs. 1 S. 2 GG). Für jeden Streitfall muss im *Voraus* der Richter feststehen, der für die Entscheidung zuständig ist. Dieses Ziel soll durch die Vorschriften des GVG und der ZPO (und der anderen Prozessordnungen) über die örtliche und sachliche Zuständigkeit sowie über die Geschäftsverteilung erreicht werden (BVerfGE 2, 307, 320). Die Geschäftsverteilung ist daher auch nicht etwa eine Aufgabe der Justizverwaltung, sondern eine *Selbstverwaltungsaufgabe* der Gerichte (BGHZ 46, 147, 149). Schon aus § 21g Abs. 2 GVG folgert der Bundesgerichtshof eine Pflicht des Vorsitzenden eines übersetzten Spruchkörpers, die Mitwirkungsgrundsätze so zu gestalten, dass eine Ermessensentscheidung weitgehend entbehrlich ist (*BGH* JZ 1993, 733 m.Anm. *Sangmeister*).

97 Eine Manipulation bei der Geschäftsverteilung würde also das Recht auf den gesetzlichen Richter verletzen.

Bei bereits anhängigen Verfahren ist das Recht auf den gesetzlichen Richter aus Art. 101 Abs. 1 S. 2 GG bei Änderung der Geschäftsverteilung dann nicht verletzt, wenn eine generell geltende Neuregelung erfolgte, außer den anhängigen Verfahren eine Vielzahl künftiger, gleichartiger Fälle erfasst werden und sie nicht aus sachwidrigen Gründen geschieht (*BVerfG* NJW 2003, 345). Im Übrigen wird auch der Europäische Gerichtshof als gesetzlicher Richter angesehen, sodass ein zur Vorlage verpflichtetes Gericht (Art. 267 Abs. 2 AEUV) das Recht auf den gesetzlichen Richter durch eine unterlassene Vorlage verletzen kann (dazu *Bäcker*, NJW 2011, 270 m.w.N.).

Nun können leicht *Fehlentscheidungen der Gerichte* hinsichtlich der sachlichen oder örtlichen Zuständigkeit vorkommen, sei es, dass ein Gericht seine Zuständigkeit zu Unrecht bejaht, sei es, dass es sie verneint. Die Frage ist, ob darin jedes Mal eine Verletzung des Rechts auf den gesetzlichen Richter liegt, mit der möglichen Konsequenz einer Verfassungsbeschwerde. Diese Folge wäre in der Praxis kaum zu ertragen. Art. 101 Abs. 1 S. 2 GG wird deshalb nur dann verletzt, wenn ein Gericht seine Zuständigkeit *willkürlich* zu Unrecht bejaht oder verneint (zu willkürlichen Verweisungsbeschlüssen s. Rn. 94) und dadurch im Einzelfall eine Verschiebung der gesetzlichen Zuständigkeit zum Nachteil einer Prozesspartei bewirkt. Art. 101 Abs. 1 S. 2 GG gewährt also nur *Schutz vor Willkür*, nicht aber vor einem *aus Rechtsirrtum begangenen Verfahrensverstoß* (BVerfGE 3, 359, 364; BGHZ 85, 116).

3. Kapitel. Die Parteilehre

§ 7. Der Parteibegriff

Literatur: *De Boor,* Zur Lehre vom Parteiwechsel und vom Parteibegriff, 1941; *Burbulla,* Parteiberichtigung, Parteiwechsel und Verjährung, MDR 2007, 439; *Henckel,* Parteilehre und Streitgegenstand im Zivilprozeß, 1961.

I. Der formelle Parteibegriff

Fall 1: K klagt gegen B auf Herausgabe eines Autos an sich selbst, das er vorher schon gem. § 931 BGB an C übereignet hatte.

Fall 2: K klagt gegen B auf Herausgabe des Autos. B hat dieses vorher an den bösgläubigen C nach § 929 BGB zum Zwecke der Eigentumsverschaffung übergeben.

Bei dem Parteibegriff geht es darum, wer in einem Zivilprozess überhaupt *Partei werden kann.* Vom materiellen Recht ausgehend denkt man zunächst an die Parteien des streitigen Rechtsverhältnisses, also in den Fällen 1 und 2 an den Eigentümer und den Besitzer; beim Kaufvertrag wären dies Käufer und Verkäufer, kurz, Gläubiger und Schuldner. Früher hat man versucht, den Parteibegriff des Zivilprozesses entsprechend zu definieren, sog. *materieller Parteibegriff:* Parteien sind die an dem streitigen Rechtsverhältnis Beteiligten. Diese am materiellen Recht orientierte Denkweise lässt sich jedoch nicht auf den Prozess übertragen: In **Fall 1** ist der Kläger nicht mehr Eigentümer, also nicht mehr an dem streitigen Eigentümer-Besitzer-Verhältnis beteiligt. Dasselbe gilt in **Fall 2** für den Beklagten: Er ist nicht mehr Besitzer. In **Fall 1** ist der Kläger, in **Fall 2** der Beklagte nicht mehr an dem streitigen Rechtsverhältnis beteiligt. Gleichwohl sind beide Partei, wenn es zum Prozess kommt. Der Prozess muss geführt und entschieden werden. Allerdings ist die Klage *abzuweisen,* in **Fall 1,** weil K nicht mehr Eigentümer, in **Fall 2,** weil B nicht mehr Besitzer ist. In **Fall 1** fehlt K die *Aktivlegitimation,* in **Fall 2** dem B die *Passivlegitimation.* Der Parteibegriff wird somit heute ganz *formal* bestimmt. Parteien im Zivilprozess sind diejenigen, von denen und gegen die Rechtsschutz begehrt wird, sog. *formeller*

Parteibegriff. Es kommt für die Parteieigenschaft also nicht darauf an, ob die Parteien auch Parteien des streitigen materiellen Rechtsverhältnisses sind. Dies kann ohnehin häufig erst durch den Prozess geklärt werden. Ebenso wie beim Parteibegriff kann man beim Rechtsverhältnis unterscheiden: zwischen dem materiellen Rechtsverhältnis und dem allein durch die Klageerhebung begründeten Prozessrechtsverhältnis.

II. Die Prozessführungsbefugnis

Literatur: *Becker-Eberhard,* In Prozeßstandschaft erstrittene Leistungstitel in der Zwangsvollstreckung, ZZP 104, 411; *Berg,* Die Prozeßführungsbefugnis im Zivilprozeß, JuS 1966, 461; *Leyendecker,* Der Widerruf einer (ausgeübten) gewillkürten Prozessstandschaft, ZZP 122, 465; *G. Lüke,* Die Prozeßführungsbefugnis, ZZP 76, 1; *Pawlowski,* Die zivilrechtliche Prozeßstandschaft, JuS 1990, 378; *Schreiber,* Die Prozessführungsbefugnis im Zivilprozess, Jura 2010, 750.

Fall 3: G hat das Inkassobüro K ermächtigt, eine ihm gegen B zustehende Forderung im eigenen Namen geltend zu machen. Als B die Zahlung verweigert, erhebt K im eigenen Namen Klage gegen B. Ist diese Klage zulässig?

Fall 4: Über das Vermögen des G wird das Insolvenzverfahren eröffnet. K wird zum Insolvenzverwalter ernannt. G behauptet, gegen B eine Forderung zu haben. B zahlt nicht. K erhebt als Insolvenzverwalter gegen B Klage. Ist die Klage zulässig?

Mit dem formellen Parteibegriff allein kann ein Problem nicht gelöst werden: *die Klage eines am materiellen Rechtsverhältnis nicht beteiligten Dritten* ist damit nicht zu verhindern. Grundsätzlich wird natürlich jeder im eigenen Namen auch nur seine eigenen Rechte geltend machen, sei es, dass sie von vornherein in seiner Person entstanden sind, sei es, dass er sie nach ihrer Entstehung erworben hat. Auch in **Fall 1** wird K normalerweise nur klagen, wenn er annimmt, dass die Übereignung an C aus irgendeinem Grunde unwirksam ist. Gleichwohl kommen Fälle vor, in denen jemand ein fremdes Recht im eigenen Namen (nicht als Stellvertreter eines anderen) einklagt. Der formelle Parteibegriff kann dagegen *keine Schranke* bilden. Man könnte fragen, warum das schadet. Ein Prozess, den ein unbeteiligter Dritter führt, würde den Rechtsinhaber nicht binden (§ 325). Gerade dies macht aber deutlich, dass Prozesse unbeteiligter Dritter sinnlos und eine unnötige Belastung der Gerichte wären. Sie sind deshalb im Zivilprozess ebenso wie etwa im Verwaltungsprozess zu vermeiden. Auch dort soll es keine Popularklage geben. § 42 Abs. 2 VwGO regelt deshalb die sog. Klagebefugnis. Im Zivilprozess gibt es etwas Entsprechendes, ein zusätzliches Kriterium, die sog. *Prozessführungsbefugnis*. Diese folgt aus der Verfügungsbefugnis über das materielle Recht und fällt deshalb in der Regel mit der Sachlegitimation zusammen. Wer ein materielles Recht hat, kann es meist auch im eigenen Namen prozessual geltend machen (vgl. BGHZ 51, 125, 128). Eine besondere Prüfung der Prozessführungsbefugnis erübrigt sich also. Für die Prozessführungsbefugnis genügt die Behauptung des Klägers, dass ihm das eingeklagte Recht zusteht. Erst in der Begründetheit wird die Frage geprüft, ob dies zutreffend ist. Es gibt aber eine nicht unbeträchtliche Anzahl von Fällen, in denen jemand offenkundig oder nach seinem Vortrag ein ihm *nicht* zustehendes Recht im eigenen Namen prozessual geltend macht. Hier muss gefragt werden, ob er dazu berechtigt ist, ob er dazu die Prozessführungsbefugnis hat. Bei positiver Antwort auf diese Frage ist die Klage zulässig. Die Prozessführungsbefugnis ist also eine *Zulässigkeits- (Prozess- oder Sachurteils-)voraussetzung*, während Aktiv- und Passivlegitimation Voraussetzungen für die Begründetheit sind. Man spricht in Fällen, in denen die Inhaberschaft des Rechts, die Sachlegitimation, und die Prozessführungsbefugnis auseinanderfallen, von *Prozessstandschaft*.

100 Die Prozessführungsbefugnis kann sich aus dem *Gesetz* ergeben oder, jedenfalls nach der h.M., aus *Rechtsgeschäft*, sog. *gewillkürte Prozessstandschaft*. Aus dem Gesetz ergibt sich die Prozessführungsbefugnis nach h.M. in den Fällen der Insolvenz und der Testamentsvollstreckung. Der Insolvenzverwalter und der Testamentsvollstrecker sind nicht Inhaber der Rechte, die ihrer Verwaltung unterliegen. Nach h.M. handeln sie bei ihrer Verwaltung nicht als Vertreter der Rechtsinhaber (des Gemeinschuldners, der Erben), sondern als *Partei kraft Amtes* (vgl. § 116 S. 1 Nr. 1), also *im eigenen Namen* (BGHZ 32, 114, 118; 34, 393, 396). Diese Stellung und damit die Prozessführungsbefugnis erlangen sie aufgrund ihrer Ernennung (in **Fall 4** ist demnach die Klage zulässig). Dieselbe Regelung gilt für den Zwangs- und den Nachlassverwalter (nicht aber den Wohnungseigentumsverwalter, *BGH* NZM 2011, 278; zur Prozessführungsbefugnis des Zwangsverwalters: *BGH* NJW-RR 2006, 138; NJW 2010, 3033; weitere Fälle der

vom Gesetz verliehenen Prozessführungsbefugnis: § 265 Abs. 2 S. 1, s. Rn. 174, und § 836, s. Rn. 648, sowie §§ 335, 432, 1368, 1422, 1629 Abs. 3 S. 1, 2039 BGB, aber auch die actio pro socio).

Bei der Verbandsklage nach §§ 1, 2 UKlaG liegt keine Prozessstandschaft vor; die zur Klage berechtigten Stellen machen vielmehr einen eigenen Anspruch (§ 3 UKlaG) geltend, der darauf gerichtet ist, die Verwendung der unwirksamen Allgemeinen Geschäftsbedingungen oder die Ausübung verbraucherschutzgesetzwidriger Praktiken zu unterlassen (*BGH* NJW-RR 1990, 886, 887). Erfüllt die Klägerin nicht die Anforderungen einer *anspruchsberechtigten Stelle*, so ist die Klage als unzulässig abzuweisen. Entsprechende Grundsätze gelten für die Klage aus § 13 UWG, nach der rechtsfähige Verbände zur Förderung gewerblicher Interessen und Verbraucherverbände wettbewerbsrechtliche Unterlassungsansprüche gerichtlich geltend machen können (str., wie hier *BGH* NJW 1996, 3277). Eine ganz andere Auffassung vertritt *Marotzke*, ZZP 98, 160: Es handele sich um eine der Popularklage nahestehende Form einer gesetzlichen Prozessstandschaft. Geltend gemacht werde ein Unterlassungsanspruch des Staates (so auch *Marotzke*, Von der schutzgesetzlichen Unterlassungsklage zur Verbandsklage, 1992, 74). Die Rechtsprechung verlangt in jedem Fall für die Klagebefugnis des Vereins und damit für die Zulässigkeit der Klage eine eigene umfassende und regelmäßige satzungsmäßige Verfolgung von Wettbewerbsverstößen (*BGH* NJW 1986, 1347). Damit soll verhindert werden, dass Verbände nur durch die Einschaltung von Rechtsanwälten Wettbewerbsverstöße verfolgen.

Die gewillkürte Prozessstandschaft, d. h. die rechtsgeschäftliche Übertragung der Prozessführungsbefugnis, wird von der h. M., vor allem auch von der Praxis, für zulässig gehalten (*Koch*, JZ 1984, 809 hält sie für überflüssig und verneint deshalb das Rechtsschutzbedürfnis). Sie ist das prozessuale Seitenstück zur materiellrechtlichen Einziehungsermächtigung, die vor allem bei der Sicherungsabtretung eine große Rolle spielt. Ihre Zulässigkeit wird ebenso wie die der Einziehungsermächtigung aus § 185 BGB hergeleitet (so schon RGZ 73, 306). Später, als sich in der Literatur Widerspruch erhoben hatte, modifizierte die Rechtsprechung diese Begründung. Die Ermächtigung allein reicht danach nicht mehr aus, hinzu kommen muss ein *eigenes rechtliches Interesse* des Prozessstandschafters an der Prozessführung (RGZ 91, 390; BGHZ 4, 153, 165; *BGH* NJW 2007, 1952, 1955; ablehnend *Grunsky*, FS BGH, Bd. III, 2000, 116 ff.). Die begehrte Entscheidung muss die Rechtslage des Ermächtigten beeinflussen (*OLG Celle* NJW 1989, 2477).

101

Ein eigenes rechtliches Interesse soll etwa vorliegen bei der Liquidation des Drittschadens, den der Geschädigte einklagt (BGHZ 25, 250, 259 f.), oder wenn der Veräußerer eines als lastenfrei verkauften Grundstücks den Berichtigungsanspruch (§ 894 BGB) des neuen Eigentümers wegen einer zu Unrecht eingetragenen Belastung im eigenen Namen geltend macht (RGZ 53, 408). Nach h. M. reicht es für das Vorliegen des rechtlichen Interesses aber nicht aus, dass der Kläger hinsichtlich der eingeklagten Forderung lediglich ein Provisionsinteresse hat (RGZ 160, 204, 210). Im **Fall 3** ist danach die Klage wegen Fehlens der Prozessführungsbefugnis unzulässig, weil man davon ausgehen kann, dass K von der eingeklagten Forderung eine Provision bekommen soll, sonst aber keine Beziehung zu dieser Forderung hat. Etwas anderes gilt bei der Inkassozession. Hier wird der Zessionar Inhaber der Forderung. Die Frage nach dem rechtlichen Interesse an der Geltendmachung ist deshalb nicht zu stellen (*BGH* NJW 1980, 991). Ein rechtliches Interesse wird angenommen, wenn der Insolvenzverwalter den Schuldner ermächtigt, ein zur Masse gehörendes Recht im eigenen Namen gerichtlich geltend zu machen. Das Interesse ergibt sich hier schon aus dem Umstand, dass der Schuldner selbst nach Insolvenzeröffnung Inhaber des materiellen Rechts geblieben ist (BGHZ 100, 217, 220). Endet die gewillkürte Prozessstandschaft während des anhängigen Rechtsstreits durch den Tod des Prozessstandschafters, so kann nach Ansicht des Bundesgerichtshofs (NJW 1993, 3072) der Rechtsinhaber nach den Regeln über den Parteiwechsel in das Verfahren eintreten. Wird über das Vermögen des Ermächtigenden das Insolvenzverfahren eröffnet, so erlischt die Prozessführungsbefugnis (*BGH* NJW 2000, 738 für die Konkurseröffnung).

Die gewillkürte Prozessstandschaft wird heute unter den genannten Voraussetzungen für zulässig gehalten. Die ursprünglich dagegen erhobenen Bedenken sind aber noch keinesfalls völlig ausgeräumt. Zwar hat der Umstand, dass bei der Prozessstandschaft der Rechtsinhaber, der nicht Partei wird, als Zeuge gehört werden kann, durch die Parteivernehmung an Bedeutung verloren. Es bleibt aber für den Gegner die Gefahr, dass ihm eine mittellose Partei aufgedrängt werden kann. Dem versucht der Bundesgerichtshof zu begegnen, indem nach seiner Auffassung mit der gewillkürten Prozessstandschaft verfolgte missbräuchliche Ziele und die unzumutbare Beeinträchtigung berechtigter Belange der verklagten Partei ein schutzwürdiges Interesse des Prozessstandschafters entfallen lassen. Dabei spielt vor allem auch die Realisierbarkeit des Kostenerstattungsanspruchs eine Rolle (z. B. BGHZ 96, 151, 156). Problematisch ist auch die Rechtskrafterstreckung (bejaht von *BGH* NJW 2000, 739). Titelgläubiger ist bei einem stattgebenden Urteil nur der klagende Prozessstandschafter, so dass auch nur er das Urteil vollstrecken kann. In gewisser Weise verlängert sich die Prozessführungsbefugnis in das Vollstreckungsverfahren (für Einzelheiten *Becker-Eberhard*, ZZP 104, 425). Zum Schutze des Beklagten verlangt der Bundesgerichtshof (NJW 1988, 1585, 1587) weiterhin, dass die Ermächtigung zur Prozessführung im Prozess offengelegt wird, damit die Gegenpartei ihr Vorbringen und prozessuales Vorgehen darauf einstellen kann (*BGH* NJW 1999, 2111). Die Übertragung dieser Grundsätze auf die Zwangsvollstreckung hat der Bundesgerichtshof abgelehnt. Der Gläubiger kann danach also nicht einen Dritten ermächtigen, dass dieser aus einem auf den Gläubiger lautenden Titel im eigenen Namen vollstreckt. Eine solche sog.

isolierte Vollstreckungsstandschaft widerspricht nach Auffassung des Bundesgerichtshofs dem Grundsatz der Formstrenge des Zwangsvollstreckungsrechts (BGHZ 92, 347 = JZ 1985, 381 mit ablehnender Anm. *Brehm*). Das Gericht hat dies selbst für den Fall angenommen, in dem der Titelgläubiger inzwischen die Forderung abgetreten hat und von dem Zessionar zur (Einziehung und) Vollstreckung ermächtigt wurde.

Nach § 79 Abs. 1 S. 2, Abs. 2 S. 2 Nr. 3 sind Verbraucherzentralen befugt, fremde oder/und zu Einziehungszwecken auf fremde Rechnung abgetretene Geldforderungen von Verbrauchern im Rahmen ihres Aufgabenbereichs gerichtlich zu verfolgen. Hierbei handelt es sich – neben einer Vertretungsbefugnis – um eine gesetzliche Regelung einer gewillkürten Prozessstandschaft.

III. Wie wird man im einzelnen Prozess Partei?

Nach § 253 Abs. 2 Nr. 1 müssen die Parteien in der Klageschrift bezeichnet werden. Ungenauigkeiten können im Wege der Auslegung geklärt werden. Wer Partei werden soll, muss also vor der Klageerhebung feststehen. Durch die Bezeichnung in der Klageschrift *allein* wird niemand Partei: Die Klageerhebung erfolgt durch *Zustellung* der Klageschrift (§ 253 Abs. 1). Erst damit werden die in der Klageschrift Bezeichneten Partei. Die Zustellung (§§ 166 ff.) ist eine mögliche Fehlerquelle. Formelle Fehler sind unschädlich. Es kann aber vorkommen, dass einem *anderen* als dem in der Klageschrift Bezeichneten zugestellt wird (etwa bei Namensidentität). Derjenige, dem zugestellt worden ist, wird dann *nicht* Partei. Er muss aber in der mündlichen Verhandlung Gelegenheit erhalten, das Fehlen der Identität nachzuweisen. Wenn der Kläger dies nicht bestreitet, kann der scheinbar Beklagte unter Verurteilung des Klägers zum Ersatz der ihm entstandenen Kosten durch Beschluss aus dem Verfahren entlassen werden (*OLG Köln* MDR 1971, 585). Wenn der Kläger die Identität dagegen behauptet, muss sachlich entschieden, d.h. die Klage gegen den Betreffenden durch Urteil abgewiesen werden (das wohl eine Entscheidung über die Begründetheit enthält). Es kann auch vorkommen, dass der Kläger eine Person als Partei bezeichnet und dieser auch zugestellt wird, dem Kläger jedoch ein Irrtum unterlaufen ist, weil ihm ein anderer verpflichtet ist. In einer solchen Situation wird derjenige Partei, der in der Klageschrift bezeichnet und dem diese zugestellt worden ist. Die Klage ist dann allerdings unbegründet und muss abgewiesen werden, wenn der Kläger sie nicht zurücknimmt oder eine Parteiänderung vornimmt (Rn. 105 ff.).

102

IV. Das Zwei-Parteien-System

Jeder Zivilprozess setzt Kläger und Beklagten, also *zwei sich streitende Parteien* voraus (anders als viele Verfahren der freiwilligen Gerichtsbarkeit). Entgegen der h.M. erscheint dieses Verständnis zu eng und vom Zweck des Grundsatzes nicht gedeckt. Statt dessen wird man es als ausreichend ansehen müssen, dass

103

der Rechtsstreit sich in verschiedene Zwei-Parteien-Verhältnisse aufteilen lässt (*Lüke,* Beteiligung Dritter im Zivilprozeß, 1992, 429 ff.; für eine Erweiterung auch *K. Schmidt,* Mehrseitige Gestaltungsprozesse bei Personengesellschaften, 1992, passim; dagegen *H. Roth,* FS Großfeld, 1999, 915 ff.). Dies können auf beiden Seiten auch mehrere Personen (Streitgenossen) sein. Wenn die Parteirollen von Kläger und Beklagtem in einer Person zusammenfallen (etwa durch Rechtsnachfolge, eine Partei wird Alleinerbe der anderen), endet der Prozess (*BGH* NJW-RR 1999, 1152). Beide Parteien sind im Prozess formell gleichgestellt, sie haben dieselben Rechte und Befugnisse (*Grundsatz der Waffengleichheit;* hierzu *Vollkommer,* FS Schwab, 1990, 503; für ein Bsp. vgl. *BGH* NJW 1988, 2302). Materiell ist ihre Lage aber doch unterschiedlich. Der Beklagte läuft ein größeres Risiko, weil er verurteilt werden kann. Der Kläger kann höchstens abgewiesen werden mit der Verpflichtung, die Kosten zu tragen.

§ 8. Die Parteiänderung

Literatur: *De Boor,* Zur Lehre vom Parteiwechsel und vom Parteibegriff, 1941; *Heinrich,* Der gewillkürte Parteiwechsel, 1990; *Henckel,* Parteilehre und Streitgegenstand im Zivilprozeß, 1961; ders., Der gewillkürte Parteiwechsel, DRiZ 1962, 226; *Kisch,* Parteiänderung im Zivilprozeß, 1912; *Kohler,* Die gewillkürte Parteiänderung, JuS 1993, 315; *Rosenberg,* Die gewillkürte Parteiänderung im Zivilprozeß, ZZP 70, 1; *H. Roth,* Gewillkürter Parteiwechsel und Bindung an Prozeßlagen, NJW 1988, 2977; *Schilken,* Veränderungen der Passivlegitimation im Zivilprozeß, 1987.

I. Die gesetzliche Parteiänderung

104 Wenn der Kläger oder der Beklagte sterben, ist es nicht weiter problematisch, dass der oder die Erben als Rechtsnachfolger *in den Prozess eintreten* und diesen so übernehmen müssen, wie sie ihn vorfinden. Das Gesetz trägt aber dem Bedürfnis des Rechtsnachfolgers Rechnung, sich über die Weiterführung des Prozesses klar zu werden. Deshalb tritt dann, wenn die Parteien nicht durch Prozessbevollmächtigte vertreten sind, eine *Unterbrechung* des Verfahrens bis zu dessen *Aufnahme* durch die Rechtsnachfolger ein (§ 239; dazu Rn. 200 ff.). Bei einer Vertretung durch Prozessvertreter (vgl. zum Begriff des Prozessvertreters Rn. 120 ff.) wird

das Verfahren nicht automatisch unterbrochen. Das Gericht kann dann aber auf Antrag des Gegners oder des Bevollmächtigten die Aussetzung des Verfahrens anordnen (§ 246; zu den Wirkungen der Unterbrechung und der Aussetzung vgl. § 249). Eine entsprechende Regelung gilt in anderen Fällen der Rechtsnachfolge (oder der Nachfolge in die Verfügungsbefugnis, wie z. B. bei Insolvenz-, Nachlass- und Zwangsverwaltung sowie Testamentsvollstreckung) und beim Anwaltsverlust (§§ 240–244), nicht aber bei der Einzelrechtsnachfolge, d. h. wenn während des Prozesses der geltend gemachte Anspruch abgetreten oder die in Streit befangene Sache veräußert wird (§ 265, Rn. 174 ff.). In Einzelfällen sieht das Gesetz auch einen Parteibeitritt vor (vgl. z. B. § 856 Abs. 2).

II. Die gewillkürte Parteiänderung

Fall 1: K klagt gegen B auf Zahlung von 2.000,– Euro aus einem Kaufvertrag. Dieser wurde von B's Ehefrau E abgeschlossen; wie K behauptet, zur angemessenen Deckung des Lebensbedarfs der Familie (§ 1357 BGB). B bestreitet dies. Im Laufe des Prozesses muss K sich nach Durchführung einer Beweisaufnahme, bei der mehrere Zeugen gehört worden sind, überzeugen, dass beim Abschluss des Kaufvertrages in der Tat die Voraussetzungen des § 1357 BGB nicht gegeben waren. Er muss also befürchten, mit seiner Klage gegen B abgewiesen zu werden. Gibt es einen Weg für ihn, wie er es erreichen kann, statt des B die E in den Prozess hineinzuziehen?

Wie der Fall zeigt, kann es vorkommen, dass ein Kläger den falschen Beklagten verklagt, da der geltend gemachte Anspruch zwar besteht, sich aber *gegen einen anderen Schuldner* richtet. So kann etwa statt des Verwalters über das schuldnerische Vermögen dieser auch persönlich in Anspruch genommen werden. Das Entsprechende kann auf der Seite des Klägers vorkommen, etwa wenn aus der Klage des Mitglieds einer juristischen Person die Klage der juristischen Person selbst werden soll oder aus der Klage des Vaters die des minderjährigen Sohnes, vertreten durch den Vater.

Mitunter bereitet die Abgrenzung des Parteiwechsels von der bloßen Berichtigung eines Rubrums Schwierigkeiten. Ändert der Kläger das Rubrum, so liegt darin keine Klageänderung, wenn die Auslegung des anfänglichen Klageantrags trotz fehlerhafter Benennung keinerlei Zweifel an der Beklagtenstellung des nunmehr korrekt Bezeichneten ließ (*OLG Hamm* NJW-RR 1991, 188, 189; hierzu auch *Vollkommer,* MDR 1992, 642). Die Änderung der Klage auf eine Gesamthandsforderung von den Gesellschaftern einer GbR auf die

GbR ist nach Änderung der Rechtsprechung zur Parteifähigkeit der GbR (Rn. 111) z.B. nicht als Parteiwechsel, sondern als Rubrumsberichtigung anzusehen (*BGH* NJW 2003, 1043; so auch *OLG Köln* NJW-RR 2003, 431 für die Klage der Anwaltssozietät, nicht der Gesamthandsgläubiger). Gleiches wird man für die Forderungen der Wohnungseigentümergemeinschaft annehmen müssen (so z.B. *AG Neukölln* ZMR 2005, 744; anders aber *BGH* NJW 2011, 1453 für Werklohnansprüche gegen die Gemeinschaft).

Wenn der Kläger den *falschen Beklagten* (zur Frage eines nicht existenten Beklagten *BGH* NJW 2002, 3110) verklagt hat, müsste er entweder die Klage zurücknehmen oder mit einer Klageabweisung rechnen. In beiden Fällen hätte der Kläger nicht nur die Kosten dieses Prozesses zu tragen, sondern auch den neuen Prozess gegen den richtigen Beklagten von vorne anzufangen. Um dies zu vermeiden, geht sein Interesse dahin, nach Möglichkeit den falschen Beklagten gegen den richtigen auszutauschen. Der alte Beklagte will dagegen ohne Kosten aus dem Prozess herauskommen. Man kann ihm aber auch nicht ohne Weiteres die Aussicht auf das klagabweisende Urteil nehmen, das ihn vor einer erneuten Inanspruchnahme sichert. Das Gesetz erkennt dieses Interesse durch das Erfordernis der Zustimmung des Beklagten zur Rücknahme an (arg. § 269 Abs. 1). Für den neuen Beklagten, der einem Prozess im Ergebnis doch nicht ausweichen kann, wird es darauf ankommen, wie weit er an die bisherige Prozessführung gebunden ist.

Ein *falscher Kläger* hat ein Interesse, ohne Klageabweisung aus dem Prozess herauszukommen. Der richtige Kläger hat hingegen das Interesse, den Prozess zu übernehmen, wobei es für ihn wieder von Bedeutung ist, wie weit er an die bisherige Prozessführung gebunden ist. Dem Beklagten wird es auch hier darauf ankommen, vor einer erneuten Inanspruchnahme durch den alten Kläger sicher zu sein. Schließlich besteht auch ein Interesse des Gerichts an der Vermeidung unnötiger Arbeit durch Führung doppelter Prozesse.

106   Das Gesetz hat diese Fälle *nicht geregelt,* es gibt *keine Vorschrift über den gewillkürten Parteiwechsel,* wenn man von den §§ 265, 266, 75, 76 absieht, aus denen nicht ohne Weiteres allgemeine Regeln abgeleitet werden können. Das Reichsgericht hat in ständiger Rechtsprechung den Parteiwechsel als *Klageänderung* behandelt (z.B. RGZ 157, 369, 377, sog. Klageänderungstheorie). Für den Beklagtenwechsel folgt daraus, dass der neue Beklagte dem Wechsel nicht zustimmen muss, wenn das Gericht die Partei-

§ 8. Die Parteiänderung

änderung für sachdienlich erachtet (§ 263 analog). Der Vorteil dieser Rechtsprechung ist, dass der alte Prozess mit der neuen Partei weitergeführt und nicht alles wiederholt werden muss. Der Nachteil ist einmal, dass die neue Partei an die bisherige Prozessführung gebunden ist, die sie nicht zu verantworten hat. Bedenklich ist auch, dass das Gericht bei Anwendung der Vorschriften über die Klageänderung den Parteiwechsel zulassen kann, wenn es ihn für sachdienlich hält (§ 263). Es kommt dann nicht auf das Einverständnis der neu eintretenden Partei an.

In der Literatur ist die Auffassung des Reichsgerichts auch auf Kritik gestoßen. *Kisch* (a.a.O.) hat vorgeschlagen, die Problematik des Parteiwechsels durch Klagerücknahme und neue Klageerhebung zu lösen. Damit müsste dann immer ein neuer Prozess geführt werden. Dies vermeidet *de Boor* (a.a.O.), der weder die Vorschriften über die Klageänderung noch die über die Klagerücknahme anwenden will. Er geht von einer sorgfältigen Analyse der beteiligten Interessen aus und fragt von dieser Basis her, welcher der Beteiligten dem Ausscheiden einer alten bzw. dem Eintritt einer neuen Partei zustimmen muss. 107

Die Rechtsprechung des Bundesgerichtshofs ist nicht frei von Widersprüchen. Den *Klägerwechsel* hat der Bundesgerichtshof sowohl in der ersten als auch in der zweiten Instanz als Klageänderung angesehen (LM § 264 ZPO Nr. 8; s. auch *BGH* NJW 1989, 3225; 1996, 2799 m.w.N.), d.h. ihm müssen danach sowohl der Beklagte als auch – bei Initiative des neuen Klägers – der alte Kläger zustimmen. Letzteres wird regelmäßig kein Problem sein, da es in seinem Interesse steht, ohne kostenpflichtige Klageabweisung das Verfahren verlassen zu können. Die Zustimmung des Beklagten kann nach Auffassung des Bundesgerichtshofes – auch in zweiter Instanz – gemäß § 263 grundsätzlich ersetzt werden, wenn das Gericht die Sachdienlichkeit der Parteiänderung feststellt (BGHZ 65, 264, 268; *BGH* MDR 2004, 700, Ausnahme: § 265 Abs. 2 S. 2). Weiterhin müssen die Tatsachen, auf die die Klageänderung gestützt wird, unverändert sein (vgl. § 533 Nr. 2). Ob das letztlich am Ergebnis der Zulässigkeit des Parteiwechsels in zweiter Instanz viel ändert, wird von *Jauernig/Hess* (§ 86 Rn. 14) bezweifelt, da bei neuen Tatsachen schon bislang eine Sachdienlichkeit von den Gerichten abgelehnt worden sei. 108

Entsprechende Grundsätze sollen nach Ansicht des Bundesgerichtshofs auch für den *Beklagtenwechsel* in erster Instanz gelten (BGHZ 40, 185). Hier ist es der Kläger, der sein Begehren gegen einen anderen Beklagten richten will. Der bisherige Beklagte muss einem Ausscheiden zustimmen (Rechtsgedanke des § 269). Gleiches gilt für den neu eintretenden Beklagten, es sei denn, das Gericht erkläre den Wechsel für sachdienlich (*BGH* NJW 1981, 989). Den Beklagtenwechsel in der zweiten Instanz hat der Bundesgerichtshof in mehreren Entscheidungen nach den von *de Boor* (a. a. O.) aufgestellten Regeln behandelt. Weil der neue Beklagte einen schon in zweiter Instanz befindlichen Prozess übernehmen müsse, sei seine Zustimmung erforderlich, die allerdings entbehrlich sein könne, wenn ihre Verweigerung rechtsmissbräuchlich sei (BGHZ 21, 285; ebenso etwa *BGH* NJW 1997, 2885; so auch *Zimmermann*, Fälle Nr. 142). Auch die verweigerte Zustimmung des bisherigen Beklagten kann unbeachtlich sein, wenn sie sich als rechtsmissbräuchlich erweist (*BAG* NJW 2010, 2909).

109 *De Boor* hat mit seiner Untersuchung den Weg gewiesen, wie die Probleme des Parteiwechsels gelöst werden können. Die Klagerücknahme und neue Klageerhebung machen es nicht möglich, die bisherige Prozessführung zu nutzen, führen also nicht zu prozessökonomischen Ergebnissen. Die Anwendung der Vorschriften über die Klageänderung wird den Interessen der Beteiligten nicht gerecht. Es liegt *eine Lücke im Gesetz* vor, die interessengemäß zu schließen ist. Bei einem Klägerwechsel müssen alle Beteiligten zustimmen (**Fall 1**). Für den Beklagten ergibt sich dies aus § 269, für den Kläger aus dem Gedanken, dass er nicht aus seiner Position gedrängt werden kann. Soll ein neuer Beklagter in den Prozess hineingezogen werden, ist seine Zustimmung in der ersten Instanz entbehrlich, da er sich auch gegen eine ihn erhobene Klage nicht wehren kann, im zweiten Rechtszug dagegen wegen des Verlustes einer Instanz nicht. In zweiter Instanz kommt ein Kläger- und ein Beklagtenwechsel nur bei unveränderten Tatsachen in Betracht (§ 533 Nr. 2). Der alte Beklagte muss seinem Ausscheiden zustimmen (arg. § 269, *BGH* NJW 1981, 989). Schwierig zu beantworten ist die Frage, inwieweit die bisherige Prozessführung den Neueintretenden bindet. Dispositionsakte wie Anerkenntnisse, Verzichte, Geständnisse wird er widerrufen können, er wird auch die Ergänzung, nicht aber die Rückgängigmachung einer Beweisaufnahme verlangen können. Teilweise wird hier allgemein darauf abgestellt, dass das rechtliche Gehör nicht beschnitten werden dürfe (*M. Schwab* Rn. 468). Für die Wahrung von Fristen kommt es auf den Neueintritt, nicht auf den Prozessbeginn an. In der Re-

visionsinstanz ist ein Parteiwechsel unzulässig, weil dort keine neuen Tatsachen vorgetragen werden können (§ 561).

Beim *Parteibeitritt* soll zusätzlich ein weiterer Kläger oder Beklagter in den Prozess eintreten (für ein Beispiel des gesetzlichen Parteibeitritts s. § 856 Abs. 2). Die h.M. behandelt den Parteibeitritt als gewillkürte Parteiänderung (z.B. BGHZ 40, 185, 189; *BGH* ZZP 102, 469, 471) und verlangt lediglich bei der Erweiterung in zweiter Instanz auf der Beklagtenseite die Zustimmung des neuen Beklagten, die nur entbehrlich ist, wenn ihre Verweigerung rechtsmissbräuchlich ist (*BGH* NJW-RR 1986, 356). Im Übrigen sind auch hier die Voraussetzungen des § 533 Nr. 2 zu beachten. Nach anderer Auffassung ist die Zulässigkeit der Parteierweiterung an den §§ 59, 60 zu messen (vgl. Stein/Jonas/*Roth* § 263 Rn. 69 ff. m.w.N.). Für die Parteierweiterung in erster Instanz kommen beide Auffassungen zu weitgehend identischen Ergebnissen. Die Unterschiede zeigen sich allerdings in zweiter Instanz. Da das Berufungsgericht nicht auch für erstinstanzliche Sachen zuständig ist, soll nach der letztgenannten Auffassung eine Parteierweiterung in zweiter Instanz mangels eines erstinstanzlichen Urteils insgesamt ausgeschlossen sein (*Jauernig/Hess* § 86 Rn. 19; Thomas/Putzo/*Hüßtege* Vorbem. § 50 Rn. 26). Die Gegenauffassung bejaht dagegen auch für diese Instanz ein praktisches Bedürfnis für eine Parteierweiterung. Wegen des Instanzverlustes sei allerdings beim *Beklagtenbeitritt* die Einwilligung des neuen Beklagten, beim *Klägerbeitritt* neben dieser sogar jene des bisherigen Klägers erforderlich (*Rosenberg/Schwab/Gottwald* § 42 Rn. 21 ff.). Ob das Interesse des bisherigen Klägers auch eine Zustimmung verlangt, erscheint in Anbetracht der bestehenden Möglichkeit einer Verfahrensverbindung auch von Amts wegen (§ 147) zumindest sehr zweifelhaft.

110

§ 9. Parteifähigkeit und Prozessfähigkeit

Literatur: *Bork,* Die als vermögenslos gelöschte GmbH im Prozeß, JZ 1991, 841; *Hess,* Grundfragen und Entwicklung der Parteifähigkeit, ZZP 117, 267; *Huber,* Grundwissen – Zivilprozessrecht: Partei- und Prozessfähigeit, JuS 2010, 201; *Wagner,* Grundprobleme der Parteifähigkeit, ZZP 117, 305; *Wertenbruch,* Die Parteifähigkeit der GbR – die Änderungen für die Gerichts- und Vollstreckungspraxis, NJW 2002, 324.

I. Die Parteifähigkeit

111 Es geht hier um die Frage, *wer* Partei in einem Zivilprozess sein kann. § 50 Abs. 1 bestimmt: Parteifähig ist, wer rechtsfähig ist, also jede natürliche und juristische Person. Die Parteifähigkeit ist nichts anderes als *die prozessuale Seite der Rechtsfähigkeit*. Wer Träger von materiellen Rechten und Pflichten ist, muss diese auch gegen andere geltend machen oder von anderen deswegen in Anspruch genommen werden können. Parteifähigkeit bedeutet, Partei eines Prozesses sein zu können – sei es als Kläger, sei es als Beklagter. Damit ist noch nicht gesagt, dass jeder Parteifähige seinen Prozess *selbst führen kann*, ebenso wie die Rechtsfähigkeit nur bedeutet, dass man Rechte haben, nicht aber, dass man sie selbst ausüben kann.

112 Es gibt Fälle, in denen die Parteifähigkeit *weiter reicht* als die Rechtsfähigkeit. Die offene Handelsgesellschaft ist zwar keine juristische Person, nach h.M. aber ebenso wie die Kommanditgesellschaft parteifähig (BGHZ 50, 325, 327; 64, 155). Sie kann unter ihrer Firma klagen und verklagt werden (§ 124 Abs. 1 HGB). Zur Zwangsvollstreckung in das Gesellschaftsvermögen ist ein gegen die Gesellschaft gerichteter Titel (in der Regel ein Urteil) erforderlich (§ 124 Abs. 2 HGB). Die Gesellschafter können neben der Gesellschaft verklagt werden (§ 129 HGB). Als aktiv parteifähig wird ebenfalls die Vor-GmbH angesehen, da sie als notwendige Vorstufe bereits körperschaftliche Strukturen aufweise und eigene Rechte und Pflichten habe (*BGH* NJW 1998, 1080 m.w.N.). Das soll nach der Rechtsprechung auch nach Aufgabe der Eintragungsabsicht gelten (*BGH* NJW 2008, 2441 = JuS 2008, 941 [*K. Schmidt*])

Das Beispiel zeigt, dass schon im Gesetz die Begriffe juristische Person und rechts- und parteifähige Person nicht in beide Richtungen deckungsgleich sind. Vielmehr spricht man bei OHG und KG von teilrechtsfähigen Personengesellschaften, die nicht juristische Personen sind. In diesem Umstand war die weitere Auflösung der Institute letztlich angelegt. Insgesamt ist eine Neigung im materiellen Recht festzustellen, die Rechtsfähigkeit auf weitere Institute auszudehnen. Dies gilt etwa für die BGB-Außengesellschaft (nicht aber die Erbengemeinschaft, *BGH* NJW 2006, 3715). Teilweise werden diese veränderten Deutungen sogar mit Bedürf-

§ 9. Parteifähigkeit und Prozessfähigkeit

nissen im Zusammenhang mit dem Verfahrensrecht begründet, ansonsten ziehen sie die Parteifähigkeit notwendigerweise nach sich. Damit verbunden ist jedenfalls für eine gewisse Zeit eine nicht unerhebliche Unsicherheit, die aber in Kauf genommen wird. Weitere Veränderungen ergeben sich durch die allmähliche Durchsetzung der Gründungstheorie im internationalen Gesellschaftsrecht, die jedenfalls für EU und EWR in der Beurteilung ausländischer Gesellschaften zu Grunde zu legen ist und zu einer Erweiterung des Kreises parteifähiger Personenvereinigungen führt.

Selbst eine aufgelöste GmbH kann im Kostenfestsetzungsverfahren noch als Partei auftreten, wenn die Gesellschaft einen ihr zustehenden Anspruch behauptet (*BGH* NJW-RR 1986, 394). Ähnliche Grundsätze gelten für die EWIV und die Partnerschaftsgesellschaft. Nach Auffassung des Bundesgerichtshofs (BGHZ 146, 341; hierzu *Jauernig*, NJW 2001, 2231 f.) ist die BGB-Außengesellschaft, die als solche am Rechtsverkehr teilnimmt, rechtsfähig. Damit ist sie parteifähig und die Vollstreckung in das Gesellschaftsvermögen mit einem *gegen sie* gerichteten Titel möglich (zur Eintragung einer Zwangshypothek in diesen Fällen s. unten Rn. 668). In der Sache kommt es so zu einer weitgehenden Gleichstellung mit der OHG. Die praktischen Probleme können damit freilich nicht völlig beseitigt werden (krit. *Jauernig*, NJW 2001, 2231 f.).

Der nichtrechtsfähige Verein ist laut Gesetz aktiv und passiv parteifähig, d.h. er kann klagen und verklagt werden. Er hat dann die Stellung eines rechtsfähigen Vereins (§ 50 Abs. 2).

Im arbeitsgerichtlichen Verfahren sind *Gewerkschaften* und *Vereinigungen von Gewerkschaften* auch dann parteifähig, wenn sie nicht juristische Personen sind (§ 10 ArbGG). Der Bundesgerichtshof hat auch für den Zivilprozess die *volle aktive Parteifähigkeit der Gewerkschaften anerkannt*, zuerst für die Geltendmachung nicht abtretbarer Ansprüche (BGHZ 42, 210; dazu *Fenn*, JuS 1965, 175), in einer späteren Entscheidung dann auch für alle anderen Rechte (BGHZ 50, 325).

Die Parteifähigkeit der politischen Parteien, die ebenfalls häufig als nichtrechtsfähige Vereine organisiert sind, ist vom Gesetzgeber ausdrücklich anerkannt (§ 3 PartG).

Der Wohnungseigentümergemeinschaft wurde nunmehr vom Gesetzgeber Rechtsfähigkeit zuerkannt (s. § 10 Abs. 6 WEG). Sie ist somit auch gemäß § 50 Abs. 1 aktiv und passiv parteifähig (dazu auch Thomas/Putzo/*Hüßtege* § 50 Rn. 4).

112a Auch juristische Personen ausländischen Rechts mit effektivem Verwaltungssitz in Deutschland sind parteifähig, sofern sie nach Gründungsrecht parteifähig sind. Bisher wurde ausländischen Gesellschaften überhaupt, die ihren tatsächlichen Verwaltungssitz nicht in Deutschland hatten, die Rechtsfähigkeit und damit auch die Parteifähigkeit abgesprochen. Aufgrund der im Internationalen Privatrecht vorherrschenden Sitztheorie (s. *Kropholler*, IPR § 55 I) wurde die Rechtsfähigkeit einer juristischen Person nur anerkannt, wenn diese einen inländischen tatsächlichen Verwaltungssitz hatte, den sie ausschließlich durch die Neugründung einer deutschen Gesellschaft erlangen konnte. Diese Theorie kann aufgrund der Rechtsprechung des Europäischen Gerichtshofs (NJW 2002, 3614 „Überseering") jedenfalls für den Bereich von EU und EWR nicht aufrechterhalten werden, so dass bei Gesellschaften, die in einem Mitgliedstaat der EU (BGHZ 154, 185) sowie des EWR (*BGH* NJW 2005, 3351 f.) gegründet wurden, nach der Gründungstheorie auf das Gründungsstatut abzustellen ist (*Kropholler*, IPR § 55 I) und die Gesellschaften nach dessen Maßgabe rechts- und parteifähig sind.

Rechtsfähige Personen aus dem sonstigen Ausland, auf die jedenfalls noch die Sitztheorie angewandt werden kann (dagegen *Wagner*, ZZP 117, 368), sind nach Sitzverlegung nach Deutschland jedenfalls als rechtsfähige GbR zu behandeln (BGHZ 151, 204), so dass man über diesen Umweg zu deren Parteifähigkeit gelangt.

112b Für die Bestimmung der Parteifähigkeit ausländischer Gesellschaften ohne Rechtsfähigkeit stellt sich zunächst wieder die Frage des Personalstatuts, auf welches das Recht am Sitz anzuwenden ist (*Kropholler*, IPR § 55 I). Demnach könnte ihnen nach ausländischem Recht durchaus Rechtsfähigkeit zustehen. Folglich müssten sie Ansprüche, die aus ihrer am Sitz geführten gewerblichen Tätigkeit herrühren, auch vor deutschen Gerichten geltend machen können; hierfür müsste ihnen (soweit nach ausländischem Recht Rechtsfähigkeit besteht, eventuell beschränkt) Parteifähigkeit zugestanden werden.

II. Die Prozessfähigkeit

Literatur: *Ahrens*, Wider die Teilprozessfähigkeit Minderjähriger als Fernwirkung medizinrechtlichen Denkens, FS Gerfried Fischer, 2010, 1; *Hager*, Die Rechtsbehelfsbefugnis des Prozeßunfähigen, ZZP 97, 174; *Kahlke*, Zur Beschaffenheit der Prozeßfähigkeit, ZZP 100, 10 .

Die Prozessfähigkeit ist die *prozessuale Seite der Geschäftsfähigkeit*, sie ist, wie § 51 formuliert, die Fähigkeit, vor Gericht zu stehen, d. h. Prozesshandlungen wirksam vorzunehmen oder entgegenzunehmen. Dies kann in eigener Person (grundsätzlich vor dem Amtsgericht) erfolgen oder durch einen nach eigenem Willen bestellten Vertreter. Der *Anwaltszwang* hat nichts mit der Prozessfähigkeit zu tun, es geht dabei vielmehr um die sog. *Postulationsfähigkeit* (Rn. 119). Für den Umfang der Prozessfähigkeit verweist § 52 auf die Fähigkeit der Partei, sich durch Verträge verpflichten zu können, und damit auf die Vorschriften des materiellen Rechts über die Geschäftsfähigkeit. Prozessfähig ist also, wer geschäftsfähig ist, prozessunfähig, wer geschäftsunfähig ist. 113

Prozessunfähige werden im Prozess durch ihre *gesetzlichen Vertreter* (Eltern, Vormund) vertreten. Dies gilt auch für *juristische Personen*, bei denen die Organe gesetzliche Vertreter sind und *Gesellschaften*, die durch ihre geschäftsführenden Gesellschafter vertreten werden (z.B. zur GbR: *BGH* NJW 2010, 2886). Soll eine nicht prozessfähige Partei verklagt werden, die keinen gesetzlichen Vertreter hat, so kann, falls mit dem Verzug Gefahr verbunden ist, auf Antrag zunächst ein Prozesspfleger bestellt werden (§ 57).

Eine beschränkte Prozessfähigkeit als Parallele zur beschränkten Geschäftsfähigkeit (§§ 107 ff. BGB) gibt es nicht. Im materiellen Recht ist nur auf den Schutz Minderjähriger zu achten, für das Prozessrecht kommt es außerdem auf die schnelle und geregelte Durchführung des Prozesses an. Dabei sind Schwebezustände wie die bei der schwebenden Unwirksamkeit nach § 108 BGB möglichst zu vermeiden. Dieser Gedanke verbietet es aber nicht, bei Minderjährigen eine volle Prozessfähigkeit für einen beschränkten Rechtskreis anzuerkennen, soweit der Minderjährige für diesen Bereich voll geschäftsfähig ist. Das gilt für den Betrieb eines Erwerbsgeschäftes (§ 112 BGB) und die Eingehung eines Dienstverhältnisses (§ 113 BGB) als Fälle partieller Geschäftsfähigkeit. Ebenso sind hierunter Querulanten zu zählen, die nach h.M. partiell Geschäfts- und damit Prozessunfähig sind (s. *Bork*, AT Rn. 983 m.w.N.). Angesichts der Herabsetzung des Volljährigkeitsalters auf 18 Jahre dürfte die 114 praktische Bedeutung der gegenständlich beschränkten, inhaltlich vollen Prozessfähigkeit erheblich zurückgegangen sein. In Ehesachen ist ein in der Geschäftsfähigkeit beschränkter Ehegatte nach Maßgabe des § 125 Abs. 1 FamFG verfahrensfähig (s. auch § 9 Abs. 1 Nr. 3 und § 60 FamFG; zu allem *Ahrens*, FS Gerfried Fischer, 2010, 1 ff.).

Da der nicht unter Einwilligungsvorbehalt stehende Betreute seine Geschäftsfähigkeit behält, ist er auch prozessfähig. Allerdings sieht das Gesetz eine Ausnahme für den Fall vor, in dem der Betreuer für den Betreuten als Kläger oder Beklagter auftritt. Hier ist der Betreute zwar parteifähig, aber einer nicht prozessfähigen Person gleichgestellt (§ 53; dazu *Bork,* MDR 1991, 97). Der unter Einwilligungsvorbehalt stehende Betreute (§ 1903 Abs. 1 BGB) ist wie ein beschränkt Geschäftsfähiger zu behandeln und daher – mit den oben bereits dargestellten Ausnahmen – prozessunfähig. Soweit ein Kind durch einen Beistand vertreten wird, ist der sorgeberechtigte Elternteil von seiner gesetzlichen Vertretungsmacht ausgeschlossen (§§ 173, 234 FamFG).

III. Die prozessuale Behandlung und das Fehlen von Partei- und Prozessfähigkeit

115 Partei- und Prozessfähigkeit sind *Zulässigkeits- (Sachurteils-, Prozess-)voraussetzungen* für die Klage. Sie müssen vorliegen, damit das Gericht über die Begründetheit verhandeln und entscheiden darf. Das Gericht hat ihr Vorliegen deshalb *in jeder Lage des Rechtsstreits* (d.h. grundsätzlich am Anfang, sollte ihr Fehlen zu diesem Zeitpunkt nicht bemerkt werden, auch noch später) *von Amts wegen* zu prüfen (s. *BGH* NJW 2000, 291) und zu berücksichtigen (§ 56; Gleiches gilt für die Frage, ob eine Partei existiert, *BGH* NJW 2011, 778). Steht das Fehlen von Partei- oder Prozessfähigkeit oder von beidem fest, so muss die Klage durch Prozessurteil *als unzulässig* abgewiesen werden.

116 Partei- und Prozessfähigkeit sind auch *Prozesshandlungsvoraussetzungen,* d.h. sie müssen vorliegen, damit eine Partei wirksam Prozesshandlungen (etwa ein Anerkenntnis oder Anträge, BGHZ 86, 184) vornehmen kann oder damit sie ihr gegenüber vorgenommen werden können. Fehlen Partei- oder Prozessfähigkeit bei einer Partei, sind die von ihr oder ihr gegenüber vorgenommenen Prozesshandlungen in der Regel *unwirksam* (Ausnahme: Rechtsmittelverzicht und -rücknahme, *BGH* FamRZ

1963, 131). Sie können jedoch in ihrer Gesamtheit (nicht einzeln, RGZ 110, 228, 230 ff.) von der prozessfähig gewordenen Partei selbst oder von ihrem gesetzlichen Vertreter *genehmigt* und dann mit rückwirkender Kraft wirksam werden. Diese Möglichkeit ist heute allgemein anerkannt, man kann sie auf die §§ 547 Nr. 4 und 579 Abs. 1 Nr. 4 stützen.

Es kann vorkommen, dass die Parteifähigkeit (einer juristischen Person, eine natürliche Person ist immer parteifähig) oder die Prozessfähigkeit einer Partei in einem Prozess *streitig und zweifelhaft* ist. Dann muss darüber vor dem Gericht verhandelt und entschieden werden. Für diesen sog. *Zulassungsstreit* ist die Partei, um deren Partei- oder Prozessfähigkeit es geht, als partei- und prozessfähig zu behandeln (BGHZ 18, 184, 190; 24, 91; 35, 1). Sie muss diesen Streit führen können (aber natürlich nicht den Streit um die Begründetheit der Klage; vgl. aber *BAG* JZ 1982, 372 m. Anm. *Theil*). Die Partei kann auch ein Rechtsmittel gegen das Urteil einlegen, das ihre Klage wegen Fehlens der Partei- oder Prozessfähigkeit abweist und dann in der nächsten Instanz den Streit darüber weiterführen. Ebenso kann der Kläger die Hauptsache wegen des Wegfalls der Parteifähigkeit für erledigt erklären (*BGH* NJW 1982, 238). Ist die vom Gericht während des Prozesses für prozessunfähig gehaltene Partei bereit, für eine ordnungsgemäße Vertretung zu sorgen, so soll das Gericht ihr Gelegenheit geben, für die Bestellung bspw. eines Betreuers zu sorgen (*BAG* NJW 2009, 3051; *BGH* NJW-RR 2011, 284). Bei Ablehnung dieser Bestellung durch das Betreuungsgericht kommt eine analoge Anwendung von § 57 in Betracht. Erforderlich ist, dass das Gericht die Partei weiterhin für prozessunfähig hält. Das bisher fehlende rechtliche Gehör muss durch die weitere Verfahrensgestaltung gewährt werden (*BAG* a.a.O.). 117

Der Beklagte kann sogar ein Rechtsmittel mit der Begründung einlegen, er sei nicht mehr parteifähig und die Klage sei deshalb als unzulässig abzuweisen (BGHZ 74, 215; dazu *Hager*, ZZP 97, 174; s. auch BGHZ 110, 294, 295 f. = ZZP 103, 464 m. Anm. *Bork*).

Wenn das Gericht das Fehlen der Partei- oder Prozessfähigkeit *übersieht* und über die Begründetheit entscheidet, so ist ein solches Urteil nicht nichtig, sondern mit den üblichen Rechtsmitteln *anfechtbar*. In der Rechtsmittelinstanz ist – wie sich aus dem Gesagten ergibt – die Frage der Partei- oder Prozessfähigkeit ein 118

Problem der Zulässigkeit der Klage und daher im Rahmen der Begründetheit des Rechtsmittels zu prüfen (*Bork*, ZZP 103, 464; s. a. BGHZ 106, 96, 99). Wenn das Urteil rechtskräftig geworden ist, so ist die *Wiederaufnahmeklage* nach § 579 Abs. 1 Nr. 4 gegeben (Stein/Jonas/*Grunsky* § 579 Rn. 6; *Zimmermann* § 579 Rn. 2). Jedenfalls bei Fehlen der Prozessfähigkeit war die Partei nicht nach Vorschrift der Gesetze, d. h. durch einen gesetzlichen Vertreter vertreten. Etwas anderes gilt, wenn das rechtskräftige Urteil das Vorliegen der Partei- oder Prozessfähigkeit ausdrücklich bejaht (anders für die Prozessfähigkeit BGHZ 84, 24; dagegen *Rosenberg/Schwab/Gottwald* § 44 Rn. 35).

§ 10. Die Postulationsfähigkeit und die Stellvertretung im Prozess

I. Die Postulationsfähigkeit

Literatur: *Klimke*, Die Folgen fehlender Postulationsfähigkeit des Klägers, ZZP 122, 107.

119 Postulationsfähigkeit ist die Fähigkeit, vor einem bestimmten Gericht *selbst auftreten zu können*, schriftlich oder mündlich *Prozesshandlungen wirksam vornehmen zu können*. Sie muss *zusätzlich* zu der Prozessfähigkeit gegeben sein. Sie fehlt den Parteien vor allen Gerichten, bei denen *Anwaltszwang* besteht (§§ 78, 79). Hier haben nur die Rechtsanwälte die Postulationsfähigkeit. Bei Sozietäten in der Rechtsform der PartG oder der GmbH wird man im Anwaltsprozess den handelnden Rechtsanwalt der Sozietät als postulationsfähig ansehen müssen. Da im Parteiprozess eine Vertretung durch einen zugelassenen Rechtsanwalt nicht erforderlich ist, kann der Mandant sich dort durch die Partnerschaftsgesellschaft oder GmbH selber vertreten lassen (§ 79). Die Postulationsfähigkeit ist *Prozesshandlungsvoraussetzung*, fehlt sie im Zeitpunkt der Vornahme der Prozesshandlungen (*BGH* NJW 2005, 3773), so sind diese unheilbar wirkungslos. Lediglich Erklärungen über Tatsachen kann eine Partei selbst abgeben, wenn nach § 141 ihr persönliches Erscheinen angeordnet worden ist. Außerdem können die Parteien auch beim Landgericht und den höheren Gerichten vor dem Urkundsbeamten der Geschäftsstelle sowie vor dem beauftragten oder ersuchten Richter selbst auftreten (§ 78

Abs. 3). Reicht die Partei selbst beim Landgericht eine Klage ein, so ist *kein Termin* anzuberaumen. Es ist hier anders als bei der Partei- oder Prozessfähigkeit; es geht nicht um das Vorliegen einer Zulässigkeits- (Sachurteils-, Prozess-)voraussetzung, über deren Vorliegen gestritten und entschieden werden kann. Erscheint eine Partei ohne Anwalt in einem Termin zur mündlichen Verhandlung, so ist sie säumig, so dass gegen sie ein Versäumnisurteil ergehen kann (Rn. 372). Eine ohne wirksame Vollmacht von einem Vertreter erhobene Klage ist als unzulässig abzuweisen (*Jauernig/ Hess* § 21 Rn. 30), da es an einer ordnungsgemäßen Klageerhebung fehlt. Sollte das Fehlen der Postulationsfähigkeit übersehen werden (was kaum vorkommen dürfte), so ist das gleichwohl ergangene Urteil weder wirkungslos noch mit der Wiederaufnahmeklage angreifbar (*BGH* NJW 1991, 1253).

II. Die Notwendigkeit und Zulässigkeit der Vertretung

Aus dem Fehlen der Postulationsfähigkeit vor allen Gerichten außer dem Amtsgericht folgt die Notwendigkeit der Vertretung. Die Parteien *müssen* grundsätzlich vor diesen Gerichten durch einen Rechtsanwalt vertreten sein, sog. Anwaltszwang (§ 78 Abs. 1). Man spricht insoweit vom *Anwaltsprozess* im Gegensatz zum *Parteiprozess* vor dem Amtsgericht; dies darf nicht zu dem Missverständnis verleiten, dass im Anwaltsprozess die Anwälte Partei seien, sie vertreten diese lediglich. Besonderheiten gelten für den Anwalt aus dem europäischen Ausland, soweit es vorübergehende Dienstleistungen betrifft (§ 25 EuRAG). Er darf *unabhängig von dem Zulassungserfordernis* in Anwaltsprozessen im Einvernehmen mit einem Rechtsanwalt auftreten (§ 27 Abs. 1 EuRAG). Ausnahmen gelten für den Bundesgerichtshof mit Singularzulassung (§ 78 Abs. 1 S. 3). Vor dem Amtsgericht können die Parteien selbst auftreten, sie können sich aber auch bspw. durch volljährige Familienangehörige (§ 79 Abs. 2 S. 2 Nr. 2) oder die weiterhin in § 79 Abs. 2 genannten Personen und Verbände vertreten lassen (zur Vertretung durch Haftpflichtversicherungen im Verkehrsunfallprozess *Zschieschack*, NJW 2010, 3275). In der Regel sind aber auch vor dem Amtsgericht die Vertreter Anwälte.

Vor dem Arbeitsgericht (also in der ersten Instanz) gilt eine dem § 79 ähnliche Regelung (§ 11 ArbGG), die darüber hinaus vor den Landesarbeitsgerichten und dem Bundesarbeitsgericht grds. Anwaltszwang vorsieht (§ 11 Abs. 4

ArbGG). Hervorzuheben ist die auch dort mögliche Vertretung durch Gewerkschaften und Arbeitgeberverbände (§ 11 Abs. 2 S. 2 Nr. 4, Abs. 4 S. 2 ArbGG).

III. Die Voraussetzungen und Wirkungen der Vertretung

121 Die Voraussetzungen und Wirkungen der Vertretung sind dieselben wie im materiellen Recht. Der Vertreter muss deutlich machen, dass er im *Namen eines anderen, des Vertretenen, handelt.* Hier gibt es im Prozess *viel weniger Schwierigkeiten* als im materiellen Recht, weil schon in der Klageschrift der Name der Partei ausdrücklich genannt werden muss (§ 253 Abs. 2 Nr. 1). Die Wirkungen der Handlungen des Vertreters treffen unmittelbar den Vertretenen (§ 85 Abs. 1; tatsächliche Erklärungen können dagegen von der miterschienenen Partei sofort widerrufen oder berichtigt werden, § 85 Abs. 1 S. 2; die Partei wird darüber in der Regel besser Bescheid wissen). Voraussetzung dafür ist die *Vertretungsmacht.* Die Vertretungsmacht des Rechtsanwalts beruht auf der rechtsgeschäftlich erteilten *Vollmacht.* Die Prozessvollmacht wird dem Einzelanwalt oder der Anwaltspartnerschaft oder -gesellschaft erteilt. Bei Sozietäten in der Rechtsform der BGB-Gesellschaft ist im Zweifel jeder der Gesellschafter der Sozietät bevollmächtigt (Gesamtmandat; anders, wenn dem Mandanten die konkrete Person des handelnden Anwalts von besonderer Wichtigkeit ist). Die gesetzliche Vertretung spielt im Prozess keine andere Rolle als im materiellen Recht (§ 51 Abs. 1). Die Eltern, der Vormund oder die Organe juristischer Personen haben auch für den Prozess Vertretungsmacht kraft Gesetzes; kraft Vollmacht müssen sie dann dem Anwalt Vertretungsmacht verschaffen.

Die Erteilung der Vollmacht erfolgt durch einseitige Willenserklärung des prozessfähigen Vertretenen (der Wortlaut des § 87 Abs. 1 ist insoweit irreführend). Sie ist eine Prozesshandlung und folgt daher den §§ 80 ff. (Rn. 204 ff.). Materiell-rechtliche Regelungen über die Vollmacht sind nur anzuwenden, wenn die ZPO auf sie verweist oder allgemeine Rechtsgedanken der Stellvertretung zum Ausdruck kommen (*BGH* NJW 2004, 844 ff.). Sie beruht auf einem auf Geschäftsbesorgung gerichteten *Dienstvertrag* (Rn. 79), ist aber von diesem ebenso wie im materiellen Recht zu unterscheiden und abstrakt, d. h. hinsichtlich ihres Bestandes von diesem grundsätzlich unabhängig. Vertragspartner sind der Einzelanwalt, die Sozietät als PartG, GmbH oder als Gesellschaft bürgerlichen Rechts (bei Alleingeschäftsführungsbefugnis der Gesellschafter). Die Bevollmächtigung kann gegenüber dem zu Bevollmächtigenden, dem Gegner oder dem Gericht erfolgen. Sie ist formfrei (arg. § 89 Abs. 2, zum fehlenden Erfordernis der notariellen Beurkundung einer widerruflichen Vollmacht für die Erklärung zur Unterwerfung unter die sofortige Zwangsvollstreckung s. *BGH NJW* 2004, 844 ff.), erfolgt in der Praxis aber schriftlich wegen der Notwendigkeit des Nachweises (§ 80 Abs. 1).

IV. Der Umfang der Vollmacht

Für den Umfang der Vollmacht muss man sich den Unterschied von Vollmacht und zugrundeliegendem Dienstvertrag gem. § 675 BGB vor Augen halten: die Vollmacht ist für die Außenwirkung, der schuldrechtliche Vertrag für das Innenverhältnis maßgebend. Aufgrund des Vertrages kann die Partei ihrem Prozessvertreter im Rahmen ihrer Wahrheitspflicht *Weisungen für die Prozessführung* erteilen. Im Außenverhältnis ist der Umfang der Vollmacht dagegen *vom Gesetz festgelegt* (§ 81).

Gericht und Gegner müssen von einem bestimmten Umfang der Vertretungsmacht ausgehen können. Die Vollmacht erstreckt sich auf alle Prozesshandlungen (Anträge, Anerkenntnis etc.), aber auch auf materiell-rechtliche Erklärungen, die zugleich auf den Prozess einwirken sollen, wie Aufrechnung, Kündigung oder Anfechtung. Der Gesetzeswortlaut spricht zwar nur von „Prozesshandlungen", im Interesse einer sachgerechten Prozessführung muss sich die Vertretungsmacht aber auch auf diese materiell-rechtlichen Rechtsgeschäfte erstrecken. Der Begriff „Prozesshandlung" (der höchst streitig ist) ist in § 81 deshalb weiter zu interpretieren als sonst im Zivilprozess. Eine Beschränkung des Umfangs der Vollmacht ist nur im Rahmen des § 83 möglich, also für die verschiedenen Formen, den Prozess durch Prozesshandlung zu beenden (Anerkenntnis, Verzicht oder Prozessvergleich) und setzt zudem die Mitteilung der Beschränkung an den Gegner voraus (BGHZ 16, 170).

V. Das Erlöschen der Vollmacht

Das Erlöschen der Vollmacht kann jederzeit durch *formlosen Widerruf* herbeigeführt werden. Es sind aber die Interessen des Gegners und des Gerichts zu wahren. Deshalb wird der Widerruf ihnen gegenüber erst mit (formloser) *Anzeige* wirksam, im Anwaltsprozess sogar erst durch die *Anzeige der Bestellung eines anderen Anwalts* (§ 87 Abs. 1). Dieser muss für das betreffende Verfahren postulationsfähig sein (*BGH* NJW 2007, 2124, 2125). Da hier der Anwalt notwendig ist, bestünde sonst die Gefahr der Prozessverschleppung. Der Tod des Vollmachtgebers beendet die Vollmacht nicht, ebenso nicht der Wegfall seiner Prozessfähigkeit (offengelassen von *BGH* NJW 2006, 2260, 2261 f. für den Verlust der Anwaltszulassung im Parteiprozess). Dies gilt unabhängig davon, ob das vor oder nach Eintritt der Rechtshängigkeit geschieht (§ 86; BGHZ 121, 263). Der Tod des Anwalts führt aber zur Unterbrechung des Verfahrens (§ 244).

VI. Die Behandlung der Vollmacht im Prozess

124   Das *Fehlen der Vollmacht* ist *von Amts wegen* zu berücksichtigen, wenn als Bevollmächtigter *nicht ein Anwalt* auftritt (§ 88 Abs. 2). Bei Anwälten wird das Fehlen der Vollmacht nur *auf Rüge des Gegners* beachtet (§ 88 Abs. 1). Der Nachweis hat durch schriftliche Vollmachtserklärung zu erfolgen (§ 80). Wenn die Prozessvollmacht fehlt, muss die Klage *als unzulässig abgewiesen werden,* gegebenenfalls noch in der Rechtsmittelinstanz, wenn sich der Mangel erst hier herausstellt (BGHZ 40, 197; vgl. aber zur gewillkürten Vertretung *BGH* NJW 1990, 3152). Wird das Urteil rechtskräftig, so ist die *Wiederaufnahmeklage* möglich (§ 579 Abs. 1 Nr. 4). Die vertretene Partei kann aber die Prozessführung des vollmachtlosen Vertreters – allerdings nur insgesamt – genehmigen und den Verfahrensmangel damit rückwirkend heilen (§§ 89 Abs. 2, 547 Nr. 4, 579 Abs. 1 Nr. 4).

Nach Verwerfung einer ohne Vollmacht eingelegten Berufung durch Prozessurteil kann dieser Mangel im Revisionsverfahren aber nicht rückwirkend durch eine nunmehr erteilte Prozessvollmacht und die darin liegende Genehmigung der bisherigen Prozessführung geheilt werden (*GmS-OGB* BGHZ 91, 111).

Die Vollmacht ist auch *Prozesshandlungsvoraussetzung;* ohne ihr Vorliegen können auch bei ordnungsgemäßer Klage keine Prozesshandlungen vorgenommen werden. Ein in der mündlichen Verhandlung auftretender vollmachtloser Vertreter wird zurückgewiesen; dann wird, anders als bei der durch einen vollmachtlosen Vertreter erhobenen Klage, diese nicht als unzulässig abgewiesen. Da die Partei aber nicht vertreten ist, kann, wenn die übrigen Voraussetzungen dafür vorliegen, Versäumnisurteil gegen sie ergehen. Der Streit über die Wirksamkeit der Bevollmächtigung kann vom vermeintlichen Vertreter geführt werden, so dass er hierauf gestützt Berufung einlegen kann (*BGH* NJW 2000, 3272).

4. Kapitel. Die Klage

§ 11. Die Arten der Klage

Literatur: *Gruber,* Das Verhältnis der negativen Feststellungsklage zu den anderen Klagearten im deutschen Zivilprozeß – Plädoyer für eine Neubewertung, ZZP 117, 133; *G. Lüke,* Zum zivilprozessualen Klagensystem, JuS 1969, 301; *Schlosser,* Gestaltungsklagen und Gestaltungsurteile, 1966; *Schreiber,* Die Klagearten der ZPO, Jura 2009, 754; *Süß,* Klagearten der ZPO, AL 2011, 246.

I. Die Leistungsklage

125 Sie ist die bei weitem am häufigsten vorkommende Klage. Mit ihr wird der Erlass eines *Leistungsurteils* begehrt. Dieses enthält die *Feststellung,* dass der Beklagte zur Erbringung der betreffenden Leistungen verpflichtet ist, es stellt also den Anspruch des Klägers fest. Außerdem enthält es den sog. *staatlichen Leistungsbefehl,* den Befehl, an den Kläger zu leisten. Wenn der Beklagte dem Befehl nicht nachkommt, kann dieser im Wege der *Zwangsvollstreckung* sogar gegen seinen Willen durchgesetzt werden (Ausnahme: § 888 Abs. 3; § 120 Abs. 3 FamFG). Eine Leistungsklage ist auch die Klage auf *Duldung der Zwangsvollstreckung,* also die Geltendmachung der Haftung des Beklagten mit bestimmten Gegenständen. Der wichtigste Fall ist die Klage aus der Hypothek, die sog. *Haftungsklage* (§ 1147 BGB, vgl. aber auch § 1233 Abs. 2 BGB), die von der Zahlungsklage aus der Forderung zu unterscheiden ist. Die *Unterlassungsklage* ist ebenfalls eine Leistungsklage. Der Unterlassungsbefehl ist ein besonderer Leistungsbefehl und kann vollstreckt werden (§ 890). Bei der sog. *vorbeugenden Unterlassungsklage* werden Zweifel geäußert, ob dieser Klage überhaupt ein materiell-rechtlicher Anspruch zugrunde liegt oder es sich um einen besonderen prozessualen Rechtsbehelf handelt (dazu *Münzberg,* JZ 1967, 689).

II. Die Feststellungsklage

Fall 1: K wird von einem Auto angefahren und erheblich verletzt. Er führt den Unfall auf das Verschulden des B, des Fahrers und Halters des Autos, zurück. Infolge des Unfalls hat er bereits zwei Operationen und fünf Monate Krankenhaus hinter sich. Er klagt gegen B auf Zahlung von 25.000,– Euro. Dieser bestreitet sein Verschulden und führt den Unfall auf das alleinige Verschulden des K zurück. K rechnet mit weiteren Schäden, vor allem, weil noch nicht geklärt ist, ob er seinen Beruf als Handelsvertreter in Zukunft wieder ausüben kann. Beziffern kann er seine weiteren Schäden noch nicht. Er befürchtet, dass er in Beweisschwierigkeiten kommen könnte, wenn er noch längere Zeit mit der Geltendmachung dieser weiteren Schäden wartet. Außerdem befürchtet er den Eintritt der Verjährung (§ 214 BGB). Was ist ihm zu raten?

Fall 2: B und K sind Kaufleute in derselben Branche. Sie haben miteinander geschäftlichen Kontakt. B rühmt sich gegenüber K einer Forderung in Höhe von 10.000,– Euro aus Kaufvertrag. K bestreitet das Bestehen einer solchen Forderung. Was kann er tun?

Nach § 256 Abs. 1 kann auf Feststellung des Bestehens oder Nichtbestehens eines Rechtsverhältnisses Klage erhoben werden, wenn der Kläger ein rechtliches Interesse daran hat, dass das Rechtsverhältnis durch richterliche Entscheidung alsbald festgestellt werde. Das Urteil, das einer solchen Klage stattgibt, ist ein *Feststellungsurteil,* es enthält keinen Leistungsbefehl und kann deshalb (mit Ausnahme der Kostenentscheidung) nicht vollstreckt werden. Daraus ergibt sich die sog. *Subsidiarität* der Feststellungsklage: Wenn eine Leistungsklage möglich wäre (etwa bei einem fälligen Zahlungsanspruch), bestünde *kein rechtliches Interesse an einer Feststellungsklage.* Würde hier zugunsten des Klägers ein Feststellungsurteil ergehen und der Beklagte gleichwohl nicht zahlen, so müsste der Kläger erneut auf Leistung klagen. Doppelte Prozesse müssen wegen der damit verbundenen Belastung der Gerichte vermieden werden.

126

Eine Ausnahme von der Subsidiarität der Feststellungsklage gilt nur, wenn man annehmen kann, dass der Beklagte auch ohne staatlichen Leistungsbefehl aufgrund der bloßen Feststellung zahlen wird. Als ein solcher Beklagter wird in erster Linie der Fiskus angesehen (RGZ 129, 31, 34). Ob dies den heutigen Verhältnissen noch entspricht, erscheint zumindest höchst zweifelhaft (dazu *Paulus* Rn. 143 unter Verweis auf § 882a). Auch in anderen Fällen hat die Rechtsprechung die Feststellungsklage trotz Subsidiarität zugelassen; so etwa wenn das Feststellungsverfahren zu einer prozesswirtschaftlich sinnvollen und sachgemäßen Erledigung des Streits führte (vgl. *BGH* ZIP 1996, 1395 m.w.N.).

Rechtsverhältnis ist jede rechtlich geregelte Beziehung zwischen Personen oder zwischen Personen und Gegenständen, die sich durch Anwendung bestimmter Normen auf einen konkreten

127

Sachverhalt ergibt (nach *BGH* NJW-RR 1992, 227 sollen sogar Gesellschafterbeschlüsse Rechtsverhältnisse sein). Dieses Rechtsverhältnis muss aus einem _konkreten Sachverhalt_ folgen. _Abstrakte Rechtsfragen können nicht zum Gegenstand einer Feststellungsklage gemacht werden._ Natürlich hängt in der Praxis die Entscheidung eines Streits oft von der Entscheidung der Rechtsfrage ab. Bei der Formulierung des Klageantrages ist aber darauf zu achten, dass nicht eine Entscheidung über die Rechtsfrage, sondern über eine konkrete Rechtsfolge begehrt wird.

Also nicht etwa: „Was ist unter rechtlichem Grund im Sinne von § 812 BGB zu verstehen", sondern: „Feststellung, dass dem Beklagten keine Ansprüche aus dem bestimmten Sachverhalt gegen den Kläger zustehen". Das Bestehen oder Nichtbestehen dieser Ansprüche hängt dann davon ab, ob das Gericht einen rechtlichen Grund annimmt.

128 Als Gegenstand einer Feststellungsklage kommen _Rechtsverhältnisse aller Art_ in Betracht, also Schuldverhältnisse aus Vertrag oder Gesetz, absolute Rechte wie das Eigentum oder das Namensrecht. Die Klage kann gerichtet werden auf Feststellung des (Nicht-)Bestehens des ganzen Rechtsverhältnisses oder *einzelner* aus ihm entstehender Rechte, nicht aber bloßer Elemente oder Vorfragen eines Rechtsverhältnisses, reine Tatsachen oder etwa die Wirksamkeit von Willenserklärungen oder die Rechtswidrigkeit eines Verhaltens (BGHZ 68, 331, 332; *BGH* NJW 2000, 2280, 2281 – für Schuldnerverzug; *BGH* NJW 2000, 2663, 2664 – für Annahmeverzug). Das Rechtsverhältnis muss _gegenwärtig_, d.h. seine rechtsbegründenden Tatsachen eingetreten sein, so dass aus ihm künftige Ansprüche entstehen können. Wenn etwa ein schadenstiftendes Ereignis bereits eingetreten ist, kann Klage auf Feststellung der Verpflichtung zum Ersatz aller zukünftig entstehenden Schäden erhoben werden (die noch nicht beziffert und deshalb nicht mit der Leistungsklage eingeklagt werden können, vgl. **Fall 1;** in der Praxis besonders häufig). Zulässig ist auch die Feststellung von _aufschiebend bedingten Rechten oder Rechtsverhältnissen._ Das Rechtsverhältnis besteht _in der Regel zwischen den Parteien_ des Feststellungsprozesses; es kann aber in _Ausnahmefällen auch zwischen einer der Parteien und einem Dritten_ bestehen (der Untermieter klagt auf Feststellung, dass zwischen dem Eigentümer und dem Mieter ein Mietverhältnis bestehe). Eine Klage auf Feststellung von sog. Drittrechtsverhältnissen ist nur bei Vorliegen einer entsprechenden Prozessführungsbefugnis zu befürworten (MünchKomm/*Becker-Eberhard* § 256 Rn. 34). Die h. M. lässt demgegenüber eine Feststellungsklage zu, wenn das streitige Drittrechtsverhältnis für die Rechtsbeziehung der Parteien von Bedeutung ist und der Kläger ein rechtliches Interesse an der alsbaldigen Klärung hat (*BGH* NJW-RR 1996, 869 m. w. N.).

Die Klage kann auf Feststellung des *Bestehens* oder des *Nichtbestehens* des Rechtsverhältnisses *(positive* und *negative Feststellungsklage)* gerichtet werden. Beide Klageziele schließen einander aus; entscheidend dabei ist der Zeitpunkt der Rechtshängigkeit (§ 261). Bei der positiven Feststellungsklage stellt das stattgebende Urteil fest, dass das Recht besteht, bei der negativen, dass es nicht besteht. Wird die Klage abgewiesen, stellt das Urteil bei der positiven Feststellungsklage das Nichtbestehen des Rechts jedenfalls in der Person des Klägers, bei der negativen Feststellungsklage das Bestehen des Rechts fest (*BGH* NJW 1993, 1716, 1717; *Arens*, FS Müller-Freienfels, 1986, 22; abl. *Tiedtke*, NJW 1990, 1697; zur Rechtskraftlehre Rn. 351ff.). Die Beweislast für die rechtsbegründenden Tatsachen trägt bei der negativen Feststellungsklage der Beklagte (*BGH* NJW 1992, 1101, 1103).

In **Fall 1** wird K also auf Feststellung klagen, dass B ihm zum Ersatz aller weiteren Schäden verpflichtet ist, in **Fall 2** auf Feststellung, dass er keine Zahlungsverpflichtung gegenüber B habe.

Voraussetzung für die Feststellungsklage ist weiter das rechtliche Interesse an alsbaldiger Feststellung, das sog. *Feststellungsinteresse*. Es handelt sich dabei um eine besondere, gesetzlich geregelte Form des Rechtsschutzinteresses, das immer, bei der Klage im Ganzen und jedem Antrag, gegeben sein muss (Rn. 158). Als erstes muss die Entscheidung *notwendig* sein. Es muss eine *Rechtsunsicherheit*, also ein Streit zwischen den Parteien bestehen. Diese Unsicherheit muss von dem Beklagten hervorgerufen worden sein; denn ihm gegenüber soll das Urteil Rechtssicherheit schaffen und er muss im Falle des Unterliegens auch die Prozesskosten tragen. Erforderlich ist also, dass der Beklagte das Recht des Klägers bestreitet, es für sich selbst in Anspruch nimmt, sich dessen „berühmt", etwa des Eigentums, einer Forderung (wie in **Fall 2**). Um das Feststellungsinteresse bejahen zu können, muss das Feststellungsurteil das *geeignete Mittel* zur Streitentscheidung sein. Es fehlt daher, wenn eine Leistungsklage möglich wäre. Sind nicht alle Schadensposten einer Schadensersatzklage schon bezifferbar, so muss der Kläger sein Begehren nicht in eine (bezifferte) Leistungs- und eine (unbezifferte) Feststellungsklage aufspalten. Vielmehr ist die Feststellungsklage bezogen auf den gesamten anspruchsbegründenden Sachverhalt zulässig (*BGH* NJW-RR 1988, 445). Notwendig ist für eine solche Schadensfeststellungsklage, dass die künftige Schadensfolge zumindest – wenn auch entfernt – möglich ist (*BGH* NJW 1991, 2207), ohne dass es auf die konkrete Durchsetzbarkeit ankommt (*BGH* NJW 1992, 436). Das Feststellungsinteresse entfällt bei der negativen Feststellungsklage, wenn der Beklagte seinerseits auf Leistung klagt, sobald er seine Leistungs(wider-)klage nicht mehr ohne Zustimmung des Gegners zurücknehmen (§ 269 Abs. 1) kann (*BGH* NJW 2006, 515, 516). Dann hat der Kläger nämlich die Sicherheit, dass die von ihm begehrte Feststellung erfolgt, weil ein abweisendes Urteil auf diese Klage dasselbe feststellt wie das stattgebende Urteil auf die negative Feststellungsklage: dass der vom Beklagten geltend gemachte Anspruch nicht besteht (BGHZ 18, 22, 41). Etwas anderes gilt nur, wenn die negative Feststellungsklage bereits entscheidungsreif ist (*BGH* a.a.O.; NJW 2006, 515, 516; für die positive Feststellungsklage: *BGH* NJW-RR 1990, 1532) und die Entscheidung erlassen werden muss (§ 300 Abs. 1). Die Entscheidungsreife muss bis zu dem Zeitpunkt vorliegen, in dem die Leistungsklage nicht mehr einseitig zurückgenommen werden kann. Im Übrigen lässt eine einseitige, materiell-rechtlich bindende Verzichtserklärung des Feststellungsbeklagten hinsichtlich eines weitergehenden Anspruchs nicht das Feststellungsinteresse des Klägers an einer negativen Feststellung entfallen, weil sich im Falle einer dennoch erfolgenden Inanspruchnahme der Beklagte erneut zur Sache einlassen und im Streitfall den Verzicht beweisen müsste (*BGH* NJW 2006, 2780, 2782).

Es kann vorkommen, dass während des Prozesses das Feststellungsinteresse entfällt, weil die Leistungsklage möglich wird, etwa wenn in **Fall 1** alle Schäden übersehbar sind und der Schadensersatzanspruch beziffert werden kann. Der Kläger muss dann auch hier nicht zur Leistungsklage übergehen, wenn die Feststellungsklage entscheidungsreif ist. Er bekommt dann jedoch keinen Vollstreckungstitel.

Nach Erhebung einer Leistungsklage umgekehrten Rubrums zum Antrag der negativen Feststellungsklage entfällt allerdings das Feststellungsinteresse.

Im Prozess ist das Feststellungsinteresse an den *Tatsachenbe-* 131
hauptungen des Klägers zu messen. Der Richter muss fragen, ob
der Kläger aufgrund der vorgetragenen Tatsachen, ihre Wahrheit
unterstellt, ein rechtliches Interesse an der Feststellung hat. Wenn
das Recht nicht besteht, fehlt nicht etwa das Feststellungsinteresse, die Klage ist vielmehr unbegründet und muss aus *diesem*
Grund abgewiesen werden. Wenn das Feststellungsinteresse fehlt,
ist die Klage *unzulässig* und *deshalb* abzuweisen (Prozessurteil).
Das Feststellungsinteresse ist also eine *Zulässigkeits- (Sachurteils-,
Prozess-)voraussetzung* und von Amts wegen in jeder Lage des
Rechtsstreits zu prüfen.

Es kann vorkommen, dass bei der positiven Feststellungsklage das Nichtbe- 132
stehen des Rechts, also die Unbegründetheit der Klage schon feststeht, das
Vorliegen des Feststellungsinteresses aber noch zweifelhaft, vielleicht sogar
noch eine Beweisaufnahme erforderlich ist, bevor es bejaht oder verneint werden kann. Dieselbe Situation kann sich auch bei anderen Zulässigkeitsvoraussetzungen ergeben. Die Frage ist dann immer, ob das Gericht das Vorliegen
der betreffenden Zulässigkeitsvoraussetzung offenlassen und die Klage sofort
als unbegründet abweisen kann. Die h. M. und vor allem die Rechtsprechung
hat dies stets abgelehnt (Rn. 156) und nur für das Feststellungsinteresse eine
Ausnahme gemacht (BGHZ 12, 308, 316; a. A. *Schilken* Rn. 187). Dieses ist
eine Zulässigkeitsvoraussetzung besonderer Art, für die der Prüfungsvorrang
der anderen Zulässigkeitsvoraussetzungen nicht gilt, weil sie die Arbeitsbelastung der Gerichte mindern soll (*Musielak* Rn. 138). Die unbegründete Klage
kann somit abgewiesen werden, selbst wenn das Vorliegen des Feststellungsinteresses noch nicht feststeht.

Nach § 256 Abs. 1 kann auch auf Feststellung der Echtheit oder 133
Unechtheit einer Urkunde geklagt werden. Eine Urkunde ist echt,
wenn sie von dem angeblichen Aussteller stammt (womit über ihren Inhalt nichts gesagt ist). Das Feststellungsinteresse ergibt sich
aus der Bedeutung der Urkunde für die Rechtsbeziehungen der
Parteien.

III. Die Zwischenfeststellungsklage

Fall 3: K klagt gegen B auf Zahlung von 15.000,– Euro. Zur Begründung
trägt er vor, sein Onkel G, dessen einziger testamentarischer Erbe er sei, habe
B ein Darlehen in dieser Höhe gewährt, dessen Rückzahlung jetzt fällig sei.
B bestreitet, den Betrag als Darlehen erhalten zu haben. Es habe sich um ein
Geschenk seines Freundes G gehandelt. Außerdem sei K nicht Erbe des G ge-
worden. G habe sich mit ihm überworfen und ein anderes Testament gemacht.
B hat noch einige Möbel des G in seinem Besitz und befürchtet, auch deshalb

von K in Anspruch genommen zu werden. Um in Zukunft sicher zu sein, klagt er in demselben Prozess gegen K auf Feststellung, dass K nicht Erbe des G sei. Mit Erfolg?

134 Es handelt sich in **Fall 3** um eine sog. *Zwischenfeststellungsklage*, vom Beklagten in der Form einer Widerklage erhoben. Sie ist nach § 256 Abs. 2 im Rahmen eines anhängigen Prozesses zulässig, wenn sie auf Feststellung eines Rechtsverhältnisses gerichtet ist, das im Laufe des Prozesses streitig geworden ist, und von dessen Bestehen oder Nichtbestehen die Entscheidung ganz oder teilweise abhängt. Hier ist das Erbrecht des K streitig, von seinem Bestehen hängt die Entscheidung über die Klage ab. Wenn K nicht Erbe des G ist, hat er keinen Zahlungsanspruch gegen B. Bei Vorliegen beider Voraussetzungen ist die Zwischenfeststellungsklage zulässig, ohne dass noch wie sonst das Feststellungsinteresse geprüft werden müsste. Der Grund für diese Regelung liegt darin, dass die Parteien (hier der Beklagte, in anderen Fällen der Kläger) damit rechnen müssen, der Gegner werde aus dem streitigen Rechtsverhältnis weitere Ansprüche geltend machen (hier auf Herausgabe der von G erhaltenen Möbel). Um davor sicher zu sein, ist die Zwischenfeststellungsklage erforderlich, die hier das Fehlen des Erbrechts des K feststellen soll. Ohne Zwischenfeststellungsklage würde sich das Gericht zwar auch über das Erbrecht des K eine Meinung bilden müssen, dieser Teil der Entscheidung würde jedoch *nicht* an der materiellen Rechtskraft teilnehmen und Parteien und Gericht in einem zweiten Prozess nicht binden. Es wäre ohne Zwischenfeststellungsklage etwa möglich, dass das Gericht die Klage des K abweist, weil dieser nicht Erbe des G geworden sei, einer späteren Klage des K gegen B auf Herausgabe der Möbel aber stattgibt, weil K doch der Erbe des G sei. Die Bindung an diese Entscheidung über das Erbrecht als präjudizielles Rechtsverhältnis wird erst durch die Zwischenfeststellungsklage erreicht (dazu mehr bei der Rechtskraftlehre Rn. 351 ff.). Die dargestellten Merkmale der Zwischenfeststellungsklage begründen schon als solche ein Rechtsschutzbedürfnis, so dass dies keine besondere Voraussetzung der Klage nach § 256 Abs. 2 ist (*BGH* NJW 1972, 1897). Eine Zwischenfeststellungsklage ist demnach aber unzulässig, wenn mit dem Urteil über die Hauptklage die Rechtsbeziehungen der Parteien erschöpfend geregelt werden, da hier die Zwischenfeststellungsklage nicht über den der Rechtskraft fähigen Gegenstand des Rechtsstreits hinausgehen würde (*BGH* NJW 2007, 82, 83, dazu *Looff*, Jura 2007, 695).

IV. Die Gestaltungsklage

Literatur: *Bötticher,* Gestaltungsrecht und Unterwerfung im Privatrecht, 1964; *ders.,* Besinnung auf das Gestaltungsrecht und das Gestaltungsklagerecht, FS Dölle, 1963, Bd. 1, 41; *Schlosser,* Gestaltungsklage und Gestaltungsurteile, 1966; *K. Schmidt,* Grundfälle zum Gestaltungsprozeß, JuS 1986, 35.

Die Gestaltungsklagen unterscheiden sich dadurch von Leistungs- und Feststellungsklagen, dass sie auf die *unmittelbare Herbeiführung einer Rechtsänderung* gerichtet sind. Das Leistungsurteil muss vollstreckt werden, der Rechtserfolg (etwa eine Übereignung) tritt nicht automatisch ein. Anders ist die Wirkung von Entscheidungen mit Gestaltungswirkung (Urteile bzw. Beschlüsse): Mit der Rechtskraft bspw. des Ehescheidungsbeschlusses ist die Ehe geschieden. Es bedarf dazu *keiner Zwangsvollstreckung.* Bei Gestaltungsurteilen wird deshalb wie bei den Feststellungsurteilen nur die Kostenentscheidung vollstreckt. Die Gestaltungsklagen sind insoweit die Parallele zu den materiellrechtlichen Gestaltungsrechten. 135

Die wichtigsten Gestaltungsklagen kommen in drei Rechtsgebieten vor: im *Familienrecht* der Antrag auf Ehescheidung sowie die Vaterschaftsanfechtung (§§ 1564, 1599 BGB); im *Handelsrecht* die Klagen auf Auflösung einer OHG oder KG, auf Ausschließung eines Gesellschafters, Entziehung der Geschäftsführungsbefugnis oder der Vertretungsmacht (§§ 117, 127, 131 Abs. 1 Nr. 4, 133, 140, 161 Abs. 2 HGB); außerdem die Klagen auf Anfechtung eines Hauptversammlungsbeschlusses oder auf Nichtigkeit einer Aktiengesellschaft (§§ 243, 275 AktG). Eine dritte Gruppe sind die *prozessualen Gestaltungsklagen* und dort die wichtigste die Vollstreckungsgegenklage (§ 767, Rn. 586 ff.), die Drittwiderspruchsklage (§ 771, Rn. 595 ff.) und die Klage auf Abänderung eines Urteils (§ 323, Rn. 368). 136

Es ist streitig, ob das Gestaltungsurteil oder der Gestaltungsbeschluss, die das Rechtsverhältnis unmittelbar gestalten, außerdem noch das Gestaltungsrecht *feststellen,* ähnlich wie das Leistungsurteil neben dem Leistungsbefehl die Feststellung des materiellen Rechts enthält (Rn. 125). Näheres dazu bei der materiellen Rechtskraft (Rn. 351 ff.). 137

§ 12. Die Klageerhebung

I. Allgemeines

138 Die Klage leitet den Prozess ein, deshalb enthält die ZPO genaue Vorschriften über die *Form der Klageschrift*. Die Klage richtet sich mit der Bitte um Rechtsschutz zunächst an das Gericht, dessen Entscheidung begehrt wird, sodann aber auch an den Beklagten, dem sie mitgeteilt werden muss. Da ihm *rechtliches Gehör* zu gewähren ist, muss er verbindlich erfahren, worüber der Streit geführt werden soll. Die Klage muss deshalb Angaben über das Gericht enthalten, außerdem Kläger und Beklagten bezeichnen und schließlich den Streitgegenstand: es ist darzulegen, um was gestritten werden soll, um welche Ansprüche, um welches Rechtsverhältnis. Außerdem muss ein *bestimmter Antrag* gestellt werden (§ 253 Abs. 2). Die *Klageerhebung* erfolgt in zwei Akten: durch die *Einreichung der Klageschrift bei Gericht* (der Geschäftsstelle) und deren *Zustellung an den Beklagten*. Während die Einreichung der Klageschrift zur sog. *Anhängigkeit* der Klage führt, bewirkt deren Zustellung an den Gegner die *Rechtshängigkeit* (vgl. Rn. 166). Erst damit ist die Klageerhebung vollendet und erst damit treten ihre Wirkungen ein (§ 253 Abs. 1).

139 Zwischen der Einreichung der Klage und der Zustellung muss sich das Gericht zwischen einem *frühen ersten Termin* zur mündlichen Verhandlung (§ 275) oder einem *schriftlichen Vorverfahren* (§ 276) entscheiden (§ 272 Abs. 2). Die Terminsbestimmung wird unverzüglich (§ 216 Abs. 2) durch den Richter (beim Amtsgericht) oder am Landgericht den originären Einzelrichter (§ 348 Abs. 1 S. 1) oder den Vorsitzenden (§ 272 Abs. 2) vorgenommen. Zwischen der Zustellung der Klageschrift und dem Termin muss ein Zeitraum von mindestens zwei Wochen liegen, sog. *Einlassungsfrist* (§ 274 Abs. 3). Die Ladung zu diesem Termin wird dann dem Beklagten zusammen mit der Klageschrift zugestellt (§ 274 Abs. 2). Wenn sich der Richter oder der Vorsitzende für das schriftliche Vorverfahren entscheidet, wird die Klageschrift ohne eine Ladung zugestellt (§ 276 Abs. 1). Die Terminsbestimmung erfolgt dann *später*, aber *so früh wie möglich* während des Vorverfahrens (§§ 216 Abs. 2, 272 Abs. 3). Erst dann werden die Parteien

geladen (§ 274 Abs. 1) mit mindestens einer Frist von drei Tagen oder, in Anwaltsprozessen, von einer Woche (§ 217).

Die Zustellung der Klageschrift darf durch das Gericht nur in einigen (seltenen) Ausnahmefällen *verweigert* werden: bei Fehlen der deutschen Gerichtsbarkeit (Rn. 58), wenn die Klageschrift nicht bzw. im Anwaltsprozess nicht von einem zugelassenen Anwalt (dazu BGHZ 65, 47; 92, 251, 254) unterzeichnet ist, wenn die Gebühr für das Verfahren im Allgemeinen nicht gezahlt ist (§ 12 Abs. 1 GKG) oder wenn die funktionelle Zuständigkeit fehlt (Klage beim Oberlandesgericht oder beim Bundesgerichtshof). Andere Mängel der Klageschrift, auch das voraussichtliche Fehlen von Zulässigkeitsvoraussetzungen, hindern nicht die Terminsbestimmung und die Zustellung. Über solche Mängel muss verhandelt und entschieden werden. Häufig können sie auch geheilt werden. 140

II. Form und Inhalt der Klage

Die Klage ist schriftlich einzureichen, beim Amtsgericht auch mündlich zu Protokoll der Geschäftsstelle (§§ 253 Abs. 5, 496; 129a). Beim Amtsgericht brauchen die Parteien keinen Anwalt, deshalb muss das Gericht bei der Abfassung der Klageschrift gegebenenfalls Hilfe leisten. Die Klageschrift hat einen *gesetzlich vorgeschriebenen Inhalt* (§ 253). Zum Teil (§ 253 Abs. 2) handelt es sich dabei um eine *Mussvorschrift,* zum Teil um eine *Sollvorschrift* (Abs. 3 und 4). Wenn den zwingenden Erfordernissen nicht genügt wird, muss die Klage als unzulässig abgewiesen werden *(Zulässigkeitsvoraussetzung der ordnungsgemäßen Klageerhebung).* In der Praxis kommt das nicht allzu häufig vor, weil der Kläger auf Hinweis des Gerichts die Klage ergänzen kann (Rn. 148). Die Klageschrift ist sowohl *bestimmender* als auch *vorbereitender Schriftsatz* (§ 253 Abs. 3 und 4). Bestimmende Schriftsätze leiten ein Verfahren ein (Klage, Rechtsmitteleinlegung) oder beenden es (Klagerücknahme), vorbereitende Schriftsätze kündigen das Vorbringen in der mündlichen Verhandlung an (§§ 129 ff.). Bestimmende Schriftsätze müssen grundsätzlich eigenhändig unterschrieben sein (Faksimilestempel genügt nicht, *BAG* NJW 2009, 3596), so auch die Klage (§§ 253 Abs. 4, 130 Nr. 6), beim Landgericht von einem zugelassenen Anwalt. Ein Mangel der Unterschrift kann dabei durch eine gleichzeitig eingereichte beglaubigte Abschrift dieses Schriftsatzes, auf der der Beglaubigungsvermerk von dem Prozessbevollmächtigten handschriftlich vollzogen wurde (*BGH* NJW-RR 2008, 1020, 1021), oder einem 141 mit der Berufungsbegründung fest verbundenen und unterschriebenen Anschreiben (*BGH* NJW 2010, 3661) behoben werden. Die Rechtsprechung lässt aber Ausnahmen bei Klageerhebung und Rechtsmitteleinlegung zu, wenn aufgrund der gewählten Form der technischen Übermittlung der Klageschrift eine eigenhändige Unterschrift unmöglich ist. Stattdessen werden andere Anhaltspunkte für eine der Unterschrift vergleichbaren Gewähr für die Urheberschaft und die Klageerhebungsabsicht gefordert (BGHZ 75, 340, 349). Anerkannt ist dies für die Übermittlung durch Telegramm (BGHZ 24, 297, 299), Telefax und Fernschreiben (Einzelheiten bei *Pape/Notthoff,* NJW 1996, 417). Durch Beschluss des Gemeinsamen Senats der Obersten Gerichtshöfe des Bundes vom 5. 4. 2000 wurde auch die Übermittlung der Klageschrift durch Computerfax (mit eingescannter Unterschrift) als zulässig angesehen (BGHZ 144, 161 ff. s. auch *BGH* NJW 2001, 831). Ein mit eingescannter Unterschrift versehener Schriftsatz soll jedoch nicht den Anforderungen des § 130 Nr. 6 genügen, wenn er mittels Faxgerät versandt wird (*BGH* NJW 2006, 3784, 3785; diese unterschiedlichen Anforderungen hält für verfassungsgemäß *BVerfG* NJW 2007, 3117). Dem Schriftformerfordernis genüge dagegen der Ausdruck eines per Email übermittelten Dokuments mit eingescannter Unterschrift (*BGH* NJW 2008, 2649, 2650; kein Fall von § 130a).

141a Mit dem Gesetz zur Anpassung der Formvorschriften des Privatrechts und anderer Vorschriften an den modernen Rechtsgeschäftsverkehr vom 13. 7. 2001 (BGBl. I, 1542) wurden die Regelungen der §§ 130 Nr. 6, 130a eingeführt. Damit wurden die Übermittlung von Schriftsätzen per Telefax für das Gerichtsverfahren erleichtert und die Voraussetzungen für die Verwendung elektronischer Dokumente geschaffen (dazu *Krüger/Bütter,* MDR 2003, 181). Nach § 130 Nr. 6 besteht weiter ein Unterschriftserfordernis für Schriftsätze; werden diese per Telefax eingereicht, genügt es, dass die Unterschrift des Originaldokuments auf der Telekopie wiedergegeben ist. Die Telekopie muss entgegen der früher von der Rspr. vertretenen Auffassung (vgl. BGHZ 79, 314, 316f.) nicht unmittelbar beim Gericht eingehen, sondern kann auch von einem privaten Telefaxdienst, der als Zwischenempfänger fungiert, durch Boten an das Gericht übermittelt werden. Nach § 130a (dazu *BGH* JZ 2010, 678 m. Anm. *Greger*) genügt es der Schriftform, wenn vorbereitende Schriftsätze und deren Anla-

§ 12. Die Klageerhebung 137

gen für Anträge und Erklärungen der Parteien als elektronische Dokumente aufgezeichnet werden. Gleiches gilt nach § 253 Abs. 4 für die Klageschrift.

Die Sollvorschrift des § 130a Abs. 1 S. 2 sieht vor, dass das elektronische Dokument von der verantwortenden Person mit einer qualifizierten elektronischen Signatur nach dem SigG versehen wird. Dem Erfordernis genügt es nicht, wenn die Signatur von einem Dritten unter Verwendung der Signaturkarte vorgenommen wird (s. *BGH* MDR 2011, 251). Von einer Verpflichtung zur Verschlüsselung oder elektronischen Signierung, die verschiedentlich gefordert wurde, hat der Gesetzgeber abgesehen, um den Zugang zu den Gerichten nicht unnötig zu erschweren. Der Bundesrat hatte in seiner Stellungnahme zum Gesetzentwurf für bestimmte Schriftsätze eine qualifizierte elektronische Signatur gefordert (BT-Drs. 14/4987, 24). Dies wurde von der Bundesregierung mit der Begründung abgelehnt, dass aufgrund dieser erhöhten Anforderungen an die Klageerhebung in Form eines elektronischen Dokuments eine Benachteiligung gegenüber anderen modernen Formen der Klageerhebung (Telefax, Computerfax) erfolgen würde (BT-Drs. 14/4987, 43 f.).

Die Möglichkeit der Klageerhebung in Form eines elektronischen Dokuments besteht aber erst ab dem nach § 130a Abs. 2 S. 1 durch Rechtsverordnung festzulegenden Zeitpunkt. Gleichzeitig ist in der Rechtsverordnung die für die Bearbeitung der Dokumente geeignete Form (z. B. Dateiformat) festzulegen (zu den verschiedenen ergangenen Verordnungen s. *B/L/A/H* § 130a Rn. 6 m. w. N.).

Zum *notwendigen Inhalt* der Klageschrift gehört die bestimmte Bezeichnung der Parteien und des Gerichts. Für eine wirksame Klageerhebung muss zudem eine ladungsfähige Anschrift des Klägers angegeben werden (BGHZ 102, 332; *BGH* NJW 2005, 3773; MDR 2004, 1014 zum späteren Entfallen einer solchen). Problematischer ist der *bestimmte Antrag*. Bei Geldbeträgen, deren Höhe bekannt ist, ist es leicht, den Antrag zu beziffern. Schwieriger sind Anträge auf Herausgabe oder Übereignung einer Sache oder eines Grundstücks oder auf Verurteilung zu einer Duldung oder Unterlassung. Hier muss der Antrag so genau bestimmt sein, dass sich keinerlei Verwechselungsgefahr ergibt und die Zwangsvollstreckung ohne Weiteres erfolgen kann (zum Unterlassungsantrag ausführlich *BGH* NJW 2000, 1792, 1793). Bei einem Antrag auf Verurteilung zur Leistung Zug um Zug umfasst das Bestimmtheitserfordernis auch die Gegenleistung (*BGH* NJW 1993, 324).

Wird auf Zahlung von Geld geklagt, so kann es vorkommen, dass der Kläger am Beginn des Prozesses noch nicht wissen kann, wie viel er einklagen soll.

Bei einer Bereicherungsklage kann es etwa ungewiss sein, wieweit die Bereicherung noch vorhanden ist, der zukünftige Beklagte also noch verpflichtet ist. Oder bei einer Schadensersatzklage steht die Höhe des Schadens, der sich aus vielen Einzelposten zusammensetzen kann, noch nicht fest. In beiden Fällen bekommt der Kläger erst durch den Prozess und die dabei durchgeführte Beweisaufnahme das Material, um seinen Antrag zu beziffern. Ähnlich ist die Situation beim Schmerzensgeldanspruch (s. § 253 BGB), dessen Höhe in das Ermessen des Gerichts gestellt ist. Wenn in diesen Fällen der Kläger seinen Anspruch schon in der Klageschrift beziffern soll, kommt er in die Gefahr, dass er zuviel beantragt, dann teilweise unterliegt und einen Teil der Kosten tragen muss. Die Rechtsprechung hat deshalb in Fällen dieser Art einen *unbezifferten Klageantrag* zugelassen. Der Kläger muss aber in der Klageschrift genügend Tatsachen als Berechnungsgrundlage vortragen, damit das Gericht und der Beklagte sich auf die Prozessführung einrichten können. Ein unbezifferter Klageantrag genügt nur, wenn die Klage wenigstens die ungefähre Größenordnung des Anspruchs erkennen lässt (*BGH* NJW 1984, 1807; zum Mindestbetrag s. *BGH* NJW 1992, 311, 312) und die erforderlichen ausreichenden Grundlagen für die Feststellung oder Schätzung des Schadens enthält (BGHZ 45, 91; *BGH* JZ 1975, 448). Diese Angaben sind auch wegen der Berechnung des Streitwertes und bei der Ermittlung der Beschwer für die Einlegung von Rechtsmitteln erforderlich.

143 Die Rechtsprechung zu dem unbezifferten Klageantrag findet eine Stütze in der gesetzlichen Regelung der *Stufenklage* (§ 254; hierzu *Assmann*, Das Verfahren der Stufenklage, 1990 und *Schäuble*, JuS 2011, 506). Hier wird eine Klage auf Rechnungslegung, etwa die Klage des Mündels gegen den Vormund, mit der Klage auf die Leistung verbunden, die der Kläger aufgrund der Rechnungslegung beanspruchen kann. Auch hier kann der Leistungsantrag erst beziffert werden, wenn die Rechnungslegung erfolgt ist. Gleichwohl kann die Leistungsklage zusammen mit der Klage auf Rechnungslegung erhoben werden, so dass die Verjährungsfrist des Leistungsanspruchs schon gehemmt wird (§ 204 Abs. 1 Nr. 1 BGB).

144 In der Praxis kommen sehr häufig *Teilklagen* vor (dazu allg. *Jauernig*, FS BGH, Bd. III, 2000, 321). Bei Ansprüchen, die aus tatsächlichen oder rechtlichen Gründen zweifelhaft sind, wird nur ein Teil geltend gemacht, um das Kostenrisiko zu begrenzen. Nicht selten werden, vor allem in Schadensersatzprozessen, von mehreren Ansprüchen nur Teilbeträge geltend gemacht. Der Kläger muss in der Klageschrift grundsätzlich nicht offenlegen, dass der geforderte Betrag lediglich einen Teil des Gesamtschadens darstellt. Eine Teilklage, die mehrere prozessual selbständige An-

§ 12. Die Klageerhebung

sprüche zum Gegenstand hat (§ 260, Rn. 439 ff.), genügt dem Bestimmtheitserfordernis nur, wenn der Kläger die Reihenfolge der Anspruchsprüfung vorgibt (BGHZ 124, 164, 166 f.; *BGH* NJW 2000, 3718, 3719) und angegeben wird, welcher Anspruch in welcher Höhe geltend gemacht wird (*BGH* JA 2006, 564 [*Löhnig*]). Nach h.M. erfasst die Rechtskraft des Urteils nicht den offenen Rest eines teilbaren Anspruchs oder andere Ansprüche aus demselben Sachverhalt (*verdeckte Teilklage:* vgl. *BGH* NJW 1997, 1990, 3019; ausführlich hierzu Rn. 360). Etwas anderes soll aber bei der Erhebung unbezifferter Zahlungsklagen gelten (z.B. Schmerzensgeld; *BGH* NJW 1988, 2300). Dort scheitere die Annahme einer Teilrechtskraft daran, dass das Gericht bereits ein angemessenes Schmerzensgeld aufgrund des vorgetragenen Verletzungsereignisses zuerkenne (*BGH* a.a.O.; anders bei offener Teilklage *BGH* NJW 2004, 1243). Bei Klagen auf Schmerzensgeld ist deshalb für den Fall, dass mit dem Eintritt weiterer, noch nicht absehbarer Schäden zu rechnen ist, ein Antrag auf Feststellung der Ersatzpflicht für zukünftige immaterielle Schäden zu stellen (*BGH* NJW 2001, 1431; Rn. 126 f.).

Nicht erforderlich ist, dass die Parteien Anträge hinsichtlich der *Kostenentscheidung* (§ 308 Abs. 2) und der Entscheidung über die *vorläufige Vollstreckbarkeit* stellen. Darüber entscheidet das Gericht *von Amts wegen*. **145**

Notwendig ist nach § 253 Abs. 2 Nr. 2 weiter die bestimmte Angabe von *Gegenstand* und *Grund* des erhobenen Anspruchs. Die Angabe des Gegenstandes erfolgt bereits im Antrag. Ein selbständiges Erfordernis ist aber die Angabe des Anspruchs- oder Klagegrundes. Mit „Anspruch" ist hier nicht der materiell-rechtliche Anspruch gemeint, sondern der sog. *prozessuale Anspruch* oder *Streitgegenstand,* d.h. die vom Kläger geltend gemachte Rechtsfolge, die sich aus mehreren konkurrierenden materiellrechtlichen Ansprüchen ergeben kann (näheres zum Streitgegenstand Rn. 160 ff.). In der Klageschrift muss der Kläger die Tatsachen angeben, aus denen er die geltend gemachte Rechtsfolge herleitet, und zwar nicht unbedingt vollständig, aber doch so weitgehend, dass der Tatsachenkomplex von anderen möglichen Klagegründen abgegrenzt ist (zum Umfang dieser Darlegungen *BGH* NJW-RR 1993, 189). **146**

Durch *Sollvorschrift* (§ 253 Abs. 3) ist die Angabe *des Wertes des Streitgegenstandes* vorgesehen (bei Geldbeträgen ergibt er sich schon aus dem Klage- **147** antrag), wenn die Zuständigkeit davon abhängt. Ferner soll nach einem Gesetzesentwurf die Klageschrift künftig die Angabe enthalten, ob der Klageerhebung der Versuch einer Mediation oder eines anderen Verfahrens der außergerichtlichen Konfliktbeilegung vorausgegangen ist, sowie eine Äußerung dazu, ob einem solchen Verfahren Gründe entgegenstehen (RegE BT-Drs. 17/5335, 6f.). Es soll auch eine Äußerung abgegeben werden, ob der *Entscheidung durch den Einzelrichter* Gründe entgegenstehen, ob also die Sache besondere Schwierigkeiten aufweist oder ob die Rechtssache grundsätzliche Bedeutung hat (§ 348 Abs. 3 S. 1 für den originären Einzelrichter, § 348a Abs. 1 Nr. 2 für den obligatorischen Einzelrichter). Außerdem sind die Vorschriften über die vorbereitenden Schriftsätze anzuwenden (also die §§ 129ff., 253 Abs. 4; vgl. hierzu BGHZ 102, 332).

148 Wie schon erwähnt, führen *Mängel der Klageerhebung* (Verstoß gegen § 253 Abs. 2, Fehlen der Unterschrift oder einer wirksamen Zustellung) zur Abweisung der Klage. In der Praxis werden diese Mängel nach einem Hinweis durch das Gericht jedoch in aller Regel *geheilt,* die Klageschrift wird ergänzt, die Unterschrift nachgeholt. Solange der Zustellungsmangel noch heilbar ist, darf die Klage nicht abgewiesen werden (*BGH* NJW-RR 2011, 417). Das Fehlen der Unterschrift und Mängel bei der Zustellung können in der Regel auch durch rügeloses Verhandeln der anderen Partei geheilt werden (§ 295). Dies gilt auch für das Fehlen der Angabe von Grund und Gegenstand des Anspruchs, wenn sich dieser z.B. nur aus einem früheren Gesuch um Prozesskostenhilfe ergibt (BGHZ 22, 254; dagegen Thomas/Putzo/*Reichold* § 253 Rn. 20: der notwendige *Inhalt* der Klageschrift sei auch im öffentlichen Interesse und nicht nur in dem der Beklagten vorgeschrieben; vgl. dazu BGHZ 65, 46). Die Heilung wirkt aber nur für die Zukunft vom Zeitpunkt der Behebung des Mangels oder des Rügeverlustes an (wichtig für die Hemmung der Verjährung; s. auch BGHZ 22, 254). Etwas anderes (Heilung ex tunc) gilt nur für Fehler bei der Zustellung, nicht aber, wenn die Zustellung ganz fehlt oder unwirksam ist (z.B. nach § 172 Abs. 1 [dazu *BGH* NJW 2011, 1005]: dann Heilung nur für die Zukunft, BGHZ 84, 562). Eine Heilung ist dort auch nach § 189 möglich, wobei es dann auf den Zeitpunkt des Zugangs ankommt.

§ 13. Die Zulässigkeit der Klage, die Sachurteils- (Prozess-)voraussetzungen

Literatur: *Bülow,* Die Lehre von den Prozeßeinreden und die Prozeßvoraussetzungen, 1868; *Lindacher,* Die Reihenfolge der Prüfung von Zulässigkeit und Begründetheit einer Klage im Zivilprozeß, ZZP 90, 131; *Rimmelspacher,* Zur Prüfung von Amts wegen im Zivilprozeß, 1966.

I. Der Begriff der Prozessvoraussetzungen

149 Es sind bisher schon eine Anzahl von Zulässigkeitsvoraussetzungen behandelt worden: die Zulässigkeit des Rechtsweges, die

Partei- und die Prozessfähigkeit, die Prozessführungsbefugnis und das Feststellungsinteresse. Diese Aufzählung ist aber keinesfalls vollständig. Eine gesetzliche Vorschrift, die eine erschöpfende Regelung der Zulässigkeitsvoraussetzungen enthält, gibt es nicht. Der alte § 274, der wenigstens einen Teil dieser Voraussetzungen regelte, ist durch die Vereinfachungsnovelle gestrichen worden. Die Darstellung erfolgt deshalb nach *systematischen Gesichtspunkten* in der Weise, wie die Lehre von den Zulässigkeits-(Prozess-)voraussetzungen von der Rechtsprechung und der Wissenschaft entwickelt worden ist.

Zur Terminologie ist zu bemerken, dass der wohl am häufigsten gebrauchte Ausdruck „Prozessvoraussetzungen" irreführend ist. Sein Gebrauch geht auf *Bülow* (a.a.O.) zurück. Das Fehlen der Zulässigkeits- oder Prozessvoraussetzungen im erstgenannten Sinne hindert dagegen *nicht* das Entstehen eines Prozesses. Es muss vom Gericht durch Urteil entschieden werden, ob die Klage zulässig ist oder nicht. Über diese Frage kann ein Prozess unter Umständen durch mehrere Instanzen geführt werden. Es kommt zur mündlichen Verhandlung, die Parteien unterliegen der Wahrheitspflicht. Prozessvoraussetzungen sind in diesem Verständnis deshalb in Wahrheit *Sachurteilsvoraussetzungen.* Teilweise wird der Begriff auf jene Voraussetzungen beschränkt, bei deren Fehlen keine Zustellung erfolgt und damit kein Prozessrechtsverhältnis begründet wird. Dies trifft etwa für die deutsche Gerichtsbarkeit, funktionelle Zuständigkeit, Unterschrift der Klage, Postulationsfähigkeit und Zahlung der Gebühr gem. § 12 Abs. 1 S. 1 GKG zu (echte Prozessvoraussetzungen). Gleichwohl hat sich der Ausdruck der Prozess- oder Zulässigkeitsvoraussetzung im erstgenannten Sinne so eingebürgert, dass er im Folgenden verwendet wird.

Verfehlt ist der Sprachgebrauch der Vereinfachungsnovelle, die von „Rügen, die die Zulässigkeit der Klage betreffen" (§ 282 Abs. 3), spricht. Es handelt sich nicht um Rügen, die die Partei geltend machen muss, sondern um *von Amts wegen* zu berücksichtigende Umstände. Anders dagegen ist es bei sog. *verzichtbaren Rügen* (s. Rn. 154).

II. Die Einteilung der Zulässigkeitsvoraussetzungen

150 In der Literatur findet sich neben der Gliederung in echte Prozessvoraussetzungen, Sachentscheidungsvoraussetzungen und verzichtbare Rügen mit geringen Abweichungen folgende Einteilung in vier Gruppen, je nachdem ob die Prozessvoraussetzungen an das *Gericht,* die *Parteien,* den *Streitgegenstand* oder ein *besonderes Verfahren* anknüpfen.

Zulässigkeitsvoraussetzungen, die an das Gericht anknüpfen:
a) die deutsche Gerichtsbarkeit (Rn. 58); *deutsche Staatsangehörige, im Inland wohnende Ausländer*
b) die Zulässigkeit des Rechtsweges zu den Zivilgerichten (Rn. 51 ff.); *§ 13 GVG*
c) die internationale Zuständigkeit (Rn. 84)
d) die örtliche, sachliche und funktionelle Zuständigkeit (Rn. 80 ff.); für Familiensachen s. Rn. 468 ff.;

Zulässigkeitsvoraussetzungen, die an die Parteien anknüpfen:
a) die Parteifähigkeit (Rn. 111); *§ 50 ZPO*
b) die Prozessfähigkeit (Rn. 113 f.); *§ 51 ZPO*
c) die gesetzliche Vertretung (wenn die Prozessfähigkeit fehlt, Rn. 113);
d) die Wirksamkeit der Vertretung bei Vertretung durch Bevollmächtigte (Rn. 120 f.);
e) die Prozessführungsbefugnis (Rn. 99 ff.); *im eigenen Namen die eigenen*

Zulässigkeitsvoraussetzungen, die den Streitgegenstand (die Streitsache) betreffen:
a) Klagbarkeit des Anspruchs (nur ausnahmsweise ausgeschlossen, z. B. § 1297 Abs. 1 BGB; nicht aber bei sog. Naturalobligationen, s. *Musielak* Rn. 123).
b) das Rechtsschutzbedürfnis (es fehlt bei einem einfacheren und billigeren Weg, auf dem dasselbe Ergebnis erzielt werden könnte; das Feststellungsinteresse ist eine besondere Erscheinungsform des Rechtsschutzinteresses, Rn. 130; außerdem Rn. 158);
c) die Ordnungsmäßigkeit der Klageerhebung (Rn. 141 ff.); *§§ 253, 469 ZPO*
d) keine andere Rechtshängigkeit des Streitgegenstandes (es darf nicht zweimal über dieselbe Sache verhandelt werden, Rn. 167); *§ 261 J*
e) keine rechtskräftige Entscheidung über den Streitgegenstand (es darf nicht zweimal über dieselbe Sache entschieden werden, Rn. 351 ff.);

f) sofern Landesrecht dieses vorsieht: Versuch der einvernehmlichen Beilegung der Streitigkeit vor einer Gütestelle (Rn. 153 a);
Zulässigkeitsvoraussetzungen, die die Zulässigkeit des gewählten besonderen Verfahrens/der besonderen Klageart betreffen. Es gibt im Zivilprozess neben dem regulären Verfahren eine Anzahl besonderer Verfahren, die nur zulässig sind, wenn neben den auch sonst erforderlichen allgemeinen Prozessvoraussetzungen noch besondere Voraussetzungen vorliegen. Es sind dies:
a) der Urkundenprozess (§§ 592 ff.), der nur zulässig ist, wenn alle zur Begründung des Anspruchs erforderlichen Tatsachen durch Urkunden bewiesen werden können (Rn. 459 ff.);
b) die Änderungsklage des § 323, deren Zulässigkeit eine Änderung der für die Verurteilung maßgebenden Verhältnisse voraussetzt (Rn. 368);
c) die Wiederaufnahmeklage (§§ 578 ff.), die nur zulässig ist, wenn der Kläger einen Wiederaufnahmegrund (§§ 579, 580) schlüssig behauptet (Rn. 427 ff.);
d) die Klage auf zukünftige Leistung (§§ 257 ff., Rn. 159);
e) die Zwischenfeststellungsklage (Rn. 134), bei der die Voraussetzungen des § 256 Abs. 2 vorliegen müssen. Auch dabei handelt es sich um besondere Zulässigkeitsvoraussetzungen;
f) die Widerklage (Rn. 236 f.).

III. Die prozessuale Behandlung der Zulässigkeitsvoraussetzungen

Ihr Vorliegen ist *von Amts wegen* zu prüfen (Rn. 20). Allerdings ist der Beklagte vom Gesetz zur „Rüge" aufgefordert (§§ 282 Abs. 3, 296 Abs. 3, 39). Macht er entsprechendes tatsächliches Vorbringen oder benennt er die Zulässigkeit betreffende Beweismittel verspätet, so kann er bei verzichtbaren Rügen (oder auch Prozesshindernissen u. Rn. 154) mit seinem Vorbringen ausgeschlossen sein; beim Ausbleiben von Zuständigkeitsrügen kann das zu einer Zuständigkeitsbegründung führen (sog. rügelose Verhandlung, § 39, s. o. Rn. 89). Daraus folgt, dass die durch rügelose Einlassung begründete Zuständigkeit erst nach entsprechendem Vorbringen des Beklagten vom Gericht zu prüfen ist. Nach Auffassung des Bundesgerichtshofs gilt für die Feststellung der Zulässigkeitsvoraussetzungen der Freibeweis (für die Rechtsmittelvoraussetzungen: *BGH* NJW 1987, 2875 = ZZP 101, 294 m. abl.

151

Anm. *Peters;* BGH NJW 2000, 814; str., s. auch Rn. 259). Wenn das Vorliegen einer Prozessvoraussetzung aufgrund der vorliegenden Tatsachen *nicht geklärt* werden kann, so geht dies zu Lasten der Partei, die die Sachentscheidung anstrebt, also in der Regel zu Lasten des Klägers. Ihn trifft die objektive Beweislast, nicht jedoch die (subjektive) Beweisführungslast (*BAG* MDR 2000, 781). In der Praxis (und auch bei Klausuren) wird das Vorliegen der Prozessvoraussetzungen nur dann geprüft, wenn Anhaltspunkte für ihr Fehlen vorliegen (BGHZ 18, 184).

152 Das Vorliegen der Prozessvoraussetzungen muss *in jeder Lage des Rechtsstreits* geprüft werden. Damit ist gemeint, dass diese Prüfung auch dann noch erfolgen muss, wenn das Gericht zunächst von der Zulässigkeit der Klage ausgegangen ist. Grundsätzlich hat die Prüfung der Prozessvoraussetzungen am Anfang des Prozesses stattzufinden. Stellt sich ihr Fehlen später, etwa erst in der Berufungsinstanz heraus, muss die Klage auch dann noch abgewiesen werden.

Es kann vorkommen, dass eine oder mehrere Prozessvoraussetzungen am Anfang des Prozesses nicht vorliegen, später aber die tatsächlichen Voraussetzungen dafür eintreten, so wenn etwa bei Erhebung einer Feststellungsklage das Feststellungsinteresse zunächst fehlt, sich dann aber aus einem während des Prozesses erfolgten Bestreiten des Beklagten ergibt. Ebenso kann das Umgekehrte eintreten: eine Prozessvoraussetzung liegt erst vor, fällt dann aber während des Prozesses weg (z. B. die Prozessfähigkeit einer Partei).

Es erhebt sich damit die Frage, wann die Prozessvoraussetzungen vorliegen müssen, damit das Gericht ein Sachurteil erlassen kann. Die Frage ist streitig. Nach einer Auffassung (Stein/Jonas/*Brehm* Vor § 1 Rn. 261 m.w.N.; *Zeiss/Schreiber* Rn. 262) ist die letzte mündliche *Tatsachenverhandlung* maßgebend. Die letzte mündliche Verhandlung überhaupt (also die vor dem Revisionsgericht) soll nur dann entscheidend sein, wenn es sich um Prozessvoraussetzungen handelt, deren Fehlen das Urteil unwirksam (Fehlen der deutschen Gerichtsbarkeit) oder vernichtbar machen würden (Fehlen der Partei- oder Prozessfähigkeit, das nach § 579 Abs. 1 Nr. 4 die Zulässigkeit der Wiederaufnahme begründet). Nach der anderen Ansicht (*BGH* NJW 1988, 1587; *Rosenberg/Schwab/Gottwald* § 93 Rn. 37 ff.; *Jauernig/Hess* § 33 Rn. 22; *Schilken* Rn. 333) soll es immer auf die letzte mündliche Verhandlung vor dem Revisionsgericht ankommen. Bei dieser Streitfrage geht es um eine Kollision von zwei Grundsätzen: Einerseits kann ein Sachurteil nur ergehen, wenn die Prozessvoraussetzungen vorliegen. Andererseits darf das Revisionsgericht grundsätzlich keine Tatsachenfeststellungen treffen, sondern nur das Urteil des Berufungsgerichts auf seine Richtigkeit überprüfen. Dagegen kann das Berufungsgericht ausnahmsweise Tatsachen feststellen, obwohl es nach dem ZPO-RG grundsätzlich ebenfalls nur noch Rechtsinstanz ist und seiner Entscheidung die Tatsachenfeststellung der ersten Instanz zugrunde legen muss. Es empfiehlt sich deshalb ein mittlerer Weg. Vom Berufungsgericht (ausnahmsweise) zu berücksichtigende (neue) Tatsachen, die die Prozessvoraussetzungen betreffen, kann das Revisionsgericht berücksichtigen, seit Schluss der mündlichen Verhandlung eingetretene Tatsachen hingegen nur, wenn sie Prozessvoraussetzungen betreffen, deren Fehlen das Urteil nichtig oder vernichtbar machen würde (s. zum alten Recht *Arens*, AcP 161, 211; vgl. auch BGHZ 31, 279).

IV. Die Reihenfolge der Prüfung

Sehr streitig ist auch, *in welcher Reihenfolge* das Gericht die Prozessvoraussetzungen zu prüfen hat (*Pohle*, ZZP 81, 161; *Harms*, ZZP 83, 167). Diese Frage taucht vor allem auf, wenn das Fehlen einer Prozessvoraussetzung schon feststeht, das Vorliegen anderer dagegen noch zweifelhaft ist. Das Fehlen der Prozessfähigkeit steht z. B. fest, nicht hingegen, ob die Zulässigkeit des Rechtsweges zu den Zivilgerichten gegeben ist. Darf das Gericht die Klage schon als unzulässig abweisen? Man wird *nicht* ohne Weiteres eine *Gleichrangigkeit* aller Prozessvoraussetzungen annehmen und nur nach Zweckmäßigkeitsgesichtspunkten entscheiden können (so *Harms*, a.a.O.). Die einzelnen Prozessvoraussetzungen haben *verschiedenes Gewicht*. So würde ein Urteil, das gegen einen Prozessunfähigen ergeht, dessen Recht auf rechtliches Gehör verletzen (*Pohle*, a.a.O.). Ein Verstoß gegen die örtliche Zuständigkeit ist verglichen damit viel weniger schwerwiegend. Eine Rangordnung ist deshalb nicht überflüssig. Dabei ist die Ordnungsmäßigkeit der Klageerhebung nach überwiegender Meinung als erstes zu prüfen; sie ist die Basis für den Prozess. Als nächstes wird man wegen des Zusammenhangs mit der Gewährung des rechtlichen Gehörs die Prozessvoraussetzungen, die an die Parteien anknüpfen, prüfen müssen, erst dann die das Gericht und als letzte die den Streitgegenstand betreffenden.

153

V. Außergerichtliche Streitbeilegung

Literatur: *Bitter*, Die Crux mit der obligatorischen Streitschlichtung nach § 15a EGZPO – Zulässige und unzulässige Strategien zur Vermeidung eines Schlichtungsverfahrens, NJW 2005, 1235.

153a Mit § 15a EGZPO wurden die Bundesländer ermächtigt, ein *obligatorisches* außergerichtliches Güteverfahren als *zusätzliche Sachentscheidungsvoraussetzung* vor Erhebung bestimmter zivilrechtlicher Klagen einzuführen. Ging der Klageerhebung kein notwendiges Streitschlichtungsverfahren voraus, ist die Klage als unzulässig abzuweisen (BGHZ 161, 145 ff.; a. A. *Becker/Nicht*, ZZP 120, 159, 194 ff.; zu den Folgen eines unterbliebenen Schlichtungsverfahrens in der Berufungsinstanz *Rimmelspacher/Arnold*, NJW 2006, 17; auch nach erstinstanzlichem Sachurteil wird die Berufung als unzulässig angesehen, *OLG Saarbrücken* NJW 2007, 1292). Das gilt ebenso bei einer nachträglichen Parteierweiterung (*BGH* NJW-RR 2010, 1725), nicht aber beim Parteiwechsel (*BGH* NJW-RR 2010, 1726). Ziel des Güteverfahrens ist eine Entlastung der Justiz (ausführlich *Stadler,* NJW 1998, 2479 ff.). Die Regelung ist von der Vorstellung getragen, dass in bestimmten Bereichen eine außergerichtliche Einigung der Beteiligten besser geeignet ist als ein Richterspruch, dauerhaft Rechtsfrieden zu schaffen (s. schon oben Rn. 1, 3). Als Streitigkeiten für eine außergerichtliche Streitbeilegung kommen folgende Gegenstände in Betracht: 1. Vermögensrechtliche Streitigkeiten mit einem Wert bis zu 750,– Euro, 2. Bestimmte nachbarrechtliche Auseinandersetzungen (§§ 906, 910 f., 923 BGB), wenn nicht ein Gewerbebetrieb beteiligt ist, 3. Verfahren wegen Verletzung der persönlichen Ehre, sofern sie nicht in Presse und Rundfunk begangen wurden und 4. Streitigkeiten über Ansprüche nach §§ 19 bis 21 AGG. Für bestimmte Verfahrensarten ist ein Güteverfahren ausgeschlossen (vgl. § 15a Abs. 2 EGZPO). Da die Einrichtung eines solchen Verfahrens den einzelnen Bundesländern überlassen wurde, darf ein Zwang zum Güteverfahren nicht für Streitigkeiten gelten, die zwischen Parteien mit Wohnsitz oder Sitz in unterschiedlichen Bundesländern stattfinden. Die Ausgestaltung des Verfahrens obliegt den jeweiligen Ländern (s. unten Rn. 492c). Die Gütestelle ist nach Durchführung eines Einigungsversuches zur Ausstellung einer entsprechenden Bescheinigung verpflichtet (§ 15a Abs. 1 S. 3 EGZPO). Eine solche Bescheinigung ist dem Kläger auch dann auszustellen, wenn das von ihm beantragte Einigungsverfahren nicht binnen dreier Monate durchgeführt worden ist. <u>Der vor der Gütestelle geschlossene Vergleich ist Vollstreckungstitel nach § 794 Abs. 1 Nr. 1.</u> Die tätige Schiedsperson sollte also zumindest in der Lage sein, das Einigungsergebnis in entsprechend vollstreckbarer Weise zu formulieren.

§ 15a EGZPO enthält eine Vielzahl von Auslegungsproblemen. Damit birgt sie das Risiko einer zusätzlichen Belastung der Justiz und läuft insoweit dem gesetzgeberischen Ziel zuwider. Der weite Gestaltungsspielraum für die einzelnen Bundesländer bringt die Gefahr einer Rechtszersplitterung mit sich; ebenfalls zweifelhaft erscheint die durch Regelung auf Landesebene bedingte Ausklammerung von Streitigkeiten zwischen Parteien verschiedener Bundesländer. Entsprechende Schlichtungsgesetze gibt es schon in mehreren Bundesländern. Sie unterscheiden sich teilweise erheblich (Einzelheiten bei *Hartmann*, NJW 1999, 3745; *Enders*, Jur-Büro 2000, 113 und u. Rn. 492c).

VI. Verzichtbare Rügen

Neben den von Amts wegen zu berücksichtigenden Prozessvoraussetzungen gibt es noch Zulässigkeitsvoraussetzungen, deren Fehlen das Gericht nur berücksichtigt, wenn sich eine Partei *darauf beruft* (entsprechend der bisherigen Terminologie wird meistens noch der Ausdruck „Prozesshindernisse" gebraucht, das Gesetz spricht nunmehr von „verzichtbaren Rügen", s. § 532). Am wichtigsten ist die Einrede des Schiedsvertrags (§ 1032, Rn. 485 ff.). Ebenfalls Prozesshindernisse (a. A. *Jauernig/Hess* § 33 Rn. 24) sind die mangelnde Erstattung der Prozesskosten (missverständlicher Wortlaut in § 269 Abs. 6), wenn der Kläger die Klage zurückgenommen hatte und sie erneut erhebt, und die mangelnde Sicherheit für die Prozesskosten (§§ 110 ff.). Wird diese in erster Instanz schuldhaft nicht gerügt, so kann die Einrede, da sie verzichtbar ist, in der Berufungsinstanz nicht mehr nachgeholt werden (*BGH* NJW-RR 1993, 1021; ebenso für juristische Personen *EuGH* NJW 1996, 3407).

154

Nach § 110 haben Kläger, die sich nicht in einem Mitgliedstaat der Europäischen Union oder einem Vertragsstaat des Abkommens über den Europäischen Wirtschaftsraum aufhalten, dem Beklagten auf Anfordern Sicherheit für die Prozesskosten zu leisten (hierzu *LG Hamburg* NJW-RR 1998, 430). Im Übrigen gibt es vielfach Staatsverträge, die abweichende Regelungen treffen.

Übersicht: Zulässigkeitsvoraussetzungen

Echte Prozessvoraussetzung	Sachurteilsvoraussetzungen	Verzichtbare Rügen
Wenn sie fehlen, erfolgt keine Zustellung und damit wird kein Prozessrechtsverhältnis begründet.	Nur wenn sie vorliegen, kann eine Entscheidung in der Sache, also ein Sachurteil ergehen, andernfalls ist die Klage als unzulässig durch Prozessurteil abzuweisen.	Wenn sie eingewandt werden und vorliegen, erfolgt Klageabweisung als unzulässig durch Prozessurteil.
– deutsche Gerichtsbarkeit – funktionelle Zuständigkeit – Unterschrift unter der Klage – Postulationsfähigkeit – Vorschuss nach § 12 Abs. 1 GKG	– Klagbarkeit des Anspruchs – Rechtsweg – örtliche, sachliche, internationale Zuständigkeit – erfolglose obligatorische Streitschlichtung i. S. v. § 15a EGZPO – Parteifähigkeit – Prozessfähigkeit/gesetzlicher Vertreter – Prozessführungsbefugnis/Prozessstandschaft – allgemeines Rechtsschutzbedürfnis – ordnungsgemäße Klageerhebung – keine anderweitige Rechtshängigkeit – keine entgegenstehende Rechtskraft	– fehlende Vollmacht des Rechtsanwalts, § 88 Abs. 2 – Kostensicherheit, § 110 – Verweigerung der Einlassung nach § 269 Abs. 6 – Schiedsvertragseinrede, § 1032 Abs. 1
von Amts wegen zu prüfen	von Amts wegen zu prüfen	nur auf Rüge einer Partei zu prüfen

VII. Die Entscheidung über die Zulässigkeitsvoraussetzungen und die verzichtbaren Rügen

155 Wenn das Gericht das *Fehlen einer Prozessvoraussetzung* oder das *Vorliegen eines Prozesshindernisses* feststellt, muss es die Klage vorbehaltlich abweichender gesetzlicher Regelungen (s. o. Rn. 152) durch Prozessurteil als *unzulässig* abweisen. Zuvor hat es auf heilbare Mängel gem. § 139 hinzuweisen, damit der Kläger ihnen abhelfen kann. Mit der Rechtskraft dieses Urteils steht fest, dass die Klage aus dem angegebenen Grund unzulässig ist. Eine Entscheidung über die Begründetheit ist damit noch nicht getroffen worden. Wenn die Klage wegen Fehlens der örtlichen oder sachlichen Zuständigkeit abgewiesen worden ist, ist der Kläger nicht gehindert, sie erneut bei einem anderen Gericht zu erheben. Nach ganz h. M. darf das Gericht nicht zugleich als unzulässig und als unbegründet abweisen, weil es über die Begründetheit erst entscheiden darf, wenn die Zulässigkeit feststeht. Es darf auch nicht offenlassen, ob die Klage unzulässig oder unbegründet ist, weil die Rechtskraftwirkung eines solchen abweisenden Urteils unklar wäre (*Jauernig*, JZ 1955, 235).

Dieser Vorrang der Zulässigkeitsprüfung vor der Prüfung der Begründetheit **156** ist von *Rimmelspacher* (Zur Prüfung von Amts wegen im Zivilprozeß, 1966) angegriffen worden. *Rimmelspacher* nimmt an, dass die Prozessvoraussetzungen auf derselben Ebene liegen wie die anderen (materiell-rechtlichen) Erfolgsvoraussetzungen der Klage. Es mag zutreffen, dass die Unterteilung der Erfolgsvoraussetzungen in Voraussetzungen der Zulässigkeit und der Begründetheit nicht logisch zwingend ist. Auch ist zuzugeben, dass der Verzicht auf diese Unterteilung in manchen Fällen zur schnelleren Beendigung eines Prozesses führen kann, wenn nämlich die Unbegründetheit schon feststeht, das Vorliegen einer oder mehrerer Prozessvoraussetzungen aber noch zweifelhaft ist. Vom Boden der h. M. aus muss zuerst deren Vorliegen festgestellt werden, bevor die Klage abgewiesen werden kann. Gleichwohl ist der h. M. der Vorzug zu geben. Die Trennung von Zulässigkeit und Begründetheit ist nicht nur aus Gründen einer formalen Gliederung des Verfahrens geboten, ihr liegen vielmehr auch materielle Wertungen zugrunde. So könnte die Abweisung einer Klage als unbegründet unter Offenlassung der Frage, ob der Rechtsweg zu den Zivilgerichten gegeben oder das Gericht zuständig ist, leicht zu einer Beeinträchtigung des Rechts auf den gesetzlichen Richter führen. Würde die Frage der Prozessfähigkeit offen bleiben, so könnte das Recht auf rechtliches Gehör verletzt werden. An dem Vorrang der Zulässigkeitsprüfung hält die ganz h. M., vor allem auch die Rechtsprechung, deshalb mit Recht fest (*BGH* ZZP 89, 330; MDR 2000, 1334). Eine Ausnahme ist lediglich bei der Prozessvoraussetzung des Feststellungsinteresses zulässig (Rn. 132). Besonderheiten gelten für das Beschwerdeverfahren. Hier wird eine Zurückweisung als unbegründet unabhängig von der Zulässigkeit der Beschwerde für möglich erachtet, wenn damit keine weitergehenden Folgen als mit der Verwerfung verbunden sind und auch sonstige berechtigte Interessen der Parteien dem nicht entgegenstehen (*BGH* ZInsO 2006, 549).

VIII. Die abgesonderte Verhandlung über Zulässigkeitsvoraussetzungen

Literatur: *Schiedermair*, Die Wirkung der Anfechtung von Zwischenurteilen nach §§ 275, 304 ZPO auf das Endurteil, JuS 1961, 212.

157 Es kann vorkommen, dass die Feststellung von Prozessvoraussetzungen erhebliche Schwierigkeiten macht. In solchen Fällen ist es zweckmäßig, erst darüber zu entscheiden, bevor man auf die Begründetheit eingeht. Diesem Bedürfnis trägt § 280 Rechnung. Das Gericht kann anordnen, dass über die Zulässigkeit der Klage *abgesondert verhandelt* wird (Abs. 1). Das Ergebnis dieser Verhandlung kann sein, dass das Nichtvorliegen von Prozessvoraussetzungen festgestellt wird. Dann wird die Klage als unzulässig abgewiesen. Dieses Urteil beendet die Instanz und kann mit den üblichen Rechtsmitteln angegriffen werden. Das Gericht kann aber auch zu dem Ergebnis kommen, dass die Klage zulässig ist. Es muss dann über die Begründetheit verhandeln. Dabei besteht die Gefahr, dass die nächsthöhere Instanz die Frage der Zulässigkeit anders entscheidet und die Klage als unzulässig abweist. Die Verhandlung und Entscheidung über die Begründetheit und der dabei getriebene Aufwand stellen sich damit als überflüssig heraus.

Es gibt einen Weg, dieses unerfreuliche Ergebnis zu vermeiden. Das Gericht kann zunächst nur über die Zulässigkeit entscheiden. Es erlässt ein Urteil, das die Zulässigkeit feststellt. Dieses Urteil beendet die Instanz noch nicht (es muss ja noch über die Begründetheit entschieden werden), es ist deshalb ein sog. Zwischenurteil (§ 303, Rn. 322). Damit eine überflüssige Verhandlung und Entscheidung über die Begründetheit vermieden wird, besteht die Möglichkeit, dass dieses Zwischenurteil von der nächsthöheren Instanz nachgeprüft wird: Nach § 280 Abs. 2 ist das *Zwischenurteil* in betreff der Rechtsmittel als Endurteil anzusehen, d.h. es kann mit den Rechtsmitteln angefochten werden, die gegen ein Endurteil gegeben wären. Diese ausdrückliche Regelung in § 280 Abs. 2 ist notwendig, weil grundsätzlich Zwischenurteile nur zusammen mit dem Endurteil angefochten werden können (§§ 512, 557 Abs. 2). Das untere Gericht kann dann mit der Verhandlung über die Begründetheit warten, bis das nächsthöhere Gericht über das angefochtene Zwischenurteil entschieden hat. Dies wird in der

Regel das zweckmäßigste Verfahren sein. Es besteht allerdings die Gefahr, dass der durch das Zwischenurteil Benachteiligte nur deshalb dagegen ein Rechtsmittel einlegt, weil er Zeit gewinnen will. Dies ist nicht der Sinn der Rechtsmittel. Deshalb sieht das Gesetz vor, dass das Gericht auf Antrag anordnen kann, dass zur Hauptsache, d.h. über die Begründetheit, zu verhandeln sei (§ 280 Abs. 2 S. 2). Sehr häufig mag dies in der Praxis nicht vorkommen, schon wegen der Schwierigkeiten, die sich mit den Prozessakten ergeben (§ 541, vgl. aber *OLG Düsseldorf* NJW 1972, 1474). Immerhin machen die Gerichte gelegentlich von dieser Möglichkeit Gebrauch. Dabei können sich Probleme ergeben. Es kann vorkommen, dass das untere Gericht auch die Frage nach der Begründetheit bejaht und der Klage stattgibt. Dies hindert das obere Gericht nicht, das Zwischenurteil aufzuheben und die Klage als unzulässig abzuweisen. Das Urteil der unteren Instanz wird damit auch ohne besondere Aufhebung wirkungslos (*Schiedermair*, JuS 1961, 212, vgl. dort auch zu den Fragen der materiellen Rechtskraft und der Vollstreckbarkeit).

IX. Das Rechtsschutzinteresse

Literatur: *Wieser*, Das Rechtsschutzinteresse in der Rechtsprechung, Eine kritische Bestandsaufnahme, FS Schapp, 2010, 527.

Das Rechtsschutzinteresse ist eine Prozessvoraussetzung und sein Vorliegen für die Klage und jeden im Lauf des Prozesses gestellten Antrag zu prüfen. Es soll eine überflüssige und sinnlose Belastung der Gerichte verhindern. Es fehlt regelmäßig, wenn dem Antragsteller ein *schnellerer und billigerer Weg* zur Erreichung desselben Zieles zur Verfügung steht. Bei der Leistungsklage ist das Rechtsschutzinteresse in der Regel gegeben; es müssen Gründe vorgebracht werden, aus denen sich sein Fehlen ergeben soll (z.B. ein vorhandener Titel, aus dem ohne Weiteres vollstreckt werden kann, s. *BGH* JA 2007, 461 [*Wolf*]). Bei den Gestaltungsklagen liegt es vor, weil sich die angestrebte Rechtsänderung anders gar nicht (Ehescheidung) oder nur durch Mitwirkung des Beklagten erreichen lässt, die dieser verweigert (Ausschließung eines Gesellschafters). Bei der Feststellungsklage hat das Gesetz die Zulässigkeit ausdrücklich an das Vorliegen des Feststellungsinteresses, das ein besonderer Fall des Rechtsschutzinteresses ist, gebunden (§ 256 Abs. 1, Rn. 130 ff.).

158

X. Die Klage auf künftig fällige Leistung

159 Normalerweise wird der Kläger nur Ansprüche geltend machen, die bereits fällig sind. Aber auch eine Klage vor diesem Zeitpunkt ist, wenn der Anspruch besteht, nicht unbegründet, sofern der Kläger die Leistung erst für den Zeitpunkt der Fälligkeit verlangt. Die Klage auf eine zukünftige Leistung ist aber nicht immer zulässig, sondern nur dann, wenn *bestimmte Voraussetzungen* vorliegen. Fehlen sie, so ist die Klage als unzulässig abzuweisen. Es handelt sich also um *besondere Prozessvoraussetzungen* (a. A. *Roth,* ZZP 98, 287). Dies sind im Rahmen des § 257 eine nicht von einer Gegenleistung abhängige *Geldforderung,* z. B. aus Kaufvertrag (wenn die Gegenleistung schon erbracht ist), oder ein Anspruch auf *Räumung* eines Grundstücks, das nicht Wohnzwecken dient (zur Anwendbarkeit des § 259 im Wohnraummietrecht *Henssler,* NJW 1989, 138). Die Geltendmachung dieser Ansprüche muss an den Eintritt eines Kalendertages geknüpft sein. Die Klage auf zukünftige Zahlung oder Räumung hat den Vorteil, dass sie rechtzeitig für Klarheit unter den Parteien sorgt. Bei *wiederkehrenden Leistungen* (z. B. Unterhaltsleistungen) kann sogar wegen der erst nach Urteilserlass fällig werdenden Leistungen Klage erhoben werden (§ 258). Für den Berechtigten ist das eine sehr wichtige Erleichterung seiner Rechtsverfolgung. Über die in den §§ 257, 258 genannten Voraussetzungen hinaus kann *in allen anderen Fällen* Klage auf künftige Leistungen erhoben werden, wenn zu besorgen ist, *dass sich der Schuldner der rechtzeitigen Leistung entziehen werde* (§ 259). Dies ist der Fall, wenn der Schuldner den Anspruch ernstlich bestreitet (BGHZ 5, 342), nicht dagegen, wenn Zweifel an seiner Zahlungsfähigkeit bestehen. Es handelt sich bei dieser Voraussetzung um ein *besonderes Rechtsschutzinteresse.*

§ 14. Der prozessuale Anspruch, der Streitgegenstand

Literatur: *Althammer,* Die Streitgegenstandslehre von Karl Heinz Schwab im Zivilprozess des 21. Jahrhunderts – Retrospektive, Bestandsaufnahme und Fortentwicklung, ZZP 123, 163; *Arens,* Streitgegenstand und Rechtskraft im aktienrechtlichen Anfechtungsverfahren, 1960; *Georgiades,* Die Anspruchskonkurrenz im Zivilrecht und Zivilprozeßrecht, 1968 (dazu *Arens,* AcP 170,

392); *Henckel*, Parteilehre und Streitgegenstand im Zivilprozeß, 1961; *Jauernig*, Verhandlungsmaxime, Inquisitionsmaxime und Streitgegenstand, 1967; *G. Lüke*, Zur Streitgegenstandslehre Schwabs – eine zivilprozessuale Retrospektive, FS Schwab, 1990, 309; *Nikisch*, Der Streitgegenstand im Zivilprozeß, 1935; *Pohlmann/Walz*, Der Umfang der materiellen Rechtskraft im Zivilprozess, AL 2010, 295; *Rimmelspacher*, Materiell-rechtlicher Anspruch und Streitgegenstandsprobleme im Zivilprozeß, 1970; *Schreiber*, Die Rechtskraft im Zivilprozess, Jura 2008, 121; *Schwab*, Der Streitgegenstand im Zivilprozeß, 1954; *ders.*, Noch einmal – Bemerkungen zum Streitgegenstand, FS G. Lüke, 1997, 793.

Fall 1: K fährt mit dem Taxi, das dem Fahrer B gehört. Infolge vorschriftswidrigen Überholens des B kommt es zu einem Unfall, bei dem K nicht unerheblich verletzt wird. Er erleidet einen Schaden von 7.500,– Euro. Er klagt Ersatz für diesen und ein angemessenes Schmerzensgeld ein.

Fall 2: K verkauft dem B ein gebrauchtes Auto für 6.000,– Euro. Der Kaufpreis soll drei Monate später fällig werden. Als diese Frist abgelaufen ist, kann B nicht zahlen. Er gibt dem K einen Wechsel. Auch dieser wird nicht eingelöst. K klagt zunächst aus dem Kaufvertrag. Die Klage wird rechtskräftig abgewiesen, weil K den Abschluss des Kaufvertrages nicht beweisen konnte. Kann K nunmehr aus dem Wechsel klagen? Wie wäre es, wenn B den Wechsel schon beim Abschluss des Kaufvertrages ausgestellt und übergeben hätte?

I. Notwendigkeit der Streitgegenstandsbestimmung

In jedem Prozess muss feststehen, *worüber verhandelt* und *entschieden* wird. Das gilt für den Strafprozess ebenso wie für den Zivilprozess: Der Angeklagte kann nicht wegen einer anderen Tat verurteilt werden als wegen der, deren er angeklagt und wegen gegen ihn verhandelt worden ist. Ebenso kann im Zivilprozess der Beklagte nur zur Erfüllung des Anspruchs verurteilt werden, der mit der Klage geltend gemacht und über den verhandelt wurde. Es besteht also ein *Zusammenhang* zwischen dem, worüber verhandelt, und dem, worüber entschieden wird, kurz, über *den geltend gemachten Anspruch*. Der Begriff des Anspruchs im Prozessrecht wirkt sich deshalb in verschiedenen Beziehungen aus.

Innerhalb der Grenzen des Anspruchs können der Kläger und der Beklagte neue Tatsachen vorbringen, soweit sie damit nicht aus zeitlichen Gründen präkludiert sind. Wollen sie dagegen den Gegenstand der Verhandlung ändern, so steht dem das Verbot der Klageänderung entgegen (§ 263). Klageänderung bedeutet Änderung des prozessualen Anspruchs. Sie ist nur zulässig, wenn der Beklagte einwilligt oder das Gericht die Klageänderung für sachdienlich hält. Beim Vorbringen neuer Tatsachen muss deshalb das Gericht prüfen, ob dadurch die Grenzen des geltend gemachten prozessualen Anspruchs überschritten werden.

Dessen Grenzen sind auch für die Frage entscheidend, ob eine *objektive Klagenhäufung* vorliegt, wenn mehrere prozessuale Ansprüche gegeben sind. Eine solche Klagenhäufung ist möglich (§ 260); das Gericht kann aber anordnen, dass mehrere in einer Klage erhobene Ansprüche in getrennten Prozessen verhandelt werden (§ 145 Abs. 1). Dies ist nicht möglich, wenn nur ein Anspruch geltend gemacht worden ist.

Die *Rechtshängigkeit* ist eine sog. negative Prozessvoraussetzung (Rn. 150). Derselbe Anspruch darf nicht zweimal gerichtlich geltend gemacht werden, es bestünde sonst die Gefahr zweier sich widersprechender Entscheidungen. Eine gleichwohl erhobene zweite Klage ist *unzulässig*. Auch hier kommt es wieder auf den prozessualen Anspruch und seine Abgrenzung an.

Ebenso darf der Anspruch nicht ein zweites Mal geltend gemacht werden, wenn über die erste Klage bereits *rechtskräftig entschieden* worden ist. Wegen der Bindungswirkung der *materiellen Rechtskraft* könnte nur dieselbe Entscheidung wiederholt werden. Dafür besteht kein Bedürfnis. Auch die Rechtskraft ist eine negative Prozessvoraussetzung. Eine gleichwohl erhobene Klage ist unzulässig (Rn. 150). In materielle Rechtskraft erwächst die Entscheidung über den geltend gemachten Anspruch (§ 322 Abs. 1). Dessen Begrenzung ist somit auch für den Umfang der materiellen Rechtskraft entscheidend.

Die h. M. geht davon aus, dass der prozessuale Anspruch für die vier aufgezählten Abgrenzungsprobleme *übereinstimmend* definiert werden muss. Dagegen ist eingewandt worden, dass es weniger auf eine solche Übereinstimmung als vielmehr auf die interessengerechte Abgrenzung für jeden der Einzelfälle ankomme, der Urteilsgegenstand also zum Beispiel anders abgegrenzt werden könne als der Streitgegenstand (*Blomeyer*, FS Lent, 1957, 43). Dem ist entgegenzuhalten, dass gerade die Interessen der Parteien die Übereinstimmung erfordern. Wenn man die Parteien an eine rechtskräftige Entscheidung binden will, so ist dies nur vertretbar, wenn sie im Prozess alles dazu Gehörige vorbringen konnten, ohne durch das Verbot der Klageänderung gehindert zu sein. Man sollte deshalb an der einheitlichen, für alle Stadien des Prozesses geltenden Definition des prozessualen Anspruchs festhalten.

§ 14. Der prozessuale Anspruch   155

II. Begriff des Streitgegenstandes

Das Gesetz liefert diese Definition *nicht*. § 253 Abs. 2 Nr. 2 spricht zwar von dem erhobenen Anspruch, § 322 Abs. 1 von der Entscheidung über den erhobenen Anspruch (an anderer Stelle, z.B. § 2, findet sich der Ausdruck „Streitgegenstand"; beides bedeutet dasselbe). Was darunter zu verstehen ist, sagt das Gesetz jedoch nicht. Für den am materiellen Recht Ausgebildeten könnte es deshalb naheliegen, wenigstens für den Fall der Leistungsklage anzunehmen, dass Anspruch i.S. der ZPO eben der materielle Anspruch (§ 194 BGB) sei.

161

1. Trennung von prozessualem und materiell-rechtlichem Anspruch

Man muss jedoch berücksichtigen, dass das BGB und die im materiellen Recht h.M. von der *Anspruchskonkurrenz* ausgehen. Aufgrund des materiellen Rechts können daher aus einem Tatsachenkomplex, etwa einem schadenstiftenden Ereignis, mehrere, auf das gleiche Ziel gerichtete, d.h. konkurrierende Ansprüche entstehen, im **Fall 1** etwa aus Vertragsverletzung, unerlaubter Handlung und Gefährdungshaftung. Es fragt sich, ob die Übertragung dieses Anspruchsbegriffs auf das Prozessrecht zu angemessenen Ergebnissen führt, und zwar bei den Problemen der Klageänderung, der Rechtshängigkeit und der Rechtskraft.

161a

In **Fall 1** sind für den verletzten K Ansprüche wegen Verletzung der Pflichten aus dem Beförderungsvertrag (§§ 280 Abs. 1, 3, 281 ff. BGB), aus unerlaubter Handlung (§ 823 Abs. 1 BGB; § 823 Abs. 2 BGB i.V.m. § 229 StGB) und aus Gefährdungshaftung (§§ 7, 8a StVG) entstanden. Wenn man den prozessualen mit dem materiell-rechtlichen Anspruch gleichsetzt, liegen mindestens drei prozessuale Ansprüche (Streitgegenstände) vor. Das hat zur Konsequenz, dass eine *Klageänderung* vorläge, wenn K seine Klage zuerst auf unerlaubte Handlung stützt und sie nun mit Vertragsverletzung oder, weil er dann kein Verschulden zu beweisen braucht, mit Gefährdungshaftung begründen möchte. Wird die Klage von vornherein auf alle drei Ansprüche gestützt, so läge eine *Klagenhäufung* vor. Das Gericht könnte eine getrennte Verhandlung über die drei Ansprüche anordnen (§ 145 Abs. 1), obwohl es für diese auf denselben Sachverhalt ankommt. Klagt der Kläger nur einen der Ansprüche, etwa den aus Gefährdungshaftung ein, so könnte man die *Rechtshängigkeit* dieses Anspruchs nicht gegen eine Klage aus den anderen Ansprüchen einwenden, mit dem Ergebnis, dass unter Umständen sich inhaltlich widersprechende Entscheidungen ergeben können. Für die *Rechtskraft* würde dies schließlich bedeuten, dass die Entscheidung über einen der Ansprüche eine neue Klage aus einem anderen Anspruch und gegebenenfalls ein inhaltlich abweichendes Urteil nicht hindern würde. Der Kläger könnte die verschiedenen Ansprüche nacheinander einklagen, der Beklagte müsste sich entweder jedes Mal von neuem verteidigen oder seinerseits negative Feststellungsklage erheben. Damit wird deutlich, dass die Übertragung des materiellen Anspruchsbegriffs, so wie er der Lehre von der Anspruchskonkurrenz zugrunde liegt, auf das Prozessrecht bei den vier entscheidenden Punkten *zu unangemessenen Ergebnissen* führt. Es ist heute auch völlig h.M., dass eine solche Übertragung *nicht möglich* ist. Der prozessuale Anspruch muss anders definiert werden.

2. Zweigliedriger und eingliedriger Streitgegenstandsbegriff

162 Wie der prozessuale Anspruch zu bestimmen ist, darüber gehen die Meinungen sehr auseinander. Die Kenntnis der verschiedenen dazu entwickelten Theorien ist weder in der juristischen Praxis noch für den Anfänger erforderlich, da sie sich im Ergebnis im Allgemeinen ohnehin nur in der Behandlung von Grenzfällen unterscheiden. Anstatt von theoretischen Überlegungen sollte man davon ausgehen, *worüber* im Prozess *gestritten* und worüber *entschieden* wird: über den vom Kläger gestellten *Antrag* und die zu seiner *Begründung vorgebrachten Tatsachen*. Es geht bei allen Klagearten nicht um isolierte Rechtsfragen oder Tatsachenfeststellungen, sondern darum, ob der vom Kläger gestellte Antrag Erfolg haben und die begehrte Entscheidung erlassen werden kann. Dieses Begehren kann man aber nicht losgelöst von dem Sachverhalt sehen, der zur Abgrenzung des Begehrens herangezogen werden muss. Es ist etwas anderes, ob man 1.000,– Euro aus einem 2005 gegebenen Darlehen zurückverlangt oder 1.000,– Euro aus einem 2006 geschlossenen Kaufvertrag. Auch aus dem Wortlaut des § 253 Abs. 2 Nr. 2, in dem Klageantrag und Klagegrund

nebeneinander aufgeführt werden, ergibt sich die Zugehörigkeit des Sachverhalts zum prozessualen Anspruch. Dieser sog. *zweigliedrige Streitgegenstandsbegriff* wird heute von der ganz überwiegenden Meinung vertreten.
Schwab (FS G. Lüke, 1997, 793) will hingegen den Streitgegenstandsbegriff nur am Antrag orientieren, der Sachverhalt soll lediglich von Bedeutung sein, wenn sich aus dem Antrag allein nichts für die Abgrenzung ergibt (wie oben bei der Klage auf 1.000,– Euro), sog. *eingliedriger Streitgegenstandsbegriff*. Damit wird deutlich, dass der Sachverhalt eben doch unentbehrlich für die Bestimmung des Streitgegenstandes ist. Man kann den Streitgegenstand deshalb etwa folgendermaßen definieren: *das auf rechtskräftige Feststellung einer Rechtsfolge gerichtete Begehren, das durch den gestellten Antrag und den zu seiner Begründung vorgetragenen Sachverhalt gekennzeichnet wird.* Dies entspricht auch der überwiegend in der Praxis vertretenen Auffassung (RGZ 118, 209; BGHZ 7, 268, 271; 117, 1, 5; *BGH* NJW 1993, 2052). Dem vorgetragenen Sachverhalt werden auch alle Tatsachen zugerechnet, die „bei einer natürlichen Betrachtungsweise zu dem durch den Kläger zur Entscheidung gestellten Vortrag zum Tatsachenkomplex gehören" (BGHZ 117, 1, 6). Danach dient der Vortrag als solcher als Maßstab. *„Der prozessuale Anspruch steckt also den Rahmen ab, innerhalb dessen das Gericht das materielle Recht auf den von ihm festgestellten Sachverhalt anwenden darf"* (*Arens*, AcP 170, 392, 424). Der Sachverhalt muss vom Kläger aber nicht in jedem Detail dargebracht werden, um später von der Rechtskraftwirkung erfasst zu werden. Die Schwierigkeit liegt hier darin, einerseits zu einem sinnvollen Rechtskraftumfang zu gelangen, andererseits aber dem Verhandlungsgrundsatz Rechnung zu tragen, nach dem der Kläger den Gegenstand des Verfahrens bestimmt (hierzu auch *Schilken* Rn. 231 f.). Die Ausführungen zeigen, dass nur *ein* Streitgegenstand vorliegt, auch wenn sich aus dem Sachverhalt *mehrere* konkurrierende *materiell-rechtliche* Ansprüche ergeben, die jeweils für sich den gestellten Klageantrag rechtfertigen.

In **Fall 1** liegt also nur ein Streitgegenstand vor, der durch den Antrag auf Zahlung von 7.500,– Euro und den vorgetragenen Sachverhalt, den Unfall, abgegrenzt wird. Damit werden die Konsequenzen vermieden, die aus der Orientierung des Streitgegenstandes an materiell-rechtlichen Ansprüchen folgen würden. Wenn der Kläger die Begründung wechselt, von unerlaubter Handlung auf Gefährdungshaftung übergeht, liegt keine Klageänderung vor. Wenn die Klage abgewiesen wird, weil den Beklagten kein Verschulden trifft und Ansprüche aus Gefährdungshaftung vom Gericht übersehen wurden, muss der Kläger dies mit Rechtsmitteln geltend machen. Wenn das Urteil rechtskräftig wird, ist über den prozessualen Anspruch insgesamt entschieden, die Klage kann nicht erneut erhoben werden unter Berufung auf einen übersehenen, in den Streitgegenstand fallenden materiell-rechtlichen Anspruch.

163 Ein *anderer Streitgegenstand* liegt also vor, wenn ein *anderer Antrag* gestellt wird oder (und) ein *anderer Sachverhalt* vorgebracht wird. Bei der Frage, ob ein anderer Antrag gestellt wird, ergeben sich kaum Probleme, abgesehen von den Fällen, in denen von einer Feststellungsklage zur Leistungsklage übergegangen wird. Nach richtiger, aber nicht unstreitiger Ansicht liegt eine Klageänderung vor, weil der Antrag geändert wird. Sehr schwierig zu beantworten ist die Frage, wann ein anderer Sachverhalt vorliegt, der im Gegensatz zur bloßen Sachverhaltsergänzung eine Klageänderung darstellt: Liegt im **Fall 2** ein neuer Klagegrund vor, wenn der Kläger die Klage nunmehr auf den Wechsel stützt? Kann es einen Unterschied machen, ob der Wechsel sofort beim Abschluss des Kaufvertrages oder drei Monate später übergeben worden ist? Wenn man die Vorteile des prozessualen Streitgegenstandsbegriffs nicht aufgeben will, muss man darauf verzichten, den Klagegrund an den Voraussetzungen eines materiellen Anspruchs zu orientieren. Die ganz überwiegende Meinung versucht dann auch eine andere Abgrenzung. Es werden Formulierungen gebraucht wie „Lebenssachverhalt" oder „historisches Ereignis", wobei Einigkeit darüber besteht, dass der Kläger in der Klageschrift (§ 253 Abs. 2 Nr. 2) nicht alle Tatsachen anführen muss; es reicht, wenn er genügend vorträgt, um den Sachverhalt von anderen historischen Ereignissen abzugrenzen. Aber auch bei Zugrundelegung des Begriffs „Lebenssachverhalt" oder „historisches Ereignis" ist diese Abgrenzung sehr schwierig (für ein Beispiel s. *BGH* NJW 1996, 3152).

Dies wird deutlich im **Fall 2**: Wenn der Abschluss des Kaufvertrages und die Übergabe des Wechsels zeitlich zusammenfallen, liegt sicher ein Lebenssachverhalt vor, und sicher zwei, wenn der Wechsel erst drei Monate später ausgestellt wird. Soll im ersten Fall nur ein Klagegrund und damit Streitgegenstand vorliegen, im zweiten Fall dagegen zwei? Die Annahme nur eines Streitgegenstandes bei Kauf und Wechsel ist auch deshalb problematisch, weil für die Klage aus dem Wechsel die Möglichkeit eines besonderen Verfahrens besteht (§§ 592 ff.; s. Rn. 459 ff.).

§ 14. Der prozessuale Anspruch

Jauernig (Verhandlungsmaxime, Inquisitionsmaxime und Streitgegenstand, 1967, 46ff.) und *Henckel* (Parteilehre und Streitgegenstand im Zivilprozeß, 1961, 277) wollen danach entscheiden, ob zwischen den zwei Tatsachenkomplexen ein Zusammenhang besteht. Wenn beide die mit der Klage geltend gemachte Rechtsfolge selbständig rechtfertigen, sollen zwei verschiedene Sachverhalte vorliegen (so auch *BGH* NJW-RR 1987, 58; NJW 1992, 117; zweifelnd *Schilken* Rn. 227). Dies sei bei Kauf und Wechsel der Fall, bei mehreren materiell-rechtlichen Schadensersatzansprüchen aus einem Unfall nicht. Mit dieser Definition wird der Kauf-Wechsel-Fall überzeugend gelöst, in anderen Situationen wird es neue Abgrenzungsschwierigkeiten geben. Diese sind wohl bei keiner Streitgegenstandsdefinition zu vermeiden. Man muss sich vergegenwärtigen, dass die prozessuale Streitgegenstandslehre der in weitem Umfang gelungene Versuch ist, die Unzuträglichkeiten, die sich aus der materiell-rechtlichen Anspruchskonkurrenz für den Prozess ergeben, zu korrigieren. Schwer zu lösende Grenzfälle werden bleiben.

3. Am materiellen Recht orientierte Streitgegenstandstheorien

Es ist der Versuch unternommen worden, die sich aus der Anspruchskonkurrenz für den Prozess ergebenden Probleme vom materiellen Recht her zu lösen, durch Annahme *nur eines materiell-rechtlichen Anspruchs* an Stelle mehrerer konkurrierender Ansprüche (Lehre von der Anspruchsnormenkonkurrenz, zuerst von *Nikisch*, AcP 154, 282ff. vertreten). Am ausführlichsten ist diese Lehre von *Georgiades* (Die Anspruchskonkurrenz im Zivilrecht und Zivilprozeßrecht, 1968) begründet worden (dazu *Arens*, AcP 170, 392). Diese Auffassung steht vor der Schwierigkeit, dass das BGB von konkurrierenden Ansprüchen ausgeht, für die zum Teil unterschiedliche Bestimmungen hinsichtlich Verjährung und Beweislast gelten. Es erhebt sich dann die Frage, ob diese Vorschriften nebeneinander auf den einheitlichen Anspruch angewendet werden müssen, womit der Unterschied zu mehreren konkurrierenden Ansprüchen nahezu aufgehoben würde. Außerdem steht die Lehre von der Anspruchsnormenkonkurrenz vor derselben Schwierigkeit wie die prozessualen Streitgegenstandstheorien. Sie muss ein Merkmal für die Abgrenzung des materiellrechtlichen Anspruchs geben, der ihr zufolge nicht mehr mit der

164

einzelnen materiell-rechtlichen Anspruchsnorm identisch sein soll. Dabei tauchen dieselben Probleme wie bei der Abgrenzung des Klagegrundes auf; sie sind lediglich vom Prozessrecht ins materielle Recht verschoben. Für die Lösung der prozessualen Probleme ist diese Auffassung deshalb wenig hilfreich.

4. Streitgegenstandsbegriff bei Feststellung- und Gestaltungsklage

165 Für die *Feststellungs-* und *Gestaltungsklagen* gelten die Ausführungen zum Streitgegenstand, die bisher am Beispiel der Leistungsklage erörtert worden sind, *entsprechend*. Streitgegenstand der Feststellungsklage ist das Begehren auf Feststellung eines bestimmten Rechts. Es ist streitig, ob hier immer ein bestimmter Sachverhalt als Klagegrund angegeben werden muss. Für absolute Rechte wie das Eigentum wird die Ansicht vertreten, dass die Angabe dieses Rechts genüge, alle Erwerbsgründe sollen dann automatisch zum Streitgegenstand gehören (*Jauernig/Hess* § 37 Rn. 46). Man sollte aber auch hier an dem zweigliedrigen Streitgegenstandsbegriff festhalten: in einem Verfahren mit Dispositions- und Verhandlungsmaxime hat es der Kläger auch bei der Feststellungsklage in der Hand, auf welchen Sachverhalt er sein Begehren stützen, welchen Erwerbsgrund er also beim Eigentum geltend machen will.

Bei den Gestaltungsklagen ist Streitgegenstand das Begehren nach einer bestimmten Gestaltung: Aufhebung eines Hauptversammlungsbeschlusses, Ausschluss eines Gesellschafters, Scheidung einer Ehe. Klagegrund ist der Sachverhalt, aus dem sich das Recht auf die begehrte Gestaltung ergeben soll. Die früher streitige Frage, ob im Scheidungsprozess der Streitgegenstand nach den einzelnen Scheidungsgründen (Ehebruch, Eheverfehlung) abzugrenzen sei, hat sich erledigt, weil das Gesetz nur noch einen Scheidungsgrund, das Scheitern der Ehe, kennt (§ 1565 BGB). Darunter fallen alle Einzelumstände, die zum Scheitern der Ehe beigetragen haben.

§ 15. Die Wirkungen der Klageerhebung

I. Die Rechtshängigkeit

Literatur: *Herrmann*, Die Grundstruktur der Rechtshängigkeit, 1988; *Kleinbauer*, Rechtshängigkeit im Zivilprozess, JA 2007, 416; *Leipold*, Internationale Rechtshängigkeit, Streitgegenstand und Rechtsschutzinteresse – Europäisches und Deutsches Zivilprozeßrecht im Vergleich, GS Arens, 1993, 227; *Reuß*, Internationale Rechtshängigkeit im Zivilprozess, Jura 2009, 1; *Schumann*, Die Relativität des Begriffs der Rechtshängigkeit, FS G. Lüke, 1997, 767.

Sie wird durch Klageerhebung, also durch die Zustellung der Klageschrift an den Beklagten, begründet (§§ 253 Abs. 1, 261 Abs. 1). Dieselbe Rechtswirkung hat eine Klageerhebung im Ausland (vgl. *Geimer,* NJW 1984, 527). Die Rechtshängigkeit ist von der bloßen *Anhängigkeit* zu unterscheiden: Anhängig ist eine Sache, wenn das Gericht überhaupt mit ihr befasst ist, etwa um zu entscheiden, ob die Rechtshängigkeit noch besteht (bei einem Streit um die Wirksamkeit einer Klagerücknahme oder eines Prozessvergleichs) oder ab Einreichung der Klage bei Gericht vor Zustellung der Klage an den Beklagten. Die Rechtshängigkeit hat in erster Linie *prozessuale,* daneben aber auch *materiellrechtliche* Wirkungen.

1. Prozessuale Wirkungen

Die prozessualen Wirkungen bestehen einmal in der Begründung einer negativen Prozessvoraussetzung (*BGH* WM 1985, 673). Während der Rechtshängigkeit kann die Streitsache von keiner Partei anderweitig anhängig gemacht werden (§ 261 Abs. 3 Nr. 1). Eine gleichwohl erhobene Klage müsste als *unzulässig* abgewiesen werden, ohne dass es einer Rüge des Beklagten bedürfte (*BGH* NJW 1989, 2064; Rn. 150). Das gilt auch für die Rechtshängigkeit vor einem ausländischen Gericht, sofern es in dem durchgeführten Verfahren zu einer anerkennungsfähigen Entscheidung kommen kann (*BGH* NJW 1986, 662; NJW-RR 1992, 642; vgl. auch *BGH* NJW 1987, 3083; hierzu *Schütze,* ZZP 104, 136). Voraussetzung ist die *Identität des Streitgegenstandes* (Rn. 160 ff.). Sie ist auch gegeben, *wenn die Parteirollen vertauscht sind,* so etwa, wenn K im ersten Prozess gegen B auf Rückzahlung eines Darlehens klagt und B nunmehr eine Feststellungsklage erhebt, dass er aus diesem Darlehen nichts schulde. Eine bereits rechtshängige Feststellungsklage steht aber einer Leistungsklage selbst dann nicht entgegen, wenn der Streitgegenstand im Übrigen identisch ist. Da die Anträge verschieden sind, unterscheiden sich in diesen Fällen auch die Streitgegenstände (Rn. 163). In der Regel wird allerdings für die Feststellungsklage das Feststellungsinteresse entfallen (Rn. 130).

Die Prüfung der Identität kann vor allem *bei vertauschten Parteirollen* Schwierigkeiten bereiten. Wenn der Kläger auf Feststellung eines bestimmten Rechts, etwa seines Eigentums, klagt, so kann der Beklagte Klage auf Feststellung erheben, dass er der Eigentümer sei. Das die erste Feststellungsklage abweisende Urteil würde nur feststellen, dass der Kläger *nicht* Eigentümer ist, nicht aber, dass es der Beklagte ist – es könnte auch ein Dritter sein. Identität ist somit nicht gegeben. Um sich widersprechende Entscheidungen zu vermeiden, kann das später angerufene Gericht das Verfahren bis zur Entscheidung über die zunächst erhobene Feststellungsklage aussetzen (§ 148). Wegen der Gesamtzuständigkeit nach § 17 Abs. 2 S. 1 GVG ist der Streitgegenstand auch bei gemischten Rechtsverhältnissen nicht mehr durch verschiedene Rechtswegzuständigkeiten gespalten. Statt dessen tritt die Rechtshängigkeit des gesamten Streitgegenstandes ein (Münch-Komm/*Becker-Eberhard* § 261 Rn. 58, siehe *OLG Schleswig* NJW 2004, 1052; gleiches wird man wohl zum Gerichtsstand sagen müssen, *Becker-Eberhard*, a. a. O. Rn. 59).

168 Eine weitere prozessuale Wirkung ist, dass die bei Klageerhebung gegebene *Zuständigkeit bestehen bleibt*, auch wenn die Voraussetzungen dafür später wegfallen (sog. perpetuatio fori, § 261 Abs. 3 Nr. 2). Dasselbe gilt für die Zulässigkeit des beschrittenen Rechtsweges (§ 17 Abs. 1 S. 1 GVG). Damit wird verhindert, dass an ein anderes Gericht verwiesen werden muss, was zur Folge hätte, dass dieses sich wieder neu in die Sache einarbeiten müsste. Dieser doppelte Arbeitsaufwand soll vermieden werden. Wenn der Beklagte nach Klageerhebung seinen Wohnsitz verlegt, bleibt das Gericht des alten Wohnsitzes örtlich zuständig (§ 13). Dasselbe gilt, wenn der Wert des Streitgegenstandes auf oder unter 5.000,- Euro absinkt, das Landgericht bleibt gleichwohl sachlich zuständig. Wenn der Wert sich erhöht, muss allerdings auf Antrag einer Partei an das Landgericht verwiesen werden (§ 506). Aus der

Regel des § 261 Abs. 3 Nr. 2 darf nun aber nicht geschlossen werden, dass auch eine bei Klageerhebung bestehende Unzuständigkeit bestehen bliebe, wenn ihre Voraussetzungen während des Prozesses wegfallen. Das unzuständige Gericht kann vielmehr zuständig werden, etwa wenn der Beklagte umzieht.

2. Materiell-rechtliche Wirkungen

Die materiell-rechtlichen Wirkungen der Rechtshängigkeit sind zahlreich und von verschiedener Art. Die Rechtshängigkeit dient der Erhaltung von Rechten (durch Hemmung der Verjährungsfrist, § 204 Abs. 1 Nr. 1 BGB; dazu *Kähler*, NJW 2006, 1769), ihrer Erweiterung (Prozesszinsen ab Rechtshängigkeit, § 291 BGB). Besonders wichtig ist auch die Haftungsverschärfung (§§ 292, 989 BGB). Wenn die Klage zurückgenommen wird, so ist der Rechtsstreit als nicht anhängig geworden anzusehen (§ 269 Abs. 3 S. 1), die Hemmung der Verjährungsfrist endet sechs Monate nach Klagerücknahme (§ 204 Abs. 2 S. 1 BGB).

169

Übersicht: Rechtshängigkeit

Rechtshängigkeit (§ 261 Abs. 1)			
Dauer		Wirkung	
Begründung/Beginn	Beendigung	prozessual	materiellrechtlich
1. Klageerhebung § 253 Abs. 1 (auch vor ausländischen Gerichten, sofern keine Gründe gegen Anerkennungsfähigkeit sprechen, § 328) 2. Klageerweiterung bzw. Erhebung der Widerklage § 256 Abs. 2 3. Mahnverfahren: Widerspruch gegen Mahnbescheid § 696 Abs. 3 bzw. Einspruch gegen Vollstreckungsbescheid § 700 Abs. 2	1. rechtskräftiges Urteil 2. Vergleich 3. Klagerücknahme 4. beiderseitige Erledigungserklärung	1. Festlegung des Streitgegenstandes (kann nur nach §§ 263, 264 geändert werden) 2. Festlegung des Gerichts § 261 Abs. 3 Nr. 1 (keine doppelte Befassung der Gerichte durch Einwand anderweitiger Rechtshängigkeit § 261 Abs. 3 Nr. 2 (perpetuatio fori) 3. Festlegung der Parteien des Rechtsstreits (Wechsel und Erweiterung nach besonderen Grundsätzen)	1. rechtserhaltende Wirkung: § 204 Abs. 1 Nr. 1 BGB Hemmung der Verjährung 2. haftungsverschärfende/ rechtsvermehrende Wirkung: §§ 292, 987 ff. BGB verschärfte Haftung, § 291 BGB Prozesszinsen

II. Die Klageänderung

Literatur: *Schlinker,* Das Recht des Beklagten auf ein Sachurteil im Zivilprozess – Zur Problematik der Klageänderung, Jura 2007, 1.

Fall 1: K klagt gegen B auf Herausgabe eines ihm angeblich gehörenden Autos, dessen Eigentümer zu sein B behauptet. Während des Prozesses erleidet B, der das Auto weiter benutzt hat, einen selbst verschuldeten Unfall, der zum

§ 15. Die Wirkungen der Klageerhebung

Totalschaden führt. K möchte jetzt an Stelle der Herausgabe 8.000,– Euro Schadensersatz. Kann er diesen neuen Antrag in demselben Prozess stellen?

Eine weitere Folge des Eintritts der Rechtshängigkeit ist das *Verbot der Klageänderung.* Der Grund für dieses Verbot ist das Interesse des Beklagten, der sich auf die Verteidigung in einer bestimmten Sache einlassen musste und für den es eine erhebliche Belastung bedeuten kann, wenn er sich nun mit einem veränderten Klagevorbringen auseinandersetzen muss. Es kann aber der endgültigen Ausräumung des Streites zwischen den Parteien und der Prozessökonomie dienen, wenn eine Klageänderung zugelassen wird, weil dann für die geänderte Sache die bisherige Prozessführung genutzt werden kann (*BGH* NJW 1996, 2869). Deshalb hat das Gesetz *zahlreiche Ausnahmen* von dem Verbot der Klageänderung vorgesehen. Klageänderung bedeutet Änderung des Streitgegenstandes, also ein anderer Antrag oder/und ein anderer Klagegrund. Es wird der ursprünglich geltend gemachte Streitgegenstand gegen einen neuen ausgetauscht, wobei der neue Streitgegenstand erst mit der Geltendmachung in der mündlichen Verhandlung oder der Zustellung eines den Erfordernissen des § 253 Abs. 2 Nr. 2 entsprechenden Schriftsatzes rechtshängig wird (§§ 261 Abs. 2, 297, wichtig wegen der materiell-rechtlichen Wirkungen der Rechtshängigkeit). 170

Keine Klageänderung liegt vor, wenn die Parteien im Rahmen des rechtshängigen Streitgegenstandes *ihre rechtlichen oder tatsächlichen Ausführungen ergänzen oder berichtigen.* Die gesetzliche Vorschrift, die dies ausdrücklich bestimmt (§ 264 Nr. 1), ist überflüssig, weil bei diesen Ergänzungen keine Änderung des Streitgegenstandes vorliegt (s. z.B. BGHZ 115, 286, 291 f.). Eine unter § 263 fallende Klageänderung durch Änderung des Klagegrundes liegt erst vor, wenn der Vortrag neuer Tatsachen den Kern des in der Klage angeführten Lebenssachverhaltes verändert (*BGH* NJW 2007, 83, 84). 171

Keine Streitgegenstandsänderung (und damit Klageänderung) liegt vor, wenn die eingeklagte Werklohnforderung auf einer neuen zur Zeit des Berufungsverfahrens erstellten und in dieses eingeführten Schlussrechnung beruht (*BGH* NJW-RR 2004, 167).

Wenn dagegen der Klageantrag in der Hauptsache oder in Bezug auf Nebenforderungen (z.B. Zinsen) *erweitert* oder *beschränkt* werden soll, werden der Streitgegenstand und damit auch die Klage geändert. Da diese Änderung der *Prozessökonomie* jedenfalls dann dient, wenn dabei der Klagegrund nicht verändert wird, bestimmt das Gesetz, dass sie nicht als Klageänderung anzusehen sei (§ 264 Nr. 2). Der Sache nach liegt hier also eine *zulässige Klageänderung* vor. Die Rechtsprechung ordnet diese Fälle in der Berufungsinstanz nicht unter § 533 (dieser beziehe sich nur auf § 263, *BGH* NJW-RR 2010, 1286, 1287), sodass bspw. die Erhöhung des Klagebetrags auch in zweiter Instanz zulässig ist. Dies gilt ebenso beim Übergang von der Leistungs- zur Feststellungsklage und umgekehrt (*BGH* NJW 1994, 2896; NJW-RR 2002, 283; vgl. auch Rn. 8). Der Prozessökonomie dient es ebenso, wenn bei gleichem Klagegrund der Kläger wegen einer *später* eingetretenen Veränderung einen anderen Antrag stellt, wie etwa in **Fall 1** nach der Zerstörung des Autos den Antrag auf Schadensersatz. Alle Beweisergebnisse, die etwa zur Frage des Eigentums vorliegen, könnten für den Schadensersatzanspruch genauso gut verwendet werden. Deshalb bestimmt das Gesetz auch für diesen Fall, dass eine Klageänderung nicht vorliege (§ 264 Nr. 3). Voraussetzung ist aber, dass die Veränderung später, d.h. nach Klageerhebung eingetreten oder dem Kläger ohne sein Verschulden erst danach bekannt geworden ist (BAGE 19, 137). Mit der Bestimmung des § 264 können viele Fälle zufriedenstellend gelöst werden.

172 In den verbleibenden Fällen ist die Klageänderung zulässig, wenn der Beklagte *einwilligt* (dann ist er nicht schutzbedürftig) oder das Gericht die Klageänderung für *sachdienlich* erachtet (§ 263). Sachdienlichkeit liegt trotz eventuell erforderlicher weiterer Beweisaufnahmen und einer Verzögerung des Verfahrens vor, wenn die Zulassung der Klageänderung der endgültigen Erledigung des Streits zwischen den Parteien dient, also etwa eine neue Klage vermieden wird (*BGH* NJW 1985, 1841). Lediglich die Einführung völlig neuen Streitstoffs ist nicht mehr sachdienlich, weil das Ergebnis des bisherigen Prozesses nicht verwertet werden kann (*BGH* NJW 2000, 800, 803). Die Klageänderung ist unter diesen Voraussetzungen auch in der Berufungsinstanz zulässig, wobei es auf den Verlust einer Tatsacheninstanz nicht ankommt (BGHZ 1, 65, 73). Die Sachdienlichkeit ist zu verneinen, wenn ein völlig neues Begehren mit einem neuen Sachverhalt begründet wird.

173 Die Entscheidung des Gerichts (durch Zwischenurteil nach § 303 oder in den Gründen des Endurteils), dass eine Klageände-

rung nicht vorliege oder sie zuzulassen sei, kann nicht angefochten werden (§ 268). Wenn sich der Beklagte in einer mündlichen Verhandlung auf eine abgeänderte Klage eingelassen hat, ohne der Änderung zu widersprechen, ist seine Einwilligung in die Klageänderung anzunehmen (§ 267). Aus dieser Regelung wird deutlich, dass das Gesetz den ursprünglich im Vordergrund stehenden Schutz des Beklagten stark zugunsten einer endgültigen Streiterledigung zurückgedrängt hat. Wird die Klageänderung nicht zugelassen, muss das Gericht über den ursprünglichen Anspruch entscheiden (*LG Nürnberg-Fürth* ZZP 91, 490 m. Anm. *Schwab*).

Wenn der Kläger seinen Antrag von 10.000,- Euro auf 8.000,- Euro ermäßigt hat, bleibt die Frage, was mit dem Streitgegenstand oder dem Teil des Streitgegenstandes geschieht, der nicht mehr geltend gemacht wird. Nach h. M. kann entweder ein Klageverzicht (§ 306), eine Erledigung der Hauptsache (Rn. 244 ff.) oder, am naheliegendsten, eine Klagerücknahme (§ 269) vorliegen (vgl. *BGH* NJW 1990, 2682). Dies ist von praktischem Interesse wegen der Kosten bezüglich des nicht mehr geltend gemachten Streitgegenstandes, die der Kläger zu tragen hat (§§ 306, 91, wenn Verzichtsurteil ergeht; nach § 91 a bei der Erledigung der Hauptsache; nach § 269 Abs. 3 S. 2 bei Zugrundelegung einer Klagerücknahme). Außerdem erhebt sich die Frage, ob die Einverständniserklärung des Beklagten, die bei der Klagerücknahme erforderlich ist (§ 269 Abs. 1), in diesem Fall entbehrlich ist. Man muss dabei berücksichtigen, dass die Einverständniserklärung des Beklagten bei der Klagerücknahme nicht wie bei der Klageänderung durch eine Sachdienlichkeitserklärung seitens des Gerichts ersetzt werden kann. Die kumulative Anwendung der §§ 263 und 269 Abs. 1 hätte also zur Folge, dass der Beklagte die Klageänderung immer verhindern könnte. Gerade das wollte der Gesetzgeber mit der Einführung der Sachdienlichkeitserklärung verhindern. Nach h. M. ist deshalb das Einverständnis des Beklagten zu der in der Klageänderung liegenden Klagerücknahme nicht erforderlich, wenn das Gericht die Klageänderung als sachdienlich zugelassen hat. Dies wird man grds. auch in den Fällen des § 264 annehmen müssen (str., s. MünchKomm/*Becker-Eberhard* § 264 Rn. 23 m. w. N.; a. A. B/L/A/H § 264 Rn. 9, § 269 Rn. 1; *Arens*, Willensmängel bei Parteihandlungen im Zivilprozeß, 1968, 160 ff.; differenzierend *Henckel*, FS Bötticher, 1969, 181 ff.).

III. Die Veräußerung des Streitgegenstandes

Literatur: *Grunsky*, Die Veräußerung der streitbefangenen Sache, 1968 (dazu *Henckel* ZZP 82, 333); *Henckel*, Die Veräußerung der Streitsache, FS Walder, 1994, 193; *Huber*, Grundwissen – Zivilprozessrecht: Die Abtretung der eingeklagten Forderung, JuS 2010, 582.

Fall 2: K klagt gegen B auf Zahlung von 6.000,- Euro aus Darlehen. Nach einer für ihn ungünstig verlaufenen Beweisaufnahme befürchtet er den Verlust des Prozesses. Kann er eine Abweisung der Klage wegen Nichtbestehens des Rückzahlungsanspruchs vermeiden, wenn er diesen Anspruch an Z abtritt (§ 398 BGB)?

Fall 3: B ist von K auf Herausgabe eines Autos verklagt worden. Er befürchtet verurteilt zu werden und verkauft und übereignet den Wagen an X, der ihn ohne Fahrlässigkeit für den Eigentümer hält und auch von dem Prozess nichts weiß. Wie wirkt sich das auf den Prozess aus?

174 Die Rechtshängigkeit schließt das Recht der einen oder der anderen Partei nicht aus, die in Streit befangene Sache zu veräußern oder den geltend gemachten Anspruch abzutreten (§ 265 Abs. 1). Diese Vorschrift erscheint auf den ersten Blick sinnlos, weil es im materiellen Recht keine Regelung gibt, die den Parteien das verbietet, was § 265 Abs. 1 ihnen ausdrücklich erlaubt. § 265 Abs. 1 ist nur historisch zu erklären. Im gemeinen Recht waren die sich aus der Veräußerung des Streitgegenstandes ergebenden Probleme anders geregelt als in der ZPO.

Die Abtretung des geltend gemachten Anspruchs führt nach materiellem Recht dazu, dass der Kläger die *Aktivlegitimation* verliert. Bei Veräußerung der streitbefangenen Sache durch den Beklagten (wenn Eigentum, Besitz oder ein anderes dingliches Recht streitig sind, nicht bei obligatorischen Ansprüchen auf Herausgabe oder Leistung) verliert dieser die *Passivlegitimation.* Die Klage würde dann vom falschen Kläger bzw. gegen den falschen Beklagten weiterverfolgt, sie müsste aus *diesem* Grunde als unbegründet abgewiesen werden. Bei der Abtretung auf der Klägerseite würde der Beklagte um die Aussicht gebracht, ein Urteil zu erhalten, das die Klage abweist, weil der geltend gemachte Anspruch nicht besteht (wie in **Fall 2**). Bei der Veräußerung auf der Seite des Beklagten müsste der Kläger entweder eine neue Klage gegen den Erwerber erheben oder die alte Klage auf Schadensersatz umstellen (§ 264 Nr. 3). In jedem Falle wäre die jeweils andere Partei um den Erfolg ihrer bisherigen Prozessführung gebracht.

Das gemeine Recht hatte diese Problematik durch ein Verbot der Veräußerung und Abtretung während des Prozesses zu lösen versucht. Dadurch konnte allerdings ein grundlos Beklagter sehr geschädigt werden. Die ZPO hat diese Lösung nicht übernommen, sondern die Veräußerung ausdrücklich in § 265 Abs. 1 gestattet. Veräußerung ist jede *Einzelrechtsnachfolge,* auch die Begründung von beschränkt dinglichen Rechten, etwa eines Pfandrechts. Der Gesetzgeber hat auch den Ausweg verworfen, dass der Erwerber automatisch an Stelle des Veräußerers als Partei in den Prozess eintritt. Dann bestünde nämlich die Möglichkeit, dem Gegner eine *zahlungsschwache* Partei aufzudrängen, von

§ 15. Die Wirkungen der Klageerhebung

der die Verfahrenskosten nicht zu bekommen wären. Der Weg, den der Gesetzgeber der ZPO eingeschlagen hat, versucht diese negativen Auswirkungen der Veräußerung zu vermeiden.

Nach § 265 Abs. 2 S. 1 hat die Veräußerung oder Abtretung auf den Prozess *keinen Einfluss*. Das bedeutet, dass der Veräußerer Partei bleibt, er prozessiert jetzt *über ein fremdes Recht im eigenen Namen* (so K in **Fall 2**). Obwohl ihm die Sachlegitimation fehlt, ist er prozessführungsbefugt. Es liegt also ein Fall der *Prozessstandschaft* vor (Rn. 99f.). Die Rechtskraft des Urteils, das er erstreitet, wirkt für und gegen den Erwerber (§ 325 Abs. 1). Der Erwerber könnte nicht neu klagen, soweit und solange der alte Prozess noch rechtshängig ist. Er kann auch nicht den alten Prozess ohne Zustimmung des Gegners übernehmen (§ 265 Abs. 2 S. 2). Mit Zustimmung des Gegners ist eine Übernahme möglich: es liegt dann ein Parteiwechsel vor (Rn. 105ff.). Ohne diese Zustimmung kann der Erwerber lediglich als nicht streitgenössischer Nebenintervenient beitreten (§ 265 Abs. 2 S. 3, Rn. 449ff.). Die Sachdienlichkeit der Übernahme des Prozesses durch den Rechtsnachfolger kann an dem Zustimmungserfordernis nichts ändern (*BGH* NJW 1996, 2799).

Aus der Regelung, dass die Veräußerung keinen Einfluss auf die 175 Parteistellung hat, folgt nicht, dass die mit der Veräußerung oder Abtretung eingetretene Änderung auch *beim Erlass des Urteils* unberücksichtigt bleiben muss. Es müsste, wenn etwa der Kläger den geltend gemachten Anspruch abgetreten hat und dies unberücksichtigt bliebe, der Beklagte gleichwohl zur Leistung an den Kläger verurteilt werden. Dieses Urteil wäre falsch und würde außerdem einen Eingriff in das Recht des Erwerbers bedeuten. Die Interessen des Beklagten erfordern ein solches Ergebnis jedenfalls bei einem stattgebenden Urteil nicht; er ist nicht beschwert, wenn er statt an den Kläger an den Erwerber leisten muss. Nach h.M. (sog. *Relevanztheorie*) und ständiger Rechtsprechung (RGZ 166, 218, 237; 167, 321, 322; *BGH* NJW 1960, 2336; 1997, 735, 736) muss deshalb der Kläger, erforderlichenfalls nach einem Hinweis durch den Richter (§ 139), seinen Antrag auf Leistung an den Rechtsnachfolger umstellen (die darin liegende Klageänderung ist jedenfalls sachdienlich). Unterlässt er diese Änderung des Antrages, so muss nach h.M. die Klage *wegen fehlender Sachlegitimation als unbegründet* abgewiesen werden (a.A. *Jauernig/Hess* § 87 Rn. 11; *Rosenberg/Schwab/Gottwald* § 100 Rn. 31ff.

unter Hinweis darauf, dass damit § 265 Abs. 2 S. 1 praktisch bedeutungslos würde). Ein Wechsel auf Seiten des Beklagten kann dagegen beim Erlass des Urteils unberücksichtigt bleiben (sog. *Irrelevanztheorie*).

176 Die Prozessführungsbefugnis des Veräußerers ist für den Gegner, der durch die Regelung des Gesetzes ja geschützt werden soll, nur dann sinnvoll, wenn die Rechtskraft (§ 325 Abs. 1) des Urteils auch *gegen den Erwerber* wirkt. Diese Rechtskrafterstreckung ist die Basis für die Prozessführungsbefugnis des Veräußerers. Das Urteil kann dann auch für und gegen den Rechtsnachfolger vollstreckt werden (§ 727). Die Rechtskrafterstreckung auf den Erwerber entfällt jedoch, wenn dieser gutgläubig war (§ 325 Abs. 2). Der gute Glaube muss sich hier auf die Berechtigung des Veräußerers (etwa auf sein Eigentum § 932 BGB) und gleichzeitig auf das Fehlen der Rechtshängigkeit erstrecken. Ob die Gutgläubigkeit auch bei grob fahrlässiger Unkenntnis von der Rechtshängigkeit fehlt oder nur bei positiver Kenntnis, richtet sich nach der jeweiligen Regelung des materiellen Rechts. Beim Eigentum ist der Maßstab aus § 932 Abs. 2 BGB zu entnehmen.

In **Fall 3** war der Erwerber deshalb gutgläubig i. S. v. § 325 Abs. 2. Die Rechtskraft des im Prozess des K gegen B ergehenden Urteils würde also nicht gegen X wirken. In **Fall 2,** wo eine angeblich bestehende Forderung abgetreten wurde, kennt das materielle Recht keinen Schutz des guten Glaubens.

Die fehlende Rechtskrafterstreckung muss sich auch auf den Prozess, den der Veräußerer noch führt, auswirken. Dem Gegner kann die Führung dieses Prozesses, dessen Urteil ihn nicht vor einer Klage des Erwerbers schützen würde, nicht mehr zugemutet werden. Deshalb kann dem *Kläger,* der veräußert oder abgetreten hat, in den Fällen, in denen der Erwerber gutgläubig war und das materielle Recht die Gutgläubigkeit schützt, entgegengehalten werden, dass er *zur Geltendmachung des Anspruchs nicht mehr befugt sei* (§ 265 Abs. 3), dass ihm also die Sachlegitimation fehle, so etwa, wenn der Kläger aus einer Hypothek geklagt hätte, für die keine Forderung mehr bestand und diese während des Prozesses an einen Gutgläubigen abgetreten hätte (§§ 1138, 892 BGB). Die Klage ist als unbegründet abzuweisen, selbst wenn der Kläger den Antrag auf Leistung an den Erwerber umgestellt hat. Die Prozessführungsbefugnis und damit die Zulässigkeit der Klage fehlt nur dann, wenn der Kläger sich in einer solchen Situation auf

§ 265 Abs. 2 S. 1 beruft und damit als Prozessstandschafter auftritt (h. M., MünchKomm/*Becker-Eberhard* § 265 Rn. 108 m. w. N.). Wenn der Beklagte an einen Gutgläubigen veräußert hat (**Fall 3**), bleibt es bei der Regel des § 265 Abs. 2 S. 1; § 265 Abs. 3 gilt für die Veräußerung durch den Beklagten an einen gutgläubigen Dritten nicht. Aufgrund der Veräußerung verliert der Beklagte seine Passivlegitimation (er ist nicht mehr unberechtigter Besitzer). Damit würde die Klage unbegründet, sofern nicht der Rechtsnachfolger mit Zustimmung des Klägers die Stellung des Beklagten übernimmt. Für den Kläger ist jedoch eine Herausgabeklage gegen den gutgläubig erwerbenden Dritten nicht sinnvoll, da er mit ihr scheitern muss. Er ist vielmehr nach dem Verlust der Sache an einem Regress gegen den Beklagten interessiert. Der Kläger kann daher seine Klage nach § 264 Nr. 3 auf Schadensersatz umstellen.

Eine Sonderregelung enthält § 266 für die Fälle, in denen zwischen dem Besitzer eines Grundstücks und einem Dritten ein Rechtsstreit über das Bestehen oder Nichtbestehen eines Rechts anhängig ist, *das für ein Grundstück in Anspruch genommen wird,* z. B. über eine Grunddienstbarkeit oder über eine auf dem Grundstück angeblich lastende Verbindlichkeit, z. B. eine Grundschuld. Hier ist der Erwerber berechtigt, auch ohne Einwilligung des Gegners und des Veräußerers den Rechtsstreit als Partei zu übernehmen. Auf Verlangen des Gegners ist er dazu sogar verpflichtet. Der Veräußerer scheidet dann als Partei aus. Auch in den Fällen des § 266 ist der Schutz des gutgläubigen Erwerbers zu berücksichtigen (§ 266 Abs. 2), dieser kann danach nicht gegen seinen Willen in den Prozess gezogen werden, vielmehr gilt § 265 Abs. 3 (§ 266 Abs. 2 S. 2; vgl. aber auch § 325 Abs. 3). Nach überwiegender Ansicht soll der Normzweck im fehlenden Interesse des Berechtigten an der Prozessführung liegen. Da sich insoweit aber die Situation nicht von derjenigen des § 265 unterscheidet, ist es überzeugender, den maßgeblichen Grund für die Sonderregelung in dem gegenüber § 265 geringeren Schutzbedürfnis des Prozessgegners vor Manipulationen seines Gegenübers durch Veräußerungen zu sehen. Die Gefahr solcher Handlungen ist wegen der im Vergleich zur Fahrnis aufwendigeren Veräußerung im Liegenschaftsrecht sehr gering (MünchKomm/*Becker-Eberhard* § 266 Rn. 3).

5. Kapitel. Die Entwicklung des Verfahrens

§ 16. Der äußere Ablauf des Verfahrens

Literatur: *Maniotis,* Einige Gedanken zur Beteiligung des Richters an der Bemessung der Fristen für Klageerwiderung und Replik, GS Arens, 1993, 289.

I. Die Prozessleitung durch das Gericht

178 Man kann zwischen der *sachlichen Fortentwicklung* und dem *äußeren Fortgang* des Prozesses unterscheiden. Die sachliche Entwicklung bedeutet, dass der Prozess durch Vervollständigung der Tatsachenbehauptungen, durch Beweisantritte und Beweiserhebungen *entscheidungsreif* wird. Schon bei den Beweiserhebungen wird deutlich, dass die Entwicklung des Prozesses auch eine *äußere* Seite hat: Die Beweiserhebung, die Zeugenvernehmung etwa, setzt eine Regelung voraus; die Zeugen müssen geladen, es muss für ihre Vernehmung ein Termin bestimmt, über ihre Aussage muss ein Protokoll geführt werden. Dies alles sind Aufgaben, die nach der heute herrschenden Meinung zum großen Teil nur das Gericht erfüllen kann, nicht die Parteien. Der moderne Prozess enthält eine nicht unerhebliche Anzahl technischer Vorschriften, die die Parteien nicht ohne Weiteres beherrschen können. Es wird deshalb als mit der Dispositions- und der Verhandlungsmaxime vereinbar angesehen, dass sich die *Verantwortung der Parteien* im Wesentlichen auf die sachliche Entwicklung des Prozesses beschränkt, der äußere Fortgang des Prozesses dagegen in weitem Umfang *in der Hand des Gerichts* liegt. Man spricht insoweit von der *Prozessleitung durch das Gericht,* in Abgrenzung zum heutigen § 139 muss man nunmehr wohl von formeller Prozessleitung sprechen. Die Möglichkeiten für das Gericht, durch die Prozessleitung auch auf die sachliche Fortentwicklung des Prozesses einzuwirken, sind heute nicht gering. Man wird aber darauf achten müssen, dass dadurch die sachliche Verantwortung der Parteien und ihrer Anwälte, die die technische Seite des Prozesses schließlich auch beherrschen (in England liegt die Durchführung der Beweisaufnahme in ihrer Hand), nicht allzu sehr ein-

§ 16. Der äußere Ablauf des Verfahrens

geschränkt wird. Es ist kein Zufall, dass die ZPO als liberales Gesetz in ihrer ursprünglichen Fassung als Regel den sog. *Parteibetrieb* vorsah, also auch die Verantwortung für die technische Durchführung des Prozesses weitgehend den Parteien übertragen hatte. Die Herrschaft über die technische Seite eines Verfahrens wird leicht zu einer Herrschaft über seine inhaltliche Durchführung.

Heute gilt für den Prozessbetrieb im Wesentlichen der *Amtsbetrieb*. So erfolgen die Ladungen zu Terminen (§ 214), die Bestimmung der Termine (§ 216) und die Zustellung (§ 166 Abs. 2) von Amts wegen. Dies gilt seit der Vereinfachungsnovelle auch für die Urteile (§ 317 Abs. 1).

Das Gericht kann eine Anzahl *prozessleitender Maßnahmen* ergreifen. Es kann anordnen, dass mehrere in einer Klage erhobene Ansprüche in *getrennten Prozessen* verhandelt werden (§ 145 Abs. 1). Dies wird angezeigt sein, wenn die prozessualen Ansprüche auf Klagegründen beruhen, die in keinerlei rechtlichem Zusammenhang stehen. Unter dieser Voraussetzung kann das Gericht auch anordnen, dass über *Klage* und *Widerklage* getrennt verhandelt werde (§ 145 Abs. 2). Umgekehrt kann das Gericht mehrere Prozesse *verbinden,* wenn die Ansprüche in rechtlichem Zusammenhang stehen (§ 147). Eher der sinnvollen Gliederung des Prozessstoffes dient die Möglichkeit, die Verhandlung auf bestimmte *selbständige Angriffs- oder Verteidigungsmittel* (Klagegründe oder Einreden) zu beschränken (§ 146). Zudem kann über die *Zulässigkeit der Klage* abgesondert verhandelt werden (§ 280 Abs. 1). Der Prozessökonomie wiederum dient die *Aussetzung* (§ 148), wenn die Entscheidung vom Ausgang eines anderen Rechtsstreits oder der Feststellung eines Rechtsverhältnisses durch eine Verwaltungsbehörde abhängt. Dies ist etwa der Fall, wenn Maklerlohn eingeklagt wird und in einem anderen Prozess um die Wirksamkeit des vermittelten Vertrages gestritten wird. Das Gericht *muss* nach § 148 aussetzen, wenn z.B. die Voraussetzungen einer Sachentscheidung nicht geklärt werden können (BGHZ 97, 135, 145). Dies gilt etwa bei Bestehen der Vorlagepflicht nach Art. 267 AEUV oder bei Aufrechnung im Prozess mit einer bestrittenen *öffentlich-rechtlichen Forderung,* über deren Bestehen das Zivilgericht nicht entscheiden darf (BGHZ 16, 124). Hieran hat auch § 17 Abs. 2 GVG nichts geändert, da die Vorschrift denselben prozessualen Anspruch voraussetzt (str., h.M.

179

BVerwG NJW 1993, 2255; G. *Lüke*, FS Kissel, 1994, 717; *Leipold*, ZZP 107, 219f., mit Gegenausnahme bei Aufrechnung mit arbeitsrechtlichen Forderungen). Beim Verdacht einer *Straftat*, deren Ermittlung für das Verfahren von Bedeutung ist, kann das Gericht bis zur Erledigung des Strafverfahrens aussetzen (§ 149). Alle diese Anordnungen (§§ 146 bis 149) werden durch Beschluss erlassen. Trennungs-, Verbindungs- und Aussetzungsbeschlüsse können jederzeit wieder aufgehoben werden (§ 150). Weitere Fälle sind in den §§ 152 bis 155 geregelt. Von besonderer Bedeutung ist schließlich die Möglichkeit, die *Wiedereröffnung einer Verhandlung*, die schon geschlossen war, anzuordnen (§ 156). Das Gericht wird so verfahren, wenn sich wider Erwarten, etwa bei der Urteilsberatung herausstellt, dass der Sachverhalt noch nicht hinreichend geklärt ist. Unter bestimmten Umständen – z.B. Ausfall eines zuletzt beteiligten Richters (vgl. § 309) oder Verfahrensfehler – kann sogar eine Pflicht zur Wiedereröffnung bestehen (§ 156 Abs. 2). Zur Prozessleitung gehört etwa die Ausübung des *richterlichen Frage- und Aufklärungsrechts* (§ 139, s.u.Rn. 196). Durch die sog. materielle Prozessleitung kann in ganz besonders großem Umfang Einfluss auf die sachliche Entwicklung des Prozesses genommen werden. Im Interesse der Rechtssicherheit und eines wirkungsvollen Rechtsschutzes muss das Verfahren in angemessener Zeit abgeschlossen werden (*BVerfG* NJW 2000, 179, Verstoß gegen das Rechtsstaatsprinzip; zur geplanten Verzögerungsrüge s.Rn. 37b).

II. Termine

180   Die Mündlichkeit des Verfahrens setzt voraus, dass eine Zeit nach Tag und Stunde bestimmt wird, in der vor dem Gericht verhandelt werden kann. Das Gericht kann den Parteien nicht jederzeit zur Verfügung stehen. Das Gesetz spricht hier von „Termin" (§§ 214ff.) oder „Sitzung" (§§ 136 Abs. 3, 345). Gemeint ist dasselbe.

Es gibt Termine zur *mündlichen Verhandlung*, zur *Beweisaufnahme* und zur *Verkündung* einer *Entscheidung*. Sie finden vor dem Gericht statt, d.h. dem Spruchkörper, dem Einzelrichter, dem ersuchten oder beauftragten Richter und werden von Amts wegen anberaumt (§ 216 Abs. 1). Dies geschieht durch den Vorsitzenden und erst nach Eintritt in die mündliche Verhandlung durch das Gericht. Die Aufhebung und Verlegung eines Termins aus *erheblichen Gründen* ist möglich (Einzelheiten § 227).

III. Fristen

In der ZPO sind verschiedene Fristen geregelt. Sie können grundsätzlich in *eigentliche* Fristen, die von den Parteien zu beachten sind, und *uneigentliche* Fristen, die für Handlungen des Gerichts gelten (z. B. §§ 217, 274 Abs. 3, 310 Abs. 1, 317 Abs. 1), unterteilt werden. Die eigentlichen Fristen dienen den Parteien zur Vorbereitung und Überlegung sowie zur Vornahme ihrer Prozesshandlungen. Gleichzeitig sollen sie die Prozessbeschleunigung fördern, indem bestimmte Prozesshandlungen nach Fristablauf nicht mehr vorgenommen werden können, da sie nach § 230 ausgeschlossen sind, oder ein bestimmtes Vorbringen der Partei (Angriffs- oder Verteidigungsmittel) nach § 296 als verspätet zurückgewiesen wird. Für sie gelten die §§ 221 ff. Sie unterteilen sich in gesetzliche Fristen, deren Beginn und Dauer in den Vorschriften der ZPO festgelegt sind (z. B. Rechtsmittel- und Rechtsmittelbegründungsfristen §§ 517, 548, 520 Abs. 2, 551 Abs. 2 S. 2), und richterliche Fristen, deren Beginn und Dauer im Ermessen des entscheidenden Gerichts stehen (z. B. § 275 Abs. 1, 3; § 276 Abs. 1. S. 2 u. Abs. 3). Bei den gesetzlichen Fristen ist zwischen einfachen Fristen, die nach §§ 221 ff. frei abkürzbar und verlängerbar sind, und (nicht verlängerbaren) Notfristen (Rechtsmittel- und Einspruchsfristen) sowie den Ausschlussfristen (§§ 321 a Abs. 2 S. 2, § 234 Abs. 3, § 586 Abs. 2 S. 2) zu trennen. Gegen die Versäumung von Notfristen ist nur die Wiedereinsetzung in den vorherigen Stand nach den §§ 233 ff. möglich. Ausschlussfristen, die im Interesse des Rechtsfriedens zur Rechtssicherheit beitragen, unterliegen keiner Wiedereinsetzung.

Übersicht: Fristen

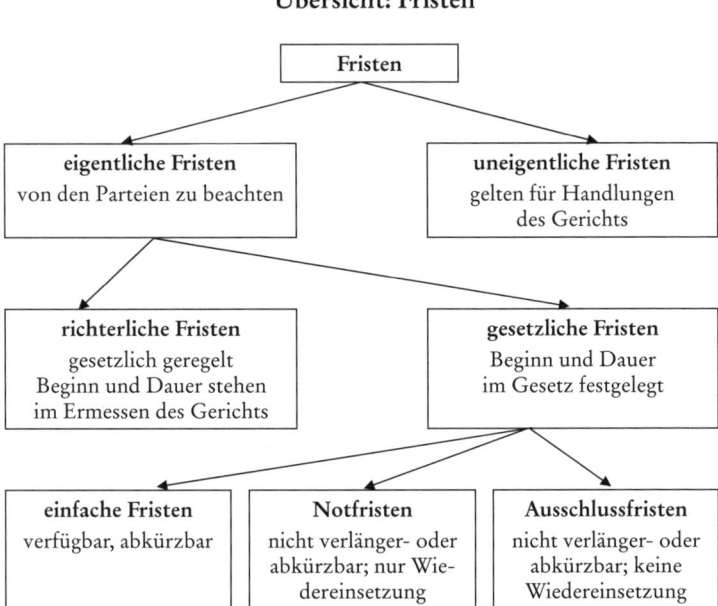

Die Berechnung der Fristen erfolgt nach den Vorschriften des bürgerlichen Rechts (§ 222 Abs. 1). Sowohl gesetzliche als auch richterliche Fristen, mit Ausnahme der Notfristen, können durch Parteivereinbarung abgekürzt werden. Auf Antrag können durch Gerichtsbeschluss richterliche Fristen verlängert oder abgekürzt werden, gesetzliche Fristen nur in den besonders bestimmten Fällen (§ 224). Fällt der letzte Tag der ursprünglichen Frist dabei auf einen Sonntag, allgemeinen Feiertag oder Sonnabend, so beginnt der verlängerte Teil der Frist erst mit Ablauf des nächstfolgenden Werktags (*BGH* NJW 2006, 700).

Notfristen sind im Gesetz als solche bezeichnet (§ 224 Abs. 1 S. 2, z. B. die Rechtsmittelfristen, §§ 517, 548). Sie können von den Parteien nicht abgeändert werden (§ 224 Abs. 1 S. 1). Da die Notfristen die praktisch wichtigsten Fristen sind, kann eine Partei durch ihren ungenutzten Ablauf erheblich benachteiligt werden. Das Gesetz gibt deshalb die Möglichkeit der Wiedereinsetzung in den vorigen Stand, wenn die Nichteinhaltung einer solchen Frist unverschuldet ist (§ 233, Rn. 186 ff.).

IV. Ladungen und Zustellungen

Literatur: *Eyinck*, Entwicklung des Zustellungsrechts seit 2006, MDR 2008, 1255; *Jordans*, Die Zustellung an Zustellungsbevollmächtigte gem. § 171 ZPO, MDR 2008, 1198; *Stackmann*, Ordnungsgemäße Zustellung als Grundelement des Zivilprozesses, JuS 2007, 634.

Die Beteiligten (Parteien oder Zeugen) müssen von der Terminsfestsetzung *Kenntnis* erlangen. Dies erfolgt durch die *Ladung*. Sie wird von Amts wegen veranlasst (§ 214) und enthält die Aufforderung, im genau bezeichneten Termin zu erscheinen. Außerdem gibt sie den Zweck des Termins, das Gericht und die Person des Geladenen an. Wenn ein Termin in einer verkündeten Entscheidung bestimmt wird, ist eine Ladung der Parteien nicht erforderlich (§ 218). Um die Parteien vor einer Überrumpelung zu schützen, muss zwischen der Ladung und dem Termin eine bestimmte Frist liegen (sog. *Ladungsfrist*, § 217). Bei der Ladung zum ersten mündlichen Verhandlungstermin spricht man von der Einlassungsfrist (§ 274 Abs. 3). 182

In Umsetzung der Erfordernisse des Art. 17 EuVTVO (Rn. 751 ff.) wurden die Anforderungen an den notwendigen Inhalt der Ladung zur mündlichen Verhandlung erweitert. So muss nunmehr gemäß § 215 Abs. 1 bei der Ladung über die Folgen der Versäumung des Termins sowie die Rechtsfolgen der §§ 91 und 708 Nr. 2 belehrt werden. Diese Belehrungspflicht gilt in Bezug auf alle Verfahren, eine Einschränkung etwa nur auf Verfahren mit Parteien aus verschiedenen Mitgliedstaaten der Gemeinschaft wäre auch nicht ausreichend, da auch ein Titel über unbestrittene Forderungen zwischen deutschen Parteien im europäischen Ausland vollstreckbar sein muss. 182a

Die Ladung muss zugestellt werden. Die *Zustellung* ist nach § 166 Abs. 1 die Bekanntgabe eines Schriftstücks an eine Person in einer in den §§ 166 bis 195 bestimmten Form. Gleichzeitig erfolgt ein Nachweis der Zustellung; diese ist von der *formlosen Mitteilung* (vgl. § 270) zu unterscheiden. Der Nachweis der Zustellung kann durch Vermerk (§ 173), Empfangsbekenntnis (§ 174), Rückschein (§ 175) oder durch Zustellungsurkunde (§ 182) erfolgen. Damit steht fest, dass, wann und an wen zugestellt wurde. Die Erleichterung dieses Nachweises ist vor allem für das Versäumnisverfahren von großer Bedeutung. 183

Zugestellt werden die Klageschrift (erst damit ist die Rechtshängigkeit eingetreten, § 253 Abs. 1, Rn. 166), sowie die Schriftsätze, die einen Sachantrag enthalten, wie die Rechtsmittelschriften und die Einspruchsschrift (§ 270). Außerdem müssen eine Anzahl von Gerichtshandlungen zugestellt werden: die Urteile (§ 317), um die Rechtsmittelfristen in Gang zu setzen (§§ 517, 548), die Beschlüsse nur in besonderen Fällen (§ 329 Abs. 2 S. 2 und 3) und schließlich die Ladungen. Für die Wahrung von Fristen und die Unterbrechung der Verjährung ist nicht auf den Zeitpunkt der Zustellung des Schriftsatzes an den Gegner, sondern gem. § 167 auf denjenigen der Einreichung oder Anbringung bei Gericht abzustellen. Voraussetzung ist allerdings, dass die Zustellung *demnächst* erfolgt (die Hemmung der Verjährung tritt unabhängig davon ein, ob der Anspruch zum Zeitpunkt der demnächst erfolgten Zustellung bereits verjährt war, *BGH* NJW 2010, 856, 857). Durch diese Rückwirkung soll der Gläubiger vor Nachteilen durch eine Verzögerung der Zustellung von Amts wegen, auf die er keinen Einfluss hat, geschützt werden. Die Zustellung ist nicht mehr *demnächst* erfolgt, wenn die Partei, der die Fristwahrung obliegt, oder deren Prozessbevollmächtigter durch nachlässiges Verhalten zu einer nicht bloß geringfügigen Zustellungsverzögerung (die ohnehin für die Zustellung erforderliche Zeitspanne verlängert sich um mehr als 14 Tage; st. Rspr.: *BGH* NJW 1999, 3125, 3718 m.w.N.; für die Zustellung eines fristwahrenden Mahnbescheids mehr als ein Monat: *BGH* MDR 2002, 1085) beigetragen haben (zur Berechnung der Verzögerung s. *BGH* NJW 2011, 1227). Sind die von Partei und Prozessvertreter erforderlichen Mitwirkungshandlungen (z.B. Einzahlung des Gerichtskostenvorschusses) rechtzeitig vorgenommen, so trifft sie nicht die Pflicht, das gerichtliche Vorgehen zu kontrollieren und durch Nachfragen auf eine beschleunigte Zustellung hinzuwirken (*BGH* NJW 2006, 3206). Maßgeblich für die Ermittlung der Zeitdauer einer Verzögerung und damit ihre Erheblichkeit ist der Zeitpunkt des Fristablaufs und nicht jener der Klageeinreichung (*BGH* NJW 1995, 1419) oder Stellung des Mahnantrags (*BGH* NJW 1995, 2230). Die Partei kann eine Frist nämlich bis zum letzten Tag ausnutzen.

Die Zustellung erfolgt i.d.R. von Amts wegen (§§ 166–190) und nur ausnahmsweise auf Betreiben der Parteien (§§ 191–195). Im Amtsbetrieb veranlasst die Geschäftsstelle die Zustellung (§ 168), im Parteibetrieb der Gerichtsvollzieher (§ 192). Mehr als bisher ist die Wahl zwischen mehreren Zustellungsformen möglich. Die Zustellung kann erfolgen durch die Aushändigung an der Amtsstelle (§ 173), an Personen mit berufsbedingter erhöhter Zuverlässigkeit gegen Empfangsbekenntnis (§ 174), durch Einschreiben mit Rückschein (§ 175), durch Zustellungsauftrag gegenüber der Post, einem Justizbediensteten, einem Gerichtsvollzieher (§ 176), durch Aufgabe zur Post (§ 184 Abs. 1 S. 2) oder durch öffentliche Zustellung (§§ 185 ff.). In der Praxis wird die Zustellung i.d.R. durch die Post (oder anderen nach § 33 Abs. 1 PostG Be-

§ 16. Der äußere Ablauf des Verfahrens 179

liehenen) ausgeführt (§§ 168, 176). Im Anwaltsprozess gibt es erleichterte Formen der Zustellung (§ 195), die sog. Zustellung von Anwalt zu Anwalt (zu den Formerfordernissen *BGH* NJW 1994, 526). Die Zustellung muss nicht an den Zustellungsadressaten persönlich erfolgen. Das Gesetz sieht die Zustellung an gesetzliche oder rechtsgeschäftlich bestellte Vertreter oder Prozessbevollmächtigte (§§ 170 bis 172) und die Möglichkeit der Ersatzzustellung vor (§§ 178 ff.). Eine Ersatzzustellung kommt nur bei einer Zustellung nach § 176 durch Zustellungsauftrag in Betracht. Sie ist auch dann wirksam, wenn sie trotz deren Ausschlusses auf dem Zustellungsauftrag erfolgte (*BGH* NJW-RR 2003, 208). Dabei ist die Ersatzzustellung an die in § 178 Abs. 1 genannten Personen vorrangig. Eine Ersatzzustellung durch Einlegen in den Briefkasten (§ 180) oder eine ähnliche Vorrichtung (dazu *BGH* NJW 2006, 150) setzt eine erfolglose Zustellung nach § 178 Abs. 1 Nr. 1 und 2 voraus. Mit dem Einlegen in den Briefkasten gilt das Schriftstück als zugestellt. Eine Zustellung durch Niederlegung ist dagegen nur noch zulässig, wenn keine andere (Ersatz-)Zustellung, insbesondere jene nach § 180 möglich ist. Zustellungsmängel sind nach § 189 geheilt, wenn das Schriftstück tatsächlich zugegangen ist. Dies gilt auch dann, wenn die Zustellung eine Notfrist in Gang setzt.

Ist der Aufenthalt einer Partei *unbekannt,* kann ein Gläubiger 184 in eine schwierige Situation kommen. Sein Anspruch kann verjähren, wenn er nicht durch Klageerhebung die Verjährung hemmt (§ 204 Abs. 1 Nr. 1 BGB). Die Klageerhebung setzt aber die Zustellung voraus und diese die Übergabe der Klageschrift an den Beklagten. Wenn dieser nicht auffindbar ist, könnte der Kläger nicht die Unterbrechung der Verjährung herbeiführen. Böswillige Schuldner könnten versuchen, sich auf diese Weise ihren Verpflichtungen zu entziehen. Das Gesetz sieht deshalb für diese Fälle die sog. *öffentliche Zustellung* vor (§§ 185 ff.), wenn eine andere Zustellung aus sachlichen Gründen nicht oder nur schwer durchführbar ist und dabei nahe liegende Möglichkeiten der Ermittlung des Aufenthaltsorts eines Beteiligten ergebnislos verlaufen sind (BGHZ 118, 48; s. auch *OLG Frankfurt/Main* NJW 2009, 2543). Findet eine öffentliche Zustellung statt, obgleich eine andere Form der Zustellung möglich war, so liegt hierin eine Verletzung von Art. 103 Abs. 1 GG (*BVerfG* NJW 1988, 2361). Fraglich ist, ob in diesen Fällen eine wirksame öffentliche Zustellung vorliegt. Das Bundesverfassungsgericht (a. a. O.) hat eine Wirksamkeit dann abgelehnt, wenn eine andere Zustellung ohne Weiteres möglich war. Dies soll nach teilweise vertretener Auffassung (Stein/Jonas/ *Roth* § 185 Rn. 16) auch bei erschlichener öffentlicher Zustellung gelten. In den erstgenannten Fällen ist die öffentliche Zustellung schon unzulässig und daher auch unwirksam. In den übrigen Situationen widerspricht es den Bedürfnissen der Rechtsklarheit, von einer Unwirksamkeit der Zustellung auszugehen. Maßgeblich ist allein, ob dem Gericht nach dem ihm möglichen Kenntnisstand nur eine Zustellung im Wege des § 185 möglich ist; dann ändert auch der Umstand nichts, dass später die von ihm zugrunde gelegten Umstände sich als irrig herausstellen, etwa weil sie auf unvollständigen Angaben der Partei über den Aufenthalt des Zustellungsgegners beruhen (BGHZ 64, 5, 8; 153, 189; *OLG Köln* NJW-RR 1993, 446). Im laufenden Verfahren ist jedoch Wiedereinsetzung zu gewähren (BGHZ 153, 189, s. *OLG Frankfurt/Main* NJW 2004, 3049f., wonach Korrektur vor Wirksamwerden der öffentlichen Zustellung im laufenden Verfahren verfassungsrechtlich geboten ist, Art. 103 GG). Ist ein Wiedereinsetzungsantrag nicht mehr möglich, muss die Partei das Urteil gegen sich gelten lassen. Eine Nichtigkeitsklage analog § 579 Abs. 1 Nr. 4 ist auch im Falle der arglistigen Erschleichung der öffentlichen Zustellung durch falsche Angaben nicht zulässig (BGHZ 153, 189).

Die öffentliche Zustellung wird vom Prozessgericht von Amts wegen bewilligt (§ 186 Abs. 1 S. 1). Die Entscheidung steht im Ermessen des Gerichts. Es entscheidet, ob die Voraussetzungen des § 185 dargelegt wurden und insbesondere nachgewiesen wurde, dass der Aufenthaltsort einer Person unbekannt ist (*BGH* NJW 2003, 1530f. zur öffentlichen Zustellung eines Pfändungs- und Überweisungsbeschlusses). Die öffentliche Zustellung erfolgt durch Aushang einer Benachrichtigung an der Gerichtstafel, die den Zustellungsveranlasser, -adressaten, das Datum und Aktenzeichen des zuzustellenden Schriftstücks, den Prozessgegenstand sowie die Stelle zur Einsichtnahme erkennen lassen muss. Gleichzeitig ist in die Benachrichtigung der Hinweis aufzunehmen, dass eine öffentliche Zustellung stattgefunden hat und damit Fristen in Gang gesetzt werden, nach deren Ablauf Rechtsverluste drohen. Ist das Schriftstück eine Ladung, so muss die Benachrichtigung darauf und auf das Risiko hinweisen, dass die Versäumung des Termins Rechtsnachteile zur Folge haben kann. Das Prozessgericht kann zusätzlich die Veröffentlichung der Benachteiligung im Bundesanzeiger oder einem vom Zustellungsadressaten eher beachteten Fachorgan oder Organ der örtlichen Presse anordnen (§ 187). Die Möglichkeit des Zustellungsempfängers, von dem Schriftstück tatsächlich Kenntnis zu erlangen, mag dadurch etwas verbessert werden. Letzten Endes handelt es sich bei der öffentlichen Zustellung aber um eine Fiktion, die geboten ist, weil andernfalls eine Rechtsdurchsetzung unmöglich wäre (vgl. auch *Jauernig*, ZZP 101, 361, 366). Die Zustellung gilt grundsätzlich einen Monat nach dem Aushang der Benachrichtigung als erfolgt (§ 188). Daran knüpfen sich dann die normalen Rechtsfolgen der Zustellung.

V. Die Versäumung von Prozesshandlungen und die Wiedereinsetzung in den vorigen Stand

Literatur: *Born*, Die Rechtsprechung des BGH zur Wiedereinsetzung in den vorigen Stand, NJW 2011, 2022; *Kramer*, ZPO-Reform – Prozesskostenhilfe und Berufungsfristen nach neuem Recht, MDR 2003, 434; *Wirges*, Neue Rechtsprechung zum anwaltlichen Organisationsverschulden in Fristsachen, MDR 1998, 1459.

Fall 1: Rechtsanwalt X hat eine besonders schwierige Berufungsbegründung abends nach Büroschluss diktiert; die Sekretärin ist um 22 Uhr mit der Reinschrift fertig. Um 24 Uhr läuft die Frist zur Begründung der Berufung ab (§ 520 Abs. 2). Um 22.30 Uhr erleidet Rechtsanwalt X auf dem Weg zum Gericht, wo er die Begründungsschrift selbst in den Fristenbriefkasten einwerfen will, ohne sein Verschulden einen schweren Autounfall. Um 10 Uhr am anderen Morgen erwacht er aus der Narkose. Was kann seine Partei noch tun?

Fall 2: Die Klägerin zieht während der mündlichen Verhandlung um. Sie erteilt der Post einen Nachsendeauftrag, ohne zu wissen, dass dieser nach sechs Monaten automatisch endet. Der Prozessbevollmächtigten wird ein klageabweisendes Urteil zugestellt. Diese schreibt sofort an die Klägerin, um sie von der laufenden Berufungsfrist zu informieren und die Aussichten des Rechtsmittels zu erörtern. Der an die alte Anschrift adressierte Brief geht hierzu zurück, obwohl bereits keine Nachsendung mehr erfolgt. Die Prozessbevollmächtigte versucht erfolglos, die Klägerin über deren Mobiltelefon zu erreichen, dessen Nummer die Klägerin ihr mitgeteilt hat. Eine mündliche Nachricht der Prozessbevollmächtigten kann die Klägerin nicht abhören, weil sich das Mobiltelefon bei jedem Anruf der Mailbox abschaltet. Erst durch ein Telefonat mit dem Gericht erfährt die Klägerin von der inzwischen abgelaufenen Berufungsfrist (*BGH* NJW 2003, 903).

Fall 3: Der Kläger wird mit seiner Klage abgewiesen. Er stellt Überlegungen an, ob er Berufung einlegen soll. Da er sich für mittellos hält, beantragt er vier Tage vor Ablauf der Berufungsfrist die Gewährung von Prozesskostenhilfe. Dies wird ihm verweigert; die Berufungsfrist ist inzwischen abgelaufen. Der Kläger beantragt Wiedereinsetzung in den vorigen Stand (BGHZ 16, 1).

Es kann vorkommen, dass eine Partei Prozesshandlungen, die an eine Frist gebunden sind, nicht innerhalb dieser Frist vornimmt. Man spricht in diesem Fall von der *Versäumung der Prozesshandlung*. Davon zu unterscheiden ist die Versäumung eines Termins zur mündlichen Verhandlung. Wenn hier eine der Parteien nicht erscheint oder nicht verhandelt, besteht unter bestimmten Voraussetzungen die Möglichkeit, ein Versäumnisurteil zu erlassen (Rn. 371 ff.).

Die Rechtsfolge der Versäumung einer Prozesshandlung ist dagegen, dass die Partei mit der vorzunehmenden Prozesshandlung *ausgeschlossen* ist (§ 230). Auf ein Verschulden der Partei kommt es dabei – vorbehaltlich abweichender gesetzlicher Regeln (z.B. § 95) – *nicht* an (vgl. § 231 Abs. 1). Die verspätet vorgenommene Prozesshandlung, etwa die Einlegung eines Rechtsmittels, ist also unwirksam. Das Rechtsmittel müsste als unzulässig verworfen werden (§§ 522 Abs. 1, 552 Abs. 1 S. 2). In anderen Fällen lässt das Gesetz im Interesse des Fortgangs des Verfahrens aufgrund einer *Fiktion* eine der Partei ungünstige Rechtsfolge eintreten (z.B. § 39 Fiktion der Zuständigkeit des Gerichts; §§ 138 Abs. 3 und 239 Abs. 4 Fiktion des Geständnisses; § 267 Fiktion der Einwilligung).

186 Durch die Versäumung von Fristen können die Parteien erhebliche *Rechtsnachteile* erleiden. Dies ist nicht vertretbar, wenn die Partei an der Versäumung *schuldlos* ist. Das Gesetz sieht deshalb bei Notfristen und den Fristen zur Begründung von Berufung, Revision, Nichtzulassungs- oder Rechtsbeschwerde und auch bei der Frist des § 234 Abs. 1 die *Wiedereinsetzung in den vorigen Stand* vor. Voraussetzung ist, dass die Partei ohne ihr Verschulden verhindert war, eine der genannten Fristen einzuhalten.

Das Fehlen des Verschuldens setzt voraus, dass die Partei oder ihr Prozessvertreter (§§ 51 Abs. 2, 85 Abs. 2, dazu *BGH* NJW 1979, 1414; BVerfGE 60, 253) diejenige Sorgfalt beobachtet haben, die man verständigerweise von ihnen erwarten konnte. Deshalb müssen an geschäftskundige und gewandte Personen, vor allem an Rechtsanwälte, höhere Anforderungen gestellt werden als an unerfahrene Laien. Die Anforderungen an das fristwahrende Verhalten dürfen aber nicht überspannt werden (*BVerfG* NJW-RR 2001, 1076; *BGH* NJW 2007, 1455). Eine unvorhersehbare Verzögerung der Postbeförderung ist der Partei nicht zuzurechnen (*BVerfG* NJW 1995, 2546f. m.w.N.; anders die Unterfrankierung eines fristgebundenen Schriftsatzes, *BGH* NJW 2007, 1751); dabei ist von Verfassungs wegen nicht danach zu differenzieren, ob die Post (etwa vor Feiertagen) einer besonders starken Beanspruchung ausgesetzt ist (*BVerfG* NJW 1994, 244, 245). So hat auch ein Rechtsanwalt keine Pflicht, sich nach dem rechtzeitigen Eingang des Schriftsatzes zu erkundigen, wenn er den Brief so abgesandt hat, dass mit fristgerechtem Eingang zu rechnen war (*BVerfG* a.a.O., 744; *BGH* NJW 2008, 587), es sei denn, eine konkrete Verzögerungsgefahr war bereits bekannt (*BGH* a.a.O.). Grundsätzlich darf darauf vertraut werden, dass im Bundesgebiet werktags aufgegebene Postsendungen am folgenden Werktag ausgeliefert werden (*BGH* NJW 2011, 458; s. auch *BGH* NJW-RR 2011, 702). Auch bei der Beauftragung privater Beförderungsdienste darf darauf vertraut werden, dass die normalen Postlaufzeiten eingehalten werden (*BGH* NJW-RR 2011, 790). Der Rechtsanwalt schuldet die übliche, einem ordentlichen und gewissenhaften Anwalt obliegende Sorgfalt (MünchKomm/*Gehrlein* § 233 Rn. 21 ff.). Ihm wird es daher als Verschulden angerechnet, wenn er seinen Kanzleibetrieb in einer Weise organisiert hat, die keine ordnungsgemäße Bearbeitung der Mandate ermöglicht. Der Büroorganisation kommt ein besonderes Gewicht gerade im Hinblick auf die Überwachung der Fristen zu (z.B. *BGH* NJW 2009, 3036; NJW-RR 2011, 138; zu den Pflichten bei EDV-gestütztem Fristenkalender s. *BGH* NJW 2010, 1363). Grundsätzlich braucht der Anwalt aber lediglich mittels regelmäßiger allgemeiner Anweisungen an sein (zuverlässiges) Personal (für die Kontrollanforderungen an Auszubildende s. *BGH* NJW 2007, 3497) sicherzustellen, dass bei normalem Verlauf der Dinge Fristversäumnisse vermieden werden (*BVerfG* NJW 2004, 2583; zu den Anforderungen im Einzelnen z.B. *BGH* NJW 2007, 2332 und 2778; besonders zur Verwechslungsgefahr von Fristen bei mehreren Verfahren gleicher Parteien *BGH* NJW 2010, 3584). Auf solche allgemeinen organisatorischen Vorkehrungen kommt es nicht an, wenn der Anwalt seinem Personal eine konkrete Anweisung für den Einzelfall erteilt, deren Befolgung die Fristwahrung sicherstellen soll (*BGH* NJW 2004, 367). Eine Einzelanweisung entlastet jedoch nicht von einer unzureichenden Büroorganisation, wenn sie nicht erkennen lässt, dass von dem üblichen Arbeitsablauf abgewichen werden soll (*BGH* NJW 2009, 3036). In besonderen Fällen hat der Anwalt darüber hinaus eigenverantwortlich die Fristeinhaltung zu prüfen (*BGH* NJW 2007, 1599, Vorlage der Akten am letzten Tag der Berufungsbegründungsfrist; für einen Überblick über die Rechtsprechung zur Wiedereinsetzung s. *Born*, NJW 2009, 2179 ff.).

Häufig kommt es zu Fristversäumnissen bei der Übertragung von Schriftsätzen *per Telefax*, die in allen Gerichtszweigen uneingeschränkt zulässig ist (vgl. Rn. 141 a). Nach der Rechtsprechung des Bundesverfassungsgerichts trägt der Nutzer nur solche besonderen, vor allem technisch bedingten Risiken der Faxübertragung, die seiner eigenen Sphäre zuzuschreiben sind (u. a. korrekte Zeiteinstellung des Faxgerätes, *BGH* NJW 2011, 859). Störungen der Fernleitungen und in der Sphäre des Gerichts braucht er sich nicht zurechnen zu lassen. Anders soll dies hingegen bei Fristversäumnissen aufgrund der Belegung des Empfangsgerätes durch den Eingang anderer Sendungen sein, da eine solche vorhersehbar sei (*BVerfG* NJW 2007, 2838; krit. dazu *W. Roth*, NJW 2008, 785). Der Nutzer muss ein funktionsfähiges Sendegerät benutzen und den Schriftsatz so früh an das Gericht absenden (das kann im Einzelfall auch die Pressestelle sein, *BGH* NJW-RR 2011, 495), dass er unter normalen Umständen mit rechtzeitigem Eingang (das ist der vollständige Empfang der gesendeten Signale, nicht der Ausdruck, *BGH* NJW 2007, 2045, 2046) rechnen kann (*BVerfG* NJW 2001, 3473). Im Einzelnen bedeutet dies u. a., dass die Partei, der Prozessvertreter oder ein von diesem angewiesener Mitarbeiter (*BGH* NJW-RR 2010, 1076) mittels des Sendeberichts nachträglich überprüfen muss, ob die Empfängernummer korrekt eingegeben wurde (*BGH* NJW 2006, 2412; 2007, 1690; zur Ermittlung der richtigen Telefonnummer s. *BGH* NJW 2007, 996 und 1698) und die Anzahl der zu übermittelnden Seiten mit den laut Sendeprotokoll versandten Seiten übereinstimmt (*BGH* NJW 2010, 3101; NJW-RR 2010, 1648). Allgemein darf der Faxgerätenutzer seine Übermittlungsversuche nicht vorschnell aufgeben (*BGH* NJW 2011, 1972). Der Bundesgerichtshof verlangt für den Fall der Übertragung der anzuwählenden Faxnummer aus einem in der Akte befindlichen Schreiben des Gerichts auch eine Kontrolle, ob die Nummer tatsächlich einem Schreiben des Empfangsgerichts entnommen wurde (*BGH* NJW 2011, 312). Der Fehler eines Mitarbeiters bei der handschriftlichen Übertragung der Empfängernummer aus der Akte auf den zu übermittelnden Schriftsatz schließt die Wiedereinsetzung dagegen nicht aus (*BGH* NJW 2004, 1374). Bei der Einschätzung der erforderlichen Übertragungszeit darf der Nutzer darauf vertrauen, dass die bisherige Übertragungsgeschwindigkeit zu demselben Gericht nicht wesentlich unterschritten wird (*BGH* NJW 2005, 678). Unverschuldet ist die Fristversäumnis insbesondere dann, wenn sie durch einen Papierstau (*BGH* MDR 2004, 526) oder eine ungenügende Papiermenge (*BGH* NJW 2005, 678) im Empfangsgerät des Gerichtes verursacht wurde. Selbst wenn er eine Störung auf Empfängerseite bemerkt, ist der Nutzer nicht verpflichtet, schnellstmöglich den Zugang auf andere Weise als durch Faxübertragung zu veranlassen (*BVerfG* a. a. O.; zum Ganzen ausf. Zöller/*Greger* § 233 Rn. 23 „Telefax").

In **Fall 1** wäre danach die Wiedereinsetzung zu gewähren, weil den Rechtsanwalt keinerlei Verschulden trifft. Dasselbe gilt auch in **Fall 3,** weil die Parteien die Möglichkeit haben müssen, bis zum letzten Tage der Rechtsmittelfrist zu überlegen, ob sie das Rechtsmittel einlegen und dafür um Prozesskostenhilfe nachsuchen sollen (BGHZ 16, 3; vgl. auch *BGH* NJW-RR 2000, 1590; NJW 1986, 257: selbst drei verbleibende Werktage reichen nicht aus). Nach unerwarteter Ablehnung eines Gesuchs auf Prozesskostenhilfe steht der Partei eine kurze Überlegungsfrist von einigen (3 bis 4) Tagen zu, während deren sie sich über die Einlegung der Berufung schlüssig werden kann (*BGH* NJW-RR 2009,

789). Solange besteht das Hindernis fort, und die Frist des § 234 Abs. 1 beginnt erst danach zu laufen (*BGH* NJW-RR 1990, 451; s. aber zur teilweisen Verweigerung von Prozesskostenhilfe *BGH* NJW-RR 1993, 401). Notwendig ist allerdings ein vollständiges Gesuch auf Prozesskostenhilfe, da sonst mit seiner Ablehnung zu rechnen ist und einem erfolgreichen Wiedereinsetzungsantrag das Verschulden entgegensteht (*BGH* NJW-RR 1991, 637; ausführlich zur Wahrung der Berufungsfrist in Verbindung mit Prozesskostenhilfe *Kramer*, MDR 2003, 434).

In **Fall 2** ist in Übereinstimmung mit der Auffassung des Bundesgerichtshofs die Wiedereinsetzung abzulehnen. Die Klägerin hat aus zwei Gründen nicht hinreichend dafür Sorge getragen, als Prozesspartei trotz ihres Umzuges erreichbar zu bleiben. Zum ersten gebietet die prozessuale Sorgfalt, sich über die Dauer eines Nachsendeauftrages zu informieren. Zum zweiten oblag es der Klägerin, nachdem sie den Defekt ihres Mobiltelefons bemerkt hatte, von sich aus Kontakt mit der Prozessbevollmächtigten aufzunehmen. Sie musste damit rechnen, dass eine Entscheidung ergehen würde, und sich nach deren Inhalt erkundigen.

Die Wiedereinsetzung muss grundsätzlich *beantragt* werden, und zwar innerhalb einer *zweiwöchigen Frist,* die mit dem Tag beginnt, an dem das Hindernis behoben ist (§ 234 Abs. 1 und 2). Gegen ihre Versäumung ist wiederum die Wiedereinsetzung möglich (§ 233 Abs. 1). Innerhalb dieser Frist müssen auch *die versäumte Prozesshandlung nachgeholt* (§ 236 Abs. 2 S. 2) und die eine Wiedereinsetzung rechtfertigenden Tatsachen (dazu gehören auch jene für die Einhaltung der Zwei-Wochen-Frist) vorgetragen werden (zur verfassungskonformen Verlängerung zwecks Wahrung der Berufungsbegründungsfrist *BGH* NJW 2003, 3275, 3276; NJW 2004, 2902). Ein Nachholen der Angaben oder neuer Begründungen ist ausgeschlossen (§ 230, vgl. *BGH* NJW 1998, 2678 f.). Allerdings kommt eine Wiedereinsetzung in die Wiedereinsetzung in Betracht. Nach Ablauf eines Jahres nach dem Ende der versäumten Frist ist die Wiedereinsetzung ausgeschlossen (§ 234 Abs. 3).

Die Frist nach § 234 Abs. 1 und 2 beginnt, wenn entweder das Hindernis tatsächlich beseitigt ist oder dessen Fortbestehen nicht mehr als unverschuldet angesehen werden kann. Evtl. Anhaltspunkte muss die Partei bzw. ihr Prozessbevollmächtigter sorgfältig prüfen (*BGH* NJW-RR 2005, 76). Ist die versäumte Prozesshandlung innerhalb der Wiedereinsetzungsfrist nachgeholt worden, kann die Wiedereinsetzung auch ohne besonderen Antrag gewährt werden, falls die übrigen Voraussetzungen dafür vorliegen (§ 236 Abs. 2 S. 2; *BGH* NJW-RR 2000, 1590). Meistens wird die Prozesshandlung gleichzeitig mit dem Wiedereinsetzungsantrag nachgeholt. Die *Form* des Wiedereinsetzungsantrags richtet sich nach den Vorschriften, die für die versäumte Prozesshandlung gelten (§ 236 Abs. 1). Bei Rechtsmitteln muss z. B. ein Schriftsatz eingereicht werden. Der Antrag muss die Angabe der die Wiedereinsetzung begründenden Tatsachen enthalten (zu den Anforderungen *BGH* NJW 2008, 3501); außerdem sind diese *glaubhaft* zu machen (§ 236 Abs. 2; zur Glaubhaftmachung s. Rn. 258). Eine Wiedereinsetzung ohne Antrag ist deshalb nur möglich, wenn diese Tatsachen schon bekannt sind, etwa aus einem anderen Prozess.

Das Gericht kann die Verhandlung und Entscheidung zunächst auf den Wiedereinsetzungsantrag *beschränken* (§ 238 Abs. 1 S. 2), wenn diese Entscheidung etwa besonders schwer zu treffen ist. In allen anderen Fällen (in der Praxis die große Mehrzahl) werden das Verfahren über den Wiedereinsetzungsantrag und das über die nachgeholte Prozesshandlung jedoch *verbunden* (§ 238 Abs. 1 S. 1).

Das *Verhalten des Gerichts*, sowohl vor als auch nach der versäumten Prozesshandlung, kann die Erfolgsaussichten eines Wiedereinsetzungsantrags beeinflussen. So verletzt das Gericht das Grundrecht des Antragstellers auf ein faires Verfahren aus Art. 2 Abs. 1 GG und Art. 20 Abs. 3 GG, wenn es einen nicht unterschriebenen Wiedereinsetzungsantrag als unzulässig verwirft, nachdem es die mündliche Verhandlung zur Hauptsache zwischenzeitlich durch verfahrensleitende Maßnahmen länger als zwei Jahre fortgeführt und damit den Eindruck erweckt hat, Wiedereinsetzung gewährt zu haben (*BVerfG* NJW 2004, 2149; ähnlich *BGH* MDR 2003, 42 nach einer Fortsetzung über ca. vier Monate). Das Gericht muss aus Gründen der Fairness des Verfahrens die Wiedereinsetzung wegen fehlenden Verschuldens der Partei sogar dann gewähren, wenn es zuvor eine beantragte maßvolle Fristverlängerung ohne besonderen Hinweis und in der üblichen Form nur verkürzt bewilligt hat und dies der Partei nicht aufgefallen ist (*BGH* NJW-RR 2004, 785).

Bei Einlegung einer Rechtsmittelschrift bei dem vorbefassten Gericht entgegen §§ 519 Abs. 1, 549 Abs. 1 S. 1 ist dieses auf Grund der einem Verfahren nachwirkenden Fürsorgepflicht von Verfassungs wegen gehalten, den Schriftsatz an das Rechtsmittelgericht weiterzuleiten. Verzögert sich die Weiterleitung oder unterbleibt sie und wird dadurch die Rechtsmittelfrist versäumt, so ist dem Rechtsmittelführer Wiedereinsetzung zu gewähren, wenn er den Schriftsatz so früh eingereicht hat, dass er mit der Weiterleitung im laufenden Geschäftsgang noch innerhalb der Frist rechnen durfte (BVerfGE 93, 99, 115). Das Bundesverfassungsgericht (NJW 2005, 2137) hat dies für einen Zeitraum von noch neun Tagen bejaht, eine die Wiedereinsetzung ablehnende Entscheidung bei nur noch fünf Tagen dagegen nicht beanstandet (NJW 2001, 1343; fünf Arbeitstage lässt ausreichen *BGH* NJW 2006, 3499). Ein mit der Sache nicht vorbefasstes Gericht ist grds. nicht zur Weiterleitung an das zuständige Rechtsmittelgericht verpflichtet (*OLG Frankfurt/Main* NJW-RR 2005, 1156; *OLG Zweibrücken* NJW 2005, 3358; offen gelassen von *BGH* NJW 2005, 3776). Auch existiert keine generelle Pflicht der staatlichen Gerichte zur sofortigen Prüfung der Zuständigkeit bei Eingang der Rechtsmittelschrift (*BVerfG* NJW 2006, 1579). Es soll allerdings das Recht auf ein faires Verfahren verletzen, wenn ohne Weiteres erkennbar ist, dass die örtliche Zuständigkeit des Gerichts unter keinem Gesichtspunkt eröffnet ist und gleichwohl keine Weiterleitung erfolgt (*BGH* NJW 2011, 2053).

Die *Art der Verhandlung* und die *Form der Entscheidung* richten sich nach der nachgeholten Prozesshandlung (§ 238 Abs. 2). Im Allgemeinen muss mündlich verhandelt werden. Wird jedoch die Wiedereinsetzung gegen die Versäumung einer Rechtsmittelfrist beantragt, kann das Gericht auch ohne mündliche Verhandlung entscheiden (§§ 522 Abs. 1 S. 3, 552 Abs. 2). Die Entscheidung ergeht dann durch Beschluss, bei mündlicher Verhandlung durch *Urteil.* Wenn die Wiedereinsetzung gewährt wird, so erfolgt dies durch *Zwischenurteil* (§ 303) oder in den *Gründen des Endurteils.* Die Gewährung der Wiedereinsetzung gegen die Versäumung der Rechtsmittel- oder Rechtsmittelbegründungsfrist führt dann zur nachträglichen Beseitigung der Rechtskraft des angefochtenen Urteils. Ein *Rechtsmittel* gegen die Wiedereinsetzung gibt es nicht (§ 238 Abs. 3). Selbst eine gesetzeswidrig vom Berufungsgericht zugelassene Rechtsbeschwerde ist nicht statthaft (*BGH* MDR 2003, 41). Wird die Wiedereinsetzung abgelehnt (zulässig erst nach Ablauf der Wiedereinsetzungsfrist, *BGH* NJW 2011, 1363), muss der Antrag zurückgewiesen und gleichzeitig über die vergeblich nachgeholte Prozesshandlung entschieden, ein eingelegtes Rechtsmittel also als unzulässig (weil verspätet) verworfen werden (§ 238 Abs. 2 S. 1 i.V.m. § 522 Abs. 1 S. 2 bzw. § 552 Abs. 1 S. 2). Die abgewiesene Partei hat dann die üblichen Rechtsmittel (§ 238 Abs. 2 S. 1), also gegen Urteile die Berufung oder die Revision, gegen den Beschluss, der die Berufung verwirft, die Rechtsbeschwerde (§ 522 Abs. 1 S. 3, 4).

§ 17. Die mündliche Verhandlung und ihre Vorbereitung

Literatur: *Arens,* Mündlichkeitsprinzip und Prozeßbeschleunigung im Zivilprozeß, 1971; *Deubner,* Gedanken zur richterlichen Verfahrensbeschleunigungspflicht, FS G. Lüke, 1997, 51; *Huber,* Grundwissen – Zivilprozessrecht: Früher erster Termin und schriftliches Vorverfahren, JuS 2009, 683; *Leipold,* Prozeßförderungspflicht der Parteien und richterliche Verantwortung, ZZP 93, 237; *ders.,* Auf der Suche nach dem richtigen Maß bei der Zurückweisung verspäteten Vorbringens, ZZP 97, 395; *ders.,* Verfahrensbeschleunigung und Prozeßmaximen, FS Fasching, 1988, 329; *G. Lüke,* Die Zurückweisung verspäteten Vorbringens im Zivilprozeß, JuS 1981, 503; *Ostermeier,* Alte und neue Probleme des Präklusionsrechts nach der ZPO-Reform, ZZP 120, 219; *Stackmann*, Selten folgenschwer: verspätetes Vorbringen, JuS 2011, 133; *Stürner*, Die richterliche Aufklärung im Zivilprozeß, 1982; *Vietze*, Zurückweisung verspäteten Vorbringens im Zivilprozeß nach § 296 ZPO, JA 2003, 235; *Weth*, Die Zurückweisung verspäteten Vorbringens im Zivilprozeß, 1988.

Fall 1: Der Kläger nimmt die beklagte Versicherung auf Zahlung von Krankentagegeld in Anspruch. Zum erforderlichen Nachweis seiner Arbeitsunfähigkeit legt er dem Gericht eine ärztliche Arbeitsunfähigkeits-Bescheinigung vor. Die Beklagte bestreitet die Arbeitsunfähigkeit. Das Gericht weist den Kläger in der mündlichen Verhandlung darauf hin, dass nach der Rechtsprechung des *BGH* (NJW-RR 2000, 1414) die vorgelegte Bescheinigung zum Beweis der Arbeitsunfähigkeit nicht ausreiche. Daraufhin benennt der Kläger seinen behandelnden Arzt als Zeugen. Das Beweisangebot wird vom Gericht als verspätet zurückgewiesen, ohne den Kläger auf die drohende Präklusion hinzuweisen (nach *OLG Hamm* NJW-RR 2003, 1651).

188 Die mündliche Verhandlung war nach der ursprünglichen Regelung der ZPO das *Kernstück* des Zivilprozesses. Im Laufe der Zeit hatte sie diese Funktion weitgehend eingebüßt (Rn. 26). Der Gesetzgeber hat mit der Vereinfachungsnovelle (BGBl. 1976 I, 3281) versucht, die ursprüngliche Funktion der mündlichen Verhandlung wiederherzustellen. Im Ideal- und Regelfall soll der Prozess aufgrund *einer* mündlichen Verhandlung, aufgrund *eines* Termins entschieden werden (§ 272 Abs. 1). Wenn die mündliche Verhandlung diese Aufgabe erfüllen soll, muss sie *umfassend vorbereitet* werden. Darauf hat der Gesetzgeber der Vereinfachungsnovelle besonderen Wert gelegt und eine Anzahl von Bestimmungen in die ZPO eingefügt, die der Vorbereitung der mündlichen Verhandlung und zugleich der Prozessbeschleunigung dienen sollen.

I. Die Prozessförderungspflicht der Parteien

189 Für die Parteien hat die Vereinfachungsnovelle eine *allgemeine Prozessförderungspflicht* eingeführt. Nach § 282 Abs. 1 muss jede Partei in der mündlichen Verhandlung ihre Angriffs- und Verteidigungsmittel, insbesondere Behauptungen, Bestreiten, Einwendungen, Einreden, Beweismittel und Beweiseinreden, so zeitig vorbringen, wie es nach der Prozesslage einer sorgfältigen und auf Förderung des Verfahrens bedachten Prozessführung entspricht. Angriffs- und Verteidigungsmittel, die entgegen dieser Pflicht nicht rechtzeitig mitgeteilt werden, *können zurückgewiesen* werden, wenn ihre Zulassung nach der freien Überzeugung des Ge-

§ 17. Die mündliche Verhandlung

richts die Erledigung des Rechtsstreites verzögern würde und die Verspätung auf grober Nachlässigkeit beruht (§ 296 Abs. 2; lediglich das verspätet Vorgetragene wird zurückgewiesen, nicht die Klage insgesamt, ausführlich hierzu *BGH* NJW-RR 1996, 961). Mit dieser Bestimmung soll der früher nicht selten üblichen „tropfenweisen" Information des Gerichts und des Gegners entgegengewirkt werden. Die Konkretisierung dieser Pflicht für den Einzelfall ist schwierig. Sicher ist nicht erforderlich, dass alles nur möglicherweise für den Prozess Erhebliche gleich zu Anfang vorgetragen wird; die Wiedereinführung der alten Eventualmaxime war nicht beabsichtigt. Man wird die Auffassung vertreten können, dass eine auch aus prozesstaktischen Gründen erfolgte vorläufige Zurückhaltung des tatsächlichen Vorbringens dann zulässig sein muss, wenn es dafür vernünftige Gründe gibt, die nichts mit Prozessverschleppung zu tun haben (s. *Bender/Belz/Wax*, Das Verfahren nach der Vereinfachungsnovelle und vor dem Familiengericht, 1977, 27; für die Zurückweisung eines Antrags auf erneute Zeugenvernehmung nach Nichtzahlung des angeforderten Auslagenvorschusses: *BGH* NJW 1998, 761).

Um einen rechtzeitigen Sachvortrag der Parteien und damit die Verfahrensbeschleunigung zu fördern, enthält das Gesetz eine Konkretisierung der allgemeinen Prozessförderungspflicht in der Form, dass den Parteien zur Erwiderung auf die Klage oder auf die Klageerwiderung und zur Erklärung über klärungsbedürftige Punkte durch das Gericht Fristen gesetzt werden können (vgl. § 275 Abs. 1, 3, 4, § 276 Abs. 1 S. 2, Abs. 3, § 277 und § 273 Abs. 2 Nr. 1). Verstößt eine Partei gegen die Pflicht, ihre Angriffs- und Verteidigungsmittel innerhalb der hierfür vorgesehenen Frist vorzutragen, so *muss* gem. § 296 Abs. 1 das Gericht verspätetes Vorbringen grundsätzlich zurückweisen (sog. Präklusion). Ausnahmsweise kann es dieses Vorbringen noch zulassen, wenn die Partei die Verspätung entschuldigt oder die Erledigung des Rechtsstreits nicht verzögert wird (vgl. Rn. 190). Das Gesetz verlangt in § 296 Abs. 1 zwar ein Verschulden, vermutet dieses aber bei bloßer Fristversäumung. Erforderlich ist m.a.W. eine Entschuldigung. Die säumige Partei muss hierfür ihr fehlendes Verschulden dartun und auf Verlangen des Gerichts glaubhaft machen. Im Gegensatz zu § 296 Abs. 2 hindert bereits leichte Fahrlässigkeit der Partei, ihres gesetzlichen Vertreters oder ihres Prozessbevollmächtigten (§§ 51 Abs. 2, 85 Abs. 2) eine Entschuldigung.

189a

189b Auch für die *Vorbereitung der mündlichen Verhandlung* gilt die Prozessförderungspflicht der Parteien. Diese müssen Anträge sowie Angriffs- und Verteidigungsmittel, auf die der Gegner voraussichtlich ohne vorhergehende Erkundigung keine Erklärung abgeben kann, vor der mündlichen Verhandlung durch vorbereitenden Schriftsatz so rechtzeitig mitteilen, dass der Gegner die erforderliche Erkundigung noch einzuziehen vermag (§ 282 Abs. 2). Nicht rechtzeitig mitgeteilte Angriffs- und Verteidigungsmittel können unter den in § 296 Abs. 2 genannten Voraussetzungen ebenfalls zurückgewiesen werden (der Umstand, dass ein Vortrag – zwar innerhalb des zeitlichen Rahmens nach § 282 Abs. 2 gemacht – noch frühzeitiger hätte erfolgen können, genügt hierzu nicht, *BGH* NJW 1997, 2244). Im Parteibetrieb gilt die Pflicht nach § 282 Abs. 2 nur, wenn zugleich eine Anordnung nach § 129 Abs. 2 erfolgt (*BVerfG* NJW 1992, 1319). Wenn jedoch durch ein verspätetes Vorbringen die Gewährung einer Erklärungsfrist nach § 283 erforderlich wird, so liegt darin für sich allein keine Verzögerung des Rechtsstreits i.S.v. § 296. Erst aufgrund dieser nachgeholten Erklärung des Gegners kann nämlich das Gericht entscheiden, ob eine Verspätung vorliegt. Das ist etwa dann nicht der Fall, wenn der Gegner den Vortrag nicht bestreitet (*BGH* NJW 1985, 1556; vgl. auch BGHZ 94, 195). Bei Versäumen der *Schriftsatzfrist* gilt nicht § 296, sondern die Regelung des § 283 S. 2. Danach steht es im Ermessen des Gerichts, die verspätete Erklärung zu berücksichtigen (*BVerfG* NJW 1993, 679f.).

II. Der Verzögerungsbegriff

189c Ein verspätetes Parteivorbringen kann nur zurückgewiesen werden, wenn seine Zulassung die Erledigung des Rechtsstreits verzögert. Umstritten ist, *wann eine Verzögerung des Rechtsstreits* i.S.v. § 296 vorliegt. Der Bundesgerichtshof hat entschieden (NJW 1979, 1988 m.Anm. *Schneider*; bestätigt von BGHZ 76, 135; 86, 31; zustimmend *Jauernig/Hess* § 28 Rn. 18ff.; *B/L/A/H* § 296 Rn. 40; so schon vorher *Deubner*, NJW 1979, 339f.), dass diese Frage nach dem Stand des Rechtsstreits *im Zeitpunkt des verspäteten Vorbringens* zu beurteilen ist und nicht danach, wie der Prozessverlauf sich (hypothetisch) *bei rechtzeitigem Vorbringen gestaltet hätte* (wie mehrere Oberlandesgerichte angenommen hatten, z.B. *OLG Frankfurt/Main* NJW 1979, 375; *OLG Ham-*

burg NJW 1979, 1717; *OLG Hamm* NJW 1979, 1717). Entscheidend ist danach, ob bei Zulassung des neuen Vorbringens der Rechtsstreit (bspw. durch die Notwendigkeit eines neuen Termins) länger dauern würde als bei Zurückweisung (*BGH* NJW-RR 1996, 961). Dies kann bedeuten, dass bei Zurückweisung des verspäteten Vorbringens der Rechtsstreit insgesamt schneller beendet wird, als dies bei rechtzeitigem Vorbringen möglich gewesen wäre. Man spricht insoweit vom *absoluten Verzögerungsbegriff* (Zöller/*Greger* § 296 Rn. 20). Es ist dem Bundesgerichtshof entgegengehalten worden, eine solche „Überbeschleunigung" könne zu materiell unrichtigen Prozessergebnissen führen und sei nicht mit der Absicht des Gesetzgebers zu vereinbaren (*Schneider,* NJW 1979, 2614; *Rosenberg/Schwab/Gottwald* § 68 Rn. 31 ff.; *Leipold,* ZZP 93, 250). Der Bundesgerichtshof ist der Auffassung, der Gesetzgeber habe solche Prozessergebnisse hingenommen (BGHZ 76, 136). Das Bundesverfassungsgericht (BVerfGE 75, 302, 316) sieht allein darin grundsätzlich noch keinen Rechtsmissbrauch. Es behält sich jedoch eine strenge Kontrolle der Fachgerichte am Maßstab des einfachen Rechts vor. Beruht eine Verzögerung (auch) auf unzulänglicher Verfahrensleitung oder einer Verletzung der gerichtlichen Fürsorgepflicht, so verstößt die Präklusion gegen den Anspruch auf rechtliches Gehör (*BVerfG* NJW 2000, 945, 946).

Zwar können aus Präklusionsvorschriften immer unrichtige Urteile folgen, ohne dass darin eine Verletzung des Rechts auf rechtliches Gehör läge (vgl. Rn. 36; *BVerfG* NJW 1980, 277; 1737 dazu Anm. *Deubner,* NJW 1980, 1945; s. auch *Deubner,* NJW 1980, 265). Daraus lässt sich aber kaum ableiten, in welchem Umfang der Gesetzgeber solche Urteile in Kauf zu nehmen bereit war, wenn der Gesetzeswortlaut, wie bei § 296, mehrere Auslegungen zulässt (a. A. *Deubner,* NJW 1979, 340: der Wortlaut soll nur die Auslegung des Bundesgerichtshofs zulassen). Die Prozessbeschleunigung, der die Präklusionsvorschriften dienen sollen, ist *kein absoluter Wert.* Sie muss in Relation gesehen werden zu dem *wichtigsten Prozessziel,* nämlich der Herbeiführung *richtiger Urteile.* Wenn die Zulassung des verspäteten Vorbringens im Ergebnis keine Verlängerung des Prozesses zur Folge hat, weil dieser bei erkennbar rechtzeitigem Vorbringen genauso lange gedauert hätte, sollte das primäre Prozessziel im Vordergrund stehen (so auch *BVerfG* NJW 1987, 2733 m. Anm. *Deubner* und

BVerfG NJW 1995, 1417, dazu *Deubner,* JuS 1995, 812, 815 ff.). Dafür spricht zudem, dass das verfassungsmäßige Recht auf rechtliches Gehör *nicht mehr als unbedingt nötig eingeschränkt* werden sollte (vgl. *Leipold,* a. a. O.). Die vom Bundesgerichtshof (BGHZ 75, 138, 142 f.; 86, 198, 203; s. auch BVerfGE 81, 264) angenommene Pflicht des Gerichts, die Verspätung durch zumutbare vorbereitende Maßnahmen auszugleichen (vgl. Rn. 191), mag in manchen, sicher aber nicht in allen Fällen helfen. Es wäre deshalb besser, sich für die Frage der Verspätung an dem hypothetischen Prozessverlauf zu orientieren (sog. relativer Verzögerungsbegriff).

Im Fall 1 folgt die Verzögerung sowohl nach dem absoluten als auch nach dem relativen Verzögerungsbegriff daraus, dass zur Vernehmung des Zeugen nochmals terminiert werden muss. Ohne die Beweisaufnahme ist der Rechtsstreit nach den Regeln der Beweislast entscheidungsreif, da der Kläger beweisfällig geblieben ist (Rn. 189 c, 196).

III. Die Prozessförderungspflicht des Gerichts

190 Neben den Prozessförderungspflichten der Parteien hat auch das *Gericht* die Pflicht, die schnelle Erledigung des Prozesses herbeizuführen (vgl. z. B. *BGH* NJW-RR 1991, 728). Der Vorsitzende hat dabei die Wahl zwischen zwei Wegen, auf denen er das Ziel, Erledigung des Prozesses in einem Termin, erreichen kann. Er kann entweder einen frühen ersten Termin zur mündlichen Verhandlung (§ 275) bestimmen oder ein schriftliches Vorverfahren (§ 276) veranlassen (§ 272 Abs. 2); die mündliche Verhandlung und die Güteverhandlung sollen so früh wie möglich stattfinden (§ 272 Abs. 3). *In beiden Fällen* muss das Gericht erforderliche Maßnahmen der Verfahrensvorbereitung rechtzeitig ergreifen (§ 273 Abs. 1 S. 1).

Im Einzelnen kann das Gericht den Parteien die *Ergänzung* oder *Erläuterung* ihrer vorbereitenden Schriftsätze aufgeben, soweit diese Unklarheiten oder Unvollständigkeiten aufweisen (§ 273 Abs. 2 Nr. 1). Das Gericht wird sich dabei hüten müssen, den Parteien bestimmte Aussagen zu suggerieren (*Bender/Belz/ Wax,* Das Verfahren nach der Vereinfachungsnovelle und vor dem Familiengericht, 1977, 10). Weiter kann das Gericht das *persönliche Erscheinen der Parteien* anordnen (§§ 273 Abs. 2 Nr. 3, 141), die ohne eine solche Anordnung nicht verpflichtet sind, vor Gericht zu erscheinen. Es liegt auf der Hand, dass das Erscheinen der Parteien

§ 17. Die mündliche Verhandlung

in der mündlichen Verhandlung deren Fortgang bedeutend fördern kann. Gleichwohl kann diese Form der Parteianhörung auch bedenklich sein, weil dadurch die vorbereitende Tätigkeit der Anwälte beiseite geschoben und entwertet wird. Außerdem wird einer der wichtigsten Grundsätze aufgegeben, die das geltende Zivilprozessrecht geprägt haben: Danach tragen die Parteien nicht einen ungeordneten Tatsachenkomplex vor, sondern ausgewählte Tatsachen, aus denen sich Rechte, Einwendungen, Gegenrechte usw. ergeben. Insoweit ist die Parteianhörung ein weiterer Schritt in Richtung einer Verstärkung der Richtermacht.

Das Gericht kann außerdem die *Vorlage von Urkunden* anordnen und *Zeugen*, auf die sich eine Partei bezogen hat, sowie *Sachverständige* zur mündlichen Verhandlung laden (§ 273 Abs. 2 Nr. 4 und 5) sowie den Zeugen aufgeben, Unterlagen einzusehen und zum Termin mitzubringen (§ 378). Die Anordnung zur Vorlage von Urkunden kann sich gegen einen Dritten, d.h. eine am Verfahren nicht als Partei beteiligte Person richten. Die Grenze hierfür ist die Unzumutbarkeit der Vorlage für den Dritten. Entsprechendes gilt für Augenscheinsgegenstände (§§ 273 Abs. 1 Nr. 5, 144). Derartige Vorbereitungsmaßnahmen sollen jedoch nur getroffen werden, wenn der Beklagte dem Klageanspruch widersprochen hat. Auch Behörden können um Mitteilung von Urkunden oder um Erteilung amtlicher Auskünfte ersucht werden (§ 273 Abs. 2 Nr. 2). Wenn diese Beweismittel im ersten Termin zur mündlichen Verhandlung präsent sind, wird eine Vertagung vermieden. Die *Beweisaufnahme* selbst, etwa die Vernehmung der Zeugen, erfolgt dann in der mündlichen Verhandlung. In bestimmten Fällen kann ein Beweisbeschluss aber auch schon *vor der mündlichen Verhandlung* ausgeführt werden (§ 358a), wenn er anordnet: 1. eine Beweisaufnahme vor dem beauftragten oder ersuchten Richter, 2. die Einholung amtlicher Auskünfte, 3. die schriftliche Beantwortung der Beweisfrage durch Zeugen nach § 377 Abs. 3, 4. die Begutachtung durch Sachverständige, 5. die Einnahme eines Augenscheins. Auch dadurch wird eine Vertagung vermieden.

Für die Vertagung enthält die ZPO eine präzise gefasste Regelung (§ 227). Nur aus erheblichen Gründen kann ein Termin aufgehoben, verlegt oder eine Verhandlung vertagt werden. Erhebliche Gründe sind weder das Einvernehmen der Parteien, die also nicht mehr über die Termine disponieren können, noch ein von einer Partei zu vertretendes Ausbleiben (dazu *BGH* NJW 2008, 1328) oder zu vertretende mangelnde Vorbereitung. Als Ausgleich für die abgeschafften

Gerichtsferien haben in der Zeit vom 1. Juli bis 31. August die Parteien bei entsprechendem Antrag einen Anspruch auf Terminsverlegung (bei Beschleunigungsbedarf und vorheriger Verzögerung besteht er nicht, *BGH* NJW 2010, 2440). Der nicht zu begründende Antrag muss innerhalb einer Woche nach Zugang der Ladung oder Terminsbestimmung gestellt werden (§ 227 Abs. 3).

1. Der frühe erste Termin

191   Wenn das Gericht einen frühen ersten Termin bestimmt hat, kann es dem Beklagten eine *Frist zur schriftlichen Klageerwiderung* setzen (§§ 275 Abs. 1 S. 1, 277 Abs. 3). Andernfalls muss es ihn auffordern, seine Verteidigungsmittel unverzüglich, gegebenenfalls durch einen zu bestellenden Rechtsanwalt, in einem Schriftsatz dem Gericht mitzuteilen (§ 275 Abs. 1 S. 2). Die Frist zur schriftlichen Klageerwiderung kann dem Beklagten auch noch im Termin gesetzt werden, wenn dies vorher noch nicht geschehen ist und der Beklagte noch nicht oder noch nicht ausreichend auf die Klage erwidert hat (§ 275 Abs. 3). Die *inhaltlichen Anforderungen* an die Klageerwiderung präzisiert § 277 Abs. 1. Die Verteidigungsmittel müssen bereits hier vorgebracht werden, soweit es nach der Prozesslage einer sorgfältigen und auf Förderung des Verfahrens bedachten Prozessführung entspricht. Zugleich soll der Beklagte in der Klageerwiderung auch mögliche Einwände gegen eine Übertragung der Sache auf den Einzelrichter erheben (§ 277 Abs. 1 S. 2). Die Klageerwiderung kann das Gericht veranlassen, vorbereitende Maßnahmen nach § 273 zu ergreifen. Wird die für die Klageerwiderung gesetzte Frist versäumt, so kann das verspätete Vorbringen nur unter den Voraussetzungen des § 296 Abs. 1 berücksichtigt werden. Der Ausschluss des Parteivorbringens ist aber nur vertretbar, wenn der betroffenen Partei zugleich mit der Fristsetzung klar gemacht worden ist, in welche Lage sie durch die Fristversäumung kommt (§ 277 Abs. 2 und 4; BGHZ 86, 218). Dies gilt auch dann, wenn die Partei bereits anwaltlich vertreten ist (*BGH* NJW 1983, 2507). Dort soll allerdings die Wiederholung des Gesetzeswortlauts der einschlägigen Vorschriften ausreichen (*BGH* NJW 1991, 493). Darüber hinaus setzt die Präklusion nach § 296 Abs. 1 eine wirksame Fristsetzung voraus (für Einzelheiten s. *BGH* NJW 1990, 2389; für die Frist nach § 276 Abs. 1 S. 2: *BGH* NJW 1992, 1965).

192   Der Möglichkeit der Fristsetzung zur Klageerwiderung liegt die Vorstellung zugrunde, dass der *Beklagte* häufig die Neigung habe,

§ 17. Die mündliche Verhandlung

den Prozess zu verschleppen (*Arens*, Mündlichkeitsprinzip und Prozeßbeschleunigung im Zivilprozeß, 1971, 42 m. N.). Diese Annahme ist nicht bewiesen. Schließlich ist es oft zufällig, wer in einem Rechtsstreit Kläger oder Beklagter ist. Noch schwerer wiegt, dass der Beklagte durch die Fristsetzung gegenüber dem Kläger benachteiligt wird. Zwar kann auch diesem nach § 275 Abs. 4 eine Frist zur schriftlichen Stellungnahme auf die Klageerwiderung gesetzt werden. Der Kläger befindet sich aber gegenüber dem Beklagten in einer anderen und für ihn günstigeren Position: Er hat es in der Hand, den Zeitpunkt des Prozessbeginns durch die Klageerhebung zu bestimmen und kann dies nach einer entsprechend intensiven Vorbereitung tun. Dem Beklagten bleibt nur die vom Gericht gesetzte Frist. Dies wirft die Frage auf, ob der *Grundsatz der Gleichberechtigung, der Chancengleichheit der Parteien*, durch diese Regelung nicht verletzt wird (vgl. dazu die Entscheidung des *italienischen Verfassungsgerichtshofs* EuGRZ 1977, 194).

Bei der Anwendung der Vorschriften über die Zurückweisung verspäteten Vorbringens *im* frühen ersten Termin haben sich Probleme ergeben, weil bei einer solchen Anwendung der Prozess ohne Haupttermin beendet werden kann. Der Bundesgerichtshof (BGHZ 86, 31 = JZ 1983, 309 m. Anm. *Wolf*; *BGH* JZ 1987, 417 m. Anm. *Wolf*; zu beiden Entscheidungen: *Lange*, NJW 1988, 1645) hat aber betont, dass der frühe erste Termin ein vollwertiger Termin sei, der *nicht allein* das weitere Verfahren vorbereiten, sondern in geeigneten Fällen schon zum *streitigen Urteil* führen solle (vgl. dazu Rn. 27). Nur wenn dies eindeutig nicht in Frage komme, es sich also um einen sog. *Durchlauftermin* handele, müsse trotz einer Verspätung i. S. des § 296 Abs. 1 ein Haupttermin anberaumt werden, weil sonst ein Missbrauch der Regelung des § 296 Abs. 1 vorliege (dazu *Leipold*, ZZP 97, 395). Das Bundesverfassungsgericht hat entschieden, dass dies auch für die Zurückweisung nach § 296 Abs. 2 gilt; diese soll dann gegen Art. 103 Abs. 1 GG verstoßen, wenn es sich erkennbar um einen Durchlauftermin handelt (BVerfGE 69, 126; vgl. dazu *Deubner*, NJW 1985, 1140 u. NJW 1987, 465, 1593; vgl. auch *BGH* JZ 1987, 416 m. Anm. *Wolf*). Es ist die Frage, ob mit dieser Rechtsprechung der absolute Verzögerungsbegriff (vgl. oben Rn. 190) nicht aufgegeben wird (hierzu *Deubner*, NJW 1987, 468). Das Bundesverfassungsgericht hat zwar danach entschieden, dass an seiner Geltung festzuhalten ist und die absolute Verzögerung auch nicht gegen das Recht auf rechtliches Gehör verstößt. Es hat aber die Einschränkung gemacht, verspätetes Vorbringen dürfe nicht ausgeschlossen werden, wenn offenkundig sei, dass dieselbe Verzögerung selbst bei rechtzeitigem Vortrag eingetreten wäre (BVerfGE 75, 302, 315 = NJW 1987, 2733 m. Anm. *Deubner* = JZ 1988, 90 m. Anm. *Leipold*), etwa weil von vornherein absehbar war, dass eine Beweisaufnahme hätte stattfinden müssen (*BGH* NJW-RR 2005, 1296). Darin liegt zumindest eine Relativierung des absoluten

Verzögerungsbegriffs. Für die Parteien bedeutet das eine zusätzliche Unsicherheit, weil sie nicht ohne Weiteres erkennen können, welche Bedeutung das Gericht im jeweiligen Fall dem frühen ersten Termin geben will. Das Bundesverfassungsgericht und der Bundesgerichtshof wollen dem mit der Voraussetzung abhelfen, es müsse sich um einen Termin handeln, der „erkennbar" und „eindeutig" nur der Vorbereitung diene. Eine Zurückweisung nach §§ 296 Abs. 2, 282 Abs. 1 im frühen ersten Termin scheidet aus, da diese Regelung nur das rechtzeitige Vorbringen „in der mündlichen Verhandlung" betrifft und hier das Vorbringen nie verspätet sein kann (*BGH* NJW 1992, 1965).

2. Das schriftliche Vorverfahren

193 Wenn sich das Gericht (der Vorsitzende oder der Amtsrichter) für ein *schriftliches Vorverfahren* entscheidet, so fordert es den Beklagten mit der Zustellung der Klage auf, innerhalb einer Notfrist von zwei Wochen nach Zustellung dem Gericht *anzuzeigen*, ob er sich gegen die Klage verteidigen wolle (§ 276 Abs. 1 S. 1). Der Beklagte muss zusammen mit der Aufforderung über die Folgen der Versäumung dieser Frist, die Rechtsfolgen der §§ 91 und 708 Nr. 2 (eingefügt wegen Art. 17 EuVTVO) sowie im Anwaltsprozess darüber belehrt werden, dass er die Erklärung, der Klage entgegentreten zu wollen, nur durch einen Rechtsanwalt abgeben kann (§ 276 Abs. 2). Die Folge der Versäumung der Frist nach § 276 Abs. 1 S. 1 regelt § 331 Abs. 3: Auf Antrag des Klägers, der schon in der Klageschrift gestellt werden kann, entscheidet das Gericht *ohne mündliche Verhandlung,* es sei denn, die Erklärung des Beklagten geht noch ein, bevor das von den Richtern unterschriebene Urteil der Geschäftsstelle übergeben ist. Der Kläger kann hier also ein *Versäumnisurteil* allein aufgrund seines eigenen Vorbringens erhalten. Diese Regelung soll die Fälle erfassen, in denen sich der Beklagte nicht verteidigt, weil er gegen die Klage nichts vorzubringen hat. Es geht dann weniger um die Entscheidung eines Rechtsstreits als darum, dem Kläger einen Vollstreckungstitel zu verschaffen.

Der Beklagte kann auf die Aufforderung nach § 276 Abs. 1 S. 1 auch erklären, dass er den Anspruch des Klägers ganz oder zum Teil anerkenne (zum Anerkenntnis Rn. 233 ff.). Er wird dann ebenfalls ohne mündliche Verhandlung dem Anerkenntnis gemäß verurteilt (§ 307).

Zusammen mit der Frist für die Erklärung der Verteidigungsbereitschaft ist dem Beklagten eine Frist von mindestens zwei weiteren Wochen für die *schriftliche Klageerwiderung* zu setzen (§ 276

Abs. 1 S. 2). Dem Kläger kann wiederum eine Frist zur *schriftlichen Stellungnahme* auf die Klageerwiderung gesetzt werden (§ 276 Abs. 3). Angriffs- und Verteidigungsmittel, die nach Ablauf der gem. § 276 Abs. 1 S. 2 und Abs. 3 gesetzten Fristen vorgebracht werden, können nur unter der Voraussetzung des § 296 Abs. 1 zugelassen werden (auch hier gilt aber die bereits geschilderte Einschränkung des absoluten Verzögerungsbegriffs [s. Rn. 192 a. E.], str., a. A. *OLG München* NJW 1990, 1371 m. krit. Anm. *Deubner*).

IV. Weitere Voraussetzungen der Zurückweisung verspäteten Vorbringens

Eine Zurückweisung nach § 296 Abs. 1, 2 setzt neben der Verspätung des Vorbringens und der Verzögerung der Erledigung des Rechtsstreits voraus, dass die Verspätung auf dem Verschulden einer Partei beruht. Die Präklusion scheidet daher aus, wenn die Verspätung durch die Partei genügend entschuldigt wird (s. o. Rn. 189 a). Kein vorwerfbares Verhalten liegt z. B. bei einer verspäteten Beweisantragstellung vor, falls erst dann erkennbar ist, dass es auf dieses Beweismittel ankommt (*BVerfG* NJW 1992, 678; *OLG Hamm* NJW-RR 1992, 122). Die Zurückweisung ist ebenfalls bei unwirksamer Fristsetzung unzulässig. Dies ist der Fall, wenn die dem Beklagten gesetzte Erwiderungsfrist unangemessen kurz war (*BGH* NJW 1994, 736) oder die richterliche Verfügung über die Fristsetzung nicht vom zuständigen Richter erfolgt oder nicht nach § 329 Abs. 2 S. 2 förmlich zugestellt wird (vgl. *BGH* NJW 1990, 2389 f.).

Für die Zurückweisung verspäteten Vorbringens ist weiterhin erforderlich, dass das verspätete Vorbringen (also das Parteiverhalten) *alleinige Ursache* für die Verzögerung ist (MünchKomm/*Prütting* § 296 Rn. 118 ff.). Daran fehlt es, wenn das Gericht die Verspätung im Rahmen des normalen Geschäftsgangs durch zumutbare, vorbereitende Maßnahmen ausgleichen kann (s. o. Rn. 191; *BVerfG* NJW-RR 1999, 1079 f.; *BGH* NJW-RR 2002, 646), es Hinweis- und Aufklärungspflichten (§ 139) verletzt hat (Stein/Jonas/*Leipold* § 296 Rn. 93; *BVerfG* NJW 1992, 678), oder es durch unzulängliche richterliche Verfahrensleitung oder unzureichende Terminvorbereitung die Verzögerung mitverursacht hat (*BVerfG* NJW 1992, 680, 681; NJW-RR 1995, 377).

Im **Fall 1** hat das Gericht einen Hinweis (Rn. 196) hinsichtlich seiner Rechtsauffassung zur Beweislast erst in der mündlichen Verhandlung erteilt. Die Verzögerung (Rn. 189c) durch eine notwendige Vernehmung des behandelnden Arztes ist damit nicht der Partei zuzurechnen. Die Zurückweisung des Beweisangebots als verspätet ist unzulässig.

Vorbereitende Handlungen sind zumutbar, wenn sie sich ohne unangemessenen zeitlichen Aufwand vornehmen lassen. Dies trifft für die Vernehmung präsenter Zeugen über einfache, klar abgegrenzte Streitpunkte zu (vgl. *BGH* NJW 1991, 1181, 1182). Dem Gericht ist grundsätzlich zumutbar, eine verspätete Benennung von Zeugen seitens der Partei durch deren rechtzeitige Ladung (§ 273 Abs. 2 Nr. 4) auszugleichen (vgl. *BVerfG* NJW-RR 1999, 1079f.; *BGH* NJW 2001, 151f.). Die vorbereitende Ladung von acht Zeugen zu einem umfangreichen Prozessstoff hat der Bundesgerichtshof jedoch als unzumutbar abgelehnt (*BGH* NJW 1999, 3272f.).

Erfolgte eine Zurückweisung fehlerhaft, darf das Rechtsmittelgericht die Begründung nicht durch eine andere ersetzen oder die Zurückweisung auf eine andere als die von der Vorinstanz angewandte Vorschrift stützen (*BGH* NJW 1992, 1965). Der Parteivortrag muss bei der Entscheidungsfindung berücksichtigt werden (*BGH* NJW-RR 2005, 1007).

Der Überblick über die sehr komplizierte Regelung zeigt, dass der Gesetzgeber nicht zuletzt durch die sehr strengen Präklusionsvorschriften eine Beschleunigung des Verfahrens erreichen will. An der Wirksamkeit dieser Regelung sind Zweifel angebracht (vgl. hierzu auch *Greger*, ZZP 100, 377, 382). Es besteht die Gefahr, dass die Parteien und Anwälte angesichts der drohenden Präklusion zu Beginn des Prozesses alle auch nur *möglicherweise* in Frage kommenden Tatsachen vortragen und alle denkbaren Beweise benennen. Die Anwälte werden sich dazu schon deshalb veranlasst sehen, weil sie die Gefahr von Regressen möglichst klein halten müssen. Diese aber drohen, wenn ein Prozess verloren wird, weil das Gericht ein Vorbringen als verspätet nicht zugelassen hat. Eine Überhäufung des Gerichts mit vorsorglichem, letztlich vielfach überflüssigem Vorbringen der Parteien, führt unweigerlich zu Verfahrensverzögerungen. Dieselbe Wirkung aber hat ein vom Gericht zu entscheidender Streit über das Vorliegen von Entschuldigungsgründen. Strenge Präklusionsvorschriften können auch zu einer Vermehrung von Prozessen führen, wenn die infolge der Zurückweisung unterlegene Partei gegen ihren Rechtsanwalt einen Regressprozess führt und über den im ersten Prozess ausgeschlossenen Prozessstoff dann in diesem zweiten

Prozess entschieden werden muss (vgl. dazu *Arens,* Mündlichkeitsprinzip und Prozeßbeschleunigung im Zivilprozeß, 1971, 38 ff.).

V. Der Haupttermin

Das Gesetz regelt den Ablauf des Haupttermins seit dem ZPO-RG nur noch sehr unübersichtlich in den §§ 278 f. Die *Verhandlung* wird vom *Vorsitzenden* eröffnet und geleitet (§ 136 Abs. 1). Der ersten mündlichen Verhandlung in erster Instanz geht grundsätzlich eine Güteverhandlung zum Zwecke der einvernehmlichen Streitbeilegung voraus (§ 278 Abs. 2 S. 1).

195

1. Güteverhandlung

Die Durchführung der Güteverhandlung liegt weder im Ermessen des Gerichts, noch in der Disposition der Parteien. Von ihr kann das Gericht nur absehen, wenn ein Einigungsversuch vor einer außergerichtlichen Gütestelle gescheitert ist oder die Güteverhandlung aussichtslos erscheint (weitergehend eine Pflicht zur Unterlassung annehmend: *Hartmann,* NJW 2001, 2681). Mit Blick auf den Gesetzeszweck sind diese Ausnahmen von der Verpflichtung zur Güteverhandlung eng auszulegen. Unterbleibt die Güteverhandlung in verfahrenswidriger Weise, so liegt hierin keine Rechtsverletzung i. S. der §§ 513, 546, da das Urteil inhaltlich gerade nicht hierauf beruht.

195a

Die mündliche Verhandlung soll sich nach § 279 Abs. 1 S. 1 unmittelbar an die erfolglose Güteverhandlung anschließen. Dasselbe gilt bei Ausbleiben einer Partei in der Güteverhandlung. Um in dieser Situation ein Versäumnisurteil erlassen zu können, muss das Gericht zu beidem – Güteverhandlung und mündlicher Verhandlung – laden. Andernfalls steht einem Versäumnisurteil § 335 Abs. 1 Nr. 2 entgegen. Das Ausbleiben der Parteien im Anwaltsprozess trotz Anordnung ihres persönlichen Erscheinens kann mit einem Ordnungsgeld geahndet werden (§ 278 Abs. 3 S. 2 i. V. m. § 141 Abs. 3). Falls eine mündliche Verhandlung im Anschluss an die Güteverhandlung nicht möglich ist, hat das Gericht unverzüglich einen Termin zur mündlichen Verhandlung zu bestimmen.

Das persönliche Erscheinen der Parteien soll angeordnet werden und wird in der Regel auch die Aussichten auf eine gütliche Streitbeilegung steigern. In der Güteverhandlung hat das Gericht dann den Sach- und Streitstand mit den Parteien unter Berücksichtigung aller Umstände zu erörtern (§ 278 Abs. 2 S. 2). Sinnvollerweise wird das Gericht trotz fehlender gesetzlicher Vorschrift in den Sach- und Streitstand einführen und anschließend, soweit es das für notwendig erachtet, Fragen stellen. Dabei soll es die Parteien persönlich anhören (§ 278 Abs. 2 S. 3). All dies wird nach erfolgloser Güteverhandlung oder bei Ausbleiben der Parteien Grundlage der anschließenden mündlichen Verhandlung sein. Das Gericht muss hier wie auch in der mündlichen Verhandlung beachten, dass es nicht Amtsermittlung betreiben darf. Die im Gesetz vorgesehene Unterscheidung von Güteverhandlung und mündlicher Verhandlung führt dazu, dass in der Güteverhandlung Prozesshandlungen, die nach dem Gesetz *nur* in der *mündlichen Verhandlung* vorgenommen werden können, nicht möglich sind (z.B. Geständnis). Das Verhandeln oder Nichtbestreiten hat nicht die Wirkungen, die sie in der mündlichen Verhandlung haben werden (§ 39 – Zuständigkeitsbegründung, § 138 – Geständnisfiktion). Auch die Präklusion spielt insoweit keine Rolle. Entscheidungen zur Hauptsache dürfen in der Güteverhandlung nicht ergehen.

Das Gericht soll zukünftig in geeigneten Fällen eine gerichtsnahe Mediation, ein anderes Verfahren der außergerichtlichen Konfliktlösung oder – falls landesrechtlich vorgesehen – eine gerichtsinterne Mediation vorschlagen können (RegE BT-Drs. 17/5335, 7; s. auch Rn. 492f). Erklären sich die Parteien mit diesem Vorschlag einverstanden, so ordnet das Gericht das Ruhen des Verfahrens an. Eine erfolgreiche Güteverhandlung führt zu einer Verfahrensbeendigung. Dies kann durch verfahrensbeendende Prozesserklärungen geschehen oder durch Vergleich. Wenn nur tatsächliche Fragen im Streit sind, kann es sinnvoll sein, die Parteien auf die Streitentscheidung durch ein kostengünstigeres Schiedsgutachten zu verweisen. Für den Vergleich schafft § 278 Abs. 6 Erleichterungen, die die Aussichten auf einen Vergleichsabschluss nach Vorstellung des Gesetzgebers verbessern sollen. Die Parteien können danach einen Vergleich auch schließen, indem sie durch Schriftsatz einen schriftlichen Vergleichsvorschlag des Gerichts annehmen (für Einzelheiten s. Rn. 250). Bereits vor der Güteverhandlung kann danach im schriftlichen Wege die Streitigkeit kostengünstig beigelegt werden.

2. Die Mündliche Verhandlung

Die mündliche Verhandlung schließt sich in der Regel unmittelbar an die Güteverhandlung an (§ 279 Abs. 1 S. 1) und beginnt mit der Stellung der Sachanträge durch die Parteien (§ 137 Abs. 1). War eine Güteverhandlung nicht nötig, so ist dem Gericht ein entsprechendes Vorgehen wie in der Güteverhandlung anzuraten, indem es zunächst in den Sach- und Streitstand einführt und soweit erforderlich Fragen stellt.

195b

Danach folgt die *streitige Verhandlung*, d. h. der Sach- und Rechtsvortrag durch die Anwälte der Parteien und die Parteien selbst (§ 137 Abs. 2 und 4). Das Gericht muss, soweit erforderlich, das Sach- und Streitverhältnis mit den Parteien nach der tatsächlichen und rechtlichen Seite erörtern und Fragen stellen (§ 139 Abs. 1 S. 1). Auch hier hat das Gericht darauf zu achten, dass es keine Amtsermittlung betreiben darf. Stets kann das Gericht mit den Parteien ein *Vergleichsgespräch* führen (§ 278 Abs. 1). Die gütliche Beendigung des Rechtsstreits durch Abschluss eines Prozessvergleichs herbeizuführen, ist dem Gericht unabhängig von seiner Pflicht zur Güteverhandlung in jeder Lage des Verfahrens aufgegeben (zum Prozessvergleich Rn. 248 ff.). Im Einzelnen wird die Durchführung der mündlichen Verhandlung je nach der Prozessleitung durch den Vorsitzenden sehr unterschiedlich verlaufen. Dies gilt auch für die Bezugnahme auf Schriftstücke, etwa vorbereitende Schriftsätze, die zulässig ist, wenn sie das Gericht für angemessen hält und keine der Parteien widerspricht (§ 137 Abs. 3).

In erster Linie wirkt sich hier aber die *richterliche Hinweispflicht* aufgrund der Pflicht zur materiellen Prozessleitung aus. Der Richter oder Vorsitzende haben darauf hinzuwirken, dass die Parteien die sachdienlichen Anträge stellen, sich über alle erheblichen Tatsachen erklären und die Beweismittel bezeichnen (§ 139 Abs. 1 S. 2), soweit dies noch nicht geschehen ist. Auf einen rechtlichen Gesichtspunkt, den eine Partei erkennbar übersehen oder für unerheblich gehalten hat, darf das Gericht, soweit nicht nur eine Nebenforderung betroffen ist, seine Entscheidung nur stützen, wenn es zuvor darauf hingewiesen und *Gelegenheit zur Äußerung* dazu gegeben hat (§ 139 Abs. 2). Das bedeutet, dass das Gericht zunächst – und zwar möglichst früh (§ 139 Abs. 4 S. 1) – seine *Rechtsauffassung* zu dem betreffenden Punkt darlegen muss.

196

Damit sollen *Überraschungsentscheidungen* verhindert werden (vgl. *BGH* NJW-RR 2002, 69; NJW 1987, 781; vgl. auch *BVerfG* NJW 1988, 2787). Insoweit besteht eine Ähnlichkeit mit § 265 StPO. Die Hinweispflicht des Gerichts erstreckt sich auf entscheidungserhebliche rechtliche Aspekte. Darunter fallen nicht nur alle gesetzlichen Vorschriften, sondern auch rechtliche Argumente, sowie in Rechtsprechung oder Lehre vertretene Ansichten. Es muss auch darauf hinweisen, wenn es einen Gesichtspunkt abweichend von beiden Parteien beurteilt (§ 139 Abs. 2 S. 2).

Im Falle der Berufung muss das Berufungsgericht bei einer vom erstinstanzlichen Gericht abweichenden Auffassung diese dem Beklagten rechtzeitig mitteilen (*BGH* NJW-RR 2003, 1718). Der richterliche Hinweis ist selbst dann geboten, wenn für das Gericht offensichtlich ist, dass die Partei das Vorbringen des Prozessgegners gegen den Klageantrag oder die Schlüssigkeit der Klage falsch bewertet (*BGH* NJW-RR 2004, 1247).

Das Gericht kann den Hinweis in der mündlichen Verhandlung oder vorher in einem Hinweis- und Aufklärungsbeschluss (§ 273) erteilen. Auch wenn ein solcher Beschluss nicht ergeht, ist der gegebene Hinweis aktenkundig zu machen, d. h. je nach Situation ist er entweder in das Protokoll oder ein entsprechender Vermerk in die Akten aufzunehmen (s. § 139 Abs. 4 S. 1; zur Erwähnung in den Urteilsgründen s. bereits Rn. 13). Den Parteien ist Gelegenheit zur Stellungnahme einzuräumen (innerhalb angemessener Frist, *BGH* NJW 2007, 1887). Das folgt schon aus Art. 103 Abs. 1 GG. Sofern das den Parteien nicht sofort möglich ist, soll ein Schriftsatznachlass gewährt (§ 139 Abs. 5) oder anderweitig die Gelegenheit eingeräumt werden, auf den Hinweis zu reagieren, etwa durch Antretung eines Zeugenbeweises (*OLG Hamm* NJW-RR 2003, 1651). Im Anwaltsprozess genügt der Hinweis auf die Unsubstantiiertheit des Vortrages, das Gericht muss nicht auf die Möglichkeit der Beantragung einer Schriftsatzfrist aufmerksam machen oder diese gar ohne Antrag gewähren (*OLG Hamm* NJW-RR 2004, 646).

Im **Fall 1** hat das Gericht zunächst richtigerweise darauf hingewiesen, dass es sich auf die Rechtsprechung des Bundesgerichtshofs zur Beweislast hinsichtlich der Arbeitsunfähigkeit stützen wolle. Es hätte aber auch einen Hinweis zu seiner Absicht erteilen müssen, den darauf vom Kläger angetretenen Beweis als verspätet zurückzuweisen. Zieht das Gericht eine Präklusion in Betracht, so hat es den Parteien stets rechtliches Gehör zu gewähren.

Ein Nachweis für die Erteilung des Hinweises kann nur durch den Inhalt der Akten erfolgen. Ist der Hinweis aufgenommen, bleibt hingegen wie beim Verhandlungsprotokoll nur der Einwand der Fälschung. Die Aktenkundigkeit des Hinweises ist vor allem für die Gehörsrüge (§ 321a) von Bedeutung. Die Pflicht zur Aufnahme in die Akten verstärkt nicht nur den Formalismus der mündlichen Verhandlung, sondern schafft weitere Angriffsmöglichkeiten gegen eine gerichtliche Entscheidung. Wenn der Hinweis unterblieben ist, so muss die mündliche Verhandlung wieder eröffnet werden (§ 156 Abs. 2 Nr. 1), um eine Aufhebung des Urteils im Rechtsmittelweg zu verhindern. Der Tatsachenvortrag, der von der Partei innerhalb der vom Gericht nachgelassenen Frist in das Verfahren eingeführt wurde, ist vom Gericht zu berücksichtigen (*BGH* NJW-RR 2004, 1653).

Wichtig ist, dass die Beweisaufnahme der streitigen Verhandlung *unmittelbar* folgen soll (§ 279 Abs. 2). Dies ist die Bewährungsprobe für die Terminsvorbereitung durch das Gericht. Die Beweisaufnahme kann nur dann sofort stattfinden, wenn die Beweismittel präsent, Zeugen oder Sachverständige geladen, die Urkunden vorgelegt, also die Möglichkeiten, die das Gesetz (§§ 273, 358a) bietet, angemessen ausgeschöpft worden sind. Die Vorteile dieses Verfahrens liegen auf der Hand. Der Sachvortrag ist allen Beteiligten noch gegenwärtig, Parteien und Zeugen können einander unmittelbar gegenübergestellt werden. Das Gericht hat gerade erst den Sach- und Streitstand erörtert und ist deshalb in der Lage, die Beweisaufnahme sachgemäß zu leiten. Die Würdigung der Beweisaufnahme durch das Gericht (§ 286) wird vorbereitet durch die erneute Erörterung des Sach- und Streitstandes unmittelbar nach ihrer Durchführung (§ 279 Abs. 3). Dabei haben auch die Parteien über das Ergebnis der Beweisaufnahme zu verhandeln (§ 285 Abs. 1).

Wenn aufgrund des Haupttermins die Sache entscheidungsreif ist, wird die mündliche Verhandlung *geschlossen*. Es ergeht dann ein Urteil, das entweder sofort oder in einem besonderen, sofort anzuberaumenden Termin (sog. *Verkündungstermin*) verkündet wird (§ 310). Dies ist der Idealfall, den der Gesetzgeber zum Regelfall machen wollte. Dies wird sich nicht immer erreichen lassen. Stattdessen sind verschiedene Möglichkeiten denkbar. Das Gericht kann nach Schluss der mündlichen Verhandlung feststellen, dass der Prozess entgegen der ursprünglichen Annahme doch noch nicht entscheidungsreif ist. Es kann dann die Wiedereröffnung der Verhandlung anordnen und einen neuen Termin bestimmen, in dem weiter verhandelt wird (§ 156). Bei Vortrag einer Partei, der aufgrund einer Schriftsatzfrist nicht verspätet ist, ist die Verhandlung wieder zu eröffnen (*BGH* NJW-RR 2004, 281). Es kann sich auch, was selbst bei sorgfältiger Terminsvorbereitung häufiger vorkommen wird, schon im Haupttermin herausstellen, dass die Sache noch nicht entscheidungsreif ist. Der Haupttermin kann vertagt werden (§ 227 Abs. 1); gegebenenfalls ist dieser Beschluss mit einem Beweisbeschluss oder Anordnungen zur Aufklärung zu verbinden. In jedem Fall ist auch dieser neue Termin so kurzfristig wie möglich anzuberaumen.

199 Über die Verhandlung (und jede Beweisaufnahme) ist ein *Protokoll* aufzunehmen (§ 159 Abs. 1).

Für die Protokollführung ist ein Urkundsbeamter der Geschäftsstelle heranzuziehen. Der Vorsitzende kann auch davon absehen, dann muss das Gericht selbst das Protokoll anfertigen. Von dieser erst 1974 eingeführten Möglichkeit sollte das Gericht nur mit großer Vorsicht Gebrauch machen. Der Urkundsbeamte handelt bei der Protokollierung auf eigene Verantwortung; angesichts der Bedeutung des Protokolls sollte an der Arbeitsteilung jedenfalls in allen schwierigen und umfangreichen Sachen festgehalten werden. Den *Inhalt* des Protokolls legt das Gesetz genau fest (§§ 160, 161; hierzu *BGH* NJW 1990, 121). Eine vorläufige Aufzeichnung durch Kurzschrift, Tonbandgerät oder Datenträger ist zulässig (§ 160a). Das Protokoll ist von den Beteiligten zu genehmigen (§ 162) und nicht von ihnen, sondern vom Gerichtsvorsitzenden und dem Urkundsbeamten der Geschäftsstelle zu unterschreiben (§ 163).

Von großer Bedeutung ist die *Wirkung* des Protokolls: Nur dadurch kann die Einhaltung der für die mündliche Verhandlung vorgeschriebenen Förmlichkeiten nachgewiesen werden (zur Protokollierung der Verkündung einer Entscheidung *BGH* NJW-RR 1991, 1084). Gegen den Inhalt des Protokolls ist insoweit nur der Nachweis der Fälschung zulässig (§ 165). Das Protokoll entkräftet auch die Beweiskraft des Tatbestandes des Urteils (§ 314, Rn. 338). Wenn eine Partei etwa im Rechtsmittelweg rügen will, das erkennende Gericht sei nicht vorschriftsmäßig besetzt gewesen (§ 547 Nr. 1), weil ein von der Ausübung des Richteramtes ausgeschlossener Richter mitgewirkt habe, so kann nur durch das Protokoll nachgewiesen werden, dass dieser Richter an der mündlichen Verhandlung mitgewirkt hat (zum Problem der sog. Rügeverkümmerung bei Protokollberichtigung *Foerster/Sonnabend*, NJW 2010, 978).

§ 17. Die mündliche Verhandlung 205

Übersicht: Ablauf eines Zivilprozesses in erster Instanz

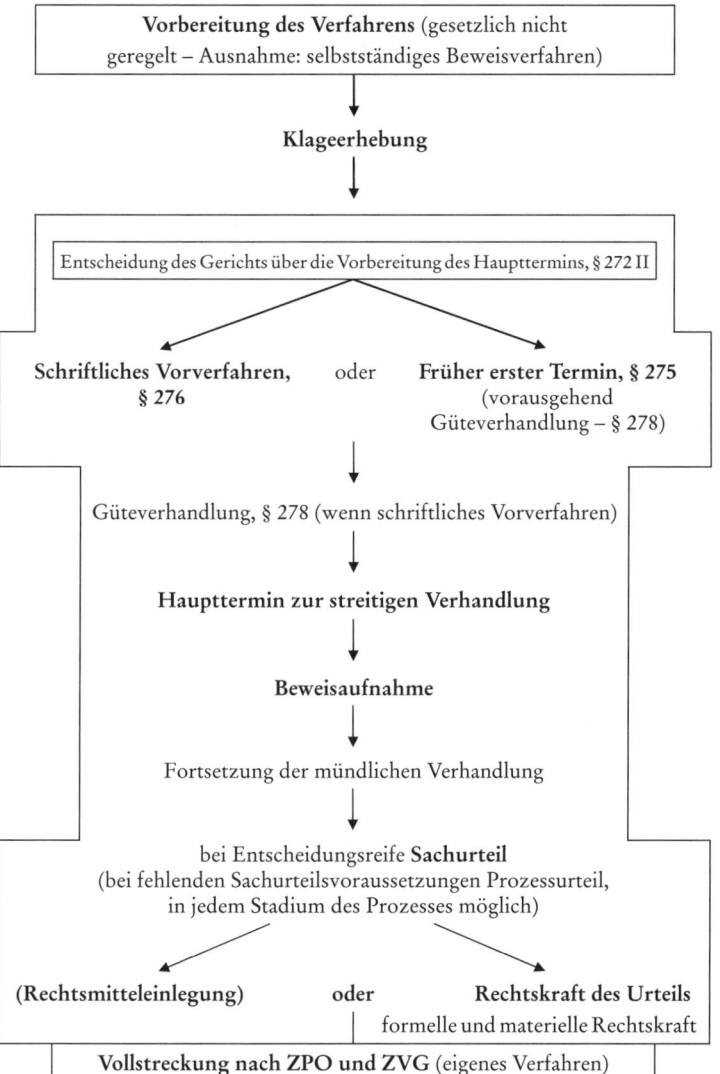

Übersicht: Zurückweisung verspäteten Vorbringens

Voraussetzung \ Norm	§ 296 Abs. 1	§ 296 Abs. 2	§ 296 Abs. 3	§ 296 a
Verspätung	Versäumnis einer Frist nach §§ 273 Abs. 2 Nr. 1, 275 Abs. 1 S. 1, Abs. 3, 4, 276 Abs. 1 S. 2, Abs. 3, 277	Verstoß gegen allgemeine Prozessförderungspflicht, § 282 Abs. 1 oder die Pflicht nach § 282 Abs. 2	– nach Verhandlung zur Hauptsache (§ 282 Abs. 3) – nach Ablauf Erwiderungs- (§§ 275, 276) oder Einspruchsfrist (§ 340 Abs. 3)	– nach Schluss der mündl. Verhandlung – Ausnahme: §§ 139 Abs. 5, 156, 283
Verzögerung	– Verzögerung der Entscheidung des Rechtsstreits (absoluter Verspätungsbegriff) – *Kausalität:* Gericht darf Aufklärungs- und Prozessförderungspflicht nicht verletzt haben	erforderlich (siehe § 296 Abs. 1)	nicht erforderlich	nicht erforderlich
Verschulden	– wird vermutet – jede Fahrlässigkeit – *Kausalität:* es dürfen keine Verfahrensfehler des Gerichts vorliegen, z. B. ungenügende Frist, Unter-	grobe Nachlässigkeit	– wird vermutet – jede Fahrlässigkeit – *Kausalität:* keine Fehler des Gerichts	nicht erforderlich

Norm / Voraussetzung	§ 296 Abs. 1	§ 296 Abs. 2	§ 296 Abs. 3	§ 296a
	lassen von Ausgleichsmaßnahmen			
Ermessen	kein Ermessen	Ermessen	kein Ermessen	kein Ermessen
Gegenstand der Zurückweisung	Angriffs- und Verteidigungsmittel (vgl. § 282 Abs. 1)	Angriffs- und Verteidigungsmittel	nur verzichtbare Zulässigkeitsrügen: §§ 88 Abs. 2, 110, 269 Abs. 6, 1032 Abs. 1	Angriffs- und Verteidigungsmittel, die eine mündliche Verhandlung erfordern
Auswirkung	Das in der ersten Instanz als verspätet zurückgewiesene Vorbringen, kann weder in der Berufung noch im Wege einer Vollstreckungsabwehrklage geltend gemacht werden (§§ 531 Abs. 1, 767 Abs. 2).	wie bei § 296 Abs. 1	wie bei § 296 Abs. 1	Das nicht beachtete Vorbringen kann mit der Berufung oder der Vollstreckungsabwehrklage geltend gemacht werden, beachte aber §§ 531 Abs. 2, 767 Abs. 2.

§ 18. Der Stillstand des Verfahrens

Der Grundsatz der Prozessbeschleunigung findet seine Grenze an bestimmten Ereignissen, wie etwa dem *Tod* oder der *Geschäftsunfähigkeit* einer Partei. In solchen Fällen kann nicht sofort weiter prozessiert werden. Es muss abgewartet werden, bis der Erbe (oft steht nicht sofort fest, wer das ist) oder der gesetzliche Vertreter den Prozess fortführen. Es kann auch vorkommen, dass zwischen den Parteien *außergerichtliche Verhandlungen* zur Beilegung des Streits geführt werden, die noch Zeit in Anspruch nehmen. In einem solchen Fall kann es ebenfalls zweckmäßig sein,

200

wenn der Prozess zunächst nicht weiter geführt wird, sondern ein *Stillstand* eintritt (s. § 278 Abs. 5 S. 2, 3).

Das Gesetz kennt *verschiedene Arten* des Stillstandes. Der Stillstand kann *kraft Gesetzes* eintreten, ohne eine Anordnung des Gerichts; man spricht dann von *Unterbrechung*. Der Stillstand kann auch durch *gerichtliche Anordnung* herbeigeführt werden, die *Aussetzung* des Verfahrens. Schließlich kann das Gericht *auf Antrag beider Parteien* den Stillstand anordnen, das *Ruhen* des Verfahrens. Die Unterbrechung und die Aussetzung haben die *Wirkung*, dass der Lauf einer jeden Frist *aufhört;* nach Beendigung der Unterbrechung oder Aussetzung beginnt die volle Frist von neuem (§ 249 Abs. 1). Beim *Ruhen* des Verfahrens laufen die Notfristen weiter (§ 251 Abs. 1 S. 2). Unterbrechung und Aussetzung wirken sich noch weiter aus. Die während dieser Zeit von einer Partei vorgenommenen Prozesshandlungen sind der anderen gegenüber unwirksam (§ 249 Abs. 2). Damit ist sichergestellt, dass während der Unterbrechung oder Aussetzung die betreffende Partei keine prozessualen Nachteile erleiden kann. Wenn allerdings eine Unterbrechung nach Schluss der letzten mündlichen Verhandlung eintritt, kann eine aufgrund dieser Verhandlung zu erlassende Entscheidung verkündet werden (§ 249 Abs. 3). In einem solchen Fall können die Parteien die zu erlassende Entscheidung ohnehin nicht mehr beeinflussen. Ergeht dennoch während eines Verfahrensstillstandes nach § 249 eine gerichtliche Entscheidung, so ist diese nicht nichtig, sondern lediglich mit den allgemein zulässigen Rechtsmitteln anfechtbar (*BGH* MDR 2004, 1120).

Auf *materielle* Fristen, insbesondere auf die Verjährungsfrist, ist § 249 nicht anwendbar. Ein Stillstand des Verfahrens bewirkt hier gerade das Gegenteil. Die durch Klageerhebung o. ä. gehemmte Verjährungsfrist wird gem. § 204 Abs. 2 BGB sechs Monate nach der letzten Prozesshandlung der Parteien oder des Gerichts wieder in Gang gesetzt. Die Hemmung beginnt erneut, wenn eine der Parteien das Verfahren weiter betreibt.

201 Folgende Gründe führen zur *Unterbrechung des Verfahrens:* der Tod einer Partei (§ 239 Abs. 1), die Insolvenzeröffnung (§ 240; auch im Ausland: *BGH* NJW 1997, 2525; nicht aber das Zwangsvollstreckungsverfahren, *BGH* NJW 2007, 3132, 3133 und das selbständige Beweisverfahren: *BGH* NJW 2004, 1388; s. auch *Leipold*, FS Schwab, 1990, 289, 296 ff. m.w.N.), der Verlust der

Prozessfähigkeit auf Seiten einer Partei, der Tod ihres gesetzlichen Vertreters oder der Verlust seiner Vertretungsbefugnis (§ 241 Abs. 1), der Eintritt der Nacherbfolge (§ 242) und im Anwaltsprozess der Tod oder die Unfähigkeit des Anwalts, den Prozess weiterzuführen (§ 244 Abs. 1) sowie der Stillstand der Rechtspflege (§ 245). Wenn in den Fällen der §§ 239, 241, 242 eine Vertretung durch einen Prozessvertreter stattfand, tritt eine Unterbrechung des Verfahrens nicht ein (§ 246 Abs. 1). In diesen Fällen ist die Weiterführung des Prozesses durch den Prozessvertreter möglich. Da dieser und der Gegner sich jedoch auf die neue Situation umstellen müssen, kann auf Antrag die *Aussetzung* angeordnet werden (§ 246 Abs. 1). Eine Aussetzung wegen eines anhängigen Revisionsverfahrens, in dem über eine für das Verfahren maßgebliche Rechtsfrage entschieden wird, ist nicht nach § 148 gerechtfertigt (*BGH* NJW 2005, 1947). Anders verhält es sich bei Entscheidungen des Bundesverfassungsgerichts zur Verfassungsmäßigkeit eines entscheidungserheblichen Gesetzes (*BGH* NJW 1998, 1957) und wohl auch bei Vorabentscheidungsverfahren des Europäischen Gerichtshofs, da hier die nationalen Gerichte zur loyalen Zusammenarbeit mit den Gemeinschaftsgerichten verpflichtet sind (*BGH* NJW 2005, 1947). Entgegen § 239 endet ein Prozess aufgrund des Verbots des Insichprozesses, wenn eine Partei Alleinerbin des Gegners wird (*BGH* NJW-RR 2011, 488).

Die Unterbrechung kann zeitlich nicht unbeschränkt sein; der Prozess muss, nicht zuletzt im Interesse des Gegners, zu Ende geführt werden. Die Unterbrechung endet deshalb im Falle des Todes mit der Aufnahme des Prozesses durch den Rechtsnachfolger (§ 239 Abs. 1; für den Fall der Nachlasspflegschaft oder Testamentsvollstreckung vgl. § 243; hierzu BGHZ 104, 1). Wenn die Aufnahme verzögert wird, hat der Gegner die Möglichkeit, die Aufnahme herbeizuführen (§ 239 Abs. 2 ff.). Der durch die Insolvenz unterbrochene Prozess wird durch den Insolvenzverwalter aufgenommen (§ 240, §§ 85 ff. InsO). Im Falle des § 241 endet die Unterbrechung, wenn der gesetzliche Vertreter oder der neue gesetzliche Vertreter seine Bestellung oder der Gegner seine Absicht, das Verfahren fortzusetzen, dem Gericht anzeigt und das Gericht diese Anzeige von Amts wegen der Gegenseite zugestellt hat. Im Anwaltsprozess geht die Unterbrechung zu Ende, wenn der neu bestellte Anwalt seine Bestellung dem Gericht anzeigt und dieses die Anzeige dem Gegner zustellt (§ 244 Abs. 1); auch hier hat der Gegner die Möglichkeit, das Ende der Unterbrechung herbeizuführen (§ 244 Abs. 2).

Über die Fortdauer der Verfahrensunterbrechung kann das Gericht durch Zwischenurteil entscheiden. Das Urteil ist von der dadurch betroffenen Partei als Endurteil anfechtbar (*BGH* NJW 2004, 1983).

202 Das *Ruhen des Verfahrens* wird auf Antrag beider Parteien durch das Gericht angeordnet, wenn anzunehmen ist, dass wegen Schwebens von *Vergleichsverhandlungen* oder aus sonstigen wichtigen Gründen diese Anordnung zweckmäßig ist (§ 251). Das Gericht kann das Ruhen auch von Amts wegen anordnen, etwa wenn beide Parteien zur Güteverhandlung nicht erscheinen (§ 278 Abs. 4). Das Gericht entscheidet durch Beschluss (*OLG Köln* NJW-RR 1992, 1022; VersR 1992, 901; vgl. zu § 251a auch *LG Berlin* MDR 1993, 476), der gem. § 329 Abs. 2 zuzustellen ist. Das Ruhen endet mit Terminsantrag, mit Wegfall des Grundes (bei von Amts wegen angeordnetem Ruhen) oder Zeitablauf bei zeitlich befristetem Ruhen.

203 Wenn beide Parteien nicht erscheinen oder nicht verhandeln, kann das Gericht den tatsächlichen Stillstand des Verfahrens durch den Erlass einer *Entscheidung nach Lage der Akten überwinden* (§ 251a Abs. 1). Diese Entscheidung kann etwa ein Beweisbeschluss oder, unter den besonderen Voraussetzungen des § 251a Abs. 2, auch ein Urteil sein.

6. Kapitel. Das Parteiverhalten während des Prozesses

§ 19. Die Prozesshandlungen der Parteien

Literatur: *Arens,* Willensmängel bei Parteihandlungen im Zivilprozeß, 1968 (dazu *Gaul,* AcP 172, 342); *Baumgärtel,* Wesen und Begriff der Prozeßhandlung einer Partei im Zivilprozeß, 1957; *ders.,* Neue Tendenzen der Prozeßhandlungslehre, ZZP 87, 121; *Goldschmidt,* Der Prozeß als Rechtslage, 1925; *Häsemeyer,* Beteiligtenverhalten im Zivilrechtsstreit, ZZP 118, 265; *Henckel,* Prozeßrecht und materielles Recht, 1970; *Konzen,* Rechtsverhältnisse zwischen Prozeßparteien, 1976; *Niese,* Doppelfunktionelle Prozeßhandlungen, 1950; *Schiedermair,* Vereinbarungen im Zivilprozeß, 1935; *Schlosser,* Einverständliches Parteihandeln im Zivilprozeß, 1968.

Fall 1: Dem 17 jährigen K ist von seinem Onkel in notarieller Form die Übereignung eines Grundstücks versprochen worden. Wegen bestimmter politischer Äußerungen des K will der Onkel von der Schenkung nichts mehr wissen. Kann K auf Erfüllung des Schenkungsversprechens klagen?

Fall 2: K klagt gegen B mit dem Antrag, diesen zur Herausgabe eines genau bezeichneten Autos zu verurteilen. Für den Fall, dass das Gericht einen Eigentumserwerb des B annehmen sollte, beantragt er dessen Verurteilung zur Rückübereignung; sollte diese aus tatsächlichen Gründen nicht möglich sein, soll B zur Zahlung von Schadensersatz verurteilt werden.

Fall 3: K klagt gegen B. B bestreitet das Bestehen der Klageforderung. Für den Fall, dass das Gericht deren Bestehen gleichwohl bejahen sollte, erklärt er die Aufrechnung mit einer ihm angeblich gegen K zustehenden Gegenforderung.

Fall 4: K klagt gegen B auf Schadensersatz wegen eines Verkehrsunfalls; B sei unachtsam in die Fahrbahn gelaufen und habe ihn zu einem Ausweichmanöver gezwungen, bei dem sein Auto beschädigt wurde. B bestreitet jedes Verschulden. Als K vorträgt, er werde den X, der alles beobachtet habe, als Zeugen benennen, hält B den Prozeß für verloren und gibt ein Anerkenntnis (§ 307) ab. Bevor ein Anerkenntnisurteil ergeht, erfährt B, dass X den fraglichen Unfall gar nicht beobachtet hat. Er möchte sein Anerkenntnis wegen arglistiger Täuschung (§ 123 BGB) anfechten.

I. Die Abgrenzung von Prozesshandlungen und materiellen Rechtsgeschäften

Im Prozess werden von allen Beteiligten, dem Gericht und den Parteien, Handlungen zur *Einleitung, Weiterentwicklung* oder

Beendigung des Verfahrens vorgenommen. Die Handlungen des Gerichts sind *Staatsakte*. Sie unterscheiden sich damit zu sehr von den Parteihandlungen, als dass sie gemeinsamen Regeln unterliegen könnten. Bei der Abgrenzung von materiellen Rechtsgeschäften und Prozesshandlungen geht es deshalb nur um die *Prozesshandlungen der Parteien.*

Anders als das BGB hat die ZPO darauf verzichtet, eine für alle Parteihandlungen geltende allgemeine Regelung zu geben. Das hat dazu geführt, dass sowohl die Abgrenzung der Prozesshandlungen von den materiellen Rechtsgeschäften als auch die rechtliche Behandlung der Prozesshandlungen im Einzelnen viele Zweifelsfragen aufgeworfen hat, vor allem dann, wenn eine Partei ein materielles Rechtsgeschäft wie etwa die Erklärung der Anfechtung oder der Aufrechnung im Rahmen eines Prozesses vorgenommen hat **(Fall 3)**. So gelten verschiedene Regeln etwa für die Frage der Wirksamkeitsvoraussetzungen; der Umfang von Prozess- und Geschäftsfähigkeit ist nicht unbedingt identisch **(Fall 1)**. Eine andere Regelung gilt für die Geltendmachung von Willensmängeln; die §§ 119 und 123 BGB sind nach h.M. bei Prozesshandlungen nicht anwendbar **(Fall 4)**. Dafür sind in gewissem Umfang Prozesshandlungen frei widerruflich. Auch die Vorschriften des materiellen Rechts über die Einfügung von Bedingungen (§§ 158ff. BGB) sind auf Prozesshandlungen nicht anwendbar **(Fall 2)**. Es ergeben sich also in einer Anzahl von Fragen unterschiedliche Rechtsfolgen, je nachdem ob eine Rechtshandlung als Prozesshandlung oder als materielles Rechtsgeschäft anzusehen ist. Wenn auch über die Beantwortung der meisten Einzelfragen inzwischen Übereinstimmung besteht, so bleibt doch die grundsätzliche Frage nach der Abgrenzung von Prozesshandlungen und materiellen Rechtsgeschäften von Bedeutung.

205 Nach h.M. (*Rosenberg/Schwab/Gottwald* § 63 Rn. 1ff.; *Jauernig/Hess* § 30 Rn. 8) ist die Abgrenzung nicht zweifelhaft, wenn sowohl die *Wirkungen* als auch die *Voraussetzungen* einer Parteihandlung vom Prozessrecht geregelt sind; es liegt dann sicher eine Prozesshandlung vor. Dies gilt etwa für das Geständnis (§ 288) oder die Einlegung von Rechtsmitteln.

Es gibt Fälle, in denen die Wirkungen einer Parteihandlung nicht nur vom Prozessrecht, sondern *auch* vom materiellen Recht geregelt worden sind, wie etwa bei der Klageerhebung, die nach materiellem Recht die Hemmung der Verjährung (§ 204 Abs. 1

Nr. 1 BGB) und eine Haftungsverschärfung (§ 292 BGB) herbeiführt. Hier entscheidet die h. M. danach, auf welchem Gebiet die *hauptsächlichen* Wirkungen der betreffenden Parteihandlungen liegen. Dies ist bei der Klageerhebung die Begründung der Rechtshängigkeit, die materiell-rechtlichen Wirkungen sind demgegenüber zweitrangig. Die Klageerhebung ist deshalb ungeachtet ihrer auch materiell-rechtlichen Wirkungen eine reine Prozesshandlung. Dementsprechend ist die Veräußerung des Streitgegenstandes ein materiell-rechtliches Rechtgeschäft, auch wenn sich daran prozessuale Wirkungen knüpfen (§ 265, Rn. 174 ff.). Die Hauptwirkung ist hier die Übertragung der materiell-rechtlichen Rechtszuständigkeit.

Die Abgrenzung nach den hauptsächlichen Wirkungen einer Parteihandlung muss auch noch in anderen Fällen über ihre Einordnung als Prozesshandlung oder materielles Rechtsgeschäft entscheiden. Bisweilen werden Parteihandlungen *außerhalb* eines Prozesses, etwa vor seinem Beginn, vorgenommen, wie etwa die Erteilung der Prozessvollmacht. Weil deren Hauptwirkung sich auf den Prozess bezieht, liegt eine Prozesshandlung vor.

Schließlich werden im Zivilprozess oder auch vorher *Vereinbarungen* zwischen den Parteien getroffen, die sich auf den Prozess beziehen, wie etwa eine Vereinbarung über die Zuständigkeit oder über die Beschränkung der Zwangsvollstreckung. Die ZPO enthält aber keine Regeln über das Zustandekommen, also die Voraussetzungen von Verträgen. Gleichwohl handelt es sich bei diesen Vereinbarungen um Prozessverträge (*Schiedermair*, Vereinbarungen im Zivilprozeß, 1935, 2), also Prozesshandlungen, weil auch hier die hauptsächlichen Wirkungen auf dem Gebiet des Prozesses liegen. Solche Verträge sind zulässig, soweit keine zwingenden Normen des Prozessrechts entgegenstehen. Die Rechtsnatur der Zuständigkeitsvereinbarung ist freilich nicht unumstritten (vgl. *BGH* NJW 1968, 1233 einerseits; RGZ 159, 254; BGHZ 59, 23 andererseits; vermittelnd *Gottwald*, FS Henckel, 1995, 295 ff.; wie hier *Jauernig/Hess* § 30 Rn. 11). 206

Besondere Schwierigkeiten hat früher die Einordnung von *materiellen Rechtsgeschäften* gemacht, die *in einem anhängigen Prozess* vorgenommen werden, wie etwa die Erklärung der *Aufrechnung*, der *Anfechtung*, der *Kündigung* oder der *Abschluss eines Vergleichs*. Bei diesem, dem sog. *Prozessvergleich*, handelt es sich um einen Sonderfall (vgl. Rn. 253). Bei den anderen Rechtsgeschäften, bei denen durchweg die Ausübung eines *materiell-recht-* 207 *lichen Gestaltungsrechts* vorliegt, ist die Auffassung vertreten worden, man könne hier eine *Trennung* von materiellem Recht und Prozessrecht überhaupt nicht vornehmen. *Nikisch* (FS Lehmann, 1956, Bd. II, 765) hat die Meinung vertreten, es liege vor allem bei der im Prozess erklärten Aufrechnung nur eine Prozesshandlung vor und die Aufrechnung werde erst durch das Urteil vollzogen (vgl. dazu *Arens*, Willensmängel bei Parteihandlungen im Zivilprozeß, 1968, 178 ff.). Die heute ganz h. M. hat diese Auffassung überwunden. Man nimmt nunmehr an, dass die materiellen Rechtsgeschäfte, also die Kündigung, Anfechtung oder Aufrechnung, *materiell-rechtlich bleiben,* gleichgültig, ob sie im Prozess oder außerhalb vorgenommen werden. Hinzu kommt dann die *Geltendmachung des materiellen Rechtsgeschäfts* und seiner Rechtsfolgen im Prozess und dabei handelt es sich nur um eine Prozesshandlung. Dass ein Doppeltatbestand vorliegt (so die ganz h.M., vgl. *Jauernig/Hess* § 30 Rn. 17; *Rosenberg/Schwab/ Gottwald* § 63 Rn. 21) wird deutlich, wenn die Vornahme *während* des Prozesses, aber *außerhalb* der mündlichen Verhandlung erfolgt. Rechtlich ändert sich nichts daran, wenn die Rechtshandlung in der mündlichen Verhandlung selbst vorgenommen wird; aus rein tatsächlichen Gründen fallen hier Vornahme und Geltendmachung zusammen. Die Vornahme des Rechtsgeschäfts unterliegt also *nur* den Vorschriften des materiellen Rechts und richtet sich an den Gegner, die Geltendmachung als Prozesshandlung *nur* denen des Prozessrechts. Für diese inzwischen völlig herrschende Auffassung spricht auch der Wortlaut der §§ 145 Abs. 3, 302 Abs. 1 und 322 Abs. 2 (s. auch § 530 Abs. 2 a. F.; der neue § 533 Nr. 1 spricht dagegen von Aufrechnungs*erklärung,* – wohl um „neue" Aufrechnungen zu bezeichnen –, und macht die Unterscheidung damit nicht deutlich; zum Sonderfall des nicht zugelassenen Aufrechnungseinwandes, vgl. *Arens*, a.a.O.; *Kawano*, ZZP 94, 1).

II. Die Arten der Prozesshandlungen

208 Auf *James Goldschmidt* geht die Unterteilung in *Erwirkungshandlungen* und *Bewirkungshandlungen* zurück. Erwirkungshandlungen sollen auf das Gericht einwirken und sein Verhalten bestimmen; es soll zu einer bestimmten Entscheidung veranlasst werden. Erwirkungshandlungen sind insoweit *unselbständig,* sie

haben allein noch *keine unmittelbare Wirkung* auf das Verfahren, sondern sie wirken erst, wenn das Gericht die begehrte Tätigkeit vornimmt. Dazu gehören etwa die *Anträge,* die auf eine bestimmte Entscheidung des Gerichts gerichtet sind (Klage-, Widerklage-, Rechtsmittel-, Beweisanträge) sowie die zu ihrer Begründung dienenden Tatsachenbehauptungen. Bei den Anträgen unterscheidet man zwischen *Sachanträgen,* gerichtet auf eine Entscheidung in der Sache, und den *Prozessanträgen,* die nur das Verfahren betreffen, also etwa auf eine Vertagung gerichtet sind. Erwirkungshandlungen sind aber auch Rechtsbehauptungen, tatsächliche Ausführungen sowie deren Rücknahme und Widerruf. Der Begriff der Erwirkungshandlungen ist nicht völlig deckungsgleich mit jenem der Angriffs- und Verteidigungsmittel (s. *Jauernig/Hess* § 30 Rn. 5). Jede Erwirkungshandlung ist wie die Klage im Ganzen zuerst auf ihre *Zulässigkeit* und dann auf die *Begründetheit* zu prüfen.

Bewirkungshandlungen haben *unmittelbar prozessuale Wirkungen,* ohne dass eine richterliche Tätigkeit notwendig ist. Sie gestalten bereits mit ihrer Vornahme die prozessuale Rechtslage. Sie können *unwirksam* und deshalb *unbeachtlich* sein. Diese Frage hat das Gericht zu prüfen, wenn es von der Änderung der Prozesslage ausgehen will. Bewirkungshandlungen sind etwa das Geständnis (§ 288), das Anerkenntnis und der Verzicht (§§ 306, 307), die Rücknahme der Klage oder die Einlegung eines Rechtsmittels oder Rechtsbehelfs, ebenso deren Rücknahme oder die Zustimmung dazu (§§ 269, 516).

III. Die rechtliche Regelung der Prozesshandlungen

1. Die Auslegung

Wie schon angedeutet, enthält die ZPO nur Einzelbestimmungen, es fehlt aber eine allgemeine Regelung der Prozesshandlungen wie sie das BGB für die materiellen Rechtsgeschäfte kennt. Die h.M. geht davon aus, dass sich die *Voraussetzungen* der Prozesshandlungen grundsätzlich nach dem *Prozessrecht* richten; die Normen des bürgerlichen Rechts können nur in Einzelfällen mit großer Vorsicht analog herangezogen werden, wenn in ihnen *allgemeine Rechtsgrundsätze* enthalten sind. Dies gilt etwa für die Auslegung von Prozesshandlungen. Die Auslegungsregeln des bürgerlichen Rechts (§§ 133, 157 BGB) sind dabei entsprechend heranzuziehen, also etwa der Grundsatz, dass empfangsbedürftige Erklärungen vom Standpunkt des Empfängers aus auszulegen sind und dabei nur Umstände berücksichtigt werden dürfen, die ihm bekannt oder erkennbar waren. In der Rechtsprechung findet sich meist die Formel, gewollt sei im Zweifel, das nach Maßgabe der Rechtsordnung Vernünftige und der Interessenlage Rechnung Tragende (*BGH* NJW 2001, 2095). Im Übrigen seien klare und eindeutige Prozesshandlungen nicht auslegungsfähig (*BGH* NJW 2000, 3216); teilweise wird auch eine Umdeutung analog § 140 BGB für zulässig erachtet (*BGH* NJW 2001, 1218; *Jauernig/Hess* § 30 Rn. 27; s. auch *K. Schmidt,* JuS 1997, 108). Weiter sei zu beachten, dass Form- und Verfahrensvorschriften keinem Selbstzweck dienten, sondern letztlich der Wahrnehmung der materiellen Rechte des Prozessbeteiligten. Deren Klärung solle, soweit irgend möglich, nicht beeinträchtigt werden.

2. Die persönlichen Handlungsvoraussetzungen

210   Für die persönlichen Handlungsvoraussetzungen sind *Partei-, Prozess- und Postulationsfähigkeit* maßgebend. Es können also nicht die Vorschriften über die (beschränkte) Geschäftsfähigkeit herangezogen werden.

> In **Fall 1** könnte K also nicht wirksam einen Rechtsanwalt zur Prozessführung bevollmächtigen oder andere Prozesshandlungen vornehmen.

3. Form und Perfektion

211   Die Form und Perfektion, das *Wirksamwerden,* richten sich danach, ob die Prozesshandlung in der *mündlichen Verhandlung* vorgenommen werden muss. Dann erfolgt sie durch *mündliche Erklärung* an das Gericht oder Gerichtsorgan und ist damit auch dann wirksam abgegeben, wenn der Gegner nicht anwesend ist, wenn er nur ordnungsgemäß geladen und der Termin ordnungsgemäß verkündet war. Außerhalb der mündlichen Verhandlung erfolgt die Vornahme *schriftlich,* und zwar dem Gericht gegenüber durch Einreichung eines Schriftsatzes, während dem Gegner gegenüber die Wirkung erst mit Zustellung, manchmal auch durch bloße Mitteilung eintritt. Schriftlich erfolgen die Prozesshandlungen, die den Prozess oder einen bestimmten Abschnitt einleiten, also Klageerhebung und Rechtsmitteleinlegung.

4. Bedingungen bei Prozesshandlungen

Prozesshandlungen sind, mit einer wichtigen Ausnahme freilich, *bedingungsfeindlich.* Die ganz h.M. geht davon aus, dass im Prozess klare Verhältnisse herrschen müssen, weil eine Prozesshandlung auf der anderen aufbaut. Damit wird es als unvereinbar angesehen, wenn Prozesshandlungen unter einer Bedingung vorgenommen werden. Die Bindung der Prozesshandlung an ein zukünftiges ungewisses Ereignis würde ihre Wirkung im *Ungewissen* lassen, die Gegenpartei und das Gericht müssten mit der Vornahme eigener Prozesshandlungen warten. Deshalb kann eine Prozesshandlung nicht von einem *außerprozessualen* Ereignis abhängig gemacht werden. Etwas anderes gilt aber, soweit es sich um künftige *innerprozessuale* Vorgänge handelt. Hier kann das Gericht ohne Weiteres selbst die Frage entscheiden, ob die Bedingung eingetreten ist, ob etwa ein in erster Linie geltend gemachter Anspruch begründet ist oder nicht **(Fall 2).** Ungewissheiten, die den Verfahrensfortgang behindern, können sich dann nicht ergeben. Deshalb ist es anerkannt, dass innerhalb eines Verfahrens Anträge oder die Geltendmachung von Angriffs- oder Verteidigungsmitteln von einer bestimmten Entwicklung der Prozesslage abhängig gemacht werden können. Dies gilt auch für die unselbständige Anschlussberufung (*BGH* NJW 1984, 1241; vgl. Rn. 391).

Voraussetzung für diese Möglichkeit ist aber immer, dass ein unbedingter Antrag gestellt oder ein unbedingtes Vorbringen vorliegt, damit in jedem Fall eine sichere Grundlage für eine Entscheidung da ist.

In der Praxis besonders wichtig sind die sog. *Eventualanträge (Hilfsanträge),* die für den Fall gestellt werden, dass der zuerst gestellte (Haupt-)Antrag keinen Erfolg hat (vgl. die Reihenfolge in **Fall 2**). Die Entscheidung über den oder die Hilfsanträge darf nur erfolgen, wenn über den Hauptantrag entschieden, d.h. dieser abgewiesen worden ist (dies kann nach h.M. durch Teilurteil erfolgen) und dann in der Reihenfolge, in der die Hilfsanträge gestellt sind. Alle Hilfsanträge werden mit der Klageerhebung rechtshängig, deshalb liegt eine eventuelle objektive Klagenhäufung vor (Rn. 442). Die Rechtshängigkeit ist auflösend bedingt durch die positive Entscheidung über den Hauptantrag oder einen vorrangig gestellten Hilfsantrag; sie erlischt dann rückwirkend. Gleichwohl wird überwiegend für die Ermittlung des Zuständigkeitsstreitwertes auf den höherwertigen Antrag abgestellt (MünchKomm/ *Wöstmann* § 5 Rn. 13 a.E.; Stein/Jonas/*Roth* § 5 Rn. 36; krit. *Fleischmann*, NJW 1993, 506: für eine getrennte Zuständigkeitsordnung).

Der hilfsweise Klägerwechsel (eventuelle subjektive Klagenhäufung, Rn. 443), abhängig von der Prozessführungsbefugnis des ersten Klägers, ist unzulässig. Dabei handelt es sich nämlich nicht um eine innerprozessuale Bedingung (bei der Klagenhäufung bestehen mehrere unabhängige Rechtsverhältnisse), denn der Eintritt der Bedingung hängt von der Entscheidung in dem ersten Prozessverhältnis ab (*BGH* MDR 2004, 700).

214 In der Praxis ebenfalls sehr wichtig ist die *Eventualaufrechnung:* Der Beklagte erklärt die Aufrechnung für den Fall, dass er mit seiner primären Verteidigung, die Klageforderung bestehe nicht, keinen Erfolg hat (**Fall 3**). Die innerprozessuale Bedingung, unter der hier die Aufrechnung steht, ist also, dass das Gericht das Bestehen der Klageforderung annimmt. Es liegt auf der Hand, warum der Beklagte nur für diesen Fall die Aufrechnung erklärt: Er verliert dadurch seine eigene Forderung, die er behält, wenn er mit seinem primären Vorbringen, dem Bestreiten der Klageforderung, Erfolg hat. In der Praxis erfolgen deshalb so gut wie alle Prozessaufrechnungen eventualiter.

Das bedeutet, dass die materiell-rechtliche Aufrechnungserklärung, die nach § 388 S. 2 BGB bedingungsfeindlich ist, unter einer Bedingung erfolgt. Man hat dies damit zu rechtfertigen versucht, dass eine zulässige Rechtsbedingung vorliege. Besser ist wohl die Begründung, dass im Interesse des Beklagten eine Ausnahme von § 388 S. 2 BGB gemacht werden muss und Erwägungen der Rechtssicherheit dem nicht entgegenstehen.

5. Die Geltendmachung von Willensmängeln

215 Die *Berücksichtigung von Willensmängeln* hat das Gesetz nicht ausdrücklich geregelt. Die h.M. lehnt eine analoge Anwendung der §§ 119, 123 BGB unter Hinweis auf die Interessen des Gegners und des Gerichts an einem ungestörten Ablauf des Verfahrens grundsätzlich ab. Außerdem sei im Prozessrecht auf *andere Weise* für die Berücksichtigung von Willensmängeln gesorgt; so seien viele Prozesshandlungen *frei widerruflich.* Die Grenzen dieser Widerruflichkeit sind aber nicht ausdrücklich im Gesetz bestimmt. Im Allgemeinen wird angenommen, dass die Prozesshandlungen unwiderruflich sind, durch die der Gegner einen Vorteil erlangt hat, auf deren Bestand er vertrauen können muss, also Anerkenntnis oder Verzicht (§§ 306, 307, **Fall 4**). Das sind aber gerade die Prozesshandlungen, bei denen derjenige, der sie vorgenommen hat, ein Interesse an der Geltendmachung von Willensmängeln hat.

Auch die von der Rechtsprechung seit langem zugelassene *vorzeitige Berücksichtigung von Restitutionsgründen* (z. B. *BGH* NJW-RR 1994, 386 m. w. N.; NJW 2001, 374) vermag die Probleme, die sich aus dem Vorliegen von Willenserklärungen ergeben, nicht befriedigend zu lösen. Unter den in § 580 genannten Voraussetzungen kann gegen ein rechtskräftiges Urteil die Wiederaufnahmeklage erhoben werden. Wenn nun diese Voraussetzungen schon während eines anhängigen Verfahrens vorliegen, wäre es sinnlos, den Eintritt der Rechtskraft abzuwarten, um dann erst die Wiederaufnahmeklage zu erheben. Deshalb können auch unwiderrufliche Prozesshandlungen widerrufen werden, wenn ein oder mehrere Restitutionsgründe vorliegen. Im Einzelnen ergeben sich hier aber viele Zweifelsfragen (dazu *Arens,* Willensmängel bei Parteihandlungen im Zivilprozeß, 1968, 60 ff.; *Gaul,* AcP 172, 342; *Schwab,* JuS 1976, 69, 71). So stellt sich die Frage, ob auch die strafgerichtliche Verurteilung, die nach § 581 für die Wiederaufnahmeklage erforderlich ist, bei der Berücksichtigung der Restitutionsgründe im noch anhängigen Verfahren schon vorliegen muss. Nur dann kann man sagen, es sei sinnlos, erst die Rechtskraft abzuwarten, um später doch die Wiederaufnahmeklage erheben zu können. Besonders problematisch ist diese Frage, wenn eine Rechtsmittelrücknahme widerrufen und dadurch die bereits eingetretene Rechtskraft ohne förmliches Wiederaufnahmeverfahren beseitigt werden soll (dazu *Gaul,* ZZP 74, 49). Verlangt man aber das Vorliegen der strafgerichtlichen Verurteilung, so bedeutet dies zumindest eine sehr beträchtliche Verzögerung der Geltendmachung des Restitutionsgrundes, ganz abgesehen von den verschiedenen Möglichkeiten, dass die strafgerichtliche Verurteilung überhaupt scheitert (dazu *Arens,* a. a. O., 72 ff.). Die vorzeitige Berücksichtigung von Restitutionsgründen ist also, entgegen der h. M., kaum geeignet, das Problem der Berücksichtigung von Willensmängeln zufriedenstellend zu lösen. Man sollte stattdessen bei den einzelnen Prozesshandlungen fragen, wie sich ihr Wegfall auf den Prozess auswirkt. Die ganz h. M. beschreitet diesen Weg ohnehin schon beim Prozessvergleich, dessen Anfechtung zugelassen wird, und zwar auch im Hinblick auf seine prozessbeendigende Wirkung (Rn. 254). Entsprechend sollte eine Anfechtung wegen Irrtums und Täuschung oder Drohung möglich sein bei der Klagerücknahme, dem Anerkenntnis **(Fall 4)** und dem Verzicht (dazu im Einzelnen *Arens,* a. a. O., 119 ff., 205 ff.). Auch prozessrechtliche Verträge können analog den Vorschriften der §§ 119, 123 BGB angefochten werden, wobei zu beachten ist, dass hier besonders leicht eine prozessuale „Überholung" eintreten kann (*Arens,* a. a. O., 85 ff.).

6. Verstöße gegen Treu und Glauben und gegen die guten Sitten

216 Verstöße gegen die guten Sitten und gegen Treu und Glauben können auch bei Prozesshandlungen eine Rolle spielen. Das zeigt der folgende vom Bundesgerichtshof entschiedene Fall: Der Beklagte hatte im Schiedsgerichtsverfahren die Zuständigkeit des ordentlichen Gerichts geltend gemacht und damit die Abweisung der Klage vor dem Schiedsgericht erreicht. Vor dem ordentlichen Gericht berief er sich dann auf die Einrede des Schiedsvertrages. Der Bundesgerichtshof ließ diese Einrede nicht zu, weil ihre Geltendmachung einen Verstoß gegen Treu und Glauben, ein venire contra factum proprium bedeute (*BGH* JZ 1968, 569, vgl. auch *BGH* ZZP 91, 486 mit Anm. *Schreiber*). Die in den §§ 138, 157, 242 und 826 BGB zum Ausdruck gekommenen Regeln werden als *allgemeine Rechtsgrundsätze* angesehen, die auch im Prozessrecht gelten. Es ist aber zu beachten, dass im Hinblick auf die Prozessverschleppung besondere Vorschriften gelten (§ 296) und unwahre Tatsachenbehauptungen nicht einfach unbeachtlich sind, sondern im Rahmen der freien richterlichen Beweiswürdigung nach § 286 gewürdigt werden.

7. Fehler bei Prozesshandlungen und ihre Heilung

217 Prozesshandlungen können infolge von Verstößen gegen *Formvorschriften*, wegen Fehlens der *Fähigkeit der Handelnden* zu ihrer Vornahme und wegen *inhaltlicher Mängel* fehlerhaft sein. Die Folge derartiger Mängel ist bei Erwirkungshandlungen (etwa Anträgen) ihre Zurückverweisung als *unzulässig;* Bewirkungshandlungen (ein Anerkenntnis) sind *unbeachtlich*. Eine Heilung ist einmal möglich durch Wiederholung, also durch *Neuvornahme* innerhalb einer noch laufenden Frist. Außerdem kann eine Prozessführung *als Ganzes* (keine Beschränkung auf einzelne Prozesshandlungen!) mit Rückwirkung *genehmigt* werden, wenn eine partei- oder prozessunfähige Partei oder ein Vertreter ohne Vertretungsmacht gehandelt hat (§§ 547 Nr. 4, 579 Abs. 1 Nr. 4, 89 Abs. 2). Schließlich kann eine Heilung der Verletzung von Verfahrensvorschriften dadurch erfolgen, dass die Partei auf ihre Befolgung *verzichtet* oder in der nächsten mündlichen Verhandlung verhandelt, *ohne den Mangel zu rügen* (§ 295 Abs. 1). Voraussetzung dafür ist, dass die Partei auf die Befolgung der Vorschriften

verzichten kann (§ 295 Abs. 2). Dies ist nicht der Fall, wenn die Befolgung der Vorschrift im *öffentlichen Interesse* liegt. Das gilt etwa für die Mängel von bestimmten Prozessvoraussetzungen, wie z. B. die fehlende funktionelle Zuständigkeit oder die mangelnde Zulässigkeit des Rechtsweges.

§ 20. Das Parteiverhalten während des Prozesses

I. Die Verteidigung des Beklagten

Literatur: *Brose,* Substantiierungslast im Zivilprozess, MDR 2008, 1315; *Gremmer,* Der unsubstanziierte Vortrag – ein Phantomproblem?, MDR 2007, 1172; *Häsemeyer,* Beteiligtenverhalten im Zivilrechtsstreit, ZZP 118, 265; *Nicoli,* Die Erklärung mit Nichtwissen, JuS 2000, 584; *Wernecke,* Die Einrede der Verjährung – Schnittpunkt zwischen materiellem Recht und Zivilprozessrecht, JA 2004, 331.

Aus der Geltung der Dispositions- und der Verhandlungsmaxime folgt, dass der Ablauf des Prozesses vom *Verhalten der Parteien* bestimmt wird: Der Kläger hat den Prozess überhaupt erst in Gang gebracht, er bestimmt mit seinem Antrag den Streitgegenstand. Der Beklagte hat darauf keinen Einfluss (wenn man von der Erhebung der Widerklage zunächst absieht), aber auch für ihn gelten die Dispositions- und Verhandlungsmaxime. Er kann den klägerischen Anspruch anerkennen und er bestimmt durch sein Verhalten die Beweisbedürftigkeit des klägerischen Vorbringens (§§ 138 Abs. 3, 288). Der Beklagte ist also nicht gezwungen, sich gegen das Vorbringen des Klägers zu verteidigen, selbst zum persönlichen Erscheinen ist er nur bei besonderer Anordnung durch das Gericht verpflichtet (§§ 141, 273 Abs. 2 Nr. 3). Er trägt bei Nichterscheinen allerdings das Risiko, durch Versäumnisurteil verurteilt zu werden (Rn. 373). 218

In der Regel *verteidigt* sich der Beklagte. Es kommt dann zu einem *streitigen (kontradiktorischen) Verfahren.* Der Beklagte stellt den Antrag, die Klage abzuweisen, und er wird diesen Antrag begründen, indem er entweder die Unzulässigkeit oder die Unbegründetheit der Klage oder beides behauptet. Nur selten wird er sich dabei auf rein rechtliche Ausführungen beschränken (obwohl er dies natürlich tun und behaupten kann, z. B. die Klage sei unschlüssig); meistens wird er das tatsächliche Vorbringen des Klägers ganz oder teilweise bestreiten.

219 Nach § 138 Abs. 2 trifft den Beklagten eine *Erklärungslast* in Bezug auf die tatsächlichen Behauptungen des Klägers. Das ergibt sich schon aus dem Verhandlungs- oder Beibringungsgrundsatz (Rn. 13 ff.). Danach obliegt es den Parteien, die für ihr Begehren relevanten Tatsachen vorzutragen. Nur die vorgetragenen Tatsachen sind Prozessstoff und können vom Gericht bei seiner Entscheidung berücksichtigt werden. Für die Parteien besteht jedoch keine Erklärungs*pflicht*. Soweit der Beklagte sich zu den Behauptungen des Klägers nicht äußert, werden nach § 138 Abs. 3 die vom Kläger behaupteten Tatsachen als zugestanden und damit als wahr angesehen. Zwar kann der Beklagte den Tatsachenvortrag noch bis zum Schluss der mündlichen Verhandlung bestreiten. Er geht aber das Risiko ein, dass sein Vortrag gem. § 296 zurückgewiesen wird (s. Rn. 188 ff.).

Der Beklagte unterliegt wie der Kläger in seinen Tatsachenbehauptungen der *Wahrheitspflicht*. Die Erklärungen müssen wahrhaftig, d. h. nach dem Kenntnisstand des Erklärenden wahrheitsgetreu und vollständig sein. Daneben trifft den Beklagten eine *Substantiierungslast*. Sie ergibt sich aus §§ 138 Abs. 1, 2. Damit wird der Umfang des Bestreitens bezeichnet, also wie konkret und detailliert der Beklagte vortragen muss. Dies richtet sich nach dem Vorbringen des Klägers als dem Behauptungsbelasteten (zur Behauptungslast s. Rn. 274 ff.). Grundsätzlich ist lediglich pauschales Bestreiten unzulässig. Gegenüber einer schlichten Tatsachenbehauptung genügt jedoch einfaches Bestreiten. Erst ein detaillierter Vortrag verlangt ein substantiiertes Bestreiten. Dann reicht es nicht mehr aus, das klägerische Vorbringen lediglich als unzutreffend zu bezeichnen. Sofern der Beklagte dazu in der Lage ist, muss er stattdessen eine Gegendarstellung geben (*BGH* JZ 1985, 908; *Hansen,* JuS 1991, 588). Er ist aber weder verpflichtet sich spezielles Fachwissen anzueignen, noch ein Privatgutachten einzuholen, um ein gerichtliches Gutachten anzugreifen (*BGH* NJW 2004, 2825; 2006, 152).

> Angenommen der Kläger macht Ansprüche aus einem Verkehrsunfall geltend; er schildert den Hergang und trägt vor, dass der Beklagte die Vorfahrt missachtet habe. Es genügt dann nicht, wenn der Beklagte pauschal einwendet, ihn treffe kein Verschulden oder die Schilderung des Unfalls sei falsch. Vielmehr muss er eine eigene Darstellung des Geschehens geben. Andernfalls würden gem. § 138 Abs. 3 die vom Kläger behaupteten Tatsachen als unbestritten gelten. Der Sinn dieser Regelung besteht darin, dass nur bei einem substanti-

ierten Bestreiten der Gegner seine Prozessführung entsprechend einrichten und das Gericht das Vorbringen der Parteien würdigen kann.

Nach der Rechtsprechung trifft den Beklagten als Gegner einer primär behauptungs- und beweisbelasteten Partei in bestimmten Ausnahmen im Rahmen des § 138 Abs. 2 eine Pflicht zum substantiierten Bestreiten (sog. *sekundäre Darlegungslast*), obwohl der Behauptungsbelastete nur pauschal vorgetragen hat (zur Behauptungs- und Darlegungslast s. Rn. 274). Ein solcher Fall liegt z. B. vor, wenn die darlegungspflichtige Partei außerhalb des zu schildernden Geschehensablaufs steht und ihr nähere Angaben nicht möglich sind, da sie die maßgeblichen Tatsachen nicht kennt. Der Gegner muss dann substantiiert bestreiten, sofern er diese Tatsachen kennt und ihm nähere Angaben zuzumuten sind. Allein der Umstand, dass der darlegungspflichtigen Partei eine solche Darlegung wesentlich schwerer als ihrem Gegner fällt, genügt allein somit nicht, um eine solche Pflicht zu begründen. Die Zumutbarkeit setzt nach Auffassung der Rechtsprechung besondere Anknüpfungspunkte mit materiell-rechtlichem Bezug voraus, die etwa in einem vorangegangenem Tun des Bestreitenden oder in den persönlichen Verhältnissen und Beziehungen der Parteien liegen können. So wurde eine Zumutbarkeit etwa für den Geschäftsführer einer GmbH befürwortet, dem die vertragswidrige Verwendung von Gesellschaftsmitteln vorgeworfen wird (BGHZ 100, 190, 195; 145, 170, 184; für weitere Beispiele s. *BGH* NJW-RR 1999, 1152; NJW 1999, 579; 1404; zur Einlassungsobliegenheit des Spediteurs *BGH* NJW 2003, 3626). Zu beachten ist aber, dass eine Aufklärungspflicht nur aufgrund materiellen Rechts und nicht nach Prozessrecht bestehen kann (hierzu Rn. 23). Die sekundäre Behauptungslast setzt einen schlüssigen Vortrag des Klägers voraus. Er muss seiner Behauptungslast genügt haben. Die unter den geschilderten Umständen befürwortete Pflicht zum Bestreiten führt auch nicht zu einer Umkehr der Beweislast.

Mit Nichtwissen darf eine Partei bestimmte Tatsachenbehauptungen nur unter den Voraussetzungen des § 138 Abs. 4 bestreiten (*Lange*, NJW 1990, 3233 m.w.N.). Wegen § 138 Abs. 1, 2 ist dies nur bei fehlender Kenntnis der bestrittenen Tatsache möglich.

Folge eines ausreichenden Bestreitens ist es, dass die streitige Tatsachenbehauptung zu beweisen ist. Allerdings muss es auf sie für die Entscheidung des Rechtsstreits ankommen (sog. Beweisbedürftigkeit, s. dazu Rn. 263 ff.). Wer den Beweis zu führen hat, regelt die Beweislast (s. dazu Rn. 275 ff.). Die Erklärungslast dient damit auch der Ermittlung der streitentscheidenden und beweisbedürftigen Tatsachen. Dies verdeutlicht, dass die Regeln der Beweislast sich auch darauf auswirken, was die Parteien vorbringen und bestreiten müssen.

Das Bestreiten des Beklagten bezieht sich auf Tatsachenbehauptungen, die den Klageanspruch begründen sollen (sog. Klageleugnung). Ist die Klage bereits nicht schlüssig (z. B. bei einer Kaufpreisklage ergibt sich bereits aus dem Klägervortrag, dass kein Vertrag geschlossen wurde), so braucht der Beklagte zunächst gar nichts zu tun. Soweit der Kläger auf richterlichen Hinweis (§ 139 Abs. 1) weiter vorträgt, kann der Beklagte darauf immer noch replizieren. Wenn er gegenüber einer schlüssigen Kaufpreisklage dagegen vorträgt, es habe sich nicht um einen Vertragsschluss, sondern nur um Vorverhandlungen gehandelt, ist es an dem Kläger, den behaupteten Vertragsschluss zu beweisen. Ergibt sich aus dessen Vortrag, dass die Kaufsache geliefert und vom Beklagten verbraucht wurde, so kommt es für die Entscheidung auf den Kaufvertrag nur bei Bestreiten des Erhalts der Kaufsache an. Diese Tatsache ist nämlich auch Voraussetzung für einen Anspruch aus §§ 812, 818 Abs. 2 BGB.

220 Der Beklagte kann sich auch anders verhalten. Er kann die Tatsachen, die der Kläger zur Begründung vorgetragen hat, zugestehen oder nicht bestreiten und gleichwohl die Klageabweisung beantragen, indem er seinerseits Tatsachen vorträgt, *die das Entstehen des klägerischen Anspruchs verhindern*. Nach einer häufig gebrauchten Formulierung sagt er hier nicht „nein" sondern „ja, aber". Dieses *Gegenvorbringen* ist mehr als ein Bestreiten der klagebegründenden Tatsachen; es stellt vielmehr eine *Einrede* i. S. der ZPO dar. Die Terminologie ist insoweit eine andere als im BGB.

221 Mit *Einwendungen* werden in der ZPO uneinheitlich entweder sämtliche Verteidigungsmittel bezeichnet (so z. B. in §§ 323 Abs. 2; 796 Abs. 2) oder die zur Verteidigung vorgebrachten Tatsachenbehauptungen (z. B. §§ 597 Abs. 2; 767 Abs. 1). Einreden i. S. der ZPO sind:

1. Die *rechtshindernden Einwendungen* i. S. des BGB. Der Beklagte bringt etwa vor, der Vertrag sei geschlossen worden, wegen Minderjährigkeit einer Partei oder wegen Nichteinhaltung der Form aber gleichwohl nichtig. Der Beklagte muss die Tatsachen vortragen, aus denen sich die Nichtigkeit oder der Formzwang ergeben soll.

2. Die *rechtsvernichtenden Einwendungen* i. S. des BGB. Das Recht ist entstanden, aus bestimmten Gründen aber untergegan-

gen, der Kaufpreisanspruch ist etwa durch Erfüllung, Erlass oder Anfechtung erloschen. Auch hier muss der Beklagte die Tatsachen vortragen, aus denen sich diese Rechtsfolge ergeben soll.
3. Die *Einreden* i.S. des BGB, etwa die der Verjährung. Diese Einreden müssen bereits ausgeübt sein, damit sie im Prozess beachtlich sind. Die bloße Tatsache der Verjährung, auf die sich der Verpflichtete nicht beruft, wird vom Gericht nicht beachtet. Wenn aber die Verjährung oder eine andere materiell-rechtliche Einrede geltend gemacht worden ist, wird sie prozessual genauso behandelt wie eine materiell-rechtliche Einwendung. Der Kläger kann, wenn er eine *erhobene* Einrede, wie die der Verjährung, vorträgt, seine eigene Klage unschlüssig machen.

Der Kläger kann sich gegenüber der Geltendmachung von Einreden i.S. der ZPO durch den Beklagten in derselben Weise verhalten wie der Beklagte gegenüber der Klage. Er kann das Vorliegen der die Einrede begründenden Tatsachen leugnen, etwa, es liege keine Minderjährigkeit vor, es sei keine Zahlung erfolgt, die Verjährung sei nicht eingetreten. Er kann also gegenüber den Einredetatsachen ebenso wie der Beklagte gegenüber der Klage „nein" sagen. Er kann aber auch diese Tatsachen zugestehen oder nicht bestreiten und seinerseits Tatsachen vortragen, aus denen sich eine Gegeneinrede ergeben soll, also wiederum „ja, aber" sagen. Er kann den Abschluss des Erlassvertrages zugestehen, aber vortragen, dieser Vertrag sei wirksam angefochten worden. Dieses Gegenvorbringen ist eine *Gegeneinrede oder Replik.* Der Beklagte kann ihre tatsächlichen Voraussetzungen wiederum bestreiten (es sei keine Anfechtung des Erlassvertrages erfolgt, es habe kein Anfechtungsgrund vorgelegen), er kann aber auch zugestehen oder nicht bestreiten und gegen die Gegeneinrede eine sog. *Duplik* vorbringen: Die Anfechtung sei zwar erfolgt, man habe aber den Erlassvertrag erneut abgeschlossen. Falls der Kläger dies bestreitet, muss der Beklagte den Beweis für die die Duplik begründenden Tatsachen erbringen.

II. Das Geständnis

Nach § 288 bedürfen die Tatsachen keines Beweises, die vom Gegner *zugestanden* sind; nach § 138 Abs. 3 sind Tatsachen, die nicht ausdrücklich (und substantiiert) bestritten worden sind, als zugestanden *anzusehen*. Die Rechtsfolge dieses Nichtbestreitens ist *dieselbe* wie beim Zugestehen; die nicht bestrittenen Tatsachen bedürfen keines Beweises. Ein Unterschied besteht allerdings hinsichtlich der *Bindung* der Partei. Das Geständnis kann nur unter den engen Voraussetzungen des § 290 widerrufen werden, während es bis zum Schluss der letzten mündlichen Tatsachenverhandlung jederzeit möglich ist, nachträglich zu bestreiten (unzutreffend *OLG Bremen* ZIP 1984, 76), von der Zurückweisung wegen Verspätung (§ 296) und dem „Unbeachtetlassen" nach § 283 S. 2 einmal abgesehen. Das Geständnis kann ausdrücklich oder konkludent gegenüber dem Gericht erklärt werden. In dem Stillschweigen auf eine gegnerische Behauptung kann nur dann ein Geständnis liegen, wenn ihm ein entsprechender – konkludenter – Wille zu entnehmen ist (*BGH* NJW 1991, 1683), die Tatsache ungeprüft zur Urteilsgrundlage zu machen (*BGH* NJW-RR 2005, 1297). Ein derartiger Wille liegt regelmäßig dann vor, wenn sich der Beklagte gegen einen schlüssigen Klägervortrag lediglich mit einem bedingungslosen Aufrechnungseinwand verteidigt (*BGH* NJW-RR 1996, 699), also das Verteidigungsvorbringen zwangsläufig voraussetzt, dass der Klägervortrag zutrifft. Bloßes Nichtbestreiten allein begründet kein Geständnis (*BVerfG* NJW 2001, 1565 f.).

Die Möglichkeit eines Geständnisses ist eine Konsequenz aus der *Verhandlungsmaxime*. Die *Parteien* bestimmen über die Beweisbedürftigkeit der Tatsachenbehauptungen des Gegners. Das Geständnis i.S. des § 288 ist die Behauptung, dass eine der Partei ungünstige Behauptung des Gegners wahr sei. Sie kann nicht nur vom Beklagten, sondern auch vom Kläger im Hinblick auf Einreden des Beklagten abgegeben werden.

Es kann vorkommen, dass eine Partei etwas ihr Ungünstiges vorträgt, bevor der Gegner diese Behauptung aufgestellt hat. Man spricht hier von einem *vorweggenommenen Geständnis.* Eine Bindung der Partei tritt hier erst ein, wenn der Gegner sich die Behauptung zu Eigen macht (*BGH* WM 1994, 524; *Orfanides*, FS Baumgärtel, 1990, 427).

Das Geständnis bezieht sich auf *Tatsachen* (auch die Willensrichtung eines Testators ist eine Tatsache, *BGH* NJW 1981, 1562), häufig nur auf *Teile* des gegnerischen Vorbringens, nicht auf Rechtsausführungen und Erfahrungssätze; diese können nicht zugestanden werden. Es schadet allerdings nicht, wenn eine Partei rechtliche Begriffe verwendet, über deren Bedeutung sie sich im Klaren ist. Das wird ohne Weiteres der Fall sein bei einfachen Begriffen wie Kauf, Miete oder Darlehen, die als Abkürzung für den Vortrag der einzelnen, das Recht begründenden Tatsachen dienen können. Deshalb kann der Vortrag einer Partei, der Vertrag sei mit dem Gegner zustande gekommen, ein Geständnis darstellen (*BGH* NJW-RR 2003, 1578). Da sich das Geständnis auf rechtlich eingekleidete Tatsachen bezieht, wird dem Gericht die rechtliche Subsumtion *nicht* abgenommen. Es kann deshalb vorkommen, dass der Beklagte alle vom Kläger behaupteten Tatsachen zugesteht und die Klage aus Rechtsgründen gleichwohl abgewiesen wird. Mit dem Geständnis unterwirft sich der Beklagte also nicht dem Klageantrag des Gegners (darin liegt der Unterschied zum Anerkenntnis, Rn. 233 f.). Ausdrücklich wird dies durch § 289 Abs. 1 klargestellt. Ein Geständnis kann mit der Behauptung eines neuen Angriffs- oder Verteidigungsmittels verbunden werden, indem etwa der Vertragsschluss zugestanden, gleichzeitig aber die Anfechtung wegen Irrtums oder Drohung behauptet wird. Man spricht insoweit von einem *qualifizierten Geständnis*.

Die Wirkung des Geständnisses besteht darin, dass die Beweisbedürftigkeit der zugestandenen Tatsachen entfällt. Das Geständnis *bindet* das Gericht (anders als im Strafprozess und anderen Verfahren, in denen die Verhandlungsmaxime nicht gilt, so etwa in Ehesachen, § 113 Abs. 4 Nr. 5 FamFG). Es bindet aber auch die Partei, sie kann nicht ohne Weiteres *widerrufen* oder etwa Entgegengesetztes behaupten. Der Widerruf ist an die Voraussetzungen des § 290 gebunden. Die Partei muss beweisen, dass das Geständnis der Wahrheit widerspricht, dies bedeutet eine *Umkehr der Beweislast* hinsichtlich der zugestandenen Tatsachen. Außerdem muss die Partei beweisen, dass das Geständnis durch einen Irrtum veranlasst worden ist, dass es also im irrigen Glauben an die Wahrheit der zugestandenen Tatsachen abgegeben worden ist. Daraus ergibt sich, dass die Partei ein *bewusst unwahres Geständnis* nicht widerrufen kann. Das ist im Hinblick auf die Wahrheitspflicht der Parteien, die es auch dem Gericht verbieten soll, seiner Entscheidung einen unwahren Sachverhalt zugrundezulegen, bestritten worden (*Bernhardt*, JZ 1963, 245). Die h. M. sieht dagegen in der Bindung auch an das unwahre Geständnis gerade eine sinnvolle *Sanktion* für die Verletzung der Wahrheitspflicht (*Jauernig/Hess* § 44 Rn. 9; BGHZ 37, 154).

224

225　Das Geständnis wird in der mündlichen Verhandlung und dort formlos oder zu Protokoll eines beauftragten oder ersuchten Richters abgegeben (§ 288 Abs. 1). Im Rahmen einer Parteivernehmung kann es nicht erklärt werden (BGHZ 129, 109). Eine Annahme durch den Gegner ist nicht erforderlich, weil sich das Geständnis allein an das Gericht richtet (§ 288 Abs. 2).

Ein Geständnis im Strafverfahren ist für das Zivilverfahren nicht maßgebend und bindend, da es nicht willentlich in den Zivilprozess eingeführt wurde. Es stellt lediglich eine Erkenntnisquelle für die Beweiswürdigung dar (*BGH* NJW-RR 2004, 1001).

III. Die Aufrechnung

Literatur: *Feser*, Die Aufrechnung im Prozess – eine Frage des Zeitpunkts, JA 2008, 525; *Gaa*, Die Aufrechnung mit einer rechtswegfremden Forderung, NJW 1997, 3343; *Huber*, Grundwissen – Zivilprozessrecht: Prozessaufrechnung des Beklagten, JuS 2008, 1050; *Musielak*, Die Aufrechnung des Beklagten im Zivilprozeß, JuS 1994, 817; *Schwab*, Bemerkungen zur Prozeßaufrechnung, FS Nipperdey, 1965, Bd. I, 939; *Wieser*, Zur Aufrechnung mit einer rechtswegfremden Forderung, MDR 2008, 785; *Wolf*, Die Prozessaufrechnung, JA 2008, 673 und 753.

Fall 1: K klagt gegen die Stadt B wegen Amtspflichtverletzung auf Zahlung von Schadensersatz. Die Stadt rechnet für den Fall, dass die Klage nicht ohnehin abgewiesen wird, mit einem Anspruch wegen nicht gezahlter Anliegerbeiträge auf.

Fall 2: K klagt gegen B auf Zahlung einer bestimmten Geldsumme. B bestreitet die Forderung und rechnet für den Fall, dass das Gericht der Klage sonst stattgeben würde, mit einer Gegenforderung auf. Das Gericht kommt zu dem Ergebnis, dass diese Gegenforderung besteht. Kann es die Klage mit der Begründung abweisen, dass das Bestehen der Klageforderung dahinstehen könne, jedenfalls sei sie durch die Aufrechnung erloschen?

Fall 3: K klagt gegen B auf Zahlung einer bestimmten Geldsumme. Nach einer längeren Beweisaufnahme ist der Rechtsstreit entscheidungsreif. B erklärt jetzt die Aufrechnung mit einer eben erst fällig gewordenen Gegenforderung, deren Bestehen K bestreitet. Außerdem wendet sich K gegen die Verzögerung der Endentscheidung.

Fall 4: K klagt gegen B einen Anspruch aus Darlehen ein. Bevor dieser Prozess entschieden wird, erhebt B gegen K vor einem anderen Gericht Klage auf Schadensersatz. K erklärt für den Fall, dass das Gericht die Klage gegen ihn nicht ohnehin abweist, die Aufrechnung mit seinem bereits eingeklagten Anspruch aus Darlehen.

226　Die Prozessaufrechnung wurde schon bei der Abgrenzung der Prozesshandlungen von den materiellen Rechtsgeschäften erörtert

(Rn. 207). Dabei hat sich ergeben, dass man zwischen der rein materiell-rechtlichen Aufrechnungserklärung und ihrer Geltendmachung im Prozess unterscheiden muss. Außerdem wurde festgestellt, dass im Allgemeinen Aufrechnungserklärungen eventualiter, d. h. nur für den Fall erklärt werden, dass das Gericht das Bestehen der Klageforderung annimmt (Rn. 214). Freilich sind dabei noch viele Fragen offen geblieben, die nunmehr beantwortet werden müssen.

1. Aufrechnung mit rechtswegfremden Gegenforderungen

Grundsätzlich kann mit allen Forderungen, die fällig, gleichartig und gegenseitig sind, aufgerechnet werden (§ 387 BGB). Der *Entstehungsgrund* der Gegenforderung spielt dabei keine Rolle. Schwierigkeiten können sich aber ergeben, wenn die Gegenforderung, würde sie selbständig eingeklagt werden, der Entscheidung durch eine andere Gerichtsbarkeit unterliegen würde (im **Fall 1** unterliegt die Gegenforderung der Verwaltungsgerichtsbarkeit). Wenn hier das Zivilgericht im Rahmen der Aufrechnung auch über die Gegenforderung urteilen könnte, würde es in die *Rechtswegzuständigkeit der Verwaltungsgerichte* eingreifen. Um dies zu vermeiden, nahm der Bundesgerichtshof bislang an, dass die Prozessaufrechnung in solchen Situationen zwar nicht unzulässig ist, aber das Zivilgericht gem. § 148 aussetzen *muss,* bis vor dem Verwaltungsgericht über die Gegenforderung entschieden worden ist (BGHZ 16, 124; ebenso das Bundessozialgericht, BSGE 19, 207, 209). Teilweise wird angenommen, dass nach Neufassung des § 17 Abs. 2 GVG nun die Zuständigkeit des Gerichts auch die zur Aufrechnung gestellten Gegenforderungen erfasst (*Grunsky* Rn. 135; *Schilken,* ZZP 105, 89f.). § 17 Abs. 2 GVG ordnet allerdings lediglich eine Gesamtzuständigkeit für denselben Streitgegenstand an (MünchKomm/*Zimmermann* § 17 GVG Rn. 13; *BAG* NJW 2008, 1020, 1021; *Pohlmann* Rn. 530). Bei objektiver Klagenhäufung ist also nach wie vor die Rechtswegzuständigkeit des Gerichts für beide Ansprüche erforderlich (*BAG* NJW 2002, 317 m. w. N.). Zwar bedeutet die Aufrechnung im Verfahren nach h. M. (s. u. Rn. 231) nicht auch Rechtshängigkeit der Gegenforderung, so dass von einem weiteren Streitgegenstand im eigentlichen Sinne nicht gesprochen werden kann. Der Sache nach ist der Fall aber sehr ähnlich; in den Grenzen des § 322 Abs. 2 erwächst – im

Gegensatz zu anderen (einfachen) Verteidigungsmitteln – auch die Entscheidung über die Gegenforderung in Rechtskraft. Hierin besteht die Ähnlichkeit zur Widerklage und zur Klagenhäufung, für die § 17 Abs. 2 GVG nach wohl unbestrittener Ansicht keine Gesamtzuständigkeit begründet. Die Erstreckung dieser Zuständigkeit findet weder in den Gesetzesmaterialien eine Stütze, noch würde mit ihr der dargestellten Ähnlichkeit ausreichend Rechnung getragen. Es fragt sich auch, weshalb der Beklagte eine so weitgehende Befugnis zur Bestimmung des zuständigen Gerichts haben sollte (Zöller/*Greger* § 145 Rn. 18), die ihm für die Widerklage nicht eingeräumt wird. Vor allem aber bietet das Abstellen auf den Streitgegenstand ein sachgerechtes und klares Kriterium für die Bestimmung des Umfangs der Zuständigkeit (*G. Lüke*, FS Kissel, 1994, 709, 724; *Rupp*, NJW 1992, 3274; Stein/Jonas/*Leipold* § 145 Rn. 28; a. A. *Rosenberg/Schwab/Gottwald* § 103 Rn. 29f.). Für den Fall, dass die rechtswegfremde Forderung unstreitig oder rechtskräftig festgestellt ist, besteht das Problem in dieser Form nicht, und eine Berücksichtigung auch bei der Aufrechnung erscheint sinnvoll (s. *R. Fischer*, JuS 2007, 921, 922 m.w.N.).

2. Besonderheiten bei arbeitsrechtlichen Forderungen und der freiwilligen Gerichtsbarkeit unterfallende Forderungen

227a Zwar ist auch die Arbeitsgerichtsbarkeit ein eigenständiger Rechtsweg (s. § 48 Abs. 1 ArbGG), doch ist wegen der großen Ähnlichkeit der Gerichte aufgrund des engen Sachzusammenhangs der ihnen zugewiesenen Rechtsgebiete und wegen der Gleichheit der Prozessart eine Gesamtzuständigkeit für das Verhältnis Arbeits- und Zivilgerichtsbarkeit in Ausnahme zu den dargestellten Grundsätzen anzunehmen (str., *G. Lüke*, FS Kissel, 1994, 709, 730). Gleiches gilt für das Verhältnis Zivilgerichtsbarkeit und freiwillige (streitige) Gerichtsbarkeit. Soweit es die Arbeitsgerichtsbarkeit angeht, wird diese Lösung im Übrigen durch die Möglichkeit einer Zusammenhangsklage gestützt (§ 2 Abs. 3 ArbGG; *LAG München* MDR 1998, 783; *Mayerhofer*, NJW 1992, 1602), wenn die sonstige Streitsache mit der beim Arbeitsgericht rechtshängigen Rechtsstreitigkeit in rechtlichem oder unmittelbarem wirtschaftlichen Zusammenhang steht.

Da auch über die Gegenforderung in bestimmtem Umfang entschieden wird, soll trotz fehlender Rechtshängigkeit der Gegenforderung (hierzu u. Rn. 231) die internationale Zuständigkeit erforderlich sein (BGH NJW 1993, 2753; krit. *Leipold*, ZZP 107, 216); für den Europäischen Gerichtshof (NJW 1996, 42; hierzu *Mankowski*, ZZP 109, 376) richtet sich diese selbst im Anwendungsbereich der EuGVVO nach nationalem Recht.

3. Unterschiedliche Entscheidungsreife

Es kann vorkommen, dass die Entscheidung über die Gegenforderung *früher* erfolgen kann als die über die Klageforderung (s. **Fall 2**). Wenn das Gericht das Bestehen der Gegenforderung bejahen will, könnte es aus Gründen der Prozessökonomie und um einer schnellen Entscheidung willen versucht sein, die Klage schon jetzt abzuweisen, weil entweder die Klageforderung nicht besteht oder sie jedenfalls durch die Aufrechnung erloschen ist. Früher ist diese Auffassung in der Tat vertreten worden (die sog. *Klageabweisungstheorie*). Sie lässt sich heute nicht mehr halten. Das Gericht darf schon deshalb nicht so verfahren, weil die Aufrechnung in aller Regel nur für den Fall erklärt ist, dass das Gericht das Bestehen der Klageforderung bejaht. Das Gericht kann schon aus diesem Grunde das Bestehen der Klageforderung nicht dahingestellt sein lassen. Außerdem würde ein Urteil, das das ursprüngliche Bestehen der Klageforderung offen lässt und die Klage abweist, zwar den *anhängigen Prozess,* nicht aber den *Streit* zwischen den Parteien beenden. Der Beklagte wäre durch die Rechtskraft eines solchen Urteils nicht gehindert zu behaupten, die Klageforderung habe nicht bestanden, deshalb sei seine Gegenforderung auch nicht erloschen. Wenn er diese dann einklagen würde, müsste das Gericht dieses Prozesses doch entscheiden, ob die Klageforderung bestanden hat. Die Entscheidung darüber wäre also nur *in den zweiten Prozess verlagert.* Es ist deshalb heute allgemein anerkannt, dass das Gericht über die Klageforderung Beweis erheben und entscheiden muss, bevor es das Bestehen der Gegenforderung und den Vollzug der Aufrechnung bejahen kann (sog. *Beweiserhebungstheorie,* vgl. *Jauernig/Hess* § 45 Rn. 5 f.).

228

Es kann die umgekehrte Situation der eben beschriebenen eintreten: die Klageforderung kann bereits entscheidungsreif sein, die Gegenforderung noch nicht (Stein/Jonas/*Leipold* § 145 Rn. 62 ff.). Das Gericht wird, wenn eine Gegenforderung nachträglich zur

229

Aufrechnung gestellt wird, immer prüfen müssen, ob der darauf gegründete Einwand nicht *wegen Verspätung* zurückzuweisen ist (§§ 296, 530, 531; zu den materiell-rechtlichen Folgen dieser Zurückweisung vgl. Rn. 207 a. E.). Sofern es diese Frage bejaht, stellt sich das Problem, welche materiell-rechtlichen Folgen sich hieraus für die Prozessaufrechnung ergeben. Einigkeit besteht darüber, dass in einer solchen Situation der Beklagte seine Forderung nicht wegen einer materiell-rechtlich wirksamen – prozessual aber präkludierten – Aufrechnung verlieren darf. Überwiegend wird auf den Willen des Beklagten abgestellt, für diesen Fall seine Forderung nicht opfern zu wollen. Teilweise wird eine entgegen § 388 S. 2 BGB zulässigerweise bedingte Aufrechnung angenommen (*Musielak* Rn. 300); nach anderer Auffassung ergibt sich die materiell-rechtliche Unwirksamkeit aus dem Rechtsgedanken des § 139 BGB (s. schon den Nachweis Rn. 207 a. E.). Im **Fall 3** konnte B aber nicht früher aufrechnen, weil die Forderung nicht früher fällig war. Das Vorbringen ist daher nicht verspätet. Außerdem kann es auch dann, wenn die Eventualaufrechnung schon zu Beginn des Prozesses erklärt wird, vorkommen, dass die Klageforderung früher als die Gegenforderung entscheidungsreif ist. Das bedeutet für den Kläger eine Verzögerung des Urteils und für den Beklagten könnte die Versuchung entstehen, mit unbegründeten Forderungen aufzurechnen, um das Urteil hinauszuzögern. Das Gesetz gibt deshalb dem Gericht die Möglichkeit, ein sog. *Vorbehaltsurteil* zu erlassen (§ 302).

Das Gericht kann, wenn die Klageforderung, nicht aber die Gegenforderung entscheidungsreif ist, der Klage *unter Vorbehalt der Entscheidung über die Aufrechnung* stattgeben (§ 302 Abs. 1). Die Entscheidung darüber trifft das Gericht nach freiem Ermessen. Der Bundesgerichtshof grenzt dieses Ermessen aber für Fälle ein, in denen es nicht gerechtfertigt erscheint, dem Kläger (vorübergehend) einen Titel zuzusprechen. Bspw. soll dies für eine Werklohnforderung gelten, gegen die mit dem Anspruch auf Zahlung der Mängelbeseitigungs- oder Fertigstellungsmehrkosten aufgerechnet wird. Solche Ansprüche dienten der Herstellung des vertraglichen Äquivalenzverhältnisses von Leistung und Gegenleistung und könnten im Übrigen gegenüber der Klage als Leistungsverweigerungsrecht gelten gemacht werden (zum Ganzen *BGH* NJW 2006, 698, 699 m. w. N.). Dann aber wäre der Klageanspruch ganz oder teilweise nicht durchsetzbar und die Anwendung von § 302 Abs. 1 ausgeschlossen (*BGH* a. a. O.). Das Vorbehaltsurteil kann bereits *vollstreckt* werden (§ 302 Abs. 3) und auch *Rechtsmittel* können wie gegen ein normales Endurteil eingelegt werden (§ 302 Abs. 3). Über die Aufrechnung muss dann noch entschieden werden, insoweit bleibt der Rechtsstreit *noch rechtshängig* (§ 302 Abs. 4). Ergibt sich dann, dass die Gegenforderung nicht besteht, wird durch Urteil ausgesprochen, dass das Vorbehaltsurteil unter Wegfall des Vorbehalts bestätigt wird. Im anderen Fall muss das Vorbehaltsurteil aufgehoben und die Klage abgewiesen werden (§ 302 Abs. 4 S. 2). Das Vorbehaltsurteil ist also durch die positive Entscheidung über die Gegenforderung *auflösend bedingt*. Wenn der Kläger schon die *Zwangsvollstreckung* durchgeführt hat, ist er dem Beklagten zum *Schadensersatz* verpflichtet, er hat also *auf eigenes Risiko* vollstreckt; dieser Anspruch kann im anhängigen Verfahren geltend gemacht werden (§ 302 Abs. 4 S. 3 und 4).

4. Umfang der Rechtskraftwirkung

Nach § 322 Abs. 2 nimmt im Falle der Aufrechnung die Entscheidung, dass die Gegenforderung nicht besteht, bis zur Höhe des Betrages, für den die Aufrechnung geltend gemacht ist, *an der Rechtskraft teil*. Wenn also der Klage stattgegeben wird mit der Begründung, die Gegenforderung des Beklagten bestehe nicht, so ist der Beklagte durch die Rechtskraft dieses Urteils gehindert, die Gegenforderung später selbständig einzuklagen. Dies gilt aber nur für den Betrag, mit dem er aufgerechnet hatte. Den überschießenden Teil kann er noch einklagen, auch wenn die Urteilsgründe die gesamte Forderung verneinen (für die Eventualaufrechnung offen gelassen von BGHZ 57, 301). Wenn die Klage abgewiesen wird mit der Begründung, die Klageforderung sei durch die Aufrechnung erloschen, so stellt dieses Urteil fest, dass die Gegenforderung insoweit nicht mehr besteht. Auch diese Feststellung nimmt an der Rechtskraftwirkung des § 322 Abs. 2 teil; Absatz 2 ist also zu lesen: „dass die Gegenforderung nicht oder nicht *mehr* besteht" (vgl. BGHZ 36, 316). Dies setzt allerdings voraus, dass das Gericht die Zulässigkeit der Aufrechnung prüft und befürwortet. Lässt es diese Frage offen und bezeichnet es die Aufrechnungsforderung einfach als unbegründet, so ist die Entscheidung einer Rechtskraft nicht fähig (*BGH* NJW-RR 1991, 971).

Diese Erstreckung der Rechtskraftwirkung auf die Entscheidung über die Aufrechnung bedeutet eine Ausnahme von den allgemeinen Grundsätzen über den Umfang der Rechtskraft (Rn. 363). Rechnet der Kläger außerhalb des Verfahrens mit einem Teil der von ihm geltend gemachten (Gegen-)Forderung auf, so nimmt bei Klageabweisung in Höhe dieses Teils der Forderung die Entscheidung über die (Haupt-)Forderung des Beklagten nicht an der Rechtskraft teil. Der Beklagte ist mit anderen Worten nicht gehindert, in einem nachfolgenden zweiten Prozess diese Forderung in voller Höhe einzuklagen (vgl. *BGH* NJW 1992, 982; hierzu *Tiedtke*, NJW 1992, 1473; a. A. *Zeuner*, NJW 1992, 2870; *Foerste*, NJW 1993, 1183; *Pawlowski*, ZZP 104, 249). Nach der Gegenauffassung soll § 322 Abs. 2 auch auf die Klägeraufrechnung entsprechend angewandt werden, um eine Ungleichbehandlung von Kläger und Beklagtem zu vermeiden (*Zeuner*, a.a.O.). Jedoch ist es bei § 322 Abs. 2 der Beklagte, der sich bewusst in das Risiko begibt, mit Rechtskraft die Forderung zu verlieren, während die Aufrechnung im umgekehrten Fall Bestandteil des Vorbringens ist, das in die Urteilsgründe eingeht und als solches gerade nicht an der Rechtskraft teilhat. In Rechtskraft erwächst nur die Entscheidung über die (Gegen-)Forderung. Der Schutz des Beklagten als Aufrechnungsgegner gestattet gerade keine Analogie; es fehlt an einer Interessengleichheit mit der Situation des § 322 Abs. 2 (zur entsprechenden Anwendung s. BGHZ 48, 356, 358; 89, 349, 352).

5. Fehlende Rechtshängigkeit der Gegenforderung

231 Es ist streitig, ob die zur Aufrechnung gestellte Gegenforderung *rechtshängig* wird. Grundsätzlich setzt die Rechtskraft Rechtshängigkeit voraus, nur über rechtshängige Forderungen kann rechtskräftig entschieden werden. Man könnte deshalb auch bei § 322 Abs. 2 von der Rechtskraft auf die Rechtshängigkeit schließen. Dies hätte zur Folge, dass der Beklagte nicht mit einer bereits rechtshängigen Forderung aufrechnen könnte **(Fall 4)**; eine zur Aufrechnung gestellte Forderung könnte nicht mehr selbständig eingeklagt werden. Auf der anderen Seite tritt die Rechtshängigkeit nur durch Zustellung einer den Erfordernissen des § 253 entsprechenden Klageschrift ein (Rn. 138). Die h.M. (BGHZ 57, 242; *BGH* NJW-RR 1989, 173; MDR 2004, 705; Zöller/*Greger* § 145 Rn. 18; *Rosenberg/Schwab/Gottwald* § 103 Rn. 25f. m.N. auch zur Gegenansicht) verneint die Rechtshängigkeit.

K könnte also in **Fall 4** die Klageforderung zur Aufrechnung im zweiten Prozess verwenden. Er müsste dann aber, wenn er mit der Aufrechnung Erfolg hätte, damit rechnen, dass seine Klage abgewiesen wird, weil die Klageforderung untergegangen ist, und deshalb diese Klage für erledigt erklären oder zurücknehmen.

Auch das mit der Zweitaufrechnung befasste Gericht muss die Aufrechnung prüfen und (wenn es darauf ankommt) untersuchen, ob die behauptete Gegenforderung besteht oder bereits durch die erste Aufrechnung verbraucht ist. Es kann nicht davon ausgehen, dass das mit der Erstaufrechnung befasste Gericht über den Bestand der Forderung sachlich entschieden hat (*BGH* MDR 2004, 705).

Praktisch von Bedeutung ist, dass sich bei der Eventualaufrechnung, also in aller Regel, der *Gebührenstreitwert* um den Wert der bestrittenen Gegenforderung erhöht, soweit über diese rechtskräftig entschieden wird (§ 45 Abs. 3 GKG).

IV. Anerkenntnis und Verzicht

Literatur: *Arens*, Willensmängel bei Parteihandlungen im Zivilprozeß, 1968 (dazu *Gaul*, AcP 172, 342); *Huber*, Grundwissen – Zivilprozessrecht: Anerkenntnis, JuS 2008, 313; *Lent*, Die rein prozessuale Bedeutung des Anerkenntnisses, FS Rosenberg, 1949, 123; *Manfred Wolf*, Das Anerkenntnis im Prozeßrecht, 1969.

Das Anerkenntnis ist schon im Zusammenhang mit dem Geständnis erwähnt worden. Während sich dieses nur auf Tatsachen bezieht und das Gericht die rechtliche Subsumtion noch vornehmen muss, beziehen sich *Anerkenntnis* und *Verzicht* auf den geltend gemachten *prozessualen Anspruch*. Beim Anerkenntnis (§ 307) erklärt der Beklagte, dass das Begehren des Klägers zu Recht erhoben sei und unterwirft sich dem Antrag des Klägers; beim Verzicht (§ 306) erklärt der Kläger, dass sein Begehren nicht zu Recht erhoben sei und unterwirft sich dem Abweisungsantrag des Beklagten. Man nennt Anerkenntnis und Verzicht deshalb auch *Unterwerfungs-* oder *Dispositionsakte*. Die Möglichkeit, ein Anerkenntnis oder einen Verzicht abzugeben, ist deshalb eine *Auswirkung der Dispositionsmaxime*. Voraussetzung ist dementsprechend auch, dass das streitige Rechtsverhältnis der Verfügung der Parteien unterliegt; in Ehesachen ist ein Anerkenntnis nicht möglich (§ 113 Abs. 4 Nr. 6 FamFG; jedenfalls in Scheidungssachen aber ein Verzicht, weil dadurch das öffentliche Interesse nicht berührt wird). Das Gericht muss außerdem prüfen, ob die anerkannte Rechtsfolge als solche dem deutschen Recht bekannt ist oder nicht; durch ein Anerkenntnis könnte nicht etwa ein neues dingliches Recht geschaffen werden.

Der Verzicht wird gemäß § 306 grundsätzlich in der *mündlichen Verhandlung* gegenüber dem Gericht abgegeben. Das Anerkenntnis kann im schriftlichen Verfahren gem. § 128 Abs. 2, bei Entscheidungen nach Aktenlage gem. §§ 251 a, 331 a sowie im schriftlichen Vorverfahren gem. § 276 erfolgen. Gemäß § 307 S. 2 ist keine mündliche Verhandlung mehr durchzuführen. Wie allerdings das schriftliche Anerkenntnis dann in das Verfahren eingeführt wird, wenn keine Bezugnahme in der mündlichen Verhandlung gemäß § 137 Abs. 3 erfolgt (und das Anerkenntnis nicht in einem bestimmenden Schriftsatz erklärt werden kann), bleibt ein noch ungelöstes Problem (*Knauer/Wolf,* NJW 2004, 2857). Anerkenntnis und Verzicht sind zu protokollieren (§ 160 Abs. 3 Nr. 1), ohne dass dies jedoch eine Wirksamkeitsvoraussetzung ist. Die Abgabe der Erklärung kann nicht nur anhand des Protokolls, sondern mit sämtlichen zu Gebote stehenden Beweismitteln nachgewiesen werden (*B/L/A/H* § 307 Rn. 8). Eine Annahme durch den Gegner ist nicht erforderlich, so dass die Abgabe auch in dessen Abwesenheit möglich ist. Anerkenntnis und Verzicht können in jeder Instanz erklärt werden. In der Praxis wird häufig nur ein *Teilanerkenntnis* erklärt; der Klageverzicht kommt selten vor.

Bei sofortigem Anerkenntnis fallen dem Kläger die Prozesskosten zur Last, sofern der Beklagte keinen Anlass zur Klage gegeben hat (§ 93). Das sofortige Anerkenntnis ist daher eine wichtige Möglichkeit für den Beklagten, sich der Kostenlast des Prozesses trotz begründeten Begehrens des Klägers doch noch entziehen zu können. Dies sollte der Beklagte stets bei der Entscheidung, ob er sich gegen die Klage (erfolgreich) verteidigen will, berücksichtigen. Sofortiges Anerkenntnis ist selbst nach erfolgter Verteidigungsanzeige dann noch möglich, wenn die Klage zunächst unschlüssig war (*BGH* MDR 2004, 896), die Verteidigungsanzeige keinen auf Abweisung der Klage gerichteten Sachantrag enthielt (*BGH* NJW 2006, 2490 f.) oder die die Zuständigkeit des Gerichts begründenden Tatsachen noch nicht vorgetragen worden sind (*OLG Bremen* NJW 2005, 228; teilweise wird generell auf den Ablauf der Klageerwiderungsfrist abgestellt; *Vossler,* NJW 2006, 1034, 1035 m. w. N.).

234 Die *Wirkung* von Anerkenntnis und Verzicht besteht in der Bindung des Gerichts für den gesamten Prozess (*BGH* NJW 1993, 1717 f.), auch wenn dieses eine andere Überzeugung über die Begründetheit oder Unbegründetheit der Klage gewonnen hat. Der Prozess ist dagegen mit der Abgabe von Anerkenntnis oder Verzicht *nicht beendet* (einhellige Meinung, a. A. aber *M. Wolf,* Das Anerkenntnis im Prozeßrecht, 1969, 19 ff.), er muss vielmehr durch Urteil abgeschlossen werden. Dies kann nicht mehr ein streitiges Urteil über den prozessualen Anspruch sein (ggf. Teilurteil bspw. bei Teilanerkenntnis), sondern nur noch ein *Anerkenntnis-* oder *Verzichtsurteil.* Dieses Urteil hat dieselben Wirkungen wie ein normales streitiges Urteil. Der Gegner braucht deshalb auch dem Anerkenntnis oder dem Verzicht nicht zuzustimmen. Voraussetzung für den Erlass des Verzichtsurteils ist ein entsprechender Antrag des Beklagten auf Klageabweisung. Für das Anerkenntnisurteil besteht kein derartiges Antragserfordernis (s. § 307).

Vor Erlass des Anerkenntnis- oder Verzichtsurteils muss das Gericht prüfen, ob die Prozessvoraussetzungen vorliegen, weil Anerkenntnis- und Verzichtsurteil Sachentscheidungen sind, deren Erlass das Vorliegen der Prozessvoraussetzungen erfordert. Fehlen diese, ist die Klage aus diesem Grund als unzulässig abzuweisen.

Das Anerkenntnis kann auch begrenzt erfolgen, indem etwa der Leistungsanspruch nur vorbehaltlich einer Gegenleistung anerkannt wird. Beschränkt der Kläger seinen Antrag dann nicht auf Verurteilung zur Leistung Zug um Zug, sondern besteht er auf seinem ursprünglichen (schrankenlosen) Antrag, so kann ein Anerkenntnisurteil nicht ergehen. Das Gericht entscheidet vielmehr streitig. Von ihm ist streitgemäß aber nur das (bestrittene) Gegenrecht zu entscheiden. Eine Sachprüfung über den Klageanspruch erfolgt wegen des Anerkenntnisses nicht (BGHZ 107, 142 = ZZP 103, 209 m. Anm. *Schilken;* zu § 320 BGB im Zivilprozess allg. *Clasen/Scherz,* JA 2011, 289).

Die Frage nach der *Rechtsnatur* von Anerkenntnis und Verzicht war früher sehr streitig, ist aber heute dahingehend entschieden, dass *nur eine Prozesshandlung* vorliegt (vgl. *Lent,* FS Rosenberg, 1949, 123 und die Zusammenstellung bei *Rosenberg/Schwab/ Gottwald* § 132 Rn. 64 ff., 69). 235

Die früher vertretene Auffassung, dass ein materiell-rechtliches Rechtsgeschäft oder eine Rechtshandlung mit Doppelnatur vorliege, auf die sowohl Verfahrensrecht als auch materielles Recht anzuwenden seien, hatte historische Gründe. Außerdem wurde für diese Ansicht in Anspruch genommen, dass sie eine befriedigende Lösung des Problems der Anfechtbarkeit biete (Nachweise bei *Arens,* Willensmängel bei Parteihandlungen im Zivilprozeß, 1968, 205 ff.). Dafür ist die materiell-rechtliche Deutung aber nicht erforderlich; es handelt sich bei Anerkenntnis und Verzicht um prozessuale Willenserklärungen, die als Prozesshandlungen ausnahmsweise wegen Irrtums, Täuschung und Drohung anfechtbar sind (*Arens,* a.a.O., 205 ff., *Grunsky,* Grundlagen des Verfahrensrechts, 2. Aufl., 1974, 86 ff.; *Wolf,* FS Rosenberg, 1949, 71; anders die h.M., die auch hier lediglich die vorzeitige Berücksichtigung von Restitutionsgründen und bei deren Vorliegen einen Widerruf zulassen will, *BGH* NJW 1981, 2193; *Rosenberg/Schwab/Gottwald* § 132 Rn. 62 f.; *Jauernig/Hess* § 47 Rn. 10 f.; s. schon Rn. 215).

V. Die Widerklage

Literatur: *Dräger*, Isolierte Drittwiderklage – Sinn und Unsinn von prozesstaktischen Abtretungen, MDR 2008, 1373; *Hau*, Widerklageprivileg und Widerklagelast, ZZP 117, 31; *Huber*, Grundwissen – Zivilprozessrecht: Die Widerklage, JuS 2007, 1079; *Kähler*, Widerklage und Erweiterungsklage unter Streitgenossen, ZZP 123, 473; *Korte*, Die Wider- und Drittwiderklage, JA 2005, 534; *Riehm/Bucher*, Die Drittwiderklage, ZZP 123, 347; *E. Schneider*, Prozeßtaktischer Einsatz der Widerklage, MDR 1998, 21; *Schreiber*, Die Widerklage, Jura 2010, 31.

Fall 5: K klagt gegen B auf Zahlung von 20.000,– Euro aus einem Kaufvertrag. B bestreitet die Forderung, erklärt aber eventualiter in Höhe von 20.000,– Euro die Aufrechnung mit einem angeblichen Rückzahlungsanspruch aus Darlehen von 35.000,– Euro. Wegen der restlichen 15.000,– Euro erhebt er Widerklage.

Fall 6: K klagt gegen B auf Feststellung, dass ein zwischen den Parteien abgeschlossener Kaufvertrag nichtig sei. B beantragt Klageabweisung. Für den Fall, dass das Gericht der Klage stattgeben sollte, erhebt er Widerklage mit dem Antrag, den K zur Rückübereignung von Waren zu verurteilen, die dieser aufgrund des Vertrages bereits erhalten habe.

Fall 7: K klagt gegen B auf Zahlung des Kaufpreises für den Verkauf eines Ladengeschäftes. B beantragt Klageabweisung und erhebt gegen K Widerklage auf Schadensersatz, weil er von K beim Abschluss des Kaufvertrages getäuscht worden sei. Er erhebt dann auch Widerklage gegen die bisher am Prozess unbeteiligten A und C mit dem Antrag, sie als Gesamtschuldner zum Schadensersatz zu verurteilen, weil sie ihn gemeinsam mit K beim Abschluss des Kaufvertrages getäuscht hätten.

236 Der Beklagte braucht sich nicht auf die bloße Verteidigung gegen das klägerische Vorbringen zu beschränken. Er kann seinerseits zum *Gegenangriff* übergehen und gegen den Kläger eine eigene Klage erheben. Wenn er dies im anhängigen Verfahren tut, spricht man von einer *Widerklage*. Die Widerklage hat für den Beklagten und Widerkläger den *Vorteil*, dass ihm unter bestimmten Voraussetzungen *ein besonderer Gerichtsstand* eröffnet wird (§ 33) und ihn *keine Vorschusspflicht hinsichtlich der Gebühr für das Verfahren im Allgemeinen* trifft (§ 12 Abs. 2 Nr. 1 GKG).

237 Die wichtigste Voraussetzung für die *Zulässigkeit der Widerklage* (wie übrigens auch für eine neue Klage außerhalb des anhängigen Prozesses) ist, dass *ein anderer prozessualer Anspruch* (Streitgegenstand) geltend gemacht wird, als mit der Klage bereits erhoben ist.

§ 20. Das Parteiverhalten während des Prozesses

Andernfalls stünde die Rechtshängigkeit entgegen. Der Antrag der Widerklage muss also weitergehen als der Antrag auf Klageabweisung, dieser kann nicht etwa in Form einer negativen Feststellungsklage geltend gemacht werden. Die Entscheidung der Frage, ob der Antrag einer Widerklage weiter geht als der Antrag auf Klageabweisung, ist häufig nicht leicht zu beantworten. Wenn K auf Feststellung klagt, dass er Eigentümer einer bestimmten Sache sei, so steht mit Abweisung der Klage fest, dass er nicht Eigentümer ist. Damit steht aber noch nicht fest, dass gerade B Eigentümer ist. Ein Dritter könnte Eigentümer sein. Selbst wenn das Gericht seine Abweisung auf die Annahme stützen würde, dass B Eigentümer ist, so würde diese Feststellung nicht an der Rechtskraft teilnehmen (Rn. 362). B könnte also nicht seinen Abweisungsantrag in Form einer Widerklage stellen, wohl aber Widerklage erheben mit dem Antrag festzustellen, dass er Eigentümer sei.

Weitere Voraussetzung für die Zulässigkeit der Widerklage ist die schon und noch bestehende *Rechtshängigkeit der Klage* mit der Einschränkung, dass die Widerklage nur bis zum Schluss der mündlichen Verhandlung in zulässiger Weise erhoben werden kann (*BGH* NJW-RR 1992, 1085). Ist die Widerklage einmal erhoben, so hat eine spätere Klagerücknahme oder die Abweisung der Klage als unzulässig keinen Einfluss auf deren Zulässigkeit. Für Klage und Widerklage muss dieselbe Prozessart zulässig und die Widerklage darf nicht ausgeschlossen sein (s. § 595 Abs. 1). Die Widerklage ist grundsätzlich nur gegen den Kläger zulässig, die Parteien beider Verfahren müssen daher identisch sein (zur Ausnahme einer Drittwiderklage Rn. 239; für eine Widerklage unter Streitgenossen tritt ein *Kähler,* ZZP 123, 473ff.).

Zudem müssen auch für die Widerklage die allgemeinen Zulässigkeitsvoraussetzungen vorliegen. Hier gelten aber einige Besonderheiten. So können vor dem Landgericht auch Widerklagen erhoben werden, die nach dem Streitwert in die *sachliche Zuständigkeit* des Amtsgerichts fallen. Dem Beklagten soll nicht die Möglichkeit des Gegenangriffs genommen werden (§ 33 gilt insoweit nicht, betrifft nur örtliche, nicht sachliche Zuständigkeit). Wird vor dem Amtsgericht eine Widerklage erhoben, für die das Landgericht sachlich zuständig ist, so ist der Rechtsstreit gegebenenfalls nach § 506 zu verweisen.

Die *örtliche Zuständigkeit* ist unproblematisch, wenn beide Parteien denselben Wohnsitz haben (§ 12). Häufig wird dies nicht der Fall sein. § 33 Abs. 1 sieht vor, dass die Widerklage bei dem Gericht der Klage erhoben werden kann, wenn der Gegenanspruch mit dem in der Klage geltend gemachten Anspruch oder mit den gegen ihn vorgebrachten Verteidigungsmitteln *in Zusammenhang* steht. Es ist streitig, ob damit ein *rechtlicher* Zusammenhang gemeint ist oder ob ein *tatsächlicher* Zusammenhang genügt (BGHZ 53, 168 einerseits, *Rosenberg/Schwab/Gottwald* § 96 Rn. 17ff. andererseits). Wenn man davon ausgeht, dass § 33 die Vervielfältigung und Zersplitterung der Prozesse verhindern und die Vermeidung von Doppelarbeit erleichtern soll, spricht alles dafür, den tatsächlichen Zusammenhang ausreichen zu lassen, weil es darauf ankommt, ob dieselben Tatsachen aufgrund einer Beweisaufnahme festgestellt werden können (vgl. auch den unterschiedlichen Wortlaut des § 145 Abs. 2). Im **Fall 5** steht die Widerklage sogar in rechtlichem Zusammenhang mit der zur Aufrechnung gestellten Gegenforderung. Die Voraussetzungen des § 33 sind also nach beiden Auffassungen erfüllt.

Ebenfalls streitig ist, ob § 33 einen *besonderen Gerichtsstand* für Widerklagen schafft, deren geltend gemachter Anspruch im Zusammenhang zur Klage steht (Konnexität), für den jedoch grundsätzlich die örtliche Zuständigkeit nicht gegeben ist (*Jauernig/Hess* § 46 II; *Rosenberg/Schwab/Gottwald* § 96 Rn. 21; *Zöller/Vollkommer* § 33 Rn. 1) oder ob die Vorschrift darüber hinaus eine besondere Zulässigkeitsvoraussetzung für jegliche Widerklagen enthält (*BGH* NJW 1975, 1228). Es lässt sich kaum bestreiten, dass die Verhandlung von zwei Klagen in einem Prozess nur sinnvoll ist, wenn ein Zusammenhang i.S. des § 33 gegeben ist. Demgegenüber kann das Gericht bei nicht konnexen Widerklagen jederzeit die Trennung nach § 145 anordnen.

238 Die Zulässigkeit einer *Eventualwiderklage* war streitig; sie wird heute vom Bundesgerichtshof sowohl für ein sog. echtes Eventualverhältnis (BGHZ 21, 13; *Rosenberg/Schwab/Gottwald* § 96 Rn. 30; *Zöller/Vollkommer* § 33 Rn. 26) als auch für ein unechtes Eventualverhältnis (BGHZ 132, 397) befürwortet. Man kann also Widerklage nicht nur für den Fall (unter der Bedingung) erheben, dass der primär gestellte Klageabweisungsantrag keinen Erfolg hat, sog. echtes Eventualverhältnis **(Fall 6),** sondern auch für die Situation, in der der Beklagte einen Anspruch geltend macht, der **unabhängig** von seinem Vortrag zur Klage besteht und dieser lediglich für den Fall gemacht wird, dass der Beklagte mit seinem

Hauptantrag scheitert (unechtes Eventualverhältnis). Weitergehend soll sogar eine Abhängigkeit vom Obsiegen des Widerklägers mit seinem Hauptantrag gegen die Klage zulässig sein, wenn mit dem Widerklagebegehren die Feststellung des Nichtbestehens eines weitergehenden oder weiteren Anspruchs geltend gemacht wird, der von dem Klageanspruch nicht abhängig ist (BGHZ 132, 397; str.). Wie auch sonst bei Eventualklagen wird mit der Klageerhebung die Eventualwiderklage rechtshängig. Diese Rechtshängigkeit entfällt, wenn dem Abweisungsantrag stattgegeben wird. Entschieden werden darf über die Eventualwiderklage nur, wenn dem primär gestellten Antrag (auf Klageabweisung) nicht stattgegeben wird. Für die Zulässigkeit der Eventualwiderklage wird mit Recht der Grundsatz der Gleichbehandlung der Parteien angeführt. Schließlich ist auch der Kläger nicht gehindert, eine Eventualklage zu erheben (vgl. Rn. 212f.).

Die Widerklage kann nach der Rechtsprechung des Bundesgerichtshofs auch gegen *am Prozess bisher nicht Beteiligte* erhoben werden, wenn sie sich zugleich gegen den Kläger richtet (BGHZ 40, 185; **Fall 7**). Eine isolierte Drittwiderklage – sie richtet sich ausschließlich gegen einen Dritten – ist nach überwiegender Auffassung grundsätzlich unzulässig. Der Bundesgerichtshof macht hiervon eine Ausnahme bei Ansprüchen, die inhaltlich mit dem Gegenstand der Klage so eng zusammenhängen, dass eine gemeinsame Verhandlung prozessual zweckmäßig ist und keine schutzwürdigen Belange des Widerbeklagten verletzt werden (BGHZ 147, 220; *BGH* NJW 2008, 2852 = JuS 2008, 1130 [*K. Schmidt*]; letztere für eine isolierte Drittwiderklage gegen den Zedenten der Klageforderung; für weitere Fallgruppen s. *BGH NJW* 2011, 460, 461). § 33 begründet für die erstinstanzliche streitgenössische Widerklage gegen einen Dritten aber keine örtliche Zuständigkeit. Sie muss sich vielmehr aus den allgemeinen Vorschriften ergeben (*BGH* NJW 1993, 2120); ansonsten bedarf es einer Zuständigkeitsbestimmung nach § 36 Abs. 1 Nr. 3 (*BGH* NJW 1993, 2120; *OLG München* NJW 2009, 2609; *Rosenberg/Schwab/Gottwald* § 96 Rn. 27ff.; s. auch *Lüke*, Die Beteiligung Dritter im Zivilprozeß, 1993, 299ff. sowie *Rimmelspacher*, ZZP 93, 188). In Abweichung von seiner früheren Rechtsprechung will der Bundesgerichtshof § 33 nunmehr jedoch entsprechend auf isolierte Drittwiderklagen gegen Zedenten einer Klageforderung anwenden (*BGH* NJW 2011, 460, 461 m. Anm. *Vossler*).

Dies bedeutet eine Ausnahme von dem für die Widerklage wesentlichen Grundsatz, dass nur der Beklagte die Widerklage erheben kann und diese sich stets gegen den Kläger richten muss, sie im Übrigen die Rechtshängigkeit der Klage erfordert. Der Bundesgerichtshof hat diese Voraussetzungen zwar nicht in Frage gestellt, es aber zugelassen, die Widerklage gegen den Kläger zu erheben und dann im Wege der Klageänderung auf bisher nicht am Prozess beteiligte Dritte zu erstrecken. Diese Konstruktion setzt voraus, dass man die nachträgliche Parteiänderung nach den Regeln der Klageänderung behandelt, wogegen vieles spricht (Rn. 106 ff.). Hinzu kommt, dass die Lösung des Bundesgerichtshof für die Interessen der Beteiligten bedenkliche Folgen hat. Die Widerklage bedeutet eine Privilegierung des Beklagten (etwa dass er den Kläger an einem anderen Gerichtsstand als dessen Wohnort verklagen kann, § 33), die nur zu rechtfertigen ist, weil der Kläger den Prozess in Gang gebracht hat. Gegenüber bisher am Prozess Unbeteiligten erscheint diese Privilegierung grds. unangebracht (so auch *Rosenberg/Schwab/Gottwald* § 96 Rn. 28 m.w.N.; *Rimmelspacher* will im Hinblick auf die verschiedenen Privilegien differenzieren, vgl. ZZP 93, 188; ausführlich *Riehm/Bucher*, ZZP 123, 347).

240 Die Widerklage kann *in der mündlichen Verhandlung* erhoben werden oder durch *Zustellung eines Schriftsatzes*, der den Anforderungen des § 253 genügt (§ 261 Abs. 2). In der Berufungsinstanz ist die Widerklage wegen der seit Inkrafttreten des ZPO-RG veränderten Aufgabe dieser Instanz nur noch eingeschränkt möglich. Sie ist nur zuzulassen, wenn der Gegner einwilligt oder das Gericht die Geltendmachung des mit ihr verfolgten Anspruchs für sachdienlich hält (§ 533 Nr. 1). Dies ist der Fall, wenn sie dazu dient, die gesamten Folgen eines bestimmten Ereignisses zu bereinigen. Des Weiteren darf der Prozessstoff durch die Widerklage nicht erweitert werden (§ 533 Nr. 2). Die Widerklage muss auf Tatsachen gestützt werden, die das Berufungsgericht seiner Verhandlung und Entscheidung zugrunde zu legen hat (s. §§ 529, 531 Abs. 2), so dass neue, unstreitige Tatsachen die Grundlage für eine Widerklage bilden können (*BGH* NJW-RR 2005, 437). In der Revisionsinstanz, in der grundsätzlich keine neuen Tatsachen geltend gemacht werden können (s. § 559), kann auch keine Widerklage erhoben werden (eine Ausnahme gilt für die Ansprüche aus den §§ 302 Abs. 4, 600 Abs. 2, 717 Abs. 2 und 3; vgl. Rn. 413).

§ 21. Die nichtstreitige Erledigung des Prozesses

I. Die Klagerücknahme

Literatur: *Deckenbrock/Dötsch*, Die Novellierung des § 269 III 3 ZPO, JA 2005, 447; *Fritzsche-Brandt*, Entbehrlichkeit der Einwilligung des Beklagten bei der Klagerücknahme gem. § 269 III S. 3 ZPO, JA 2008, 365; *Gross*, Das Verhältnis der Klageänderung zur Klagerücknahme, ZZP 75, 93; *ders.*, Klageänderung und Klagerücknahme, ZZP 75, 447; *Henckel*, Die Klagerücknahme als gestaltende Verfahrenshandlung, FS Bötticher, 1969, 173; *Walther*, Klageänderung und Klagerücknahme, NJW 1994, 423.

§ 21. Die nichtstreitige Erledigung des Prozesses 243

Der Kläger kann aus verschiedenen Gründen ein Interesse daran haben, den Prozess *nicht weiterzuführen*, ihn vielmehr möglichst ohne streitiges Urteil (und mit reduzierten Gerichtskosten, vgl. § 3 Abs. 2 GKG i. V. m. Nr. 1211 Kostenverzeichnis) *zu beenden*. Er ändert etwa seine Rechtsansicht über die Zulässigkeit oder Begründetheit der Klage oder er erkennt, dass die Beweislage für ihn hoffnungslos ist. Er kann auch zu der Ansicht kommen, dass sich die Weiterführung des Prozesses nicht lohnt, weil angesichts der Vermögenslosigkeit des Beklagten eine Zwangsvollstreckung keine Aussicht auf Erfolg bietet. Diesen Interessen des Klägers an der Prozessbeendigung wird durch die Möglichkeit der *teilweisen* oder *völligen Klagerücknahme* in jedem Stadium des Verfahrens Rechnung getragen (§ 269); dadurch soll der Prozess ohne Entscheidung über den prozessualen Anspruch beendet werden. Für das Verständnis der Klagerücknahme und ihre rechtliche Behandlung ist von Bedeutung, dass sich die Rücknahme *nur auf die bereits erhobene Klage bezieht,* nicht aber auf den geltend gemachten Anspruch schlechthin. Der Kläger behält also, vom Ablauf materiell-rechtlicher Fristen (Verjährung) einmal abgesehen, anders als beim Klageverzicht die Möglichkeit, denselben Anspruch jederzeit erneut einzuklagen, etwa dann, wenn er neue Beweismittel hat. Das bedeutet für den Beklagten, dass er unter Umständen damit rechnen muss, *sich gegen denselben Anspruch erneut verteidigen zu müssen,* während er bei einem klageabweisenden Urteil nach Eintritt der Rechtskraft vor weiteren Angriffen sicher wäre. Wegen dieser Möglichkeit erkennt das Gesetz das Interesse des Beklagten an einer rechtskräftigen Entscheidung an. Es bindet die Klagerücknahme an die *Einwilligung* des Beklagten, wenn dieser bereits *mündlich zur Hauptsache* und nicht nur über Fragen der Zulässigkeit verhandelt hat (§ 269 Abs. 1). Vorher kann der Kläger ohne diese Einwilligung die Rücknahme erklären.

241

Die Klagerücknahme und die Einwilligung sind gegenüber dem Gericht zu erklären, entweder in der mündlichen Verhandlung oder durch einen Schriftsatz (§ 269 Abs. 2 S. 2). Der Beklagte kann der schriftsätzlich erklärten Zurücknahme der Klage binnen einer Notfrist von zwei Wochen widersprechen, andernfalls fingiert das Gesetz seine Einwilligung. Hierüber ist er entsprechend zu belehren (§ 269 Abs. 2 S. 4). Wenn Streit über die Wirksamkeit einer Klagerücknahme entsteht, muss darüber entschieden werden. Bei Wirksamkeit der Rücknahme wird dies durch Beschluss (str., so aber *BGH* NJW-RR 1993,

1470) festgestellt, bei ihrer Unwirksamkeit muss über die Klage entschieden und entweder durch Zwischenurteil (§ 303) oder in den Gründen des Urteils dann die Unwirksamkeit festgestellt und begründet werden.

242 Die *Wirkungen* der Klagerücknahme bestehen einmal in der *Beendigung des Rechtsstreits.* Die Rechtshängigkeit entfällt *rückwirkend,* der Prozess ist als nicht rechtshängig geworden anzusehen (§ 269 Abs. 3 S. 1 HS 1). Es entfallen also alle Wirkungen der Rechtshängigkeit, auch die materiell-rechtlichen (§ 204 BGB). Ein bereits ergangenes, noch nicht rechtskräftiges Urteil (die Klagerücknahme erfolgt etwa vor Ablauf der Rechtsmittelfrist oder in der Berufungsinstanz) wird auch ohne ausdrückliche Aufhebung *wirkungslos* (§ 269 Abs. 3 S. 1 HS 2). Eine weitere Wirkung der Klagerücknahme ist die grundsätzliche Pflicht des Klägers, *die bisher entstandenen Kosten zu tragen* (§ 269 Abs. 3 S. 2). Sie besteht nicht, soweit nicht bereits rechtskräftig über sie erkannt ist oder die Kosten dem Beklagten aus einem anderen Grund aufzuerlegen sind. Deshalb hat der Kläger nicht die Kosten der Säumnis des Beklagten zu tragen, wenn gegen diesen ein Versäumnisurteil in gesetzlicher Weise ergangen ist (BGHZ 159, 153 = JuS 2004, 922 mit Anm. *K. Schmidt*). § 269 Abs. 3 S. 3 sieht nunmehr eine weitere Möglichkeit vor, über die Kosten abweichend von der Grundregel der Kostentragung durch den Kläger zu entscheiden. Die Bestimmung schließt die bisherige Regelungslücke für Fälle, in denen eine Erledigung des Rechtstreits vor Klageerhebung eingetreten ist. Leistet der Beklagte nach Leistungsaufforderung aber vor Klageerhebung, also vor Rechtshängigkeit, so kann der Kläger seine Klage zurücknehmen (eine Zustellung muss noch nicht erfolgt sein, § 269 Abs. 3 S. 3, letzter HS). Das Gericht hat auf seinen Antrag (§ 269 Abs. 4) über die Kosten zu entscheiden. Die Kostentragungspflicht bestimmt sich unter Berücksichtigung des bisherigen Sach- und Streitstandes nach billigem Ermessen, § 269 Abs. 3 S. 3, also entsprechend § 91a. Der Beklagte kann in einem neuen Prozess über dieselbe Klage die Einlassung verweigern, bis ihm die Kosten erstattet sind (§ 269 Abs. 6; s. Rn. 154).

Das Erlöschen der Rechtshängigkeit, die Wirkungslosigkeit des Urteils und die Kostentragungspflicht des Klägers sind auf Antrag des Beklagten durch einen besonderen Beschluss ausdrücklich festzustellen (§ 269 Abs. 3 S. 3). Dieser Beschluss hat lediglich deklaratorische Bedeutung. Er ist aber für den Beklagten aus Gründen der Rechtssicherheit und als Vollstreckungstitel für die Kosten von Bedeutung. Er unterliegt der sofortigen Beschwerde (§ 269 Abs. 5

S. 1), wenn der Streitwert der Hauptsache im Beschlusszeitpunkt die Berufungssumme übersteigt.

Es kommt auch vor, dass die Parteien, etwa bei außergerichtlichen Verhandlungen, eine Klagerücknahme *vereinbaren*, zum Beispiel als Bestandteil eines außergerichtlichen Vergleichs. Wenn dieser Vereinbarung gefolgt wird, gilt das oben Gesagte. Eine solche Abrede führt nicht zum automatischen Erlöschen der Rechtshängigkeit (*BGH* NJW 2002, 1503), die Rücknahme muss vielmehr in der Form des § 269 Abs. 2 S. 2 erklärt werden (a. A. *Schlosser*, Einverständliches Parteihandeln im Zivilprozeß, 1968, 71: die Klage gelte als zurückgenommen). Es besteht Einigkeit darüber, dass dann, wenn der Kläger entgegen dem Versprechen weiter prozessieren will, die Klage als unzulässig abzuweisen ist. Die Begründungen unterscheiden sich. Nach der einen Auffassung entfällt die Befugnis zur Prozessführung, und die Klage wird auf eine prozessuale Einrede hin abgewiesen (*Schiedermair*, Vereinbarungen im Zivilprozeß, 1935, 118ff.). Eine andere Ansicht billigt dem Klagerücknahmeversprechen nur materiell-rechtliche Wirkung zu, will aber dem Beklagten die Arglisteinrede gegen den Kläger gewähren (RGZ 102, 217, 221; 159, 186, 190; ebenso anscheinend *BGH* NJW 1961, 460; BGHZ 41, 3; hierzu auch *Rosenberg/Schwab/Gottwald* § 129 Rn. 8ff.). Die Kostenentscheidung nach § 269 Abs. 3 S. 2 ermöglicht auch, die Kosten eines außergerichtlichen Vergleichs zu berücksichtigen, in dem sich der Beklagte zur anteiligen Kostentragung und zur Klagerücknahme verpflichtet hat (§ 98 S. 1). 243

II. Die Erledigung der Hauptsache

Literatur: *Assmann*, Die Erledigung der Hauptsache, AL 2010, 302; *Billing*, Aufrechnung und Erledigung der Hauptsache – BGH NJW 2003, 3134, JuS 2004, 186; *Bischoff*, Aus der Praxis: Erledigungserklärung oder Klageabweisung, JuS 2004, 592; *Knöringer*, Die Erledigung der Hauptsache im Zivilprozess, JuS 2010, 569; *Kraft*, Zustimmung zur Erledigungserklärung durch Schweigen des säumigen Beklagten, JA 2005, 288; *G. Lüke*, Zur Erledigung der Hauptsache, FS Weber, 1975, 323; *Prütting*, Die Erledigung des Rechtsstreits: nicht nur ein Kostenproblem, ZZP 116, 267; *Schwab*, Die einseitige Erledigungserklärung, ZZP 72, 127.

Fall 1: K klagt gegen B auf Zahlung. B hat jede Verpflichtung bestritten und beantragt Klageabweisung. Nach einer Beweisaufnahme zweifelt B daran, den Prozess noch zu gewinnen, und zahlt den eingeklagten Betrag an K.

Fall 2: B behauptet, gegen K Schadensersatzansprüche wegen Nichterfüllung eines bestimmten Kaufvertrages zu haben. K bestreitet das und erhebt, als B seine Behauptung wiederholt, negative Feststellungsklage gegen B mit dem Antrag, festzustellen, dass er aus dem streitigen Vertrag nichts schulde. Während der Prozess noch schwebt, erhebt B Klage auf Zahlung aus dem Vertrag.

Fall 3: K klagt gegen B auf Zahlung. Nach Zustellung der Klage zahlt B. K erklärt den Rechtsstreit in der Hauptsache für erledigt und beantragt, dem B die Kosten aufzuerlegen.

244   Es kann vorkommen, dass der Klageantrag durch ein *nach Klageerhebung* eingetretenes Ereignis *unbegründet* oder *unzulässig* wird. Bei einer Zahlungsklage zahlt der Beklagte (**Fall 1 und 3**), bei einer Herausgabeklage gibt er die verlangte Sache heraus oder diese geht ohne Verschulden unter, so dass keine Ersatzpflicht entsteht, die mit der Klage weiterverfolgt werden könnte (§ 264 Nr. 3). Ist die Beklagte eine juristische Person, kann sie während des Prozesses ihre Rechts- und Parteifähigkeit verlieren (*BGH NJW* 1982, 238). Die Klage kann unzulässig werden, wenn bei der negativen Feststellungsklage nachträglich das Feststellungsinteresse entfällt, weil der Beklagte Leistungsklage erhebt **(Fall 2)**; denn durch eine Abweisung dieser Leistungsklage würde der Kläger der negativen Feststellungsklage die mit dieser begehrte Entscheidung erhalten, die Feststellung, dass er nichts schulde (Rn. 130). In allen diesen Fällen ist es für den Kläger sinnlos geworden, den Prozess weiter zu verfolgen. Wenn der Beklagte das Ereignis, das die Klage gegenstandslos gemacht hat, in den Prozess einführt (und daran ist nicht zu zweifeln), so müsste die Klage als *unzulässig* oder als *unbegründet abgewiesen werden*, weil die Zulässigkeit der Klage entfallen ist oder die ihr zugrunde liegenden materiellrechtlichen Ansprüche erloschen sind. Den Kläger würden die Prozesskosten treffen. Dies ist sicher berechtigt, wenn er die Klage trotz des Ereignisses, das zu ihrer Unzulässigkeit oder Unbegründetheit geführt hat, weiter verfolgt. Der Beklagte muss dann, wenn der Kläger etwa die Zahlung bestreitet, diese beweisen und kann damit die Abweisung der Klage erreichen.

Häufig wird der Kläger dagegen gar *nicht bestreiten*, dass er die Zahlung oder die herausverlangte Sache erhalten hat oder diese ersatzlos untergegangen ist. In diesen Fällen (z. B. **Fall 1 und 3**) wäre es *nicht gerechtfertigt*, ihn mit den Prozesskosten zu belasten. Durch die Erbringung der eingeklagten Leistung hat der Beklagte jedenfalls für den Normalfall zu erkennen gegeben, dass er die

Klage für begründet hielt. Im Falle des ersatzlosen Untergangs käme es darauf an, ob der Anspruch ursprünglich begründet war oder nicht. Es liegt also auf der Hand, dass in den beschriebenen Fällen der Kläger ein Interesse daran hat, den Prozess *auf andere Weise* als durch ein klagabweisendes Urteil zu beenden.

Mit den *im Gesetz vorgesehenen Möglichkeiten* ist dem Kläger kaum zu helfen. Dies gilt besonders für die *Klagerücknahme*, weil er auch dort mit den Prozesskosten belastet wird (ebenso aber auch für § 307, der nicht analog angewendet werden kann, *BGH NJW 1981, 686*). § 269 Abs. 3 S. 3 hilft hier dem Kläger nicht, da das erledigende Ereignis erst nach der Rechtshängigkeit eingetreten ist. Die hier vorliegenden Fälle unterscheiden sich von denen der Klagerücknahme zugrunde liegenden gerade dadurch, dass dort die Klage zurückgenommen wird, weil sich der Kläger von ihrer Aussichtslosigkeit überzeugt hat, während hier die Klage gerade begründet war. Das Gesetz hatte diese Fälle ursprünglich überhaupt nicht geregelt; die heutige Regelung ist sehr unvollständig (§ 91 a). Es gibt deshalb viele Streit- und Zweifelsfragen.

Man muss zunächst zwischen der *übereinstimmenden* und der *einseitigen Erledigungserklärung* unterscheiden. Wenn die Parteien gemeinsam die Hauptsache für erledigt erklären, *so ist die Hauptsache erledigt*. Die Erklärung beider Parteien kann ausdrücklich oder konkludent (*BGH NJW 1991, 1211*; s. dazu insb. auch Rn. 247a) abgegeben werden. Sie kann auch schriftsätzlich erfolgen und unterliegt nicht dem Anwaltszwang (vgl. § 91 a Abs. 1 S. 1; Saenger/*Gierl* § 91 a Rn. 19). Das Gericht verliert damit die Befugnis, eine Entscheidung in der Hauptsache zu fällen. Es ist an die Erklärung der Parteien *gebunden* und nicht befugt, ihre Voraussetzungen zu überprüfen. Im gegenseitigen Einverständnis könnten die Parteien also auch eine von Anfang an unzulässige oder unbegründete Klage für erledigt erklären. Diese Bindung des Gerichts ist eine *Auswirkung der Dispositionsmaxime*. Solange der Beklagte sich der Entscheidung nicht angeschlossen und das Gericht noch keine Entscheidung über die Erledigung der Hauptsache getroffen hat, ist die Erledigungserklärung frei widerruflich (*OLG Düsseldorf AnwBl 2008, 72*).

Das Gericht kann und muss dann nur noch über die Kosten des Rechtsstreits entscheiden (§ 91a Abs. 1). Die Entscheidung erfolgt nach billigem Ermessen, wobei sich das Gericht an den mutmaßlichen Erfolgsaussichten der Klage zu orientieren hat, und zwar aufgrund des bisherigen Sach- und

Streitstandes. Hypothetische Erwägungen über die mögliche Entwicklung des Verfahrens dürfen für die Entscheidungsfindung nicht angestellt werden (*OLG Hamm* NJW-RR 1994, 828). Neue Tatsachen und Beweismittel können nicht mehr in den Prozess eingeführt werden. Dies soll allerdings nach z. T. vertretener Auffassung für solche Tatsachen nicht gelten, die unstreitig sind (*OLG Düsseldorf* MDR 1993, 1120). Es muss vermieden werden, dass wegen der Kostenfrage der Prozess weitergeführt wird – ein Argument, das für die Zulassung einer solchen Ausnahme spricht. Aus demselben Grunde kann die Pflicht zur Kostentragung nach § 307 anerkannt werden (*BGH* JZ 1985, 853). Gegen den Beschluss findet die sofortige Beschwerde statt (§ 91 a Abs. 2).

246 Eine Erledigung der Hauptsache tritt *von Gesetzes wegen* ein, wenn im Ehescheidungsverfahren einer der Ehegatten vor Rechtskraft des Beschlusses stirbt (§ 131 FamFG; s. auch § 181 FamFG für Abstammungssachen). Mit dem Tod ist die Ehe aufgelöst, eine Weiterführung des Scheidungsverfahrens ist nicht mehr möglich. Eine Fortsetzung wegen der Kosten ist aber gegebenenfalls gegen den oder die Erben möglich; § 91 a ist auch hier anzuwenden.

247 Wesentlich schwieriger ist die Entscheidung, wenn nur der Kläger die Hauptsache für erledigt erklärt und der Beklagte dem widerspricht, sog. *einseitige Erledigungserklärung*. Hier ist vieles streitig; im Folgenden können nur die Grundzüge dargestellt werden. Die h. M. sieht in der einseitigen Erledigungserklärung eine zulässige Klageänderung (§ 264 Nr. 2; *BGH* NJW 1994, 2364 m. w. N.). Danach begehrt der Kläger, dass durch Urteil die Erledigung der Hauptsache festgestellt wird (*G. Lüke*, FS Weber, 1975, 323, 330). Der Beklagte kann mit der Begründung widersprechen, das erledigende Ereignis sei nicht eingetreten. An einem solchen Ereignis fehlt es, wenn der Kläger vor seinem Antrag auf Feststellung der Erledigung, aber nach Eintritt des erledigenden Geschehens die Klage ändert. Eine Erledigung der geänderten Klage liegt dann nämlich nicht vor (*BGH* NJW 1992, 2235).

Bisher war bei einer Aufrechnungserklärung für die Bestimmung eines erledigenden Ereignisses auf den Zeitpunkt des erstmaligen Bestehens der Aufrechnungslage abzustellen. Nach neuerer Rechtsprechung des Bundesgerichtshofs (BGHZ 155, 392) ist auf den Zeitpunkt der Aufrechnungserklärung abzustellen (erst durch sie erlischt die Klageforderung), erfolgt diese nach Rechtshängigkeit, liegt somit ein erledigendes Ereignis vor (vgl. *Billing*, JuS 2004, 186). Der Beklagte trägt damit die Kostenlast bei einer Verteidigung durch Aufrechnungserklärung nach Rechtshängigkeit. Gleiches gilt für die erstmalige Erhebung der Einrede der Verjährung im Laufe des Rechtsstreits. Sie ist ein erledigendes Ereignis, auch wenn die Verjährung bereits vor Rechtshängigkeit eingetreten ist (*BGH* NJW 2010, 2422; zur Kostentragung in diesen Fällen *Peters*, NJW 2001, 2289).

Im Allgemeinen wird der Beklagte ein erledigendes Ereignis jedoch nicht bestreiten. Wenn er der Erledigung gleichwohl widerspricht, dann in der Regel mit der Begründung, die Klage sei von Anfang an unzulässig oder unbegründet gewesen und müsse deshalb abgewiesen werden. Dann müsste der Kläger die Kosten des Rechtsstreites tragen. Außerdem könnte ein solches klageabweisendes Urteil den Beklagten vor einem neuen Prozess schützen, wenn der Kläger etwa die Herausgabe einer inzwischen untergegangenen Sache verlangt hat und der Beklagte befürchten muss, dass der Kläger deshalb später Schadensersatzansprüche geltend machen wird; denn in Rechtskraft erwächst bei Abweisung der auf die Feststellung der Erledigung gerichteten Klage ebenfalls, dass die zunächst geltend gemachte Hauptsache unbegründet war (*BGH* NJW-RR 1996, 1210).

Es besteht Einigkeit darüber, dass das Gericht den Streit, ob die Klage in der Hauptsache erledigt ist oder nicht, entscheiden muss. Wenn das Gericht zu dem Ergebnis kommt, dass das behauptete Ereignis nicht eingetreten ist, muss der auf Feststellung der Erledigung gerichtete Antrag des Klägers *durch Endurteil abgewiesen werden* (*OLG Nürnberg* NJW-RR 1989, 444); wenn der Kläger den alten Antrag (meistens hilfsweise) weiterverfolgt, ist darüber zu entscheiden (zur grds. unzulässigen hilfsweisen Erledigungserklärung *BGH* NJW 1989, 2885, 2887; *von der Linden/Ogorek*, NZG 2011, 14 m.w.N.). Die (rechtshängige) Klage muss im Zeitpunkt des erledigenden Ereignisses zulässig und begründet gewesen sein, das erledigende Ereignis muss also nach Rechtshängigkeit stattfinden. Ansonsten wäre die Klage von Beginn an unzulässig oder unbegründet. Dies hat das Gericht gegebenenfalls aufgrund einer Beweisaufnahme zu prüfen (*BGH* NJW 1986, 588). Nur wenn das bejaht wird, kann *durch Urteil die Erledigung der Hauptsache festgestellt werden;* die Kosten trägt dann der Beklagte als der unterliegende Teil (§ 91). Bei Unzulässigkeit oder Unbegründetheit im Zeitpunkt des erledigenden Ereignisses muss eine Klage aus diesem Grund *abgewiesen werden;* die Kosten trägt dann der Kläger (§ 91). Es war str., ob dies auch gilt, wenn die Klage bei Einreichung begründet war und danach, aber noch vor Zustellung an den Beklagten, durch eine Leistung im letzten Augenblick unbegründet geworden ist. Der Gesetzgeber hat dieses Problem nunmehr in § 269 Abs. 3 S. 3 geregelt, der bei Rücknahme der Klage eine Kostenentscheidung unter Berücksichtigung des bisherigen Sach- und Streitstandes vorsieht.

247a Es gibt auch die Möglichkeit, den Rechtsstreit durch *einseitig gebliebene Erledigungserklärung des Klägers* für erledigt zu erklären. Nach § 91 a Abs. 1 S. 2 kann das Gericht nämlich auch dann durch Beschluss nach billigem Ermessen über die Kostenlast entscheiden, wenn der Kläger den Rechtsstreit für erledigt erklärt und der Beklagte nicht innerhalb einer Notfrist von zwei Wochen ab Zustellung des Schriftsatzes der Erledigungserklärung widerspricht und zuvor darauf hingewiesen wurde. Geht in **Fall 3** nach Zustellung des Schriftsatzes und Belehrung des B keine Erklärung des Beklagten ein, wird durch Beschluss ohne mündliche Verhandlung (§ 128 Abs. 4) entschieden.

Vorliegend handelt es sich nicht um eine einseitige Erledigungserklärung, denn die Zustimmung des Beklagten wird durch dessen Schweigen fingiert. Damit regelt § 269 Abs. 3 S. 3 (Rn. 241 ff.), dass das Schweigen des Beklagten eine Prozesshandlung darstellt (Rn. 204 ff.).

247b Diskutiert wird die Zulässigkeit eines nicht anschließungsfähigen Erledigungsfeststellungsantrags. Er ist auf Feststellung der Kostentragungspflicht des Beklagten gerichtet (*Bredemeyer,* JA 2010, 535, 537) und kein Fall von § 91 a, sodass eine Anschließung des Gegners ausscheidet. Ein solcher Antrag soll ermöglichen, die Erledigung erst nach Durchführung einer Beweisaufnahme zu beurteilen und anhand derer dem Beklagten die Kosten gem. § 91 aufzuerlegen (Einzelheiten bei *Bredemeyer,* JA 2010, 535 ff. m.w. N.). Durch die Anschließung an die Erledigung könnte der Beklagte eine Kostenentscheidung nach § 91 a erreichen, die bei schlechter oder (noch) unklarer Beweislage zu Lasten des Klägers ausfallen kann (eine Beweisaufnahme findet dann nicht statt, Rn. 245).

III. Der Prozessvergleich

Literatur: *Arens,* Willensmängel bei Parteihandlungen im Zivilprozeß, 1968, 101; *Eisenreich,* Der Prozeßvergleich – Eine Einführung, JuS 1999, 797; *Dietrich,* Prozessvergleich „auf dringendes Anraten des Gerichts" und Staatshaftung, ZZP 120, 443; *Esser,* Heinrich Lehmann und die Lehre vom Prozeßvergleich, FS Lehmann, 1956, Bd. II, 713; *Gilfrich,* Der Widerrufsvorbehalt im Prozessvergleichsvertrag, MDR 2006, 1145; *Henckel,* Fortsetzung des Zivilprozesses nach dem Rücktritt vom Prozeßvergleich?, FS Wahl, 1973, 465;

Lehmann, Der Prozeßvergleich, 1911; *Pecher,* Zur Geltendmachung der Unwirksamkeit eines Prozeßvergleichs, ZZP 97, 139; *Stürner,* Grundfragen richterlicher Streitschlichtung, DRiZ 1976, 202; *M. Wolf,* Normative Aspekte richterlicher Vergleichstätigkeit, ZZP 89, 260.

Fall 4: K klagt gegen B auf Zahlung von 17.500,– Euro. B beantragt Klageabweisung. Als eine Beweisaufnahme ein für K ungünstiges Ergebnis zu haben scheint, macht B auf Anraten seines Rechtsanwaltes dem K den Vorschlag, 15.000,– Euro in 15 monatlichen Raten zu 1.000,– Euro zu zahlen und den Prozess zu beenden. K ist grundsätzlich damit einverstanden; er hat aber Bedenken, was geschieht, wenn B die Ratenzahlung nicht einhält.

Fall 5: K und B haben einen Prozessvergleich geschlossen, in dem K dem B einen Teilbetrag erlassen hat, weil er aufgrund der Schilderung der Vermögensverhältnisse des B durch diesen keine Aussicht sah, den ganzen Betrag zu bekommen. Nach einigen Monaten erfährt er, dass es B finanziell schon seit langem sehr gut geht. Er erklärt daraufhin die Anfechtung des Prozessvergleichs wegen arglistiger Täuschung (§ 123 BGB) und möchte wissen, wie er weiter prozessieren soll. Er möchte die Klagesumme in alter Höhe geltend machen.

1. Die Bedeutung des Prozessvergleichs

Nach § 278 Abs. 1 soll das Gericht in jeder Lage des Verfahrens auf eine *gütliche Beilegung* des Rechtsstreits bedacht sein. Aus der Sicht des Gerichts bietet die Beendigung des Verfahrens durch einen Vergleich *mehrere Vorteile.* Das Verfahren kommt schneller zu Ende, es werden *Arbeit* und *Kosten,* etwa die einer Beweisaufnahme oder die eines Rechtsmittels, *gespart.* Für den Richter entfällt die Notwendigkeit der oft sehr arbeitsaufwendigen schriftlichen Urteilsabfassung. Die Parteien kommen schneller zu ihrem Recht. Der Richter kann bei der Formulierung des Vergleichs behilflich sein und auf eine *umfassende Regelung des Verhältnisses* zwischen den Parteien und auch zwischen ihnen und Dritten hinwirken. Der Abschluss eines Vergleichs erleichtert oft auch das Weiterleben zwischen den Parteien; er vermeidet die psychologischen Folgen von Sieg und Niederlage. Aus allen diesen Gründen dient es in vielen Fällen den Parteien und dem Rechtsfrieden, wenn der Prozess nicht durch Urteil entschieden, sondern durch einen Vergleich beendet wird.

Auf der anderen Seite eignet sich nicht jeder Prozess zur gütlichen Beilegung. Das Gericht darf nicht vor der Entscheidung zwischen Recht und Unrecht zurückschrecken. Auch muss der Richter den Eindruck vermeiden, dass er aus Gründen der Arbeitserleichterung die Parteien zum Abschluss des Vergleichs drängt. Das Führen von Vergleichsverhandlungen stellt deshalb oft hohe Anforderungen an den Richter. Drängt der Richter die Parteien allzu sehr, kann sogar eine *Anfechtung des Vergleichs wegen widerrechtlicher Drohung* in Betracht kommen (*BGH* NJW 1966, 2399; dazu *Arndt,* NJW 1967, 1585). Die Parteien müssen von der Notwendigkeit und der Gerechtigkeit des Vergleichs überzeugt sein, damit eine wirkliche Streitbeilegung erreicht werden kann. In der Praxis hat der Prozessvergleich eine erhebliche Bedeutung.

2. Wirksamkeitsvoraussetzungen und Widerruf

249 Der Prozessvergleich setzt voraus, dass die Parteien *über den Streitgegenstand disponieren können,* über die Ehescheidung als solche kann deshalb beispielsweise kein Vergleich geschlossen werden.

250 Die *gesetzliche Regelung* des Prozessvergleichs ist ähnlich wie die Regelung des Vergleichs in § 779 BGB sehr unzureichend. § 794 Abs. 1 Nr. 1 bestimmt, dass der Prozessvergleich ein *Vollstreckungstitel* ist und dass er zwischen den Parteien oder zwischen einer Partei und einem Dritten vor einem deutschen Gericht abgeschlossen sein muss. Die unvollständige Regelung hat zunächst dazu geführt, dass eine Anzahl von Fragen in Rechtsprechung und Literatur höchst streitig waren. Inzwischen sind die meisten dieser Fragen geklärt.

Der Prozessvergleich muss grundsätzlich *vor einem deutschen Gericht* abgeschlossen werden. Das ist in der Regel das Prozessgericht, es kann aber auch der beauftragte oder ersuchte Richter oder das Gericht sein, das über das Prozesskostenhilfegesuch entscheidet (§ 118 Abs. 1 S. 3 HS 2). Der Prozessvergleich bedarf, damit er alle vorgesehenen Wirkungen haben kann, weiterhin der Voraussetzungen für Prozesshandlungen; sein Abschluss unterliegt daher im Anwaltsprozess dem Anwaltszwang (Einzelheiten sind str., vgl. dazu *Rosenberg/Schwab/Gottwald* § 130 Rn. 40f.). Er muss nach § 160 Abs. 3 Nr. 1 *protokolliert,* den Parteien vorgelesen und von ihnen genehmigt werden (§ 162 Abs. 1). Das Protokoll muss vom Vorsitzenden und dem Urkundsbeamten der Geschäftsstelle unterschrieben sein (§ 163 Abs. 1). Die Form des Prozessvergleichs *ersetzt die nach dem materiellen Recht vorge-*

schriebenen Formen, vor allem auch die vorgeschriebene notarielle Beurkundung (§ 127a BGB). Dies ist wichtig für Grundstücksgeschäfte; sowohl der Kaufvertrag als auch die Auflassung können im Rahmen eines Prozessvergleichs vorgenommen werden.

Nach § 278 Abs. 6 kommt ein wirksamer Prozessvergleich aber auch dann zustande, wenn die Parteien einen schriftlichen Vergleichsvorschlag des Gerichts, der selbst nicht rechtshängige Ansprüche einbeziehen kann, dem Gericht gegenüber schriftlich annehmen oder selbst dem Gericht einen schriftlichen Vergleichsvorschlag unterbreiten. Das Gericht stellt das Zustandekommen des Vergleichs und seinen Inhalt durch Beschluss fest (ausführlich dazu *Siemon,* NJW 2011, 426). Auch aus diesem Beschluss findet die Vollstreckung gem. § 794 Abs. 1 Nr. 1 statt. Eventuelle Abweichungen können im Rahmen eines Berichtigungsverfahrens (§§ 278 Abs. 6 S. 3, 164) korrigiert werden. Der *außergerichtliche Vergleich* hat somit keine Vollstreckungswirkung; Entsprechendes gilt für die Prozessbeendigungswirkung (*BGH* NJW 2002, 1503).

Wird die für den Vergleich gesetzlich vorgesehene Form nicht eingehalten, ist der Vergleich als Prozessvergleich und damit als Vollstreckungstitel unwirksam. Allenfalls kann er als materiell-rechtlicher Vergleich aufrechterhalten bleiben, wenn dies dem Parteiwillen entspricht (*BGH* NJW 1985, 1962). Der außergerichtlich abgeschlossene Vergleich hat also nur materiell-rechtliche Wirkungen; er kann jedoch die Verpflichtung zur Klagerücknahme enthalten. Sein Abschluss muss im Prozess vorgetragen werden, damit ihn das Gericht berücksichtigen kann.

Nach § 81 erstreckt sich die Prozessvollmacht des Rechtsanwalts auf den Abschluss von Prozessvergleichen; sie kann aber insoweit mit Wirkung gegenüber dem Gegner beschränkt werden (§ 83). Da der Abschluss eines Prozessvergleichs ohne Zustimmung durch die Partei für den Anwalt wegen möglicher Regressforderungen gefährlich ist, wird der Prozessvergleich häufig unter dem zeitlich befristeten Vorbehalt des Widerrufs geschlossen. Dieser Vorbehalt ist in der Regel eine aufschiebende Bedingung für die Wirksamkeit des Vergleichs (BGHZ 88, 364). Gegen die Versäumung der Widerrufsfrist gibt es keine Wiedereinsetzung, da es sich um keine Notfrist handelt und auch keine der anderen Fristen des § 233 vorliegt (h. M., vgl. *BGH* NJW 1974, 107). Allerdings kann die Frist, da vertraglich vereinbart, ebenfalls durch Parteivereinbarung verlängert werden. Im Falle des wirksamen Widerrufs muss dann der Prozess weitergeführt und durch Urteil entschieden werden. Die zwischen den Parteien für den Widerruf vereinbarte Form ist einzuhalten. Wird also „schriftliche Anzeige an das Gericht" aufgenommen, so kann der Widerruf im Zweifel nicht wirksam gegenüber dem Prozessgegner ausgeübt werden (hierzu *OLG Hamm* NJW 1992, 1705; *BAG* NZA 1992, 134). Wem gegenüber der Widerruf zu erklären ist, wenn der Vergleich keine ausdrückliche Regelung über den Adressaten der vorbehaltenen Widerrufserklärung vorsieht, wird unterschiedlich beurteilt: Bei fehlender Vereinbarung des Adressaten der Widerrufserklärung, kann der Widerruf (jedenfalls für Prozessvergleiche nach dem 1. 1. 2002) sowohl dem Gericht als auch der anderen Prozesspartei gegenüber ausgesprochen werden (BGHZ 164, 190 = JuS 2006, 188 [*K. Schmidt*]; Zöller/ *Stöber* § 794 Rn. 10a m. N. zur Rechtsprechung, dass der Widerruf dem Gegner gegenüber auszusprechen sei). Ein nachträglich vereinbarter Widerrufsvorbehalt hat auf die Beendigung des Rechtsstreits durch den Prozessvergleich keinen Einfluss (*OLG Koblenz* MDR 1993, 687).

3. Die Wirkungen des Prozessvergleichs

251   Der Prozessvergleich hat sowohl *materiell-rechtliche* als auch *prozessuale Wirkungen*. Die im Gesetz geregelte prozessuale Wirkung wurde bereits genannt: der Prozessvergleich ist ein *Vollstreckungstitel*. Das bedeutet, dass bei Nichterfüllung der im Vergleich niedergelegten Verpflichtungen *sofort* die Zwangsvollstreckung eingeleitet werden kann; es ist nicht erforderlich, dass erneut auf Erfüllung der Verpflichtungen aus dem Vergleich geklagt wird (zu den allgemeinen Voraussetzungen der Zwangsvollstreckung Rn. 521 ff.).

In **Fall 4** bestehen also die Bedenken des K nicht zu Recht; wenn B nicht zahlt, kann K ohne erneuten Prozess die Zwangsvollstreckung durchführen. Lässt K in den Prozessvergleich, wie bei Ratenzahlungen üblich, eine sog. *kassatorische Klausel* aufnehmen (der gesamte Betrag wird fällig, wenn der Beklagte mit einer Rate länger als eine bestimmte Zeit in Verzug gerät), kann er wegen des gesamten Betrages die Zwangsvollstreckung durchführen.

252   Eng verbunden mit der Wirkung als Vollstreckungstitel ist die *zweite prozessuale Wirkung:* der Prozessvergleich beendet den Prozess, die Rechtshängigkeit. Ein bereits ergangenes, aber noch nicht rechtskräftiges Urteil wird *wirkungslos*.

Vollstreckungs- und Prozessbeendigungswirkung des Vergleichs schaffen eine Ähnlichkeit zum Urteil und unterscheiden auch den Prozessvergleich vom außergerichtlichen Vergleich (s. o. Rn. 250). Anders als das Urteil kann der Prozessvergleich aber nicht in Rechtskraft erwachsen. Eine erneute Klage ist daher nicht nach § 322 Abs. 1 S. 2 ausgeschlossen. Gegen eine erneute Klage kann der Beklagte den Prozessvergleich nur als Einwendung vorbringen. Da es sich um die Beendigung des Verfahrens durch einen Akt der Parteidisposition handelt, findet auch nicht die Präklusion nach § 767 Abs. 2 Anwendung.

Die Bedeutung des Prozessvergleichs erschöpft sich nicht in diesen prozessualen Wirkungen. Die Parteien beenden den Prozess und schaffen einen Vollstreckungstitel, *weil sie sich auch materiell-rechtlich geeinigt haben.* Insoweit ist jeder Prozessvergleich *auch ein materiell-rechtlicher Vergleich i. S. des § 779 BGB*, also ein gegenseitiger Vertrag, durch den die Parteien den Streit oder die Ungewissheit über ein zwischen ihnen bestehendes Rechtsverhältnis durch gegenseitiges Nachgeben regeln und damit beenden. Meistens werden Stundungen, Teilerlasse, neue Sicherheiten usw. vereinbart. Als auch materiell-rechtlicher Vergleich muss dessen Inhalt nicht mit dem Streitgegenstand identisch sein. Zum einen ist ein Teilvergleich möglich, zum anderen können auch Gegenstände geregelt werden, die nicht in dem Verfahren zu entscheiden sind. Daher können auch Dritte am Vergleich beteiligt sein (§ 794 Abs. 1 Nr. 1, vgl. Rn. 250). Da der Prozessvergleich *zwei Seiten*, eine materiell-rechtliche und eine prozessuale hat, nimmt die h. M. an, dass er eine *„Doppelnatur"* habe (*BGH* NJW 1996, 334; *BVerwG* NJW 1994, 2306). Damit ist gemeint, dass *ein Vertrag vorliegt, der sowohl materiell-rechtliche als auch prozessuale Wirkungen hat und auf den sowohl die Normen des materiellen als auch die des Prozessrechts anzuwenden sind.* 253

4. Unwirksamkeit des Prozessvergleichs und ihre Geltendmachung

Die Konsequenzen dieser Auffassung werden deutlich, wenn es um die *Unwirksamkeit des Prozessvergleichs* und ihre *Geltendmachung* geht. Dabei ist zwischen *materiell-rechtlichen* und *prozessrechtlichen* Mängeln zu unterscheiden. So führt etwa die Verletzung des Protokollierungsverfahrens zur prozessualen Unwirksamkeit. Die materiell-rechtliche Wirksamkeit bleibt hiervon grundsätzlich unberührt, wenn dies dem Willen der Parteien entspricht (§ 139 BGB analog). Im Zweifel wird dies aber nicht der Fall sein. Aus der Anwendbarkeit des materiellen Rechts folgt, dass auch die *materiell-rechtlichen Vorschriften über die Unwirksamkeit anzuwenden sind*, also etwa die über die Anfechtbarkeit wegen Irrtums, Täuschung und Drohung (§§ 119, 123 BGB), die Vorschriften über die Nichterfüllung gegenseitiger Verträge (§§ 320 ff. BGB) oder auch über die Unwirksamkeit wegen Fehlens der Vergleichsgrundlage (§ 779 BGB). Der Prozessvergleich 254 kann also wegen eines bei seinem Abschluss vorgekommenen Irrtums oder wegen einer Täuschung (**Fall 5;** zur Drohung durch einen Dritten – ggf. auch das Prozessgericht – *BGH* NZA 2010, 1250) angefochten werden. Die alten Ansprüche leben dann wieder auf. Ebenso kann eine Partei, wenn die andere den Vergleich nicht erfüllt, nach den §§ 323, 326 Abs. 5 BGB den Rücktritt vom Vertrag erklären und auf den alten Anspruch zurückkommen. Dass diese Möglichkeiten bestehen, ist unstreitig.

255 Damit ist aber eine weitere Frage noch nicht beantwortet, die auch K im **Fall 5** gestellt hat: wie prozessual zu verfahren ist, wenn die Anfechtung oder der Rücktritt erklärt worden ist. Diese Frage war lange Zeit sehr streitig und ist auch heute noch nicht völlig geklärt, wenn sich auch inzwischen eine herrschende Auffassung durchgesetzt hat. Es kommen *zwei Möglichkeiten* in Betracht. Der *alte Prozess kann weitergeführt werden*, oder derjenige, der die Unwirksamkeit des Prozessvergleichs geltend machen und auf den alten Klageantrag zurückkommen möchte, kann auf einen *neuen Prozess* verwiesen werden. Dabei ist in jedem Fall zunächst die Frage zu klären, ob der Prozessvergleich unwirksam ist (vgl. *BGH* NJW 1981, 823). Im Falle seiner Wirksamkeit muss die Beendigung des Rechtsstreits durch Endurteil festgestellt werden (*BGH* 1996, 3346).

Die heute h. M. hat sich dafür entschieden, den Streit um die Wirksamkeit des Prozessvergleichs *im alten Verfahren auszutragen* und im Falle der Unwirksamkeit diesen dann weiter zu führen (BGHZ 28, 171; 142, 253; *BAG* JZ 1961, 452; *Rosenberg/ Schwab/Gottwald* § 130 Rn. 46 ff.; vgl. auch *Arens*, Willensmängel bei Parteihandlungen im Zivilprozeß, 1968, 101 ff.). Dieser Weg hat *entscheidende Vorteile*. Über die Frage der Wirksamkeit des Prozessvergleichs kann naturgemäß das Gericht am besten entscheiden, das bei seinem Abschluss mitgewirkt hat. Meistens wird die Unwirksamkeit verhältnismäßig bald geltend gemacht, also zu einem Zeitpunkt, zu dem die Besetzung des Gerichts noch nicht gewechselt hat. Wenn sich dann die Wirksamkeit herausstellt, muss das Gericht dies durch Urteil feststellen; die Kosten trägt derjenige, der die Unwirksamkeit behauptet hatte. Ist der Prozessvergleich dagegen unwirksam, so bedeutet dies, dass der Prozess nicht beendet ist, sondern die Rechtshängigkeit noch besteht. Der alte Prozess muss also weitergeführt werden. Auch dazu ist das Gericht, das den Prozess bisher geführt hatte, besonders gut geeignet, einmal, weil es den Prozess schon kennt, zum anderen, weil es ohne Weiteres die bisherige Prozessführung, wie etwa Beweisaufnahmen, verwenden kann. Dass die Parteien, wenn der Prozessvergleich vor dem Berufungsgericht abgeschlossen worden ist und der Prozess dann dort weitergeführt werden muss, eine Instanz verlieren, ist sicher von Nachteil, wiegt aber nicht so schwer wie die aufgezeigten Vorteile. Die Möglichkeit, den alten Prozess weiterzuführen, ergibt sich aus der *Auffassung von der Doppelnatur des Prozessvergleichs*. Ist aus materiell-rechtlichen Gründen die materiell-rechtliche Seite des Vergleichs unwirksam, so entfallen auch die prozessualen Wirkungen, eben die Prozessbeendigung. Dies ergibt sich daraus, dass eben nur *ein* Vertrag vorliegt.

Der Bundesgerichtshof hat die Weiterführung des alten Prozesses aber davon abhängig gemacht, dass der Prozessvergleich von Anfang an unwirksam ist; nur dann sei die Rechtshängigkeit niemals erloschen (bes. deutlich BGHZ 41, 310; s. auch BGHZ 28, 171; *BGH* NJW 1972, 159). Bei prozessualen Unwirksamkeitsgründen ist dies ebenso der Fall wie bei der materiell-rechtlichen Anfechtung, die ex tunc wirkt (§ 142 Abs. 1 BGB). Streitig ist die Behandlung des gesetzlichen Rücktrittsrechts nach den §§ 323, 326 Abs. 5 BGB, das nach einer vielfach vertretenen Auffassung nur zur Inhaltsänderung, nicht aber zur Beseitigung der Schuldverhältnisse führt. Hier will der Bundesgerichtshof an der Beendigung des alten Prozesses festhalten und den Rücktrittsberechtigten auf einen neuen Prozess verweisen. In Betracht kommen zum einen die Klage auf Feststellung der nachträglichen Unwirksamkeit oder die Vollstreckungsgegenklage nach § 767 (BGHZ 16, 388; vgl. auch BGHZ 41, 310; *BGH* NJW 1966, 1658; dasselbe soll für den Wegfall und das Fehlen der Geschäftsgrundlage gelten, *BGH* NJW 1986, 1348). Das Bundesarbeitsgericht nimmt dagegen an, dass auch in diesem Fall der alte Prozess weitergeführt werden müsse (BAGE 3, 43; 4, 84; anders bei einem sog. Gesamtvergleich, *BAG* ZZP 97, 211). Diese Ansicht verdient schon aus Gründen der Rechtssicherheit den Vorzug; die Parteien sollten wissen, dass sie immer den alten Prozess weiterführen können, wenn sie die Unwirksamkeit des Prozessvergleichs behaupten (vgl. dazu *Rosenberg/Schwab/Gottwald* § 130 Rn. 54ff. und *Jauernig/Hess* § 48 Rn. 26). Dasselbe sollte auch gelten, wenn die Parteien den Prozessvergleich in gegenseitigem Einverständnis wieder beseitigen. Dass dies möglich ist, ist nicht zweifelhaft. Nach der Auffassung des Bundesgerichtshofs sollen aber nur die materiell-rechtlichen Wirkungen entfallen, nicht jedoch die Prozessbeendigung (BGHZ 41, 310, dazu *G. Lüke*, JuS 1965, 482). Diese Auffassung ist mit der Annahme der Doppelnatur kaum vereinbar und auch von der Prozessökonomie her nicht überzeugend (so auch das *BAG* NJW 1983, 2212 unter Berufung auf die Besonderheiten des arbeitsgerichtlichen Verfahrens, weshalb keine Abweichung von der Rechtsprechung des Bundesgerichtshofs vorliege und auch keine Vorlage an den Gemeinsamen Senat der obersten Gerichtshöfe erforderlich sei).

Es wird in der Literatur die Ansicht vertreten, der alte Prozess solle beim Vorliegen materiell-rechtlicher Unwirksamkeitsgründe beendet bleiben und statt dessen ein neuer Prozess geführt werden (*Baumgärtel,* Wesen und Begriff der Prozeßhandlung einer Partei im Zivilprozess, 1957, 192 ff., anders in ZZP 87, 133; vgl. auch *Arens,* a. a. O., 103 ff.). Dies wird mit Erwägungen der Rechtssicherheit begründet. Ein einmal abgeschlossener Prozess müsse abgeschlossen bleiben. Nach dieser Auffassung liegt beim Prozessvergleich nicht ein Vertrag mit Doppelnatur vor, sondern zwei Verträge, die miteinander verbunden sind: ein materiell-rechtlicher Vergleich und ein prozessualer Prozessbeendigungsvertrag (sog. *Lehre vom Doppeltatbestand*). Wenn materiell-rechtliche Unwirksamkeitsgründe gegeben sind, entfällt der materiell-rechtliche Vertrag, nicht aber der Prozessbeendigungsvertrag. Damit wird dann das Ergebnis begründet, dass immer ein neuer Prozess zu führen sei. Gegen diese Lehre vom Doppeltatbestand spricht, dass sie zu einer Verdoppelung der Prozesse und zu unnötiger Vermehrung der Arbeitslast der Gerichte führt. Der Rechtssicherheit vermag sie nicht zu dienen, weil die Parteien des Prozessvergleichs ohnehin nicht an der Erhebung einer neuen Klage gehindert werden können. Und schließlich bleibt sie die Begründung dafür schuldig, warum der Prozessbeendigungsvertrag selbständig bestehen bleiben soll, obwohl doch die Parteien den materiell-rechtlichen Vergleich und den Prozessvertrag (wenn man hier überhaupt trennen will) ersichtlich nur zusammen gewollt haben und sich deshalb die Heranziehung des Rechtsgedankens des § 139 BGB aufdrängt.

7. Kapitel. Die Beweislehre

§ 22. Allgemeine Einführung

Literatur: Musielak/Stadler, Grundfragen des Beweisrechts, 1984; *Prütting,* Gegenwartsprobleme der Beweislast, 1983 (hierzu *Musielak,* ZZP 100, 385); *ders.,* Grundprobleme des Beweisrechts, JA 1985, 313; *Saenger,* Grundfragen und aktuelle Probleme des Beweisrechts aus deutscher Sicht, ZZP 121, 139; *Schneider,* Beweis und Beweiswürdigung, 5. Aufl., 1994; *Oberheim,* Beweiserleichterungen im Zivilprozeß, JuS 1996, 636, 729, 918, 1111; 1997, 61, 358; *Zuck,* Verfassungsrechtliche Rahmenbedingungen des zivilprozessualen Beweisverfahrens – Grundlagen, NJW 2010, 3350.

Das Gericht kann dem mit der zulässigen Klage geltend gemachten Begehren des Klägers nur stattgeben, wenn es die für die anzuwendenden Rechtsnormen *erforderlichen Tatsachen festgestellt* hat; dann wird es der Klage stattgeben. Kann es dagegen diese Tatsachen nicht feststellen, so wird es die Klage abweisen. Das Gericht muss also vom Vorliegen dieser Tatsachen, von der Wahrheit der entsprechenden Parteibehauptungen *überzeugt* sein. Diese Überzeugung soll dem Gericht *durch den Beweis* verschafft werden. In den meisten Prozessen macht die Feststellung des Sachverhalts weitaus größere Schwierigkeiten als die Entscheidung der Rechtsfragen. Die veröffentlichten Urteile der Gerichte, in denen es um Rechtsfragen geht, können leicht ein falsches Bild vermitteln. 256

I. Volle richterliche Überzeugung

Literatur: Bender, Das Beweismaß, FS Baur, 1981, 247; *Bruns,* Beweiswert, ZZP 91, 64; *Ekelöf,* Beweiswert, FS Baur, 1981, 343; *Leipold,* Beweismaß und Beweislast im Zivilprozeß, 1985; *Prütting,* Beweislast und Beweismaß – Der Einfluss Leo Rosenbergs und Karl Heinz Schwabs auf die Entwicklung eines modernen Beweisverfahrens, ZZP 123, 135.

Unter Überzeugung ist im deutschen Recht die *volle Überzeugung* gemeint; eine *überwiegende Wahrscheinlichkeit* reicht nicht aus (in anderen Rechtsordnungen gilt etwas anderes, vgl. etwa *Ekelöf,* FS Baur, 1981, 343 und ZZP 75, 289). Nun gibt es keine absolute Gewissheit. Um eine gewisse Objektivierung zu errei- 257 chen, die es verhindert, dass besonders zu Bedenken neigende Richter niemals zu einer Entscheidung gelangen, behilft sich die Rechtsprechung mit der Formel, Gewissheit liege vor bei *einem jeden vernünftigen Zweifel ausschließenden Grad von Wahrscheinlichkeit* (z.B. BGHZ 53, 245, 255 ff.; *BGH* NJW-RR 1999, 1184, 1185).

II. Glaubhaftmachung

258 In einer Reihe von Fällen begnügt sich das Gesetz mit einem *geringeren Grad von Überzeugung:* dann, wenn es die *Glaubhaftmachung* ausreichen lässt. Diese ist erreicht, wenn der Richter von „der guten Möglichkeit" des Geschehens überzeugt ist, es also für überwiegend wahrscheinlich hält. Die Glaubhaftmachung reicht bei einer Anzahl von *prozessualen Vorfragen* aus, wie etwa bei der Richterablehnung (§ 44 Abs. 2), im Prozesskostenhilfeverfahren (§ 118 Abs. 2 S. 1), bei der Wiedereinsetzung in den vorigen Stand (§ 236 Abs. 2), bei verspätetem Vorbringen (§ 296 Abs. 4) und, in der Praxis besonders wichtig, im Verfahren des Arrestes und der einstweiligen Verfügung (§§ 920 Abs. 2, 936). Die Glaubhaftmachung kann mit Hilfe aller vom Gesetz vorgesehenen Beweismittel erfolgen, wenn sie sofort verfügbar sind (§ 294 Abs. 2), und außerdem durch die *Versicherung an Eides statt,* die sonst kein zulässiges Beweismittel ist (§ 294 Abs. 1).

III. Streng- und Freibeweis

259 Die Erhebung der Beweise erfolgt im Rahmen eines in der ZPO geregelten *förmlichen Verfahrens* (§§ 284 S. 1, 355 ff.). Als Beweismittel sind dort Augenschein, Zeugen, Sachverständige, Urkunden und die Parteivernehmung vorgesehen. Andere als diese Beweismittel sind ausgeschlossen. Man spricht insoweit vom *Strengbeweis.* Im Gegensatz dazu steht der sog. *Freibeweis,* der zwar auch die volle richterliche Überzeugung zum Ziel hat, das Gericht aber weder auf die Beweismittel des Strengbeweises beschränkt (*BGH* NJW 1992, 627 ff.) noch an ein förmliches Beweisverfahren bindet. Eidesstattliche Versicherungen können berücksichtigt werden, ihr Beweiswert reicht aber regelmäßig zum vollen Nachweis nicht aus (*BGH* NJW 2000, 814).

Der Freibeweis gilt hauptsächlich im Verfahren der freiwilligen Gerichtsbarkeit. Nach § 284 S. 2 kann das Gericht im Einverständnis mit den Parteien die Feststellung materiell-rechtlicher Tatsachen im Wege des Freibeweises vornehmen. Dieses Einverständnis kann auf einzelne Beweiserhebungen beschränkt werden. Es kann nur bei wesentlicher Änderung der Prozesslage vor Beginn der Beweisaufnahme widerrufen werden (§ 284 S. 3). § 284 S. 2 ist eine weitere Ausgestaltung der Dispositionsmaxime, die der Vereinfachung und Beschleunigung von Verfahrensabläufen dienen soll. Für die Feststellung der von Amts wegen zu berücksichtigenden Umstände, wie etwa bei Prozess- oder Rechtsmittelvoraussetzungen, aber auch bei der Ermittlung von Erfahrungssätzen lässt die Rechtsprechung ebenfalls den Freibeweis zu. Es kann danach z. B. eine amtliche Auskunft eingeholt werden (*BGH* NJW 1964, 107). Mit Recht hat *Peters* (Der sogenannte Freibeweis im Zivilprozeß, 1962; s. o. Rn. 152) Bedenken gegen eine zu weitgehende Anwendung des Freibeweises im Zivilprozess erhoben. § 284 S. 2 kann nunmehr als Grundlage für diese Praxis herangezogen werden; dazu bedarf es allerdings des Einverständnisses der Parteien. Für die Frage der Notwendigkeit eines Einverständnisses bleibt die Streitfrage daher bestehen (s. auch oben Rn. 32 a).

IV. Der Gegenstand des Beweises

Literatur: *Geisler,* Zur Ermittlung ausländischen Rechts durch „Beweis" im Prozeß, ZZP 91, 176; *Gruber,* Die Anwendung ausländischen Rechts durch deutsche Gerichte, ZRP 1992, 6; *Heldrich,* Probleme bei der Ermittlung ausländischen Rechts in der gerichtlichen Praxis, FS Nakamura, 1996, 243; *Sommerlad/Schrey,* Die Ermittlung ausländischen Rechts im Zivilprozeß und die Folgen der Nichtermittlung, NJW 1991, 1377.

Es geht dabei um die Frage: *was kann und muss bewiesen werden.* Bewiesen werden müssen grundsätzlich nur Tatsachen, nicht Rechtssätze (iura novit curia). Abweichend davon können ausländisches Recht, Gewohnheitsrecht und Statuten (§ 293) Beweisgegenstand sein, wenn sie der Richter nicht kennt. Insoweit gilt der Freibeweis; das Gericht kann also Auskünfte von Behörden und Rechtsgutachten einholen. Es stellt diese Ermittlungen von Amts wegen an und ist nicht an Anträge der Parteien gebunden (s. *BGH* NJW 1991, 1418; NJW-RR 1991, 1211; krit. dazu *Samtleben,* NJW 1992, 3057). Insoweit darf sich das Gericht nicht auf die Rechtsquellen beschränken, sondern muss auch die Anwendung der Vorschrift in der ausländischen Rechtspraxis berücksichtigen (*BGH* MDR 2003, 1128).

Tatsachen sind Geschehnisse und Zustände, die sinnlich wahrnehmbar in Erscheinung treten. Eine Tatsache ist für das Beweisrecht alles, was *Tatbestandsmerkmal einer Rechtsnorm* werden kann. Dabei ist zwischen *äußeren* und *inneren Tatsachen* zu unterscheiden. Innere Tatsachen sind etwa Vorsatz, Kenntnis bestimmter Umstände, Absicht, also innere Vorgänge und Zustände eines Subjekts, die erst durch dessen Verhalten für Dritte äußerlich erkennbar in Erscheinung treten. Für das Beweisrecht besteht zwischen inneren und äußeren Tatsachen nur insoweit ein Unterschied, als auf innere Tatsachen in der Regel nur von äußeren Tatsachen geschlossen werden kann (hierzu *BVerfG* NJW 1993, 2165f.). Dabei ergeben sich natürlich besondere Schwierigkeiten. Weiter unterscheidet man zwischen *positiven Tatsachen* (jedes Geschehen, das sich einmal ereignet hat) und *negativen Tatsachen*: hier muss bewiesen werden, dass etwas nicht geschehen ist, z.B. dass den Schuldner an dem Untergang der geschuldeten Sache kein Verschulden trifft.

Häufig werden Tatsachen und Erfahrungssätze *nicht genügend auseinandergehalten*. Im Gegensatz zu Tatsachen treten Erfahrungssätze nicht sinnlich wahrnehmbar in Erscheinung. Sie sind Regeln, die auf allgemeiner Lebenserfahrung oder wissenschaftlichen Erkenntnissen beruhen und bei Vorliegen bestimmter Umstände nur eine Schlussfolgerung zulassen oder Vermutungen für bestimmte Tatsachen begründen. So ist die Feststellung, dass alle Menschen sterben müssen, ein Erfahrungssatz und keine Tatsache. Auf Erfahrungswissen stützt sich auch die Feststellung der Verkehrsauffassung (*BGH* NJW 2004, 1163). Diese Unterscheidung ist wichtig, weil das Gericht bei der Feststellung von Erfahrungssätzen frei und nicht an das förmliche Beweisverfahren gebunden ist (Freibeweis). Erfahrungssätze spielen vor allem bei der Beweiswürdigung eine große Rolle.

V. Haupt- und Gegenbeweis, Beweis des Gegenteils

261 Wenn der Kläger auf Zahlung des Kaufpreises klagt und der Beklagte den Abschluss eines Kaufvertrages bestreitet, muss der Kläger diesen beweisen (er trägt dafür die Beweislast, Rn. 277). Der ihm obliegende Beweis ist *Hauptbeweis,* und dieser ist erbracht, wenn das Gericht von der Wahrheit der betreffenden Tatsache, hier von dem Abschluss des Kaufvertrages, *überzeugt* ist. Dem Gegner obliegt es dann, den *Gegenbeweis* zu führen, mit dem Ziel, die *Überzeugung des Gerichts wieder zu erschüttern.* Der Gegenbeweis ist erfolgreich, wenn dies gelingt, wenn also das

Gericht *wieder zweifelt* (ob der Kaufvertrag abgeschlossen wurde). Dann ist der Hauptbeweis nicht (mehr) erbracht. Die Klage müsste abgewiesen werden. Durch den Gegenbeweis soll also der Hauptbeweis erschüttert werden. Vom Gegenbeweis ist der *Beweis des Gegenteils* zu unterscheiden, der vor allem bei den gesetzlichen Vermutungen eine Rolle spielt. Er ist *Hauptbeweis,* muss also die volle Überzeugung des Gerichts begründen. In unserem Fall würde Beweis des Gegenteils bedeuten, dass das Gericht überzeugt werden muss, dass die Parteien *keinen* Kaufvertrag abgeschlossen haben. Dies ist mehr als die Ungewissheit, ob der Vertrag geschlossen wurde.

VI. Unmittelbarer und mittelbarer (Indizien-)Beweis

Literatur: *Hansen,* Der Indizienbeweis, JuS 1992, 327.

Bei dem unmittelbaren Beweis wird *eine zum Tatbestand der anzuwendenden Rechtsnorm gehörende Tatsache* selbst bewiesen, beim mittelbaren oder Indizienbeweis wird eine *nicht* zum Tatbestand gehörende Tatsache bewiesen, aus der der Richter kraft seiner allgemeinen Erfahrung oder aufgrund besonderer Sachkunde (gegebenenfalls unter Hinzuziehung eines Sachverständigen) *auf das Vorliegen einer zum Tatbestand gehörenden Tatsache schließen kann* (vgl. BGHZ 53, 245, 260). Ein unmittelbarer Beweis liegt vor, wenn Zeugen aussagen, sie hätten gesehen, wie der Beklagte den Kläger verletzt hat, ein mittelbarer Beweis, wenn an den Kleidern des Beklagten Blutspuren mit der Blutgruppe des Klägers festgestellt wurden, und das Gericht daraus auf die Verletzungshandlung schließt.

VII. Die Beweisbedürftigkeit

Dabei geht es um die Frage, *welche Tatsachen bewiesen* werden müssen. Dies sind nur die Tatsachen, die entscheidungserheblich sind, von deren Vorliegen die Entscheidung des Gerichts abhängt. Das Gericht muss also zunächst die *Schlüssigkeit der Klage* und der *Einreden* prüfen. Fehlt die Schlüssigkeit und kann dem nicht abgeholfen werden, so sind überhaupt keine Tatsachen entscheidungserheblich, eine Beweisaufnahme braucht *nicht stattzufinden.* Ergibt sich etwa schon aus dem Tatsachenvortrag des Klägers, dass der geltend gemachte Kaufpreisanspruch verjährt ist und dass der Beklagte die Einrede der Verjährung bereits geltend gemacht hat, so kommt es nicht mehr darauf an, ob der Kaufvertrag abgeschlossen worden ist oder nicht. Diese Tatsache ist nicht entscheidungserheblich, eine Beweisaufnahme braucht deswegen nicht stattzufinden (zur Frage der Amtshaftung bei einer überflüssigen Beweisaufnahme in solchen Fällen vgl. RGZ 155, 218, 223; zur kostenrechtlichen Folge vgl. § 21 GKG).

264 Steht die *Entscheidungserheblichkeit* fest, so ist maßgeblich, ob der *Verhandlungs- oder der Untersuchungsgrundsatz* gilt. Unter der Geltung des Verhandlungsgrundsatzes bestimmen *die Parteien* über die *Beweisbedürftigkeit*. Nur wirksam bestrittene Tatsachen sind beweisbedürftig, nicht dagegen ausdrücklich zugestandene (§ 288 Abs. 1) und nicht bestrittene (§ 138 Abs. 3) Tatsachen (Rn. 16). Soweit der Untersuchungsgrundsatz oder die Prüfung von Amts wegen gilt, entscheidet das Gericht, welche Tatsachen beweisbedürftig sind (Rn. 17). Entscheidungserheblich sind auch die Zulässigkeitsvoraussetzungen, da nur bei ihrem Vorliegen eine Sachentscheidung erfolgen darf (vgl. Rn. 41). Das Gericht wird ihr Vorliegen daher vorab *von Amts wegen* prüfen. Insoweit gilt der *Freibeweis*. Bei der Prüfung von Amts wegen kann das Gericht zwar keine eigenen Ermittlungen anstellen, sondern ist an den Parteivortrag gebunden. Die Parteien können aber bestimmte Voraussetzungen nicht unstreitig stellen (vgl. Rn. 20). Vielmehr entscheidet das Gericht über die Beweisbedürftigkeit.

265 Nicht beweisbedürftig sind *offenkundige Tatsachen* (§ 291). Offenkundige Tatsachen können entweder *allgemeinkundig* oder *gerichtskundig* sein. Die *Allgemeinkundigkeit* richtet sich nach der allgemeinen Kenntnis und kann nach Zeit und Ort wechseln. Hierhin gehören etwa die durch Tagespresse, Rundfunk, Fernsehen oder Internet veröffentlichten Ereignisse, örtliche Gegebenheiten usw., nicht aber die Verkehrsauffassung, da sich ihre Feststellung auf Erfahrungswissen stützt (*BGH* NJW 2004, 1163, s. Rn. 260). Der Gegenbeweis gegen eine angeblich offenkundige Tatsache ist stets zulässig. *Gerichtskundig* sind Tatsachen, die dem Gericht aufgrund seiner amtlichen Tätigkeit bekannt sind, ohne dass es einer Beiziehung anderer Gerichtsakten bedarf; lediglich aktenkundige Tatsachen sind nicht gerichtskundig (*B/L/A/H* § 291 Rn. 5). Ebenfalls nicht gerichtskundig ist *das private Wissen des Richters*. In diesem Fall kann der Richter als Zeuge vernommen werden, der dann allerdings vom Richteramt ausgeschlossen ist (§ 41 Nr. 5). Es ist streitig, ob das Gericht offenkundige Tatsachen *von Amts wegen* berücksichtigen kann, soweit die Verhandlungsmaxime gilt, oder ob die Parteien nicht auch diese Tatsachen vortragen müssen (so *B/L/A/H* § 291 Rn. 7f.; a.A. *Rosenberg/ Schwab/Gottwald* § 112 Rn. 25; *Jauernig/Hess* § 49 Rn. 39). Wenn man den Sinn der Verhandlungsmaxime nicht primär in der Berücksichtigung des Willens der Parteien sieht, sondern darin, dass diese den Tatsachenstoff am besten vortragen können, kann man davon absehen, dass sie die offenkundigen Tatsachen besonders vortragen. Allerdings darf man nicht verkennen, dass dies zu einer erneuten *Verstärkung der Richtermacht* führt. In der Praxis wird sich das Problem im Allgemeinen dadurch von selbst lösen, dass das Gericht in jedem Fall den Parteien *das Recht auf rechtliches Gehör* gewähren muss (BVerfGE 10, 77; BGHZ 31, 43, 45; *BGH* NJW-RR 1993, 1122; nur für gerichtsbekannte Sachen: *BVerwG* NJW 1961, 1374). Wenn es ihnen Gelegenheit gibt, sich zu diesen Tatsachen zu äußern, müssen sie den Parteien bekannt gemacht werden und in aller Regel wird dann die Partei, der sie günstig sind, sich die betreffenden Tatsachen *zu Eigen machen*.

Wenn das Gesetz für das Vorhandensein einer Tatsache eine **266** *Vermutung* aufstellt, bedarf diese Tatsache *keines Beweises* (§ 292). Man unterscheidet zwischen *Rechtsvermutungen* (aufgrund des Besitzes wird das Eigentum vermutet, § 1006 BGB) und *Tatsachenvermutungen* (Vermutung der Rückgabe des Pfandes, § 1253 Abs. 2 BGB). Hier muss nur die Tatsache bewiesen werden, an die das Gesetz die Vermutung knüpft. Dies bedeutet eine erhebliche *Beweiserleichterung* für den Begünstigten, und das ist auch der Sinn der Regelung. Der Beweis des Gegenteils ist möglich (§ 292). Dieser ist Hauptbeweis, nicht etwa nur Gegenbeweis. Im Übrigen wird das Gericht über die erheblichen und bestrittenen Tatsachen Beweise erheben, wenn die Beweiserhebung zulässig ist (kein Beweisverwertungsverbot) und das angebotene Beweismittel überhaupt zur Erbringung des Beweises taugt (s. Beweisverfahren). Auf sog. tatsächliche Vermutungen (sie stützen sich auf Lebenserfahrungen, wie bspw. die Vermutung, dass die Urkunde über ein Rechtsgeschäft vollständig und richtig ist; *BGH* NJW 2002, 3164) soll die Regel des § 292 nach der Rechtsprechung keine Anwendung finden (*BGH* NJW 2010, 363, dazu *Musielak*, JA 2010, 561).

VIII. Der Grundsatz der freien Beweiswürdigung

Literatur: *Britz,* Beschränkung der freien Beweiswürdigung durch gesetzliche Beweisregeln?, ZZP 110, 61; *Franz Klein,* Zeit- und Geistesströmungen im Prozesse, 1901 (neu herausgegeben als Heft 3 in „Deutsches Rechtsdenken"); *Scherzberg,* Beweiserhebung als Kognition, ZZP 117, 163; *Schneider,* Beweis und Beweiswürdigung, 5. Aufl., 1994; *Störmer,* Beweiserhebung, Ablehnung von Beweisanträgen und Beweisverwertungsverbote im Zivilprozeß, JuS 1994, 238; *Walter,* Freie Beweiswürdigung, 1979.

Die Beweiswürdigung setzt die Verwertbarkeit des Beweismittels voraus. An ihr kann es fehlen, wenn das Beweismittel bspw. unter Verletzung des allgemeinen Persönlichkeitsrechts erlangt wurde und der Grundrechtsschutz gegenüber dem Verwertungsinteresse überwiegt. Unter diesen Voraussetzungen besteht ein Verwertungsverbot (Rn. 288; s. *BVerfG* NJW 2002, 3619; *BGH* NJW 2003, 1727; *BAG* NJW 2010, 104; hierzu auch Münch-Komm/*Prütting* § 284 Rn. 64 ff.). Im Übrigen verlangt die Verwertbarkeit ein ordnungsgemäßes Beweisverfahren.

267 Wenn ein Beweis erhoben ist, der Zeuge ausgesagt hat, die Urkunde vorgelegt ist oder der Sachverständige sein Gutachten erstattet hat, muss das Gericht *den Beweis würdigen.* Es muss prüfen, ob dieser Beweis, allein oder in Verbindung mit anderen Beweisen, das Gericht von der Wahrheit oder der Unwahrheit der von einer Partei behaupteten Tatsache überzeugen kann. Je nachdem ist der Beweis erbracht oder nicht. Der Beweiswürdigung unterliegen *nicht nur die Beweisaufnahmen, sondern der gesamte Inhalt der Verhandlung* (§ 286 Abs. 1). Auch das Verhalten der Parteien in der Verhandlung kann Gegenstand der Beweiswürdigung sein. Es kann z. B. durchaus aufschlussreich sein, ob sie widersprechende Behauptungen abgeben und die Wahrheitspflicht (§ 138 Abs. 1) verletzt haben.

268 Es liegt auf der Hand, von welcher Bedeutung die Beweiswürdigung für den Ausgang des Prozesses ist. Es könnte deshalb der Gedanke nahe liegen, die Beweiswürdigung *durch gesetzliche Vorschriften* zu regeln, dem Richter vorzuschreiben, unter welchen Voraussetzungen er einen Beweis als erbracht ansehen darf (bestimmte Anzahl übereinstimmender Zeugenaussagen, bestimmte Eigenschaften des Zeugen usw.). Der gemeine Zivilprozess kannte dieses System fester Beweisregeln, das den Vorteil hat, den Pro-

§ 22. Allgemeine Einführung 267

zessausgang *kalkulierbar* zu machen und *richterliche Subjektivität weitgehend auszuschalten*. Gleichwohl hat der Gesetzgeber der ZPO diese Regelung nicht übernommen, und zwar mit guten Gründen. Die Würdigung von Beweisen, etwa von Zeugenaussagen, ist *etwas höchst Individuelles* (zu einem vom Bundesgerichtshof abgelehnten Versuch einer Objektivierung der Würdigung von Indiztatsachen s. *BGH* NJW 1989, 3161). Deshalb hat die ZPO dem Richter *die Freiheit der Würdigung des Beweises gewährt* (§ 286 Abs. 1 S. 1; vgl. *BGH* NJW 1988, 566 m. Anm. *Walter*). Nur in Ausnahmefällen besteht noch eine Bindung an gesetzliche Beweisregeln (§ 286 Abs. 2, z. B. an die Beweiskraft des Protokolls, § 165, des Urteilstatbestandes, § 314, oder von Urkunden, §§ 415–418). Damit ist dem Gericht eine große Verantwortung auferlegt worden. Die Gefahr einer subjektiven Beurteilung wird gemildert durch die Vorschrift des § 286 Abs. 1 S. 2, wonach *im Urteil die Gründe anzugeben sind, die für die richterliche Überzeugung leitend gewesen sind*. Damit wird dem Richter die Möglichkeit genommen, seine Entscheidung auf eine unkontrollierte Intuition zu stützen. Auch ermöglicht die Begründung erst eine revisionsgerichtliche Überprüfung im Hinblick auf einen Verstoß gegen Erfahrungs- und Denkgesetze (*BGH* NJW 1991, 1894, 1895; s. u. Rn. 415).

IX. Die Vorschrift des § 287

Literatur: *Arens*, Dogmatik und Praxis der Schadensschätzung, ZZP 88, 1; *Baumgärtel*, Zur Schadensschätzung nach ZPO § 287, JZ 1994, 531; *Gottwald*, Schadenszurechnung und Schadensschätzung, 1979; *Stoll*, Haftungsverlagerung durch beweisrechtliche Mittel, AcP 176, 145.

Fall 1: Die Mutter der Klägerin hat, als sie im sechsten Monat schwanger war, einen Verkehrsunfall erlitten, an dem der Beklagte allein schuldig war. Die Mutter ist verletzt worden. Einige Zeit nach der Geburt der Klägerin hat sich herausgestellt, dass diese einen Gehirnschaden erlitten hat, der zu spastischen Lähmungen geführt hat. Die Klägerin führt dies auf den Unfall ihrer Mutter zurück und verlangt vom Beklagten Schadensersatz.

Fall 2: Der Kläger ist als Untersuchungshäftling zu einem andern Häftling in eine Zelle gelegt worden, die nur für eine Person gedacht war. Eine gesundheitliche Untersuchung dieses Mithäftlings hatte nicht stattgefunden. Später stellte sich heraus, dass dieser Mithäftling Tuberkulose hatte. Auch der Kläger bekam Tuberkulose, nachdem er drei Wochen mit dem anderen Häftling in einer Zelle verbracht hatte. Er führt diese Tuberkulose auf eine Ansteckung durch den Mithäftling zurück und verlangt Schadensersatz wegen Amtspflichtverletzung.

Fall 3: Der Kläger hat seinen Vater beerbt und macht dessen Entschädigungsansprüche wegen Besatzungsschäden geltend. Es steht fest, dass der Vater einen Schrank mit einer Münzensammlung hatte und dass dieser Schrank nicht mehr vorhanden ist. Der Kläger kann aber keinerlei Angaben über Anzahl und Wert der Münzen machen.

269 In Schadensersatzprozessen steht der Verletzte oft vor erheblichen Schwierigkeiten, wenn er *die Entstehung und die Höhe seines Schadens* sowie die Kausalität der Verletzungshandlung für den Schaden *(haftungsausfüllende Kausalität)* voll beweisen soll. Vermag er in diesen Punkten keine volle Überzeugung des Gerichts herbeizuführen, müsste seine Klage ganz oder teilweise abgewiesen werden. Diesem *Beweisnotstand* versucht die Vorschrift des § 287 abzuhelfen (zu Schadensersatzansprüchen wegen Vertragsverletzung *BGH* NJW 1993, 373). Danach entscheidet das Gericht unter Würdigung aller Umstände *nach freier Überzeugung, ob* ein Schaden und *in welcher Höhe* er entstanden ist. Ob eine Beweisaufnahme oder eine Begutachtung durch Sachverständige anzuordnen ist, bleibt gem. § 287 Abs. 1 S. 2 (eine Bestimmung, die das Gebot der Erschöpfung der Beweisanträge für den Tatrichter einschränkt, *BGH* NJW 1991, 1412) dem Ermessen des Gerichts überlassen. Diese Vorschriften finden bei vermögensrechtlichen Streitigkeiten auch auf andere Fälle Anwendung, wenn die Höhe einer Forderung streitig ist und die Aufklärung aller maßgebenden Umstände mit Schwierigkeiten verbunden ist, die zur Bedeutung des streitigen Teils der Forderung in keinem Verhältnis stehen (§ 287 Abs. 2). Die Vorschrift hat in der Praxis der Schadensersatzprozesse eine erhebliche Bedeutung; ihre Anwendung bereitet viele Schwierigkeiten.

270 Auszugehen ist von der *materiellrechtlichen Unterscheidung zwischen Rechtsgutsverletzung* (konkretem Haftungsgrund) *und Schadensentstehung*, also etwa der Verletzung der Gesundheit bei § 823 Abs. 1 BGB und dem daraus entstehenden Schaden (Heilungskosten, Verdienstausfall etc.). Dass das Verhalten des Beklagten zu der Körperverletzung geführt hat *(haftungsbegründende Kausalität)*, ist nach § 286 *zur vollen Überzeugung des Gerichts zu beweisen* (h.M.). Erst wenn die Rechtsgutsverletzung durch den Schädiger feststeht, steht auch fest, dass er den Beweisnotstand des Verletzten verursacht hat. Nunmehr ist es vertretbar, zugunsten des Verletzten die Beweiserleichterung des § 287 eintreten zu lassen. § 287 gilt also *für die Kausalität zwischen Rechts-*

§ 22. Allgemeine Einführung 269

gutsverletzung und Schaden (haftungsausfüllende Kausalität) und dann *für die Höhe des Schadens.* Schwierigkeiten ergeben sich vor allem in zwei Richtungen: einmal bei der Frage, ob und in welchem Umfang bei der Anwendung des § 287 *geringere Anforderungen an die Überzeugung des Gerichts* zu stellen sind, und zum anderen, *wie haftungsbegründende und haftungsausfüllende Kausalität voneinander abzugrenzen sind.*

Beide Fragen sind umstritten. Der Rechtsprechung des Bundesgerichtshofs kann man entnehmen, dass für die Feststellung der haftungsausfüllenden Kausalität und der Schadenshöhe Unterschiedliches gilt. Eine *echte Schätzung* im Sinne einer Ermessensentscheidung kann nur bei der *Schadenshöhe, nicht* aber bei der Feststellung der *haftungsausfüllenden Kausalität* erfolgen. Hier wird lediglich eine gewisse *Milderung der Anforderungen an die volle Überzeugung* möglich sein (vgl. *BGH* NJW 1970, 1970; NJW 1992, 3298 einerseits; NJW 1964, 589; NJW 1973, 1283 andererseits; dazu *Arens,* ZZP 88, 1, 33 ff.). 271

Besonders instruktiv für die Möglichkeiten, die § 287 bei der Schätzung der Schadenshöhe bietet, ist die Entscheidung des Bundesgerichtshofs in dem Fall der abhanden gekommenen Münzensammlung (**Fall 3;** *BGH* NJW 1964, 589; vgl. auch *BGH* NJW 1994, 663): Das Gericht kann aus der Höhe des Münzenschrankes auf die Zahl der Fächer, aus deren Größe auf die Zahl der Münzen schließen und auf diese Weise den Wert schätzen. Freilich muss der Kläger in Fällen dieser Art ausreichende tatsächliche Unterlagen für die Schätzung beibringen und nach § 287 beweisen (*BGH* NJW 1998, 73). Es müssen zumindest konkrete Anhaltspunkte zur Bestimmung des Schadens vorliegen (*BGH* NJW 1992, 2753; NJW 2007, 372). Wenn es daran fehlt, hat der Kläger keinen Anspruch darauf, dass ihm mit Hilfe des § 287 aus seiner Beweisnot geholfen wird (*BGH* NJW 1988, 3016). Andernfalls müsste eine Entscheidung nach Beweislastregeln erfolgen (BGHZ 62, 103, 108; zur Darlegung des Schadens bei der Anwaltshaftung *BGH* NJW 1993, 734).

Ebenfalls große Schwierigkeiten macht die Abgrenzung von *haftungsbegründender* und *haftungsausfüllender Kausalität.* Der Bundesgerichtshof verwendet in den meisten Entscheidungen das Merkmal des „*Betroffenseins*" (BGHZ 58, 48; *BGH* NJW 1983, 998). Nur dass der Geschädigte durch das Verhalten des Schädigers „betroffen" sei, soll nach § 286 voll zu beweisen sein, dann soll § 287 eingreifen. Dieses Kriterium des „Betroffenseins" ist *höchst unpräzise;* seine Anwendung führt zu *widersprüchlichen* Entscheidungen. 272

In einer Entscheidung von 1972 (**Fall 1;** BGHZ 58, 48 = JZ 1972, 363 mit Anm. *Stoll*) hat der Bundesgerichtshof angenommen, dass die Klägerin durch die Verletzung ihrer Mutter „betroffen" war. Mit dieser Verletzung stand aber noch nicht fest, dass auch die Klägerin (damals ein ungeborenes Kind) verletzt worden war. Dies hätte nach § 286 voll bewiesen werden müssen. In dieser Entscheidung hat der Bundesgerichtshof im Grunde eine besonders akute Gefährdung als konkreten Haftungsgrund ausreichen lassen (vgl. *Stoll,* a.a.O., sowie *Arens,* ZZP 88, 11 ff.). In einem Urteil von 1964 (VersR 1965, 91; **Fall 2)** hat der Bundesgerichtshof dagegen entschieden, der Kläger müsse nach § 286 beweisen, dass er durch seinen Mithäftling angesteckt worden sei, obwohl eine Amtspflichtverletzung bereits feststand. Andere Entscheidungen sind ähnlich unbefriedigend (*Arens,* a.a.O., 12 ff.).

Ausgangspunkt für die Abgrenzung der §§ 286 und 287 sollte das Festhalten an der sich aus dem materiellen Recht ergebenden *Unterscheidung von Rechtsgutsverletzungen und Schadensentstehung* sein (*Arens,* a.a.O., 20 ff.; *Stoll,* AcP 176, 185; *Rosenberg/ Schwab/Gottwald* § 114 Rn. 17 ff.). Die Rechtsgutsverletzung muss nach § 286 *voll bewiesen* werden. Eine bloße *Gefährdung* ist *keine Rechtsgutsverletzung,* das Kriterium des „Betroffenseins" ist ungenau und unbrauchbar.

Die verbleibende Frage ist, ob man dann, wenn eine Pflichtverletzung durch den Beklagten bereits wie bei einer Amtspflichtverletzung **(Fall 2)** oder auch bei Vertragsverletzungen feststeht, die Teilnahme des Schädigers am Beweisrisiko für zumutbar halten und § 287 dann schon anwenden kann (so *Arens,* a.a.O., 20 ff.; a. A. *Rosenberg/Schwab/Gottwald* § 114 Rn. 12 ff. und *Stoll,* AcP 176, 187; unklar *BGH* NJW 1983, 998).

273   Nach der Rechtsprechung ist auch die Kausalität zwischen einer Körperverletzung und *weiteren, später aufgetretenen Gesundheitsverletzungen* nach § 287 festzustellen (*BGH* VersR 1958, 547; NJW 1987, 705). Man sollte aber auch hier an der Unterscheidung zwischen Rechtsgutsverletzung und Schaden festhalten; weitere Gesundheitsverletzungen sind *neue Rechtsgutsverletzungen.* Der Geschädigte muss deshalb nach § 286 beweisen, dass sie auf das Verhalten des Schädigers zurückgehen (*Arens,* ZZP 88, 42; *Stoll,* AcP 176, 193; im Ergebnis ebenso *Rosenberg/Schwab/Gottwald* § 114 Rn. 17 ff.).

Auch die Behandlung des Mitverschuldens ist streitig. Einigkeit besteht darüber, dass jedenfalls die Tatsachen, aus denen sich das Mitverschulden ergeben soll, nach § 286, also voll zu beweisen sind, weil das Mitverschulden zum Haftungsgrund gehört. Die Auswirkungen der Tatsachen auf den Umfang der Haftung sollten dagegen nach § 287 beurteilt werden (*BGH* NJW

1968, 985; *Arens*, a.a.O., 45; a.A. *Rosenberg/Schwab/Gottwald* § 114 Rn. 21). Auch die Auswirkungen der Verletzung der Obliegenheit zur Schadensminderung (§ 254 Abs. 2 BGB) sollen die haftungsausfüllende Kausalität betreffen und nach § 287 festgestellt werden (*BGH* NJW 1986, 2945).

§ 23. Behauptungs- und Beweislast

Literatur: *Baumgärtel/Laumen/Prütting*, Handbuch der Beweislast, Grundlagen, 2. Aufl., 2009; *Belling*, Beweislastumkehr und Mitverschulden, ZZP 108, 455; *Dubischar*, Grundsätze der Beweislastverteilung im Zivil- und Verwaltungsprozeß, JuS 1971, 385; *Gottwald*, Grundprobleme der Beweislastverteilung, Jura 1980, 225; *ders.*, Sonderregeln der Beweislastverteilung, Jura 1980, 303; *Leipold*, Beweislastregeln und gesetzliche Vermutungen, 1966; *G. Lüke*, Über die Beweislast im Zivil- und Verwaltungsprozeß, JZ 1966, 587; *Martis*, Aktuelle Entwicklungen im Arzthaftungsrecht – Behandlungsfehler und Beweislastumkehr, MDR 2009, 1082; *Musielak*, Die Grundlagen der Beweislast im Zivilprozeß, 1975; *Prütting*, Gegenwartsprobleme der Beweislast, 1983; *ders.*, Beweislast und Beweismaß – Der Einfluss Leo Rosenbergs und Karl Heinz Schwabs auf die Entwicklung eines modernen Beweisverfahrens, ZZP 123, 135; *Reinhardt*, Die Umkehr der Beweislast aus verfassungsrechtlicher Sicht, NJW 1994, 93; *Rosenberg*, Die Beweislast, 5. Aufl., 1965; *Schmidt*, Die Beweislast in Zivilsachen – Funktionen und Verteilungsregeln, JuS 2003, 1007; *Stoll*, Haftungsverlagerung durch beweisrechtliche Mittel, AcP 176, 145.

I. Die Behauptungslast

Fall 1: K klagt gegen B auf Zahlung von 15.000,– Euro. Zur Begründung trägt er vor, er habe dem B vor drei Jahren diesen Betrag geliehen und wolle ihn nunmehr zurückhaben. Ist die Klage schlüssig? (vgl. § 488 Abs. 3 BGB).

Im Zivilprozess gilt der Verhandlungs- oder Beibringungsgrundsatz. Die Parteien müssen also dem Gericht die zur Entscheidung erforderlichen Tatsachen vortragen, und zwar jede Partei die *Tatsachen, die ihr Begehren schlüssig machen* (sog. Behauptungs- oder Darlegungslast). Der Umfang der Darlegungen richtet sich nach den voraussichtlichen Einlassungen der Gegenpartei (sog. Substantiierungslast). Unterlässt eine Partei, gegebenenfalls nach Hinweis durch das Gericht, die *Behauptung* einer solchen entscheidungserheblichen Tatsache, so muss zu ihren Ungunsten entschieden werden. Gleiches gilt, wenn die darlegungspflichtige Partei nach richterlichem Hinweis zu ihrer vom Gegner bestrittenen Tatsachenbehauptung nicht detailliert vorträgt. Der Sachvortrag des Klägers ist immer dann zu ergänzen, wenn infolge Einlassung des Gegners die Sachverhaltsdarstellung unklar wird, so dass ein Schluss auf das geltend gemachte Recht nicht mehr möglich ist (*BGH* NJW 2003, 3565). Die Verteilung der Behauptungslast entspricht deshalb grundsätzlich jener der Beweislast. Nur in Ausnahmefällen trifft die nicht behauptungs- und beweisbelastete Partei eine Pflicht zum substantiierten Bestreiten (vgl. o. Rn. 219). Die Substantiierungslast wird ebenfalls durch § 287, gesetzliche Vermutungen und den Anscheinsbeweis gemindert (zur Frage, ob die *Behauptungslast* durch eine Aufklärungspflicht der nicht beweisbelasteten Partei gemildert wird, vgl. Rn. 23).

Im **Fall 1** hat K versäumt vorzutragen, dass der Darlehensrückzahlungsanspruch fällig ist; er hätte behaupten müssen, dass entweder eine bestimmte Zeit für die Rückzahlung vereinbart gewesen sei oder dass er fristgerecht gekündigt habe. Holt er dies nicht nach, muss seine Klage abgewiesen werden.

II. Die Beweislast

Fall 2: K klagt gegen B auf Zahlung von 1.200.000,– Euro Schadensersatz. K trägt vor, er habe bei Kunsthändler X ein Bild im Wert von 1.200.000,– Euro erworben. Auf dem Weg zu seinem Pkw (mit dem er das Bild nach Hause transportieren wollte) habe ihn B mit seinem Auto unter Verletzung der Verkehrsvorschriften angefahren. Er benennt A und D als Zeugen. B bestreitet nicht die Tatsache des Unfalls und auch nicht die Höhe des Schadens, den K erlitten hat, wohl aber sein Verschulden. Er benennt C als Zeugen. Das Gericht hört alle Zeugen. Die Aussage des A ist völlig unergiebig, die Aussagen von D und C widersprechen sich. Das Gericht kommt zu dem Ergebnis, dass sich der Unfallhergang nicht mehr aufklären lässt. Wie wird es entscheiden?

Liegen die tatsächlichen Voraussetzungen einer Rechtsnorm vor, so muss das Gericht sie anwenden. Liegen sie nicht vor, so ist ihre Anwendung unmöglich. Probleme ergeben sich dann nicht, wenn der Beweis des Vorliegens oder Nichtvorliegens von Tatsachen gelingt. Sehr häufig liegt aber ein Fall der *Beweislosigkeit*, des sog. *non-liquet*, vor. Der Gegenbeweis ist gelungen, es ist weder bewiesen, dass eine bestimmte Tatsache vorliegt, noch dass sie nicht vorliegt. Das Gericht muss aber gleichwohl eine Entscheidung treffen, da auch in solchen Fällen der Prozess durch Urteil beendet werden muss. Zu wessen Gunsten in einem solchen Fall zu entscheiden ist, richtet sich nach den *Beweislastregeln*. Sie bestimmen, wer den Hauptbeweis zu erbringen hat und damit zu wessen Lasten bei Beweislosigkeit (gelungenem Gegenbeweis) zu entscheiden ist.

Das gilt auch dann, wenn das Gericht vom Gegenteil überzeugt ist. Das Gericht kann also in solchen Fällen die Verteilung der Beweislast nicht dahingestellt sein lassen; immer wenn der Hauptbeweis nicht gelungen ist, liegt eine Beweislastentscheidung vor (vgl. dazu *E. Schneider,* MDR 1966, 388). Nur wenn der Hauptbeweis gelungen ist, spielt die Beweislast keine Rolle.

Die Beweislast in diesem Sinn, wer die Folgen der Beweislosigkeit zu tragen hat, spielt in *jedem Verfahren,* auch in solchen mit Untersuchungsmaxime, eine Rolle. Auch dort geht es um die Frage, wann eine Rechtsnorm angewendet werden kann und wann nicht (zur Beweislast in der freiwilligen Gerichtsbarkeit vgl. die Anmerkung von *Habscheid,* JZ 1962, 418). Man spricht insoweit von der *objektiven Beweislast.* 276

Davon zu unterscheiden ist die *subjektive Beweislast* oder die Beweisführungslast. Sie spielt eine Rolle unter der Geltung der Verhandlungsmaxime nach der die beweisbelastete Partei das Beweismittel anzubieten hat.

Hier haben die Parteien nicht nur die Tatsachen vorzutragen, sondern auch die Beweise anzubieten, die beweisbelastete Partei die Beweise für den Hauptbeweis, die andere die für den Gegenbeweis. Wenn dies, wie im Regelfall, geschieht, taucht die Frage nach der Beweisführungslast nicht auf, das Gericht erhebt die angebotenen Beweise ohne Rücksicht darauf. Nur in den seltenen Fällen, in denen die mit der Beweisführung belastete Partei keinen Beweis anbietet, wird die Beweisführungslast von Bedeutung. Das Gericht darf dann keinen vom Gegner angebotenen Gegenbeweis erheben, vielmehr ist die Partei, die keine Beweismittel für den Hauptbeweis angeboten hat, als beweisfällig zu behandeln. Etwas anderes gilt nur, wenn das Gericht von Amts wegen eine Beweisaufnahme anordnet, wozu es, mit Ausnahme des Zeugenbeweises, bei allen anderen Beweismitteln berechtigt ist (§§ 142, 143, 144, 273 Abs. 2 Nr. 2 und 5, 448; zum Verfahren in Bagatellsachen s. Rn. 458 b). Hierzu ist das Gericht berechtigt, sofern die Partei auf den Beweisgegenstand Bezug genommen hat. Die Anordnung muss sich daher im Rahmen des vorgetragenen Prozessstoffes halten, um nicht in Widerspruch zum Beibringungsgrundsatz zu stehen (Musielak/*Stadler* § 144 Rn. 3).

Von besonderer Bedeutung ist die *Verteilung der Beweislast* unter den Parteien. Dabei gilt der Grundsatz, dass jede Partei (Kläger und Beklagter) die Beweislast für alle tatsächlichen Voraussetzungen *einer ihr günstigen Rechtsnorm* trägt (BGHZ 53, 245, 250; *Rosenberg/Schwab/Gottwald* § 115 Rn. 7 ff.). Im Einzelnen bedeutet dies, dass der Kläger die Beweislast für das Vorliegen der 277

Prozessvoraussetzungen trägt, weil er Rechtsschutz begehrt und zu seinen Gunsten ein Urteil ergehen soll (Ausnahmen: §§ 306, 330, Rn. 234, 374). Außerdem trägt der Kläger die Beweislast für die klagebegründenden Tatsachen, einschließlich der dazu gehörenden negativen Tatsachen (z. B. das Fehlen des rechtlichen Grundes von § 812 BGB). Der Beklagte trägt die Beweislast für die tatsächlichen Voraussetzungen der Normen, auf die er sich beruft, also für die Einredetatsachen (rechtshindernde und rechtsvernichtende Einwendungen und Einreden im materiellen Sinn). Der Kläger muss somit, wenn der Kaufpreis eingeklagt wird, den Abschluss des Kaufvertrages, der Beklagte die erfolgte Anfechtung und die Voraussetzungen eines Anfechtungsrechts beweisen, wenn er sich darauf beruft. Dasselbe gilt für materiellrechtliche Einreden wie Stundung oder Verjährung. Macht der Kläger eine Gegeneinrede oder Replik geltend, so trägt er die Beweislast.

In **Fall 2** macht der Kläger den Anspruch wegen des zerstörten Bildes geltend. Der Anspruch wegen Sachbeschädigung wird auf § 823 Abs. 1 BGB gestützt und setzt insoweit Verschulden des Beklagten voraus. Das hat der Kläger nicht beweisen können, der Hauptbeweis ist nicht gelungen. Dafür trägt der Kläger die Beweislast, deshalb kann ihm unter diesem rechtlichen Gesichtspunkt der Schadensersatz nicht zugesprochen werden. Daraus folgt aber noch nicht, dass die Klage schon abzuweisen wäre. Das Klagebegehren kann nämlich auch aus § 7 StVG (Gefährdungshaftung) hergeleitet werden. Dessen Voraussetzungen sind unstreitig. Auf ein Verschulden kommt es hier nicht an. In Höhe von 1.000.000,– Euro kann deshalb der Klage stattgegeben werden. Ein höherer Ersatz nach § 7 StVG scheidet wegen der Haftungsbeschränkung nach § 12 Abs. 1 S. 1 Nr. 2 StVG aus. Diese Beschränkung gilt aber nicht für den Anspruch aus § 823 Abs. 1 BGB. Da dessen Voraussetzungen nicht bewiesen sind und K für das Verschulden die Beweislast trägt, muss die Klage im Übrigen abgewiesen werden. An dieser Verteilung der Beweislast ändert sich auch nichts bei der negativen Feststellungsklage. Berühmt sich B eines Anspruchs gegen A, von dem dieser meint, er bestünde nicht, so kann A negative Feststellungsklage erheben (§ 256 Abs. 1; o. Rn. 129). In diesem Fall trägt B die Beweislast hinsichtlich Grund und Höhe des von ihm behaupteten Anspruchs (*BGH* NJW 1992, 1101; 1993, 1717). Der Klage ist stattzugeben, wenn B dieser Beweis nicht gelingt.

In einer Reihe von Fällen hat das Gesetz die Beweislastverteilung *besonders geregelt,* so bei den gesetzlichen Vermutungen (Rn. 266) oder in den §§ 280 Abs. 1 S. 2, 286 Abs. 4, 179 Abs. 1 BGB. Da die Durchsetzbarkeit und damit der Wert von materiellrechtlichen Ansprüchen in hohem Maße von der Beweislastverteilung abhängt, hat die Rechtsprechung in anderen Fällen

§ 23. Behauptungs- und Beweislast 275

Korrekturen des materiellen Rechts mit Hilfe einer *Umkehr der Beweislast* vorgenommen. Wohl am bekanntesten ist der sog. Hühnerpestfall (BGHZ 51, 91 = NJW 1969, 269 mit Anm. *Diederichsen* = JZ 1969, 387 mit Anm. *Deutsch*), in dem die Umkehr der Beweislast für das Vorliegen des Verschuldens bei der Produzentenhaftung festgelegt wurde. In Ausnahmefällen befürwortet der Bundesgerichtshof sogar eine (Behauptungs- und) Beweislast des Produzenten für das Inverkehrbringen eines fehlerfreien Produkts (BGHZ 104, 323; hierzu auch *Arens*, ZZP 104, 123, 131 ff. m.w.N.; s. auch BGH NJW-RR 1993, 988). Die Beweislastregelung trifft selbst den Inhaber eines Kleinbetriebes (BGHZ 116, 104, 108 ff.). Diese Grundsätze deliktischer Haftung bleiben von den besonderen Regelungen des ProdHaftG (Gefährdungshaftung, Entlastungsmöglichkeiten, Beweislastregel) unberührt (§ 15 Abs. 2 ProdHaftG; für Einzelheiten s. *Arens,* ZZP 104, 123, 131 ff.).

In Schadensersatzprozessen hat die Rechtsprechung eine Umkehr der Beweislast auch in Fällen der groben *Verletzung von Berufspflichten* anerkannt, die zum Schutz des Körpers und der Gesundheit anderer bestehen. Wenn diese Verletzung geeignet war, einen bestimmten Schaden herbeizuführen und dieser tatsächlich eingetreten ist, muss der Beklagte nachweisen, dass sein Pflichtverstoß nicht kausal für den Schaden war. Besonders differenziert entwickelt sind diese Grundsätze bei der Arzthaftung (BGHZ 85, 212; *BGH* NJW 1988, 2303, 2304; zur Beweislast bei der sog. Anfängeroperation BGHZ 88, 248; zum Kausalitätsnachweis bei Folgeschäden *BGH* NJW 1978, 1683). Eine *unzureichende ärztliche Dokumentation* hat nach der Rechtsprechung des Bundesgerichtshofs ebenfalls *beweisrechtliche Konsequenzen,* die aber verschieden sind von denen grober Behandlungsfehler und gezielter Beweisvereitelung: *Keine starre Beweislastumkehr,* wohl aber für den Beweis des Behandlungsfehlers *Beweiserleichterungen* zugunsten des Patienten danach, inwieweit ihm infolge der vom Arzt verschuldeten Aufklärungshindernisse die Beweislast noch zugemutet werden kann (BGHZ 72, 132; *BGH* NJW 2004, 2013). Voraussetzung ist aber stets, dass die Dokumentation medizinisch erforderlich ist (BGHZ 129, 10). Entsprechendes gilt bei Verletzung der Pflicht zur Sicherung von Befunden (BGHZ 99, 391, 396; 132, 47). Das Bundesverfassungsgericht hat angenommen, dass mit diesen von Rechtsprechung und Wissenschaft entwickelten Beweisregeln in Arzthaftungsprozessen das Recht des Patienten auf ein faires, den Geboten der Rechtsstaatlichkeit und der Waffengleichheit genügendes Verfahren gewährleistet wird (BVerfGE 52, 158; dazu *Stürner,* NJW 1979, 2334; *Baumgärtel,* GS Bruns, 1980, 93).

Auch die Verletzung der dem Arzt obliegenden Aufklärungspflicht hat beweisrechtliche Konsequenzen: wenn der Verletzte bewiesen hat, dass sein Gesundheitsschaden auf dem Eingriff beruht (*BGH* NJW 1986, 1541), muss der

Arzt beweisen, dass er den Patienten ausreichend aufgeklärt hat (*BGH* NJW 1984, 1808). Behauptet der Arzt, der Schaden wäre selbst bei richtiger Aufklärung eingetreten, weil der Patient auch dann mit der Behandlung einverstanden gewesen wäre, so trägt er hierfür die Beweislast (BGHZ 89, 95). Dies entspricht dem allgemeinen Grundsatz, nach dem der, der eine vertragliche Aufklärungspflicht verletzt, dafür beweisbelastet ist, dass der Schaden auch bei ordnungsgemäßer Aufklärung eingetreten wäre, weil der Geschädigte den Rat oder Hinweis nicht befolgt hätte (*BGH* NJW 1984, 1688). Wenn der Geschädigte behauptet, er hätte bei einer ordnungsgemäßen Aufklärung die Therapie abgelehnt, so muss er darlegen, dass er dann vor einem echten Entscheidungskonflikt gestanden hätte, der die von ihm behauptete Ablehnung der Therapie, die ja gegen die ärztliche Vernunft verstoßen hätte, verständlich macht (BGHZ 90, 103). Maßgeblich ist dabei die Entscheidungssituation aus damaliger Sicht und nicht, wie sich ein vernünftiger Mensch verhalten hätte (*BGH* NJW 1991, 2342, 2344).

278 Die Beweislastregeln gehören nach h. M. dem *materiellen Recht* an, weil sie darüber entscheiden, welches Recht angewendet wird. Der Zusammenhang mit dem materiellen Recht wird deshalb als so eng angesehen, dass eine Trennung von diesem unmöglich erscheint. Diese Qualifizierung als materielles Recht hat Bedeutung für das *internationale Privatrecht* und für das *Revisionsrecht* (§§ 545, 551 Abs. 3 Nr. 2, 557 Abs. 3). Außerdem können die Parteien *Verträge über die Beweislastverteilung* abschließen, was vor allem im Versicherungsrecht vorkommt (vgl. zu diesen Fragen *Rosenberg/Schwab/Gottwald* § 115 Rn. 35).

§ 24. Der Anscheins- oder prima-facie-Beweis und die Beweisvereitelung

I. Der Anscheinsbeweis

Literatur: *Diederichsen,* Fortschritte im dogmatischen Verständnis des Anscheinsbeweises, ZZP 81, 45; *Henke,* Individualität und Anscheinsbeweis, JR 1961, 48; *Jungmann,* Der „Anscheinsbeweis ohne ersten Anschein", ZZP 120, 459; *Kegel,* Der Individualanscheinsbeweis und die Verteilung der Beweislast nach überwiegender Wahrscheinlichkeit, FS Kronstein, 1967, 321; *Kollhosser,* Anscheinsbeweis und freie richterliche Beweiswürdigung, AcP 165, 46; *Lepa,* Der Anscheinsbeweis in der Rechtsprechung des Bundesgerichtshofes, FS Merz, 1992, 387; *Pawlowski,* Der Prima-Facie-Beweis bei Schadensersatzansprüchen aus Delikt und Vertrag, 1966; *Rommé,* Der Anscheinsbeweis im Gefüge von Beweiswürdigung, Beweismaß und Beweislast, 1988; *Walter,* Der Anwendungsbereich des Anscheinsbeweises, ZZP 90, 270.

§ 24. Der Anscheinsbeweis und die Beweisvereitelung

Fall 1: K klagt gegen B auf Schadensersatz und Schmerzensgeld wegen Körperverletzung. Er sei von B mit dem Auto auf dem Bürgersteig angefahren worden. Zeugen des Unfalls gibt es nicht. B behauptet, er sei einem Kind ausgewichen, das in ganz unvorhersehbarer Weise in die Fahrbahn gelaufen sei. Infolgedessen sei er auf den Bürgersteig geraten.

Fall 2: K ist von Dr. B operiert worden. Nach der an sich erfolgreich verlaufenen Operation hat er weiter erhebliche Beschwerden. Es stellt sich bei einer Röntgenaufnahme heraus, dass bei der Operation in der Bauchhöhle des K eine 16 cm lange und 8 cm breite Arterienklemme zurückgelassen wurde (*BGH* LM Nr. 15 zu § 286 (C) ZPO). Dr. B bestreitet sein Verschulden.

Als *Milderung der Beweislastregeln* wird der sog. *Anscheinsbeweis- oder prima-facie-Beweis* bezeichnet, der aber wohl eher in den *Bereich der Beweiswürdigung* gehört (vgl. *Rosenberg/Schwab/Gottwald* § 113 Rn. 16 ff.). Im Ergebnis bedeutet er freilich eine *erhebliche Verbesserung der Beweissituation des Beweisbelasteten,* und zwar vor allem (aber nicht nur) bei Schadensersatzprozessen und dort bei Fragen der Kausalität und des Verschuldens. Er greift in Fällen ein, in denen Tatsachen feststehen, von denen *nach allgemeiner Lebenserfahrung* auf eine *bestimmte Ursache* oder darauf geschlossen werden kann, dass der Betreffende *schuldhaft* gehandelt hat.

In den **Fällen 1 und 2** spricht die Lebenserfahrung für ein Verschulden des Beklagten, weil man normalerweise ohne Verschulden nicht mit dem Auto auf den Bürgersteig fährt und weil ohne Verschulden des Arztes nach einer Operation keine Gegenstände in der Bauchhöhle des Patienten zurück bleiben. Dieselbe Folgerung kann sich für die Kausalität ergeben. Wenn ein Nichtschwimmer an einer gefährlich tiefen Stelle des Schwimmbades versinkt, so spricht die Lebenserfahrung dafür, dass dies auf diese Tiefe zurückzuführen ist (*BGH* LM Nr. 17 zu § 286 (C) ZPO). Erleidet ein Motorradfahrer, der ohne Schutzhelm fährt, bei einem Unfall Kopfverletzungen, vor denen der Schutzhelm schützen soll, so spricht die Lebenserfahrung und damit der Beweis des ersten Anscheins dafür, dass die Verletzungen auf das Nichtbenutzen des Helmes zurückzuführen sind (*BGH* NJW 1983, 1380). So lässt sich aus spezifischen Verletzungen bei einem bestimmten Ablauf des Verkehrsunfalls auch im Wege des Anscheinsbeweises ermitteln, dass der verletzte Pkw-Insasse nicht den Sicherheitsgurt angelegt hatte (*BGH* NJW 1991, 230). Bei Übertragung von Blut eines an AIDS erkrankten Blutspenders spricht der erste Anschein dafür, dass der nun infizierte Patient vor der Bluttransfusion noch nicht mit dem HI-Virus angesteckt war, wenn bei anderen Empfängern desselben Spenderblutes ebenfalls eine AIDS-Infektion festgestellt wird und der Erkrankte weder einer Risikogruppe angehörte, noch sich durch seinen Lebenswandel besonderen Gefahren aussetzte (*BGH* NJW 2005, 2614; BGHZ 114, 284; hierzu *Spickhoff,* JZ 1991, 756; ausführlich *Magnus,* ZZP 120, 347; solche

Fälle können medizinisch heute auch durch Abgleich des viralen Erbguts geklärt werden, zumindest wenn entsprechende Erregerproben potentieller Anstecker zur Verfügung stehen). Weitere Fälle sind Glatteisunfälle, wenn der Verletzte innerhalb der zeitlichen Grenze der Streupflicht zu Fall gekommen ist (hier spricht nach dem ersten Anschein eine Vermutung dafür, dass es bei Beachtung der Vorschriften über die Streupflicht nicht zu den Verletzungen gekommen wäre, *BGH* NJW 2009, 3302) oder die Feststellung der Brandursache bei einem Scheunenbrand nach Hantieren mit einem Feuerzeug (*BGH* NJW 2010, 1072).

In allen solchen Fällen ergeben sich die Erfahrungssätze aus einem *sich häufig wiederholenden typischen Geschehensablauf.* Die Rechtsprechung hat dies ursprünglich als Voraussetzung für das Eingreifen des Anscheinsbeweises angesehen (RGZ 130, 357; s. auch *BGH* NJW 1996, 1828). Inzwischen wird seine Anwendung darüber hinaus in Betracht gezogen, z. B. bei *individuellen Willensentschlüssen eines Menschen* (so wohl BGHZ 59, 132; für Ausnahmefälle dafür: BGHZ 123, 311, 317; *BGH* NJW 1996, 1051; offengelassen in *BGH* JZ 1978, 111 m. Anm. *Walter;* ablehnend BGHZ 114, 284, 290; vgl. dazu *Jauernig/Hess* § 50 Rn. 22 und *Rosenberg/Schwab/Gottwald* § 113 Rn. 31). Es besteht die Gefahr, dass die allzu weite Ausdehnung des Anscheinsbeweises auf Fälle ohne typischen Geschehensablauf letzten Endes darauf hinausläuft, dass die Anforderungen an die volle richterliche Überzeugung herabgesetzt werden (für ein Gegenbeispiel *BGH* NJW 2006, 300 und 2262).

279a Für Dokumente in der strengen elektronischen Form nach § 126a BGB sieht § 371a eine Beweiserleichterung vor. Ist das Dokument mit einer qualifizierten elektronischen Signatur nach § 2 Nr. 3 SigG verbunden, so kann der Anschein der Echtheit der Erklärung, der sich aufgrund der Prüfung/Identifizierung anhand des zugehörigen Signaturprüfungsschlüssels (§ 2 Nr. 5 SigG) ergibt, durch Tatsachen erschüttert werden, die ernstliche Zweifel daran begründen, dass die Erklärung mit dem Willen des Signaturschlüssel-Inhabers abgegeben wurde. Es sollen die von der Rechtsprechung entwickelten Regeln über den Anscheinsbeweis gelten (RegE BT-Drs. 15/4067, 35), die damit erstmals überhaupt im Gesetzestext eine Erwähnung finden.

Der zu erbringende Hauptbeweis bezieht sich auf das Bestehen einer qualifizierten elektronischen Signatur nach § 2 Nr. 3 SigG. Ob dies tatsächlich eine Erleichterung darstellt, wird im Schrifttum angezweifelt (*Rossnagel*, NJW 2001, 1817, 1826, eine Erleichterung nur im Fall der Akkreditierung gem. § 15 SigG annehmend). Nach § 371a Abs. 1 S. 1 haben private elektronische Dokumente mit einer qualifizierten elektronischen Signatur den Beweiswert von Urkunden; Gleiches gilt für öffentliche elektronische Dokumente (s. unten Rn. 291). Der Beweis erfolgt durch Augenschein (§ 371 S. 2). Zur Beweisführung muss der Datenträger, auf dem das elektronische Dokument gespeichert ist, vorgelegt oder das Dokument nach § 130a an das Gericht übermittelt werden.

Hat die beweisbelastete Partei die Tatsachen bewiesen, aus denen sich kraft eines Erfahrungssatzes der Schluss auf die Kausalität oder das Verschulden ziehen lässt, so hat sie den *vollen Beweis* für die Kausalität oder das Verschulden erbracht. Aufgrund des Erfahrungssatzes ist der Richter von der Kausalität oder vom Verschulden überzeugt. Damit wird deutlich, dass es sich um eine Frage der Beweiswürdigung handelt. Die Freiheit des Richters wird insoweit nicht mehr als in anderen Fällen eingeschränkt, der Richter ist auch sonst nicht zur Willkür berechtigt, sondern an das Erfahrungswissen seiner Zeit gebunden (*Rosenberg/Schwab/Gottwald* § 113 Rn. 32ff. gegen *Kollhosser*, AcP 165, 46).

Es kann vorkommen, dass der Prozessgegner, wenn der Anscheinsbeweis erbracht ist, behauptet, es liege entgegen der sonst zutreffenden Lebenserfahrung ein *atypischer Sachverhalt* vor, der die Anwendung des Erfahrungssatzes unmöglich mache. Es stellt sich dann die Frage, wie der Anscheinsbeweis erschüttert werden kann: muss der Gegner beweisen, dass sein Verhalten nicht ursächlich oder nicht schuldhaft war? Dies wäre eine *Umkehr der Beweislast*. Die h.M. lehnt dies ab, der Anscheinsbeweis hat *keinen Einfluss auf die Verteilung der Beweislast*. Es reicht deshalb aus, dass der Gegner *die ernsthafte Möglichkeit eines atypischen oder eines anderen typischen Verlaufs* darlegt (*BGH* NJW 1978, 2032; 1993, 3259) und die hierfür vorgetragenen Tatsachen bei Bestreiten beweist. Damit ist die Überzeugung des Gerichts wieder erschüttert und die beweisbelastete Partei muss den Beweis auf sonstige Weise erbringen. Der Gegner muss also nur den *Gegenbeweis erbringen, nicht aber das Gegenteil beweisen*.

Wenn die beweisbelastete Partei die Tatsachen, aus denen sich der atypische Verlauf ergeben soll, bestreitet, muss nach überwiegender Auffassung der Gegner diese Tatsachen beweisen (BGHZ 8, 239; *BGH* LM Nr. 62a zu § 286

(C) ZPO; *BGH* NJW 1969, 277; *B/L/A/H* Anh nach § 286 Rn. 20; *Jauernig/ Hess* § 50 Rn. 25). Zwar kann der Beweis dieser Tatsachen den Gegner oft sehr belasten. So müsste in **Fall 1** B beweisen, dass ihm das Kind in die Fahrbahn gelaufen ist. Die bloße Behauptung dieser Tatsachen kann aber nicht ausreichen, der Anscheinsbeweis wäre dann allzu leicht zu erschüttern.

II. Die Beweisvereitelung

Literatur: *Gerhardt*, Beweisvereitelung im Zivilprozeß, AcP 169, 289; *Laumen*, Voraussetzungen und Rechtsfolgen der Beweisvereitelung, MDR 2009, 177; *Peters*, Beweisvereitelung und Mitwirkungspflicht des Beweisgegners, ZZP 82, 200.

282 Wenn eine Partei vorsätzlich oder fahrlässig einen Beweis, der vorher möglich war, *verhindert*, liegt der Gedanke nahe, dass sie das *nicht* getan hätte, wenn der Beweis *zu ihren Gunsten* ausgefallen wäre. (Ein Arzt wirft nach der zweiten Operation einen Tupfer weg, den er bei der ersten Operation in der Wunde zurückgelassen hatte, vgl. *BGH* VersR 1955, 344.) Auch kann man ihr vorwerfen, dass sie *die allgemeine Mitwirkungs- und Prozessförderungspflicht* (§ 282 Abs. 1) verletzt hat (*Peters*, ZZP 82, 200). Schließlich ist die Annahme vertretbar, dass sie sich unzulässigerweise *mit ihrem eigenen Verhalten in Widerspruch* setzt (venire contra factum proprium, so *Gerhardt*, AcP 169, 289; *E. Schneider*, MDR 1969, 4). Das Gesetz hat derartige Fälle der Beweisvereitelung geregelt. Nach § 444 können die Behauptungen des Gegners über die Beschaffenheit und den Inhalt der Urkunde als bewiesen angesehen werden, wenn eine Urkunde von einer Partei in der Absicht, ihre Benutzung dem Gegner zu entziehen, beseitigt oder zur Benutzung untauglich gemacht wird (Gestaltung der eigenen Unterschrift in großer Variationsbreite: *BGH* MDR 2004, 290; s. § 446 für den Fall der verweigerten Parteivernehmung; hierzu *BGH* NJW 1991, 888). Die Behauptungen über die Beschaffenheit des Gegenstandes können gem. § 372 Abs. 3 als bewiesen angesehen werden, wenn die gegnerische Partei die ihr zumutbare Augenscheinseinnahme verweigert. Diesen Regelungen kann man den Rechtsgedanken entnehmen, dass eine arglistige oder fahrlässige Vereitelung der Beweisführung im Rahmen der freien Beweiswürdigung *für die Richtigkeit des gegnerischen Vorbringens* gewertet werden kann, ohne dass daraus allerdings eine *starre Beweisregel* gemacht werden sollte (vgl. *B/L/A/H* § 444 Rn. 5

a. E.; *Rosenberg/Schwab/Gottwald* § 118 Rn. 14; zum Fall der Beweisvereitelung durch die beweisbelastete Partei: *Michalski*, NJW 1991, 2069; war es dieser selbst möglich, den Beweis zu sichern, so ist nach Ansicht des *BSG* NJW 1994, 1303, eine Beweisvereitelung des Gegners schon mangels Beweisnot nicht gegeben). Eine solche Berücksichtigung der Beweisvereitelung im Rahmen der Beweiswürdigung erlaubt es, den Gegebenheiten des Einzelfalles, auf die es im Beweisrecht immer ankommt, Rechnung zu tragen. Sie erscheint deshalb besser als die generelle Umkehr der Beweislast (so aber *BGH* NJW 1976, 1315, 1316; vgl. *BGH* NJW 1998, 81; 2006, 434 zur fahrlässigen Beweisvereitelung durch Kfz-Reparatur). Wenn eine Untersuchung nach § 372a (dazu Rn. 292) verweigert wird, kann das Gericht nach einem entsprechenden Hinweis von einem für den Verweigernden ungünstigen Ergebnis dieser Untersuchung ausgehen (*BGH* JZ 1987, 42 m. Anm. *Stürner;* NJW 1993, 1391, 1393). Keine Beweisvereitelung wurde vom Bundesgerichtshof (NJW-RR 1996, 1534) in der Weigerung der Partei, dem als Zeugen geladenen Notar die Aussagegenehmigung zu erteilen, zumindest dann gesehen, wenn ihr Verhalten auf begründeten Zweifeln an der Neutralität des Zeugen beruhte. Aus rechtsstaatlichen Gründen ist es überzeugender, aus der Ausübung solcher Befugnisse keinerlei Schlüsse zu ziehen (s. u. Rn. 301).

§ 25. Das Beweisverfahren

Literatur: *Alio*, Änderungen im deutschen Rechtshilferecht – Beweisaufnahme nach der Europäischen Beweisaufnahmeverordnung, NJW 2004, 2706; *Habscheid*, Beweisverbot bei illegal, insbesondere unter Verletzung des Persönlichkeitsrechts, erlangten Beweismitteln, GS Arens, 1993, 187; *Nagel*, Die Grundzüge des Beweisrechts im europäischen Zivilprozeß, 1967; *Pantle*, Der Grundsatz der Beweisunmittelbarkeit im Zivilprozeß, 1990.

Die Beweiserhebung kann *von Amts wegen* oder auf *Parteiantrag* hin erfolgen. In Verfahren mit Untersuchungsgrundsatz erfolgt die Beweiserhebung von Amts wegen. In der ZPO kann das Gericht heute ebenfalls bei allen Beweismitteln (§§ 144, 448, mit gewissen Einschränkungen beim Urkundenbeweis, § 142) die Beweiserhebung von Amts wegen anordnen. Die gerichtlichen Anordnungen können, soweit es Urkunden und Augenscheinsobjekte angeht, auch gegenüber Dritten ergehen (§§ 142, 144). Aller- 283 dings kann der Dritte sich nach den Regeln der Zeugnisverweigerung (§§ 386 ff.) einer solchen Anordnung widersetzen. Die Durchsetzung der gerichtlichen Anordnung erfolgt gem. § 390. Nur noch der Zeugenbeweis, der das unsicherste Beweismittel ist, kann ohne Antrag nicht erhoben werden (§ 373). Aus der Möglichkeit der Beweisaufnahme von Amts wegen folgt aber nicht, dass den Parteien insoweit die Beweisführungslast abgenommen ist. Bei dieser bleibt es schon aus tatsächlichen Gründen, weil das Gericht häufig die meisten Beweismittel gar nicht kennen wird.

284 Die Einführung der Beweise in den Prozess erfolgt durch Beweisantritt. Eine Partei *(der Beweisführer)* bietet einen Beweis für eine bestimmte Behauptung an (das *Beweisthema*). Die Behauptung und der Beweisantritt sollen zusammen und so früh wie möglich in der mündlichen Verhandlung erfolgen (§ 282 Abs. 1), ebenso die Stellungnahme des Gegners.

285 Die *Anordnung* der Beweisaufnahme erfolgt *durch das Gericht*. Hat das Gericht Zeugen, auf die sich eine Partei bezogen hat, und Sachverständige zur Vorbereitung eines Termins geladen (§ 273 Abs. 2 Nr. 4), so soll, wenn die Zeugen oder der Sachverständige anwesend sind, die Beweisaufnahme sofort im Anschluss an die streitige Verhandlung erfolgen. Dies kann ohne förmlichen Beschluss geschehen (eine Ausnahme gilt für die Parteivernehmung, § 450 Abs. 1 S. 1). Das Gericht kann aber statt der bloßen Anordnung nach § 273 Abs. 2 Nr. 4 auch schon *vor* der mündlichen Verhandlung einen *besonderen, förmlichen Beweisbeschluss* erlassen (§ 358 a, der in bestimmtem Umfang sogar schon vor der mündlichen Verhandlung ausgeführt werden kann, § 358 a S. 2). Es muss immer einen förmlichen Beweisbeschluss erlassen, wenn ein Beweis nicht sofort erhoben werden kann, also *ein besonderes Verfahren erforderlich* ist (§ 358). Der Beweisbeschluss kann von den Parteien nicht angefochten (§ 355 Abs. 2), vom Gericht aber unter den Voraussetzungen des § 360 abgeändert werden. Sein *Inhalt* ist in § 359 vorgeschrieben. Es müssen danach das Beweisthema, die Beweismittel und der Beweisführer benannt werden. Vor Erlass des Beweisbeschlusses muss sich also der Richter darüber klar werden, welche Tatsachen unstreitig, welche beweisbedürftig sind und welche Partei die Beweisführungslast trägt. Diese Überlegungen sind ein hervorragendes Mittel, überflüssige Beweisaufnahmen zu vermeiden und die Endentscheidung zu beschleunigen. Man kann deshalb zweifeln, ob die Möglichkeit, ohne Beweisbeschluss Beweisaufnahmen durchzuführen, letzten Endes der Prozessbeschleunigung dient.

Beweisanträge können wegen *Verspätung* abgelehnt werden (§ 296 Abs. 1 und 2), nicht aber bei unvollständigem Beweisangebot: Hier gilt § 356 und das Gericht muss dem Beweispflichtigen eine Frist zur Behebung des Hindernisses setzen. Erst nach deren fruchtlosem Ablauf und dem Vorliegen der weiteren Voraussetzungen des § 296 kann der Antrag abgelehnt werden (*BVerfG* NJW 2000, 945). Dies ist außerdem möglich, wenn die zu beweisende Tatsache *nicht entscheidungserheblich* oder das Gericht bereits *vom Vorliegen der Tatsache* überzeugt ist. Weiterhin sind Beweise durch unzulässige Beweismittel abzulehnen (vgl. §§ 595 Abs. 2, 605 Abs. 1, 605 a, 314 S. 2). Hingegen darf das Gericht eine Beweisaufnahme *nicht* mit der Begründung ablehnen, sie verspreche *keinen Erfolg,* etwa weil der Zeuge nicht glaubwürdig sei (OGHZ 1, 347, 351; *BGH* ZZP 72, 198). Darin würde eine *unzulässige Vorwegnahme der Beweiswürdigung* liegen. Lehnt das Gericht einen Beweisantrag ab, weil die Erhebung des Beweises „höchst unökonomisch" sei, verstößt dies gegen Art. 103 Abs. 1 GG (*BVerfG* NJW 1979, 413; s. auch *BVerfG* NJW 1989, 3007).

286

Der Bundesgerichtshof hält dagegen die Ablehnung für zulässig mit der Begründung, dass das angebotene Beweismittel völlig ungeeignet sei, den Beweis zu erbringen, etwa weil sein Unwert von vornherein feststehe (*BGH* NJW 1951, 481 mit Anm. *Schneider;* BGHZ 40, 367, 374; zur Ungeeignetheit eines Lügendetektortests: *BGH* NJW 2003, 2527). Die Abgrenzung zur unzulässigen Vorwegnahme der Beweiswürdigung dürfte nicht immer leicht sein (s. *BGH* MDR 2005, 164 und 287). Deshalb ist es – vor allem im Hinblick auf ein weiteres Urteil des Bundesverfassungsgerichts (NJW 1993, 254) – sehr bedenklich, eine Beweisaufnahme mit der Begründung abzulehnen, das Gericht sei bereits vom Gegenteil überzeugt, so dass auch die Beweisaufnahme nichts daran ändern könnte (so BGHZ 53, 245, 260). Das Bundesverfassungsgericht hat in dieser Entscheidung festgestellt, dass im Zivilverfahren von der Erhebung zulässiger und rechtzeitiger Beweise nur abgesehen werden darf, wenn das Beweismittel völlig ungeeignet oder die Richtigkeit der unter Beweis gestellten Tatsachen bereits erwiesen ist. Es sei – so das Bundesverfassungsgericht – bei der Ablehnung von Beweisanträgen größte Zurückhaltung zu üben (s. auch BGHZ 121, 266). Das Gericht ist im Rahmen der angebotenen Beweise zur möglichst vollständigen Aufklärung des Sachverhalts verpflichtet. Dies bestimmt auch den Umfang seiner Bemühungen um die Ladung eines ausländischen Zeugen (*BGH* NJW 1992, 1768; hierzu *Leipold,* ZZP 105, 507; zum inländischen Zeugen s. *BGH* JuS 2007, 85 [*Wellenhofer*]).

287 Unzulässig ist der sog. *Ausforschungsbeweis* (*Lüderitz*, Ausforschungsverbot und Auskunftsanspruch bei der Verfolgung privater Rechte, 1966; *E. Peters*, Ausforschungsbeweis im Zivilprozeß, 1966). Unter der Geltung der Verhandlungsmaxime muss der Beweisführer das Beweisthema genau bezeichnen, eine genaue Tatsachenbehauptung aufstellen. Nur dann kann das Gericht ihre Entscheidungserheblichkeit nachprüfen. Es kommt vor, dass eine Partei im Grunde noch nicht weiß, welche Tatsachenbehauptungen sie aufstellen soll. Wenn sie dann das Beweisthema ungenau bezeichnet, spricht man von *Beweisermittlungsanträgen,* weil die Partei erst durch die Beweisaufnahme das Wissen erlangen möchte, das ihr die Aufstellung von konkreten Behauptungen ermöglicht (Ausforschungsbeweis). Derartige Anträge sind ebenfalls als unzulässig abzulehnen (*BGH* JZ 1958, 541; *OLG Köln* MDR 1973, 233; dagegen ist es zulässig, Aufklärung auch hinsichtlich solcher Punkte zu verlangen, über die die darlegungspflichtige Partei kein zuverlässiges Wissen besitzt und auch nicht erlangen kann, *BGH* NJW-RR 1988, 1529; s. auch *BGH* NJW 1993, 1649f.), jedenfalls soweit die Verhandlungsmaxime gilt. Ein schlüssiger Sachvortrag, der sich im Nachhinein aufgrund der Erwiderung als nicht konkret genug herausstellt, rechtfertigt eine Ablehnung des Beweisangebots nicht. Vielmehr ist die Tatsachenbehauptung hinreichend konkret, wenn der Gegner zu ihr Stellung nehmen kann. Eine Ablehnung ist nur bei Tatsachenbehauptungen möglich, die „aus der Luft gegriffen" oder so ungenau sind, dass die Erheblichkeit der Tatsache nicht beurteilt werden kann (*BGH* NJW-RR 2003, 491; NJW 2005, 2710; ZIP 2005, 1738).

Unter der Herrschaft der Untersuchungsmaxime (im Zivilprozess bspw. in sog. Statusverfahren; s.u. Rn. 479), wo das Gericht von Amts wegen die Tatsachen ermittelt (vgl. § 177 FamFG) und die Beweise erhebt, gilt das Verbot des Ausforschungsbeweises nicht (*Rosenberg/Schwab/Gottwald* § 116 Rn. 17).

288 Beweismittel können auf *unzulässige Weise erlangt* werden (dazu *Zeiss*, ZZP 89, 377; *Altenburg/Leister*, NJW 2006, 469; *Balthasar*, JuS 2008, 35; s. schon oben Rn. 267), etwa dadurch, dass Tonbandaufnahmen ohne Zustimmung eines Gesprächspartners gemacht werden (BGHZ 27, 284; s. auch BVerfGE 34, 238 = JZ 1973, 504 mit Anm. *Arzt*), ein Telefonat ohne Einwilligung des Gesprächspartners von einem Dritten mitgehört wird (*BVerfG*

NJW 2002, 3619; 2003, 2375; *BGH* NJW 2003, 1727; *BAG* NJW 2010, 104) oder ein Spitzel in der Ehewohnung rechtswidrig den Ehemann beobachtet (*BGH* JZ 1971, 387 mit Anm. *Arzt* = JR 1971, 65 mit Anm. *Bökelmann*). Es ist streitig, ob eine materiellrechtliche Rechtswidrigkeit ohne Weiteres auch die prozessuale Unzulässigkeit der Verwertung zur Folge hat (vgl. *Rosenberg/ Schwab/Gottwald* § 110 Rn. 23 ff.; streng: *BVerfG* NJW 1992, 815) oder ob eine Güterabwägung möglich ist (so *BGH* NJW 1982, 277 unter ausdrücklicher Abweichung von der strafgerichtlichen Rechtsprechung; vgl. aber auch *BAG* NJW 1983, 1692; *BGH* NJW 1994, 2292 f.; *Helle*, JZ 1994, 915). Nach der überwiegenden Rechtsprechung kann ein höherrangiges Interesse den Eingriff rechtfertigen. Dafür reicht weder das allgemeine Interesse an einer funktionstüchtigen Zivilrechtspflege, noch ein „schlichtes" Beweisinteresse aus; vielmehr muss eine Art „Notwehrsituation" vorliegen (*BVerfG* NJW 2002, 3619, 3624; *BGH* NJW 2003, 1727; krit. dazu *Foerste*, JZ 2003, 1111; *ders.*, NJW 2004, 262). Jedenfalls ist die *prozessuale Unzulässigkeit* dann zu bejahen, wenn durch die Erlangung des Beweismittels ein *verfassungsrechtlich geschütztes Grundrecht einer Partei verletzt worden ist*, z. B. das aus dem allgemeinen Persönlichkeitsrecht folgende „Recht am gesprochenen Wort", auf das sich auch juristische Personen berufen können (*BVerfG* NJW 2002, 3619; *BGH* NJW 2003, 1727). Gleiches gilt für eine heimliche DNA-Analyse oder eine verdeckte Videoüberwachung (*BGH* NJW 2005, 497; *OLG Karlsruhe* NJW 2002, 2799). Ein strafrechtliches Verwertungsverbot wegen versäumter Belehrung allein rechtfertigt nach Auffassung des Bundesgerichtshofs noch kein Beweisverbot für die Vernehmung der Verhörsperson, zusätzlich bedürfe es einer Interessenabwägung (*BGH* NJW 2003, 1123 m. Anm. *Leipold*, JZ 2003, 632).

Entsprechend dem *Grundsatz der Unmittelbarkeit* erfolgt die 289 Beweisaufnahme *vor dem Prozessgericht* (§ 355 Abs. 1 S. 1; hierzu *BGH* NVwZ 1992, 915). Nur ausnahmsweise darf sie einem Mitglied des Prozessgerichts als beauftragtem Richter oder einem ersuchten Richter übertragen werden (§ 355 Abs. 1 S. 2). Wird dagegen verstoßen, so kann dieser Verstoß durch rügelose Einlassung geheilt werden (§ 295, vgl. *BGH* NJW 1979, 2518). Die Beweisaufnahme durch den Einzelrichter (§ 348) bedeutet heute keine Durchbrechung der Unmittelbarkeit mehr, weil der Einzelrichter selbst entscheidet. Die Unmittelbarkeit ist wegen der Notwendigkeit eines persönlichen Eindrucks besonders beim Zeugenbeweis, aber auch beim Augenscheinsbeweis wichtig (§ 375 Abs. 1 und 1a). Das Gericht verstößt daher gegen den Unmittelbarkeitsgrundsatz, wenn nach Wechsel eines Richters in der Kammer Ergebnisse eines Augenscheins verwendet werden, die nicht im Protokoll aufgenommen sind (§ 160 Abs. 3 Nr. 5), oder der Augenschein jedenfalls nicht in Erinnerung aller entscheidenden Richter ist und die Parteien dazu nicht Stellung nehmen konnten (*BGH* NVwZ 1992, 915). Aus dem Unmittelbarkeitsgrundsatz folgt auch, dass sämtliche an dem Urteil beteiligte Richter auch der Zeugenvernehmung beigewohnt haben müssen, wenn es bei dem Zeugenbeweis auf die Glaubwürdigkeit der Zeugen ankommt (*BGH* NJW 1997, 1586; s. o. Rn. 32).

Eine weitere Durchbrechung des Grundsatzes der Unmittelbarkeit erfolgt durch die nach § 1072 Nr. 1 in allen zivil- und handelsrechtlichen Streitigkeiten mögliche grenzüberschreitende Beweisaufnahme. Die Vorschrift beruht auf der *europäischen Beweisaufnahmeverordnung*, EuBVO. Danach kann ein deutsches Zivilgericht im Wege des Rechtshilfeersuchens das zuständige Gericht in einem Mitgliedstaat um Aufnahme des Beweises ersuchen (Art. 1 Abs. 1 lit. a EuBVO). Das Gesuch hat in der Amtssprache des Mitgliedstaates des ersuchten Gerichts (Art. 5 EuBVO) und unter Verwendung der vorgeschriebenen Formblätter (Art. 4 EuBVO) zu erfolgen. Die Beweisaufnahme wird nach dem im ausländischen Mitgliedstaat geltenden Recht durchgeführt, soweit das ersuchende deutsche Gericht nicht die Beachtung einer besonderen Verfahrensform beantragt (Art. 10 Abs. 2, 3 EuBVO). Sowohl das ersuchende Gericht als auch die Parteien haben ein Recht auf passive Teilnahme, soweit dies mit dem eigenen Landesrecht vereinbar oder dort vorgesehen ist (Art. 11 Abs. 1 und 12 Abs. 1 EuBVO). Eine aktive Teilnahme ist für das ersuchende deutsche Gericht bzw. seine Mitglieder auf Antrag (Art. 12 Abs. 3 EuBVO), für die Parteien grundsätzlich nur nach dem Recht des Mitgliedstaates des ersuchten ausländischen Gerichts möglich (Art. 11 Abs. 3 EuBVO). Daneben ist nach § 1072 Nr. 2 i. V. m. Art. 1 Abs. 1 lit. b, 17 EuBVO auch eine unmittelbare Beweisaufnahme im Ausland durch das Prozessgerichts auf Antrag bei der Zentralstelle des betreffenden Mitgliedstaates möglich. Die Beweisaufnahme erfolgt in diesem Fall grundsätzlich nach der ZPO. Der wesentliche Unterschied zu § 1072 Nr. 1 besteht darin, dass dem deutschen Gericht keine Zwangsmittel zur Verfügung stehen und dies der zu vernehmenden Person mitzuteilen ist (Art. 17 Abs. 2 S. 2 EuBVO). Zu den Einzelheiten des stark formalisierten Verfahrens sowie zu den Ablehnungsmöglichkeiten s. *Alio,* NJW 2004, 2706 und *Leitzen,* Jura 2007, 201.

290 Die Beweisaufnahme ist *nicht Teil der mündlichen Verhandlung* (s. auch unten Rn. 314). Wenn sie vor dem Prozessgericht erfolgt,

so ist der Termin, in dem die Beweisaufnahme stattfindet, zugleich zur Fortsetzung der mündlichen Verhandlung bestimmt (§ 370 Abs. 1). Von dem Eintritt in die mündliche Verhandlung an kann dann gegen eine nicht erschienene Partei ein Versäumnisurteil ergehen; während der Beweisaufnahme ist dies nicht möglich. Die Beweisaufnahme kann vielmehr auch ohne Anwesenheit einer oder beider Parteien durchgeführt werden, soweit dies nach Lage der Sache möglich ist (§ 367 Abs. 1). Die Parteien haben das Recht, der Beweisaufnahme beizuwohnen (§ 357 Abs. 1, *Grundsatz der Parteiöffentlichkeit*). Über das Ergebnis der Beweisaufnahme haben die Parteien zu verhandeln (§§ 279 Abs. 3, 285 Abs. 1).

§ 26. Die einzelnen Beweismittel

Literatur: *Schreiber*, Die Beweismittel im Zivilprozess, Jura 2009, 269.

I. Der Beweis durch Augenschein

Literatur: *Berger*, Beweisführung mit elektronischen Dokumenten, NJW 2005, 1016; *Czeguhn*, Beweiswert und Beweiskraft digitaler Dokumente im Zivilprozess, JuS 2004, 124.

Der Beweis durch Augenschein (§§ 371 ff.) erfolgt durch die *unmittelbare Wahrnehmung* von beweiserheblichen Tatsachen durch das Gericht. Die Wahrnehmung muss nicht durch den Gesichtssinn erfolgen (obwohl diese Fälle am häufigsten sind, z.B. Ortsbesichtigungen bei Verkehrsunfällen), jede andere sinnliche Wahrnehmung gehört ebenfalls zum Augenscheinsbeweis, z.B. Gehör oder Geruch (etwa bei störenden Einwirkungen im Nachbarrecht) oder Geschmack (minderwertiger Wein, der anlässlich einer Mängelrüge gekostet wird). Tonbandaufnahmen sind Gegenstand des Augenscheinsbeweises (BGHZ 27, 284; *BGH* NJW 1960, 1582; die Frage ist str., a. A. *Henckel*, JZ 1957, 152, der sie als Urkunden ansehen will). Sie sind verwertbar, wenn die Aufnahme mit Einverständnis des Betroffenen gemacht wurde. 291

Nach § 371 Abs. 1 S. 2 sind elektronische Dokumente (z.B. Text-, Grafik-, Audio-, Videodateien) Gegenstand des Anscheinsbeweises. Der Gesetzgeber hielt es zunächst vor allem wegen der fehlenden Verkörperung nicht für sachgerecht, elektronische Dokumente, selbst mit qualifizierter elektronischer Signatur, beweisrechtlich wie Urkunden zu behandeln (BT-Drs. 14/4987, 25). Letztere haben nun mit Einführung des § 371a Abs. 1 (dazu *Roßnagel/Fischer-Diskau*, NJW 2006, 806) die Beweiswirkung einer privaten Urkunde. Steht ihre Echtheit fest, so liefern sie vollen Beweis dafür, dass die enthaltene Erklärung vom Signaturschlüssel-Inhaber stammt. Die Echtheit wird bereits durch die Prüfung anhand des Signaturschlüssels bestätigt. Damit besteht für den beweispflichtigen Erklärungsempfänger ein Anscheinsbeweis (s. oben Rn. 279a). § 371a Abs. 2 S. 1 enthält eine Legaldefinition für öffentliche elektronische Dokumente und unterstellt sie nach ihrem Beweiswert öffentlichen Urkunden (zur Beweiswirkung von Urkunden s. Rn. 312f.). Soweit sie mit einer qualifizierten elektronischen Signatur versehen sind, gilt die Echtheitsvermutung nach § 437. Dies ermöglicht es, öffentliche Dokumente ohne Rechtsverlust in elektronischer Form zu speichern (vgl. BT-Drs. 15/4067, 35; die Bedeutung ergibt sich auch in Zusammenhang mit § 298a). Soweit ein beglaubigter Ausdruck eines originären öffentlichen elektronischen Dokuments gefertigt wird, hat dieser nach § 416a die Wirkung einer Urkunde. Das dient dem Zweck, elektronische Dokumente ähnlich einer beglaubigten Abschrift ohne Beweiskraftverlust in die Papierform umzuwandeln (vgl. RegE, BT-Drs. 15/4067, 35).

292 Der *Beweisantritt* erfolgt, wie gewöhnlich, durch *Angabe des Beweisthemas* und durch die *Bezeichnung des Augenscheinsgegenstandes* (§ 371), bei elektronischen Dokumenten durch Vorlegung oder Übermittelung der Datei. Die Anordnung der Augenscheinseinnahme kann aber auch *von Amts wegen* erfolgen (§ 144), auch zur Vorbereitung der mündlichen Verhandlung nach § 273 Abs. 2 Nr. 5 (vgl. *B/L/A/H* Übers § 371 Rn. 5). Bei einem nicht im Besitz des Beweisführers befindlichen Gegenstand wird der Beweis durch einen Antrag auf Setzung einer Frist geführt, innerhalb der der Gegenstand herbeizuschaffen ist, oder auf Anordnung gem. §§ 144, 371 Abs. 2.

Wenn sich das Augenscheinsobjekt im Besitz der beweisbelasteten Partei befindet und diese sich weigert, es zur Besichtigung vorzulegen, verliert sie das Beweismittel (§§ 230, 231, 367) und kann dadurch beweisfällig werden. Weigert sich dagegen der Gegner, der das Augenscheinsobjekt im Besitz hat, dieses vorzulegen, so kann das Gericht die Weigerung nach §§ 286, 371 Abs. 3 frei würdigen und die Behauptung der beweisbelasteten Partei über die Beschaffenheit des Gegenstands als bewiesen ansehen (Rn. 282). Das gilt auch für die unberechtigt verweigerte und nicht zwangsweise durchsetzbare Blutentnahme (*BGH* NJW 1986, 2371; 1993, 1391, 1494; s. u. Rn. 293). Das Gericht kann des Weiteren von Amts wegen nach § 144 Abs. 1 der Partei oder dem Dritten, der im Besitz des Augenscheinsgegenstandes ist (zum Besitz an elektronischen Dokumenten *Berger*, NJW 2005, 1020), die Vorlage oder die Duldung der Besichtigung aufgeben und hierfür eine Frist setzen. Dadurch wird jedoch kein materieller Anspruch begründet, vielmehr ermöglicht § 144 Abs. 1 die Anordnung ohne eine materiellrechtliche Grundlage (zur Verweigerungsmöglichkeit seitens des Dritten und zur Erzwingung der Vorlage s. Rn. 19).

Den *besonderen Fall einer prozessualen Duldungspflicht* hat § 372a geregelt. In Abstammungsverfahren (z. B. §§ 1591 und 1600 BGB) hat jedermann (nicht nur Parteien und Zeugen) Untersuchungen, insbesondere die Entnahme von Blutproben zur Blutgruppenuntersuchung zu dulden, wenn dies zur Feststellung der Abstammung erforderlich ist. Die Frage der Abstammung muss also entscheidungserheblich und beweisbedürftig sein. Der hier vorliegende Eingriff in die körperliche Unversehrtheit ist nach Art. 2 Abs. 2 S. 3 GG zulässig. Voraussetzung ist, dass die Untersuchung nach den anerkannten Grundsätzen der Wissenschaft eine Aufklärung verspricht und dem zu Untersuchenden sowohl ohne Nachteil für seine Gesundheit als auch ohne andere Nachteile für sich oder seine Angehörigen (§ 383 Abs. 1 Nr. 1–3) zugemutet werden kann. Ein möglicher Streit darüber ist nach den §§ 386–390 zu entscheiden (§ 372a Abs. 2). 293

Besonders bei den Untersuchungen des § 372a wird deutlich, dass der Richter oft nicht in der Lage ist, die erforderlichen Wahrnehmungen am Augenscheinsobjekt selbst zu machen: er kann mit dem zur Blutgruppenuntersuchung abgenommenen Blut nichts anfangen und kann auch keine erbbiologische Begutachtung vornehmen. Er ist dabei auf einen *Sachverständigen* angewiesen. Ein solcher kann nach § 372 Abs. 1 bei jeder Augenscheinseinnahme hinzugezogen werden. Es handelt sich bei den Untersuchungen nach § 372a um eine *Verbindung von Augenscheinseinnahme und Sachverständigengutachten*. Die Untersuchung nimmt der Sachverständige, nicht der Richter vor. Der Richter beurteilt dann das Sachverständigengutachten. 294

In bestimmten Fällen ist es *unangebracht* oder *unzweckmäßig*, wenn der Richter eine Untersuchung, etwa eine körperliche Untersuchung, selbst vornimmt. Er kann dann ausnahmsweise eine dritte Person (etwa einen Arzt) mit der Untersuchung betrauen. Dieser wird dann als sog. *Augenscheinsgehilfe* tätig und berichtet dem Gericht über seine Wahrnehmungen. Der Augenscheinsgehilfe ist kein Zeuge, er wird aber über seine Wahrnehmungen wie ein Zeuge vernommen (vgl. *Rosenberg/Schwab/Gottwald* § 118 Rn. 24f., sowie *Schmidhäuser,* ZZP 72, 365). 295

II. Der Zeugenbeweis

Literatur: *Bender/Nack/Treuer,* Tatsachenfeststellung vor Gericht, 3. Aufl., 2007; *Hohlweck,* Die Beweiswürdigung: Beurteilung von Zeugenaussagen, JuS 2002, 1105, 1207; *Stackmann,* Prozessuale Konsequenzen des Fernbleibens von Zeugen im Zivilrechtsstreit, JuS 2008, 974; *Zuck,* Verfassungsrechtliche Rahmenbedingungen des zivilprozessualen Beweisverfahrens – Zeugenbeweis, NJW 2010, 3494.

296 Der Zeugenbeweis ist anerkanntermaßen *der unsicherste aller Beweise,* selbst wenn der Zeuge nicht böswillig ist. Wahrnehmungsfähigkeit und Erinnerungsfähigkeit sind ebenso begrenzt wie die Fähigkeit, das Erinnerte objektiv zu schildern. Die Würdigung der Glaubhaftigkeit einer Zeugenaussage stellt hohe Anforderungen an die Erfahrung und Menschenkenntnis des Richters. Gleichwohl ist der Zeugenbeweis in der Praxis sehr häufig, mit gutem Grund aber der einzige Beweis, der immer einen Beweisantritt durch eine Partei voraussetzt (§ 373). Diese kann auf einen vorgeschlagenen Zeugen unter den Voraussetzungen des § 399 (dazu *Tiedemann,* MDR 2008, 237) aber später verzichten (zum stillschweigenden Verzicht *BGH* NJW 1994, 329). Das Gericht kann die Ladung des Zeugen (§ 377) von der Einzahlung eines Auslagenvorschusses abhängig machen (§ 379).

297 Der Zeuge sagt über *Wahrnehmungen von Tatsachen* (nicht Erfahrungssätzen) aus, die er in der Vergangenheit außerhalb des Prozesses gemacht hat. Der Zeuge ist deshalb unersetzlich (im Gegensatz zum Sachverständigen). Es kann vorkommen, dass jemand nur aufgrund seiner Sachkunde in der Vergangenheit bestimmte Wahrnehmungen machen konnte (der Arzt, der den Verletzten noch an der Unfallstelle untersucht hat). Er ist dann *sachverständiger Zeuge* (§ 414), wird also nur nach den Vorschriften über den Zeugenbeweis behandelt.

Die *Beurteilung der Tatsachen* obliegt dem Gericht, das bei der Aussage darauf zu achten hat, dass der Zeuge nicht seine Beurteilung als Wahrnehmung wiedergibt. Eine ganz andere Frage ist es, ob die Beurteilung eines Vorgangs durch die Parteien ihrerseits eine Tatsache sein kann, wie etwa die, dass die Parteien einen Vertrag als abgeschlossen angesehen und sich entsprechend verhalten haben.

298 Als Zeuge kommt grundsätzlich *jeder* in Betracht; die Zeugnisfähigkeit ist nicht durch Alter oder Geisteszustand beschränkt.

Auch auf die Beziehung zum Gegenstand und zu den Parteien des Prozesses kommt es nicht an. Verwandte einer Partei können ebenso Zeugen sein wie unmittelbar am Ausgang des Verfahrens interessierte Personen. Auch die Glaubwürdigkeit (Verurteilung wegen Meineides) kann nur eine Rolle bei der Beweiswürdigung spielen, nicht aber bei der Zeugnisfähigkeit. Eine *Ausnahme* von diesem Grundsatz gibt es nur bei den Parteien: wer als Partei zu vernehmen ist, kann nicht als Zeuge vernommen werden. Parteivernehmung und Zeugenvernehmung schließen einander aus, nicht unbedingt Parteistellung und Zeugenstellung. Eine Partei kann nämlich als Zeuge vernommen werden, wenn sie für die Parteivernehmung nicht in Betracht kommt, z.B. weil sie jünger als 16 Jahre ist (§ 455 Abs. 2). Umgekehrt wird der gesetzliche Vertreter, der nicht Partei ist, im Wege der Parteivernehmung vernommen (§ 455 Abs. 1). Zeuge ist auch die ehemalige Prozesspartei (*OLG Koblenz* NJW-RR 2003, 283).

Übersicht: Partei-/Zeugenvernehmung

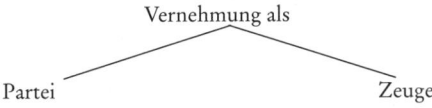

Partei	Zeuge
– prozessfähige Partei (§ 52 Abs. 1) – gesetzlicher Vertreter der nicht prozessfähigen Partei (§ 455 Abs. 1) – gesetzlicher Vertreter einer juristischen Person/parteifähigen Personenmehrheit	Alle sonstigen Personen, die nicht als Partei zu vernehmen sind; z.B.: – prozessunfähige Partei – Gesellschafter GmbH, AG – Kommanditist – entlassener gesetzlicher Vertreter einer juristischen Person – Streithelfer – Ehefrau – Beifahrer

Die Erstattung des Zeugnisses liegt *nicht im Belieben des Einzelnen.* Wer der deutschen Gerichtsbarkeit unterworfen ist, hat im Falle einer Ladung (Inhalt § 377) als Zeuge *vier Pflichten:* 1. er muss vor Gericht erscheinen, 2. vor Gericht aussagen, 3. sich unter bestimmten Umständen anhand seiner Aufzeichnungen und Unterlagen auf seine Aussage vorbereiten (§ 378) und 4. gegebenenfalls seine Aussage beeiden (Ausnahmen von der Pflicht zum

Erscheinen regelt § 377 Abs. 3). Im Falle ihrer Verletzung treffen den Zeugen die verursachten Kosten; zugleich können Ordnungsgeld und Ordnungshaft festgesetzt (§§ 379 Abs. 2, 380, 390) und bei wiederholtem Ausbleiben des Zeugen die zwangsweise Vorführung angeordnet werden (§ 380 Abs. 2). Die Aussagepflicht hat zum Inhalt, *wahr und vollständig* (arg. § 392) sowohl über die persönlichen Verhältnisse (§ 395 Abs. 2) als auch über das Beweisthema auszusagen (§ 396 Abs. 1) und damit im Zusammenhang stehende Fragen zu beantworten (§§ 396 Abs. 2, 3, 397). Bei einer *schuldhaften Verletzung der Wahrheitspflicht* kann der Zeuge nach § 823 Abs. 2 BGB in Verbindung mit den strafrechtlichen Bestimmungen (§§ 153 ff. StGB) *schadensersatzpflichtig* sein.

300   Es gibt *Ausnahmen* von der Pflicht zur Aussage: die *Zeugnisverweigerungsrechte*. Diese beruhen auf verschiedenen Erwägungen. Aus Gründen des *öffentlichen Wohls* besteht das Zeugnisverweigerungsrecht des Bundespräsidenten (§ 376 Abs. 4). Ebenfalls aus Gründen des öffentlichen Wohls dürfen Personen, die aufgrund ihres Amtes zur Verschwiegenheit verpflichtet sind (wie z.B. *Richter*, Beamte und andere Personen des öffentlichen Dienstes sowie Regierungsmitglieder), über Umstände, auf die sich ihre Pflicht zur Amtsverschwiegenheit bezieht, nur mit *besonderer Genehmigung* aussagen (§ 376 Abs. 1, 2 und 5). Diese darf nur aus bestimmten Gründen versagt werden (§§ 46, 71 DRiG; 7 Abs. 1 BMinG, 68 BBG, 37 Abs. 4 BeamtStG). Wenn die Aussagegenehmigung erteilt worden ist, besteht eine *Pflicht zur Aussage;* § 376 gewährt (mit Ausnahme des § 376 Abs. 4) kein eigenes Zeugnisverweigerungsrecht.

Eigene Zeugnisverweigerungsrechte gewährt das Gesetz wegen *enger Beziehungen* eines Zeugen zu einer Partei (§ 383 Abs. 1 Nr. 1–3) und wegen *Anerkennung beruflicher Schweigepflichten* (§ 383 Abs. 1 Nr. 4 bis 6) vor allem bei Geistlichen, Ärzten und Journalisten. Die in § 383 Abs. 1 Nr. 4 und 6 genannten Personen müssen aussagen, wenn die Personen, die ihnen das Geheimnis anvertraut haben, sie von der Verpflichtung zur Verschwiegenheit entbunden haben (§ 385 Abs. 2). Schließlich erkennt das Gesetz *eigene Interessen des Zeugen* an und gewährt ihm ein Zeugnisverweigerungsrecht, wenn diese durch die Aussage gefährdet werden würden (§ 384 Nr. 1–3). Der Zwang zur Aussage ist hier ebensowenig *zumutbar* wie bei nahen Beziehungen zu einer Partei. Außerdem wäre *die Gefahr von falschen Aussagen* besonders groß. Unter bestimmten Voraussetzungen besteht das Zeugnisverweigerungsrecht nach den §§ 383 Abs. 1 Nr. 1–3 und 384 Nr. 1 nicht, § 385 Abs. 1.

Über das Zeugnisverweigerungsrecht sind die in § 383 Abs. 1 Nr. 1–3 genannten Personen zu belehren (§ 383 Abs. 2). Unterbleibt die Belehrung, so kann dies bei entsprechender Rüge zur Unverwertbarkeit der Aussage führen. Im Übrigen gilt § 295. Das Zeugnisverweigerungsrecht muss *geltend gemacht werden,* damit es vom Gericht beachtet wird (§ 386; vgl. aber § 383 Abs. 3). Wenn es zu einem Streit über die Rechtmäßigkeit der Weigerung kommt, ist dieser nach § 387 durch Zwischenurteil zu entscheiden, gegen das sofortige Beschwerde zulässig ist.

Wenn ein Zeuge von seinem Zeugnisverweigerungsrecht Gebrauch macht, erhebt sich die Frage, ob das Gericht *die Tatsache der Zeugnisverweigerung als Beweisgrund würdigen darf.* Die Versuchung, daraus Schlüsse zu ziehen, liegt manchmal sehr nahe: der Beklagte hat bei einer Vaterschaftsklage die Kindesmutter als Zeugin dafür benannt, dass sie in der Empfängniszeit auch mit einem anderen Mann verkehrt habe. Sie verweigert das Zeugnis unter Berufung auf § 384 Nr. 1 und 2. Der Bundesgerichtshof lässt die Würdigung der Zeugnisverweigerung zu, verlangt aber besondere Vorsicht und die Angabe auch anderer Umstände, die die auf die Zeugnisverweigerung gegründete Annahme stützen können (BGHZ 26, 391 = LM Nr. 2 zu § 384 ZPO mit Anm. *Johannsen* = FamRZ 1958, 169 mit Anm. *Bosch*). Aus rechtsstaatlichen Erwägungen wäre es besser, aus der Geltendmachung von Zeugnisverweigerungsrechten keinerlei Schlüsse zu ziehen (so auch *Jauernig/ Hess* § 53 II 3 d unter Hinweis auf die Rechtsprechung im Strafprozess, *BGH* NJW 1987, 2027; s. auch Rn. 282).

Die Zeugnisverweigerungsberechtigten können sich entschließen, von ihrem Recht *keinen Gebrauch* zu machen. Wenn sie aber zur Aussage bereit sind, müssen sie ebenso wahr und vollständig aussagen, wie wenn kein Zeugnisverweigerungsrecht bestanden hätte.

Die Zeugnispflicht umfasst auch die *Pflicht, die Aussage zu beeidigen,* falls nicht die Parteien darauf verzichten (§ 391). Die Beeidigung erfolgt *nach Beendigung der Aussage* (§ 392; andere Rechtsordnungen, etwa die englische, kennen die Beeidigung vor der Aussage).

Das Verfahren ist in den §§ 478 ff. geregelt. Die Beeidigung ist vom Gericht anzuordnen, wenn dies mit Rücksicht auf die Bedeutung der Aussage oder zur Herbeiführung einer wahrheitsgemäßen Aussage geboten erscheint (§ 391). Nach der Rechtsprechung des Bundesgerichtshofs (BGHZ 43, 368 = ZZP 79, 140 mit Anm. *Grunsky* = LM Nr. 1 zu § 391 ZPO mit Anm. *Johannsen;* vgl. auch E. *Schneider,* MDR 1969, 429) ist die Beeidigung erforderlich, wenn gegen die Wahrheit einer erheblichen Aussage noch gewisse Bedenken bestehen. Man kann bezweifeln, ob der Eid das geeignete Mittel ist, den Zeugen in einem solchen Fall zu einer Korrektur seiner Aussage zu veranlassen, falls diese wirklich falsch ist, da ja sowohl die eidliche als auch die uneidliche Falschaussage strafbar sind (§§ 154, 153 StGB). Die überwiegende Meinung geht gleichwohl dahin, trotz der Ungewissheit über die Wirkungen des Eides dessen Abschaffung abzulehnen (vgl. *Jauernig/Hess* § 53 Rn. 22 m. w. N.).

302 Die *Vernehmung der Zeugen* erfolgt *einzeln* und in *Abwesenheit später zu vernehmender Zeugen* (§ 394 Abs. 1). Dies ist erforderlich, damit sich die Zeugen nicht gegenseitig durch ihre Aussage beeinflussen. Zeugen, deren Aussagen sich widersprechen, können einander *gegenübergestellt* werden (§ 394 Abs. 2). Die Zeugenvernehmung beginnt mit der Ermahnung zur Wahrheit (§ 395 Abs. 1) und der Belehrung über die Strafbarkeit einer Falschaussage (§§ 153, 154, 155 StGB). Erst danach erfolgt die Vernehmung zur Person (§ 395 Abs. 2). Hierbei ist der Zeuge auch über seine Beziehungen zu den Parteien zu befragen, weil sich daraus Schlüsse auf seine Glaubwürdigkeit ergeben können. Der Zeuge hat dann über das Beweisthema im *Zusammenhang zu berichten* (§ 396 Abs. 1). Grundsätzlich werden ihm also nicht nur bestimmte Fragen zur Beantwortung vorgelegt, wenn auch in der Praxis ungewandten Zeugen sehr oft Fragen gestellt werden müssen (§ 396 Abs. 2). Suggestivfragen sind dabei sehr gefährlich und unbedingt zu vermeiden. Falls erforderlich, kann ein Zeuge wiederholt vernommen werden (§ 398 Abs. 1). Wichtig ist, dass die Vernehmung nicht nur *vor* dem Prozessgericht erfolgt, sondern auch *durch* das Prozessgericht (beim Kollegialgericht durch den Vorsitzenden, der den Beisitzern gestatten muss, selbst Fragen zu stellen, § 396 Abs. 3; s. aber § 375 Abs. 1a). Die Parteien sind lediglich berechtigt, dem Zeugen Fragen vorlegen zu lassen; das Gericht kann den Parteien und muss den Anwälten gestatten, selbst unmittelbar Fragen zu stellen (§ 397 Abs. 2 und 3). In anderen Rechtsordnungen (z. B. im englischen Recht) wird die Vernehmung durch die Anwälte der Parteien durchgeführt und die Zeugenaussage anschließend im Kreuzverhör erhärtet, während der

Richter im Wesentlichen aufs Zuhören beschränkt ist. Dieses Verfahren hat manche Vorteile. Der Richter, der die Vernehmung nicht selbst vornimmt, kann den Aussagen konzentrierter folgen. Ein bloßer Zuhörer ist unbefangener. Es besteht auch nicht die Gefahr, dass er Suggestivfragen stellt und dadurch mehr oder weniger bewusst die Aussage steuert. Freilich setzt die Überlassung der Vernehmung an die Anwälte das anschließende Kreuzverhör voraus, weil nur dadurch die Aussagen genügend abgesichert sind. Das Kreuzverhör und seine Technik sind aber der deutschen Rechtspraxis fremd, obwohl § 239 Abs. 1 StPO das Kreuzverhör zulässt.

Über die Zeugenaussage ist ein *Protokoll* aufzunehmen (§§ 159 ff.). Wichtig ist, dass die Zeugenaussage *auf ein Tonband aufgenommen werden kann* (§ 160a Abs. 1). Es genügt dann im Protokoll ein Vermerk über die Aufnahme (§ 160a Abs. 2 S. 2). Nur wenn eine Partei oder das Rechtsmittelgericht es verlangen, muss eine Ergänzung des Protokolls durch die inhaltliche Wiedergabe der Aussage erfolgen (§ 160a Abs. 2 S. 3 und 4). Die Zeugenaussage unterliegt der freien richterlichen Beweiswürdigung (§ 286, Rn. 267f.). Der persönliche Eindruck des Zeugen kann grundsätzlich nur berücksichtigt werden, wenn *alle* erkennenden Richter bei der Zeugenvernehmung anwesend waren (zu einer Ausnahme: *BGH* NJW 1991, 1180; vgl. nunmehr auch § 375 Abs. 1a).

303

III. Der Sachverständigenbeweis

Literatur: *Arens,* Gutachter im Prozeß, in: Recht im sozialen Rechtsstaat, 1973, 261; *ders.,* Stellung und Bedeutung des technischen Sachverständigen im Prozeß, in: Effektivität des Rechtsschutzes und verfassungsmäßige Ordnung, 1983, 299; *Broß,* Richter und Sachverständiger, dargestellt anhand ausgewählter Probleme des Zivilprozesses, ZZP 102, 413; *Eickmeier,* Die Haftung des gerichtlichen Sachverständigen für Vermögensschäden, 1993; *Franzki,* Der Sachverständige – Diener oder Herr des Richters?, DRiZ 1991, 314; *Jessnitzer/ Frieling,* Der gerichtliche Sachverständige, 11. Aufl. 2000; *Neuhaus/Krause,* Die Auswahl des Sachverständigen im Zivilprozess, MDR 2006, 605; *Olzen,* Das Verhältnis von Richtern und Sachverständigen im Zivilprozeß, ZZP 93, 66; *Pieper,* Richter und Sachverständiger im Zivilprozeßrecht, ZZP 84, 1; *Pieper/Breunung/Stahlmann,* Sachverständige im Zivilprozeß, 1982 (dazu *Blankenburg,* AcP 182, 582); *Sendler,* Richter und Sachverständige, NJW 1986, 2907; *Thole,* Die Haftung des gerichtlichen Sachverständigen nach § 839a BGB, 2004; *Tröndle,* Der Sachverständigenbeweis, JZ 1969, 374; *Zuck,* Verfassungsrechtliche Rahmenbedingungen des zivilprozessualen Beweisverfahrens – Sachverständigenbeweis, NJW 2010, 3623.

304 Das Gericht benötigt häufig *besondere außerjuristische Sachkunde, um Tatsachen feststellen oder beurteilen zu können.* Dabei hat der Sachverständige dem Gericht zu helfen. Er wird deshalb vielfach als *Richtergehilfe* bezeichnet (BGHZ 23, 213; 62, 59). Daraus ergibt sich die Unterscheidung des Sachverständigen vom Zeugen: der Zeuge teilt in der Vergangenheit gemachte Wahrnehmungen über Tatsachen mit, der Sachverständige übermittelt dem Richter Fachwissen, das dieser nicht haben kann und seine darauf beruhenden Schlussfolgerungen (Beurteilung). Der Zeuge ist unersetzlich, der Sachverständige nicht. Er kann deshalb aus denselben Gründen wie ein Richter abgelehnt werden (§ 406). Der *gerichtlich bestellte Sachverständige* ist im Übrigen von dem Gutachter abzugrenzen, der im *Parteiauftrag* ein Gutachten erstellt hat. Dieses kann nur als Privaturkunde in das Verfahren eingeführt werden (Zöller/*Greger* § 402 Rn. 2).

305 Der Sachverständige vermittelt dem Gericht durch sein Gutachten entweder *abstrakte Regeln,* die das Gericht nicht kennen kann, wie etwa Handelsbräuche, die es dann selbst auf die von ihm festgestellten Tatsachen anwendet. Häufiger muss der Sachverständige dem Richter auch *bei der Anwendung der Erfahrungssätze oder Sachkunde helfen,* indem er ihre Anwendung auf die vom Gericht festgestellten Tatsachen selbst vornimmt und dann dem Gericht *die Schlussfolgerungen mitteilt.* Dies ist etwa der Fall, wenn die Echtheit eines Kunstgegenstandes festgestellt werden soll oder wenn die Frage zu beantworten ist, ob und inwieweit eine bestimmte, bereits bewiesene Körperverletzung die Arbeitsfähigkeit einer Partei beeinträchtigt hat. Schließlich gibt es Fälle, in denen der Richter ohne Hilfe des Sachverständigen *bestimmte Tatsachen nicht feststellen kann.* Dies kommt besonders häufig im medizinischen Bereich vor, etwa wenn es darum geht, ob ein Medikament bestimmte Körperschäden verursacht hat oder wenn überhaupt der Gesundheitszustand einer Partei festgestellt werden soll.

In den beiden zuletzt genannten Fallgruppen können sich Schwierigkeiten bei der Feststellung des Sachverhalts ergeben. Wenn das Gericht dem Sachverständigen den zu beurteilenden Sachverhalt als bewiesen (oder unstreitig) mitgeteilt hat, etwa den Bericht über die körperliche Verfassung einer Partei, um deren Arbeitsfähigkeit es geht, so ist der Sachverständige daran gebunden, wie er bei seiner Tätigkeit insgesamt der Leitung und Weisung des Gerichts untersteht (§ 404a Abs. 1 u. 5). Sowohl hier als auch vor allem bei der dritten Fallgruppe kann es aber vorkommen, dass das Gericht dem Sachverständigen die Akten übersendet, denen dieser die Unterlagen für sein Gutachten selbst entnehmen soll. Vor allem dann, aber auch sonst kann es notwendig sein, dass der Sachverständige eine Partei oder einen Zeugen untersuchen und dabei befragen muss. Dabei ergeben sich schwierige Abgrenzungsfragen. Grundsätzlich darf der Sachverständige Parteien oder Zeugen nicht selbständig über wesentliche Streitpunkte vernehmen, und das Gericht darf solche Vernehmungen nicht verwerten, weil darin eine Verletzung des Unmittelbarkeitsgrundsatzes liegen würde (*BGH* NJW 1955, 671; BGHZ 23, 213; *BGH* FamRZ 1964, 78). Die Aussage der Partei oder des Zeugen müsste im Prozess wiederholt werden, damit sie das Gericht der Tatsachenfeststellung zugrunde legen kann. Der Bundesgerichtshof hat allerdings einen Rügeverzicht für möglich gehalten, wenn die Parteien keine Einwendungen erheben (BGHZ 23, 214). Das Gericht darf also die Feststellung des Sachverhalts allenfalls soweit aus der Hand geben, wie es dabei gerade auf das Fachwissen des Sachverständigen ankommen kann (BGHZ 37, 394; *Pieper,* ZZP 84, 23), wenn etwa Fragen an Parteien oder Zeugen nur aufgrund der besonderen Sachkunde des Sachverständigen gestellt werden können (*BGH* NJW 1962, 1770). In Fällen dieser Art liegt in dem Bericht des Sachverständigen über die auf diese Weise festgestellten Tatsachen ein Zeugnis (dessen Abgabe aber nach allgemeiner Meinung durch den Sachverständigeneid, § 410, mit abgedeckt wird). Der Gesetzgeber versucht, diese Problematik nunmehr dadurch zu entschärfen, dass er dem Gericht die Bestimmung des Umfangs einer eigenen Aufklärungstätigkeit des Sachverständigen überlässt. Dieses hat auch festzulegen, inwieweit der Sachverständige mit den Parteien in Verbindung treten darf und wann er ihnen die Teilnahme an seinen Ermittlungen zu gestatten hat (§ 404a Abs. 4).

Aus alledem folgt, dass das Gericht dem Sachverständigen *möglichst genau den Sachverhalt mitzuteilen hat,* der schon feststeht und der beurteilt werden soll (vgl. § 404a Abs. 2 u. 3). Andererseits hat der Sachverständige zu seinem Gutachten genau anzugeben, *von welchen Tatsachen er bei dessen Erstattung ausgegangen ist.* Gegebenenfalls muss der Sachverständige, wenn der Sachverhalt nicht eindeutig feststeht, jede Interpretationsmöglichkeit begutachten. Außerdem muss das Gutachten in jedem Fall so abgefasst sein, dass es vom Gericht nachvollzogen und überprüft werden kann. Unklarheiten und Zweifel muss das Gericht durch gezielte Befragung klären (*BGH* NJW 2010, 3230).

Die *gesetzliche Regelung des Sachverständigenbeweises* folgt den Vorschriften über den Zeugenbeweis (§ 402), wobei die Vorschriften der §§ 403 ff. Abweichungen enthalten. Ein Unterschied zum Zeugenbeweis (und zu den übrigen Beweismitteln) ergibt sich daraus, dass das Gericht *nach eigenem Ermessen* darüber entscheidet, ob es sich selbst die genügende Sachkunde zutraut oder nicht. Es kann sich auch selbst in gewissem Umfang *die nötige Sachkunde verschaffen,* etwa durch Studium der Fachliteratur (BGHZ 44, 75, 82; vgl. aber *BGH* NJW 1959, 2315). Wenn es in schwierigen Fragen erkennbar die nötige Fachkunde nicht haben kann, aber gleichwohl keinen Sachverständigen zuzieht, kann darin ein *Verfahrensverstoß* liegen (*BGH* ZZP 72, 201). Der Sachverständige kann gem. § 406 jedoch auch von den Parteien abgelehnt werden (dazu *BGH* MDR 2005, 1007; *OLG München* NJW-RR 2007, 575); der hierauf gerichtete Antrag ist fristgebunden und glaubhaft zu machen (§ 406 Abs. 2, 3). Das Gericht entscheidet auch über *die Auswahl des Sachverständigen* und darüber, ob es einen oder mehrere hören will (§§ 404 Abs. 1, 412), und zwar *von Amts wegen* (§ 144), so dass der Beweisantritt nur eine *Anregung* ist (§ 403). Die Parteien können das Gericht aber an die Person bestimmter Sachverständiger binden, wenn sie sich darüber einigen (§ 404 Abs. 4). Die *Auswahl des Sachverständigen* kann das Gericht in schwierigen Fällen vor erhebliche Probleme stellen, wenn nämlich schon die Bestimmung des richtigen Sachverständigen eine bestimmte Sachkunde voraussetzt (vgl. *Arens,* in: Recht im sozialen Rechtsstaat, 1973, 261, 269 sowie *B/L/A/H* Übers § 402 Rn. 14). Der Sachverständige hat unverzüglich zu prüfen, ob der Auftrag in sein Fachgebiet fällt. Ist das nicht der Fall, muss er das Gericht verständigen (§ 407a Abs. 1).

307 Eine *Pflicht zur Übernahme der Gutachtertätigkeit* besteht nicht grundsätzlich und allgemein, sondern nur unter den Voraussetzungen des § 407, der freilich die meisten und wichtigsten Fälle erfasst.

Ein Gutachter kann aus denselben Gründen wie ein Zeuge das Gutachten verweigern (§ 408). Einem Gutachter, der sich ohne Grund weigert, ein Gutachten zu erstatten, können die verursachten Kosten auferlegt, und es kann ein Ordnungsgeld gegen ihn verhängt werden (§ 409). Wenn eine Pflicht zur Erstattung eines Gutachtens besteht, umfasst sie ähnlich wie beim Zeugenbeweis die Pflicht zum Erscheinen, zur Aussage und zur Beeidigung (für weitere Pflichten s. § 407a). Grundsätzlich ist das Gutachten in der mündlichen Verhandlung zu erstatten, das Gericht kann aber auch schriftliche Begutachtung anordnen (§ 411). In schwierigen Fällen ist es üblich, dass der Sachverständige sein Gutachten schriftlich erstattet und in der mündlichen Verhandlung erläutert (§ 411 Abs. 3). Die Parteien haben das Recht, dem Sachverständigen Fragen zur mündlichen Beantwortung vorzulegen (§§ 402, 397; dazu *BGH*

MDR 2005, 1308). Die Beeidigung des Sachverständigen erfolgt nach den §§ 402, 391, 410. Nach § 411a kann die schriftliche Begutachtung dadurch ersetzt werden, dass ein gerichtliches oder staatsanwaltschaftlich eingeholtes Gutachten aus einem anderen Verfahren verwertet wird (z. B. ein Gutachten über die verursachte Körperverletzung aus dem Strafverfahren für einen späteren Haftungsprozess oder über die Zahlungsunfähigkeit des Insolvenzschuldners im Eröffnungsverfahren für eine spätere Anfechtungsklage). Dabei handelt es sich nicht um einen Urkundsbeweis, sondern um einen echten Sachverständigenbeweis, der erforderlichenfalls auch zu erläutern ist, § 411 Abs. 3. Voraussetzung für eine Verwertung ist, dass dem Gutachten das identische Beweisthema und derselbe Sachverhalt zu Grunde liegt. Die Verwertung liegt im Ermessen des Gerichts und ist durch Beschluss anzuordnen, in dem das Gutachten genau zu bezeichnen ist. Den Parteien ist zuvor Gelegenheit zur Stellungnahme zu geben (vgl. Zöller/*Greger* § 411a Rn. 4; zur Gewährung rechtlichen Gehörs s. auch oben Rn. 36). Die Parteien können innerhalb eines angemessenen Zeitraums Einwendungen gegen das Gutachten erheben. Das Gericht kann ihnen hierfür eine Frist mit der Möglichkeit der Präklusion setzen (§§ 411 Abs. 4, 296 Abs. 1, 4). Der Gutachter hat einen Anspruch auf Sachverständigengebühren (§ 413 i. V. m. §§ 8 ff. JVEG). Die Festsetzung der Höhe dieser Gebühren ist eine rechtspolitisch nicht einfache Frage (s. dazu § 9 JVEG). Sind die Gebühren zu niedrig, wird das Interesse vor allem von qualifizierten Sachverständigen gering sein. Sind sie zu hoch, verteuern sie den Prozess, weil auch sie der unterliegenden Partei zur Last fallen.

Grundsätzlich muss der vom Gericht bestellte Gutachter das Gutachten selbst erstatten; die *Gutachterpflicht ist höchstpersönlich.* Es ist keine Frage, dass er sich dabei bestimmter Hilfspersonen bedienen darf (der Arzt darf medizinisch-technische Assistenten, Laboranten usw. heranziehen). Jedoch muss die persönliche Verantwortung des Gutachters für das Gutachten erhalten bleiben (*BVerwG* NVwZ 1993, 771). Die Übertragung des Auftrags durch den Sachverständigen auf eine andere Person ist unzulässig (§ 407a Abs. 2 S. 1). Der Sachverständige muss die beteiligten Mitarbeiter namhaft machen und den Umfang ihrer Tätigkeit angeben, soweit es sich nicht um reine Hilfsdienste handelt (§ 407a Abs. 2 S. 2).

Das Gutachten unterliegt *der freien richterlichen Beweiswürdigung* (§ 286). Der Richter ist nicht an das Gutachten gebunden, auch nicht an ein sog. *Obergutachten* (dazu *Ulrich* Rn. 663 ff.). Das Gericht muss nach der Rechtsprechung des Bundesgerichtshofs das Gutachten auf seine logische und wissenschaftliche Begründung nachprüfen (*BGH* NJW 1971, 243; 1981, 2578) und auf Widersprüche zwischen Sachverständigengutachten eingehen (*BGH* NJW 1992, 2291f.); lassen sich derartige Widersprüche

308

nicht durch ergänzende Stellungnahmen der Gutachter beseitigen, so muss das Gericht ein weiteres Gutachten einholen (*BGH* NJW 1994, 1596; 1997, 1639). Weg und Ergebnis dieser Prüfung müssen sich nachprüfbar in den Entscheidungsgründen des Urteils niederschlagen. Wenn das Gericht dem Sachverständigengutachten nicht folgen will, muss es im Urteil seine abweichende Überzeugung begründen und darlegen, dass seine eigene Sachkunde ausreicht, um sich ein von der Ansicht des Sachverständigen abweichendes Urteil bilden zu können (*BGH* NJW 1981, 2578; 1997, 1446). Die naheliegende Folge dieses von den Revisionsgerichten geforderten Begründungszwangs ist es, dass – wie Untersuchungen ergaben – die Urteile in etwa 95 Prozent der Fälle mit den eingeholten Gutachten ganz oder zum überwiegenden Teil übereinstimmen (*Pieper,* ZZP 84, 63; *Breunung,* in: Pieper/Breunung/Stahlmann, Sachverständige im Zivilprozeß, 1982, 261).

Hier liegt ohne Zweifel die besondere Problematik des Sachverständigenbeweises: vor Einholung des Gutachtens verfügt der Richter über keinerlei Sachkunde, danach wird ihm zugetraut, dass er sogar das Gutachten beurteilen kann. Es besteht die Gefahr, dass die freie richterliche Beweiswürdigung *zur bloßen Fiktion wird* und die Entscheidung des Prozesses de facto von den Sachverständigen gefällt wird, die nach dem Gesetz nicht dazu berufen sind und auch nicht die Garantien der richterlichen Unabhängigkeit genießen (vgl. dazu *Arens,* in: Recht im sozialen Rechtsstaat, 1973, 261, 274f.). Eine die freie richterliche Beweiswürdigung praktisch ausschließende Bindung besteht bei den Blutgruppengutachten (*Arens,* a.a.O., 273f.; *Pieper,* ZZP 84, 29).

Zur Gewährleistung des rechtlichen Gehörs nach §§ 397, 402 haben die Parteien einen Anspruch darauf, zwecks Aufklärung der Sache dem Sachverständigen Fragen zur mündlichen Beantwortung vorzulegen (*BGH* MDR 2005, 1308). Der Antrag bedarf keiner Begründung; es genügt die Angabe, „in welche Richtung" die Partei durch ihre Fragen eine weitere Aufklärung herbeizuführen wünscht (*BGH* NJW 2004, 2828). Das Gericht darf den Antrag nicht mit der Begründung ablehnen, es sähe keinen Erläuterungsbedarf (*BGH* MDR 2003, 168).

309 Ob der Sachverständige einer Partei für ein fahrlässigerweise unrichtig erstelltes Gutachten haftet, ist streitig (vgl. *J. Blomeyer,* ZRP 1974, 214). Der Bundesgerichtshof hat eine Haftung für Fahrlässigkeit abgelehnt (BGHZ 42, 313; 62, 54), weil dem Sach-

verständigen als Richtergehilfen *kein Haftungsrisiko* auferlegt werden dürfe und Haftungsprozesse zu einem *Wiederaufrollen* der alten Prozesse missbraucht werden könnten. Das Bundesverfassungsgericht hat diese Entscheidung, in der das angegriffene Gutachten zur Unterbringung des Klägers in einer geschlossenen Anstalt geführt hatte, aufgehoben (BVerfGE 49, 304 = JZ 1979, 60 m. Anm. *Starck*). Die Versagung eines Schadensersatzanspruchs auch bei grober Fahrlässigkeit verletze das durch Art. 2 Abs. 2 GG und § 823 Abs. 1 BGB garantierte Recht der persönlichen Freiheit. Auch der Bundesgerichtshof hat die Haftung bejaht, wenn der Sachverständige die Partei bei der Untersuchung zur Vorbereitung des Gutachtens verletzt hat (BGHZ 59, 310).

IV. Der Urkundenbeweis

Literatur: *Hinz*, Die Beweiskraft rechtskräftiger Strafurteile im Zivilprozess nach geltendem und künftigem Recht, JR 2003, 356; *Mankowski/Tarnowski*, Zum Umfang der besonderen Beweiskraft öffentlicher Urkunden, JuS 1992, 826; *Schreiber*, Die Urkunde im Zivilprozeß, 1982; *Wagner*, Urkundenedition durch Prozessparteien – Auskunftspflicht und Weigerungsrechte, JZ 2007, 706; *Zekoll/Bolt*, Die Pflicht zur Vorlage von Urkunden im Zivilprozess – Amerikanische Verhältnisse in Deutschland?, NJW 2002, 3129; *Zoller*, Die Mikro-, Foto- und Telekopie im Zivilprozeß, NJW 1993, 429.

Urkunde i.S. des Urkundenbeweises der ZPO ist *jede schriftliche Verkörperung von Gedanken;* das Material und die Schreibtechnik sind unerheblich. Hierunter fallen daher keine elektronischen Dokumente, da ihnen die Verkörperung fehlt. Dennoch können nach § 371a elektronische Dokumente unter bestimmten Voraussetzungen wie Urkunden behandelt werden (Rn. 291). 310

Es spielt keine Rolle, ob die Urkunde von vornherein zu Beweiszwecken errichtet worden ist (Vertragsurkunde, Quittung) oder ob sie zufällig ein Beweismittel geworden ist (wie etwa ein Privatbrief). Im Wege des Urkundenbeweises wird die Urkunde *wegen ihres Gedankeninhalts* verwendet. Sie kann stattdessen oder auch daneben *Objekt eines Augenscheinsbeweises* sein, wenn etwa die Frage entscheidungs- und beweiserheblich ist, ob die Urkunde verändert worden ist. Der Urkundenbeweis ist von großer praktischer Bedeutung; vor allem im Geschäftsleben werden Verträge meistens schriftlich abgeschlossen. Der Urkundenbeweis ist auch ein verhältnismäßig sicherer Beweis.

311 Der Urkundenbeweis kann auf *Beweisantritt durch die Parteien* oder *von Amts wegen* erfolgen (§§ 142, 143, 273 Abs. 2 Nr. 2 und 5). Bei einem Beweisantritt durch eine Partei kommt es darauf an, *in wessen Besitz sich die Urkunde befindet*. Das Gericht kann unabhängig von einem materiellen Anspruch von Amts wegen nach § 142 auch gegenüber Dritten, die im Besitz der Urkunden sind, deren Vorlage anordnen, wenn sich die Partei darauf bezogen hat (zur Verweigerungsmöglichkeit und Erzwingung der Vorlage s. Rn. 19).

Der Beweisführer tritt den Beweis durch Vorlegung der Urkunde an (§ 420). Befindet sich die Urkunde im Besitz des Gegners, so erfolgt der Beweisantritt durch den Antrag (zum Inhalt s. § 424), dem Gegner die Vorlegung der Urkunde aufzugeben (§ 421). Eine Vorlagepflicht des Gegners kann sich nach § 422 aus materiellem Recht ergeben (§§ 402, 371, 716, 810 BGB) oder als prozessuale Pflicht daraus, dass er selbst auf die Urkunde im Prozess zur Beweisführung Bezug genommen hat (§ 423). Liegen diese Voraussetzungen vor, ordnet das Gericht die Vorlage an, wenn es die Tatsache, die durch die Urkunde bewiesen werden soll, für erheblich hält (§ 425). Bestreitet der Gegner, dass sich die Urkunde in seinem Besitz befindet, so ist er über ihren Verbleib zu vernehmen (§ 426 S. 1, ein Fall der Parteivernehmung). Gelangt das Gericht zur Überzeugung, dass sie sich in seinem Besitz befindet, ordnet es die Vorlage an (§ 426 S. 4). Legt der Gegner die Urkunde dann nicht vor oder kommt das Gericht zu dem Ergebnis, dass er nicht sorgfältig genug nach ihrem Verbleib geforscht habe, kann es eine vom Beweisführer beigebrachte Abschrift der Urkunde als richtig ansehen (§ 427 S. 1). Wird keine Abschrift vorgelegt, kann das Gericht die Behauptungen des Beweisführers über Beschaffenheit und Inhalt der Urkunde als bewiesen ansehen (§ 427 S. 2). Dasselbe gilt, wenn die Urkunde beseitigt oder zur Benutzung untauglich gemacht wird (§ 444).

Ist ein Dritter im Besitz der Urkunde, wird der Beweis durch den Antrag angetreten, zur Herbeischaffung der Urkunde eine Frist zu bestimmen (§ 428; zur Begründung des Antrages § 430) oder eine Anordnung nach § 142 zu erlassen. Der Dritte ist aus denselben Gründen zur Vorlage verpflichtet wie der Gegner (§ 422), er kann zur Vorlage aber nur im Wege einer weiteren Klage genötigt werden (§ 429 S. 1). Die zweite der genannten Möglichkeiten wird in der Praxis wohl die Regel werden, da für einen solchen Antrag anders als bei der Klage auf Vorlage kein materiellrechtlicher Anspruch erforderlich ist. Der Weg über § 142 ist also – gerade auch im Hinblick auf die auch hier gegebene Würdigungsmöglichkeit nach § 427 (die Vorschrift ist Ausdruck eines allgemeinen Grundsatzes) – insgesamt einfacher und wirkungsvoller, wenn er auch nicht zu einem vollstreckbaren Titel auf Vorlage der Urkunde führt.

Urkunden können sich auch im Besitz einer Behörde befinden. Kann sich eine Partei die Urkunde ohne Mitwirkung des Gerichts beschaffen, indem sie etwa die Erteilung einer Abschrift beantragt, so muss sie dies tun. Andernfalls erfolgt der Beweisantritt durch den Antrag, die Behörde um die Mitteilung der Urkunde zu ersuchen (§ 432 Abs. 1). Weigert sich die Behörde, kommt es wieder auf einen Vorlegungsanspruch an (§ 432 Abs. 3).

Von besonderer Bedeutung ist *die Beweiskraft der Urkunden, die das Gesetz geregelt hat.* Diese Regelung stellt eine *Ausnahme von dem sonst geltenden Grundsatz der freien richterlichen Beweiswürdigung* dar (§ 286 Abs. 2). Voraussetzung für die vom Gesetz vorgesehene Beweiskraft einer Urkunde ist ihre *Echtheit,* d. h., dass sie von der Person herrührt, von der sie nach der Behauptung des Beweisführers herrühren soll (wegen dieser Bedeutung für den Beweis kann auf Feststellung der Echtheit einer Urkunde geklagt werden, § 256 Abs. 1). Der *Beweis der Echtheit* ist verschieden geregelt, je nachdem um welche Art von Urkunde es sich handelt. Öffentliche Urkunden haben die Vermutung der Echtheit für sich (§ 437 Abs. 1), die durch Gegenbeweis entkräftet werden kann (vgl. auch § 437 Abs. 2). Wird die Echtheit einer Privaturkunde bestritten (über die sich der Gegner erklären muss, § 439 Abs. 1 und 3), so muss sie bewiesen werden (§ 440 Abs. 1; bei Echtheit der Unterschrift vgl. die Vermutung nach § 420 Abs. 2, die zerstört ist, wenn die Urkunde Mängel i.S.v. § 419 aufweist, *OLG Köln* NJW-RR 1999, 1509; dazu *Deubner,* JuS 1999, 583). Dieser Beweis kann mit allen Beweismitteln geführt werden; auch die Schriftvergleichung (§ 441) und ihre anschließende Begutachtung durch Sachverständige sind zulässig (§ 442).

Steht die Echtheit der Urkunde fest, so greifen *die gesetzlichen Beweisregeln* ein. Dabei muss man zwischen *Tatbestands-* und *Zeugnisurkunden* und zwischen *öffentlichen* und *Privaturkunden* unterscheiden. Bewirkende oder Tatbestandsurkunden *verkörpern selbst den rechtlichen Vorgang,* z.B. die Willenserklärung (das Kündigungsschreiben, den Wechsel) oder das Urteil, die Verfügung der Verwaltungsbehörde. Berichtende oder Zeugnisurkunden *berichten über Vorgänge,* die sich unabhängig von der Errichtung der Urkunde ereignet haben und auch ohne die Urkunde wirksam sind (z.B. alle Protokolle, Auszüge aus Registern, Geschäftsbücher, Briefe usw.). *Öffentliche Urkunden* sind von einer Behörde oder von einer mit öffentlichem Glauben versehenen Person (z.B. einem Notar) innerhalb ihrer sachlichen Zuständigkeit in der vorgeschriebenen Form errichtet worden (§ 415); *Privaturkunden* sind alle anderen Urkunden (zum Umfang der Beweiswirkung *BGH* NJW-RR 1993, 1379f.).

313 *Öffentliche Tatbestandsurkunden,* die eine amtliche Anordnung, Verfügung oder Entscheidung enthalten (z. B. Urteile, Steuerbescheide, Polizeiverfügungen), begründen den vollen Beweis ihres Inhalts (§ 417, z. b. über die vom Strafgericht getroffenen Entscheidungen und Feststellungen); ein Gegenbeweis ist nicht möglich. Die Richtigkeit des Inhalts ist damit freilich nicht bewiesen. *Öffentliche Zeugnisurkunden über eine vor der Behörde oder Urkundsperson abgegebene Erklärung* erbringen den vollen Beweis des beurkundeten Vorgangs, also etwa des beurkundeten Rechtsgeschäfts. Der Gegenbeweis dahin, dass der Vorgang unrichtig beurkundet sei, ist zulässig (§ 415 Abs. 2), aber nur sehr schwer zu führen. Nach allgemeinen Regeln ist der Beweis möglich, dass die beurkundete Erklärung inhaltlich unrichtig ist. *Öffentliche Urkunden mit einem anderen Inhalt* begründen, wenn sie auf einer eigenen Wahrnehmung der Behörde beruhen (z. B. Registerauszüge, Zustellungsurkunden, Rechtskraftzeugnisse), den vollen Beweis der bezeugten Tatsachen (§ 418 Abs. 1 und 3; hierzu *BVerfG* NJW-RR 1992, 1084); ohne eigene Wahrnehmung nur dann, wenn dies durch Bundes- oder Landesgesetz vorgesehen ist (z. B. § 54 PStG). Der Gegenbeweis ist zulässig, wenn nicht die Landesgesetze dies ausschließen oder beschränken (§ 418 Abs. 2). *Vom Aussteller unterschriebene Privaturkunden* erbringen – ihre Echtheit vorausgesetzt (*BGH* NJW 1988, 2741) – den Beweis, dass die in ihnen enthaltenen Erklärungen von dem Aussteller abgegeben worden sind (§ 416; für Willenserklärungen *BGH* NJW-RR 2003, 384; diese Vorschrift gilt nicht bei der sog. Oberschrift, BGHZ 113, 48, 51, und der „Nebenschrift", *BGH* NJW 1992, 829). Dies gilt sowohl für Tatbestands- als auch für Zeugnisurkunden. Die rechtliche Wirksamkeit oder die inhaltliche Richtigkeit ist damit freilich nicht bewiesen; dies unterliegt der freien richterlichen Beweiswürdigung (sog. *materielle Beweiskraft*).

V. Die Parteivernehmung

Literatur: *Hülsmann,* Kein Geständnis während der Parteivernehmung?, NJW 1997, 617; *Lange,* Parteianhörung und Parteivernehmung, NJW 2002, 476; *Zuck,* Verfassungsrechtliche Rahmenbedingungen des zivilprozessualen Beweisverfahrens – Parteivernehmung, NJW 2010, 3764.

314 Das geltende deutsche Recht kennt nicht wie das angelsächsische Recht das Zeugnis in eigener Sache. Dem liegt ein berechtigtes Misstrauen zugrunde, weil naturgemäß jede Partei am Ausgang des Prozesses in besonderem Maße interessiert ist. Man darf aber nicht übersehen, dass die Parteien häufig am besten über die entscheidungserheblichen Tatsachen Bescheid wissen. Sie haben etwa den Vertrag mündlich abgeschlossen, ohne dass Zeugen zugegen waren. Man würde dem Berechtigten erhebliche Nachteile bei der Rechtsverfolgung zumuten, wenn man völlig auf die Aussage der Parteien verzichten wollte. Das Gericht muss natürlich die Parteiaussage mit besonderer Vorsicht würdigen.

Die *Parteivernehmung als Beweismittel* muss unterschieden werden von der *Anhörung der Parteien nach Anordnung des persönlichen Erscheinens* (§ 141). Dabei soll nur geklärt werden, was die Parteien behaupten werden; es liegt noch kein Beweisverfahren vor. Da es sich bei der Beweisaufnahme um keinen Teil der mündlichen Verhandlung handelt, kann eine im Rahmen der Parteivernehmung gemachte Aussage nicht als Geständnis i. S. v. § 288 gewertet werden. Vielmehr unterliegt auch diese Beweisaufnahme insgesamt der freien Beweiswürdigung des Gerichts (so schon *RG* JW 1936, 1778; *BGH* NJW 1995, 1432 in Abkehr von *BGH* NJW 1953, 621).

Die Parteivernehmung erfolgt wie eine Zeugenvernehmung; die Partei muss im Zusammenhang berichten und unterliegt der *Wahrheitspflicht* (§ 451). Wenn das Gericht aufgrund einer unbeeidigten Aussage noch nicht von der Wahrheit oder Unwahrheit der zu beweisenden Tatsache überzeugt ist, kann es die *Beeidigung* anordnen (§ 452 Abs. 1 S. 1). Bei der Aussage beider Parteien über dieselben Tatsachen kann immer nur eine Partei vereidigt werden (§ 452 Abs. 1 S. 2). Ein Unterschied zum Zeugenbeweis besteht aber insoweit, als *die Partei weder zum Erscheinen noch zur Aussage oder zur Beeidigung verpflichtet ist*. Dies ist auch nicht erforderlich, weil das Gericht das Nichterscheinen oder die Verweigerung der Aussage oder der Beeidigung nach § 286 *frei würdigen kann* (§§ 454, 453 Abs. 2, 446; dazu *BGH* NJW-RR 1991, 888). Dabei wird im Allgemeinen die Erfahrung dafür sprechen, dass die Partei ausgesagt haben würde, wenn sie etwas ihr Günstiges hätte vorbringen können.

Die *Anordnung der Parteivernehmung* (stets durch Beweisbeschluss, § 450 Abs. 1) erfolgt entweder auf *Beweisantritt einer Partei* oder *von Amts wegen*. Die beweisbelastete Partei kann, wenn sie den Beweis mit anderen Beweismitteln nicht führen kann, den Beweis dadurch antreten, dass sie beantragt, den Gegner über die zu beweisenden Tatsachen zu vernehmen (§ 445 Abs. 1). Die Parteivernehmung ist also nur *subsidiär* zulässig, weil sie im Allgemeinen eben doch ein wenig zuverlässiges Beweismittel ist. Sie steht im Ermessen des Gerichts (BGHR ZPO § 448 – Ermessensgrenzen 2). Dieses Ermessen kann freilich aufgrund des Anspruchs auf rechtliches Gehör und die Rechte auf fairen Prozess und wirkungsvollen Rechtsschutz eingeschränkt sein (s. bereits Rn. 36). Der Antrag auf Vernehmung des Gegners ist zurückzuweisen, wenn das Gericht schon vom *Gegenteil* der zu beurkundenden Tatsache überzeugt ist (§ 445 Abs. 2). Damit soll verhindert werden, dass unnütze Parteivernehmungen in aussichtslosen Prozesssituationen als letzter Ausweg beantragt werden. Grundsätzlich muss das Gericht bei der Anwendung der Parteivernehmung auf Parteiantrag die Beweislast beachten. Im Einverständnis mit der anderen Partei kann es aber auch die beweispflichtige Partei vernehmen (§ 447).

Die Parteivernehmung kann auch *von Amts wegen* angeordnet werden, *ohne Parteiantrag und ohne Rücksicht auf die Beweislast*, und zwar die Vernehmung einer oder beider Parteien (§ 448). Voraussetzung ist, dass das Ergebnis der Verhandlungen und einer etwaigen Beweisaufnahme nicht ausreicht, um eine Überzeugung des Gerichts zu begründen. Eine gewisse Wahrscheinlichkeit muss also bereits vorliegen (*BGH* JZ 1976, 214; NJW 1989, 3222; vgl. auch NJW-RR 1991, 917). Eine Parteivernehmung kann auch zur Gewährung rechtlichen Gehörs erforderlich sein (*BGH* NJW 2003, 3626 zur Anhörung über Vier-Augen-Gespräche; s. auch oben Rn. 36; krit. zu den engen Voraussetzungen von § 448 z. B. *Gehrlein*, ZZP 110, 451 und *Schlosser*, NJW 1995, 1404). Durch die Parteivernehmung darf in Verfahren mit Verhandlungsmaxime nicht der Untersuchungsgrundsatz eingeführt werden.

Als Partei vernommen werden kann nur, wer prozessfähig ist (§ 455 Abs. 1). Minderjährige über 16 Jahre können über eigene Handlungen und Wahrnehmungen als Partei vernommen werden (§ 455 Abs. 2; über andere Tatsachen als Zeugen, Rn. 298). Sonst ist für die prozessfähige Partei ihr gesetzlicher Vertreter zu vernehmen (§ 455 Abs. 1 S. 1).

§ 27. Das selbständige Beweisverfahren

Literatur: *Cuypers,* Das selbständige Beweisverfahren in der juristischen Praxis, NJW 1994, 1985; *Mugler,* Das selbständige Beweisverfahren nach dem Rechtspflege-Vereinfachungsgesetz, BB 1992, 797; *K. Müller,* Das selbständige Beweisverfahren, FS E. Schneider, 1997, 405; *Schilken,* Grundlagen des Beweissicherungsverfahrens, ZZP 92, 238; *Schreiber,* Das selbständige Beweisverfahren, NJW 1991, 2600.

Beweismittel können durch Zeitablauf verloren gehen, Zeugen können auswandern oder sterben, Augenscheinsobjekte können untergehen oder ihr beweiserheblicher Zustand kann sich ändern. Wollte man in solchen Fällen warten, bis die Beweisaufnahme innerhalb eines Prozesses stattfinden kann, wäre die Partei häufig beweislos. Es besteht deshalb die Möglichkeit, *schon vor Beginn eines Prozesses* Augenscheins-, Zeugen- und Sachverständigenbeweis zu erheben. Voraussetzung ist, dass der Gegner zustimmt oder zu besorgen ist, dass das Beweismittel verloren geht oder seine Benutzung erschwert wird (§ 485). Eine solche Beweisaufnahme ist auch während und außerhalb eines Prozesses möglich. 317

Der Gesetzgeber hat das frühere Beweissicherungsverfahren aber auf weitere Fälle ausgedehnt und nennt es jetzt selbständiges Beweisverfahren. Gem. § 485 Abs. 2 kann die Partei vor Anhängigkeit eines Prozesses die schriftliche Begutachtung durch einen Sachverständigen beantragen, sofern sie ein rechtliches Interesse an einer Feststellung i. S. v. § 485 Abs. 2 Nr. 1–3 hat. Dies ist insbesondere gegeben, wenn die Feststellung einen Rechtsstreit vermeiden helfen kann (§ 485 Abs. 2 S. 2; s. aber *OLG Zweibrücken* MDR 1992, 1178; *OLG Frankfurt/Main* MDR 1991, 989). Hier ist es also nicht erforderlich, wenn auch ausreichend (z.B. *OLG Nürnberg* NJW-RR 1998, 575), dass der Verlust des Beweismittels droht oder die Gegenpartei zustimmt. Das Gericht hat den Begriff des „rechtlichen Interesses" bei seiner Prüfung weit auszulegen. Dabei ist es ihm grundsätzlich verwehrt, eine Schlüssigkeits- oder Erheblichkeitsprüfung in der Sache vorzunehmen, es sei denn, es ist offensichtlich, dass kein Rechtsverhältnis, Prozessgegner oder Anspruch gegeben ist (s. *BGH* NJW 2004, 3488).

Im Gegensatz zu den früher geltenden Bestimmungen des Beweissicherungsverfahrens ist im Antrag auf ein selbständiges Beweisverfahren ein Sachverständiger nicht zu benennen. Das Ergebnis des selbständigen Beweisverfahrens steht einer Beweisaufnahme vor dem Prozessgericht gleich (§ 493 Abs. 1). Gem. § 492 Abs. 3 kann das Gericht die Parteien zur mündlichen Erörterung laden und einen Vergleich protokollieren. Dieser ist dann Vollstreckungstitel gem. § 794 Abs. 1 Nr. 1. Der Antrag auf ein selbständiges Beweisverfahren unterbricht die Verjährung der Sachmängelansprüche (§ 204 Abs. 1 Nr. 7 BGB, dazu *BGH* NJW 2011, 1965). Ob im Beweisverfahren nach §§ 485 ff. eine Streitverkündung zulässig ist, ist streitig. Der Bundesgerichtshof (NJW 1997, 859 m. w. N. zu den vertretenen Auffassungen) hat sich für eine analoge Anwendung des § 72 ausgesprochen, da die mit der Streitverkündung verbundenen Ziele auch für das selbständige Beweisverfahren gelten und zudem der Gesetzgeber von einer Zulässigkeit der Streitverkündung ausging. In der Tat wird man die Ablehnung nicht darauf stützen können, dass es bei dem selbständigen Beweisverfahren lediglich um die Feststellung von Beweismitteln geht, da die Teilnahme des Dritten zumindest der Aufklärung des Sachverhaltes nützt (ebenso *Hoeren,* ZZP 108, 343; *Kunze,* NJW 1996, 102). Die Wirkung einer solchen Streitverkündung besteht darin, dass das Ergebnis der Beweisaufnahme in einem späteren Prozess entgegengehalten werden kann und die Verjährung gem. § 204 Abs. 1 Nr. 7 BGB unterbrochen wird (zur Möglichkeit der Aussetzung eines zwischen dem Streitverkündungsgegner und einem Dritten rechtshängigen Hauptsacherechtsstreits: *OLG München* NJW-RR 1998, 576).

Über den Antrag auf ein selbständiges Beweisverfahren entscheidet das zuständige Gericht (§ 486) durch Beschluss (§ 490). Gibt es dem Antrag statt, so ist diese Entscheidung nicht anfechtbar (§ 490 Abs. 2 S. 2), selbst wenn das Gericht einen anderen als den vom Antragsteller benannten Sachverständigen zum Gerichtsgutachter bestellt hat (*OLG München* MDR 1992, 520). Ein ablehnender Beschluss hingegen unterliegt der sofortigen Beschwerde (§ 567 Abs. 1 Nr. 2). Auch kann die sofortige Beschwerde gegen solche Beschlüsse eingelegt werden, durch die die Ablehnung eines Sachverständigen wegen Besorgnis der Befangenheit abgelehnt wurde (*OLG Frankfurt/Main* NJW-RR 1993, 1341; *OLG Köln* NJW-RR 1993, 63). Bei fehlender Anhängigkeit des Rechtsstreits hat das Gericht nach Beendigung der Beweiserhebung auf Antrag der das selbständige Beweisverfahren einleitenden Partei eine Frist zur Klageerhebung zu setzen. Bei frucht-

§ 27. Das selbständige Beweisverfahren

losem Ablauf der Frist können dieser Partei die dem Gegner entstandenen Kosten auferlegt werden (§ 494a). Wird die Ursache der Störung, die Anlass des selbständigen Beweisverfahrens war, während des Verfahrens beseitigt, so kann der Antragsteller keine Kostenentscheidung zu Lasten des Antragsgegners herbeiführen, indem er die Hauptsache einseitig für erledigt erklärt (zur möglichen Umdeutung einer einseitigen Erledigterklärung in eine Antragsrücknahme s. *BGH* NJW 2011, 1292; NJW-RR 2011, 932). Im selbständigen Beweisverfahren ergeht weder eine Entscheidung in der Sache, noch eine Kostenentscheidung, die dem Hauptsacheverfahren vorbehalten ist (*BGH* NJW 2003, 1322; gilt auch für die Kosten der Nebenintervention, *BGH* NJW 2009, 3240; die entsprechende Anwendung von § 91a ist ausgeschlossen, *BGH* NJW-RR 2011, 931). Bei Klagerücknahme im Hauptsacheverfahren sind die Kosten des abgeschlossenen selbstständigen Beweisverfahrens von § 269 Abs. 3 S. 2 umfasst (*BGH* NJW 2007, 1279 und 1282). Ein Antrag nach § 494a Abs. 1 auf Fristsetzung zur Klageerhebung wäre unzulässig (*BGH* NJW-RR 2003, 454; so auch *BGH* NJW 2010, 1460 für den Fall, dass mit dem Antrag nach § 494a über die Verjährung der Ansprüche hinaus zugewartet wird). Erfolgt eine Fristsetzung durch das Gericht, obwohl dies mit Sinn und Zweck der Vorschrift unvereinbar ist, so kann der Antragsteller mangels Anfechtbarkeit nur Klage erheben. Er muss statt der unbegründeten Leistungsklage auf Feststellung klagen, dass der Antragsgegner zur Beseitigung verpflichtet war (*BGH* NJW-RR 2004, 1005). Gleiches gilt für eine Beseitigung nach dem Ende des Beweisverfahrens vor Klageerhebung (s. *BGH* NJW-RR 2004, 1581). Bei übereinstimmender Erledigungserklärung der Parteien im selbstständigen Beweisverfahren soll nach Meinung des Bundesgerichtshofs (NJW 2007, 3721, 3722 m.w.N. auch zur Gegenmeinung) auch § 91a keine entsprechende Anwendung finden (dazu *Loof,* NJOZ 2007, 5595).

8. Kapitel. Die Urteilslehre

§ 28. Die Arten der gerichtlichen Entscheidungen

I. Urteile, Beschlüsse und Verfügungen

318 Das Gericht fällt im Laufe des Verfahrens eine Reihe von Entscheidungen; die Instanz (das Verfahren vor dem Amts-, Land-, Oberlandesgericht oder dem Bundesgerichtshof) endet mit einer Entscheidung. Allen Entscheidungen ist gemeinsam, dass sie eine Rechtsfolge anordnen. Davon abgesehen gibt es *drei Arten von Entscheidungen.*

319 Am wichtigsten sind die *Urteile.* Sie ergehen in einer bestimmten Form (§ 313); das Gericht ist an sie gebunden, d.h. es darf seine eigenen Urteile nicht mehr abändern, wenn diese erlassen worden sind (§ 318). Urteile setzen notwendigerweise eine mündliche Verhandlung voraus (eine Ausnahme bildet das schriftliche Verfahren). Gegen sie gibt es als Rechtsmittel die Berufung oder die Revision, soweit das Gesetz keine Besonderheiten vorsieht (s. §§ 71 Abs. 2, 135 Abs. 3).

320 *Beschlüsse* sind Entscheidungen des Gerichts ohne mündliche Verhandlung oder aufgrund einer fakultativen (in das Ermessen des Gerichts gestellten) mündlichen Verhandlung (§ 128 Abs. 4). Nur ausnahmsweise ergehen sie nach besonderen gesetzlichen Vorschriften aufgrund einer obligatorischen mündlichen Verhandlung (z.B. §§ 71 Abs. 1, 135 Abs. 2, 320 Abs. 3, 321 Abs. 3). Ihrem Inhalt nach enthalten Beschlüsse meistens prozessleitende Anordnungen, die nicht über das Verfahren hinauswirken (z.B. Beweisbeschlüsse). Deshalb sind Beschlüsse im Allgemeinen nicht an eine bestimmte Form gebunden (Ausnahme der Beweisbeschluss, § 359). Wenn sie aufgrund einer mündlichen Verhandlung ergehen, müssen sie aber verkündet werden (§ 329 Abs. 1 S. 1; zum Unterschriftenerfordernis *BAG* NJW 2010, 2748); sonst reicht formlose Mitteilung (§ 329 Abs. 2; Ausnahmen s. Abs. 2 S. 2 u. Abs. 3). Sie binden das Gericht regelmäßig nicht (vgl. aber *BGH* FamRZ 1992, 664). Beschlüsse sind mit der sofortigen Beschwerde (§ 567) oder der Rechtsbeschwerde (§ 574) anfechtbar, bisweilen unanfechtbar (z.B. der Beweisbeschluss, § 360 oder Verweisungsbeschluss, § 281).

§ 28. Die Arten der gerichtlichen Entscheidungen 311

Verfügungen unterscheiden sich von den Beschlüssen nicht 321
durch ihren Inhalt, auch sie enthalten prozessleitende Anordnungen. Sie werden bei Kollegialgerichten vom Vorsitzenden, ansonsten vom Einzelrichter erlassen und sind meistens nicht anfechtbar (z. B. die Terminsbestimmung). Eine Form ist nicht vorgeschrieben. (In einem anderen Sinn gebraucht die ZPO das Wort „Verfügung" bei der einstweiligen Verfügung, §§ 935 ff., Rn. 722 ff.)

II. End- und Zwischenurteile

Das *Endurteil* beendet den Rechtsstreit ganz oder zum Teil 322
für die Instanz oder insgesamt, wenn weder Rechtsmittel noch Nichtzulassungsbeschwerde, Gehörsrüge oder Einspruch zulässig sind. Es entscheidet bereits über die Klage, über den *Streitgegenstand,* also etwa über das Begehren, den Beklagten zur Zahlung einer bestimmten Geldsumme zu verurteilen, indem diesem Antrag ganz oder teilweise entsprochen oder er abgewiesen wird (§ 300 Abs. 1). Das *Zwischenurteil* entscheidet nicht über den Streitgegenstand, sondern lediglich über *Vorfragen,* über *Streitpunkte,* die in der Regel prozessuale Fragen betreffen (§ 303). *Es beendet nicht die Instanz.*

Der Zwischenstreit kann zwischen den Parteien bestehen oder zwischen einer Partei und einem Dritten. Die Parteien können etwa über die Zulässigkeit der Klageänderung streiten (§ 268), ebenso über die Wirksamkeit des Widerrufs eines Geständnisses (§ 290) oder über die Zulässigkeit der Wiedereinsetzung in den vorigen Stand (§ 238). Ein Zwischenstreit mit einem Dritten ist etwa der Streit um das Vorliegen eines Zeugnisverweigerungsrechts (§ 387) oder über die Verpflichtung, eine Untersuchung nach § 372a zu dulden. Zwischenurteile sind meistens zusammen mit dem Endurteil anfechtbar (§§ 512, 557 Abs. 2), bisweilen können sie selbständig angefochten werden (§§ 387 Abs. 3), manchmal sind sie auch unanfechtbar (§ 268). Das Zwischenurteil über Prozessvoraussetzungen, das deren Vorliegen bejaht, kann wie ein Endurteil angefochten werden (§ 280 Abs. 2, Rn. 157). Hier wäre eine Anfechtbarkeit zusammen mit dem Endurteil unzweckmäßig, weil die Frage der Zulässigkeit der Klage gerade vorab geklärt werden soll. Auf ein Zwischenurteil, das der Einrede mangelnder Prozesskosten stattgibt, soll § 280 Abs. 2 S. 1 nicht entsprechend anzuwenden sein, da in ihm nicht die Zulässigkeit der Klage festgestellt werde (BGHZ 102, 232).

Zwischenurteile sind auch die Urteile, *die im Rechtsmittelver-* 323
fahren den Rechtsstreit in die untere Instanz zurückverweisen.
Das Berufungsgericht muss zwar grundsätzlich selbst in der Sache

entscheiden (§ 538). Eine Zurückverweisung findet aber unter den Voraussetzungen des § 538 Abs. 2 statt (dazu *BGH* NJW-RR 2010, 1048). Das Gericht hebt dann das angegriffene Urteil auf (kassiert die Entscheidung) und verweist an die Vorinstanz zurück. Entsprechend kann das Revisionsgericht zu dem Ergebnis kommen, dass das angegriffene Urteil falsch ist und deshalb aufgehoben werden muss, dass aber der Rechtsstreit noch nicht entscheidungsreif ist. Dann kann oder muss dieser in bestimmten Fällen in der unteren Instanz weitergeführt werden. Das Revisionsgericht entscheidet also nicht selbst, sondern es verweist an die untere Instanz zurück (§§ 562, 563). Solche Urteile beenden zwar (zunächst) die Rechtsmittelinstanz, nicht aber das Verfahren. Deshalb handelt es sich dabei um Zwischenurteile.

324 Ein besonderes Zwischenurteil ist die *Vorabentscheidung über den Grund* (§ 304, dazu ausführlich *Keller*, JA 2007, 433 ff.). Wenn ein Anspruch nach Grund und Betrag streitig ist (der Beklagte bestreitet, den Unfall verursacht zu haben; außerdem bestreitet er die Höhe der geltend gemachten Schadensersatzforderung), kann das Gericht über den Grund vorab entscheiden (sog. *Grundurteil;* vgl. *BGH* NJW-RR 1994, 319). Im Unterschied zu den bisherigen Zwischenurteilen wird hier nicht nur über eine Vorfrage, sondern bereits über *einen Teil der Hauptsache* entschieden. Diese Vorabentscheidung ist sinnvoll, weil damit über die Frage des Anspruchsgrundes rechtskräftig entschieden werden kann, bevor das Gericht die Höhe des Anspruchs prüfen muss, was neue Kosten verursacht. Ein Grundurteil über einzelne Elemente der Begründetheit des Klageanspruchs ist aber nicht möglich; es müssen alle Fragen, die zum Grund des Anspruchs gehören, erledigt sein (*BGH* NJW-RR 2005, 929; 1008; Prütting/Gehrlein/*Thale* § 304 Rn. 7 m.w.N.). Die Rechtskraft des Grundurteils erstreckt sich nur auf die vom Gericht befürwortete oder abgelehnte Rechtsfolge. In der Urteilsbegründung gemachte Ausführungen zur Höhe einer Forderung oder eines Schadens nehmen an der Rechtskraft nicht teil und sind für das weitere Verfahren nicht bindend (*BGH* NJW-RR 2005, 1158).

Ausnahmsweise können einzelne zum Grund des Anspruchs gehörende Fragen im Grundurteil ausgeklammert werden, wenn den Urteilsgründen klar zu entnehmen ist, über welche Punkte nicht entschieden wurde (*BGH* MDR 2003, 769). Auch dabei ist das Gericht an die von dem Beklagten vorgegebene Reihenfolge der Verteidigungsmittel (Aufrechnung und Widerklage) gebunden (*BGH* a.a.O.).

Das Grundurteil ist hinsichtlich der Rechtsmittel als Endurteil anzusehen (§ 304 Abs. 2), kann also wie ein solches mit Berufung oder Revision angefochten werden. Da es nicht über den prozessualen Anspruch als solchen entscheidet, kann es zwar in formelle, nicht aber in materielle Rechtskraft erwachsen (vgl. § 322 Abs. 1). Die *Abgrenzung zwischen Grund und Betrag* ist nicht ohne Schwierigkeiten (vgl. dazu *Schilken*, ZZP 95, 45); sie ist aber vor allem mit Blick auf die Prozesswirtschaftlichkeit zu treffen (BGHZ 108, 256, 259). Es muss vermieden werden, dass der Grund bejaht wird und sich dann im Betragsverfahren herausstellt, dass kein Betrag zugesprochen werden kann, weil etwa die Bereicherung weggefallen ist oder wegen Vorteilsausgleichung kein Schaden vorliegt. Ein Grundurteil darf also nur ergehen, wenn nach aller Wahrscheinlichkeit der geltend gemachte Anspruch besteht (*BGH* NJW 2001, 225). Im Falle einer Schadensersatzklage muss also auch irgendein Schaden sehr wahrscheinlich vorliegen, bei Rentenzahlung gilt dasselbe für einen fortlaufenden Schaden (*BGH* ZZP 74, 279 mit Anm. *Wagemeyer*). Dennoch kann es zu Konstellationen kommen, bei denen die Klage trotz Vorliegens des Grundurteils im Betragsverfahren abzuweisen ist, so etwa wenn die Höhe des Anspruchs nicht einmal im Wege der Mindestschätzung ermittelt werden kann (*BGH* NJW-RR 2001, 1542).

Das Betragsverfahren wird grundsätzlich erst nach Eintritt der (formellen) Rechtskraft des Grundurteils fortgeführt. Nach § 304 Abs. 2 kann das Gericht aber, wenn es den Grund bejaht hat, auf Antrag anordnen, dass *über den Betrag zu verhandeln sei*, obwohl das Grundurteil noch nicht rechtskräftig ist. Damit soll verhindert werden, dass der Beklagte ein Rechtsmittel einlegt, nur um das Betragsverfahren hinauszuzögern. Es kann dann aber vorkommen, dass das Gericht der höheren Instanz die Klage abweist, während die untere Instanz im Betragsverfahren einen bestimmten Betrag bereits zugesprochen hat. Ein solches Urteil wird auch *ohne ausdrückliche Aufhebung wirkungslos;* die Situation ist insoweit dieselbe wie bei dem Zwischenurteil über Prozessvoraussetzungen (§ 280 Abs. 2, Rn. 157).

III. Sach- und Prozessurteile

325 Endurteile können über die *Zulässigkeit* ergehen und diese verneinen (etwa die Prozessfähigkeit einer der Parteien). Ein solches Urteil, das die Klage als unzulässig abweist, ist ein *Prozessurteil.* Im Gegensatz dazu entscheiden *Sachurteile* über die *Begründetheit* (durch Verurteilung des Beklagten oder durch Abweisung der Klage als unbegründet). Prozess- und Sachurteile unterscheiden sich weder hinsichtlich des Zustandekommens noch hinsichtlich der Rechtsmittel; sie haben aber eine *unterschiedliche Rechtskraftwirkung.* Bei einem Prozessurteil erwächst in Rechtskraft die Abweisung als unzulässig wegen Fehlens einer bestimmten Prozessvoraussetzung, etwa wegen Fehlens der örtlichen Zuständigkeit. Diesem Urteil steht eine neue Klage beim zuständigen Gericht nicht entgegen. Bei einem Sachurteil steht dagegen das Bestehen oder Nichtbestehen des Anspruchs selbst fest. Dasselbe Begehren kann wegen der rechtskräftigen Entscheidung nicht erneut geltend gemacht werden.

IV. Voll- und Teilurteile

326 Das *Vollurteil* entscheidet über die *Klage insgesamt,* also über den gesamten Klageanspruch oder über alle in derselben Klage geltend gemachten Ansprüche. Das Gericht kann (dies ist eine Ermessensfrage, § 301 Abs. 2) aber in Fällen, in denen nur ein Anspruch oder bei quantitativer Teilbarkeit nur ein Teil eines Anspruchs oder im Fall einer Widerklage nur die Klage oder die Widerklage zur Endentscheidung reif ist, nur *darüber* entscheiden, indem es ein *Teilurteil* erlässt (§ 301 Abs. 1). Damit ist dieser Teil des Rechtsstreits für die Instanz abgeschlossen. Ein Teilurteil ist jedoch nur zulässig, wenn keine Gefahr eines Widerspruchs zwischen Teil- und Schlussurteil besteht (*BGH* NJW 2009, 1824). Das Gesetz verlangt daher bei der Entscheidung über einen einheitlichen Anspruch, bei dem Grund und Höhe streitig sind, dass nur über einen Teil durch entsprechendes Teilurteil entschieden werden darf, wenn zugleich über den Grund erkannt wird. Damit werden widersprüchliche Entscheidungen über den Grund in Teil- und Schlussurteil vermieden (§ 301 Abs. 1 S. 2; s. schon *BGH* NJW 2001, 760 f.). Das Urteil muss wegen der unterschied-

lichen Urteilswirkung eindeutig erkennen lassen, über welchen Teil abschließend und inwieweit nur über den Grund entschieden wird.

Wenn Klage und Widerklage von derselben Vorfrage abhängen und über die Klage kein Teilgrundurteil ergehen kann, darf auch hinsichtlich der Widerklage kein Teilgrundurteil ergehen (*BGH* NJW-RR 2005, 22). Auch hier besteht sonst die Gefahr widersprüchlicher Entscheidungen.

Gegen das Teilurteil können die normalen Rechtsmittel eingelegt werden, es ist vollstreckbar und erwächst in materielle Rechtskraft. Durch die Teilung kann *ein sonst zulässiges Rechtsmittel unzulässig werden.* Erreicht der Wert der Beschwer des Teilurteils nur 600,– Euro, so ist die Zulässigkeit der Berufung von der Zulassung durch das Gericht erster Instanz abhängig (§ 511 Abs. 2 Nr. 2; geplant ist eine Erhöhung des Betrages in § 511 Abs. 2 Nr. 1 auf 1.000,– Euro, BT-Drs. 17/2149, 5). Bei einem Streitwert von insgesamt 1.200,– Euro kann bei Ausbleiben eines Zulassungsbeschlusses der Berufungsrechtszug verhindert werden. Diese dem Gericht in die Hand gegebene Möglichkeit ist aus rechtsstaatlichen Gründen bedenklich. Die Bedenken können nicht dadurch ausgeräumt werden, dass man dem Gericht das (unverbindliche) nobile officium auferlegt, in solchen Fällen vom Erlass eines Teilurteils abzusehen (*Rosenberg/Schwab/Gottwald* § 59 Rn. 22f.; vgl. auch *de Lousanoff,* Zur Zulässigkeit des Teilurteils, 1978, § 8 III und § 9 sowie *Hanack,* ZZP 72, 350). Vielmehr ist unter diesen Voraussetzungen von einem Teilurteil abzusehen, es sei denn, das Gericht will die Berufung nach § 511 Abs. 2 Nr. 2 zulassen.

V. Bedingte Urteile

Bei bedingten Urteilen wird bereits über den Streitgegenstand entschieden, und zwar in einer für den Kläger günstigen Weise. *Der endgültige Bestand dieses Urteils hängt aber von einer anderen noch zu erlassenden Entscheidung ab.* Dies sind einmal die *Vorbehaltsurteile:* der Beklagte wird unter dem Vorbehalt verurteilt, dass bestimmte Einwendungen noch nachträglich im Prozess geprüft werden können. Dies ist möglich bei der Aufrechnung (§ 302 Abs. 1 und 4, dazu *Braun,* ZZP 89, 93; Rn. 229) und im Urkunden- und Wechselprozess (§§ 599 Abs. 1, 600, dazu *Stürner,*

ZZP 85, 424; Rn. 461). Der Abschluss des Nachverfahrens erfolgt durch Endurteil, das entweder das Vorbehaltsurteil bestätigt und den Vorbehalt beseitigt, oder aber das Vorbehaltsurteil aufhebt und die Klage abweist. Das Vorbehaltsurteil ist also insoweit auflösend bedingt. Auflösend bedingt sind auch die Urteile, die vor der Rechtskraft der Zwischenurteile nach §§ 280 und 304 ergehen (Rn. 157 und 324).

VI. Leistungs-, Feststellungs- und Gestaltungsurteile

328 Diese Unterscheidung betrifft den *Inhalt* der Urteile. *Leistungsurteile* verurteilen zu einer Leistung (sehr häufig zu einer Zahlung, aber auch zu anderen Leistungen, z. B. der Übereignung eines Grundstücks, einer Duldung oder Unterlassung). Sie enthalten die Feststellung, dass der Verurteilte zu der Erbringung der Leistung verpflichtet ist, und außerdem den staatlichen Leistungsbefehl, der im Wege der Zwangsvollstreckung durchgesetzt wird. *Feststellungsurteile* enthalten nur eine Feststellung über ein Rechtsverhältnis; vollstreckt werden kann hier nur die Kostenentscheidung. *Gestaltungsurteile* (wie auch Gestaltungsbeschlüsse) gestalten unmittelbar mit Eintritt der formellen Rechtskraft (der Unanfechtbarkeit) ein Rechtsverhältnis, etwa die Ehe, die geschieden wird. Das Rechtsverhältnis kann auch dem Prozessrecht angehören (z. B. bei den Klagen aus den §§ 767, 771). Eine Vollstreckung ist hier nur wegen der Kostenentscheidung notwendig. Auch Gestaltungsurteile enthalten eine Feststellung, und zwar, dass das Recht auf Gestaltung besteht (s. dazu *Dölle*, DR 1943, 825; Rn. 356). *Klageabweisende Urteile* sind immer Feststellungsurteile; sie enthalten die Feststellung, dass das geltend gemachte Recht nicht besteht. Auch bei ihnen kann nur die Kostenentscheidung vollstreckt werden.

VII. Kontradiktorische Urteile und Versäumnisurteile

329 *Kontradiktorische Urteile* werden aufgrund einer streitigen Verhandlung gefällt, an der beide Parteien beteiligt waren. *Versäumnisurteile* ergehen ohne Rücksicht auf eine solche Verhandlung aufgrund der Säumnis einer Partei (§§ 330, 331, Rn. 371 ff.).

§ 29. Erlass, Form und Mängel des Urteils

I. Der Erlass des Urteils

Literatur: *Balzer,* Das Urteil im Zivilprozess, 2. Aufl., 2007; *Kötz,* Über den Stil höchstrichterlicher Entscheidungen, 1973 (dazu *Vollkommer,* AcP 176, 256 und *Schneider,* DRiZ 1974, 258); *Müller/Heydn,* Der sinnlose Schlagabtausch zwischen den Instanzen auf dem Prüfstand; Für eine Abschaffung der Tatbestandsberichtigung, NJW 2005, 1750.

Das Gericht ist häufig ein Kollegialgericht. Deshalb enthält das Gesetz sowohl eine Regelung der Willensbildung des Gerichts, der sog. *Fällung des Urteils,* als auch der Erklärung, des *Erlasses des Urteils.* Diese Unterscheidung ist sehr wichtig, weil das Gericht erst mit dem Erlass, der durch Verkündung erfolgt (§ 310), *an sein eigenes Urteil gebunden ist* (§ 318). Ein bereits schriftlich vorliegendes, von den Richtern unterschriebenes Urteil ist nur ein Entwurf und kann noch jederzeit abgeändert werden. Die Fällung des Urteils ist also ein rein interner Vorgang. 330

Das Urteil kann nur von den Richtern *gefällt* werden, die bei der letzten mündlichen Verhandlung anwesend waren (Grundsatz der Unmittelbarkeit, § 309; vgl. *Vollkommer,* NJW 1968, 1309; Rn. 32). Die *Verkündung* kann nach einem nach Fällung erfolgten Richterwechsel auch durch andere Richter vorgenommen werden (BGHZ 61, 370). Im *schriftlichen Verfahren* (§ 128 Abs. 2) und bei der *Entscheidung nach Lage der Akten* (§§ 251a, 331a) fehlt eine Schlussverhandlung. Da dort die Unmittelbarkeit keine Rolle spielt, ist § 309 nicht anwendbar (BGHZ 11, 27; *BGH* NJW-RR 1992, 1065; *BVerfG* NJW 2008, 2243). Wird gegen § 309 verstoßen, so liegt ein *absoluter Revisionsgrund* (§ 547 Nr. 1) und ein *Wiederaufnahmegrund* (§ 579 Abs. 1 Nr. 1) vor, weil das erkennende Gericht *nicht ordnungsgemäß besetzt* war. 331

Die Fällung des Urteils erfolgt bei Kollegialgerichten nach *Beratung* und *Abstimmung,* die geheim sind (§§ 192 ff. GVG). Die überstimmten Richter müssen das Urteil mit unterschreiben (§ 315 Abs. 1 S. 1; zu § 315 Abs. 1 S. 2 s. *BAG* NJW 2010, 2300; zum Minderheitsvotum des überstimmten Richters s. Rn. 62). Besteht das Gericht nur aus einem Richter, muss dieser seinen Entschluss fassen. 332

333 Die *Verkündung* des Urteils erfolgt in dem *Termin, in dem die mündliche Verhandlung geschlossen wird,* oder in einem besonderen *Verkündungstermin,* der nur ausnahmsweise über drei Wochen hinaus angesetzt werden darf (§ 310 Abs. 1 S. 1). Die Verkündung erfolgt durch die *öffentliche* (§ 173 GVG) *Verlesung der Urteilsformel* (§ 311 Abs. 2), die deshalb schriftlich vorliegen muss (*BGH* NJW 1985, 1782; a.A. *Jauernig,* NJW 1986, 117). Eine *Bekanntgabe der Entscheidungsgründe* liegt im Ermessen des Gerichts (§ 311 Abs. 3). Die Wirksamkeit der Verkündung ist nicht von der Anwesenheit der Parteien abhängig (§ 312 Abs. 1; Ausnahmen von diesen Grundsätzen in den §§ 310 Abs. 3, 311 Abs. 2 S. 2, 3). Auch Urteile, die im schriftlichen Verfahren ergehen, müssen verkündet werden (§ 128 Abs. 2 S. 2). *Die Verkündung muss protokolliert werden* (§§ 160 Abs. 3 Nr. 6 und 7, 315 Abs. 3).

334 Neben der Verkündung ist noch die Zustellung des Urteils erforderlich, *um den Lauf der Rechtsmittelfristen in Gang zu setzen* (§§ 339, 517, 548). Die Zustellung erfolgt von Amts wegen (§§ 317 Abs. 1, 166 Abs. 2). Sie kann auf übereinstimmenden Antrag der Parteien bis zum Ablauf von fünf Monaten nach der Verkündung hinausgeschoben werden (§ 317 Abs. 1 S. 3). Diese Regelung soll Vergleichsverhandlungen der Parteien fördern, die durch den Zwang, zur Fristwahrung ein Rechtsmittel einzulegen, gestört werden könnten.

335 *Beschlüsse,* die aufgrund einer mündlichen Verhandlung ergehen, müssen ebenfalls verkündet werden (§ 329 Abs. 1 S. 1); andere Beschlüsse, die eine Terminsbestimmung enthalten oder eine Frist in Lauf setzen, sind zuzustellen (§ 329 Abs. 2 S. 2); sonst reicht formlose Mitteilung aus (§ 329 Abs. 2 S. 1). Schließlich sind alle Entscheidungen, auch schon verkündete, *dann zuzustellen,* wenn sie einen *Vollstreckungstitel* bilden oder der *sofortigen Beschwerde* oder der *befristeten Erinnerung* unterliegen (§ 329 Abs. 3; zum Fall unterbliebener Zustellung s. *BayObLG* NJW-RR 1992, 597).

II. Die Form des Urteils

336 Die Form des Urteils ist *vom Gesetz vorgeschrieben* (§§ 311 ff.). Damit ist die Einheitlichkeit der in der Bundesrepublik ergehenden Urteile gewährleistet. Außerdem wird dadurch die Arbeit der Rechtsmittelgerichte erleichtert.

§ 29. Erlass, Form und Mängel des Urteils

Das Urteil ergeht *im Namen des Volkes* (§ 311 Abs. 1). Dieses ist *Träger der Gerichtsbarkeit.* Es folgt dann das sog. *Rubrum,* d. h. 1. die Bezeichnung der Parteien, ihres gesetzlichen Vertreters und des Prozessbevollmächtigten (§ 313 Abs. 1 Nr. 1); 2. die Bezeichnung des Gerichts (z. B. die 4. Zivilkammer des Landgerichts Freiburg) und die Namen der Richter, die bei der Entscheidung mitgewirkt haben (§ 313 Abs. 1 Nr. 2); 3. die Angabe des Tages, an dem die mündliche Verhandlung geschlossen worden ist (§ 313 Abs. 1 Nr. 3, wichtig wegen des Zeitpunktes, auf den sich die materielle Rechtskraft bezieht). 337

Im Anschluss an das Rubrum kommt die *Urteilsformel,* der sog. *Tenor* (§ 313 Abs. 1 Nr. 4), z. B. 1. Der Beklagte wird zur Zahlung von 1.000,– Euro an den Kläger verurteilt. 2. Der Beklagte trägt die Kosten des Verfahrens. 3. Das Urteil ist vorläufig vollstreckbar. Der Tenor muss *genau formuliert* sein, weil er *die Grundlage der Zwangsvollstreckung* ist.

Urteile (wie auch gerichtliche Beschlüsse) bedürfen grundsätzlich einer angemessenen Begründung (*EGMR* NJW 1999, 2429; vgl. Art. 6 Abs. 1 EMRK), die die tragenden Erwägungen des Gerichts wiedergeben. Der Umfang dieser Pflicht bestimmt sich nach dem Einzelfall. In bestimmten Fällen kann sich von Verfassungs wegen eine Begründungspflicht auch hier ergeben (*BVerfG* NJW 1994, 574; NVwZ 1993, 975); bei letztinstanzlichen Entscheidungen bedarf es jedenfalls von Verfassungs wegen keiner Begründung (*BVerfG* NJW 2001, 2162). Auch das Gesetz sieht in bestimmten Situationen Erleichterungen von der Begründungspflicht vor, wie noch darzustellen sein wird. Die *Begründung* des Urteils besteht aus dem *Tatbestand* (§ 313 Abs. 1 Nr. 5) und den *eigentlichen Entscheidungsgründen* (§ 313 Abs. 1 Nr. 6). Der Tatbestand beginnt mit der kurzen und auf das Wesentliche beschränkten Darstellung (§ 313 Abs. 2) des *unstreitigen Sachverhalts.* Es folgt der *streitige Tatsachenvortrag* des Klägers, der unter Umständen, aber nicht notwendigerweise die Darlegung seiner *Rechtsansichten* enthalten kann, und schließlich der *Antrag des Klägers.* Im Anschluss daran folgt der *Antrag des Beklagten,* sein vom Kläger bestrittener Tatsachenvortrag und der Hinweis auf die *erfolgten Beweisaufnahmen.* Wegen der Einzelheiten des Sach- und Streitstandes soll auf Schriftsätze, Protokolle und andere Unterlagen verwiesen werden (§ 313 Abs. 2 S. 2; zur Bezugnahme s. *BVerfG* NJW 1993, 1461; *BGH* NJW 1992, 2148; dazu *Schu-* 338 *mann*, NJW 1993, 2786). Der Tatbestand des Urteils ist wichtig wegen der *Beweiswirkung* des § 314 und der Bindungswirkung für das Berufungsgericht (§ 529 Abs. 1 Nr. 1) sowie der Verspätungsregelung des § 531 Abs. 2. Wurde das Vorbringen einer Partei im Tatbestand nicht erwähnt, so muss diese Tatbestandsberichtigung beantragen, um der Präklusion nach § 531 Abs. 2 zu entgehen (s. Rn. 341). In den *eigentlichen Entscheidungsgründen* gibt das Gericht eine kurze Zusammenfassung der Erwägungen, auf denen die Entscheidung in tatsächlicher und rechtlicher Hinsicht beruht (§ 313 Abs. 3). Hier findet sich neben *Rechtsausführungen* auch die *Beweiswürdigung*. Die sog. *Nebenentscheidungen* (Kostentragung, vorläufige Vollstreckbarkeit) sind ebenfalls zu begründen.

Das Urteil ist von allen Richtern, die bei der Entscheidung mitgewirkt haben, zu unterschreiben (§ 315 Abs. 1).

339 In *abgekürzter Form*, d. h. ohne Tatbestand und Entscheidungsgründe, können Versäumnis-, Anerkenntnis- und Verzichtsurteile ergehen (§ 313 b). Bei anderen Urteilen kann der Tatbestand entfallen, wenn unzweifelhaft kein Rechtsmittel zulässig ist. Die Entscheidungsgründe sind in diesen Fällen ebenfalls entbehrlich, sofern beide Parteien verzichten oder der wesentliche Inhalt der Gründe ins Protokoll aufgenommen wird (§ 313 a Abs. 1 S. 2). Dies gilt insb. für das vereinfachte Verfahren nach § 495 a. Bei sog. Stuhlurteilen (sie ergehen im Termin nach Schluss der mündlichen Verhandlung) bedarf es weder eines Tatbestands noch der Entscheidungsgründe bei Rechtsmittelverzicht der berechtigten Parteien (§ 313 a Abs. 2).

III. Die Mängel des Urteils

Literatur: *Hüneke/Austermann*, §§ 319 ff. ZPO als Durchbrechung des Grundsatzes der Innenbindung des zivilgerichtlichen Urteils, Jura 2009, 50; *Jauernig*, Das fehlerhafte Zivilurteil, 1958; *Stöber*, Notwendigkeit einer Tatbestandsberichtigung zur Vorbereitung einer Berufung, MDR 2006, 5.

340 Man unterscheidet Mängel, die *ohne Einlegung eines Rechtsmittels* durch Änderung oder Ergänzung beseitigt werden können, Mängel, die *nur mit Rechtsmitteln* geltend gemacht werden können, aber nichts an der Wirksamkeit des Urteils ändern, und schließlich Mängel, die die *Wirkungslosigkeit* (Nichtigkeit) des Urteils zur Folge haben.

341 Ohne Weiteres können von Amts wegen oder auf Antrag *Schreibfehler, Rechenfehler* und ähnliche *Unrichtigkeiten* berücksichtigt werden (§ 319). Nur auf Parteiantrag können *Unrichtig-*

keiten des Tatbestandes (Auslassungen von Anträgen, Parteibehauptungen usw.) berichtigt werden, und zwar durch Beschluss, der nur bei dahingehendem Antrag einer Partei aufgrund mündlicher Verhandlung ergeht (§ 320 Abs. 3) und stets (anders als der stattgebende Urteilsberichtigungsbeschluss, § 319 Abs. 3, s. *BGH* NJW-RR 2004, 1654) unanfechtbar ist (§ 320 Abs. 4). Diese Berichtigung des Tatbestandes ist wichtig, weil neues Vorbringen in der Berufungsinstanz nur in Ausnahmefällen (§ 531 Abs. 2) und in der Revisionsinstanz gar nicht zulässig ist (§ 559). Es kann vorkommen, dass das Gericht versehentlich *nicht über alle Haupt- oder Nebenansprüche* (Kosten) entschieden hat. Dann kann das „lückenhafte" Urteil durch nachträgliche Entscheidung ergänzt werden, sog. *Ergänzungsurteil,* das nach einer erneuten, auf den nicht erledigten Teil des Rechtsstreites beschränkten mündlichen Verhandlung ergeht (§ 321; ob ein Urteil lückenhaft ist, ist eine Frage der Begründetheit des Ergänzungsantrags, vgl. *BGH* NJW 2006, 1351). Der Antrag auf Erlass eines Ergänzungsurteils ist nur dann zulässig, wenn die Unvollständigkeit zu keiner Beschwer der Parteien führt. Über ein Zurückbehaltungsrecht, das das Gericht bei einer Entscheidung übersehen hat, kann das Gericht daher nicht im Wege eines Ergänzungsurteils entscheiden (*BGH* MDR 2003, 589; s. auch *BGH* NJW-RR 2010, 19, 21: Eröffnung des Rechtsmittelzugs neben § 321 bei Beschwer). Dagegen kann ein Nebenintervenient bei fehlendem Kostenausspruch zur Nebenintervention nach Rechtskraft die Ergänzung des Urteils (ungeachtet dessen Rechtskraft) beantragen (*BGH* NJW-RR 2005, 295). Dieses Verfahren ist entsprechend durchzuführen, wenn im Urteilstenor die Haftungsbegrenzung auf die Versicherungssumme nicht aufgenommen wurde (*BGH* NJW-RR 1996, 1238).

Bei den übrigen Mängeln sollte man im Anschluss an *Jauernig* (Das fehlerhafte Zivilurteil, 1958) zunächst zwischen *Nichturteilen* und *nichtigen (wirkungslosen) Urteilen* unterscheiden. Bei Nichturteilen fehlt es schon tatbestandlich an einem *Urteil,* es ist überhaupt *kein Urteil ergangen.* Dies ist etwa der Fall vor der Verkündung oder wenn kein Gericht, sondern eine andere Behörde entschieden hat. Das Nichturteil spielt in der Praxis keine große Rolle (vgl. *BezG Leipzig* DtZ 1993, 27; abl. *Jauernig,* DtZ 1993, 173; *BGH* JZ 1996, 978 m. Anm. *Braun*). 342

Der Fall des *wirkungslosen Urteils* ist ebenfalls selten. Im Gegensatz zum Nichturteil liegt hier ein Urteil vor, *wegen schwerer Mängel* kann es aber keine Wirkungen haben. Da das Urteil als Staatsakt in besonderem Maße die *Vermutung der Wirksamkeit* für sich hat, müssen ganz *besonders schwerwiegende*

Mängel vorliegen, wie etwa das Fehlen der deutschen Gerichtsbarkeit oder ein Urteil für oder gegen eine nicht existierende Partei. Auch ein Urteil, das außerhalb eines Verfahrens, etwa nach Klagerücknahme oder nach beiderseitiger Erklärung der Erledigung der Hauptsache ergeht, wird dazu gerechnet. Diese Urteile sind weder *vollstreckbar* noch können sie in *materielle Rechtskraft* erwachsen. Wegen des *Rechtsscheins,* den sie erzeugen (daher auch sog. Scheinurteil; s. z. B. *OLG München* NJW 2011, 689) und der Gefahr, die sie bedeuten (etwa Vollstreckung eines solchen Urteils), können sie mit den *üblichen Rechtsmitteln* angegriffen und beseitigt werden. Dabei sollte die beschwerte Partei nicht an die Rechtsmittelfristen gebunden sein (a. A. *Jauernig* a. a. O., 141 f., 188 f., der annimmt, dass auch wirkungslose Urteile in formelle Rechtskraft erwachsen können).

343 Alle anderen Mängel, seien es Fehler beim Zustandekommen des Urteils (Verfahrensmängel) oder inhaltliche (materiell-rechtliche) Fehler haben *nicht die Wirkungslosigkeit des Urteils* zur Folge. Sie verhindern nicht, dass das Urteil in formelle und materielle Rechtskraft erwächst und vollstreckt werden kann. Dies ergibt sich schon daraus, dass die ZPO für besonders schwere Urteilsmängel die Wiederaufnahme des Verfahrens (§§ 578 ff., Rn. 427 ff.) vorsieht, woraus folgt, dass es ohne eine solche bei der Wirksamkeit des Urteils bleibt (eine Ausnahme bildet die Rechtsprechung zu § 826 BGB, Rn. 370). Alle diese Mängel können deshalb nur mit den *normalen Rechtsmitteln geltend gemacht werden*.

§ 30. Die Urteilswirkungen

I. Die Tatbestandswirkungen

344 Nach dem *materiellen Recht* ist das Urteil vielfach *Tatbestandsvoraussetzung einer Rechtsnorm* (z. B. §§ 197 Abs. 1 Nr. 3, 407 Abs. 2, 775 Abs. 1 Nr. 4 BGB, s. auch Rn. 369 a. E.). Diese materiell-rechtlichen Folgen treten ein, ohne dass das Gericht sie in dem Urteil besonders anordnen müsste, und auch ohne den Willen der Parteien. Man spricht deshalb auch von der *Reflexwirkung* oder der *materiell-rechtlichen Nebenwirkung*.

II. Die Vollstreckbarkeit

345 Alle Urteile sind hinsichtlich der Kostenentscheidung *vollstreckbar,* in der Hauptsache sind es nur die Leistungsurteile. Die

Einzelheiten gehören in das Recht der Zwangsvollstreckung (Rn. 501 ff.).

III. Die innerprozessuale Bindungswirkung nach § 318

Literatur: *Götz*, Urteilsmängel und innerprozessuale Bindungswirkung, zugleich ein Beitrag zur Lehre von der Urteilsnichtigkeit, 1959; *ders.*, Die innerprozessuale Bindungswirkung von Urteilen im Zivil-, Arbeits- und Verwaltungsprozeßrecht, JZ 1959, 681.

Bei der Bindung der Gerichte muss man zwischen der Bindung des Gerichts *an sein eigenes Urteil im noch anhängigen Prozess* (sog. *innerprozessuale Bindungswirkung*) und der Bindung *anderer Gerichte* an das Urteil *in späteren Prozessen* unterscheiden. 346

Nach § 318 ist das Gericht an sein eigenes Urteil gebunden, wenn dieses erlassen worden ist (Rn. 330, 333). Das bedeutet einmal, dass das Gericht sein Urteil *nicht mehr ändern* kann, auch wenn es dieses später für falsch halten sollte *(negative Bindungswirkung)*. Außerdem muss das Gericht das Urteil *seinen späteren Entscheidungen im selben Prozess zugrunde legen (positive Bindungswirkung,* dazu *BGH* LM Nr. 22 zu § 301 ZPO). Dies kann bei *Teil-* oder *Zwischenurteilen* in Betracht kommen. Wenn das Gericht durch *Grundurteil* (§ 304) die Schadensersatzklage dem Grunde nach für gerechtfertigt erklärt hat, weil den Beklagten ein Verschulden treffe, so kann es im Betragsverfahren nicht die Klage mit der Begründung abweisen, der Beklagte habe ohne Verschulden gehandelt (vgl. BGHZ 35, 248). Maßgeblich für den Umfang der Bindungswirkung eines solchen Urteils ist das wirklich Gewollte, das erforderlichenfalls im Wege der Auslegung zu ermitteln ist (*BGH* NJW-RR 1997, 188).

IV. Die Gestaltungswirkung

Literatur: *Bötticher*, Die Bindung der Gerichte an Entscheidungen anderer Gerichte, Juristentagsfestschrift, 1960, Bd. 1, 511; *ders.*, Besinnung auf das Gestaltungsrecht und das Gestaltungsklagerecht, FS Dölle, 1963, Bd. I, 41; *Dölle*, Die sachliche Rechtskraft der Gestaltungsurteile, ZZP 62, 281; *Nicklisch*, Die Bindung der Gerichte an gestaltende Gerichtsentscheidungen und Verwaltungsakte, 1965.

Die Gestaltungswirkung ist die *Rechtsänderung,* die die *vom Gesetz vorgesehene Folge eines Gestaltungsurteils oder -beschlus-* 347 *ses* ist, also z. B. die Scheidung der Ehe, die Auflösung der OHG, der Ausschluss eines Gesellschafters usw. Gestaltet wird zwar das zwischen den Parteien bestehende Rechtsverhältnis (etwa die Ehe), diese Gestaltung wirkt aber für und gegen alle (die Eheleute sind auch für alle Dritten geschieden). Dadurch vor allem unterscheidet sich die Gestaltungswirkung von der materiellen Rechtskraft, die nur zwischen den Parteien wirkt.

§ 31. Die formelle Rechtskraft

348 Aus Gründen des *Rechtsfriedens* und der *Rechtssicherheit* muss jeder Rechtsstreit einmal ein Ende haben. Dafür sorgt die *formelle* (oder *äußere*) *Rechtskraft*. Sie tritt ein, wenn ein Urteil *im Instanzenzug unanfechtbar* ist; damit ist dieser Prozess beendet (vgl. § 705). Die Möglichkeit der Wiederaufnahme des Verfahrens bleibt dabei außer Betracht.

349 Die formelle Rechtskraft tritt danach mit *Verkündung eines Urteils* ein, gegen das *überhaupt kein Rechtsmittel* vorgesehen ist, also bei allen letztinstanzlichen Urteilen: den Endurteilen des Bundesgerichtshofs (die nicht lediglich aufheben und zurückverweisen), den Berufungsurteilen in Arrest- und einstweiligen Verfügungssachen (§ 542 Abs. 2), den Zwischenurteilen, die eine Klageänderung verneinen oder zulassen (§ 268). Erreicht der Wert der Beschwer nicht die erforderliche Berufungssumme (§ 511 Abs. 2 Nr. 1), so tritt nicht schon mit Verkündung des Urteils die formelle Rechtskraft ein, weil nur das Berufungsgericht über die Zulässigkeit der Berufung entscheiden kann und grundsätzlich ein Rechtmittel statthaft ist. Das gilt auch für Urteile, deren Wert der Beschwer die Summe des § 511 Abs. 2 Nr. 1 nicht übersteigt und in denen die Berufung nicht zugelassen wurde.

350 Ein Urteil wird außerdem formell rechtskräftig mit dem *Ablauf der Rechtsmittel-, Einspruchs- oder Rügefrist* (§ 705 S. 1). Die Einlegung eines Rechtsmittels oder Einspruchs hemmt den Eintritt der Rechtskraft. Formelle Rechtskraft tritt auch ein, wenn die Parteien dem Gericht gegenüber beiderseitig auf Rechtsmittel oder der Einspruchsberechtigte auf die Einlegung des Einspruchs verzichtet haben (§§ 515, 565, 346; Zöller/*Stöber* § 705 Rn. 9). Bei anderen Rechtsbehelfen (wie z.B. die Anhörungsrüge nach § 321a, Rn. 35a) kann das Gericht auf Antrag die einstweilige

Einstellung der Zwangsvollstreckung anordnen (§ 707 Abs. 1; Rn. 534, 568).

Da die Rechtsmittelfristen erst mit der Zustellung des Urteils zu laufen beginnen (§§ 517, 548) und es vorkommt, dass die Zustellung an die Parteien nicht am selben Tage erfolgt, können auch die Rechtsmittelfristen für beide Parteien an verschiedenen Tagen ablaufen. Fünf Monate nach der Verkündung werden alle Urteile rechtskräftig (§§ 517 HS 2, 548 HS 2). Beschlüsse, die der sofortigen Beschwerde unterliegen, können formell rechtskräftig werden (Rn. 426).

§ 32. Die materielle Rechtskraft

Literatur: *Arens*, Streitgegenstand und Rechtskraft im aktienrechtlichen Anfechtungsverfahren, 1960; *Berger*, Die subjektiven Grenzen der Rechtskraft bei der Prozeßstandschaft, 1992; *A. Blomeyer*, Rechtskrafterstreckung infolge privatrechtlicher Abhängigkeit, ZZP 75, 1; *Bötticher*, Kritische Beiträge zur Lehre von der materiellen Rechtskraft im Zivilprozeß, 1930; *Braun*, Rechtskraft und Rechtskraftbeschränkung im Zivilprozeß, JuS 1986, 364; *ders.*, Die materielle Rechtskraft des Vollstreckungsbescheids – Ein juristisches Lehrstück, JuS 1992, 177; *ders.*, § 323 I und III ZPO verstößt gegen das Recht auf Gehör, NJW 1992, 1593; *ders.*, Das Rückwirkungsverbot des § 323 III ZPO – ein Verstoß gegen grundlegende Prinzipien unseres Rechts, JuS 1993, 353; *ders.*, Grundfragen der Abänderungsklage, 1994; *Dieckmann*, Zur Rechtskraftwirkung eines Zug-um-Zug-Urteils – Anschlußbetrachtungen zum Urteil des BGH, BGHZ 117, 1, GS Arens, 1993, 43; *Dietrich*, Zur materiellen Rechtskraft des klagabweisenden Urteils, ZZP 83, 201; *Foerste*, Zur Rechtskraft in Ausgleichszusammenhängen, ZZP 108, 167; *Hellwig*, Wesen und subjektive Begrenzung der Rechtskraft, 1901; *Heiderhoff*, Der entschiedene Lebenssachverhalt und die Rechtskraftsperre bei klagabweisenden Urteilen, ZZP 118, 185; *Henckel*, Prozeßrecht und materielles Recht, 1970, 149 ff. (dazu *Arens*, AcP 173, 250 und *Bötticher*, ZZP 85, 1); *Jakoby*, Das Verhältnis der Abänderungsklage gem. § 323 ZPO zur Vollstreckungsgegenklage gem. § 767 ZPO, 1991; *Jauernig*, Subjektive Grenzen der Rechtskraft, ZZP 101, 361; *Leipold*, Teilklagen und Rechtskraft, FS A. Zeuner, 1994, 431; *Martens*, Rechtskraft und materielles Recht, ZZP 79, 404; *Oetker*, Die materielle Rechtskraft und ihre zeitlichen Grenzen bei einer Änderung der Rechtslage, ZZP 115, 3; *Petzoldt*, Die Rechtskraft der Rentenurteile des § 258 ZPO und ihre Abänderung nach § 323 ZPO, 1993; *Rimmelspacher*, Materielle Rechtskraft und Gestaltungsrechte, JuS 2004, 560; *Roth*, Materielle Rechtskraft und rechtliche Qualifikation, ZZP 124, 1; *Schack*, Drittwirkung der Rechtskraft?, NJW 1988, 865; *Schwab*, Rechtskrafterstreckung auf Dritte und Drittwirkung der Rechtskraft, ZZP 77, 124; *M. Schwab*, Der verbraucherschützende Widerruf und die Grenzen der Rechtskraft, JZ 2006, 170; *Stamm*, Zum Umfang der Sperrwirkung des rechtskräftigen Versäumnisurteils gegen den Kläger und gegen den Berufungskläger im Anschluss an die ZPO-Reform, ZZP 122, 399; *Zeuner,* Beobachtungen und Gedanken zur Behandlung von Fragen der Rechtskraft in der Rechtsprechung des Bundesgerichtshofes, FS BGH, Bd. III, 2000, 337; *ders.,* Die objektiven Grenzen der Rechtskraft im Rahmen rechtlicher Sinnzusammenhänge, 1959 (dazu *Lent,* ZZP 73, 316 und *E. Peters,* ZZP 76, 229); *ders.,* Rechtsvergleichende Bemerkungen zur objektiven Begrenzung der Rechtskraft im Zivilprozeß, FS Zweigert, 1981, 603.

I. Der Zweck und die Aufgabe der materiellen Rechtskraft

Fall 1: K ist mit einer Klage gegen B auf Rückzahlung eines Darlehens abgewiesen worden, weil er die Zahlung nicht beweisen konnte. Das Urteil ist formell rechtskräftig. K klagt erneut gegen B auf Zahlung desselben Betrages und begründet seinen Antrag nunmehr mit ungerechtfertigter Bereicherung.

Fall 2: K hat gegenüber B ein formell rechtskräftiges Urteil erstritten, das feststellt, dass K Eigentümer einer bestimmten Sache ist. Jetzt klagt K gegen B auf Herausgabe der Sache. B bestreitet das Eigentum des K.

351 Die formelle Rechtskraft garantiert, dass der Prozess nicht unbeschränkt weiter geführt werden kann. Damit wird aber nicht verhindert, dass derselbe Streit unter den Parteien *aufgrund eines neuen Prozesses* erneuert wird. Wenn in solchen Fällen der alte Streit erneut entschieden werden könnte und müsste, würde dies eine *empfindliche Störung des Rechtsfriedens und der Rechtssicherheit* bedeuten. Außerdem bestünde die *Gefahr sich widersprechender Entscheidungen.* Diese Konsequenzen soll die *materielle (innere) Rechtskraft* vermeiden. Sie bedeutet *die Bindung der Gerichte* (nicht nur des Gerichts, das den ersten Prozess entschieden hat, sondern auch der anderen) *an den Inhalt eines formell rechtskräftigen Urteils.* Die materielle Rechtskraft setzt also immer die formelle Rechtskraft voraus. Die Richtigkeit des Urteils kann dann nicht mehr bestritten werden, der im Prozess Unterlegene wird nicht mehr gehört mit der Behauptung, das Urteil sei unrichtig.

352 Die Bindung kann sich in zweifacher Hinsicht auswirken: *wenn derselbe Streit mit demselben Streitgegenstand wiederholt wird* (auch mit *umgekehrten Parteirollen*), meistens *mit anderer Begründung* (**Fall 1**) oder wenn das Urteil des ersten Prozesses für die Entscheidung im neuen Prozess *präjudiziell* ist. In beiden Fallgruppen bindet die materielle Rechtskraft das Gericht des zweiten

Prozesses. Praktisch wichtiger und häufiger sind die Fälle der *Präjudizialität* (z. B. *BGH* NJW 1991, 2022: Freistellungsurteil und nachfolgende Zahlungsklage; *BGH* NJW 2006, 700: Herausgabeurteil und Klage auf Verzugsschaden wegen verspäteter Herausgabe; s. auch *G. Lüke,* JuS 1996, 392). Der Richter ist also in **Fall 2** bei der Entscheidung über den Herausgabeanspruch des K (§ 985 BGB) an die Feststellung gebunden, dass dieser Eigentümer der herausverlangten Sache ist. Damit steht freilich noch nicht fest, dass die Herausgabeklage Erfolg haben muss. Sie könnte mit der Begründung abgewiesen werden, dass B ein Recht zum Besitz hat. Darüber enthält das erste Urteil keinerlei Feststellungen.

Wenn der Kläger des ersten Prozesses die alte Klage mit demselben Streitgegenstand wiederholt, muss diese abgewiesen werden, und zwar als *unzulässig.* Darüber besteht Einigkeit; auch darüber, dass die Rechtskraft aus Gründen des Allgemeininteresses *von Amts wegen* berücksichtigt werden muss (BGHZ 53, 334).

Nach der einen Auffassung wird dies damit begründet, dass das Gericht wegen der Bindungswirkung der materiellen Rechtskraft dasselbe Urteil erneut erlassen müsste. Dafür fehlt es jedoch am Rechtsschutzinteresse und deshalb müsste die Klage als unzulässig abgewiesen werden (BGHZ 4, 321; *Arens,* Streitgegenstand und Rechtskraft im aktienrechtlichen Anfechtungsverfahren, 1966, 29). Die andere Auffassung sieht in der materiellen Rechtskraft eine eigene negative Prozessvoraussetzung, die eine erneute Sachentscheidung überhaupt verbietet (ne bis in idem). Mit dieser Begründung soll die erneute Klage als unzulässig abgewiesen werden (*Böttcher,* Kritische Beiträge zur Lehre von der materiellen Rechtskraft im Zivilprozeß, 1930; *Jauernig/Hess* § 62 Rn. 15; *Rosenberg/Schwab/Gottwald* § 151 Rn. 10 ff. jeweils m. N.; *BGH* NJW 1989, 2133, 2134). Die erstgenannte Auffassung hat den Vorzug, dass sie eine zwanglose Begründung für die Fälle liefert, in denen ausnahmsweise doch ein zweites Urteil erforderlich ist, etwa weil der Titel verloren gegangen ist und keine neuen Ausfertigungen erteilt werden können: es liegt dann das Rechtsschutzinteresse für dieses zweite Urteil vor. Der Bundesgerichtshof hat in einer Entscheidung offensichtlich von der zweiten Auffassung ausgehend eine neue Klage mit dem Ziel der Verjährungsunterbrechung zugelassen, wenn das rechtskräftige Urteil wegen § 218 Abs. 2 BGB a. F. (vgl. heute § 197 Abs. 2 BGB) diese Wirkung für die Zukunft nicht haben konnte. Zur Begründung muss er eine weitere Ausnahme von dem Verbot des ne bis in idem annehmen, die sich aus dem Zweck der Rechtskraft ergebe (BGHZ 93, 287; anders *Jauernig/Hess* a. a. O., der als Streitgegenstand den Inhalt des verlorengegangenen Urteils ansieht).

Die materielle Rechtskraft wirft eine Anzahl schwieriger Fragen auf: welche Entscheidungen können in materielle Rechtskraft erwachsen (dazu unter II); wie lässt sich die Bindungswirkung im einzelnen erklären (unter III); wie weit reicht diese Bindung (unter IV); wie weit sind neue Tatsachen ausgeschlossen, auf welchen Zeitpunkt bezieht sich die materielle Rechtskraft (unter V); unter welchen Umständen kann eine Veränderung der dem Urteil zugrundeliegenden Tatsachen geltend gemacht und seine Änderung verlangt werden (unter VI); welche Personen sind an das Urteil gebunden (unter VII); unter welchen Voraussetzungen ist eine Durchbrechung der materiellen Rechtskraft möglich (unter VIII)?

II. Die rechtskraftfähigen Entscheidungen

355 Der Rechtskraft fähig sind *formell rechtskräftige Endurteile* und zwar sowohl *Prozess-*, als auch *Sachurteile*, *kontradiktorische* und *Versäumnisurteile*, *Voll-*, *End-* und *Teilurteile*. Wegen der Gleichwertigkeit der Gerichte beschränkt sich die Rechtskraftwirkung nicht nur auf Gerichte desselben Gerichtszweiges, sondern gilt ebenso für Gerichte anderer Gerichtsbarkeiten (z.B. *BGH* NJW 1992, 313; s. auch *G. Lüke*, JuS 1996, 392). Eine Ausnahme sind *auflösend bedingte Urteile* (Rn. 327), sie erwachsen nur in formelle, nicht aber in materielle Rechtskraft, weil der Prozess noch weitergeht und ihr Bestand trotz Vorliegens der formellen Rechtskraft noch nicht gesichert ist. Auch die *aufhebenden und zurückverweisenden Urteile der Rechtsmittelgerichte* erwachsen nicht in materielle Rechtskraft, weil sie entweder keine oder keine endgültige Entscheidung über den Streitgegenstand enthalten.

Ausländische Urteile sind grundsätzlich erst nach Anerkennung im Inland rechtskraftfähig (§ 328; zur Anerkennung eines US-amerikanischen Urteils, das ein für deutsche Maßstäbe sehr hohes Schmerzensgeld zusprach s. BGHZ 118, 312). Die Anerkennung nach § 328 bzw. die Vollstreckbarkeitserklärung nach §§ 722f. erfolgt in Form eines Urteils, welches dann als deutsches Urteil Rechtskraft entfaltet. Die Rechtskraftwirkung richtet sich nach ausländischem Recht (str., Zöller/*Geimer* § 328 Rn. 30ff.; *OLG Hamm* FamRZ 1993, 213; ausführlich hierzu *Stürner*, FS BGH, Bd. III, 2000, 677ff.). Für Urteile im Rahmen des Geltungsbereichs von EuGVVO und Luganer Abkommen gelten besondere Regeln (s.u. Rn. 745ff.). Die Vollstreckbarerklärung eines Urteils aus einem Mitgliedstaat der EU gemäß Art. 38 EuGVVO erfolgt dagegen nur noch durch Klauselerteilung, das ausländische Urteil selbst ist dann rechtskräftig. Andere als Leistungsurteile aus den EU-Mitgliedstaaten bedürfen der Feststellung der Rechtskraft des ausländischen Urteils nach Art. 33 EuGVVO. Der Europäische Vollstreckungstitel (Rn. 751) entfaltet Rechtskraft ohne Durchführung des Verfahrens der Vollstreckbarerklärung (Art. 38 EuGVVO oder §§ 722f.). Gleiches gilt für den Europäischen Zahlungsbefehl (dazu Rn. 755) und Urteile nach der EuGFVO (s. Rn. 756).

Gestaltungsurteile und *Gestaltungsbeschlüsse* führen mit Eintritt der formellen Rechtskraft die Veränderung eines Rechtsverhältnisses herbei. Ob sie daneben noch *eine rechtskraftfähige Feststellung* enthalten, ist streitig. Nach richtiger Auffassung enthalten sie neben dem Ausspruch der Gestaltung noch die *Feststellung, dass der Kläger oder Antragsteller auf die Durchführung der Gestaltung ein Recht hatte* (Rn. 328), etwa auf Ausschluss eines Gesellschafters von der Geschäftsführung (§ 117 HGB). *Diese Feststellung erwächst in materielle Rechtskraft.* Damit ist der Kläger davor gesichert, dass der Beklagte später in einem *Schadensersatzprozess* behauptet, er sei zu Unrecht ausgeschlossen worden (vgl. RGZ 73, 213; *Arens,* Streitgegenstand und Rechtskraft im aktienrechtlichen Anfechtungsverfahren, 1960, 39 ff.; *Jauernig/Hess* § 65 Rn. 8; *Rosenberg/Schwab/Gottwald* § 91 Rn. 16 m. N.). 356

Beschlüsse sind der materiellen Rechtskraft fähig, wenn sie formell rechtskräftig werden (Rn. 350 und 426) und einen Streit entscheiden, dessen Wirkung über den Prozess hinausreicht. Dahin gehören der Kostenfestsetzungsbeschluss, der Vollstreckungsbescheid, der Zuschlag in der Zwangsversteigerung eines Grundstücks (§§ 79 ff. ZVG). Beschlüsse mit rein prozessinterner Wirkung erwachsen dagegen nicht in Rechtskraft. 357

III. Die sog. Rechtskrafttheorien

Es geht dabei um die Frage, wie die Bindung des Richters im zweiten Prozess *erklärt werden kann*. Nach der sog. *materiellen Theorie* (*Kohler,* Der Prozeß als Rechtsverhältnis, 1888, 64, 112; *Pagenstecher,* Zur Lehre von der materiellen Rechtskraft, 1905) hat das formell rechtskräftige Urteil *materiell-rechtliche Wirkungen.* Wenn es ein Recht feststellt, das nicht ohnehin bestanden hat, schafft es dieses Recht. 358

Es kann also nach dieser Theorie im Grunde kein unrichtiges Urteil geben, weil das Urteil gegebenenfalls die materielle Rechtslage verändert. Jedes unrichtige Urteil wäre ein Gestaltungsurteil. Die Bindung des Richters im zweiten Prozess wäre damit erklärt. Gegen diese Theorie werden von der heute h. M. eine Reihe von Einwänden vorgebracht. Besonders überzeugend ist, dass die materiell-rechtliche Theorie bei absoluten Rechten, die gegen alle wirken (wie das Eigentum), diese Wirkung für und gegen alle nicht erklären kann, weil die materielle Rechtskraft nur unter den Parteien wirkt (§ 325). Es gibt aber kein Eigentum nur zwischen zwei Personen. Außerdem hat die materielle Theorie erhebliche Schwierigkeiten, die materielle Rechtskraft der Prozessurteile zu erklären. Diese ist aber aus praktischen Gründen unentbehrlich (vgl. im Übrigen *Rosenberg/Schwab/Gottwald* § 152 Rn. 4 ff. m. N.).

359 Heute herrschend ist die sog. *prozessuale Theorie,* die von *Stein* (Über die bindende Kraft der rechtlichen Entscheidung nach österreichischem Recht, 1897) und *Hellwig* (Wesen und subjektive Begrenzung der Rechtskraft, 1901) begründet worden ist. Danach lässt das formell rechtskräftige Urteil *die materielle Rechtslage unberührt* (mit der Ausnahme der Rechtsänderung bei Gestaltungsurteilen, aber dabei handelt es sich um die Gestaltungswirkung und nicht um die Rechtskraft, Rn. 328). Es besteht lediglich eine *Bindung des Richters künftiger Prozesse an die Feststellungen, die das erste Urteil getroffen hat* (s. aber Stein/Jonas/*Leipold* § 322 Rn. 18 ff.; *Schwab,* JuS 1976, 73). Diese Auffassung hat keine Schwierigkeiten, die materielle Rechtskraft der Prozessurteile zu erklären. Auch dort ist eine bestimmte Frage entschieden, etwa die Zulässigkeit des Rechtsweges zu den Zivilgerichten. Daran sind die Gerichte gebunden.

IV. Die objektiven Grenzen der Rechtskraft

Fall 3: K behauptet, gegen B einen Anspruch von 30.000,– Euro zu haben. Aus Gründen der Kostenersparnis klagt er 3.100,– Euro ein. Nachdem er ein obsiegendes Urteil erstritten hat und dieses rechtskräftig geworden ist, erhebt er Klage auf den Restbetrag. B macht geltend, dem stehe die materielle Rechtskraft entgegen; das erste Urteil habe festgestellt, dass er dem K 3.100,– Euro schulde und nicht mehr.

Wie wäre zu entscheiden, wenn K im ersten Prozess nur in Höhe von 2.000,– Euro gesiegt hätte, im Übrigen aber abgewiesen worden wäre?

Fall 4: K klagt auf Schadensersatz gegen den Autofahrer B, der ihn angefahren hat. Das Gericht weist die Klage ab mit der Begründung, den B treffe kein Verschulden. Das Urteil wird rechtskräftig. Nunmehr wiederholt K seine Schadensersatzklage und beruft sich zur Begründung auf die Gefährdungshaf-

§ 32. Die materielle Rechtskraft   331

tung aus § 7 StVG. B macht die Rechtskraft des ersten Urteils geltend. Wer hat Recht?

Fall 5: K klagt gegen B auf Zahlung von 5.000,- Euro aus Kaufpreisforderung. B bestreitet den Abschluss eines Kaufvertrages; es habe sich um eine Schenkung gehandelt. Das Gericht sieht den Abschluss des Kaufvertrages als bewiesen an und verurteilt den B zur Zahlung. Das Urteil wird rechtskräftig. Nunmehr klagt B auf Schadenersatz wegen arglistigen Verschweigens eines Fehlers der Kaufsache. Kann das Gericht die Klage mit der Begründung abweisen, es liege kein Kaufvertrag vor? (vgl. auch Fall 3 bei § 11 vor Rn. 134).

Fall 6: K klagt auf Schadensersatz wegen eines Verkehrsunfalls gegen den Autofahrer B. Das Gericht gibt dem Anspruch statt mit der Begründung, B habe grob fahrlässig gehandelt. K klagt jetzt auf angemessenes Schmerzensgeld. B bestreitet sein Verschulden an dem Unfall. Ist das Gericht an die Bejahung der Fahrlässigkeit im ersten Urteil gebunden?

Fall 7: K klagt gegen B auf Zahlung eines Kaufpreises. B erklärt die Anfechtung wegen Irrtums. Das Gericht weist mit dieser Begründung die Klage ab, das Urteil wird rechtskräftig. K klagt nunmehr auf Ersatz seines Vertrauensschadens (§ 122 BGB). Ist das Gericht an die Feststellung des ersten Urteils gebunden, dass B anfechten konnte?

Fall 8: K kaufte bei B einen Wagen, dessen Unfallfreiheit dem K von B zugesichert wurde. Später erfuhr K, dass der Wagen vor dem Verkauf einen Unfallschaden hatte. K wollte nun vom Vertrag zurücktreten und begehrte Rückzahlung des Kaufpreises Zug-um-Zug gegen Rückgabe des Fahrzeuges. Die Mängelgewährleistungsansprüche sah das Gericht als verjährt an und wies die Klage des K ab.
Einige Zeit später erfährt K, dass B Kenntnis von dem Unfallschaden hatte. Er ficht den Kaufvertrag wegen arglistiger Täuschung an und erhebt Klage gegen B mit demselben Begehren wie im Vorprozess (BGHZ 157, 47).

Nach § 322 Abs. 1 sind die Urteile der materiellen Rechtskraft **360** nur *insoweit* fähig, *als über den durch die Klage oder die Widerklage erhobenen Anspruch entschieden ist*. Die Anwendung dieser Vorschrift bereitet Schwierigkeiten, und zahlreiche Einzelheiten sind streitig. Hier muss eine Beschränkung auf die Grundzüge erfolgen. § 322 Abs. 1 setzt also zunächst eine *Entscheidung* voraus. Nur soweit entschieden worden ist, kommt eine Rechtskraftwirkung in Betracht. Der Inhalt der Entscheidung ergibt sich aus dem Urteilstenor, zu dessen Auslegung es erforderlich sein kann, den Tatbestand und die Urteilsgründe heranzuziehen; dies trifft etwa für die Abweisung der Klage zu, um festzustellen, ob es sich um ein Prozess- oder Sachurteil handelt (s. z.B. *BGH* NJW 1993, 3205). Entschieden worden ist auch über das mit der geltend gemachten Rechtsfolge genau *unvereinbare Gegenteil* (BGHZ 35, 171; *BGH* NJW 1995, 967): Mit der Feststellung des Eigentums des Klägers ist das des Beklagten verneint. Auch stellt ein Herausgabeurteil bindend fest, dass der herausgabepflichtigen Partei kein gesetzliches oder vertragliches Recht zur Verweigerung der Herausgabe zusteht (*BGH* NJW 2006, 63, 64 = JuS 2006, 269 [*K. Schmidt*]). Aus der Beschränkung auf die Entscheidung ergibt sich für die nicht klageweise geltend gemachten Fälle, dass die Entscheidung in sog. *Musterprozessen* keine automatische Rechtskraftwirkung hat. Von einem Musterprozess spricht man, wenn einer Anzahl von Fällen dasselbe tatsächliche oder rechtliche Problem zugrunde liegt und aus Gründen der Kostenersparnis nur *eine* Klage erhoben wird (dazu *Arens*, Das Problem des Musterprozesses, in: Zur Soziologie des Gerichtsverfahrens, Jahrbuch für Rechtssoziologie Bd. 4, 1976, 344; *Lindacher*, JA 1984, 404; *Jacoby*, Der Musterprozessvertrag, 2000, 55 ff.). Nicht mittels Rechtskrafterstreckung, sondern einer Art Interventionswirkung bindet der Musterentscheid nach dem *Kapitalanleger-Musterverfahrensgesetz* (hierzu Rn. 457 a sowie *Stadler*, Bündelung von Verbraucherinteressen in Zivilprozeß, in: Brönneke (Hrsg.), Kollektiver Rechtsschutz im Zivilprozeß, 2001, 1, 24).

Auch bei einer *Teilklage* erwächst *nur die Entscheidung über den geltend gemachten Teil des Anspruchs in Rechtskraft.* Über den anderen Teil könnte das Gericht eine abweichende Entscheidung treffen. Dazu kommt es aber nur selten, schon weil sich die Parteien nach der Teilklage sehr häufig einigen.

Wenn also der Kläger einen Teilbetrag einklagt und voll obsiegt hat, kann er, ohne durch die Rechtskraft gehindert zu sein, den Restbetrag einklagen; gleiches kann der Kläger auch bei Abweisung der Klage tun. Über den Restbetrag ist weder positiv noch negativ, etwa in dem Sinne, dass nur der zugesprochene Anspruch besteht, entschieden (*BGH* NJW 1997, 1990, hierzu *Jauernig*, JZ 1997, 1127; *Windel*, ZZP 110, 501), denn über den weitergehenden Betrag durfte das Gericht nicht entscheiden. Dies gilt jedenfalls uneingeschränkt für das als Teilklage kenntliche und mit einem Vorbehalt der Restforderung geltend gemachte Begehren (sog. *offene Teilklage*) und ist Folge des § 322 Abs. 2 sowie der Bindung des Gerichts an den Antrag (weitergehend für die *nicht individualisierte* offene Teilklage: *Leipold*, FS A. Zeuner, 1994, 431 ff.). Wenn der Beklagte eine Feststellung erreichen will, muss er negative Feststellungsklage erheben. Nicht anders wird grundsätzlich die Situation bei Stattgabe einer verdeckten Teilklage beurteilt (*BGH* NJW 1997, 1990; 3020). In **Fall 3** würde K somit auch einen Restanspruch geltend machen können, ohne dass dem die Rechtskraft entgegenstünde. Wird dagegen der Kläger ganz oder teilweise mit

§ 32. Die materielle Rechtskraft 333

der Klage abgewiesen (2. Alternative in **Fall 3**), hat das Gericht nach einer verbreiteten Auffassung den Anspruch, auch soweit er nicht geltend gemacht war, verneint. Das Urteil enthalte hier zugleich mit der Klageabweisung die Feststellung, dass dem Kläger auch darüber hinaus nichts mehr zustehe. Mit einer neuen *verdeckten* Teilklage mache der Kläger das unvereinbare Gegenteil des ersten Urteils geltend (*Jauernig/Hess* § 63 Rn. 12 m. w. N.; *BGH* NJW 1984, 3166). Auch gegen diese Erstreckung der Rechtskraft wird eingewandt, dass der Kläger den nicht eingeklagten Teil des Anspruchs eben nicht geltend gemacht hat, gleichgültig, ob mit oder ohne Vorbehalt (*Rosenberg/Schwab/ Gottwald* § 155 Rn. 10 f. m. N.). Für die erste Auffassung spricht, dass sie der endgültigen Erledigung des Streits zwischen den Parteien dient; der Umfang der Rechtskraftwirkung, wie ihn § 322 Abs. 1 vorsieht, ist ohnehin zu eng. Den Kläger trifft eine solche weite Bindung auch nicht unvorbereitet, da er diese durch Erhebung einer verdeckten Teilklage herbeiführt und die dargestellte Wirkung durch offene Teilklage vermeiden kann. Er weiß somit, was auf dem Spiel steht und kann daran seine Bemühungen um die Prozessführung ausrichten, während Gleiches für den Beklagten zwar nicht zutrifft; dieser wird aber von einer solchen (einseitigen) Bindungserweiterung begünstigt (kritisch dagegen *Marburger*, GS Knobbe-Keuk, 1997, 192, 196 ff. der die unbeschränkte Nachforderung im Wege der Präklusion verhindern will). Für die zweite Auffassung spricht, dass die „wünschenswerte Konzentration der Streiterledigung" durch eine derartige Rechtskrafterstreckung auf den offenen Restanspruch einen schwerwiegenden Eingriff in die Dispositionsmaxime darstellt und diese damit weitgehend aushöhlt (so *Marburger*, a. a. O., 192). Statt dessen soll der unbeschränkten Möglichkeit einer Nachforderungsklage nach *verdeckter* Teilklage der Präklusionseinwand (entsprechend §§ 767 Abs. 3, 296, 530, 531; § 145 PatG) entgegen stehen, es sei denn, der Kläger weist sein unverschuldetes Unvermögen, seinen Anspruch im Erstprozess geltend zu machen, nach (vgl. *Marburger*, a. a. O., 196 ff.; ausführlich zur gesamten Problematik *Zeuner*, FS BGH, Bd. III, 2000, 349 ff.).

Die Rechtsprechung nimmt zumindest eine Ausnahme vom engen Rechtskraftumfang an, wenn der Kläger im Erstprozess die Höhe eines Schadensersatzanspruches (*RG* Warn 1925, 138) oder die Erhöhung einer Enteignungsentschädigung (BGHZ 34, 337) in das Ermessen des Gerichts gestellt hat (ebenso zur Klage auf angemessenes Schmerzensgeld: *BGH* NJW 1988, 2300).

In Rechtskraft erwächst die Entscheidung über den *Anspruch*. 361
Damit ist der *prozessuale Anspruch, der Streitgegenstand,* nicht der materiell-rechtliche Anspruch gemeint. Entschieden wird also über das Begehren des Klägers, gekennzeichnet durch den Klageantrag und den zur Begründung vorgebrachten Tatsachenkomplex (historisches Ereignis oder Lebenssachverhalt, Rn. 162 f.; hierzu BGHZ 117, 1). Das bedeutet, *dass über alle konkurrierenden materiell-rechtlichen Ansprüche entschieden wird,* die zu diesem prozessualen Anspruch gehören. Wenn dabei ein materiell-rechtlicher

Anspruch vom Gericht übersehen wird, muss die dadurch belastete Partei dies durch Rechtsmittel geltend machen. Ist dies nicht mehr möglich oder versäumt sie dies, so ist auch der nicht berücksichtigte materiell-rechtliche Anspruch rechtskräftig aberkannt. Das ist gerechtfertigt, weil die betreffende Partei diesen Anspruch ohne Weiteres in dem Prozess hätte geltend machen können.

In **Fall 4** kann K also nicht mehr aus Gefährdungshaftung klagen, weil der Anspruch aus § 7 StVG zum Streitgegenstand des ersten Prozesses gehört hat.

Die Wirkung der Rechtskraft des prozessualen Anspruchs sperrt auch in **Fall 8** die nochmalige Geltendmachung des Rückzahlungsanspruchs des K. Es ist nämlich unerheblich, auf welche materiell-rechtlichen Ansprüche der K sein Begehren stützt, solange es sich um dasselbe Begehren handelt (s. *Rimmelspacher,* JuS 2004, 560).

362 Aus der Beschränkung der Rechtskraft auf die Entscheidung über den prozessualen Anspruch folgt, dass weder die Entscheidung *über präjudizielle Rechtsverhältnisse noch die über Tatsachen an der Rechtskraft teilnehmen*. Das Gericht entscheidet, ob der geltend gemachte Anspruch aufgrund des vorgebrachten und bewiesenen Sachverhalts besteht oder nicht besteht. Diese Entscheidung erwächst in Rechtskraft, *nicht aber ihre Voraussetzungen*. Wenn also das Gericht einen Anspruch auf Kaufpreiszahlung zuspricht, muss es vorher den Abschluss eines Kaufvertrages feststellen, dieser ist dafür das präjudizielle Rechtsverhältnis. *Diese Feststellung erwächst aber nicht in Rechtskraft, sondern nur die, dass ein Kaufpreisanspruch besteht.* Entsprechendes gilt, wenn der Kaufpreisanspruch verneint wird. In einem zweiten Prozess könnte also dasselbe oder ein anderes Gericht über das Bestehen oder Nichtbestehen des Kaufvertrages *eine abweichende Entscheidung treffen*. Ebenso steht mit der Verurteilung eines GmbH-Geschäftsführers zum Schadensersatz für nicht abgeführte Arbeitnehmeranteile von Sozialversicherungsbeiträgen nicht rechtskräftig fest, dass der zuerkannte Anspruch auf einer vorsätzlich begangenen unerlaubten Handlung beruht (*BGH* NJW 2010, 2210, dazu ausf. *Roth,* ZZP 124, 1.)

Anders verhält es sich in folgendem Fall: Im Vorprozess hat das Gericht das Bestehen eines Mietverhältnisses rechtskräftig festgestellt. Im folgenden Klageverfahren auf Zahlung der Miete aus demselben Mietverhältnis kann die beklagte Partei keine wirksame Kündigung einwenden. Das Bestehen des Mietverhältnisses ist, da Gegenstand des Feststellungsurteils, präjudiziell für die Klage auf Miete (*BGH* NJW 2004, 294). Der Beklagte könnte lediglich gegen die Höhe der Mietforderungen Einwendungen erheben.

In **Fall 5** könnte das Gericht die Klage des B also mit der Begründung abweisen, dass kein Kaufvertrag vorliege. Dieses Ergebnis, das auf den ersten Blick äußerst unbillig erscheint, kann vermieden werden, wenn die Partei, die aus dem präjudiziellen Rechtsverhältnis selbst Ansprüche herleiten möchte oder weitere Ansprüche befürchtet, *Zwischenfeststellungsklage* erhebt mit dem Antrag, das Bestehen oder Nichtbestehen dieses Rechtsverhältnisses festzustellen (§ 256 Abs. 2). Die Möglichkeit der Zwischenfeststellungsklage ist der Ausgleich für die Begrenzung der Rechtskraftwirkung auf die Entscheidung über den geltend gemachten Anspruch.

Auch die Entscheidung des Gerichts über das *Vorliegen oder Nichtvorliegen von Tatsachen* (**Fall 6:** Vorliegen der Fahrlässigkeit) und über *Einreden* (materiell-rechtliche Einwendungen und Einreden) des Beklagten (**Fall 7:** erfolgreiche Irrtumsanfechtung) *nimmt nicht an der Rechtskraft teil* (*BGH* LM Nr. 2 zu § 322 ZPO; NJW 1976, 1095; NJW-RR 1988, 199; Ausnahme: die Entscheidung über die Aufrechnung, § 322 Abs. 2; für Einzelheiten s. Rn. 230). Darüber muss das Gericht ebenfalls entscheiden, um über die Klage ein Urteil fällen zu können. In einem zweiten Prozess könnte es aber anders entscheiden (**Fall 6 und 7**). 363

Vor allem für Anfänger (und nicht nur für diese) ist der Sinn dieser Begrenzung der materiellen Rechtskraft schwer einzusehen. Der Gesetzgeber hat diese Entscheidung aber bewusst getroffen, gegen die gemeinrechtlichen Lehren *von der Teilnahme der Urteilselemente an der materiellen Rechtskraft* (*Savigny,* System, Bd. 6 §§ 291 ff., 296 ff.; *Windscheid,* Lehrbuch des Pandektenrechts, Bd. I, 4. Aufl., 1875, § 130, 5b, S. 388). Der Sinn dieser Begrenzung war, für den Kläger überschaubar zu machen, was er mit seinem Klagebegehren aufs Spiel setzt. Der Nachteil dieser Regelung ist, dass sie dem Gericht in einem zweiten Prozess nicht automatisch Arbeit erspart. In der Praxis wird das Gericht des zweiten Prozesses meistens die Akten des ersten beiziehen und nach Möglichkeit zu demselben Ergebnis kommen. Zwingend ist das aber nicht. 364

In der Literatur sind Bedenken gegen die h. M. vorgebracht worden. Vor allem *Zeuner* (Die objektiven Grenzen der Rechtskraft im Rahmen rechtlicher 365

8. Kapitel. Die Urteilslehre

Sinnzusammenhänge, 1959) hat vorgeschlagen, nicht mehr nur, wie bisher, nach der Präjudizialität zu fragen, sondern danach, ob die erste Entscheidung mit der im zweiten Prozess festzustellenden Rechtsfolge *in einem Sinnzusammenhang steht oder nicht*. Wenn dies der Fall sei, müsse sie im zweiten Prozess rechtskräftig wirken. Sei der Klage auf Leistung aus einem Vertrag stattgegeben worden, müsse auch im Folgeprozess auf Zahlung vom Bestehen des Vertrages ausgegangen werden. Dieser zweite Prozess sei die inhaltliche Fortsetzung des ersten Prozesses (vgl. für das Verhältnis von Unterlassungs- und Schadensersatzklage BGHZ 42, 340 und *Zeuner,* JuS 1966, 147). *Zeuner* hat mit dieser Auffassung Zustimmung gefunden (*Blomeyer I* § 89 V 4; *Rosenberg/Schwab,* 14. Aufl., 1986, § 155 III 2; anders nunmehr *Rosenberg/Schwab/Gottwald* § 154 Rn. 12; s. auch *Foerste,* ZZP 108, 167). Es erscheint jedoch fraglich, ob seine Auffassung mit dem geltenden Recht vereinbar ist. Es besteht auch die Gefahr, dass die größere Gerechtigkeit im Einzelfall mit dem Preis größerer Rechtsunsicherheit erkauft werden muss. Die Vermeidung allzu unbefriedigender Ergebnisse mit Hilfe des Einwandes des Rechtsmissbrauchs erscheint demgegenüber weniger unsicher (*Jauernig/Hess* § 63 Rn. 20f.; Fall 7 würde sich für eine solche Lösung anbieten, wenn B gegen die Klage des K aus § 122 BGB etwa vorbringen sollte, es habe kein Irrtum vorgelegen).

366 Es bleibt die Frage, wie man im *Einzelfall* den rechtskraftfähigen Inhalt des Urteils feststellt. Man findet bisweilen die Formulierung, in Rechtskraft erwachse der Tenor des Urteils. Das ist missverständlich. In Rechtskraft erwächst *die Entscheidung;* um deren Inhalt zu ermitteln, muss man vom Tenor ausgehen. Für sich allein betrachtet ist dieser aber häufig keine ausreichende Basis um festzustellen, worüber entschieden worden ist. Dies ist vor allem, aber nicht nur bei klageabweisenden Urteilen der Fall. Aus dem Satz „Die Klage wird abgewiesen" lässt sich nicht entnehmen, über welchen Anspruch entschieden worden ist. Man muss, um dies zu ermitteln, Tatbestand und Entscheidungsgründe sowie erforderlichenfalls auch das Parteivorbringen heranziehen (*BGH* JZ 1976, 243; NJW 2008, 2716f. = JuS 2008, 1035 [*K. Schmidt*]; ferner Zöller/*Vollkommer* Vor § 322 Rn. 31).

V. Die zeitlichen Grenzen der Rechtskraft

Fall 9: K hat gegenüber B die rechtskräftige Feststellung erreicht, dass er Eigentümer einer bestimmten Sache sei. Jetzt klagt er gegen B auf Herausgabe der Sache. B wendet ein, er habe inzwischen das Eigentum erworben.

Fall 10: B ist zur Zahlung von 10.000,– Euro verurteilt worden. Nach Eintritt der Rechtskraft zahlt er an K. Als er erfährt, dass K gleichwohl die

§ 32. Die materielle Rechtskraft

Zwangsvollstreckung betreiben will, fragt er an, was er tun kann, um dies zu verhindern.

Von den *zeitlichen Grenzen der Rechtskraft* hängt es ab, in welchem Umfang *neue Tatsachen* vorgebracht und vom Gericht berücksichtigt werden können. Soweit die materielle Rechtskraft reicht, können die Parteien keine bisher nicht vorgetragenen Tatsachen vorbringen und auch keine neuen Beweismittel geltend machen. Wenn die Klage mangels Verschulden des Beklagten abgewiesen worden ist und der Kläger jetzt einen Zeugen findet, der den Unfall beobachtet hat, so ist er mit diesem neuen Beweismittel ausgeschlossen (*Präklusionswirkung;* hierzu BGH NJW 1993, 2684). Diese Präklusionswirkung gilt natürlich nur für denselben Streitgegenstand. Wird ein anderer Streitgegenstand geltend gemacht, so kommt eine Präklusion nur im Rahmen der präjudiziellen Wirkung der Rechtskraft in Betracht.

367

Diese *Präklusionswirkung* der materiellen Rechtskraft kann *zeitlich nicht unbeschränkt* sein. Eine Feststellung kann immer nur *für einen bestimmten Zeitpunkt* getroffen werden. Dies ist der *Zeitpunkt der letzten mündlichen Tatsachenverhandlung* (§ 767 Abs. 2), also grundsätzlich der letzten erstinstanzlichen mündlichen Verhandlung, ausnahmsweise (§ 529 Abs. 1) auch der letzten mündlichen Tatsachenverhandlung vor dem Berufungsgericht. Bis zu diesem Zeitpunkt konnten die Parteien noch neue Tatsachen in den Prozess einführen, danach nicht mehr, weil in der Revisionsinstanz grundsätzlich keine Tatsachen mehr vorgebracht werden können (Rn. 411). Die materielle Rechtskraft hindert also die Parteien nicht, Tatsachen, die erst nach dem Schluss der letzten mündlichen Tatsachenverhandlung eingetreten sind, geltend zu machen; solche, die schon vorher vorgelegen haben, und hierauf gestützte Einwendungen sind dagegen ausgeschlossen (*BGH* NJW 1980, 2754; 1989, 105). In **Fall 9** kann also B vortragen, dass er nach dem Schluss der letzten mündlichen Tatsachenverhandlung des Vorprozesses das Eigentum von K erworben habe. Die Rechtskraft steht dem nicht entgegen (vgl. BGHZ 37, 375; *BGH* NJW 1984, 126).

Die Partei, die die neuen Tatsachen geltend macht, kann diese wie in **Fall 9** *im Rahmen des Streits über ein präjudizielles Rechtsverhältnis* vorbringen. Sie kann auch *selbständig klagen*. Eine sehr häufig in Betracht kommende neue Tatsache ist die *Erfüllung des Anspruchs,* zu der der Beklagte verurteilt worden ist (z. B. der Beklagte zahlt, er übereignet usw.). Hier besteht ein besonderes Interesse an der Geltendmachung dieser neuen Tatsachen mit dem Ziel, die *Zwangsvollstreckung aus dem Urteil zu verhindern.* Es muss zu diesem Zweck eine besondere Klage, die sog. *Vollstreckungsgegen-* oder *-abwehrklage* (§ 767) erhoben werden **(Fall 10)**. Die Einzelheiten gehören ins Recht der Zwangsvollstreckung (Rn. 590 ff.).

Problematisch ist, wie die nachträgliche Ausübung von Gestaltungsrechten zu behandeln ist. Nach ständiger Rechtsprechung kommt es im zweiten Prozess darauf an, wann das Gestaltungsrecht erstmals hätte ausgeübt werden können (BGHZ 131, 82). In **Fall 8** (Rn. 361) hatte K den Kaufvertrag erst nach Schluss der letzten mündlichen Verhandlung angefochten, dennoch ist auf den Zeitpunkt abzustellen, zu dem er objektiv (nicht aufgrund seiner Kenntnis) hätte anfechten können, also nach Abschluss des Kaufvertrages. Ein anderes Ergebnis ließe sich erzielen, indem man auf die Ausübung des Gestaltungsrechts abstellt (so z.B. Stein/Jonas/ *Leipold* § 322 Rn. 241 ff.; MünchKomm/*Gottwald* § 322 Rn. 165) und damit die zeitliche Grenze der Rechtskraft beschränkt.

VI. Die Abänderungsklage des § 323

Fall 11: B ist wegen einer dem K zugefügten Körperverletzung zu einer Rente verurteilt worden, weil K infolge des Unfalls zu 50 Prozent arbeitsunfähig ist. Nach drei Jahren erfährt B, dass K inzwischen wieder fast völlig arbeitsfähig ist. Er möchte gern, dass die von ihm zu zahlende Schadensrente dem angepasst wird.

368 Bei *wiederkehrenden Leistungen* kann gem. § 258 auch Klage auf die erst künftig fällig werdenden Leistungen erhoben werden (Rn. 159). Dies ist vor allem für Rentenansprüche von großer Bedeutung. Derartige Verurteilungen, die sich oft über einen Zeitraum von vielen Jahren erstrecken, sind natürlich besonders anfällig für eine Veränderung der sie tragenden tatsächlichen Verhältnisse. Vor allem hier kann eine Änderung dieser Verhältnisse nicht unberücksichtigt bleiben. Etwa bei einer Schadensrente kann eine Verbesserung oder eine Verschlechterung des Gesundheitszustandes des Geschädigten eintreten **(Fall 11)**. Es können auch die allgemeinen Lebenshaltungskosten steigen. Das Gesetz sieht deshalb eine besondere Klage vor, die *Abänderungsklage* des § 323. Da-

nach kann bei einer Verurteilung zu künftig fällig werdenden wiederkehrenden Leistungen jeder Teil eine Abänderung des Urteils verlangen, wenn nach Schluss der letzten mündlichen Tatsachenverhandlung (§ 323 Abs. 2) eine wesentliche Änderung derjenigen Verhältnisse eintritt, die für die Verurteilung zur Entrichtung der Leistungen sowie für die Bestimmung ihrer Höhe und Dauer maßgebend waren (§ 323 Abs. 1; s. auch *BGH* NJW 2007, 2921 für den Fall eines Anerkenntnisurteils). Mit der Abänderungsklage wird also die Rechtskraftwirkung durchbrochen, die bei Urteilen auf Klagen nach § 258 einen in die Zukunft wirkenden Charakter hat (*Roth*, NJW 1988, 1233; a. A. MünchKomm/*Gottwald* § 323 Rn. 9, für den die Vorschrift dem Zweck dient, die Art und Weise festzulegen, in der eingetretene Änderungen der Sachlage prozessual geltend zu machen sind, sog. *Bestätigungstheorie;* die Auffassung des Bundesgerichtshofs ist uneinheitlich, für Einzelheiten s. *Jauernig/Hess* § 63 Rn. 48). Auch die Änderung der Rechtsprechung berechtigt zur Abänderung im Wege der Abänderungsklage (BGHZ 153, 372; str. s. *Knoche/Biersach,* MDR 2005, 12 m. w. N.).

Einer rechtskräftigen Abweisung des Unterhaltsbegehrens wegen mangelnder Bedürftigkeit fehlt diese Wirkung für die Zukunft. Ein nach der letzten mündlichen Tatsachenverhandlung entstandener Anspruch auf Unterhalt kann daher ohne Einschränkung im Wege einer herkömmlichen Klage geltend gemacht werden (*BGH* NJW-RR 1990, 390, 391; NJW 2005, 142). Im Übrigen ist für Abänderungsklagen zur Anpassung von Unterhaltsrenten § 238 FamFG zu beachten. Wenn sich die Verhältnisse zu einem Zeitpunkt geändert haben, zu dem sie noch im ursprünglichen Rechtsstreit geltend gemacht werden konnten, scheitert die Abänderungsklage an § 323 Abs. 2 (vgl. BGHZ 96, 205; dazu *Hoppenz,* FamRZ 1986, 226). Das Urteil – auch das eines ausländischen Gerichts (*OLG Düsseldorf* NJW-RR 1993, 136) – darf nur für die Zeit nach der Erhebung der Klage abgeändert werden (§ 323 Abs. 3; hierzu *Braun,* JuS 1993, 353); die Abänderung von Prozessvergleichen und Urkunden richtet sich nach § 323 a; das neue Urteil hebt das alte auf (es ist insoweit ein prozessuales Gestaltungsurteil) und spricht eine neue, den veränderten Verhältnissen angepasste Verurteilung aus (s. dazu heute § 323 Abs. 4).

Wenn das Urteil auf eine Teilklage ergangen ist, muss der Gläubiger, der eine Nachforderung wegen veränderter Umstände geltend macht, nicht die Klage nach § 323 mit ihren Einschränkungen erheben, sondern eine normale Klage ohne diese Einschränkungen: das Urteil über die Teilklage hat über den Restanspruch noch nicht entschieden und deshalb braucht auch die Rechtskraft nicht durchbrochen zu werden (BGHZ 93, 330; vgl. aber BGHZ 94, 145; s. auch *H. Roth,* NJW 1988, 1233, 1236 ff.).

Gegen die Vollstreckung eines titulierten Anspruchs muss der Unterhaltsschuldner ebenfalls im Wege der Abänderungsklage (s. § 323 a), nicht etwa der Vollstreckungsgegenklage (§ 767 Abs. 2, Rn. 591) vorgehen (*BGH* NJW 2005, 2313; s. aber *BGH* NJW 2008, 1446 = JuS 2008, 657 *[K. Schmidt]*; jedenfalls schließen sich beide Rechtsbehelfe gegenseitig aus).

Ein Abänderungsbegehren kann durch Abänderungswiderklage (z. B. im Rahmen einer Nachforderungsklage) geltend gemacht werden (*BGH* NJW-RR 2005, 371).

VII. Die subjektiven Grenzen der Rechtskraft

369   Die materielle Rechtskraft bindet nur diejenigen, die den Prozess führen konnten: die *Parteien* (§ 325 Abs. 1). Dritten kann man keine Bindung an die Prozessergebnisse zumuten, wenn sie nicht am Verfahren teilnehmen konnten (zum Zusammenhang von rechtlichem Gehör und Rechtskrafterstreckung s. *Lüke,* Die Beteiligung Dritter im Zivilprozeß, 1993, 94 ff. m. w. N.). Eine Ausnahme gilt für diejenigen, die nach dem Eintritt der Rechtshängigkeit *Rechtsnachfolger* einer der Parteien geworden sind oder den Besitz der in Streit befangenen Sache in der Weise erlangt haben, dass eine der Parteien oder ihr Rechtsnachfolger mittelbarer Besitzer geworden ist, also etwa, wenn jemand die in Streit befangene Sache von einer der Parteien gemietet hat (§ 325 Abs. 1). Als Rechtsnachfolger kommen sowohl *Einzelrechtsnachfolger* (neue Eigentümer, aber auch Inhaber von abgeleiteten Rechten wie Nießbraucher) als auch *Gesamtrechtsnachfolger* in Frage. *Gutgläubige* werden nach § 325 Abs. 2 geschützt. Die Gutgläubigkeit bezieht sich auch auf die Rechtshängigkeit; die Anforderungen, die an sie zu stellen sind, richten sich nach der jeweiligen materiell-rechtlichen Vorschrift. Die Rechtskraft wirkt also nicht gegen denjenigen, der nach Eintritt der Rechtshängigkeit das Eigentum erwirbt, wenn er weder weiß noch wissen muss (§§ 932, 892 BGB), dass wegen der Sache ein Rechtsstreit rechtshängig ist. Diese Gutgläubigkeit des Erwerbers wirkt sich auch dahin aus, dass dem Kläger entgegengehalten werden kann, er sei zur Geltendmachung des Anspruchs nicht mehr befugt (§ 265 Abs. 3,

Rn. 176). Eine Ausnahme vom Schutz des Gutgläubigen enthält § 325 Abs. 3. Im Übrigen wirkt ein dem Rechtsnachfolger günstiges Urteil stets *für* ihn, unabhängig von seinem guten oder bösen Glauben.

Eine *weitere Rechtskrafterstreckung* bringt § 326. Diese Vorschrift ist erforderlich, weil der Nacherbe nicht Erbe des Vorerben, sondern des Erblassers ist. Wenn man den Testamentsvollstrecker als gesetzlichen Vertreter des Erben ansieht, ist es selbstverständlich, dass das gegen ihn ergangene Urteil den Erben bindet. Nimmt man mit der h. M. an, dass der Testamentsvollstrecker Partei kraft Amtes ist (Rn. 100), so ordnet § 327 einen weiteren Fall der Rechtskrafterstreckung an. In Statussachen gibt es eine Rechtskrafterstreckung für und gegen alle (s. § 184 Abs. 2 FamFG).

Eine Rechtskrafterstreckung liegt nicht im Verhältnis des Bürgen zum Hauptschuldner (vgl. *Jauernig/Hess* § 63 Rn. 41) vor. Wenn sich der Bürge für eine bereits rechtskräftig festgestellte Schuld verbürgt, kann man den Bürgschaftsvertrag dahin auslegen, dass der Bürge an diese Feststellung gebunden sein soll. Mit Rechtskrafterstreckung hat das nichts zu tun. In den übrigen Fällen einer Stattgabe der Klage gegen den Hauptschuldner fehlt es für eine Rechtskraftwirkung gegen den Bürgen an einer entsprechenden gesetzlichen Vorschrift. Sie ist daher abzulehnen (BGHZ 107, 92, 96). Wenn die Schuld des Hauptschuldners rechtskräftig verneint ist, wirkt das aufgrund § 767 S. 1 BGB auch zugunsten des Bürgen. Es handelt sich dabei nach richtiger Ansicht um die Tatbestandswirkung des Urteils, nicht um eine Rechtskrafterstreckung (str.).

Ebenso abzulehnen ist eine Rechtskrafterstreckung in folgendem Fall: Das Gericht stellte in einem Prozess zwischen dem Insolvenzverwalter einer GmbH und dem Gesellschafter X rechtskräftig fest, das X seine Einlage nicht geleistet hatte. An diese Feststellung ist das Gericht aber im Folgeprozess gegen den Gesellschafter Y nicht gebunden, denn Y war an dem ersten Verfahren nicht beteiligt. Eine Rechtskrafterstreckung könnte der Kläger nur erreichen, wenn er die Gesellschafter gemeinsam verklagt (*BGH* ZIP 2005, 121). Das in einem Rechtsstreit gegen alle Gesellschafter einer GbR ergangene Urteil soll aber keine Rechtskraft gegen einen nunmehr von demselben Kläger gegen die GbR angestrengten Prozess über denselben Anspruch entfallen (*BGH* ZIP 2011, 1143).

VIII. Möglichkeiten zur Beseitigung der materiellen Rechtskraft

Literatur: *Braun,* Rechtskraft und Restitution, 1. Teil: Der Rechtsbehelf gem. § 826 BGB gegen rechtskräftige Urteile, 1979; *ders.,* Rechtskraft und Rechtskraftdurchbrechung von Titeln über sittenwidrige Ratenkreditverträge, 1986; *ders.,* Ungeschriebene Voraussetzungen uneingeschränkter Rechtskraft, JZ 1987, 789; *Foerste,* Die Ausnutzung unrichtiger Urteile als sittenwidrige

Schädigung, FS Werner, 2009, 426; *Gaul,* Materielle Rechtskraft, Vollstreckungsabwehr und zivilrechtliche Ausgleichsansprüche, JuS 1962, 1; *Henckel,* Prozeßrecht und materielles Recht, 1970, 96 ff.; *Hergenröder,* Rechts- und Vollstreckungsschutz bei „angeschwollenen" Bagatellforderungen, DGVZ 2009, 49 (dazu *Wedel,* DGVZ 2010, 101); *Jauernig,* Auswirkungen von Treu und Glauben im Zivilprozeß und in der Zwangsvollstreckung, ZZP 66, 398; *Klados,* § 826 BGB – Ein legitimes Mittel zur Durchbrechung der Rechtskraft, JuS 1997, 705; *Prütting/Weth,* Rechtskraftdurchbrechung bei unrichtigen Titeln, 2. Aufl., 1994; *Regen,* Prozessbetrug als Anerkennungshindernis, 2008; *Thumm,* Die Klage aus § 826 BGB gegen rechtskräftige Urteile in der Rechtsprechung des Reichsgerichts und des Bundesgerichtshofs, 1959; *Walker,* Beseitigung und Durchbrechung der Rechtskraft, FS BGH, Bd. III, 2000, 362.

370 Die im Gesetz vorgesehene Möglichkeit zur Beseitigung der materiellen Rechtskraft ist das *Wiederaufnahmeverfahren* (§§ 578 ff., Rn. 427 ff.). Die Rechtsprechung hat die Regelung der Wiederaufnahmegründe in § 580, die eine strafbare Handlung voraussetzen, seit jeher für zu eng gehalten. Auch ist die Wiederaufnahmeklage an eine Frist von fünf Jahren gebunden (§ 586 Abs. 2 S. 2). Die Gerichte haben deshalb nach einer billigen Lösung für die Fälle gesucht, in denen zwar kein Wiederaufnahmegrund vorliegt, das Urteil aber *durch eine sittenwidrige Handlung erlangt worden ist* (sog. *Urteilserschleichung,* z. B. RGZ 78, 393, wo die öffentliche Zustellung erschlichen worden war, obwohl der Kläger den Aufenthaltsort des Beklagten kannte). Hier hat das Reichsgericht (vgl. auch RGZ 61, 365; 155, 55) und später der Bundesgerichtshof (BGHZ 13, 72; *BGH* NJW 1983, 2317) in ständiger Rechtsprechung entschieden, dass aufgrund von § 826 BGB *vor Beginn der Zwangsvollstreckung deren Unterlassung und die Herausgabe des Titels, nach ihrer Durchführung Schadensersatz verlangt werden kann.* Diese Rechtsprechung ist auf die Fälle ausgedehnt worden, in denen ein Urteil einwandfrei zustande gekommen ist, die Partei, die es vollstrecken will, aber seine Unrichtigkeit kennt und die Verwertung wegen besonderer Umstände sittenwidrig ist (RGZ 168, 12; *LG Hannover* NJW 1979, 221 will darauf abstellen, ob die Restitutionsprinzipien der Evidenz und der Beweissicherheit gewahrt sind; dazu *Spellenberg,* JuS 1979, 554).

Vor allem Fälle der Vollstreckung sog. wucherähnlicher Rechtsgeschäfte, in denen eine Bank mit Konsumenten einen Kreditvertrag abgeschlossen hatte, der nach den Kriterien der Rechtsprechung wucherähnlich und deshalb nichtig war, beschäftigten die Gerichte. Nach Zahlungsschwierigkeiten des Schuldners erwirkte die Bank einen Mahn- und dann einen Vollstreckungsbescheid (vgl.

Rn. 462 ff.), der rechtskräftig wurde, weil der Schuldner nichts unternahm. Trotz Zahlungen und Vollstreckungen verminderte sich die Schuldsumme wenig oder gar nicht. In einer grundlegenden Entscheidung (BGHZ 101, 380) hat der Bundesgerichtshof ausdrücklich an der materiellen Rechtskraft der Vollstreckungsbescheide festgehalten (s. BVerfGE 84, 160, 167). Er will die Fälle der sittenwidrigen Kreditverträge über § 826 BGB lösen. Zu der Unrichtigkeit des Titels müssen nach seiner Ansicht besondere Umstände hinzutreten, damit das Gebrauchmachen sittenwidrig ist (s. dazu BGHZ 101, 387; 112, 54; *BGH* NJW-RR 1992, 1073). Ein bestehender Bereicherungsausgleichsanspruch soll bis zu seiner Höhe eine Rechtskraftdurchbrechung aber ausschließen (*BGH* NJW-RR 1989, 622). Ebenso sollen bei anwaltlicher Beratung die Voraussetzungen des § 826 BGB entfallen (*BGH* NJW 1987, 3259; s. auch *Deneke/Stoll*, JuS 1989, 796, 799). Durch entsprechende Änderungen der §§ 688 Abs. 2, 690 Abs. 1 Nr. 3 ist es heute nicht mehr zulässig, solche Forderungen im Wege des Mahnverfahrens zu titulieren, die auf einem Ratenkreditvertrag beruhen, der wegen der Höhe des vereinbarten Zinssatzes möglicherweise sittenwidrig ist (s. u. Rn. 463).

Gegen die Rechtsprechung zu § 826 BGB sind von der Literatur zahlreiche Einwände erhoben worden, die durchweg zutreffend sind (vgl. *Jauernig/Hess* § 64 Rn. 9 ff.; zu dieser Rechtsprechung *BVerfG* NJW 1993, 1125). Die Feststellung, ein Urteil sei unrichtig, ist in jedem Fall eine *Durchbrechung der materiellen Rechtskraft*, die diese Prüfung gerade verbietet. Liegt ein Wiederaufnahmegrund vor, ist der Kläger auf das komplizierte, fristgebundene Wiederaufnahmeverfahren angewiesen. Bei den Wiederaufnahmegründen des § 580 muss in der Regel ein Strafurteil ergangen sein (§ 581). Bei den wenigen schwerwiegenden Fällen der bloßen Sittenwidrigkeit ist das Gericht an diese Einschränkungen nicht gebunden. Auf die bloße Behauptung der Unrichtigkeit hin wird das alte Urteil auf seine Richtigkeit überprüft. Die darin liegende Störung der Rechtssicherheit ist mit der Absicht des Gesetzgebers, wie sie die Regelung der Wiederaufnahme zum Ausdruck gebracht hat, sicher nicht vereinbar.

Alle diese Argumente haben die Rechtsprechung nicht zu einer Änderung ihrer Haltung bewegen können (vgl. BGHZ 50, 115). Der wahre Grund für diese auseinandergehenden Meinungen in der Literatur und in der Rechtsprechung, die sich über die unzureichende Regelung des Wiederaufnahmerechts einig sind, mag sein, dass es für ein Gericht schwieriger ist, auf eine Reform durch den Gesetzgeber zu warten.

9. Kapitel. Besonderer Verlauf des Verfahrens

§ 33. Das Versäumnisverfahren

Literatur: *Hau,* Zur Rechtskraftwirkung des klageabweisenden Versäumnisurteils – BGH, NJW 2003, 1044, JuS 2003, 1157; *Münzberg,* Zum Begriff des Versäumnisurteils, JuS 1963, 219; *Musielak,* Das Versäumnisverfahren im Zivilprozess, AL 2010, 289; *Stadler/Jarsumbek,* Das Versäumnisverfahren gem. §§ 330 ff. ZPO, insbesondere das zweite Versäumnisurteil, JuS 2006, 34, 134; *Stahlhacke,* Probleme des zweiten Versäumnisurteils, FS E.-Schneider, 1997, 109; *Thiele,* Die prozessualen Auswirkungen unterlassener oder fehlerhafter Belehrungshinweise gem. § 338 S. 2 ZPO bei Versäumnisurteilen, MDR 2010, 177.

I. Die Bedeutung des Versäumnisverfahrens

371 Jede Verfahrensordnung muss die Frage beantworten, was zu geschehen hat, *wenn eine Partei nicht zur Verhandlung erscheint.* Die Regelung in den einzelnen Verfahrensordnungen ist verschieden, im Strafprozess anders als im Zivilprozess (§ 230 Abs. 2 StPO). Letzterer kennt, von den Fällen der Anordnung des persönlichen Erscheinens abgesehen (§ 141 Abs. 3), *keinen Zwang* für die Partei, *vor Gericht zu erscheinen.* Stattdessen kann *in ihrer Abwesenheit* ein besonderes Verfahren durchgeführt werden, das sog. *Versäumnisverfahren.* Dieses ist *verschieden* geregelt, je nachdem ob der *Kläger* oder der *Beklagte* nicht erscheint. In der Praxis bei Weitem häufiger sind die Fälle des Nichterscheinens des Beklagten, wenn dieser gegen die Klage nichts vorzubringen hat, aber nicht zahlen kann oder will und der Kläger für die Zwangsvollstreckung und auch, um die Verjährung zu unterbrechen, einen Vollstreckungstitel braucht.

II. Die Voraussetzungen für das Versäumnisverfahren und das -urteil

Das Versäumnisverfahren und der Erlass eines Versäumnisurteils ist an nachfolgende Voraussetzungen geknüpft:

372 1. Es muss ein *Termin zur mündlichen Verhandlung* anberaumt sein (der erste oder ein späterer, § 332). Die Beweisaufnahme ge-

hört nicht zur mündlichen Verhandlung, hier kann ein Versäumnisurteil erst in der sich anschließenden mündlichen Verhandlung ergehen, sofern die weiteren Voraussetzungen vorliegen (§ 370 Abs. 1).

2. Die Parteien müssen *ordnungsgemäß* zu diesem Termin *geladen* sein, d.h. die Ladung muss zugestellt, die Ladungs- und die Einlassungsfrist müssen gewahrt sein. Aufgrund der Einführung des Europäischen Vollstreckungstitels (Rn. 751 ff.) ist in der Ladung zur mündlichen Verhandlung ausdrücklich auf die *Folgen der Versäumung des Termins* hinzuweisen (§ 215 Abs. 1). Liegen diese Voraussetzungen nicht vor, ist der Antrag auf Erlass eines Versäumnisurteils zurückzuweisen (§ 335 Abs. 1 Nr. 2).

3. Es muss ein *Fall der Säumnis* vorliegen, d.h. eine Partei erscheint und verhandelt; die andere Partei *erscheint* oder *verhandelt* (§ 333) nicht (zum Zeitpunkt, zu dem die Versäumnis vorliegt, instruktiv *BGH* NJW 1993, 861). Wenn das Gericht allerdings zu der Überzeugung gelangt, dass die Partei ohne ihr Verschulden am Erscheinen verhindert ist, vertagt es die Verhandlung (§ 337 begründet kein berechtigtes Vertrauen, dass ein Versäumnisurteil nicht beantragt wird, *BGH* NJW 1991, 42; zur Nichtigkeit von § 13 BORA siehe BVerfGE 101, 312). Säumnis liegt auch dann vor, wenn im *Anwaltsprozess die Partei ohne Anwalt erscheint:* sie kann nicht verhandeln, weil ihr die Postulationsfähigkeit fehlt (vgl. BGHZ 63, 94; *BGH* NJW 1976, 196). Ein *Nichtverhandeln* setzt voraus, dass die Partei auf das Vorbringen des Gegners nicht eingeht, es reicht nicht aus, dass sie sich nur zu einzelnen Behauptungen des Gegners nicht äußert (*BGH* ZZP 80, 483 mit Anm. *Münzberg*).

4. Bevor das Gericht ein Versäumnisurteil erlässt oder die Klage als unbegründet abweist (§ 331 Abs. 2 HS 2), muss es ihre *Zulässigkeit prüfen*. Das Versäumnisurteil ist ebenso wie das klageabweisende Urteil ein *Sachurteil* und *darf nur ergehen, wenn die Prozessvoraussetzungen vorliegen*. Diese muss das Gericht *von Amts wegen* prüfen wie auch sonst; eine Geständnisfiktion kommt insoweit nicht in Frage (ausdrücklich für den Fall der Vereinbarung des Erfüllungsortes oder der Zuständigkeit § 331 Abs. 1 S. 2).

Wenn das Gericht zu dem Ergebnis kommt, dass eine *Prozessvoraussetzung endgültig fehlt,* muss es die Klage durch *Prozessurteil als unzulässig* abweisen. Dieses Urteil ist ein sog. *unechtes*

Versäumnisurteil, d.h. *gar kein Versäumnisurteil,* weil nicht die Säumnis, sondern das Fehlen der Prozessvoraussetzung entscheidend ist. Es ergeht nicht wegen, sondern trotz Säumnis. Diese Unterscheidung ist *von Bedeutung für die Anfechtbarkeit.* Es sind die *normalen Rechtsmittel* zulässig und *nicht der für das Versäumnisurteil vorgesehene Einspruch* (§ 338). Abweichend von dem Grundsatz der Meistbegünstigung (Rn. 392) soll es für den Rechtsbehelf auf die Form der Entscheidung als Versäumnisurteil ankommen, wenn das Gericht dieses zu Unrecht erlassen hat *(BGH* NJW 1994, 665). Wenn das Gericht von dem Mangel der Zulässigkeit noch nicht endgültig überzeugt ist, kann weder ein Versäumnisurteil ergehen, noch Prozessabweisung erfolgen. Das Gericht weist dann lediglich den Antrag auf Erlass des Versäumnisurteils zurück (§ 335 Abs. 1 Nr. 1).

5. Der Erlass des Versäumnisurteils setzt im Übrigen neben einem Sachantrag einen eigenen Antrag auf Erlass eines Versäumnisurteils voraus (§§ 330, 331 Abs. 1).

6. Weiterhin dürfen keine gesetzlichen Hindernisse dem Erlass eines Versäumnisurteils entgegenstehen.

7. Schließlich darf das Gesetz die Entscheidung durch Versäumnisurteil nicht generell verbieten; ein solches Verbot besteht für Versäumnisentscheidungen gegen den Antragsgegner in Ehesachen (§ 130 Abs. 2 FamFG).

III. Die Säumnis des Beklagten

Fall 1: K klagt gegen B auf Zahlung von 5.000,– Euro. In der Klageschrift trägt er vor, er habe dem B in dieser Höhe vor drei Jahren ein Darlehen gewährt und brauche das Geld jetzt selbst. Die Klageschrift wird dem Beklagten zugestellt, das Gericht bestimmt einen frühen ersten Termin zur mündlichen Verhandlung, zu dem beide Parteien ordnungsgemäß geladen wurden. Der Kläger erscheint persönlich, vertreten durch seinen Rechtsanwalt; für den Beklagten erscheint niemand. Der Kläger stellt Antrag auf Versäumnisurteil. Wird das Gericht diesem Antrag stattgeben?

Angenommen, der Kläger ergänzt in der mündlichen Verhandlung sein tatsächliches Vorbringen. Welche Entscheidung wird das Gericht nunmehr treffen?

373 Die Folgen der Säumnis sind *verschieden* geregelt, je nachdem ob der *Kläger* oder der *Beklagte* säumig ist. Wenn der *Beklagte* säumig ist, ist *das tatsächliche mündliche Vorbringen des Klägers als zugestanden anzusehen* (§ 331 Abs. 1 S. 1). Das Gericht ist an diese *Geständnisfiktion* gebunden, selbst dann, wenn schon eine Beweisaufnahme stattgefunden hat, die zugunsten des Beklagten ausgegangen ist (in der Praxis selten). Dem Gericht bleibt aber *die Aufgabe der Rechtsanwendung* (§ 331 Abs. 2). Das Gericht entscheidet also aufgrund einer *Schlüssigkeitsprüfung*, ob das als zugestanden anzusehende Vorbringen des Klägers seinen Klageantrag rechtfertigt. Darin liegt ein gewisser Schutz für den Beklagten. Ist dies der Fall, wird die Klage als begründet angesehen und es kann *Versäumnisurteil* ergehen. Andernfalls muss die Klage als *unbegründet abgewiesen werden*. Dieses Urteil ist kein Versäumnisurteil, sondern ein *unechtes Versäumnisurteil*. Zuvor muss das Gericht aber auf die Unschlüssigkeit hinweisen (*BGH* NJW-RR 2008, 1649).

In **Fall 1** hat der Kläger versäumt, die Tatsachen vorzutragen, aus denen sich die Fälligkeit des Darlehensrückzahlungsanspruchs ergeben würde: Vereinbarung eines Rückzahlungstermins oder Kündigung (§ 488 Abs. 1, 3 BGB). Die Klage ist deshalb jedenfalls noch nicht begründet.

Es kann vorkommen, dass der Kläger ein unschlüssiges Klagevorbringen nach entsprechendem Hinweis durch das Gericht *durch mündlichen Vortrag ergänzt* und dadurch schlüssig macht (so der Kläger in **Fall 1**). Gleichwohl kann in einem solchen Fall kein Versäumnisurteil gegen den nicht erschienenen Beklagten ergehen. Dieser muss aufgrund der Klageschrift und der vorbereitenden Schriftsätze vorher wissen, wieweit die Geständnisfiktion des § 331 Abs. 1 zu seinen Ungunsten eingreifen kann. Würde dabei ein Vorbringen berücksichtigt, das er nicht kennen konnte, würde *sein Recht auf rechtliches Gehör verletzt*. Auch in einem solchen Fall ist der Antrag auf Erlass des Versäumnisurteils zurückzuweisen (§ 335 Abs. 1 Nr. 3, vgl. Rn. 35).

Einen weiteren Fall der Säumnis regelt § 331 Abs. 3. Wenn sich das Gericht für ein *schriftliches Vorverfahren* entscheidet, muss es den Beklagten mit der Zustellung der Klage auffordern, dem Gericht binnen zwei Wochen schriftlich anzuzeigen, ob er sich gegen die Klage verteidigen wolle (§ 276 Abs. 1 S. 1). Bei Unterlassen der rechtzeitigen Anzeige kann wie nach Ausbleiben oder Nichtverhandeln des Beklagten unter den Voraussetzungen des § 331 Abs. 1 S. 1 *Versäumnisurteil gegen den Beklagten* ergehen, und zwar ohne dass überhaupt eine mündliche Verhandlung stattgefunden hat. Dieses Urteil wird durch Zustellung an beide Parteien erlassen (§ 310 Abs. 3). Dies hat zu unterbleiben, wenn die Erklärung des Beklagten noch eingeht, bevor das von den Richtern unterschriebene Urteil der Geschäftsstelle übergeben ist (§ 331 Abs. 3 S. 1). Mit dieser Regelung sollen im schriftlichen Vorverfahren die Fälle erfasst werden, in denen der Beklagte gegen die Klage nichts vorzubringen hat.

Der Antrag auf Erlass eines Versäumnisurteils nach dieser Vorschrift ist *zurückzuweisen,* wenn dem Beklagten die Frist nach § 276 Abs. 1 S. 1 nicht mitgeteilt oder wenn er nicht nach § 276 Abs. 2 über die Folgen ihrer Versäumung mit den Rechtsfolgen aus den §§ 91 und 708 Nr. 2 sowie darüber belehrt worden ist, dass seine Erklärung nur durch einen Rechtsanwalt abgegeben werden kann (§ 335 Abs. 1 Nr. 4).

Im Verfahren nach § 331 Abs. 3 kann ein unechtes Versäumnisurteil gegen den Kläger nur bezüglich Nebenforderungen ergehen. Dies folgt aus einem Umkehrschluss zu § 331 Abs. 3 S. 3, der vorsieht, dass ein schriftliches Versäumnisurteil gegen den Kläger über die Hauptforderung nicht zulässig ist (so auch Prütting/Gehrlein/*Czub* § 331 Rn. 37; a. A. *Stieper,* JR 2005, 397 ff.).

Gegen einen Beschluss, durch den der Antrag auf Erlass eines Versäumnisurteils zurückgewiesen wird, findet die sofortige Beschwerde statt (§ 336 Abs. 1 S. 1). Wird der Beschluss aufgehoben, so ist die nicht erschienene Partei zu dem neuen Termin nicht zu laden (§ 336 Abs. 1 S. 2). Die erschienene Partei kann dann erneut Antrag auf Erlass eines Versäumnisurteils stellen.

IV. Die Säumnis des Klägers

Fall 2: K klagt gegen B auf Zahlung von 10.000,– Euro. B wendet ein, der Anspruch sei noch nicht fällig.
K überzeugt sich anhand seiner Unterlagen, dass B Recht hat. Um den aussichtslosen Prozess möglichst schnell zu beenden, erscheint er im nächsten Termin zur mündlichen Verhandlung nicht. Seine Klage wird durch Versäumnisurteil abgewiesen; dieses wird rechtskräftig. Als sein Anspruch fällig ist, klagt er erneut. B beruft sich auf die Rechtskraft des Versäumnisurteils.

Fall 3: Angenommen in Fall 2 wird die Klage des K vom Amtsgericht durch Urteil abgewiesen, weil der Anspruch „zur Zeit unbegründet" sei. Er hofft, das Landgericht würde die Frage der Fälligkeit zu seinen Gunsten entscheiden. Nach Erteilung eines Hinweises, dass die Klageforderung nicht fällig sei, lässt der Kläger ein Versäumnisurteil gegen sich ergehen. Nach Fälligkeit des Anspruchs klagt er erneut gegen B auf Zahlung (BGHZ 153, 239).

Auch hier ist zuerst die *Zulässigkeit* der Klage zu prüfen. Muss sie verneint werden, wird die Klage als unzulässig durch Prozessurteil abgewiesen. Auch dabei handelt es sich um ein *unechtes Versäumnisurteil;* es ergeht nicht aufgrund der Säumnis des Klägers, sondern unabhängig davon (die Frage ist str., s. BGHZ 35, 338; *BGH* NJW 1967, 2162; 1988, 1733, 1734; *Jauernig/Hess* § 66

Rn. 9ff.; a.A. *Blomeyer I* § 54 III 2 a; vgl. auch BGHZ 37, 82; *BGH* NJW-RR 1988, 967). Wenn die Zulässigkeit der Klage feststeht, wird die Klage durch Versäumnisurteil abgewiesen, ohne dass eine sachliche Prüfung stattfindet und ohne dass der Beklagte Einreden vorbringen muss (§ 330). Der säumige Kläger wird also anders behandelt als der säumige Beklagte. Dieser Unterschied ist gerechtfertigt, weil der Kläger den Prozess angefangen hat, um den er sich jetzt nicht mehr kümmert.

Die Rechtskraft eines gegen den Kläger ergehenden Versäumnisurteils ist streitig. Es ist die Frage, ob es den Anspruch endgültig abweist oder ob auch hier die üblichen zeitlichen Grenzen der materiellen Rechtskraft (Rn. 307, eine ähnliche Problematik stellt sich bei der Nichtausübung von Gestaltungsrechten) gelten, so dass nach dem Schluss der letzten mündlichen Tatsachenverhandlung eingetretene neue Tatsachen bei einer neuen Klage berücksichtigt werden können. Dann könnte in **Fall 2** der Kläger seinen Anspruch erneut einklagen, weil dieser inzwischen fällig geworden ist und diese Tatsache erst nach Schluss der letzten mündlichen Tatsachenverhandlung eingetreten ist. Der Bundesgerichtshof hat jedoch entschieden, dass die Abweisung endgültig ist (BGHZ 35, 340 = JZ 1962, 497 m. Anm. *Zeuner*). In der Tat ergeben sich Schwierigkeiten, dem Versäumnisurteil, das keinen Tatbestand und keine Entscheidungsgründe hat (§ 313b Abs. 1), zu entnehmen, welche Tatsachen als neue Tatsachen im Sinne der materiellen Rechtskraft in Betracht kommen. Gleichwohl führt die Rechtsprechung des Bundesgerichtshofs zu wenig überzeugenden Ergebnissen. In **Fall 2** müsste K gegen sich ein kontradiktorisches Urteil ergehen lassen. (In den Tenor oder zumindest in die Entscheidungsgründe des Urteils muss aufgenommen werden, dass der Anspruch „derzeit unbegründet" ist. So wird die Rechtskraft zeitlich beschränkt.) Der einfachere Weg des Versäumnisurteils wäre ihm versperrt. Deshalb wird man eine neue Klage zulassen können, wenn das Versäumnisurteil infolge einer späteren Veränderung der maßgeblichen Umstände unrichtig geworden ist und der Kläger dies in dem zweiten Prozess beweist (*Dietrich*, ZZP 84, 436; ebenso *B/L/A/H* § 330 Rn. 6).

Mittlerweile hat der Bundesgerichtshof (NJW 2003, 1044) erneut über ein klageabweisendes Versäumnisurteil, nunmehr im Berufungsverfahren, entschieden (siehe **Fall 3**). Der erneuten Klage des Klägers nach Fälligkeit stand nach höchstrichterlicher Ansicht die Rechtskraft des Berufungsurteils im ersten Prozess entgegen. Auf das Urteil oder die Entscheidungsgründe des Amtsgerichts könne nicht zurückgegriffen werden, da im Vorprozess erst durch das Landgericht rechtskräftig entschieden wurde. Diese Entscheidung ist fragwürdig (sie wird in der Literatur stark kritisiert, s. *Hau*, JuS 2003, 1157; *Heiderhoff*, ZZP 118, 185 m. w. N.). Neben den gegen die Rechtskraft erstinstanzlicher klageabweisender Versäumnisurteile vorgebrachten Argumenten liegt hier ein Verstoß gegen das Verbot der reformatio in peius vor (Rn. 389), denn durch das Berufungsurteil steht der Kläger schlechter, als nach dem erstinstanzlichen Urteil – obwohl das Berufungsgericht keine andere Rechtsauffassung als die des erstinstanzlichen Gerichts vertrat. Das Landgericht hatte schließlich keine Sachprüfung des erstinstanzlichen Urteils vorgenommen, sondern lediglich die Berufung zurückgewiesen. Es hat ausschließlich über den Berufungsantrag entschieden, nicht anders als z.B. bei der Abweisung einer Berufung als unzulässig. Das Urteil des Amtsgerichts hätte somit bestehen bleiben müssen.

V. Der Einspruch

Fall 4: K klagt gegen B auf Zahlung von Werklohn. Er beantragt, die Hauptforderung ab Verzugseintritt mit acht Prozentpunkten über dem Basiszinssatz zu verzinsen. In seiner Klageschrift legt K nicht dar, weshalb er Verzugszinsen in dieser Höhe verlangt. Er behauptet nicht, dass B Unternehmer sei.

Im schriftlichen Vorverfahren ergeht gegen B ein Versäumnisurteil, das neben dem Hauptanspruch Verzugszinsen in Höhe von fünf Prozentpunkten zuspricht. Im Übrigen wurde die Klage abgewiesen (unechtes [Teil-] Versäumnisurteil, s. Rn. 373). Der Beklagte legt Einspruch ein. Im Termin zur mündlichen Verhandlung steht unstreitig fest, dass B Unternehmer ist. Die Klage ist auch begründet.

375 Das Versäumnisverfahren kennt einen *besonderen Rechtsbehelf* gegen das echte Versäumnisurteil, den *Einspruch* (§ 338). Gemäß § 338 S. 2 ist die Partei, gegen die das Versäumnisurteil ergeht, auf die Möglichkeit des Einspruchs *hinzuweisen.* Diese Regelung wurde durch das Gesetz zur Durchführung der EuVTVO (Rn. 751) eingeführt.

Es handelt sich um eine Rechtsbehelfsbelehrung, die im Zivilprozess unüblich und bisher nur im Mahnbescheid hinsichtlich des Widerrufs (§ 692 Abs. 1 Nr. 3 und 4) vorgesehen war (s. nun aber auch § 39 FamFG, vgl. dazu Rn. 392). Die Belehrung muss bei allen Versäumnisurteilen erfolgen. Unterbleibt sie, wird das Versäumnisurteil nicht rechtskräftig.

Der Einspruch unterscheidet sich von den regulären Rechtsmitteln dadurch, dass er *den Rechtsstreit nicht in die nächst höhere Instanz* bringt. Er wird vielmehr bei dem Gericht eingelegt, das das Versäumnisurteil erlassen hat (§ 340 Abs. 1), und dieses entscheidet über ihn. Nicht notwendig für die Zulässigkeit des Einspruchs ist es, dass mit dem Rechtsbehelf die durch das Urteil geschaffene Beschwer angegriffen wird (*OLG Köln* NJW-RR 1993, 1408). Der Einspruch hemmt aber wie die Einlegung eines Rechtsmittels den Eintritt der formellen Rechtskraft (§ 705 S. 2). Das Versäumnisurteil kann auch nur *zum Teil* angefochten werden (wenn es die betreffende Partei zum Teil für richtig hält oder keine Hoffnung hat, seine Abänderung zu erreichen, § 340 Abs. 2 S. 2).

Der Einspruch ist an eine *Frist von zwei Wochen* gebunden, die mit der Zustellung des Versäumnisurteils beginnt (§ 339 Abs. 1). Bei Versäumung der Einspruchsfrist ist ein Antrag auf Wiedereinsetzung in den vorigen Stand zu stellen (Rn. 185 ff.). Dieser ist zugleich als Einspruch anzusehen (BVerfGE 88, 118). Seine Einlegung erfolgt *schriftlich* (§ 340 Abs. 1; vgl. BGHZ 105, 197). Der *Inhalt der Einspruchsschrift* ist vom Gesetz vorgeschrieben (§ 340 Abs. 2). Außerdem muss der Einspruch ebenso wie die anderen Rechtsmittel *begründet* werden (§ 340 Abs. 3). Ein rechtzeitig eingelegter Einspruch bleibt auch dann zulässig, wenn er nicht fristgemäß begründet worden ist (s. *BGH* NJW-RR 1992, 957; *OLG Frankfurt/Main* NJW-RR 1993, 1151). Wird gegen die Begründungspflicht verstoßen, sind nicht vorgebrachte Angriffs- und Verteidigungsmittel nur nach § 296 Abs. 1, 2 und 4 zuzulassen (*OLG Nürnberg* NJW 1978, 2250). Auf den zulässigen (§ 341) Einspruch hin wird *Termin zur Verhandlung über den Einspruch und die Hauptsache anberaumt* (§ 341 a; der Termin darf erst nach Eingang des Einspruchs bestimmt werden, *BGH* NJW 2011, 928).

Es ist streitig, ob nach § 296 in der Einspruchsschrift vorgetragene Tatsachen zugelassen werden dürfen, mit denen die Partei infolge der *Nichteinhaltung einer Frist* (z.B. zur Erwiderung auf die Klage, § 275 Abs. 1 S. 1) hätte ausgeschlossen werden müssen, wenn sie nicht säumig geworden wäre. Die Rechtsprechung der Instanzgerichte war unterschiedlich (gegen die Zulassung u.a. *LG Berlin* NJW 1979, 374; dafür *OLG München* NJW 1979, 2619). Der Bundesgerichtshof hat entschieden, dass das Vorbringen einmal dann zulässig ist, wenn die Verspätung entschuldigt wird, zum anderen aber auch dann, wenn sich durch die Zulassung der Rechtsstreit nicht verzögert (BGHZ 76, 173; dazu Anm. *Hoyer*, JZ 1980, 615). Die Verzögerung durch den Einspruch selbst ist dabei unbeachtlich, weil das Gesetz sie in Kauf nimmt. Die *totale Terminsversäumnis* hat somit in diesem Fall *weniger weitreichende Folgen als die Fristversäumung*. Die Rechtfertigung dafür sieht der Bundesgerichtshof auch darin, dass der Säumige die Nachteile des Versäumnisurteils (Kosten, Rn. 242; vorläufige Vollstreckbarkeit, Rn. 528) in Kauf nehmen muss. Dies mag der befürchteten „Flucht in die Säumnis" (so *Messer*, NJW 1978, 2559) Grenzen setzen.

Der Prozess wird durch den zulässigen Einspruch *in die Lage zurückversetzt*, in der er sich vor Eintritt der Versäumnis befand (§ 342). Alle Prozesshandlungen der Parteien und alle Beweiserhebungen werden wieder wirksam. Nach erneuter mündlicher Verhandlung kann das Gericht zu dem Schluss kommen, dass das Versäumnisurteil im *Ergebnis richtig* ist. Dann wird durch Urteil ausgesprochen, dass *das Versäumnisurteil aufrechterhalten* wird (§ 343 S. 1). Andernfalls wird das Versäumnisurteil *aufgehoben* und durch *kontradiktorisches Urteil neu entschieden* (§ 343 S. 2). Die durch seine Säumnis verursachten Kosten trägt der Säumige, auch wenn er im Ergebnis obsiegt (§ 344).

In **Fall 4** kann das Gericht der Klage des K nicht mehr insgesamt stattgeben, denn es hat über den abgewiesenen Teil der Forderungen ja bereits durch Teilendurteil (sog. unechtes Versäumnisurteil) entschieden, an das das Gericht gemäß § 318 gebunden ist (Rn. 319, 330). K könnte das Teilendurteil mit der Berufung angreifen, wenn die Berufungssumme erreicht ist (§ 511 Abs. 2 Nr. 1). Anderenfalls wäre das Teilendurteil unanfechtbar und K könnte lediglich mittels der Anhörungsrüge (§ 321 a) dagegen vorgehen (Rn. 35 a), falls der Richter nicht einen vorherigen Hinweis erteilte (s. Rn. 373).

376 Wenn die Partei, die den Einspruch eingelegt hat, in dem Termin zur mündlichen Verhandlung, in dem über den Einspruch verhandelt werden soll, nicht erscheint oder verhandelt, wird der Einspruch durch *zweites Versäumnisurteil* verworfen. Dagegen hat sie *keinen Einspruch* mehr (§ 345), sondern nur *die Berufung,* die aber nur darauf gestützt werden kann, dass ein *Fall der Säumnis nicht vorgelegen* habe (§ 514 Abs. 2), etwa weil die Ladung nicht erfolgt oder das Nichterscheinen unvermeidbar gewesen sei (dazu *BGH* NJW 2007, 2047). Diese Beschränkung des § 514 Abs. 2 wird vom Bundesgerichtshof (BGHZ 112, 367 = JZ 1991, 826 m. Anm. *Vollkommer*) allerdings für das zweite Versäumnisurteil nach Einspruch gegen einen Vollstreckungsbescheid abgelehnt (a. A. *OLG Hamm* JuS 1991, 334). Wenn der Schuldner gegen den Vollstreckungsbescheid Einspruch einlegt (Einzelheiten u. Rn. 466) und im Termin zur mündlichen Verhandlung säumig ist, so ergeht auf Antrag ein zweites Versäumnisurteil, da der Vollstreckungsbescheid einem Versäumnisurteil gleichsteht. Das Gericht hat jedenfalls hier (auch für das herkömmliche Verfahren wohl jetzt h. M., vgl. *Rosenberg/Schwab/Gottwald* § 105 Rn. 70; BGHZ 112, 367, 371 ff.) neben der Säumnis auch die Sachurteilsvoraussetzungen und die Schlüssigkeit zu prüfen (§§ 700 Abs. 6, 331 Abs. 1, 2 HS 1, Stein/Jonas/*Grunsky* § 345 Rn. 6 ff.; vgl. schon BGHZ 73, 87, 90). Mit der erweiterten Prüfungspflicht werde aber eine Ausdehnung des Prüfungsumfangs durch den Richter

der Berufungsinstanz erforderlich, da Prüfungspflicht und Überprüfung des Richters erster Instanz sich entsprechen müssten. Bei Fehlen einer Prozessvoraussetzung oder der Schlüssigkeit des Begehrens liege ein Fall der Versäumung i. S. v. § 514 Abs. 2 nicht vor. Von diesem Falle *der Säumnis in zwei aufeinander folgenden Terminen* abgesehen kann eine Partei mehrere Versäumnisurteile in einem Prozess gegen sich ergehen lassen. Ihr steht jedesmal wieder der Einspruch zu, wenn sie über den vorigen Einspruch verhandelt hat. Um diese Möglichkeit der Prozessverschleppung zu verhindern, sieht das Gesetz *die Entscheidung nach Lage der Akten* vor, die unter den in §§ 331 a, 251 a Abs. 2 genannten Voraussetzungen statt eines Versäumnisurteils ergehen kann. Dieses Urteil *beendet die Instanz;* dagegen sind die normalen Rechtsmittel (Berufung und Revision) gegeben.

§ 34. Die Entscheidung ohne mündliche Verhandlung

I. Gesetzliche Ausnahmen vom Mündlichkeitsgrundsatz

Obwohl das Mündlichkeitsprinzip einer der tragenden Grundsätze des Zivilprozesses ist, kennt die ZPO das *Verfahren ohne mündliche Verhandlung.* Dieses Verfahren ist möglich bei *Einverständnis der Parteien* (§ 128 Abs. 2). Daneben gibt es Ausnahmen von dem Erfordernis einer mündlichen Verhandlung (§§ 128 Abs. 3, 307 S. 2, 331 Abs. 3 und 495 a). Der durch das ZPO-RG geänderte § 128 Abs. 3 ist nach Auffassung des Gesetzgebers eine „Weiterentwicklung" der Vorschrift zu den Kostenbeschlüssen (§§ 91 a Abs. 1 S. 2, 269 Abs. 4, 516 Abs. 3), so dass nun auch bei Schlussurteilen über die Kosten aus Effizienzgründen eine mündliche Verhandlung nicht mehr zwingend ist.

377

II. Im Einverständnis der Parteien

Die Entscheidung ohne mündliche Verhandlung nach § 128 Abs. 2 setzt voraus, dass *beide Parteien einverstanden* sind. Es handelt sich dabei nicht um einen zwischen den Parteien geschlossenen Vertrag, sondern um zwei einseitige, dem Gericht gegenüber abzugebende Erklärungen, die im Anwaltsprozess (§ 78) dem Anwaltszwang unterliegen. Sie sind bedingungsfeindlich und

378

als Prozesshandlungen nach h. M. nicht anfechtbar. Ein Widerruf ist möglich *bei wesentlicher Änderung der Prozesslage* (§ 128 Abs. 2 S. 1). Wichtig ist, dass sich die Einverständniserklärung immer nur *auf die nächste Entscheidung* bezieht. Dies kann ein Endurteil sein oder aber eine andere Entscheidung, die dieses sachlich vorbereitet (BGHZ 17, 123), also etwa ein Beweisbeschluss. Alle Entscheidungen müssen verkündet werden (§ 128 Abs. 2 S. 2). Wenn eine das Endurteil nur vorbereitende Entscheidung ergangen ist, muss wieder mündlich verhandelt werden, falls nicht die Parteien erneute Einverständniserklärungen abgeben. Die Grundlage der Entscheidung ist einmal eine etwaige frühere mündliche Verhandlung. Dabei ist auch hier § 309 anzuwenden (*BGH* NJW 1956, 945; a. A. BGHZ 11, 29; *BGH* NJW 1971, 1936). Außerdem ist alles zu berücksichtigen, was bis zu dem vom Gericht bestimmten Zeitpunkt (§ 128 Abs. 2 S. 2) Akteninhalt geworden ist. Dieser Zeitpunkt tritt für die *Rechtskraftwirkung* an die Stelle des Schlusses der letzten mündlichen Tatsachenverhandlung, wenn ein Urteil erlassen wird (*BGH* JZ 1966, 70 mit Anm. *Baur*). Wenn dieser Zeitpunkt von einer Partei schuldhaft oder nur scheinbar versäumt worden ist oder das Gericht ihn prozessordnungswidrig nicht abgewartet hat, kann die durch das Urteil beschwerte Partei nunmehr Gehörsrüge (§ 321 a; Rn. 31 a) erheben. Auf diese Weise kann der Grundrechtsschutz (Art. 103 Abs. 1 GG) gewährleistet werden (*BVerfG* NJW 1982, 1454; 2368). Die Nichteinlegung der Berufung gem. § 514 Abs. 2 kann zur Unzulässigkeit der Verfassungsbeschwerde unter dem Gesichtspunkt ihrer Subsidiarität führen (so schon *BVerfG* NJW 1993, 255 vor Geltung des § 321 a).

379 Das Gericht ist nicht gezwungen, ohne mündliche Verhandlung zu entscheiden. Dies steht vielmehr in seinem *freien Ermessen* (*B/L/A/H* § 128 Rn. 25; *Zimmermann* § 128 Rn. 10). Wenn seit der Einverständniserklärung mehr als drei Monate verstrichen sind, ist die Entscheidung ohne mündliche Verhandlung unzulässig (§ 128 Abs. 2 S. 3).

10. Kapitel. Die Rechtsmittel

§ 35. Allgemeine Grundsätze

Literatur: *Gilles,* Rechtsmittel im Zivilprozeß, 1972 (dazu *Arens,* AcP 173, 473); *Gottwald,* Empfehlen sich im Interesse eines effektiven Rechtsschutzes Maßnahmen zur Vereinheitlichung und Beschränkung der Rechtsmittel und Rechtsbehelfe des Zivilverfahrensrechts?, Verhandlungen des 61. DJT (1996), A 1; *Kornblum,* Zur Zulässigkeit bedingter Rechtsmitteleinlegungen, GS Arens, 1993, 211; *Pils,* Das System der Rechtsbehelfe im Zivilprozess, JA 2011, 451; *Rimmelspacher,* Zur Verlängerung von Rechtsmittelbegründungsfristen, FS Gaul, 1997, 553; *H. Roth,* Zivilprozessuales Rechtsmittelrecht und funktionale Zweigliedrigkeit, JZ 2006, 9; *Schnauder,* Berufung und Beschwerde nach dem Zivilprozeßreformgesetz, NJW 2002, 63; 162; *Schreiber,* Die Rechtsmittel im Zivilprozess, Jura 2007, 750; *Schwarze,* Außerordentliche Anfechtbarkeit zivilgerichtlicher Entscheidungen wegen offensichtlicher Gesetzeswidrigkeit?, ZZP 115, 25; *Unberath,* Der Zweck der Rechtsmittel nach der ZPO-Reform – Theorie und Praxis, ZZP 120, 323.

I. Der Zweck der Rechtsmittel

Die ZPO gewährt den Parteien *verschiedene Möglichkeiten,* sich gegen gerichtliche Entscheidungen zu wehren. Sie reichen vom Einspruch im Versäumnisverfahren bis zur Abänderungsklage nach § 323 und zur Wiederaufnahme des Verfahrens. Man spricht insoweit ganz allgemein von *„Rechtsbehelfen".* Außerdem kennt die ZPO die Berufung, die Revision, die Beschwerde und die Rechtsbeschwerde. Nur diese nennt man *Rechtsmittel.* Als typisch für ein Rechtsmittel wird es angesehen, dass es sowohl den Eintritt der formellen Rechtskraft hemmt (§ 705 S. 2; der sog. *Suspensiveffekt;* zu dessen Umfang s. *BGH* NJW 1994, 657) als auch den Rechtsstreit in die nächsthöhere Instanz bringt (der sog. *Devolutiveffekt).* Diese beiden Wirkungen haben nur Berufung, Revision, Rechtsbeschwerde und, mit gewissen Einschränkungen, die sofortige Beschwerde. Der Einspruch hemmt zwar den Eintritt der Rechtskraft, über ihn entscheidet aber ebenso wie über die Abänderungs- oder die Wiederaufnahmeklage und die Gehörsrüge das Gericht, das das angefochtene Urteil erlassen hat. Keinen Devolutiveffekt haben auch Nichtzulassungsbeschwerde und der

380

Antrag auf Zulassung der Sprungrevision. Als außerordentlicher Rechtsbehelf hat die Verfassungsbeschwerde, mit der ein Urteil angegriffen wird, keine Suspensivwirkung (BVerfGE 93, 381).

381 Der *Zweck der Rechtsmittel* besteht zunächst darin, im Interesse der Parteien *durch die Überprüfung der erlassenen Entscheidungen zu richtigen und deshalb gerechten Entscheidungen zu gelangen.* Die bloße Möglichkeit der Überprüfung zwingt außerdem die Gerichte zu einer *sorgfältigen Begründung.* Der Zweck der Rechtsmittel erschöpft sich darin aber nicht. Es besteht vielmehr auch ein *Allgemeininteresse* an einem wirksamen Rechtsmittelsystem. Das Verbot der Selbsthilfe lässt sich nur dann wirksam realisieren, wenn die Parteien gewisse Garantien haben, eine richtige Entscheidung zu erhalten. Außerdem führt der Instanzenzug mit seiner *Konzentrierung der Rechtsprechung* bei höheren und schließlich nur noch einem höchsten Gericht zu der dringend notwendigen *Rechtsvereinheitlichung* und *Rechtsfortbildung.* Dieses öffentliche Interesse spielt bei den einzelnen Rechtsmitteln nicht dieselbe Rolle. Es ist bei der Revision besonders stark ausgeprägt.

Um dieser Vorteile willen muss man die *Nachteile der Rechtsmittel* in Kauf nehmen. Sie verursachen *zusätzliche Kosten* und einen erhöhten Arbeitsaufwand für die Gerichte, sie *verzögern den Abschluss des Verfahrens* und damit die Wiederherstellung des Rechtsfriedens. Sie bedeuten auch eine Verzögerung des Rechtsschutzes für die Partei, die im Recht ist. Auch kann es zu *sich widersprechenden Entscheidungen der verschiedenen Instanzen* kommen, die in der Öffentlichkeit das Vertrauen in die Rechtspflege erschüttern.

382 Die Rechtsmittel dienen also verschiedenen Zwecken. Der Gesetzgeber hat bei der Berufung und der Revision die Schwerpunkte unterschiedlich gesetzt. In ihrer heutigen Ausgestaltung bietet die Berufung im Gegensatz zum früheren Recht keine Möglichkeit, zu einer vollen zweiten Tatsacheninstanz zu gelangen. Vielmehr ist auch sie Kontrollinstanz mit einem Schwerpunkt auf der *Rechtskontrolle.* Tatsachen können nur sehr eingeschränkt vorgebracht werden (s. u. Rn. 393 a, 401). Dies geschieht vor allem im Rahmen einer Kontrolle der *Tatsachenfeststellung.* Grundsätzlich ist der Entscheidung des Berufungsgerichts aber die Tatsachenfeststellung durch die erste Instanz zugrunde zu legen. Aspekte des Individualinteresses der beschwerten Partei und überindividuelle Belange vermischen sich bei der Berufung auf eigentümliche

Weise. Während die Kontrolle der Tatsachenfeststellung und – zu einem gewissen Teil – der Rechtsanwendung den Schutz des Einzelnen ermöglichen soll, geht es bei der Zulassung der Berufung, die für Streitigkeiten mit einem Wert des Beschwerdegegenstandes (zum Begriff s. u. Rn. 396) von bis zu 600,– Euro (geplant ist eine Erhöhung auf 1.000,– Euro, BT-Drs. 17/2149, 5) erforderlich ist, nicht um individuelle Interessen. Die Zulassung knüpft nämlich an Umstände, wie grundsätzliche Bedeutung der Sache, Fortbildung des Rechts oder Erhaltung oder Erreichung der Rechtseinheit, an. Diese Ziele, die über den individuellen Rechtsschutz hinausreichen, betreffen Belange der Rechtsordnung und werden in noch stärkerem Maße von der Revision verfolgt. Hier können grundsätzlich keine neuen Tatsachen mehr vorgebracht werden, das Urteil wird vielmehr nur *in rechtlicher Hinsicht* überprüft. Dafür ist nur ein Gericht zuständig, der Bundesgerichtshof. Die Revision dient also *in erster Linie der Rechtsfortbildung und der Rechtsvereinheitlichung.*

II. Zulässigkeit und Begründetheit der Rechtsmittel

Ebenso wie bei der Klage und den anderen Anträgen ist auch bei den Rechtsmitteln *zwischen Zulässigkeit und Begründetheit* zu unterscheiden, und ebenso wie bei der Klage darf auch bei den Rechtsmitteln erst dann über die Begründetheit entschieden werden, wenn die Zulässigkeit feststeht. Das Rechtsmittelgericht hat *die Zulässigkeit von Amts wegen zu prüfen.* Fehlt sie, ist das Rechtsmittel *als unzulässig zu verwerfen* (§§ 522 Abs. 1 S. 2, 552 Abs. 1 S. 2; 572 Abs. 2 S. 2; 577 Abs. 1 S. 2). Ist das Rechtsmittel unbegründet, wird es *zurückgewiesen.* Begründet ist das Rechtsmittel, *wenn das angefochtene Urteil unrichtig ist.* Wird ein Urteil angefochten, das die Klage als unzulässig abgewiesen hat, ist das Rechtsmittel begründet, wenn diese Klage zulässig und außerdem begründet ist. Dasselbe gilt, wenn die Klage als unbegründet abgewiesen worden war. Richtet sich das Rechtsmittel gegen ein Urteil, das der Klage stattgegeben hat, so ist es begründet, wenn dieses Urteil unrichtig, d.h. die Klage entweder unzulässig oder unbegründet ist. Man muss also zwischen der Zulässigkeit der Klage und der Zulässigkeit des Rechtsmittels unterscheiden; die Zulässigkeit der Klage wird im Rahmen der Begründetheit des Rechtsmittels geprüft.

383

III. Die gemeinsamen, für die Berufung, Revision und Beschwerde geltenden Zulässigkeitsvoraussetzungen

384 Die ZPO enthält *keine ausdrücklich für alle Rechtsmittel gemeinsam geltenden Bestimmungen* (keinen „Allgemeinen Teil" des Rechtsmittelrechts). Im Gesetz ist vielmehr das Berufungsverfahren eingehend geregelt und darauf wird für die Revision verwiesen (§ 565). Außerdem haben Rechtsprechung und Wissenschaft *auf alle Rechtsmittel anzuwendende Zulässigkeitsvoraussetzungen* entwickelt. Die Darstellung dieser allgemeinen Grundsätze soll deshalb der Erörterung der einzelnen Rechtsmittel vorangestellt werden.

1. Die Statthaftigkeit des Rechtsmittels

385 Das eingelegte Rechtsmittel muss gegen die angegriffene Entscheidung *seiner Art nach überhaupt vorgesehen sein*. Berufungsfähig sind die im ersten Rechtszug erlassenen Endurteile des Amtsgerichts und des Landgerichts (§ 511 Abs. 1). Gegen Zwischenurteile besteht – vorbehaltlich abweichender gesetzlicher Bestimmungen – keine Möglichkeit der Berufung (s. Rn. 322 ff.). Die Revision ist statthaft gegen die in der Berufungsinstanz erlassenen Endurteile (§ 542 Abs. 1). Zudem gibt es die Möglichkeit einer Sprungrevision gegen Urteile des Amtsgerichts und erstinstanzliche Urteile der Landgerichte (vgl. § 566).

2. Die Beschwer

Literatur: *Baur,* Zur „Beschwer" im Rechtsmittelverfahren des Zivilprozesses, FS Lent, 1957, 1; *Bettermann,* Die Beschwer als Klagevoraussetzung, 1970; *A. Blomeyer,* Antrag und Beschwer, FS Fragistas, 1967, 463; *Brox,* Die Beschwer als Rechtsmittelvoraussetzung, ZZP 81, 379; *Kahlke,* Zur Funktion von Beschwer und Rechtsschutzbedürfnis im Rechtsmittelverfahren, ZZP 94, 423; *Lindacher,* Beschwer und Beschwersumme beim unbezifferten Klagantrag, AcP 182, 270; *Zeuner,* Unbezifferter Klageantrag und Beschwer, FS Baur, 1981, 741.

386 Die *Beschwer* ist eine im Gesetz nicht ausdrücklich geregelte Zulässigkeitsvoraussetzung. Fehlt sie im Zeitpunkt der Entscheidung, so ist das Rechtsmittel unzulässig und zu verwerfen. Ihre Notwendigkeit wird mit der Überlegung begründet, dass die Par-

§ 35. Allgemeine Grundsätze

tei, die ein Rechtsmittel einlegt, nur dann ein Rechtsschutzbedürfnis hat, dass die Entscheidung zu ihren Gunsten abgeändert wird, wenn sie durch diese Entscheidung benachteiligt ist. Wenn sie durch das Urteil bekommen hat, was sie haben wollte, besteht grundsätzlich keine Veranlassung, ein Rechtsmittel zu gewähren. Ziel des Rechtsmittels muss es sein, diese durch das Urteil geschaffene Beschwer zu beseitigen (st. Rspr. *BGH* NJW-RR 1988, 959), wobei sich letztere nach dem vermögenswerten Interesse des Rechtsmittelführers an der Änderung der angefochtenen Entscheidung bestimmt (*KG* ZMR 1993, 184). Einzige Ausnahme von diesem Erfordernis ist die Ehescheidung. Gegen den Scheidungsbeschluss darf auch der Antragsgegner Rechtmittel einlegen, wenn er durch einen Widerruf seiner Zustimmung zur Scheidung die Ehe retten will (st. Rspr., z.B. *BGH* NJW 1984, 1302; s. dazu auch §§ 59, 117 FamFG). Die Beschwer bestimmt auch, welche Partei Rechtsmittel einlegen kann. Ergeht ein Urteil gegen eine Person, obgleich sie in erster Instanz zu Unrecht als Partei angesehen wurde, so kann diese Person auch Rechtsmittel einlegen (*BGH* NJW 2005, 118 – betrifft GbR/Gesellschafter).

Es besteht keine völlige Einigkeit darüber, wie die Beschwer *im Einzelfall zu ermitteln ist*. Auszugehen ist von der *formellen Beschwer*. Sie liegt in der Abweichung des Urteils von dem in der unteren Instanz zuletzt gestellten Antrag des Rechtsmittelklägers (*Rechtsmittelkläger* ist derjenige, der das Rechtsmittel einlegt, das kann auch der Beklagte sein) zu dessen Nachteil.

In den meisten Fällen ist das leicht zu ermitteln. Hat der Kläger die Verurteilung des Beklagten zur Zahlung von 10.000,– Euro beantragt und sind dem Kläger 5.000,– Euro zugesprochen und ist die Klage im Übrigen abgewiesen worden, so sind beide Parteien in Höhe von 5.000,– Euro beschwert. Hier lässt sich die Beschwer aus dem Vergleich von Antrag und Urteilstenor entnehmen. Es fehlt daher an einer Beschwer, wenn dem Feststellungsantrag stattgegeben wurde und der Kläger Berufung mit dem Ziel einlegt, in der Berufungsinstanz zu einer Leistungsklage überzugehen (*BGH* NJW 1988, 827). Hat der Kläger keinen bestimmten Antrag gestellt (z.B. beim Schmerzensgeld), ist er beschwert, wenn der zugesprochene Betrag nicht seinen Erwartungen entspricht, wie sie sich aus den vorgetragenen Tatsachen ergeben haben. Dies gilt vor allem, wenn er einen Mindestbetrag angegeben hat (BGHZ 45, 91; dazu *Fenn*, ZZP 89, 128 m.w.N.; s. auch *BGH* NJW 1993, 2875). Hier lässt sich also eine formelle Beschwer feststellen. Dies gilt auch für andere Fälle. Wenn der Hauptantrag abgewiesen und dem Hilfsantrag stattgegeben wird, ist der Kläger beschwert. Hat der Beklagte primär Klageabweisung beantragt und hilfsweise aufgerechnet, so ist er beschwert, wenn die Klage nur wegen der Aufrechnung abgewiesen wird (BGHZ 26, 297; 57, 301). Er verliert seine Gegenforderung; die Rechtskraft des abweisenden Urteils erstreckt sich auch auf die Aberkennung der Gegenforderung (§ 322 Abs. 2; vgl. aber für einen Ausnahmefall: *BGH* NJW 1988, 3210; zum bloßen Rechnungsposten s. *BGH* NJW 1992, 317). Damit wird deutlich, dass nicht immer der Vergleich von Antrag und Tenor allein ausreicht, um die Beschwer zu ermitteln. Man muss vielmehr den Antrag mit dem rechtskräftigen Inhalt der Entscheidung vergleichen. Wenn also der Beklagte die Abweisung der Klage als unbegründet beantragt, weil der Anspruch nicht bestehe, und wird die Klage lediglich als unzulässig abgewiesen, etwa weil der Rechtsweg zu den Zivilgerichten nicht gegeben sei, so ist der Beklagte beschwert (BGHZ 28, 349). Die Rechtskraft eines die Klage als unbegründet abweisenden Urteils hätte den Kläger endgültig an der Geltendmachung dieses Anspruchs gehindert. Bei einer Abweisung als unzulässig kann der Kläger dagegen die Klage wiederholen, wenn er den Unzulässigkeitsgrund vermeidet.

388 Es ist streitig, ob auf Seiten des Beklagten das Vorliegen der formellen Beschwer immer erforderlich ist oder ob es ohne Rücksicht auf die vom Beklagten gestellten Anträge ausreicht, wenn er durch das Urteil *in seiner materiellen Rechtsstellung beeinträchtigt ist (materielle Beschwer).* Die Rechtsprechung, die diese Auffassung vertritt (*BGH* JZ 1953, 276; NJW 1975, 539), begründet dies damit, dass der Beklagte im Gegensatz zum Kläger nur einen Prozessantrag, keinen Sachantrag stelle. Diesen stelle nur der Kläger. Der Kläger ist auch nicht beschwert, wenn sich trotz Abweisung seiner Klage die Hauptsache vor Einlegung des Rechtsmittels erledigt. Eine materielle Beschwer ergibt sich unter besonderen Umständen, so etwa bei für den Kläger bestehender Gefahr, den vom Beklagten inzwischen gezahlten Betrag bei Rechtskraft des Urteils zurückzahlen zu müssen (vgl. *BGH* NJW-RR 1992, 1032; NJW 1994, 942).

Auf die formelle Beschwer soll es nur bei der Partei ankommen, die einen Sachantrag gestellt hat, also beim Kläger. Deshalb kann nach dieser Meinung der Beklagte, der ein Anerkenntnis abgegeben hat und durch Anerkenntnisurteil verurteilt worden ist, dagegen Berufung einlegen, weil er materiell beschwert ist. Man braucht aber die Annahme der materiellen Beschwer nicht, um in diesem Fall zur Zulässigkeit des Rechtsmittels zu kommen: der Beklagte kann nur dann gegen das Anerkenntnisurteil vorgehen, wenn er behauptet, es habe kein Anerkenntnis vorgelegen oder er habe es widerrufen (nach h.M. bei Vorliegen eines Restitutionsgrundes). Dann behauptet er auch eine formelle Beschwer. Die Annahme einer materiellen Beschwer als ausreichend lässt sich deshalb allenfalls dann vertreten, wenn der Beklagte keinen Antrag gestellt hat. Sonst muss man aus Gründen der Gleichbehandlung der Parteien auf beiden Seiten am Erfordernis der formellen Beschwer festhalten.

3. Das Verbot der reformatio in peius („Verschlechterungsverbot")

Fall 1: K klagt auf Schadensersatz in Höhe von 6.000,– Euro. Das Gericht spricht ihm 3.000,– Euro zu. K legt gegen die Teilabweisung Berufung ein. Das Berufungsgericht verneint ein Verschulden des Beklagten. Kann es die Klage ganz abweisen?

Fall 2: B wird in Höhe von 6.000,– Euro verurteilt. K hatte 8.000,– Euro beantragt. B legt Berufung ein. Kann das Gericht ihn in Höhe von 7.000,– Euro verurteilen?

Fall 3: Die Klage des K wird als unzulässig abgewiesen. K legt Berufung ein. Das Berufungsgericht hält die Klage zwar für zulässig, aber für unbegründet. Darf es sie als unbegründet abweisen?

Es kann vorkommen, dass eine Partei, die teilweise unterlegen ist, dagegen ein Rechtsmittel einlegt und das Rechtsmittelgericht zu dem Ergebnis kommt, dass das Urteil deshalb falsch ist, weil der Rechtsmittelkläger ganz hätte abgewiesen werden **(Fall 1)** oder zur Zahlung eines höheren Betrages hätte verurteilt werden müssen **(Fall 2)**. Es erhebt sich die Frage, ob es dann diese als richtig erkannte Entscheidung treffen darf. Würde man dies bejahen, würde der Rechtsmittelkläger Gefahr laufen, nach der Einlegung seines Rechtsmittels *schlechter zu stehen als vorher.* Dies könnte ihn davon abhalten, überhaupt ein Rechtsmittel einzulegen und ihn dazu veranlassen, lieber ein als unrichtig empfundenes Urteil hinzunehmen. Es wäre kaum mit rechtsstaatlichen Grundsätzen vereinbar, eine Partei einer solchen Situation auszusetzen. Hinzu kommt eine weitere Überlegung. Auch im Rechtsmittelverfahren gilt die Dispositionsmaxime. Deshalb darf ein Urteil *nur insoweit abgeändert werden, als seine Abänderung beantragt ist* (§ 528 S. 2). In den Fällen 1 und 2 ist aber nur die Abänderung des zu Ungunsten des Rechtsmittelklägers ergangenen Urteils beantragt; der ihm günstige Teil ist nicht angefochten worden. Deshalb darf das Gericht insoweit das Urteil nicht zu Ungunsten des Rechtsmittelklägers abändern.

389

Es ist die Frage, ob dieser Grundsatz auch in **Fall 3** anzuwenden ist. Es lässt sich nicht bestreiten, dass eine Abweisung als unbegründet den Rechtsmittelkläger schlechter stellt als die Abweisung als unzulässig, die er vorher hatte. Gleichwohl ist in diesem Fall die Abweisung als unbegründet zulässig. Der Kläger hat durch die Abweisung als unzulässig *keine rechtliche Position erlangt, auf deren Bestand er vertrauen konnte* (BGHZ 23, 50; *BGH* JZ 1973, 216; zu dieser Frage *Bötticher,* ZZP 65, 464). Mit demselben Argument hat der

Bundesgerichtshof (BGHZ 104, 212, 214) es auch für zulässig erachtet, dass eine in erster Instanz als zur Zeit unbegründet abgewiesene Klage in der Berufungsinstanz als endgültig unbegründet abgewiesen wird. Ein Verstoß gegen das Verbot der Schlechterstellung wurde vom Bundesgerichtshof auch abgelehnt, wenn das erstinstanzliche Gericht eine Aufrechnung als im Urkundenprozess unstatthaft abgewiesen hat, in zweiter Instanz das Gericht auf Berufung des Beklagten die Gegenforderung aber für unbegründet erachtet (*BGH* MDR 2004, 705; s. aber jetzt *BGH* NJW 2011, 848, 851 f.). Streitig ist, ob das Rechtsmittelgericht im Falle einer Teilabweisung auf das Rechtsmittel des Klägers hin die Klage ganz abweisen kann, wenn es sie für unzulässig hält (BGHZ 18, 106; *Bötticher*, ZZP 65, 467 f.; *Jauernig/Hess* § 72 Rn. 40; *Rosenberg/Schwab/Gottwald* § 139 Rn. 9 ff.). Gegen das Verbot der Schlechterstellung wird nicht verstoßen, wenn das vorinstanzliche Urteil so unbestimmt ist, dass bei einer nur teilweisen Klagestattgabe der Umfang des zugunsten des Rechtsmittelklägers ergangenen vorinstanzlichen Urteils nicht zu ermitteln ist (*BGH* NJW-RR 1996, 659).

4. Die Anschlussrechtsmittel

Literatur: *Doms*, Die Anschlussberufung – ein stumpfes Schwert, NJW 2004, 189; *Fenn*, Anschlußberufung, Beschwer und unbezifferter Klageantrag, ZZP 89, 121; *Gilles*, Anschließung, Beschwer, Verbot der reformatio in peius und Parteidispositionen über die Sache in höherer Instanz, ZZP 91, 128; *ders.*, Grundprobleme des zivilprozessualen Anschließungsrechts, ZZP 92, 152; *Piekenbrock*, Die Neuregelung der Anschlussberufung, MDR 2002, 675; *Schneider*, Die Anschlussberufung (§ 524 ZPO), ZZP 119, 423.

390 Wenn das Urteil nur zu Gunsten des Rechtsmittelklägers geändert werden kann, befindet sich der Rechtsmittelbeklagte in einer ungünstigen Position. Er kann nur verlieren, *aber keine Verbesserung seiner Position erreichen.* Wenn er selbst beschwert, d.h. teilweise unterlegen ist, kann er dem abhelfen, indem er seinerseits ein Rechtsmittel einlegt. In den **Fällen 1** und **2** wäre das möglich. Es müssten dann freilich alle Zulässigkeitsvoraussetzungen für dieses Rechtsmittel vorliegen, die Fristen dürfen noch nicht abgelaufen sein und es müsste auch die erforderliche Beschwerdesumme erreicht oder die Zulassung ausgesprochen sein. Es kann leicht vorkommen, dass es an einer dieser Voraussetzungen fehlt, vor allem, dass die Frist zur selbständigen Rechtsmitteleinlegung für den Rechtsmittelbeklagten oder -gegner schon abgelaufen ist. Dies kann etwa der Fall sein, wenn er sich mit dem Urteil oder dem Beschluss zufrieden geben wollte und die andere Partei unmittelbar vor Ablauf der Frist ein Rechtsmittel einlegt, so dass es für ihn zu spät ist. Das Gesetz trägt dem Bedürfnis des Rechtsmit-

telbeklagten oder -gegners Rechnung, sich nicht nur verteidigen zu müssen, sondern auch eine Abänderung der Entscheidung zu seinen Gunsten erreichen zu können (Grundsatz der Waffengleichheit und Billigkeit). Diesem Zweck dienen die *Anschlussrechtsmittel*. Sie unterscheiden sich von den normalen Rechtsmitteln dadurch, dass sie trotz vorherigen Rechtsmittelverzichts eingelegt werden können (§§ 524 Abs. 2 S. 1, 554 Abs. 2 S. 1, 567 Abs. 3 S. 1, 574 Abs. 4 S. 1); alle Anschlussrechtsmittel setzen die Einlegung eines Hauptrechtsmittels voraus. Hauptrechtsmittel und Anschlussrechtsmittel richten sich gegen dieselbe Entscheidung. Die Anschlussberufung ist grundsätzlich bis zum Ablauf der dem Berufungsbeklagten gesetzten Frist zur Berufungserwiderung einzulegen (§ 524 Abs. 2 S. 2; s. aber S. 3; zur Umdeutung einer unzulässig gewordenen Berufung in eine „unselbständige" Anschlussberufung: BGHZ 100, 383, 387 und *BGH* NJW 2011, 1455). Die Anschlussrevision (§ 554 Abs. 2 S. 2) ist innerhalb eines Monats nach Zustellung der Revisionsbegründung einzulegen. Entsprechendes gilt für die Rechtsbeschwerde (§ 574 Abs. 4, Notfrist). Die Anschließung im Rahmen der Beschwerde unterliegt keiner Frist (vgl. § 567 Abs. 3).

Nach h.M. verlangt die Anschlussberufung *keine Beschwer* (zur Anschlussrevision s.u.Rn. 391 a). Gleiches wird man für die Beschwerde annehmen müssen. Weder muss für die Anschließung eine Berufungssumme erreicht werden, noch erfordert sie eine Zulassung. Sie erfolgt durch Schriftsatz (Anschließungsschrift). Die Anschließung ist zu begründen (§§ 524 Abs. 1 S. 2, Abs. 3, 554 Abs. 1 S. 2, Abs. 3, 574 Abs. 4 S. 1, 2). Für die Anschlussbeschwerde gelten die §§ 569 Abs. 2 und 571 entsprechend (Zöller/*Gummer* § 567 Rn. 61). In der Berufungsinstanz, in der neue Anträge gestellt werden können, kann also Anschlussberufung vom siegreichen Kläger mit dem Ziel eingelegt werden, *den Klageantrag zu erweitern oder Widerklage zu erheben* (BGHZ 24, 283f.; 37, 133; *Jauernig/Hess* § 72 Rn. 32; a.A. Stein/Jonas/*Grunsky* § 521 Rn. 4ff.m.w.N.). Die Erweiterung kann durch mündliche Antragstellung zu Protokoll vorgenommen werden. Die Anschließung muss jedoch bereits mittels einer Anschließungsschrift eingelegt und begründet worden sein. Weitere Voraussetzung für die mündliche Erweiterung ist, dass diese sich im Rahmen der bereits vorgetragenen Anschließungsgründe hält (*BGH* NJW 1993, 269; MDR 2006, 45).

391 Die Anschlussrechtsmittel *verlieren ihre Wirkung,* d. h. sie werden *unzulässig, wenn das Hauptrechtsmittel verworfen oder zurückgenommen* (§§ 524 Abs. 4, 554 Abs. 4, 567 Abs. 3 S. 2, 574 Abs. 4 S. 3), nicht aber, wenn darüber abschließend entschieden wird (*BGH* NJW 1984, 2951). Es besteht jetzt keine Veranlassung mehr, dem Rechtsmittelbeklagten die Weiterführung des Prozesses zu gestatten. Der Sache nach sind die Anschlussrechtsmittel unselbständige Rechtsmittel. Die früher daneben bestehende Möglichkeit der selbständigen Anschließung wurde mit dem ZPO-RG abgeschafft. Dem Rechtsmittelbeklagten bleibt vielmehr die Möglichkeit, statt einer Anschließung ebenfalls Rechtsmittel innerhalb der Frist einzulegen (*BGH* MDR 2003, 947), sofern ein solches Rechtsmittel nach den hierfür geltenden Bestimmungen (z. B. § 511) zulässig ist. Dieses ist dann von dem Rechtsmittel der Gegenseite unabhängig. In Zweifelsfällen ist durch Auslegung zu ermitteln, welcher der beiden Wege vom Rechtsmittelkläger gewählt wurde (*BGH* a. a. O.).

Eine Anschließung des Berufungsklägers an die Anschlussberufung des Rechtsmittelgegners ist nicht zulässig (str., BGHZ 88, 360; a. A. *Rosenberg/Schwab/Gottwald* § 137 Rn. 12). Der Rechtsmittelkläger muss statt dessen seinen Berufungsantrag erweitern, soweit dies noch möglich ist (BGHZ 12, 52, 67 f.; MünchKomm/*Rimmelspacher* § 524 Rn. 10; zur Erweiterung der Anschlussberufung *BGH* MDR 2006, 45).

391a Die *Anschlussrevision* ist nach § 554 zulässig (zur Frage der Beschwer Rn. 390). Sie setzt im Gegensatz zur Anschlussberufung eine Beschwer voraus (h. M., *BGH* NJW 1995, 2565; MünchKomm/*Wenzel* § 554 Rn. 5 m. w. N.). Darüber hinaus verlangt die Rechtsprechung einen unmittelbaren rechtlichen oder wirtschaftlichen Zusammenhang zu dem von der Revision erfassten Streitgegenstand (*BGH* NJW 2008, 920). Die Anschlussrevision bedarf nicht der Zulassung durch das Oberlandesgericht oder der Annahme (§ 554 Abs. 2). Die Geltendmachung neuer Ansprüche ist vor der Revisionsinstanz nicht möglich (vgl. *Rosenberg/Schwab/Gottwald* § 143 Rn. 8; Ausnahme Rn. 413).

5. Die Anfechtbarkeit inkorrekter Entscheidungen

Damit ist nicht die inhaltliche Unrichtigkeit von Entscheidungen gemeint; 392
diese Frage kann erst bei der Prüfung der Begründetheit erfolgen. Es geht vielmehr um die Frage, welches Rechtsmittel zulässig ist, wenn das Gericht eine der Art nach unzulässige Entscheidung getroffen hat, wenn es also ein Urteil erlassen hat, wo ein Beschluss zu erlassen gewesen wäre oder ein kontradiktorisches Urteil statt eines Versäumnisurteils (häufig kommen diese Fälle nicht vor; vgl. z. B. BGHZ 89, 362; *BGH* NJW 1999, 584). Ein weiteres Beispiel ist der Erlass eines zweiten statt eines ersten Versäunisurteils (s. *OLG Frankfurt/Main* NJW-RR 2011, 216). Hier sind jeweils verschiedene Rechtsmittel gegeben, gegen das Urteil die Berufung oder die Revision, gegen das Versäumnisurteil der Einspruch, gegen den Beschluss die Beschwerde. Der durch die Entscheidung Betroffene steht vor dem Problem, ob er das Rechtsmittel einlegen soll, das gegen die Entscheidung, so wie sie ergangen ist, gegeben ist (subjektive Theorie) oder dasjenige, das gegeben wäre, wenn das Gericht richtig entschieden hätte (objektive Theorie). Nach h. M. darf der Betroffene durch die falsche Entscheidung nicht benachteiligt werden. Es gilt das sog. *Prinzip der Meistbegünstigung*, der Betroffene hat die Wahl zwischen den beiden Rechtsmitteln und kann das eine oder das andere einlegen (vgl. BGHZ 40, 265; 46, 112; dies gilt auch hinsichtlich der Anforderungen an die Rechtsmittelbegründung: BGHZ 152, 213 s. unten Rn. 425). Davon ist eine Ausnahme zu machen, wenn die inkorrekte Entscheidung anfechtbar ist, die korrekte Entscheidung dies jedoch nicht wäre (vgl. BGHZ 46, 112; *BGH* NJW-RR 1993, 956 f. m. w. N.; *Althammer/Löhnig*, NJW 2004, 1567; für weitere vom Bundesgerichtshof gemachte Ausnahmen s. o. Rn. 35 a u. 372). Ein ähnliches Problem besteht, wenn eine unrichtige Rechtsmittelbelehrung erteilt wird (s. vor allem § 39 FamFG; allg. zur Rechtsbehelfsbelehrung *Ulrici*, ZZP 124, 219). Hier wird man zumindest von fehlendem Verschulden an einer ggf. dadurch bedingten Fristversäumung ausgehen können und Wiedereinsetzung gewähren müssen (*BAG* NJW 2007, 1485; vgl. auch *BGH* NJW 2011, 522). Von einem Prozessvertreter wird aber verlangt, unabhängig von der Rechtsmittelbelehrung den Gesetzestext für fristgebundene Rechtsmittel seines Fachgebiets zu kennen; auf die Belehrung dürfe er sich insoweit nicht verlassen (*OLG Stuttgart* NJW 2010, 1978). Bei offensichtlich falscher Rechtsmittelbelehrung scheide ein entschuldbarer Rechtirrtum aus (*OLG Hamm* NJW 2011, 463; zum Ganzen *Rensen*, MDR 2011, 201).

6. Rechtsmittelrücknahme und Rechtsmittelverzicht

Ebenso wie die Klage der *Dispositionsbefugnis* des Klägers un- 393
terliegt und *zurückgenommen* werden kann, gilt Entsprechendes
für *die Rechtsmittel* der Berufung, Revision, sofortigen Beschwerde und Rechtsbeschwerde nach §§ 516, 565, 567 Abs. 3 S. 1 und
574 Abs. 4 S. 1. Das zurückgenommene Rechtsmittel wird damit
wirkungslos; die Kosten fallen dem Zurücknehmenden zur Last
(§ 516 Abs. 3 S. 1). Das kann auch die Kosten eines eingelegten

Anschlussrechtsmittels umfassen (dazu *B/L/A/H* § 516 Rn. 22). Diese Rechtsfolge ist nunmehr von Amts wegen durch Beschluss auszusprechen, der – Zulassung vorausgesetzt – mit der Rechtsbeschwerde angefochten werden kann (§ 574 Abs. 1 Nr. 2). Zwar kann das Rechtsmittel erneut eingelegt werden (auch wenn das wegen des Fristablaufs selten praktisch wird; nach Ablauf bspw. der Berufungsfrist tritt mit Rücknahme die Rechtskraft des angefochtenen Urteils ein, *BGH* NJW 2008, 373), gleichwohl ist die Rücknahme nach mündlicher Verhandlung des Rechtsmittelbeklagten nicht an dessen Einwilligung gebunden. Der Gesetzgeber hat insoweit dem Entlastungsinteresse der Justiz Vorrang vor den Individualinteressen des Einzelnen eingeräumt.

Entsprechend dem Klageverzicht sieht das Gesetz auch den *Verzicht auf ein Rechtsmittel* vor (§§ 515, 565). Er bedarf, weil er das Rechtsmittel endgültig unzulässig macht, nicht der Annahme oder Einwilligung durch den Gegner. Der Verzicht kann gegenüber dem Gericht oder gegenüber dem Prozessgegner erklärt werden (str. ist, ob er dem Anwaltszwang unterliegt, *Rosenberg/Schwab/Gottwald* § 135 Rn. 47) und muss eine unzweideutige Erklärung darüber enthalten, dass die Partei sich mit der Entscheidung zufrieden gibt und ein Rechtsmittel nicht durchführen will (*BGH* NJW-RR 1996, 1204). Der bloße Verzicht auf die Begründung der dem Gericht überlassenen Kostenentscheidung in einem Vergleich ist dafür nicht ausreichend (*BGH* NJW 2006, 3498). Bei einer Rechtsmitteleinlegung, die sich auf einen von mehreren Anträgen beschränkt, wird regelmäßig ein Rechtsmittelverzicht in Bezug auf die übrigen Anträge vorliegen (*BGH* NJW 1990, 1118). Verzichten *beide Parteien* auf Rechtsmittel, wird damit das Urteil *rechtskräftig* (vgl. Rn. 350). Die Parteien können auch schon vor Erlass des Urteils auf Rechtsmittel verzichten, und zwar durch *Vertrag*. Legt eine der Parteien entgegen diesem Vertrag doch ein Rechtsmittel ein, so ist dieses *unzulässig*. Die h. M. verlangt, dass der Rechtsmittelverzicht einredeweise geltend gemacht wird (*BGH* NJW-RR 1997, 1288). Sofern der Verzicht gegenüber dem Gericht erklärt wird, ist eine solche Geltendmachung durch Einrede nicht zu verlangen. Einer ausdrücklichen Geltendmachung bedarf es auch bei einer vertraglichen Verpflichtung zur Rücknahme eines Rechtsmittels (*BGH* NJW 1984, 805; VersR 1993, 714). Der außergerichtliche Rechtsmittelverzicht kann mit Zustimmung des Gegners bis zum Eintritt der Rechtskraft widerrufen werden, der dem Gericht gegenüber erklärte Verzicht ist als Prozesshandlung grundsätzlich unwiderruflich (*BGH* NJW 1985, 2335; dazu *Orfanides,* ZZP 100, 63; s. auch *BGH* JR 1994, 22 m. Anm. *Zeiss;* vgl. Rn. 215).

§ 36. Die Berufung

Literatur: *Althammer,* „Beschwer" und „Beschwerdegegenstand" im reformierten Berufungsrecht gem. § 511 II Nr. 1, 2, IV ZPO, NJW 2003, 1079; *Eichele/Hirtz/Oberheim,* Berufung im Zivilprozess, 3. Aufl., 2011; *Fellner,* Tatsachenfeststellung in der ersten Instanz – Bedeutung für das Berufungsverfahren und Korrekturmöglichkeiten, MDR 2003, 721; *Fölsch,* Die Berufungszurückweisung durch Beschluss im Blickpunkt aktueller Rechtsprechung, NJW 2006, 2521; *Gaier,* Das neue Berufungsverfahren in der Rechtsprechung des BGH, NJW 2004, 2041; *ders.,* Der Prozessstoff des Berufungsverfahrens, NJW 2004, 110; *Gehrlein,* Neue höchstrichterliche Rechtsprechung zur ZPO – Verfahren in der Berufung, MDR 2004, 661; *Greger,* Tatsachenfeststellung durch das Berufungsgericht – ein Menetekel aus Karlsruhe, NJW 2003, 2882; *Heiderhoff,* Die Tatsachenbindung des Berufungsgerichts nach der ZPO-Reform, JZ 2003, 490; *Knops,* Die Verkürzung des Rechtswegs durch § 522 Abs. 2 ZPO bei der Berufung und nach § 552a ZPO bei der Revision, ZZP 120, 403; *Krüger,* Unanfechtbarkeit des Beschlusses nach § 522 II ZPO – Ein Zwischenruf, NJW 2008, 945; *Lechner,* Die Rechtsprechung des BGH zum neuen Berufungsrecht im Lichte der Intentionen des Gesetzgebers, NJW 2004, 3593; *Rimmelspacher,* Die Berufungsgründe im reformierten Zivilprozeß, NJW 2002, 1897; *ders.,* Tatsachen und Beweismittel in der Berufungsinstanz, ZZP 107, 421; *ders.,* Die internationale Zuständigkeit in den zivilprozessualen Rechtsmittelinstanzen, JZ 2004, 894; *Rixecker,* Fehlerquellen am Weg der Fehlerkontrolle, NJW 2004, 705; *H. Roth,* Neues Rechtsmittelrecht im Zivilprozeß – Berufungsinstanz und Einzelfallgerechtigkeit, JZ 2005, 174; *Schnauder,* Berufung und Beschwerde nach dem Zivilprozeßreformgesetz (ZPO-RG), JuS 2002, 68 ff.; 162 ff.; *C.-D. Schumann/Kramer,* Die Berufung in Zivilsachen, 7. Aufl., 2007; *Stackmann,* Anwaltliche Rügepflicht und berufungsgerichtliche Prüfungspflicht, NJW 2004, 1838; *ders.,* Beendigung des Berufungsverfahrens im Zivilprozess durch Beschluss, JuS 2005, 324; *ders.,* Rechtsbehelfe im Zivilprozess, 2005; *Stöber,* Notwendigkeit einer Tatbestandsberichtigung zur Vorbereitung einer Berufung, MDR 2006, 5; *Tiedtke,* Zur Selbstbindung des Berufungsrichters im zweiten Rechtsgang an sein zurückweisendes Urteil, ZIP 1993, 252; *Zuck,* Die Zurückweisung der Berufung durch Beschluss, Was geht beim BVerfG?, NJW 2010, 1860, 2185.

I. Allgemeines

Mit dem ZPO-RG wurde die Berufung in weiten Teilen neu geregelt. Im Gegensatz zum früheren Recht ist sie nun nicht mehr 393a eine volle Tatsacheninstanz. Nach der Vorstellung des Gesetzgebers sollen die tatsächlichen Feststellungen grundsätzlich in erster Instanz getroffen werden. Berufung und Revision sind nur noch Kontrollinstanzen. Dies wertet das erstinstanzliche Verfahren auf. Die zweite Instanz dient der Überprüfung von rechtlichen Fehlern und Mängeln der tatsächlichen Feststellungen in der Vorinstanz. Der Gesetzgeber verfolgte damit verschiedene Ziele. Zum einen soll der Instanzenzug übersichtlicher, zum anderen eine gewisse Zeitersparnis erreicht werden. In Anbetracht der verschiedenen Ausnahmen zu dem Grundsatz, nach dem tatsächliche Beurteilungsgrundlage für das Berufungsgericht die Feststellungen der ersten Instanz sind, ist die Zeitersparnis zumindest fraglich, da auch nach früher geltendem Recht, wie der Gesetzgeber selber einräumt, nur in 10,7 Prozent der vom Landgericht und in 14,2 Prozent der vom Oberlandesgericht erledigten Berufungsverfahren eine Beweisaufnahme durchgeführt wurde. Weitere Verzögerungen können durch die veränderte Rechtslage dadurch entstehen, dass die Parteien in erster Instanz mehr Tatsachen vortragen als bislang, da ihnen eine weitere Instanz insoweit nicht zur Verfügung steht. Im Übrigen wird der Berufungskläger versucht sein, vor allem Mängel bei den tatsächlichen Feststellungen zu finden. Die Rechtsprechung legt zudem die Aufgabe des Berufungsgerichts, die erstinstanzliche Entscheidung zu überprüfen, sehr weit aus, so dass es fraglich erscheint, ob die mit dem ZPO-RG verfolgten Ziele des Gesetzgebers – Zeitersparnis und mehr Übersichtlichkeit – erreicht wurden. Das Gesetz sieht auch Erleichterungen für die Urteilsabfassung vor. Des Weiteren ist eine Einzelrichterentscheidung auch in zweiter Instanz möglich, so dass es möglich ist, dass eine einzelne Rechtsstreitigkeit nur von insgesamt zwei Richtern entschieden wird.

II. Die Zulässigkeit

394 Die Berufung ist gegen die im ersten Rechtszug erlassenen Endurteile (§ 511 Abs. 1) *statthaft*, also die *erstinstanzlichen Endurteile der Amts- und Landgerichte*. Gegen Zwischenurteile ist die Berufung statthaft in den Fällen der §§ 280 Abs. 2, 304 Abs. 2. Gegen *Versäumnisurteile* ist grundsätzlich der Einspruch gegeben (§ 514 Abs. 1, § 338), ausnahmsweise kann nach Maßgabe des § 514 Abs. 2 Berufung eingelegt werden.

§ 36. Die Berufung

Die Berufung ist beim Berufungsgericht (dem iudex ad quem, § 519 Abs. 1) einzulegen. Es entscheidet das nächsthöhere Gericht als Berufungsgericht, also bei Urteilen des Amtsgerichts das Landgericht (§§ 72, 94 GVG), bei Urteilen des Landgerichts das Oberlandesgericht (§ 119 Abs. 1 Nr. 2 GVG).

Weitere Zulässigkeitsvoraussetzung ist, dass die Berufung innerhalb der *(Not-)Frist von einem Monat eingelegt* (§ 517) und binnen einer Frist von insgesamt zwei Monaten *begründet* wird (§ 520 Abs. 1 und 2). Beide Fristen beginnen mit Zustellung des vollständigen Urteils (dazu *BGH* NJW 2010, 2519; zu den Anforderungen an eine Verlängerung der Berufungsbegründungsfrist *BGH* NJW-RR 2011, 285), spätestens aber mit Ablauf von fünf Monaten nach Urteilsverkündung (das gilt auch für eine im Ausland wohnhafte, nicht anwaltlich vertretene Partei, *BGH* NJW-RR 2011, 490). Spätere Berichtigungen des Urteils gem. § 319 haben grundsätzlich auf den Fristlauf keine Auswirkungen (*BGH* NJW 2003, 2991). Für den sicherlich seltenen Fall, dass durch die Berichtigung das Rechtsmittel erst statthaft wird (*B/L/A/H* § 319 Rn. 9) kann dies nicht gelten, da ansonsten die irrtümliche Urteilsabfassung den Zugang zur Berufung abschneiden würde (s. auch BGHZ 113, 228). Ein Ergänzungsurteil gem. § 321 ist selbständig anfechtbar und eine noch laufende Berufungsfrist gegen das ergänzte Urteil gem. § 518 S. 1 beginnt von neuem zu laufen. Ergeht das Ergänzungsurteil nach Ablauf der Berufungsfrist, so findet § 518 keine Anwendung (*BGH* NJW 2009, 442f.). Die Einlegung der Berufung geschieht durch die Berufungsschrift, die neben der Bezeichnung des angefochtenen Urteils (einschließlich Verkündungsdatum und Aktenzeichen) und des Gerichts, das das Urteil erlassen hat, Berufungskläger und -beklagten benennen (*BGH* NJW-RR 2000, 1622; ladungsfähige Anschrift des Berufungsklägers ist nicht erforderlich *BGH* NJW 2005, 3773) sowie die Erklärung enthalten muss, dass Berufung eingelegt werde (§ 519 Abs. 2). Schreibfehler – etwa bei der Parteibezeichnung – sind so lange ohne Bedeutung, als eine zweifelsfreie Individualisierung möglich ist (z.B. einerseits: *BGH* NJW 2003, 1950; 2006, 1003 [falsches Aktenzeichen]; andererseits: *BGH* MDR 2003, 1431). Dabei sind an die Bezeichnung des Rechtsmittelgegners weniger strenge Anforderungen zu stellen als an die des Rechtsmittelführers (*BGH* NJW-RR 2011, 359).

395

Die Begründung kann schon in der Berufungsschrift erfolgen. Regelmäßig wird die Berufung aber in einem getrennten Schriftsatz begründet (§ 520 Abs. 3 S. 1). Der Inhalt der sog. Berufungsbegründungsschrift ergibt sich aus § 520 Abs. 3 S. 2 (ausführlich hierzu: *BGH* NJW 2003, 2531; 2008, 1740). Besonders wichtig sind hier die Berufungsanträge, d.h. die Erklärung, inwieweit das Urteil angefochten wird und welche Änderungen angestrebt sind (§ 520 Abs. 3 S. 2 Nr. 1). Die Rechtsprechung hält es dabei für ausreichend, wenn anhand der Schriftsätze eindeutig zu bestimmen ist, in welchem Umfang und mit welchem Ziel das Urteil angefochten werden soll (*BGH* NJW 2006, 2705; s. auch *BGH* NJW 2007, 1534). Die Anträge legen den Gegenstand des Berufungsverfahrens fest (§ 528). Allerdings können sie im Laufe des Verfahrens noch verändert werden (z.B. *BGH* NJW 1984, 438). Im Gegensatz zu den Berufungsanträgen sind die geltend gemachten Berufungsgründe nicht bindend (§ 529 Abs. 2 S. 2). Weiterhin muss die Berufungsbegründung die Berufungsrügen enthalten. Wenn das Erstgericht die Abweisung der Klage hinsichtlich eines prozessualen Anspruchs auf mehrere, unabhängig voneinander tragende Erwägungen gestützt hat, so muss die Berufungsbegründung das Urteil in allen Punkten angreifen, andernfalls ist die Berufung unzulässig (*BGH* NJW-RR 2006, 285). Das Gesetz unterscheidet Umstände, aus denen sich die Rechtsverletzung und deren Erheblichkeit ergeben (§ 520 Abs. 3 S. 2 Nr. 2; s. *BGH* NJW 2006, 142, 143), konkrete Anhaltspunkte, die Zweifel an der Richtigkeit oder Vollständigkeit der Tatsachenfeststellung im angefochtenen Urteil begründen (§ 520 Abs. 3 S. 2 Nr. 3), und neue Angriffs- und Verteidigungsmittel sowie Tatsachen, aufgrund derer die neuen Angriffs- und Verteidigungsmittel zuzulassen sind (§ 520 Abs. 3 S. 2 Nr. 4). Der Berufungskläger muss darlegen, in welchen Punkten und aus welchen materiellrechtlichen oder verfahrensrechtlichen Gründen er das angefochtene Urteil für unrichtig hält. Er hat aber weder die einzelnen Normen anzuführen, noch müssen seine Rügen schlüssig oder auch nur vertretbar sein (*BGH* MDR 2003, 1247). Die vorgenannten drei Berufungsgründe sind entgegen dem Wortlaut der Vorschrift nicht kumulativ zu benennen. Vielmehr genügt einer der Angriffspunkte zur Begründung der Berufung. Die inhaltlichen Anforderungen an den Vortrag des Berufungsklägers unterscheiden sich je nach Berufungsrüge nicht unerheblich (für Einzelheiten s. *Lechner*, NJW 2004,

3594). Nach Ablauf der Berufungsfrist können keine weiteren Berufungsgründe nachgeschoben werden.

In der Praxis wird die Begründungsfrist sehr häufig verlängert (dazu *BVerfG* 2007, 3342; *BGH* NJW 2010, 1610). Bis zur Dauer von einem Monat kann die Verlängerung sogar ohne Einwilligung des Gegners gewährt werden, sofern sie nicht zu Verzögerungen führt oder erhebliche Gründe für sie dargelegt werden. Der Antrag muss noch innerhalb der Berufungsbegründungsfrist gestellt werden (*BGH* NJW 1992, 842; 2426). Bei einer Versäumung der Fristen kann *Wiedereinsetzung in den vorigen Stand* gewährt werden (§ 233; hierzu *BGH* NJW 1997, 1310 und o.Rn. 185; zum Fristbeginn nach § 234 Abs. 1 S. 2 *BGH* NJW 2007, 3354), mit der Folge, dass unter Umständen die bereits eingetretene Rechtskraft eines Urteils wieder entfallen kann. In der Praxis stellt sich das Problem häufig, wenn für die Berufung Prozesskostenhilfe beantragt wird. Eine Entscheidung hierüber ergeht meist erst nach Ablauf der Berufungsfristen. Eine Wiedereinsetzung kommt in Betracht, wenn die Partei vernünftigerweise nicht mit einer Verweigerung der Prozesskostenhilfe mangels Bedürftigkeit rechnen musste (*BGH* NJW-RR 2010, 424; NJW 2011, 153). Zur Zulässigkeit gehört auch die Wahrung der *Form* (§ 519 Abs. 2 bis 4 für die Berufungsschrift; § 520 Abs. 3, 4 für die Begründungsschrift). Die Berufungsschrift ist ein bestimmender Schriftsatz und muss entsprechend den dafür nunmehr vom Gemeinsamen Senat entwickelten Grundsätzen genügen (BGHZ 144, 161 ff.; s. auch *BGH* NJW 2001, 831 f.); sie muss nicht in jedem Fall von einem postulationsfähigen Prozessbevollmächtigten unterzeichnet sein (vgl. o.Rn. 141).

Der Berufungskläger muss durch das Urteil beschwert sein (Rn. 386 ff.) und der *Wert des Beschwerdegegenstandes* 600,– Euro übersteigen (§ 511 Abs. 2 Nr. 1, sog. *Erwachsenheitssumme*). Nachdem diese Grenze mit dem ZPO-RG gesenkt wurde, um für mehr Urteile eine zweite Instanz vorzusehen, ist nunmehr eine Erhöhung auf 1.000,– Euro geplant (BT-Drs. 17/2149, 5). Neben dieser sog. *Wertberufung* gibt es für jene Fälle, in denen *die Beschwer* die Grenze von 600,– Euro nicht überschreitet, die *Zulassungsberufung* (§ 511 Abs. 2 Nr. 2, Abs. 4). Sie setzt eine Zulassung durch das erstinstanzliche Gericht voraus. Erforderlich ist dafür, dass die Sache grundsätzliche Bedeutung hat (§ 511 Abs. 4 Nr. 1 Fall 1) oder für die Fortbildung des Rechts oder die Wahrung der Einheitlichkeit der Rechtsprechung eine Entscheidung des Berufungsgerichts notwendig ist (§ 511 Abs. 4 Nr. 1 Fall. 2 u. 3).

Der Beschwerdegegenstand ist nicht identisch mit dem Streitgegenstand. Bei seiner Ermittlung ist von der Beschwer auszugehen. In der Regel ist der Wert des Beschwerdegegenstandes mit dem der Beschwer identisch. Wenn der Kläger 10.000,– Euro eingeklagt hatte und ihm 7.000,– Euro zugesprochen sind, ist er in Höhe von 3.000,– Euro beschwert, und diese Höhe hat auch der Beschwerdegegenstand. Wehrt der Kläger sich dann allerdings nur gegen die Abweisung von 1.800,– Euro und ist er bereit, sie in Höhe von 1.200,– Euro hinzunehmen, so beträgt der Wert des Beschwerdegegenstandes nur 1.800,– Euro. Man muss also den Rechtsmittelantrag bei der Bestimmung des Wertes des Beschwerdegegenstandes berücksichtigen (vgl. BGHZ 54, 204). Mitunter kann die Ermittlung des Wertes Schwierigkeiten bereiten. So hat der Bundesgerichtshof (BGHZ 128, 85) für die Verurteilung zur Auskunft festgestellt, der Wert der Beschwer richte sich nach dem Aufwand an Zeit und Kosten, die die Erfüllung des Anspruchs erfordern, sowie dem Geheimhaltungsinteresse des Verurteilten, nicht aber nach dem Wert des Auskunftsanspruchs, der sich nach dem Hauptanspruch bestimme, dessen Durchsetzung er vorbereiten soll. Der Wert des Beschwerdegegenstandes kann den Wert des Streitgegenstandes somit übersteigen (*BGH* NJW 1994, 735).

396a Die Frage, ob eine Zulassungs- oder Wertberufung statthaft ist, muss bereits in der ersten Instanz feststehen, damit gegebenenfalls eine Zulassung durch das erstinstanzliche Gericht erfolgen kann. Dieser Notwendigkeit trägt die Formulierung des Gesetzes in § 511 Abs. 2 Nr. 1 nicht Rechnung, wenn es in Parallele zur früher geltenden Regelung des § 511a auf den Wert des *Beschwerdegegenstandes* abstellt. Dieser hängt nämlich maßgeblich vom Rechtsmittelantrag ab und ist damit als Merkmal für die Statthaftigkeit ungeeignet, da diese bereits zu einem früheren Zeitpunkt feststehen muss. Stattdessen hat der erstinstanzliche Richter bei der Zulassungsentscheidung nach § 511 Abs. 4 Nr. 2 auf den Wert der *Beschwer* abzustellen. Dies kann dazu führen, dass bei einer Beschwer über 600.– Euro eine Berufung nach § 511 Abs. 2 Nr. 1 nicht eingelegt werden kann, wenn die Partei nur über einen Teilbetrag unter 600.– Euro das Urteil angreift. In diesem Fall kommt aber keine Zulassungsberufung in Betracht, da die Beschwer über der Grenze von 600.– Euro liegt (zur geplanten Anhebung der Beträge in § 511 auf 1.000,– Euro s. BT-Drs. 17/2149, 5). Insoweit ist die Regelung nicht überzeugend.

396b Zwar hat das erstinstanzliche Gericht unter den genannten Voraussetzungen die Berufung zuzulassen. Doch ist die Nichtzulas-

§ 36. Die Berufung

sung im Gegensatz zur Revision (§ 544) nicht anfechtbar. Man kann vermuten, dass mancher Amtsrichter kaum Neigung verspüren wird, seine mit Blick auf die Voraussetzungen der Zulassung aufwendig auszuformulierende Entscheidung der Überprüfung durch das Berufungsgericht zu unterstellen. Ein im erstinstanzlichen Urteil fehlender Ausspruch über die Zulassung der Berufung kann im Wege eines Berichtigungsbeschlusses nachgeholt werden (*BGH* NJW 2004, 2389). Wenn das erstinstanzliche Gericht keinen Anlass für eine Zulassung der Berufung gesehen hat, weil es von einer Beschwer von über 600,- Euro ausgegangen ist, das Berufungsgericht den Wert der Beschwer aber nicht für erreicht hält, soll das Berufungsgericht die Entscheidung über die Zulassung der Berufung nach § 511 Abs. 4 nachzuholen haben (*BGH* NJW 2008, 218, 219; 2011, 615; einschränkend: *BGH* NJW 2011, 926).

Die Prüfung der Zulässigkeit der Berufung erfolgt *von Amts wegen* mit Mitteln des Freibeweises (vgl. schon o. Rn. 151; wegen der Pflicht nach Art. 103 Abs. 1 GG muss das Gericht die betroffene Partei vor der Verwerfung anhören, *BGH* NJW 1994, 392). Bei der Zulassungsberufung ist das Berufungsgericht an die Zulassungsentscheidung gebunden. Fehlt es an einer Zulässigkeitsvoraussetzung, so ist die Berufung *als unzulässig zu verwerfen* (§ 522 Abs. 1 S. 2). Wenn sich die Unzulässigkeit ohne Weiteres ergibt, etwa aus der Versäumung der Fristen, steht es im Ermessen des Gerichts, *ohne mündliche Verhandlung* zu entscheiden; die Entscheidung ergeht dann durch *Beschluss* (§ 522 Abs. 1 S. 3), der mit Gründen zu versehen ist. Gegen ihn ist die Rechtsbeschwerde statthaft (*BGH* NJW-RR 2005, 78). Zur Vermeidung einer Überraschungsentscheidung muss ein entsprechender richterlicher Hinweis vorausgehen (§ 139, vgl. *BGH* NJW-RR 2006, 142). Bei Versäumung der Berufungsbegründungsfrist hat so der Rechtsmittelkläger zudem die Möglichkeit, einen Antrag auf Wiedereinsetzung in den vorigen Stand zu stellen (*BGH* NJW 2010, 1075).

Gegen diesen Beschluss ist die Rechtsbeschwerde ohne Rücksicht auf den Wert der Beschwer das statthafte Rechtsmittel. Nach mündlicher Verhandlung erfolgt die Verwerfung durch Prozessurteil, gegen das entsprechend den allgemeinen Regeln die Revision eingelegt werden kann. Erforderlich ist vor allem ihre Zulassung, die gegebenenfalls mit der Nichtzulassungsbeschwerde erreicht werden kann. Zwar setzt gem. § 26 Nr. 8 S. 1 EGZPO die Nichtzulassungsbeschwerde eine Beschwer von über 20.000,- Euro voraus. Das gilt jedoch nicht, wenn das Berufungsgericht die Berufung verworfen hat (§ 26 Nr. 8 S. 2 EGZPO; die Regelung ist – zunächst – bis 31. 12. 2011 befristet; zu dieser Vorschrift ausf. *Jauernig*, NJW 2007, 3615).

III. Die Begründetheit

398a Ist die Berufung zulässig, so prüft das Gericht, ob es sie durch einen einstimmigen Beschluss zurückweisen kann (§ 522 Abs. 2 S. 1 Nr. 1–3). Voraussetzung dafür ist, dass die Berufung keine Aussicht auf Erfolg hat (Nr. 1), der Rechtssache keine grundsätzliche Bedeutung zukommt (Nr. 2) und eine Entscheidung weder zur Fortbildung des Rechts noch zur Sicherung einer einheitlichen Rechtsprechung erforderlich ist (Nr. 3). Der Berufungskläger muss für den Nachweis der Erfolgsaussichten in seiner Berufungsbegründung eine Rechtsverletzung, unzureichende Tatsachenfeststellungen darlegen oder dartun, dass aufgrund neuer Tatsachen, die im Rahmen des § 531 Abs. 2 zulässig sind, eine Entscheidung zugunsten des Berufungsklägers möglich erscheint. Dabei beschränkt sich § 522 Abs. 2 S. 1 Nr. 1 nicht auf Fälle *offensichtlicher* Erfolglosigkeit (zur Verfassungsmäßigkeit: *BVerfG* NJW 2003, 281). Die Voraussetzungen des § 522 Abs. 2 Nr. 2 und Nr. 3 entsprechen jenen der Revisionszulassung in § 543 Abs. 1 (Wieczorek/Schütze/*Gerken* § 522 Rn. 15). Das Berufungsgericht darf eine grundsätzliche Bedeutung i.S.v. Nr. 2 nicht ablehnen, wenn es darüber informiert ist, dass zeitgleich ein Senat des Bundesgerichtshofs in einem Urteil zu einer auch im entschiedenen Fall relevanten Rechtsfrage eine von den übrigen Senaten abweichende Rechtsauffassung vertreten hat (*BVerfG* NJW 2005, 1931). Das Gericht muss dagegen nicht grundsätzlich von einer Zurückweisung nach § 522 Abs. 2 absehen, wenn es Kenntnis davon hat, dass ein oberstes Bundesgericht über eine auch im vorliegenden Verfahren entscheidungserhebliche Frage zu entscheiden hat. Hierzu ist es nur dann verpflichtet, wenn hinreichend sicher erkennbar ist, dass ansonsten ein anderer Ausgang des Verfahrens vereitelt würde (*BVerfG* NJW 2008, 504). Ein Verstoß gegen Art. 2 Abs. 1 GG in Verbindung mit dem Rechtsstaatsprinzip stellt es dar, wenn ein Beschluss nach § 522 Abs. 2 S. 1 ergeht, obgleich das Gericht von einer gefestigten Rechtsprechung des Bundesgerichtshofs abweicht (*BVerfG* NJW 2007, 3118).

Liegen nach Auffassung aller Richter des Spruchkörpers die drei Erfordernisse vor, so hat das Gericht die Berufung durch einstimmigen Beschluss als offensichtlich unbegründet zurückzuweisen (§ 522 Abs. 2). Das Gesetz verlangt somit eine Kollegialentscheidung. Eine solche Zurückweisung kommt auch dann in Betracht, wenn das Berufungsgericht gegenüber der Vorinstanz zwar die Sache rechtlich anders beurteilt, aber anhand der festgestellten Tatsachen bei eigener rechtlicher Würdigung die Überzeugung gewinnt, der Rechtsstreit sei in erster Instanz im Ergebnis zutreffend entschieden (*OLG Hamburg* NJW 2006, 71). Der Beschluss ist unanfechtbar (§ 522 Abs. 3). Diese Form der Erledigung soll dem Berufungsgericht eine weitere Möglichkeit zur Entlastung verschaffen. Die letztlich gegenüber der Beschlussverwerfung weiter reichende Beschlusszurückweisung ist also im Gegensatz zu dieser nicht anfechtbar und unterliegt nur durch das Erfordernis der Einstimmigkeit einer gewissen Beschränkung. Der Sinn der gesetzlichen Regelung ist nicht nur schwer nachzuvollziehen, sondern wirft auch die Frage nach ihrer Vereinbarkeit mit der Verfassung auf (diese ablehnend: *Rosenberg/Schwab/Gottwald* § 138 Rn. 11; *Krüger*, NJW 2008, 945). Das Bundesverfassungsgericht hat – in verschiedenen Kammerbeschlüssen – einen Verfassungsverstoß verneint, da die gesetzliche Differenzierung zwischen Unzulässigkeit und Unbegründetheit sich noch innerhalb der dem Gesetzgeber durch das Willkürverbot gezogenen Grenzen befinde (*BVerfG* NJW 2005, 659). Dies gelte auch für die unterschiedliche Behandlung von Zurückweisungsentscheidungen, je nachdem, ob sie durch Urteil oder Beschluss nach § 522 Abs. 2 S. 1 erfolge. Im erstgenannten Fall besteht nach Maßgabe der Wertgrenze des § 26 Nr. 8 EGZPO jedenfalls die Möglichkeit, Nichtzulassungsbeschwerde einzulegen (§ 544; BVerfGK 14, 316; *BVerfG* NJW 2008, 3419).

Inwieweit mit einem Beschluss nach § 522 Abs. 2 nur ein Teil des Rechtsstreits entschieden werden darf, wird unterschiedlich beurteilt. Einigkeit besteht wohl darüber, dass im Rahmen einer streitgenössischen Berufung eine Teilzurückweisung ergehen darf, wenn das Gericht nur eine der Berufungen als unbegründet erachtet (*OLG Karlsruhe* MDR 2003, 711). Darüber hinaus wird eine Teilabweisung in Literatur und Rechtsprechung nach den Grundsätzen des § 301 befürwortet. Der Gesetzgeber habe sich zwar gegen eine solche Möglichkeit ausgesprochen (Hannich/

Meyer-Seitz/*Meyer-Seitz* § 522 Rn. 18), dies komme aber in dem Wortlaut der Vorschriften nicht zum Ausdruck. Für eine Teilabweisung spreche nicht nur die Parallele zur Revision, sondern auch ein sachliches Bedürfnis (*OLG Rostock* NJW 2003, 2754; Zöller/*Heßler* § 522 Rn. 42). Angesichts der vielfältigen Probleme und Zweifelsfragen, sowie der in Deutschland sich in den einzelnen Gerichtsbezirken stark unterscheidenden Anwendungshäufigkeit und Praxis zu § 522 ZPO hat der Gesetzgeber aktuell eine erneute Gesetzesänderung beschlossen (Plenarprotokoll 17/120 vom 7.7. 2011, S. 14.029). Dabei ist nicht etwa eine Abschaffung der Vorschrift vorgesehen, sondern es wird ein Rechtsbehelf bei Beschlüssen nach § 522 Abs. 2 entsprechend dem Rechtsmittel, das bei einer Entscheidung durch Urteil zulässig wäre, gegeben. Darüber hinaus ist vorgesehen, dass zum Schutze des Berufungsführers der Senat einstimmig der Auffassung sein muss, eine mündliche Verhandlung sei nicht geboten (BT-Drs. 17/6406, 6).

1. Entscheidender Richter

399 Wenn die Zulässigkeit feststeht, kann das Berufungsgericht die Berufungssache dem Einzelrichter zur Entscheidung übertragen (§ 526 Abs. 1). Dieser ist *entscheidender Richter* und als solcher von dem *vorbereitenden Richter* (§ 527) abzugrenzen. Dessen Aufgabe besteht in der Vorbereitung der Entscheidung. Das Gesetz knüpft die Zulässigkeit einer solchen Einzelrichterübertragung an verschiedene Voraussetzungen: Schon das erstinstanzliche Urteil muss von einem Einzelrichter erlassen worden sein; die Sache darf weder rechtlich noch tatsächlich schwierig sein und keine grundsätzliche Bedeutung haben. Im Übrigen darf grundsätzlich noch nicht verhandelt sein. Der Einzelrichter seinerseits kann den Berufungsrechtsstreit in vom Gesetz näher beschriebenen Situationen dem Berufungsgericht vorlegen, damit dieses über eine Übernahme entscheidet. Die Regelung soll zu einer Kapazitätserhöhung in der zweiten Instanz führen. Dies geschieht allerdings auf Kosten der Richtigkeitsgewähr, die bei einem Kollegialorgan höher zu bewerten ist. Zudem ist der Gewinn an Effizienz zumindest zweifelhaft, musste der vollständige Spruchkörper doch schon über Zulässigkeit und offensichtliche Unbegründetheit der Berufung befinden.

2. Zulässigkeit der Klage

Schon bisher bedeutete die Entscheidung über die Begründetheit der Berufung, dass die Zulässigkeit und Begründetheit der Klage zu prüfen war. Hieran hat sich nach dem ZPO-RG grundsätzlich nichts geändert. Allerdings geschieht dies im Rahmen einer Kontrolle der Rechtsanwendung und Tatsachenfeststellung. Neue Tatsachen und Beweise sollen nur noch sehr eingeschränkt berücksichtigt werden. Damit hat das frühere Recht eine erhebliche Veränderung erfahren.

400

Bestimmte Zulässigkeitsvoraussetzungen dürfen vom Berufungsgericht nicht mehr geprüft werden. Dies trifft etwa für die Zulässigkeit des Rechtsweges zu, die im Verfahren nach § 17a GVG bereits vorab für sämtliche Instanzen verbindlich geprüft und festgestellt wurde. Gleiches gilt für die in bürgerlichen Rechtsstreitigkeiten, Familiensachen und Angelegenheiten der freiwilligen Gerichtsbarkeit zuständigen Spruchkörper in ihrem Verhältnis zueinander (§ 17a Abs. 6 GVG). Auf die fehlende (örtliche, sachliche und funktionelle) Zuständigkeit der ersten Instanz kann der Berufungskläger seine Berufung nicht stützen (§ 513 Abs. 2). Das Berufungsgericht darf sie nicht prüfen. Das gilt auch für die Qualifizierung eines Familienrechtsstreits als Familien- oder Familienstreitsache (§§ 111, 112 FamFG) oder die Zuständigkeit der Kammer für Handelssachen. Inwieweit dieselben Grundsätze auf die internationale Zuständigkeit Anwendung finden, ist zumindest mit Blick auf die bislang vertretene h.M. fraglich, nach der insoweit eine Ausnahme bestanden hat. Nach dem Wortlaut des § 513 Abs. 2, der von „Zuständigkeit" schlechthin spricht und damit auch die internationale Zuständigkeit umfasst, lässt sich die Möglichkeit einer in zweiter Instanz möglichen Rüge internationaler Unzuständigkeit kaum noch aufrecht erhalten (str.). Dies gilt umso mehr, wenn die internationale Zuständigkeit aus den örtlichen Zuständigkeitsvorschriften abgeleitet wird. Gleichwohl vertritt der Bundesgerichtshof nach wie vor die Auffassung, dass die internationale Zuständigkeit von jedem Gericht im Instanzenzug von Amts wegen zu prüfen ist. Die Gesetzesmaterialien enthielten keine Hinweise darauf, dass mit § 513 Abs. 2 sich an dieser Regelung etwas ändern sollte. Zudem trage die Beschränkung des § 513 Abs. 2 auf die inländische Zuständigkeitsverteilung der großen Bedeutung der internationalen Zuständigkeit als Folge der Abgrenzung von Souveränitätsrechten Rechnung (*BGH* NJW 2004, 1456; krit. hierzu *Rimmelspacher*, JZ 2004, 894; a. A. *OLG Stuttgart* MDR 2003, 350).

Unverzichtbare Rügen, wie etwa mangelnde Partei-, Prozess- und Postulationsfähigkeit, sind auch vom Instanzgericht von Amts wegen zu prüfen. Verzichtbare Rügen (zum Begriff s. o. Rn. 154), die die Zulässigkeit der Klage betreffen, sind bereits in der Berufungsbegründung oder der -erwiderung zu erheben. Dabei ist es unerheblich, ob sie bereits früher geltend gemacht wurden oder hätten erhoben werden können. Zu einem späteren Zeitpunkt vorgebrachte Rügen können nur bei genügender Entschuldigung der Verspätung berücksichtigt werden (§ 532 S. 1). Hätte die Partei die in zweiter Instanz erstmals erhobene Rüge bereits in erster Instanz einwenden können, so muss sie sich auch dafür entschuldigen und dartun, weshalb dies ohne ihr Verschulden nicht geschehen ist (§ 532 S. 2).

Schließlich schränkt § 529 Abs. 2 S. 1 den Umfang der Prüfung ein, soweit Verfahrensfehler betroffen sind. Sie müssen nach § 520 Abs. 3 S. 2 rechtzeitig gerügt werden, sofern sie nicht von Amts wegen zu prüfen sind. Der Gesetzgeber will die Trennung der Verfahrensfehler zwischen unverzichtbaren und verzichtbaren Verfahrensvorschriften in Parallele zu § 295 vorgenommen wissen (s. zu verzichtbaren Verfahrensfehlern Rn. 148, 217, 289, 300). Nur wenn ein starkes öffentliches Interesse an der Einhaltung der Verfahrensvorschrift bestehe, soll es sich um einen von Amts wegen zu berücksichtigenden Verstoß handeln. Das betrifft mit Ausnahme der Zuständigkeiten zum einen die von Amts wegen zu prüfenden Zulässigkeitsvoraussetzungen, zum anderen Vorschriften, deren Einhaltung für ein geordnetes Verfahren unerlässlich ist, wie etwa die Bestimmungen über den gesetzlichen Richter, das rechtliche Gehör oder die Öffentlichkeit.

3. Begründetheit der Klage und tatsächliche Grundlage

401   a) Die Begründetheitsprüfung der Klage geschieht im Übrigen nicht aufgrund einer weiteren Tatsacheninstanz, sondern nur in Form einer Rechtskontrolle. Vereinfacht gesagt muss das Berufungsgericht prüfen, ob der von der ersten Instanz festgestellte Sachverhalt das erlassene Urteil rechtlich trägt. Dabei geht es von dem Tatbestand des erstinstanzlichen Urteils aus (§ 529 Abs. 1

Nr. 1). Ist dieser unvollständig, so sollte beim erstinstanzlichen Gericht eine Tatbestandsberichtigung beantragt werden (§ 320 Abs. 1). Gemäß § 314 liefert der Tatbestand Beweis für das mündliche Vorbringen (zum Umfang dieser Wirkung *Stöber*, MDR 2006, 5). Die Beschränkung auf die Rechtskontrolle erfährt in den §§ 529, 531 Durchbrechungen (siehe unten b), die vor allem das Ergebnis eines politischen Kompromisses sind, das Verfahren aber letztlich unübersichtlich und fehleranfällig machen. Die §§ 529–531 sehen Ausnahmen von der Beschränkung auf die Rechtskontrolle vor. Sie werden von den Gerichten in dem Bestreben nach materiell richtigen Entscheidungen teilweise sehr weit ausgelegt, so dass es fraglich ist, ob das Ziel der Reform des Berufungsrechts erreicht wurde. Der Versuch der Gerichte, einen Mittelweg zwischen materieller Gerechtigkeit einerseits, der sich auch die Berufungsgerichte nach wie vor verpflichtet fühlen, und Prozessökonomie andererseits zu finden, ist in der Literatur teilweise auf entschiedene Kritik gestoßen (z. B. *Greger*, NJW 2003, 2883; *Rimmelspacher*, JZ 2005, 1061). Unabhängig davon, wie man zu der Beschränkung auf die Rechtskontrolle steht, erschwert die Rechtsprechung Verständnis und Anwendung der Regelungen nicht unerheblich.

b) Eine Bindung an die Tatsachenfeststellungen erster Instanz besteht nicht, soweit wegen „konkreter Anhaltspunkte" Zweifel an der Richtigkeit und Vollständigkeit der entscheidungserheblichen Feststellungen begründet sind und deshalb eine erneute Feststellung geboten ist (§ 529 Abs. 1 Nr. 1). Die Auslegung dieser Vorschrift gibt in der Praxis erhebliche Probleme auf, die auch Anlass für Kammerbeschlüsse des Bundesverfassungsgerichts (NJW 2003, 2524; 2011, 49) waren.

Die Fehlerkontrolle erstreckt sich nicht nur auf die Anwendung (materiellen) Rechts, sondern ebenfalls auf die Tatsachenfeststellung als solche. Als mögliche Mängel kommen die unzutreffende Erfassung des Parteivortrages, das Übergehen eines Beweisantrages oder eine fehlerhafte Beweiswürdigung in Betracht. Eine Bindung an die tatsächlichen Feststellungen der ersten Instanz hat der Bundesgerichtshof (NJW 2005, 1583) nur für solche Tatsachen befürwortet, die die erste Instanz „vollständig und überzeugend" getroffen hat. Es sei auch nach der Reform Aufgabe der Berufung, eine der materiellen Gerechtigkeit entsprechende Entscheidung zu erlassen. Dabei sei es möglich, dass sich Zweifel an der Richtigkeit und Vollständigkeit aus einer unterschiedlichen Würdigung der Beweisaufnahme ergeben (s. auch *BVerfG* NJW 2003, 2524; 2005, 1487). In diesem Umfang sei das Berufungsgericht zu einer neuen Beweisaufnahme sogar verpflichtet (*BGH* a.a.O.; s. auch *BVerfG* a.a.O.).

Nur unter den genannten Umständen darf das Gericht die tatsächlichen Feststellungen des Eingangsgerichts durch eigene entscheidungserhebliche Feststellungen ergänzen oder ersetzen.

Auf einen Verfahrensmangel wird das erstinstanzliche Urteil nur geprüft, wenn dieser von Amts wegen zu berücksichtigen ist oder die Anhaltspunkte dafür vom Berufungskläger vorgetragen werden (§ 529 Abs. 2 S. 1). Allerdings hat das Berufungsgericht nach § 529 Abs. 1 Nr. 1 von Amts wegen ohne Rücksicht auf Verfahrensrügen den gesamten Prozessstoff der ersten Instanz auf *Zweifel* an der *Richtigkeit der Tatsachenfeststellungen* zu überprüfen (*BGH* NJW 2005, 1583). Der Bundesgerichtshof lässt in seiner neueren Rechtsprechung entgegen dem Wortlaut und Zweck der Vorschrift sogar schon die Möglichkeit einer unterschiedlichen Wertung genügen (hierzu krit. *H. Roth*, JZ 2005, 1062). Das Gericht trennt in seiner Rechtsprechung zwischen der Überprüfung der Tatsachenfeststellungen nach § 529 Abs. 1 Nr. 1, die – auch soweit es die Beweiswürdigung betrifft – ohne Rüge erfolgen muss, und jener des Verfahrens auf etwaige Verstöße nach Abs. 2, die eine entsprechende Rüge verlangen. Damit aber scheint hinsichtlich der Tatsachenfeststellungen der Akteninhalt des gesamten erstinstanzlichen Prozessstoffes überprüft werden zu müssen (teilweise wird in diesem Zusammenhang von einer „Durchforstungspflicht" gesprochen; s. *H. Roth*, JZ 2005, 174, 175: lesen des gesamten Akte). Insoweit geht die Kontrollpflicht der Berufungsinstanz über jene hinaus, die vor der Rechtsmittelreform bestand. Nach altem Recht trug der Berufungsführer die Last, dass die Verfahrensverstöße dem Berufungsgericht bekannt wurden. Nunmehr kann trotz der Rügeobliegenheit des § 529 Abs. 2 der Berufungsführer sich jedenfalls dann eine solche Rüge ersparen, wenn ein Verstoß, wie etwa gegen §§ 286, 139 oder Art. 103 GG (*H. Roth* a.a.O., 175), zu einem Berufungsgrund nach § 529 Abs. 1 führt, da § 529 Abs. 1 als gegenüber § 529 Abs. 2 spezieller angesehen wird. Genau dies begründet die bereits angesprochenen Zweifel daran, ob die mit der Reform verfolgten Ziele erreicht wurden.

Das heutige Berufungsrecht birgt eine erhebliche Gefahr von Verfahrensfehlern durch die Berufungsinstanz, die dann mit der Revision gerügt werden können (vgl. § 551 Abs. 3 S. 1 Nr. 2 lit. b), da die Feststellung von Tatsachen durch das Berufungsgericht nur unter beschränkten Voraussetzungen zulässig ist. Die Berücksichtigung neuer Tatsachen ist somit nicht etwa in das Ermessen des Gerichts gestellt (anders noch § 528 Abs. 2 a. F.).

Das Berufungsgericht darf auch neue Tatsachen seiner Entscheidung zugrunde legen (§ 529 Abs. 1 Nr. 2). Es unterliegt dabei aber den engen Beschränkungen des § 531 Abs. 2. Nach ihm sind neue Angriffs- und Verteidigungsmittel nur zuzulassen, wenn sie einen Aspekt betreffen, der von der ersten Instanz erkennbar übersehen oder für unerheblich gehalten worden ist oder der in der ersten Instanz wegen eines Verfahrensmangels oder ohne Nachlässigkeit der Partei nicht geltend gemacht wurde. Ein neues Angriffs- oder Verteidigungsmittel liegt aber nicht schon aufgrund eines in zweiter Instanz konkretisierten Vorbringens vor. Die Rechtsprechung nimmt hier ein neues Angriffs- oder Verteidigungsmittel lediglich an, wenn ein erstinstanzlich „sehr allgemein gehaltener" Vortrag in zweiter Instanz erstmals substantiiert wird, nicht aber im Falle eines bereits schlüssigen Vorbringens aus erster Instanz, das zusätzlich konkretisiert, verdeutlicht oder erläutert wird (*BGH* NJW 2006, 152, 153; 2007, 1531, 1532).

Ob die Verschärfung des Präklusionsrechts, nach der alleine auf die fehlende Nachlässigkeit statt auf die Verzögerung des Rechtsstreits abzustellen ist, den Anforderungen des Art. 103 Abs. 1 GG gerecht wird, muss bezweifelt werden (*Jauernig/Hess* § 73 Rn. 33; a. A. *Roth,* JZ 2005, 176). Neue Tatsachen werden aber auch dann für beachtlich angesehen, wenn sie nicht bestritten werden (*BGH* NJW 2005, 291). Das soll jedoch nicht für die erstmals in der Berufungsinstanz eingeführte, unstreitige aber bereits außerprozessual geltend gemachte Einrede der Verjährung gelten (*BGH* GRUR 2006, 401; krit. dazu *Meller-Hannich,* NJW 2006, 3385; s. für eine Zurückweisung von streitigen Verjährungsumständen *BGH* NJW 2011, 842 f.). Ansonsten ist das neue unstreitige Vorbringen beachtlich, ohne dass es auf die Voraussetzungen des § 531 Abs. 2 S. 1 Nr. 1–3 ankäme (*BGH* NJW 2009, 685; s. dazu auch den Vorlagebeschluss *BGH* NJW 2008, 1312 und die Entscheidung des Großen Senats BGHZ 177, 212 = *BGH* ZZP 122, 355 m. Anm. *Jacoby,* dazu *Kroppenberg,* NJW 2009, 642 und

Roth, JZ 2009, 106). Die Rechtsprechung scheint auch darüber hinaus unstreitiges Vorbringen nicht an § 531 Abs. 2 S. 1 Nr. 1–3 messen zu wollen (s. *BGH* NJW 2009, 2532: unstreitige Fristsetzung zur Nacherfüllung; dazu *Skamel*, NJW 2010, 271; zum unstreitigen Widerruf gem. § 355 BGB erstmalig in der Berufungsinstanz *Rohlfing*, NJW 2010, 1787, 1788). Im Übrigen verlangt diese Auffassung, dem Gegner des Vortragenden die Möglichkeit zur Stellungnahme zu geben, der hiervon im Zweifel umfassend Gebrauch machen wird. Auch das kann die angestrebte Vereinfachung gefährden. Entsprechendes gilt für Tatsachenvortrag, der in zweiter Instanz erstmalig unstreitig gestellt wird. Ein solches Unstreitigstellen lediglich für die erste Instanz ist aber nicht möglich (*BGH* NJW 2010, 376). Die ZPO, so der Bundesgerichtshof, eröffne die Möglichkeit, auf einer unstreitigen Grundlage eine andere Entscheidung zu treffen. Gerichtsbekannte Tatsachen wie unstreitiger Tatsachenvortrag könnten einer Entscheidung zu runde gelegt werden, ohne an erstinstanzliche Feststellungen gebunden zu sein (BGHZ 177, 212, 217; 161, 138, 142).

c) Für neues wie auch für altes, aber noch nicht präkludiertes Vorbringen, das erst nach Ablauf der Begründungsfrist oder einer richterlichen Frist vorgebracht wird, gilt § 296 Abs. 1, § 530. Soweit das Vorbringen bereits präkludiert war, bleibt es selbstredend auch in der zweiten Instanz ausgeschlossen. Eine Rüge kann zwar darauf gestützt werden, dass das Vorbringen zu unrecht präkludiert war; umgekehrt ist es jedoch nicht möglich, eine verfahrensrechtswidrige Zulassung zu rügen. In diesem Fall kann die mit der Vorschrift beabsichtigte Verfahrensbeschleunigung nicht mehr erzielt werden und ein Zurücktreten der materiell gerechten Entscheidung ist daher nicht gerechtfertigt (*BGH* NJW 2004, 1458). Darüber hinaus darf das Rechtsmittelgericht bei einer verfahrensfehlerhaften Präklusion der Vorinstanz die Präklusionsgründe nicht auswechseln (*BGH* NJW 2006, 1741).

d) Widerklage, Klageänderung und Aufrechnung sind in der Berufungsinstanz nur zuzulassen, wenn zum einen der Gegner – auch stillschweigend – einwilligt (er verliert eine Tatsacheninstanz) oder das Gericht die Geltendmachung im anhängigen Verfahren für sachdienlich hält (§ 533 Nr. 1), zum anderen die Prozesshandlungen auf Tatsachen gestützt werden, die nach §§ 529, 531 ohnehin der Berufung zugrunde zu legen sind (§ 533 Nr. 2). Die Vorschrift regelt die in zweiter Instanz neue Aufrechnung (hierzu Münch-

Komm/*Rimmelspacher* § 533 Rn. 25; Zöller/*Heßler* § 533 Rn. 35).
Auf frühere Aufrechnungen finden die §§ 530f. Anwendung.

IV. Die Entscheidung

Das Gericht kann zu dem Ergebnis kommen, dass *das ange-* 402
fochtene Urteil richtig, die zulässige Berufung also unbegründet
ist. Dies ist auch dann der Fall, wenn das Urteil nur im Ergebnis
richtig ist. Das Gericht weist dann die Berufung als unbegründet
zurück. Die *Rechtskraft des Urteils* richtet sich aber sowohl hinsichtlich der objektiven als auch der zeitlichen Grenzen *nach dem Berufungsurteil.* Um diese zu ermitteln, muss man also den Tenor
des erstinstanzlichen und den Tatbestand sowie die Entscheidungsgründe des Berufungsurteils heranziehen.

Wenn das angefochtene Urteil *ganz oder teilweise unrichtig ist,* 403
muss dieses Urteil zunächst ganz oder teilweise abgeändert, d.h.
aufgehoben werden (die sog. *kassatorische Entscheidung).* Dann
bestehen (wie auch sonst bei Rechtsmittelentscheidungen) zwei
Möglichkeiten: das Gericht kann den Rechtsstreit zur Entscheidung durch die untere Instanz *zurückverweisen* und bindende
Richtlinien für die Weiterführung des Prozesses geben oder es
kann *selbst zur Sache entscheiden,* d.h. *ein neues Sachurteil erlassen.* Letzteres ist im Berufungsrechtszug der Regelfall (§ 538
Abs. 1). In der Revisionsinstanz kommt die bloße Aufhebung und
Zurückverweisung sehr viel öfter vor, weil das Revisionsgericht
grundsätzlich keine neuen Tatsachen feststellen darf.

Bei der Berufung sieht das Gesetz eine Zurückverweisung in
§ 538 Abs. 2 vor, der diese nur für bestimmte Fälle zulässt. Dabei
handelt es sich vielfach um Rechtsstreitigkeiten, über deren Begründetheit in der unteren Instanz gar nicht verhandelt wurde
(§ 538 Abs. 2 Nr. 2, 3). Hierzu gehören etwa wesentliche Verfahrensfehler, die eine umfangreiche oder aufwendige Beweisaufnahme erfordern. Der *Grund für die Zurückweisung* ist hier, den
Parteien den *Verlust einer Tatsacheninstanz* zu ersparen. Mit Ausnahme der Berufung gegen ein unter Verstoß gegen § 301 erlassenes Teilurteil verlangt das Gesetz für die Zurückverweisung stets
den Antrag einer der Parteien (§ 538 Abs. 2 S. 3). Das Gericht
muss unter den genannten Voraussetzungen den Rechtsstreit zurückverweisen.

Die Form des Urteils ist durch § 540 geregelt. Danach enthält das Berufungsurteil weder Tatbestand noch Entscheidungsgründe. Vielmehr wird gem. § 540 Abs. 1 S. 1 Nr. 1 in dem Urteil auf die tatsächlichen Feststellungen im angefochtenen Urteil Bezug genommen. Weiterhin sind in ihm etwaige Änderungen oder Ergänzungen darzustellen. Schließlich verlangt das Gesetz eine kurze Begründung für die Abänderung, Aufhebung oder Bestätigung der angefochtenen Entscheidung (§ 540 Abs. 1 Nr. 2). Stattdessen kann das Gericht bei Verkündung des Urteils im Termin seine Begründung auch in das Protokoll aufnehmen (sog. Protokollurteil). Es unterscheidet sich vom Stuhlurteil (§ 310 Abs. 1) dadurch, das letzteres zwar im Termin nach Schluss der mündlichen Verhandlung ergeht und im Tenor verkündet wird, innerhalb von drei Wochen aber vollständig abgefasst an die Geschäftsstelle übergeben werden muss (§ 315 Abs. 2 S. 1), während beim Protokollurteil die Urteilsgründe nach Verkündung der Entscheidung im Anschluss an die mündliche Verhandlung oder am Schluss der Sitzung in das Sitzungsprotokoll aufgenommen werden. Der Umfang der Darlegungen richtet sich auch für ein solches Urteil nach § 540 Abs. 1 (*BGH* NJW 2004, 1389; zu den Mindestanforderungen: *BGH* NJW 2005, 830; 2007, 3645). Unabhängig davon müssen die Gründe natürlich bei aller sinnvollen Kürze die Entscheidung auch für den Laien nachvollziehbar machen. Zudem muss eine revisionsrechtliche Nachprüfung anhand des Sitzungsprotokolls möglich sein (*BGH* NJW 2006, 1523). Ob den Parteien im Ergebnis gedient ist, mag bezweifelt werden. Die schriftliche Abfassung des gesamten Urteils ist auch wegen der Selbstkontrolle des Gerichts von großem Wert.

V. Das Versäumnisverfahren

404 Wenn der Berufungskläger im Termin zur mündlichen Verhandlung nicht erscheint und der Berufungsbeklagte Antrag auf Versäumnisurteil stellt, so muss zunächst die Zulässigkeit der Berufung von Amts wegen geprüft werden. Bei fehlender Zulässigkeit ist die Berufung durch unechtes Versäumnisurteil als unzulässig zu verwerfen. Dasselbe gilt, wenn der Berufungsbeklagte nicht erschienen ist. Über die Klage kann also, ob durch Versäumnisurteil oder kontradiktorisches Urteil, immer erst entschieden werden, wenn die Zulässigkeit der Berufung feststeht.

Nach deren Feststellung prüft das Gericht, unabhängig davon, welche Partei säumig ist, ob die Klage zulässig ist. Ist dies zu verneinen, muss das angefochtene Sachurteil aufgehoben und die Klage abgewiesen werden. Auch dieses Urteil ist ein unechtes Versäumnisurteil.

Erst wenn die Zulässigkeit der Berufung und die der Klage feststehen, kann das eigentliche Versäumnisverfahren stattfinden. Bei Säumnis des Berufungsklägers ergeht gegen diesen ein Versäumnisurteil, das die Berufung zurückweist (§ 539 Abs. 1). Bei Säumnis des Berufungsbeklagten ist das tatsächliche mündliche Vorbringen des Berufungsklägers als zugestanden anzunehmen. Wie in der ersten Instanz muss dann das Gericht eine Schlüssigkeitsprüfung vornehmen und je nach deren Ausgang dem Antrag auf Erlass eines Versäumnisurteils stattgeben oder ihn durch unechtes Versäumnisurteil zurückweisen (§ 539 Abs. 2).

§ 37. Die Revision

Literatur: *Büttner*, Revisionsverfahren – Änderungen durch das Zivilprozeßreformgesetz, MDR 2001, 1201; *Gehrlein*, Neue höchstrichterliche Rechtsprechung zur ZPO – Revisions- und Beschwerdeverfahren, MDR 2004, 912; *v. Gierke/Seiler*, Revisionszulassung und Rechtsbeschwerdezulässigkeit – Tendenzen in der neueren Rechtsprechung des BGH, NJW 2004, 1497; *Jauernig*, Der BGH und die Beschwer im neuen Rechtsmittelrecht, NJW 2003, 465; *Knops*, Die Verkürzung des Rechtswegs durch § 522 Abs. 2 ZPO bei der Berufung und nach § 552a ZPO bei der Revision, ZZP 120, 403; *Kornbum*, Revisionsbegründung und Revisionszulassung, ZZP 122, 327; *Martin*, Prozeßvoraussetzungen und Revision, 1974; *Nasall*, Irrwege. Wege. – Die Rechtsmittelzulassung durch den BGH, NJW 2003, 1345; *Piekenbrock/Schulze*, Die Zulassung der Revision nach dem ZPO-Reformgesetz, JZ 2002, 911; *Prütting*, Die Zulassung der Revision, 1977; *Schultz*, Revisionsverfahren – Verfahrengrundrechte und Wiederholungsgefahr, MDR 2003, 1392; *Schwinge*, Grundlagen des Revisionsrechts, 2. Aufl., 1960; *Seiler*, Die Erfolgsaussicht der Revision als Zulassungskriterium, NJW 2005, 1689; *ders.*, Nachträglicher Wegfall von Revisionszulassungsgründen, NJW 2003, 2290; *Tiedtke*, Selbstbindung der Revisionsgerichte, JZ 1995, 275; *Volland*, Die Nichtzulassung der Revision im Berufungsurteil, MDR 2004, 377; *Wenzel*, Das neue zivilprozessuale Revisionszulassungsrecht in der Bewährung, NJW 2002, 3353.

I. Die Zulässigkeit

Die Revision eröffnet den Parteien eine dritte Instanz. Während 405 die Berufung in beschränktem Umfang auch eine Tatsacheninstanz ist, wird in der Revision das Urteil *nur in rechtlicher Hinsicht* nachgeprüft. Der Zweck der Revision ist in erster Linie die *Rechtsfortbildung* und die *Rechtsvereinheitlichung* durch die Konzentration der Rechtsprechung bei einem für die gesamte Bundesrepublik zuständigen obersten Zivilgericht, dem Bundesgerichtshof (§ 133 GVG). Die Notwendigkeit dieser Rechtsvereinheitlichung wird deutlich in den Rechtsgebieten, in denen es keine Revision gibt, wie etwa bei Arresten und einstweiligen Verfügungen (§ 542 Abs. 2 S. 1). Hier wird zu Recht über die in wichtigen Punkten unterschiedliche Rechtsprechung der einzelnen Oberlandesgerichte geklagt (*Köhler/Bornkamm*, UWG, 28. Aufl., 2010, § 12 Rn. 3.1). Wenn auch der allgemeine Zweck der Revision die Rechtsvereinheitlichung ist, so dient sie doch *gleichzeitig dem Interesse der Parteien an nochmaliger Nachprüfung des Urteils und an einer richtigen Entscheidung des Prozesses*. Für die Parteien steht dieses Interesse im Vordergrund. Insoweit ist die Revision ein *echtes Rechtsmittel*. Es kann nur von den Parteien eingelegt werden und setzt eine Beschwer voraus.

406 Die Revision ist *statthaft* gegen die in der Berufungsinstanz erlassenen Endurteile (§ 542 Abs. 1), ohne dass es darauf ankäme, ob das Landgericht oder das Oberlandesgericht entschieden hat. Zwischenurteile sind mit der Revision nur bei gesetzlicher Zulassung angreifbar (§§ 280 Abs. 2, 304 Abs. 2). Revisibel sind zudem erstinstanzliche Urteile unter den Voraussetzungen der Sprungrevision (§ 566). Neben Urteilen in Arrest- und einstweiligen Verfügungsverfahren sind bestimmte Entscheidungen in Enteignungs- und Umlegungsverfahren nicht mit der Revision angreifbar (§ 542 Abs. 2 S. 2). Die danach unstatthafte Revision wird verworfen. Vor der mündlichen Verhandlung geschieht dies durch unanfechtbaren Beschluss (§ 552 Abs. 2), im Übrigen durch Urteil.

Das *Problem des Zugangs zum Revisionsgericht* beschäftigt die Diskussion in Praxis und Wissenschaft sowie den Gesetzgeber seit Jahrzehnten. Da der Zweck der Revision die Konzentrierung bei nur einem Gericht verlangt, muss die Zahl der Prozesse, die vor das Revisionsgericht kommen, begrenzt werden. Die Anzahl der Senate des Bundesgerichtshofs (und der anderen obersten Bundesgerichte) zu vergrößern, ist nicht in beliebigem Umfang möglich, weil abgesehen von Kostengründen auch innerhalb der obersten Gerichte die Einheitlichkeit gewahrt werden muss. Diesem Zweck dient ein besonderes Verfahren, das die Einheitlichkeit der Rechtsprechung der verschiedenen Senate garantieren soll (Rn. 421). Dafür ist Voraussetzung, dass die einzelnen Senate die Rechtsprechung der anderen Senate noch überblicken können. Auch muss eine zu große *Arbeitsbelastung* des Revisionsgerichts vermieden werden, weil sonst die Entscheidungen allzu sehr *verzögert* werden. Die Regelung des Zugangs zu den Revisionsgerichten ist deshalb von sehr großer praktischer und rechtspolitischer Bedeutung.

Bis zum Inkrafttreten des ZPO-RG sah das Gesetz eine Mischung aus Streitwert- und Zulassungsrevision vor. Zulässig war die Revision gegen Urteile, bei denen der Wert der Beschwer

DM 60.000,- überstieg. Hier konnte der Bundesgerichtshof bei fehlender grundsätzlicher Bedeutung allerdings die Annahme der Revision mit Mehrheit von ⅔ verweigern. Im Übrigen war die Revision bei einer Divergenzentscheidung oder grundsätzlicher Bedeutung der Rechtssache vom Berufungsgericht zuzulassen.

Die Wertrevision birgt den offensichtlichen Vorteil eines eindeutigen Zulassungskriteriums, während die Zulassungsrevision die Auslegung des Zugangsmerkmals (grundsätzliche Bedeutung) verlangt. Inwieweit der Wert der Beschwer nicht auch eine gewisse Bedeutung zumindest indiziert, wird unterschiedlich beurteilt. Mit dem ZPO-RG wurde der Zugang zur Revisionsinstanz neu geregelt. Der Gesetzgeber stellte einerseits eine Überlastung des Bundesgerichtshofs fest, andererseits gelangten fast ausschließlich Wertrevisionen zum Gericht. Damit sei das Gericht aber von einem großen Teil der zu lösenden Rechtsfragen ausgeschlossen. Die geltenden Regeln sehen daher grundsätzlich eine *Zulassungsrevision* vor; daneben gibt es die Möglichkeit zur *Sprungrevision*.

1. Zulassungsrevision

a) Die Revision ist vom Berufungsgericht bei einer *grundsätzlichen Bedeutung der Rechtssache* zuzulassen. Gleiches gilt, wenn die *Sicherung einer einheitlichen Rechtsprechung und die Fortbildung des Rechts* es erfordern (§ 543 Abs. 2 S. 1 Nr. 2). Das Gesetz führt hier also dieselben Merkmale wie bei der (Zulassungs-)Berufung an (s. Rn. 396). Der Gesetzgeber hat sich ganz bewusst für eine derart unscharfe Formulierung entschieden, um das Rechtsmittel nicht auf die „Grundsatzrevision" zu beschränken. Das Bundesverfassungsgericht hat diese Regelung in verschiedenen Kammerbeschlüssen als hinreichend bestimmt angesehen. Sie verletze auch nicht den Gleichheitsgrundsatz. Es sei die Aufgabe der Gerichte, die Tatbestandsvoraussetzungen zu konkretisieren, um so zu einer einheitlichen und für den Rechtsuchenden eindeutigen Regelung zu kommen (so etwa *BVerfG* NJW 2005, 3345; NJW 2008, 2493). Mittlerweile ist zu beiden Bestimmungen eine umfangreiche Rechtsprechung ergangen, die sich inzwischen in wesentlichen Punkten gefestigt hat und hier nur in groben Zügen dargestellt werden kann.

Von grundsätzlicher Bedeutung i.S. v. § 543 Abs. 2 S. 1 Nr. 1 ist eine Rechtssache, wenn die in ihr aufgeworfene entscheidungserhebliche (*Wenzel,* NJW 2002, 3353) Frage, nicht nur klärungsbedürftig ist, sondern sich voraussichtlich in einer unbestimmten Vielzahl von Fällen stellen wird. Dies trifft etwa für Musterprozesse und Verfahren zu, in denen es um die Auslegung typischer Vertragsklauseln geht. Darüber hinaus liegen die Voraussetzungen von § 543 Abs. 2 S. 1 Nr. 1 auch bei Rechtsstreitigkeiten vor, deren Ausgang Auswirkungen auf die Allgemeinheit hat und daher ihre Interessen in besonderem Maße berührt (*BGH* NJW 2003, 65). Die Zulassungsgründe nach § 543 Abs. 1 S. 1 Nr. 2 sind hiervon nicht klar abzugrenzen. Die Sicherung einer einheitlichen Rechtsprechung wird man bei einem Abweichen von höchstrichterlicher Rechtsprechung annehmen müssen (sog. *Divergenz,* vgl. § 546 Abs. 1 S. 2 Nr. 2 a. F.). Dies betrifft den Fall, dass das Gericht in der angefochtenen Entscheidung bei der Beantwortung einer entscheidungserheblichen Rechtsfrage eine andere Auffassung als ein anderes höher- oder gleichrangiges Gericht vertreten hat. Maßgeblich ist dabei ein Abweichen von einem dort aufgestellten allgemeinen Lehrsatz (Rechtssatz-, im Gegensatz zur Entscheidungsdivergenz, vgl. *Rimmelspacher,* JZ 2003, 797).

§ 543 Abs. 2 S. 1 Nr. 2 ist aber darauf nicht beschränkt. Die zweite nach Auffassung des Bundesgerichtshofs hierunter gefasste Situation liegt vor, wenn einem fehlerhaften Berufungsurteil eine symptomatische Wirkung oder Signalwirkung zukommt und die Notwendigkeit einer Leitentscheidung besteht, da es konkrete Anhaltspunkte für eine drohende Wiederholung oder Nachahmung gibt (BGHZ 154, 288; hierzu kritisch: *Rimmelspacher,* a. a. O.; *ders.,* FS Schumann, 2001, 327, 331 f.). Nicht erforderlich ist es, dass der Verfahrensfehler oder Verstoß gegen das Willkürverbot, auf dem das Berufungsurteil beruht, offensichtlich ist (*BGH* NJW 2005, 153; so jetzt auch der XI. Senat BGHZ 159, 135 unter ausdrücklicher Aufgabe von BGHZ 152, 182, 189 ff.). Jedenfalls die absoluten Revisionsgründe von § 547 Nr. 1–4 sollen unter § 543 Abs. 2 S. 1 Nr. 2 fallen (*BGH* NJW 2007, 2702, 2703 = JuS 2007, 1154 [*K. Schmidt*]).

Die Zulassung der Revision wird vom Berufungsgericht beschlossen und im Berufungsurteil ausgesprochen (§ 543 Abs. 1 Nr. 1). Unterbleibt Letzteres, kann das auch noch durch Berichtigung des Urteils (nach § 319) nachgeholt werden, dagegen ist eine nachträgliche Zulassung durch Ergänzung des Berufungsurteils nicht zulässig (*BGH* NJW 2004, 779), es sei denn, es liegen die

Voraussetzungen des § 321a vor und durch die willkürliche Nichtzulassung wurden Verfahrensgrundrechte des Rechtsmittelführers verletzt (*BGH* NJW 2004, 2529). Auch eine Teilzulassung, die sich allerdings auf einzelne prozessuale Ansprüche und nicht etwa nur auf einzelne Anspruchsgrundlagen oder tatsächliche Aspekte erstrecken muss, ist zulässig (*BGH* NJW 2003, 3703; NJW-RR 2003, 1192; krit. dazu *Büttner/Tretter*, NJW 2009, 1905). Sie kann sich aus den Entscheidungsgründen ergeben (*BGH* NJW 2004, 3264; 2008, 2351). Bei unzulässiger Beschränkung unterliegt das Urteil in vollem Umfang der revisionsgerichtlichen Überprüfung. Das Revisionsgericht ist an die Zulassungsentscheidung des Berufungsgerichts gebunden (§ 543 Abs. 2 S. 2). Dieses muss ein Revisionsverfahren selbst dann durchführen, wenn es nach seiner Überzeugung im Gegensatz zur Ansicht des Berufungsgerichts auf die Entscheidung der Rechtsfrage nicht ankommt. Ein gewisses Korrektiv für diese Bindung bildet § 552a (zur Verfassungsmäßigkeit der Vorschrift: *BVerfG* NJW 2005, 1485), nach dem eine Zurückweisung der Revision durch einstimmigen Beschluss ohne mündliche Verhandlung erfolgt, sofern das Revisionsgericht davon überzeugt ist, dass die Voraussetzungen für die Zulassung nicht vorliegen und die Revision keine Aussichten auf Erfolg hat. Eine Bindung des Revisionsgerichts besteht ausnahmsweise nicht, wenn das Berufungsgericht irrtümlich bei einer nicht revisionsfähigen Entscheidung die Revision zugelassen hat, da der Zulassungsbeschluss keinen nicht gegebenen Instanzenzug eröffnen kann (*BGH* NJW 2003, 70).

b) Keine Bindung tritt für den umgekehrten Fall der Ablehnung der Zulassung ein. Anders als im bisherigen Recht kann die beschwerte Partei hiergegen Nichtzulassungsbeschwerde beim Revisionsgericht binnen einer Notfrist von einem Monat nach Zustellung des in vollständiger Form abgefassten Urteils einlegen (§ 544 Abs. 1 S. 2). Für die Zeit bis zum 31.12.2011 (s. aber Rn. 398a a.E.) ist weiterhin Voraussetzung, dass der Wert der Beschwer 20.000,– Euro übersteigt (§ 26 Nr. 8 EGZPO; hierzu *Jauernig*, NJW 2007, 3615). Die Begründung der Nichtzulassungsbeschwerde muss binnen eines weiteren Monats erfolgen. Hierfür besteht Anwaltszwang (§ 78 Abs. 1). Die Einlegung der Beschwerde hemmt die Rechtskraft (§ 544 Abs. 5 S. 1). Über den Antrag wird durch Beschluss entschieden. Maßgeblich für die Entscheidung über die Beschwer ist grundsätzlich das Vorliegen eines Zulassungsgrundes im Zeitpunkt ihres Erlasses. Allerdings soll dieser Grundsatz wegen des Gebots der Rechtsmittelklarheit nicht gelten, wenn die gerügte Fehlpraxis erst nach Einlegung der Nichtzulassungsbeschwerde durch eine Leitentscheidung des Bundesgerichtshofs in einer Parallelsache korrigiert wurde (*BGH* NJW 2005, 154). Dem Gegner ist zuvor rechtliches Gehör zu gewähren (§ 544 Abs. 3), ohne dass es einer mündlichen Verhandlung bedarf (§ 128 Abs. 4). Der Beschluss soll kurz begründet und den Parteien zugestellt werden (§ 544 Abs. 4 S. 2, 3; krit. zur Praxis des Absehens einer Begründung gem. § 544 Abs. 4 S. 2 HS 2 *Zuck*, NJW 2008, 479 ff.; die Regelung sei aber „verfassungsrechtlich unbedenklich", so *BVerfG* NJW 2011, 1497). Eine Nichtzulassungsbeschwerde ist zurückzuweisen, wenn der Beschwerdeführer zwar einen zulassungsrelevanten Rechtsfehler aufzeigt, die rechtliche Überprüfung im Verfahren der Nichtzulassungsbeschwerde aber ergibt, dass das Berufungsurteil im Ergebnis aus Gründen richtig ist, die ihrerseits die Zulassung der Revision nicht erfordern (*BGH* NJW-RR 2011, 211).

Gem. § 544 Abs. 5 S. 3 wird die Entscheidung des Berufungsgerichts nach „Ablehnung der Beschwerde" rechtskräftig. Bei einer Zulassungsentscheidung geht das Beschwerdeverfahren kraft Gesetzes in das Revisionsverfahren über, die Hemmung gem. § 544 Abs. 5 S. 1 wird vom Suspensiveffekt der Revision abgelöst. Das erfordert freilich eine schon mit der Nichtzulassungsbeschwerde bis Zustellung des Zulassungsbeschlusses aufschiebend bedingte Revisionseinlegung. Die Nichtzulassungsbeschwerde gilt dann als Revisionseinlegung (§ 566 Abs. 6 S. 2), die innerhalb der seit Zustellung des Beschlusses laufenden Frist zu begründen ist (§ 544 Abs. 6 S. 3). Eine gesonderte Revisionsbegründung ist damit stets erforderlich, auch wenn bereits die Begründung der Nichtzulassungsbeschwerde die gem. § 551 Abs. 3 S. 1 für eine Revisionsbegründung erforderlichen Elemente enthält (*BGH* NJW 2008, 588).

2. Zulässigkeitsvoraussetzungen

408 Die Einlegung der Revision ist ebenso wie die der Berufung an eine *Frist* von einem Monat gebunden (§ 548); auch sie muss innerhalb einer Frist von zwei Monaten *begründet* werden. Beide Fristen beginnen mit Zustellung des vollständigen Berufungsurteils, spätestens aber mit Ablauf von fünf Monaten nach Urteils-

verkündung. Die Begründungsfrist kann auf Antrag mit Einwilligung des Gegners vom Vorsitzenden *verlängert* werden (§ 551 Abs. 2 S. 5). Ohne Einwilligung kann die Verlängerung um längstens zwei Monate unter weiteren im Gesetz genannten Voraussetzungen betragen. In dem nicht seltenen Fall verzögerter Akteneinsicht besteht jedoch eine Ausnahme nach § 551 Abs. 2 S. 6 HS 2. Für die Einlegung und die Begründung ist eine bestimmte *Form* vorgeschrieben (§§ 549, 551). Wichtig sind hier wie bei der Berufung die *Revisionsanträge*, d. h. die Erklärung, wie weit das Urteil angefochten und seine Aufhebung beantragt wird (§ 551 Abs. 3 S. 1 Nr. 1), weil auch hier eine *Bindung an die Anträge* besteht (§ 557 Abs. 1).

In der Revisionsbegründung müssen weiter die Revisionsgründe mitgeteilt werden. § 551 Abs. 3 S. 1 Nr. 2 unterscheidet zwischen Sach- sowie Verfahrensrügen und knüpft daran unterschiedliche weitreichende Anforderungen an die Begründung. Fehlt es an einer ausreichenden Begründung, so ist die Revision unzulässig (bspw. auch wenn die Revision nur eine von mehreren, selbstständig die Berufungsentscheidung tragenden Erwägungen angreift, *BAG NJW* 2008, 2206). Bei *Sachrügen* wird die fehlerhafte Anwendung materiellen Rechts moniert. Der Revisionskläger muss stets die Umstände bezeichnen, aus denen sich die Rechtsverletzung ergibt (§ 553 Abs. 3 S. 1 Nr. 2 lit. a). Dies verlangt von ihm eine detaillierte Auseinandersetzung mit der Berufungsentscheidung, wobei der Umfang der Ausführungen auch von der Ausführlichkeit und dem Umfang der Begründung des Berufungsurteils abhängt. Die nach Ansicht des Revisionsklägers *verletzte Rechtsnorm* muss von ihm zwar nicht bezeichnet werden, die Angabe der Bestimmung erleichtert aber die Revisionsbegründung. Die *Verfahrensrüge* (§ 551 Abs. 3 S. 1 Nr. 2 lit. b) bemängelt die Verletzung prozessualer Regeln. Sie verlangt die genaue Bezeichnung des prozessualen Mangels. Es müssen die prozessualen Vorgänge und die einzelnen *Tatsachen* angeführt werden, die den Mangel ergeben sollen (§ 551 Abs. 3 S. 1 Nr. 2 lit. b; etwa Mitwirkung eines Richters, der vom Richteramt ausgeschlossen war), sowie die Kausalität des Verstoßes für die Fehlerhaftigkeit des Urteils. Soweit dem Revisionskläger ein solcher Vortrag mangels Kenntnis gerichtsinterner Vorgänge nicht möglich ist, muss die Begründung zumindest zu erkennen geben, dass er sich um Aufklärung bemüht hat. Die Beanstandung nur auf

Verdacht genügt nicht (*BGH* NJW 1992, 512). Bei Verfahrensmängeln besteht ausnahmsweise eine *Bindung an die Revisionsgründe*, soweit diese nicht von Amts wegen zu berücksichtigen sind (§ 557 Abs. 3). Ein Nachschieben von Rügen oder der Begründung ist nach Ablauf der Revisionsbegründungsfrist ausgeschlossen (*BAG* NJW 2004, 1684).

410 Die *Prüfung der Zulässigkeit* erfolgt auch bei der Revision *von Amts wegen*. Fehlt eine Zulässigkeitsvoraussetzung, so wird die Revision *als unzulässig verworfen* (§ 552). Die Entscheidung kann ohne mündliche Verhandlung durch Beschluss ergehen.

II. Die Begründetheit

411 Auch hier kann über die Begründetheit erst verhandelt werden, wenn die Zulässigkeit feststeht. Für das Verfahren gelten die *allgemeinen Vorschriften* (§ 555). Aus der Besonderheit des Revisionsverfahrens ergeben sich aber *Abweichungen*. Die wichtigste ist, dass *keine neue Tatsacheninstanz* eröffnet, sondern das Urteil *nur auf seine rechtliche Richtigkeit nachgeprüft wird*. Neue Tatsachen können grundsätzlich nicht vorgebracht werden, die Nachprüfung des Urteils erfolgt auf der Grundlage des Parteivorbringens, das sich aus dem Berufungsurteil unter Bezugnahme auf Feststellungen im erstinstanzlichen Urteil oder auf Schriftsätze sowie dem Sitzungsprotokoll ergibt (§ 559 Abs. 1 S. 1). *An die tatsächlichen Feststellungen des Berufungsgerichts* (dass eine tatsächliche Behauptung wahr sei oder nicht) *ist das Revisionsgericht gebunden*, es sei denn, dass bei dieser Feststellung ein Verfahrensverstoß vorgekommen ist (z. B. Verletzung des § 286).

412 Neue Tatsachen können nur dann vorgetragen werden, wenn sie *Verfahrensrügen* begründen sollen (§ 559 Abs. 1 S. 2). Sonst können Tatsachen selbst dann nicht mehr berücksichtigt werden, wenn sie erst nach Schluss der letzten mündlichen Tatsachenverhandlung eingetreten sind (s. hierzu § 767 Abs. 2, Rn. 590). Es ist streitig, ob das auch gilt, wenn solche Tatsachen *offenkundig* oder *zugestanden* sind. Für die Berücksichtigung solcher Tatsachen spricht, dass dies eine *erhöhte Richtigkeitsgarantie* für das Urteil bedeutet und keine Belastung des Revisionsgerichts durch eine Beweisaufnahme mit sich bringt (so auch *Rosenberg/Schwab/ Gottwald* § 144 Rn. 14f.; zurückhaltender *B/L/A/H* § 559 Rn. 11; ähnlich *BGH* NJW 2009, 3783, 3786: unstreitige Tatsachen kön-

nen berücksichtigt werden, wenn schützenswerte Belange der Gegenseite nicht entgegenstehen). Neue Tatsachen können auch vorgebracht werden und das Revisionsgericht muss gegebenenfalls Beweise erheben, soweit es um die *Prozessvoraussetzungen* geht, deren Vorliegen von Amts wegen zu prüfen ist (z.B. das Vorliegen der Prozessfähigkeit, *BGH* JuS 1986, 567, oder der Prozessführungsbefugnis, BGHZ 28, 12; 100, 217, 219, oder der Wegfall des Feststellungsinteresses, BGHZ 18, 106). Fehlt eine Prozessvoraussetzung, hebt das Revisionsgericht das Urteil soweit erforderlich auf und weist die Klage *als unzulässig* ab. Wenn eine von Amts wegen zu berücksichtigende Tatsache, z.B. die Rechtsnachfolge wegen Todes des Klägers, materiell-rechtliche Auswirkungen hat, können auch diese im Revisionsverfahren berücksichtigt werden (*BGH* ZIP 1986, 1454). Auch neue Tatsachen, die einen *Wiederaufnahmegrund* bilden, können nach der Rechtsprechung jedenfalls dann berücksichtigt werden, wenn ihre Nichtbeachtung *zu einander widersprechenden Urteilen führen würde;* also dann, wenn in den Fällen des § 580 Nr. 1–7 lit. a bereits ein Strafurteil vorliegt (BGHZ 3, 65). Etwas anderes gilt bei dem Wiederaufnahmegrund des § 580 Nr. 7 lit. b (Wiederauffinden einer Urkunde). Hier können nur Gründe der Prozessökonomie für eine Berücksichtigung sprechen, und die reichen nach der Auffassung des Bundesgerichtshofs nicht aus (BGHZ 18, 59; vgl. dazu *Arens,* Willensmängel bei Parteihandlungen im Zivilprozess, 1968, 83f.).

Die Geltendmachung neuer Ansprüche ist grundsätzlich ebenso ausgeschlossen wie eine Klageänderung. Die Ansprüche aus den §§ 302 Abs. 4, 600 Abs. 2, 717 Abs. 2 und 3 und 1065 Abs. 2 S. 2 können aber auch in der Revisionsinstanz geltend gemacht werden. 413

Aufgrund dieses Tatsachenmaterials prüft das Gericht die *Rechtsverletzung* (§ 545 Abs 1). Nach der heutigen Gesetzesformulierung sind damit auch ausländische Vorschriften für die Rechtsvereinheitlichung erheblich (str., s. *Hess/Hübner*, NJW 2009, 3132ff. m.w.N.). Die Revision kann aber nicht darauf gestützt werden, dass das Gericht des ersten Rechtszuges seine Zuständigkeit zu Unrecht angenommen hat (§ 545 Abs. 2). Wie bei der entsprechenden Regelung des Berufungsrechts (s. Rn. 400) soll dies nicht für die internationale Zuständigkeit gelten (*BGH* JZ 2003, 850 m. Anm. *Staudinger*) 414

Das Gesetz ist verletzt, wenn es *nicht* oder *nicht richtig angewandt worden ist* (§ 546). Dies kann beruhen auf einer *falschen* 415

Auslegung der Rechtsnorm oder auf einer *unrichtigen Subsumtion des festgestellten Sachverhalts unter die Rechtsnorm.* Im Einzelnen ergeben sich hier viele Zweifelsfragen bei der Abgrenzung der nachprüfbaren *Rechtsfrage* und der nicht nachprüfbaren *Tatfrage.* Rechtsfrage ist sicher die falsche Interpretation von Rechtsnormen, Tatfrage die Feststellung einer Tatsache, die Beweiswürdigung, die Auslegung einer einzelnen Willenserklärung. Wird dabei gegen eine *Auslegungsregel* oder auch *Erfahrungssätze* oder *Denkgesetze* verstoßen, handelt es sich um eine *Rechtsfrage* (vgl. RGZ 156, 133; BGHZ 9, 276; *BGH* NJW 1992, 1697). Besondere Schwierigkeiten ergeben sich bei der *Anwendung unbestimmter Rechtsbegriffe,* weil es dafür auf die besonderen Umstände des Einzelfalles ankommt, die das Berufungsgericht unter dem Eindruck der Beweisaufnahme besser beurteilen kann. Deshalb bestehen hier Einschränkungen der Nachprüfbarkeit, ohne dass es eindeutige Grenzen dafür gibt. So ist die Frage, ob ein Verstoß gegen die guten Sitten vorliegt, als Rechtsfrage angesehen worden (*BGH* LM Nr. 2 zu § 138 BGB C d), ob ein wichtiger Grund die Vertragsauflösung rechtfertigt, als Tatfrage (BGHZ 4, 108; 16, 20); ebenso bei der Anwendung des Begriffs der Zumutbarkeit (*BGH* VersR 1962, 1100).

416 Das Urteil muss auf der Rechtsverletzung *beruhen,* d.h. diese muss für das Urteil *ursächlich* sein. Daran fehlt es, wenn das Urteil trotz Rechtsverletzung *im Ergebnis richtig ist* (§ 561). Die Revision ist dann *unbegründet.* Bei *materiellen Rechtsverletzungen* ergeben sich im Allgemeinen keine Schwierigkeiten für die Feststellung der Kausalität. Wenn das Gericht den Begriff des „rechtlichen Grundes" i.S. des § 812 BGB verkannt hat, wird man leicht sagen können, wie das Urteil bei richtiger Interpretation ausgefallen wäre. Anders ist es bei *Verfahrensverstößen.* Wenn etwa das Gericht nicht vorschriftsmäßig besetzt war, wird sich nur ausnahmsweise nachweisen lassen, dass dieser Umstand das Urteil beeinflusst hat. Es bestünde deshalb die Gefahr, dass Verfahrensverstöße meistens ohne *Sanktion* bleiben. Um dem vorzubeugen, hat das Gesetz bestimmt, dass bei einer Reihe besonders schwerer Verfahrensverstöße das Urteil stets als auf einer Verletzung des Gesetzes beruhend anzusehen ist (§ 547, die sog. *absoluten Revisionsgründe).* Damit ist garantiert, dass diese Verstöße nicht mangels Kausalität ohne Folgen bleiben.

III. Die Entscheidung

Wenn ein Rechtsverstoß vorliegt und dieser ursächlich für das 417
Urteil war, ist die Revision *begründet*. Fehlt es an der Ursächlichkeit, ist die Revision als unbegründet zurückzuweisen, § 561. Das angefochtene Urteil ist im Falle der Begründetheit immer *aufzuheben* (§ 562 Abs. 1, sog. *kassatorische Entscheidung*). Wenn ein Verfahrensmangel vorliegt, ist zugleich *das Verfahren insoweit aufzuheben, als es durch den Mangel betroffen wird* (§ 562 Abs. 2). Nach der Aufhebung der Urteile bestehen zwei Möglichkeiten: das Revisionsgericht kann den Rechtsstreit an das Berufungsgericht *zurückverweisen* (§ 563 Abs. 1) oder es kann in der Sache *selbst entscheiden* („durcherkennen", § 563 Abs. 3). So kann das Revisionsgericht einer vom Berufungsgericht als unzulässig abgewiesenen Klage stattgeben, wenn das Streitverhältnis keiner weiteren Aufklärung bedarf (*BGH* NJW 1992, 436) und weitere entgegenstehende tatsächliche Feststellungen nicht mehr zu erwarten sind (s. auch *BAG* NJW 2000, 3227).

Die Entscheidung hat das Revisionsgericht dann selbst zu treffen, wenn die Aufhebung des Urteils nur wegen Gesetzesverletzung, die bei Anwendung des Gesetzes auf das festgestellte Sachverhältnis begangen wurde, erfolgt und *nach letzterem die Sache zur Endentscheidung reif* ist. Das bedeutet, dass das Revisionsgericht dann selbst entscheiden darf, *wenn keine neuen Tatsachen festgestellt werden müssen*. Wenn dies dagegen notwendig ist (und das ist sehr häufig der Fall), wird die Sache an das Berufungsgericht zurückverwiesen, *damit dieses die erforderlichen Tatsachenfeststellungen* im Rahmen der auch sonst geltenden Vorschriften trifft (das gilt auch für die Prüfung gem. § 529 Abs. 1 Nr. 1, *BGH* NJW 2008, 576, 578). Das Berufungsverfahren muss also weiter geführt werden; dort ist dann neues Vorbringen möglich. Dabei ist das Berufungsgericht *an die rechtliche Beurteilung, die der Aufhebung zugrunde gelegt ist, gebunden* (§ 563 Abs. 2; die Bindung soll auch bei verfassungsrechtlichen Bedenken des Berufungsgerichts gelten, *BGH* NJW 2007, 1127, 1129). Diese Einschränkung der Freiheit des Gerichts ist erforderlich, um die Beendigung des Prozesses zu erreichen. Sie besteht immer nur im Rahmen des einzelnen Prozesses, in anderen Verfahren sind die Gerichte frei. Die Bindung bezieht sich nur auf die rechtliche Beurteilung, nicht auf die tatsächlichen Feststellungen. Wie weit dann aber die rechtliche Bindung im Einzelnen reicht, ist umstritten. Die Rechtsprechung beschränkt die Bindung auf die Punkte des Revisionsurteils, die für die Aufhebung ursächlich gewesen sind (BGHZ 3, 321; 22, 373). In der Literatur wird eine darüber hinausgehende Bindung befürwortet (vgl. *Rosenberg/Schwab/ Gottwald* § 145 Rn. 18 ff. m. N.).

Wenn die Entscheidung des Berufungsgerichts lediglich ein Prozessurteil ist, darf in der Regel *keine Abweisung als unbegründet erfolgen*, nicht weil dem das Verbot der reformatio in peius entgegensteht, sondern weil das Berufungsurteil zur Frage der Begründetheit überhaupt keine Feststellungen getroffen hat (*Arens*, AcP 161, 177; *Baur*, JZ 1954, 326; *Rosenberg/Schwab/ Gottwald* § 145 Rn. 13; anders die Rechtsprechung: BGHZ 31, 358; 46, 281; differenzierend: *BGH* NJW 1978, 2031; 1992, 436).

418 Es kann vorkommen, dass gegen die Entscheidung des Berufungsgerichts *erneut Revision eingelegt wird* und die Sache wieder vor das Revisionsgericht kommt. Es erhebt sich dann die Frage, ob das Revisionsgericht selbst an seine der Aufhebung zugrundegelegte Auffassung gebunden ist (sog. *Selbstbindung* des Revisionsgerichts). Grundsätzlich wird dies bejaht (BGHZ 3, 321; 25, 203).

Ausnahmen bestehen aber, wenn das Berufungsgericht einen neuen Sachverhalt festgestellt hat oder inzwischen eine Gesetzesänderung eingetreten ist. Die Bindung des Revisionsgerichts entfällt auch dann, wenn es seit der aufhebenden Entscheidung seine Rechtsauffassung geändert hat (*GmS-OGB* BGHZ 60, 392; dazu *Sommerlad*, NJW 1974, 124, mit Bedenken gegen jede Selbstbindung). Geschieht dies vor der neuen Entscheidung des Berufungsgerichts, ist auch dieses nicht mehr gebunden.

IV. Das Versäumnisverfahren

419 Eine unzulässige Revision ist durch unechtes Versäumnisurteil als unzulässig zu verwerfen, gleichgültig welche Partei säumig ist. Ist die Revision zulässig, muss zunächst die Zulässigkeit der Klage geprüft werden. Ist sie nicht gegeben, wird die Klage als unzulässig durch unechtes Versäumnisurteil abgewiesen. Bei Zulässigkeit der Klage wird die Revision im Fall der Säumnis des Revisionsklägers entsprechend § 330 durch Versäumnisurteil zurückgewiesen. Ist der Revisionsbeklagte säumig, prüft das Revisionsgericht, ob aufgrund des vom Berufungsgericht festgestellten Sachverhalts die Revision begründet ist (die Geständnisfiktion des § 331 kann kaum eingreifen, weil keine neuen Tatsachen vorgetragen werden können). Wenn dies bejaht werden kann, muss der Revision durch Versäumnisurteil stattgegeben werden, andernfalls ist sie durch unechtes Versäumnisurteil zurückzuweisen.

V. Die Sprungrevision

Gegen amtsgerichtliche und erstinstanzliche landgerichtliche Urteile kann nach § 566 Abs. 1 unmittelbar Sprungrevision eingelegt werden. Voraussetzung dafür ist, dass gegen das Urteil die Berufung ohne Zulassung möglich ist, der Wert der Beschwer somit 600,– Euro übersteigt (geplant ist eine Erhöhung auf 1.000,– Euro, BT-Drs. 17/2149, 5). Die Sprungrevision setzt einen entsprechenden Antrag an das Revisionsgericht voraus (Zulassungsschrift § 566 Abs. 2 S. 1). Ihm ist zugleich die Einwilligung der Gegenseite beizufügen. Beide gelten als Verzicht auf das Rechtsmittel der Berufung (§ 566 Abs. 1 S. 2). Der Antrag muss die Voraussetzungen für die Zulassung darlegen, die jenen der Zulassung der Revision (§ 566 Abs. 4) entsprechen. Er kann auch vom Prozessbevollmächtigten des ersten Rechtszuges und bei amtsgerichtlichen Prozessen zu Protokoll der Geschäftsstelle abgegeben werden. Der Antrag hemmt die Rechtskraft des Urteils (§ 566 Abs. 3 S. 1). Über ihn hat das Revisionsgericht durch Beschluss zu entscheiden (§ 566 Abs. 5 S. 1). Der Beschluss ist den Parteien zuzustellen und im Falle der Ablehnung wird das Urteil rechtskräftig (§ 566 Abs. 5 S. 2, Abs. 6). Nach Zulassung der Sprungrevision wird das Verfahren als Revisionsverfahren fortgesetzt (§ 566 Abs. 7 S. 1). Im Fall der Zulassung gilt der Antrag auf Zulassung der Sprungrevision als Revisionseinlegung. Die Zustellung des Beschlusses setzt die Revisionsbegründungsfrist in Gang. Im Übrigen gelten für das weitere Verfahren die Bestimmungen über die Revision.

VI. Das Verfahren zur Sicherung einer einheitlichen Rechtsprechung

Literatur: *Miebach,* Der Gemeinsame Senat der obersten Gerichtshöfe des Bundes, 1971.

Da der Bundesgerichtshof mehrere Spruchkörper (Senate) hat, sieht das Gesetz ein besonderes Verfahren *zur Sicherung einer einheitlichen Rechtsprechung dieser verschiedenen Senate* vor. Wenn ein Senat in einer Rechtsfrage von der Entscheidung eines anderen Senats abweichen will, muss er die Frage dem *Großen Senat für Zivilsachen* vorlegen, der dann entscheidet (§ 132 Abs. 2

GVG; der Ausgleich zwischen Zivil- und Strafsenaten wird durch die *Vereinigten Großen Senate* hergestellt). Zuvor muss der erkennende Senat bei dem Senat, von dessen Entscheidung abgewichen werden soll, anfragen, ob dieser an seiner Auffassung festhalten will (§ 132 Abs. 3 S. 1 GVG). Der erkennende Senat kann in einer Frage von grundsätzlicher Bedeutung die Entscheidung des Großen Senats herbeiführen, wenn er dies zur Fortbildung des Rechts oder zur Sicherung einer einheitlichen Rechtsprechung für erforderlich hält (§ 132 Abs. 4 GVG) und nicht schon nach § 132 Abs. 2 und 3 GVG vorzulegen ist (BGHZ 128, 87). Die Zusammensetzung des Großen Senats regelt § 132 Abs. 5 GVG, das Verfahren § 138 GVG. Danach entscheiden die Großen Senate ohne mündliche Verhandlung nur über die Rechtsfrage. Ihre Entscheidung ist dann in der vorliegenden Sache für den erkennenden Senat bindend (§ 138 Abs. 1 S. 3 GVG).

Für die Vereinheitlichung der Rechtsprechung *der verschiedenen obersten Bundesgerichte* ist ein ähnliches Verfahren vorgesehen. Es besteht ein *Gemeinsamer Senat* dieser Gerichte, der entscheidet, wenn ein Oberster Gerichtshof von der Entscheidung eines anderen oder des Gemeinsamen Senats abweichen will. Diese Entscheidung bindet den erkennenden Senat (§§ 2, 11, 16 RsprEinhG).

§ 38. Die Beschwerde

Literatur: *Künkel,* Die zugelassene Rechtsbeschwerde, MDR 2006, 486; *Schmidt,* Probleme des Abhilfeverfahrens nach § 572 Abs. 1 ZPO, MDR 2010, 725; *Seiler/Wunsch,* Statthaftigkeit und Zulässigkeit der Beschwerde, NJW 2003, 1840.

I. Allgemeines zum Beschwerderechtsweg

421a Die ZPO hat heute in Parallele zu den Rechtsmitteln in der Hauptsache einen einheitlichen Beschwerderechtszug (s. aber Rn. 425 zur Rechtsbeschwerde gegen Beschluss ohne vorangehendes Beschwerdeverfahren), der für Entscheidungen gilt, die nicht den Streitgegenstand betreffen und überwiegend in der Form des Beschlusses oder der Verfügung ergangen sind. Bestimmte Zwischenurteile (s. z. B. §§ 71 Abs. 2, 135 Abs. 3) kommen als weitere Entscheidungen in Betracht, die mit der Beschwerde angegriffen werden können. Die Beschwerde der ZPO ist stets befristet und daher eine sofortige Beschwerde.

Daneben ist als weiteres Rechtsmittel eine auf Fehlerkontrolle gerichtete *Rechtsbeschwerde* vorgesehen (§§ 574 bis 577). Ebenfalls in Anlehnung an den Rechtsmittelzug in der Hauptsache führt die Rechtsbeschwerde zum Bundesgerichtshof. Damit hat der Gesetzgeber zwar den Gedanken der Parallelität konsequent weiter verfolgt und „Chancengleichheit" hergestellt, die Ausgestaltung läuft aber seiner Absicht entgegen, den Bundesgerichtshof zu entlasten. Das Gericht wird ganz erheblich von dieser Aufgabe in Anspruch genommen.

II. Zulässigkeit der sofortigen Beschwerde

Die Beschwerde ist statthaft gegen erstinstanzliche Entscheidungen des Amts- und Landgerichts, sofern das Rechtsmittel ausdrücklich vorgesehen ist (z.B. §§ 91a, 104, 127, 252, 380, 390, 793). Weiter gibt es die Beschwerde gegen Zwischenurteile, soweit sie Dritte betreffen (§§ 142 Abs. 2 S. 2, 144 Abs. 2 S. 2, 387). Im Übrigen findet sie gegen Entscheidungen statt, die eine mündliche Verhandlung nicht erfordern, wenn sie ein das Verfahren betreffendes Gesuch zurückgewiesen haben (§ 567 Abs. 1 Nr. 2). 422

Die Beschwerde ist grundsätzlich binnen einer Notfrist von zwei Wochen einzulegen (für eine Ausnahme im Prozesskostenhilfeverfahren s. § 127 Abs. 2 S. 3, Abs. 3 S. 3, Fristdauer ein Monat). Die Frist beginnt mit Zustellung der Entscheidung, spätestens mit Ablauf von fünf Monaten nach Verkündung des Beschlusses (§ 569 Abs. 1 S. 2). Unter den Voraussetzungen der Wiederaufnahmeklage verlängert sich die Frist entsprechend § 569 Abs. 1 S. 3.

Die Einlegung geschieht durch Einreichung einer Beschwerdeschrift. Dies kann sowohl bei dem iudex a quo als auch jenem ad quem geschehen (§ 569 Abs. 1 S. 1). Die Beschwerdeschrift muss die Bezeichnung der angefochtenen Entscheidung sowie die Erklärung enthalten, dass Beschwerde hiergegen eingelegt wird. Wenn der Rechtsstreit im ersten Rechtszug nicht als Anwaltsprozess zu führen ist bzw. war oder die Beschwerde die Prozesskostenhilfe betrifft, kann die Beschwerde statt dessen auch zu Protokoll der Geschäftsstelle eingelegt werden. Dasselbe gilt für Beschwerden von Zeugen, Sachverständigen oder Dritten i.S.d.

§§ 142, 144. Die Beschwerde „soll" begründet werden (§ 571 Abs. 1). Damit ist die Begründung keine Zulässigkeitsvoraussetzung. Auch die Beschwerde setzt als Rechtsmittel eine Beschwer voraus. Das Gesetz lässt im Übrigen gem. § 567 Abs. 3 die Anschließung zu. Die Beschwerde hat nur dann aufschiebende Wirkung, wenn sie die Festsetzung eines Ordnungs- oder Zwangsmittels zum Gegenstand hat (§ 570 Abs. 1). Die Neufassung dieser Regelung erfasst damit auch Anordnungen im Rahmen der Zwangsvollstreckung nach §§ 888 ff. Im Übrigen kann das Gericht, dessen Entscheidung angegriffen wird, die Vollziehung seiner Entscheidung aussetzen (§ 570 Abs. 2). Für das Beschwerdegericht besteht die Möglichkeit, eine Anordnung entsprechenden Inhalts zu erlassen (§ 570 Abs. 3).

III. Verfahren und Entscheidung

423 Als erstes prüft das Gericht, das die Entscheidung erlassen hat, ob es die Beschwerde für *begründet* hält. Ist dies der Fall, hat es ihr *abzuhelfen* (§ 572 Abs. 1 S. 1), d.h. *seine Entscheidung abzuändern,* und zwar auch dann, wenn die Beschwerde unzulässig ist; sie muss nur statthaft sein (h.M.). In dieser Möglichkeit der Abhilfe liegt eine *weitgehende Durchbrechung der Bindung des Gerichts an seine eigene Entscheidung.* Ihr steht grundsätzlich § 318 entgegen, wenn die angefochtene Entscheidung ein Urteil ist (z.B. § 387 Abs. 3, 99 Abs. 2 S. 1), wie sich aus § 572 Abs. 1 S. 2 ergibt. Wenn das Gericht der Beschwerde nicht abhilft, legt es sie dem Beschwerdegericht unverzüglich vor (§ 572 Abs. 1 S. 1 HS 2). Die Nichtabhilfeentscheidung ist zumindest dann zu begründen, wenn in der Beschwerdeinstanz neuer Tatsachenvortrag gemacht wurde, dessen Erheblichkeit vom Gericht verneint wird (*OLG Köln* FamRZ 1986, 487). Beschwerdegericht ist das *nächsthöhere Gericht.*

424 Das Verfahren vor dem Beschwerdegericht kann ohne mündliche Verhandlung erfolgen. Den Parteien muss aber *rechtliches Gehör* gewährt werden (Art. 103 Abs. 1 GG). Zuerst prüft das Beschwerdegericht die Zulässigkeit; fehlt diese, ist die Beschwerde als unzulässig zu verwerfen (§ 572 Abs. 2 S. 2). Andernfalls ist die Begründetheit zu prüfen. Dabei können neue Tatsachen und Beweise vorgebracht werden (§ 571 Abs. 2 S. 1). Ist die angefochtene Entscheidung richtig, wird die Beschwerde *als unbegründet zu-*

rückgewiesen. Ist sie dagegen begründet, muss die angefochtene Entscheidung *aufgehoben* werden. Das Gericht kann dann entweder *selbst entscheiden* oder *zurückverweisen* und dem unteren Gericht die Entscheidung übertragen (§ 572 Abs. 3). Alle Entscheidungen erfolgen durch *Beschluss* (§ 572 Abs. 4), der aufgrund allgemeiner rechtsstaatlicher Erfordernisse auch ohne ausdrückliche gesetzliche Regelung zu begründen ist und – sofern er der Rechtsbeschwerde unterliegt – auch den wesentlichen Sachverhalt, über den entschieden wurde, wiedergeben muss (BGH NJW 2002, 2649).

IV. Die Rechtsbeschwerde

Gegen die Beschwerdeentscheidung, aber auch gegen Entscheidungen des Berufungsgerichts nach § 522 Abs. 1 sowie Entscheidungen des Oberlandesgerichts nach § 1062 Abs. 1 Nr. 2 u. 4 sieht das Gesetz die sog. *Rechtsbeschwerde* vor (§ 574 Abs. 1 S. 1 Nr. 1 u. 2). Die Ausnahme des § 542 Abs. 2 gilt auch hier (§ 574 Abs. 1 S. 2). Soweit die Statthaftigkeit im Gesetz ausdrücklich vorgesehen ist, bedarf es zur Zulässigkeit weiterhin jener Voraussetzungen, von denen auch die Zulassung der Berufung abhängt (alternativ: grundsätzliche Bedeutung, Fortbildung des Rechts oder Sicherung einer einheitlichen Rechtsprechung; § 574 Abs. 2). In den Fällen des § 574 Abs. 1 S. 1 Nr. 2 ist unter denselben Voraussetzungen die Rechtsbeschwerde vom Beschwerdegericht zuzulassen (§ 574 Abs. 3). Diese Entscheidung kann in den Fällen des § 568 S. 2 nur vom gesamten Spruchkörper in der im GVG vorgeschriebenen Besetzung und nicht vom Einzelrichter getroffen werden (*BGH* MDR 2006, 530). Der Einzelrichter muss daher die Sache an das Beschwerdegericht übertragen (§ 568 S. 2). Der Beschluss, in dem ein Einzelrichter die Rechtsbeschwerde zugelassen hat, ist wegen Verletzung des Anspruchs auf den gesetzlichen Richter (Art. 101 Abs. 1 S. 1 GG) auch dann aufzuheben, wenn die vom Einzelrichter angenommene grundsätzliche Bedeutung der Rechtssache nicht vorliegt (*BGH* NJW-RR 2004, 1717; MDR 2003, 374 m. Anm. *Abramenko*). Ein solcher Verstoß kann nach Auffassung des Bundesgerichtshofs von Amts wegen berücksichtigt werden, da die willkürliche Zuständigkeitsüberschreitung, die auf den Rechtsmittelzug Einfluss hat, nicht mit den Fällen notwendiger Besetzungsrüge vergleichbar sei. Wie im Revisionsrecht

425

ist eine nachträgliche Zulassung gem. § 321 nicht (*BGH* NJW 2004, 779), eine Berichtigung gem. § 319 aber möglich (*BGH* MDR 2005, 103). Letzteres setzt aber voraus, dass das Gericht das Rechtsmittel im Beschluss zulassen wollte. Eine Beschwerde gegen die Nichtzulassung ist allerdings grundsätzlich nicht vorgesehen. Das Gericht der Rechtsbeschwerde ist an die Zulassung gebunden (§ 574 Abs. 3 S. 2). Diese Bindung betrifft allerdings nicht die irrtümliche Zulassung einer schon nach § 574 Abs. 1 Nr. 1 von Gesetzes wegen statthaften Rechtsbeschwerde (*BGH* NJW-RR 2003, 784). Lässt das Gericht ausdrücklich die in der ZPO nicht mehr vorgesehene weitere Beschwerde zu, obwohl der statthafte Rechtsbehelf die Rechtsbeschwerde ist, und besteht daher Unsicherheit über das einzulegende Rechtsmittel, so gilt auch hinsichtlich der Anforderungen an dessen Begründung die Meistbegünstigungstheorie (BGHZ 152, 213). Die Rechtsbeschwerde hat ebenfalls nur unter den Voraussetzungen des § 570 Abs. 1 u. 3 aufschiebende Wirkung (§ 575 Abs. 5). Ein über die Rechtsbeschwerde hinausgehendes Rechtsmittel existiert nicht. Soweit die Entscheidung ein Verfahrensgrundrecht des Beschwerdeführers verletzt, kommen nur die oben unter Rn. 35 a, 37 a ff. dargestellten Rechtsbehelfe oder ggf. die Verfassungsbeschwerde in Betracht.

Die Rechtsbeschwerde ist durch Beschwerdeschrift beim Rechtsbeschwerdegericht binnen einer Notfrist von einem Monat nach Zustellung des angegriffenen Beschlusses durch einen am Bundesgerichtshof zugelassenen Anwalt (*BGH* NJW 2002, 2181) einzulegen. Sie muss neben der Bezeichnung der Entscheidung, die angegriffen wird, eine entsprechende Erklärung über die Einlegung des Rechtsmittels enthalten (§ 575 Abs. 1 S. 2). Die Rechtsbeschwerde ist innerhalb der Einlegungsfrist von einem Monat auch zu begründen (zum Fristenlauf bei Beantragung von Prozesskostenhilfe s. *BGH* NJW 2008, 3500). Diese Frist kann jedoch nach den Regeln zur Revisionsbegründung verlängert werden (§§ 575 Abs. 2 S. 3, 551 Abs. 2 S. 5 u. 6). Der Inhalt der Begründung ist im Gesetz im Einzelnen geregelt und entspricht weitgehend den Vorschriften zur Revision (§ 575 Abs. 3). Die Rechtsbeschwerde muss darauf gestützt werden, dass die Entscheidung auf Verletzung qualifizierten formellen oder materiellen Rechts beruht. Das Verfahren über die Prüfung der Rechtsbeschwerde entspricht im Wesentlichen dem nach den Revisionsregeln (§ 577).

Das Gericht hat zunächst von Amts wegen zu prüfen, ob die 426
Rechtsbeschwerde statthaft und form- und fristgerecht eingelegt
und begründet worden ist. Sofern es hieran fehlt, ist die Beschwerde als unzulässig zu verwerfen (§ 577 Abs. 1).
Die Rechtsprüfung erfolgt im Rahmen der gestellten Anträge
(§ 577 Abs. 2 S. 1), ohne dass der Bundesgerichtshof an die
Rechtsbeschwerdegründe gebunden ist (§ 577 Abs. 2 S. 2). Entschieden wird über die Beschwerde durch Beschluss. Eine Abhilfemöglichkeit durch das Beschwerdegericht ist im Gesetz im Gegensatz zur sofortigen Beschwerde nicht vorgesehen, ohne dass es hierfür einen überzeugenden sachlichen Grund gäbe. Auch einer Rechtsbeschwerde kann sich der Beschwerdegegner anschließen (für Einzelheiten § 574 Abs. 4).

§ 39. Die Wiederaufnahme des Verfahrens

Literatur: *Braun,* Rechtskraft und Restitution, 2. Teil: Die Grundlagen des geltenden Restitutionsrechts, 1985; *Gaul,* Die Grundlagen des Wiederaufnahmerechts und die Ausdehnung der Wiederaufnahmegründe, 1956; *Foerste,* Wiederaufnahme des Zivilprozesses bei naturwissenschaftlichem Erkenntnisfortschritt, NJW 1996, 345; *Schiedermair,* Zum Verhältnis von Wiederaufnahmeverfahren und Vorprozeß, FS Dölle, Bd. 1, 1963, 329.

I. Grundlagen

Die gesetzliche Regelung, die den Parteien Klagemöglichkeit 427
und Rechtsmittel gewährt und dann durch die materielle Rechtskraft den Bestand der Urteile sichert, ist ein *Kompromiss zwischen dem Streben nach materieller Gerechtigkeit und baldiger Wiederherstellung des Rechtsfriedens.* Nach Eintritt der materiellen Rechtskraft können die Parteien des rechtskräftig abgeschlossenen Prozesses nicht mehr die gerichtliche Überprüfung ihrer Behauptung verlangen, das Urteil sei unrichtig (eine Ausnahme bildet die Rechtsprechung zu § 826 BGB, Rn. 370). Das Gesetz kann aber *besonders schwere Verfahrensmängel* oder die *offensichtliche Erschütterung der Richtigkeit des Urteils* nicht unberücksichtigt lassen. Es sieht deshalb die Möglichkeit einer *Wiederaufnahme des Verfahrens durch eine besondere Klage* vor.
Das Wiederaufnahmeverfahren ist *kein Rechtsmittel im engeren* 428
Sinn, es fehlen Suspensiv- und Devolutiveffekt; der Eintritt der

Rechtskraft wird gerade vorausgesetzt. Die Wiederaufnahme ist auch anders gestaltet als die normalen Rechtsmittel. Sie wird durchgeführt durch eine besondere Klage, *die auf Aufhebung des rechtskräftigen Urteils* gerichtet ist. Das weitere Ziel ist dann die *Neuverhandlung des schon abgeschlossen gewesenen Rechtsstreits.* Gemeinsam mit den Rechtsmitteln hat die Wiederaufnahmeklage das Erfordernis der Beschwer. Man spricht deshalb von der Wiederaufnahme als einem *außerordentlichen Rechtsbehelf* (zu weiteren Rechtsbehelfen, insb. Anhörungs- und Verzögerungsrüge s. bereits o. Rn. 35a und 37b f.).

II. Die Wiederaufnahmegründe

429 Die Wiederaufnahme des Verfahrens kann durch zwei verschiedene Klagen erfolgen (§ 578 Abs. 1): durch die *Nichtigkeitsklage* (§ 579) wegen schwerer Verfahrensmängel und durch die *Restitutionsklage* (§ 580) wegen schwerer und zudem offensichtlicher Mängel der Urteilsgrundlagen. Dabei ist die Restitutionsklage gegenüber der Nichtigkeitsklage *subsidiär* (§ 578 Abs. 2).

430 Die *Verfahrensmängel,* die der *Nichtigkeitsklage* zugrunde liegen, entsprechen weitgehend den *absoluten Revisionsgründen* (§ 579 Nr. 1–4 entspricht § 547 Nr. 1–4). Ebenso wie bei der Revision kommt es auch hier nicht darauf an, ob das Urteil auf diesen Verfahrensverstößen beruht. Diese grundlegenden Verfahrensregeln müssen in jedem Fall eingehalten werden; ihre Verletzung führt immer zur Aufhebung des Urteils.

431 Mit der *Restitutionsklage* wird die strafbare Verfälschung der Urteilsgrundlagen geltend gemacht (§ 580 Nr. 1–5). Man wird aber nicht *nur* in dem besonderen Gewicht dieser Urteilsmängel den Grund für ihre Zulassung als Wiederaufnahmegründe sehen können. Hinzu kommen muss nämlich die *strafgerichtliche Verurteilung* wegen dieser Delikte (§ 581). § 580 Nr. 6 und 7 enthalten außerdem Fälle, in denen die Urteilsgrundlage durch Erlass (Nr. 6) oder Auffinden eines Urteils (Nr. 7 lit. a) oder einer Urkunde (Nr. 7 lit. b, der praktisch wichtigste Fall) weggefallen ist. Dabei kann die spezielle Regelung in § 79 Abs. 2 BVerfGG, die neben Bereicherungsansprüchen lediglich die Vollstreckbarkeit von auf für nichtig erklärten Normen beruhenden Urteilen ausschließt, dem § 580 Nr. 6 vorgehen (*BGH* NJW 2006, 2856). Stellt dagegen der Europäische Gerichtshof für Menschenrechte eine

Verletzung der EMRK oder ihrer Protokolle fest und beruht das Urteil auf dieser Verletzung, so findet gem. § 580 Nr. 8 die Restitutionsklage statt (hierzu *Braun*, NJW 2007, 1620). Diese unterschiedliche Handhabung durch das Gesetz ist nach Auffassung des Bundesverfassungsgerichts (NJW 2007, 1802, 1803) verfassungsrechtlich nicht zu beanstanden. Besonders das Auffinden der Urkunde, die im Allgemeinen das sicherste Beweismittel ist, zeigt, dass es nicht nur das Gewicht, sondern auch die *Offensichtlichkeit der Erschütterung der Urteilsgrundlagen* ist, die hier die Wiederaufnahme des Verfahrens rechtfertigt (vgl. *Gaul* a.a.O., 66 ff., 83 f.; dazu *Arens*, Willensmängel bei Parteihandlungen im Zivilprozeß, 1968, 69 ff.).

Die Urkunde i.S. des § 580 Nr. 7 lit. b muss schon vor Schluss der letzten mündlichen Tatsachenverhandlung des Vorprozesses bestanden haben (BGHZ 30, 64; 57, 212). Nur dann hätte nur eine dem Kläger günstige Entscheidung herbeiführen können. Hierhin gehört etwa eine Quittung, die eine Partei verlegt hatte. Die Rechtsprechung hat angenommen, dass auch nachträglich errichtete Urkunden, die eine zurückliegende Tatsache bezeugen, wie eine Geburtsurkunde, ausnahmsweise als Wiederaufnahmegrund nach § 580 Nr. 7 lit. b anerkannt werden können (BGHZ 46, 300). Das Gesetz hat inzwischen bei Vaterschaftsklagen neue Vaterschaftsgutachten ausdrücklich als Restitutionsgrund anerkannt (§ 185 Abs. 1 FamFG, noch zu § 641 i a.F.: BGHZ 61, 186; *BGH* NJW 2003, 3708 insb. zur Vereinbarkeit der Beschränkung der Restitutionsklage mit dem Recht auf Kenntnis der eigenen Abstammung; *Braun*, FamRZ 1989, 1129).

Die Restitutionsgründe können nur dann mit der Wiederaufnahmeklage geltend gemacht werden, wenn die Partei ohne ihr Verschulden außerstande war, sie in dem geführten Verfahren, gegebenenfalls mit Hilfe von Rechtsmitteln (§ 582), geltend zu machen (zur vorzeitigen Geltendmachung der Restitutionsgründe Rn. 215, 412). Auch insoweit ist also die Restitutionsklage subsidiär. Des Weiteren muss zwischen dem Restitutionsgrund und der angegriffenen Vorentscheidung ein ursächlicher Zusammenhang bestehen (BGHZ 103, 121, 125 f.). **432**

III. Die Zulässigkeit der Wiederaufnahmeklage

Sie ist zu richten gegen rechtskräftige Endurteile (§ 578 Abs. 1), **433** also das *Endurteil der letzten Instanz*. Es spielt keine Rolle, ob es sich um ein Leistungs- oder Feststellungsurteil handelt. Bei Gestaltungsurteilen und -beschlüssen können sich Probleme ergeben, vor allem bei Ehescheidungsbeschlüssen, wenn inzwischen eine neue Eheschließung erfolgt ist (vgl. *BGH* FamRZ 1963, 132; NJW 1976, 1591). Wenn eine dem Endurteil vorausgegangene Entscheidung, auf der das Urteil beruht, von einem Wiederaufnahmegrund betroffen wird, kann auch dieser Wiederaufnahmegrund gegen das Urteil geltend gemacht werden (§ 583). Auch gegen Beschlüsse, die das Verfahren beenden (§§ 522 Abs. 2, 552 Abs. 2) oder die im Vollstreckungsverfahren ergehen (*OLG Oldenburg* NJW-RR 1991, 61), kann die Wiederaufnahme erfolgen.

Richtige Parteien der Wiederaufnahmeklage sind die Parteien des Vorprozesses oder ihre Rechtsnachfolger. Die *Zuständigkeit* ist in § 584 bzw. § 185 Abs. 3 FamFG ausschließlich geregelt. Danach ist mit einigen Ausnahmen das Gericht zuständig, gegen dessen Urteil sich die Wiederaufnahmeklage richtet. Für die Klageerhebung gelten die allgemeinen Vorschriften (§ 585), allerdings sind für die Klagen *besondere Fristen* vorgesehen: ein Monat nach Kenntnis von dem Anfechtungsgrund (§ 586 Abs. 1 und 2). Nach Ablauf von fünf Jahren nach Eintritt der Rechtskraft sind die Klagen überhaupt unstatthaft (§ 586 Abs. 2 S. 2), dies gilt nicht im Fall des § 185 FamFG (s. Abs. 4 der Vorschrift). Der Inhalt der Klageschrift ist in den §§ 587, 588 geregelt.

434 Das Gericht muss als erstes die *Zulässigkeit der Wiederaufnahmeklage* prüfen (§ 589 Abs. 1). Dafür müssen die eben genannten Voraussetzungen sowie die *allgemeinen Prozessvoraussetzungen* vorliegen. Außerdem muss der Kläger einen *Wiederaufnahmegrund schlüssig behauptet haben*. Mehr ist für die Zulässigkeit nicht erforderlich. Fehlt es an einer dieser Voraussetzungen, ist die Klage durch Urteil (weil immer mündlich verhandelt werden muss) *als unzulässig* zu verwerfen.

IV. Die Begründetheit der Wiederaufnahmeklage

435 Wenn das Gericht die Zulässigkeit der Wiederaufnahmeklage bejaht hat, muss es als nächstes ihre *Begründetheit* prüfen. Dabei geht es um die Frage, *ob der schlüssig behauptete Wiederaufnahmegrund tatsächlich gegeben ist*. Dies muss nun bewiesen werden. Nach der Auffassung des Bundesgerichtshofs (BGHZ 85, 32) soll das Gericht dabei an eine strafgerichtliche Verurteilung (§ 581 Abs. 1) nicht gebunden, vielmehr verpflichtet sein, das Vorliegen des Restitutionsgrundes selbständig festzustellen (a. A. *Gaul* a.a.O., 77 und *Arens*, Willensmängel bei Parteihandlungen im

Zivilprozeß, 1968, 69). Steht die Begründetheit der Wiederaufnahmeklage fest, muss das angegriffene Urteil rückwirkend aufgehoben werden *("iudicium rescindens")*. Dies kann durch Zwischenurteil oder in den Gründen des Endurteils geschehen. Andernfalls muss die Wiederaufnahmeklage als *unbegründet abgewiesen werden*.

V. Das wiederaufgenommene Verfahren

Wenn feststeht, dass ein Wiederaufnahmegrund vorliegt, die Wiederaufnahmeklage also begründet ist, *muss über den alten Rechtsstreit erneut verhandelt werden* (§ 590 Abs. 1, *"iudicium rescissorium"*). Das gesamte Wiederaufnahmeverfahren besteht also aus *drei Abschnitten*. 436

Die Verhandlung über den alten Rechtsstreit kann auf einen abtrennbaren Teil desselben beschränkt sein (bspw. den Erlass eines Zwischen- oder Teilurteils, wenn nur dieser Teil von dem Wiederaufnahmegrund betroffen ist; § 590 Abs. 1), etwa weil erst dann die Partei nicht mehr nach Vorschrift der Gesetze vertreten war (§ 579 Nr. 4), d. h. wenn sie prozessunfähig geworden ist (zum Verhältnis dieser Vorschrift zu § 170 Abs. 1 s. BGH NJW 2008, 2125). Soweit die Hauptsache nicht betroffen ist, bleibt sie auch für das wiederaufgenommene Verfahren maßgebend.

Das *Ergebnis der Verhandlung* über den alten Rechtsstreit kann sein, dass das mit der Wiederaufnahmeklage angefochtene Urteil *unrichtig* ist. Dann muss das Gericht dieses Urteil *aufheben* (falls es dies nicht schon durch Zwischenurteil getan hat) und *abweichend entscheiden*. Es kann aber auch zu dem Schluss kommen, dass das angegriffene Urteil *im Ergebnis richtig ist;* selbst bei zulässiger und begründeter Wiederaufnahmeklage steht also noch keinesfalls fest, dass der Wiederaufnahmekläger letzten Endes Erfolg haben wird. Wenn bei zulässiger und begründeter Wiederaufnahmeklage das Urteil *sich als richtig herausstellt, muss es gleichwohl aufgehoben und durch ein inhaltsgleiches ersetzt werden* (*Rosenberg/Schwab/Gottwald* § 161 Rn. 36). *Die Möglichkeit einer Bestätigung wie bei § 343 ist hier nicht vorgesehen* (a. A. *Saenger/Kemper* § 590 Rn. 7; *Stein/Jonas/Grunsky* § 590 Rn. 11). Diese Frage hat nicht nur theoretische Bedeutung: die *Urteilswirkung*, etwa die Gestaltungswirkung, tritt im Zeitpunkt der Rechtskraft des *neuen* Urteils ein; der für die *materielle Rechts-* 437 *kraft maßgebende Zeitpunkt* ist der Schluss der letzten mündlichen Tatsachenverhandlung *im wiederaufgenommenen Verfahren.*

438 Die *Zulässigkeit der Rechtsmittel* gegen das Urteil im Wiederaufnahmeverfahren richtet sich danach, vor welchem Gericht das Verfahren stattgefunden hat (§ 591).

11. Kapitel. Die Mehrheit von Klagen und Parteien; die Beteiligung Dritter am Rechtsstreit

§ 40. Die objektive Klagenhäufung

Nach § 260 kann der Kläger gegen denselben Beklagten mehrere Ansprüche in einer Klage geltend machen, auch wenn sie auf verschiedenen Gründen beruhen (sog. *kumulative Klagenhäufung*). Voraussetzung ist, dass für sämtliche Ansprüche das Prozessgericht *zuständig* und *dieselbe* Prozessart *zulässig ist.*

Mehrere Ansprüche i. S. des § 260 sind *mehrere prozessuale Ansprüche,* also Streitgegenstände.

439

440

> Wenn aus einem Verkehrsunfall der Schadensersatzanspruch wegen Körperverletzung aus § 823 Abs. 1 BGB und § 7 StVG hergeleitet wird, liegen zwar zwei materiell-rechtliche Ansprüche, aber nur ein Streitgegenstand und deshalb keine Klagenhäufung vor. Dies wäre aber etwa der Fall, wenn der Kläger auf Herausgabe der Sache und auf Zahlung eines Geldbetrages wegen Nutzungsentschädigung klagt, weil dann verschiedene Anträge vorliegen.

Wenn ein *tatsächlicher Zusammenhang* besteht, ist es zweckmäßig, über zwei Ansprüche zusammen zu verhandeln. Für beide Ansprüche sind weitgehend dieselben Tatsachen entscheidend; es kann sich deshalb empfehlen, auch die Beweisaufnahme für beide gemeinsam vorzunehmen. Das Gericht kann in einem solchen Fall die *Verbindung* mehrerer Prozesse anordnen (§ 147), wenn die Ansprüche *in rechtlichem Zusammenhang* stehen oder in einer Klage (§ 260) hätten geltend gemacht werden können, dies aber nicht geschehen ist. Umgekehrt können Ansprüche, die *auf verschiedenen Gründen* beruhen, zwar gem. § 260 in einer Klage geltend gemacht werden. Wenn aber weder ein rechtlicher noch ein tatsächlicher Zusammenhang besteht, ist das Gericht aufgrund der Geltendmachung in einer Klage nicht zu gemeinsamer Verhandlung gezwungen. Es kann vielmehr jederzeit anordnen, dass die Ansprüche *in getrennten Prozessen verhandelt werden* (§ 145 Abs. 1). Die kumulative Klagenhäufung führt also nur zu einer *äußerlichen, jederzeit auflösbaren Verbindung der Ansprüche.* Auch die Entscheidung muss nicht einheitlich erfolgen. Das Ge-

441

410 11. Kapitel. Mehrheit von Klagen und Parteien

richt kann bei Entscheidungsreife nur eines Anspruchs ein *Teilurteil erlassen* (§ 301).

442 Von der kumulativen ist die *eventuelle Klagenhäufung* zu unterscheiden (Rn. 213). Dort werden zwar auch mehrere Ansprüche geltend gemacht und rechtshängig, das Gericht darf aber über den zweiten Anspruch nur entscheiden, wenn der erste Anspruch abgewiesen wird. Eine Kumulation liegt also gerade nicht vor. Ebenfalls abzugrenzen von der Kumulation ist die *alternative Klagenhäufung*. Bei ihr werden entweder mehrere Anträge gestellt (Rücktritt oder Minderung) bzw. die Begründung eines Antrags auf verschiedene Sachverhalte gestützt (z.B. Kaufvertrag oder Darlehensvertrag). Dabei soll es dem Gericht überlassen bleiben, dem einen oder anderen Antrag bzw. einem Antrag aufgrund des einen oder anderen Sachverhalts stattzugeben (die dargestellten Falltypen ergeben sich aus dem zweigliedrigen Streitgegenstandsbegriff, vgl. Rn. 162). Die *alternative Klagenhäufung* ist wegen fehlender Bestimmtheit des Antrags grundsätzlich unzulässig (§ 253 Abs. 2 Nr. 2, *BGH* ZIP 2011, 1236; die gebotene Bestimmung der Reihenfolge soll aber noch in der Berufungs- bzw. Revisionsinstanz zulässig sein, *BGH* a.a.O.). Lediglich im Falle der Wahlschuld des Schuldners (§§ 262 ff. BGB) ist ein Antrag auf „Alternativ-Verurteilung" zulässig (so *Jauernig/Hess* § 88 Rn. 8; s. auch *Saenger,* MDR 1994, 862), mit dem ein Urteil begehrt wird, das den Schuldner alternativ verurteilt.

§ 41. Die subjektive Klagenhäufung (die Streitgenossenschaft)

Literatur: *A. Blomeyer,* Einzelanspruch und gemeinschaftlicher Anspruch von Miterben und Miteigentümern, AcP 159, 385; *Gottwald,* Grundprobleme der Streitgenossenschaft im Zivilprozeß, JA 1982, 64; *Lindacher,* Die Streitgenossenschaft, JuS 1986, 379, 540; *Schwab,* Die Voraussetzungen der notwendigen Streitgenossenschaft, FS Lent, 1957, 271.

I. Die einfache Streitgenossenschaft

443 Sowohl auf der Seite des Klägers als auch auf der des Beklagten können *mehrere Personen* stehen, die Klage kann *von mehreren Klägern* oder *gegen mehrere Beklagte* erhoben werden (subjektive Klagenhäufung). Man spricht dann von *Streitgenossen.* Eine *akti-*

§ 41. Die subjektive Klagenhäufung

ve Streitgenossenschaft liegt vor, wenn mehrere Kläger auftreten, eine *passive*, wenn mehrere Beklagte gemeinsam verklagt werden.

Wenn z. B. mehrere Personen durch dasselbe Produkt verletzt worden sind und gemeinsam den Hersteller verklagen, liegt aktive Streitgenossenschaft vor; klagt ein Verletzter gegen den Fahrer und gegen den Halter des Autos, das ihn angefahren hat, liegt passive Streitgenossenschaft vor. In beiden Fällen hätten die Kläger einzeln klagen oder der Kläger jeden Beklagten einzeln verklagen können.

Es handelt sich deshalb um Fälle der *einfachen Streitgenossenschaft*. Daneben gibt es die sog. *notwendige Streitgenossenschaft*, bei der eine subjektive Klagenhäufung entweder aus materiellrechtlichen Gründen zwingend geboten ist, oder sie zwar nicht im eigentlichen Sinne erforderlich, bei gleichzeitiger Klage mehrerer oder gegen mehrere Streitgenossen aber zwecks Erreichung einer einheitlichen Entscheidung gegeben ist (prozessrechtlich notwendige Streitgenossenschaft, Rn. 446 ff.).

Die einfache Streitgenossenschaft ist *nicht unbeschränkt zulässig*, weil die Verhandlung von Ansprüchen, die nichts miteinander zu tun haben, in einem Prozess unzweckmäßig sein und die Prozessführung für den Gegner und das Gericht erschweren kann. **444**

Die Zulässigkeit setzt deshalb voraus, dass mehrere Personen hinsichtlich des Streitgegenstandes in Rechtsgemeinschaft stehen (Miteigentümer, Gesamtschuldner) oder aus demselben tatsächlichen und rechtlichen Grund berechtigt oder verpflichtet sind (§ 59; z.B. aus gemeinsamem Vertrag oder unerlaubter Handlung). Sie ist ebenfalls gegeben, wenn gleichartige und auf einem im Wesentlichen gleichartigen tatsächlichen und rechtlichen Grunde beruhende Ansprüche oder Verpflichtungen den Gegenstand des Rechtsstreits bilden (§ 60; z.B. Klage gegen eine Partei auf Zahlung, gegen die andere auf Duldung der Zwangsvollstreckung). Wenn diese Voraussetzungen nicht vorliegen, wird die Klage nicht unzulässig, das Gericht wird nur anordnen, dass die nicht zusammengehörenden Ansprüche in getrennten Prozessen verhandelt werden (§ 145 Abs. 1). Umgekehrt kann das Gericht zusammengehörende Prozesse zu gleichzeitiger Verhandlung verbinden (§ 147). Die Streitgenossenschaft entsteht in diesem Fall erst nachträglich und nicht schon durch gleichzeitige Klageerhebung.

Bei der einfachen Streitgenossenschaft werden mehrere prozessuale Ansprüche zu gemeinsamer Verhandlung und Beweisaufnahme in einem Prozess zusammengefasst. Darüber hinaus besteht grundsätzlich *keine Verbindung* (vgl. BGHZ 8, 72). **445**

Es müssen also für jeden Streitgenossen die Prozessvoraussetzungen *gesondert* geprüft werden. Fehlen sie bei einem Streitgenossen, muss insoweit die

Klage als unzulässig abgewiesen werden. Es besteht also *keine Notwendigkeit einer einheitlichen Entscheidung.* Dies gilt auch für die Begründetheit, die Klage des einen Streitgenossen kann begründet, die des anderen unbegründet sein, und ebenso auf der Passivseite. Auch die Säumnis eines Streitgenossen wirkt immer nur zu seinen Ungunsten, nur gegen ihn kann ein Versäumnisurteil ergehen. Es gilt als Grundsatz, dass die *Handlungen des einen Streitgenossen dem anderen weder zum Vorteil noch zum Nachteil gereichen* (§ 61). Dies betrifft das Bestreiten und Nichtbestreiten, Geständnisse, Anerkenntnisse und Verzichte. Etwas anderes gilt aber für die *Verhandlung als solche, die gemeinschaftlich* erfolgt (deshalb sind auch alle Streitgenossen von Amts wegen zu laden, § 63), und *vor allem für die Beweisaufnahme.* Hier kann sich das Gericht nur eine einheitliche Überzeugung bilden. Trotz grundsätzlicher Trennung der Verfahren geht von ihnen somit in gewissem Umfang eine gegenseitige Beeinflussung aus (für Einzelheiten *Lüke,* Die Beteiligung Dritter im Zivilprozeß, 1993, 273 ff.). Die Streitgenossenschaft kann ihr Ende finden durch die Entwicklung des Prozesses, etwa wenn gegen einen Streitgenossen ein Anerkenntnisurteil ergeht und der andere weiter prozessiert, das Verfahren wegen Eröffnung des Insolvenzverfahrens gegen einen Streitgenossen gem. § 240 unterbrochen wird (*BGH* NJW-RR 2003, 1002) oder wenn nur einer ein Rechtsmittel einlegt und der andere das Urteil rechtskräftig werden lässt.

II. Die notwendige Streitgenossenschaft

Hier besteht aus prozessrechtlichen oder aus materiell-rechtlichen Gründen die Notwendigkeit einer einheitlichen Entscheidung (§ 62). Das wirkt sich auch auf das Verfahren aus.

446 Aus *prozessrechtlichen Gründen* ergibt sich die Notwendigkeit einer einheitlichen Entscheidung, wenn sich die *Rechtskraft auf alle Streitgenossen erstreckt,* wenn auch nur einer klagt oder verklagt wird (i.S. des § 62: wenn das streitige Rechtsverhältnis nur einheitlich festgestellt werden kann).

So im Falle des § 327 Abs. 2: danach wirkt die Rechtskraft eines Urteils, das zwischen einem Testamentsvollstrecker und einem Dritten über einen gegen den Nachlass gerichteten Anspruch ergeht, für und gegen den Erben, wenn der Testamentsvollstrecker zur Führung des Rechtsstreits berechtigt ist (§ 2213 Abs. 1 BGB). Wenn hier Erbe und Testamentsvollstrecker gemeinsam verklagt werden, kann wegen dieser Rechtskrafterstreckung nur eine einheitliche Entscheidung ergehen. Bei der Rechtsnachfolge, § 325, ist eine gemeinsame Klage des Rechtsvorgängers und des Rechtsnachfolgers ausgeschlossen (s. § 265 Abs. 2), deshalb taucht hier die Frage nach der notwendigen Streitgenossenschaft nicht auf. Eine weitere Fallgruppe sind die Urteile, die die Rechtsverhältnisse aller möglichen Streitgenossen gestalten, wie etwa bei der Anfechtung des Hauptversammlungsbeschlusses einer Aktiengesellschaft. Die Gestaltungswirkung bzw. Rechtskraft dieser Urteile (§ 248 AktG) wirkt für

§ 41. Die subjektive Klagenhäufung 413

und gegen alle Aktionäre. Klagen mehrere von ihnen, muss aus diesem Grund eine einheitliche Entscheidung ergehen (*BGH* NJW 1993, 1976). Diese prozessrechtlich notwendige Streitgenossenschaft wird auch als „besondere Streitgenossenschaft" bezeichnet. Streitig ist die Behandlung der Klage mehrerer Miteigentümer. Der Bundesgerichtshof hat entschieden (BGHZ 30, 195; *BGH* NJW 1985, 385; anders RGZ 60, 269; 119, 163), dass keine prozessrechtlich notwendige Streitgenossenschaft vorliegt, weil bei mehreren Klagen keine Rechtskrafterstreckung stattfinden würde. Es reicht danach nicht aus, dass eine einheitliche Entscheidung aus Gründen der Logik notwendig oder wünschenswert wäre.

Auch aus *materiell-rechtlichen Gründen* (einem sonstigen Grund i.S. des § 62) kann sich die Notwendigkeit einer einheitlichen Entscheidung ergeben. 447

Dies ist vor allem dann der Fall, wenn nach materiellem Recht mehreren ein Recht zusammen zusteht oder sie nur zusammen darüber verfügen dürfen (vgl. hierzu *BGH* NJW 1990, 2688, 2689). Hier kann auch der Einzelne nicht mit Erfolg allein klagen oder verklagt werden, es fehlt entweder die Rechtszuständigkeit oder die Prozessführungsbefugnis. Dies sind die Fälle der Gesamthand auf der Aktivseite, so bei der nicht rechtsfähigen bürgerlich-rechtlichen Gesellschaft (vgl. zur rechtsfähigen BGB-Außengesellschaft BGHZ 146, 341) oder bei der Erbengemeinschaft. Hier müssen alle Gesamthänder klagen (falls nicht einer allein die Prozessführungsbefugnis hat). Auf der Passivseite muss aber eine Gesamthandschuld, nicht lediglich eine Gesamtschuld vorliegen, weil der Gesamtschuldner die Leistung selbst erbringen kann und deshalb die Stellung der Gesamtschuldner voneinander unabhängig ist (§ 425 BGB). Bei der Gesamthandschuld können alle nur gemeinsam erfüllen, etwa wenn die Gesamthänder mit dem gemeinschaftlichen Vermögen haften (z.B. Klage gegen mehrere Miterben auf Duldung der Zwangsvollstreckung in ein zum Nachlass gehörendes Grundstück).

Die Notwendigkeit der einheitlichen Entscheidung gegenüber allen Streitgenossen bestimmt die *Regelung des Verfahrens*. Zwar ist auch hier jeder Streitgenosse *grundsätzlich selbständig*, es bestehen aber *erhebliche Einschränkungen*. 448

Da bei der Säumnis eines Streitgenossen gegen diesen kein Versäumnisurteil ergehen kann, ordnet § 62 an, dass die säumigen von den nichtsäumigen Streitgenossen als vertreten angesehen werden. Dasselbe gilt für die Wahrung einer Frist, etwa bei Einlegung eines Rechtsmittels. Wenn nur ein Streitgenosse rechtzeitig ein Rechtsmittel einlegt, muss der Rechtsstreit vor dem Rechtsmittelgericht weitergeführt werden. Auf den Willen des „Vertreters" kommt es dabei nicht an. Allerdings führt die rechtzeitige Klageerhebung gegenüber einzelnen notwendigen Streitgenossen aus materiell-rechtlichen Gründen nicht auch zur Verjährungshemmung (§ 204 Abs. 1 Nr. 1 BGB) im Verhältnis zu den anderen notwendigen Streitgenossen (*BGH* NJW 1996, 1060; s. auch *Lüke*,

414   11. Kapitel. Mehrheit von Klagen und Parteien

Die Beteiligung Dritter im Zivilprozeß, 1993, 23 f.). Die Klageerhebung gegen nur einen Streitgenossen aus materiell-rechtlichen Gründen wirkt sich somit nicht zu Lasten der übrigen zu Beteiligenden aus. Erheben allerdings bei einer gegen alle notwendigen Streitgenossen erhobenen Klage einzelne Streitgenossen die Einrede der Verjährung, so ist die Klage einheitlich auch gegenüber den anderen Streitgenossen abzuweisen. Über die Regelung des § 62 hinaus, die höchst unvollkommen ist, gilt noch folgendes: Sich widersprechendes Parteiverhalten kann keine Wirkung haben, wenn es zu widersprüchlichen Entscheidungen führen würde. Dies gilt etwa dann, wenn ein Streitgenosse ein Geständnis oder ein Anerkenntnis abgibt, dem sich die anderen nicht anschließen. Diese Prozesshandlungen binden das Gericht nicht wie sonst. Es wird jedoch angenommen, dass sie, weil sie Inhalt der Verhandlung geworden sind, vom Gericht nach § 286 als Indiz zu bewerten sind. Umstritten ist ferner, ob bei materiell-rechtlich notwendiger Streitgenossenschaft einzelne Streitgenossen eine Klagerücknahme erklären können (*OLG Rostock* NJW-RR 1995, 381 m. w. N.). Wegen der mit Ausnahme des § 62 grundsätzlich unabhängigen Prozessverhältnisse ist die Klagerücknahme eines einzelnen Streitgenossen aus materiell-rechtlichen Gründen zuzulassen; den übrigen Streitgenossen fehlt dann allerdings die Prozessführungsbefugnis und ihre Klage ist durch Prozessurteil abzuweisen (MünchKomm/*Schultes* § 62 Rn. 49, 47).

Übersicht: Streitgenossenschaft

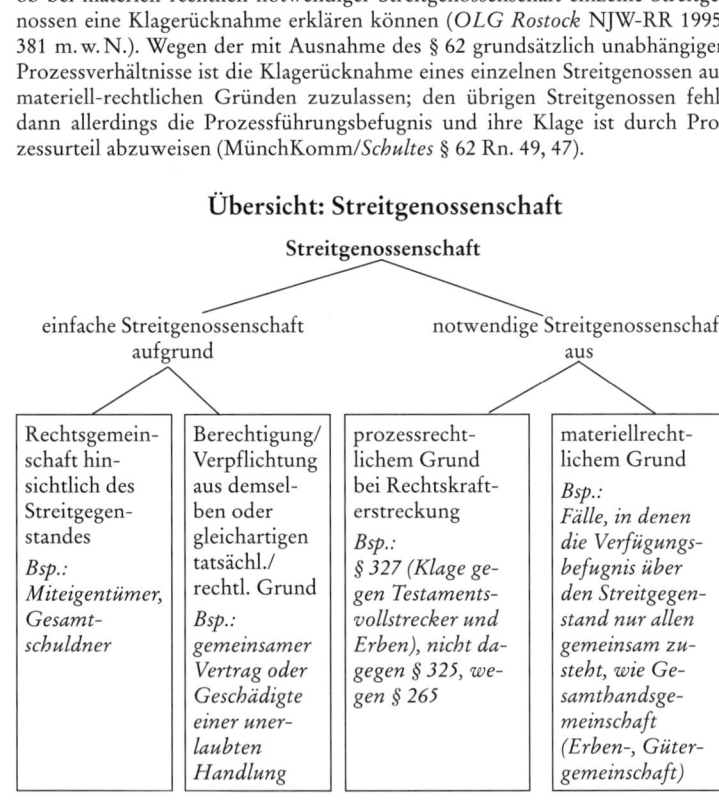

§ 42. Die Nebenintervention

Literatur: *Haertlein,* Beteiligung Dritter am Rechtsstreit – Streithilfe und Streitverkündung, JA 2007, 10; *Vollkommer,* Streitgenössische Nebenintervention und Beiladungspflicht nach Art. 103 I GG, FS BGH, Bd. III, 2000, 127; *Wieser,* Die Interventionswirkung nach § 68 ZPO, ZZP 79, 246; *Windel,* Der Interventionsgrund des § 66 Abs. 1 ZPO als Prozeßführungsbefugnis, 1992; *ders.,* Zur prozessualen Stellung des einfachen Streithelfers (§§ 67, 71 Abs. 3 ZPO), ZZP 104, 321.

Der Zivilprozess wird von den Parteien geführt, und nur diese treffen grundsätzlich seine Rechtsfolgen. Es gibt aber Fälle, in denen *ein Dritter ein rechtliches Interesse daran hat, dass in einem Prozess die eine Partei gewinnt,* weil das dort ergehende Urteil seine eigenen Rechte betreffen kann. Das Gesetz hat dieses Interesse anerkannt und einem solchen Dritten die Möglichkeit gegeben, sich am Prozess zu beteiligen und die Partei zu unterstützen, an deren Sieg er ein rechtliches Interesse hat. Dies geschieht durch die *Nebenintervention* (§ 66). 449

Die *Zulässigkeit der Nebenintervention* setzt die Rechtshängigkeit eines Prozesses zwischen zwei anderen natürlichen oder juristischen Personen voraus (zur umstrittenen und dort positiv beantworteten Frage einer Nebenintervention im Mahnverfahren s. *BGH* NJW 2006, 773 m. w. N.; dazu *Seggewiße,* NJW 2006, 3037). Der *Nebenintervenient (Streithelfer)* muss *ein rechtliches,* nicht nur wirtschaftliches *Interesse an dem Sieg der Partei haben, die er unterstützen will* (§ 66 Abs. 1). 450

Dies ist immer dann der Fall, wenn die Rechtskraft des in dem Prozess ergehenden Urteils auch gegen ihn wirkt, wie im Fall der Rechtsnachfolge (§ 325 Abs. 1). Der *Rechtsnachfolger* kann deshalb dem Prozess des Rechtsvorgängers, den dieser gem. § 265 Abs. 2 S. 1 als Partei weiterführt, als Nebenintervenient beitreten (vgl. auch § 265 Abs. 2 S. 2 und 3). Ein rechtliches Interesse wird auch dadurch begründet, dass der Dritte befürchten muss, die von ihm unterstützte Partei könne im Fall ihres Unterliegens einen *Schadensersatzanspruch gegen ihn* geltend machen, so etwa, wenn ein Käufer von einem Dritten auf Herausgabe der Kaufsache verklagt wird und der Verkäufer befürchten muss, vom Käufer auf Schadensersatz (§ 437 Nr. 3 BGB) in Anspruch genommen zu werden. Dasselbe würde gelten, wenn zwei Parteien über die Gültigkeit eines notariell beurkundeten Kaufvertrags streiten und der Notar mit Regressansprüchen der unterliegenden Partei rechnen muss. Das rechtliche Interesse wird auch begründet, wenn der Dritte im Falle des Obsiegens einer Partei gegen diese einen Regressanspruch zu haben glaubt (vgl. *BGH* LM Nr. 1 zu § 66 ZPO;

BGHZ 8, 72). Die bloße Möglichkeit der rein faktischen Präzedenzwirkung eines Urteils ist nicht ausreichend (*BGH* NJW-RR 2011, 907).

451 Der Beitritt des Nebenintervenienten erfolgt durch Einreichung und Zustellung eines Schriftsatzes, dessen Inhalt das Gesetz vorschreibt (§ 70). Der Beitritt kann in jeder Lage des Rechtsstreits, auch in Verbindung mit der Einlegung eines Rechtsmittels, erfolgen (§ 66 Abs. 2; s. auch *BGH* NJW 1994, 1537; für diese Frist lehnt der Bundesgerichtshof, NJW 1991, 229, eine Wiedereinsetzung ab; str.). Die Beitrittsmöglichkeit endet grundsätzlich mit Eintritt der Rechtskraft; danach kann der Nebenintervenient allerdings noch die Wiederaufnahmeklage erheben (*Schiedermair*, FS Dölle, Bd. 1, 1963, 347). Das Gericht muss über die Zulassung der Nebenintervention nur dann entscheiden, wenn das Vorliegen einer Prozessvoraussetzung zweifelhaft ist oder wenn eine der Parteien der Zulassung widerspricht. Die Entscheidung erfolgt nach mündlicher Verhandlung durch Zwischenurteil, gegen das sofortige Beschwerde stattfindet (§ 71 Abs. 1 und 2). Der Nebenintervenient ist zuzulassen, wenn er sein Interesse glaubhaft macht (§ 71 Abs. 1 S. 2). Solange die Zurückweisung nicht rechtskräftig geworden ist, wird der Nebenintervenient zum Prozess hinzugezogen (§ 71 Abs. 3).

452 Mit dem Beitritt wird der Nebenintervenient Gehilfe der Partei (nicht deren Vertreter oder selbst Partei). Er muss den Rechtsstreit in der Lage übernehmen, in der er sich befindet (§ 67; zur Rechtsmitteleinlegung des Streithelfers nach Berufungsrücknahme der Hauptpartei s. *BGH* NJW 1988, 712; 1993, 2944; vgl. auch *OLG Hamburg* NJW 1989, 1362), ist also an Geständnisse, Beweisantritte oder Präklusionen der Hauptpartei gebunden. Er ist dann zwar berechtigt, Angriffs- und Verteidigungsmittel vorzubringen und alle Prozesshandlungen vorzunehmen, aber nur, soweit er sich damit nicht in Widerspruch zum Verhalten der Hauptpartei setzt (§ 67). Diese Einschränkung macht die bloße Gehilfenrolle besonders deutlich. Er kann also nicht die Klage ändern oder zurücknehmen, keine Zwischenfeststellungsklage (§ 256 Abs. 2) erheben (*BAG* ZIP 1986, 1141), kein Anerkenntnis abgeben und keinen Verzicht erklären, er darf den Prozess weder durch Vergleich beenden, noch gegen den erklärten Parteiwillen Rechtsmittel einlegen (*BGH* NJW 1993, 2344) und überhaupt keine materiell-rechtlichen Erklärungen (Aufrechnung, Anfechtung) abgeben (eine Ausnahme macht die Rechtsprechung für den Rechtsbehelf des § 321a, *BGH* NJW 2009, 2679). Er kann aber durch sein Erscheinen die Säumnisfolgen von der Partei abwenden und selbst Rechtsmittel einlegen. Seine Prozesshandlungen haben, soweit sie zulässig sind, dieselben Wirkungen wie die der Hauptpartei.

453 Die Rechtskraft des Urteils wirkt nicht für und gegen den Nebenintervenienten. Stattdessen greift die sog. *Interventionswirkung* ein (§ 68). Sie ist von erheblicher Bedeutung für das Verhältnis zwischen dem Nebenintervenienten und der von ihm unterstützten Partei. Er kann dieser gegenüber *nicht vorbringen, dass der Rechtsstreit unrichtig entschieden sei* (*BGH* NJW 1998, 79), und er kann auch nicht behaupten, die Hauptpartei habe den

Rechtsstreit mangelhaft geführt. Etwas anderes gilt nur für die Zeit vor seinem Beitritt oder dann, wenn er durch die Hauptpartei gehindert worden ist, Angriffs- und Verteidigungsmittel geltend zu machen. Diese Bindungswirkung geht über die *objektiven Grenzen der Rechtskraft hinaus.* Sie erfasst nicht nur die Entscheidung selbst, sondern *auch die tatsächlichen und rechtlichen Feststellungen, auf denen die Entscheidung beruht* (BGHZ 8, 72; 16, 217; dazu *Häsemeyer,* ZZP 84, 184; *Lüke,* Die Beteiligung Dritter im Zivilprozeß, 1993, 392 ff.; zweifelhaft *OLG München* NJW 1986, 263 m. Anm. *Vollkommer*).

Wenn also festgestellt wird, dass der vom Notar beurkundete Kaufvertrag aus einem von diesem verschuldeten Grund unwirksam ist, steht dies für den Regressprozess gegen den Notar fest. Diese Interventionswirkung wirkt nur zugunsten der Hauptpartei, nicht zu ihren Lasten (h. M., *OLG Köln* NJW-RR 1995, 1085).

Von der Interventionswirkung werden Feststellungen nicht erfasst, auf denen die Entscheidung nicht beruht. Dies wird nicht aus der subjektiven Sicht des Erstrichters beurteilt, sondern danach, worauf die Entscheidung nach objektiv zutreffender Rechtsauffassung beruht; dies richtet sich nach dem Begründungsansatz des Erstgerichts (BGHZ 157, 97).

Besonders geregelt ist die sog. *streitgenössische Nebenintervention* (§ 69). In diesen nicht sehr häufig vorkommenden Fällen (vgl. z. B. BGHZ 92, 275) ist die Position des Nebenintervenienten stärker als sonst (vgl. im Einzelnen *Rosenberg/Schwab/Gottwald* § 50 Rn. 68 ff.). 454

§ 43. Die Streitverkündung

Literatur: *Knöringer,* Die Streitverkündung, §§ 72–74 ZPO, JuS 2007, 335; *Peters,* Die Streitverkündung und das Gebot der Waffengleichheit der Beteiligten, ZZP 123, 321.

Die Rechtsfolgen der Nebenintervention sind für die Hauptpartei überaus günstig. Sie hat einen Gehilfen im Prozess, der oft den streitigen Sachverhalt gut kennt, und zu ihren Gunsten greift die Interventionswirkung des § 68 ein. Sie hat also ein Interesse daran, dass diese Wirkungen eintreten. Dies kann sie selbst durch die *Streitverkündung* erreichen, d. h. durch die an eine bestimmte Form gebundene Mitteilung an den Dritten, dass ein Prozess anhängig ist. Umstritten ist, unter welchen Voraussetzungen eine Streitverkündung die Verjährungshemmung gem. § 204 Abs. 1 455

Nr. 6 BGB auslöst. Der Bundesgerichtshof verlangt hierfür deren Zulässigkeit (*BGH* NJW 2008, 519, 521; a. A. *Althammer/ Würdinger*, NJW 2008, 2620 ff.).

456 Die Streitverkündung ist zulässig, wenn die Partei für den Fall des ihr ungünstigen Ausgangs des Rechtsstreits einen Anspruch auf Gewährleistung oder Schadloshaltung gegen einen Dritten erheben zu können glaubt (§ 72 Abs. 1; vgl. *BGH* NJW 1978, 643; dazu Anm. *Häsemeyer,* NJW 1978, 1165; *BGH* NJW 1982, 281). Dies ist beispielsweise der Fall, wenn es um die Wirksamkeit des notariellen Vertrags geht und die Partei sich für den Fall der Unwirksamkeit an den Notar halten will (anders, wenn die Streitverkündung wegen solcher Ansprüche erfolgt, die aus Sicht des Streitverkünders gegenüber dem Beklagten und dem Dritten von vornherein als Gesamtschuldner geltend gemacht werden können, *BGH* NJW 2008, 519, 520: hier fehlt es an der Abhängigkeit von einem ungünstigen Prozessausgang im Verfahren gegen den Beklagten, da die Ansprüche unabhängig voneinander bestehen). Die Streitverkündung ist aber auch zulässig, wenn die Partei den Anspruch des Empfängers der Streitverkündung zu besorgen hat (§ 72), so etwa dann, wenn sie den Prozess als Verwalter über fremdes Vermögen führt. Das Gericht und ein vom Gericht ernannter Sachverständiger sind nicht Dritte im Sinne von § 72 und eine Zustellung der Streitverkündungsschrift ist unzulässig (§ 72 Abs. 2; anders aber der gegnerische Prozessbevollmächtigte, *BGH* NJW 2011, 1078).

457 Die Streitverkündung kann erfolgen, solange der Rechtsstreit anhängig ist (Rechtshängigkeit ist nicht erforderlich, BGHZ 92, 251). Sie erfolgt durch Einreichung und Zustellung eines Schriftsatzes, in dem der Grund der Streitverkündung und die Lage des Rechtsstreits anzugeben sind (§ 73). Als Prozesshandlung ist die Streitverkündung bedingungsfeindlich (*BGH* JuS 1990, 146 mit Anm. *K. Schmidt*). Nach der Streitverkündung kann der Dritte dem Streitverkünder beitreten; es sind dann die Grundsätze der Nebenintervention anzuwenden (§ 74 Abs. 1). Der Dritte ist keinesfalls gezwungen, den Beitritt zu erklären; der Prozess wird gegebenenfalls ohne Rücksicht auf ihn fortgesetzt (§ 74 Abs. 2). Er wird aber in aller Regel gut daran tun, dem Prozess beizutreten und zu versuchen, auf diesen Einfluss zu nehmen. Die Interventionswirkung des § 68 tritt nämlich zugunsten der Hauptparteien (BGHZ 100, 257 m. w. N.; vorsichtiger: *BGH* NJW 1987, 2874; die Frage ist sehr streitig und im Ergebnis i. S. einer beiderseitigen Bindungswirkung zu entscheiden, ausführlich: *Lüke,* Die Beteiligung Dritter im Zivilprozeß, 1993, 337 ff., dort auch [324 ff.] zum objektiven Umfang der Bindungswirkung. Zum subjektiven Umfang der Interventionswirkung nach Streitverkündung s. auch *BGH* NJW-RR 1990, 121: keine Bindung im Verhältnis von Drittem und Gegner der streitverkündenden Partei) allein aufgrund der zulässigen Streitverkündung und unabhängig von dem Beitritt ein (§ 74 Abs. 3; *BGH* NJW 1989, 521 f.). In der Praxis wird wegen dieser Wirkung bei Regressmöglichkeiten häufig davon Gebrauch gemacht. Eine Interventionswirkung gem. §§ 74, 68 soll nicht eintreten, wenn die Bindung sich in einem Verfahren vor Gerichten einer anderen

Gerichtsbarkeit auswirken würde (*BGH* NJW 1993, 2539). Zur Frage der Streitverkündung im selbständigen Beweisverfahren s. o. Rn. 317.

§ 44. Musterverfahren von Kapitalanlegern

Literatur: *Alexander,* Kollektiver Rechtsschutz im Zivilrecht und Zivilprozessrecht, JuS 2009, 590; *Bergmeister,* Kapitalanleger-Musterverfahrensgesetz (KapMuG), 2009; *Gebauer,* Zur Bindungswirkung des Musterentscheids nach dem Kapitalanleger-Musterverfahrensgesetz, ZZP 119, 159; *Hess/Michailidou,* Das Gesetz über Musterverfahren zu Schadensersatzklagen von Kapitalanlegern, ZIP 2004, 1381; *Hess,* „Private law enforcement" und Kollektivklagen, Regelungsbedarf für das deutsche Zivilprozessrecht?, JZ 2011, 66; *Hess/ Reuschle/Rimmelspacher,* Kölner Kommentar zum KapMuG, 2008; *Lüke,* Der Musterentscheid nach dem Kapitalanlegermusterverfahrensgesetz – Entscheidungsmuster bei gleichgerichteten Interessen, ZZP 119, 131; *Möllers/Weichert,* Das Kapitalanleger-Musterverfahrensgesetz, NJW 2005, 2740; *Vollkommer,* Neue Wege zum Recht bei kapitalmarktrechtlichen Streitigkeiten, Erste Erfahrungen mit dem Gesetz zur Einführung von Kapitalanleger-Musterverfahren, NJW 2007, 3094; *Vorwek/Wolf,* KapMuG, 2007.

Einen neuen Weg einer teilweisen Verfahrensbündelung ermöglicht das *Gesetz zur Einführung von Kapitalanleger-Musterverfahren* (KapMuG), indem es zu konkreten Teilen Musterverfahren zulässt. Der Anwendungsbereich dieses Gesetzes ist beschränkt auf bestimmte Situationen im Kapitalanlagerecht (§ 1 Abs. 1 S. 3 KapMuG), in denen Erfüllungs- oder Schadensersatzansprüche geltend gemacht werden. Dabei geht es vor allem um die Haftung wegen der Unterlassung von öffentlichen Kapitalmarktinformationen oder falscher oder irreführender Information der Anleger. Geregelt werden kapitalmarktrechtliche Konstellationen, die typischerweise Streuschäden verursachen; die individuelle Haftung eines Anlageberaters ist davon nicht umfasst (*Vollkommer,* NJW 2007, 3094, 3095 m. w. N. auch zur Problematik paralleler Verfahren gegen solche Berater neben einem Musterverfahren). Anlass für das Gesetz waren ca. 15.000 Schadensersatzklagen gegen die Deutsche Telekom AG vor dem Landgericht Frankfurt wegen angeblich unzutreffender Prospektinformationen im Zusammenhang mit einer Kapitalerhöhung. Diese Klagen haben das Gericht vor nicht geringe organisatorische Probleme gestellt. Teilweise dauerte es drei Jahre, bis der erste Termin zur mündlichen Verhandlung stattfand. Die hiergegen gerichteten Verfassungsbeschwerden zum Bundesverfassungsgericht (NJW

457a

2004, 3320) führten zwar nicht zum Erfolg, doch machte das Gericht gewisse Vorgaben oder formulierte jedenfalls die Erwartung, dass entweder bis zu einem bestimmten Zeitraum terminiert werde oder man sich auf ein Musterverfahren einige. Das Gesetz ist eine Reaktion auch auf diese Entscheidung. Es soll einen effizienteren Umgang mit solchen Klagen bei sog. „Streuschäden" ermöglichen, indem es die verbindliche Entscheidung über die Musterfrage und damit in gewissem Umfang eine Verfahrenskonzentration zulässt.

Das Verfahren gliedert sich in zwei Abschnitte: Zunächst einmal bedarf es für jeden Anspruchsprätendenten der Klageerhebung, wobei das Gesetz hierfür den Sitz des Emittenten zum ausschließlichen Gerichtsstand macht (§ 32b, dazu ausf. *Mormann*, ZIP 2011, 1182; s. auch *BGH* NJW 2007, 1364 und 1365: Anwendbarkeit der Vorschrift auch für den ungeregelten Kapitalmarkt). Sachlich zuständig sind gem. § 71 Abs. 2 Nr. 3 GVG die Landgerichte. Im Übrigen gelten für dieses Verfahren zunächst keine besonderen Regeln. Jeder Kläger oder Beklagte eines solchen Verfahrens darf gem. § 1 Abs. 1 S. 1 KapMuG den Antrag stellen, das Vorliegen bestimmter anspruchsbegründender oder -ausschließender entscheidungserheblicher Tatsachen positiv oder negativ feststellen zu lassen. In entsprechender Weise darf auch die Klärung bestimmter entscheidungserheblicher Rechtsfragen verlangt werden. Den Antrag, der beim Prozessgericht unter Angabe des Feststellungsziels und Darlegung im Gesetz einzeln aufgeführter weiterer Angaben zu stellen ist, muss das Gericht auf seine Zulässigkeit prüfen. Neben bestimmten Unzulässigkeitsgründen (§ 1 Abs. 3 KapMuG) kommt es dabei vor allem darauf an, dass dem Rechtsstreit Bedeutung für andere gleichgelagerte Fälle zukommt. Individuelle Feststellungen einzelner Kläger können daher nicht zum Gegenstand des Verfahrens gemacht werden (*Vollkommer*, NJW 2007, 3094, 3096f.). Die Zulässigkeit wird in einem unanfechtbaren Beschluss festgestellt und zieht die Veröffentlichung im elektronischen Bundesanzeiger in einem dafür angelegten Klageregister nach sich, in dem auch sämtliche weiteren Anträge zu dem gleichen Sachverhalt aufgenommen werden. Dies ermöglicht anderen nach Klageerhebung ebenfalls einen Antrag zu stellen. Diese Bekanntmachung unterbricht den Prozess. Das Landgericht als Prozessgericht legt die Anträge dem Oberlandesgericht durch Beschluss vor, wenn innerhalb von vier Monaten zehn Musterverfahrensanträge gestellt wurden. Auch dieser Beschluss ist im Register zu vermerken.

Danach beginnt der zweite Abschnitt, nämlich das sog. *Musterverfahren*, zugleich hat das Prozessgericht alle bei ihm in dieser Sache schon anhängigen oder noch anhängig werdenden Verfahren von Amts wegen auszusetzen. Das Oberlandesgericht bestimmt nunmehr aus der Gruppe der Kläger bei dem den Musterentscheid einholenden Landgericht nach billigem Ermessen den Musterkläger. Die Kläger und Beklagten der übrigen ausgesetzten Verfahren sind dem Musterverfahren beizuladen (§ 8 Abs. 3 KapMuG), wobei der Aussetzungs- als Beiladungsbeschluss gilt. Entsprechendes muss wohl auch für unterbrochene Verfahren und deren Parteien gelten, wenn das Prozessgericht über mehrere Musterverfahrensanträge positiv entschieden hat, die jeweils unterbrochen wurden (§ 3 KapMuG). Die Rechtsstellung der Beigeladenen wird in § 12 KapMuG geregelt. Sie entspricht im Wesentlichen derjenigen eines Streithelfers. Hier erscheint zweifelhaft, ob dies angesichts der weitgehenden Bindungswirkung der Entscheidung den verfassungsrechtlichen Anforderungen gerecht wird (s. hierzu schon *Lüke*, Die Beteiligung Dritter im Zivilprozeß, 1993, 219 ff.). Für das Musterverfahren vor dem Oberlandesgericht gelten mit einigen im Gesetz angeführten Besonderheiten die Regeln des erstinstanzlichen Prozesses. Das Oberlandesgericht entscheidet über die Vorlagefrage durch Beschluss (§ 14 KapMuG), gegen den allen Beteiligten die Rechtsbeschwerde eröffnet ist. Die übrigen Beteiligten dürfen auf der einen oder anderen Seite dem Beschwerdeverfahren beitreten.

Der Musterentscheid bewirkt gem. § 16 Abs. 1 S. 2 KapMuG Rechtskraft gegenüber den Parteien des Rechtsstreits (s. auch § 325a). Das Gesetz ordnet zudem eine darüber hinausgehende Bindung aller Beigeladenen an, unabhängig davon, ob der Beigeladene selbst sämtliche Streitpunkte geltend gemacht hat. Die Einordnung dieser Bindungswirkung ist umstritten. Teilweise wird eine Bindungswirkung ähnlich der *Beiladungswirkung* befürwortet. Dafür spricht die § 68 weitgehend entsprechende Formulierung in § 16 Abs. 2 KapMuG. Die Beiladungswirkung gem. § 16 Abs. 2 KapMuG unterscheidet sich schon dadurch von der Rechtskraft, dass die Bindung auch eine Rechtsfrage betreffen kann. In Parallele zur Interventionswirkung wird eine über den konkreten Ausspruch hinausgehende Bindungswirkung auf sämtliche Tatsachenfeststellungen befürwortet (*Hess/Michailidou*, ZIP 2004, 1383; *Möllers/Weichert*, NJW 2005, 2740), dies entspricht auch der Intention des Gesetzgebers (RegE, BT-Drs. 15/5091, 30 f.). Dennoch bestehen Unterschiede zur Beiladungswirkung. Hier ist vor allem der Umstand zu nennen, dass die Beiladungswirkung nur im Verhältnis zur unterstützten Partei vorgesehen ist, während die Bindungswirkung nach § 16 Abs. 1 S. 3, 4, Abs. 2 KapMuG beide Parteien und den Beigeladenen betreffen soll. Das spricht für die Einordnung dieser Bindungswirkung als einen Fall der gesetzlich angeordneten Rechtskrafterstreckung, zumal nicht erkennbar ist, weshalb im vorliegenden Zusammenhang eine Bindung an Tatsachenfeststellungen erforderlich ist, die nicht schon Gegenstand des Musterentscheids ist (ausführlich hierzu *Lüke* a.a.O.). Soweit das Oberlandesgericht über eine Rechtsfrage entscheidet, wird man hierfür eine Bindung über das konkrete Musterverfahren hinaus am ehesten aus § 16 Abs. 1 S. 1 KapMuG ableiten können.

Aufgrund der Entwicklung der Verfahren nach dem KapMuG wird sich zunehmend für eine Ausdehnung des Anwendungsbereichs auf andere Sachverhalte mit Streuschäden (dazu allg. *Schaub*, JZ 2011, 13) eingesetzt (so bereits *Hess/Michailidou*, ZIP 2004, 1386f.; s. auch *Koch*, NJW 2006, 1469 und *Mann*, NJW 2010, 2391 für Sammelklagen einer BGB-Gesellschaft). Der Evaluationsbericht (*Halfmeier/Rott/Feess*, Evaluation des Kapitalanleger-Musterverfahrensgesetzes, Abschlussbericht, 14. Oktober 2009) bewertet das KapMuG grds. positiv (S. 39; kritisch *Stackmann*, NJW 2010, 3185, 3190) und spricht sich für eine Erweiterung des Anwendungsbereiches (S. 97ff.) sowie eine Integration der Regelungen in die ZPO aus (S. 130ff. mit Formulierungsvorschlag; ebenfalls für eine ZPO-Integration: *Hess*, JZ 2011, 66, 74). Bisher wurde die befristete Geltung des KapMuG bis zum 31. Oktober 2012 verlängert (BGBl I 2010, 977, 979).

12. Kapitel. Besondere Verfahrensarten

§ 45. Der Prozess vor dem Amtsgericht

Die ZPO geht davon aus, dass das *Verfahren vor dem Landgericht der Regelfall* ist (§§ 253 ff.) und enthält besondere Vorschriften für das Verfahren vor dem Amtsgericht (§§ 495 ff.). Vor dem Amtsgericht besteht *kein Anwaltszwang* (§ 78 Abs. 1 S. 1; Ausnahme: vor dem Familiengericht in Ehe- und bestimmten Familiensachen, § 114 FamFG). Darüber ist der Beklagte vom Gericht mit Zustellung der Klageschrift zu belehren (§ 499 Abs. 1). Das Gesetz geht davon aus, dass Prozesse mit niedrigem Streitwert in der Regel einfacher sind und die Parteien sie deshalb selbst führen können.

458

Dies wird ihnen dadurch erleichtert, dass die Klage, die Klageerwiderung sowie sonstige Anträge und Erklärungen, die zugestellt werden sollen, *mündlich zum Protokoll der Geschäftsstelle* angebracht werden können (§ 496). Dasselbe gilt für vorbereitende Schriftsätze, falls diese abzugeben sind (§ 129 Abs. 2). Auch durch die besonderen *Belehrungspflichten des Gerichts* nach den §§ 499, 504, 510 soll den Parteien geholfen werden. Dem Kläger kommt die Regelung des § 510b zugute: bei einer Verurteilung zur Vornahme einer Handlung kann der Beklagte zugleich zu einer Entschädigung für den Fall verurteilt werden, dass die Handlung nicht binnen einer zu bestimmenden Frist vorgenommen wird.

Wenn nachträglich die Zuständigkeit des Landgerichts begründet wird, verweist das Amtsgericht den Rechtsstreit auf Antrag an das zuständige Landgericht (§ 506; als Ausnahme zu § 261 Abs. 3 Nr. 2; sog. perpetuatio fori; dazu Rn. 92, 168).

Bei Streitwerten bis zu 600,– Euro (geplant ist eine Erhöhung auf 1.000,– Euro, BT-Drs. 17/2149, 5) kann das Amtsgericht gem. § 495a sein *Verfahren nach billigem Ermessen* bestimmen. Das Ermessen betrifft vor allem das Beweisverfahren. Eine bestrittene Tatsache muss zwar zur vollen richterlichen Überzeugung bewiesen werden; das Gericht braucht aber nicht den Regeln des Strengbeweises zu folgen. Es ist durch die Beweisanträge nicht gebunden und kann auch andere Beweismittel, wie etwa telefonische oder schriftliche Auskünfte einsetzen. Auf Antrag ist jedoch

458a

mündlich zu verhandeln (§ 495 a S. 2). Die Rechtsprechung lässt es – in Abweichung der Erfordernisse von §§ 331 ff., 251 a – nach § 495 a auch zu, beim Nichterscheinen von Parteien ein streitiges Urteil zu erlassen (*BVerfG* NJW 2007, 3486). Die Abfassung des Urteils ist gegenüber den allgemeinen Bestimmungen wesentlich erleichtert. Die Entscheidung muss keinen Tatbestand enthalten (§ 313 a Abs. 1 S. 1). Auf Entscheidungsgründe kann verzichtet werden, wenn sie im Wesentlichen im Protokoll aufgenommen sind oder die Parteien darauf verzichten (§ 313 a Abs. 1 S. 2). Dies gilt nicht, wenn das Amtsgericht die Berufung zulässt (§ 511 Abs. 2 Nr. 2) oder die Ausnahmen nach § 313 a Abs. 4 vorliegen. Das Recht der Parteien auf rechtliches Gehör, insbesondere auf konkrete Auseinandersetzung des Gerichts mit ihrem Vorbringen, ist auch im Verfahren nach billigem Ermessen zu beachten (hierzu *BVerfG* NJW 2006, 2248).

§ 46. Der Urkunden- und Wechselprozess

Literatur: *Eickmann/Oellerich*, Grundzüge des Urkundenprozesses, JA 2007, 43; *Hertel,* Der Urkundenprozeß unter besonderer Berücksichtigung von Verfassung (rechtliches Gehör) und Vollstreckungsschutz, 1992; *Hövelberndt,* Grundzüge des Urkunden-, Wechsel- und Scheckprozesses, JuS 2003, 1105; *Lembcke,* Urkundenprozess – Zulässige Beweismittel und Darlegungslast, MDR 2008, 1016.

459 Ansprüche auf *Zahlung einer bestimmten Geldsumme,* die Leistung einer bestimmten Menge anderer vertretbarer Sachen oder Wertpapiere und auf *Duldung der Zwangsvollstreckung* können (nicht müssen) im *Urkundenprozess* geltend gemacht werden, wenn die sämtlichen zur Begründung des Anspruchs erforderlichen Tatsachen *durch Urkunden bewiesen werden können* (§§ 592, 593). Das schließt auch ein Sachverständigengutachten aus, soweit dadurch der Beweis durch Sachverständige ersetzt werden soll (*BGH* NJW 2008, 523). Auch Ansprüche aus *Wechseln* können auf diese Weise geltend gemacht werden (§ 602). Weil hier der Nachweis durch den Wechsel selbst möglich ist, ist der Wechselprozess die praktisch wichtigste und häufigste Form des Urkundenprozesses.

Zahlungsansprüche des Vermieters aus *Wohnraummietverträgen* können im Urkundenprozess geltend gemacht werden, auch wenn der Mieter die Überlassung der Wohnung bestreitet oder Mängel behauptet. Die Vorschriften des

§ 46. Der Urkunden- und Wechselprozess

sozialen Mietrechts (§§ 536 Abs. 4, 556b Abs. 2 BGB stehen dem nicht entgegen (*BGH* NJW 2005, 2701; 2009, 3099; a. A. *OLG Düsseldorf* NJW-RR 2005, 97). Im Urkunden- und Wechselprozess sind auch für die Einwendungen und Einreden des Beklagten nur Urkunden und die Parteivernehmung als Beweismittel zulässig (§ 595 Abs. 2). Außerdem müssen die Urkunden vom Beweisführer vorgelegt werden können (§ 595 Abs. 3). Unzulässig ist daher auch ein Antrag auf Anordnung nach § 142 auf Urkundenvorlegung. Eine Widerklage ist nicht statthaft (§ 595 Abs. 1); das gilt allerdings nicht für eine Widerklage in der Form des Urkundenprozesses gegenüber einer im ordentlichen Verfahren erhobenen Klage (*BGH* MDR 2002, 406 m. Anm. *Remmerbach*, str.). Durch diese Beschränkung der Beweismittel wird einerseits eine beträchtliche *Beschleunigung* des Verfahrens erreicht. Auf der anderen Seite kann der Beklagte mit seinen Einwendungen und Einreden, die er nicht durch Urkunden beweisen kann, nicht auf Dauer ausgeschlossen werden. Es kann deshalb in vielen Fällen nur ein *vorläufiges Urteil* ergehen.

Ein *endgültiges Urteil ergeht,* wenn die Klage wegen Fehlens einer Prozessvoraussetzung als unzulässig abgewiesen wird, im Versäumnisverfahren, bei Anerkenntnis (§ 307) oder Verzicht (§ 306), bei Abstandnahme des Klägers vom Urkundenprozess (§ 596) und schließlich wegen Unschlüssigkeit der Klage (§ 597 Abs. 1). Wenn der Kläger den erforderlichen Beweis nicht angetreten oder geführt hat, ist der *Urkundenprozess unstatthaft* und die *Klage wird mit dieser Begründung abgewiesen* (§ 597 Abs. 2). Der Kläger kann diese Abweisung vermeiden, wenn er erklärt, vom Urkundenprozess abzusehen. Die Klage bleibt dann im ordentlichen Verfahren rechtshängig. Der Übergang in das ordentliche Verfahren stellt insoweit keine Klageänderung dar, die an § 263 zu messen wäre, und kann selbst im Berufungsverfahren erfolgen (*BGH* NJW 1993, 3135). Nach einer Abweisung gem. § 597 Abs. 2 kann der Kläger im ordentlichen Verfahren erneut Klage erheben. 460

Das *vorläufige Urteil ergeht als Vorbehaltsurteil* (§ 599 Abs. 1). Der Beklagte wird zwar verurteilt, ihm wird aber die Ausführung seiner Rechte, d.h. der *Beweis mit den üblichen Beweismitteln vorbehalten* (z.B. *BGH* NJW 1988, 1468). Dieses Urteil ist für die Rechtsmittel und Zwangsvollstreckung als Endurteil anzusehen (§ 599 Abs. 3). 461

Der Rechtsstreit bleibt nach dem Erlass eines Vorbehaltsurteils im *ordentlichen Verfahren rechtshängig* (§ 600). Es findet dann in derselben Instanz (vgl. *BGH* NJW 2005, 2701) das *Nachverfahren* statt, in dem alle Beweismittel zulässig sind. Das Nachverfahren ist von Amts wegen zu terminieren (str., so Zöller/*Greger* § 600 Rn. 8 m. N. zur Gegenauffassung). Wenn sich in diesem Verfahren ergibt, dass das Urteil richtig ist, wird es *unter Wegfall des Vorbehalts aufrechterhalten*. Andernfalls sind die Vorschriften des § 302 Abs. 4 S. 2 bis 4 anzuwenden (§ 600 Abs. 2), d.h. das Vorbehaltsurteil ist *aufzuheben und die Klage abzuweisen*. Das Vorbehaltsurteil ist also *auflösend bedingt*, es entfaltet aber für das Nachverfahren Bindungswirkung, soweit es diejenigen Teile des Streitverhältnisses betrifft, die im Vorbehaltsurteil entschieden werden mussten, damit es überhaupt ergehen konnte (z.B. die Begebung des streitigen Wechsels, *BGH* NJW 1993, 668). Der Beklagte hat wegen der Vollstreckung des Urteils einen Schadensersatzanspruch (§ 600 Abs. 2).

§ 47. Das Mahnverfahren

Literatur: *Braun*, Abbau des Beklagtenschutzes im modernen Mahnverfahren, FS Schapp, 2010, 79; *Conrad*, Das zivilprozessuale Mahnverfahren (§§ 688 ff. ZPO), JuS 2009, 12; *Klose*, Die Hemmung der Verjährung durch den Antrag auf Erlass eines Mahnbescheids, MDR 2010, 11; *Salten*, Anforderungen an die Forderungsbezeichnung im gerichtlichen Mahnverfahren, MDR 2009, 549.

462 Durch das Mahnverfahren kann der Gläubiger *ohne Klageerhebung und Urteil einen Vollstreckungstitel erhalten*. Es hat seinen Sinn vor allem im Hinblick auf Ansprüche, die unstreitig sind oder denen der Schuldner nichts entgegenzusetzen hat, die er jedoch nicht erfüllt. Der Gläubiger braucht hier den Titel, um vollstrecken und um die Verjährung hemmen zu können (§ 204 Abs. 1 Nr. 3 BGB; dazu *BGH* NJW-RR 2010, 1438). Er hat dann die Wahl zwischen dem Mahnverfahren und der regulären Klageerhebung. Das Mahnverfahren hat den Vorteil der Schnelligkeit. Diese wurde durch die zulässige maschinelle Bearbeitung (s. §§ 689 Abs. 1 S. 2 und 3, 690 Abs. 3, 691 Abs. 3, 696 Abs. 2, 697 Abs. 5 S. 2, 699 Abs. 2 und 3, 703b, 703c) weiter gesteigert. Die Mehrheit der Bundesländer haben die maschinelle Bearbeitung inzwischen eingeführt (s. die Übersicht bei *B/L/A/H* § 703c Rn. 5). Seit Dezember 2008 dürfen Mahnverfahren von Rechtsanwälten oder nach § 10 Abs. 1 S. 1 Nr. 1 RDG registrierten Personen nur noch in maschinell lesbarer Form gestellt werden (§ 690 Abs. 3 S. 2; dazu *Bacher*, NJW 2009, 1548).

Für grenzüberschreitende Sachverhalte innerhalb der EU bietet die EuMV-VO die Möglichkeit eines europäischen Mahnverfahrens zur Titulierung unstreitiger Ansprüche (dazu u. Rn. 755). Darüber hinaus kommt ein Auslandsmahnverfahren in Betracht, wenn der Mahnbescheid im Ausland zugestellt werden müsste (§ 688 Abs. 3, § 32 AVAG). Beide Möglichkeiten bestehen unabhängig voneinander (§ 688 Abs. 4; s. auch Art. 1 Abs. 2 EuMVVO).

Das Mahnverfahren ist zulässig bei nicht oder nicht mehr von einer Gegenleistung abhängigen (§ 690 Abs. 1 Nr. 4) *Geldforderungen*. Ansprüche eines Unternehmers aus einem Vertrag gem. den §§ 491 ff. BGB können nicht im Mahnverfahren geltend gemacht werden, wenn der nach § 492 Abs. 2 BGB anzugebende effektive Jahreszins den bei Vertragsschluss geltenden Basiszinssatz nach § 247 BGB um mehr als zwölf Prozentpunkte übersteigt (§ 688 Abs. 2 Nr. 1). Das Verfahren beginnt mit dem *Antrag* an das Amtsgericht, bei dem der *Antragsteller* seinen allgemeinen Gerichtsstand hat, ohne Rücksicht auf den Streitwert (§ 689 Abs. 1 S. 1 und Abs. 2). Der Inhalt des Antrags ist vom Gesetz vorgeschrieben (§ 690). Der Antrag auf Erlass eines Mahnbescheids hemmt die Verjährung nur, wenn der geltend gemachte Anspruch so bezeichnet ist, dass er Grundlage des Vollstreckungstitels sein und der Schuldner den Anspruch erkennen kann (*BGH* NJW 1992, 1111; s. aber auch *BGH* NJW 2011, 613). Soweit Antragsvordrucke eingeführt wurden, müssen sie verwendet werden (§ 703 c Abs. 2). 463

Das Amtsgericht erlässt (durch den Rechtspfleger, § 20 Nr. 1 RPflG) den *Mahnbescheid,* wenn die Voraussetzungen für das Mahnverfahren und die allgemeinen Prozessvoraussetzungen vorliegen. Neben der Zulässigkeit des Mahnverfahrens nach § 688 muss der Antrag den Anforderungen des § 690 entsprechen (insbesondere Individualisierung des Anspruchs gem. Abs. 1 Nr. 3; dazu *BGH* NZM 2011, 198). Bei Mängeln droht die Zurückweisung des Antrags gem. § 691 Abs. 1 nach vorheriger Anhörung. Wird dann innerhalb eines Monats Klage erhoben und diese demnächst zugestellt, so treten die Wirkungen – Fristwahrung und Verjährungshemmung (s. § 167) – bereits mit Einreichung des Antrags ein (§ 691 Abs. 2; dazu *BGH* NJW 2008, 1672). Es *wird nicht geprüft, ob der geltend gemachte Anspruch dem Antragsteller zusteht* (§ 692 Abs. 1 Nr. 2). Der Mahnbescheid enthält die Aufforderung an den Antragsgegner, innerhalb von zwei Wochen zu *zahlen* oder *Widerspruch einzulegen* (§ 692 Abs. 1 Nr. 3; zum übrigen Inhalt vgl. Nr. 4–6).

464 Mit der Zustellung des Mahnbescheids gilt im Falle des Widerspruchs die Streitsache als rechtshängig, wenn sie „alsbald" nach Erhebung des Widerspruchs an das bezeichnete Gericht abgegeben wird (§ 696 Abs. 3; s. unten). Insoweit gelten die zu § 167 entwickelten Grundsätze. Andernfalls tritt die Rechtshängigkeit mit Eingang der Akten bei dem Prozessgericht ein (str., *BGH* NJW 2009, 1213, 1214: Antrag auf Durchführung des streitigen Verfahrens fünf Monate nach Widerspruch; zur umstrittenen Frage des Zeitpunkts der Rechtshängigkeit in diesen Fällen s. auch MünchKomm/*Schüler* Vor §§ 688 ff. Rn. 17 m.w.N.). In der Zwischenzeit kommt es zum tatsächlichen Stillstand (Rn. 203) des Verfahrens, für den die §§ 239 ff. nicht gelten (MünchKomm/ *Gehrlein* Vor §§ 239 ff. Rn. 4). Legt der Antragsgegner keinen Widerspruch ein, so wird auf Antrag der Vollstreckungsbescheid erlassen (§ 699 Abs. 1 S. 1). Dieser steht einem für vorläufig vollstreckbar erklärten *Versäumnisurteil* gleich (§ 700 Abs. 1), ist also ein Vollstreckungstitel (§ 794 Abs. 1 Nr. 4). Wenn kein Einspruch eingelegt wird (s. Rn. 466), erwächst der Vollstreckungsbescheid *in formelle und materielle Rechtskraft*. Voraussetzung dafür ist allerdings, dass das Gericht den Antragsgegner mit der Zustellung des Vollstreckungsbescheides schriftlich auf die Möglichkeit des Einspruchs hingewiesen hat (§ 338 S. 2, s. Rn. 375).

Heute ist die *materielle Rechtskraft* der Vollstreckungsbescheide h. M. (z. B. *BGH* NJW 2005, 2991; Zöller/*Vollkommer* Vor § 688 Rn. 6 a; a. A. *OLG Köln* NJW 1986, 1350, dazu *Grunsky,* JZ 1986, 626). Gegen einen Missbrauch des Mahnverfahrens bieten die Zinsgrenze nach § 688 Abs. 2 Nr. 1 und die Möglichkeit einer auf § 826 BGB gestützten Klage mit dem Ziel der Durchbrechung der Rechtskraft (vgl. Rn. 370) ausreichend Schutz. Letztere kommt aber nur in Betracht, wenn der Gläubiger das Mahnverfahren bewusst missbraucht, um für einen ihm nicht zustehenden Anspruch einen Vollstreckungstitel zu erlangen (*BGH* a. a. O.).

465 Legt der Antragsgegner Widerspruch gegen den Mahnbescheid ein (§ 694 Abs. 1), so darf kein Vollstreckungsbescheid ergehen (§ 699 Abs. 1 S. 1). Es wird dann auf Antrag einer Partei das *streitige Verfahren* durchgeführt (§ 696 Abs. 1 S. 1). Das Verfahren ist gem. § 696 Abs. 1 S. 1 an das im Mahnbescheid für ein streitiges Verfahren als zuständig bezeichnete Gericht abzugeben (§ 692 Abs. 1 Nr. 1 i. V.m. § 690 Abs. 1 Nr. 5). Die Parteien können allerdings gemeinsam ein anderes Gericht bestimmen. Mit Eingang der Akten gilt der Rechtsstreit als dort anhängig (§ 696 Abs. 1

§ 47. Das Mahnverfahren

S. 4). Das Adressatgericht ist durch die Abgabe in seiner Zuständigkeit nicht gebunden (§ 696 Abs. 5). Der Gläubiger hat mit der Angabe des Adressatgerichts im Mahnantrag sein Recht nach § 35 ausgeübt und kann daher eine Verweisung an einen Wahlgerichtsstand nicht mehr beantragen (*BGH* NJW 1993, 1273). Das zuständige Gericht fordert den Antragsteller auf, seinen Anspruch binnen zwei Wochen in einer der Klageschrift entsprechenden Form zu begründen (§ 697 Abs. 1). Nach Eingang der Anspruchsbegründung ist wie nach Eingang einer Klageschrift in einem herkömmlichen Prozess zu verfahren. Gem. § 276 kann daher auch ein schriftliches Vorverfahren eingeleitet werden, das wiederum die Möglichkeit schafft, bei entsprechender Belehrung ein Versäumnisurteil gegen den Beklagten zu erlassen (§§ 331 Abs. 3, 335 Abs. 1 Nr. 4). Bei Ausbleiben einer rechtzeitigen Anspruchsbegründung wird auf Antrag des Antragsgegners ein Termin zur mündlichen Verhandlung bestimmt sowie eine erneute Frist zur Anspruchsbegründung gesetzt, auf die § 296 Abs. 1, 4 entsprechend anzuwenden ist (§ 697 Abs. 3). Ein Anerkenntnis nach § 93 ist nach h.M. in dem Klageverfahren nach eingelegtem Widerspruch grds. nicht mehr möglich (*Sonnentag*, MDR 2006, 188 ff. m.w.N.). Der Antragsgegner kann den Widerspruch aber noch bis zum Beginn der mündlichen Verhandlung zurücknehmen (§ 697 Abs. 4). Ebenfalls bis zu diesem Zeitpunkt ist eine Rücknahme des Antrags auf Durchführung eines streitigen Verfahrens möglich (§ 696 Abs. 4). Ein verspäteter Widerspruch wird als Einspruch behandelt (§ 694 Abs. 2).

Die Rücknahme des Antrags auf Durchführung des streitigen Verfahrens *vor Abgabe* der Sache an das Streitgericht *beendet* das Mahnverfahren. Es kann eine Kostenentscheidung entsprechend § 269 Abs. 3 ergehen, die allerdings nicht vom Rechtspfleger des Mahngerichts, sondern von dem für das streitige Verfahren zuständigen Gericht zu treffen ist (*BGH* NJW 2005, 512 und 513). An dieses Gericht ist die Sache zwecks Kostenentscheidung auf Antrag einer Partei abzugeben.
Anders ist die Verfahrenssituation, wenn die Rücknahme des Antrages nach § 696 Abs. 1 erst *nach Abgabe* an das Streitgericht erklärt wird. Das dann bereits anhängige streitige Verfahren wird durch die Rücknahme *nicht beendet*, sondern es kommt lediglich zum Stillstand. Beide Parteien, auch der Beklagte, können später die Durchführung des streitigen Verfahrens erneut beantragen. Eine Kostenentscheidung entsprechend § 269 Abs. 3 kann somit in dieser Situation nicht ergehen (*BGH* NJW-RR 2006, 201, dazu *Keltsch*, JA 2006, 86), sondern erst nach einer Durchführung des streitigen Verfahrens, das ggf. auf

die Kosten beschränkt werden kann. Nur wenn hinreichende Anhaltspunkte dafür bestehen, dass der Kläger nicht nur den Antrag nach § 696 Abs. 1, sondern auch die Klage zurücknehmen will, kann § 269 Abs. 3 unmittelbar angewendet werden (*BGH* MDR 2006, 42; zum Ganzen *Wolff*, NJW 2003, 553).

466 Auch nach Erlass des Vollstreckungsbescheides kann der Antragsgegner den *Übergang in das reguläre Verfahren erreichen,* wenn er gegen den Vollstreckungsbescheid wie gegen ein Versäumnisurteil *Einspruch* einlegt (§§ 700 Abs. 1 und 2, 338 ff.). Die zweiwöchige Einspruchsfrist (§ 339 Abs. 1) beginnt nur zu laufen, wenn das Gericht eine ordnungsgemäße Rechtsbehelfsbelehrung nach § 338 S. 2 erteilt hat. Aufgrund des Einspruchs erfolgt ebenfalls die Abgabe an das im Mahnbescheid genannte oder ein anderes von den Parteien übereinstimmend bezeichnetes Gericht (§ 700 Abs. 3). Das streitige Verfahren wird dann ohne besonderen Antrag durchgeführt (anders als bei Einlegung des Widerspruchs). Die Sache gilt als mit Zustellung des Mahnbescheids rechtshängig (§ 700 Abs. 2). Das Gericht hat nach der Einspruchsbegründung wie nach dem Eingang einer Klage vorzugehen. Allerdings ist hier ein Versäumnisurteil im schriftlichen Vorverfahren ausgeschlossen (§ 700 Abs. 4; s. auch o.Rn. 376). Bei Säumnis des Beklagten im Termin ergeht ein zweites Versäumnisurteil, bei dem die Voraussetzungen nach § 331 Abs. 1, 2 für ein erstes Versäumnisurteil zu prüfen sind (§ 700 Abs. 6; dazu Rn. 376).

467 Wenn kein Widerspruch erhoben wird und der Antragsteller nicht innerhalb von sechs Monaten den Erlass des Vollstreckungsbescheides beantragt, entfällt die Wirkung des Mahnbescheides (§ 701).

§ 48. Das Verfahren in Familiensachen

Literatur: *Giers,* Die Vollstreckung in Familiensachen und Verfahren der freiwilligen Gerichtsbarkeit nach dem FamFG, DGVZ 2009, 127; *Götz,* Das neue Familienverfahrensrecht – Erste Praxisprobleme, NJW 2010, 897; *Hartmann,* Neues Familienverfahren und ZPO, NJW 2009, 321; *Rakete-Dombek/ Türck-Brocker,* Das FamFG, NJW 2009, 2769; *Zimmermann,* Die allgemeinen Regelungen des neuen FamFG, JuS 2009, 692.

Fall 1: A will sich scheiden lassen. Er lebt seit drei Jahren von seiner Ehefrau B und den gemeinsamen Kindern K1 und K2 getrennt. Er verlangt von B die Herausgabe von K1 sowie von bestimmten Gegenständen aus der gemeinsa-

men Wohnung. Weiterhin weigert er sich, der B nach der Scheidung Unterhalt zu zahlen, mit dem Hinweis, wenn er für sich und K1 sorge, habe B für sich und K2 selbst aufzukommen. B will weder in die Scheidung einwilligen noch auf irgendeine der übrigen Forderungen eingehen. Sie ist der Ansicht, A müsse weiterhin ihren Lebensunterhalt bestreiten.
An welches Gericht muss A sich wenden?

Fall 2: A, der sich heftig mit seiner Ehefrau B gestritten hat, bringt nach einem Fernbleiben von drei Tagen seine Freundin C mit in die eheliche Wohnung. Er fordert B auf, von nun an im Gästezimmer zu schlafen, da er mit C im ehelichen Schlafzimmer nächtigen wolle. B will sich gerichtlich gegen die Einquartierung der C wehren.

Das Familienrecht hat seit Inkrafttreten des BGB eine ganze Reihe grundlegender Änderungen erfahren (vgl. Palandt/*Diederichsen* Einl. v. § 1297 Rn. 5). Tiefgreifende Änderungen brachten das EheRG vom 14. 6. 1976, die am 1. 7. 1998 in Kraft getretenen sog. Familienrechtsreformgesetze (hierzu Beilage NJW 1998, Heft 28) sowie das LPartG vom 16. 2. 2001. Mit Inkrafttreten des FGG-Reformgesetzes (BGBl. I 2008, 2586) am 1. 9. 2009 wurde auch die Verfahrensordnung für Familiensachen umfangreich reformiert. Die Vorschriften befinden sich im Wesentlichen im FamFG. Das Gesetz unterscheidet Familien- und Familienstreitsachen (§§ 111, 112 FamFG). Letztere sind ebenfalls Familiensachen, allerdings finden gem. § 113 FamFG wie für Ehesachen (§ 111 Nr. 1 FamFG) bestimmte Vorschriften der ZPO Anwendung. Auch für diese Verfahren gilt aber eine gegenüber dem ZPO-Klageverfahren geänderte Terminologie. In Verfahren nach dem FamFG heißen die Parteien Beteiligte, Kläger und Beklagter werden Antragsteller bzw. Antragsgegner genannt und anstatt der Bezeichnung Klage wird der Begriff Antrag verwendet; allgemein spricht man von Verfahren anstelle von Rechtsstreit oder Prozess (§ 113 Abs. 5 FamFG). Das FamFG enthält daneben eigenständige Bestimmungen zur internationalen Zuständigkeit (§§ 98 ff. FamFG), zum einstweiligen Rechtsschutz (§§ 49 ff. FamFG; s. aber auch §§ 119, 156 Abs. 3, 157 Abs. 3, 214, 246 ff. FamFG), zur Vollstreckung (§§ 86 ff., 120 FamFG), den Kosten (insb. §§ 80 ff.; s. auch das FamGKG) und der Verfahrenskostenhilfe (§§ 76 ff. FamFG). Das Gericht entscheidet in Familiensachen durch Beschluss (§§ 48 ff., 116 FamFG).

468

I. Das Familiengericht

469 Das Familiengericht, eine besondere Abteilung des Amtsgerichts (§ 23 b Abs. 1 GVG), entscheidet über alle *Familiensachen* (§§ 23 a Abs. 1 S. 1 Nr. 1 GVG, 111 FamFG; sog. *Zuständigkeitskonzentration*). Hierzu gehören zum einen *Ehesachen* (§§ 111 Nr. 1, 121 FamFG) und zum anderen die sog. *anderen Familiensachen* (§ 111 Nr. 2–10) sowie die *Lebenspartnerschaftssachen* (§ 111 Nr. 11 FamFG). Andere Familiensachen sind danach Kindschafts-, Abstammungs-, Adoptions-, Ehewohnungs- und Haushaltssachen sowie Gewaltschutz-, Versorgungsausgleichs-, Unterhalts-, Güterrechts- und sonstige Familiensachen. Für alle Familiensachen (§ 111 FamFG) ist das Amtsgericht ausschließlich sachlich zuständig (§ 23 a Abs. 1 S. 2 GVG). § 23 b GVG regelt nur die gerichtsinterne Geschäftsverteilung (funktionelle Zuständigkeit). Ob für eine Familiensache Vorschriften der ZPO Anwendung finden (so bei Familienstreit- und Ehesachen, §§ 112, 113 FamFG) ist für die Bestimmung der sachlichen Zuständigkeit nicht von Belang.

Im **Fall 1** wäre daher das Familiengericht (besetzt mit einem Einzelrichter) sowohl für die Scheidung (§§ 23 a Abs. 1 Nr. 1 GVG, 111 Nr. 1, 121 Nr. 1 FamFG) als auch für die Entscheidung über die Herausgabe von K1 (§§ 23 a Abs. 1 Nr. 1 GVG, 111 Nr. 2, 151 Nr. 3 FamFG), die Frage der Herausgabe von bestimmten Gegenständen aus der ehelichen Wohnung (§§ 23 a Abs. 1 Nr. 1 GVG, 111 Nr. 5, 200 Abs. 2 Nr. 1 FamFG) sowie die Unterhaltspflicht des A (§§ 23 a Abs. 1 Nr. 1 GVG, 111 Nr. 8, 231 Abs. 1 Nr. 2 FamFG) zuständig.

Das Familiengericht ist weiterhin u. a. ausschließlich zuständig für Verfahren, die die *elterliche Sorge* (§§ 23 a Abs. 1 Nr. 1 GVG, 111 Nr. 2, 151 Nr. 1 FamFG), den Umgang (§§ 23 a Abs. 1 Nr. 1 GVG, 111 Nr. 2, 151 Nr. 2 FamFG) und den *durch Verwandtschaft begründeten gesetzlichen Unterhalt* (§§ 23 a Abs. 1 Nr. 1 GVG, 111 Nr. 8, 231 Abs. 1 Nr. 1 FamFG) eines Kindes betreffen, unabhängig davon, ob es sich um ein eheliches oder nichteheliches Kind handelt. Ein Verfahren auf *Herausgabe eines Kindes* (§§ 23 a Abs. 1 Nr. 1 GVG, 111 Nr. 2, 151 Nr. 3 FamFG) fällt in die Zuständigkeit des Familiengerichts nicht nur bei Herausgabeverlangen der Eltern gegeneinander, sondern auch gegenüber Dritten. Verfahren um Ansprüche nach den §§ 1615l und 1615m BGB fallen ebenso in den Zuständigkeitsbereich der Familiengerichte (§§ 23 a Abs. 1 Nr. 1 GVG, 111 Nr. 8, 231 Abs. 1 Nr. 3 FamFG). Zum Aufgabenbereich der Familiengerichte gehören auch die Anordnung einer *Vormundschaft oder Pflegschaft* (§§ 23 a Abs. 1 Nr. 1 GVG, 111 Nr. 2, 151 Nr. 3 und 4

§ 48. Das Verfahren in Familiensachen 433

FamFG) sowie Verfahren nach den §§ 1303 Abs. 2–3, 1315 Abs. 1 S. 1 Nr. 1 und S. 3 BGB (§§ 23 a Abs. 1 Nr. 1 GVG, 111 Nr. 2, 151 Nr. 1 FamFG) und § 1308 Abs. 2 BGB (§§ 23 a GVG, 111 Nr. 4, 186 Nr. 4 FamFG). Auch Entscheidungen über Maßnahmen nach dem *Gewaltschutzgesetz* unterliegen der Zuständigkeit der Familiengerichte (§§ 23 a Abs. 1 Nr. 1 GVG, 111 Nr. 6, 210 FamFG).

Die §§ 111 FamFG, 23 a Abs. 1 Nr. 1 GVG begründen damit 470 umfassend die Zuständigkeit in Familiensachen. Dennoch lässt sich in einigen Fällen eine Zuständigkeit des Familiengerichts nicht unmittelbar aus den genannten Vorschriften ableiten, weil sich diese nicht einem der aufgeführten Zuständigkeitsbereiche zuordnen lassen. Stehen sie aber mit den genannten Familiensachen in einem Sachzusammenhang, so sind sie als *Familiensachen kraft Sachzusammenhangs* (*BGH* NJW 1978, 1531) zu behandeln. Die Familiensache muss den Schwerpunkt bilden, es müssen sich Personen des Familienkreises streiten. Dazu zählen insbesondere Befreiungs-, Schadensersatz- oder Bereicherungsansprüche, die aus ihrerseits als Familiensachen zu qualifizierenden Rechtsverhältnissen erwachsen. Unter Geltung des FamFG wird man die meisten dieser Fälle den sonstigen Familiensachen (§§ 111 Nr. 10, 266 FamFG) zuordnen können (MünchKomm/*Fischer* § 111 FamFG Rn. 24). Keine Familiensache ist aber die Klage eines Anwalts auf Gebühren, die im Zusammenhang mit einer Familiensache entstanden sind (*BGH* NJW 1986, 1187 m. Anm. *Sojka*). Von *Familiensachen kraft Prozesszusammenhangs* spricht man dagegen in Situationen, in denen eine Klage (z. B. Abänderungsklage, Drittwiderspruchsklage) an eine Familiensache prozessual anknüpft (*BGH* NJW 1978, 1924; 1985, 3066), und es etwa um die Vollstreckung vom Familiengericht erlassener Entscheidungen oder die Abänderung von Unterhaltstiteln geht; aber auch Anhangsverfahren (Streitwertbeschwerden, Kostenfestsetzung) teilen die Zuständigkeit des Ausgangsverfahrens. Kraft Prozesszusammenhangs hat auch das Verfahren auf einstweiligen Rechtsschutz die Rechtsnatur der Hauptsache.

Die Familiengerichte haben die ihnen zugewiesenen Sachen teilweise nach ZPO und teilweise nach FamFG zu entscheiden (s. § 113 FamFG: umständliche ZPO-Verweisung für Ehe- und Familienstreitsachen; dazu *Hartmann*, NJW 2009, 321). Zu Schwierigkeiten kann das Nebeneinander der verschiedenen Verfahrensrechte von ZPO und FamFG etwa bei der Beweisermittlung führen, wenn eine Tatsache in den verschiedenen Verfahren von Bedeutung ist. Hierfür gelten in ZPO und FamFG verschiedene Verfahrensrundsätze und Regelungen (s. z. B. §§ 26, 29, 127 FamFG: z. T. Amtsermittlung und Geltung des Untersuchungsgrundsatzes).

In *Lebenspartnerschaftssachen* finden die für Verfahren auf Scheidung, auf Feststellung des Bestehens oder Nichtbestehens einer Ehe zwischen den Beteiligten oder auf Herstellung des ehelichen Lebens und für Verfahren in den anderen Familiensachen nach § 111 Nr. 2, 3, 4 und 7–10 FamFG geltenden Vorschriften jeweils entsprechende Anwendung (§ 270 FamFG).

Übersicht: Sachliche Zuständigkeit des Amtsgerichts in Familiensachen

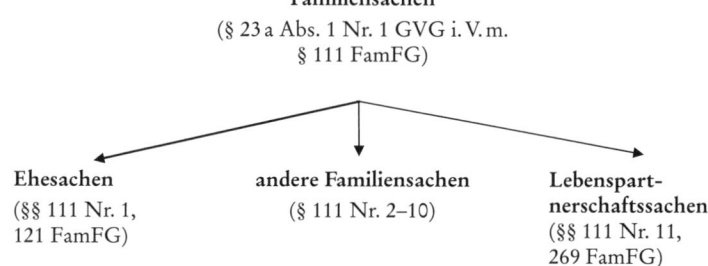

II. Ehesachen

Literatur: *Hilbig,* Besonderheiten im Scheidungsverfahren, Jura 2009, 910.

471 1. *Ehesachen* sind die in § 121 FamFG aufgezählten Verfahren, also in erster Linie Verfahren auf *Scheidung* und *Aufhebung* der Ehe. Beides sind Gestaltungsverfahren, mit denen bezweckt wird, dass das Gericht die Ehe aus einem Scheidungsgrund (§§ 1565 bis 1568 BGB) scheidet (§ 1564 S. 2 BGB) oder aus einem Aufhebungsgrund (§ 1314 BGB) auflöst (§ 1313 S. 2 BGB).

Geringere Bedeutung hat das weitere in § 121 FamFG (Nr. 3) genannte Verfahren auf Feststellung der Ehe (es erfordert ein Feststellungsinteresse gem. § 256). Seit Inkrafttreten des FamFG ist der Antrag auf Herstellung des ehelichen Lebens keine Ehesache mehr. Er ist sonstige Ehesache gem. § 266 Abs. 1 Nr. 2 FamFG (der Titel ist nicht vollstreckbar, § 120 Abs. 3 FamFG).
Nicht zu den Ehesachen des § 121 FamFG gehören weiterhin Rechtsstreitigkeiten zwischen den Eheleuten, die ihren Anlass zwar in der Ehe haben,

§ 48. Das Verfahren in Familiensachen 435

jedoch nicht den Bestand der Ehe betreffen; etwa vermögensrechtliche Streitigkeiten zum Güterstand oder Anträge auf Aufwendungsersatz sowie auf Unterlassen einer Ehestörung. Diese Fälle sind ebenfalls sonstige Ehesachen gem. § 266 Abs. 1 Nr. 2 FamFG (MünchKomm/*Erbarth* § 266 FamFG Rn. 63 ff.). Streitigkeiten um durch die Ehe begründete Unterhaltspflichten sind Unterhaltssachen (§§ 111 Nr. 8, 231 Abs. 1 Nr. 2 FamFG). In **Fall 2** handelt es sich demnach um eine sonstige Familiensache des § 266 Abs. 1 Nr. 2 FamFG, die allerdings auch der Zuständigkeit des Familiengerichts unterfällt (§§ 23 a Abs. 1 Nr. 1 GVG, 111 Nr. 10 FamFG).

2. In Ehesachen sind teilweise die Bestimmungen des Allgemeinen Teils des FamFG nicht anzuwenden. Vielmehr gelten die Allgemeinen Vorschriften der ZPO über das Verfahren vor den Landgerichten (§ 113 Abs. 1; Ausnahmen aber in Abs. 4). Denoch ist für die Ehesachen die *Zurückdrängung zweier Verfahrensmaximen* kennzeichnend. Die *Verhandlungsmaxime* wird zugunsten der *Inquisitionsmaxime* (Untersuchungsgrundsatz) eingeschränkt (§ 127 FamFG), die *Dispositionsmaxime* zugunsten der *Offizialmaxime* (dazu ausführlich *Hilbig*, Jura 2009, 910, 912 f.). Der Grund für diese Besonderheit ist das öffentliche Interesse am Bestand der Ehe, zumindest an dem Verfahren, das den Bestand der Ehe betrifft. Die Möglichkeit, die Entscheidung des Gerichts durch bloßes Behaupten oder Zugestehen von Tatsachen zu manipulieren, soll weitgehend ausgeschlossen werden. Als praktische Konsequenz ergibt sich daraus, dass bspw. Anerkenntnis- und Versäumnisentscheidungen gegen den Antragsgegner unzulässig sind (§ 113 Abs. 4 Nr. 6, § 130 Abs. 2 FamFG) und kein bindendes Geständnis möglich ist (§ 113 Abs. 4 Nr. 5 FamFG). Für die Beweisaufnahme gilt der Untersuchungsgrundsatz, das Gericht ist berechtigt und verpflichtet, auch von den Parteien nicht vorgebrachte Tatsachen zu berücksichtigen (§ 127 Abs. 1 FamFG), im Verfahren auf Scheidung oder Aufhebung der Ehe aber nur insoweit, als sie geeignet sind, der Aufrechterhaltung der Ehe zu dienen (sog. *ehefreundliche Tatsachen,* § 127 Abs. 2 FamFG) oder der Antragsteller der Berücksichtigung nicht widerspricht. In bestimmten Fällen ist eine zuständige Verwaltungsbehörde zur Mitwirkung befugt (§ 129 FamFG).

3. Verfahren in Ehesachen werden durch eine *Antragsschrift* (§ 124 FamFG) beim örtlich zuständigen Familiengericht eingeleitet. Die örtliche Zuständigkeit ergibt sich aus § 122 FamFG. Beteiligte können nur die Eheleute sein (lediglich die Eheaufhebung kann auch von der nach Landesrecht zuständigen Verwaltungsbehörde oder der Dritten Person i. S. v. § 1306 BGB beantragt

436   12. Kapitel. Besondere Verfahrensarten

werden, § 129 Abs. 1 FamFG; s. aber für den Verbund – dazu sogleich Rn. 477 f. – § 139 FamFG). Gem. § 125 Abs. 1 FamFG ist ein in der Geschäftsfähigkeit beschränkter Ehegatte in Ehesachen verfahrensfähig (prozessfähig). Obwohl vor dem Amtsgericht sonst kein Anwaltszwang besteht, müssen sich die Parteien in Ehesachen anwaltlich vertreten lassen (§ 114 Abs. 1 FamFG, für Ausnahmen s. Abs. 4); nach § 114 Abs. 5 S. 1 FamFG bedarf der Bevollmächtigte einer besonderen auf das Verfahren gerichteten Vollmacht.

Weitere Besonderheiten gegenüber den allgemeinen Vorschriften sind, dass das Verfahren nicht öffentlich ist (§ 170 GVG). Das Gericht, das das persönliche Erscheinen der Ehegatten anordnen und sie anhören soll (§ 128 Abs. 1 S. 1 FamFG; auch eine Vernehmung ist unter erleichterten Voraussetzungen möglich, § 128 Abs. 1 S. 3 FamFG), kann das persönliche Erscheinen wie bei einem Zeugen, allerdings ohne Möglichkeit der Ordnungshaft, erzwingen (§§ 128 Abs. 4 FamFG, 380, 381). Außerdem kann es das Verfahren von Amts wegen aussetzen, wenn im Scheidungsverfahren Aussicht auf Fortsetzung der Ehe besteht (§ 136 Abs. 1 S. 1 FamFG; Ausnahme S. 2).

Bis zum Schluss der letzten mündlichen Verhandlung können andere Gründe als in den verfahrenseinleitenden Schriftsätzen geltend gemacht werden (s. § 115 FamFG); der Übergang von der Scheidung aus wichtigem Grund (§ 1565 Abs. 2 BGB) zur Fristenscheidung (§ 1566 Abs. 2 BGB) oder zur einverständlichen Scheidung (§ 1566 Abs. 1 BGB) ist zulässig (s. den Ausschluss in § 113 Abs. 4 Nr. 2 FamFG). Das schriftliche Vorverfahren (§ 276) sowie die Fristsetzung für Schriftsätze (§ 275 Abs. 1 S. 1, Abs. 3, 4) sind nach § 113 Abs. 4 Nr. 3 FamFG ausgeschlossen.

474   4. Von besonderer Bedeutung für alle Familiensachen ist die *Möglichkeit einstweiliger Anordnungen* nach den §§ 49 ff. FamFG. Das Verfahren ist selbstständig, auch wenn eine Hauptsache anhängig ist (§ 51 Abs. 3 FamFG). Das Gericht kann (grundsätzlich auf Antrag, § 51 Abs. 1 FamFG) auf diese Weise *vorläufige Maßnahmen treffen* (z. B. einen Zustand vorläufig sichern oder Regeln sowie Handlungen ge- oder verbieten, insb. Verfügungen untersagen; § 49 Abs. 2 FamFG) soweit dies gerechtfertigt ist und ein dringendes Bedürfnis für ein sofortiges Tätigwerden besteht (§ 49 Abs. 1 FamFG). Je nachdem, um welche Familiensache es sich handelt, sind dabei ggf. Sonderregeln zu beachten (§§ 119, 156 Abs. 3 S. 1, 157 Abs. 3, 214, 246 ff. FamFG). So können bei streitigen Scheidungen für die Frage der Unterhaltspflicht untereinander oder gegenüber dem Kind, die Benutzung von Ehewohnung und Hausrat und für die elterliche Sorge sowie den Umgang vorläufige Regelungen getroffen werden. Die einstweilige Anordnung ergeht *ggf. ohne mündliche Verhandlung* (§ 51 Abs. 2 S. 2 FamFG); bis auf wenige Ausnahmen sind die Entscheidungen nach den §§ 49 ff. FamFG *unanfechtbar* (§ 57 FamFG).

Bei Ehesachen ist aufgrund der ausschließlich rechtsgestaltenden Wirkung der Entscheidung keine einstweilige Anordnung möglich (MünchKomm/ *Fischer* § 119 FamFG Rn. 2). In Familienstreitsachen (§ 113 FamFG) finden die Vorschriften über den Arrest Anwendung. § 945 gilt jedoch nicht in den Fällen von § 113 Nr. 1 FamFG. Die Vorschriften der ZPO über die einstweilige Verfügung gelten in Familiensachen nicht. 475

III. Der Entscheidungsverbund von Scheidung und Folgesachen

1. Gemeinsam mit der Scheidungssache sind bestimmte Familiensachen (sog. *Folgesachen*) zu verhandeln und zu entscheiden (sog. *Verbund*, § 137 Abs. 1 FamFG). Dies setzt in den Fällen des § 137 Abs. 2 FamFG (Versorgungsausgleichs-, Unterhalts-, Ehewohnungs-, Haushalts- und Güterrechtssachen) voraus, dass ein Ehegatte die Familiensache bis spätestens zwei Wochen vor der mündlichen Verhandlung im ersten Rechtszug in der Scheidungssache anhängig macht (§ 137 Abs. 1 S. 1 FamFG; kein Antrag ist nötig für bestimmte Fälle des Versorgungsausgleichs, S. 2; zum Verfahren bei zu spät eingereichtem Folgeantrag s. *OLG Bremen* NJW-RR 2011, 294; *Götz*, NJW 2010, 897, 900 und *Finger*, MDR 2011, 77; die Frist muss aber überhaupt eingehalten werden können, dazu *OLG Stuttgart* NJW 2011, 1522 m.w.N). Durch die Verweisung des § 270 Abs. 1 S. 1 FamFG gibt es einen Verbund auch in Lebenspartnerschaftssachen. 476

Auch Kindschaftssachen, die die Übertragung oder Entziehung der elterlichen Sorge, den Umgang oder die Herausgabe eines gemeinschaftlichen Kindes der Ehegatten oder den Umgang eines Ehegatten mit dem Kind des anderen Ehegatten betreffen, werden nach Maßgabe von § 137 Abs. 3 FamFG gemeinsam verhandelt und entschieden, wenn ein Ehegatte vor Schluss der mündlichen Verhandlung den Verbund beantragt. Aus Gründen des Kindeswohls gilt allerdings eine Ausnahme, wenn das Gericht die Einbeziehung für nicht sachgerecht hält. 477

2. Unter bestimmten Voraussetzungen sieht das Gesetz die Abtrennung von Folgesachen vor (§ 140 FamFG). Folgesachen des § 137 Abs. 2 FamFG bleiben auch nach der Abtrennung Folgesachen; unter mehreren abgetrennten Folgesachen besteht der Verbund fort (§ 137 Abs. 5 S. 1 FamFG). Dies gilt nicht für die Folgesachen des § 137 Abs. 3 FamFG, die nach einer Abtrennung als

selbstständige Verfahren weitergeführt werden (§ 137 Abs. 5 S. 2 FamFG).

3. Die Behandlung der Folgesachen hängt weitgehend vom *Schicksal des Scheidungsantrags* ab. Bei Rücknahme (§ 141 FamFG) erstrecken sich deren Wirkungen auch auf die Folgesachen (außer bei – ggf. teilweiser – Übertragung der elterlichen Sorge aufgrund einer Gefährdung des Kindeswohls), es sei denn, ein Beteiligter hat zuvor ausdrücklich erklärt, sie fortführen zu wollen. Bei Abweisung des Scheidungsantrags werden die Folgesachen außer in den Fällen des § 137 Abs. 3 FamFG – ebenfalls vorbehaltlich einer ausdrücklichen Weiterführungserklärung – gegenstandslos (§ 142 Abs. 2 FamFG). Hat der Scheidungsantrag Erfolg, so wird auch über die Folgesachen durch einheitlichen Beschluss entschieden (§ 142 Abs. 1 FamFG).

4. Vor Rechtskraft des Scheidungsausspruchs werden die Entscheidungen in Folgesachen *nicht wirksam* (§ 148 FamFG). Hatte das Gericht eine einstweilige Anordnung erlassen, so bleibt sie bis zu diesem Zeitpunkt in Kraft (s. § 56 Abs. 1 S. 2 FamFG).

IV. Rechtsmittel im Familienverfahren

Das Familiengericht entscheidet durch Beschluss. Als einheitliche Rechtsmittel sieht das Gesetz die Beschwerde (§§ 58 ff. FamFG) und die Rechtsbeschwerde (§§ 70 ff. FamFG) vor (zur Sprungrechtsbeschwerde s. § 75 FamFG; besondere Vorschriften finden sich in den §§ 117, 143 ff., 197 f., 228 FamFG). Beschwerdegericht ist das Oberlandesgericht (§ 119 Abs. 1 Nr. 1 lit. a GVG). Für das Beschwerdeverfahren gelten im Übrigen die Vorschriften über das Verfahren im ersten Rechtszug (§ 68 Abs. 3 S. 1 FamFG).

Gegen die Beschwerdeentscheidung ist die Rechtsbeschwerde zulässig, für die der Bundesgerichtshof zuständig ist (§ 133 GVG).

Es kann auch unter der Geltung des FamFG Fälle geben, in denen die *Abgrenzung* der Familiensachen von Nichtfamiliensachen zweifelhaft ist (wenn z. B. eheliche Unterhaltsansprüche aus einem Vergleich geltend gemacht werden, erhebt sich die Frage, ob es sich dann noch um durch Ehe begründete Unterhaltsansprüche handelt, die gem. §§ 23a Abs. 1 Nr. 1 GVG, 111 Nr. 8, 231 Abs. 1 Nr. 2 FamFG vor das Familiengericht gehören, oder um vertragliche Ansprüche, die vor dem allgemeinen Zivilgericht einzuklagen sind; vgl. dazu MünchKomm/*Dötsch* § 231 FamFG Rn. 13 ff.). Im *Beschwerdeverfahren* wird das Vorliegen oder Nichtvorliegen einer Familiensache gem. § 65 Abs. 4 FamFG nicht geprüft (entsprechendes gilt für die Berufung, § 513 Abs. 2). Diese Bestimmungen sowie die §§ 72, 119 Abs. 1 Nr. 1 lit. a, Nr. 2 GVG führen für die Rechtsmittelzuständigkeit in Familiensachen zum Prinzip der formellen Anknüpfung. Entscheidend für die Beschwerde ist die Behandlung der Sache als Familiensache durch das Gericht der ersten Instanz. Hat aber das Familiengericht seine Zuständigkeit unzutreffend verneint, so hindert § 65 Abs. 4 FamFG die materielle Anknüpfung nicht, da die Vorschrift eine Bindung nur hinsichtlich der Bejahung der Zuständigkeit anordnet.

V. Andere Familiensachen (Auswahl)

Literatur: *Coester-Waltjen,* Besonderheiten im Abstammungsverfahren, Jura 2009, 427; *Keuter,* Vertretung Minderjähriger in Kindschaftssachen des FamFG, NJW 2010, 1851; *Wieser,* Das neue Verfahren der Vaterschaftsanfechtung, MDR 2009, 61; weitere Hinweise oben vor Rn. 468.

1. Abstammungssachen

Das Gesetz enthält besondere Regelungen für Abstammungssachen (§§ 169 ff. FamFG). Es handelt sich dabei nicht um alle das Eltern-Kind-Verhältnis betreffende Angelegenheiten, sondern um sog. *Statusverfahren* (§ 169 Nr. 1 und 4 FamFG) und damit in Zusammenhang stehende Verfahren (§ 169 Nr. 2 und 3 FamFG). 479

Von erheblicher praktischer Bedeutung ist das Verfahren auf *Feststellung des Bestehens oder Nichtbestehens eines Eltern-Kind-Verhältnisses* (§ 169 Nr. 1 FamFG), vor allem bei der *Feststellung der Vaterschaft,* weil das nichteheliche Kind *Unterhaltsansprüche* erst dann geltend machen kann, wenn die Vaterschaft festgestellt ist (s. 1600 d Abs. 4 BGB). Bei Anhängigkeit eines Verfahrens gem. § 1600 d BGB kann eine einstweilige Unterhaltsanordnung erfolgen (§ 248 FamFG; Unterhaltssache). Die Feststellung kann durch *Anerkennung* der Vaterschaft oder durch *rechtskräftigen Beschluss* erfolgen (§§ 1592 Nr. 2 u. 3 BGB). Beteiligte an dem Verfahren sind neben dem Mann und dem Kind auch die Mutter (§ 172 Abs. 2 FamFG). Der Beschluss wirkt grundsätzlich für und gegen alle (§ 184 Abs. 2 FamFG). Ein Restitutionsantrag ist dagegen in weiterem Umfang als sonst möglich (§ 185 FamFG).

Zu den Abstammungssachen gehört weiter die *Anfechtung der Vaterschaft* (§ 169 Nr. 4 FamFG). Sie kann durch den Mann, dessen Vaterschaft nach §§ 1592 Nr. 1 u. 2, 1593 BGB besteht, durch das Kind, die Mutter, eine anfechtungsberechtigte Behörde oder durch den Mann erfolgen, der an Eides statt versichert, der Mutter des Kindes während der Empfängniszeit beigewohnt zu haben (§ 1600 BGB). Auch diese Entscheidung wirkt für und gegen jedermann (§ 184 Abs. 2 FamFG). 480

481 Für das Verfahren in Abstammungssachen gelten Bestimmungen des Allgemeinen Teils des FamFG (§§ 1–110 FamFG; vgl. § 113 FamFG), die allgemeinen Vorschriften für Familiensachen (§§ 111 ff. FamFG) und die Besonderheiten der §§ 169 ff. FamFG. Wegen des öffentlichen Interesses gilt auch hier die Inquisitionsmaxime (s. §§ 26 f. FamFG), allerdings mit Einschränkungen (§ 177 Abs. 1 FamFG).
Zur örtlichen Zuständigkeit s. § 170 FamFG.

2. Unterhaltssachen

482 Die Familiengerichte sind auch für sämtliche auf Verwandtschaft und Ehe beruhenden Unterhaltsanträge und die Ansprüche nach § 1615 l oder 1615 m BGB ausschließlich sachlich zuständig (§§ 23 a Abs. 1 Nr. 1 GVG, 111 Nr. 8, 231 Abs. 1 FamFG). Diese Verfahren sind Familienstreitsachen (§ 112 Nr. 1 FamFG), für die der ZPO-Verweis des § 113 FamFG zu beachten ist.

483 In den §§ 231 ff. FamFG sind allgemeine Vorschriften für das Unterhaltsverfahren geregelt. Die örtliche Zuständigkeit richtet sich nach § 232 FamFG. Das Verfahren ist einer Amtsermittlung ähnlich und übersteigt die im Zivilverfahren sonst zulässigen Möglichkeiten der Verfahrensleitung (§§ 139, 273 Abs. 2, 358 a Nr. 2 und 3, 377). Bspw. kann das Gericht gem. § 235 FamFG den Beteiligten die Erteilung bestimmter Auskünfte aufgeben. Kommen diese der Aufforderung nicht oder nicht vollständig nach, so ist das Gericht seinerseits berechtigt, die im Gesetz genannten Auskünfte bei Dritten einzuholen (für Einzelheiten s. § 236 FamFG). Der Antragsteller ist daher nicht darauf angewiesen, seinen Auskunftsanspruch nach § 254 durchzusetzen. Freilich erlegt auch § 236 FamFG dem Gericht keine Amtsermittlung auf. Soweit das Gericht Auskünfte bei einem Dritten einholt, ist dieser wie ein Zeuge verpflichtet, dem gerichtlichen Ersuchen Folge zu leisten (§ 236 Abs. 4 FamFG, der auch § 390 für anwendbar erklärt). Für eine einstweilige Anordnung von Unterhalt sind die besonderen Regeln der §§ 246 ff. FamFG zu beachten.

484 Der Unterhalt eines minderjährigen Kindes, das mit dem in Anspruch genommenen Elternteil nicht in einem Haushalt lebt, kann in bestimmten Fällen auf Antrag in einem *vereinfachten Verfahren* festgesetzt werden (§§ 249 ff. FamFG). Das Verfahren ähnelt in der Systematik entfernt der eines Mahnverfahrens. Für Unterhaltstitel, die eine Verpflichtung zu künftig fällig werdenden wiederkehrenden Leistungen enthalten, gelten die Abänderungsmög-

lichkeiten der §§ 238 ff. FamFG. Sie sind gegenüber § 323 die spezielleren Vorschriften.

§ 49. Das Verfahren in Wohnungseigentumssachen

Literatur: *Lüke,* Streitigkeiten in Wohnungseigentumssachen nach der WEG-Reform, ZfIR 2007, 657; *ders.,* Der Klagegegner und subjektive Klagenhäufung bei der Anfechtungsklage gegen Wohnungeigentümerbeschlüsse, FS Merle, 2010, 229; *Weigelt,* Prozessuale Besonderheiten in Wohnungseigentumssachen, JA 2010, 134.

Mit der Reform des Wohnungseigentumsrechts durch das Gesetz zur Änderung des Wohnungseigentumsgesetzes und anderer Gesetze (BGBl. 2007 I, 370) wurden auch Streitigkeiten nach dem WEG dem Verfahrensrecht der ZPO unterstellt. Hierfür treffen die §§ 43–50 WEG spezielle Regelungen. Die Besonderheiten dieses Rechtsgebietes wie die Teilrechtsfähigkeit der Wohungseigentümergemeinschaft (§ 10 Abs. 6 WEG) oder das regelmäßige Auftreten mehrerer Prozessbeteiligter führen zu zahlreichen Problemen in dem auf einen Zweiparteienprozess angelegten ZPO-Verfahren. Darauf ist im Einzelnen hier nicht einzugehen (s. aber z. B. *Lüke,* ZfIR 2007, 657 ff. m. w. N.). Angesprochen seien aber einige Besonderheiten dieser Verfahren. 484a

Wohnungseigentumsrechtliche Streitigkeiten in diesem Sinne sind die abschließend in § 43 Nr. 1–6 WEG aufgezählten Verfahren. Nicht jeder Prozess, der Wohnungseigentum berührt, unterfällt also den §§ 43 ff. WEG. Unabhängig vom Streitwert sind gem. § 23 Nr. 2 lit. c GVG die Amtsgerichte ausschließlich sachlich zuständig (Ausnahme: Verfahren gem. § 43 Nr. 5 WEG). Örtlich ausschließlich zuständig ist das Gericht, in dessen Bezirk das Grundstück liegt (§ 43 WEG). Verfahrensbeteiligte der Streitigkeiten nach § 43 WEG können neben den Wohnungs- bzw. Teileigentümern die Wohnungseigentümergemeinschaft, der Verwalter und außenstehende Dritte sein. Dabei sind Verfahren nicht selten, in denen die Klage gegen oder durch alle Wohnungseigentümer mit Ausnahme des Gegners zu erheben ist. Hier kann es mitunter Schwierigkeiten bei der namentlichen Bezeichnung aller Wohnungseigentümer zum Zeitpunkt der Klageerhebung geben. § 44 Abs. 1 WEG lässt als Ausnahme von § 253 Abs. 2 bis zum Schluss der mündlichen Verhandlung bestimmte Sammelbezeichnungen zu. Ebenfalls eine Erleichterung ist im Bereich der Zustellung von Schriftstücken für die Fälle vorgesehen, in denen die Wohnungseigentümer Beklagte oder gem. § 48 WEG beizuladen sind. Der Verwalter (§ 45 Abs. 1 WEG) oder eine durch Stimmenmehrheit bestellte Person (§ 45 Abs. 2 WEG) kann hier Zustellvertreter für die Wohnungseigentümer sein.

Als besondere Klageart sieht § 46 WEG die Anfechtungsklage vor. Sie ist Gestaltungsklage und auf Ungültigerklärung eines Beschlusses der Wohnungseigentümer gerichtet. Innerhalb eines Monats nach Beschlussfassung muss sie gegen die übrigen Wohnungseigentümer erhoben und innerhalb zweier Monate begründet werden (§ 46 Abs. 1 S. 2 WEG). Mehrere Prozesse gegen denselben Beschluss sind zu verbinden (§ 47 WEG). In Wohnungseigentumssachen entscheidet das Gericht durch Urteil. § 48 Abs. 3 WEG sieht dafür die Erstreckung der Rechtskraft über § 325 hinaus auf beigeladene Wohnungseigentümer, ihre Rechtsnachfolger sowie den beigeladenen Verwalter vor.

§ 50. Außergerichtliche Streitbeilegung

I. Das Schiedsverfahren

Literatur: *Berger,* Das neue deutsche Schiedsverfahrensrecht, DZWIR 1998, 45; *ders.,* Das neue Recht der Schiedsgerichtsbarkeit, 1998; *Franzen,* „Parteischiedsrichter" – ein vermeidbarer Mangel der Praxis, NJW 1986, 299; *Gaul,* Die Rechtskraft und Aufhebbarkeit des Schiedsspruchs im Verhältnis zur Verbindlichkeit des staatlichen Richterspruchs, FS Sandrock, 2000, 285; *Henn,* Die Unparteilichkeit des Schiedsrichteramtes, BB 1993, Beilage 17, 13; *ders.,* Schiedsverfahrensrecht, 3. Aufl., 2000; *Kornblum,* Probleme der schiedsrichterlichen Unabhängigkeit, 1968; *ders.,* Das Gebot „überparteilicher Rechtspflege" und der deutsche schiedsrechtliche ordre public, NJW 1987, 1105; *Lachmann,* Handbuch für die Schiedsgerichtspraxis, 3. Aufl., 2008; *Lionnet/Lionnett,* Handbuch der internationalen und nationalen Schiedsgerichtsbarkeit, 3. Aufl., 2004; *Loritz,* Probleme der Rechtskraft von Schiedssprüchen im deutschen Zivilprozeßrecht, ZZP 105, 1; *Schlosser,* Rechtsvergleichende Schlaglichter auf die BGH-Rechtsprechung zu Zentralfragen der rechtsstaatlichen Integrität der Schiedsgerichtsbarkeit, FS BGH, Bd. III, 2000, 399; *ders.* Schiedsgerichtsbarkeit und Rechtsmittel zu den staatlichen Gerichten, ZZP 92, 125; *ders.,* Die Unparteilichkeit des Schiedsrichteramtes, ZZP 93, 121; *Schütze,* Schiedsgericht und Schiedsverfahren, 4. Aufl., 2007; *Schwab/Walter,* Schiedsgerichtsbarkeit, 7. Aufl., 2005.

1. Einführung

Die Parteien können die Entscheidung eines Rechtsstreits 485
durch Schiedsvertrag den staatlichen Gerichten entziehen und einem privaten Gericht, dem *Schiedsgericht*, übertragen (§§ 1029 Abs. 1, 1030).

Es gibt verschiedene *Gründe* für die Vereinbarung einer Entscheidung im Schiedsverfahren. Das Schiedsverfahren geht *schneller* als das Verfahren vor den staatlichen Gerichten. Die Parteien können Personen zu Schiedsrichtern ernennen, die für bestimmte tatsächliche Fragen eine *größere Sachkunde* haben als die Richter der staatlichen Gerichte. Sie können schließlich mehr Interesse an einer Billigkeitsentscheidung haben als an einer Entscheidung nach den Normen des staatlichen Rechts. Diesen Vorteilen stehen Nachteile und Gefahren gegenüber. Die Schiedsrichter sind oft Vertreter von Parteiinteressen; sie haben nicht die Garantien der Unabhängigkeit wie die Richter der staatlichen Gerichte (vgl. *Franzen* a. a. O.).

Auch kann die unterschiedliche wirtschaftliche Stärke der Parteien dazu führen, dass die stärkere Partei der anderen ein Schiedsgericht aufdrängt. Das Gesetz versucht diese Gefahren durch eine Anzahl von Vorschriften abzuwenden.

Das Zehnte Buch der ZPO bildet den gesetzlichen Rahmen für einen solchen Schiedsvertrag, das Schiedsverfahren sowie den Schiedsspruch und die Vollstreckung eines solchen Schiedsspruches. Das Schiedsverfahrensrecht wurde durch das Gesetz zur Neuregelung des Schiedsverfahrensrechts vom 22. 12. 1997 (BGBl. I, 3224) vollständig verändert. Vielfach wurde das bis dahin geltende Recht als nicht mehr zeitgemäß angesehen und es für erforderlich erachtet, die Regelungen internationalen Rahmenbedingungen anzupassen. Die heutigen Bestimmungen folgen im Wesentlichen einem von der Kommission der Vereinten Nationen für Internationales Handelsrecht (UNCITRAL) ausgearbeiteten und von der UN-Vollversammlung im Jahre 1985 zur Annahme empfohlenen Modellgesetz. Mit der Übernahme seiner Bestimmungen für internationale wie für nationale Streitigkeiten sollte das deutsche Recht für internationale Schiedsverfahren an Attraktivität gewinnen und zudem insgesamt leichter handhabbar werden. Für Ausländer soll das Recht aufgrund seines internationalen Vorbildes eine Art „Wiedererkennungswert" haben (*Berger*, Das neue Recht der Schiedsgerichtsbarkeit, 1998, 2f.).

2. Der Abschluss des Schiedsvertrages

486 Der *Schiedsvertrag* kann nur über schiedsfähige Ansprüche abgeschlossen werden. Dies sind vermögensrechtliche Ansprüche sowie nichtvermögensrechtliche Ansprüche, über die die Parteien einen Vergleich schließen können (§ 1030 Abs. 1). Ausgeschlossen sind grundsätzlich Schiedsvereinbarungen über Mietverhältnisse von Wohnraum (§ 1030 Abs. 2; s. aber die Ausnahmen in § 549 Abs. 2 Nr. 1–3 BGB). Die Schiedsvereinbarung kann entweder in Form eines Vertrages *(Schiedsabrede)* oder als Klausel in einem Vertrag *(Schiedsklausel)* geschlossen werden (§ 1029 Abs. 2). Der Schiedsvertrag ist ein Vertrag, dessen *Wirkungen auf prozessualem Gebiet* liegen (unstr.); er ist deshalb nach richtiger Ansicht ein prozessualer Vertrag (str., *Jauernig/Hess* § 92 Rn. 12; *Rosenberg/ Schwab/Gottwald* § 175 Rn. 7 ff.; a. A. *Lorenz,* AcP 157, 277 ff.). Er kann über alle oder einzelne Rechtsstreitigkeiten abgeschlossen werden; diese müssen jedoch stets aus einem *bestimmten Rechtsverhältnis* – sei dies vertraglicher oder nichtvertraglicher Art – entstanden sein oder künftig entstehen (§ 1029 Abs. 1). Diese Beschränkung soll verhindern, dass eine Partei ihrem Gegenüber ein für allemal die Schiedsgerichtsbarkeit aufzwingt. Die Schiedsvereinbarung muss entweder in einem von den Parteien unterzeichneten Schriftstück oder in zwischen ihnen gewechselten Schreiben, Fernkopien oder dgl. enthalten sein (§ 1031 Abs. 1). Besonderheiten gelten für Vereinbarungen, an denen ein Verbraucher beteiligt ist (§ 1031 Abs. 5). Insoweit wird auch die Möglichkeit zur Schiedsklausel eingeschränkt (§ 1031 Abs. 5 S. 3). Formverstöße können jedoch durch Einlassung auf die schiedsgerichtliche Verhandlung zur Hauptsache geheilt werden (§ 1031 Abs. 6).

3. Die Wirkungen des Schiedsvertrages

487 Der Schiedsvertrag hat die *prozessuale Wirkung,* dass eine Klage (grds. auch im Urkundenprozess, s. *BGH* NJW 2006, 779, 780) vor dem staatlichen Gericht *unzulässig* wird. Wenn sich der Beklagte *darauf beruft,* muss die dort erhobene Klage *als unzulässig abgewiesen werden.* Das gilt jedoch nicht, wenn das Gericht die Nichtigkeit, Unwirksamkeit oder Undurchführbarkeit der Vereinbarung feststellt (§ 1032 Abs. 1). Der Beklagte muss die Schiedsvertragsabrede bis zum Beginn der mündlichen Verhandlung vorbringen, nicht aber innerhalb der Klageerwiderungsfrist

(§ 1032 Abs. 1 enthält insoweit eine Sonderregelung zu § 282 Abs. 3; s. auch BGHZ 147, 394, 396). *Materiell-rechtlich* folgt aus der Schiedsvereinbarung die Pflicht zur Mitwirkung und Förderung des Verfahrens und Unterlassung jeglicher Handlungen, die das Schiedsverfahren verhindern könnten (BGHZ 23, 200). Der Erhebung der Schiedseinrede kann im Einzelfall aber der Arglisteinwand entgegengesetzt werden (BGHZ 102, 199; s. Rn. 216).

Bis zur Konstituierung des Schiedsgerichts (§ 1035) kann jede Partei bei einem staatlichen Gericht die positive oder negative Feststellung über die Zulässigkeit des schiedsrichterlichen Verfahrens begehren (§ 1032 Abs. 2). Das Schiedsgericht bejaht nach Rüge der Unzuständigkeit gem. § 1040 Abs. 3 seine Zuständigkeit durch Zwischenentscheid (Zöller/*Geimer* § 1040, Rn. 8). Dagegen kann nach § 1040 Abs. 3 S. 2 eine Entscheidung des Oberlandesgerichts beantragt werden. Die Versäumung des Antrags nach § 1040 Abs. 3 S. 2 schließt den Einwand der Ungültigkeit im Aufhebungs- und Vollstreckbarerklärungsverfahren (§§ 1059 f.) aus (*BGH* MDR 2003, 890). Im Übrigen entscheidet das Schiedsgericht heute selbst über seine Zuständigkeit und über das Bestehen und die Gültigkeit des Schiedsvertrages (§ 1040 Abs. 1), ohne dass jedoch seine Erkenntnis die staatlichen Gerichte binden würde. Gegen einen hierzu ergangenen schiedsrichterlichen Zwischenbescheid kann eine gerichtliche Entscheidung beantragt werden (§ 1040 Abs. 3).

Vom Schiedsvertrag ist der *Schiedsgutachtervertrag* zu unterscheiden. Der Schiedsgutachter soll nicht den Rechtsstreit entscheiden, sondern nur bestimmte *entscheidungserhebliche Tatsachen feststellen* (etwa das Vorliegen eines Sachmangels). „Als zur Zeit unbegründet" ist die Klage abzuweisen, wenn der beweispflichtige Kläger die rechtserhebliche Tatsache, die durch Gutachter festzustellen ist, nicht durch Vorlage eines Schiedsgutachtens nachweist (*BGH* JZ 1988, 1080, 1082 m. krit. Anm. *Walter*). Auf das Schiedsgutachten sind die §§ 317 ff. BGB, vor allem § 319 BGB anzuwenden. Ob eine Schiedsvereinbarung oder ein Schiedsgutachtervertrag geschlossen wurde, bestimmt sich nach dem Willen der Parteien. Maßgeblich ist, welche Wirkung die Entscheidung des Schiedsorgans haben soll.

4. Die Schiedsrichter

488 Die Parteien können das Verfahren zur *Bestellung des Schiedsrichters* oder der Schiedsrichter vereinbaren (§ 1035 Abs. 1). Fehlt es an einer solchen Abrede, so wird ein Einzelschiedsrichter, wenn die Parteien sich über seine Bestellung nicht einigen können, auf entsprechenden Antrag einer Partei durch das Gericht bestellt. In schiedsrichterlichen Verfahren mit drei Schiedsrichtern bestellt jede Partei einen Schiedsrichter und beide Parteien als Vorsitzende des Schiedsgerichts eine dritte Person. Auch hier kann eine Bestellung durch das Gericht bei fehlender Einigung der Parteien erfolgen (für Einzelheiten s. § 1035 Abs. 3). Zum Schiedsrichter kann nur eine natürliche Person bestellt werden (*Jauernig/Hess* § 92 Rn. 15); sie muss den von den Parteien vorgeschriebenen Voraussetzungen entsprechen (vgl. § 1035 Abs. 5). Die Zahl der Schiedsrichter kann von den Parteien vereinbart werden und beträgt drei Personen, wenn es an einer Absprache hierüber fehlt. Unter bestimmten Voraussetzungen, die berechtigte Zweifel an der Unparteilichkeit und Unabhängigkeit des Schiedsrichters wecken, kann ein Schiedsrichter abgelehnt werden (§ 1036 Abs. 2). Das Gesetz bietet in § 1037 ein Verfahren der Ablehnung an, soweit die Parteien nicht Abweichendes vereinbart haben. Für den Fall, dass die Schiedsvereinbarung einer Partei bei der Zusammensetzung des Schiedsgerichts ein Übergewicht einräumt, das sich nachteilig für die andere Partei auswirkt, kann durch Mitwirkung des Gerichts ein Ausgleich hergestellt werden (§ 1034 Abs. 2; dazu *BGH* JZ 2008, 358 m. Anm. *Mäsch*).

5. Das Verfahren vor dem Schiedsgericht

489 Über das *Verfahren* können die Parteien Vereinbarungen treffen, die sich allerdings im Rahmen bestimmter gesetzlicher Vorgaben halten müssen (§ 1042). Zwingend ist etwa, dass den Parteien rechtliches Gehör gewährt wird und das Gericht den Grundsatz der Gleichbehandlung beachtet (§ 1042 Abs. 1). Auch dürfen Rechtsanwälte als Bevollmächtigte nicht vom Verfahren ausgeschlossen werden (§ 1042 Abs. 2). Fehlt es an einer Vereinbarung der Parteien über das Verfahren, so gelten die gesetzlichen Bestimmungen der §§ 1043 f. Nur soweit auch diese keine Regelung treffen, ist das Schiedsverfahren nach dem freien Ermessen des Schiedsgerichts durchzuführen (§ 1042 Abs. 4 S. 1). Im Vergleich zu den früheren Vorschriften enthält das geltende Schiedsverfahrensrecht zahlreiche ausführlich ausgestaltete Verfahrensvorschriften. So finden sich (dispositive) Regeln über den Beginn des schiedsrichterlichen Verfahrens (§ 1044), den Inhalt von Klage und Klagebeantwortung (§ 1046), die Form des Verfahrens (mündliche Verhandlung oder schriftliches Verfahren, § 1047) und auch über die Beweisaufnahme (§§ 1049, 1050). Nach wie vor gilt, dass Zeugen und Sachverständige nur auf freiwilliger Basis vernommen werden können. Erscheinen sie vor dem Schiedsgericht nicht, so kann gem. § 1050 das Schiedsgericht oder eine Partei mit Zustimmung des Schiedsgerichts bei dem staatlichen Gericht Unterstützung bei der Beweisaufnahme beantragen. Das staatliche Gericht geht entsprechend der Verfahrensvorschriften vor, die für seine Beweisaufnahme gelten. Die Schiedsrichter dürfen an einer solchen gerichtlichen Beweisaufnahme teilnehmen und Fragen stellen (§ 1050 S. 3).

Die Parteien können das anzuwendende Recht oder die Rechtsordnung eines bestimmten Staates bezeichnen, nach dem sie die Streitigkeit entschieden sehen wollen. Fehlt es an einer solchen Bestimmung, so hat das Schiedsgericht das Recht des Staates anzuwenden, mit dem der Gegenstand des Verfahrens die engsten Verbindungen aufweist (§ 1051 Abs. 2). Eine Entscheidung nach Billigkeit ist dem Schiedsgericht nur gestattet, wenn es die Parteien hierzu ausdrücklich ermächtigt haben (§ 1051 Abs. 3).

6. Der Schiedsspruch

Das Verfahren endet regelmäßig mit einem *Schiedsspruch* (§ 1056 Abs. 1). In gesetzlich näher bestimmten Situationen (§ 1056 Abs. 2) kann das Schiedsgericht durch konstitutiven Beschluss auch das Vorliegen eines anderen Beendigungsgrundes feststellen. Im Schiedsspruch kann entweder das Schiedsverfahren als unzulässig abgewiesen oder zur Sache entschieden werden. Vergleichen sich die Parteien während des Verfahrens, so beendet das Schiedsgericht das Verfahren (§ 1053 Abs. 1). Auf entsprechenden Antrag der Parteien hält es den Vergleich in der Form eines *Schiedsspruchs mit vereinbartem Wortlaut* fest (§ 1053 Abs. 1).

Der Schiedsspruch – auch ein solcher mit vereinbartem Inhalt – (zur Form vgl. § 1054) hat unter den Parteien die *Wirkungen eines rechtskräftigen gerichtlichen Urteils* (§ 1055). Die Zwangsvollstreckung ist aber erst möglich, wenn der Schiedsspruch durch die staatlichen Gerichte für *vollstreckbar* erklärt worden ist (§§ 1060, 1062 ff.). Hierfür sind die Oberlandesgerichte zuständig. Sie entscheiden durch Beschluss (§ 1063 Abs. 1). Der Staat stellt seine Vollstreckungsorgane also nur dann zur Verfügung, wenn ein staatliches Gericht festgestellt hat, dass der Schiedsspruch ordnungsgemäß erlassen worden ist. Ist dies nicht der Fall, wird der Antrag abgelehnt und der Schiedsspruch aufgehoben (§§ 1060 Abs. 2, 1059 Abs. 2).

7. Ausländische Schiedssprüche

491 Ausländische Schiedssprüche, d. h. solche, deren Ort des Schiedsverfahrens nicht in Deutschland liegt, sind gem. § 1061 anzuerkennen und für vollstreckbar zu erklären. Die Bestimmung verweist auf das Übereinkommen vom 10. Juni 1958 über die Anerkennung und Vollstreckung ausländischer Schiedssprüche (BGBl. 1961 II, 121). Somit richtet sich nunmehr die Anerkennung solcher Schiedssprüche einheitlich nach dieser Konvention, es sei denn, in anderen Staatsverträgen ist Abweichendes vereinbart (§ 1061 Abs. 1 S. 2).

8. Die Aufhebung des Schiedsspruches

492 Die Parteien haben gegen einen Schiedsspruch kein Rechtsmittel. Ihnen bleibt lediglich die Möglichkeit, bei dem staatlichen Gericht gem. § 1059 Abs. 1 die gerichtliche Aufhebung des Schiedsspruches aus den im Gesetz im Einzelnen aufgeführten Gründen zu beantragen (§ 1059 Abs. 2). Sie können diese Gründe statt mit einer besonderen Klage auch als Einwendung gegen die Vollstreckbarerklärung vorbringen. Gegen die Entscheidung des Oberlandesgerichts ist die Rechtsbeschwerde statthaft (§ 1065).

II. Schlichtungsstellen nach Landesrecht

492a Allgemeine Streitschlichtungsstellen nach Landesrecht existieren in allen Bundesländern mit Ausnahme von Baden-Württemberg, Bayern, Bremen und Hamburg. Als mit der Gütetätigkeit betraute Stellen sind die *Schiedsämter* (z. B. in Hessen, Schiedsamtsgesetz vom 23. 3. 1994 [GVBl. I, 148] und Rheinland-Pfalz, Schiedsamtsordnung vom 12. 4. 1991 [GVBl., 209]), oder *Schieds-*

stellen (Gesetz über die Schiedsstellen in den Gemeinden vom 13. 9. 1990 [GBl. DDR I, 1527], Weitergeltung nach Einigungsvertrag; neuerliche landesrechtliche Regelungen z. B. in Brandenburg, Schiedsstellengesetz vom 21. 11. 2000 [GVBl. I, 158], und in Sachsen, Sächsisches Schieds- und Gütestellengesetz vom 27. 5. 1999 [GVBl., 247]) und die Schlichtungsorgane *berufsständiger Einrichtungen* (etwa die der Handwerksinnung, z. B. Kfz-Schiedsstellen, sowie Handwerks- und Ärztekammern) zu nennen. Die hier tätigen Schiedsmänner und Schiedsfrauen (in Sachsen: Friedensrichter und Friedensrichterinnen) können fakultativ vorgerichtlich von den Parteien zur Durchführung eines Schlichtungsverfahrens angerufen werden. Dieses hat eine vergleichsweise Regelung der Streitigkeit zum Ziel (siehe auch *Müller,* DtZ 1992, 18). Es setzt den Antrag einer Partei voraus. Die Parteien haben zur mündlichen Schlichtungsverhandlung persönlich zu erscheinen. Die Verhandlung ist nicht öffentlich. Jede Partei kann in der Güteverhandlung mit einem Rechtsanwalt oder sonstigem Beistand erscheinen. In diesem Zusammenhang ist auf die Deutsche Verbindungsstelle für Schlichtung beim Europäischen Verbraucherzentrum Deutschland in Kehl (www.euroinfo-kehl.com) hinzuweisen, die als bundesweite Kontakt- und Anlaufstelle für grenzüberschreitende Streitigkeiten mit Vertragspartnern im EU-Ausland eingerichtet wurde.

Die erfolglose Durchführung eines Verfahrens vor der Schlichtungsstelle ist mangels entsprechender Vorschrift (zu der Ausnahme des § 15 a EGZPO i. V. mit den Landesgesetzen: Rn. 492 c) grundsätzlich keine Voraussetzung für die Erhebung der Klage (*Kissel,* NJW 1991, 945 f.). Die Inanspruchnahme der Schiedsstellen ist fakultativ; sie bieten eine Rechtsschutzmöglichkeit (*Müller,* DtZ 1992, 18). Die vor den bezeichneten Schlichtungsstellen abgeschlossenen Vergleiche sind keine Vollstreckungstitel i. S. des § 794 Abs. 1 Nr. 1 (Zöller/*Heßler* § 15 a EGZPO Rn. 21), aber ggf. Vollstreckungstitel kraft Landesrecht gem. § 801 (Stein/Jonas/ *Münzberg* § 801 Rn. 2). Haben die Parteien jedoch eine *vertragliche Schlichtungsklausel* vereinbart, müssen sie sich, bevor sie prozessieren, vor einer Schlichtungsstelle treffen. Wird entgegen einer solchen Vereinbarung geklagt, bildet die vertragliche Schlichtungsklausel ein Prozesshindernis, so dass die Klage (bei entsprechender Rüge des Beklagten) durch Prozessurteil als derzeit unzulässig abzuweisen ist (*BGH* ZZP 99, 90 m. Anm. *Prütting*). Hat jedoch nach Anrufen der Schlichtungsstelle selbige eine Vermittlung abgelehnt oder ist der Schlichtungsversuch fehlgeschlagen, verbietet es die Rechtskraft des Prozessurteils nicht länger, erneut zu klagen (*Schellhammer* Rn. 138).

III. Besondere Schlichtungsstellen

492b Daneben existieren weitere besondere Schlichtungsstellen, die in bestimmten Situationen eine gütliche Streitbeilegung fördern sollen. Sie sind teilweise privat organisiert. Zu nennen sind beispielsweise die Schlichtungsstelle für den öffentlichen Personenverkehr (e. V.), die Schlichtungsstelle für Telefondienste der Bundesnetzagentur (§ 47a TKG), die Reiseschiedsstelle des Vereins zur Förderung alternativer Streitschlichtung im Reiserecht (e. V.), das Ombudsmannverfahren beim Bundesverband deutscher Banken (bei bestimmten Streitigkeiten zwischen Bank und Kunde), der Verein Versicherungsombudsmann (e. V.) und die Schlichtungsstelle des Vereins sicherer und seriöser Internetshopbetreiber (e. V.). Von staatlicher Seite ist weiterhin eine Schlichtungsstelle auf dem Energiemarkt und im Luftverkehr geplant. Die Inanspruchnahme der bestehenden Schlichtungsstellen ist ebenfalls fakultativ und keine Voraussetzung für eine Klageerhebung. Die Verfahrensordnungen sehen in der Regel den Ausschluss der Schlichtung für den Fall vor, dass die Sache bereits an einem Gericht anhängig ist. Umgekehrt ersetzt aber ein Schlichtungsversuch bei der Schlichtungsstelle der Bundesnetzagentur ein ggf. bestehendes Erfordernis einer Schlichtung nach § 15a Abs. 1 EGZPO (dazu sogleich). Sie ist sonstige Gütestelle im Sinne von § 15a Abs. 3 EGZPO (s. § 1 Abs. 2 der Schlichtungsordnung gemäß § 47a Abs. 4 TKG).

IV. Obligatorisches außergerichtliches Streitschlichtungsverfahren gem. § 15a EGZPO

Literatur: *Becker/Nicht,* Einigungsversuch und Klagezulässigkeit, ZZP 120, 159; *Deckenbrock/Jordans,* Neue Entwicklungen bei der obligatorischen Streitschlichtung nach § 15a EGZPO, MDR 2009, 1202.

492c Mit der Öffnungsklausel des § 15a EGZPO wird der Landesgesetzgeber ermächtigt, für bestimmte Rechtsstreitigkeiten die erfolglose Durchführung eines außergerichtlichen Streitschlichtungsverfahrens zur *Sachurteilsvoraussetzung* für eine Klage zu erheben (Rn. 1, 3, 153 a). Teilweise befristet haben mittlerweile neun Bundesländer (Baden-Württemberg, Bayern, Brandenburg, Hessen, Nordrhein-Westfalen, Saarland, Sachsen-Anhalt, Schleswig-Holstein und Rheinland-Pfalz; s. *Schönfelder*, Deutsche Gesetze, Ergänzungsband, Nr. 104 ff.) entsprechende Landesausführungsgesetze erlassen, andere (z. B. Hamburg, Sachsen und Niedersachsen) wollen zunächst die weitere Entwicklung abwarten und auf Erfahrungen der tätig gewordenen Länder zurückgreifen. Ob der eingeschlagene Weg tatsächlich eine nachhaltige Entlastung der Justiz mit sich bringt, darf weiterhin angezweifelt werden (krit. auch *B/L/A/H* § 15 a EGZPO Rn. 1).

Nach § 15 a Abs. 6 S. 2 EGZPO sind die vor einer Gütestelle geschlossenen Vergleiche vollstreckbar (§ 794 Abs. 1 Nr. 1). Die Einrichtung oder Anerkennung von Gütestellen i. S. dieser Vorschrift wurde den Landesjustizverwaltungen anheim gestellt (s. zu der unterschiedlichen Umsetzung *Greyer*, NJW 2011, 1478). Einige Länder (z. B. Brandenburg und Nordrhein-Westfalen) haben auf bereits nach dem Landesrecht vorhandene Streitschlichtungsstellen (vgl. Rn. 492 a) zurückgegriffen und diese mit der Gütetätigkeit i. S. d. § 15 a EGZPO betraut. Darüber hinaus sieht § 15 a Abs. 6 S. 1 EGZPO die Möglichkeit vor, weitere Personen oder Einrichtungen (z. B. Notare, Rechtsanwälte) als Gütestellen anzuerkennen. 492d

V. Der Anwaltsvergleich

Schließen die Parteien unter Mitwirkung ihrer Rechtsanwälte einen außergerichtlichen Vergleich (Unterschrift der Parteien und ihrer Anwälte erforderlich), so gelten für diesen sog. Anwaltsvergleich hinsichtlich seiner Vollstreckung besondere Bestimmungen (§§ 796 a, b). Zuständig ist das Amtsgericht, bei dem eine der Parteien im Zeitpunkt des Vertragsschlusses ihren allgemeinen Gerichtsstand hat. Bei Einverständnis der Parteien kann der Vergleich aber auch von einem Notar in Verwahrung genommen und für vollstreckbar erklärt werden (§ 796 c). Es bedarf also zur Durchsetzung eines Anspruchs aus einem solchen Vergleich keiner Klage (für Einzelheiten *Ziege*, NJW 1991, 1580). Mit diesen Regeln soll die außergerichtliche Streitbeilegung gefördert und eine Entlastung der Zivilgerichte erreicht werden. Ein solcher außergerichtlicher Vergleich kann auch neben einem laufenden 492e

452　12. Kapitel. Besondere Verfahrensarten

Rechtsstreit geschlossen werden. Dessen Kosten sind aber nur erstattungsfähige Kosten des Rechtsstreits, wenn dies von den Parteien vereinbart wurde (*BGH* NJW 2009, 519).

VI. Mediation

Literatur: *Greger,* Gerichtsinterne Mediation, Regelungsempfehlungen vor dem Hintergrund der Pilotprojekte an deutschen Gerichten, RabelsZ 74, 781; *ders.,* Qualitätssicherung der Mediation im internationalen Vergleich, JZ 2011, 229; *Haft/Schlieffen,* Handbuch Mediation, 2009; *Hess,* Perspektiven der gerichtsinternen Mediation in Deutschland, ZZP 124, 137; *König,* Mediation – eine Schlüsselqualifikation, Jura 2008, 416; *Probst,* Mediation und Recht – zur Umsetzung der EU-Mediationsrichtlinie, JR 2009, 265; *Prütting,* Ein Plädoyer gegen Gerichtsmediation, ZZP 124, 163: *Unberath,* Auf dem Weg zu einer differenzierten Streitkultur – Neue gesetzliche Rahmenbedingungen für eine alternative Konfliktlösung, JZ 2010, 975; *Wagner,* Grundstrukturen eines deutschen Mediationsgesetzes, RabelsZ 74, 794.

492f Mediation ist eine freiwillige, fallspezifische, nicht förmliche Verhandlungsform zwischen Streitparteien, in der diese, unterstützt und gefördert durch einen neutralen Dritten (Mediator), eigenverantwortlich eine Konfliktlösung erarbeiten. Dabei steht nicht die Verwirklichung materiellen Rechts im Vordergrund, sondern die Realisierung von Bedürfnissen durch einen für beide Seiten vorteilhaften Kompromiss (sog. Win-Win-Lösung). Nicht nur der deutsche Gesetzgeber ist bemüht diese Art der Streitbeilegung zu fördern. Die Richtlinie 2008/52/EG über bestimmte Aspekte der Mediation in Zivil- und Handelssachen (Abl. L 136, S. 3) enthält bereits einige Vorgaben. Sie gilt bei grenzüberschreitenden Streitigkeiten für Zivil- und Handelssachen (Art. 1 Abs. 2 der Richtlinie). Im Zuge der Umsetzung dieser Richtlinie beabsichtigt der Gesetzgeber darüber hinausgehende Regelungen zum Mediationsverfahren für Inlandssachverhalte zu schaffen (RegE, BT-Drs. 17/5335). Das geplante Mediationsgesetz (Mediations-G-E) trifft dabei nur wenige Regelungen, wie bspw. Verfahrensgrundsätze und Minimalanforderungen an den Mediator (§§ 2, 3 und 5 MediationsG-E). Darüber hinaus sind Bestimmungen zur Verschwiegenheitspflicht enthalten (§ 4 MediationsG-E). Schließlich definiert es den Begriff der Mediation (§ 1 Abs. 1 S. 1 MediationsG-E) und die verschiedenen Formen der Mediation (außergerichtliche, gerichtsnahe und gerichtsinterne Mediation; § 1 Abs. 1 S. 2 MediationsG-E). Die gerichtsinterne Mediation in Zi-

vilsachen würde eine entsprechende Landesverordnung voraussetzen (RegE, BT-Drs. 17/5335, 6).
Die Position des Mediators entspricht am ehesten der eines Richters. Er muss unparteiisch handeln und darf keine Interessen vertreten. Das verlangt unter anderem, dass der Mediator unter Zurückhaltung eigener Bewertungen die Parteien auf die gleiche Art und Weise behandelt, auf sie ausgeglichen eingeht und ihre Bedürfnisse und Interessen im selben Maße berücksichtigt. Der Mediator vertritt also keine Interessen, sondern findet seine Aufgabe darin, diejenigen der Parteien herauszufinden, um eine ergebnisorientierte Streitführung, wie sie vor Gericht erfolgt, zu verhindern. Mediatoren tragen deshalb schwerpunktmäßig die Verantwortung für den *Verlauf* der Verhandlung, nicht hingegen für deren Ergebnis, was dann auch der entscheidende Unterschied gegenüber Richtern ist. Hier legen die Parteien ihren Konflikt autonom bei. Sie entschieden über alles selbst. Der Mediator kann und darf das nicht. Er hat weder eine eigene Entscheidungskompetenz, noch unterbreitet er Vergleichsvorschläge, weshalb er auch kein Schiedsrichter ist. Deshalb müssen die Parteien ihn nicht überzeugen, sondern tragen ihren Konflikt „lediglich" unterstützt durch ihn über ihn aus.
Das Verfahren einer Mediation verläuft dabei normalerweise wie folgt (wobei es hierfür kein einzuhaltendes festes Schema oder Regeln gibt): Zunächst klären die Parteien mit dem Mediator in einem gemeinsamen Gespräch den Verfahrensrahmen und statuieren ihn im Mediationsvertrag. Dazu gehören u. a. Bestimmungen über die Neutralität des Mediators, die Verfahrensregeln bzgl. des Umgangs miteinander, die beabsichtigte Verfahrensweise sowie die Kostentragung. Daraufhin werden die Sachverhaltsrelevanten Informationen ausgetauscht, um die Sachlage zu ermitteln. Diese Ausführungen zeigen dann regelmäßig die unvereinbaren Positionen der Parteien auf. Vor Gericht würde hier der Streit über Positionen beginnen. Der Mediator aber, der diesen zu verhindern sucht, lenkt anschließend sein Augenmerk und die Verhandlungen auf die hinter den Positionen verborgenen Interessen. Diese werden dann von den Parteien, anders als vor Gericht, auch geäußert, da ihnen aufgrund der machtlosen Stellung des Mediators keinerlei Nachteile durch die Preisgabe solcher Informationen droht. Ab dieser Phase kann sich die Mediation dadurch aber auch in Einzelgespräche verlagern, um dem jeweiligen Gegner eventuell un-

erwünschte Informationen nicht zukommen zu lassen. Insoweit dürfte dem Mediator ein Zeugnisverweigerungsrecht nach § 383 Abs. 1 Nr. 6 zustehen. Danach werden von den Parteien alle noch so unwahrscheinlich klingenden Problemlösungsmöglichkeiten gesammelt, später sondiert, abgewogen und durchgespielt, was schließlich bei einer erfolgreichen Mediation in Form einer Einigung und deren rechtlicher Gestaltung münden kann und soll.

Auf diese Art ist eine schnelle, effektive Konfliktlösung möglich. Die so geschlossene Vereinbarung soll nach den Plänen des Gesetzgebers auch von einem Amtsgericht oder Notar für vollstreckbar erklärt werden können (RegE, BT-Drs. 17/5335, 7). Ob diese Möglichkeit zu einer größeren Akzeptanz und Verbreitung der Mediation in Deutschland führen kann, wird man abwarten müssen (eine Förderung sieht *Wagner*, RabelsZ 74, 794, 839). Unabhängig davon ist eine freiwillige Erfüllung – jedenfalls bei Zahlungsfähigkeit – jedoch wegen der durch die gemeinsame Erarbeitung bestehenden Akzeptanz der getroffenen Regelung zu erwarten. Anwendung findet die Mediation vor allem in familienrechtlichen (s. §§ 135, 156 Abs. 1 S. 3 FamFG) und nachbarrechtlichen Streitigkeiten sowie im Wirtschafts- und Arbeitsrecht. Bei allen Vorteilen die ein Mediationsverfahren bietet, ist sie jedoch nicht für alle in Streit stehenden Sachverhalte geeignet. Klare Fälle von Rechtsverletzungen oder unüberwindbare Einigungshindernisse (*Unberath*, JZ 2010, 975, 976) sowie deutliche Machtgefälle zwischen den Parteien (so *Hopf*, zit. nach *Wendenburg*, RabelsZ 74, 882, 887) sind in der Regel für eine solche Streitschlichtung ungeeignet. Hier wollen die Parteien in aller Regel ihr Recht im staatlichen Verfahren durchsetzen.

§ 51. Kostenrecht

Literatur: *Bauerschmidt*, Der materiell-rechtliche Anspruch auf Erstattung von Rechtsanwaltskosten, JuS 2011, 601; *Frechen*, Fremdfinanzierung von Prozessen gegen Erfolgsbeteiligung, NJW 2004, 1213; *Gieseler*, Anwaltliches Erfolgshonorar – Berufsbild und Berufsethos, JR 2005, 221; *Hartmann*, Kostengesetze, 41. Aufl., 2011; *Keller*, Grundzüge der Kostenerstattung im Zivilprozess, Jura 2011, 448; *Kroiß*, Das neue Rechtsanwaltsvergütungsgesetz, JuS 2004, 679; *Nöhre*, Der Streitwert im Zivilprozess – ein Überblick, JA 2006, 793; *Schütt*, Änderungen im Kostenfestsetzungsverfahren durch das Zivilprozeßreformgesetz, MDR 2001, 1278; *Steenbuck*, Geltendmachung außergerichtlicher Anwaltskosten im Zivilprozess, MDR 2006, 423; *Stoffregen*, Der zivilprozessuale Kostenerstattungsanspruch und seine Durchsetzung nach den §§ 103 ff. ZPO, JuS 2010, 401; *Vogeler*, Das anwaltliche Erfolgshonorar, JA 2011, 312.

I. Die Gerichtskosten

Das gerichtliche Verfahren ist nicht kostenlos. Der Staat verlangt für das Tätigwerden der Gerichte die sog. *Gerichtskosten.* Diese haben den Zweck, den *Aufwand der Rechtspflege* so weit wie möglich zu decken. Außerdem ist die Höhe der Kosten ein wichtiges Mittel, um die *Belastung der Gerichte* zu steuern. Zu hohe Kosten können dagegen die Rechtsverfolgung für weite Kreise unmöglich machen. Die Bestimmung der Höhe der Gerichtskosten ist deshalb sehr schwierig und von erheblichen Auswirkungen.

493

Für das geltende Kostenrecht sind zwei Rechtsbeziehungen zu unterscheiden: *von wem* kann der Staat die *Gerichtskosten* beanspruchen; welche von den Parteien trägt die Kosten *im Ergebnis*. Hinzu kommt noch die Rechtsbeziehung jeder Partei zu ihrem *Rechtsanwalt*.

Die Gerichtskosten trägt der *Antragsteller*, also der Kläger oder Rechtsmittelkläger (§ 22 Abs. 1 GKG). Wenn er jedoch obsiegt hat und dem Gegner die Kosten auferlegt worden sind, haftet dieser als *Erstschuldner* (§§ 31 Abs. 2, 29 Nr. 1 GKG). Die Gerichtskosten bestehen aus *Gebühren* und *Auslagen*. Die Gebühren sind *pauschaliert*. Sie werden grundsätzlich nach § 6 GKG im voraus für das gesamte Verfahren erhoben (Gebühr für das Verfahren im Allgemeinen) und ermäßigen sich bei unstreitiger Erledigung. Die Berechnung erfolgt nach der *Höhe des Streitwertes*, ohne Rücksicht auf den tatsächlichen Arbeitsaufwand.

Die Berechnung des Streitwertes erfolgt nach §§ 39 ff. GKG. Die Anzahl der Gebühren ergibt sich aus der Anlage 1 (zu § 3 Abs. 2 GKG), dem *Kostenverzeichnis*, ihre Höhe aus der Tabelle in § 34 Abs. 1 GKG bzw. Anlage 2 (zu § 34 Abs. 1 S. 2 GKG). Die Auslagen (etwa Dokumentenpauschale, Portogebühren usw.) werden nach Nr. 9000 ff. des Kostenverzeichnisses erhoben.

II. Die Rechtsanwaltsgebühren

Der Beziehung der Parteien zu ihrem Rechtsanwalt liegt ein *Dienstvertrag* mit i. d. R. Geschäftsbesorgungscharakter (§ 675

494

BGB) zugrunde (s. Rn. 79). Die *Vergütung* der Rechtsanwälte erfolgt nach dem RVG. In Aufbau und Struktur ist das RVG, anders als die frühere BRAGO, an die übrigen Kostengesetze, insbesondere das GKG angelehnt. Es sind feste Gebühren für bestimmte Tätigkeiten des Rechtsanwalts ohne Rücksicht auf den tatsächlichen Arbeitsaufwand, aber gestaffelt nach dem Gegenstandswert vorgesehen. Die einzelnen Gebührentatbestände sind dem Gesetz in einem tabellarischen *Vergütungsverzeichnis* (VV-RVG) als Anlage 1 zu § 2 Abs. 2 RVG angefügt. Das Verzeichnis weist die Gebühren als *Dezimalgebühren* oder in *Gebührensätzen* aus. Die Berechnung der Gebührenhöhe aus den Dezimalgebühren ist in § 13 RVG in Abhängigkeit vom Gegenstandswert bestimmt. Z.B. erhält der Anwalt bei außergerichtlicher Vertretung grundsätzlich eine Geschäftsgebühr (Nr. 2400 VV-RVG), im gerichtlichen Rechtsstreit eine Verfahrensgebühr (Nr. 3100 VV-RVG) und eine Terminsgebühr (Nr. 3104 VV-RVG) sowie in beiden Fällen ggf. eine Einigungsgebühr (Nr. 1000 VV-RVG). Für Letztere ist kein Vergleich mit dem Erfordernis des gegenseitigen Nachgebens nach § 779 BGB erforderlich, sondern lediglich ein Vertrag, durch den der Streit oder eine Ungewissheit beseitigt wird. Die erstattungsfähigen *Auslagen* des Rechtsanwalts sind in Nr. 7000 ff. VV-RVG aufgezählt. Die Partei kann mit dem Rechtsanwalt von der gesetzlichen Vergütung *abweichende Vereinbarungen* treffen (s. § 3a RVG). *Erfolgshonorare* (z.B. 30 Prozent des durch den Prozess erlangten Geldbetrages) sind dagegen zwar nicht mehr generell standes- und sittenwidrig (s. *BVerfG* NJW 2007, 979), jedoch nur in den engen Grenzen von § 49b Abs. 2 BRAO i.V.m. §§ 4a, 4b RVG im Einzelfall zulässig, wenn der Auftraggeber aufgrund seiner wirtschaftlichen Verhältnisse bei verständiger Betrachtung ohne die Vereinbarung eines Erfolgshonorars von der Rechtsverfolgung abgehalten würde (§ 4a Abs. 1 S. 1 RVG; s. allg. *Vogeler*, JA 2011, 321). Der Rechtsanwalt soll grundsätzlich kein Eigeninteresse am Prozessausgang haben – die normalen Gebühren bekommt er auch, wenn seine Partei den Prozess verliert (s. aber jetzt § 4a Abs. 1 S. 2 RVG).

§ 51. Kostenrecht

Übersicht: Prozesskosten

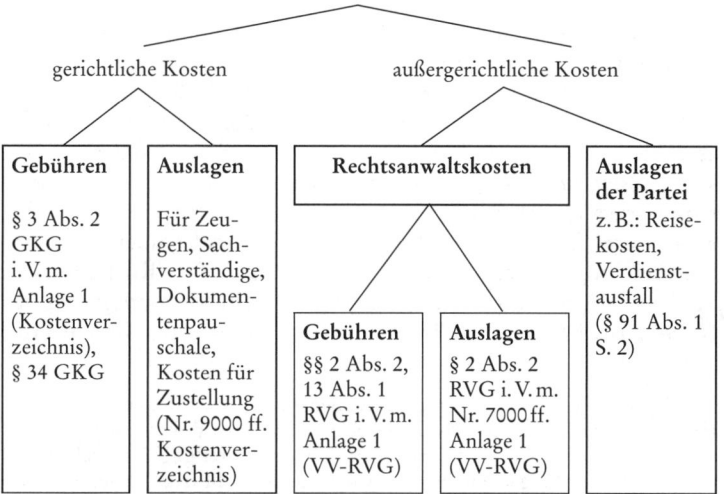

III. Die Kostenentscheidung

Wer die Gerichts- und Anwaltskosten (und die Auslagen) *im Ergebnis* zu tragen hat, wird durch das Gericht in einer grundsätzlich einheitlichen Kostenentscheidung bestimmt (für Ausnahmen s. §§ 344, 94–97 Abs. 1, 281 Abs. 3 S. 2). Diese *Kostenentscheidung* erfolgt *von Amts wegen* (§ 308 Abs. 2) nach den §§ 91 ff. und kann nur zusammen mit dem Urteil angefochten werden (§ 99 Abs. 1; für eine Ausnahme s. *BAG* NJW 2006, 461). Danach gilt als Grundsatz, dass der *Unterliegende* die Kosten zu tragen hat, soweit sie zur zweckentsprechenden Rechtsverfolgung oder Rechtsverteidigung notwendig waren (§ 91 Abs. 1 S. 1).

Dies ist immer der Fall bei Hinzuziehung eines Rechtsanwaltes. Der obsiegende Kläger kann also vom Beklagten sowohl die Erstattung der Gerichtskosten als auch die Kosten seines Rechtsanwaltes verlangen. Die prozessuale Kostentragungspflicht trifft auch die prozessunfähige Partei (BGHZ 121, 397; *BGH* NJW 1992, 2575) oder die nicht parteifähige Partei, soweit ihre Parteifähigkeit Gegenstand des Rechtsstreits ist (*BGH* MDR 2004, 1134). Wenn jede Partei teils obsiegt, teils unterliegt, sind die Kosten gegeneinander aufzuheben oder verhältnismäßig zu teilen (§ 92 Abs. 1; für Ausnahmen s. Abs. 2). Hat der Beklagte nicht durch sein Verhalten zur Klageerhebung Anlass gegeben und

495

erkennt er den Anspruch sofort an, so fallen die Kosten dem Kläger zur Last (§ 93). Legt eine Partei ohne Erfolg ein Rechtsmittel ein, so fallen ihr auch diese Kosten zur Last (§ 97 Abs. 1; vgl. Abs. 2 bei einem Obsiegen der Partei).

496 Mit dieser Kosten(grund)entscheidung entsteht der prozessuale *Kostenerstattungsanspruch* der Partei gegen den unterlegenen Gegner. Er unterliegt der dreißigjährigen Verjährungsfrist des § 197 Abs. 1 Nr. 3 BGB (*BGH* NJW 2006, 1962). Seine Höhe steht aber noch nicht fest. Diese setzt erst der *Rechtspfleger* im sog. *Kostenfestsetzungsverfahren* durch den *Kostenfestsetzungsbeschluss* fest (§ 104 Abs. 1 S. 1). Die Kostenentscheidung erfolgt also *in zwei Abschnitten;* das Gericht entscheidet über den Kostenerstattungsanspruch *nur dem Grunde nach.* Der Kostenfestsetzungsbeschluss des Rechtspflegers ist ein *Vollstreckungstitel* (§ 794 Abs. 1 Nr. 2). Als Rechtsmittel ist die sofortige Beschwerde zulässig (§ 104 Abs. 3 S. 1).

497 Es ist streitig, ob neben dem prozessualen Kostenerstattungsanspruch noch ein solcher aus *materiellem* Recht gegeben ist. Man wird dies jedenfalls insoweit verneinen müssen, als der prozessuale Kostenerstattungsanspruch als abschließende Regelung anzusehen ist. Aufwendungen, die dem Kläger nach den Vorschriften des Kostenrechts nicht ersetzt werden, kann er nicht aufgrund materiellen Rechts ersetzt verlangen (BGHZ 52, 393).

§ 52. Die Prozesskostenhilfe

Literatur: *Fischer,* PKH-Prüfungsverfahren – Verweigerung der PKH bei Zurückhaltung von Einwänden?, MDR 2006, 661; *Henke,* Verfassungsrechtliche Anforderungen an fachgerichtliche Prozesskostenhilfeentscheidungen, ZZP 123, 193; *Kalthoener/Büttner/Wrobel-Sachs,* Prozess- und Verfahrenskostenhilfe, Beratungshilfe, 5. Aufl., 2010; *Gsell/Mehring,* Kompetenzkonflikte bei Prozeßkostenhilfeverfahren bei Zivilgerichten, NJW 2002, 1991; *Nickel,* Schweigen als mutwillige Rechtsverfolgung im Sinne von § 114 Satz 1 ZPO, MDR 2008, 65; *Niebling,* Aktuelle Rechtsfragen zur Prozesskostenhilfe, JA 2009, 630; *Philippi,* Prozeßkostenhilfe und Grundgesetz, FS E. Schneider, 1997, 267; *Schultz,* Rechtsmittelbegründungsfrist und Prozeßkostenhilfe, NJW 2004, 2329; *Stackmann,* Prozesskostenhilfe im Zivilprozess, JuS 2006, 233.

I. Einführung

498 Angesichts der Höhe der Prozesskosten können viele *wirtschaftlich schlechter gestellte Personen* keine Prozesse führen. Eine berechtigte Rechtsverfolgung oder Rechtsverteidigung müsste un-

§ 52. Die Prozesskostenhilfe

terbleiben, wenn hier keine Abhilfe geschaffen worden wäre. Schon die ursprüngliche Fassung der ZPO enthielt eine Regelung, die diesem Zweck dienen sollte, das sog. Armenrecht. Diese Regelung wurde als unbefriedigend empfunden. Nach einer langen und intensiven Reformdiskussion hat der Gesetzgeber diesen Bereich des Kostenrechts neu geregelt (§§ 114–127). Diese Regelung ist notwendigerweise ein *Kompromiss* zwischen dem *Bestreben nach Verbesserung des individuellen Rechtsschutzes* und den *finanziellen Möglichkeiten des Staates,* die eine völlige Abschaffung oder wesentliche Senkung der Gerichtskosten nicht erlauben würden (vgl. *EGMR* NJW 2010, 3207). Über die Gewährung von Prozesskostenhilfe wird auf Antrag (§ 117) in einem eigenständigen – vom Hauptprozess unabhängigen – Verfahren entschieden. Prozesskostenhilfe wird nur dann gewährt, wenn gem. § 114 S. 1 die von der Partei angestrebte Klage oder die beabsichtigte Verteidigung hinreichende Aussicht auf Erfolg bietet und die Rechtsverfolgung nicht mutwillig erscheint. Bereits die Beantragung von Prozesskostenhilfe kann die Verjährung unterbrechen. Voraussetzung ist allerdings die Bekanntgabe des Antrags an den Gegner (§ 204 Abs. 1 Nr. 14 BGB). Dem Begehren des Antragstellers, die Bekanntgabe gerichtlich zu veranlassen, hat das Gericht zu entsprechen (*BGH* NJW 2008, 1939f.; zu einem verspäteten Begehren *BVerfG* NJW 2010, 3083).

Die *Erfolgsaussichten,* die der Antragsteller gem. § 117 Abs. 1 darzustellen hat (dies geschieht in der Regel durch Vorlage eines Entwurfs der Klage oder der Klageerwiderung), werden vom Gericht in summarischer Prüfung festgestellt (zur Erfolgsaussicht s. BVerfGE 81, 347; *BVerfG* NJW-RR 1993, 664). Der Gesetzgeber hat sich damit die gegen die Vorprüfung vorgebrachten Bedenken (sie benachteilige die arme Partei gegenüber der reichen) zu Recht nicht zu Eigen gemacht, weil er auch an eine unangemessene Steigerung der Prozessfreudigkeit denken musste (vgl. *Grunsky,* NJW 1980, 2042). Eine völlige Gleichstellung von Bemittelten und Unbemittelten ist auch nach dem Grundgesetz (Art. 3 Abs. 1, 20 Abs. 3) nicht geboten. Das Erfordernis hinreichender Erfolgsaussichten ist daher verfassungsrechtlich unbedenklich (BVerfGE 81, 347, 356).

Allerdings darf das Gericht im Prozesskostenhilfeverfahren nicht über noch offene, „schwierige" Rechtsfragen entscheiden, da dies dem Zweck des Verfahrens widersprechen würde (BVerfGE a.a.O.; *BVerfG* NJW 2008, 1060). Das

Gericht darf also nicht etwa abweichend von einer höchstrichterlichen Rechtsprechung „durchentscheiden" (*BVerfG* NJW-RR 2005, 500) oder eine streitige, höchstrichterlich noch nicht entschiedene Rechtsfrage eindeutig beantworten (*BVerfG* NJW-RR 2004, 1153; NVwZ 2006, 1156).

Eine vorweggenommene Beweiswürdigung (Beweisantizipation) wird in eng begrenztem Umfang als zulässig erachtet (*BGH* NJW 1988, 266; Zöller/ Geimer § 114 Rn. 26; ausdrücklich anerkannt in *BVerfG* NJW-RR 2005, 140). Das Gericht darf den Prozesskostenhilfeantrag aber nur aufgrund konkreter und nachvollziehbarer Anhaltspunkte mit der Begründung ablehnen, dass eine Beweisaufnahme mit großer Wahrscheinlichkeit zum Nachteil des Antragstellers ausgehen würde (*BVerfG* NJW 2003, 2976; NJW-RR 2005, 140; vgl. aber zur Beweisaufnahme § 118 Abs. 2 S. 3).

Beschließt das Gericht erst gleichzeitig mit der Hauptsacheentscheidung über das Prozesskostenhilfegesuch, so darf es seinem Beschluss nicht die Ergebnisse der mündlichen Verhandlung sowie der eigenen Beweisaufnahme zugrunde legen und etwa beide Begehren mit derselben Begründung ablehnen. Das Gericht muss vielmehr für den Beschluss über die Prozesskostenhilfe auf den früheren Sachstand zur Zeit der Entscheidungsreife des Prozesskostenhilfegesuchs abstellen (*BVerfG* NJW 2005, 3489); denn auch eine im Ergebnis erfolglose Rechtsverfolgung kann anfänglich hinreichende Aussicht auf Erfolg gehabt haben. Hat umgekehrt die Rechtsverfolgung in der Hauptsache Erfolg, so kommt eine gleichzeitige Ablehnung der Prozesskostenhilfe nicht in Betracht.

Ferner darf die Rechtsverfolgung *nicht mutwillig* sein (z.B. *BGH* ZIP 2011, 246; nicht aber das Eheaufhebungsverfahren bei Scheinehe, *BGH* NJW 2011, 1814), d.h. eine verständige Partei würde auch ohne Prozesskostenhilfe in dieser Lage ihr Recht verfolgen.

Für die Gewährung von Prozesskostenhilfe in *grenzüberschreitenden Streitigkeiten innerhalb der Europäischen Union* gelten die §§ 114 bis 127 entsprechend (§ 114 S. 2). Hinsichtlich ins Ausland ausgehender Ersuchen ist zusätzlich § 1077, hinsichtlich aus dem Ausland eingehender Ersuchen § 1078 zu beachten. Damit hat der Gesetzgeber die *EG-Prozesskostenhilferichtlinie* umgesetzt (RiLi 2003/8/EG v. 27.1. 2003, ABl. Nr. L 26 v. 31.1. 2003, 41; s. Rn. 729).

II. Die Bewilligung

499 Voraussetzung für die Bewilligung der Prozesskostenhilfe ist die *Bedürftigkeit des Antragstellers*. Er darf nach seinen persönlichen und wirtschaftlichen Verhältnissen nicht in der Lage sein, die Prozesskosten aufzubringen. Maßgebend sind die Verhältnisse im Zeitpunkt der Beschlussfassung (*OVG Münster* NVwZ-RR 1993,

§ 52. Die Prozesskostenhilfe 461

168). Die Partei hat zunächst im Rahmen der *Zumutbarkeit* ihr *Vermögen einzusetzen* (§ 115 Abs. 3; dazu *BGH* NJW 2010, 2887). Für den Fall, dass dies nicht ausreicht, hat die Partei ihr *Einkommen einzusetzen* (§ 115 Abs. 1 S. 1). Hiervon sind im Einzelnen aufgeführte Abzüge zu machen (§ 115 Abs. 1 S. 3). Das auf diese Weise errechnete Einkommen bestimmt die Höhe der monatlichen Beträge, die von einer Partei für die Prozesskosten aufzubringen sind. Die Höhe der Raten ergibt sich aus einer Tabelle (§ 115 Abs. 2). Die Zahl der Monatsraten darf nicht über 48 hinausgehen. Prozesskostenhilfe kann nicht bewilligt werden, wenn die Kosten vier Monatsraten voraussichtlich nicht übersteigen werden (§ 115 Abs. 4). Bis zu diesem Betrag sieht das Gesetz die *Eigenbelastung als zumutbar* an.

Ausländer werden wie Deutsche behandelt (hierzu auch *BVerfG* NVwZ 1994, 62).

Parteien kraft Amtes (z. B. dem Insolvenzverwalter), juristischen Personen (s. auch Art. 47 Abs. 3 EU-GRCharta: der Wortlaut „Personen" umfasst auch juristische Personen, *EuGH* ZIP 2011, 143) und parteifähigen Vereinigungen kann Prozesskostenhilfe unter den Voraussetzungen des § 116 S. 1 Nr. 1 bzw. 2 bewilligt werden (zu den „allgemeinen Interessen" i. S. v. Nr. 2 s. *BGH* ZIP 2011, 540: diese ablehnend für die Durchsetzung von Anwaltsgebühren durch eine als GbR geführte Anwaltssozietät). Auch in der Insolvenz einer juristischen Person oder parteifähigen Vereinigung gilt § 116 S. 1 Nr. 1, nicht Nr. 2, unabhängig davon, ob der Insolvenzverwalter den Betrieb fortführt oder liquidiert (*BGH* MDR 2006, 113). Die dabei den Anspruch des Insolvenzverwalters auf Prozesskostenhilfe beschränkende Pflicht der Gläubiger, die Kosten aufzubringen, ist sehr zurückhaltend anzuwenden. Sie gilt nach h. M. nur für solche Gläubiger, die bei erfolgreicher Prozessführung Aussicht auf wenigstens teilweise Befriedigung ihrer Forderungen haben. Die Bewilligung der Prozesskostenhilfe für den Insolvenzverwalter solle also der Regelfall, ihre Verweigerung die Ausnahme sein (*BGH* NJW 1991, 40, 41; ZIP 1998, 297; s. dagegen aber *BGH* ZIP 1998, 789 m. krit. Anm. *Pape*).

Bei *gewillkürter Prozessstandschaft* wird eine Prozesskostenhilfe abgelehnt, wenn der Rechtsinhaber die wirtschaftlichen Mittel zur Führung des Verfahrens hat (*OLG Hamm* NJW 1990, 1053; vgl. auch o. Rn. 101).

Das *Verfahren* beginnt mit dem *Antrag,* der beim Prozessgericht zu stellen ist (§ 117 Abs. 1; zu Fragen der Rechtswegzuständigkeit *Gsell/Mehring,* NJW 2002, 1991). Ihm ist eine *Erklärung* über die persönlichen und wirtschaftlichen Verhältnisse beizufügen (§ 117 Abs. 2). Zu Rückfragen bei Unvollständigkeit ist das Gericht nicht verpflichtet (*BFH* JurBüro 1993, 548). Das Gericht kann verlangen, dass der Antragsteller seine tatsächlichen Angaben *glaubhaft* macht und es kann *eigene Erhebungen* anstellen (§ 118 Abs. 2 S. 2). Über die persönlichen und wirtschaftlichen Verhältnisse ist nur ausnahmsweise eine Zeugen- und Sachverständigenvernehmung zulässig (§ 118 Abs. 2 S. 3; dazu *BGH*

MDR 2003, 111). Der Gegner ist *anzuhören* (§ 118 Abs. 1 S. 1), aber nicht über die persönlichen und wirtschaftlichen Verhältnisse des Antragstellers (BGHZ 89, 65; *BVerfG* NJW 1991, 278). Das Gericht kann die Parteien zu einer *mündlichen Erörterung* (nicht zu einer mündlichen Verhandlung im technischen Sinn, § 127 Abs. 1 S. 1) laden, wenn eine *Einigung* zu erwarten ist; ein *Vergleich* ist zu protokollieren (§ 118 Abs. 1 S. 3 HS 2).

Die *Entscheidung* ergeht durch *Beschluss* (§ 127 Abs. 1 S. 1 und § 128 Abs. 2). Die *Bewilligung* erfolgt für jeden *Rechtszug gesondert* (§ 119; zur Prüfung der Erfolgsaussichten nach Abs. 1 S. 2 der Vorschrift *BVerfG* NJW 2010, 987). Die diesbezügliche Antragstellung muss innerhalb der Rechtsmittelfristen erfolgen (*BGH* NJW-RR 1993, 451; dazu *Schultz,* NJW 2004, 2329).

Die *Anfechtung* des Beschlusses ist in begrenztem Umfang möglich gem. § 127 Abs. 2, 3 (zum Beschwerderecht der Staatskasse BGHZ 119, 372; zur Unzulässigkeit eines außerordentlichen Rechtsmittels *BGH* MDR 2003, 3137; zur Rechtsbeschwerde des Gegners *BGH* NJW 2002, 3554; zur Beschwerde bei unanfechtbarer Hauptsacheentscheidung *BGH* NJW 2005, 1659). Eine *nachträgliche Anpassung* an die veränderten Umstände beim Antragsteller kann gem. § 120 Abs. 4 erfolgen.

Es besteht die Gefahr, dass das Prozessgericht, das im Prozesskostenhilfeverfahren eine wenn auch vorläufige Entscheidung über die Erfolgsaussichten fällen muss, im Prozess nicht mehr völlig *unbefangen* ist. Die Zuständigkeit für die Entscheidung über das Prozesskostenhilfegesuch hätte deshalb nicht bei dem Prozessgericht bleiben sollen.

III. Die Folgen der Bewilligung

500   Der Anspruch auf Prozesskostenhilfe umfasst die gesamten Verfahrenskosten (§ 122 Abs. 1) einer Instanz (s. § 119 Abs. 1). Für das Prozesskostenhilfeverfahren kann allerdings keine Prozesskostenhilfe gewährt werden (BGHZ 91, 311; wohl aber für die Rechtsbeschwerde gegen eine ablehnende Prozesskostenhilfeentscheidung, *BGH* MDR 2003, 405; zur Bewilligung von PKH für das PKH-Verfahren und einen Vergleich im Erörterungstermin nach § 118 Abs. 1 S. 3 s. *Fischer,* MDR 2008, 477 m. w. N.). In dem Beschluss werden die zu zahlenden Anwaltskosten und die aus dem Vermögen zu zahlenden Beträge festgesetzt (§ 120 Abs. 1). Ihre Zahlung hat an die *Landeskasse* zu erfolgen (§ 120 Abs. 2). Unabhängig von der Zahl der Rechtszüge und der Höhe der tatsächlich anfallenden Kosten hat die Partei *höchstens 48 Monatsraten* zu zahlen. Unter den Voraussetzungen des § 124 kann das Gericht die Bewilligung der Prozesskostenhilfe *aufheben.* (Zur Abänderungsmöglichkeit

bei einer Veränderung der wirtschaftlichen Verhältnisse vgl. *OLG Saarbrücken* NJW 1983, 1069.)

Im *Anwaltsprozess* wird der Partei ein zur Vertretung bereiter Anwalt ihrer Wahl beigeordnet (§ 121 Abs. 1; auch die Beiordnung einer Rechtsanwaltssozietät ist möglich, *BGH* NJW 2009, 440 m. Anm. *Horn*), im Parteiprozess auf Antrag ebenfalls, wenn dies erforderlich erscheint, da der Gegner durch einen Anwalt vertreten ist (§ 121 Abs. 2; hierzu *BVerfG* NJW 1988, 2597 und *BAG* NJW 2010, 2748). Die Rechtsprechung fordert das auch für den Fall, dass die Partei selbst Rechtsanwalt ist (*BGH* NJW 2006, 1881). Ein Anwalt hat jedoch keinen Anspruch auf Selbstbeiordnung (*BAG* NJW 2008, 604; für einen Fall der erfolgten Selbstbeiordnung s. *KG* NJW 2009, 2754). Ein Antrag der bedürftigen Partei auf Prozesskostenhilfe durch einen Prozessbevollmächtigten kann regelmäßig als Antrag zur Beiordnung gem. § 121 Abs. 2 verstanden werden (*OVG Berlin-Brandenburg* NJW 2010, 3795). Die Partei ist von der Pflicht zur Zahlung der *Anwaltsgebühren befreit* (§ 122 Abs. 1 Nr. 3); diese werden von der *Staatskasse* gezahlt (§ 45 RVG). Die Anwälte können aber ihre Gebühren von dem in die Prozesskosten verurteilten Gegner beitreiben (§ 126 Abs. 1).

Die Gewährung der Prozesskostenhilfe hat auf die Verpflichtung, die dem Gegner entstandenen Kosten zu erstatten, *keinen Einfluss* (§ 123). Dessen *Kostenerstattungsanspruch* bleibt also *unberührt*. Es ist natürlich zweifelhaft, ob die Zwangsvollstreckung wegen dieses Anspruchs aussichtsreich ist.

2. Teil. Zwangsvollstreckungsrecht

1. Abschnitt. Allgemeiner Teil

13. Kapitel. Grundlagen und Rechtsquellen

§ 53. Einführung

Literatur: *Gaul,* „Prozessuale Betrachtungsweise" und Prozeßhandlungen in der Zwangsvollstreckung, GS Arens, 1993, 89; *ders.*, Rechtsverwirklichung durch Zwangsvollstreckung aus rechtsgrundsätzlicher und rechtsdogmatischer Sicht, ZZP 112, 135; *Gerhardt,* Bundesverfassungsgericht, Grundgesetz und Zivilprozeß, speziell: Zwangsvollstreckung, ZZP 95, 467; *Gundlach/Frenzel/Schmidt,* Die Zwangsvollstreckung gegen die öffentliche Hand, InVo 2001, 227; *G. Lüke,* Bausteine des Zwangsvollstreckungsverfahrens, JuS 1996, 185; *Stein,* Grundfragen der Zwangsvollstreckung, 1913; *Tarzia,* Aussichten für eine Harmonisierung des Zwangsvollstreckungsrechts in der Europäischen Union, ZEuP 1996, 231.

Ein rechtskräftiges Gestaltungs- oder Feststellungsurteil beendet den Rechtsstreit zwischen den Parteien (abgesehen von den Kosten) insgesamt. Gleiches gilt für ein die Leistungsklage abweisendes Urteil. Wenn der Kläger aber mit seiner Leistungsklage obsiegt, hat er noch nicht die Leistung, zu der der Schuldner verurteilt worden ist. Sehr häufig leistet der Schuldner nach Erlass des Urteils, spätestens wenn es rechtskräftig geworden ist. In vielen Fällen ist er aber auch dann noch nicht willens oder in der Lage, die geschuldete Leistung zu erbringen. Das *Selbsthilfeverbot* gilt auch jetzt noch, der Gläubiger darf gegen den Schuldner keinen Zwang ausüben. Deshalb greift der Staat ein und verhilft dem Gläubiger durch die Zwangsvollstreckung zu seinem Recht. Weil der Schuldner das weiß, erfüllt er häufig freiwillig; insoweit hat die Zwangsvollstreckung auch *eine Art generalpräventive Wirkung.* 501

I. Das Zwangsvollstreckungsverfahren als Teil des Zivilprozesses

502 Das Vollstreckungsverfahren ist ein *Teil des Zivilprozesses.* Dieser hat nicht nur die Aufgabe der Rechtsfindung (Erkenntnisverfahren), sondern auch die Aufgabe der *Rechtsverwirklichung.* Dem dient die *Zwangsvollstreckung.* Diese ist demnach ein Verfahren, in dem *staatliche Organe einen privatrechtlichen Anspruch des Gläubigers mit Anwendung von Zwangsmitteln gegen den Schuldner verwirklichen.*

503 Das Zwangsvollstreckungsverfahren ist ein *weitgehend selbständiger Teil* des Zivilprozesses. Genauso wie es ein Erkenntnisverfahren ohne nachfolgende Zwangsvollstreckung gibt, gibt es auch eine Zwangsvollstreckung ohne Urteil (beim Prozessvergleich) und sogar ohne vorangegangenes Verfahren (vollstreckbare Urkunden, § 794 Abs. 1 Nr. 5) oder unabhängig von einem solchen (Anwaltsvergleich, § 796a). Es gelten im Zwangsvollstreckungsverfahren *zum Teil dieselben, zum Teil andere Grundsätze* als im Erkenntnisverfahren. Gemeinsam ist die Geltung der *Dispositionsmaxime,* auch die Zwangsvollstreckung beginnt nur, wenn der Gläubiger es beantragt. Der Gläubiger kann seinen Antrag jederzeit zurücknehmen; dann endet die Zwangsvollstreckung, denn er ist der „Herr" des Verfahrens. Die Zwangsvollstreckung erstreckt sich in erster Linie auf die Gegenstände, die der Gläubiger bezeichnet. Dies kann vor allem dann sinnvoll sein, wenn der Gläubiger die Verhältnisse seines Schuldners besser kennt als die Vollstreckungsorgane. Anders als im Erkenntnisverfahren ist im Vollstreckungsverfahren im Allgemeinen eine *mündliche Verhandlung* nicht erforderlich; bisweilen ist sogar die vorherige Anhörung des Schuldners nicht nur nicht notwendig, sondern sogar ausdrücklich untersagt (§ 834). Das Recht auf rechtliches Gehör, das auch im Vollstreckungsverfahren zu gewähren ist, wird dadurch nicht verletzt, weil der Schuldner die sofortige Überprüfung einer gegen ihn verhängten Maßnahme verlangen kann und deren Vornahme sofort erfolgen muss, wenn sie Aussicht auf Erfolg haben soll (Rn. 36). Öffentlichkeits- und Verhandlungsgrundsatz finden im Zwangsvollstreckungsverfahren keine Anwendung. Das Zwangsvollstreckungsverfahren hat auch *eigene Organe,* etwa den Gerichtsvollzieher und das Grundbuch-

amt. Auch Gerichte können als Organe der Zwangsvollstreckung fungieren (meist das Vollstreckungsgericht, das nicht mit dem Prozessgericht identisch ist, selten das Prozessgericht).

II. Der sog. Vollstreckungsanspruch und der Grundsatz des Formalismus in der Zwangsvollstreckung

Der *Staat* ist Träger der *Vollstreckungsgewalt*. Es steht aber nicht im Belieben der staatlichen Vollstreckungsorgane, ob sie dem Antrag des Gläubigers auf Durchführung der Zwangsvollstreckung stattgeben wollen oder nicht. Wenn die gesetzlichen Voraussetzungen für den Beginn der Zwangsvollstreckung vorliegen, sind die Vollstreckungsorgane zur Vornahme der beantragten Vollstreckungsmaßnahmen *verpflichtet*. Den Grund für diese *Pflicht der Staatsorgane* kann man im *Verbot der Selbsthilfe* sehen. Der Pflicht des Staates steht nach der h. M. ein *Vollstreckungsanspruch* des Gläubigers gegen den Staat gegenüber, der gegen den Staat auf die Vornahme der beantragten Vollstreckungsmaßnahmen gerichtet ist (zu den unterschiedlichen dogmatischen Herleitungen siehe *Blomeyer II* § 1 III einerseits und Stein/Jonas/ *Münzberg* vor § 704 Rn. 16 ff. andererseits). Bei *Untätigkeit* der Staatsorgane stehen dem Gläubiger *Rechtsbehelfe* zur Verfügung (§§ 766, 793), mit deren Hilfe er ihr Tätigwerden erzwingen kann. Einen durch unterlassene oder verzögerte Zwangsvollstreckung verursachten *Schaden* kann der Gläubiger wegen *Amtspflichtverletzung* ersetzt verlangen (§ 839 BGB, Art. 34 GG). 504

Der Bundesgerichtshof nimmt an, durch den Vollstreckungseingriff werde zwischen Gläubiger und Schuldner eine privatrechtliche Sonderbeziehung begründet, aus der sich für den Gläubiger Pflichten zur Wahrung der Interessen des Schuldners ergeben. Deren Verletzung soll zu einem Schadensersatzanspruch aus positiver Forderungsverletzung (Pflichtverletzung gem. § 280 Abs. 1 BGB) führen können; § 278 BGB sei anwendbar (*BGH* ZIP 1985, 121). 505

Das Vollstreckungsverfahren liegt in weitem Umfang in der Hand von *Nichtjuristen*, vor allem des *Gerichtsvollziehers* (auch das Vollstreckungsgericht wird durch den *Rechtspfleger* tätig). Es ist ein Verfahren, bei dem es auf *größtmögliche Wirksamkeit* und *Schnelligkeit* ankommt. Die Vollstreckungsorgane müssen deshalb *von der Prüfung komplizierter Voraussetzungen für den Beginn der Zwangsvollstreckung freigestellt* sein. Vor allem können sie 506 nicht nachprüfen, *ob der materiell-rechtliche Anspruch*, der durchgesetzt werden soll, *tatsächlich besteht*. Das wird ihnen durch das Urteil abgenommen. Dieses ist ein *Vollstreckungstitel*, daneben gibt es weitere Titel (§ 794), etwa den Prozessvergleich (Rn. 251). Der Titel muss mit der sog. *Vollstreckungsklausel* versehen sein (Rn. 542 ff.) und er muss vorher oder mit Beginn der Zwangsvollstreckung dem Schuldner *zugestellt* werden (§ 750). Wenn diese Voraussetzungen vorliegen und der Gläubiger einen entsprechenden Antrag gestellt hat, *muss* die Zwangsvollstreckung beginnen, sog. *Formalismus der Zwangsvollstreckung*. Dann besteht auch der Vollstreckungsanspruch. Dieser ist *von dem materiellrechtlichen Anspruch zu unterscheiden*, der vollstreckt werden soll, dem sog. *vollstreckbaren Anspruch. Der Vollstreckungsanspruch richtet sich gegen den Staat, der vollstreckbare Anspruch gegen den Schuldner.* Die Frage, ob der vollstreckbare Anspruch überhaupt und mit dem titulierten Inhalt besteht oder das Urteil materiell unrichtig ist, hat für den Vollstreckungsanspruch keine Bedeutung. Liegen die *formellen Voraussetzungen* (Antrag, Titel, Klausel, Zustellung) vor, so muss die Zwangsvollstreckung durchgeführt werden. Wenn sich etwa der Gerichtsvollzieher auf die Behauptung des Schuldners einlassen müsste, der vollstreckbare Anspruch bestehe nicht oder nicht mehr, würde die Zwangsvollstreckung in vielen Fällen zumindest unerträglich *verzögert* werden. Der Schuldner hat jedoch einen besonderen Rechtsbehelf, jedenfalls das nachträgliche Erlöschen des vollstreckbaren Anspruchs vorzubringen. Dies ist aber eine besondere Klage (§ 767), die nicht im Vollstreckungsverfahren erhoben wird.

III. Das der Vollstreckung unterliegende Vermögen; der Schuldnerschutz; der Grundsatz der Verhältnismäßigkeit

Literatur: *Fischer,* Die unverhältnismäßige Zwangsvollstreckung, Rpfleger 2004, 599; *Hergenröder,* Vom Forderungseinzug zum Forderungsmanagement – Zwangsvollstreckung im 21. Jahrhundert und soziale Wirklichkeit, DGVZ 2010, 201; *Weyland,* Der Verhältnismäßigkeitsgrundsatz in der Zwangsvollstreckung, 1987; *Wieser,* Der Grundsatz der Verhältnismäßigkeit in der Zwangsvollstreckung, ZZP 98, 50; *ders.,* Der Grundsatz der Erforderlichkeit in der Zwangsvollstreckung, ZZP 100, 146.

507   Wegen Geldforderungen haftet der Schuldner grundsätzlich mit seinem *gesamten Vermögen* (nicht mit seiner Person). Dies kön-

nen, um nur das Wichtigste zu nennen, bewegliche Sachen und Grundstücke, Forderungen und sonstige Rechte sein. Die Vollstreckung ist für die verschiedenen Vermögensobjekte verschieden geregelt. In bestimmten Fällen kann sich die Haftung des Schuldners auf *einzelne Vermögensobjekte beschränken*, z.B. bei der Duldung der Zwangsvollstreckung aus einer Hypothek auf das belastete Grundstück. Bei beweglichen Sachen stellt sich wieder die Frage, ob der Gerichtsvollzieher ihre *Zugehörigkeit zum Schuldnervermögen* prüfen muss. Dies könnte ähnliche Schwierigkeiten mit sich bringen wie bei der Prüfung des vollstreckbaren Anspruchs. Deshalb muss der Gerichtsvollzieher nur prüfen, ob die Sachen sich im Gewahrsam des Schuldners befinden. Dritte, die Eigentümer zu sein behaupten, müssen eine besondere Klage erheben (§ 771).

Es entspricht dem modernen sozialen Empfinden, dass die *wirtschaftliche Existenz* des Schuldners durch die Zwangsvollstreckung *nicht vernichtet* werden darf (Schutz vor „Kahlpfändung"). Dies würde weder im Interesse der Gläubiger liegen, die von einem völlig mittellos gewordenen Schuldner nichts mehr bekommen könnten, noch im *Interesse des Staates,* der im Wege der Sozialhilfe für den Schuldner und die von ihm abhängigen Unterhaltsberechtigten aufkommen müsste. Das Gesetz enthält deshalb heute umfangreiche Vorschriften über den *Schutz des Schuldners*, sowohl bei der Pfändung von beweglichen Sachen als auch bei der von Arbeitslohnansprüchen (§§ 811, 850ff.). Das zum Leben unerlässlich Notwendige darf ihm nicht genommen werden. Diese Regelung, deren Berechtigung grundsätzlich nicht zu bestreiten ist, hat freilich dazu geführt, dass heute die Zwangsvollstreckung sehr schwierig und langwierig und in vielen Fällen wenig aussichtsreich ist (aktuelle Überschuldungsstatistiken bei *Hergenröder*, DGVZ 2010, 201, 202ff.: Das gesetzliche Modell der Einzelzwangsvollstreckung – ausgehend vom zahlungsfähigen, aber zahlungsunwilligen Schuldner – entspreche nicht mehr der gesellschaftlichen Realität, a.a.O., 209). Man hat deshalb zutreffend von der *Notwendigkeit des Gläubigerschutzes* gesprochen. Keine gesetzliche Regelung kann aber den Gläubiger davor schützen, dass bei seinem Schuldner nichts zu holen ist.

Die Verwirklichung der Ansprüche des Gläubigers führt auf Seiten des Schuldners zu einem Verlust an Rechten und Vermögenswerten. Dabei kann es, vor allem, aber nicht nur bei der

Vollstreckung sog. *Bagatellforderungen* vorkommen, dass der Verlust des Schuldners größer ist als der Gewinn des Gläubigers. Angesichts derartiger Fälle ist die Frage aufgeworfen worden, ob der *Verhältnismäßigkeitsgrundsatz* auch im Vollstreckungsrecht gilt und die Vollstreckung in solchen Fällen verbietet. Die überwiegende Meinung hat sich dem nicht angeschlossen. Es wird dagegen eingewandt, der Verhältnismäßigkeitsgrundsatz gelte nur im Verhältnis des Staates zum Bürger, nicht aber im Verhältnis der Bürger untereinander. In der Zwangsvollstreckung soll es primär um das Verhältnis der Bürger untereinander gehen, in das sich der Staat nur wegen des Verbots der Selbsthilfe eingeschaltet hat (*Jauernig/Berger* § 1 Rn. 43; dazu *Rimmelspacher,* ZZP 97, 358). Dagegen ist vorgebracht worden, der Verhältnismäßigkeitsgrundsatz sei auch dem Zivilrecht nicht fremd. Er wird dort als Ausprägung der unzulässigen Rechtsausübung wegen Fehlens eines berechtigten Interesses verstanden (*Rimmelspacher,* a.a.O.; hierzu auch *Götte,* ZZP 100, 417ff.). Solche Überlegungen liegen auch einzelnen Bestimmungen der ZPO zugrunde, z.B. den §§ 803 Abs. 1 S. 2, Abs. 2 u. 812. Will man darüber hinaus den Verhältnismäßigkeitsgrundsatz heranziehen, so muss man bedenken, dass es sich in der Zwangsvollstreckung um eine Kollision von Rechten, auch von Grundrechten (z.B. des Eigentums) handelt. Bei der Auflösung dieser Kollision versagt der sonst in solchen Fällen anzuwendende Grundsatz der praktischen Konkordanz, weil die Rechte des Gläubigers denen des Schuldners vorgehen müssen; der Vollstreckungstitel (der Vollstreckungsanspruch, vgl. Rn. 504) garantiert dem Gläubiger die Aufopferung von Grundrechten des Schuldners zu seinen Gunsten. Allenfalls in Grenzfällen kann ausnahmsweise eine Korrektur der gesetzlichen Regelung durch den Verhältnismäßigkeitsgrundsatz in Betracht kommen (dazu *Fischer,* Rpfleger 2004, 599; *Weyland,* Der Verhältnismäßigkeitsgrundsatz in der Zwangsvollstreckung, 1987; *Wieser,* Der Grundsatz der Verhältnismäßigkeit in der Zwangsvollstreckung, 1989 und ZZP 98, 50). In jedem Fall muss seine Heranziehung mit größter Vorsicht erfolgen, weil die Gefahr besteht, dass die ohnehin oft wenig aussichtsreiche Zwangsvollstreckung noch ineffektiver und der Vollstreckungstitel entwertet wird. Außerdem muss vermieden werden, dass im Rahmen der dann erforderlichen Abwägung das Erkenntnisverfahren mehr oder weniger wiederholt wird. Alle Generalisierungen, z.B. der Satz, dass die Vollstreckung von Bagatellforderungen rechtsmissbräuchlich oder unverhältnismäßig sei, sind zu vermeiden. Letzten Endes sind alle diese Überlegungen nur vertretbar, weil nur eine als verfassungskonform empfundene Anwendung des Gesetzes das Bundesverfassungsgericht von der Aufhebung der Entscheidung der Fachgerichte abhalten wird (zur Problematik seiner beschränkten Fachkompetenz vgl. *Baur/Stürner/Bruns* Rn. 7.43).

§ 54. Die Rechtsquellen des Zwangsvollstreckungsrechts

Literatur: *Bruckmann*, Überlegungen zu einer Reform des Zwangsvollstreckungsrechts, ZRP 1994, 129; *Schilken*, Vereinfachung und Beschleunigung der Zwangsvollstreckung, Rpfleger 1994, 138.

I. Die wichtigsten Gesetze

Die wichtigste Rechtsquelle ist die ZPO, und zwar das 8. Buch. Dort finden sich nur wenige Bestimmungen (§§ 864–879) über die Zwangsvollstreckung in Grundstücke, weil die ZPO älter ist als das BGB und erst seit dessen Inkrafttreten ein einheitliches Grundstückssachenrecht gilt. Die Zwangsvollstreckung in Grundstücke ist deshalb im Gesetz über die Zwangsversteigerung und Zwangsverwaltung (ZVG) geregelt (s. auch § 869). Von Bedeutung sind des Weiteren das Rechtspflegergesetz, das die meisten Vollstreckungsmaßnahmen den Rechtspflegern übertragen hat, und schließlich das AnfG (Gesetz über die Anfechtung von Rechtshandlungen eines Schuldners außerhalb des Insolvenzverfahrens). Nach diesem Gesetz kann ein Gläubiger gegen Rechtshandlungen des Schuldners vorgehen, die dieser vornimmt, um Vermögensgegenstände dem Zugriff in der Zwangsvollstreckung zu entziehen. Quelle des Vollstreckungsrechts ist auch die *Verordnung über einen Europäischen Vollstreckungstitel für unbestrittene Forderungen* (EuVTVO) einschließlich der Durchführungsvorschriften in §§ 1079 ff. ZPO (s. Rn. 751 ff.). 509

Nachdem in jüngerer Vergangenheit bereits umfangreiche Änderungen des Vollstreckungsrechts durch die 2. Zwangsvollstreckungsnovelle vorgenommen wurden (hierzu *Funke*, NJW 1998, 1029; *David*, MDR 1998, 1083), treten am 1. 1. 2013 mit dem Gesetz zur Reform der Sachaufklärung in der Zwangsvollstreckung (vom 29. 7. 2009, BGBl. I, 2258; dazu *Fischer,* DGVZ 2010, 113; *Mroß,* DGVZ 2010, 181; *Würdinger,* JZ 2011, 177) weitere Neuerungen in Kraft, die dem Ziel dienen sollen, das häufig als schwerfällig und unübersichtlich geltende Zwangsvollstreckungsverfahren heutigen Anforderungen anzupassen (diese neuen Vorschriften werden im Folgenden als „n. F." zitiert). Der Gesetzgeber will vor allem die Möglichkeiten verbessern, das Schuldnervermögen vor und während der Zwangsvollstreckung zu ermitteln und gütliche Einigungen mit dem Schuldner in der Zwangsvollstreckung fördern.

II. Die verschiedenen Arten der Zwangsvollstreckung

510 Das 8. Buch der ZPO enthält als erstes *allgemeine Vorschriften,* die für alle Arten der Zwangsvollstreckung gelten (§§ 704–802). Dann kommen die *besonderen Regeln* für die *verschiedenen Arten* der Zwangsvollstreckung. Dabei unterscheidet das Gesetz zunächst nach dem *Inhalt der Ansprüche,* die vollstreckt werden sollen: ob diese auf Geld (§§ 802a–882h n. F.) oder auf eine andere Leistung gerichtet sind (§§ 883 bis 898). Bei Geldforderungen besteht eine unterschiedliche Regelung, je nachdem *in welches Vermögensobjekt* vollstreckt wird: bewegliches Vermögen (§§ 803–863) oder unbewegliches Vermögen (§§ 864–871 und das ZVG). Soll in bewegliches Vermögen vollstreckt werden, ist weiterhin zwischen körperlichen Sachen (§§ 808–827) und Forderungen und sonstigen Vermögenswerten (§§ 828–863) zu unterscheiden. Die *Ansprüche,* die *nicht auf eine Geldleistung gerichtet* sind, werden nochmals nach ihrem Inhalt unterteilt: Ansprüche auf Herausgabe von Sachen (§§ 883–886), Ansprüche auf Vornahme vertretbarer (§ 887) und unvertretbarer Handlungen (§ 888), auf Unterlassungen und Duldungen (§ 890) sowie auf Abgabe einer Willenserklärung (§ 894). *Diese Aufteilung ist zwingend.* Man kann nicht etwa stattdessen die Abgabe einer Willenserklärung als unvertretbare Handlung ansehen und nach § 888 vollstrecken. Für die Vollstreckung solcher Ansprüche gilt ausschließlich die Regelung des § 894 (Ausnahme Rn. 539). Bei jedem zur Entscheidung stehenden Fall muss man deshalb zuerst nach dem Inhalt des Anspruchs und, bei Geldforderungen, nach dem Vermögensobjekt fragen, in das vollstreckt werden soll, und dann die entsprechenden Vorschriften heranziehen.

III. Einzel- und Gesamtvollstreckung

Bei der *Einzelvollstreckung* vollstrecken *einzelne Gläubiger* (wenn auch u. U. mehrere gleichzeitig) *in einzelne Vermögensgegenstände* (auch hier meistens in mehrere gleichzeitig). Es wird aber nicht von allen Gläubigern in das gesamte Vermögen vollstreckt, vielmehr stehen die verschiedenen Gläubiger *unabhängig nebeneinander*. Ihre Befriedigung (vor allem bei Geldforderungen) erfolgt nach dem *Prioritätsprinzip* (§ 804 Abs. 3). Wenn also z. B. eine Sache mehrfach gepfändet worden ist, wird der Gläubiger, der zuerst hat pfänden lassen, zuerst befriedigt. Bleibt noch etwas übrig, erhält es der zweite Gläubiger usw. *Grundlage* jeder Einzelvollstreckung ist ein *Vollstreckungstitel*. Ihre Durchführung erfolgt nach den Vorschriften der ZPO und des ZVG. 511

Ist der Schuldner *zahlungsunfähig* (bei juristischen Personen auch überschuldet), so steht mit großer Wahrscheinlichkeit fest, dass die Gläubiger nicht mehr zu ihrem Recht kommen werden. Es kann dann nicht mehr bei der Freiheit des einzelnen Gläubigers bleiben, selbst (durch die zuständigen Vollstreckungsorgane) die Zwangsvollstreckung zu betreiben. Auch das Prioritätsprinzip kann dann nicht mehr gelten. Vielmehr muss nunmehr das *gesamte Vermögen des Schuldners für alle Gläubiger* zur Verfügung stehen. Diese bilden eine sog. *Verlustgemeinschaft*. Deshalb muss das vorhandene Vermögen *gleichmäßig* auf alle Gläubiger *verteilt* werden. Alle erhalten die sog. *Quote*. Man spricht heute von *Insolvenz*. Diese wird nach den Vorschriften der Insolvenzordnung (InsO) abgewickelt; eine Einzelzwangsvollstreckung nach den Vorschriften der ZPO *ist daneben nicht mehr möglich*. 512

14. Kapitel. Die Organe der Zwangsvollstreckung

§ 55. Der Gerichtsvollzieher

I. Die funktionelle Zuständigkeit

Literatur: *Fahland,* Die freiwillige Leistung in der Zwangsvollstreckung und ähnliche Fälle, ZZP 92, 432; *Mroß,* „Der Gläubiger ist der Herr des Verfahrens, der Gerichtsvollzieher aber nicht sein Knecht", Zur Weisungsbefugnis des Gläubigers im Zwangsvollstreckungsauftrag, DGVZ 2011, 103; *Nesemann,* Gerichtsvollzieher in Vergangenheit und Zukunft, ZZP 119, 87; *Oerke,* Gerichtsvollzieher und Parteiherrschaft – Zivilprozessuale Verfahrensgrundsätze aus vollstreckungsrechtlicher Sicht, 1991; *Schilken,* Die Eröffnung des Wettbewerbs unter den Gerichtsvollziehern durch Änderung der Gerichtsvollzieherordnung (GVO), DGVZ 2011, 1; *Seip,* Die Zwangsvollstreckung durch den Gerichtsvollzieher, NJW 1994, 352.

513 Der *Gerichtsvollzieher* ist das wohl bekannteste Vollstreckungsorgan. Er ist *funktionell zuständig* für alle Vollstreckungsmaßnahmen, die nicht den Gerichten zugewiesen sind (§ 753 Abs. 1). Das sind in erster Linie Maßnahmen zur Vollstreckung von *Geldforderungen in bewegliche Sachen,* also deren *Pfändung* (§ 808 Abs. 1) und *Versteigerung* (§ 814); außerdem Maßnahmen zur Durchsetzung von *Herausgabeansprüchen* (§§ 883–885, vgl. auch § 897). Weiterhin ist der Gerichtsvollzieher zuständig gem. § 831 (Wegnahme des Papiers von Forderungen aus Wechseln), § 892 (zur Beseitigung eines Widerstands des Schuldners) und §§ 899–914 (§§ 802e ff. n.F.; bei Zwangsvollstreckung durch eidesstattliche Versicherung und Haft). Es handelt sich somit durchweg um Maßnahmen, die *unmittelbaren Zwang* erfordern können. Der Gerichtsvollzieher ist gegebenenfalls zur Anwendung von Gewalt und zur Hinzuziehung der Polizei berechtigt (§§ 758, 759). Er wirkt auf eine zügige, vollständige und Kosten sparende Beitreibung von Geldforderungen hin (§ 802a Abs. 1 n.F.). Ein Verstoß gegen die funktionelle Zuständigkeit ist ein schwerer und offenkundiger Fehler des Zwangsvollstreckungsverfahrens und führt deshalb zur *Nichtigkeit* der betreffenden Vollstreckungsmaßnahme. Künftig sind die Befugnisse des Gerichtsvollziehers in § 802a Abs. 2 n.F. aufgelistet. Unter bestimmten Voraussetzungen darf er danach auch den Aufenthaltsort des

Schuldners ermitteln (§ 755 n. F.), eine Vermögensauskunft des Schuldners (§ 802 c ff. n. F.) und Auskünfte Dritter über das Vermögen des Schuldners (§ 802 l f. n. F.) einholen sowie Vorpfändungen (§ 845) selbst ohne vollstreckbare Ausfertigung und Zustellung durchführen. Weiterhin kann er von Amts wegen die Eintragung des Schuldners in das Schuldnerverzeichnis anordnen (§ 882 c n. F.).

II. Die Rechtsstellung

Der Gerichtsvollzieher übt *staatliche Hoheitsgewalt* aus. Er ist also *nicht* Vertreter des Gläubigers, er handelt auch *nicht* aufgrund eines privatrechtlichen Rechtsverhältnisses (der Ausdruck „Auftrag" in § 753 ist missverständlich, gemeint ist damit der Antrag des Gläubigers), sondern aufgrund seiner *Amtspflicht* (heute h. M.; vgl. RGZ 82, 85). Gegenwärtig gibt es Bestrebungen, das bestehende Gerichtsvollzieherwesen zu reformieren und die Aufgaben des Gerichtsvollziehers nicht mehr justizeigenen Beamten, sondern unter staatlicher Aufsicht stehenden Beliehenen zu übertragen (Entwurf eines Gesetzes zur Reform des Gerichtsvollzieherwesens, BT-Drs. 17/1225). Man wird die Entwicklung (dazu *Schönrock*, DGVZ 2011, 57), – die von Sparzwängen getragen ist, kritisch beobachten müssen. 514

Der Gerichtsvollzieher handelt auch hoheitlich, wenn er eine freiwillige Leistung des Schuldners entgegennimmt (sog. Amtstheorie: MünchKomm/ *Heßler* § 754 Rn. 39 m. w. N.; Schuschke/Walker/*Walker* § 754 Rn. 1; nach einer älteren Ansicht soll der Gerichtsvollzieher in diesen Fällen als Vertreter des Gläubigers – also auf privatrechtlicher Grundlage – handeln, sog. Vertretertheorie: vgl. *Blomeyer II* § 4 III 1 b; *Messer,* Die freiwillige Zahlung des Schuldners in der Zwangsvollstreckung, 1966). Vom Ausgang des Vollstreckungsverfahrens hat der Gerichtsvollzieher den Gläubiger zu unterrichten (*BGH* MDR 2004, 648).

Ein Gerichtsvollzieher kann nicht wegen Besorgnis der Befangenheit abgelehnt werden. Für eine entsprechende Anwendung der §§ 42 ff. fehlt es an einer Regelungslücke, da die Tätigkeit des Gerichtsvollziehers im Wege der Erinnerung nach § 766 einer umfassenden richterlichen Kontrolle unterliegt (*BVerfG* NJW-RR 2005, 365; *BGH* NJW-RR 2005, 149). Wenn der Gerichtsvollzieher seine Amtspflicht verletzt, greift die Amtshaftung ein und nicht eine persönliche Haftung wegen Vertragsverletzung.

III. Das Verfahren

515 Der Gerichtsvollzieher handelt *in eigener Verantwortung*. Das von ihm zu beachtende *Verfahren* ist in den §§ 754–763 und in der bundeseinheitlichen Geschäftsanweisung für Gerichtsvollzieher (GVGA) geregelt. Wichtig ist, dass die Befugnis zur *Durchsuchung der Wohnung* (§ 758) grundsätzlich eine richterliche Anordnung erfordert (§ 758a Abs. 1 S. 1; dazu *Münzberg*, DGVZ 1999, 177). Nur bei Gefahr im Verzug ist sie entbehrlich (Abs. 1 S. 2). Diese an Art. 13 Abs. 2 GG ausgerichtete Eingriffsermächtigung normiert die Rechtsprechung des Bundesverfassungsgerichts (BVerfGE 51, 97; dazu *Schneider*, NJW 1980, 2377; zum rechtlichen Gehör bei der richterlichen Durchsuchungsanordnung *BVerfG* NJW 1980, 1171; zu den Anforderungen an die Durchsuchungsanordnung *OLG Köln* OLGZ 1993, 375). *Gefahr im Verzug* ist z.B. beim bevorstehenden Umzug des Schuldners gegeben (*OLG Karlsruhe* DGVZ 1992, 41). Der Gerichtsvollzieher soll im Rahmen einer Zwangsvollstreckung wegen Geldforderungen in das bewegliche Vermögen gem. § 806b (§ 802b Abs. 1 n.F.) auf eine gütliche Erledigung hinwirken (s. Rn. 618). Er ist befugt, mit Einverständnis des Gläubigers Teilzahlungsvereinbarungen zu treffen (§ 813a Abs. 1; § 802b Abs. 1 n.F.). Gegen die Maßnahmen des Gerichtsvollziehers und deren Unterlassung haben die Parteien den Rechtsbehelf der *Erinnerung* an das Vollstreckungsgericht (§ 766).

§ 56. Das Vollstreckungsgericht

I. Die funktionelle Zuständigkeit

516 *Vollstreckungsgericht* ist stets (Ausnahme § 930 Abs. 1 S. 3) das *Amtsgericht in ausschließlicher Zuständigkeit* (§§ 764 Abs. 1, 802). Es ist neben dem Gerichtsvollzieher das *wichtigste Vollstreckungsorgan* und hat eine *doppelte Funktion*. Es *entscheidet* über die *Erinnerungen*, die gegen Maßnahmen des Gerichtsvollziehers eingelegt werden (§ 766). Insoweit ist es dem Gerichtsvollzieher *übergeordnet* und *fällt Entscheidungen*. Daneben ist das Vollstreckungsgericht selbst *Vollstreckungsorgan* und handelt insoweit

§ 56. Das Vollstreckungsgericht 477

auf derselben Ebene wie der Gerichtsvollzieher, indem es *Vollstreckungsmaßnahmen* vornimmt. So ist es *funktionell* zuständig für:
- die Zwangsvollstreckung wegen Geldforderungen in Forderungen und andere Vermögensrechte (§§ 828 ff., 857 ff.);
- die Zwangsvollstreckung wegen Geldforderungen in das unbewegliche Vermögen nach dem ZVG (§§ 1, 163);
- das Verteilungsverfahren (§§ 872 ff.);
- bestimmte Maßnahmen im Verfahren über die Abnahme und Erzwingung von eidesstattlichen Versicherungen (z. B. § 900 Abs. 4); sowie
- bestimmte Fälle in der Mobiliarvollstreckung, wenn es dort um die Anordnung besonderer Maßnahmen geht: die der Austauschpfändung (§ 811 a), der Aussetzung der Verwertung (§ 813 b; anders zukünftig § 802 b Abs. 2, 3) und die Versteigerung der gepfändeten Sachen durch eine andere Person als den Gerichtsvollzieher (§ 825 Abs. 2). Bei einem Verstoß gegen die funktionelle Zuständigkeit ist die Maßnahme nichtig.

II. Die örtliche Zuständigkeit

Örtlich zuständig ist grundsätzlich das Vollstreckungsgericht, in dessen Bezirk das Vollstreckungsverfahren stattfindet (§ 764 Abs. 2). Bei der Forderungspfändung gegen einen Schuldner, der im Inland seinen allgemeinen Wohnsitz hat, ist das dortige Gericht zuständig (§ 828 Abs. 2). Die Zuständigkeit richtet sich immer nach den *einzelnen Vollstreckungsmaßnahmen* (etwa einer bestimmten Pfändung), nicht nach dem Verfahren im Ganzen. Das bedeutet, dass *mehrere* Vollstreckungsgerichte zuständig sein können, wenn sich Vermögensobjekte des Schuldners in mehreren Gerichtsbezirken befinden. Ein *Verstoß* gegen die örtliche Zuständigkeit führt nicht zur Nichtigkeit (anders bei der funktionellen Zuständigkeit), sondern nur zur *Anfechtbarkeit* (§ 766). 517

III. Das Verfahren und die Rechtsbehelfe

Das Verfahren des Vollstreckungsgerichts ist abhängig davon, ob das Gericht eine Vollstreckungsmaßnahme erlässt oder über Rechtsbehelfe entscheidet. In beiden Fällen kann es sein Verfahren frei bestimmen. Dabei müssen jedoch die dargestellten Verfahrensgrundsätze beachtet werden. Seine Entscheidungen ergehen 518 gemäß § 764 Abs. 3 durch Beschluss. Wird das Gericht als Vollstreckungsorgan tätig, so kann der Anspruch auf rechtliches Gehör eingeschränkt sein (s. o. Rn. 503). Die Sachaufklärung wird weitestgehend durch den Grundsatz des Formalismus in der Zwangsvollstreckung ersetzt (s. o. Rn. 506). Muss das Gericht dagegen über einen Rechtsbehelf entscheiden, so ist insbesondere der Anspruch auf rechtliches Gehör zu wahren. Gemäß § 128 Abs. 4 ist es dem Gericht jedoch freigestellt, eine mündliche Verhandlung durchzuführen.

Die *Unterscheidung* zwischen *Vollstreckungsmaßnahmen* und *Entscheidungen* des Vollstreckungsgerichts ist auch wichtig wegen der *Rechtsbehelfe,* die dagegen vorgesehen sind. Gegen *Vollstreckungsmaßnahmen* gibt es die *Erinnerung* (§ 766), über die das Vollstreckungsgericht selbst entscheidet, gegen *Entscheidungen* die *sofortige Beschwerde* (§ 793; vgl. Rn. 582).

Nach der ursprünglichen Regelung der ZPO wurde das Vollstreckungsgericht durch den *Richter* tätig. Heute ist an dessen Stelle weitgehend der *Rechtspfleger* getreten, soweit das Gericht als Vollstreckungsorgan handelt (§§ 3 Nr. 1 lit. i, 20 Nr. 15–17 RPflG). Dem Richter sind nur noch die Entscheidungen über Rechtsbehelfe gem. § 766 vorbehalten (§ 20 Nr. 17 RPflG; zu der verfassungsrechtlichen Problematik dieser Regelung vgl. *Gaul,* Rpfleger 1971, 48; *ders.,* JZ 1973, 474, sowie *Blomeyer II* § 5 I 3). Gegen die Entscheidung des Vollstreckungsgerichts gibt es die sofortige Beschwerde (§ 793), unabhängig davon, ob der Rechtspfleger oder der Richter entschieden hat (§ 11 Abs. 1 RPflG).

§ 57. Andere Vollstreckungsorgane

I. Das Prozessgericht

519   Das *Prozessgericht erster Instanz* ist *ausschließlich* zuständig für die Zwangsvollstreckung zur Erwirkung von Handlungen (§§ 887, 888) sowie von Duldungen und Unterlassungen (§ 890). Die Entscheidung erfolgt *durch den Richter, nicht durch den Rechtspfleger.* Die Verhängung von Zwangsgeld und Zwangshaft (§ 888) und von Ordnungsgeld und Ordnungshaft (§ 890) ist *Ausübung richterlicher Gewalt,* die dem Richter vorbehalten ist (Art. 92 GG; deshalb ist die Übertragung der Befugnis zur Verhängung von Zwangsgeld und -haft in §§ 889 Abs. 2, 888 Abs. 1; RPflG § 20 Nr. 17 auf den Rechtspfleger verfassungsrechtlich

nicht unbedenklich, vgl. *Gaul*, Rpfleger 1971, 48; *ders.*, JZ 1973, 424). Gegen die Entscheidung ist die *sofortige Beschwerde* gegeben (§ 793).

Das Prozessgericht ist auch für einige im Rahmen der Zwangsvollstreckung mögliche *besondere Klagen* zuständig:

die Klage auf Erteilung der Vollstreckungsklausel (§ 731); die Klage gegen die Zulässigkeit der Vollstreckungsklausel (§ 768), die Vollstreckungsgegenklage (§ 767) und die damit verbundenen einstweiligen Anordnungen (§ 769). Des Weiteren obliegt dem Prozessgericht die Entscheidung über die Gewährung von Räumungsschutz bei Vollstreckung aus einem Räumungstitel (§ 721).

II. Das Grundbuchamt

Auch das *Grundbuchamt* kann als Vollstreckungsorgan tätig werden. Es trägt die Zwangshypothek ein (§§ 866, 867, 932), außerdem die Pfändung einer durch eine Buchhypothek gesicherten Forderung (§ 830 Abs. 1 S. 3; dasselbe gilt für Grund- und Rentenschulden, § 857 Abs. 6). Die entsprechenden Anträge hat der Gläubiger an das Grundbuchamt zu stellen, dieses wird *nicht von Amts wegen* tätig.

520

Obwohl nach h. M. die Eintragung in diesen Fällen eine *rechtliche Doppelnatur* hat, d. h. sowohl eine Zwangsvollstreckungsmaßnahme als auch eine Maßnahme der freiwilligen Gerichtsbarkeit ist, richten sich die Rechtsbehelfe nur nach der GBO; es ist also die einfache Beschwerde nach § 71 GBO zulässig (vgl. *B/L/A/H* § 867 Rn. 3 ff.).

15. Kapitel. Die Voraussetzungen der Zwangsvollstreckung

§ 58. Die Voraussetzungen im Allgemeinen

Literatur: *Schreiber,* Allgemeine Voraussetzungen der Zwangsvollstreckung: Titel, Klausel, Zustellung, Jura 2005, 670.

521 Mit der Zwangsvollstreckung wird in die *Privatsphäre* des Schuldners eingegriffen. Deshalb ist sie an *strenge gesetzliche Voraussetzungen* gebunden (Formalismus der Zwangsvollstreckung, Rn. 506). Darin liegt ein *Schutz der Parteien* und zugleich eine *Erleichterung für die Vollstreckungsorgane,* die eben nur das Vorliegen dieser Voraussetzungen überprüfen müssen. Dabei ist zu unterscheiden zwischen Voraussetzungen, die die Zulässigkeit der Zwangsvollstreckung *schlechthin* betreffen und solchen, die vorliegen müssen, damit die Vollstreckung gerade *zu diesem Zeitpunkt* beginnen kann. Dies ist in erster Linie die *Zustellung des Titels* vor Beginn der Zwangsvollstreckung oder gleichzeitig damit. Der Schuldner muss davon unterrichtet sein, wer gegen ihn die Zwangsvollstreckung betreibt und aus welchem Rechtsgrund.

522 Die *Voraussetzungen* für den *Beginn der Zwangsvollstreckung schlechthin* ergeben sich aus dem *Zwangsvollstreckungsrecht* und dem *allgemeinen Zivilprozessrecht.* Aus dem Zwangsvollstreckungsrecht folgt die Notwendigkeit eines wirksamen *Antrags* des Gläubigers. Dieser ist aber nur möglich, wenn die Prozesshandlungsvoraussetzungen erfüllt sind. Weiterhin sind notwendig der *Titel,* die *Klausel* sowie die *funktionelle* und die *örtliche* Zuständigkeit des Vollstreckungsorgans. Aus dem allgemeinen Zivilprozessrecht ergibt sich, dass einige (nicht alle) *Zulässigkeitsvoraussetzungen* vorliegen müssen. Dies gilt für die deutsche Gerichtsbarkeit und die Zulässigkeit des Rechtsweges. Das Vollstreckungsorgan ist aber insoweit *an den Titel gebunden.* Wenn dieser ein Urteil ist, sind diese Voraussetzungen bereits bejaht und festgestellt. Auch die *Partei- und Prozessfähigkeit* müssen vorliegen, und zwar auf beiden Seiten (*Arens,* FS Schiedermair, 1976, 5; *Jauernig/Berger* § 1 Rn. 37). Auch hier besteht eine Bindung der Vollstreckungsorgane an das Urteil, es sei denn, dass nachträgliche

Umstände eingetreten sind, die zu einem Wegfall der Partei- oder Prozessfähigkeit geführt haben (*Arens*, a. a. O.). Bei *anderen Titeln* als Urteilen besteht insoweit *keine Bindung* der Vollstreckungsorgane.

§ 59. Der Vollstreckungstitel im Allgemeinen

Der *Vollstreckungstitel* ist eine öffentliche Urkunde, aus der sich ergibt, dass ein *bestimmter materiell-rechtlicher Anspruch* mit Hilfe der Zwangsvollstreckung durchgesetzt werden kann. Er ist die *Grundlage der Zwangsvollstreckung* und bestimmt *ihren Umfang*. Die Vollstreckung ist zulässig, solange der Titel vorliegt; ob der zu vollstreckende materiell-rechtliche Anspruch besteht, wird von den Vollstreckungsorganen nicht geprüft. 523

Der Titel bestimmt die Parteien der Zwangsvollstreckung. Partei ist, wer im Titel als Gläubiger oder Schuldner genannt ist, alle anderen sind Dritte, für und gegen die keine Vollstreckung erfolgen kann. In bestimmten Fällen der *Rechtsnachfolge* kann jedoch der Titel durch Umschreibung der Vollstreckungsklausel auf den Rechtsnachfolger umgestellt werden (§§ 727–729). Der Gläubiger, der gegen den Erblasser ein Urteil erstritten hat, braucht also den Rechtsnachfolger nicht erneut zu verklagen. 524

Aus dem Titel ergeben sich auch *Inhalt und Umfang der Zwangsvollstreckung,* etwa die Höhe der einzutreibenden Geldforderung oder die Handlung, Duldung oder Unterlassung, die durchzusetzen ist. Daraus ergibt sich für den Richter des Erkenntnisverfahrens, dass der *Urteilstenor genau zu formulieren ist* (Rn. 337). 525

Der Leistungsumfang muss sich grundsätzlich aus dem Titel selbst ergeben. Zulässig ist aber die Bezugnahme auf außerhalb liegende Quellen, wenn diese leicht zugänglich und zuverlässig feststellbar sind. Der Bundesgerichtshof (NJW-RR 2004, 649; 2005, 366) hat dies für den vom Statistischen Bundesamt ermittelten Preisindex für die Lebenshaltungskosten bejaht (Gegenbeispiel: *BGH* NJW 2006, 695 – Unterhaltsanspruch „unter Anrechnung bereits gezahlter Beträge"). Bei Zweifeln über den Inhalt des Titels muss dieser von den Vollstreckungsorganen *ausgelegt* werden (*OLG Köln* NJW 1985, 274; dagegen haben die Parteien die Erinnerung, § 766). Lassen sich die Unklarheiten auf diese Weise nicht beseitigen, kann auf *Feststellung des Urteilsinhalts geklagt werden* (*BGH* NJW 1972, 2268). Stattdessen kann auch die Klage erneut erhoben werden; das Rechtsschutzinteresse ist hier ausnahmsweise gegeben und die Rechtskraft des ersten Urteils steht nicht entgegen. In der Regel haftet der Schuldner mit seinem ganzen Vermögen. *Materiell-rechtliche Haftungsbeschränkungen* müssen sich aus dem Titel ergeben, um beachtlich zu sein. Bei den Parteien kraft Amtes (Insolvenzverwalter, Zwangsverwalter, Testamentsvollstrecker) ergibt sich die Beschränkung der Haftung auf das von ihnen verwaltete Vermögen schon aus der Parteibezeichnung.

§ 60. Das Endurteil

I. Die als Titel in Frage kommenden Urteile

526 Das Endurteil ist *der wichtigste Vollstreckungstitel;* es liegt der gesetzlichen Regelung zu Grunde (§§ 704 ff., 795). Als Vollstreckungstitel kommen in Frage Leistungsurteile; hinsichtlich der Kosten auch Feststellungs- und Gestaltungsurteile. Sowohl Vollendurteile als auch Teilendurteile sind vollstreckbar (§ 301 Abs. 1, ebenso Versäumnis- und Vorbehaltsurteile, § 302). Zur Vollstreckbarkeit auflösend bedingter Urteile (§§ 280, 304) vgl. Rn. 157, 229.

II. Die vorläufige Vollstreckbarkeit

Literatur: *Brögelmann,* Anordnung der vorläufigen Vollstreckbarkeit in Zivilurteilen, JuS 2007, 1006; *Giers,* Die vorläufige Vollstreckbarkeit, DGVZ 2008, 8; *König,* Die vorläufige Vollstreckbarkeit im Zivilurteil, JuS 2004, 119.

527 Urteile sind vollstreckbar, wenn sie entweder *formell rechtskräftig* oder für *vorläufig vollstreckbar* erklärt sind (§ 704 Abs. 1). Nach Eintritt der Rechtskraft, wenn feststeht, dass das Urteil Bestand haben wird, ist es unproblematisch, die Vollstreckung durchzuführen. Die Regelung der vorläufigen Vollstreckbarkeit ist demgegenüber weniger selbstverständlich. Wenn das Urteil noch nicht rechtskräftig ist, kann es im Instanzenzug zu seiner *Aufhebung* und zu einer *abweichenden Entscheidung* kommen. Dann stellt sich heraus, dass die *Zwangsvollstreckung ungerechtfertigt* war. Diese Gefahr nimmt das Gesetz in Kauf. Es soll durch die vorläufige Vollstreckbarkeit verhindert werden, dass eine Partei ein *Rechtsmittel* nur zu dem Zweck einlegt, den *Eintritt* der Rechtskraft und damit der *Vollstreckbarkeit hinauszuzögern.* Außerdem sollen die Parteien gezwungen werden, schon in der ersten Instanz *den Prozess sorgfältig zu führen* und alle erheblichen Tatsachen vorzubringen.

§ 60. Das Endurteil

Sie liegt im Interesse des Gläubigers, bedeutet aber gleichzeitig eine erhebliche Gefahr für den Schuldner. Deswegen muss das Gesetz auch dessen Interessen berücksichtigen. Dies geschieht durch die Anordnung von *Sicherheitsleistungen.*

Die vorläufige Vollstreckbarkeit wird in der Regel *von Amts wegen* angeordnet. In besonderen Fällen werden Urteile vom Gesetz aber auch ohne Sicherheitsleistung für vorläufig vollstreckbar erklärt: 528

– Anerkenntnis- und Verzichtsurteile (§ 708 Nr. 1); diese beruhen auf einem *eigenen Verhalten des Schuldners;*
– Versäumnisurteile und Urteile nach Lage der Akten gegen die säumige Partei (§ 708 Nr. 2); auch diese gehen auf das *Verhalten der säumigen Partei* zurück;
– Urteile, die den Einspruch verwerfen (§ 341), hinsichtlich der Kostenentscheidung (§ 708 Nr. 3);
– Urteile im Urkunden-, Wechsel- oder Scheckprozess (§ 708 Nr. 4); dabei handelt es sich um ein auf *besondere Schnelligkeit* angelegtes Verfahren;
– Urteile, die ein in einem Urkunden, Wechsel- oder Scheckprozess ergangenes Urteil für vorbehaltlos erklären (§ 708 Nr. 5);
– Urteile, die Arreste und einstweilige Verfügungen ablehnen oder aufheben (§ 708 Nr. 6); bei der Aufhebung hat der *Schuldner ein besonderes Interesse* an der sofortigen Vollstreckbarkeit, weil Arreste und einstweilige Verfügungen eine besondere Gefahr für ihn bedeuten;
– Urteile in Mietstreitigkeiten (§ 708 Nr. 7) und Urteile auf Unterhalts- und Rentenleistung (§ 708 Nr. 8) sowie Urteile wegen verbotener Eigenmacht (§ 708 Nr. 9); in allen diesen Fällen hat der *Gläubiger ein überwiegendes Interesse* an einer schnellen Vollstreckung;
– Berufungsurteile in vermögensrechtlichen Streitigkeiten (§ 708 Nr. 10); hier liegt eine *erhöhte Richtigkeitsgarantie* vor. Außerdem soll vor allem auch die *zweckwidrige Einlegung der Revision* und die sich daraus ergebende Belastung des Bundesgerichtshofs vermieden werden;
– andere Urteile in vermögensrechtlichen Streitigkeiten, wenn der Gegenstand der Verurteilung in der Hauptsache 1.250,– Euro nicht übersteigt oder wenn nur die Kostenentscheidung über einen Betrag von nicht mehr als 1.500,– Euro vollstreckbar ist (§ 708 Nr. 11; also hauptsächlich bei klageabweisenden Urtei-

len); hier ist die vorläufige Vollstreckbarkeit wegen des *nicht allzu hohen Betrages* gerechtfertigt, mit dessen Rückzahlung gerechnet werden kann, falls das Urteil aufgehoben wird.

529 Die anderen Urteile sind gegen *Sicherheitsleistung* für vorläufig vollstreckbar zu erklären (§ 709). Der Gläubiger muss hier Sicherheit für den Fall leisten, dass das Urteil später aufgehoben oder abgeändert wird. Sollte dies eintreten, kann der Schuldner nach bereits erfolgter Vollstreckung auf die Sicherheitsleistung zurückgreifen. Erst nach der Sicherheitsleistung kann die Vollstreckung erfolgen.

Art und Höhe der Sicherheit ordnet das Gericht an; in der Praxis ist besonders häufig die Sicherheitsleistung durch Bankbürgschaft. Die Höhe richtet sich *nach dem mutmaßlichen Schaden*, der dem Schuldner durch die Vollstreckung entstehen könnte. Soweit wegen einer *Geldforderung* vollstreckt werden soll, braucht das Gericht die Sicherheitsleistung gem. §§ 709 S. 2, 711 S. 2 im Titel nicht zu beziffern, sondern kann sie in einem bestimmten Verhältnis zur Höhe des jeweils zu vollstreckenden Betrages angeben.

Die Sicherheit ist nach Eintritt der Rechtskraft zurückzugewähren (§ 715).

530 Bei der Sicherheitsleistung wird den Interessen des Gläubigers auf doppelte Weise Rechnung getragen. Nach § 720a kann der Gläubiger bei einem nur gegen Sicherheitsleistung vollstreckbaren Urteil die Zwangsvollstreckung schon betreiben, bevor die Sicherheit geleistet ist, er ist aber auf *Sicherungsmaßnahmen* (Pfändung, Sicherungshypothek) beschränkt (unter bestimmten Voraussetzungen kann auch die Abgabe einer eidesstattlichen Versicherung gem. § 807 verlangt werden, *BGH* DGVZ 2007, 13; s. auch *Hölk,* MDR 2006, 841; beachte ab 1. 1. 2013 § 807 n. F.). Der Schuldner kann diese Sicherungsvollstreckung *abwenden,* wenn er *seinerseits Sicherheit in Höhe des Hauptanspruchs leistet* (auch durch Prozessbürgschaft, *OLG München* OLGZ 1991, 75), es sei denn, dass der Gläubiger *vorher die ihm obliegende Sicherheit geleistet hat* (§ 720a Abs. 3). Eine Sicherheitsleistung durch den Gläubiger ist entgegen dem Wortlaut des § 720a Abs. 1 stets erforderlich, wenn die Sicherungsvollstreckung zur Zahlungsunfähigkeit und Insolvenzreife des Schuldners führt (*OLG Köln* ZIP 1994, 1053). Dem *Gläubigerinteresse* wird außerdem durch die Vorschrift des § 710 Rechnung getragen. Der Gläubiger kann,

wenn er die Sicherheitsleistung nach § 709 nicht oder nur unter erheblichen Schwierigkeiten leisten kann und ihm die Aussetzung der Vollstreckung einen schwer zu ersetzenden Nachteil bringen würde, auf Antrag erreichen, dass das Urteil *auch ohne Sicherheitsleistung* für vorläufig vollstreckbar erklärt wird. Dasselbe gilt, wenn die Aussetzung aus einem sonstigen Grund für den Gläubiger unbillig wäre, insbesondere weil er die Leistung für seine Lebenshaltung oder seine Erwerbstätigkeit dringend benötigt.

Das Gesetz berücksichtigt aber auch die *Interessen des Schuldners,* dessen *primäres Anliegen* es ist, *die Vollstreckung überhaupt,* oder auch jedenfalls *aufgrund einer eigenen Sicherheitsleistung abzuwenden* oder wenigstens die Vollstreckung an eine *Sicherheitsleistung durch den Gläubiger zu binden,* damit mögliche Schadensersatzansprüche gegen den Gläubiger durchgesetzt werden können. So kann der Schuldner in den Fällen des § 708 Nr. 4–11 die Vollstreckung *durch Sicherheitsleistung abwenden* (§ 711). Dadurch ist der Gläubiger davor gesichert, dass er seinen Anspruch später nicht mehr durchsetzen kann, etwa weil der Schuldner vermögenslos geworden ist. Der *Gläubiger* kann die Abwendung der Vollstreckung verhindern, indem er *seinerseits Sicherheit* leistet und damit sicherstellt, dass der Schuldner seinen Schadensersatzanspruch durchsetzen kann, wenn das Urteil aufgehoben werden sollte (§ 711).

531

Noch weitergehende *Schutzmöglichkeiten zugunsten des Schuldners* gewährt § 712. Wenn ihm die Vollstreckung einen *nicht* zu ersetzenden Nachteil bringen würde (etwa Zerstörung der wirtschaftlichen Existenz), kann ihm auf Antrag gestattet werden, die Vollstreckung durch Sicherheitsleistung abzuwenden, auch wenn der Gläubiger Sicherheit geleistet hat (§ 712 Abs. 1 S. 1). Wenn der Schuldner nicht zur Sicherheitsleistung in der Lage ist, so ist entweder die Vollstreckung auf die Sicherheitsvollstreckung (gemäß § 720a Abs. 1 und 2) zu beschränken oder das Urteil überhaupt nicht für vorläufig vollstreckbar zu erklären (§ 712 Abs. 1 S. 2). Dem Antrag des Schuldners ist *nicht* zu entsprechen, wenn ein *überwiegendes Interesse* des Gläubigers entgegensteht (§ 712 Abs. 2 S. 1). Bei der Abwägung der beiderseitigen schutzwürdigen Belange im Rahmen eines Berufungsverfahrens haben im Zweifel die Interessen der im ersten Rechtszug obsiegenden Partei den Vorrang, zu deren Gunsten die vorläufige Vollstreckbarkeit angeordnet wurde (*BGH* WuW 1997, 162). In

532

den Fällen des § 708 kann das Gericht aber anordnen, dass das Urteil nur gegen Sicherheitsleistung zu vollstrecken sei (§ 712 Abs. 2 S. 2).

533 Die *Verhandlung* über die vorläufige Vollstreckbarkeit erfolgt *im Rahmen des Erkenntnisverfahrens,* dort sind die Anträge nach den §§ 710, 711 S. 3, 712 zu stellen (§ 714). Die *Entscheidung* erfolgt im *Endurteil,* das gegebenenfalls nach § 321 zu ergänzen ist (§ 716). Wird das Urteil mit der Berufung angefochten, so ist *in der Berufungsinstanz* auf Antrag über die vorläufige Vollstreckbarkeit vorab zu verhandeln und zu entscheiden (§ 718 Abs. 1); eine Anfechtung des vom Berufungsgericht darüber gefällten Teilurteils findet nicht statt (§ 718 Abs. 2). Das *Berufungsgericht* kann auf Antrag des Schuldners *vorläufige Anordnungen* durch Beschluss treffen (§§ 719 Abs. 1 und 3, 707), vor allem die einstweilige Einstellung der Zwangsvollstreckung gegen oder ohne Sicherheitsleistung anordnen (zu den Voraussetzungen *OLG Celle* OLGZ 1993, 475; *OLG Saarbrücken* MDR 1997, 1157). Allerdings ist der Schuldner gehalten, die Gründe, die er in seinem Antrag nach § 719 i. V. m. § 707 anführt, bereits in der ersten Instanz durch einen Antrag nach § 712 geltend zu machen. Andernfalls soll er mit diesen Einwänden nicht mehr gehört werden (*OLG Köln* JurBüro 1997, 553 a. A.: *OLG Stuttgart* MDR 1998, 858; MünchKomm/*Krüger* § 719 Rn. 6 m. w. N.). Bei einem Antrag gegen die Zwangsvollstreckung aus einem *Versäumnisurteil* gelten verschärfte Anforderungen (§ 719 Abs. 1 S. 2) *zusätzlich* zu denjenigen des § 707 Abs. 1 S. 2 (vgl. *BVerfG* NJW-RR 2004, 934; a. A. *OLG Stuttgart* NJW-RR 2003, 713, dazu *Deubner,* JuS 2004, 31, 34). In der *Revisionsinstanz* gilt § 719 Abs. 2. Nach der Rechtsprechung des Bundesgerichtshofs regelt die Vorschrift nicht die Frage, ob im Revisionsverfahren die Einstellung ohne oder gegen Sicherheitsleistung anzuordnen ist; insoweit gelte ebenfalls § 719 Abs. 1 i. V. m. § 707 (*BGH* NJW 2010, 1081). Die einstweilige Einstellung der Zwangsvollstreckung nach dieser Vorschrift soll zu versagen sein, wenn der Schuldner es versäumt, im Berufungsrechtszug einen ihm möglichen und zumutbaren Antrag auf Vollstreckungsschutz gem. § 712 zu stellen (*BGH* DGVZ 2008, 12).

534 Die vorläufige Vollstreckbarkeit tritt mit der Verkündung eines Urteils insoweit *außer Kraft,* als dieses die Entscheidung in der Hauptsache oder die Vollstreckbarkeitserklärung aufhebt oder abändert (§ 717 Abs. 1). Wenn das Urteil, das die vorläufige Vollstreckbarkeit angeordnet hat, *rechtskräftig* wird, entfallen alle diese Einschränkungen; Sicherheiten sind zurückzugewähren (§ 715).

III. Der Schadensersatzanspruch aus § 717

Literatur: *Gaul,* Die Haftung aus dem Vollstreckungszugriff, ZZP 97, 3; *Häsemeyer,* Schadenshaftung im Zivilrechtsstreit, 1979; *Krafft,* Die Schadensersatzpflicht aus § 717 II ZPO, JuS 1997, 734; *Saenger,* Zur Schadensersatzpflicht bei vorzeitigen Vollstreckungsmaßnahmen des materiell berechtigten Gläubigers, JZ 1997, 222.

Vorläufige Vollstreckbarkeit bedeutet, dass die Parteien im 535
Zeitpunkt der Vollstreckung noch nicht wissen, *ob es bei dem Urteil bleibt*. Das heißt aber *nicht*, dass der Gläubiger *nur vorläufige Vollstreckungsmaßnahmen* durchführen kann. Es kann vielmehr, von den Fällen der Sicherungsvollstreckung abgesehen (§ 720a), aus einem vorläufig vollstreckbaren Urteil *ebenso vollstreckt* werden wie aus einem rechtskräftigen. Die Zwangsvollstreckung führt also *schon zur Befriedigung des Gläubigers*. Das bedeutet, dass dem Schuldner eine Vermögenseinbuße entsteht. Würde man ihn deswegen auf materiell-rechtliche Schadensersatzansprüche gegen den Gläubiger verweisen, wenn das Urteil aufgehoben wird, würden sich erhebliche Schwierigkeiten ergeben. Ein *Verschulden* wäre dem Gläubiger kaum nachzuweisen, weil man von ihm nicht mehr Rechtskenntnisse erwarten kann als von dem Gericht, das zu seinen Gunsten entschieden hatte. Das Gesetz sieht deshalb einen *besonderen Schadensersatzanspruch des Schuldners vor, der von einem Verschulden des Gläubigers unabhängig* ist (§ 717 Abs. 2; er wird mit Abänderung des vorläufig vollstreckbaren Urteils durchsetzbar; *BGH* NJW-RR 2009, 407). Der Gläubiger betreibt also die Vollstreckung aus einem für vorläufig vollstreckbar erklärten Urteil *auf eigenes Risiko*. Der Anspruch aus § 717 Abs. 2 richtet sich auf *Ersatz allen Schadens, der dem Schuldner durch die Vollstreckung des Urteils oder durch eine zur Abwendung der Vollstreckung gemachte Leistung entstanden ist* (auch wenn dadurch mittelbar eine Zurückbehaltungslage wiederhergestellt wird, *BGH* NJW-RR 2007, 1029; s. aber *BGH* NJW 1978, 163 u. BGHZ 85, 110; zum Tatbestandsmerkmal „Leistung zur Abwendung der Zwangsvollstreckung" *Adam*, JurBüro 1998, 569). Hierzu zählt auch der weitere, über die Leistung zur Abwendung der Zwangsvollstreckung hinausgehende Schaden, insbesondere der sog. Zinsschaden (*BGH* NJW 1997, 2603). Die §§ 249 ff. BGB sind anwendbar. Der Gläubiger kann materiell-rechtliche Einwendungen wie Mitverschulden (§ 254 BGB) geltend machen und auch die Aufrechnung erklären, soweit diese mit Sinn und Zweck des § 717 Abs. 2 vereinbar ist. Begleitschäden, die auf einer nicht gehörigen Durchführung der Vollstreckung beruhen, sollen vom Schutzzweck des § 717 Abs. 2 aber nicht umfasst sein (*BGH* NJW-RR 2009, 658). Bei freiwilliger Leistung auf ein noch nicht rechtskräftiges Feststellungsurteil (gegen die öffentliche Hand, s.o. Rn. 126) fehlt ein Druck zur Erfüllung, und § 717

gilt nicht entsprechend (*BAG* NJW 1989, 3173). Der Anspruch entsteht mit Aufhebung des vorläufig vollstreckbaren Urteils, ohne dass dieses aufhebende Urteil rechtskräftig sein muss. Der Schadensersatzanspruch kann also wieder *entfallen,* wenn das aufhebende Urteil *seinerseits aufgehoben wird.*

Der Anspruch aus § 717 Abs. 2 besteht nicht, wenn ein *Berufungsurteil* in einer vermögensrechtlichen Streitigkeit aufgehoben worden ist (§ 717 Abs. 3 S. 1; Ausnahme: Versäumnisurteile). In diesem Fall ist der Schuldner auf einen Bereicherungsanspruch beschränkt, der sich auf das aufgrund des Urteils Geleistete erstreckt (§ 717 Abs. 3 S. 2). Die Vorschrift ist somit Ausdruck einer abgestuften Risikoverteilung (MünchKomm/*Krüger* § 717 Rn. 28). In den Bestand des Berufungsurteils darf der Gläubiger erhöhtes Vertrauen setzen.

Die Ansprüche aus § 717 stehen entgegen dem Gesetzeswortlaut *auch dem Kläger* zu, denn dieser kann Schuldner der Zwangsvollstreckung gewesen sein, wenn nach Klageabweisung wegen der Kosten gegen ihn vollstreckt wurde.

Dem Schuldner stehen *mehrere Wege* offen, um seinen Anspruch aus § 717 geltend zu machen. Er kann eine neue Klage erheben, für die dann die allgemeinen Regeln gelten. Die h.M. will den Anspruch aus § 717 als *Fall der Gefährdungshaftung* ansehen und deshalb die Klage im Gerichtsstand der unerlaubten Handlung zulassen (*BGH* NJW 1957, 1926; dagegen *Bötticher,* ZZP 85, 1). Der Schuldner kann den Anspruch aber auch durch Zwischenantrag (§ 261 Abs. 2) in dem anhängigen Verfahren geltend machen (§ 717 Abs. 2 S. 2, Abs. 3 S. 4), wahlweise auch durch Widerklage oder im Wege der Aufrechnung.

Beim Zwischenantrag ist der Anspruch als zur Zeit der Zahlung rechtshängig geworden anzusehen. Damit treten die materiell-rechtlichen Folgen der Klageerhebung rückwirkend ein. Im Falle des Bereicherungsanspruchs aus Abs. 3 gilt dies auch dann, wenn dieser Antrag nicht gestellt wird. § 818 Abs. 3 BGB ist bei diesem Anspruch also ausgeschlossen.

536 Eine *ähnliche Regelung wie § 717 Abs. 2* enthält das Gesetz *in anderen Fällen einer nachträglich unberechtigten Vollstreckung* (§§ 302 Abs. 4 S. 2 und 3; 600 Abs. 2; 945). § 717 Abs. 2 ist *entsprechend* anzuwenden, wenn ein Zwischenurteil nach § 280 oder ein Grundurteil nach § 304 aufgehoben wird (dazu *Schiedermair,* JuS 1961, 221), außerdem bei den Titeln des § 794 Abs. 1 Nr. 2 und 3, nach h.M. aber nicht bei Aufhebung eines Urteils im Wiederaufnahmeverfahren (a.A. *Dieckmann,* JuS 1969, 109). § 717 Abs. 2 (und der entsprechenden Regelung in § 945; s. auch § 799a) liegt der Rechtsgedanke zugrunde, dass die Vollstreckung aus einem noch nicht endgültigen Vollstreckungstitel auf Gefahr des Gläubigers erfolgt. Daraus ergeben sich die Grenzen für die Analogiefähigkeit. So kann nicht im Wege entsprechender Anwendung des § 717 Abs. 2 ein Schadensersatzanspruch gegen einen Dritten begründet werden, der eine einstweilige Einstellung der Zwangsvollstreckung nach § 771 Abs. 3 (dazu Rn. 605) erwirkt hat, die sich nachträglich als ungerechtfertigt herausstellt (BGHZ 95, 10; abl. *Häsemeyer,* NJW 1986, 1028; s. auch *BGH* NJW 1984, 2095; *OLG München* NJW-RR 1989, 1471). Das Gleiche muss beim Wegfall des Titels nach Rechtskraft durch Vollstreckungsgegenklage und bei beiderseitiger Erledigungserklärung gelten (s. auch *BGH* NJW 1988, 1268, 1269). Auch im Falle einer Vollstreckung aus einem formell rechtskräftigen Versäumnisurteil, das aber wegen der Unbestimmtheit der Ansprüche nicht in materielle Rechtskraft erwächst, ist § 717 Abs. 2 nicht analog anwendbar (*BGH* JZ 2000, 162 m. Anm. *Münzberg*).

IV. Ausländische Urteile als Vollstreckungstitel

Literatur: *Beitzke,* Anerkennung und Vollstreckung ausländischer gerichtlicher Entscheidungen in der Bundesrepublik Deutschland, Jura 1971, 30; *Geimer,* Grundfragen der Anerkennung und Vollstreckung ausländischer Urteile im Inland, JuS 1965, 475; *Geimer/Schütze,* Internationaler Rechtsverkehr in Zivil- und Handelssachen, Loseblatt, 39. EL, Stand: Juni 2010; *Gottwald,* Grundfragen der Anerkennung und Vollstreckung ausländischer Entscheidungen in Zivilsachen, ZZP 103, 257; *ders.,* Die internationale Zwangsvollstreckung, IPRax 1991, 285; *Koch,* Anerkennung und Vollstreckung ausländischer Urteile und ausländischer Schiedssprüche in der Bundesrepublik Deutschland, in: *Gilles,* Effiziente Rechtsverfolgung, 1987, 161; *ders.,* Ausländischer Schadensersatz vor deutschen Gerichten, NJW 1992, 3073.

Ausländische Urteile können im Inland erst vollstreckt werden, wenn *ein besonderes Vollstreckungsurteil* erlassen worden ist (§ 722 Abs. 1; zur Zuständigkeit für die Klage s. Abs. 2).

Dieses Urteil setzt voraus, dass das ausländische Urteil rechtskräftig ist (*Gaul/Schilken/Becker-Eberhard* § 12 II 1; s. aber BGHZ 118, 312, 318 ff.) und nach § 328 anerkannt werden kann (§ 723 Abs. 2). Seine Richtigkeit wird nicht überprüft (§ 723 Abs. 1). Das Vollstreckungsurteil begründet dann die Vollstreckbarkeit des ausländischen Urteils (es handelt sich deshalb um ein prozessuales Gestaltungsurteil). Da das Verfahren nach den §§ 722, 723 umständlich und kompliziert ist, ist vielfach durch Staatsverträge ein einfacheres Beschlussverfahren eingeführt worden.

Besonderheiten gelten zwischen den Mitgliedstaaten der EG (Überblick Rn. 727 ff.). Nach Art. 38 ff. EuGVVO wird für eine in einem anderen Mitgliedstaat ergangene Entscheidung im Inland eine internationale Vollstreckungsklausel erteilt. Eines Vollstreckungsurteils bedarf es nicht (Rn. 745 ff.). Ein Titel, der in einem anderen Mitgliedstaat als *Europäischer Vollstreckungstitel* nach Art. 6 EuVTVO für unbestrittene Forderungen bestätigt worden ist, kann als ausländischer Titel sogar ohne Weiteres im Inland vollstreckt werden. Dabei kann es sich um gerichtliche Entscheidungen, öffentliche Urkunden oder Prozessvergleiche handeln (Rn. 751 ff., 754). Ergänzende Verfahrensvorschriften dazu finden sich in §§ 1084 ff.

Für zwischenstaatliche Vollstreckungsverträge gelten die Bestimmungen des Anerkennungs- und Vollstreckungsausführungsgesetzes (AVAG).

§ 61. Andere Vollstreckungstitel

Literatur: *Münch,* Die Reichweite der Vollstreckungsunterwerfung, ZIP 1991, 1041; *Olzen,* Rechtsschutz gegen Zwangsvollstreckung aus notariellen Urkunden, DNotZ 1993, 211; *Vollkommer,* Zwangsvollstreckungsunterwerfung des Verbrauchers bei Immobiliardarlehensverträgen?, NJW 2004, 818; *Wolfsteiner,* Die vollstreckbare Urkunde nach der 2. Zwangsvollstreckungsnovelle, DNotZ 1999, 306.

538 Es gibt neben dem Endurteil eine Anzahl *anderer Vollstreckungstitel.* Die meisten ergeben sich aus der ZPO (§§ 794, 930–933), viele auch aus anderen Gesetzen. Die in § 794 genannten Titel umfassen *zwei Gruppen: andere gerichtliche Entscheidungen* als Endurteile und *beurkundete rechtsgeschäftliche Erklärungen.*

I. Gerichtliche Entscheidungen

Zu den gerichtlichen Entscheidungen gehören:
– Kostenfestsetzungsbeschlüsse (§ 794 Abs. 1 Nr. 2); das Urteil entscheidet hinsichtlich der Kosten nur dem Grunde nach, die Festsetzung der Höhe erfolgt durch den Rechtspfleger (§ 104, § 21 Nr. 1 RPflG) in Beschlussform (Rn. 496);
– Entscheidungen, gegen die das Rechtsmittel der Beschwerde stattfindet (§ 794 Abs. 1 Nr. 3)

- Vollstreckungsbescheide im Mahnverfahren (§§ 794 Abs. 1 Nr. 4, 699 ff.) sowie für vollstreckbar erklärte europäische Zahlungsbefehle (§ 794 Abs. 1 Nr. 6);
- für vollstreckbar erklärte Schiedssprüche, sofern die Entscheidungen rechtskräftig oder für vorläufig vollstreckbar erklärt worden sind (§ 794 Abs. 1 Nr. 4 lit. a i. V. m. § 1060 Abs. 1);
- sowie gem. § 794 Abs. 1 Nr. 4 lit. b gerichtlich (§ 796 b) oder notariell (§ 796 c) für vollstreckbar erklärte Anwaltsvergleiche (§ 796 a).

II. Beurkundete rechtsgeschäftliche Erklärungen

Von besonderer Bedeutung sind die beurkundeten rechtsgeschäftlichen Erklärungen: der Prozessvergleich und die vollstreckbare Urkunde.

1. Der Prozessvergleich

Der Prozessvergleich beendet zahlreiche Prozesse (Rn. 248 ff.). 539 Wenn er protokolliert ist (§§ 160 Abs. 3 Nr. 1, 162 Abs. 1), ist er ein *Vollstreckungstitel* (§ 794 Abs. 1 Nr. 1). Erfüllt der Vergleich die allgemeinen Voraussetzungen für Vollstreckungstitel, ist er insbesondere bestimmt genug (siehe Rn. 523 ff.), so können aufgrund dieses Titels *alle Vollstreckungsmaßnahmen durchgeführt werden, mit einer Ausnahme:* da der Prozessvergleich *nicht in Rechtskraft* erwächst, kann § 894 (Fiktion der Abgabe einer Willenserklärung) *nicht angewendet* werden. Wenn sich etwa eine Partei in dem Vergleich zur Auflassung und Eintragungsbewilligung verpflichtet hat, muss nach § 888 vollstreckt werden (*OLG Koblenz* DGVZ 1986, 138). Deshalb wird man zweckmäßigerweise *die Erklärungen in dem Vergleich selbst abgeben.* Der Bundesgerichtshof hält es auch für zulässig, dass aus dem Vergleich auf Abgabe der Willenserklärung geklagt wird, weil auf die Vollstreckung dieses Urteils dann § 894 anzuwenden ist und dieses Verfahren einfacher und sicherer ist als das nach den §§ 887 ff. (BGHZ 98, 127).

Der Prozessvergleich kann auch Dritte, die nicht Parteien des Rechtsstreits waren, einbeziehen. Diese können dann aus dem Vergleich vollstrecken (str., dafür *OLG Frankfurt/Main* MDR 1973, 321; *Jauernig*, JZ 1960, 10; 1967, 28;

a. A. *OLG München* NJW 1957, 1367; *Gerhardt,* JZ 1969, 691; vgl. auch *BGH* FamRZ 1980, 342; für Vergleiche zwischen den Eltern in einem Scheidungsverfahren über Unterhaltsansprüche des Kindes sieht das Gesetz dies nun ausdrücklich vor, § 1629 Abs. 3 S. 2 BGB). Aus einem Anwaltsvergleich kann erst nach einer entsprechenden gerichtlichen oder notariellen Vollstreckbarerklärung im Wege der Zwangsvollstreckung vorgegangen werden (§§ 796 a ff.).

2. Die vollstreckbare Urkunde

540 Die *vollstreckbaren Urkunden* (§ 794 Abs. 1 Nr. 5) haben *ebenfalls erhebliche praktische Bedeutung.* Sie ermöglichen die Zwangsvollstreckung *ohne Prozess und Urteil* und werden deshalb von erfahrenen Gläubigern (wie Hypothekenbanken) bevorzugt. Eine Voraussetzung ist, dass sich der Schuldner der Zwangsvollstreckung ohne Urteil unterwirft. Das ist ebenso wie beim Prozessvergleich eine *Auswirkung der Dispositionsmaxime.*

Die Unterwerfungserklärung ist eine einseitige Prozesshandlung, die auf das Zustandekommen des Titels gerichtet ist. Sie ist von dem zugrunde liegenden materiellen Rechtsgeschäft zu unterscheiden. In der Abgabe einer abstrakten Vollstreckungsunterwerfung liegt demnach grundsätzlich nicht zugleich eine dazu verpflichtende Kausalvereinbarung (*BGH* NJW 2005, 1576, 1578). Die Erklärung kann auch dann Bestand haben, wenn das Grundgeschäft nichtig ist (*BGH* NJW 1985, 2423). § 139 BGB soll nicht anwendbar sein (*BGH* a. a. O.). Verstößt das materiell-rechtliche Grundgeschäft gegen ein gesetzliches Verbot, so ist aber auch die Unterwerfungserklärung nach § 134 BGB nichtig, wenn der Verbotszweck es erfordert (BGHZ 154, 283; *BGH* NJW 2004, 841 – Verstoß eines Treuhandvertrages gegen das RBerG (heute RDG); nach § 242 BGB kann die Berufung auf die Nichtigkeit ausgeschlossen sein, *BGH* MDR 2004, 522). Die Unterwerfungserklärung kann über den sachlich-rechtlichen Anspruch hinausgehen, dem sie dient (*BGH* NJW 2000, 951).

Neben der Unterwerfungserklärung muss die Urkunde folgende Voraussetzungen erfüllen. Sie muss von einem deutschen Gericht (nur noch ausnahmsweise, § 62 Abs. 1 BeurkG) oder einem Notar innerhalb der Grenzen seiner Amtsbefugnisse in der vorgeschriebenen Form aufgenommen, d. h. protokolliert (§§ 8 ff., 56 Abs. 4, 68 BeurkG) worden sein. Eine Vollmacht zur Abgabe der Unterwerfungserklärung unterliegt als Prozessvollmacht ausschließlich den §§ 80 ff. und muss deshalb nicht notariell beurkundet werden (*BGH* MDR 2004, 591). Die Urkunde muss über einen genau bezeichneten Anspruch errichtet sein, der einer vergleichsweisen Regelung zugänglich, nicht auf Abgabe einer Willenserklärung gerichtet ist und nicht den Bestand eines Mietverhältnisses über Wohnraum betrifft. Auch ein Anspruch aus einer Hypothek, Grund- oder Rentenschuld, der an sich nur auf Duldung der Zwangsvollstreckung gerichtet ist, kann auf diese Weise tituliert werden. Ist die Reichweite eines derartigen Vollstreckungstitels strittig, so ist auch hier die Feststellungsklage statthaft (*BGH* NJW 1997, 2320, s. schon Rn. 525).

Der Schuldner muss sich wegen dieses Anspruchs der *sofortigen Zwangsvollstreckung* unterworfen haben. „Sofortig" bedeutet *ohne Prozess und Urteil,* nicht unmittelbar im Anschluss an die Errichtung der Urkunde. Der Zeitpunkt richtet sich nach deren Inhalt und kann bei langfristigen Darlehen viele Jahre später liegen. Der Anspruch kann also auch bedingt oder betagt sein (BGHZ 16, 180); er muss aber bestimmt sein, d.h. die Höhe des Anspruchs muss sich aufgrund der Urkunde errechnen lassen (BGHZ 88, 6).

Besondere Bedeutung hat die vollstreckbare Urkunde *bei Hypotheken und Grundschulden* erlangt. Wenn sich der Schuldner nur hinsichtlich der Hypothek oder der Grundschuld der Vollstreckung unterwirft, kann diese nur in das belastete Grundstück erfolgen. Unterwirft er sich auch wegen der Forderung, so ist die Vollstreckung in sein gesamtes Vermögen zulässig (vgl. aber *OLG Düsseldorf* ZIP 1993, 1376). Bei einem Verbraucherdarlehen i.S.v. §§ 491 ff. BGB ist streitig, ob die unbegrenzte Unterwerfung entsprechend § 496 Abs. 3 S. 1, 2 BGB unwirksam ist (so z.B. *Vollkommer,* NJW 2004, 818, 819; anders die h.M. s. *BGH* NJW 2005, 1576, 1578; MünchKomm-BGB/*Schürnbrand* § 496 Rn. 8 m.w.N.).

Durch Hypotheken oder Grundschulden gesicherte Forderungen bestehen meistens über lange Zeiträume. Es entsteht dann für den Gläubiger die Gefahr, dass das Eigentum an dem Grundstück auf einen Dritten übergeht, der an die Unterwerfungsklausel nicht gebunden ist. Das Gesetz sieht deshalb vor, dass sich der Eigentümer wegen einer Hypothek, Grund- und Rentenschuld der sofortigen Zwangsvollstreckung in der Weise unterwerfen kann, dass sie *gegen den jeweiligen Eigentümer* zulässig sein soll. Die Unterwerfung muss in *das Grundbuch eingetragen werden* (§ 800 Abs. 1 S. 2). Diese Vorschrift erfüllt lediglich eine Art Warnfunktion für den Erwerber eines mit dem Titel belasteten Grundstücks; denn die Vollstreckungsklausel zu einem Titel über ein dingliches Recht könnte auch ohne die Eintragung bereits gemäß §§ 727, 325 Abs. 1 bis 3 gegen den Rechtsnachfolger im Eigentum erteilt werden. Der Titel behält nach Ansicht des Bundesgerichtshofs (BGHZ 110, 319, 321 f.) auch nach einer befreienden Schuldübernahme seine Wirksamkeit (gegen den alten Schuldner). Erweise die Schuldübernahme sich als rechtsgrundlos, so könne der Gläubiger ohne Weiteres gegen den „Altschuldner" aus der vollstreckbaren Urkunde vollstrecken. Eine gegen die Vollstreckung gerichtete Klage gem. § 767, gestützt darauf, dass die alte Schuld übernommen worden sei, verstoße gegen § 242 BGB; denn der Schuldner müsse die Vollstreckung aus einer (neu) zu errichtenden vollstreckbaren Urkunde dulden (allg. zu den Rechtsbehelfen des Schuldners gegen die Vollstreckung aus notariellen Urkunden: *Windel*, ZZP 102, 175). Im Übrigen kann eine unberechtigte Zwangsvollstreckung unter den Voraussetzungen von § 799a zu einer verschuldensunabhängigen Schadenshaftung führen (dazu *Becker-Eberhard*, FS Werner, 2009, 532; *Vollkommer*, ZIP 2008, 2060; *Wendt/Skauradszun*, JR 2011, 231).

III. Andere Vollstreckungstitel

541   Auch *außerhalb* der ZPO gibt es Vollstreckungstitel. Von besonderer Bedeutung ist etwa der *Auszug aus der Insolvenztabelle,* aus dem nach Beendigung des Insolvenzverfahrens – vorbehaltlich einer Restschuldbefreiung (§ 294 InsO) – wieder die Einzelvollstreckung erfolgen kann (§§ 201 f. InsO), oder der *Zuschlag in der Zwangsversteigerung eines Grundstücks* (§§ 93, 132, 162, 180 Abs. 1 ZVG).

§ 62. Die Vollstreckungsklausel

Literatur: *Saenger*, Die Klausel als Voraussetzung der Zwangsvollstreckung, JuS 1992, 861; *Schlosser*, Die Vollstreckungsklausel der ZPO, Jura 1984, 88; *Schreiber*, Allgemeine Voraussetzungen der Zwangsvollstreckung: Titel, Klausel, Zustellung, Jura 2005, 670.

542   Die Zwangsvollstreckung wird aufgrund einer mit der *Vollstreckungsklausel versehenen Ausfertigung des Urteils (vollstreckbare Ausfertigung)* durchgeführt (§ 724 Abs. 1). Eine Ausfertigung ist die amtliche Abschrift des von den Richtern unterschriebenen Originals des Urteils, das bei den Akten bleibt. Sie ist bestimmt, im Rechtsverkehr die Urschrift zu ersetzen. Die Vollstreckungsklausel „vorstehende Ausfertigung wird dem (Bezeichnung der Partei) zum Zwecke der Zwangsvollstreckung erteilt" wird der Ausfertigung des Urteils von dem Urkundsbeamten der Geschäftsstelle (§ 724 Abs. 2) am Schluss beigefügt (§ 725). Sie ist ein *amtliches Zeugnis,* dass der Titel *vollstreckbar* ist. Ihr Sinn liegt

§ 62. Die Vollstreckungsklausel

darin, dass den Vollstreckungsorganen die Prüfung erspart werden soll, ob ein ihnen zur Zwangsvollstreckung vorgelegter Titel vollstreckbar ist oder nicht.

Für den Urkundsbeamten der Geschäftsstelle des Prozessgerichts macht es keine Schwierigkeit nachzuprüfen, ob das Urteil rechtskräftig ist oder nicht (zur Zuständigkeit für die Klauselerteilung beim Vollstreckungsbescheid, *BGH* NJW 1993, 3141); für den Gerichtsvollzieher könnte diese Feststellung sehr schwer sein, vor allem dann, wenn die Vollstreckung in einem anderen Gerichtsbezirk stattfinden soll. Die Vollstreckungsorgane sind deshalb an die Klausel gebunden. Diese Bindung erleichtert ihnen die Durchführung der Vollstreckung.

Wenn die *Klausel fehlt,* darf dem Antrag des Gläubigers auf Durchführung der Zwangsvollstreckung *nicht entsprochen werden.* Wird dagegen verstoßen, hat der Schuldner die *Erinnerung* (§ 766).

Die Notwendigkeit der Erteilung einer Vollstreckungsklausel besteht grds. *bei allen Titeln. Ausnahmen* sind die *Vollstreckungsbescheide* (§§ 796, 699) und die *Arrestbefehle* und *einstweiligen Verfügungen* (§§ 929, 936) sowie der Kostenfestsetzungsbeschluss auf einem vollstreckbaren Urteil (§ 795 a). In diesen Fällen muss die Vollstreckung besonders schnell erfolgen. Eine Klausel ist in den ersten beiden Fällen nur erforderlich, wenn die Vollstreckung für oder gegen eine andere Person erfolgen soll als im Titel genannt *(Rechtsnachfolger).* Entbehrlich ist die Vollstreckungsklausel auch bei im Ausland bestätigten *Europäischen Vollstreckungstiteln* nach Art. 6 EuVTVO für unbestrittene Forderungen (Rn. 537, 754). 543

Es dürfen *nicht beliebig viele vollstreckbare Ausfertigungen* erteilt werden, weil dies eine Gefahr für den Schuldner bedeuten würde, der Gläubiger könnte mehrfach vollstrecken. Weitere Ausfertigungen setzen deshalb ein besonderes Interesse des Gläubigers voraus und sind als solche zu kennzeichnen (§ 733; zu deren Kosten *Schneider,* DGVZ 2011, 26). Nach Empfang der Leistung ist die Ausfertigung mit Quittung dem Schuldner auszuhändigen (§ 757). 544

§ 63. Die Vollstreckungsklausel in besonderen Fällen

Literatur: *Huber,* Die isolierte Vollstreckungsstandschaft, FS E. Schumann, 2001, 227; *Loritz,* Die Rechtsnachfolge und Umschreibung der Vollstreckungsklausel in den Verfahren des einstweiligen Rechtsschutzes, ZZP 106, 3; *Münzberg,* Geständnis, Geständnisfiktion und Anerkenntnis im Klauselverfahren, NJW 1992, 201; *Nierwetberg,* Klauselerteilung durch den Rechtspfleger beim Widerrufsvergleich?, Rpfleger 2005, 292; *Sauer/Meiendresch,* Widerrufsvergleich und Erteilung der Vollstreckungsklausel, NJW 2004, 2870.

I. Die titelübertragende Vollstreckungsklausel

Fall: K hat gegen B ein Urteil erstritten, das rechtskräftig geworden ist. Bevor er vollstrecken kann, stirbt B. E ist sein Erbe. K fragt an, ob er auch gegen E vollstrecken kann oder ob er erneut klagen muss.

545 In den bisher erörterten Fällen hatte die Erteilung der Klausel lediglich *deklaratorische Bedeutung,* indem sie die bereits bestehende Vollstreckbarkeit bezeugt (zum Fall der Klauselbeantragung durch den Zedenten s. BGHZ 120, 387). In anderen Fällen hat sie eine darüber hinausgehende Funktion: hier wird *durch die Erteilung der Klausel erst die Vollstreckbarkeit* für oder gegen die in der Klausel genannten Personen *begründet.* Dies sind die Fälle der *Rechtsnachfolge* (§ 727). Nach § 325 Abs. 1 wirkt die Rechtskraft für und gegen die Rechtsnachfolger der Parteien. Rechtskraft und Vollstreckbarkeit sind aber *nicht* dasselbe, deshalb musste die Erstreckung der Vollstreckbarkeit besonders geregelt werden. Dabei gilt eine ähnliche Überlegung wie bei der Rechtskrafterstreckung. Ein Ausschluss der Vollstreckbarkeit für und gegen den Rechtsnachfolger würde das Urteil weitgehend entwerten. Im **Fall** müsste K erneut klagen. Deshalb muss eine Vollstreckung für und gegen die Rechtsnachfolger der im Urteil genannten Partei ohne neuen Prozess möglich sein. Andererseits ist der Formalismus der Zwangsvollstreckung zu berücksichtigen. Die *Vollstreckungsorgane* können nicht über die Rechtsnachfolge entscheiden, die streitig und zweifelhaft sein kann. Deswegen wird eine titelübertragende Vollstreckungsklausel nur erteilt, wenn die Rechtsnachfolge bei Gericht offenkundig oder durch öffentliche oder öffentlich beglaubigte Urkunden nachgewiesen ist (§ 727 Abs. 1), so z. B. durch einen Erbschein oder einen Pfändungs- und Überweisungsbeschluss (falls der Gläubiger diesen Nachweis nicht führen kann, vgl. Rn. 550). Entbehrlich ist der Urkundenbeweis, wenn der Schuldner die Rechtsnachfolge ausdrücklich zugesteht (§ 288; h.M., *BGH* MDR 2006, 52; Stein/Jonas/*Münzberg* § 727 Rn. 44 m.w.N.). Die Geständnisfiktion des Nichtbestreitens (§ 138 Abs. 3) gilt im Klauselverfahren allerdings nicht, weil es sich um kein kontradiktorisches Verfahren handelt und keine Erklärungslast des Schuldners nach § 138 Abs. 2 besteht (*BGH* a.a.O.; so auch schon *OLG Nürnberg* NJW-RR 1993, 1340; *Münzberg*, NJW 1992, 201, 204ff.m.w.N.; a.A. noch *OLG Koblenz* MDR 1997, 883; NJW-RR 2003, 1007). Wird die titelübertragende Vollstreckungsklausel erteilt, enthält sie *ein förmliches Zeugnis über die Rechtsnachfolge und begründet dadurch die Vollstreckbarkeit für und gegen die Rechtsnachfolger* (zu den Voraussetzungen der Titelumschreibung bei Einzelrechtsnachfolge, BGHZ 120, 387).

Rechtsnachfolger i.S. des § 727 sind sowohl *Gesamt-* als auch *Einzelrechtsnachfolger* (z.B. ein Gläubiger, der im Wege der Zwangsvollstreckung eine Forderung hat pfänden und sich zur Einziehung überweisen lassen, *OLG Frankfurt/Main* NJW 1983, 2266; vgl. Rn. 642, 646ff.), auf der Schuldnerseite unter der Voraussetzung, dass das Urteil gegen sie wirkt (§§ 727 Abs. 1, 325 Abs. 2; zur Rechtsnachfolge bei Prozessstandschaft *Heintzmann*, ZZP 92, 61). Keine Rechtsnachfolge i.S.v. § 727 ist die bloße Vollstreckungsermächtigung ohne gleichzeitige Übertragung des titulierten Anspruchs (BGHZ 92, 347; s. auch *BGH* NJW-RR 1992, 61; hierzu krit. *Münzberg*, NJW 1992, 1867; vgl. Rn. 101; a.A. *OLG Dresden* NJW-RR 1996, 444; hierzu *G. Lüke*, JuS 1996, 588; *Huber*, FS E. Schumann, 2001, 227). Der Titel braucht auch dann nicht nach § 727 umgeschrieben zu werden, wenn eine beteiligte Gesellschaft trotz Gesellschafter- und Formwechsels identisch geblieben ist (*BGH* MDR 2004, 73).

§ 727 wird in einer Anzahl von Fällen *entsprechend* angewendet: bei der Umschreibung auf Parteien kraft Amtes (Insolvenz-, Nachlass-, Zwangsverwalter), auf den Nacherben (§§ 728, 326), auf den Übernehmer einer Firma (§ 729 Abs. 2), auf den nicht verklagten Ehegatten bei der nachträglich vereinbarten Gütergemeinschaft (§ 742), auf den Nießbraucher (§ 738), vom Erblasser auf den Testamentsvollstrecker (§ 749) und vom Testamentsvollstrecker auf den Erben (§ 728 Abs. 2).

II. Die titelergänzende Vollstreckungsklausel

547 Es gibt Titel, nach deren Inhalt die Vollstreckung *vom Eintritt einer bestimmten Tatsache abhängt*. Wenn dies der *Eintritt eines kalendermäßig bestimmten Tages* ist (z. B. bei Verurteilung zu einer künftigen Leistung), kann die Klausel ohne Weiteres erteilt werden, ebenso, wenn die Vollstreckung von einer *Sicherheitsleistung* abhängt (§§ 751, 726 Abs. 1). Die Vollstreckung ist aber erst nach Eintritt des kalendermäßig bestimmten Tages bzw. dann zulässig, wenn die Sicherheitsleistung durch öffentliche oder öffentlich beglaubigte Urkunde nachgewiesen ist (§ 751). Auch wenn die Leistungspflicht des Schuldners *von einer Zug um Zug zu erbringenden Gegenleistung des Gläubigers abhängt*, wird die Klausel ohne Weiteres erteilt (§ 726 Abs. 2; Ausnahme: Abgabe einer Willenserklärung).

548 In allen *anderen Fällen*, in denen der zu vollstreckende Anspruch von einer bestimmten Tatsache abhängt, etwa vom *Eintritt einer aufschiebenden Bedingung* oder von *einer Kündigung*, darf die Vollstreckungsklausel erst erteilt werden, wenn der Beweis des *Eintritts dieser Bedingung* durch öffentliche oder öffentlich beglaubigte Urkunden geführt worden ist (§ 726 Abs. 1, sog. *titelergänzende Klausel*). Voraussetzung ist aber, dass der Gläubiger die materiell-rechtliche *Beweislast* für den Eintritt dieser Bedingung trägt. Ist dies nicht der Fall, wird die Klausel *ohne diesen Nachweis erteilt*.

Steht zum Beispiel ein *Prozessvergleich* unter Widerrufsvorbehalt, so wird dies als aufschiebende Bedingung ausgelegt. Der Gläubiger hat zu beweisen, dass bis zum Ablauf der vereinbarten Frist keine Widerrufserklärung des Schuldners eingegangen ist. Damit ist § 726 Abs. 1 einschlägig und der Rechtspfleger wäre für die Erteilung der titelergänzenden Klausel zuständig. Da jedoch die Widerrufserklärung regelmäßig bei der Geschäftsstelle eingeht und deshalb die Zuständigkeit des Urkundsbeamten praktisch sinnvoll ist, trifft das Gesetz in § 795b nunmehr eine entsprechende Zuständigkeitsregel für bestimmte Fälle des § 794 Abs. 1 Nr. 1. Bei den in der Praxis häufigen *kassatorischen Klauseln* (s. o. Rn. 251; meistens bei Prozessvergleichen oder vollstreckbaren Urkunden) muss nicht der Gläubiger die Fälligkeit nachweisen, sondern der Schuldner die pünktliche Zahlung (§ 363 BGB). § 726 Abs. 1 ist hier also nicht anzuwenden (*Münzberg*, RPfleger 1997, 413).

§ 64. Das Verfahren auf Erteilung der Vollstreckungsklausel

Literatur: *Barnert,* Klauselerinnerung und Vollstreckungsabwehrklage in der neueren Rechtsprechung des BGH, MDR 2004, 605; *Jäckel,* Rechtsbehelfe im Klauselverfahren, JuS 2005, 610.

Zuständig für die *Erteilung* der Vollstreckungsklausel bei Urteilen und Prozessvergleichen ist der *Urkundsbeamte der Geschäftsstelle* des Gerichts erster Instanz. Wenn der Prozess bei einem Gericht höherer Instanz anhängig ist, ist der Urkundsbeamte dieser Geschäftsstelle zuständig. In den Fällen der §§ 726 ff. ist an die Stelle des Urkundsbeamten der *Rechtspfleger* getreten (§ 20 Nr. 12 RPflG; s. aber § 795 b). Bei vollstreckbaren Urkunden, die das Gericht verwahrt, ist dessen Urkundsbeamter zuständig (§ 797 Abs. 1), bei notariellen Urkunden der Notar (§ 797 Abs. 2). Für Anwaltsvergleiche, die beim Notar verwahrt und für vollstreckbar erklärt wurden, ist die Klausel ebenfalls vom Notar zu erteilen (§ 797 Abs. 6).

549

Die Erteilung setzt einen formlosen *Antrag* voraus. Vor der Entscheidung ist zu prüfen, ob ein gültiger Titel vorliegt und sein Inhalt vollstreckungsfähig ist; bei einem Urteil, ob es rechtskräftig oder vorläufig vollstreckbar ist. Ob der zu vollstreckende materielle Anspruch besteht, ist weder bei den Urteilen noch bei den anderen Titeln zu prüfen.

Wenn der *Urkundsbeamte die Erteilung der Vollstreckungsklausel ablehnt,* kann der Gläubiger befristete Erinnerung einlegen (§ 573 Abs. 1). Gemäß § 573 Abs. 1 S. 3 i. V. m. mit § 572 Abs. 1 hat der Urkundsbeamte Abhilfebefugnis. Hilft er nicht ab, so trifft das mit dem Verfahren befasste Gericht die Entscheidung, d. h. das Gericht in dessen Geschäftsstelle der Urkundsbeamte tätig ist. Gegen dessen ablehnende Entscheidung im ersten Rechtszug findet gemäß § 573 Abs. 2 die sofortige Beschwerde statt; gegen ablehnende Entscheidungen des Landgerichts als Beschwerdegericht oder gegen Erinnerungsentscheidungen des Landgerichts als Berufungsgericht sowie gegen Erinnerungsentscheidungen des Oberlandesgerichts in erster Instanz hat der Gläubiger die Möglichkeit der Rechtsbeschwerde gemäß § 574 Abs. 1 Nr. 2, sofern sie in dem jeweiligen Beschluss zugelassen ist. Wird der *Rechtspfleger* in der ersten Instanz gemäß § 20 Nr. 12 RPflG tätig, so hat der Gläubiger gemäß §§ 11 Abs. 1 RPflG i.V.m. 567 Abs. 1 die sofortige Beschwerde gegen die Ablehnung der Klauselerteilung. Bei Ablehnung durch den Rechtspfleger eines Landgerichts als Berufungsgericht oder eines Oberlandesgerichts hat der Gläubiger die Möglichkeit der befristeten Erinnerung gemäß § 11 Abs. 2 RPflG.

Der Schuldner kann *gegen* die Erteilung *formelle Einwendungen* geltend machen (es liege kein formell wirksamer Titel vor, dieser sei nicht vollstreckbar, *BGH* NJW 2006, 567), und zwar mit der Erinnerung bei dem Gericht, dessen Urkundsbeamter die Klausel erteilt hat (§ 732 Abs. 1, 797 Abs. 3). Das Gericht entscheidet durch Beschluss, gegen den die Rechtsbeschwerde möglich ist, sofern sie in dem Beschluss zugelassen wird. Mit der Begründung, der Titel sei aus formellen Gründen unwirksam (z.b. zu unbestimmt), kann wahlweise auch eine Vollstreckungsgegenklage entsprechend § 767 erhoben werden (*BGH* MDR 2005, 113; *Lackmann* Rn. 494; näher dazu *Barnert*, MDR 2004, 605; vgl. Rn. 590); dies gilt jedoch nicht für die Frage der formellen Voraussetzungen einer Unterwerfungserklärung nach § 794 Abs. 1 Nr. 5, die im Verfahren nach § 732 zu klären ist (*BGH* MDR 2004, 471).

550 *Besondere Rechtsbehelfe* sind bei der *titelübertragenden* und *titelergänzenden Klausel* vorgesehen. Wenn der Gläubiger den in den §§ 726 bis 729 vorgesehenen Beweis mit öffentlichen oder öffentlich beglaubigten Urkunden nicht führen kann, muss er eine *besondere Klage erheben* (§ 731; zum problematischen Verhältnis zwischen der Klage nach § 731 und einer (erneuten) Leistungsklage gegen den Rechtsnachfolger: *BGH* NJW 1987, 2863). Dort kann er den erforderlichen Beweis *mit allen von der ZPO zugelassenen Beweismitteln* führen. Der Schuldner kann auch bei der titelübertragenden und -ergänzenden Klausel formelle Einwendungen im Wege der Erinnerung geltend machen (§ 732). Außerdem kann er eine *besondere Klage erheben*, mit der er den bei der Erteilung der Klausel als bewiesen angesehenen *Eintritt der materiell-rechtlichen Voraussetzungen der qualifizierten Klausel bestreitet* (§§ 768, 796 Abs. 3, 797 Abs. 5; hierzu *Jäckel*, JuS 2005, 614; *Nakano*, FS Baumgärtel, 1990, 403).

Der Schuldner kann zum Beispiel geltend machen, die Voraussetzungen einer kassatorischen Klausel seien nicht gegeben gewesen oder es liege kein Fall der Rechtsnachfolge vor. Antrag und Urteilstenor bei dieser Klage lauten, dass die Zwangsvollstreckung aus der Klausel für unzulässig erklärt wird.

Gem. § 768 a. E. besteht die Klagemöglichkeit unbeschadet der Befugnis des Schuldners, Einwendungen gegen die Klausel nach § 732 zu erheben. Wegen dieser Formulierung ist umstritten, ob beide Rechtsbehelfe sich ausschließen oder etwa die genannten materiell-rechtlichen Einwendungen auch im Wege der Erinnerung erhoben werden können (für Ausschließlichkeit beider Rechtsbehelfe Stein/Jonas/*Münzberg* § 732 Rn. 3; Zöller/*Stöber* § 732 Rn. 12; wohl auch *BGH* NJW-RR 2006, 567; für ein Wahlrecht *Brox/Walker* Rn. 139; *Jäckel*, a.a.O., 613f.).

Materiell-rechtliche Einwendungen gegen die *titulierte Forderung* selbst sind stets per Vollstreckungsgegenklage gem. § 767 zu erheben (*Lippross* Rn. 96; vgl. *BGH* MDR 2005, 1432; 2006, 27).

§ 65. Die Vollstreckung in besondere Vermögensmassen

Literatur: *Gerhardt,* Zur Anfechtbarkeit bei Übertragung des einzigen Vermögensgegenstandes einer Gesellschaft bürgerlichen Rechts, JZ 1992, 724; *Marotzke,* Zwangsvollstreckung in Gesellschaftsanteile nach Abspaltung der Vermögensansprüche, ZIP 1988, 1509; *Paulus,* Die Gesellschaft bürgerlichen Rechts als Schuldner und Drittschuldner, DGVZ 1992, 65; *Stankewitsch,* Vollstreckung gem. § 744a ZPO in eheliches Eigentum und Vermögen, das dem FGB-Güterstand unterliegt, NJ 1991, 534; *Wertenbruch,* Die Parteifähigkeit der GbR – die Änderungen für die Gerichts- und Vollstreckungspraxis, NJW 2002, 324.

I. Überblick

Ein gegen den Schuldner gerichteter Titel ist erforderlich und ausreichend, um in dessen Vermögen vollstrecken zu können. Probleme ergeben sich, wenn ein Recht dem Schuldner nicht *allein*, sondern in *Rechtsgemeinschaft mit anderen* zusteht oder wenn sein Recht *mit dem Recht* oder der *Verwaltungsbefugnis* eines anderen belastet ist. Ein Recht steht dem Schuldner in Gemeinschaft mit anderen zu, z.B. in den Fällen des Gesamthandvermögens. Belastet mit dem Recht eines Dritten ist es, wenn der Dritte ein Nießbrauchsrecht hat. Unter einem Verwaltungsrecht steht das Schuldnervermögen bei der Nachlassverwaltung, der Testamentsvollstreckung und in der Insolvenz. In allen diesen Fällen erhebt sich die Frage, *gegen wen sich der Titel richten muss:* nur gegen den Schuldner oder auch gegen die anderen Berechtigten.

551

II. Die Fälle der Rechtsgemeinschaft

1. Bei der *BGB-Gesellschaft* kann der Gläubiger versuchen, in das *Gesellschaftsvermögen* oder in den *Anteil der einzelnen Gesellschafter* zu vollstrecken (zur Zustellung in diesen Fällen *BGH* NJW 2006, 2191; 2007, 995). Nachdem der Bundesgerichtshof die (Außen-)BGB-Gesellschaft als rechts- und parteifähig anerkannt hat, soweit sie als Teilnehmerin am Rechtsverkehr eigene Rechte und Pflichten begründet (BGHZ 146, 341), kann auch gegen sie ein Urteil erstritten werden. Folglich muss es möglich sein, gegen die

552

verurteilte BGB-Gesellschaft die Zwangsvollstreckung zu betreiben; denn sie ist im Urteil oder der Vollstreckungsklausel als Schuldnerin bezeichnet (§ 750 Abs. 1). Zur Zwangsvollstreckung in das Gesellschaftsvermögen ist aber nach § 736 auch ein Titel gegen alle Gesellschafter aus ihrer persönlichen Mithaftung ausreichend (*BGH* MDR 2005, 113, 115; dazu und zu den Auswirkungen der obigen Entscheidung auf die Zwangsvollstreckung: *Pohlmann,* ZZP 115, 103; *K. Schmidt,* NJW 2001, 993; *Wertenbruch,* DGVZ 2001, 97; s. im Weiteren *K. Schmidt,* NJW 2008, 1841). Es ist *nicht erforderlich,* dass dieser Titel ein *gemeinsames Urteil* ist. Es genügt, wenn in mehreren Prozessen einzelne Urteile gegen alle Gesellschafter ergangen sind. Hat der Gläubiger nur ein *Urteil gegen einen Gesellschafter,* kann er lediglich *in dessen Anteil am Gesellschaftsvermögen vollstrecken* (§ 859 Abs. 1), wodurch er zwar nicht Gesellschafter wird, aber die dem Gesellschafter zustehenden Ansprüche auf den Gewinnanteil und das Auseinandersetzungsguthaben erhält (§ 717 BGB). Nach Kündigung der Gesellschaft kann er grundsätzlich auch den Anspruch des Gesellschafter-Schuldners auf Durchführung der Auseinandersetzung ausüben (BGHZ 116, 222; hierzu *Gerhardt,* JZ 1992, 724).

553 2. Ähnlich ist die Rechtslage bei der *OHG* und der *KG.* Diese sind zwar keine juristischen Personen, aber *passiv vollstreckungsfähig.* Zur Zwangsvollstreckung in das Gesellschaftsvermögen ist immer *ein gegen die Gesellschaft gerichteter Titel erforderlich* (§§ 124 Abs. 2, 161 Abs. 2 HGB). *Einzeltitel* gegen die Gesellschafter reichen hier nicht aus. Für die Zwangsvollstreckung *in das Vermögen des einzelnen Gesellschafters* ist *ein gegen diesen gerichteter Titel* erforderlich (§ 129 Abs. 4 HGB). Aufgrund dieses Titels kann der Anteil am Gesellschaftsvermögen gepfändet werden (§ 859 Abs. 1).

554 3. Das Gesetz erklärt den *nichtrechtsfähigen Verein* nunmehr ausdrücklich für aktiv und passiv parteifähig (§ 50 Abs. 2). Dementsprechend ist er auch *aktiv* und *passiv vollstreckungsfähig.* Es genügt deshalb bspw. ein gegen den Verein ergangenes Urteil, um in das Vereinsvermögen vollstrecken zu können (§ 735).

555 4. *Die Zwangsvollstreckung gegen Ehegatten:* a) Auszugehen ist *vom gesetzlichen Güterstand* der Zugewinngemeinschaft. Während des Bestehens der Ehe bedeutet dies Gütertrennung. Die Zwangsvollstreckung ist also immer nur *in das Vermögen des Ehegatten zulässig, gegen den sich der Titel richtet.*

§ 65. Die Vollstreckung in besondere Vermögensmassen 503

Bei beweglichen Sachen ergibt sich die Schwierigkeit, dass der Gerichtsvollzieher, der sich am Gewahrsam orientiert, angesichts der gemeinsamen Wohnung nicht feststellen kann, wer Gewahrsamsinhaber ist. Meistens wird Mitgewahrsam beider Ehegatten vorliegen, der den nicht schuldenden Ehegatten zur Erinnerung nach § 766 berechtigt, wenn der Gerichtsvollzieher pfändet. § 739 erleichtert die Zwangsvollstreckung, indem die Eigentumsvermutung des § 1362 BGB (gilt nicht analog für die nichteheliche Lebensgemeinschaft, *BGH NJW* 2007, 992, 993 f.) durch die Fiktion des Gewahrsams des Schuldners ergänzt wird. Der Gerichtsvollzieher kann also pfänden, ohne untersuchen zu müssen, ob der schuldende Ehegatte Alleingewahrsam hat (zur Auswirkung der §§ 1365 ff. BGB auf die Zwangsvollstreckung vgl. *Baur/Stürner/Bruns* Rn. 19.10). Gemäß § 739 Abs. 2 gilt das Gesagte entsprechend für die Vermutung des § 8 LPartG (s. dazu auch *Viertelhausen*, DGVZ 2001, 129; *Röder*, KKZ 2001, 82).

b) Leben die Ehegatten in *Gütergemeinschaft*, reicht für die Vollstreckung in das Gesamtgut *ein Titel gegen den allein verwaltenden Ehegatten* aus (§ 740 Abs. 1); bei gemeinschaftlicher Verwaltung müssen *beide* Ehegatten zur Leistung verurteilt sein (§ 740 Abs. 2, s. dazu auch *App*, JurBüro 2000, 570). 556

c) Eine *Sonderregelung* gilt, wenn ein in Gütergemeinschaft lebender Ehegatte *selbständig ein Erwerbsgeschäft betreibt*. Dann reicht grundsätzlich, auch wenn er das Gesamtgut nicht oder nicht allein verwaltet, zur Zwangsvollstreckung in das Gesamtgut *ein gegen ihn ergangenes Urteil* aus (§ 741). Dies dient der *Sicherung des Geschäftsverkehrs*. Der Gläubiger braucht nicht nachzuweisen, dass der andere Ehegatte in die Führung des Erwerbsgeschäfts eingewilligt hat (§§ 1431, 1456 BGB). Die Nichteinwilligung muss dieser mit der Klage aus § 774 geltend machen. 557

III. Die Fälle des Rechts eines Dritten am Schuldnervermögen

1. Bei einem *Nießbrauchsrecht* ist der Nießbraucher wegen der *vor* Bestellung seines Rechtes entstandenen Verbindlichkeiten des Bestellers *zur Duldung der Zwangsvollstreckung* verpflichtet (§§ 1086, 1089 BGB). Die Zwangsvollstreckung setzt deshalb voraus, dass der *Besteller zur Leistung* und der *Nießbraucher zur Duldung* verurteilt worden ist (§ 737). Zur unbeschränkten Anordnung der Zwangsverwaltung eines Grundstücks (Rn. 686 ff.) bedarf es nicht nur eines Titels gegen den Eigentümer, sondern auch gegen den Nießbraucher. Dies gilt im formalisierten Vollstreckungsverfahren selbst dann, wenn der Nießbrauch gegenüber 558

dem Recht des Vollstreckungsgläubigers nachrangig ist (*BGH* Rpfleger 2003, 378).

2. Bei der Testamentsvollstreckung reicht zur Vollstreckung in den Nachlass *ein gegen den Testamentsvollstrecker ergangenes Urteil* (§ 748 Abs. 1; vgl. die Sonderfälle in Abs. 2 und 3).

§ 66. Die Vollstreckung in den Nachlass und das Eigenvermögen des Erben

Literatur: *Behr,* Zwangsvollstreckung in den Nachlaß, Rpfleger 2002, 2; *Börner,* Das System der Erbenhaftung, JuS 1968, 53; 108; *Noack,* Vollstreckung gegen Erben, JR 1969, 8.

I. Grundlagen

559 Es gibt hier *zwei Vollstreckungsobjekte,* den *Nachlass* und das *Eigenvermögen des Erben,* und dementsprechend *zwei Arten von Gläubigern,* die *Nachlassgläubiger* und die *Eigengläubiger.* Den *Nachlassgläubigern haftet der Nachlass,* den *Eigengläubigern das Eigenvermögen des Erben.* Wenn der Erbe die Erbschaft angenommen hat oder die Ausschlagungsfrist abgelaufen ist, besteht *nur noch ein Vermögen,* das *beiden Gruppen von Gläubigern unbeschränkt haftet.* Der Erbe hat jedoch die Möglichkeit, die *Haftungsbeschränkung auf den Nachlass* herbeizuführen (§§ 1975 ff. BGB, Nachlassverwaltung, Nachlassinsolvenz). Dann werden die beiden Haftungsobjekte *wieder getrennt* und haften nur der jeweiligen Gruppe von Gläubigern.

II. Die Vollstreckung in den Nachlass

560 Es ist zu unterscheiden, ob die Zwangsvollstreckung schon *vor dem Tod des Erblassers begonnen hat oder nicht.* Hat sie schon begonnen, kann sie ohne Umschreibung des Titels auf den Erben *fortgesetzt* werden, aber *nur in den Nachlass* (§ 779 Abs. 1). Eine Vollstreckung in das Vermögen des *Erben* ist *vor Annahme* der Erbschaft und *Umschreibung* des Titels gegen den Erben (§ 727) nicht möglich.

561 Soll die Vollstreckung erst *nach dem Tode des Erblassers* beginnen, kann sie vor der Annahme der Erbschaft nur wegen einer

Nachlassverbindlichkeit und *nur in den Nachlass* erfolgen (§ 778 Abs. 1 und 2). Es bestehen hier *noch zwei getrennte Vermögensmassen;* es ist noch nicht bestimmt, ob der vorläufige Erbe die Erbschaft behält.

Nach der Annahme der Erbschaft kann der Titel gegen den Erben *umgeschrieben* werden (§ 727). Gegen ihn kann wegen jeder Forderung vollstreckt und er kann auch verklagt werden. 562

Auch *nach Annahme der Erbschaft* können aber dem Erben die *Einreden* der §§ 2014, 2015 BGB zustehen, die ihm eine Frist zur Inventarerrichtung und zur Überlegung, ob er die Haftungsbeschränkung herbeiführen soll, gewähren sollen. Wenn der Erbe diese Einreden im Vollstreckungsverfahren geltend macht, kann er erreichen, dass die Zwangsvollstreckung auf *sichernde Maßnahmen beschränkt* wird (§§ 782, 783). Er muss diese Einreden im Wege der Klage geltend machen (§ 785, der auf § 767 verweist).

Wenn *mehrere Erben* vorhanden sind, ist zur Vollstreckung in den Nachlass ein Titel *gegen alle Erben* erforderlich (§ 747), der ebensowenig wie bei § 736 einheitlich sein muss. *Ohne diesen* ist nur eine *Vollstreckung in den Erbanteil* mit anschließender Auseinandersetzung des Nachlasses möglich (§ 859 Abs. 2). 563

III. Die Vollstreckung in das Eigenvermögen des Erben

Der Erbfall *ändert nichts* an der *Haftung* des Erben mit *seinem Vermögen für eigene Verbindlichkeiten.* Wegen Nachlassverbindlichkeiten kann vor der Annahme der Erbschaft *nicht in das Eigenvermögen* des Erben vollstreckt werden (§ 778 Abs. 1). Nach der Annahme besteht *nur noch ein Vermögen,* das grundsätzlich beiden Gruppen von Gläubigern haftet. Die Gläubiger können die Zwangsvollstreckung ohne Rücksicht darauf betreiben, ob der Erbe *unbeschränkt oder beschränkt* (auf den Nachlass) haftet. Der Erbe muss diese *Haftungsbeschränkung* (aufgrund der §§ 1975, 1990–1992 BGB) *selbst herbeiführen* (§ 781). Wenn die Vollstreckung aufgrund eines gegen den Erblasser erwirkten, gegen den Erben umgeschriebenen Titels erfolgt (§ 727), kann der Erbe sie durch *die Klage* nach §§ 785, 767 geltend machen. Ist der Erbe selbst wegen der Nachlassverbindlichkeit verklagt und verurteilt worden, hat er diese Möglichkeit nur, wenn sie ihm *im Urteil vorbehalten ist* (§ 780 Abs. 1). Die Vorschrift des § 780 Abs. 1 ist auch auf den Prozessvergleich anwendbar (*BGH NJW* 1991, 564

2839; NJW 1992, 2694). Der Schuldner muss die Haftungsbeschränkung also schon *im Prozess* (und zwar in der Tatsacheninstanz, BGHZ 54, 204) *geltend machen.* Es steht dabei im Ermessen des Prozessgerichts, ob es den Haftungsumfang selbst sachlich aufklärt oder aber dies dem Vollstreckungsorgan überlässt und den Vorbehalt ungeprüft ausspricht (*KG* NJW-RR 2003, 941). In der Zwangsvollstreckung muss der Schuldner dann wieder die Klage aus den §§ 785, 767 erheben.

§ 67. Die Voraussetzungen für den Beginn der Zwangsvollstreckung

Literatur: *Fichtner,* Die Vollstreckung aus Titeln auf Leistung Zug um Zug nach der Zweiten Zwangsvollstreckungsnovelle und dem Schuldrechtsmodernisierungsgesetz, DGVZ 2004, 1, 17, 33; *Kaiser,* Rechtsbehelfe bei der Zwangsvollstreckung aus Zug-um-Zug-Titeln, NJW 2010, 2330.

565 Neben Antrag, Titel und Klausel müssen *weitere Voraussetzungen* vorliegen, damit die Zwangsvollstreckung beginnen kann.

Dies ist zunächst die *Zustellung des Urteils* vor oder mit Beginn der Zwangsvollstreckung (§ 750 Abs. 1). Der Schuldner soll noch einmal Kenntnis von dem Urteil erlangen, damit er sein Verhalten entsprechend einrichten kann.

Das Urteil, das zugestellt wird, muss nicht die vollstreckbare Ausfertigung sein; es genügt die Zustellung einer anderen Ausfertigung (s. § 750 Abs. 1).

Vollstreckbare Urkunden, Kostenfestsetzungsbeschlüsse, die nicht auf das Urteil gesetzt sind, und Regelunterhaltsbeschlüsse müssen mindestens zwei Wochen vor Beginn der Zwangsvollstreckung zugestellt werden (§ 798). Hier ist der Schuldner besonders schutzbedürftig, entweder weil kein Prozess stattgefunden hat oder weil er die Entscheidung noch nicht kennt.

Bei der *titelübertragenden* und der *titelergänzenden Klausel* müssen das Urteil, die ihm beigefügte Klausel und außerdem Abschriften der Urkunden zugestellt werden, aufgrund deren die Klausel erteilt wurde (§ 750 Abs. 2; Ausnahmen: §§ 799, 800 Abs. 2). Der Grund für diese Notwendigkeit liegt darin, dass hier die Vollstreckbarkeit erst durch die in der Klausel festgestellten Vorgänge begründet worden ist.

Wenn die Zwangsvollstreckung von einer *Sicherheitsleistung* durch den Gläubiger abhängt, darf sie erst beginnen, wenn die Sicherheitsleistung durch eine öffentliche oder öffentlich beglaubigte Urkunde nachgewiesen und eine Abschrift dieser Urkunde bereits zugestellt ist oder gleichzeitig zugestellt wird (§ 751 Abs. 2).

Ist die Zwangsvollstreckung vom *Eintritt eines Kalendertages* abhängig (bei künftigen Leistungen), darf sie erst mit dessen Ablauf beginnen (§ 751 Abs. 1).

Bei der Sicherungsvollstreckung (§ 720 a) muss zwischen der Zustellung und dem Vollstreckungsbeginn eine Wartefrist von zwei Wochen eingehalten werden (§ 750 Abs. 3). Inwieweit das auch für einfache Vollstreckungsklauseln gilt, ist str. (s. *OLG Schleswig* NJW-RR 1988, 700 m. w. N.). Hängt die Zwangsvollstreckung von einer *Zug um Zug* zu bewirkenden Leistung des Gläubigers an den Schuldner ab, darf sie erst beginnen, wenn der Gerichtsvollzieher die Leistung dem Schuldner angeboten hat oder durch öffentliche oder öffentlich beglaubigte Urkunden nachgewiesen ist, dass der Schuldner befriedigt oder im Verzug der Annahme ist. Eine Abschrift dieser Urkunden muss bereits zugestellt sein oder gleichzeitig zugestellt werden (§ 756). Um diesen Nachweis in der Zwangsvollstreckung zu erleichtern, ist es zulässig, schon im Erkenntnisverfahren einen Antrag auf Feststellung des Annahmeverzuges gem. § 256 Abs. 1 mit der Klage auf die Zug um Zug zu erbringende Leistung zu verbinden (*BGH* NJW 2000, 2663). Der Gerichtsvollzieher hat die Gegenleistung so anzubieten, wie sie dem Titel zu entnehmen ist (bestehen Zweifel, ob die angebotene Sache dem Ausgeurteilten entspricht, ist die Feststellungsklage zulässig, *BGH* DGVZ 2011, 31). Auch für den Zustand eines vom Gläubiger zu leistenden Gegenstandes ist nach dem Grundsatz der Formalisierung der Zwangsvollstreckung allein der Titelinhalt maßgeblich. Der Gerichtsvollzieher hat somit die Beschaffenheit einer nicht vertretbaren Sache nur dann zu prüfen, wenn der Titel außer der Identifikation des Gegenstandes weitere Angaben dazu enthält. Fehlt es daran, so darf der Gerichtsvollzieher die Sache trotz gravierender Mängel anbieten, solange diese noch identifizierbar ist. Der Schuldner kann dann ein Leistungsverweigerungsrecht wegen Verschlechterung nur im Wege der Vollstreckungsgegenklage nach § 767 geltend machen (*BGH* MDR 2005, 1311). Ein Verstoß gegen § 756 kann dagegen mit der Erinnerung gerügt werden (§ 766).

16. Kapitel. Das Vollstreckungsverfahren

§ 68. Beginn, Stillstand und Beendigung der Zwangsvollstreckung

Literatur: *Behr*, Vollstreckung ohne Durchsuchungsanordnung, Art. 13 II GG, NJW 1992, 2125; *ders.*, Effektive Sachpfändung durch den Gerichtsvollzieher, NJW 1992, 2783; *Nies*, Antragstellung in der Zwangsvollstreckung nach neuem Recht, MDR 1999, 525; *van den Hövel*, „Gefahr im Verzug" durch die bloße Weigerung des Schuldners zur Wohnungsdurchsuchung, Art. 13 II GG, NJW 1993, 2031.

I. Der Beginn der Vollstreckung

566 Das Zwangsvollstreckungsverfahren ist von der *Dispositionsmaxime* bestimmt, es setzt für seinen Beginn einen *Antrag des Gläubigers* voraus. Mit diesem Antrag beginnt die Zwangsvollstreckung aber noch nicht, er gehört ebenso zu den *Vorbereitungshandlungen* wie der Erlass oder die Zustellung des Titels oder die Erteilung der Klausel. Die Frage, *wann die Vollstreckung beginnt*, ist wichtig *für die Zulässigkeit der besonderen Rechtsbehelfe des Vollstreckungsrechts*, die in der Regel (§§ 766, 771) erst *mit Beginn* der Vollstreckung und *bis zu ihrem Ende* gegeben sind.

Die Zwangsvollstreckung beginnt mit der *ersten gegen den Schuldner gerichteten Handlung des Vollstreckungsorgans*, also bei der Vollstreckung wegen Geldforderungen in bewegliche Sachen mit der richterlichen Anordnung zur *Durchsuchung* der schuldnerischen Wohnung (§ 758 a) durch den Gerichtsvollzieher oder mit der *Pfändung*. Bei der Vollstreckung in Forderungen beginnt sie mit dem *Erlass des Pfändungsbeschlusses*, bei der Herausgabevollstreckung nach den §§ 883, 884 mit der *Wegnahme* der Sache durch den Gerichtsvollzieher. Bei der Vollstreckung von Duldungs- und Unterlassungsurteilen (§ 890) muss unterschieden werden: ist eine Androhung von Ordnungsmaßnahmen schon im Urteil enthalten, beginnt die Vollstreckung erst mit dem *Erlass eines entsprechenden Beschlusses*, andernfalls mit dem *Beschluss, der die Maßnahmen androht* (§ 890 Abs. 2).

II. Der Stillstand des Verfahrens

567 Die Zwangsvollstreckung setzt sich meistens aus *mehreren aufeinanderfolgenden Maßnahmen* zusammen: eine Sache wird ge-

§ 68. Beginn und Beendigung der Zwangsvollstreckung

pfändet, sie wird versteigert, der Erlös wird ausgehändigt. Die vollstreckungsrechtlichen Rechtsbehelfe, die den Beginn der Vollstreckung voraussetzen, laufen deshalb *Gefahr, zu spät zu kommen.*

Wenn etwa ein Dritter mit der Klage aus § 771 geltend macht, die Sache gehöre ihm, und er diesen Prozess durch mehrere Instanzen führen muss, ist mit aller Wahrscheinlichkeit der Erlös längst an den Gläubiger ausgehändigt worden, bevor ihm ein rechtskräftiges Urteil Recht gibt.

Deshalb sehen die *Rechtsbehelfe des Zwangsvollstreckungsrechts* die Möglichkeit *einstweiliger Anordnungen* durch das angerufene Gericht vor, vor allem die der *einstweiligen Einstellung der Zwangsvollstreckung* gegen oder ohne Sicherheitsleistung (§§ 732 Abs. 2, 766 Abs. 1 S. 2, 769, 771 Abs. 3). Das Gericht kann dabei die Sicherheitsleistung durch Bankbürgschaft zulassen (zu Rechtsnatur und Auslegung *BGH* NJW-RR 2004, 1128). *Diese Anordnungen haben große praktische Bedeutung.* Ihr Erlass steht im Ermessen des Gerichts, das dabei die Erfolgsaussichten des Rechtsbehelfs berücksichtigen wird. Bei Klagen auf Unterlassung der Zwangsvollstreckung gem. § 826 BGB wird teilweise eine analoge Anwendung des § 769 Abs. 1 befürwortet (Zöller/*Herget* § 769 Rn. 1; MünchKomm/*K. Schmidt* § 769 Rn. 4; *OLG Zweibrücken* NJW 1991, 3041). Die Gegenauffassung verweist den Kläger auf den einstweiligen Rechtsschutz (z. B. *OLG Hamm* MDR 1987, 505; *OLG Frankfurt/Main* NJW-RR 1992, 511). Eine Anordnung nach § 769 kann weder durch sofortige Beschwerde gem. § 793 noch durch außerordentliche Beschwerde angefochten werden. Der Rechtsmittelausschluss des § 707 Abs. 2 S. 2 gilt entsprechend (*BGH* NJW 2004, 2224; a. A. *OLG Zweibrücken* MDR 2004, 836).

Die Anordnung bedeutet *noch nicht die Einstellung.* Diese erfolgt vielmehr durch eine Erklärung des zuständigen Vollstreckungsorgans, dem die Entscheidung nach § 775 Nr. 2 vorgelegt wird. Etwas anderes gilt, wenn das über den Rechtsbehelf entscheidende Gericht selbst Vollstreckungsorgan ist wie das Vollstreckungsgericht bei der Forderungspfändung. Dann bedeutet die Anordnung zugleich die Einstellung.

Ähnlich wie bei den vollstreckungsrechtlichen Rechtsbehelfen können einstweilige Anordnungen erfolgen, wenn die *Wiedereinsetzung in den vorigen Stand* oder die *Wiederaufnahme des Verfahrens* beantragt wird (§ 707) oder wenn ein *Rechtsmittel gegen* 568 *ein vorläufig vollstreckbares Urteil* eingelegt wird (§ 719), also dann, wenn das Urteil, aus dem vollstreckt wird, beseitigt werden soll.

569 Eine Einstellung der Vollstreckung erfolgt außerdem in den Fällen des § 775 Nr. 1–5; außer im Fall der Nr. 2 ist die *Einstellung nicht nur einstweilig*. Hier wird entweder das Urteil aufgehoben oder die Zwangsvollstreckung für unzulässig erklärt (Nr. 1) bzw. die Befriedigung des Gläubigers nachgewiesen (Nr. 4 und 5).

570 Die *Fortsetzung der Zwangsvollstreckung* bei der einstweiligen Einstellung erfolgt nicht von Amts wegen, sondern *nur auf Antrag des Gläubigers,* dem stattzugeben ist, wenn die Voraussetzungen für die Einstellung nicht mehr vorliegen.

571 Mit der Einstellung sind die schon getroffenen Vollstreckungsmaßnahmen *noch nicht beseitigt*. Diese müssen vielmehr *von dem dafür zuständigen Vollstreckungsorgan aufgehoben werden.* Eine Aufhebung erfolgt in der Regel nur nach der endgültigen Einstellung in den Fällen des § 775 Nr. 1 und 3 (§ 776).

III. Die Beendigung der Vollstreckung

572 Man muss zwischen der *Beendigung einer einzelnen Vollstreckungsmaßnahme* und der *Beendigung der Zwangsvollstreckung im Ganzen* unterscheiden (diese Unterscheidung ist wieder von Bedeutung für die Zulässigkeit vollstreckungsrechtlicher Rechtsbehelfe). Die *einzelne Maßnahme* ist mit ihrer völligen Durchführung beendet, z. B. wenn eine bewegliche Sache gepfändet, versteigert und der Erlös dem Gläubiger ausgehändigt worden ist, oder wenn bei einer Forderungspfändung die Forderung überwiesen worden ist und der Drittschuldner gezahlt hat. Ob durch diese Maßnahme der Gläubiger befriedigt wurde, ist nicht entscheidend. Nach Abschluss der einzelnen Maßnahme ist die *Erinnerung* (§ 766) wegen dieser Maßnahme *nicht mehr zulässig*.

573 Die Zwangsvollstreckung *im Ganzen* ist mit der völligen Befriedigung des Gläubigers beendet, bei der Vollstreckung von Geldforderungen also auch hier erst mit der Aushändigung des Erlöses. Nach der Beendigung der Zwangsvollstreckung im Ganzen sind die *Vollstreckungsgegenklage* (§ 767) und die Drittwiderspruchsklage (§ 771) nicht mehr zulässig.

§ 69. Mängel des Vollstreckungsverfahrens

Literatur: *Gaul,* Zur Struktur der Zwangsvollstreckung, Rpfleger 1971, 87; *Geib,* Die Pfandverstrickung, 1969, 100 ff.; *Martin,* Pfändungspfandrecht und Widerspruchsklage im Verteilungsverfahren, 1963; *Naendrup,* Gläubigerkonkurrenz bei fehlerhaften Zwangsvollstreckungsakten, ZZP 85, 311; *Schwinge,* Der fehlerhafte Staatsakt im Mobiliarvollstreckungsrecht, 1930 (Neudruck 1963).

Da die Zwangsvollstreckung ein staatlicher Eingriff in das Vermögen des Schuldners ist und sich auch gegen seine Person richten kann, kann sie nur rechtmäßig sein, wenn die *gesetzlichen Voraussetzungen* dafür vorliegen und die *gesetzlich vorgesehenen Formen* eingehalten worden sind. Der *Grundsatz des Formalismus* der Zwangsvollstreckung schützt auch den *Schuldner.* Wenn die gesetzlichen Bestimmungen nicht eingehalten werden, ist der betreffende Vollstreckungsakt *nicht schlechthin nichtig,* d.h. wirkungslos. Die überwiegende Meinung, vor allem auch der Bundesgerichtshof, nimmt *Nichtigkeit* nur an, wenn *alle Voraussetzungen* für eine Zwangsvollstreckung überhaupt fehlen oder bei *grundlegenden Verstößen gegen wesentliche Formen* (BGHZ 30, 173; so auch *Blomeyer II* § 30 I; *Baur/Stürner/Bruns* Rn. 11.3). Bei allen anderen Gesetzesverstößen sind Vollstreckungsakte wirksam, aber mit Rechtsbehelfen anfechtbar (*Gaul/Schilken/Becker-Eberhard* § 31 II). 574

Nichtigkeit würde demnach beispielsweise vorliegen bei *Fehlen eines Titels* (vgl. *BGH* NJW 1993, 735) oder der *funktionellen Zuständigkeit* des Vollstreckungsorgans oder wenn der Gerichtsvollzieher die Pfändung einer beweglichen Sache *nicht ersichtlich gemacht hat* (§ 808 Abs. 2 S. 2).

Ein *besonderes Problem* ergibt sich bei der *Pfändung.* Diese hat eine *doppelte Wirkung:* die staatliche Beschlagnahme, die sog. *Verstrickung,* und die Entstehung eines *Pfändungspfandrechts* (§ 804 Abs. 1). 575

Dessen Rechtsnatur ist streitig (Rn. 611). Die rein öffentlich-rechtliche Theorie sieht das Pfändungspfandrecht als öffentlich-rechtliches Recht an, das mit jeder wirksamen Pfändung entsteht. Nach der h.M. hat das Pfändungspfandrecht materiell-rechtlichen Charakter (sog. gemischte privat-öffentlichrechtliche Theorie). Diese Auffassung will das Entstehen des Pfändungspfandrechts auch bei einer wirksamen Pfändung davon abhängig machen, dass die materiell-rechtlichen Voraussetzungen für ein Pfandrecht vorliegen. Außerdem darf danach bei der Pfändung nicht gegen gesetzliche Vorschriften verstoßen werden, es sei denn, es handele sich um bloße Ordnungsvorschriften (*Baur/Stürner/Bruns* Rn. 11.6). Man müsste also bei allen Gesetzesverstößen unterscheiden, ob sie die völlige Nichtigkeit oder nur das Nichtentstehen eines Pfändungspfandrechts zur Folge haben (zu den Auswirkungen dieser Auffassung Rn. 611). Dies würde von der Qualifizierung der verletzten Rechtsnorm als bloßer Ordnungsvorschrift abhängen, was im Einzelfall zu großen Schwierigkeiten führen kann. Selbst vom Boden der h. M. aus sollte man deshalb davon ausgehen, dass das Pfändungspfandrecht auf einem Staatsakt beruht und nur in seltenen Ausnahmefällen, wenn die Verstrickung nicht eingetreten ist, nicht entsteht (vgl. *Jauernig/Berger* § 16 Rn. 15 ff.).

576 Die *Heilung* von *nichtigen Vollstreckungsakten* ist *nicht* möglich; sie müssen *wiederholt* werden. Ein fehlerhafter, aber *nicht nichtiger* Vollstreckungsakt *kann geheilt werden*, wenn der *Mangel beseitigt* wird oder der Schuldner auf die *Rüge* des Mangels *verzichtet* (*Baur/Stürner/Bruns* Rn. 11.8; *Gaul/Schilken/Becker-Eberhard* § 31 IV). Dabei ist es streitig, ob die Heilung *rückwirkend* oder *nur für die Zukunft eintritt* (*B/L/A/H* Einf §§ 750–752 Rn. 4 f.; *Stein/Jonas/Münzberg* § 750 Rn. 11 ff. einerseits, *Baur/Stürner/Bruns* Rn. 11.8; *Gaul/Schilken/Becker-Eberhard* § 31 IV 2a andererseits).

Für die öffentlich-rechtliche Theorie vom Pfändungspfandrecht und für die Auffassung, die auch bei Gesetzesverstößen in der Regel ein Entstehen des Pfandrechts annimmt, stellt sich dieses Problem nicht so dringlich wie für die h. M., wie sie etwa von *Baur/Stürner/Bruns* a.a.O. vertreten wird, weil es meistens um die Frage geht, wann das Pfändungspfandrecht entstanden ist. Aus Gründen der Rechtssicherheit sollte man auch von der h. M. ausgehend auf den Zeitpunkt der Verstrickung abstellen, also eine Rückwirkung annehmen.

§ 70. Vereinbarungen in der Zwangsvollstreckung

Literatur: *Bartels*, Der Verzicht auf den gesetzlichen Vollstreckungsschutz, Rpfleger 2008, 397; *Bohn*, Die Zulässigkeit des vereinbarten Vollstreckungsausschlusses, ZZP 69, 20; *Bürck*, Erinnerung oder Klage bei Nichtbeachtung von Vollstreckungsvereinbarungen durch die Vollstreckungsorgane?, ZZP 85, 391; *Emmerich*, Zulässigkeit und Wirkungsweise der Vollstreckungsverträge, ZZP 82, 413; *Gaul*, Zulässigkeit und Geltendmachung vertraglicher Vollstreckungsbeschränkung, JuS 1971, 347; *Scherf,* Vollstreckungsverträge, 1971

§ 70. Vereinbarungen in der Zwangsvollstreckung

(dazu *E. Peters*, AcP 172, 561); *Schiedermair*, Vereinbarungen im Zivilprozeß, 1935; *Schlosser*, Einverständliches Parteihandeln im Zivilprozeß, 1968; *Wagner*, Prozeßverträge, 1998.

Fall 1: G gewährt dem Zahnarzt Dr. S ein Darlehen. In dem schriftlich abgeschlossenen Vertrag verzichtet S für den Fall der Zwangsvollstreckung auf die Einhaltung des § 811 Nr. 7, der die Pfändung seiner Praxiseinrichtung verbietet. Als S nicht zahlen kann und G aufgrund eines inzwischen erwirkten Titels die Praxiseinrichtung pfänden lassen will, weigert sich der Gerichtsvollzieher, die Pfändung vorzunehmen. G legt Erinnerung ein. Mit Erfolg?

Fall 2: G gewährt dem Kaufmann S ein Darlehen. In dem Vertrag wird vereinbart, dass G bei einer möglichen Zwangsvollstreckung wegen der Darlehensforderung darauf verzichtet, in den Miteigentumsanteil des S an dem privaten Wohnhaus zu vollstrecken, das S und seiner Frau zu je ein halb gehört. Als S nicht zahlen kann, kündigt G an, er werde ihn verklagen und habe nicht die Absicht, sich an die seiner Ansicht nach ungültige Vereinbarung über die Vollstreckung zu halten. S fragt an, wie die Rechtslage ist.

Vereinbarungen im Zivilprozess sind grundsätzlich möglich. 577
Der Zivilprozess ist zwar öffentliches, aber nicht durchweg zwingendes Recht. Die Privatautonomie gilt auch hier, wenn auch verglichen mit dem materiellen Zivilrecht in wesentlich eingeschränkterem Umfang. Sie findet ihre Grenze an Rechtsnormen, die im öffentlichen Interesse bestehen. Innerhalb dieses Rahmens können die Parteien auch im Zivilprozess Vereinbarungen schließen (Rn. 206, *Schiedermair*, Vereinbarungen im Zivilprozeß, 1935, 44 ff.; *Arens*, Willensmängel bei Parteihandlungen im Zivilprozeß, 1968, 86 f.). *Diese Grundsätze gelten auch im Vollstreckungsrecht.* Als formalisiertes Verfahren ist es in der Regel der Parteidisposition entzogen (vgl. RGZ 128, 81). Es ist also *wenig Raum für Vereinbarungen der Parteien.*

Die Parteien können z. B. nicht die funktionelle Zuständigkeit verändern, sie sind auch an die gesetzliche Regelung der einzelnen Vollstreckungsarten gebunden, können also nicht vereinbaren, dass die Abgabe einer Willenserklärung (§ 894) nach den Vorschriften über die Vollstreckung unvertretbarer Handlungen erfolgen soll (§ 888). Sie können auch nicht durch Verträge die Zulässigkeit der Zwangsvollstreckung erweitern, z. B. vereinbaren, dass ohne Titel oder ohne Klausel vollstreckt werden darf.

Am wichtigsten ist aber, dass der Schuldner auch *nicht von* 578
vornherein auf die Einhaltung der Schuldnerschutzvorschriften
(§§ 811, 850 ff.) *verzichten kann.*

Wäre dies möglich, würden diese Vorschriften bald formularmäßig abbedungen werden. Der Schuldner ist freilich nicht gezwungen, die Nichteinhaltung dieser Vorschriften geltend zu machen, wenn ein Vollstreckungsorgan eine unpfändbare Sache oder Forderung gepfändet hat. In **Fall 1** ist die Praxiseinrichtung also unpfändbar. Der Gerichtsvollzieher hat zu Recht die Pfändung abgelehnt.

579 Man geht davon aus, dass der *Schuldner* in der Regel *schutzbedürftiger* ist *als der Gläubiger*. *Vollstreckungsbeschränkende Verträge* werden deshalb als *zulässig* angesehen.

Ein völliger Ausschluss der Vollstreckbarkeit geht wohl über die den Parteien gewährte Dispositionsfreiheit hinaus (*Schiedermair*, a.a.O., 90, 93), falls nicht ein materiell-rechtlicher Erlass gewollt war. Eine *zeitliche Beschränkung* ist dagegen möglich. Zulässig sind vor allem auch Vereinbarungen über eine *gegenständliche Beschränkung* **(Fall 2)**. Ihre Geltendmachung ist streitig. Werden sie vor oder während des Prozesses geschlossen, muss die *Haftungsbeschränkung im Urteil* ausgesprochen werden (*BGH* MDR 1975, 747). In **Fall 2** müsste S die Vereinbarung also in einem möglichen Prozess geltend machen. Der Schuldner hat dann, wenn die Vollstreckung entgegen der Haftungsbeschränkung vorgenommen wird, die *Erinnerung* nach § 766. Wenn die Beschränkung erst nachträglich vereinbart wird, hat er nach einer Auffassung ebenfalls die *Erinnerung (Jauernig/Berger* § 1 Rn. 34; *Baur/Stürner/Bruns* Rn. 10.9; *Schiedermair*, a.a.O., 134f.), nach einer anderen die *Vollstreckungsgegenklage* aus § 767 (*BGH* NJW 1968, 701; JR 1992, 283 m. Anm. *Schilken*; *Gaul*, JuS 1971, 349; *J. Blomeyer*, ZZP 89, 495; *Gaul/Schilken/Becker-Eberhard* § 33 VI) und nach einer dritten ein Wahlrecht zwischen beiden (*Zöller/ Stöber* vor § 704 Rn. 25, i. Erg. auch *Wagner*, Prozeßverträge, 1998, 772ff.).

§ 71. Die Kosten der Zwangsvollstreckung

580 Die *Kosten der Zwangsvollstreckung* sind von den *Prozesskosten*, über die das Urteil entschieden hat, *zu unterscheiden*. Sie entstehen nicht durch das Erkenntnisverfahren, sondern *durch die Zwangsvollstreckung*, etwa durch die Ausfertigung und Zustellung des Urteils, die Pfändung, die Versteigerung und die Ersatzvornahme mit Ermächtigung des Gerichts nach § 887 Abs. 1 (siehe z.B. *OLG München* MDR 1998, 795). Auch die Aufwendungen, die dem Gläubiger entstanden sind, etwa durch eine zu leistende Sicherheit, gehören hierher.

Die Kosten der Zwangsvollstreckung fallen, soweit sie notwendig waren (§ 91), dem *Vollstreckungsschuldner* zur Last (§ 788 Abs. 1; zu den nachgerichtlichen Inkassokosten und dem Umfang ihrer Ersatzfähigkeit als Kosten der Zwangsvollstreckung *Wedel*, JurBüro 2001, 345). Ihre Beitreibung kann ohne besonderen Titel und Kostenfestsetzungsbeschluss *zugleich mit der Vollstreckung aus dem Urteil* erfolgen (§ 788 Abs. 1 S. 2 HS 2). Auf Antrag können die Kosten aber auch durch Kostenfestsetzungsbeschluss tituliert werden (§ 788 Abs. 2).

Kosten von Schuldnerschutzmaßnahmen können dem Gläubiger auferlegt werden (§ 788 Abs. 4). Wenn das Urteil, aus dem vollstreckt worden ist, aufgehoben wird (etwa bei vorläufiger Vollstreckbarkeit), sind dem Schuldner die Kosten zu erstatten (§ 788 Abs. 3; zur Anwendung von § 98 auf einen im Zwangsvollstreckungsverfahren geschlossenen Vergleich *BGH* DGVZ 2007, 36).

Rechtsbehelfe des Schuldners sind bei der Vollstreckung wegen der Kosten nach § 788 Abs. 1 durch den *Gerichtsvollzieher* die *Erinnerung* (§ 766 Abs. 2), bei der Vollstreckung durch das *Vollstreckungsgericht* die sofortige Beschwerde (§ 793, §§ 11 Abs. 1, 20 Nr. 17 RPflG). Auch gegen die Entscheidung im Kostenfestsetzungsverfahren gemäß § 788 Abs. 2 ist die sofortige Beschwerde zulässig (§ 104 Abs. 3; §§ 11 Abs. 1, 21 Nr. 1 RPflG).

17. Kapitel. Die Rechtsbehelfe in der Zwangsvollstreckung

§ 72. Die Erinnerung und die sofortige Beschwerde

Literatur: Allgemein zu den Rechtsbehelfen: *Arens/Lüke*, Die Rechtsbehelfe im Zwangsvollstreckungsverfahren, Jura 1982, 455; *Gaul*, Das Rechtsbehelfssystem der Zwangsvollstreckung – Möglichkeiten und Grenzen einer Vereinfachung, ZZP 85, 251; *Geißler*, Das System des vollstreckungsinternen Rechtsschutzes, JuS 1986, 280; *Lippross*, Das Rechtsbehelfssystem der Zwangsvollstreckung, JA 1979, 9; *Nies*, Rechtsmittel, Rechtsbehelfe und andere Anträge in der Zwangsvollstreckung, MDR 1999, 1418; *Renkl*, Rechtsbehelfe und Klagen in der Zwangsvollstreckung, JuS 1981, 514, 588, 666; *Schreiber*, Die Rechtsschutzmöglichkeiten des Vollstreckungsschuldners, Jura 2011, 110.

I. Die Erinnerung

Literatur: *J. Blomeyer*, Die Erinnerungsbefugnis Dritter in der Zwangsvollstreckung, 1966 (dazu *Münzberg*, ZZP 80, 493); *Becker*, Die Vollstreckungserinnerung, JuS 2011, 37; *Brox/Walker*, Die Vollstreckungserinnerung, JA 1986, 57; *K. Schmidt*, Die Vollstreckungserinnerung im Rechtssystem, JuS 1992, 90; *Zeising*, Erinnerung versus sofortige Beschwerde in der Zwangsvollstreckung, Jura 2010, 93.

581 Nach § 766 Abs. 1 entscheidet das Vollstreckungsgericht über Anträge, Einwendungen und Erinnerungen, welche die Art und Weise der Zwangsvollstreckung betreffen. Die Erinnerung kann vom Schuldner, vom Gläubiger und unter Umständen auch von einem Dritten (vgl. *OLG Jena* OLG-NL 1996, 263) erhoben werden. Letzterer ist allerdings nur bei eigener Betroffenheit erinnerungsbefugt (*OLG Köln* OLGZ 1993, 115).

Der Schuldner kann etwa geltend machen, es liege kein Titel oder keine Klausel vor, ihm sei der Titel nicht rechtzeitig zugestellt worden oder die gepfändete Sache oder Forderung sei nach den Vorschriften über den Schuldnerschutz unpfändbar (§§ 811, 850 ff.). Der Gläubiger kann z.B. vorbringen, der Gerichtsvollzieher weigere sich zu Unrecht, tätig zu werden, oder er lehne die Pfändung bestimmter Sachen ab, die ihm der Gläubiger bezeichnet habe (§ 766 Abs. 2). Auch ein Dritter kann die Erinnerung einlegen, etwa mit der Begründung, dass Sachen gepfändet worden seien, die sich in seinem Gewahrsam befunden haben (arg. § 809; eine Verletzung seines Eigentums muss er mit der

Klage nach § 771 geltend machen; für ein weiteres Beispiel s. *OLG Köln* OLGZ 1993, 113 = JuS 1993, 514 mit Anm. *K. Schmidt*: zur Erinnerungsbefugnis der Angehörigen eines Verstorbenen bei Pfändung eines Grabsteins). Der nachpfändende Gläubiger kann die Rechtmäßigkeit der vorrangigen Pfändung prüfen lassen (s. hierzu *BGH* NJW-RR 1989, 636 = JuS 1989, 1018 mit Anm. *K. Schmidt*). Der Gerichtsvollzieher ist bei fehlender persönlicher oder gebührenrechtlicher Betroffenheit grundsätzlich nicht erinnerungsbefugt (*OLG Düsseldorf* NJW-RR 1993, 1280).

Meistens richtet sich die Erinnerung gegen Vollstreckungsmaßnahmen des Gerichtsvollziehers. Sie kann aber auch gegen Maßnahmen des Vollstreckungsgerichts erfolgen, so wenn dieses einen Pfändungsbeschluss erlassen hat (§§ 829, 834).

Die Erinnerung richtet sich also gegen das Verfahren bei Vollstreckungsmaßnahmen oder deren Ablehnung. Man muss deshalb zwischen Vollstreckungsmaßnahmen und Entscheidungen unterscheiden. Gegen Letztere ist die sofortige Beschwerde gegeben (§ 793).

Die h. M. nimmt an, dass dann, wenn ein Antrag auf Vornahme **582** einer Vollstreckungsmaßnahme vom *Vollstreckungsgericht abgelehnt* werde oder eine Vollstreckungsmaßnahme erst *nach Anhörung des Schuldners* erfolge (z. B. § 844 Abs. 2), eine *Entscheidung* vorliege, gegen die die *sofortige Beschwerde* gegeben sei (a. A. *Baur/Stürner/Bruns* Rn. 43.4). Bei der Entscheidung über den Antrag auf Erlass einer Durchsuchungsanordnung (Rn. 515) ist zu unterscheiden, ob der Schuldner vorher gehört worden ist oder nicht. War dies der Fall, liegt eine mit der sofortigen Beschwerde nach § 793 anfechtbare Entscheidung vor. Welcher Rechtsbehelf, Erinnerung oder sofortige Beschwerde, gegeben ist, wenn der Schuldner nicht gehört wurde, ist str. (vgl. dazu *KG* NJW 1986, 1180). Von der Durchsuchungsanordnung betroffene Dritte haben immer die Erinnerung (*KG* DGVZ 1986, 114).

Auch das *Prozessgericht* kann als *Vollstreckungsorgan* tätig **583** werden (Rn. 519). Nach h. M. ist gegen seine Vollstreckungsmaßnahmen aber *niemals die Erinnerung* an das Vollstreckungsgericht, sondern *immer die sofortige Beschwerde* gegeben. Es könnte sonst der Fall eintreten, dass das Amtsgericht im Rahmen des § 766 Abs. 1 über Maßnahmen des Landgerichts entscheidet (*B/L/A/H* § 766 Rn. 7; vgl. auch *Baur/Stürner/Bruns* Rn. 43.5).

Die Erinnerung ist *weder an eine Form noch an eine Frist ge-* **584** *bunden*. Zulässig ist sie allerdings nur, solange die beanstandete Maßnahme noch nicht beendet ist. Eine nachträgliche Feststellung der Rechtswidrigkeit ist nach § 766 grundsätzlich nicht vorgesehen (*BGH* MDR 2005, 648). Zuständig für die Entscheidung ist das *Vollstreckungsgericht* (§ 766 Abs. 1 S. 1). Dieses kann seine Entscheidung ohne mündliche Verhandlung fällen (§ 764 Abs. 3). Es hat die Möglichkeit, *einstweilige Anordnungen* zu treffen (§ 766 Abs. 1 S. 2). Die Entscheidung ergeht durch *Beschluss*. Dieser kann der Erinnerung stattgeben, d. h. die angegriffene Maßnahme für unzulässig erklären oder die Erinnerung zurückweisen. Gegen den Beschluss ist dann die sofortige Beschwerde zulässig (§ 793).

II. Die sofortige Beschwerde

Literatur: *Becker,* Die Rechtsbeschwerde in der Zwangsvollstreckung – vom LG unmittelbar zum BGH, JuS 2004, 574; *Gaul,* Die neue Rechtsbeschwerde zum Bundesgerichtshof in der Zwangsvollstreckung – ein teuer erkaufter Fortschritt, DGVZ 2005, 113; *Meller-Hannich,* Norm und Praxis im Zwangsvollstreckungsrecht, Bestandsaufnahme und Ausblick nach sieben Jahren Rechtsbeschwerde zum Bundesgerichtshof, DGVZ 2009, 69, 85; *Schneider/Klein,* Die sofortige Beschwerde in der Zwangsvollstreckung, JA 2006, 445.

585 Sie findet gegen *Entscheidungen* statt, die im Zwangsvollstreckungsverfahren ohne mündliche Verhandlung ergehen können (§ 793, zu den unterschiedlichen Ausprägungen der Beschwerde im Zwangsvollstreckungsrecht nach dem ZPO-RG *Steder,* MDR 2001, 1333). Wenn das Vollstreckungsgericht entschieden hat, ist also *die sofortige Beschwerde* gegeben, etwa wenn es eine Entscheidung über die Erinnerung nach § 766 gefällt hat. Ob das Vollstreckungsgericht durch einen Richter oder einen Rechtspfleger handelt, ist für Rechtsbehelfe grundsätzlich ohne Bedeutung (§ 11 Abs. 1 RPflG; vgl. Rn. 75; zur Abgrenzung zu § 766 Rn. 581 f.).

Die Entscheidung muss bereits *im Zwangsvollstreckungsverfahren* ergangen sein, *vorbereitende Entscheidungen* unterliegen der sofortigen Beschwerde nach § 567 Abs. 1 Nr. 2 nur, wenn es sich um eine Entscheidung handelt, die eine mündliche Verhandlung nicht erfordert und durch die ein das Verfahren betreffendes Gesuch zurückgewiesen wird.

Beschwerdeberechtigt sind der Schuldner, der Gläubiger und in Ausnahmefällen Dritte, deren Belange durch die Entscheidung beeinträchtigt wurden (z. B. der Drittschuldner bei der Forderungspfändung). Die Einlegung muss innerhalb einer *Notfrist von zwei Wochen* erfolgen (§ 569 Abs. 1).

Über die sofortige Beschwerde entscheidet das *Beschwerdegericht durch Beschluss.* Wenn das Beschwerdegericht sie nach § 574 Abs. 1 Nr. 2 zulässt, ist anschließend die *Rechtsbeschwerde* statthaft. Sie führt nach § 133 GVG zu einer Entscheidung des Bundesgerichtshofs. Dieser durch das ZPO-RG geschaffene Instanzenzug ermöglicht im Vollstreckungsrecht, das durch eine teilweise voneinander abweichende Rechtsprechung der Oberlandesgerichte geprägt war, eine größere Rechtseinheit (*Becker,* JuS 2004, 574; kritisch im Hinblick auf den Individualrechtsschutz *Gaul,* DGVZ 2005, 113).

§ 73. Die Vollstreckungsgegenklage

Literatur: *A. Blomeyer,* Rechtskraft- und Gestaltungswirkung der Urteile im Prozeß auf Vollstreckungsgegenklage und Drittwiderspruchsklage, AcP 165, 481; *Böhm,* Ungerechtfertige Zwangsvollstreckung und materiell-rechtliche Ausgleichsansprüche, 1971 (dazu *Gaul,* ZZP 85, 251); *Burgerd,* Die Präklusion der zweiten Vollstreckungsgegenklage, ZZP 106, 23; *Gaul,* Materielle Rechtskraft, Vollstreckungsabwehr und zivilrechtliche Ausgleichsansprüche, JuS 1962, 1; *Kaiser,* Die Abgrenzung der Vollstreckungsabwehrklage zur prozessualen Gestaltungsklage, NJW 2010, 2933; *Kittner,* § 767 ZPO – § 767 ZPO analog – Tenor im Kollisionsfall, JA 2010, 811; *Lakkis,* Präklusion von Einwendungen aus zivilrechtlichen Ausgleichsansprüchen analog § 767 III ZPO?, ZZP 119, 435; *Leyendecker,* Grundfälle zur Vollstreckungsabwehrklage, JA 2010, 631, 803; *G. Lüke,* Zur Klage auf Herausgabe des Vollstreckungstitels, JZ 1956, 475; *Özen/Hein,* Die prozessuale Gestaltungsklage analog § 767 ZPO, JuS 2010, 124; *K. Schmidt,* Vollstreckungsgegenklage – Prozessrecht und materielles Recht in der Bewährung, FS BGH, Bd. III, 2000, 491; *Thole,* Die Präklusionswirkung der Rechtskraft bei Gestaltungsrechten und ihr Verhältnis zu § 767 Abs. 2 ZPO, ZZP 124, 45; *Wittschier,* Die Vollstreckungsgegenklage gem. § 767 ZPO, JuS 1997, 450.

I. Ziel und Bedeutung

Fall 1: Nachdem das gegen ihn ergangene Urteil rechtskräftig geworden ist, zahlt der Schuldner S durch Banküberweisung. Gleichwohl lässt der Gläubiger die Zwangsvollstreckung durchführen. S beruft sich gegenüber dem Gerichtsvollzieher auf die Zahlung. Dieser pfändet trotzdem. S fragt nach seinen Rechten.

Fall 2: S hatte schon während des Prozesses behauptet, gezahlt zu haben. Er hatte dies aber nicht beweisen können, weil er die Quittung verlegt hatte. Inzwischen hat er sie wiedergefunden. Als der Gerichtsvollzieher kommt, legt ihm S die Quittung vor. Der Gerichtsvollzieher pfändet gleichwohl. Welche Rechte hat S?

Fall 3: S hatte eine Forderung gegen den Kläger G, die zur Hälfte schon während des Prozesses fällig war, zur anderen Hälfte erst danach fällig geworden ist. S hatte während des Prozesses nicht aufrechnen wollen, weil er damit rechnete, den Prozess auch ohne dies zu gewinnen. Als die Zwangsvollstreckung droht, fragt er an, ob er jetzt noch aufrechnen könne und wie er das Erlöschen der Klageforderung geltend machen müsse.

586 Auszugehen ist von der *Formalisierung der Zwangsvollstreckung.* Die Vollstreckungsorgane sind an den Titel gebunden und *prüfen nicht, ob der materiell-rechtliche Anspruch* (der vollstreckbare Anspruch) *besteht.* Die Behauptung des Schuldners, der Anspruch bestehe nicht oder nicht mehr, bleibt grundsätzlich *unberücksichtigt.* Lediglich in den Fällen des § 775 Nr. 4 (Vorlage einer öffentlichen oder einer vom Gläubiger ausgestellten Privaturkunde) und Nr. 5. (Vorlage eines Einzahlungs- oder Überweisungsnachweises) wird die *nach Urteilserlass* (anders als in **Fall 2**) *erfolgte Befriedigung des Gläubigers* vom Vollstreckungsorgan berücksichtigt. Die Zwangsvollstreckung wird dann eingestellt, die bereits getroffenen Vollstreckungsmaßnahmen bleiben aber einstweilen bestehen (§ 776 S. 2).

587 Wenn auch in der Vollstreckung die Frage *nicht* geprüft wird, *ob der vollstreckbare Anspruch besteht,* so kann dessen *Erfüllung* doch *nicht unberücksichtigt* bleiben. Die Behauptung, *er habe nicht bestanden,* das Urteil sei also unrichtig, kann nicht nachgeprüft werden, weil dem die *materielle Rechtskraft* entgegensteht (**Fall 2;** hier behauptet S, schon vor Urteilserlass gezahlt zu haben). Die Rechtskraft verbietet aber nicht das Vorbringen *nachträglich eingetretener Tatsachen* (Rn. 367). Die Formalisierung der Zwangsvollstreckung macht es aber unmöglich, den *Vollstreckungsorganen* diese Feststellung zu überlassen. Viele Schuldner würden versuchen, durch derartige Behauptungen den Gang der Vollstreckung aufzuhalten. Der Einwand, dass der vollstreckbare Anspruch untergegangen sei, muss deshalb *in Form einer besonderen Klage, der Vollstreckungsgegen- oder Vollstreckungsabwehrklage* (§ 767 Abs. 1) geltend gemacht werden **(Fall 1).**

588 Diese Klage *beseitigt nicht das Urteil,* das alte Verfahren wird nicht wieder aufgenommen. Es soll lediglich *für die Zukunft die Vollstreckbarkeit des Urteil beseitigt* und damit eine Vollstreckung

aus dem Urteil unmöglich gemacht werden. Das Urteil erklärt deshalb die *Zwangsvollstreckung aus dem genau bezeichneten Titel insgesamt für unzulässig* (BGHZ 100, 211, 212). Die Klage kann nicht auf bestimmte Vollstreckungsmaßnahmen oder Zeitabschnitte der Vollstreckung beschränkt werden (*BGH* a. a. O.). Entsprechend ist der Klageantrag zu formulieren bzw. auszulegen (*BGH* a. a. O.). Die Vollstreckungsgegenklage ist eine *prozessuale Gestaltungsklage*. Das Urteil wirkt *unmittelbar rechtsändernd,* indem es die Vollstreckbarkeit beseitigt (zum Umfang der Rechtskraft vgl. *BGH* FamRZ 1984, 878; NJW-RR 1990, 48). Wird gegen die Vollstreckung erfolgreich ein Zurückbehaltungsrecht gem. § 767 eingewendet, so führt das nicht zur Unzulässigkeit der Zwangsvollstreckung aus dem Titel schlechthin, sondern zu ihrer Zulassung Zug-um-Zug gegen die näher bestimmte Gegenleistung (*BGH* NJW-RR 1997, 1272).

II. Das Verfahren

Die Klage steht *nur dem Schuldner,* nicht Dritten zu. Dritte 589 können sich nur gegen einzelne Vollstreckungsmaßnahmen wenden, die in ihren Rechtskreis eingreifen (Verletzung des Gewahrsams, §§ 809, 766, oder des Eigentums, § 771). Die Vollstreckbarkeit des Urteils betrifft nur die Parteien. Die Klage ist *gegen den Gläubiger* zu richten, er betreibt die Zwangsvollstreckung und ist passiv legitimiert (s. aber BGHZ 120, 387).

Der Titel muss vollstreckungsfähig, d. h. nach Form und Inhalt zur Zwangsvollstreckung geeignet sein (s. hierzu: *BGH* NJW 1997, 2888; *OLG Hamburg* JurBüro 1999, 272) und eine Zwangsvollstreckung zumindest ernstlich drohen. Eine fehlende Vollstreckungsklausel beseitigt das Rechtsschutzbedürfnis (*BGH* NJW 1992, 2160; *OLG München* WM 1998, 573). Die Klage nach § 767 ist daher nur möglich gegen Urteile, die einen *vollstreckungsfähigen Inhalt* haben, also nicht gegen Feststellungs- und Gestaltungsurteile. Eine analoge Anwendung von § 767 unter Ausschluss des § 767 Abs. 2 und 3 wird für den Fall befürwortet, dass ein Urteil mangels Bestimmtheit nicht rechtskraftfähig ist (BGHZ 124, 164; *BGH* NJW-RR 2004, 472). Die Vollstreckungsgegenklage ist aber nicht auf Urteile beschränkt, sondern kann *gegen alle Titel mit vollstreckungsfähigem Inhalt* erhoben werden (§ 795 S. 1), z. B. Vollstreckungsbescheide (§ 796 Abs. 3), Kostenfestsetzungsbeschlüsse (§ 795 a), vollstreckbare Urkunden (§ 797 Abs. 4, 5), Prozessvergleiche (wenn der nachträgliche Wegfall der Forderung behauptet wird, *BGH* NJW 1967, 2014; s. auch *BAG* NJW 1997, 2869; wenn anfängliche Unwirksamkeit des Prozessvergleichs geltend gemacht wird, muss das alte Verfahren fortgesetzt werden, *BGH* JZ 1977, 136;

dazu Rn. 255) sowie im Ausland bestätigte Europäische Vollstreckungstitel (§ 1086, dazu Rn. 537). Vollstreckungsfähigkeit bedeutet aber nicht, dass der Titel auch nach materiell-rechtlichen Gründen wirksam ist; maßgeblich ist vielmehr, schon wegen des Formalismus der Zwangsvollstreckung, die verfahrensrechtliche Ordnungsgemäßheit des Titels (*Brox/Walker* Rn. 1329; ebenso BGHZ 118, 229, 234; anders noch *BGH* NJW-RR 1987, 1147).

Die Zwangsvollstreckung braucht *noch nicht begonnen zu haben*, es reicht, dass der vollstreckbare Titel vorliegt (vgl. aber *OLG Frankfurt/Main* NJW-RR 1988, 511: kein Rechtsschutzbedürfnis für die Vollstreckungsgegenklage, wenn die [unzulässige] Zwangsvollstreckung durch den Gläubiger nicht zu befürchten ist; vgl. auch *BGH* NJW 1989, 124). Nach *Beendigung* der Zwangsvollstreckung *insgesamt* ist die Klage *nicht mehr zulässig.*

Wenn sich die Klage gegen ein Urteil richtet, ist das *Prozessgericht erster Instanz* (das den Prozess schon kennt) ausschließlich zuständig (§§ 767 Abs. 1, 802; für die Zuständigkeit bei Klagen gegen vollstreckbare Urkunden s. §§ 797 Abs. 5, 800 Abs. 3; gegen im Ausland bestätigte Europäische Vollstreckungstitel s. § 1086 Abs. 1).

Der Schuldner muss in der Klage (d. h. im Prozess, nicht in der Klageschrift) *alle Einwendungen* geltend machen, *die er geltend zu machen imstande ist.* Damit soll verhindert werden, dass der Schuldner nacheinander mehrere Klagen erhebt und dadurch die Vollstreckung verzögert. Mit nicht vorgebrachten Einwendungen ist der Schuldner später *ausgeschlossen* (§ 767 Abs. 3; zur Klagerücknahme und zur übereinstimmenden Erledigungserklärung in der früheren Vollstreckungsgegenklage s. *BGH* NJW 1991, 2280). Es ist streitig, ob § 767 Abs. 3 auch eingreift, wenn der Schuldner *ohne sein Verschulden* außerstande war, die Einwendungen rechtzeitig vorzubringen (so BGHZ 61, 26). Gegen eine Präklusion spricht, dass man dann dem Schuldner nicht die Absicht der Prozessverschleppung vorwerfen kann (so auch *Jauernig/Berger* § 12 Rn. 18 m. w. N.). Die Klageerhebung beseitigt noch nicht die Vollstreckbarkeit, deshalb besteht die Möglichkeit *einstweiliger Anordnungen* (§ 769, Rn. 567).

III. Die Einwendungen

590 Mit der Vollstreckungsgegenklage werden *Einwendungen* geltend gemacht, die den *durch das Urteil festgestellten Anspruch selbst betreffen* (§ 767 Abs. 1) und ihn entweder vernichten oder in seiner Durchsetzbarkeit hemmen (BGHZ 100, 211, 212). Dies sind *materiell-rechtliche Einwendungen* wie etwa Erfüllung, Leistung an Erfüllungs Statt, Erlass, Verzicht, Vergleich, Rücktritt,

§ 73. Die Vollstreckungsgegenklage

Widerruf, Minderung, Aufrechnung aber auch die Restschuldbefreiung nach § 301 InsO (*BGH* NJW 2008, 3640 = JuS 2009, 191 [*K. Schmidt*]) und – nach teilweise vertretener Auffassung – Vollstreckungsverträge (s.o. Rn. 579 m.w.N.; *BGH* NJW 2001, 231; *OLG Karlsruhe* MDR 1998, 1433). Zugelassen wird, in entsprechender Anwendung von § 767 Abs. 1, auch der *formell-rechtliche* Einwand, dass der Titel zu unbestimmt oder wirkungslos und deshalb nicht vollstreckbar sei (BGHZ 124, 164; *BGH* NJW-RR 2007, 1724; s. auch *Socha,* JuS 2008, 794). Die Grenze wird durch die *materielle Rechtskraft* gezogen: die materiell-rechtlichen Einwendungen müssen *nach Schluss der letzten mündlichen Tatsachenverhandlung* entstanden sein (§ 767 Abs. 2). Alle vorher entstandenen Einwendungen sind durch die *Rechtskraft präkludiert*, ohne Rücksicht darauf, dass der Schuldner sie ohne sein Verschulden nicht vorbringen konnte. Das gilt z.B. im Fall der nachträglichen Kenntnis des Schuldners von der Abtretung des Anspruchs durch den Gläubiger an einen Dritten vor dem Schluss der mündlichen Verhandlung (*BGH* ZZP 114, 225 m.Anm. *Münzberg*) oder der Möglichkeit einer Anfechtung wegen arglistiger Täuschung (s. Rn. 367).

Auch neu aufgefundene Beweismittel können nicht mit der Vollstreckungsgegenklage geltend gemacht werden, **Fall 2;** hier kann allerdings der Schuldner die Wiederaufnahmeklage nach § 580 Nr. 7 lit. b erheben.

Nicht ausgeschlossen ist ein Bürge mit dem Einwand, die verbürgte Hauptforderung sei nach seiner rechtskräftigen Verurteilung verjährt. Es gilt weiterhin der Grundsatz der Akzessorietät (*BGH* NJW 1999, 278).

Sehr streitig ist die Frage, *wann bei Gestaltungsrechten die Einwendungen entstanden sind,* im Zeitpunkt der *Ausübung* oder im Zeitpunkt der *Entstehung des Rechts,* bei der Aufrechnung also mit der Aufrechnungserklärung oder in dem Zeitpunkt, in dem sich die Forderungen aufrechenbar gegenüberstanden (§ 387 BGB), der sog. *Aufrechnungslage.* Entsprechendes gilt für die anderen Gestaltungsrechte wie Anfechtung, Rücktritt oder Minderung.

591

Die Rechtsprechung hält den zweiten Zeitpunkt für maßgebend; die Parteien sollen im Interesse der *Prozessbeschleunigung* zu möglichst frühzeitigem Vorbringen gezwungen werden (BGHZ 42, 39; *BGH* WM 1995, 634; ebenso *B/L/A/H* § 767 Rn. 52). Etwas anderes soll nur bei der nachträglichen Geltendmachung eines vertraglich eingeräumten Optionsrechts gelten (BGHZ 94, 29 = JZ 1985, 751 m.Anm. *Arens*). Bei der Aufrechnung auf einen noch früheren Zeitpunkt abzustellen, nämlich denjenigen, in dem eine Aufrechnungslage durch den Schuldner hätte geschaffen werden können, hat der Bundesgerichtshof aber abgelehnt (*BGH* NJW 2005, 2926, dazu *Beck*, NJW 2006, 336 m. w. N.). Die überwiegende Meinung in der Literatur stellt demgegenüber zutreffend auf den Zeitpunkt der *Ausübung des Rechts* ab. Erst mit der Ausübung des Gestaltungsrechts entstehen die Rechtswirkungen. Außerdem wird durch die Rechtsprechung eine im materiellen Recht nicht vorgesehene Befristung der Gestaltungsrechte eingeführt (*Bruns/Peters*, Zwangsvollstreckung, 3. Aufl., 1987, § 14 I 3; *Baur/Stürner/Bruns* Rn. 45.12; *Jauernig/Berger* § 12 Rn. 10 ff.; *Schwab*, ZZP 74, 302; *Stein/Jonas/Münzberg* § 767 Rn. 30 ff.; mit Ausnahme der Aufrechnung auch *Blomeyer II* § 33 IV 2; *Gaul/Schilken/Becker-Eberhard* § 40 V 2; wie die h. L. aber auch *OLG Stuttgart* NJW 1994, 1225; anders *Ernst*, NJW 1986, 401). Die für die abweichende Behandlung des vertraglich eingeräumten Optionsrechts angeführten Gründe treffen auch bei den gesetzlichen Gestaltungsrechten zu (*Arens*, a. a. O.). Dem berechtigten Anliegen der Rechtsprechung, der Vollstreckungsverschleppung entgegenzutreten, kann auf andere Weise entsprochen werden. Die Aufrechnung wird – nach dem Rechtsgedanken des § 530 Abs. 2 a. F. – nur bei Sachdienlichkeit zugelassen (*Jauernig/Berger* § 12 Rn. 14; *Gaul/Schilken/Becker-Eberhard* § 40 V 2 b cc; *Stein/Jonas/Münzberg* § 767 Rn. 33 ff. m. w. N.; *Bötticher*, ZZP 77, 483). Wird sie nicht zugelassen, kann der Schuldner seine Gegenforderung auf normalem Wege einklagen. In **Fall 3** könnte der Schuldner mit dem Teil der Forderung, der erst nachträglich fällig geworden ist, ohne Weiteres aufrechnen. Für den anderen Teil käme es auf die Sachdienlichkeit an.

Bei den anderen Gestaltungsrechten würde die Nichtzulassung zu einem endgültigen Rechtsverlust führen. Man kann aber die durch die Vereinfachungsnovelle verstärkte allgemeine Prozessförderungspflicht der Parteien (§§ 277 Abs. 1, 282 Abs. 1, 296 Abs. 2) als Grund für die Nichtberücksichtigung der Ausübung eines Gestaltungsrechts im Prozess heranziehen. Damit ist eine flexible Behandlung ermöglicht. Die Nichtberücksichtigung kann dann erfolgen, wenn der Schuldner aus grober Nachlässigkeit das Gestaltungsrecht erst nach Schluss der letzten mündlichen Tatsachenverhandlung des Vorprozesses ausgeübt hat (*Jauernig/Berger* § 12 Rn. 14).

592 Bei *vollstreckbaren Urkunden,* die nicht in Rechtskraft erwachsen, besteht die *zeitliche Grenze des § 767 Abs. 2 nicht* (§ 797 Abs. 4); denn hier bestand keine Möglichkeit, Einwendungen vorher in einem gerichtlichen Verfahren geltend zu machen. Auch bei den *Prozessvergleichen* gilt § 767 Abs. 2 nicht (*BGH* MDR 1987, 933; s. schon Rn. 589). Bei einem *Anwaltsvergleich* findet, wie bei einem Schiedsspruch, die Präklusionsvorschrift Anwendung, da beide Titel der Vollstreckbarerklärung bedürfen und das hierauf gerichtete Verfahren als mit dem Erkenntnisverfahren insoweit vergleichbar erachtet werden kann (*OLG Köln* NJW 1997, 1450). Der Schuldner kann darin also bereits behaupten, der Anspruch sei nie entstanden. Richtet sich die Klage gegen einen im Ausland bestätigten *Europäischen Vollstreckungstitel* (Rn. 751 ff.), so gilt § 767 Abs. 2 auch dann entsprechend, wenn es sich um einen gerichtlichen Vergleich oder eine öffentliche Urkunde handelt (§ 1086 Abs. 2).

IV. Das Verhältnis zu anderen Rechtsbehelfen

Die Vollstreckungserinnerung des § 766 und die Vollstreckungsgegenklage haben *verschiedene Ziele* und schließen sich gegenseitig aus. Für die Klauselerinnerung des § 732 gilt dies nicht, da im Wege der Vollstreckungsgegenklage auch der formell-rechtliche Einwand fehlender Vollstreckungsfähigkeit wegen Unbestimmtheit geltend gemacht werden kann (BGHZ 124, 164; *BGH* NJW-RR 2004, 472). Die Abänderungsklage (§ 323) und die Vollstreckungsgegenklage schließen einander aus. Mit der Abänderungsklage wird eine andere Entwicklung geltend gemacht, als sie das Gericht seinem Urteil zugrunde gelegt hat (s. o. Rn. 368). Sie greift also die Rechtskraft des Urteils an, während dies durch die Vollstreckungsgegenklage nicht geschieht. Daher stellt bei Verurteilung zu Verzugszinsen die Veränderung des Zinsniveaus keine mit der Vollstreckungsgegenklage geltend zu machende Einwendung dar (BGHZ 100, 211, 212; ausführlich hierzu *Münzberg*, JuS 1988, 345; s. ebenso *BGH* NJW-RR 1991, 1154). Der Angriff richtet sich gegen die Richtigkeit des ersten Urteils und der in ihm enthaltenen Annahme, ein bestimmtes Zinsniveau würde fortbestehen, und nicht gegen die Vollstreckung aufgrund einer neuen, erst nachträglich eingetretenen Tatsachenlage. Die richtige Klage ist hier also die Abänderungsklage gem. § 323 (oder analog; *OLG Karlsruhe* NJW 1990, 1738; *Münzberg*, JuS 1988, 345, 346; *Brehm*, ZZP 101, 453; *Kahlert*, NJW 1990, 1715, 1716 m. w. N.; offengelassen in BGHZ 100, 211). Trotz der grundsätzlichen Unterschiede zwischen den Klagen nach § 323 und § 767 gilt nach Ansicht des Oberlandesgerichts Hamm – vor allem wegen der sehr ähnlichen Funktion beider Institute – die Präklusionswirkung des § 767 Abs. 3 auch für den Fall, dass einer Vollstreckungsgegenklage eine Abänderungsklage vorausgeht (*OLG Hamm* FamRZ 1993, 581).

Eine negative Feststellungsklage (dass der vollstreckbare Anspruch nicht besteht) wird für zulässig gehalten, wenn die Voraussetzungen des § 256 vorliegen. Das Urteil beseitigt aber die Vollstreckbarkeit nicht, weshalb besonders auf das Vorliegen des Feststellungsinteresses zu achten ist. Ist die Vollstreckungsgegenklage aber wegen Präklusion des Aufrechnungseinwands abgewiesen worden, so ist eine Klage auf Feststellung, dass die titulierte Forderung durch diese Aufrechnung erloschen ist, unzulässig, da mit der Abweisung der Vollstreckungsgegenklage das Scheitern der Aufrechnung feststeht (*BGH* NJW 2009, 1671 = JuS 2009, 967 [*K. Schmidt*], ausf. auch *Thole*, ZZP 124, 45, 63 ff.). Entsteht eine Einwendung nach Urteilserlass, aber vor Ablauf der Berufungsfrist, hat der Schuldner die Wahl zwischen der Berufung und § 767. Entscheidet er sich für die Berufung, kann er die Vollstreckungsgegenklage, gestützt auf diese Einwendung, nicht mehr erheben.

594   Wenn der Schuldner die Vollstreckung nach § 767 nicht verhindert hat, obwohl dies möglich gewesen wäre, kann er nach Beendigung der Zwangsvollstreckung vom Gläubiger nach §§ 812 ff. BGB *Herausgabe*, unter Umständen auch *Schadensersatz* (§§ 823 ff. BGB) verlangen.

§ 74. Die Drittwiderspruchsklage

Literatur: *Brox/Walker*, Die Drittwiderspruchsklage, JA 1986, 113; *A. Blomeyer*, Rechtskraft- und Gestaltungswirkung der Urteile im Prozeß auf Vollstreckungsgegenklage und Drittwiderspruchsklage, AcP 165, 481; *Gaul*, Dogmatische Grundlagen und praktische Bedeutung der Drittwiderspruchsklage, FS BGH, Bd. III, 2000, 521; *Grunsky*, Sicherungsübereignung, Sicherungsabtretung und Eigentumsvorbehalt in Zwangsvollstreckung und im Konkurs des Schuldners, JuS 1984, 497; *Huber*, Grundwissen – Zivilprozessrecht: Sicherungseigentum in Zwangsvollstreckung und Insolvenz, JuS 2011, 588; *Kaulbach*, Materieller Ausgleich nach beendeter Zwangsvollstreckung, Ausgewählte Probleme auf Grundlage der „gemischten" Theorie, Rpfleger 2008, 9; *Leyendecker*, Grundfälle zur Drittwiderspruchsklage gem. § 771 ZPO, JA 2010, 725, 879; *G. Lüke*, Bereicherungshaftung des Gläubigers bei der Zwangsvollstreckung in eine dem Schuldner nicht gehörige bewegliche Sache, AcP 153, 533; *Münzberg/Brehm*, Altes und Neues zur Widerspruchsklage nach § 771 ZPO, FS Baur, 1981, 517; *Paulus*, Die Behelfe des Sicherungseigentümers gegen den Vollstreckungszugriff, ZZP 64, 169; *Picker*, Die Drittwiderspruchsklage in ihrer geschichtlichen Entwicklung als Beispiel für das Zusammenwirken von materiellem Recht und Prozeßrecht, 1981; *Prütting/Weth*, Die Drittwiderspruchsklage gem. § 771 ZPO, JuS 1988, 505; *Staufenbiel/Meurer*, Drittwiderspruchsklage und Klage auf vorzugsweise Befriedigung, JA 2005, 796.

§ 74. Die Drittwiderspruchsklage 527

Fall 1: D hat dem S seinen Blu-ray Spieler geliehen. G hat einen vollstreckbaren Titel wegen einer Geldforderung gegen S. Der Gerichtsvollzieher erscheint in der Wohnung und pfändet den Blu-ray Spieler, ohne den Hinweis des S zu beachten, dass dieser ihm nicht gehöre. S benachrichtigt den D, dieser den G. G erklärt, er habe nicht die Absicht, auf die Weiterführung der Vollstreckung in das Gerät zu verzichten. Was kann D tun?

Fall 2: Angenommen, der Blu-ray Spieler sei dem S von dem Elektrohändler E auf Raten und unter Eigentumsvorbehalt geliefert worden. Es stehen noch einige Raten aus. Was könnte E gegen die Pfändung unternehmen?

Fall 3: S hat der B-Bank zur Sicherung eines Kredits eine Maschine übereignet. Bevor der Kredit zurückgezahlt wird, pfändet ein Gläubiger des S die Maschine. Welche Rechte hat die Bank?

I. Grundlagen

Die Zwangsvollstreckung ergreift nur das *Vermögen des Schuldners*, nur gegen ihn richtet sich der Titel. Wenn sich die Vollstreckung auf Grundstücke richten soll, ergeben sich keine Schwierigkeiten festzustellen, was zum Schuldnervermögen gehört. Das Grundbuch gibt darüber Auskunft (§ 17 ZVG). Anders ist es bei *beweglichen Sachen*. Hier wäre der Gerichtsvollzieher überfordert, wenn er die Zugehörigkeit zum Vermögen des Schuldners feststellen müsste. Auch würde eine genaue Feststellung viel zu viel Zeit kosten und es dem Schuldner ermöglichen, Sachen beiseite zu schaffen. Deshalb muss der Gerichtsvollzieher nur prüfen, ob der *Gewahrsam des Schuldners* gegeben ist (§§ 808 Abs. 1, 809). Wenn dieser vorliegt, kann und muss die Pfändung erfolgen. Dabei können *Sachen Dritter* gepfändet werden, der Schuldner kann dies durch einen Hinweis auf das Eigentum des Dritten *nicht verhindern*, es sei denn, das Dritteigentum ist offensichtlich (z. B. bei Fahrzeugen in einer Kfz-Werkstatt). Eine solche Pfändung ist *voll wirksam* und *Grundlage* für die anschließende *Versteigerung*. Der *Dritte muss sich selbst gegen die Beeinträchtigung seines Rechts wehren*. Die bloße Behauptung kann dann nicht ausreichen. Das Gesetz stellt ihm vielmehr eine *besondere Klage* zur Verfügung, die sog. *Drittwiderspruchsklage* (§ 771). Mit dieser macht der Dritte geltend, dass eine gepfändete Sache *nicht zum Schuldnervermögen gehört*.

595

Es kann auch vorkommen, dass eine Forderung gepfändet wird, die einem Dritten zusteht. Diese Pfändung ist zwar unwirksam (Rn. 635). Wegen der Beseitigung des Rechtsscheins kann aber auch hier aus § 771 geklagt werden (*BGH* NJW 1977, 385; JuS 1981, 773 mit Anm. *K. Schmidt*).

In allen diesen Fällen ist die Klage aus § 771 ein Rechtsstreit, der in einem *normalen Erkenntnisverfahren außerhalb der Zwangsvollstreckung* auszutragen ist.

II. Die Voraussetzungen des § 771

596 Nach § 771 Abs. 1 muss dem Dritten „ein die Veräußerung hinderndes Recht" zustehen. Damit ist ein Recht gemeint, *das eine Veräußerung der Sache durch den Schuldner dem Dritten gegenüber rechtswidrig machen würde* (RGZ 116, 363, 366). Da der Gläubiger nicht mehr Rechte hat als der Schuldner, kann sich der *Dritte auch gegen den Gläubiger wehren.*

Demnach kommen als Rechte i. S. v. § 771 in erster Linie dingliche Rechte in Betracht, und hier vor allem das Eigentum **(Fall 1)**, daneben aber auch andere dingliche Rechte wie etwa der Nießbrauch. Bei besitzlosen Pfandrechten (z. B. des Vermieters) ist nur die Klage auf vorzugsweise Befriedigung (§ 805) zulässig.

Der Normalfall des Eigentums ist unproblematisch. Schwierigkeiten bereiten die Sonderfälle des Eigentums, der *Eigentumsvorbehalt* und vor allem das Sicherungseigentum, weil diese Sicherungsrechte sind und die völlige Abwehr anderer Gläubiger durch die Klage aus § 771 nicht ohne Weiteres gerechtfertigt erscheint.

Diese Fragen spielen in der *Insolvenz* eine noch größere Rolle als in der Einzelzwangsvollstreckung, weil dort durch Sicherungsübereignungen und verlängerte Eigentumsvorbehalte und die damit verbundenen Vorausabtretungen von Forderungen die *Insolvenzmasse* zugunsten bevorzugter Gläubiger *ausgehöhlt* wird und für die ungesicherten Gläubiger nichts mehr übrig bleibt.

597 Das *Vorbehaltseigentum* wird in der Einzelzwangsvollstreckung als *volles Eigentum* anerkannt. Wenn also eine unter Eigentumsvorbehalt gelieferte Sache vor völliger Zahlung des Kaufpreises *beim Käufer* gepfändet wird, hat der Verkäufer, der noch Eigentümer ist, nach h. M. (BGHZ 54, 218) *die Klage aus § 771* **(Fall 2)**.

Wenn der Kaufpreis schon zum größeren Teil bezahlt ist, kann es für den Gläubiger vorteilhaft sein, den Rest zu zahlen, um damit den Eigentumserwerb des Käufers (seines Schuldners) herbeizuführen. Dies geschieht dann in Verbindung mit einer Pfändung der Anwartschaft des Käufers (Rn. 661 f.).

§ 74. Die Drittwiderspruchsklage

Wenn der Käufer seine *Anwartschaft* auf einen Dritten übertragen hat (entsprechend § 930 BGB) und ein Gläubiger des Käufers die bei diesem verbliebene Sache pfändet, kann auch der *Erwerber der Anwartschaft der Pfändung nach § 771 widersprechen* (BGHZ 20, 88). Selbst wenn sich die Sache ausnahmsweise beim Verkäufer befindet und von dessen Gläubiger gepfändet wird, kann der Käufer als Anwartschaftsberechtigter widersprechen (str., vgl. BGHZ 55, 27; Stein/Jonas/*Münzberg* § 771 Rn. 24 ff. m. w. N.).

In der *Insolvenz* wird das *Vorbehaltseigentum* grundsätzlich ebenfalls wie *volles Eigentum* behandelt. Wird der *Vorbehaltskäufer insolvent*, so kann der Vorbehaltsverkäufer beim einfachen Eigentumsvorbehalt sein Eigentum nach § 47 InsO *aussondern* (herausverlangen), während er beim erweiterten Eigentumsvorbehalt ab Tilgung der Kaufpreisforderung bzw. beim verlängerten Eigentumsvorbehalt nur zur *abgesonderten* (vorzugsweisen) Befriedigung nach § 51 Nr. 1 InsO berechtigt ist (*Bork* Rn. 238 f.; *Foerste* Rn. 348 ff.). In der *Insolvenz des Vorbehaltsverkäufers* ist der Vorbehaltskäufer dadurch geschützt, dass er nach § 107 Abs. 1 S. 1 InsO vom Insolvenzverwalter die Erfüllung des Vertrages verlangen kann, seine Anwartschaft somit insolvenzfest ist.

Noch problematischer als das Vorbehaltseigentum ist das *Sicherungseigentum*, weil dieses an die Stelle des vom Gesetzgeber nicht zugelassenen, rechtsgeschäftlich bestellten *besitzlosen Pfandrechts* getreten ist. Es ist deshalb in der Einzelzwangsvollstreckung streitig, ob man das Sicherungseigentum als Pfandrecht behandeln und lediglich eine Klage auf vorzugsweise Befriedigung (§ 805) zulassen *(wirtschaftliche Betrachtungsweise)* oder ob man es als volles Eigentum anerkennen und die Klage aus § 771 gewähren soll *(rechtliche Betrachtungsweise)*.

Allgemein unterscheidet die h. M. zwischen uneigennützigen und eigennützigen Treuhandverhältnissen. Die Sicherungsübereignung ist zu letzteren zu zählen.

Zu den *uneigennützigen Treuhandverhältnissen* gehört z. B. die Inkassozession. Hier erfolgt die Rechtsübertragung im Interesse des Treugebers (des Zedenten). Die Forderung soll wirtschaftlich in seinem Vermögen bleiben. Daraus wird für die Zwangsvollstreckung der Schluss gezogen, dass auch für die Klage aus § 771 die Forderung noch zum Vermögen des Treugebers gehört. Dieser kann also widersprechen, wenn ein Gläubiger des Treuhänders die Forderung pfändet, obwohl dieser rechtlich Inhaber der Forderung geworden ist. Gleiches gilt bei bloßer Forderungseinziehung im Rahmen einer Geschäftsbesorgung, wenn zugunsten des Auftraggebers ein Treuhandkonto eingerichtet wurde, auf das Gläubiger des Auftragnehmers zugreifen, selbst wenn der Treugeber dem Treuhänder im Einzelfall gestattet hatte, auf dem Konto eingegangene Gelder zur Tilgung von Forderungen gegen ihn zu verwenden (*BGH* NJW 1996, 1543). Umgekehrt hat der Treuhänder kein Widerspruchsrecht, wenn die Forderung wegen eines gegen den Treugeber gerichteten Titels gepfändet wird (vgl. *B/L/A/H* § 771 Rn. 26; *Baur/Stürner/Bruns* Rn. 46.7).

Bei der *eigennützigen Treuhand* liegt die Rechtsübertragung im Interesse des Treuhänders. Dahin gehört auch das *Sicherungseigentum*, dessen Übertragung im Interesse des Kreditgebers liegt. Wenn ein Gläubiger des Treugebers die zur Sicherheit übereignete Sache, die sich ja noch in dessen Gewahrsam befindet, pfändet, hat der *Sicherungseigentümer* (die Bank in **Fall 3**) das *Widerspruchsrecht aus § 771* (h. M.). Diese rechtliche Betrachtungsweise ergibt sich daraus, dass das Sicherungseigentum *materiell-rechtlich anerkannt* ist und man dem Sicherungseigentümer nicht die ihm nach dem Sicherungsvertrag zustehende Befugnis, die Sache selbst zu verwerten, durch den Verweis auf die Klage aus § 805 nehmen will (BGHZ 12, 234; Stein/Jonas/*Münzberg* § 771 Rn. 35; *Jauernig/ Berger* § 13 Rn. 14; *Baur/Stürner/Bruns* Rn. 46.8; zum Ganzen: *Gaul/Schilken/Becker-Eberhard* § 41 VI 4b aa). Eine andere Auffassung tritt für eine *wirtschaftliche Betrachtungsweise* ein. Das Sicherungseigentum sei im Grunde ein Scheingeschäft, ein besitzloses Pfandrecht, das eine wirtschaftliche Lücke des BGB ausfülle. Deshalb sei nur die Klage aus § 805 zu gewähren (*B/L/ A/H* § 771 Rn. 25; so grds. auch Schuschke/Walker/*Raebel* § 771 Rn. 21).

Wenn sich die zur Sicherung übereignete Sache ausnahmsweise im *Gewahrsam des Treuhänders* (etwa der Bank) befindet und dort von einem Gläubiger des Treuhänders gepfändet wird, hat nach überwiegender Meinung auch der *Treugeber das Widerspruchsrecht aus § 771,* obwohl materiell-rechtlich nicht er, sondern der Treuhänder Eigentümer ist. Dies wird damit begründet, dass das Eigentum des Treuhänders vorerst nur zur Sicherung seiner Forderung dient und endgültig erst aus dem Vermögen des Treugebers ausscheidet, wenn jener es verwerten darf (*BGH* NJW 1959, 1224; *Jauernig/Berger* § 13 Rn. 15; *Baur/Stürner/Bruns* Rn. 46.8; Stein/Jonas/*Münzberg* § 771 Rn. 30). Dies wirkt sich auch aus, wenn der Sicherungseigentümer selbst in die zur Sicherheit übereignete Sache vollstreckt. Hier darf der Sicherungsgeber widersprechen, allerdings nur bis zu dem Zeitpunkt, von dem an der Sicherungseigentümer die Sache verwerten darf (*BGH* NJW 1978, 1859).

In der *Insolvenz des Treugebers* wird das *Sicherungseigentum* nach § 51 Nr. 1 InsO nicht wie volles Eigentum, sondern in *wirtschaftlicher Betrachtungsweise* wie ein Pfandrecht behandelt, indem es dem Sicherungseigentümer nur ein Recht auf *abgesonderte* (vorzugsweise) Befriedigung gewährt. Der Unterschied zur Behandlung in der Zwangsvollstreckung (Klage nach § 771) wird damit begründet, dass dort der Treunehmer allein, und nicht etwa ein Gläubiger des Treugebers darüber entscheiden soll, ob und wann er das Sicherungsgut verwertet. In der *Insolvenz des Treunehmers* dagegen kann der Treugeber den Gegenstand nach § 47 InsO aussondern (herausverlangen), wenn er die gesicherte Forderung tilgt (*Bork* Rn. 240; *Foerste* Rn. 360, m.w.N.).

§ 74. Die Drittwiderspruchsklage

Den Besitz als Recht im Sinne von § 771 anzuerkennen, besteht kein Bedürfnis. Bei unbeweglichen Sachen hat er keine Bedeutung für die materielle Rechtslage. Bei beweglichen Sachen ist, wenn der Besitz verletzt wird, jedenfalls die Erinnerung gegeben (§ 766). 599

Auch *obligatorische Rechte* können ein Widerspruchsrecht nach § 771 gewähren. Mit § 771 wird geltend gemacht, dass die gepfändete Sache *nicht zum Schuldnervermögen* gehört. Dies kann auch aufgrund obligatorischer Ansprüche geschehen, wenn diese *auf Herausgabe* gerichtet sind. 600

Der Mieter, der selbst nicht Eigentümer ist, macht als Vermieter gegen den Untermieter einen Herausgabeanspruch nach Ablauf des Vertrages geltend. Wenn die Sache beim Untermieter gepfändet wird, kann er nach § 771 widersprechen. Anders ist es bei obligatorischen *Verschaffungsansprüchen* (Münch-Komm/*K. Schmidt* § 771 Rn. 39; dies gilt, selbst wenn diese durch Vormerkung gesichert sind, *BGH* NJW 1994, 128). Der Käufer kann aufgrund seines Anspruchs aus § 433 Abs. 1 BGB nicht der Pfändung der Sache beim Verkäufer widersprechen. Der Anspruch aus § 433 Abs. 1 BGB setzt gerade voraus, dass die verkaufte Sache noch zum Vermögen des Verkäufers gehört.

Bei Verletzung eines *relativen Veräußerungsverbots* (§§ 135, 136 BGB) kann nach § 772 S. 2 ebenfalls mit der Klage aus § 771 Widerspruch erhoben werden. 601

III. Das Verfahren

Dritter, d.h. *aktiv legitimiert* ist jeder, der Inhaber eines die Veräußerung hindernden Rechts i.S. des § 771 Abs. 1 und nicht Schuldner ist. Testamentsvollstrecker und Insolvenzverwalter als Schuldner können ausnahmsweise die Klage aus § 771 erheben, wenn sie einen Zugriff in nichthaftendes Vermögen abwehren. Die Klage ist *gegen den Gläubiger* zu richten (dieser weigert sich, das Recht des Dritten anzuerkennen). 602

Dritte nach § 771 kann auch eine *Ein-Mann-GmbH* sein, die gegen eine Vollstreckung durch Gläubiger ihres Alleingesellschafters vorgeht. Trotz wirtschaftlicher Identität mit dem Schuldner sind beide Vermögensmassen vollstreckungsrechtlich zu trennen (*BGH* NJW 2004, 217, dazu *Deubner*, JuS 2004, 203, 207).

Gegen den Schuldner kann die Klage aus § 771 nicht gerichtet werden, § 771 Abs. 2 ist missverständlich formuliert. Gemeint ist eine Klage *aus materiellem Recht*, etwa auf Herausgabe, die gegen den Schuldner gerichtet werden kann. Dieser und der Gläubiger sind dann *einfache Streitgenossen*.

17. Kapitel. Die Rechtsbehelfe

603 Die Klage ist erst *statthaft*, wenn die Zwangsvollstreckung *in den betreffenden Gegenstand begonnen* hat. Eine nur *drohende* Zwangsvollstreckung reicht nur bei der auf *Herausgabe* bestimmter Sachen gerichteten Zwangsvollstreckung (§ 883) aus. Hier steht von vornherein fest, auf welche Sache sich die Vollstreckung richten wird. Außerdem erfolgt diese durch bloße Wegnahme, wäre also beendet, bevor die Klage aus § 771 erhoben werden könnte. Die Klage aus § 771 ist *nicht mehr statthaft*, wenn die angegriffene Vollstreckungsmaßnahme *vollständig durchgeführt ist*. Das ist bei der Pfändung beweglicher Sachen die nach der Versteigerung erfolgte Aushändigung des Erlöses durch den Gerichtsvollzieher an den Gläubiger. Mit einem erfolglosen Pfändungsversuch ist die Maßnahme nur beendet, wenn eine Fortsetzung der Vollstreckung in denselben Gegenstand nicht mehr möglich ist (*BGH* NJW-RR 2004, 1220). Solange der Gerichtsvollzieher den Erlös noch hat, steht dieser noch im *Eigentum des Dritten,* dem die Sache gehört hat. *Solange ist auch die Klage aus § 771 noch möglich.*

604 Wenn der Gläubiger den Erlös erhalten hat und die Vollstreckung in die Sache *beendet* ist, können die *materiellen Rechte* wieder im normalen Klagewege geltend gemacht werden. Der Dritte hat sein *Eigentum* an der versteigerten Sache *endgültig verloren* (Rn. 628). Er hat aber *Ansprüche gegen den Gläubiger auf Herausgabe des Erlöses aus ungerechtfertigter Bereicherung* (§ 812 BGB, Bereicherung in sonstiger Weise, *BGH* NJW 1987, 1880, nicht § 816 BGB, *G. Lüke*, AcP 153, 533). Wenn der Gläubiger schuldhaft gehandelt hat, weil er trotz ausreichender Beweise die Sache des Dritten nicht freigegeben hat, kann der Dritte auch *Ansprüche aus den §§ 823 ff. BGB* geltend machen (BGHZ 32, 240; 95, 11; *BGH* NJW 1992, 2014). Der Gläubiger haftet dabei für ein Verschulden seines Anwalts nach § 278 BGB (nicht nach § 831 BGB, BGHZ 58, 211; vgl. *Henckel*, JZ 1973, 32). Eine *Amtshaftungsklage* kann in Betracht kommen, wenn die gepfändete Sache zwar im Gewahrsam des Schuldners, das Eigentum des Dritten aber nicht zweifelhaft war (*BGH* LM Nr. 2 zu § 808 ZPO). Wenn während des Prozesses über die Drittwiderspruchsklage die Vollstreckung beendet wird, kann der Dritte nach § 264 Nr. 3 den Klageantrag auf Zahlung des Erlöses bzw. Schadensersatz umstellen. Ist er mit der Klage aus § 771 rechtskräftig abgewiesen worden, steht die Rechtskraft dieses Urteils allen Herausgabe- und

Schadensersatzansprüchen entgegen (*BGH* LM Nr. 27 zu § 322 ZPO; *Zeuner,* ZZP 74, 190).

Die sachliche Zuständigkeit richtet sich nach dem Wert des Streitgegenstandes, die örtliche nach § 771 Abs. 1: Zuständig ist das Gericht, in dessen Bezirk die Zwangsvollstreckung erfolgt. 605

Der Klageantrag ist darauf zu richten, dass die Zwangsvollstreckung in einen genau bezeichneten Gegenstand für unzulässig erklärt wird (und nicht etwa auf Leistung an den Gläubiger). Dementsprechend erklärt das stattgebende Urteil die Zwangsvollstreckung in diesen Gegenstand für unzulässig. Es handelt sich dabei um ein Gestaltungsurteil, die Klage aus § 771 ist eine *prozessuale Gestaltungsklage* (h.M.; zum Verhältnis der Drittwiderspruchsklage zu Beseitigungs- und Abwendungsansprüchen s. *Blomeyer II* § 35 II). Wenn der Klage stattgegeben wird, wird das die Veräußerung hindernde *Recht des Dritten nicht rechtskräftig festgestellt,* weil es nur Entscheidungselement ist. Will der Dritte seine rechtskräftige Feststellung erreichen, so muss er *Zwischenfeststellungsklage* (§ 256 Abs. 2) erheben.

Ein der Klage stattgebendes Urteil führt zwar zur Unzulässigkeit der Zwangsvollstreckung in die betreffende Sache, *beseitigt* aber noch *nicht* eine bereits durchgeführte *Zwangsvollstreckungsmaßnahme,* wie etwa die Pfändung. Die Einstellung und Aufhebung muss noch vom zuständigen Vollstreckungsorgan durchgeführt werden (§§ 775 Nr. 1, 776).

Von großer Bedeutung sind auch bei der Drittwiderspruchsklage *vorläufige Anordnungen,* weil sonst das Urteil meistens zu spät käme. Sie sind möglich nach den §§ 771 Abs. 3, 769 (zur Haftung des Dritten, wenn sie sich als nachträglich ungerechtfertigt herausstellen, vgl. Rn. 536).

IV. Das Verhältnis zu anderen Rechtsbehelfen

Die Drittwiderspruchsklage und die Erinnerung (§ 766) können *nebeneinander* möglich sein. Ausgeschlossen sind vom Beginn der Zwangsvollstreckung bis zu ihrem Ende materiell-rechtliche Rechtsbehelfe (etwa die Unterlassungs- oder Feststellungsklage) mit Ausnahme der Zwischenfeststellungsklage hinsichtlich des die Veräußerung hindernden Rechts. So kann der Eigentümer einer rechtwidrig gepfändeten Sache für die Dauer der Zwangsvollstreckung in seinen Gegenstand keine Klage gestützt auf § 985 BGB erheben. Vielmehr muss er seine Rechte gem. § 771 geltend machen. 606

§ 75. Die Klage auf vorzugsweise Befriedigung

Literatur: *Brox/Walker,* Die Klage auf vorzugsweise Befriedigung, JA 1987, 57; *Staufenbiel/Meurer,* Drittwiderspruchsklage und Klage auf vorzugsweise Befriedigung, JA 2005, 796.

607 *Besitzlose Pfandrechte* an beweglichen Sachen geben *kein Widerspruchsrecht* nach § 771. Dies sind die Pfandrechte des Vermieters, Verpächters und des Gastwirts, oder auch vertragliche Pfandrechte, wenn der Gläubiger den Gewahrsam verloren hat. Diese Rechte dürfen in der Zwangsvollstreckung *nicht unberücksichtigt* bleiben, wenn sie nicht wertlos sein sollen. Diese Lücke schließt die *Klage auf vorzugsweise Befriedigung* (§ 805).

Sie kommt nur in Betracht, wenn *wegen einer Geldforderung* in die Sache vollstreckt wird (dies ergibt sich schon aus der Stellung im Gesetz). Nur bei deren Versteigerung kann eine vorzugsweise Befriedigung aus dem Erlös erfolgen. Bei einer Herausgabevollstreckung (§ 883), die zur Übergabe an den Vollstreckungsgläubiger führen würde, kann das Pfandrecht nach § 771 geltend gemacht werden.

Der Gläubiger kann mit der Klage aus § 805 erreichen, dass er aus dem Erlös seinem Rang gemäß befriedigt wird, also vor dem betreibenden Gläubiger, wenn sein Pfandrecht den besseren Rang hat. Zum Verfahren vgl. § 805 Abs. 2–4.

§ 75. Die Klage auf vorzugsweise Befriedigung

Übersicht: Verlauf einer Vollstreckung

(kein einheitliches Verfahren, sondern abhängig von Anspruch und Gegenstand; daher verschiedene Arten der Vollstreckung nebeneinander möglich)

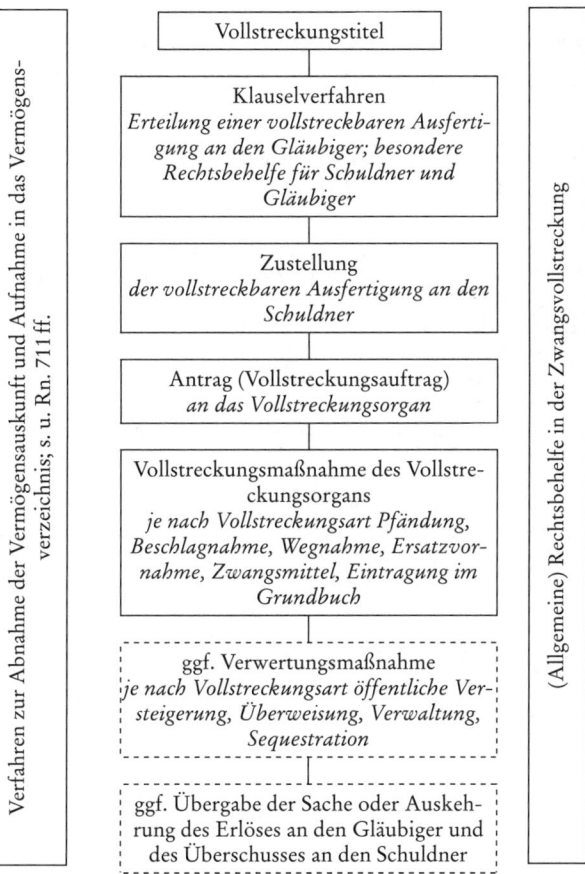

2. Abschnitt. Die einzelnen Arten der Zwangsvollstreckung

18. Kapitel. Die Zwangsvollstreckung wegen Geldforderungen in das bewegliche Vermögen

§ 76. Allgemeine Vorschriften: Pfändung, Verstrickung und Pfändungspfandrecht

Literatur: *A. Blomeyer*, Zur Lehre vom Pfändungspfandrecht, FS von Lübtow, 1970, 803; *Böhm*, Ungerechtfertigte Zwangsvollstreckung und materiell-rechtliche Ausgleichsansprüche, 1971 (dazu *Gaul*, AcP 173, 323); *Gaul*, Rechtsverwirklichung durch Zwangsvollstreckung aus rechtsgrundsätzlicher und rechtsdogmatischer Sicht, ZZP 112, 135; *Geib*, Die Pfandverstrickung, 1969 (dazu *Gaul*, FamRZ 1972, 533); *Günther*, Abermals: Mobiliarzwangsvollstreckung in schuldnerfremde Sachen und Bereicherungsausgleich, AcP 178, 456; *Häde*, Die Behandlung von Geldzeichen in Zwangsvollstreckung und Konkurs, KTS 1991, 365; *Henckel*, Prozeßrecht und materielles Recht, 1970, 309ff.; *Kuchinke*, Pfändungspfandrecht und Verwertungsrecht bei der Mobiliarzwangsvollstreckung, JZ 1958, 198; *Lent*, Öffentlichrechtliche Gestaltung des Zwangsvollstreckungsrechts, ZAkDR 1937, 329; *Lipp*, Das Pfändungspfandrecht, JuS 1988, 119; *G. Lüke*, Der Inhalt des Pfändungspfandrechts, JZ 1955, 484; *ders.*, Die Rechtsnatur des Pfändungspfandrechts, JZ 1957, 239; *Marotzke*, Öffentlichrechtliche Verwertungsmacht und Grundgesetz, NJW 1978, 133; *Martin*, Pfändungspfandrecht und Widerspruchsklage im Verteilungsverfahren, 1963 (dazu *Münzberg*, ZZP 78, 287; *Pieper*, AcP 166, 532); *Schlosser*, Vollstreckungsrechtliches Prioritätsprinzip und verfassungsrechtlicher Gleichheitssatz, ZZP 97, 121; *K. Schmidt*, Pfandrechtsfragen bei erlaubtem und unerlaubtem Eingriff der Mobiliarvollstreckung in fremde Rechte, JuS 1970, 545.

I. Die Pfändung

608 Bei der Vollstreckung von *Geldforderungen* muss man davon ausgehen, dass der Gläubiger nur eine *Geldzahlung* beanspruchen kann. Wenn nicht ausnahmsweise Geld beim Schuldner vorhanden ist, müssen deshalb *andere Vermögensgegenstände* des Schuldners *verwertet*, d.h. zu Geld gemacht werden. Diese Verwertung beginnt sowohl bei beweglichen Sachen als auch bei For-

§ 76. Allgemeine Vorschriften

derungen und sonstigen Vermögensrechten mit der *Pfändung* (§ 803 Abs. 1 S. 1). Die Pfändung ist ein *staatlicher Hoheitsakt* des Vollstreckungsorgans (des Gerichtsvollziehers oder des Vollstreckungsgerichts), der zur *Beschlagnahme* des gepfändeten Gegenstandes führt. Die Pfändung hat *zwei Wirkungen.* Einmal die sog. *Verstrickung* des beschlagnahmten Gegenstandes. Das bedeutet, dass der Gegenstand der Verfügungsmacht des Schuldners entzogen und für die Befriedigung des Gläubigers sichergestellt wird. Die Verstrickung wird strafrechtlich geschützt (§ 136 StGB). Zivilrechtlich begründet sie ein *relatives Veräußerungsverbot,* der Schuldner kann über den Gegenstand nicht mehr mit Wirkung gegenüber dem Gläubiger verfügen (§§ 136, 135 BGB).

Die *zweite Wirkung* der Pfändung ist die Entstehung des *Pfändungspfandrechts* (§ 804 Abs. 1). Dieses entsteht sowohl bei der Pfändung beweglicher Sachen als auch bei der Pfändung von Forderungen und sonstigen Vermögensrechten.

Die Pfändung ist nur bei offenkundiger Verletzung wesentlicher Verfahrensvorschriften nichtig (hierzu gehören etwa das Fehlen eines Titels, sowie die absolute funktionelle Unzuständigkeit des tätigen Vollstreckungsorgans, MünchKomm/*Gruber* § 803 Rn. 34). Weniger schwere Fehler führen dagegen nur zur Anfechtbarkeit der Pfändung.

II. Die Verstrickung

Sie setzt voraus, dass die *Pfändung als Vollstreckungsakt wirksam,* wenn auch möglicherweise anfechtbar ist. Dies ist nicht der Fall, wenn der Titel fehlt, ein funktionell unzuständiges Organ gehandelt hat oder bei der Pfändung die notwendigen Formen nicht eingehalten worden sind (Rn. 574 ff.). *Ohne Einfluss auf die Wirksamkeit der Pfändung und damit auf die Entstehung der Verstrickung ist es, wenn der vollstreckbare Anspruch nicht besteht* (vgl. § 767) oder wenn *die gepfändete Sache nicht zum Vermögen des Schuldners gehört.* Deshalb kann der Gläubiger auch wirksam *seine eigene Sache* pfänden lassen, etwa bei einem Verkauf unter Eigentumsvorbehalt. Selbst wenn der *Titel* nicht vorher oder gleichzeitig *zugestellt* wird, die Voraussetzungen für den Beginn der Zwangsvollstreckung also fehlen, ist die Pfändung wirksam und die Verstrickung tritt ein (s. o. Rn. 608). Dasselbe gilt, wenn

609

ein nach den *Schuldnerschutzvorschriften unpfändbarer Gegenstand* gepfändet worden ist. Die Verstrickung setzt sich am Erlös fort und *endet* mit der *Beendigung* der Verwertung, d. h. mit der Aushändigung des Erlöses an den Gläubiger oder durch die Aufhebung der Pfändung durch das zuständige Vollstreckungsorgan (sog. *Entstrickung;* s. Münch-Komm/*Gruber* § 803 Rn. 40ff.).

III. Das Pfändungspfandrecht

Fall 1: Gl. 1 pfändet am 1. März, Gl. 2 am 15. März eine im Gewahrsam des Schuldners befindliche Musikanlage. Diese steht noch im Vorbehaltseigentum des D. Den Gläubigern ist dies unbekannt. Als Gl. 1 davon erfährt, zahlt er die letzten zwei Raten an D. Welchen Rang haben die Pfändungspfandrechte von Gl. 1 und Gl. 2?

Fall 2: Gl. 1 und Gl. 2 haben vollstreckbare Titel gegen den Schuldner S. Mehrere Vollstreckungsversuche sind ohne Ergebnis geblieben. Eines Tages erfahren die Gläubiger, dass S einige wertvolle Möbel geerbt hat und diese in seine Wohnung gebracht worden sind. Beide bemühen sich unabhängig voneinander um eine Pfändung dieser Möbel. Sie wenden sich an den örtlich zuständigen Gerichtsvollzieher, können diesen aber nicht erreichen. Gl. 1 gelingt es, einen örtlich nicht zuständigen Gerichtsvollzieher zu überreden, die Pfändung der Möbel gleichwohl vorzunehmen. Kurze Zeit danach pfändet der örtlich zuständige Gerichtsvollzieher für Gl. 2. Welcher Gläubiger hat das rangbessere Pfändungspfandrecht?

610 Das *Pfändungspfandrecht* (§ 804 Abs. 1) gewährt dem Gläubiger im Verhältnis zu anderen Gläubigern dieselben Rechte wie ein *durch Vertrag erworbenes Pfandrecht* (§ 804 Abs. 2 HS 1). Besonders wichtig ist, dass das durch eine frühere Pfändung begründete Pfandrecht demjenigen vorgeht, das durch eine spätere Pfändung begründet wird (§ 804 Abs. 3), sog. *Prioritäts-* oder *Präventionsprinzip.* Die Reihenfolge der Pfändungen bestimmt also die *Rangfolge,* in der die Gläubiger befriedigt werden, wenn dieselbe Sache gepfändet wurde. Dies ist vor allem dann von Bedeutung, wenn der Erlös nicht zur Befriedigung aller ausreicht. Gegen diese gesetzliche Regelung werden verfassungsrechtliche Bedenken (Verletzung des Gleichheitssatzes) erhoben (vgl. dazu *Schlosser,* ZZP 97, 121).

611 Über die *Rechtsnatur dieses Pfändungspfandrechts* und damit auch über die *Voraussetzungen für seine Entstehung* sind die Auffassungen bis heute geteilt.

Eine *rein privatrechtliche Ansicht* ist aufgegeben worden. Sie hatte das Pfändungspfandrecht als privatrechtliches Recht angesehen und an die Entstehungsvoraussetzungen des materiellen Rechts binden wollen. Das hätte zur Folge, dass bei Nichtbestehen des vollstreckbaren Anspruchs kein Pfändungspfandrecht entstehen könnte, weil es nach dem materiellen Recht akzessorisch ist. Außerdem könnte es nicht an Sachen eines Dritten entstehen, weil ein gutgläubiger Erwerb (gem. § 1207 BGB) in der Vollstreckung nicht möglich ist. Die Verwertung war als Verwirklichung des materiell-rechtlichen Pfändungspfandrechts gedacht und deshalb in ihrer Wirksamkeit von dessen Bestand abhängig.

Diese privatrechtliche Deutung von Pfändung und Verwertung wurde im Anschluss an *Stein* (Grundfragen der Zwangsvollstreckung, 1913, 24 ff.) aufgegeben und durch die sog. *gemischte privat-öffentlich-rechtliche Theorie* ersetzt, die heute noch *herrschend* ist (*Gaul*, Rpfleger 1971, 4; *Baur/Stürner/Bruns* Rn. 27.10; *Gaul/Schilken/Becker-Eberhard* § 50 III 3 a; MünchKomm/*Gruber* § 804 Rn. 11; RGZ 156, 398; BGHZ 20, 101; 56, 351). Danach ist das Pfändungspfandrecht zwar ein *privatrechtliches Recht* und an die Entstehungsvoraussetzungen des *materiellen Rechts* (Bestehen der Forderung und Eigentum des Schuldners) gebunden. Außerdem müssen die *Regeln des Vollstreckungsrechts* außer bloßen Ordnungsvorschriften eingehalten sein. Die *Verwertung* wird aber *nicht als die Verwirklichung dieses Pfandrechts* gesehen. Ihre *Grundlage* soll vielmehr die *Verstrickung* sein. Damit wird die *Verwertung* von einem *staatlichen Hoheitsakt* abhängig gemacht und dem Charakter der Zwangsvollstreckung als *Ausübung staatlicher Zwangsgewalt* Rechnung getragen. Nach dieser Auffassung entsteht beim Fehlen des vollstreckbaren Anspruchs und bei Pfändung schuldnerfremder Sachen ebenfalls *kein Pfändungspfandrecht*. Dies hindert nicht, dass die *Verstrickung wirksam* ist und Grundlage für die Verwertung sein kann. Damit ist sichergestellt, dass die Wirksamkeit der Vollstreckung *nur von den Voraussetzungen des Vollstreckungsrechts abhängig* ist.

Die rein *öffentlich-rechtliche Theorie* stimmt insoweit mit der alten privatrechtlichen Theorie überein, als sie das *Pfändungspfandrecht* als die *Grundlage der Verwertung* ansieht. Sie sieht es aber als *öffentlich-rechtliches Recht* an, das in seiner Entstehung *nur von einer wirksamen Verstrickung* abhängig ist, nicht aber von den materiell-rechtlichen Voraussetzungen eines Pfandrechts. Bei *Fehlen* des vollstreckbaren Anspruchs und bei Pfändung schuldnerfremder Sachen entsteht nach dieser Auffassung ein *Pfändungspfandrecht,* wenn nur die *Verstrickung wirksam* ist

(*B/L/A/H* Übers § 803 Rn. 8, § 804 Rn. 5; *G. Lüke*, JZ 1955, 484 und JZ 1957, 239; *Martin*, Pfändungspfandrecht und Widerspruchsklage im Verteilungsverfahren, 1963, 96 ff.; Stein/Jonas/ *Münzberg* vor § 704 Rn. 128 und § 804 Rn. 7 ff.).
Die beiden Auffassungen können zu *verschiedenen Ergebnissen* führen.

Nach der gemischten privat-öffentlich-rechtlichen Theorie entsteht in **Fall 1** zunächst aus keiner Pfändung ein Pfändungspfandrecht, weil im Zeitpunkt der Pfändung die Sache noch nicht dem Schuldner gehört hat. Erst wenn dieser das Eigentum erwirbt, entstehen die Pfändungspfandrechte, und zwar in demselben Zeitpunkt und deshalb mit demselben Rang. Dass Gl. 1 den Eigentumserwerb herbeigeführt hat, kann dabei nicht berücksichtigt werden. Nach der öffentlich-rechtlichen Theorie entstehen die Pfändungspfandrechte im Zeitpunkt der jeweiligen Pfändung, da die Verstrickung jedenfalls wirksam ist. Dasselbe Ergebnis wollen *K. Schmidt* (ZZP 87, 322) und *Blomeyer* (*II* § 71 IV 4 c) mit Hilfe des § 185 Abs. 2 S. 2 BGB erzielen.

In **Fall 2** ist bei dem Verstoß gegen die örtliche Zuständigkeit mehr verletzt worden als eine bloße Ordnungsvorschrift. Nach der h. M. entsteht also kein Pfändungspfandrecht aus der ersten Pfändung, wohl aber nach der öffentlichrechtlichen Auffassung, weil trotz des Verstoßes die Verstrickung jedenfalls wirksam ist.

Schon die wenigen Beispiele zeigen, dass es schwierig ist, die Entscheidung für die beiden heute noch vertretenen Auffassungen von den *Ergebnissen im Einzelfall* abhängig zu machen.

In **Fall 1** führt die öffentlich-rechtliche Theorie zu einem überzeugenden Ergebnis, in **Fall 2** die h. M., weil auf den ersten Blick schwer einzusehen ist, warum der Gläubiger bevorzugt werden soll, der sich über die Regeln der örtlichen Zuständigkeit hinweggesetzt hat.

Die Schwäche der h. M. ist die *Rechtsunsicherheit*, die sich daraus ergibt, dass trotz wirksamer Pfändung ein Pfändungspfandrecht nicht oder noch nicht entstanden ist. Diese Unsicherheit wird beträchtlich vergrößert durch die Schwierigkeit, *Ordnungsvorschriften,* deren Verletzung die Entstehung eines Pfändungspfandrechts nicht hindert, *von den Vorschriften abzugrenzen, die nicht verletzt sein dürfen.* Deshalb bedarf die h. M., wenn man sich ihr anschließen will, der Korrektur, dass diese Unterscheidung zwischen bloßen Ordnungsvorschriften und anderen Vorschriften aufgegeben wird; das Pfändungspfandrecht muss entstehen, wenn die Verstrickung eingetreten ist (Rn. 575).

Als *Unterschied* zur öffentlich-rechtlichen Auffassung bleibt freilich, dass die h. M. auch nach ihrer Korrektur an dem Vorliegen der materiell-rechtlichen Voraussetzungen für das Entstehen des Pfändungspfandrechts festhält. Das wirkt sich bei den *Rangfragen* aus (**Fall 1**) und außerdem bei dem *Ausgleich nach Beendigung der Zwangsvollstreckung*. Ist die Sache eines Dritten gepfändet, versteigert und der Erlös dem Gläubiger ausgehändigt worden, so hat der Dritte einen Bereicherungsanspruch gegen den Gläubiger (§ 812 BGB; BGHZ 100, 95, 99 = JZ 1987, 777 m. Anm. *Brehm*; ausführlich zu dieser Entscheidung: *Krüger,* JuS 1989, 182). Der *rechtliche Grund,* d. h. das *Pfändungspfandrecht,* hat an der schuldnerfremden Sache nicht bestanden. Die öffentlich-rechtliche Theorie kommt zu *demselben Ergebnis,* wenn auch mit *anderer Begründung.* Sie bejaht zwar das Vorliegen des Pfändungspfandrechts in diesen Fällen, nimmt aber an, dass dieses für die Frage des rechtlichen Grundes *keine Bedeutung* habe. *Rechtsgrund* i. S. v. § 812 BGB sei vielmehr die *materiell-rechtliche Forderung,* die dem Dritten gegenüber nicht besteht (vgl. *G. Lüke,* AcP 153, 537; Stein/Jonas/*Münzberg* § 804 Rn. 22 ff.). Dass das Pfändungspfandrecht dem Gläubiger nicht das Recht gibt, den Erlös behalten zu dürfen, wird gegen die öffentlich-rechtliche Theorie als einer der Haupteinwände vorgebracht (*Jauernig/Berger* § 16 Rn. 19; *Baur/Stürner/Bruns* Rn. 27.8; *Gaul/Schilken/Becker-Eberhard* § 50 III 3 a bb).

Die Annahme eines privatrechtlichen Pfändungspfandrechts ist ein *Fremdkörper* in der heute zutreffend als *öffentlich-rechtlicher Vorgang* gewerteten Zwangsvollstreckung. Die neueren Vollstreckungsgesetze (ZVG, InsO) kommen ohne ein besonderes Pfandrecht aus. Die öffentlich-rechtliche Theorie zieht die Konsequenz aus dieser gewandelten Sicht der Zwangsvollstreckung. Die Bedeutung des Pfändungspfandrechts beschränkt sich danach auf die *Vollstreckung,* also auf die *Verwertungsbefugnis* und die *Rangfragen,* für die sich *aus dem materiellen Recht keine Lösung* ergibt. Es ist deshalb nur konsequent, wenn für die Zeit danach und damit auch für die Frage des Behaltendürfens wieder das materielle Recht entscheidet, also die Forderung maßgebend für die Anwendung des § 812 BGB ist. Wenn man ein öffentlich-rechtliches Pfandrecht annimmt, kann sich dieses von dem materiell-rechtlichen Pfandrecht dadurch unterscheiden, dass es eben *kein Recht* auf das Behaltendürfen des Erlöses gibt (a. A. *Jauernig/Berger* a. a. O.). Diese Überlegungen sprechen für die öffentlich-rechtliche Theorie, die außerdem der Rechtssicherheit am besten Rechnung trägt.

IV. Die Versicherung an Eides statt

Literatur: *Bardohl,* Eidesstattliche Versicherung, Zusatzfragen und Nachbesserung, KTS 1998, 191; *Goebel,* Gläubigerfragen zur Erweiterung und Nachbesserung des Vermögensverzeichnisses, DGVZ 2001, 49; *Hascher,* Die Pflicht zur Abgabe der eidesstattlichen Versicherung nach § 807 Abs. 1 Nr. 4 ZPO, DGVZ 2001, 105; *Schilken,* Gedanken zu Anwendungsbereich und Reform des § 807 ZPO, DGVZ 1991, 97; *Stöber,* Vermögensverzeichnis und Fragerecht des Gläubigers, Rpfleger 1994, 321.

612 Es liegt nahe, dass Schuldner versuchen, ihre *Vermögenslage zu verschleiern.* Soweit sie Vermögensgegenstände Dritten übertragen, kann der Gläubiger dagegen nach dem Anfechtungsgesetz (AnfG) vorgehen. Dies setzt aber Kenntnis darüber voraus, wo die Gegenstände geblieben sind. Das Gesetz sieht deshalb vor, dass der Schuldner nach Erteilung eines Auftrags des Gläubigers nach § 900 Abs. 1 (§ 802 c n. F.) ein *Vermögensverzeichnis* vorzulegen hat (§ 807 Abs. 1; der Gläubiger kann Nachbesserung verlangen, wenn er glaubhaft macht, dass der Schuldner unzutreffende Angaben gemacht hat, *BGH* NJW-RR 2011, 667). Voraussetzung ist entweder, dass die Pfändung nicht zu einer vollständigen Befriedigung des Gläubigers geführt hat oder die seitens des Gläubigers glaubhaft gemachte Feststellung, durch die Pfändung keine vollständige Befriedigung erlangen zu können, ebenso der Umstand, dass der Schuldner die Durchsuchung verweigert (§ 758) oder dass der Gerichtsvollzieher den Schuldner trotz vorheriger Ankündigung ohne glaubhafte Entschuldigung wiederholt in seiner Wohnung nicht angetroffen hat (§ 807 Abs. 1 n. F.). Der Schuldner hat an Eides statt zu versichern, dass er seine Angaben nach bestem Wissen und Gewissen und vollständig gemacht habe (§ 807 Abs. 3). Das Verfahren ist in den §§ 899 ff. (§§ 802 e ff. n. F.) geregelt und heute der Zuständigkeit des Gerichtsvollziehers unterstellt (Rn. 711 ff.). Die Abgabe der Versicherung kann gegebenenfalls durch Haft erzwungen werden (Rn. 713; dazu *Morgenstern,* NJW 1979, 2277). Ab 1. 1. 2013 gelten gem. § 807 Abs. 1 n. F. für die Vermögensauskunft nach einem Pfändungsversuch die §§ 802 c ff. Die Vorschrift des § 802 c Abs. 3 n. F. sieht ebenfalls eine Versicherung an Eides statt vor.

Von der Pflicht aus § 807 muss die sich aus dem materiellen Recht ergebende Pflicht zur Versicherung an Eides statt unterschieden werden (§§ 259, 260, 2028, 2057 BGB). Diese wird nach den §§ 889, 888 vollstreckt.

§ 77. Die Zwangsvollstreckung in bewegliche Sachen

Literatur: *Geißler*, Das Anwartschaftsrecht des Vorbehaltskäufers mit seinen Berührungspunkten zur Mobiliarvollstreckung, DGVZ 1990, 81; *ders.*, Probleme der Leistungsgefahr in der Mobiliarvollstreckung, DGVZ 1991, 166; *Helwich*, Ratenzahlungsvereinbarung bei Gläubigermehrheit, DGVZ 2000, 105; *Kleffner*, Zur Zulässigkeit des Verzichts auf den Pfändungsschutz des § 811 ZPO, DGVZ 1991, 108; *Knoche*, Materieller Drittschutz im Mobiliarzwangsvollstreckungsrecht, ZZP 114, 399; *G. Lüke/Beck*, Grundgesetz und Unpfändbarkeit eines Farbfernsehgerätes, JuS 1994, 22; *Münzberg*, Die Pfändung unter Eigentumsvorbehalt verkaufter Sachen durch den Verkäufer nach § 811 Abs. 2 ZPO, DGVZ 1998, 81; *Pauly*, Prozessuale und materielle Probleme bei der Grabsteinpfändung, JuS 1996, 682; *Pawlowski*, Die rechtlichen Grundlagen der ratenweisen Vollstreckung, DGVZ 1991, 177; *Schmid*, Selbstmordgefahr und Verhinderung der Zwangsvollstreckung, WM 2010, 2108; *Wiesner*, Zur Pfändung von Gartenzwergen, NJW 1990, 1971; *Zwecker*, Rangverhältnisse der Pfändungspfandrechte bei Anschlußpfändung in eine schuldnerfremde Sache, JA 2000, 933.

I. Die Pfändung

1. Die körperlichen Sachen

Die ZPO hat die Pfändung *körperlicher Sachen* anders geregelt als die von *Forderungen und Rechten*. Was als körperliche Sache in Betracht kommt, ergibt sich aus dem BGB. Die ZPO enthält eine *Sonderregelung* in § 810 zur Pfändung beweglicher und unbeweglicher Sachen. Wegen der wirtschaftlichen Bedeutung der Ernte können *Früchte auf dem Halm* wie bewegliche Sachen gepfändet werden, obwohl sie noch wesentliche Bestandteile des Grundstücks sind (zur fehlerhaften [Mobiliar-]Vollstreckung in wesentliche Bestandteile des Grundstücks: *BGH* NJW 1988, 2789; hierzu krit. *Gaul*, NJW 1989, 2509). Auf der anderen Seite kann das *Zubehör bei Grundstücken* nicht gepfändet werden, sondern unterliegt der Immobiliarvollstreckung (§ 865 Abs. 2 S. 1; damit soll die wirtschaftliche Einheit des Grundstücks gewahrt bleiben).

Wertpapiere im engeren Sinne (das Recht aus dem Papier folgt dem Recht am Papier) werden als bewegliche Sachen gepfändet (§§ 821, 831; hierzu *Viertelhausen*, DGVZ 2000, 129). Bei *Legitimationspapieren*, die für den Bestand des Rechts selbst ohne Be-

613

deutung sind (etwa ein Sparkassenbuch), erfolgt eine sog. *Hilfsvollstreckung,* d. h. gepfändet wird die Forderung (§§ 828 ff.), und daneben erfolgt die Wegnahme der Papiere durch den Gerichtsvollzieher (§ 836 Abs. 3, vgl. *Gaul,* JZ 1973, 480; *AG Bremen* Jur-Büro 1998, 605; *AG Frankfurt/Main* DGVZ 1991, 191; *Röder,* DGVZ 1998, 86).

2. Die Erweiterung und Beschränkung des Kreises der Vollstreckungsobjekte bei beweglichen Sachen; der Schuldner- und Gläubigerschutz

a) Der Schuldnerschutz

614 Auf das Problem einer *gerechten Abwägung* von Gläubiger- und Schuldnerinteressen wurde bereits hingewiesen (Rn. 508). Der Kreis der Vollstreckungsobjekte muss, um den Schuldner zu schützen und ihm das Lebensnotwendige zu sichern, beschränkt werden. Auf der anderen Seite muss um des Gläubigers willen der Kreis der Vollstreckungsobjekte in bestimmten Fällen erweitert werden: wenn der Schuldner versucht hat, bestimmte Vermögensgegenstände der Vollstreckung zu entziehen.

Der Schuldner wird geschützt durch das *Verbot der Überpfändung* (§ 803 Abs. 1 S. 2) und das der *zwecklosen Pfändung* (§ 803 Abs. 2). Sinnlose Pfändungen soll auch § 812 verhindern. Die *wichtigste Schuldnerschutzvorschrift* bei beweglichen Sachen ist jedoch § 811. Danach soll dem Schuldner die Erhaltung seiner *wirtschaftlichen Existenz* und einer *bescheidenen Lebensführung* gesichert werden.

Die *Unpfändbarkeit* nach § 811 gilt nur, wenn die Zwangsvollstreckung *wegen einer Geldforderung* erfolgt. Bei einer *Herausgabevollstreckung* ist § 811 *unanwendbar.* Unerheblich für die Anwendung des § 811 ist, ob der Schuldner *Eigentümer* der Sache ist; entscheidend ist der *Gebrauchswert* der Sachen für den Schuldner. Der Bundesgerichtshof wendet teilweise den Schutz auch auf den Ehepartner des Schuldners an (Unpfändbarkeit der Gegenstände des Schuldners, die sein Ehegatte zur Fortsetzung einer Erwerbstätigkeit benötigt, § 811 Abs. 1 Nr. 5; *BGH* NJW-RR 2010, 642).

615 Der Gerichtsvollzieher hat die Schuldnerschutzvorschriften *von Amts wegen* zu beachten. Der Schutz des Schuldners kann nicht von seinen eigenen Rechtskenntnissen abhängen. Außerdem

§ 77. Zwangsvollstreckung in bewegliche Sachen 545

liegt die Einhaltung dieser Vorschriften auch im *öffentlichen Interesse*. Wenn der Gerichtsvollzieher gegen die Schuldnerschutzvorschriften verstößt, ist die *Pfändung aber wirksam*. Der Schuldner kann sie mit der *Erinnerung* angreifen (§ 766). Wenn er dies unterlässt, ist auch die *Verwertung wirksam*. Vor der Pfändung kann der Schuldner nicht auf den Schutz des § 811 verzichten (Rn. 578), wohl aber *bei* oder *nach der Pfändung:* Der Schuldner wird durch § 811 auch nicht an einer rechtsgeschäftlichen Verfügung gehindert. Voraussetzung ist aber Kenntnis der Rechtslage (*B/L/A/H* § 811 Rn. 5).

Zweifelhaft ist die Rechtslage, wenn der Gläubiger eine *eigene Sache* pfändet. Praktisch wird das Problem in den Fällen des *Vorbehalts-* und des *Sicherungseigentums,* wenn sich der Gläubiger von einer Versteigerung durch den Gerichtsvollzieher mehr verspricht als von einer Rücknahme der Sache und ihrer anschließenden Verwertung. Grundsätzlich ist die Pfändung eigener Sachen des Gläubigers *möglich. Die Pfändung ist wirksam, die Verstrickung ist eingetreten.* Nach h. M. kann zwar *kein Pfändungspfandrecht* entstehen (anders nach der öffentlich-rechtlichen Theorie), dies hindert aber nicht die Wirksamkeit der Verwertung, weil diese aufgrund der Verstrickung erfolgt. Grundsätzlich sind bei der Anwendung des § 811 die *Eigentumsverhältnisse unbeachtlich.* Danach könnte der Gläubiger eine eigene Sache nicht pfänden, wenn die Voraussetzungen des § 811 vorliegen. Auf der anderen Seite gilt der Schuldnerschutz des § 811 *nicht bei der Herausgabevollstreckung* (§ 883). Wenn also der Gläubiger seinen Herausgabeanspruch (aus Eigentum oder aus Vertrag) vollstrecken würde, wäre § 811 unanwendbar. Es wird deshalb die Auffassung vertreten, dass der Schuldner durch die *Berufung auf § 811* jedenfalls dann *arglistig* handele, wenn das Eigentum des Gläubigers *unbestritten* oder *offenkundig* sei (*OLG München* MDR 1971, 580; *B/L/A/H* § 811 Rn. 6). Diese Auffassung bedeutet im Ergebnis, dass der Schuldner durch die Vereinbarung von Vorbehalts- oder Sicherungseigentum doch von vornherein auf den Schutz des § 811 verzichten kann, wodurch dieser nicht unwesentlich beeinträchtigt werden kann (*Jauernig/Berger* § 32 Rn. 8 ff.; Stein/Jonas/*Münzberg* § 811 Rn. 13 ff.). Hinzu kommt, dass der Gerichtsvollzieher über das Eigentum des Gläubigers entscheiden müsste, eine Prüfung, mit der er überfordert ist. Wenn die Frage durch eine Erinnerung an das Vollstreckungsgericht kommt, müsste dieses, falls das Eigentum bestritten wird, darüber entscheiden; die Abgrenzung zu den Fällen der Offenkundigkeit dürfte schwierig sein. Alles dies spricht dafür, dem Gläubiger *die Berufung auf sein Eigentum zu versagen,* wenn er die Geldvollstreckung betreibt (s. auch *Gaul/Schilken/Becker-Eberhard* § 52 III 2). Wenn er die Anwendung des § 811 vermeiden will, so ist die Herausgabevollstreckung der dafür geeignete Weg.

§ 811 Abs. 2 lässt diesen Streitpunkt teilweise entfallen. Die Vorschrift erlaubt es dem *Vorbehaltsverkäufer,* auch wegen seiner Geldforderung in an sich unpfändbare Gegenstände zu vollstrecken, wenn er nachweist, dass der zu

616

pfändende Gegenstand von ihm an den Vollstreckungsschuldner unter Eigentumsvorbehalt geleistet wurde. Der Verkäufer wird insoweit nicht auf den Herausgabetitel verwiesen werden können, für den die Beschränkungen des § 811 nicht gelten. Die Vorschrift, die eine Durchbrechung des Grundsatzes darstellt, dass es für den Vollstreckungsschutz auf die Eigentumslage nicht ankommt, bleibt jedoch auf die Unpfändbarkeit nach § 811 Abs. 1 Nr. 1, 4, 5 bis 7 beschränkt. Mittelbar bestätigt sie den hier zu dem Problem eingenommenen Standpunkt.

617 § 811 stellt nicht auf den *Geldwert* der pfändbaren Sachen ab, sondern auf ihren *Gebrauchswert*. Das kann dazu führen, dass eine sehr wertvolle Sache unpfändbar ist (eine hochwertige Musikanlage mit Radio, eine goldene Uhr etc.). Das Gesetz ermöglicht dem Gläubiger in den Fällen des § 811 Abs. 1 Nr. 1, 5 u. 6 die sog. *Austauschpfändung* (§ 811a). Das Vollstreckungsgericht kann dem Gläubiger auf Antrag gestatten, dem Schuldner für eine wertvolle, an sich unpfändbare Sache ein *Ersatzstück* oder den dafür erforderlichen *Geldbetrag* zur Verfügung zu stellen (daran erwirbt der Schuldner dann Eigentum nach den §§ 929 ff. BGB).

Voraussetzung ist, dass die Austauschpfändung angemessen ist. Dies ist vor allem dann der Fall, wenn zu erwarten ist, dass der Vollstreckungserlös den Wert des Ersatzstückes erheblich übersteigen wird (§ 811a Abs. 2). Diese Überlegung wird zweckmäßigerweise auch der Gläubiger anstellen, bevor er den Antrag nach § 811a stellt. Die Ersatzsache oder der Geldbetrag wird unpfändbar, die vorher unpfändbare Sache kann dann auf normale Weise gepfändet und verwertet werden (zur vorläufigen Austauschpfändung vgl. § 811b, zur Vorwegpfändung § 811d).

Tiere, die im häuslichen Bereich und nicht zu Erwerbszwecken gehalten werden, sind grundsätzlich unpfändbar (§ 811c). Ausnahmsweise kann die Vollstreckung bei Tieren von hohem Wert unter bestimmten Voraussetzungen zugelassen werden. Dabei spielen auch tierschützerische Belange eine Rolle. Diese können ebenfalls einen Vollstreckungsschutz gem. § 765a Abs. 1 S. 2 begründen.

618 Die Verwertung gepfändeter Sachen bringt vielfach unbefriedigende Ergebnisse, sie führt zu Verlusten beim Schuldner und hilft dem Gläubiger entsprechend wenig. Deshalb sieht das Gesetz die Möglichkeit zu einem *Verwertungsaufschub* durch den Gerichtsvollzieher unter Verpflichtung des Schuldners zur Zahlung des für die Befriedigung des Gläubigers und die Begleichung der Zwangsvollstreckungskosten geschuldeten Betrages innerhalb eines Jahres vor. Der Gerichtsvollzieher kann Raten nach Höhe und Zeitpunkt festsetzen (§ 813a; 802b Abs. 2 n.F.; allg. dazu *Schwörer*, DGVZ 2011, 77). Dies erfordert, dass der Gläubiger gegen eine Leistung in Teilbeträgen keine Einwände hat (§ 806 b; § 802 b Abs. 2 und 3 n. F.). Für den Fall, dass der Schuldner nicht zahlen sollte, kann der Gerichtsvollzieher einen Verwertungstermin bestimmen, der nach dem nächsten Zahlungstermin liegt bzw. einen bereits bestimmten Termin auf diesen Zeitpunkt verlegen. Demselben Ziel einer effizienteren Vollstreckung dient es, wenn § 813 b es dem Vollstreckungsgericht erlaubt, die Verwertung unter gleichzeitiger Anordnung von Zahlungsfristen *auszusetzen* (s. aber § 802 b Abs. 2 S. 2 n. F.: „ist die Vollstreckung aufgehoben"). Die Pfändung und damit der Rang des Pfändungspfandrechts des Gläubigers bleiben dabei gewahrt. Voraussetzung ist ein Antrag des Schuldners (§ 813 b Abs. 2; vgl. § 802 b Abs. 2 S. 1 n. F.). Außerdem muss die Anordnung nach der *Persönlichkeit des Schuldners* (er muss vertrauenswürdig sein) und seinen *wirtschaftlichen Verhältnissen* sowie nach der Art der Schuld angemessen erscheinen (ähnlich § 802 b Abs. 2 S. 1 n. F.). Die *Belange des Gläubigers* sind ebenfalls zu berücksichtigen (§ 813 b Abs. 1). Anordnungen dieser Art können abgeändert und aufgehoben werden (§ 813 b Abs. 3). Die künftige Regelung des § 802 b Abs. 2 und 3 n. F. (der die Fälle von §§ 813 a und b erfasst) stellt nicht mehr auf die Belange des Gläubigers ab.

Eine *allgemeine Härteklausel* zum Schutz des Schuldners, die auch im Insolvenz- (*BGH* JuS 2009, 766 [*K. Schmidt*]) oder Zwangsversteigerungsverfahren (*BGH* NJW-RR 2011, 421) Anwendung finden kann, enthält § 765 a (zum Schutz der Tiere gem. § 765 a Abs. 1 S. 3 s. o. Rn. 617). Ihre Anwendung ist an besonders strenge Voraussetzungen gebunden: Die Vollstreckung muss unter Würdigung des Schutzbedürfnisses des Gläubigers wegen ganz besonderer Umstände für den Schuldner eine Härte bedeuten, die mit den guten Sitten nicht vereinbar ist. Eine Einstellung auf unbestimmte Zeit kommt dabei nur in „absoluten" Ausnahmefällen in Betracht (*BVerfG* Rpfleger 2005, 614; s. auch *BGH* NJW 2008, 1000). Bei Suizidgefahr verlangt die Rechtsprechung (BVerfGE 52, 214, 219 ff.; *BVerfG* Rpfleger 2005, 614; *BGH* JZ 2005, 1111 m. Anm. *Walker*) eine besonders sorgfältige Ermittlung sowie Berücksichtigung der Schuldnerinteressen (zur Umsetzung, ggf. mittels Anordnung konkreter Betreuungs- oder Unterbringungsmaßnahmen *BGH* NJW 2008, 586; NJW-RR 2011, 300; *BVerfG* NJW-RR 2007, 228). In die Beurteilung sind dabei auch schwerwiegende gesundheitliche Risiken einzubeziehen, die aus dem

619

Wechsel der gewohnten Umgebung resultieren (*BGH* NJW 2009, 3440: hochbetagter Schuldner). Im Übrigen muss die drohende Selbsttötung nicht auf einem von Krankheit beeinflussten Willen beruhen (*BGH* NJW-RR 2011, 423). Die Anwendung dieser Grundsätze darf aber nicht dazu führen, dass Schuldner missbräuchlich die Vollstreckung verzögern oder verhindern (s. aber *BVerfG* NJW 2007, 2910 zur erstmaligen Geltendmachung der Suizidgefahr in der sofortigen Beschwerde gegen den Zuschlag in der Zwangsversteigerung). Jedoch soll eine vorläufige Einstellung der Zwangsvollstreckung auch dann zu erfolgen haben, wenn der Verdacht einer nur vorgespiegelten Suizidabsicht besteht (*BGH* NZM 2011, 166). In Zweifelsfällen darf nicht ohne medizinische Sachkunde entschieden werden (*BGH* NJW-RR 2011, 419)

b) Der Gläubigerschutz; die Anfechtbarkeit nach dem Anfechtungsgesetz

620   Wenn der Gläubiger erfahren hat (gegebenenfalls mit Hilfe der eidesstattlichen Versicherung), dass der Schuldner *Vermögensgegenstände* beiseite geschafft hat, kann er den *Herausgabeanspruch* gegen denjenigen *pfänden*, der den Besitz an der Sache hat. Hat der Schuldner *rechtsgeschäftliche Übertragungen* vorgenommen, kann der Gläubiger nach dem Anfechtungsgesetz (AnfG) vorgehen (dieses Gesetz gilt für Anfechtungen außerhalb der Insolvenz; die Insolvenzordnung hat eigene Anfechtungsvorschriften, §§ 129ff. InsO). Mit „Anfechtung" ist nach diesem Gesetz *nicht die Anfechtung des BGB* gemeint, vielmehr kann der Gläubiger verlangen, dass das, was aus dem Vermögen des Schuldners weggegeben worden ist, dem Vollstreckungszugriff des Gläubigers zur Verfügung steht (§ 11 Abs. 1 S. 1 AnfG). Ist die Sache noch unterscheidbar vorhanden, muss der Dritte dulden, dass der Gläubiger in die Sache vollstreckt. Andernfalls haftet er nach § 11 Abs. 1 S. 2 wie der bösgläubige Bereicherungsschuldner (wegen der Gegenleistung vgl. § 12 AnfG).

Anfechtungsberechtigt ist der Gläubiger, der einen Titel über eine fällige Geldforderung hat und der keine Befriedigung aus dem Vermögen des Schuldners erlangt hat oder vermutlich erlangen wird (§ 2 AnfG). Anfechtungsgegner ist der Empfänger der Leistung oder sein Erbe (§ 15 AnfG). Voraussetzung für die Anfechtung ist, dass der Gläubiger durch eine Rechtshandlung des Schuldners benachteiligt wird. Rechtshandlungen sind in erster Linie Rechtsgeschäfte, darüber hinaus können aber alle Handlungen mit rechtlicher Wirkung in

Betracht kommen. Erforderlich ist weiter, dass einer der Anfechtungstatbestände vorliegt. Das Gesetz unterscheidet zwischen der sog. Absichtsanfechtung (§ 3 AnfG) und der Schenkungsanfechtung (§ 4 AnfG). Bei der *Schenkungsanfechtung* hat der Empfänger keine Gegenleistung erbracht und ist deshalb weniger schutzbedürftig als der Gläubiger. Die *Absichtsanfechtung* stützt sich auf den Gedanken, dass gegenüber dem Gläubiger eine Unredlichkeit begangen worden ist.

Die Geltendmachung der Anfechtung erfolgt i.d.R. durch Klage (vgl. § 13 AnfG). Sie kann aber auch einredeweise erfolgen (§ 9 AnfG, etwa im Rahmen einer Klage des Dritten aus § 771).

Ebenfalls dem Schutz des Gläubigers dient § 806a. Er regelt die Umstände, unter denen der Gerichtsvollzieher verpflichtet ist, die aus Anlass der Zwangsvollstreckung erhaltene Kenntnis von schuldnerischen Geldforderungen gegen Dritte an den Vollstreckungsgläubiger weiterzugeben. Darüber hinaus wird ein Fragerecht des Gerichtsvollziehers nach dem Arbeitgeber des Schuldners gegenüber Dritten, die zum Hausstand gehören, begründet (§ 806a Abs. 2).

3. Die Voraussetzungen der Pfändung

Der Gerichtsvollzieher prüft nicht die Eigentumsverhältnisse, ausreichend ist der *Gewahrsam des Schuldners* (§ 808 Abs. 1, d.h. der unmittelbare Besitz, der mit tatsächlicher Gewalt verbunden ist, § 854 BGB; gilt nicht für den Besitzdiener gem. § 855 BGB, solange er nicht erkennbar den Besitz selbst ausüben will, Münch-Komm/*Gruber* § 808 Rn. 7). Nur dann darf der Gerichtsvollzieher nicht pfänden, wenn das *Eigentum eines Dritten unzweifelhaft* ist, z.B. bei Kraftwagen in einer Reparaturwerkstatt (s. *B/L/A/H* § 808 Rn. 6). Bei *Ehegatten* und *Lebenspartnern* gilt die unwiderlegbare Vermutung, dass nur der Schuldner Eigentum und Besitz hat (§ 739). Der Gerichtsvollzieher kann also die in der gemeinsamen Wohnung befindlichen Sachen pfänden. Sachen, die sich im *Gewahrsam des Gläubigers* selbst befinden, können gepfändet werden. Ebenso zulässig ist die Pfändung bei *Gewahrsam eines Dritten*, wenn dieser die Wegnahme nicht bloß duldet, sondern zur Herausgabe zum Zwecke der Pfändung *und* Verwertung bereit ist (§ 809; vgl. *BGH* DGVZ 2004, 23 m. krit. Anm. *Paulus*; dazu auch *Deubner*, JuS 2004, 484, 488). Andernfalls muss der Herausgabeanspruch des Schuldners gegen den Dritten gepfändet werden.

Wenn gegen die §§ 808, 809 verstoßen wird, entsteht zwar die *Verstrickung*, nach h.M. aber *kein Pfändungspfandrecht* (Rn. 611).

4. Die Durchführung der Pfändung

622 Sie erfolgt durch *Inbesitznahme* durch den Gerichtsvollzieher (§ 808 Abs. 1). Geld, Kostbarkeiten und Wertpapiere hat er wegzunehmen, weil bei diesen Sachen die Gefahr besonders groß ist, dass der Schuldner sie beiseite schafft. Andere Sachen sind nur *ausnahmsweise wegzuschaffen* (§ 808 Abs. 2 S. 1). I.d.R. bleiben sie also beim Schuldner (etwa gepfändete Möbel, Maschinen etc.). Die *Wirksamkeit der Pfändung* setzt dann ihre Kenntlichmachung durch Anbringung von *Siegeln* voraus (§ 808 Abs. 2 S. 2). Das Pfandsiegel muss also sichtbar sein. Wird dieser Form nicht genügt, ist die Pfändung *unwirksam*. Ist aber wirksam gepfändet worden, so bleibt diese Wirkung auch dann bestehen, wenn der Schuldner oder ein anderer das Pfandsiegel entfernt (Straftat nach § 136 Abs. 2 StGB).

623 Wenn der Schuldner eine gepfändete Sache *veräußert,* hängt der gutgläubige Erwerb des Dritten davon ab, ob die Sache *abhanden gekommen ist* oder nicht. Dies ergibt sich aus den *Besitzverhältnissen.* Im Normalfall, wenn die Sache beim Schuldner bleibt, ist dieser *unmittelbarer Besitzer,* der Gerichtsvollzieher *erststufiger,* der Gläubiger *zweitstufiger mittelbarer Besitzer* (für eine Übersicht s. *Lüke,* Rn. 61). Ein gutgläubiger lastenfreier Erwerb durch einen Dritten ist also möglich (§§ 936, 136, 135 BGB).

5. Die Anschlusspfändung

624 Dieselbe Sache kann *mehrfach* für denselben oder andere Gläubiger gepfändet werden. Dafür ist ein *vereinfachtes Verfahren* vorgesehen. Es genügt hier die in das Protokoll aufzunehmende Erklärung des Gerichtsvollziehers, dass er die Sache auch für seinen (weiteren) Auftraggeber pfände (§ 826, sog. *Anschlusspfändung).* Der Anschlusspfandgläubiger geht dann im Range dem Gläubiger nach, der zuerst gepfändet hatte. Es besteht aber die Möglichkeit, dass er aufrückt, etwa wenn der Schuldner an den ersten Gläubiger bezahlt.

II. Die Verwertung

625 Mit der Pfändung erlangt der Gläubiger eine *Sicherung,* aber noch nicht das, worauf sich sein Anspruch richtet: *das geschuldete Geld.* Die gepfändeten Sachen müssen also noch *verwertet* werden. Am einfachsten ist das, wenn *Geld* gepfändet worden ist: Es ist dem Gläubiger *abzuliefern* (§ 815 Abs. 1; zur Hinterlegung, wenn ein die Veräußerung hinderndes Recht glaubhaft gemacht wird, vgl. § 815 Abs. 2). Wichtig ist die Regelung des § 815 Abs. 3, wonach die Wegnahme durch den Gerichtsvollzieher *als Zahlung seitens des Schuldners gilt.* Damit wird *nicht der Eigentumsübergang* geregelt (der Gerichtsvollzieher ist nicht Stellvertreter des Gläubigers), sondern die *Gefahrtragung* (h. M.). Der Gläubiger erwirbt also das Eigentum am Geld erst mit der Aushändigung, trägt aber schon vorher die Gefahr. Der Schuldner muss nicht noch einmal zahlen, wenn der Gerichtsvollzieher das Geld verliert oder unterschlägt. Die Zahlungsfiktion des § 815 Abs. 3 soll entsprechend für freiwillige Zahlungen des Schuldners an den Gerichtsvollzieher gelten (*BGH* NJW 2009, 1085 = JuS 2009, 575 [*K. Schmidt*]).

Die Verwertung *anderer beweglicher Sachen als Geld* erfolgt bisher im Normalfall durch *öffentliche Versteigerung,* die der Gerichtsvollzieher durchführte (§ 814). Mittlerweile gibt das Gesetz außerdem die Möglichkeit einer Versteigerung im Internet (§§ 814 Abs. 2 Nr. 2, Abs. 3, 816 Abs. 5., 817 Abs. 1 S. 2), die regelmäßig schon aufgrund des größeren potentiellen Bieterkreises einen höheren Versteigerungserlös erwarten lässt. Die Einzelheiten hierzu müssen die Landesgesetzgeber durch Rechtsverordnung regeln (§ 814 Abs. 3; zu den geltenden Verordnungen einzelner Bundesländer *B/L/A/H* § 814 Rn. 4). Eine entsprechende Versteigerungsplattform existiert unter www.justiz-auktion.de, auf der Pfandsachen aus nahezu allen Bundesländern zur Versteigerung stehen. Durch die Versteigerung wird eine *neue Rechtsbeziehung zu den Erwerbern* hergestellt, die mit der Zwangsvollstreckung als solcher nichts zu tun haben. Diese Rechtsbeziehung muss so gestaltet sein, dass die Versteigerung *nicht ihre Anziehungskraft verliert.* Wenn etwa die Sache eines Dritten gepfändet und versteigert wird und der Erwerber damit rechnen muss, dass ihm der Dritte seinen Rechtserwerb streitig machen kann, werden sich kaum Interessenten für die öffentliche Versteigerung finden lassen.

626

Die Versteigerung erfolgt in der Weise, dass dem *Meistbietenden* zugeschlagen wird; jedes Gebot erlischt durch ein höheres Gebot (§ 817 Abs. 1; § 156 S. 2 BGB). Die Ablieferung erfolgt nur, wenn das Kaufgeld gezahlt worden ist oder bei Ablieferung gezahlt wird (§ 817 Abs. 2). Wenn der Gläubiger den Zuschlag erhalten hat (er kann mitsteigern), gelten die besonderen Bestimmungen des § 817 Abs. 4. Ein Zuschlag darf nur bei einem Gebot erteilt werden, das wenigstens die Hälfte des gewöhnlichen Verkaufswertes erreicht (§ 817a). Damit soll die Verschleuderung von Werten verhindert werden. Zeit und Ort der Versteigerung regelt § 816. Außerdem ist die Versteigerung öffentlich bekannt zu machen (§ 816 Abs. 3). Das gilt nicht bei einer Versteigerung im Internet (§ 816 Abs. 5). Insoweit treffen die Landesverordnungen aber entsprechende Regelungen (s. § 814 Abs. 3).

Internet-Versteigerungen mittels privater Online-Auktionsplattformen schließt das Gesetz zwar nicht aus (sie kann eine „andere Verwertungsart" i. S. v. § 825 sein, *Meller-Hannich,* DGVZ 2009, 21, 24), sie entsprechen aber regelmäßig nicht den Erfordernissen der §§ 814 Abs. 2 Nr. 2, Abs. 3 (*Remmert,* NJW 2009, 2572, 2574). Das hängt vor allem damit zusammen, dass der Vertragsschluss dort durch Angebot und Annahme und nicht – wie § 817 Abs. 1 S. 3 ausdrücklich auch für Versteigerungen nach § 814 Abs. 2 Nr. 2 bestimmt – gemäß § 156 BGB durch Zuschlag zustande kommt, es sich also nicht um Versteigerungen im Rechtssinne handelt (s. dazu auch *BGH* NJW 2005, 53: keine Geltung von § 156 BGB bei ebay-„Ersteigerungen"). Auch gilt der Gewährleistungsausschluss des § 806 nicht zwingend.

627 Bei der *rechtlichen Würdigung des Versteigerungsvorgangs* muss man unterscheiden zwischen der *Erteilung des Zuschlags* an den Erwerber (§ 817 Abs. 1), der *Ablieferung der Sache* an den Erwerber (§ 817 Abs. 2), der *Zahlung des Erlöses durch den Erwerber* an den Gerichtsvollzieher und der *Aushändigung des Erlöses* an den Gläubiger. Ebenfalls von erheblicher Bedeutung ist die *Gefahrübertragung* auf den Vollstreckungsgläubiger.

Mit der *Erteilung des Zuschlags* geht das Eigentum *noch nicht* auf den Erwerber über (anders bei der Zwangsversteigerung von Grundstücken, § 90 ZVG). Nach einhelliger Auffassung kommt auch kein privatrechtlicher Kaufvertrag zustande, sondern ein *öffentlich-rechtliches Rechtsverhältnis* (*Baur/Stürner/Bruns* Rn. 29.6: ein kaufähnlicher öffentlich-rechtlicher Vertrag; *G. Lüke,* ZZP 68, 341 ff.: der Zuschlag ist eine hoheitliche Maßnahme des Gerichtsvollziehers zugunsten des Meistbietenden). Der Erwerber kann daraus nicht auf Erfüllung klagen, er hat aber die *Erinnerung* nach § 766. Sachmängelansprüche sind ausgeschlossen (§ 806).

628 Auch die *Eigentumsübertragung* erfolgt aufgrund eines *staatlichen Hoheitsakts* und nicht nach den §§ 929 ff. BGB (h. M., RGZ 156, 395; *Baur/Stürner/Bruns* Rn. 29.7). Dies gilt allerdings nicht bei Versteigerung durch einen privaten öffentlich bestellten Auktionator, der aufgrund Anordnung der Vollstreckungsbehörde tätig wird (BGHZ 119, 75 = JuS 1993, 76 mit Anm. *K. Schmidt*; s. u. Rn. 631). Umstritten ist, wie der öffentlich-rechtliche Zuschlag zu deuten ist. Teilweise wird von einem öffentlich-rechtlichen Vertrag ausgegangen (*Gaul/Schilken/Becker-Eberhard* § 53 III 1 a; *Baur/Stürner/Bruns* Rn. 29.6), während die Gegenauffassung eine hoheitliche Maßnahme annimmt (s. dazu *G. Lüke/ Hau* Nr. 101; Stein/Jonas/*Münzberg* § 817 Rn. 20), die eben nicht zu einer klagbaren Forderung führt, sondern nach § 766 durchgesetzt werden kann. Sie verlangt die Übertragung des unmittelbaren Besitzes durch den Gerichtsvollzieher und dessen Willen, das Eigentum zu übertragen. Da der Eigentumsübergang mit Ablieferung an den Ersteigerer und Zahlung (§ 817 Abs. 2) durch staatlichen Hoheitsakt erfolgt, ist er nur dann *wirksam, wenn die Vorschriften des Vollstreckungsrechts eingehalten sind.* Es müssen also die Pfändung wirksam, und die wesentlichen Versteigerungsvorschriften beachtet worden sein. Wenn die *Pfändung unwirksam* ist, erwirbt der Ersteher nach h.M. kein Eigentum. Unschädlich ist es dagegen, wenn die versteigerte Sache nicht im Eigentum des Schuldners stand oder unpfändbar (§ 811) war oder der vollstreckbare Anspruch nicht bestand (*BGH* NJW 1987, 1880). Auf den *guten Glauben des Erstehers kommt es dabei nicht an,* er erwirbt unbelastetes Eigentum (a. A. *Marotzke,* NJW 1978, 133; zu den Fällen besonderer Arglist vgl. *Jauernig/Berger* § 18 Rn. 21 m.w.N.). Er erwirbt auch *mit Rechtsgrund (aufgrund des Zuschlags),* so dass ein ehemaliger Eigentümer *keinen Rückübereignungsanspruch* aus den §§ 812 ff. BGB hat. Damit ist die Versteigerung *hinreichend unangreifbar,* um mögliche Interessenten nicht *abzustoßen.*

Als weitere Frage bleibt die nach den *Eigentumsverhältnissen am Erlös.* Nach § 819 gilt dessen Empfangnahme durch den Gerichtsvollzieher als Zahlung durch den Schuldner. Damit geht die *Gefahr auf den Gläubiger über.* Das bedeutet aber *nicht,* dass damit der Gläubiger *schon Eigentümer* wird, der Gerichtsvollzieher ist auch hier nicht Stellvertreter des Gläubigers (ebenso wenig wie bei § 815 Abs. 3, Rn. 625, heute h.M., *Gaul/Schilken/Becker-Eberhard* § 53 III 1c). Vielmehr setzen sich das Eigentum an der Sache und ebenso Verstrickung und Pfändungspfandrecht am Erlös fort (*dingliche Surrogation,* RGZ 156, 395). Wenn also die Sache einem *Dritten* gehört hat, gehört *diesem auch der Erlös.* Er kann noch die *Klage aus § 771* erheben. **629**

Als letztes erfolgt die *Auszahlung des Erlöses* durch den Gerichtsvollzieher *an den Gläubiger.* Erst damit erwirbt dieser das **630**

Eigentum. Die Auszahlung ist wieder ein *staatlicher Hoheitsakt,* so dass der Gläubiger auch dann Eigentum erwirbt, wenn die Sache und damit der Erlös *im Eigentum eines Dritten* standen. Auch hier spielt der *gute Glaube keine Rolle.* Damit ist die *Zwangsvollstreckungsmaßnahme* beendet. Nunmehr greifen die materiellrechtlichen Rechtsbehelfe wieder ein. Ein Dritter, dessen Sache verwertet wurde, kann jetzt von dem Gläubiger nach § 812 BGB Herausgabe des Erlöses und bei Verschulden des Gläubigers Schadensersatz nach den §§ 823 ff. BGB verlangen (Rn. 604; *G. Lüke,* AcP 153, 539).

631 In bestimmten Fällen sieht das Gesetz eine *andere Art der Verwertung als die öffentliche Versteigerung vor. Wertpapiere sind zum Tageskurs* zu verkaufen (§ 821). Praktisch besonders wichtig ist die *Verwertung* in anderer Weise (§ 825), die nach Antrag des Gläubigers oder Schuldners grundsätzlich auf Anordnung des Gerichtsvollziehers erfolgt (Ausnahme: § 825 Abs. 2, Zuständigkeit des Vollstreckungsgerichts bei Versteigerung durch andere Person als den Gerichtsvollzieher). Der Antragsgegner ist hierüber vom Gerichtsvollzieher zu unterrichten (§ 825 Abs. 1 S. 2).

So kann beispielsweise ein freihändiger Verkauf durch den Gerichtsvollzieher oder eine andere Person angeordnet werden (etwa bei Kunstwerken durch einen Kunsthändler, oder bei anderen Sachen durch entsprechende Spezialgeschäfte). Wenn Privatpersonen in dieser Weise tätig werden, sind der Verkauf und die Übereignung nach den Vorschriften des materiellen Rechts (§§ 433 ff., 929 ff. BGB) zu beurteilen (*G. Lüke,* NJW 1954, 254). Ebenfalls besteht die Möglichkeit, die gepfändete Sache dem Gläubiger selbst zu einem bestimmten Betrag zu überweisen. In der Höhe dieses Betrages gilt der Gläubiger dann als befriedigt. Das Eigentum geht auch hier kraft Hoheitsakt über.

632 Wenn dieselbe Sache *mehrfach gepfändet* worden ist, ist der Gerichtsvollzieher für die Verwertung zuständig, der *als erster gepfändet* hat, soweit nicht das Vollstreckungsgericht etwas anderes anordnet (§ 827 Abs. 1). Die Versteigerung erfolgt *für alle Gläubiger* (§ 827 Abs. 1 S. 2). Der Gerichtsvollzieher *verteilt* dann den Erlös *entsprechend der Rangfolge.* Wenn der Erlös nicht ausreicht und ein Gläubiger eine andere Verteilung als nach der Reihenfolge der Pfändung verlangt, kann der Gerichtsvollzieher die erforderlichen Entscheidungen nicht treffen. Er hat den Erlös zu *hinterlegen* und dem Gericht Anzeige zu machen (§ 827 Abs. 2 S. 1), damit ein *Verteilungsverfahren* stattfinden kann (§§ 872 ff., Rn. 685). Bei einem möglichen Übererlös soll der Schuldner entsprechend dem Rechtsgedanken des § 818 den mit der Versteigerung mehrerer gepfändeter Gegenstände beauftragten privaten Auktionator (s. § 825) anweisen können, die Versteigerung einzustellen, sobald der Erlös zur Befriedigung der Gläubiger und zur Deckung der Kosten der Zwangsvollstreckung ausreicht (*BGH* NJW 2007, 1276, 1277 m. Anm. *Vollkommer*).

§ 78. Die Zwangsvollstreckung in Forderungen

I. Grundlagen

Literatur: *G. Lüke,* Die Rechtsprechung des Bundesgerichtshofes zur Forderungspfändung, FS BGH, Bd. III, 2000, 441; *Stöber,* Forderungspfändung, 15. Aufl., 2010; *Tiedtke,* Zur Pfändung sicherungshalber oder anfechtbar abgetretener Forderungen, ZIP 1993, 1452; *ders.,* Zwangsvollstreckung in die vom Schuldner vor der Pfändung anfechtbar abgetretene Forderung, JZ 1993, 73.

Geldforderungen können Gegenstand eines materiell-rechtlichen Pfandrechts sein (§§ 1273 ff. BGB). Die Pfändbarkeit von Forderungen ist also *keine Besonderheit des Vollstreckungsrechts. Forderungen sind Vermögensobjekte,* die der Befriedigung des Gläubigers ebenso dienen können wie Sachen. Die ZPO hat andere Bezeichnungen für die beteiligten Personen als das BGB. In der Zwangsvollstreckung spricht man vom *Gläubiger, vom Schuldner und vom Drittschuldner* (im BGB vom Pfandgläubiger, Gläubiger und Schuldner, § 1281 BGB). Außerdem ergeben sich Unterschiede zur materiell-rechtlichen Verpfändung daraus, dass es sich bei der Pfändung und Verwertung um *hoheitliche Staatsakte* handelt (s. schon Rn. 608). **633**

II. Die Zuständigkeit

Funktionell zuständig für die Forderungspfändung ist das *Vollstreckungsgericht* (§ 828 Abs. 1). **634**

Die örtliche Zuständigkeit richtet sich nach dem allgemeinen Gerichtsstand des Schuldners (§§ 828 Abs. 2, 802). Das Gericht wird durch den Rechtspfleger tätig (§ 20 Nr. 17 RPflG).

III. Der Gegenstand der Pfändung

Literatur: *Behr,* Pfändbare Nebenforderungen und Einzelfragen bei der Kontenpfändung, JurBüro 1999, 458; *Bitter,* Pfändung des Dispositionskredits? WM 2001, 889; *Gottgetreu,* Pfändbarkeit von Ansprüchen aus einem Bankkredit, JR 2002, 155; *Honsell,* Zur Frage, ob Ansprüche aus einem Dispositionskredit gepfändet werden können, WM 2001, 1143; *Lwowski/Bitter,* Grenzen der Pfändbarkeit von Girokonten, WM-Festgabe für Hellner, 1994, 57; *K. Schmidt,* Die Übertragung, Pfändung und Verwertung von Einlageforderungen, ZHR 1993, 291; *Weidner/Walter,* Pfändbarkeit von Ansprüchen aus einem Dispositionskredit, JurBüro 2005, 177.

635 Gegenstand der Zwangsvollstreckung sind nur Forderungen, die *dem Schuldner zustehen.* Anders als bei beweglichen Sachen gibt es bei Forderungen keinen äußeren Tatbestand, an dem sich die Pfändung orientieren könnte. Das Gericht kann deshalb die Pfändung nicht davon abhängig machen, ob die Forderung tatsächlich besteht und ob sie gerade dem Schuldner zusteht. Es prüft nur, ob die Voraussetzungen der Zwangsvollstreckung, also Titel, Klausel und Zustellung, vorliegen und *ob der Gläubiger das Bestehen einer Forderung des Schuldners schlüssig behauptet hat.* Der Gläubiger braucht diese Forderung nur in allgemeinen Umrissen anzugeben. Mindestens aber muss sie aufgrund seines Antrages von anderen Forderungen unterschieden werden können (*BGH* NJW-RR 2005, 1362). Vom Bestehen der Forderung braucht der Gläubiger nicht überzeugt zu sein. Er darf trotz der Wahrheitspflicht nach § 138 Abs. 1 auch Tatsachen behaupten, von denen er keine genaue Kenntnis hat, die er aber für wahrscheinlich hält (zulässige *Verdachtspfändung*). Erst willkürliche Darlegungen „ins Blaue hinein" sind für das Vollstreckungsgericht unbeachtlich, da sie zu einer rechtsmissbräuchlichen *Ausforschungspfändung* führen können (*BGH* NJW 2004, 2096, 2097; dazu *Hess,* NJW 2004, 2350). Die Pfändung einer angeblichen Forderung wegen fehlender Passivlegitimation des Drittschuldners darf das Gericht nur ablehnen, wenn die Forderung dem Schuldner gegenüber diesem Drittschuldner unter keiner vertretbaren Rechtsansicht zustehen kann (*BGH* JA 2008, 647 [*Wolf*]).

Der Bundesgerichtshof (NJW 2004, 2096) hält es nach diesen Grundsätzen für zulässig, dass der Gläubiger beantragt, näher bezeichnete Ansprüche des Schuldners gegen drei an dessen Wohnort ansässige Banken zu pfänden. Es sei zwar unwahrscheinlich, dass einem nicht gewerblich tätigen Schuldner all diese Ansprüche zustünden. Solange deren Nichtbestehen aber nicht offenkundig sei, stehe der Pfändung nichts entgegen. Mit drei Geldinstituten sei freilich eine Obergrenze erreicht. Das Gericht entspricht damit dem praktischen Bedürfnis nach Effizienz der Vollstreckung (zustimmend *Hess,* a.a.O.). In einem kleineren Wohnort des Schuldners mit nur drei ansässigen Instituten besteht dann aber praktisch kein Unterschied mehr zu einer Ausforschungspfändung.

Fehlt eine der genannten Voraussetzungen, kann nicht gepfändet werden. Andernfalls erfolgt die Pfändung, *ohne dass das Gericht nachprüft, ob die Behauptungen des Gläubigers über die Forderung zutreffen.* Es wird also immer nur *die angebliche Forderung des Schuldners* gepfändet (vgl. *OLG Köln* OLGZ 94, 477). Stellt sich später heraus, dass die Forderung nicht besteht oder einem anderen als dem Schuldner zusteht, so ist *die Pfändung wirkungslos* (der Dritte kann sich aber, um den Rechtsschein zu zerstören, mit der Klage aus § 771 gegen die Pfändung wehren, Rn. 595). Gehen Pfändung und Überweisung ins Leere, weil die Forderung bereits abgetreten ist, kann eine spätere Anfechtung der Abtretung die Vollstreckungshandlung nicht nachträglich wirksam machen (str., BGHZ 100, 36; vgl. zu dieser Problematik auch *BAG* NJW 1993, 2701; NJW 1993, 2699; *Tiedtke,* JZ 1993, 73 sowie ZIP 1993, 1452). In dem umgekehrten Fall, in dem der Gläubiger trotz Abtretung seiner Forderung noch einen Pfändungs- und Überweisungsbeschluss gegen den Drittschuldner erwirkt, tritt zunächst lediglich Verstrickung ein; eine anschließende Abtretung der Rechte aus dem Pfändungs- und Überweisungsbeschluss an den wahren Gläubiger soll dann aber das Pfändungspfandrecht entstehen lassen (*OLG Koblenz* WM 2010, 476).

Eine Forderung kann grundsätzlich nur dann gepfändet werden, wenn sie *übertragbar* ist (§ 851 Abs. 1, also nicht ohne Weiteres Ansprüche der Gesellschafter untereinander, § 717 S. 1 BGB). § 851 Abs. 2 erweitert aber die Pfändbarkeit, weil sonst Schuldner und Drittschuldner durch eine materiell-rechtliche Vereinbarung eine Forderung der Zwangsvollstreckung entziehen könnten. Inwieweit eine Forderung mit *Zweckbindung* (Bsp. Kaufpreiszahlung auf debitorisches Konto des Verkäufers) gepfändet werden kann ist str. (s. die Darstellung des Meinungsstandes bei *BGH* NJW 2000, 1270; vgl. auch *BGH* NJW 1998, 746).

Nicht selbstständig pfändbar sind sämtliche *Nebenrechte* einer Forderung. Auf sie erstreckt sich die Beschlagnahme des Hauptrechts, so wie sie nach §§ 412, 401 BGB bei einer Abtretung auf den neuen Gläubiger übergehen würden (*BGH* NJW-RR 2003, 1555, am Beispiel von Ansprüchen auf Auskunft und Rechnungslegung aus einem Girovertrag).

Eine *bedingte oder betagte Forderung* kann gepfändet werden (arg. § 844). Pfändbar sind ebenso *künftige* Forderungen, wenn sie individualisierbar sind (BGHZ 53, 32; praktisch bedeutsam bei laufenden Unterhaltsansprüchen, dazu *BGH* NJW 2004, 370; vgl. auch *BFH* ZIP 2005, 1182). Das Pfändungspfandrecht wird bei der Pfändung künftiger Forderungen aber erst mit deren

18. Kapitel. Vollstreckung wegen Geldforderungen

späterer Entstehung begründet (BGHZ 157, 350, 354); zur Pfändung von Ansprüchen aus einem Kontokorrent BGHZ 80, 172; dazu *Baur/Stürner/Bruns* Rn. 30.8; zur Pfändung von Ansprüchen aus einem Girovertrag BGHZ 84, 325 u. 371.

Die Pfändbarkeit von Ansprüchen aus einem vereinbarten *Dispositionskredit* wird von *BGH* NJW 2001, 1937 grundsätzlich bejaht (krit. dazu *Honsell,* WM 2001, 1143). Erfolg hat sie aber nur, wenn und soweit der Schuldner den ihm zur Verfügung stehenden Kreditbetrag abruft (vgl. BGHZ 157, 350, 355; *BGH* ZIP 2004, 669; s. dazu *Stöber* Rn. 116f.).

Der Gläubiger kann auch eine gegen sich selbst gerichtete Forderung des Schuldners pfänden lassen. Er kann dadurch ein Aufrechnungsverbot überwinden (z. B. § 393 BGB).

IV. Der Schuldnerschutz

Literatur: *Becker,* Pfändungsschutz bei Arbeitseinkommen und anderen Forderungen – Wegweisende Beschlüsse des BGH, JuS 2004, 780; *Denck,* Einwendungen des Arbeitgebers gegen die titulierte Forderung bei Lohnpfändung, ZZP 92, 71; *Paulus,* Umfang der Beschlagnahme bei der Vorpfändung und Pfändung von Geldforderungen, DGVZ 1993, 129.

636 Eine große Rolle spielt der Schuldnerschutz bei der Forderungspfändung. Die wichtigsten Forderungen, die bei Privatleuten als Vollstreckungsobjekte in Betracht kommen, sind *Arbeitslohnansprüche* (aber auch Ansprüche auf Altersrenten etc., s. §§ 851c und d; dazu *Stöber,* NJW 2007, 1242 und *Tavakoli,* NJW 2008, 3259). Darauf sind die meisten Schuldner angewiesen, um leben zu können, vor allem dann, wenn kein anderes Vermögen vorhanden ist. Dem Schuldner darf *nicht der gesamte Anspruch auf Arbeitslohn weggepfändet werden.* Er würde sonst der Allgemeinheit zur Last fallen und außerdem kaum ein Interesse haben, weiter zu arbeiten. Eine unbegrenzte Pfändbarkeit würde also noch nicht einmal im Interesse des Gläubigers liegen.

Die Durchführung des Schuldnerschutzes bietet *im Einzelnen viele Schwierigkeiten.* Notwendig ist eine flexible Lösung. Man kann nicht ein für allemal einen festen Betrag bestimmen, der unpfändbar ist (Ausnahme § 850c Abs. 2 S. 2). Es müssen vielmehr die *Unterhaltsberechtigten des Schuldners,* die *Höhe seines Einkommens* und die *Rechtsnatur der zu vollstreckenden Forderung* berücksichtigt werden.

637 Unpfändbar sind z. B. bestimmte Arten von Beträgen wie Stipendien und die Hälfte des für Überstunden gezahlten Entgelts (§ 850a). Bedingt pfändbar sind die in § 850b genannten Bezüge (krit. zu § 850b Abs. 1 Nr. 2: *Foerste,*

§ 78. Zwangsvollstreckung in Forderungen 559

NJW 2006, 2945) wie etwa Unterhaltsrenten einschließlich Taschengeld (dazu *BGH* NJW 2000, 149). Sie können nur unter bestimmten Voraussetzungen gepfändet werden (§ 850b Abs. 2).

Arbeitseinkommen i.S. des § 850, d.h. wiederkehrend zahlbares **638**
Entgelt für unselbständige Arbeit (dazu gehören auch Sozialplanabfindungen, *BAG* NZA 1992, 384), ist nur pfändbar unter Berücksichtigung der sog. *Pfändungsfreigrenzen* (§§ 850a–i).

Seine Berechnung regelt § 850e; auszugehen ist vom Nettoeinkommen (§ 850e Nr. 1). Die Freigrenzen ergeben sich für den Regelfall aus § 850c. Danach sind unpfändbar 1.028,89 Euro bei monatlichem, 236,79 Euro bei wöchentlichem und 47,36 Euro bei täglichem Einkommen. Zum 1.7. eines jeden zweiten Jahres, das nächste Mal zum 1. 7. 2013, ändern sich diese Beträge entsprechend der Entwicklung des Grundfreibetrages nach § 32a Abs. 1 Nr. 1 EStG (§ 850c Abs. 2a; zur Berechnung *BGH* NJW 2006, 777). Auf diese Weise soll eine Anpassung an die Lohnentwicklung gewährleistet werden. Die Freibeträge erhöhen sich, wenn der Schuldner unterhaltsverpflichtet ist, je nach der Anzahl der Unterhaltberechtigten.

Die Beschränkungen des § 850c entfallen, wenn wegen Unterhaltsansprüchen vollstreckt wird (§ 850d Abs. 1 S. 1). Auch hier ist aber dem Schuldner so viel zu belassen, als er für seinen notwendigen Unterhalt und zur Befriedigung der dem Vollstreckungsgläubiger vorgehenden Berechtigten oder zur gleichmäßigen Befriedigung der ihm gleichstehenden Berechtigten bedarf (§ 850d Abs. 1 S. 2).

Ohne Rücksicht auf die Beschränkungen des § 850c kann das pfändbare Arbeitseinkommen auch dann bestimmt werden, wenn wegen einer Forderung aus einer *vorsätzlich begangenen unerlaubten Handlung* vollstreckt wird (§ 850f Abs. 2, zum genauen Umfang *BGH* NJW-RR 2011, 791; zu belassen sind notwendige Unterhaltsmittel, jedenfalls die Regelsätze nach § 28 SGB XII, *BGH* NJW-RR 2011, 706). Umstritten ist dabei, auf welche Weise der Gläubiger gegenüber dem Vollstreckungsgericht den Nachweis eines vorsätzlichen Delikts des Schuldners führen darf. Nach Ansicht des Bundesgerichtshof (NJW 2003, 515; dazu *Behr*, Rpfleger 2003, 389) ist wegen der Aufgabenverteilung zwischen Prozessgericht und Vollstreckungsgericht allein der Titelinhalt maßgeblich. Das Vollstreckungsgericht sei auf dessen Prüfung und ggf. Auslegung beschränkt. Durch einen *Vollstreckungsbescheid* könne der Nachweis nicht geführt werden, selbst dann nicht, wenn dieser ausdrücklich eine Forderung aus einer vorsätzlich begangenen unerlaubten Handlung nenne und diese damit in Rechtskraft erwachse (vgl. Rn. 464). Eine materiellrechtliche Befassung des Prozessgerichts sei stets erforderlich (*BGH* NJW 2005, 1663, dazu *Deubner*, JuS 2005, 797, 800).

Wenn der Schuldner *nicht wiederkehrende Bezüge erhält*, sondern eine *ein-* **639**
malige Vergütung für persönlich geleistete Arbeiten oder Dienste (Ärzte, Rechtsanwälte, Architekten), sieht das Gesetz *keine festen Pfändungsgrenzen* vor. Hier hat das Gericht auf Antrag des Schuldners diesem so viel zu belassen, als ihm bei laufendem Arbeits- oder Dienstlohn verbleiben würde (§ 850i

Abs. 1 S. 1). Bei der Entscheidung sind die wirtschaftlichen Verhältnisse des Schuldners frei zu würdigen (§ 850i Abs. 1 S. 2). Stehen dem Antrag überwiegende Interessen des Gläubigers entgegen, ist der Antrag abzulehnen (§ 850i Abs. 1 S. 3).

Das System dieses Pfändungsschutzes soll durch das *Gesetz zur Neustrukturierung und Modernisierung des Pfändungsschutzes* (GNeuMoP, BT-Drs. 17/2167) teilweise geändert werden. Im Wesentlichen ist dabei die Angleichung der Pfändungsfreigrenzen an das Sozialrecht geplant (s. im Einzelnen *Ahrens*, NZI 2011, 265; *Priebe*, ZInsO 2011, 11).

640 Die *Pfändungsfreigrenzen* sind *von Amts wegen* zu beachten (Ausnahme § 850i); sie dienen *auch dem öffentlichen Interesse*. Eine über die Freigrenzen hinausgehende Pfändung hat das Vollstreckungsgericht abzulehnen. Werden die Unpfändbarkeitsvorschriften verletzt, ist der Pfändungsbeschluss *nicht nichtig*, aber mit der *Erinnerung nach § 766 anfechtbar*. Ein Verzicht auf die Geltendmachung der Unpfändbarkeit ist *nicht möglich*. Auch der Drittschuldner kann die Unpfändbarkeit geltend machen, nach h.M. nur mit der Erinnerung, nicht aber in dem Prozess mit dem Gläubiger (vgl. *Jauernig/Berger* § 32 Rn. 47).

640a Der Pfändungsschutz für Kontoguthaben kann gemäß § 850k über ein Pfändungsschutzkonto (sog. P-Konto) gewährt werden (dazu *Ahrens*, NJW 2010, 2001 und *Stöber* Rn. 1300 ff.). Darauf ist dem Kontoinhaber der jeweilige Pfändungsfreibetrag verfügbar (§ 850k Abs. 1 S. 1). Eine Pfändung erfasst also nicht das gesamte Kontoguthaben (§ 850k Abs. 1 S. 1 a.E.). Hintergrund der Regelung ist der heute weithin übliche bargeldlose Zahlungsverkehr und der damit einhergehende Bedarf an einem Girokonto (*Graf-Schlicker/Linder*, ZIP 2009, 989). Kunden haben gegenüber ihrer Bank Anspruch auf Führung ihres Girokontos als Pfändungsschutzkonto (§ 850k Abs. 7 S. 2). Der Pfändungsschutz gilt unabhängig von der Art der Zahlungseingänge (*Bitter*, ZIP 2011, 149, 152). Jede Person darf nur ein Pfändungsschutzkonto führen (§ 850k Abs. 8 S. 1). Verfügt der Schuldner über kein Pfändungsschutzkonto, so kann er Kontopfändungen auf Antrag gem. § 850l aufheben lassen. Dieses Verfahren entfällt jedoch mit Ablauf des Jahres 2011 (§ 38 EGZPO), sodass dem Schuldner anschließend nur die geschilderten Möglichkeiten des § 850k verbleiben.

V. Die Pfändung verschleierten Arbeitseinkommens

Die Pfändung des sog. *verschleierten Arbeitseinkommens* regelt 641
§ 850 h (dazu *BAG* NJW 2008, 2606 und *Stöber* Rn. 1209 ff.). Es
kommt immer wieder vor, dass Schuldner versuchen, sich der
Pfändung ihrer Lohnansprüche zu entziehen. Ein Weg sind die
sog. *Lohnschiebungsverträge*.

Der Schuldner vereinbart mit dem Arbeitgeber, dass der pfändbare Teil des
Arbeitslohnes nicht an ihn, sondern einem Dritten (meistens an die Ehefrau
oder den Lebenspartner) gezahlt werden soll (§§ 328 ff. BGB). Nach § 850 h
Abs. 1 kann dieser dem Dritten zustehende Anspruch aufgrund des Titels gegen den Schuldner gepfändet werden, wie wenn er diesem zustände. Die Pfändung des Vergütungsanspruchs des Schuldners umfasst ohne Weiteres den
Vergütungsanspruch des Drittberechtigten (§ 850 h Abs. 1). Wenn die Vereinbarung nicht mit dem Arbeitgeber getroffen worden ist, sondern die Abtretung unmittelbar an den Drittberechtigten erfolgt ist, kann § 850 h Abs. 1 nicht
angewendet werden. Der Gläubiger muss dann nach dem Anfechtungsgesetz
(AnfG) vorgehen.

Eine andere häufige Form der Vereinbarung ist, dass der Schuldner Dienste
ohne oder gegen unverhältnismäßig geringe Vergütung leistet (der Ehemann
führt das Geschäft der Ehefrau gegen Kost und Logis). Hier fingiert § 850 h
Abs. 2 eine angemessene Arbeitslohnforderung, die der Gläubiger pfänden
kann.

VI. Pfändung und Verstrickung

Auch bei der Vollstreckung in Forderungen sind wieder *zwei* 642
Akte zu unterscheiden, die Pfändung und die Verwertung. Die
Pfändung führt zur *Beschlagnahme der Forderung,* der Gläubiger
erhält ein *Pfändungspfandrecht.* Sein Geld bekommt er aber erst
durch die Verwertung. Diese vollzieht sich hier auf andere Weise
als bei beweglichen Sachen: Die Sachen werden zu Geld gemacht,
die Forderung muss eingetrieben werden.

Die Pfändung erfolgt auch hier nur auf Antrag, der die Person des Drittschuldners und die Forderung genau bezeichnet.
Das Gericht entscheidet dann nicht nur ohne mündliche Verhandlung, sondern sogar ohne vorherige Anhörung des Schuldners
(§ 834). Dies ist in vielen Fällen erforderlich, um den Schuldner
zu hindern, die Forderung vor der Pfändung noch einzuziehen.
Das Recht auf rechtliches Gehör wird dadurch nicht verletzt, weil

der Schuldner die Erinnerung einlegen und damit die Überprüfung des Pfändungsbeschlusses erreichen kann (BVerfGE 9, 98).

643 Wenn das Gericht durch den Rechtspfleger den Antrag *zurückweist,* hat der Gläubiger *die sofortige Beschwerde* (§ 793, § 11 Abs. 1 RPflG).

644 Wird dem Antrag stattgegeben, so erlässt das Gericht den *Pfändungsbeschluss,* in dem die gepfändete Forderung aus Gründen der Rechts- und Verkehrssicherheit möglichst bestimmt zu bezeichnen ist (zu Auslegungsschwierigkeiten vgl. *BGH* NJW 2000, 1268, 1269). Dagegen kann der Schuldner mit der *Erinnerung* nach § 766 vorgehen. Der Pfändungsbeschluss hat den *Ausspruch der Pfändung zum Inhalt,* außerdem enthält er *zwei Anordnungen des Gerichts* (§ 829 Abs. 1): das Verbot an den Drittschuldner, an den Schuldner zu zahlen, das sog. *arrestatorium,* und außerdem das Gebot an den Schuldner, sich jeder Verfügung über die Forderung zu enthalten, insbesondere sie nicht einzuziehen, das sog. *inhibitorium.* Sollen mehrere Geldforderungen gegen verschiedene Drittschuldner gepfändet werden, so kann das auf Antrag des Gläubigers in einem einheitlichen Beschluss erfolgen, sofern dem schutzwürdige Interessen der Drittschuldner nicht entgegenstehen (vgl. § 829 Abs. 1 S. 3). Der Beschluss wird dem bzw. den Drittschuldnern und dem Schuldner *zugestellt* (§ 829 Abs. 2). Die Pfändung wird erst *wirksam* mit der Zustellung des Beschlusses an den bzw. die *Drittschuldner* (§ 829 Abs. 3). Daraus wird gefolgert, dass das Fehlen des sog. arrestatoriums zur Unwirksamkeit des Pfändungsbeschlusses führt, nicht aber das Fehlen des inhibitoriums.

Ist Drittschuldnerin eine Gesamthandsgemeinschaft (z. B. Erbengemeinschaft oder [Innen-]Gesellschaft bürgerlichen Rechts), so muss der Pfändungsbeschluss jedem Gesamthandschuldner zugestellt werden. Erst mit der letzten Zustellung wird die Pfändung wirksam (*BGH* NJW 1998, 2904). Bei einer rechts- und prozessfähigen (Außen-)Gesellschaft bürgerlichen Rechts (BGHZ 146, 341, 347 f.) genügt die Zustellung des Pfändungsbeschlusses an die Gesellschaft selbst (s. schon *BGH* NJW 1998, 2904 – Zustellung an den geschäftsführenden Gesellschafter).

Eine *Ersatzzustellung* der für den Drittschuldner bestimmten Ausfertigung des Pfändungsbeschlusses an den in den Geschäftsräumen des Drittschuldners beschäftigen Schuldner (§ 178 Abs. 1 Nr. 2) ist wegen der möglichen Interessenkollision zwischen Schuldner und Drittschuldner nach § 178 Abs. 2 unwirksam (*BAG* NJW 1981, 1399; *OLG Celle* MDR 2003, 8).

Die *Wirkung* des Pfändungsbeschlusses ist die *Verstrickung*. **645**
Außerdem entsteht ein *Pfändungspfandrecht* (Rn. 610f.). Der
Schuldner kann nach der Pfändung nicht mehr mit Wirkung gegen den Gläubiger verfügen (§§ 135, 136 BGB). Im Übrigen ist
der Schuldner dem Gläubiger gegenüber verpflichtet, die zur Geltendmachung der Forderung nötigen Auskünfte zu erteilen und
Urkunden über die Forderung herauszugeben (§ 836 Abs. 3; s.
auch *BGH* NJW 2006, 217f.; 2007, 606).

VII. Die Verwertung

Literatur: *Foerste,* Die Pflicht zur Begründung der Drittschuldnererklärung, NJW 1999, 904; *Schur,* Das Einziehungsrecht des Gläubigers bei Pfändung und Überweisung einer Geldforderung zur Einziehung, KTS 2001, 73; *Wolf/Müller,* Nebenpflichtenkanon bei der Forderungspfändung, NJW 2004, 1775.

Mit der Pfändung allein erlangt der Gläubiger noch nicht das **646**
Recht, die Forderung für sich einzuziehen. Dafür ist der *zweite
Vollstreckungsakt* erforderlich, die *Verwertung*. Dies geschieht
durch die Überweisung der Forderung (§ 835 Abs. 1). Auch diese
erfolgt durch einen Beschluss des Gerichts, der in der Praxis fast
immer *mit dem* Pfändungsbeschluss verbunden *wird*, es ergeht
der sog. Pfändungs- und Überweisungsbeschluss. Auch dieser ist
dem Drittschuldner und Schuldner zuzustellen (§§ 835 Abs. 3,
829 Abs. 2 u. 3).

Der Gläubiger hat *die Wahl* zwischen *zwei Formen* der Überwei- **647**
sung, die in ihren Wirkungen *verschieden* sind: der *Überweisung
zur Einziehung oder an Zahlungs statt zum Nennwert* (§ 835
Abs. 1). Die Überweisung an Zahlungs statt hat die Wirkung, dass
die Forderung auf den Gläubiger übergeht, dieser wird ihr Inhaber.
Er kann deshalb die Forderung einziehen, sie erlassen, Stundung
gewähren, also unbeschränkt darüber verfügen. Diese Art der
Überweisung ist aber für den Gläubiger *mit Gefahren* verbunden.
Soweit die Forderung besteht, ist er wegen seiner Forderung an den
Schuldner als befriedigt anzusehen. Diese Forderung *erlischt* also,
und zwar unabhängig davon, ob der Drittschuldner tatsächlich
zahlen kann. Der Gläubiger trägt demnach zwar nicht das Risiko
des Bestehens der Forderung, wohl aber das der Zahlungsfähigkeit
des Drittschuldners. Deshalb wird diese Form der Überweisung
jedenfalls bei ungesicherten Forderungen kaum gewählt.

18. Kapitel. Vollstreckung wegen Geldforderungen

648 Der Gläubiger kann das Risiko vermeiden, wenn er sich für die andere Form der Überweisung, die zur Einziehung, entscheidet. Hier wird die Forderung nicht übertragen, sondern sie verbleibt im Vermögen des Schuldners (*BGH* JZ 2002, 44 m. Anm. *Berger*). Der Gläubiger erhält durch die Überweisung aber die Befugnis, die Forderung einzuziehen, also auch einzuklagen und dann im Wege der Zwangsvollstreckung gegen den Drittschuldner beizutreiben (§ 836 Abs. 1). Er kann die Forderung kündigen, Leistung an Erfüllungs Statt vereinbaren, sich aber nicht zum Nachteil des Schuldners vergleichen. Wenn der Gläubiger die Forderung einklagt, macht er ein fremdes Recht im eigenen Namen geltend, er handelt also als *Prozessstandschafter* (str., so auch *Gaul/Schilken/ Becker-Eberhard* § 55 II 1b; MünchKomm/*Smid* § 835 Rn. 12; s. auch *BGH* NJW 2001, 2178 f.; a. A. *Jauernig/Berger* § 19 Rn. 33 f.: Klage aus eigenem Recht). Zu allen Rechtshandlungen, die weder den Bestand der Sicherheiten noch der Forderung beeinträchtigen, bleibt auch der Schuldner befugt. Er kann, wie der Gläubiger, gegen den Drittschuldner auf Leistung (an den Gläubiger, für überschießende Beträge an sich selbst) klagen (*BGH* a. a. O.; JZ 2002, 44 m. Anm. *Berger*). Der vollstreckbare Anspruch erlischt erst, wenn der Gläubiger das geschuldete Geld vom Drittschuldner tatsächlich erhalten hat; die Überweisung erfolgt nur *erfüllungshalber*. Deshalb wird diese Form der Überweisung in der Praxis im Allgemeinen gewählt.

Der Gläubiger ist zur Einziehung der Forderung nicht nur *berechtigt*, sondern dem Schuldner gegenüber auch *verpflichtet*. Wenn er die Beitreibung verzögert und dem Schuldner daraus ein Schaden entsteht, ist er ihm zum *Schadensersatz* verpflichtet (§ 842). Wenn er den Drittschuldner verklagt, ist er verpflichtet, dem Schuldner den Streit zu verkünden (§ 841; zur Wirkung der Streitverkündung Rn. 455). Der Schuldner hat dem Gläubiger die zur Geltendmachung der Forderung nötigen *Auskünfte* zu geben und ihm möglicherweise vorhandene *Urkunden zu Beweiszwecken* zur Verfügung zu stellen (§ 836 Abs. 3; EC- oder Maestro-Karten gehören nicht dazu, *BGH* DGVZ 2003, 120; ausführlich *Wolf/Müller*, NJW 2004, 1775). Dies kann gegebenenfalls im Wege der Vollstreckung nach den §§ 883 ff. erzwungen werden (h. M.). Da der Gläubiger an die Stelle des Schuldners tritt, kann er gegenüber dem Drittschuldner keine weitergehenden Rechte erwerben. Neben der gepfändeten Forderung bestehende Rechte bleiben unberührt. Dies gilt bei einer Kontenpfändung bspw. für den Anspruch des Kontoinhabers auf Erteilung von Kontoauszügen, der nicht mitgepfändet werden kann (*BGH* NJW 2006, 217).

Wenn der Gläubiger zu der Überzeugung gelangt, dass die Einziehung der Forderung wenig Erfolg verspricht, kann er auf die aus der Pfändung und der

Überweisung zur Einziehung erworbenen Rechte *verzichten* (§ 843). Er kann dann versuchen, in andere Vermögensobjekte zu vollstrecken.

Für die *Stellung des Drittschuldners* gilt derselbe Grundsatz wie bei der materiell-rechtlichen Abtretung der Forderung: seine Rechtsstellung *darf nicht verschlechtert* werden. Ihn gehen die rechtlichen Beziehungen zwischen Gläubiger und Schuldner nichts an, und er hat keinen Einfluss darauf. Der Drittschuldner muss davor geschützt werden, dass er infolge der Pfändung und Überweisung *ein zweites Mal zahlen muss*, und er muss gegenüber dem Gläubiger alle Einreden behalten, die er gegenüber dem Schuldner hatte. 649

Dass der Drittschuldner in *Unkenntnis der Pfändung und Überweisung* an den Schuldner zahlt, wird nur selten vorkommen, weil ihm der Pfändungs- und Überweisungsbeschluss zugestellt wird (§§ 829 Abs. 3, 835 Abs. 3). Wenn es dennoch geschieht, etwa weil der Pfändungsbeschluss oder das Zahlungsverbot (s. § 845) den Drittschuldner zu spät erreicht, ist dieser analog § 407 BGB vor einer weiteren Inanspruchnahme geschützt (BGHZ 105, 358, 359f. = JZ 1989, 299 m. Anm. *Brehm*). Für die Kenntnis ist der Zeitpunkt entscheidend, in dem die Leistungshandlung vorgenommen wird (*BGH* a.a.O.). Eine aktive Verpflichtung des Drittschuldners zur Abwendung des Leistungserfolgs (etwa durch Widerruf des Giroauftrags) soll nach Auffassung des Gerichts nicht bestehen (*BGH* a.a.O.; hierzu *Brehm*, a.a.O., 301).

Es kann auch vorkommen, dass *der Überweisungsbeschluss zu Unrecht* erlassen wird. Der Drittschuldner braucht dies nicht nachzuprüfen, sondern er *kann sich auf die Wirksamkeit des Beschlusses verlassen*, bis dieser aufgehoben wird und dies zu seiner Kenntnis gelangt (§ 836 Abs. 2; vgl. § 409 BGB). Dieser Schutz gilt aber *nur gegenüber dem Schuldner* oder einem *Vollstreckungsgläubiger* (BGHZ 66, 394, 396) und nicht bei nichtigen Überweisungsbeschlüssen (BGHZ 121, 98).

Hat der Schuldner die Forderung vor der Pfändung an einen Dritten *abgetreten* und zahlt der Drittschuldner aufgrund des Überweisungsbeschlusses an den Gläubiger, so findet § 836 Abs. 2 *gegenüber dem Dritten* keine Anwendung. Die Zahlung hat, da die Pfändung ins Leere ging, keine befreiende Wirkung für den Drittschuldner. Allerdings kann der Forderungsinhaber die Leistung genehmigen und gegen den Empfänger der Leistung im Wege der Bereicherungsklage vorgehen (*BGH* NJW 1988, 495). Bei fehlender Kenntnis des Drittschuldners von der Abtretung wird dieser gegenüber dem Dritten nach den §§ 407 ff. BGB geschützt.

Zahlt der Drittschuldner an den Gläubiger, obwohl die gepfändete und überwiesene Forderung *nicht besteht*, so kann er die rechtsgrundlose Leistung nach § 812 Abs. 1 BGB vom Gläubiger herausverlangen (*BGH* NJW 2002, 2871, dazu *Deubner*, JuS 2003, 66, 70). Auch eine bestätigende Drittschuldnererklärung nach § 840 schafft keinen Rechtsgrund.

Der Drittschuldner kann *gegen den Gläubiger dieselben Einwendungen* geltend machen wie *gegen den Schuldner* (aber nicht dessen Einwendungen gegen den Vollstreckungsgläubiger, *BAG* NJW 1989, 1053), also das Nichtentstehen der Forderung behaupten, Erfüllung, Rücktritt, Widerruf, Aufrechnung, Erlass geltend machen oder die Einrede des nichterfüllten Vertrages erheben. Wenn er das Bestehen seiner Verpflichtung bestreitet, muss *der Gläubiger gegen ihn Klage erheben*, nicht anders, als wenn der Schuldner die Forderung durchsetzen wollte. In diesem Prozess muss der Gläubiger dem Schuldner den Streit verkünden, § 841 (vgl. Rn. 455 ff.). Der Gläubiger kann die gepfändete und überwiesene Forderung gegen den Drittschuldner nur dann vollstrecken, wenn er einen *besonderen Titel für diese Forderung* hat. Eine Vollstreckung aus dem gegen den Schuldner gerichteten Titel ist gegen den Drittschuldner nicht möglich. Die Rechtskraft eines Urteils über den kontradiktorischen Gegenanspruch, das in einem Rechtsstreit zwischen dem Schuldner und dem Drittschuldner zu dessen Gunsten ergangen ist, wirkt nicht auch im Verhältnis zwischen Vollstreckungsgläubiger und Drittschuldner (*BGH* NJW 1996, 395).

650 Wenn eine Geldforderung *für mehrere Gläubiger* gepfändet worden ist, kann dies für den Drittschuldner ein *Risiko* mit sich bringen, weil er nicht sicher sein kann, an den Gläubiger zu leisten, dessen Pfändungspfandrecht den besten Rang hat. Er ist deshalb berechtigt, den Betrag *zu hinterlegen* (§ 853). Auf Verlangen eines Gläubigers ist er dazu verpflichtet.

651 Eine *besondere Pflicht* bringt die Pfändung aber doch für den Drittschuldner mit sich. Er muss binnen zwei Wochen die in § 840 Abs. 1 vorgesehenen *Erklärungen* abgeben. Einen Anspruch auf Erstattung der dadurch entstehenden Kosten hat er weder gegen den betreibenden Gläubiger, noch gegen den Schuldner (*BGH* NJW 2010, 1674, 1675; Stein/Jonas/*Brehm* § 840 Rn. 34; a. A. noch MünchKomm/*Smid* § 840 Rn. 8). Bei Verletzung der Erklärungspflicht kann sich der Drittschuldner schadensersatzpflichtig machen (§ 840 Abs. 2 S. 2), wenn ihn ein Verschulden trifft (*BGH* NJW 1981, 990; zum Umfang des Schadensersatzanspruchs BGHZ 98, 291; *BAG* NJW 1990, 2643). Ein einklagbarer Erklärungsanspruch ergibt sich aus § 840 nicht (BGHZ 91, 126).

Von praktischer Bedeutung ist die sog. *Vorpfändung* (§ 845; hierzu *Hascher/Lammers*, DGVZ 2009, 92 und *Schöler*, MDR 2009, 184), durch die der Gläubiger schon vor der Pfändung eine Sperrwirkung herbeiführen kann. Zukünftig kann sie der Gerichtsvollzieher ohne vollstreckbare Ausfertigung und Zustellung vornehmen (§§ 802 a Abs. 2 Nr. 5 n. F., 845)

652

VIII. Die Pfändung und Überweisung von Hypothekenforderungen

Für die Pfändung von *hypothekarisch gesicherten Forderungen* bestehen einige Besonderheiten. Ebenso wie im materiellen Recht eine getrennte Übertragung von Forderung und Hypothek *unmöglich* ist (§§ 1153 Abs. 2, 1274 BGB), so gibt es auch *keine getrennte Pfändung* in der Zwangsvollstreckung. Für die Durchführung der Pfändung ist zwischen *Buch- und Briefhypothek* zu unterscheiden. Bei der Buchhypothek muss neben dem Pfändungsbeschluss die Eintragung der Pfändung im Grundbuch erfolgen; sie wird aufgrund des Pfändungsbeschlusses vorgenommen (§ 830 Abs. 1 S. 3). Bei der Briefhypothek ist außer dem Pfändungsbeschluss die Übergabe des Hypothekenbriefes erforderlich; dessen Wegnahme kann im Wege der Zwangsvollstreckung (§§ 883 ff.) durch den Gerichtsvollzieher erfolgen (§ 830 Abs. 1 S. 1 u. 2, sog. Hilfsvollstreckung). Ohne Briefübergabe oder Grundbucheintragung ist die Pfändung unvollständig und wirkungslos (*BGH* NJW 1994, 3225 m. w. N.). Die Zustellung des Pfändungsbeschlusses an den Drittschuldner ist zur Wirksamkeit der Pfändung nicht erforderlich; sie kann aber den Zeitpunkt der Pfändung vorverlegen (§ 830 Abs. 2).

653

Die *Verwertung* erfolgt auch bei Hypothekenforderungen durch Überweisung an Zahlungs statt oder zur Einziehung, wobei die Überweisung an Zahlungs statt bei einer Hypothek mit sicherer Rangstelle für den Gläubiger durchaus vorteilhaft sein kann. Erforderlich ist wieder ein *Überweisungsbeschluss*. Bei der Briefhypothek genügt dessen Aushändigung an den Gläubiger (der den

Brief ja bereits hat, § 830 Abs. 1 S. 1), die Zustellung an den Drittschuldner ist nicht erforderlich (§ 837 Abs. 1 S. 1). Bei einer Buchhypothek ist die Eintragung im Grundbuch im Falle der Überweisung an Zahlungs statt erforderlich (weil der Gläubiger neuer Inhaber der Hypothek wird), sonst nicht (§ 837 Abs. 1 S. 2). Der Überweisungsbeschluss setzt eine wirksame Pfändung voraus (*BGH* a. a. O.; Stein/Jonas/*Brehm* § 835 Rn. 3) und darf deshalb erst nach Eintagung der Pfändung bzw. Briefübergabe, nicht jedoch schon gemeinsam mit dem Pfändungsbeschluss erlassen werden (*BGH* a. a. O.).

§ 79. Die Zwangsvollstreckung in Herausgabe- und Leistungsansprüche

654 Auch dingliche oder schuldrechtliche Ansprüche auf Herausgabe oder Leistung (Übereignung) können Gegenstand der Zwangsvollstreckung sein. Die Zwangsvollstreckung erfolgt nach den Vorschriften über die Zwangsvollstreckung in Geldforderungen (§ 846). Die §§ 847 bis 849 enthalten aber Sonderregelungen.

I. Ansprüche auf Herausgabe oder Leistung beweglicher Sachen

655 Die Vollstreckung in diese Ansprüche erfolgt durch *Pfändungs- und Überweisungsbeschluss*. Für die Verwertung kann jedoch nicht *dasselbe* gelten wie für Geldforderungen. Der Gläubiger hat einen Anspruch auf eine bestimmte Geldleistung. Eine Geldforderung des Schuldners kann er einziehen, und er bekommt das, worauf er einen Anspruch hat. Wenn sich aber der Anspruch des Schuldners gegen den Drittschuldner auf Herausgabe oder Leistung bestimmter Sachen richtet, ist *die Einziehung durch den Gläubiger nicht möglich,* weil der Gläubiger etwas bekäme, worauf er *keinen Anspruch* hat. Deshalb ist bei den Herausgabe- und Leistungsansprüchen eine *Überweisung an Zahlungs statt ausgeschlossen* (§ 849).

Auch bei der *Überweisung zur Einziehung* erfolgt eine *Modifizierung.* Im Pfändungs- und Überweisungsbeschluss wird angeordnet, dass die Sache an einen vom Gläubiger zu beauftragenden (dabei handelt es sich nicht um einen Auftrag i.S. des BGB, Rn. 514) *Gerichtsvollzieher* herauszugeben sei (§ 847 Abs. 1). Wenn der Schuldner noch nicht Eigentümer der Sache ist (bei Leistungsansprüchen), so erwirbt er damit das *Eigentum*. Der Gerichtsvollzieher wird dabei als sein *Vertreter* angesehen (§§ 1287 S. 1 BGB, 847a Abs. 2, 848 Abs. 2). Der Gläubiger hat aufgrund der Pfändung nur ein *Pfändungspfandrecht* an dem Herausgabe- oder Leistungsanspruch des Schuldners erlangt. Er bekommt *mit der Herausgabe der Sache ohne Weiteres an dieser ein Pfändungspfandrecht*. Die Sache wird dann von dem Gerichtsvollzieher wie eine gepfändete Sache *verwertet,* also i.d.R. *versteigert* (§ 847 Abs. 2).

Wenn der Drittschuldner die Sache *nicht freiwillig herausgibt oder leistet,* muss der Gläubiger gegen ihn aufgrund der Pfändung und Überweisung auf Herausgabe an den Gerichtsvollzieher oder auf Herausgabe an den Gerichtsvollzieher und Übereignung an den Schuldner, vertreten durch den Gerichtsvollzieher, *klagen*. Ist der Anspruch des Schuldners noch von einer *Gegenleistungspflicht* (Zahlung des Kaufpreises) abhängig, wird dieses Verfahren für den Gläubiger i.d.R. wenig sinnvoll sein. Bei mehrfacher Pfändung eines Anspruchs auf Herausgabe oder Leistung beweglicher Sachen hat der Drittschuldner das Recht bzw. die Pflicht zur *Hinterlegung* (§ 854).

II. Ansprüche auf Herausgabe oder Leistung unbeweglicher Sachen

Die Zwangsvollstreckung in Ansprüche auf *Herausgabe* oder *Leistung* von *Grundstücken* ist entsprechend der Vollstreckung bei beweglichen Sachen geregelt. Auch hier wird der Anspruch *gepfändet* und *überwiesen,* verbunden mit der Anordnung, dass das Grundstück an einen auf Antrag des Gläubigers vom Amtsgericht der belegenen Sache zu bestellenden *Sequester (Treuhänder)* herauszugeben sei (§ 848 Abs. 1). Wenn der Anspruch auf Übertragung des Eigentums gerichtet ist, hat die *Auflassung an den Sequester als Vertreter des Schuldners* zu erfolgen. Mit dem Übergang des Eigentums erlangt dann der Gläubiger eine *Sicherungshypothek für seine Forderung,* deren Eintragung der Sequester zu bewilligen hat (§ 848 Abs. 2).

Für die Geltendmachung der überwiesenen Ansprüche gilt dasselbe wie bei den Ansprüchen auf bewegliche Sachen. Bei mehrfacher Pfändung kann bzw. muss der Drittschuldner das Grundstück an einen Sequester herausgeben (§ 855).

Die Zwangsvollstreckung in das herausgegebene oder übereignete *Grundstück* erfolgt nach den *Vorschriften über die Zwangsvollstreckung in unbewegliche Sachen,* also in erster Linie nach dem ZVG (§ 848 Abs. 3).

§ 80. Die Zwangsvollstreckung in andere Vermögensrechte

Literatur: *Ahrens,* Personengesellschaft und -gesellschafter als Drittschuldner des Pfändungs- und Überweisungsbeschlusses, ZZP 103, 34; *Berger,* Das Vollwertigkeitsprinzip als Voraussetzung der Pfändung von Einlageforderungen bei Kapitalgesellschaften, ZZP 107, 43; *ders.,* Zwangsvollstreckung in „Internet-Domains", Rpfleger 2002, 181; *Geißler,* Die Verwertung der Sicherungsgrundschuld in der Zwangsversteigerung, JuS 1990, 284; *Heuer,* Der GmbH-Anteil in der Zwangsvollstreckung, ZIP 1998, 405; *Lwowski,* Auf dem Weg zur europäischen Informationsgesellschaft – Zur Übertragbarkeit und Pfändbarkeit von de- und eu-Domains, WM 2001, 1135; *Marotzke,* Wie pfändet man Miteigentumsanteile an beweglichen Sachen?, Erlanger FS Schwab, 1990, 277; *Repenn,* Pfändung und Verwertung von Warenzeichen, NJW 1994, 175; *Schuschke,* Die Zwangsvollstreckung in Sondernutzungsrechte, NZM 1999, 830; *Smid,* Probleme der Pfändung von Anteilen an Personengesellschaften, JuS 1988, 613; *Sosnitza,* Die Zwangsvollstreckung in Persönlichkeitsrechte – Plädoyer für eine Neuorientierung, JZ 2004, 992; *Tempel,* Zwangsvollstreckung in Grundpfandrechte, JuS 1967, 75, 117, 167, 215, 268; *Welzel,* Zwangsvollstreckung in Internet-Domains, MMR 2001, 131; *Zimmermann,* Das Erfinderrecht in der Zwangsvollstreckung, GRUR 1999, 121.

I. Die in Frage kommenden Rechte

657 Auch *andere Vermögensrechte* als die bisher behandelten können Gegenstand der Zwangsvollstreckung wegen Geldforderungen sein. Voraussetzung ist, dass sie *übertragbar* sind (§ 857 Abs. 1 verweist auf § 851).

Der vertragliche Ausschluss der Übertragbarkeit hindert die Vollstreckung nicht (§ 851 Abs. 2). § 857 Abs. 3 *erweitert* die Pfändbarkeit darüber hinaus: Ein unveräußerliches Recht ist der Pfändung insoweit unterworfen, als die Ausübung einem anderen überlassen werden kann. Dies ist dann der Fall, wenn die *Rechtsausübung nicht notwendigerweise an die Person des Rechtsin-*

§ 80. Zwangsvollstreckung in andere Vermögensrechte   571

habers gebunden ist; so etwa beim *Nießbrauch* (§ 1059 BGB). Nicht pfändbar sind Rechte, die keine Vermögensrechte sind, also Namensrechte und unselbständige Gestaltungsrechte. Das allgemeine Persönlichkeitsrecht hinsichtlich seiner vermögensrechtlichen Seite grundsätzlich für pfändbar hält *Sosnitza* (JZ 2004, 992 mit Bezug auf BGHZ 143, 214).

Pfändbar sind danach *Patent- und Urheberrechte, Grund- und Rentenschulden* (§ 857 Abs. 6), auch die *Eigentümergrundschuld, selbständige Gestaltungsrechte* (z.B. *Vor- und Wiederkaufsrechte* [§§ 463ff., 456ff. BGB]*;* differenzierend *BGH* MDR 2003, 776), Ansprüche auf Abtretung einer Forderung, Sondernutzungsrechte beim Wohnungseigentum, kraft ausdrücklicher gesetzlicher Anordnung auch der *Gesellschafts- und der Nachlassanteil* (§ 859 Abs. 1 u. 2), Ansprüche auf Aufhebung einer Gemeinschaft (*BGH* NJW 2006, 849 = JuS 2006, 465 [*K. Schmidt*]) und *Anwartschaften.* Deren Pfändung hat große Schwierigkeiten verursacht, weil sie nicht gesetzlich geregelt ist (für Einzelheiten s. Rn. 661ff.). Schließlich erfolgt die Vollstreckung in *Internet-Domains* nach § 857 (dazu *Boecker,* MDR 2007, 1234). Gegenstand der Pfändung ist, da die Internet-Domain kein absolutes Recht gewährt, die Gesamtheit der schuldrechtlichen Ansprüche aus dem Vertragsverhältnis mit der Vergabestelle (DENIC). Diese Ansprüche sind auf die Eintragung der Domain und deren Aufrechterhaltung gerichtet (*BGH* NJW 2005, 3353 = JuS 2006, 86 [*K. Schmidt*]; zur Verwertung gem. § 844 *LG Mönchengladbach* MDR 2005, 118; s. Literaturhinweise zu § 80).

II. Die Durchführung der Pfändung

§ 857 Abs. 1 verweist auf die Vorschriften über die Pfändung   658
von Forderungen und anderen Ansprüchen. Die *Pfändung* erfolgt also durch *Beschluss des Vollstreckungsgerichts,* der dem *Drittschuldner zuzustellen* ist (§ 829 Abs. 3). Häufig gibt es bei den sonstigen Vermögensrechten keinen Drittschuldner im strengen Sinne. Die Zustellung erfolgt dann an die an dem *Recht Beteiligten,* z.B. an die Miterben, wenn ein Miterbenanteil gepfändet wird. In anderen Fällen, in denen weder Drittschuldner noch Beteiligte vorhanden sind (etwa bei Urheber- und Patentrechten), besteht keine Notwendigkeit, Dritte an der Pfändung zu beteiligen. Die Pfändung erfolgt dann durch *Zustellung des Beschlusses an den Schuldner selbst* (§ 857 Abs. 2).

III. Die Verwertung

659 Die *Verwertung* kann nur dann durch *Überweisung* des Rechts stattfinden, wenn der Gläubiger an die Stelle des Schuldners treten kann. Das Gericht kann aber *eine andere Art der Verwertung* anordnen, so die Veräußerung eines Rechts, wenn dieses veräußerlich ist (§ 857 Abs. 5). Bei der Vollstreckung in unveräußerliche Nutzungsrechte, deren *Ausübung* einem anderen überlassen werden kann, kann das Gericht eine *Verwaltung* anordnen, deren Erträge dem Gläubiger zugute kommen (§ 857 Abs. 4; BGHZ 62, 136 zum Nießbrauch). Ist ein Anspruch auf Forderungsabtretung gepfändet, so kann der Gläubiger nur Abtretung an den Schuldner verlangen. Selbst erwirbt er damit ein Pfandrecht an der Forderung, das er verwerten kann (analog §§ 847, 848, § 1287 BGB; *BGH* MDR 1998, 1303).

Wenn der Anteil an der BGB-Gesellschaft, der OHG oder KG (nicht an den einzelnen zum Gesellschaftsvermögen gehörenden Gegenständen, § 859 Abs. 1 S. 2) gepfändet worden ist, kann der Gläubiger *nicht alle* aus dem Gesellschaftsverhältnis sich ergebenden Rechte wie etwa das Stimmrecht geltend machen (§ 725 Abs. 2 BGB). Er erhält nur das *Recht auf den Gewinnanteil*. Außerdem kann er nach § 725 Abs. 1 BGB die Gesellschaft kündigen, um die Auseinandersetzung herbeizuführen (§ 725 Abs. 1 BGB). Die Pfändung des Anteils erstreckt sich dann auf das *Auseinandersetzungsguthaben* (vgl. hierzu BGHZ 116, 222; *Gerhardt*, JZ 1992, 724; s. schon o. Rn. 552). Bei der OHG und der KG sind die Kündigungsrechte eingeschränkt (§§ 135, 161 Abs. 2 HGB).

Die *Verwertung eines Miterbenanteils* kann durch *Überweisung* an den Gläubiger erfolgen, der dann die Auseinandersetzung betreiben kann. Möglich ist auch die *Anordnung der Versteigerung* durch das Gericht.

IV. Die Pfändung und Verwertung der Eigentümergrundschuld

660 Über die Frage, wie die Pfändung *einer Eigentümergrundschuld* durchzuführen ist, besteht Streit. Zwei Wege sind denkbar: die Pfändung nach § 857 Abs. 2, weil kein Drittschuldner vorhanden ist, oder die Pfändung nach § 857 Abs. 6. Die h. M. geht nach

§ 857 Abs. 6 vor, weil es sich um eine Grundschuld handele (vgl. *Tempel,* JuS 1967, 215 m. w. N.). Es muss also nach den §§ 830, 857 gepfändet werden. Dabei ergeben sich Schwierigkeiten für den Gläubiger, wenn das Grundbuch nach Tilgung der Hypothek nicht berichtigt, sondern der Hypothekar noch eingetragen und im Besitz des Briefes ist. Der Gläubiger muss dann erst die Berichtigung des Grundbuchs und die Herausgabe des Briefes erreichen, was besonders dann nicht einfach ist, wenn die Hypothek nur zum Teil getilgt ist. Wenn man nach § 857 Abs. 2 vorgeht, ergeben sich diese Probleme nicht (vgl. Stein/Jonas/*Brehm* § 857 Rn. 60 ff. m. w. N.).

V. Die Pfändung und Verwertung der Anwartschaft

Fall: K hat unter Eigentumsvorbehalt eine wertvolle Musikanlage gekauft und 80 Prozent der Raten bezahlt. Anderes der Zwangsvollstreckung unterliegendes Vermögen hat er nicht. Der Gläubiger G möchte in die Anlage vollstrecken. Der Vorbehaltsverkäufer, der von dieser Absicht erfahren hat, kündigt an, er werde dies nicht hinnehmen.

Mit der aufschiebend bedingten Übereignung (s. § 449 BGB) erlangt der Vorbehaltskäufer eine *Anwartschaft.* Diese kann, je nachdem, in welcher Höhe die Raten bezahlt sind, einen erheblichen *wirtschaftlichen Wert* verkörpern und deshalb als *Objekt der Zwangsvollstreckung* in Frage kommen. Ihre Pfändung und Verwertung *allein* wird kaum sinnvoll sein, weil Dritte am bloßen Erwerb der Anwartschaft nicht interessiert sein dürften. Die Pfändung der Sache kann der Vorbehaltseigentümer nach § 771 verhindern (**Fall 2,** Rn. 597). Die h. M. nimmt deshalb an, dass *sowohl die Anwartschaft (§ 857) als auch die Sache gepfändet (§ 808) werden müssen (sog. Theorie der Doppelpfändung;* dazu *Gaul/ Schilken/Becker-Eberhard* § 58 III 4 a). Durch die Pfändung der Anwartschaft wird verhindert, dass der Käufer noch darüber verfügt und der Zahlung der restlichen Raten nach § 267 Abs. 2 BGB widerspricht. Der Gläubiger kann dann die noch ausstehenden Raten bezahlen, die er als Kosten der Zwangsvollstreckung beitreiben kann. Damit geht das Eigentum auf den Schuldner über, und für den Vorbehaltsverkäufer entfällt die Möglichkeit, nach § 771 vorzugehen. Aufgrund der Pfändung der Sache kann dann deren Verwertung erfolgen. Für den Gläubiger ist dieses Verfahren freilich nur dann sinnvoll, wenn er von der Verwertung der

661

Sache einen Überschuss erwarten kann. Andernfalls verliert er die gezahlten Raten, ohne das ihm geschuldete Geld zu bekommen.

662 Neben der heute herrschenden Auffassung von der Doppelpfändung wird die Ansicht vertreten, es genüge die *Pfändung der Sache* (*Raiser,* Dingliche Anwartschaften, 1961, 91). Der Vorbehaltsverkäufer wird auf die Klage aus § 805 verwiesen. Dieser Auffassung liegt die Annahme zugrunde, dass das Vorbehaltseigentum nicht zur Drittwiderspruchsklage berechtige (anders die h. M., Rn. 597). Nach der sog. *Theorie der reinen Rechtspfändung* soll nur die Anwartschaft gem. § 857 Abs. 1 gepfändet werden. Das damit an der Anwartschaft entstehende Pfändungspfandrecht soll sich nach dem Bedingungseintritt analog § 1287 BGB, § 847 ohne Weiteres an der Sache selbst fortsetzen (*Baur/Stürner/Bruns* Rn. 32.17). Gegen diese Auffassung spricht, dass für die Pfändung von Rechten und beweglichen Sachen andere Formvorschriften gelten, deren Einhaltung Voraussetzung für die Wirksamkeit der Verstrickung ist. Die Sache ist aber nicht gepfändet und damit auch nicht verstrickt worden.

Auch eine Auflassungsanwartschaft kann gepfändet werden (BGHZ 106, 108). Bei Eigentumsübergang erwirbt der Pfändungsgläubiger dann eine Sicherungshypothek (§ 857 Abs. 1 i. V. m. § 848 Abs. 2; BGHZ 49, 197).

§ 81. Das Verteilungsverfahren

663 Wenn dieselbe Sache oder dasselbe Recht *für mehrere Gläubiger* gepfändet worden ist, erfolgt die Verteilung des Erlöses nach dem *Rang der Pfändungspfandrechte* (§ 804 Abs. 3). Dabei werden sich keine Probleme ergeben, wenn der Erlös für alle Gläubiger ausreicht. Ist dies nicht der Fall und streiten die Gläubiger über die Verteilung, so kann der Gerichtsvollzieher (§§ 827 Abs. 2 u. 3; 854 Abs. 2 u. 3) oder der Drittschuldner das Geld *hinterlegen* (§ 853). Es muss dann ein *besonderes Verteilungsverfahren* durchgeführt werden (§§ 872 ff.).

Das Verfahren wird vom Amtsgericht (durch den Rechtspfleger, § 20 Nr. 17 RPflG) *von Amts wegen* durchgeführt (§ 873). Die Gläubiger haben ihre Forderungen innerhalb von zwei Wochen *anzumelden.* Dann fertigt das Gericht einen *Teilungsplan* an (§ 874 Abs. 1), in den alle Gläubiger aufzunehmen sind (vgl. § 874 Abs. 3). Das Gericht muss dabei den *Rang* der einzelnen Forderungen *feststellen.* Dies kann vor allem aufgrund der h. M. von den Voraussetzungen für das Entstehen der Pfändungspfandrechte Schwierigkeiten bereiten (Rn. 611). In einem besonderen *Verteilungstermin* haben sich die Gläubiger über den Teilungsplan zu erklären (§ 875 Abs. 1). Wenn kein Widerspruch erhoben wird, wird der Plan *ausgeführt,* d. h. der *Erlös verteilt* (§ 876 Abs. 1 S. 1). Dasselbe gilt, wenn ein Gläubiger in dem Termin nicht erschienen ist (§ 877 Abs. 1).

Ein widersprechender Gläubiger muss innerhalb eines Monats gegen die beteiligten Gläubiger Widerspruchsklage erheben (§ 878 Abs. 1; zur Zuständigkeit s. § 879). Er macht damit geltend, dass er ein besonderes Recht auf den Erlös habe, dass ein Pfändungspfandrecht im Rang vorgehe, und muss dies beweisen. Misslingt der Beweis, wird die Klage *abgewiesen* und der Teilungsplan *ausgeführt*. Wenn die Klage begründet ist, kann das Gericht entweder selbst die *Änderung* des Planes vornehmen oder die Anfertigung eines *anderen Planes* anordnen (§ 880). Hat der Gläubiger die Erhebung der Widerspruchsklage versäumt, kann er gegen den unberechtigterweise bevorzugten Gläubiger eine Bereicherungsklage erheben (§ 878 Abs. 2). Eine Erinnerung gem. § 766 gegen vorangegangene, fehlerhafte Pfändungen konkurrierender Gläubiger ist im Verteilungsverfahren ausgeschlossen (*Lippross* Rn. 279).

19. Kapitel. Die Zwangsvollstreckung wegen Geldforderungen in das unbewegliche Vermögen

§ 82. Einführung

I. Die Gegenstände der Zwangsvollstreckung in das unbewegliche Vermögen

Literatur: *Böttcher,* ZVG, 5. Aufl., 2010; *Gerhardt,* Grundzüge und Probleme der Zwangsversteigerung, JA 1981, 12; *Meier,* Die Zwangsvollstreckung in Immobilien, JuS 1992, 650; *Stöber,* ZVG, 19. Aufl., 2009.

664 Dies sind in erster Linie *Grundstücke* mit wesentlichen und unwesentlichen *Bestandteilen* sowie *Miteigentumsanteile* (§ 864 Abs. 1). Außerdem kommen in Betracht *grundstücksgleiche Rechte,* vor allem das *Erbbaurecht* und das *Wohnungseigentum* (§ 864 Abs. 1), und die Gegenstände, auf die sich die Hypothek erstreckt (§ 865, §§ 1120 ff. BGB). Zur Konkurrenz von Mobiliar- und Immobiliarvollstreckung vgl. §§ 810, 865 Abs. 2.

II. Die Arten der Zwangsvollstreckung

665 Die Zwangsvollstreckung kann erfolgen durch Eintragung einer *Sicherungshypothek* für die Forderung *(Zwangshypothek),* durch *Zwangsversteigerung* und durch *Zwangsverwaltung* (§ 866 Abs. 1). Der Gläubiger hat unter diesen Maßnahmen die *freie Wahl,* er kann auch verlangen, dass mehrere nebeneinander ausgeführt werden (§ 866 Abs. 2). Voraussetzung für die Vollstreckung ist das *Vorliegen eines Titels.* Dieser muss *nicht* auf Duldung der Zwangsvollstreckung (aus einer Hypothek oder Grundschuld) gerichtet sein. Er kann auch auf *Zahlung eines bestimmten Geldbetrages* lauten. Mit der Immobiliarvollstreckung können also auch normale Forderungen durchgesetzt werden (zur Frage des Ranges Rn. 674).

III. Das Verfahren

666 *Vollstreckungsorgan* ist für die Zwangsversteigerung und die Zwangsverwaltung das *Amtsgericht* der belegenen Sache (§ 1 Abs. 1 ZVG), das durch den

Rechtspfleger tätig wird (§ 3 Nr. 1 lit. i RPflG), für die *Zwangshypothek* das *Grundbuchamt* (§ 867 Abs. 1, § 3 Nr. 1 lit. h RPflG).

Alle Vollstreckungsmaßnahmen erfolgen nur *auf Antrag* (§ 867 Abs. 1, §§ 15, 16, 146 ZVG), die Zustellungen erfolgen aber von Amts wegen (§ 3 ZVG, was sich auch aus § 166 Abs. 2 ergäbe). Gegen die Ablehnung des Antrags ist die sofortige Beschwerde zulässig (§ 793, § 11 Abs. 1 RPflG).

IV. Die Beteiligten

Anders als bei der Mobiliarvollstreckung werden von der Zwangsversteigerung und der Zwangsverwaltung *nicht nur Gläubiger und Schuldner betroffen.* Auch die Interessen der Mieter und Pächter sowie die der sog. Realgläubiger werden berührt. Das Gesetz erkennt sie deshalb als *Beteiligte* des Verfahrens neben Gläubiger und Schuldner an, außerdem auch denjenigen, der behauptet, der wirkliche Eigentümer zu sein (§ 9 ZVG). 667

Die Beteiligten haben das Recht, von allen gerichtlichen Maßnahmen *benachrichtigt* zu werden (z. B. §§ 41, 103, 105 ZVG) und *bestimmte Anträge* zu stellen (z. B. §§ 59, 72, 97 ZVG).

§ 83. Die Zwangshypothek

Literatur: *Habermeier,* Die Zwangshypothek der Zivilprozeßordnung, 1989; *Hintzen,* Antragsprobleme bei der Zwangshypothek, Rpfleger 1991, 286; G. *Lüke,* Die Auswirkungen der öffentlich-rechtlichen Theorie der Zwangsvollstreckung auf die Zwangshypothek, NJW 1954, 1669; *Wacke,* Die Nachteile des Grundbuchzwangs in der Liegenschaftsvollstreckung und bei der Gläubigeranfechtung, ZZP 82, 377.

Durch die *Zwangshypothek* erreicht der Gläubiger eine *Sicherung seiner Forderung:* Er erhält ein dingliches Recht und damit eine Rangstelle bei der Zwangsversteigerung (§ 10 Abs. 1 Nr. 4 ZVG). Befriedigt wird er dadurch noch nicht. Für den Fall einer späteren Insolvenz des Schuldners wird deshalb eine im letzten Monat vor dem Eröffnungsantrag oder danach eingetragene Zwangshypothek mit Verfahrenseröffnung unwirksam, weil sie eine Sicherung durch Zwangsvollstreckung (§ 88 InsO) darstellt. Um eine Befriedigung zu erreichen, muss der Gläubiger in jedem Fall aus der Zwangshypothek die *Zwangsversteigerung* oder *-verwaltung* betreiben. Dazu genügt gem. § 867 Abs. 3 der vollstreckbare Titel, aufgrund dessen die Hypothek eingetragen worden 668 ist. Die Zwangshypothek ist eine Sicherungshypothek (§ 867 Abs. 1).

Es gibt also keinen Schutz des guten Glaubens hinsichtlich der durch die Zwangshypothek gesicherten Forderung (§§ 1184 ff. BGB). Die Eintragung kann nur für einen Betrag über mehr als 750,– Euro erfolgen (§ 866 Abs. 3; zur Belastung mehrerer Grundstücke vgl. § 867 Abs. 2 sowie *BGH* NJW 1991, 2022). Mit der Befürwortung der Rechtsfähigkeit einer Außen-GbR entstand Streit darüber, ob zugunsten einer solchen BGB-Außengesellschaft (Rn. 112), die im Titel als Gläubigerin genannt ist, unter ihrem Namen eine Zwangshypothek eingetragen werden kann (s. *BGH* NJW 2009, 594 ff. m.w.N., im Ergebnis bejahend). Der Gesetzgeber hat darauf mit Einführung von § 47 Abs. 2 GBO reagiert (krit. hierzu *Scherer*, NJW 2009, 3063). Nach dieser Bestimmung sind stets auch die Gesellschafter in das Grundbuch einzutragen, wenngleich Rechtsinhaberin die GbR als solche bleibt (zu den Problemen bei Übergangsfällen *Hügel/Reetz* § 47 Rn. 106 ff.; zur Vollstreckung unter neuer Rechtslage s. *BGH* ZIP 2011, 119, dazu *Demharter*, EWiR 2011, 99). Der Titel muss daher auch die Gesellschafter aufführen und diese müssen mit den im Grundbuch eingetragenen übereinstimmen; bei einem Gesellschafterwechsel gilt § 727 entsprechend (*BGH* NJW 2011, 615 = JuS 2011, 364 mit Anm. *K. Schmidt*).

669 Die Eintragung erfolgt auf (formlosen) *Antrag* des Gläubigers (§ 867 Abs. 1). Voraussetzung ist ein *Vollstreckungstitel* (der auch ein Prozessvergleich sein kann) über eine Geldforderung. Ein Anspruch auf Einräumung einer Hypothek wird nicht nach den §§ 867 ff., sondern nach § 894 vollstreckt. Wird der Titel oder seine vorläufige Vollstreckbarkeit aufgehoben oder besteht die Forderung nicht oder geht sie unter, so erwirbt der Eigentümer des Grundstücks die Hypothek (§ 1163 BGB, § 868), die zur *Eigentümergrundschuld* wird (§ 1177 BGB).

670 Bei der Eintragung der Zwangshypothek handelt es sich *gleichzeitig* um einen *Akt der Zwangsvollstreckung* und um eine *Maßnahme der freiwilligen Gerichtsbarkeit*. Es müssen deshalb sowohl die Voraussetzungen der Zwangsvollstreckung als auch die grundbuchmäßigen Voraussetzungen vorliegen. Nach h.M. sind *nicht die Rechtsbehelfe des Vollstreckungsverfahrens* (§§ 766, 793), sondern die der *Grundbuchordnung* gegeben *(Beschwerde* nach §§ 71 ff. GBO und *Rechtsbeschwerde* nach § 78 GBO). Gegen eine vollzogene Eintragung gibt es keine Erinnerung, aber die Beschwerde mit dem Antrag auf Löschung oder Eintragung eines Widerspruchs durch das Grundbuchamt gem. § 71 Abs. 2 S. 2 GBO (vgl. *B/L/A/H* § 867 Rn. 25).

§ 84. Die Zwangsversteigerung

Literatur: *Piekenbrock/Schmidt-Volkmar*, Die Übernahme nicht voll valutierender Grundpfandrechte in der Zwangsversteigerung, Jura 2009, 641.

I. Der Zweck der Zwangsversteigerung

Die Zwangsversteigerung hat den Zweck, das *Grundstück zu Geld zu machen*. Sie ist für den Schuldner die schwerwiegendste Vollstreckungsmaßnahme, *weil er sein Eigentum verliert*. Sie ist die geeignete Vollstreckungsart für *Forderungen über große Geldbeträge* oder *für die dinglichen Gläubiger*, die die Haftung des Grundstücks realisieren wollen. 671

II. Der Anordnungsbeschluss

Die *Anordnung* der Zwangsversteigerung erfolgt auf *Antrag* (§ 16 ZVG) durch das *Vollstreckungsgericht* (§ 15 ZVG). Voraussetzung ist das Vorliegen eines *vollstreckbaren Titels*, der zugestellt sein muss. Ein anderer antragsberechtigter Gläubiger kann sich dem Verfahren anschließen (§ 27 ZVG). Der *Schuldner muss als Eigentümer im Grundbuch eingetragen* oder *Erbe des Eigentümers* sein (§ 17 ZVG; entsprechend anwendbar auf erbgangsgleiche Universalsukzession, *BGH* NJW 2011, 525). Anders als bei der Mobiliarvollstreckung werden also die Eigentumsverhältnisse vom Vollstreckungsorgan nachgeprüft. Liegen die erforderlichen Voraussetzungen vor, ergeht der *Anordnungsbeschluss*, der dem Schuldner zugestellt wird (§ 22 Abs. 1 ZVG; dazu *BGH* NJW 2011, 528). Damit wird er wirksam. Das Grundbuchamt wird um *Eintragung des Versteigerungsvermerks* ersucht (§ 19 ZVG). 672

Der Beschluss, der die Zwangsvollstreckung anordnet, gilt zugunsten des Gläubigers als *Beschlagnahme des Grundstücks* (§ 20 ZVG). Diese hat die Wirkung eines *Veräußerungsverbotes* zugunsten des betreibenden Gläubigers (§ 23 Abs. 1 ZVG, §§ 135, 136 BGB). Durch die Beschlagnahme erlangt der Gläubiger außerdem *das Recht auf Befriedigung aus dem Grundstück* (§ 10 Abs. 1 Nr. 5 ZVG; ein Pfändungspfandrecht kennt das ZVG nicht). 673

III. Die Bedingungen der Versteigerung

674 Bei der Versteigerung wirkt sich bereits die *Rangfolge* aus, nach der die Gläubiger zu befriedigen sind. Diese ist in § 10 ZVG festgelegt. Von besonderer Bedeutung sind die Gläubiger in § 10 Abs. 1 Nr. 4 ZVG, also die *dinglichen Gläubiger* (etwa die Inhaber von Hypotheken und Grundschulden). Wenn mehrere Gläubiger unter diese Rangklasse fallen, entscheidet das materielle Recht über den Rang (§ 11 ZVG, § 879 BGB). Dies gilt vor allem dann, wenn das Grundstück mit mehreren beschränkt dinglichen Rechten belastet ist. Erst nach diesen in Nr. 4 angeführten Gläubigern kommt der die Zwangsvollstreckung *betreibende Gläubiger* (§ 10 Abs. 1 Nr. 5 ZVG), es sei denn, dass er in einer der vorhergehenden Rangklassen zu befriedigen ist (etwa die Zwangsvollstreckung aus einer erstrangigen Hypothek betreibt). Unter mehreren nicht vorrangigen Gläubigern der Rangklasse nach § 10 Abs. 1 Nr. 5 ZVG gilt gem. § 11 Abs. 2 ZVG wie in der Mobiliarvollstreckung das Prioritätsprinzip (Rn. 610).

675 Für die Versteigerung gilt, dass *die dem betreibenden Gläubiger im Range vorgehenden Gläubiger durch die Vollstreckung nicht gefährdet werden dürfen.* Dies wird durch das sog. *Deckungsprinzip,* d.h. die Regelung erreicht, dass bei der Versteigerung nur ein solches Gebot zugelassen wird, durch das alle dem betreibenden Gläubiger nach § 10 Abs. 1 ZVG vorgehenden Rechte sowie die Kosten des Verfahrens gedeckt werden, sog. *geringstes Gebot* (§ 44 Abs. 1 ZVG; seine Feststellung erfolgt nach den §§ 45 ff. ZVG). Der vorrangige Gläubiger läuft also nicht Gefahr, dass er mit seinem Recht ausfällt, indem das Grundstück zu einem Betrag zugeschlagen wird, der zur Deckung dieses Rechts nicht ausreicht.

Wenn etwa der betreibende Gläubiger aus einer an zweiter Rangstelle stehenden Hypothek vollstreckt, der eine erstrangige Hypothek über 100.000,– Euro vorgeht, so beträgt das geringste Gebot 100.000,– Euro zzgl. der Kosten des Verfahrens (wenn keine Gläubiger vorhanden sind, die in die Rangklassen des § 10 Abs. 1 Nr. 1–3 ZVG fallen).

676 Die in das geringste Gebot fallenden Rechte müssen *vom Ersteher nicht bar bezahlt werden.* Eine solche Regelung wäre denkbar, die vorangehenden Gläubiger könnten daraus befriedigt, ihre Rechte könnten gelöscht werden *(Löschungsprinzip).* Der

§ 84. Die Zwangsversteigerung

Nachteil dieser Regelung wäre, dass der Ersteher zusätzliches Bargeld benötigen würde und meistens gezwungen wäre, das Grundstück dafür sofort wieder zu belasten. Das Gesetz sieht deshalb vor, dass die *vorgehenden Rechte bestehen bleiben und vom Erwerber übernommen werden* (§ 52 Abs. 1 S. 1 ZVG, sog. *Übernahmeprinzip).* Somit muss der Ersteher nur die Kosten des Verfahrens und den auf die in § 10 Abs. 1 Nr. 1–3 ZVG genannten Rechte entfallenden Betrag sowie den das geringste Gebot übersteigenden Teil des Meistgebots bar bezahlen *(Bargebot,* § 49 Abs. 1 ZVG).

Wenn dem betreibenden Gläubiger eine Hypothek über 100.000,- Euro vorgeht, 5.000,- Euro Steuern zu bezahlen sind (§ 10 Abs. 1 Nr. 3 ZVG) und das Grundstück für 220.000,- Euro zugeschlagen worden ist, muss der Erwerber nur 120.000,- Euro und die Kosten des Verfahrens bar bezahlen.

Die Regelung des geringsten Gebots berücksichtigt nur die Interessen des vorangehenden Gläubigers, *nicht die des betreibenden Gläubigers.* Dieser kann mit seiner Forderung ganz oder zum Teil ausfallen, wenn nur der dem geringsten Gebot entsprechende Betrag oder wenig mehr geboten wird. Er kann versuchen, ein höheres Meistgebot zu erreichen, indem er *selbst mitbietet* und sich gegebenenfalls den Zuschlag erteilen lässt. 677

Auch die *Interessen der nachrangigen Gläubiger* werden durch das geringste Gebot nicht immer gewahrt. Wenn das Grundstück nur wenig belastet und das geringste Gebot entsprechend niedrig ist, könnte das Grundstück *weit unter Wert zugeschlagen werden* und diese Gläubiger könnten dann mit ihren Rechten ausfallen. Der Gesetzgeber hat deshalb das sog. materielle Mindestgebot eingeführt (§§ 74a, b ZVG). Danach darf auf Antrag eines (benachteiligten) Gläubigers der Zuschlag im ersten Termin nicht erteilt werden, wenn das Meistgebot einschließlich der bestehen bleibenden Rechte sieben Zehntel des Grundstückswertes (der nach § 74a Abs. 5 ZVG vom Vollstreckungsgericht festgesetzt wird) nicht erreicht. Der *Schuldnerschutz* ist durch Einführung des § 85a ZVG verstärkt worden (vgl. dazu *Müller,* NJW 1979, 908). In einem zweiten Termin kann allerdings der Zuschlag weder aus den Gründen des § 74a ZVG noch aus denen des § 85a ZVG versagt werden (§§ 74a Abs. 4, 85a Abs. 2). Das Bundesverfassungsgericht hat in mehreren Entscheidungen außerdem festgestellt, dass die Erteilung des Zuschlags auf ein weit unter dem 678

Wert des Grundstücks liegendes Gebot sowohl gegen Art. 3 GG (Gleichheitssatz und Willkürverbot), als auch gegen die Eigentumsgarantie des Art. 14 GG verstoßen kann (BVerfGE 42, 64; 49, 220; dazu *Gerhardt*, ZZP 95, 467).

IV. Der Versteigerungstermin

679 Angesichts der auf dem Spiele stehenden wirtschaftlichen Interessen ist die Durchführung der Versteigerung von unbeweglichen Sachen wesentlich *genauer geregelt* als die von beweglichen Sachen.

680 Die Versteigerung erfolgt durch das *Vollstreckungsgericht* (§ 35 ZVG), das den Versteigerungstermin bestimmt (§ 36 ZVG; der *Inhalt dieses Beschlusses* ist zwingend vorgeschrieben, § 37 ZVG). Die Terminsbestimmung wird bekannt gemacht (§§ 39 ff. ZVG) und den Beteiligten zugestellt (§ 41 ZVG).

681 Im *ersten Abschnitt* des Versteigerungstermins erfolgt eine Reihe von *Bekanntmachungen;* außerdem werden das *geringste Gebot* und die *Versteigerungsbedingungen festgestellt* (§ 66 Abs. 1 ZVG). Daran schließt sich die *eigentliche Versteigerung* an, die mindestens 30 Minuten dauern muss (§ 73 ZVG). Sie beginnt mit der Aufforderung des Gerichts, Gebote abzugeben (§ 66 Abs. 2 ZVG). Diese Gebote sind *privatrechtliche Willenserklärungen.* Bei jedem Gebot muss das Gericht entscheiden, ob es zugelassen oder zurückgewiesen wird (§ 71 ZVG). Mit der Zulassung eines höheren Gebots erlischt das Gebot (§ 72 Abs. 1 ZVG). Das Gericht hat das *letzte Gebot und den Schluss der Versteigerung zu verkünden* (§ 73 Abs. 2 ZVG). Dann sind die anwesenden Beteiligten über den Zuschlag zu hören (§ 74 ZVG). Erst danach entscheidet das Gericht *über den Zuschlag durch Beschluss* (§ 87 ZVG; zum Inhalt des Beschlusses vgl. § 82 ZVG). Der Zuschlag muss bei Vorliegen der in §§ 83, 85, 85a ZVG genannten Gründe versagt werden. Eine Einstellung des Verfahrens erfolgt, wenn der Schuldner eine Zahlung des Betrages zur Befriedigung des Gläubigers und der Deckung der Kosten an die Gerichtskasse in bestimmter Form nachweisen kann (§ 75 ZVG).

V. Der Zuschlag

Der Zuschlag wird mit der *Verkündung wirksam* (§ 89 ZVG). 682
Der Ersteher wird *kraft Hoheitsakt Eigentümer des Grundstücks*
und der Gegenstände, auf die sich die Versteigerung erstreckt hat
(§ 90 ZVG; BGHZ 112, 59). Nutzungen und Lasten sowie die
Gefahr des zufälligen Untergangs gehen auf den Erwerber über
(§ 56 ZVG). Die Rechte, die nicht nach den Versteigerungsbedingungen bestehen bleiben sollen, *erlöschen* (§ 91 Abs. 1 ZVG). Sie
müssen im Grundbuch gelöscht werden (§ 130 ZVG). Der Ersteher kann aber mit dem Inhaber von solchen Rechten *vereinbaren,
dass diese bestehenbleiben sollen,* wodurch sich *das Bargebot vermindert* (§ 91 Abs. 2 u. 3 ZVG). Für durch das Bargebot gedeckte
Hypotheken und Grundschulden, die nicht bestehenbleiben, *tritt
an die Stelle des Grundstücks der Erlös;* ihre Gläubiger sind daraus
zu befriedigen (BGHZ 60, 228; für andere dingliche Rechte gilt
§ 92 ZVG).

Aus dem Zuschlagsbeschluss kann gegen den Besitzer des Grundstücks die 683
Räumungs- und Herausgabevollstreckung erfolgen (§ 93 Abs. 1 ZVG). Mieter
und Pächter werden nach §§ 566 ff. BGB geschützt (§ 57 ZVG), der Ersteher
hat aber nach Maßgabe des §§ 57 a ZVG ein Kündigungsrecht.

Gegen den Zuschlagsbeschluss ist die *sofortige Beschwerde* zulässig (§§ 95 ff. 684
ZVG), die allerdings nur auf die in § 100 ZVG genannten Gründe gestützt
werden kann. Die Rechtsprechung fordert in bestimmten Fällen aufgrund der
für den juristischen Laien schwer erkennbaren Fristen eine Rechtsmittelbelehrung (*BGH* NJW-RR 2009, 890 für § 98 S. 2 ZVG). Wenn der Beschluss auf
die Beschwerde aufgehoben wird, *entfällt mit der Rechtskraft dieses Beschlusses das Eigentum des Erwerbers* (§ 90 Abs. 1 ZVG).

VI. Das Verteilungsverfahren

Literatur: *Wieser,* Das Verteilungsverfahren als Zwangsvollstreckung, ZZP
103, 171.

Das Verteilungsverfahren findet *nach Erteilung des Zuschlags statt;* das Ge- 685
richt hat dafür einen Termin zu bestimmen (§ 105 Abs. 1 ZVG). Dort ist die
Teilungsmasse festzustellen, die im Wesentlichen aus dem Bargebot besteht
(§ 107 ZVG). Nach Anhörung der Beteiligten wird ein *Teilungsplan* aufgestellt
(§ 113 ZVG). Auf die Verhandlung über den Plan und seine Ausführung sind
die Vorschriften der ZPO über das Verteilungsverfahren bei der Mobiliarvollstreckung anzuwenden (§ 115 Abs. 1 ZVG; Rn. 663).

§ 85. Die Zwangsverwaltung

686 Bei der Zwangsverwaltung wird der Gläubiger aus den *Erträgnissen* eines Grundstücks oder grundstücksgleichen Rechts befriedigt (z. B. eines Mietshauses). Die Substanz verbleibt dem Schuldner. Die Zwangsverwaltung ist deshalb vor allem für die Vollstreckung *von wiederkehrenden Ansprüchen* geeignet.

687 Sie ist unter *denselben Voraussetzungen* zulässig wie die Zwangsversteigerung: Titel und Klausel müssen vorliegen, die Zustellung muss erfolgt sein. Der Schuldner muss *Eigenbesitzer* des Grundstücks sein, es darf durch die Anordnung der Zwangsverwaltung nicht in den Besitz eines nicht zur Herausgabe bereiten Dritten eingegriffen werden (BGHZ 96, 61). Wird der Eigenbesitz des Eigentümers bestritten, so ist dies nicht vom Vollstreckungsgericht, sondern in einem Erkenntnisverfahren nach Erhebung einer Drittwiderspruchsklage zu klären (*BGH* MDR 2004, 1022).

Die Zwangsverwaltung wird auf *Antrag* vom *Vollstreckungsgericht* angeordnet (§§ 146, 15 ZVG). Dem Schuldner wird die *Verwaltung und Benutzung des Grundstücks* entzogen (§ 148 Abs. 2 ZVG).

Die Beschlagnahme erfasst, anders als bei der Zwangsversteigerung, vor allem auch *Miet- und Pachtforderungen* (§§ 148 Abs. 1, 21 Abs. 2 ZVG). Bei einem bestehenden *Nießbrauch* stellt sich die Frage, wem die Erträge aus diesen Forderungen gebühren. Zur unbeschränkten Anordnung der Zwangsverwaltung bedarf es deshalb nicht nur eines Titels gegen den Eigentümer, sondern auch gegen den Nießbraucher. Dies gilt im formalisierten Vollstreckungsverfahren auch, wenn der Nießbrauch gegenüber dem Recht des Vollstreckungsgläubigers nachrangig ist (*BGH* Rpfleger 2003, 378).

688 Das Gericht bestellt eine natürliche Person als *Zwangsverwalter* (§ 150 Abs. 1 ZVG; hierzu *BVerfG* NJW 2010, 1804), *dem der Besitz des Grundstücks* zu verschaffen ist (§ 150 Abs. 2 ZVG). Der Zwangsverwalter ist ein *im eigenen Namen handelndes Organ* (Partei kraft Amtes, str.). Er hat das Recht und die Pflicht, das Grundstück in seinem wirtschaftlichen Bestand zu erhalten und ordnungsgemäß zu nutzen (zu den Rechten und Pflichten allg. *Drasdo*, NJW 2011, 1782 ff.). Ein vom Schuldner auf dem Grundstück ausgeübter *Gewerbebetrieb* ist als solcher nicht Gegenstand der Zwangsverwaltung. Ist aber das beschlagnahmte Grundstück für den Betrieb dauerhaft ausgebaut und das Gewerbe vom Grundstück nicht ablösbar, so kann der Zwangsverwalter die unternehmerische Tätigkeit fortsetzen, soweit er damit nicht in nicht beschlagnahmte Rechte des Schuldners eingreift (*BGH* MDR 2005, 1251, Bsp. Hotelgrundstück). Zu einem nachhaltigen *Um-*

bau des Grundstücks zwecks Verwirklichung eines grundlegend veränderten Nutzungskonzepts berechtigt die Zwangsverwaltung dagegen nicht (*BGH* MDR 2005, 653).

Der Zwangsverwalter muss die Ansprüche, auf die sich die Beschlagnahme erstreckt, geltend machen (§ 152 Abs. 1 ZVG). Er ist insoweit *gesetzlicher Prozessstandschafter* des Schuldners (vgl. *BGH* MDR 2003, 1378; 2005, 1306). Er wird bei seiner Tätigkeit *vom Gericht beaufsichtigt* (§ 153 ZVG), ist zur Rechnungslegung verpflichtet und *haftet den Beteiligten* mit seinem Privatvermögen (§ 154 ZVG; hierzu BGHZ 109, 171).

Die *Verteilung der Nutzungen* erfolgt aufgrund eines für die ganze Dauer des Verfahrens aufgestellten Teilungsplanes (§ 156 Abs. 2 S. 2 ZVG; vgl. auch § 155 ZVG). Das Gericht ordnet die planmäßige Zahlung der Beträge an die Berechtigten an (§ 157 Abs. 1 ZVG).

Die Zwangsverwaltung ist durch Beschluss aufzuheben, wenn der Gläubiger befriedigt ist (§ 161 Abs. 2 ZVG; weitere Aufhebungsgründe s. Abs. 3 u. 4) oder der Gläubiger den Antrag auf Anordnung der Zwangsverwaltung während des Verfahrens uneingeschränkt zurück nimmt (*BGH* NJW 2008, 3067).

Die Aufhebung hat auch zu erfolgen, wenn das Grundstück im Wege der Zwangsversteigerung zugeschlagen wird (die Zwangsverwaltung hindert nicht die Durchführung der Zwangsversteigerung).

20. Kapitel. Die Zwangsvollstreckung wegen anderer Ansprüche

Literatur: *Gerhardt*, Die Handlungsvollstreckung – eine Bestandsaufnahme über Befund und Entwicklungstendenzen, FS BGH, Bd. III, 2000, 463; *Guntau*, Fälle zum Vollstreckungsrecht nach §§ 887–890, JuS 1983, 687, 782, 939.

§ 86. Die Vollstreckung von Herausgabeansprüchen

I. Ansprüche auf Herausgabe einer bestimmten beweglichen Sache

691 Wenn der Schuldner verpflichtet ist, eine *bestimmte bewegliche Sache* oder *eine Menge bestimmter beweglicher Sachen* herauszugeben, erfolgt die Vollstreckung dadurch, dass der Gerichtsvollzieher *die Sache wegnimmt* und dem Gläubiger übergibt (§ 883 Abs. 1). Er kann dabei *unmittelbaren Zwang* anwenden. Der *Rechtsgrund* der Herausgabeverpflichtung (dinglich oder obligatorisch) spielt dabei keine Rolle. Die Vorschriften über den Pfändungsschutz (§ 811) sind bei der Herausgabevollstreckung *nicht anzuwenden*.

692 Bei einer Verpflichtung zur *Übereignung* muss ebenfalls die *Wegnahme* erfolgen. § 929 BGB setzt die Übertragung des Besitzes voraus. *Hinzukommen muss die Einigung.* Insoweit handelt es sich um die Abgabe einer Willenserklärung (vgl. § 897).

693 Vollstrecken die *sorgeberechtigten Eltern* oder ein *sorgeberechtigter Elternteil* einen Titel auf *Herausgabe des Kindes* (§ 1632 Abs. 1 BGB) so entscheidet das *Familiengericht* (§ 1632 Abs. 3 BGB). Verfahren und Vollstreckung erfolgen dann nach den Vorschriften des FamFG (§§ 111 Nr. 2, 151 Nr. 3, 90, 94 FamFG).

694 Wenn die herauszugebende Sache beim Schuldner nicht gefunden wird, muss dieser nach Maßgabe des § 883 Abs. 2 eine *eidesstattliche Versicherung* abgeben. Diese Verpflichtung wird nach den §§ 899 ff. (§§ 802 e ff. n. F.) vollstreckt. Gegebenenfalls hat der Gläubiger Schadensersatzansprüche (§ 893).

II. Ansprüche auf Herausgabe einer bestimmten Menge beweglicher Sachen oder Wertpapiere

695 Auch in diesen Fällen hat der Gerichtsvollzieher die Sachen *wegzunehmen und dem Gläubiger zu übergeben* (§ 884). Der Un-

§ 86. Die Vollstreckung von Herausgabeansprüchen

terschied zu § 883 besteht darin, dass dort die Herausgabe *bestimmter Sachen* aus einem *bestimmten Bestand* geschuldet wird, hier die Leistung einer *bestimmten Menge vertretbarer Sachen*. Erst mit der Wegnahme tritt eine Konkretisierung nach § 243 Abs. 2 BGB ein. Deshalb kann keine eidesstattliche Versicherung verlangt werden. Bei *Ansprüchen auf Übereignung* muss auch hier die *Einigung* hinzukommen (§ 897).

III. Ansprüche auf Herausgabe, Überlassung oder Räumung von unbeweglichen Sachen

Literatur: *Ernst*, Mobiliar- und Räumungsvollstreckung gegen den Partner einer nichtehelichen Lebensgemeinschaft, JurBüro 2004, 407; *Gilleßen*, Die Räumungsvollstreckung und ihre Problembereiche – eines systematische Darstellung, DGVZ 2006, 145, 165, 185; *Pauly*, Die Räumungsvollstreckung gegen nicht am Mietvertrag beteiligte Personen, DGVZ 2000, 17; *Scherer*, Titel gegen Nicht-Mieter bei der Wohnungszwangsräumung?, DGVZ 1993, 161.

Hierhin gehören vor allem Ansprüche auf *Räumung von Wohnungen oder Häusern*. Bei diesen Ansprüchen ist ein *besonderer Schuldnerschutz* vorgesehen (§§ 721, 794a). Die Vollstreckung erfolgt dadurch, dass der Gerichtsvollzieher den *Schuldner aus dem Besitz setzt* (dabei ist gegebenenfalls die Anwendung direkter Gewalt möglich) und den *Gläubiger in den Besitz einweist* (§ 885 Abs. 1). Die Wohnung oder das Haus *sind grds. von den Sachen des Schuldners zu räumen*. Diese sind, sofern sie nicht Gegenstand der Zwangsvollstreckung sind, dem Schuldner oder einer anderen in § 885 Abs. 2 genannten Person zu übergeben. Falls dies nicht möglich ist, hat der Gerichtsvollzieher sie zu verwahren (§ 885 Abs. 3). Verlangt der Schuldner nicht innerhalb einer zweimonatigen Frist die verwahrten Sachen unter gleichzeitiger Bezahlung der Kosten heraus, kann der Gerichtsvollzieher sie verkaufen und den Erlös hinterlegen (§ 885 Abs. 4). Gerade im Rahmen der Räumungsvollstreckung spielt der Schutz nach § 765a eine besondere Rolle (dazu *Schuschke*, NJW 2006, 874) und soll nach Ansicht des Bundesverfassungsgerichts unter bestimmten Umständen sogar zu einem Räumungsschutz auf Dauer führen können (*BVerfG* NJW 1992, 1155; s. auch *BVerfG* NJW 1991, 3207; NJW-RR 1993, 463). Im Übrigen lässt die Rechtsprechung dem Gläubiger die Möglichkeit, die Zwangsvollstreckung nach § 885 auf die Herausgabe der Wohnung zu beschränken, wenn er sich auf ein Vermieterpfandrecht an den beweglichen, in der Wohnung

696

befindlichen Gegenständen beruft (*BGH* NJW 2006, 848 und 3273; krit. dazu *Flatow*, NJW 2006, 1396; s. auch *BGH* JuS 2007, 288 [*K. Schmidt*]; bei einer Zwangsräumung aus einem Zuschlagsbeschluss wird das für nicht zulässig erachtet, z. B. *LG Saarbrücken* DGVZ 2010, 216).

697 Schwierigkeiten bereitet die Abgrenzung zur Vollstreckung wegen Ansprüchen gegen den Schuldner auf Vornahme einer *vertretbaren Handlung* nach § 887 (Rn. 700). Ist tatsächliche Voraussetzung der Herausgabe eine *Handlung des Schuldners*, so wird von einer *sachbezogenen Handlung* gesprochen. Um sie zu erwirken, ist eine zusätzliche Vollstreckung nach § 887 nur erforderlich, wenn die Handlungspflicht nach Auslegung des Titels als *selbständig* anzusehen ist (Stein/Jonas/*Brehm* § 883 Rn. 4 ff.).

Von der Herausgabevollstreckung nach § 883 erfasst sind also insbesondere die leicht vorzunehmende Trennung, einfache Verpackung oder ggf. Versendung der Sache (Stein/Jonas/*Brehm* § 883 Rn. 3). Das Wegschaffen beweglicher Sachen durch den Gerichtsvollzieher gehört ebenfalls zur Räumung, die Beseitigung von Bauwerken oder Anpflanzungen geht jedoch darüber hinaus. Ist der Schuldner auch dazu verpflichtet, so muss zusätzlich nach § 887 vollstreckt werden (*BGH* MDR 2004, 1021).

Zweifel ergeben sich, wenn die Räume von mehreren Personen genutzt werden und *sich der Titel nur gegen eine von ihnen richtet*. Entscheidend sind dann die Besitzverhältnisse. Wenn etwa nur der zur Räumung verurteilte Ehemann Mieter ist, nicht aber seine bei ihm in der Ehewohnung wohnende Ehefrau, so stellt sich die Frage, ob der Gläubiger auch einen gegen die Ehefrau gerichteten Räumungstitel haben muss (zu dem Problem *Riecke*, DGVZ 2006, 81). Nach Ansicht des Bundesgerichtshofs sind Ehegatten wegen des Gebotes der ehelichen Lebensgemeinschaft nach § 1353 Abs. 1 BGB in der Regel *Mitbesitzer* einer Wohnung, auch wenn nur einer von ihnen Mietpartei ist. Zur Räumung bedürfe es deshalb eines Titels gegen beide (*BGH* NJW 2004, 3041). Gleiches nimmt der Bundesgerichtshof nunmehr auch für nichtehelicher Lebensgefährten an (*BGH* NJW 2008, 1959; so bereits *Brunner*, NJW 1988, 1362). Im Übrigen dürften *Mitbewohner* des Mieters allerdings nur als *Besitzdiener* anzusehen sein, so dass ein Titel gegen den Mieter ausreicht (*BGH* a.a.O. für Kinder des Vollstreckungsschuldners; s. auch *Dietrich*, Die Individualvollstreckung, 1976, 195 ff. m. w. N.; zur Zwangsvollstreckung in Wohngemeinschaften vgl. *Pawlowski*, NJW 1981, 670; für Einzelheiten s. *Gaul/Schilken/Becker-Eberhard* § 70 II 2b; zur möglichen Ausnahme eines Titels gegen Unbekannt bei Hausbesetzern *Geißler*, DGVZ 2011, 37).

Ob eine nicht im Titel aufgeführte, mitbesitzende Person u. U. *materiellrechtlich* zur Räumung verpflichtet ist, darf der Gerichtsvollzieher nicht überprüfen. Diese Frage ist in einem Erkenntnisverfahren und nicht im formalisierten Vollstreckungsverfahren zu klären (*BGH* NJW 2004, 3041).

Zur Vollstreckung gegen einen *Untermieter*, der die Räume allein nutzt, ist ein gegen den Hauptmieter gerichteter Titel nicht ausreichend (*BGH* NJW 2008, 3287 = JuS 2009, 91 [*K. Schmidt*]).

IV. Sachen im Gewahrsam eines Dritten

Wenn sich die herauszugebende bewegliche oder unbewegliche Sache im Gewahrsam eines Dritten befindet, ist die Vollstreckung möglich, wenn der Dritte zur Herausgabe bereit ist (arg. § 809). Andernfalls ist der Anspruch des Schuldners auf Herausgabe gegen den Dritten zu pfänden und dem Gläubiger zur Einziehung zu überweisen (§ 886), der ihn dann durchsetzen, d.h. erforderlichenfalls einklagen kann. 698

§ 87. Die Vollstreckung zur Erwirkung von Handlungen und Unterlassungen

Das Gesetz unterscheidet zwischen Ansprüchen auf Vornahme *vertretbarer Handlungen, unvertretbarer Handlungen* und auf *Duldung* oder *Unterlassung*. Die verschiedenen Regelungen der Vollstreckung machen deutlich, dass der *Zwang gegen den Schuldner nicht weiter gehen soll als notwendig*. 699

I. Ansprüche auf Vornahme vertretbarer Handlungen

Diese Ansprüche können *auch von Dritten erfüllt* werden, *der wirtschaftliche Erfolg ist derselbe* (z.B. bei Arbeiten von Handwerkern; von einer Gesellschaft geschuldete Auseinandersetzungsbilanz, *BGH* JuS 2009, 383 [*K. Schmidt*]). Deshalb besteht *kein Grund,* den Schuldner durch direkten Zwang zur Vornahme einer solchen Handlung zu veranlassen. Die Vollstreckung erfolgt vielmehr dadurch, dass der Gläubiger auf Antrag vom Prozessgericht des ersten Rechtszuges ermächtigt wird, die Handlung *auf Kosten des Schuldners durch einen Dritten vornehmen zu lassen* (§ 887 Abs. 1, sog. *Ersatzvornahme*). Der Schuldner ist vorher zu hören (§ 891). Hat er die geschuldete Handlung bereits vorgenommen, so kann der Schuldner den Erfüllungseinwand im Vollstreckungsverfahren nach § 887 vorbringen und ist ausnahmsweise nicht ausschließlich auf die Vollstreckungsgegenklage nach § 767 verwiesen (BGHZ 161, 67; dazu *Kannowski/Distler,* NJW 2005, 865; *Deubner,* JuS 2005, 512, 516). Den ebenfalls materiell-rechtlichen Einwand, die Vornahme der Handlung sei unzumutbar oder führe nicht zum Erfolg, kann der Schuldner dagegen nur im Wege der Vollstreckungsgegenklage erheben (*BGH* 700

NJW-RR 2006, 202). Der Gläubiger muss *die Kosten der Ersatzvornahme* (auch als Vorschuss möglich) *vom Schuldner im Wege der Vollstreckung wegen Geldforderungen* eintreiben (§ 887 Abs. 2). Anstatt auf diese Weise zu vollstrecken, kann der Gläubiger allerdings auch den Schadensersatzanspruch geltend machen (§ 893).

II. Ansprüche auf Vornahme unvertretbarer Handlungen

701 Hier kann ein Dritter *nicht denselben rechtlichen oder wirtschaftlichen Erfolg* herbeiführen. Die Ersatzvornahme kommt deshalb nicht in Frage. Dies gilt etwa für Ansprüche auf Auskunftserteilung, Rechnungslegung, Betriebskostenabrechnung (s. *BGH* NJW 2006, 2707), Entgeltabrechnung (*BGH* NJW 2010, 1164) oder auf Abgabe einer Versicherung an Eides statt nach materiellem Recht (§ 889 Abs. 2).

Die Vollstreckbarkeit derartiger Ansprüche richtet sich danach, ob die Handlung *ausschließlich vom Willen des Schuldners abhängig ist oder nicht* (§ 888 Abs. 1). Dies ist nicht der Fall z. B. bei der Anfertigung von Kunstwerken oder dann, wenn die Mitwirkung eines Dritten, etwa eines Arztes oder eines Architekten, erforderlich ist (dazu *Grunsky*, JuS 1973, 553; *Schilken*, JR 1976, 320). Eine Vollstreckung ist hier *unmöglich*, der Gläubiger kann aber *Schadensersatzansprüche* geltend machen (§ 893).

702 Wenn die Handlung *ausschließlich vom Willen des Schuldners abhängt*, kann die Vollstreckung erfolgen (Ausnahme § 888 Abs. 3). Sie geschieht auf Antrag durch Verhängung von *Zwangsgeld* oder von *Zwangshaft*, die das Prozessgericht des ersten Rechtszuges anordnet (§ 888 Abs. 1 S. 1). Dabei können Inhalt und Umfang des Ausspruchs des zu vollstreckenden Urteils im Wege der Auslegung verdeutlicht werden (*BGH* NJW-RR 1993, 1154). Es steht im *Ermessen des Gerichts*, ob es Zwangsgeld oder Zwangshaft anordnet (h. M., anders *Jauernig/Berger* § 27 Rn. 19 ff. m. N.). Auch hier ist der Schuldner vor der Anordnung anzuhören (§ 891), und man wird den Erfüllungseinwand des Schuldners ebenfalls zulassen müssen (vgl. BGHZ 161, 67 zur Vollstreckung nach § 887). Eine Androhung der Zwangsmittel findet indes nicht statt (§ 888 Abs. 2). Es handelt sich bei den Zwangsmitteln nicht um Strafen, sondern um *Beugemaßnahmen*, mit denen der Schuldner dazu gebracht werden soll, die Handlung vor-

zunehmen. Bei Unmöglichkeit der Handlung ist daher eine Vollstreckung nach § 888 unzulässig (h. M., vgl. z. B. *OLG Saarbrücken* OLGZ 1991, 225; *OLG Celle* MDR 1998, 923). Unmöglichkeit bei notwendiger Mitwirkung Dritter liegt erst vor, wenn der Schuldner alles Zumutbare unternommen hat, um diese Mitwirkung zu erreichen (*OLG Köln* NJW-RR 1992, 633; *OLG Frankfurt/Main* NJW-RR 1992, 171). Wenn er die Handlung vornimmt, unterbleibt die weitere Beitreibung von Zwangsgeld, bzw. der Schuldner ist aus der Zwangshaft zu entlassen. Gleiches soll gelten, wenn ein zur Auskunftserteilung verurteilter Schuldner erklärt, er wisse nicht mehr als das bisher bereits Mitgeteilte. Mit dieser Erklärung habe er seiner Auskunftspflicht genügt (so BGHR ZPO § 2 Beschwerdegegenstand 21). Das Zwangsgeld behält nicht der Gläubiger, sondern die *Justizkasse*.

III. Ansprüche auf Unterlassung oder Duldung einer Handlung

Duldungs- und Unterlassungsansprüche sind von erheblicher Bedeutung vor allem im *Urheber- und Wettbewerbsrecht*, bei *Eingriffen in die Rechte anderer* (z. B. das Eigentum oder Persönlichkeitsrechte) und im *Nachbarrecht*. Für ihre Vollstreckbarkeit ist die *genaue Bezeichnung* der vorzunehmenden (s. z. B. *BGH* DGVZ 2007, 149) oder zu duldenden Handlung *im Vollstreckungstitel* von besonderer Bedeutung, weil sonst die Feststellung einer Zuwiderhandlung erhebliche Schwierigkeiten machen kann (vgl. dazu BGHZ 67, 253; *OLG Düsseldorf* MDR 1998, 1431; zur Abgrenzung der Verurteilung zur Unterlassung von der zur Vornahme einer Handlung vgl. *Jauernig*, NJW 1973, 1672). 703

Die *Vollstreckung dieser Ansprüche* erfolgt dadurch, dass der Schuldner *wegen einer jeden Zuwiderhandlung* auf Antrag des Gläubigers von dem Prozessgericht des ersten Rechtszuges durch Beschluss zu *Ordnungsgeld* oder *Ordnungshaft* verurteilt wird. Das Ordnungsgeld darf den Betrag von 250.000.– Euro (zur Bemessung *BGH* NJW 1994, 45), die Ordnungshaft insgesamt zwei Jahre nicht übersteigen (§ 890 Abs. 1). Diese Verurteilung darf nur erfolgen, wenn ihr eine *Androhung* vorausgegangen ist, die entweder schon in dem Urteil enthalten ist oder durch einen besonderen Beschluss erlassen wird (§ 890 Abs. 2). Vor allen Entscheidungen nach § 890 ist der Schuldner zu hören (§ 891).

704 Nach heute h. M. stellt der Wortlaut des § 890 klar, dass es sich bei den Strafen *nicht nur um Beugemittel* handelt. Verschulden ist deshalb Voraussetzung für die Bestrafung (BVerfGE 58, 163; *Jauernig/Berger* § 27 Rn. 31; a. A.; *OLG Hamm* NJW 1980, 1399 m. abl. Anm. *Lindacher*). Ebenso sollte eine Bestrafung auch dann möglich sein, wenn der Titel zeitlich befristet ist, weil sonst jeder Verstoß gegen Ende dieser Frist ohne Konsequenzen für den Schuldner bliebe (*OLG Hamm* MDR 1986, 418; vgl. *Baur/Stürner/Bruns* Rn. 40.28 m. N. zum alten Rechtszustand). Der Gläubiger trägt für das Verschulden die Darlegungs- und Beweislast. Dafür gelten die allgemeinen Beweiserleichterungen (*KG* OLGZ 1993, 339; zur Zulässigkeit des Anscheinsbeweises *BVerfG* NJW 1991, 3139). Ordnungsgeld und Ordnungshaft dürfen zwar nach § 890 Abs. 1 nur alternativ festgesetzt werden, die nach § 890 Abs. 2 erforderliche Androhung kann aber für beide Maßnahmen kumulativ erfolgen (*BGH* NJW 2004, 506).

705 Ein weiterer Schutz für den Gläubiger kann durch die Verurteilung des Schuldners erzielt werden, für den durch *fernere Zuwiderhandlungen entstehenden Schaden Sicherheit zu leisten* (§ 890 Abs. 3).

706 Der Schuldner kann gegen die Androhung (§ 890 Abs. 2) und gegen den Beschluss, der die Sicherheitsleistung anordnet, *sofortige Beschwerde* einlegen (§ 793); gegen die Entscheidung über den Festsetzungsantrag, auch wegen der Höhe des Ordnungsmittels, können Schuldner und Gläubiger sofortige Beschwerde erheben (MünchKomm/*Gruber* § 890 Rn. 42). Die sofortige Beschwerde des Schuldners hat, abweichend vom Wortlaut des § 570 Abs. 1, keine aufschiebende Wirkung (*OLG Köln* NJW-RR 2004, 716).

§ 88. Die Verurteilung zur Abgabe einer Willenserklärung

707 Ansprüche auf Abgabe einer Willenserklärung sind z. B. *Übereignungsansprüche* (Einigung nach §§ 925, 929 BGB), Ansprüche *auf Abgabe grundbuchrechtlicher Erklärungen* oder *auf Abschluss schuldrechtlicher Verträge*. Ob auch Ansprüche auf Widerruf ehrverletzender Behauptungen nach § 894 zu vollstrecken sind, ist str. (dafür *OLG Frankfurt/Main* NJW 1982, 113; a. A. BGHZ 37, 187; *OLG Frankfurt/Main* MDR 1998, 986: Vollstreckung nach § 888).

708 Auch bei diesen Ansprüchen hat das Gesetz den Weg gewählt, der am *einfachsten* ist und den *Schuldner vor direktem Zwang bewahrt*. Die Abgabe der Willenserklärung wird nicht nach § 888 erzwungen, sondern durch eine *Fiktion* ersetzt: Die Willenserklä-

§ 88. Die Verurteilung zur Abgabe einer Willenserklärung

rung *gilt als abgegeben,* wenn das Urteil formell rechtskräftig geworden ist (§ 894 Abs. 1 S. 1). Dieses Urteil ist ein Leistungs-, nicht ein Gestaltungsurteil. Das Urteil *ersetzt* auch die nach dem materiellen Recht *erforderliche Form* (etwa eine notarielle Beurkundung).

Die Fiktion des § 894 kann nicht eingreifen bei Vollstreckungstiteln, die *nicht in Rechtskraft* erwachsen, wie Prozessvergleiche oder vollstreckbare Urkunden (Rn. 539). 709

Der *Zugang* an den *Schuldner* oder einen *Dritten* (eine Behörde) wird durch die Fiktion des § 894 *nicht ersetzt;* der Gläubiger muss ihnen das Urteil vorlegen (§§ 130 ff. BGB). Bei Verträgen wird nur die Erklärung des Schuldners fingiert, der Gläubiger muss seine *eigene Erklärung* in der erforderlichen Form *noch abgeben,* etwa bei der Auflassung. Außerdem muss er die Eintragung ins Grundbuch herbeiführen, indem er das Urteil vorlegt, das die Auflassungserklärung und Eintragungsbewilligung (§ 19 GBO) des Schuldners enthält und dann selbst den Antrag stellen (§ 13 GBO). Bei der Verurteilung zur Übereignung beweglicher Sachen *muss zur Einigung noch die Übergabe hinzukommen* (§ 929 S. 1 BGB). Die Verpflichtung dazu wird vom Gerichtsvollzieher durch *Wegnahme der Sache vollstreckt* (§ 897 Abs. 1). 710

21. Kapitel. Eidesstattliche Versicherung und Haft

§ 89. Eidesstattliche Versicherung und Haft

Literatur: *Behr,* Übertragung des Offenbarungsverfahrens auf den Gerichtsvollzieher durch die 2. Zwangsvollstreckungsnovelle, JurBüro 1998, 239; *Fischer/Weinert,* Die Verhaftung des Vollstreckungsschuldners (§§ 901 ff. ZPO) – Insbesondere zum Problem des „Asyls" des Vollstreckungsschuldners bei Dritten –, DGVZ 2006, 33; *Gilleßen/Polzius,* Die eidesstattliche Offenbarungsversicherung in der Hand des Gerichtsvollziehers, DGVZ 1998, 97; *Riecke,* Das Verfahren zur Abnahme der eidesstattlichen Versicherung bei einer GmbH als Schuldner, DGVZ 2003, 33.

711 Es ist zu unterscheiden, ob sich die Verpflichtung zur Abgabe einer eidesstattlichen Versicherung aus dem *materiellen Recht* (z.B. §§ 259, 260, 2028 BGB) oder aus dem *Prozessrecht* (§§ 807, 836 Abs. 3 S. 2, 883 Abs. 2) ergibt. Die materiell-rechtliche Verpflichtung wird nach den §§ 889, 888 vollstreckt, die Verpflichtung aus den §§ 807, 836, 883 nach den §§ 899 ff. (bzw. §§ 802 e ff. n. F.)

712 Die Pflicht zur Abgabe eidesstattlicher Versicherungen in den Fällen der §§ 807, 836 Abs. 3 S. 2 und 883 Abs. 2 (s. zukünftig auch § 802c Abs. 3 n. F.) beruht auf der Erwägung, dass der Gläubiger nicht immer über die *Vermögensverhältnisse des Schuldners* informiert sein kann, und dass der Schuldner oft nicht bereit sein wird, freiwillig Auskunft zu erteilen. Er wird vielmehr vielfach versuchen, Vermögensgegenstände der Vollstreckung zu entziehen. Um dem Gläubiger die erforderlichen Auskünfte zu verschaffen, sieht das Gesetz die Pflicht des Schuldners vor, ein *Vermögensverzeichnis* vorzulegen (§ 807; §§ 802c ff. n. F.), die erforderlichen Auskünfte zu Protokoll (§ 836) bzw. *Auskunft* über den Verbleib einer herauszugebenden Sache zu geben (§ 883). Die Richtigkeit dieser Angaben ist *an Eides statt zu versichern* (§ 802c Abs. 3 n. F.).

Voraussetzung ist neben dem Vorliegen eines Vollstreckungstitels die Fruchtlosigkeit der Vollstreckung; im Falle des § 807 reicht es, wenn der Gläubiger glaubhaft macht, dass er durch Pfändung keine vollständige Befriedigung erreichen könne. Im Rahmen der Forderungspfändung (§ 836) genügt die wirksame

§ 89. Eidesstattliche Versicherung und Haft

Überweisung (§ 835) und die Weigerung des Schuldners, vollständige Auskunft zu erteilen. Zukünftig ist gem. § 807 Abs. 1 n. F. auch erforderlich, dass bei beantragter Pfändung der Schuldner entweder die Durchsuchung (§ 758) verweigert hat oder dass der Pfändungsversuch ergab, eine Pfändung werde voraussichtlich nicht zu einer vollständigen Befriedigung des Gläubigers führen.

Das *Verfahren* beginnt mit einem Antrag des Gläubigers auf Bestimmung eines Termins zur Abgabe der eidesstattlichen Versicherung (§ 900; so zukünftig auch 802 f n. F.). Zuständig ist der Gerichtsvollzieher bei dem Amtsgericht, in dessen Bezirk der Schuldner seinen Wohnsitz hat (§ 899 Abs. 1; zukünftig § 802 e n. F.). Sofern Gläubiger und Schuldner einverstanden sind, kann der Gerichtsvollzieher die eidesstattliche Versicherung sofort, d. h. ohne Terminbestimmung, abnehmen (§ 900 Abs. 2). In dem Termin kann das Vermögensverzeichnis mit dem Schuldner erörtert, aufgrund von Fragen ergänzt und seine Richtigkeit an Eides statt versichert werden. Wenn der Schuldner die Verpflichtung zur Abgabe einer eidesstattlichen Versicherung bestreitet (ggf. auch unter Berufung auf § 765 a, s. *BGH NJW* 2010, 1002), so muss das Gericht über den *Widerspruch* durch Beschluss entscheiden (§ 900 Abs. 4). Wenn der Widerspruch rechtskräftig verworfen ist und der Schuldner die eidesstattliche Versicherung gleichwohl nicht abgibt oder wenn er überhaupt nicht erscheint, wird zur *Erzwingung der Abgabe* vom Gericht (durch den Richter, § 4 Abs. 2 Nr. 2, Abs. 3 RPflG) auf Antrag durch Beschluss die *Haft* angeordnet und ein *Haftbefehl* erlassen (§ 901). Die Haft darf die Dauer von sechs Monaten nicht übersteigen (§ 913). Die *Verhaftung* erfolgt durch den *Gerichtsvollzieher* (§ 909 Abs. 1 S. 1). Soll sie zur Nachtzeit, an einem Sonn- oder Feiertag vollzogen werden, so bedarf es entsprechend § 758 a Abs. 4 einer richterlichen Anordnung (*BGH* NJW-RR 2005, 146). Wenn die Leistungsunfähigkeit des Schuldners bereits feststeht, fehlt für den Antrag des Gläubigers nach § 901 das Rechtsschutzinteresse (*BVerfG* NJW 1983, 559). Ab. 1. 1. 2013 gelten für das Verfahren zur Abnahme der Vermögensauskunft und die Erzwingungshaft die §§ 802 e ff. n. F.

713

Das Vollstreckungsgericht führt ein *Verzeichnis* der Personen, die die eidesstattliche Versicherung nach § 807 abgegeben haben oder gegen die nach § 901 die Haft angeordnet worden ist (*Schuldnerverzeichnis* oder sog. *schwarze Liste*, § 915; ab 1. 1. 2013 gelten die §§ 882 b ff. n. F., wonach ein zentrales Vollstreckungsgericht jedes Bundeslandes ein solches Verzeichnis – einsehbar über Internet – führt). Über die Eintragungen ist auf Antrag *Auskunft* zu erteilen (§ 915 b Abs. 1). Die Eintragung wird *gelöscht*, wenn entweder die Befriedigung des Gläubigers nachgewiesen wird (§ 915 a Abs. 2 Nr. 1), der Wegfall des Eintragungsgrundes dem Vollstreckungsgericht bekannt geworden ist (§ 915 a

714

Abs. 2 Nr. 2) oder seit dem Schluss des Jahres, in dem die Eintragung erfolgt ist, *drei Jahre* vergangen sind (§ 915a Abs. 1 S. 1). Die Löschungsfiktion tritt allerdings in der Regel früher ein (§ 915b Abs. 2; vgl. Stein/Jonas/*Münzberg* § 915b Rn. 5). Zur Frage, ob es zulässig ist, ein überregionales privates Schuldnerverzeichnis zu führen, das aus Abschriften der amtsgerichtlichen Schuldnerverzeichnisse besteht, siehe *BGH* WM 1993, 2016; *KG* ZIP 1993, 1011.

22. Kapitel. Arrest und einstweilige Verfügung

Literatur: *Ahrens,* Der Wettbewerbsprozeß, 6. Aufl., 2009; *Bülow,* Zur prozeßrechtlichen Stellung des Antragsgegners im Beschlußverfahren von Arrest und einstweiliger Verfügung, ZZP 98, 274; *Foerste,* Vollstreckungsvorsprung durch einstweiligen Rechtsschutz, ZZP 106, 143; *Grunsky,* Grundlagen des einstweiligen Rechtsschutzes, JuS 1976, 277; *Heinze,* Die Leistungsverfügung, FS BGH, Bd. III, 2000, 569; *Heuer/Schubert,* Vorläufiger Rechtsschutz durch Eilverfahren: Arrest und einstweilige Verfügung, JA 2005, 202; *Jauernig,* Der zulässige Inhalt einstweiliger Verfügungen, ZZP 79, 321; *Kannowski,* Arrest und einstweilige Verfügung (§§ 916ff. ZPO) neben einem bereits vorliegenden Titel, JuS 2001, 482; *Keller,* Der einstwilige Rechtsschutz im Zivilprozess, Jura 2007, 241, 327; *Leipold,* Grundlagen des einstweiligen Rechtsschutzes, 1971; *Mertins,* Der dingliche Arrest, JuS 2008, 692; *ders.,* Die einstweilige Verfügung, JuS 2009, 911; *Schilken,* Grundfragen zum Schadensersatzanspruch nach § 945 ZPO in der Rechtsprechung des Bundesgerichtshofs, FS BGH, Bd. III, 2000, 593; *Schreiber,* Arrest und einstweilige Verfügung, Jura 2000, 492; *Schuschke,* Der Vollzug des persönlichen Sicherheitsarrestes, DGVZ 1999, 129.

§ 90. Der Arrest

Fall: G hat eine Darlehensforderung gegen den Juwelier S. Er erfährt, dass S in finanziellen Schwierigkeiten ist und sich deshalb mit seinem Schmuck nach Südamerika absetzen will. G weiß aus Erfahrung, dass das Erstreiten eines Titels im ordentlichen Verfahren lange dauern kann. Er fürchtet, dass sich S bis dahin seinem Zugriff entzogen hat. Was ist ihm zu raten?

Abwandlung: Wie ist es, wenn S sich lediglich über den Rhein nach Frankreich absetzen will?

I. Einführung

Bis zum Erlass eines erstinstanzlichen Urteils vergehen in der Regel drei bis sechs Monate und häufig noch mehr Zeit. Wie der vorstehende **Fall** zeigt, gibt es Situationen, in denen dem Gläubiger mit einer derart späten Entscheidung nicht geholfen wäre. Zu diesem Zweck stellt die ZPO in den §§ 916ff. ein besonderes *Eilverfahren* zur Verfügung. Dieses ist zwar im Rahmen der Zwangsvollstreckung geregelt. In Wirklichkeit handelt es sich aber um ein *besonderes Erkenntnisverfahren.* Der Gläubiger kann in diesem Verfahren eine *Entscheidung* schneller als im ordentlichen Verfahren erstreiten. Ladungs- und Einlassungsfristen sind verkürzt; der Gläubiger muss seine materielle Berechtigung weniger eingehend darlegen als im ordentlichen Verfahren; das Gericht kann sogar ohne Anhörung des Gegners entscheiden.

Die Entscheidung ergeht in einem *summarischen Verfahren.* Sie hat daher *geringere Richtigkeitsgarantien* als eine Entscheidung im ordentlichen Verfahren. Aus diesem Grunde muss sie auf Fälle beschränkt bleiben, in denen sofortige Hilfe tatsächlich nötig ist. Außerdem darf sie nur zu einer *Sicherung des Gläubigers,* nicht aber schon zu seiner *Befriedigung* führen. Dies kann durch dinglichen (§ 917) oder persönlichen Arrest (§ 918) erfolgen. Das bedeutet etwa, dass aufgrund des Arrestbefehls schuldnerische Vermögensgegenstände zwar *gepfändet,* aber noch *nicht verwertet* werden dürfen. Dazu ist eine Entscheidung im ordentlichen Verfahren notwendig.

716 Nach der Art der zu sichernden Ansprüche unterscheidet man den *Arrest* und die *einstweilige Verfügung.* Der Arrest sichert die Durchsetzung von *Geldforderungen,* die einstweilige Verfügung die Verwirklichung *anderer Ansprüche.* Der Arrestprozess ist im Gesetz eingehend geregelt. Das Verfahren der einstweiligen Verfügung, dem in der Praxis größere Bedeutung zukommt, regelt das Gesetz im Wesentlichen durch die Verweisung auf die Arrestvorschriften (§ 936). Der praktischen Bedeutung des Verfügungsverfahrens wird dies kaum gerecht.

II. Die Voraussetzungen des Arrestbefehls

717 Das Gesetz sieht zwei Voraussetzungen für den Erlass eines *Arrestbefehls* vor, das Vorliegen eines *Arrestanspruchs* (§ 916) und eines *Arrestgrundes* (§§ 917, 918).

Arrestanspruch ist der *materiell-rechtliche Anspruch,* der auch im ordentlichen Verfahren bei der Leistungsklage zu prüfen wäre. In Betracht kommen nur Geldforderungen oder Ansprüche, die in solche übergehen können (§ 916). Anders als im ordentlichen Verfahren müssen die tatsächlichen Anspruchsvoraussetzungen nicht zur vollen Überzeugung des Gerichts bewiesen, sondern nur *glaubhaft* gemacht werden (§ 920 Abs. 2; zur Glaubhaftmachung Rn. 258).

Glaubhaft gemacht werden muss auch der *Arrestgrund* (§ 920 Abs. 2). Darunter versteht man die Besorgnis, dass ohne Verhän-

§ 90. Der Arrest

gung des Arrests die Vollstreckung des Urteils *vereitelt* oder *wesentlich erschwert* würde (§ 917 Abs. 1). Nach h. M. handelt es sich dabei um eine *besondere Form des Rechtsschutzbedürfnisses* (*Leipold*, Grundlagen des einstweiligen Rechtsschutzes, 1971, 19 m. w. N.; a. A. *Gaul/Schilken/Becker-Eberhard* § 75 II 2).

Als Arrestgrund kommt vor allem ein Verhalten des Schuldners in Betracht, etwa die Besorgnis, dieser werde sich wie im **Fall** mitsamt seinem pfändbaren Vermögen nach Südamerika absetzen (s. § 917 Abs. 2). Dies gilt jedoch nur, wenn ein Urteil außerhalb eines die Gegenseitigkeit verbürgenden Auslandsstaates vollstreckt werden müsste (*B/L/A/H* § 917 Rn. 19; vgl. dazu auch § 328 Abs. 1 Nr. 5). In der Abwandlung zum **Fall** ist somit ohne Weiteres kein Arrestgrund gegeben. Ebenfalls kein Grund ist es nach herrschender Meinung, dass auch andere Gläubiger auf die Sache zugreifen wollen und der Gläubiger dadurch in Gefahr gerät, mit seiner Forderung auszufallen (*B/L/A/H* § 917 Rn. 7; *Schwerdtner*, NJW 1970, 222). Auch aus der Begehung von Straftaten gegen das Gläubigervermögen allein kann nicht ohne Weiteres auf Unredlichkeiten des Schuldners gegen die Vollstreckung der Ersatzforderung und damit einen Arrestgrund geschlossen werden (*OLG Köln* MDR 2000, 50; a. A. *OLG Dresden* MDR 1998, 795 m. zust. Anm. *Drescher*, WuB VI E § 917 ZPO 1.98). Zum Rechtsschutzbedürfnis für eine zusätzliche einstweilige Sicherung neben einem bereits vorliegenden Titel *Kannowski*, JuS 2001, 482.

III. Das Verfahren

Für die Anordnung des Arrests sind sowohl das Gericht der Hauptsache als auch das Amtsgericht zuständig, in dessen Bezirk der mit Arrest zu belegende Gegenstand oder die in ihrer persönlichen Freiheit zu beschränkende Person sich befindet (§ 919). Das Gesuch ist vom Gläubiger wahlweise bei einem dieser Gerichte schriftlich oder zu Protokoll der Geschäftsstelle anzubringen (§ 920 Abs. 3; zum Inhalt vgl. Abs. 2).

718

Die *Entscheidung* kann gem. § 128 Abs. 4 *ohne mündliche Verhandlung* durch *Beschluss* (der im Parteibetrieb zugestellt werden muss, § 922 Abs. 2; amtswegige Zustellung genügt nicht, *OLG München* MDR 1998, 1243) oder nach einer solchen durch *Urteil* ergehen (§ 922). Das Gericht kann die Anordnung von einer *Sicherheitsleistung* des Gläubigers abhängig machen. Es kann unter derselben Voraussetzung auf die Glaubhaftmachung gänzlich verzichten, § 921. Eine vor allem in Verfahren über einstweilige Verfügungen wichtige Bestimmung trifft § 922 Abs. 3: Der Beschluss, durch den das Gesuch zurückgewiesen wird, ist dem Gegner *nicht mitzuteilen*. Dieser erfährt also häufig von dem Gesuch nur dann, wenn es erfolgreich war. Der Arrestbefehl muss weiter eine *Lö-*

sungssumme nennen. Das ist ein Geldbetrag, durch dessen Hinterlegung der Schuldner die Vollziehung des Arrests verhindern (§ 923) bzw. die nachträgliche Aufhebung der Vollziehung erreichen kann (§ 934 Abs. 1).

IV. Die Rechtsbehelfe

719 Wird über das Gesuch durch *Urteil* entschieden, so ist dagegen wie üblich die *Berufung* (bei Versäumnisurteil *Einspruch*) statthaft. Die *Revision* findet nicht statt (§ 542 Abs. 2 S. 1), entsprechend auch nicht die *Rechtsbeschwerde*, falls die Berufung durch Beschluss als unzulässig verworfen wird (*BGH* NJW 2003, 69).

Wird dagegen über das Arrestgesuch durch *Beschluss* entschieden, so muss man unterscheiden: Wird das Gesuch *abgewiesen*, steht dem Gläubiger gem. § 567 Abs. 1 Nr. 2 die *Beschwerde* zu. Weil § 542 Abs. 2 S. 1 den Instanzenzug im einstweiligen Verfahren generell verkürzen will, ist auch in diesem Fall die Rechtsbeschwerde unstatthaft (*BGH* NJW 2003, 1531). Gegen einen *stattgebenden Beschluss* ist dagegen nicht die Beschwerde, sondern der *Widerspruch* gegeben (§ 924 Abs. 1). Anders als jene hat dieser keinen Devolutiveffekt, sondern führt dazu, dass das erlassende Gericht nunmehr einen Termin zur mündlichen Verhandlung bestimmt und durch Urteil entscheidet (§§ 924 Abs. 2 S. 2, 925 Abs. 1). Gegen dieses Urteil ist wiederum die *Berufung* (bei Versäumnisurteil *Einspruch*) statthaft.

Der Schuldner hat zwei weitere Rechtsbehelfe. Auf seinen Antrag hat das Gericht gem. § 926 Abs. 1 dem Gläubiger aufzugeben, binnen einer bestimmten Frist *Klage in der Hauptsache* zu erheben, soweit diese noch nicht anhängig ist. Kommt der Gläubiger dieser Anordnung nicht nach, kann der Schuldner beantragen, den Arrestbefehl aufzuheben (§ 926 Abs. 2). Zudem wird dadurch die *Schadensersatzpflicht* nach § 945 ausgelöst (dazu *BGH* NJW 2006, 2557).

Daneben kann wegen *veränderter Umstände* die Aufhebung des Arrests beantragt werden (§ 927; hierzu *Burgard/Fresemann*, JurBüro 1999, 512). So könnte etwa im **Fall** der Schuldner die Aufhebung des Arrests erreichen, wenn keine Gefahr mehr besteht, dass er sich nach Südamerika absetzen wird.

V. Die Vollziehung

Mit dem Erlass des Arrestbefehls ist der Gläubiger noch nicht 720
gesichert. Dazu ist die *Vollziehung* des Befehls nötig. Sie richtet
sich nach den Vorschriften über die Zwangsvollstreckung, soweit
die §§ 929 ff. keine Besonderheiten vorsehen (§ 928). Die wichtigste Abweichung ergibt sich aus dem *Zweck des Arrests*. Die Vollziehung soll noch nicht zur Befriedigung, sondern nur zur *Sicherung des Gläubigers* führen. Beim *dinglichen Arrest* muss die
Vollziehung folglich bei der Pfändung (in bewegliches Vermögen
und Forderungen § 930) oder bei Eintragung einer Sicherungshypothek (in unbewegliches Vermögen § 932) haltmachen (zur Vollziehung des persönlichen Arrests vgl. § 933). Das durch die Pfändung entstandene *Arrestpfandrecht* wird automatisch zum (die
Verwertung ermöglichenden) *Vollstreckungspfandrecht,* wenn der
Gläubiger einen vollstreckbaren Titel im ordentlichen Verfahren
erstritten hat und die übrigen Vollstreckungsvoraussetzungen vorliegen (vgl. BGHZ 66, 394, 397).

Wichtig ist die Beachtung des § 929 Abs. 2. Die Vollziehung
muss innerhalb eines Monats nach Verkündung bzw. Zustellung
des Arrestbefehls an den Gläubiger erfolgen. Später ist sie unstatthaft (vgl. hierzu BGHZ 112, 356; *OLG München* FamRZ
1993, 1101; s.a. *Grunsky,* ZPP 104, 1; *Treffer,* MDR 1998, 951).

VI. Der Schadensersatzanspruch des § 945

Gegen ungerechtfertigte Überziehung mit Arrestbefehlen wird 721
der Schuldner u. a. durch § 945 geschützt, der den Gläubiger zum
Ersatz des durch die Vollziehung entstandenen Schadens verpflichtet, wenn die Anordnung des Arrests sich nachträglich als ungerechtfertigt erweist (zum Umfang der Darlegungslast *BGH* NJW-RR 1992, 998; allg. zu § 945 *Schilken,* FS BGH, Bd. III, 2000,
593). Die Ersatzpflicht tritt wie nach den entsprechenden Vorschriften der §§ 302 Abs. 4 S. 3, 717 Abs. 2, 799a *unabhängig vom
Verschulden des Gläubigers* ein. Der Schuldner muss also den
Eingriff in seine Rechtssphäre dulden, kann aber Schadensersatz
verlangen, wenn sich herausstellt, dass die Anordnung ungerechtfertigt war. Auf den Anspruch werden die Vorschriften über die
Rechtsfolgen unerlaubter Handlungen, vor allem die §§ 249 ff.

BGB, entsprechend angewendet (Schuschke/Walker/*Walker* § 945 Rn. 25 ff. m.w.N., insbesondere zur Berücksichtigung auch eines Verschuldens des Vollstreckungsgläubigers bei Ermittlung des Mitverschuldensanteils des Schuldners nach § 254 BGB). Als strenge Haftungsregelung für den Vollziehungsschaden kann § 945 nicht erweiternd auf den Ersatz außergerichtlicher Kosten angewendet werden (MünchKomm/*Drescher* § 945 Rn. 25; *BGH NJW* 1993, 2685). Nach § 945 können nur Schäden ersetzt verlangt werden, die adäquat kausal durch die Vollziehung entstanden sind. Das bedeutet auch, dass die Vollziehung schon begonnen haben muss und eventuelle Schäden, die durch die bloße Anordnung entstanden sind, nicht hierunter fallen. Für den Vollstreckungsschuldner wird vielfach die Schwierigkeit darin bestehen, dass er die Kausalität nachweisen muss. Dies gilt insbesondere, wenn er entgangenen Gewinn als Schaden geltend machen will. § 252 BGB kann hier auch nur begrenzt helfen, muss doch der gewöhnliche Lauf der Dinge dargestellt werden. Sind Gelder eines Investors aber möglicherweise sogar über einen längeren Zeitraum – wie sich später herausstellt rechtswidrig – arrestiert, so wird der Schuldner einen Nachweis über den Einsatz dieser Gelder und den damit erzielbaren Ertrag kaum führen können. Angesichts solcher Schwierigkeiten sollte man trotz der verschuldensfreien Haftung die schützende Wirkung des Schadensersatzanspruchs für den Schuldner nicht überschätzen.

Problematisch ist, inwieweit das Gericht bei der Beurteilung der Frage, ob die Anordnung des Arrests von Anfang an ungerechtfertigt war, an die Entscheidung über den Erlass der Maßnahme im Eilverfahren oder im Hauptverfahren gebunden ist (vgl. dazu *Baur*, Studien zum einstweiligen Rechtsschutz, 1967, 104 ff. u. *Teplitzky*, NJW 1984, 850; *ders.*, DRiZ 1985, 179; *Gehrlein*, MDR 2000, 687; zu der entsprechenden Frage im Zusammenhang mit der einstweiligen Verfügung: *BGH NJW* 1988, 3268).

§ 91. Die einstweilige Verfügung

Man unterscheidet heute im Anschluss an *Jauernig* (ZZP 79, 321) gemeinhin *drei Arten* einstweiliger Verfügungen: Die *Sicherungsverfügung*, die *Regelungsverfügung* und *die Befriedigungs-*

oder *Leistungsverfügung.* Die Abgrenzung kann im Einzelfall schwierig sein (vgl. *Leipold,* Grundlagen des einstweiligen Rechtsschutzes, 1971, 105 ff.). Die Arrestvorschriften finden entsprechende Anwendung (§ 936), soweit nicht die §§ 935 ff. Spezialregeln (insbesondere über Zuständigkeit und Inhalt der Anordnung) enthalten; es bedarf der Prüfung eines *Verfügungsanspruchs* (analog § 916) und eines *Verfügungsgrundes* (analog § 917).

I. Die Sicherungsverfügung

Rechtsgrundlage ist § 935. Die Sicherungsverfügung betrifft die 722 Sicherung von Ansprüchen, die auf eine *Individualleistung,* also etwa auf Herausgabe von Gegenständen, gerichtet sind. Sie ist das Gegenstück zum Arrest. Ebenso wie dieser darf sie nicht über eine *Sicherung des Gläubigers* hinausgehen, beim Herausgabeanspruch also beispielsweise nur ein Veräußerungsverbot (§§ 135, 136 BGB) oder die Herausgabe der geschuldeten Sache an einen Sequester, nicht aber ihre Herausgabe an den Gläubiger anordnen (z. B. Herausgabe von Leasingfahrzeugen, *Saenger,* JZ 1999, 970). Der *Verfügungsgrund* setzt voraus, dass durch eine Veränderung des bestehenden Zustandes die Verwirklichung des Rechts des Antragstellers vereitelt oder wesentlich erschwert werden könnte (§ 935). Dies wäre bei einem Herausgabeanspruch etwa dann der Fall, wenn die Zerstörung oder die Entziehung der Sache droht (hierzu *Bornhorst,* WM 1998, 1668). Würde im **Fall S** die Herausgabe des Schmuckes schulden, so läge ein Verfügungsgrund nach § 935 in der Gefahr, dass S sich nach Südamerika abzusetzen droht.

II. Die Regelungsverfügung

Rechtsgrundlage ist § 940. Das Ziel dieser Art einstweiliger 723 Verfügungen ist die *Regelung eines einstweiligen Zustandes,* z. B. der Geschäftsführungsbefugnis in einer Personengesellschaft, wenn in der Hauptsache Klage auf Ausschluss des geschäftsführungsberechtigten Gesellschafters erhoben wird. Voraussetzung ist, dass diese Regelung zur Abwendung wesentlicher Nachteile oder zur Verhinderung drohender Gewalt oder aus anderen Gründen notwendig erscheint (§ 940, Verfügungsgrund). Auch bei einer solchen Verfügung soll die Anordnung nicht über eine Sicherung des Gläubigers hinausgehen dürfen.

22. Kapitel. Arrest und einstweilige Verfügung

III. Die Befriedigungs- oder Leistungsverfügung

724 Neben den genannten einstweiligen Verfügungen hat die Praxis schon früh eine weitere Art einstweiliger Verfügungen entwickelt, nämlich die sog. *Befriedigungs-* oder auch *Leistungsverfügung* (hierzu *Heinze,* FS BGH, Bd. III, 2000, 569; *Kesseler,* FamRZ 2001, 1191). In bestimmten Fällen ist dem Gläubiger mit einer Sicherung seines Anspruchs nicht geholfen. Ihm kommt es auf die sofortige Befriedigung an. Den Anstoß gaben Zahlungsklagen, insbesondere solche auf *Unterhaltszahlung* und auf *Schadensersatz,* etwa bei Unfällen, wenn Arztkosten zur Abwendung ernster Gesundheitsschäden gezahlt werden mussten.

Verfügungen dieser Art sind für den Schuldner häufig besonders *gefährlich.* Denn der Gläubiger verlangt schon Zahlung, also Erfüllung seines Anspruchs. Darüber hinaus ist in diesen Fällen die Realisierung des *Ersatzanspruchs* nach § 945 in der Regel *ungewiss,* wenn nicht ausgeschlossen, da der Gläubiger als Voraussetzung für den Erlass der Verfügung gerade eine erhebliche Bedürftigkeit darlegen muss. Die Rechtsprechung hat dennoch in Fällen dieser Art einstweilige Verfügungen erlassen. Sie hat allerdings betont, dass angesichts der erheblichen Beeinträchtigungen des Schuldners *hohe Anforderungen an den Nachweis von Verfügungsgrund und -anspruch* gestellt werden müssen (so schon RGZ 9, 335). Praktisch geht es um die Verhinderung einer existenziellen Notlage.

Der wichtige Bereich vorläufigen Unterhalts in Familiensachen ist heute in den §§ 49ff., 246ff. FamFG als einstweilige Anordnung gesetzlich geregelt, wodurch der Anwendungsbereich solcher Zahlungsverfügungen erheblich eingeschränkt ist (vgl. *OLG Nürnberg* MDR 1998, 1230; hierzu auch *Kesseler,* a.a.O.). Es gibt sie aber noch, beispielsweise bei Haftpflichtrenten, darüber hinaus bei verschiedenen anderen Ansprüchen (s. etwa Thomas/Putzo/*Reichold* § 940 Rn. 6ff.).

IV. Die Unterlassungsverfügung

725 Ihren Hauptanwendungsbereich hat die einstweilige Verfügung im *Wettbewerbs-* und *Presserecht* und dort in erster Linie zur *Sicherung von Unterlassungsansprüchen.*

Die Anordnung von Verboten, welche die Gerichte durch einstweilige Verfügungen aufgrund von Unterlassungsansprüchen aussprechen, wird ebenfalls zu den Befriedigungsverfügungen gezählt, da durch das einstweilige Verbot der Unterlassungsanspruch – jedenfalls vorläufig – erfüllt wird (vgl. *Baur/Stürner/ Bruns* Rn. 53.23 m. w. N.; a. A. *Jauernig/Berger* § 37 Rn. 7 ff.). Diese Verfügungen ergehen in der Regel sogar ohne Anhörung des Verfügungsgegners. Das Verfügungsverfahren hat in diesen Gebieten das ordentliche Verfahren weitgehend in den Hintergrund gedrängt. Dagegen sind wiederholt Bedenken laut geworden (*Leipold*, Grundlagen des einstweiligen Rechtsschutzes, 1971, 10 ff.; *Baur*, Studien zum einstweiligen Rechtsschutz, 1967, 2 ff.; vgl. auch MünchKomm/*Drescher* vor §§ 916 ff. Rn. 7).

V. Das Verfahren

Prinzipiell folgt das Verfahren in Verfügungssachen den Regeln des Arrestprozesses (vgl. § 936). Anwendbar sind also insbesondere die Regeln über die *Rechtsbehelfe* und den *Schadensersatz* nach § 945. Die Vollziehung bei Unterlassungsverfügungen erfolgt durch Zustellung des Beschlusses oder des Urteils an den Antragsgegner. *Verfügungsgrund* und *-anspruch* sind wie beim Arrest *glaubhaft* zu machen. 726

Besonderheiten gelten vor allem für die Zuständigkeit. In der Regel ist das Gericht der Hauptsache (§ 937 Abs. 1) zuständig. Das Amtsgericht hat jedoch eine Notzuständigkeit (§ 942). Entscheidet es aufgrund dieser Notzuständigkeit, so hat es dem Antragsteller eine Frist zur Einleitung des sog. *Rechtfertigungsverfahrens* zu setzen (§ 942 Abs. 1). Das ist nicht das Hauptsacheverfahren, sondern das Verfügungsverfahren vor dem Gericht der Hauptsache. Die Frist darf also nicht mit derjenigen des § 926 verwechselt werden. Anders als im Arrestverfahren (Rn. 718) darf auf eine mündliche Verhandlung nur in dringenden Fällen oder bei Zurückweisung des Verfügungsantrags verzichtet werden (§ 937 Abs. 2). Die besondere Dringlichkeit wird allerdings von den Gerichten oft vorschnell bejaht.

3. Teil. Europäisches Zivilverfahrensrecht

23. Kapitel. Überblick über das Europäische Zivilverfahrensrecht

§ 92. Quellen des Europäischen Zivilverfahrensrechts

Literatur: *Coester-Waltjen,* Die Europäisierung des Zivilprozessrechts, Jura 2006, 914; *Geimer,* Internationales Zivilprozessrecht, 6. Aufl., 2009; *Geimer/ Schütze,* Europäisches Zivilverfahrensrecht, 3. Aufl., 2010; *dies.,* Internationaler Rechtsverkehr in Zivil- und Handelssachen, Loseblatt, 39. EL, Stand: Juni 2010; *Gruber,* Die neue EheVO und die deutschen Ausführungsgesetze, IPRax 2005, 293; *Hay/Krätzschmar,* Prüfe dein Wissen, Internationales Privat- und Zivilprozessrecht, 4. Aufl., 2010; *Heinze,* Beweissicherung im europäischen Zivilprozessrecht, IPRax 2008, 480; *Hess,* Europäisches Zwangsvollstreckungsrecht: Herausforderungen und rechtspolitische Perspektiven, DGVZ 2010, 45; *Kohler,* Der europäische Justizraum für Zivilsachen und das Gemeinschaftskollisionsrecht, IPRax 2003, 403; *Leitzen,* Die grenzüberschreitende Beweisaufnahme in Zivilsachen, Jura 2007, 201; *Nagel/Gottwald,* Internationales Zivilprozessrecht, 6. Aufl., 2007; *Roth,* Die Vorschläge der Kommission für ein europäisches Zivilprozeßgesetzbuch – Das Erkenntnisverfahren, ZZP 109, 271; *Schack,* Internationales Zivilverfahrensrecht, 5. Aufl., 2010; *Schilken,* Die Vorschläge der Kommission für ein europäisches Zivilprozeßgesetzbuch – Einstweiliger und summarischer Rechtsschutz und Vollstreckung, ZZP 109, 315; *Schütze,* Deutsches Internationales Zivilprozessrecht unter Einschluss des Europäischen Zivilprozessrechts, 2. Aufl., 2005; *dies.,* Der Verbraucher im europäischen Justizraum oder: die Zweiklassenjustiz im europäischen Zivilprozessrecht, FS Graf von Westphalen, 2010, 621; *Stadler,* Die Europäisierung des Zivilprozessrechts, FS BGH, Bd. III, 2000, 645; *dies.,* Grenzüberschreitender kollektiver Rechtsschutz in Europa, JZ 2009, 121; *Storme,* Final Report of the Working Group for the Approximation of the Civil Procedural Law in Europe, 1994; *Sujecki,* Die reformierte Zustellungsverordnung, NJW 2008, 1628; *Vollkommer/Huber,* Neues Europäisches Zivilverfahrensrecht in Deutschland, NJW 2009, 1105; *Wagner,* Die Vereinheitlichung des Internationalen Privat- und Zivilverfahrensrechts zehn Jahre nach Inkrafttreten des Amsterdamer Vertrags, NJW 2009, 1911; *ders.,* Aktuelle Entwicklungen in der europäischen justiziellen Zusammenarbeit in Zivilsachen, NJW 2010, 1707.

I. Zivilverfahrensrechtliche Regelungen in internationalen Übereinkommen

727 Das internationale Zivilverfahrensrecht (IZVR) hat die prozessualen Regeln zum Gegenstand, die für Fälle mit Auslandsberührung gelten. Seine Bestimmungen finden sich nicht nur in Vorschriften nationalen Rechts wie bspw. in Buch 11 der ZPO, sondern auch in zahlreichen bi- oder multilateralen zwischenstaatlichen Verträgen. Der Bezug einer Rechtsstreitigkeit zum Ausland kann auf sehr verschiedene Weise entstehen. In Betracht kommen etwa die Staatsangehörigkeit einer der Parteien oder ihr ausländischer Wohnsitz, die Notwendigkeit, im Ausland Beweise zu erheben oder Anerkennung und Vollstreckung eines ausländischen Urteils im Inland zu begehren. Anders als das Internationale Privatrecht ist das IZVR somit grundsätzlich kein Kollisionsrecht, wenn sich auch solche Regeln im IZVR etwa bei den Bestimmungen über die Partei- und Prozessfähigkeit finden (Einzelheiten bei *Schack* Rn. 4). In Zeiten zunehmender internationaler Verflechtung selbst im außerstaatlichen Bereich, sei es nun in den Handelsbeziehungen, sei es auf der rein sozialen Ebene, wächst notwendigerweise die praktische Bedeutung des IZVR. So gibt es etliche internationale Vereinbarungen, deren Inhalt auf die Regelung bestimmter sachlicher Fragen des IZVR beschränkt ist. Zu nennen sind das Haager Übereinkommen über den Zivilprozess aus dem Jahre 1954 (BGBl. 1958 II, 576), das insbesondere Fragen der *Zustellung gerichtlicher Schriftstücke, der Rechtshilfeersuchen und der Sicherheitsleistung für Prozesskosten* zum Gegenstand hat. Ihm oder jedenfalls Teilen von ihm sind zahlreiche Staaten beigetreten. Fragen der *Zustellung gerichtlicher und außergerichtlicher Schriftstücke in Zivil- oder Handelssachen* regelt ebenfalls ein Haager Übereinkommen (von 1965, BGBl. 1977 II, 1452). Schließlich ist das Haager Beweisübereinkommen von 1970 (BGBl. 1977 II, 1472) zu nennen, das sich mit der Beweisaufnahme im Ausland in Zivil- oder Handelssachen befasst. Es ersetzt in den Vertragsstaaten die Art. 8 bis 16 des Haager Zivilprozessübereinkommens von 1954 und ist nur anzuwenden, wenn die Beweisaufnahme im Ausland erfolgen soll (für Einzelheiten s. *Schack* Rn. 808 ff.).

Mit zunehmender auch rechtlicher Verflechtung der Staaten in 728
der Europäischen Union und der Erweiterung der rechtlichen Zuständigkeiten der EU stellt sich verstärkt die Frage nach einem europäischen Zivilverfahrensrecht. Soweit die Mitgliedstaaten zu den Zeichnerstaaten internationaler Vereinbarungen auf dem Gebiet des IZVR gehören, gilt grundsätzlich dieses Recht auch im Verhältnis der Staaten der EU zueinander, wenn nicht spezielle Vereinbarungen an seine Stelle treten.

II. Europäische Zivilverfahrensregelungen

Eine solche spezielle Vereinbarung mit zentraler Bedeutung für 729
das europäische Zivilverfahrensrecht war das *Brüsseler EWG-Übereinkommen über die gerichtliche Zuständigkeit und die Vollstreckung gerichtlicher Entscheidungen in Zivil- und Handelssachen* vom 27. September 1968, EuGVÜ. Es wurde von der *Verordnung über die gerichtliche Zuständigkeit und die Anerkennung und Vollstreckung von Entscheidungen in Zivil- und Handelssachen* (EuGVVO) abgelöst, die am 1. 3. 2002 in Kraft getreten ist (ABl. EG Nr. L 12 v. 16. 1. 2001, 1) und dem EuGVÜ inhaltlich mit einigen Änderungen entspricht. Anders als dieses ist es aber unmittelbar geltendes sekundäres (EU-)Recht (Näheres sogleich u. Rn. 733 ff.). Diese Normgebung durch Verordnung wurde mit der Vergemeinschaftung der justitiellen Zusammenarbeit möglich (heute Art. 81 AEUV, der nunmehr auch Maßnahmen zur Sicherstellung eines effektiven Zugangs zum Recht, zur Förderung der Weiterbildung von Richtern und Justizbediensteten und zur Entwicklung alternativer Methoden für die Beilegung von Streitigkeiten umfasst). Dieser Zuständigkeit haben sich allerdings das Vereinigte Königreich, Irland und Dänemark nicht unterworfen (im Verhältnis zu diesen Staaten ist die Geltung von Verordnungen der EU also immer gesondert zu prüfen). Die beiden erstgenannten Staaten haben sich gleichwohl der EuGVVO angeschlossen, während sich das Verhältnis zu Dänemark aufgrund des *Übereinkommens zwischen der Europäischen Gemeinschaft und dem Königreich Dänemark über die gerichtliche Zuständigkeit und die Anerkennung und Vollstreckung in Zivil- und Handelssachen* (ABl. EU 2005 Nr. L 299, 62) nach entsprechenden Bestimmungen zur EuGVVO richtet. Neben der EuGVVO (für die auch die Bezeichnung *Brüssel-I-VO* benutzt wird) wurden mittlerweile

weitere Verordnungen erlassen. Zu nennen sind die *Verordnung über einen Europäischen Vollstreckungstitel für unbestrittene Forderungen* (EuVTVO; dazu Rn. 751 ff.), die *Verordnung zur Einführung eines Europäischen Mahnverfahrens* (EuMVVO, dazu Rn. 755) sowie die *Verordnung zur Einführung eines europäischen Verfahrens für geringfügige Forderungen* (EuGFVO, dazu Rn. 756). Die genannten Verordnungen gelten zwar unmittelbar, bedürfen aber vielfach einer Umsetzung in das nationale Recht. Der deutsche Gesetzgeber hat diese Vorschriften in einem Buch 11 der ZPO (§§ 1067 ff.) zusammengefasst, das als Titel „Justizielle Zusammenarbeit in der Europäischen Union" führt. Generell gilt jedoch für diesen Bereich, dass die EU gebietsweise geltende Verfahren für in der Regel grenzüberschreitende Konstellationen schafft, die neben die nationalen Prozessrechte treten und zunehmend kein Exequaturverfahren mehr vorsehen (*Hess*, DGVZ 2010, 45, 48). Die Entwicklung ist keinesfalls abgeschlossen.

Der Europäische Rat hat 2010 das sog. *Stockholmer Programm* als Nachfolger des *Haager Programms zur Stärkung von Freiheit, Sicherheit und Recht in der Europäischen Union* verabschiedet (ABl. EU 2010 Nr. C 115, 1, dazu *Wagner*, IPRax 2010, 97), das in einem Aktionsplan konkretisiert wurde. Vor allem aus letzterem lassen sich die von Rat und Kommission auch auf dem Gebiet des Zivilverfahrensrechts für die nächsten Jahre geplanten Vorhaben entnehmen. Gegenwärtig liegt bereits ein Vorschlag der EU-Kommission zur Änderung der EuGVVO vor. Er sieht insbesondere vor, das Exequaturverfahren abzuschaffen (dazu *Hess*, IPRax 2011, 125). Außerdem hat die EU-Kommission Grünbücher zur grenzüberschreitenden Kontenpfändung und zur Vermögenstransparenz veröffentlicht (zu beiden *Hess*, DGVZ 2010, 45). Das Verhältnis zwischen den Mitgliedstaaten der Europäischen Union und jenen der Europäischen Freihandelsassoziation (EFTA) wurde 1988 durch das sog. *Lugano-Übereinkommen* (LugÜ) geregelt. Dieses wurde mittlerweile an die EuGVVO angepasst (ausführlich zum neuen LugÜ *Wagner/Janzen*, IPRax 2010, 298). Beigetreten ist ihm nunmehr die EU selbst (dazu *Mansel/Thorn/Wagner*, IPRax 2010, 1, 12).

Da die EuGVVO, ebenso wie das EuGVÜ nicht auf Personenstands- und Güterrechtssachen Anwendung findet (Art. 1 Abs. 2 lit. b EuGVVO), ergab sich die Notwendigkeit, jedenfalls für Teile dieses Gebietes einheitliche Regeln über die Anerkennung und

Vollstreckung von Entscheidungen zu schaffen. Dies geschah zunächst mit der sog. *Brüssel-II-VO* (ABl. EG 2000 Nr. L 160, 19). Sie wurde durch die *Verordnung über die Zuständigkeit und die Anerkennung und Vollstreckung von Entscheidungen in Ehesachen und in Verfahren betreffend die elterliche Verantwortung und zur Aufhebung der Verordnung EG Nr. 1347/2000* (ABl. EG 2003 Nr. L 338, 1), sog. *Brüssel-IIa-VO*, abgelöst. Diese Verordnung unterscheidet sich von ihrer Vorgängerin vor allem dadurch, dass Fragen elterlicher Verantwortung bei gemeinsamen Kindern einschließlich der Maßnahmen zum Schutz der Kinder unabhängig davon geregelt werden, ob eine Verbindung zu einem Verfahren in Ehesachen besteht. In der Verordnung werden weiterhin die Anerkennung von Entscheidungen über die Ehescheidung und die Zuweisung, Ausübung und Übertragung oder den (teilweisen) Entzug elterlicher Verantwortung normiert (Art. 1 Abs. 1 Brüssel-IIa-VO). Folgesachen werden von der Verordnung nicht geregelt (vgl. Erwägungsgründe 8 und 11 der Brüssel-IIa-VO). Dies gilt u. a. für Unterhalts- und auch Versorgungsausgleichsangelegenheiten sowie das gesamte Güterrecht. Teilweise existieren hierzu Sonderregeln (s. die *Verordnung über die Zuständigkeit, das anwendbare Recht, die Anerkennung und Vollstreckung von Entscheidungen und die Zusammenarbeit in Unterhaltssachen*, ABl. EU 2009 Nr. L 7, 1; sog. EuUnthVO). Die Zuständigkeiten nach der Brüssel-IIa-VO sind ausschließlich (Art. 6 Brüssel-IIa-VO), wenn der Antragsgegner seinen gewöhnlichen Aufenthaltsort im Hoheitsgebiet eines Mitgliedstaats hat oder Staatsangehöriger eines solchen Mitgliedstaats ist. Nur soweit sich nach den Bestimmungen der Brüssel-IIa-VO keine Zuständigkeit ergibt, bleibt es bei der Zuständigkeit nach nationalem Recht der Mitgliedstaaten. Entscheidungen, die der Brüssel-IIa-VO unterfallen, bedürfen keiner ausdrücklichen Anerkennung der die Ehe auflösenden Entscheidung. Die Anerkennungsvoraussetzungen werden vielmehr von den Gerichten und Behörden inzident geprüft. Der Freizügigkeit des Rechtsverkehrs wird damit Vorrang vor der Rechtssicherheit eingeräumt. Allerdings ist eine Feststellungsklage gemäß Art. 21 Abs. 3 Brüssel-IIa-VO zulässig. Eine solche Anerkennungsentscheidung wirkt jedoch nur zwischen den Parteien.

Die europäische *Zustellungsrechtsverordnung* (EuZVO) stellt keine allgemeinen, für alle Mitgliedstaaten geltenden Zustellungsregeln auf. Insoweit bleibt es bei der teilweise für den Rechtssuchenden unübersichtlichen Vielfalt. Die Verordnung trifft vor allem Bestimmungen zur Übermittlung im Rechtshilfeverkehr (zu weiteren Zustellungsformen, z. B. per Post oder im Parteibetrieb, s. Art. 12 ff. EuZVO) und die hierfür geltenden Anforderungen. Ein zentrales Problem ist dabei das Annahmeverweigerungsrecht gem. Art. 8 Abs. 1 EuZVO. Danach darf der Empfänger die Zustellung verweigern oder das Schriftstück innerhalb einer Woche zurücksenden, wenn es selbst oder dessen Übersetzung (s. Art. 5 EuZVO) nicht in einer Amtssprache des Zustellorts oder einer anderen Sprache verfasst ist, die der Empfänger versteht. Die Ausgestaltung der Zustellung bleibt den einzelnen Mitgliedstaaten überlassen. Als solche richtet sie sich daher unverändert nach nationalem Recht (s. Art. 7 EuZVO). Es beantwortet die Frage, ob, unter welchen Voraussetzungen und in welcher Weise fiktive Inlandszustellungen möglich sein sollen. Gerade diese Bestimmungen sind angesichts der für die Partei einschneidenden fiktiven Inlandszustellung ausgesprochen unbefriedigend.

Die europäische *Beweisaufnahmeverordnung* (EuBVO) regelt die Rechtshilfe zwischen den Mitgliedstaaten bei Beweisaufnahmen in Zivil- und Handelssachen (Art. 1 EuBVO). Sie ermöglicht es den Gerichten, die eine Beweisaufnahme im europäischen Ausland durchführen sollen, sich *unmittelbar* an das zuständige Gericht eines anderen Mitgliedstaats zu wenden (Art. 2 EuBVO) und schafft die dafür erforderlichen Voraussetzungen. Darüber hinaus regelt die Verordnung das Verfahren beim ersuchten Gericht und gestattet sogar eine unmittelbare Beweisaufnahme durch das ersuchende Gericht, wenn die Beweisaufnahme auf freiwilliger Grundlage und ohne Zwangsmaßnahmen erfolgen kann (Art. 17 Abs. 2 EuBVO). Ein solches Ersuchen darf nur unter engen, in Art. 17 Abs. 5 EuBVO im Einzelnen geregelten Voraussetzungen abgelehnt werden (s. oben Rn. 289).

Schließlich ist die *Richtlinie* 2003/8/EG des Rates vom 21. 1. 2003 *zur Verbesserung des Zugangs zum Recht bei Streitsachen mit grenzüberschreitendem Bezug durch Festlegung gemeinsamer Mindestvorschriften für die Prozesskostenhilfe in derartigen Streitsachen* (PkRiL; ABl. EG Nr. L 26, 41) zu nennen. Ihre Umsetzung in nationales Recht (zum 21. 12. 2004) soll sicherstellen, dass auch bei grenzüberschreitenden Streitigkeiten auf dem Gebiet der Zivil- und Handelssachen (Art. 1 Abs. 2 PkRiL) der Rechtsschutz einer bedürftigen Partei, die natürliche Person ist (Art. 3 Abs. 1

PkRiL), nicht an deren finanziellen Schwierigkeiten scheitert. Geregelt werden von der Richtlinie sowohl Verfahren im Inland als auch solche, die im Ausland zu führen sind. Für den letztgenannten Fall sieht § 1077 vor, dass das Amtsgericht des Wohnsitzes als die zuständige Empfangsstelle den Antrag entgegenzunehmen, zu übersetzen und an die Empfangsstelle im Mitgliedstaat weiterzuleiten hat. § 1078 regelt den umgekehrten Fall grenzüberschreitender Prozesskostenhilfe und die hier zu beachtenden Formalitäten. Die Entscheidung erfolgt bei solchen Inlandsprozessen grundsätzlich unter den Voraussetzungen der §§ 114 ff. (dazu o. Rn. 498 ff.), die durch § 1078 Abs. 3 aber etwas erweitert werden. Da die Richtlinie auch einen Anspruch auf vorgerichtliche Beratung begründet, ist insoweit auch das Beratungshilfegesetz angepasst worden (vgl. § 10 BerHG).

Eine besondere Bedeutung hat das *Anerkennungs- und Vollstreckungsausführungsg* (AVAG), das die Ausführungsbestimmungen für mehrere Staatsverträge und die EuGVVO zusammenfasst (Art. 1 Abs. 1 AVAG) und – soweit möglich – in Teil 1 einheitlich diese Verträge und die EuGVVO regelt. Dadurch soll einer Rechtszersplitterung entgegen gewirkt werden.

III. Der Gedanke eines einheitlichen europäischen Zivilprozesses

Inwieweit darüber hinaus ein einheitliches europäisches Zivilprozessrecht geschaffen werden sollte, wird in der Literatur unterschiedlich beantwortet (*Stürner*, in: *Grunsky* u. a., Wege zu einem europäischen Zivilprozeßrecht, 1992, 17 f.). Es hat in jüngerer Vergangenheit einige Versuche gegeben, zu einer stärkeren Vereinheitlichung der nationalen Verfahrensordnungen – zumindest in bestimmten Bereichen – zu kommen. Wie stets stoßen solche Versuche der Rechtsangleichung auf die bekannten Probleme, die hier nur stichwortartig angesprochen werden können. Zum einen stellt sich die Frage nach der Grundlage einer solchen Rechtsvereinheitlichung in dem zwischen den Mitgliedstaaten geschlossenen EU-Vertrag (hierzu *Storme*, 58 f.). So sehen die bisherigen Überlegungen (s. insbesondere *Storme*, 53) lediglich eine Harmonisierung in Ausschnitten vor, deren Umfang schwer zu begründen und dessen Auswahl nicht unstrittig ist. Diese Frage wird dann noch viel drängender, wenn eine Verordnung auch für In-

730

landssachverhalte eine konkretisierende Regelung darstellen soll. Im Übrigen werden die Notwendigkeit einer solchen Vereinheitlichung und ihr Umfang sowie die Frage, welche Regelungen zum Vorbild genommen werden können, im deutschen Schrifttum sehr unterschiedlich beurteilt (s. hierzu ausführlich die Aufsätze von *Bruns*, ZZP 118, 3; *H. Roth*, ZZP 109, 271 ff.; *Schilken*, ZZP 109, 315 ff., sowie die zu diesen Themen geführte Diskussion; s. *Lemken*, ZZP 109, 337; s. auch *Stürner*, ZZP 112, 185 sowie den Text der Vorschläge zum europäischen Zivilprozessrecht ZZP 109, 345 ff.). Auf Einzelheiten dieses Streites, der in Zukunft voraussichtlich an Bedeutung gewinnen wird, kann nicht weiter eingegangen werden. Vielmehr soll im Weiteren der vor allem von der EuGVVO geprägte Rechtszustand des europäischen Zivilverfahrensrechts in einem Überblick dargestellt werden, da diese Regelungen in der prozessualen Praxis immer wichtiger werden und darüber hinaus Rückwirkungen auf das nationale Recht jedenfalls nicht ausgeschlossen werden können.

IV. Weitere europäische Einflüsse auf das Zivilprozessrecht

731 Verfahrensrechtliche Rückwirkungen kann aber auch *europäisches Primärrecht* haben. Beispielhaft seien hier die Auswirkungen der Niederlassungsfreiheit auf die Anerkennung der Parteifähigkeit rechtlicher Gesellschaften genannt. Hier hat der Europäische Gerichtshof (NJW 2002, 3614; dazu BGHZ 154, 185) entschieden, dass eine nach niederländischem Recht in den Niederlanden gegründete GmbH auch dann als rechts- und parteifähig anzusehen ist, wenn der effektive Verwaltungssitz von den Niederlanden nach Deutschland verlegt und die Gesellschaft in Deutschland nicht neu gegründet wurde. Diese – im Gegensatz zu den bis dahin vom Bundesgerichtshof anerkannten Regeln des internationalen Gesellschaftsrechts stehende – Entscheidung wurde vom Europäischen Gerichtshof auf die Niederlassungsfreiheit der heutigen Art. 49, 54 AEUV gestützt, die durch ein Erfordernis nochmaliger Gründung „negiert" werde. Mittlerweile hat der Bundesgerichtshof diese Grundsätze auf eine im Fürstentum Liechtenstein gegründete Kapitalgesellschaft mit Sitz im deutschen Inland übertragen, da die Niederlassungsfreiheit auch in Art. 31 EWR-Abkommen garantiert sei (NJW 2005, 3351).

Eine Vereinheitlichung des Verfahrensrechts findet zudem durch die *Europäische Konvention zum Schutze der Menschenrechte und Grundfreiheiten* vom 4.11.1950 (EMRK; der auch die EU beigetreten ist, Art. 6 Abs. 2 EUV) und die Rechtsprechung des Europäischen Gerichtshofs für Menschenrechte statt. Das Gericht überprüft staatliche Maßnahmen am Maßstab der EMRK und der Protokolle hierzu. Die EMRK und die Begleitdokumente überlassen es allerdings den Staaten zu entscheiden, in welcher Weise sie den durch die Rechtsprechung des Gerichts aktualisierten Maßstäben Rechnung tragen. Ein Urteil des Europäischen Gerichtshofs für Menschenrechte wirkt nur inter partes und hat lediglich feststellenden Inhalt. Mit der erfolgreichen Klage wird ein Verstoß gegen die Konvention festgestellt. Für das Verfahrensrecht sind vor allem Entscheidungen bedeutend, die die Verfahrensgrundrechte des Art. 6 EMRK betreffen (dazu Rn. 37 a ff.). Hier führt die Rechtsprechung des Europäischen Gerichtshofs für Menschenrechte zu einer Vereinheitlichung des Verfahrensrechts durch Sicherstellung gewisser Mindeststandards, etwa hinsichtlich der Verfahrensdauer oder der Ausgestaltung rechtlichen Gehörs. Damit werden der auch in neuerer Zeit in Deutschland zunehmend zu beobachtenden Neigung politischer Entscheidungsträger Grenzen gesetzt, Mittel des Justizressorts zugunsten der Staatskasse zu kürzen (dazu insb. *EGMR* NJW 2010, 3355). In jüngerer Zeit wurden vor allem Fragen der nationalen Umsetzung einer erfolgreichen Klage vor dem Europäischen Gerichtshof für Menschenrechte gegen eine gerichtliche Entscheidung diskutiert (s. dazu nunmehr § 580 Nr. 8; oben Rn. 431). Dies gilt vor allem für die Auffassung des Bundesverfassungsgerichts, dass trotz des Grundsatzes der Völkerrechtsfreundlichkeit, der auch die Gerichte bindet, ausnahmsweise Völkerrecht und damit auch Entscheidungen des Europäischen Gerichtshofs für Menschenrechte nicht zu beachten sind, wenn „nur auf diese Weise ein Verstoß gegen tragende Grundsätze der Verfassung abzuwenden" sei. Trotz der fehlenden Verbindlichkeit einer Entscheidung für andere Staaten (eine Bestimmung entsprechend Art. 31 Abs. 1 BVerfGG fehlt) geht nach Auffassung des Bundesverfassungsgerichts aber von einer Entscheidung des Europäischen Gerichtshofs für Menschenrechte Orientierungswirkung aus. EMRK und die Entscheidungen des Gerichts dienten als Auslegungshilfe für nationales Recht, sei es einfaches Gesetz oder Verfassungsrecht (*BVerfG* NJW 2004, 3407, 3408).

.Ein Verstoß gegen die EMRK und eine hierauf ergangene Entscheidung des Europäischen Gerichtshofs für Menschenrechte stellt keinen Wiedereinsetzungsgrund nach § 233 dar. Allerdings ist die Restitutionsklage statthaft, wenn das Urteil auf dem Verstoß beruht (§ 580 Nr. 8).

§ 93. Das Verfahren nach der EuGVVO

Literatur: *Hess,* Methoden der Rechtsfindung im Europäischen Zivilprozessrecht, IPRax 2006, 348; *Lehmann,* Gerichtsstand bei Klagen wegen Annullierung einer Flugreise, NJW 2010, 655; *Leible/Müller,* Die Bedeutung von Websites für die internationale Zuständigkeit in Verbrauchersachen, NJW 2011, 495; *Rauscher,* Internationaler Gerichtsstand des Erfüllungsorts – Abschied von Tessili und de Bloos, NJW 2010, 2251; *Stürner,* Anerkennungsrechtlicher Ordre Public als Schranke der Vollstreckbarerklärung – der Bundesgerichtshof und die Staatlichkeit in der Europäischen Union, FS BGH, Bd. III, 2000, 677; *Thole,* Missbrauchskontrolle im Europäischen Zivilverfahrensrecht, Zur Problematik der sog. Zuständigkeitserschleichung, ZZP 122, 423.

Fall 1: Die Mikrotron GmbH in Dresden vereinbart mit der Chicom mit Sitz in Peking die Lieferung von elektronischen Bausteinen für die Computerfertigung. Erfüllungsort ist Frankfurt am Main. Mikrotron weigert sich zunächst, die Waren dem dortigen Frachtführer zu übergeben, da Chicom nicht die vereinbarten Sicherheiten bereitgestellt hat. Nachdem dies schließlich doch geschehen ist, leistet Mikrotron. Chicom verlangt Ersatz des Verzugsschadens. Wo muss Chicom klagen?

Fall 2: K aus Berlin verklagt B aus Paris vor dem Landgericht Berlin auf Zahlung des zwischen beiden vereinbarten Kaufpreises. Kurze Zeit danach klagt B gegen K vor dem Tribunal de Grande Instance in Paris und beantragt festzustellen, dass das von ihm abgegebene Kaufangebot unwirksam ist. B beruft sich in diesem Verfahren auf die Rechtshängigkeit der ersten Klage vor dem Landgericht Berlin. Mit Erfolg?

I. Auslegung der Vorschriften der EuGVVO

732 Die EuGVVO ist sekundäres Gemeinschaftsrecht und geht als supranationales Recht den nationalstaatlichen Regelungen vor.

Diese Rechtsnatur hat Auswirkungen auf die *Auslegung der Vorschriften* der EuGVVO, die autonom zu erfolgen hat.

Hierbei kommt den der Verordnung (wie einer Richtlinie) vorangestellten Erwägungsgründen eine besondere Bedeutung zu.

II. Sachlicher Anwendungsbereich

Die EuGVVO findet gem. deren Art. 1 Anwendung auf *Zivil- und Handelssachen*, wobei auch dieser Begriff autonom aus dem Verständnis der Verordnung, ihrer Zielsetzung und Systematik heraus auszulegen ist. Der Europäische Gerichtshof hat dies für das EuGVÜ vor allem in seiner Entscheidung „LTU/Eurocontrol" (*EuGH* NJW 1976, 1541) ausführlich begründet. Heranzuziehen seien – so das Gericht – für die Auslegung dieser Begriffe darüber hinaus die allgemeinen Rechtsgrundsätze, die sich aus einer Gesamtschau der nationalen Rechtsordnungen ableiten lassen. Es versteht sich, dass die Rechtsprechung des Europäischen Gerichtshofs zudem von seinem Bemühen um eine *integrationsfreundliche Auslegung* geprägt ist. Dies wird sich bei Auslegung sekundären Rechts eher noch verstärken.

Auch auf der supranationalen Ebene besteht eine wesentliche Schwierigkeit darin, das sachlich von dem Übereinkommen ausschließlich umfasste Handels- und Zivilrecht von dem Gebiet des Öffentlichen Rechts abzugrenzen. Ganz ähnlich wie im deutschen nationalen Recht geschieht dies, indem die *Rechtsnatur des Streitgegenstandes* festgestellt wird. Ausschlaggebend soll sein, ob der Rechtsstreit im Zusammenhang mit der Ausübung hoheitlicher Befugnisse steht und hier seinen Ausgang nimmt (*EuGH* NJW 1977, 489). Ohne Bedeutung ist dagegen, welchem Rechtsweg das nationale Recht die Rechtsstreitigkeit zuweist. Dem Privatrecht hat der Europäische Gerichtshof (IPRax 2004, 334) auch den Rückgriffsanspruch eines Zollbürgen nach dessen Inanspruchnahme zugeordnet, selbst wenn der übergegangene Anspruch vor der Legalzession öffentlich-rechtlicher Natur ist (zum Bürgschaftsanspruch gegen den Zollbürgen ebenso, s. *EuGH* IPRax 2003, 528). In der Hand Privater wird dieser nach Auffassung des Europäischen Gerichtshofs privatrechtlich, so dass dieser in der Regel auf die Beziehungen der Prozessparteien abzustellen scheint (vgl. *Freitag*, IPRax 2004, 309). Einige Rechtsgebiete sind ausdrücklich von dem Anwendungsbereich der EuGVVO ausgenommen (Art. 1 Abs. 2 EuGVVO). Dies geschah auch mit Blick auf den Abschluss von eigenen, das genannte Rechtsgebiet betreffenden supranationalen Vereinbarungen, denen nicht vorgegriffen werden sollte (so für „Konkurse, Vergleiche und ähnliche Verfah-

733

ren", Art. 1 Abs. 2 lit. b EuGVVO). Mittlerweile gibt es für einige dieser Rechtsbereiche – wie bereits dargestellt – eigene Verordnungen (s. o. Rn. 729). Dies gilt im Übrigen auch für die grenzüberschreitenden Insolvenzverfahren (EuInsVO).

734 Nach Art. 2 Abs. 1 EuGVVO ist es ohne Bedeutung, ob der Rechtsstreit einen grenzüberschreitenden Bezug hat. Vor allem verlangt die EuGVVO keine besondere Beziehung des Rechtsstreits zu einem Mitgliedstaat (*Schlosser* EuGVVO Vor Art. 2 Rn. 5). Vielmehr muss die Person des Beklagten lediglich *ihren Wohnsitz* in einem Mitgliedstaat haben. Fehlt es hieran, so bestimmt sich (vorbehaltlich des Art. 22 EuGVVO) die Zuständigkeit der Gerichte eines jeden Mitgliedstaats nach seinen eigenen Gesetzen. Danach scheint die EuGVVO auch reine Inlandssachverhalte zu regeln (*Geimer/Schütze* A. 1 Art. 2 Rn. 101 ff.). Ein derart weiter Anwendungsbereich ist aber von dem Anliegen des Verordnungsgebers nicht gedeckt. Seine Absicht war es, die Anerkennung von Entscheidungen und deren Vollstreckung im europäischen Rechtsverkehr zu vereinfachen, den freien Verkehr gerichtlicher Entscheidungen zu gewährleisten. Die Regelung der internationalen Zuständigkeit soll die Voraussetzungen dafür schaffen, nicht aber – unabhängig von dem dargestellten Regelungsziel – ein in allen Mitgliedstaaten einheitliches Recht der internationalen Zuständigkeit herstellen. Man wird daher in jedem Fall einen Auslandsbezug verlangen müssen, damit die EuGVVO überhaupt anwendbar ist.

Eine weitergehende Beschränkung ihres Geltungsbereichs auf Streitigkeiten zwischen Personen, die beide ihren Wohnsitz im Gebiet der Mitgliedstaaten haben, ist der EuGVVO dagegen nicht zu entnehmen. Sie lässt sich auch nicht aus dem Zweck der Verordnung ableiten, da es ihr um die Freizügigkeit gerichtlicher Entscheidungen europäischer Gerichte schlechthin geht. Die Zuständigkeitsordnung gilt somit auch für Angehörige von sog. Drittstaaten (Erwägungsgrund 10), solange der Rechtsstreit sich gegen einen Beklagten richtet, der seinen Wohnsitz in einem Mitgliedstaat der EU hat (*Kropholler* vor Art. 2 Rn. 8 m. w. N.; a. A. auch zur EuGVVO *Schack* Rn. 271).

Das Erfordernis eines besonderen gegenständlichen Bezugs des Rechtsstreites zu einem Mitgliedstaat ist weder dem Wortlaut der Vorschriften zu entnehmen noch nach dem Sinn und Zweck der Verordnung erforderlich. Art. 22 EuGVVO dehnt die Zuständigkeit über Art. 2 Abs. 1 EuGVVO insoweit weiter aus, als nach ihm selbst ein Rechtsstreit, in dem weder die Person des Klägers noch jene des Beklagten ihren Wohnsitz in einem Mitgliedstaat der EU hat, unter die Verordnung fällt, wenn nur das Grundstück als Gegenstand des Rechtsstreits in einem Mitgliedstaat belegen ist. Auf eine Eigentumsverletzung gestützte Klagen auf Beseitigung und Schadensersatz fallen jedoch nicht unter Art. 22 Nr. 1 S. 1 EuGVVO (*BGH* NJW 2008, 3502).

Für das zur Entscheidung angerufene Gericht, das seine internationale Zuständigkeit in einem Rechtsstreit mit nicht rein inländischer Prägung festzustellen hat, folgt aus der Systematik der Verordnung (hierzu MünchKomm/*Gottwald* EuGVVO Art. 2 Rn. 3 ff.), dass es zunächst vor allem am Maßstab des Art. 1 EuGVVO prüfen muss, ob die erhobene Klage in den Anwendungsbereich der EuGVVO fällt. Daneben muss sie auch unter dem Aspekt ihrer zeitlichen Geltung anwendbar sein. Gelangt das Gericht in beiden Fragen zu einem positiven Ergebnis, so muss es anschließend klären, ob der Beklagte seinen Wohnsitz in einem Mitgliedstaat hat. Fehlt ein solcher, so gilt für die internationale Zuständigkeit grundsätzlich das nationale Zuständigkeitsrecht. Andernfalls richtet sich die weitere Prüfung des Gerichts danach, ob der Wohnsitz des Beklagten in dem Staat liegt, dem das Gericht angehört. Im Falle einer allgemeinen Zuständigkeit nach Art. 2 Abs. 1 EuGVVO ergibt sich die *örtliche Zuständigkeit* aus nationalem Recht. 735

In **Fall 1** bestehen keinerlei Berührungspunkte zu einem anderen Mitgliedstaat. Gleichwohl fällt dieses Verfahren in die Zuständigkeitsordnung der Verordnung, da die Beklagte ihren Sitz in Dresden hat. Es handelt sich offensichtlich um eine Zivilsache i. S. d. Übereinkommens, ohne dass es auf ihre Eigenschaft als Handelssache ankäme. Die internationale Zuständigkeit bestimmt sich nach den Art. 2 ff. EuGVVO, wenn die Dresdner Gesellschaft vor einem deutschen Gericht verklagt werden soll. Dagegen ist gem. Art. 4 Abs. 1 EuGVVO das nationale Zuständigkeitsrecht (§§ 20 ff.) maßgebend, wenn der Vertragspartner aus China in Deutschland belangt werden soll. In Betracht kommt der Gerichtsstand des Erfüllungsortes (§ 29) und – je nach den Umständen des Falles – des Vermögens (§ 23) oder der Zweigniederlassung (§ 21).

Das vorrangige Regelungsziel besteht in der Festlegung der internationalen Zuständigkeit, ungeachtet des Umstandes, dass dadurch regelmäßig auch die örtliche Zuständigkeit feststeht (Ausnahme z. B. Art. 5 Nr. 6 EuGVVO, der die internationale

Zuständigkeit bei Klagen gegen einen trustee oder den Begünstigten eines trust betrifft und diese den Gerichten des Mitgliedstaates zuweist, auf dessen Hoheitsgebiet der trust seinen Sitz hat).

736 Für die Prozessaufrechnung hat dagegen die EuGVVO keine Bedeutung (*Schlosser* EuGVVO vor Art. 2 Rn. 15 m.w.N.). Vielmehr bestimmt sich dieses Verteidigungsmittel und die in seinem Rahmen geltend gemachten Forderungen nach den einzelnen nationalen Rechten. Hier gelten somit unter der EuGVVO keine anderen Grundsätze als jene, die bei Aufrechnung außerhalb ihres Anwendungsbereiches anzuwenden sind.

III. Allgemeine Zuständigkeit und besondere Zuständigkeiten

737 Die EuGVVO will zwar die Durchsetzung von gerichtlichen Entscheidungen in einem anderen Mitgliedstaat der EU erleichtern, gleichwohl erschien es notwendig, auch Regeln über die internationale Zuständigkeit zu treffen. Der Grund für diesen zunächst überraschenden Umstand erschließt sich schon mit einem Blick auf § 328 Abs. 1 Nr. 1. Danach ist die Anerkennung einer ausländischen Entscheidung in Deutschland zu versagen, wenn das ausländische Gericht nach deutschem Recht international nicht zuständig war (hierzu Rn. 84). Das deutsche Gericht prüft somit deutsches Zuständigkeitsrecht. Eine einheitliche, gegenüber dem autonomen Recht eines jeden Mitgliedstaates vorrangige Zuständigkeitsordnung in allen Mitgliedstaaten schafft die Voraussetzungen für eine grundsätzliche Anerkennung der ausländischen Entscheidung und verhindert die Gefahr zu weitreichender internationaler Zuständigkeiten nach nationalem Recht. Die internationalen Zuständigkeiten der EuGVVO sind in Kapitel II geregelt und unterscheiden, wie auch die ZPO, zwischen der allgemeinen Zuständigkeit am Wohnsitz des Beklagten (Art. 2 Abs. 1 EuGVVO), und konkurrierenden „besonderen Zuständigkeiten" (Art. 5 bis 7 EuGVVO) sowie weiteren Zuständigkeiten für bestimmte Verfahrensgegenstände (Versicherungssachen, Art. 7 ff. EuGVVO; Verbrauchersachen, Art. 15 ff. EuGVVO; Zuständigkeit bei Individualarbeitsverträgen, Art. 18 ff. EuGVVO), die nur gegenüber Personen mit Wohnsitz in einem Mitgliedstaat für Klagen in einem anderen Mitgliedstaat gelten. Im 6. Abschnitt dieses Kapitels werden bestimmte ausschließliche Zuständigkeiten (Art. 22

EuGVVO) festgelegt. Nach dem Zweck der Verordnung handelt es sich in erster Linie um Regelungen der *internationalen Zuständigkeit* eines Gerichts; zugleich bestimmen aber zahlreiche Vorschriften auch die örtlich zuständigen Gerichte, wie die jeweilige Formulierung erkennen lässt. Dies gilt etwa für die Zuständigkeit bei unerlaubten Handlungen (Art. 5 Nr. 3 EuGVVO), die beim *Gericht des Ortes* liegt, an dem das schädigende Ereignis stattgefunden hat (für weitere Beispiele s. Art. 5 Nr. 1, 2, 4 und 5 sowie Art. 6 EuGVVO).

1. Allgemeine internationale Zuständigkeit

Die allgemeine Zuständigkeit knüpft an den *Wohnsitz des Beklagten* an (Art. 2 Abs. 1 EuGVVO; es soll ausreichen, dass diese Zuständigkeit im Laufe des Rechtsstreits eintritt, *BGH* ZIP 2011, 833). Für die Bestimmung des Wohnsitzes ordnet Art. 59 Abs. 1 EuGVVO bei natürlichen Personen die Anwendung der lex fori an. Für die Feststellung eines Wohnsitzes in Deutschland ist also auf die §§ 7ff. BGB abzustellen. Mit dem Verzicht auf einen einheitlichen Begriff des Wohnsitzes, der der EuGVVO zugrunde liegt, begrenzt die Verordnung die Gefahr von positiven Kompetenzkonflikten, indem sich nach dem jeweils anzuwendenden Recht ein Wohnsitz an verschiedenen Orten und somit eine mehrfache internationale Zuständigkeit ergeben kann. Dieser Konflikt ist anhand Art. 27 EuGVVO zu lösen. Danach beseitigt die Anhängigkeit eines Rechtsstreits bei einem Gericht die Zuständigkeit eines später angerufenen anderen Gerichts (Art. 27 Abs. 2 EuGVVO). Bei juristischen Personen kommt es nach Art. 60 EuGVVO auf den Sitz der Gesellschaft oder juristischen Person an. Dieser bestimmt sich nach ihrem satzungsmäßigen Sitz, ihrer Hauptverwaltung und ihrer Hauptniederlassung, sie kann also durchaus an mehreren Orten ihren „Wohnsitz" haben. Hauptverwaltung ist dabei der Ort, an dem die Willensbildung und die eigentlicheunternehmerische Leitung erfolgt und die grundlegenden juristischen Entscheidungen getroffen werden, ankäme, ob dort die Eintragung einer Haupt- oder Zweigniederlassung beantragt ist (*BAG* NJW 2008, 2797). Internationales Gesellschaftsrecht findet somit im Rahmen der EuGVVO keine Anwendung.

738

2. Besondere Zuständigkeit des Erfüllungsortes

739 Von den besonderen Zuständigkeiten ist die Zuständigkeit für Vertragsstreitigkeiten und hier die internationale und auch örtliche Zuständigkeit der Gerichte des Erfüllungsortes (Art. 5 Nr. 1 EuGVVO) hervorzuheben. Für das seine Zuständigkeit prüfende Gericht stellen sich im Zusammenhang mit dieser Bestimmung oft sehr schwierig zu beantwortende Fragen, wie etwa jene nach der Qualifizierung des Anspruchs als *vertragliches* Forderungsrecht; denn nur für dieses gilt die Zuständigkeit des Art. 5 Nr. 1 EuGVVO. Der Europäische Gerichtshof stellt bei autonomer Auslegung des Begriffs des „Anspruchs aus Vertrag" maßgeblich darauf ab, dass die Forderung auf einer freiwillig eingegangenen Verpflichtung beruht (*EuGH* NJW 2002, 3159). Der Begriff des vertraglichen Anspruchs wird dabei überwiegend weit ausgelegt. Zu ihm gehören jegliche Ansprüche, die im Vertrag ihre Grundlage finden. Dies trifft etwa auch für Schadensersatzansprüche aus vorvertraglichem Verhältnis sowie bereicherungsrechtliche und vindikationsrechtliche Rückabwicklungsansprüche zu. Maßgeblich ist für Fälle von Art. 5 Nr. 1 lit a EuGVVO der Erfüllungsort der konkreten streitigen Verpflichtung, bei Sekundäransprüchen jener der (ursprünglich bestehenden) Primärpflicht (*Schlosser* EuGVVO Art. 5 Rn. 7 m. w. N.).

Der Begriff des Erfüllungsorts bestimmt sich für Waren- und Dienstleistungsverträge (für Arbeitsverträge gilt Art. 18 EuGVVO) nicht anhand des IPR des Gerichtsstaates (so noch zu Art. 5 Nr. 1 EuGVÜ *EuGH* NJW 1977, 491). Vielmehr führt die Vorschrift faktische Kriterien an, aus denen sich der Erfüllungsort ergibt. Abzustellen ist danach auf den Ort, an dem die Verpflichtung erfüllt worden ist oder hätte erfüllt werden müssen (Art. 5 Nr. 1 lit a EuGVVO). Für den Verkauf beweglicher Sachen ist dies der Ort, an dem die Waren vertragsgemäß geliefert worden sind oder zu liefern waren (Art. 5 Nr. 1 lit. b erster Spiegelstrich EuGVVO). Entsprechendes gilt für Dienstleistungen (zweiter Spiegelstrich; dazu ausf. *Lehmann/Duczek*, IPRax 2011, 41), ein Begriff der entgegen nationalem deutschen Verständnis auch den Reisevertrag umfasst (*EuGH* NJW 2009, 2801; für Pauschalreisen gilt jedoch Art. 15 Abs. 3 EuGVVO; zur Abgrenzung zur Werklieferung s. *EuGH* NJW 2010, 1059). Der Lieferort ist demnach autonom zu bestimmen (*Hager/Bentele,* IPRax 2004, 73). Dies bereitet vor allem dann Schwierigkeiten, wenn etwa eine Warenlieferung mehrere Orte berührt (hierzu *Gsell,* IPRax 2002, 486 ff.). Nach der Rechtsprechung des Europäischen Gerichtshofs soll hier der nach wirtschaftlichen Kriterien zu bestimmende Ort der Hauptlieferung oder hauptsächlichen Leistungserbringung die Zuständigkeit für alle Streitigkeiten dieses Vertrages begründen; ggf. hat der Kläger zwischen mehreren solcher Orte die Wahl (*EuGH* NJW 2007, 1799, dazu ausf. *Mankowski,* IPRax 2007, 404; s. auch *ders.,* IPRax 2010, 143). Beim Versendungskauf ist demnach Lieferort (soweit der Vertrag einen solchen nicht bestimmt, dazu *EuGH* ZIP 2011, 1282) der Ort der Übergabe der Waren, durch die der Käufer am Bestimmungsort des Verkaufsvorgangs die tatsächliche Verfügungsgewalt erlangt hat oder hätte erlangen müssen (*EuGH* NJW 2010, 1059). Auch hier gilt die besondere Zuständigkeit des Erfüllungsorts für sämtliche Klagen aus diesem Vertrag und nicht nur diejenigen aus der Lieferverpflichtung (*EuGH* NJW 2010, 3452).

3. Verbraucherzuständigkeit

Für *Verbraucherverträge* enthält Art. 15 Abs. 1 und 2 EuGVVO Sonderregeln, nach denen die Klage eines Verbrauchers gegen den Vertragspartner entweder vor den Gerichten des Mitgliedstaates erhoben werden kann, in dessen Hoheitsgebiet der Vertragspartner, oder vor jenen, in dessen Hoheitsgebiet der Verbraucher seinen Wohnsitz hat (Art. 16 Abs. 1 EuGVVO). Probleme bereitet diese Vorschrift vor allem bei Vertragsabschlüssen über Internetseiten. Hier reicht es nicht aus, wenn die jeweilige Internetseite aus dem Wohnsitzstaat des Verbrauchers zugänglich ist oder überhaupt ein Vertrag zwischen einem Unternehmer und einem Verbraucher geschlossen wurde. Vielmehr muss der Unternehmer seine berufliche oder gewerbliche Tätigkeit auch auf den Wohnsitzstaat des Verbrauchers ausgerichtet haben und die Internetseite einen Vertragsschluss im Fernabsatz anbieten (*EuGH* NJW 2011, 505, dazu *Mankowski,* EWiR 2011, 111). Weitere Indizien können der internationale Charakter der Tätigkeit oder die Verwendung einer anderen Sprache oder Währung als im Mitgliedstaat der Niederlassung des Gewerbetreibenden sein. Schließlich muss der abgeschlossene Vertrag gerade in den Bereich der auf den Wohnsitzstaat des Verbrauchers ausgerichteten Tätigkeit fallen und die auf den Mitgliedstaat ausgerichtete Tätigkeit für den konkreten Vertragsschluss ursächlich sein (*BGH* NJW 2009, 298, dazu *Mankowski*, IPRax 2009, 238; s. auch *ders.*, IPRax 2008, 333 ff.). Die Zuständigkeit der Art. 15, 16 EuGVVO gilt nicht für Verbraucher, die an dem streitgegenständlichen Vertrag nicht persönlich beteiligt waren, sondern aus abgetretenem Recht klagen (str., *LG Nürnberg-Fürth* ZIP 2010, 1368 m. w. N.).

4. Zuständigkeit der unerlaubten Handlung

741 Die Zuständigkeit bei *unerlaubten Handlungen* (und in diesem Fall auch der Gerichtsstand, s. oben Rn. 737) richtet sich gem. Art. 5 Nr. 3 EuGVVO nach dem Ort, an dem das schädigende Ereignis eingetreten ist oder einzutreten droht (zur Frage, ob der Gerichtsstand auch für negative Feststellungsklagen des potentiellen Schädigers gilt, s. den Vorlagebeschluss *BGH* ZIP 2011, 975). Das kann der Ort sein, an dem der ursprüngliche Schaden beim gewöhnlichen Gebrauch eines Erzeugnisses für seinen bestimmungsgemäßen Zweck eingetreten ist (*EuGH* NJW 2009, 3501). Im Übrigen lässt die Rechtsprechung die Behauptung einer eingetretenen Verletzung in dem Staat, in dem die Klage erhoben wird, für die Zuständigkeitsbegründung des Art. 5 Nr. 3 EuGVVO genügen (*BGH* NJW 2009, 3371 f. m. Anm. *Staudinger/Czaplinski*). Das gilt ohne Rücksicht auf das anzuwendende Sachrecht (*BGH* a. a. O.), für das Art. 4 Abs. 1 Rom II-VO mittlerweile einheitlich auf den Ort des Schadenseintritts unabhängig davon abstellt, in welchem Staat das schadensbegründende Ereignis oder indirekte Schadensfolgen eingetreten sind.

Bei einer deliktischen Produkthaftung ist daher der Ort, an dem der Käufer (der nicht der Geschädigte sein muss) das Produkt erworben hat, ohne Belang. Der Erwerbsort kann deshalb nur als ein möglicher Erfüllungsort vertraglicher Ansprüche des Käufers für die Begründung der Zuständigkeit in Betracht kommen.

5. Zuständigkeitsvereinbarung

742 Auch eine *Zuständigkeitsvereinbarung* zwischen den Parteien führt zur *ausschließlichen* Zuständigkeit des vereinbarten Gerichts des Mitgliedstaats. Mit einer solchen Abrede kann allerdings keine ausschließliche Zuständigkeit nach der Verordnung abbedungen werden (Art. 23 Abs. 5 EuGVVO). Ein hiergegen verstoßender

Vertrag ist unwirksam. Allerdings kann eine vereinbarte (ausschließliche) Zuständigkeit durch rügelose und daher zuständigkeitsbegründende Einlassung außer Kraft gesetzt werden (Art. 24 EuGVVO).

IV. Prüfung der Zuständigkeit

Jedes Gericht hat vor seiner Entscheidung die Zulässigkeitsvoraussetzungen zu prüfen (Rn. 149ff.), zu denen auch die internationale Zuständigkeit (Rn. 84) gehört. Ihm stehen daher grundsätzlich die Prüfungskompetenzen in diesen Fragen zu. Ausnahmen gelten allerdings im Rahmen des autonomen deutschen Verfahrensrechts, wenn die Zuständigkeit bereits von einem zunächst angerufenen Gericht geprüft und abgelehnt wurde und ein Verweisungsbeschluss erfolgte. Diese Sonderregeln betreffen die örtliche und sachliche Zuständigkeit (Rn. 94), aber auch die Rechtswegzuständigkeit (Rn. 55). Nach autonomem internationalem Zivilprozessrecht scheidet eine Verweisung des Rechtsstreits an das nach Auffassung des angerufenen Gerichts zuständige ausländische Gericht aus (*Geimer*, IZPR, Rn. 1010, 1850), da hier die Grenzen der Rechtsprechung deutscher Gerichte erreicht sind. Dies ist auch nach der EuGVVO nicht anders. Die Fragen der Prüfungskompetenz bezogen auf die internationale Zuständigkeit werden in den Art. 25ff. EuGVVO geregelt. Danach hat jedes Gericht im Geltungsbereich der EuGVVO seine Zuständigkeit zu prüfen und sich von Amts wegen für unzuständig zu erklären, wenn es das Gericht eines anderen Mitgliedstaates für *ausschließlich* zuständig i. S. v. Art. 22 EuGVVO erachtet (Art. 25 EuGVVO). Im Übrigen muss das Gericht entsprechend verfahren, wenn die Unzuständigkeit gerügt wird und seine Zuständigkeit nach Überzeugung des Gerichts nicht vorliegt (Art. 26 Abs. 1 EuGVVO). 743

Schwierigkeiten ergeben sich bei gleichzeitiger Rechtshängigkeit desselben Anspruchs vor den Gerichten verschiedener Mitgliedstaaten. Diesen Fall regelt Art. 27 Abs. 2 EuGVVO. Danach hat sich das später angerufene Gericht grundsätzlich für unzuständig zu erklären, wenn wegen *desselben Anspruchs* zwischen *denselben Parteien* Klagen anhängig gemacht werden. Das später angerufene Gericht setzt das Verfahren von Amts wegen aus, bis das zuerst angerufene Gericht seine Zuständigkeit festgestellt hat, 744 um sich dann selber für unzuständig zu erklären (Art. 27 Abs. 1, 2 EuGVVO). Im Gegensatz zum nationalen Recht (§ 261 Abs. 3 Nr. 1; Rn. 167) ist die fehlende Rechtshängigkeit keine negative Sachentscheidungsvoraussetzung; vielmehr führt die anderweitige Rechtshängigkeit zur *Unzuständigkeit* des Gerichts, das über eine nachfolgende weitere Klage entscheiden soll. Der Europäische Gerichtshof neigt bei Anwendung dieser Voraussetzungen im Vergleich zum deutschen Prozessrecht zu einer weiteren Auslegung, indem er es als ausreichend ansieht, dass der Kernpunkt beider Rechtsstreitigkeiten identisch ist. Klageantrag und Klagegrund müssen somit nicht vollkommen übereinstimmen (*Kropholler* Art. 27 Rn. 7). Fehlt es danach an einer Rechtshängigkeit desselben Anspruchs, so kann das später angerufene Gericht das Verfahren aussetzen, wenn beide Klagen noch in erster Instanz rechtshängig sind und sie im Zusammenhang stehen (Art. 28 Abs. 1 EuGVVO). Das später angerufene Gericht kann sich auf Antrag einer Partei für unzuständig erklären, wenn nach seinem Recht die Möglichkeit der Verbindung beider Verfahren besteht und das zuerst angerufene Gericht für beide Klagen zuständig ist (Art. 28 Abs. 2 EuGVVO). Die EuGVVO bestimmt in Art. 30 die Voraussetzungen der Anhängigkeit autonom.

In **Fall 2** wäre danach das Tribunal de Grande Instance für die nachfolgende zweite Klage unzuständig, wenn zuvor im Verfahren vor dem Landgericht Berlin „derselbe" (prozessuale) Anspruch nach § 253 rechtshängig gemacht wurde. Nach deutschem Recht handelt es sich nicht um identische Streitgegenstände, da verschiedene Anträge gestellt werden. Das Landgericht Berlin würde nicht mit Rechtskraft über die Wirksamkeit des Vertrages entscheiden, die nur eine Vorfrage der bei ihm rechtshängigen Leistungsklage darstellt. Folgt man dem vertragsautonomen Verständnis der Identität des Anspruchs, wie es vom Europäischen Gerichtshof vertreten wird, so ist eine Deckungsgleichheit der Ansprüche zu bejahen, da es nicht auf ihre formale Identität ankommt. Letztlich gehe es – so der Europäische Gerichtshof (a. a. O.) – auch in der Leistungsklage darum, den Kaufvertrag wirksam werden zu lassen. Diese Frage stellt somit den Kernpunkt beider Klagen dar. Danach muss das Tribunal de Grande Instance das nachfolgende Verfahren solange aussetzen (Art. 27 Abs. 1 EuGVVO), bis die internationale Zuständigkeit des Landgerichts Berlin feststeht, um sich dann selber für unzuständig zu erklären (Art. 27 Abs. 2 EuGVVO). Für G kann das zu der problematischen Folge führen, dass er in dem Verfahren vor dem Landgericht Berlin selbst bei Obsiegen keine rechtskraftfähige Entscheidung über die Wirksamkeit erhalten würde. Hiervor kann er sich letztlich nur schützen, indem er einen Zwischenfeststellungsantrag stellt, der nach Maßgabe des § 256 Abs. 2 zulässig ist (Rn. 134, 362).

V. Anerkennung und Vollstreckung von Urteilen

Fall 3: Die A aus Deutschland gerät auf einer Autofahrt in Italien in einen Verkehrsunfall und erleidet eine Querschnittslähmung. Ein Strafverfahren in Italien gegen den deutschen Fahrer F und den ebenfalls deutschen Halter H des Fahrzeugs endet aufgrund einer Amnestie mit einem Freispruch. A hatte zunächst in Deutschland Prozesskostenhilfe beantragt, die ihr wegen mangelnder Erfolgsaussichten der Klage verweigert wurde. Daraufhin klagte sie in Italien gegen H und F, die rechtskräftig zur Zahlung von Schadensersatz und Schmerzensgeld verurteilt werden. A will das italienische Urteil in Deutschland vollstrecken und begehrt die Erteilung einer Vollstreckungsklausel. Die H und F wenden sich hiergegen und meinen, das italienische Urteil sei in Deutschland nicht anerkennungsfähig. Mit Erfolg?

Ein ausländisches Urteil darf als Hoheitsakt eines fremden Staates nach den einzelnen autonomen Verfahrensrechten der Mitgliedstaaten nur unter besonderen Voraussetzungen vollstreckt werden. Nach deutschem Recht ist hierfür ein Vollstreckungsurteil erforderlich, das implizit über die Anerkennung entscheidet (§ 723 Abs. 2; Rn. 537). Dieses sehr umständliche Verfahren wurde durch die EuGVVO für die Vollstreckung von Entscheidungen der Gerichte eines Mitgliedstaates vereinfacht, die in einem anderen Mitgliedstaat vollstreckt werden sollen. Mit diesem eigentlichen Regelungsgegenstand des Übereinkommens befasst sich das dritte Kapitel der EuGVVO. Ergänzend greifen die Bestimmungen des AVAG (vgl. §§ 25, 55 f. AVAG). Noch weiter gegenüber der EuGVVO hat die EuVTVO die Vollstreckung erleichtert, wenn aus einer gerichtlichen Entscheidung über eine unbestrittene Geldforderung vollstreckt werden soll. Gleiches gilt bei der Vollstreckung aus öffentlichen Urkunden und Prozessvergleichen (vgl. Art. 4, 25, 26 EuVTVO; Rn. 751 ff.) sowie bei der Vollstreckung aus einem Europäischen Zahlungsbefehl nach der EuMVVO (Art. 19 ff. EuMVVO; dazu Rn. 755) und Urteilen nach der EuGFVO (Art. 20 ff. EuGFVO; s. Rn. 756).

745

Die EuGVVO stellt für gerichtliche Entscheidungen (zum Begriff s. Art. 32 EuGVVO) ein gegenüber dem deutschen nationalen Recht nach § 328 weniger aufwendiges Anerkennungsverfahren zur Verfügung. Dies wird zum einen dadurch erreicht, dass im Zusammenhang mit der Anerkennung des Verfahrens nicht die fehlende internationale Zuständigkeit des entscheidenden Gerichts gerügt werden kann (Art. 35 Abs. 3 EuGVVO). Einwände

746

hiergegen müssen vielmehr bereits im Erkenntnisverfahren vorgetragen werden, eine Regel, die von der *Gleichwertigkeit der Gerichte* in den Mitgliedstaaten ausgeht. Im Übrigen spielt es für die Anerkennung der Entscheidung keine Rolle, welcher Nationalität die Parteien sind, und wo sie ihren Wohnsitz haben. Ausschlaggebend ist allein, dass die Entscheidung des Gerichts eines Mitgliedstaates vorliegt.

747 Anerkennungsfähig sind neben Urteilen, die *nicht rechtskräftig* sein müssen, alle Entscheidungen, die einem Bürger etwas zusprechen oder aberkennen. Die Anerkennung erfordert kein besonderes Verfahren (Art. 33 Abs. 1 EuGVVO) und darf nur unter den Voraussetzungen der Art. 34 f. EuGVVO abgelehnt werden. Beispielhaft seien hier der Verstoß gegen den ordre public oder eine Unvereinbarkeit mit einer Entscheidung genannt, die zwischen denselben Parteien in dem Staat ergangen ist, in dem die Anerkennung geltend gemacht wird. Ein Verstoß gegen den ordre public liegt auch vor, wenn der Grundsatz rechtlichen Gehörs nicht gewahrt wurde. Zur öffentlichen Ordnung gehören nicht die Vorschriften über die Zuständigkeit. Allerdings ist die Anerkennung einer Entscheidung zu versagen, wenn gegen bestimmte Zuständigkeiten verstoßen worden ist (Art. 35 Abs. 1 EuGVVO).

Während die Anerkennung meist inzidenter im Rahmen des nachfolgend noch darzustellenden Verfahrens auf Vollstreckbarerklärung erfolgt und damit wie nach nationalem deutschen IZVR zwingend für die Vollstreckung eines Urteils erforderlich ist, kann statt dessen auch ein selbständiges Anerkennungsverfahren mit dem Begehren eingeleitet werden, die Anerkennung festzustellen (Art. 33 Abs. 2 EuGVVO). Dies ist vor allem für Entscheidungen wie Feststellungs- und Gestaltungsurteile von Bedeutung, die in ihrem Hauptausspruch keinen vollstreckungsfähigen Inhalt haben.

748 Voraussetzung für die Vollstreckung einer Entscheidung, die von dem Gericht eines anderen Mitgliedstaates erlassen wurde, ist eine *Vollstreckbarerklärung* (Art. 38 EuGVVO). Das hierfür einzuschlagende Verfahren wird in den Art. 38 ff. EuGVVO geregelt. In Deutschland ist der auf eine Vollstreckbarerklärung gerichtete Antrag an den Vorsitzenden einer Kammer des Landgerichts zu richten, an dem der Schuldner seinen Wohnsitz hat (s. Anhang II zur EuGVVO). Die formalen Voraussetzungen ergeben sich aus dem nationalen Recht, für Deutschland gilt insoweit § 3 AVAG. Dem Antrag ist eine Ausfertigung der Entscheidung beizufügen,

§ 93. Das Verfahren nach der EuGVVO

die die für ihre Beweiskraft erforderlichen Voraussetzungen erfüllt (Art. 53 Abs. 1 EuGVVO). Das ist in Deutschand die Ausfertigung nach § 317 Abs. 3 (*Schlosser* EuGVVO Art. 53 Rn. 1). Der Kammervorsitzende prüft die Anerkennungsfähigkeit der Entscheidung nicht am Maßstab der Art. 34 f. EuGVVO und darf ebenso wie bei inzidenter Anerkennung keine Prüfung in der Sache vornehmen (Art. 45 Abs. 2 EuGVVO; s. auch Art. 36 EuGVVO). Voraussetzung ist lediglich das Vorliegen der formalen Erfordernisse des Art. 53 EuGVVO (s. Art. 41 EuGVVO). Die §§ 4 ff. AVAG enthalten weitere Bestimmungen über das Verfahren in Deutschland. Regelmäßig wird es schriftlich durchgeführt. Die Ausgestaltung des Verfahrens als einseitiges Antragsverfahren des Gläubigers (*Kropholler* Art. 38 Rn. 3) trägt wesentlich zu der angestrebten Vereinfachung bei, führt freilich aber zu einer Verkürzung der Belange des Beklagten. Dies wird allerdings als hinnehmbar erachtet, da dem Beklagten bereits durch das vorausgehende Erkenntnisverfahren ausreichender Rechtsschutz gewährt worden sei.

Bejaht der Vorsitzende die Voraussetzungen einer Vollstreckbarerklärung, so hat er durch Beschluss anzuordnen, dass der Titel mit einer (inländischen) Vollstreckungsklausel versehen wird (§ 8 AVAG). Dies geschieht dann durch den Urkundsbeamten der Geschäftsstelle (§ 9 Abs. 1 AVAG). Der Beschluss des Gerichts bedarf keiner Begründung. Das Gericht kann die Zwangsvollstreckung auch von der Erbringung einer Sicherheitsleistung abhängig machen (Art. 46 Abs. 3 EuGVVO). Die Entscheidung ist dem Antragsteller mitzuteilen (Art. 42 EuGVVO, s. dazu § 10 Abs. 3 AVAG). Der mit der Klausel versehene Titel ist dem Schuldner zuzustellen (§ 10 Abs. 1 AVAG). Die Vollstreckung geschieht grundsätzlich nach dem jeweiligen nationalen Vollstreckungsrecht, beschränkt sich aber für die Dauer der Rechtsmittelfrist und – sofern ein Rechtsmittel eingelegt wurde – bis zu der Entscheidung hierüber, auf Sicherungsmaßnahmen (Art. 47 Abs. 3 EuGVVO; vgl. auch § 720 a). Der Gläubiger wendet sich somit unter Vorlage des solchermaßen für vollstreckbar erklärten und mit einer Vollstreckungsklausel versehenen Titels an das nach dem jeweiligen nationalen Vollstreckungsrecht zuständige Vollstreckungsorgan und beantragt die Durchführung der Zwangsvollstreckung. **749**

Die Ablehnung der Anerkennung erfolgt ebenfalls durch Beschluss, der eine Kostenentscheidung enthält und daher gem.

§ 329 Abs. 3 förmlich zuzustellen und zu begründen ist (§ 8 Abs. 2 AVAG).

750 Jeder förmlich als Prozesspartei aufgetretene Gläubiger (*EuGH* NJW 2009, 1937) kann gegen die Entscheidung über den Antrag auf Vollstreckbarerklärung Rechtsbehelf einlegen (für die Fristen s. Art. 43 Abs. 5 EuGVVO, § 55 Abs. 2 AVAG). Der hierfür statthafte Rechtsbehelf ist in Deutschland die Beschwerde (s. Art. 43 EuGVVO, §§ 11 ff., 55 Abs. 2 S. 1 AVAG). Zuständig ist das Oberlandesgericht. In dem daraufhin durchzuführenden Verfahren ist dem Schuldner rechtliches Gehör zu gewähren (für die Einzelheiten s. Art. 43 Abs. 3 EuGVVO, § 13 Abs. 1 AVAG). Dort findet eine Prüfung der Art. 34 f. EuGVVO statt (Art. 45 EuGVVO). Auf die unterbliebene Zustellung des verfahrenseinleitenden oder eines gleichwertigen Schriftstücks kann sich der Schuldner dabei nicht berufen, wenn ihm im Ursprungsland noch ein Rechtsbehelf zur Verfügung steht, mit dem er dies geltend machen kann (*BGH* DGVZ 2011, 13). Das Beschwerdegericht prüft auch, ob und inwieweit die ausländische Entscheidung im Ursprungsstaat bereits aufgehoben ist (*BGH* NJW 2007, 3432). Darüber hinaus lässt der Bundesgerichtshof die Berücksichtigung nachträglich entstandener Umstände wie insbesondere einen unstreitigen Erfüllungseinwand zu, die bei der Entscheidungsfindung nicht berücksichtigt werden konnten (*BGH* a. a. O.). Gegen die Entscheidung über die Beschwerde ist die Rechtsbeschwerde statthaft (Art. 44, Anhang IV EuGVVO, § 15 AVAG).

In **Fall 3** hätte die Anerkennung des italienischen Urteils zunächst aufgrund des Art. 34 Nr. 3 EuGVVO verweigert werden können, wenn die ablehnende Entscheidung über das Prozesskostenhilfegesuch als eine Entscheidung im Sinne von Art. 32 EuGVVO anzusehen wäre, so dass eine damit unvereinbare Entscheidung zwischen denselben Parteien vorläge. Dies ist aber zu verneinen, weil die Entscheidung über die Gewährung von Prozesskostenhilfe keine solche über den Anspruch darstellt, sondern lediglich eine summarische Prüfung, welche Erfolgsaussichten die Klage hat. Der Ausgang des Verfahrens wird hierdurch gerade nicht präjudiziert (vgl. §§ 114, 118) und hat schon gar nicht eine streitentscheidende Wirkung. Ebenso steht der Freispruch in dem Strafverfahren einer Anerkennung nicht als Verstoß gegen den *ordre public* im Sinne von Art. 34 Nr. 1 EuGVVO entgegen. Ein Freispruch in einem Strafverfahren hindert im Übrigen nach deutschem Recht die Geltendmachung zivilrechtlicher Ansprüche nicht. Einer Nachprüfung der Entscheidung in der Sache (der sogenannten *révision au fond*) steht bereits Art. 36 EuGVVO entgegen. Im Übrigen folgt schon aus Art. 5 Nr. 3 EuGVVO, dass die deutsche Rechtsordnung solche Urteile gerade hinnimmt, die aufgrund dieser Zuständigkeit nach dem Recht der zur Entscheidung berufenen Gerichte ergehen (s. a. BGHZ 118, 312, 328; a. A. aber etwa *Schack* Rn. 960). Gründe, die über Art. 34 Nr. 1 EuGVVO gleichwohl zu einer Versagung der Anerkennung führen können, liegen nicht bereits in längeren Verjährungsfristen oder höheren Schadensersatzsummen oder einer schärferen Haftung des Fahrzeughalters, da derlei Abweichungen vom deutschen Recht nicht grundlegende Gerechtigkeitsvorstellungen verletzen.

§ 94. Der Europäische Vollstreckungstitel

Literatur: *Coester-Waltjen,* Der neue europäische Vollstreckungstitel, Jura 2005, 394; *Stein,* Der Europäische Vollstreckungstitel für unbestrittene Forderungen tritt in Kraft – Aufruf zu einer nüchternen Betrachtung, IPRax 2004, 181; *Wagner,* Das Gesetz zur Durchführung der Verordnung (EG) Nr. 805/ 2004 zum Europäischen Vollstreckungstitel – unter besonderer Berücksichtigung der Vollstreckungsabwehrklage, IPRax 2005, 401; *ders.,* Die neue EG-Verordnung zum Europäischen Vollstreckungstitel, IPRax 2005, 189; *Windolf/ Zemmrich,* Der Europäische Vollstreckungstitel – Schon jetzt eine „Dauerbrenner" im Europäischen Zivilprozessrecht?, JuS 2007, 803.

Fall 1: A, ein deutscher Pauschalreiseveranstalter, klagt gegen B, eine spanische Hotelbetreiberkette, auf Schadensersatz in Höhe von 150.000,– Euro aus einem Mietvertrag über ein Zimmerkontingent. A behauptet, dass die bereit gestellten Zimmer nicht dem vereinbarten Standard entsprochen hätten. Die Klage wird unter Hinweis auf eine Zuständigkeitsvereinbarung vor dem Landgericht Hannover erhoben. Im Termin zur mündlichen Verhandlung vergleichen sich A und B über einen Betrag von 100.000,– Euro. Diesen weigert sich B zu zahlen, da das Verfahren vor dem unzuständigen Gericht eingeleitet worden sei. Die Zuständigkeitsvereinbarung sei mangels Wahrung von Formerfordernissen unwirksam und aufgrund des Erfüllungsortes sei das spanische Gericht in Barcelona zuständig. A beantragt die Bestätigung des Prozessvergleichs als Europäischen Vollstreckungstitel, um daraus in Spanien, gegebenenfalls auch in Frankreich zu vollstrecken, wo B ebenfalls Hotels betreibt. Wie muss das Gericht entscheiden?

Die EuGVVO regelt nicht nur die Vollstreckung und Anerkennung ausländischer Entscheidungen im Vollstreckungsland, sondern auch jene von öffentlichen Urkunden und Prozessvergleichen, wenn aus ihnen in dem Mitgliedstaat, in dem sie errichtet wurden, ebenfalls vollstreckt werden kann. Eine solche Anerkennung kennt die ZPO nicht (s. § 795, der nicht auf die §§ 722 f. verweist, *Schack* Rn. 912). Voraussetzung für eine Anerkennung nach der EuGVVO ist allerdings, dass die Zwangsvollstreckung dem ordre public nicht „offensichtlich" widersprechen würde

(Art. 57f. EuGVVO). Das Verfahren richtet sich nach den für Entscheidungen geltenden Bestimmungen (Art. 38ff. EuGVVO). Um Zweifel an der Vollstreckbarkeit auszuschließen, wird diese nach Art. 58 EuGVVO unter Verwendung eines Formblatts (vgl. Anhang V EuGVVO) von dem Gericht des Ursprungsstaates bescheinigt.

In **Fall 1** kann B daher gem. Art. 58 EuGVVO die Vollstreckbarerklärung des Prozessvergleichs begehren, ohne dass es auf die Zuständigkeit des spanischen Gerichts für den Rechtsstreits ankäme.

752 Statt den Weg einer Vollstreckbarerklärung im Vollstreckungsstaat einzuschlagen, ermöglicht die EuVTVO in vielen Fällen die *Bestätigung der Entscheidung als Europäischen Vollstreckungstitel* durch das Ausgangsgericht. Der Titel ist dann ohne Weiteres – also ohne Vollstreckbarerklärung oder gar Exequatur – in den übrigen Mitgliedstaaten vollstreckbar. Das Vollstreckungsorgan im Ausland muss die Vollstreckung aus einem solchen Titel nach den dort geltenden Regeln wie aus einem inländischen Titel durchführen. Es darf vor allem das ausländische Urteil nicht überprüfen. Die Vorteile gegenüber dem Verfahren nach der EuGVVO, das daneben offen steht (Art. 27 EuVTVO), sind offensichtlich. Ist allerdings zunächst zweifelhaft, ob eine Bestätigung als Europäischer Vollstreckungstitel erfolgt, so kann jedenfalls zunächst ein paralleles Vorgehen ratsam sein, um nicht weitere Zeit bei der Durchsetzung eines Titels zu verlieren (*Wagner,* IPRax 2005, 190f.). Der sachliche und räumliche Anwendungsbereich beider Verordnungen unterscheidet sich nicht. Die zu vollstreckende Entscheidung, die öffentlichen Urkunde oder der Prozessvergleich müssen eine auf Geld gerichtete Forderung titulieren, die aber nach der EuVTVO zudem noch unbestritten sein muss. Hierzu gehören Forderungen, die vom Gegner anerkannt wurden oder auf die die Parteien sich in einem gerichtlichen Vergleich geeinigt haben, und solche Forderungen, die wegen Säumnis tituliert wurden (z.B. aufgrund eines erstinstanzlichen Versäumnisurteils oder eines Mahnverfahrens, Art. 3 Abs. 1 lit. a–c EuVTVO).

Die Voraussetzungen für die Bestätigung sind in Art. 6 EuVTVO im Einzelnen genannt. Sie betreffen auch das *Verfahren im Ursprungsstaat.* So darf die Entscheidung nicht unter Verletzung ausschließlicher Zuständigkeiten oder der Zuständigkeit für Versicherungssachen zustande gekommen sein. Besonderheiten gelten für Verbrauchersachen. Hier ist u. a. erforderlich, dass eine gegen den Verbraucher ergangene Entscheidung von seinem Wohnsitzgericht erlassen wurde (für Einzelheiten s. Art. 6 Abs. 1 lit. b EuVTVO). Weitere Bestätigungsvoraussetzungen betreffen die Einhaltung verfahrensrechtlicher Mindeststandards. So müssen das verfahrenseinleitende Schriftstück und Ladungen zum Termin dem Schuldner in bestimmter Weise zugestellt worden sein (Art. 14 EuVTVO), ohne dass es sich dabei um sehr strenge Anforderungen handelte. Zudem müssen sie den zur Unterrichtung notwendigen Mindestinhalt (Art. 16 EuVTVO) aufweisen und den Schuldner über seine verfahrensrechtlichen Befugnisse in bestimmtem Umfang belehren (Art. 17 EuVTVO). Der Umfang der nach der EuVTVO erforderlichen *Belehrungen* überstieg in einigen Aspekten das nach der ZPO erforderliche Maß, so dass der Gesetzgeber einige Vorschriften entsprechend anpasste (§§ 215 Abs. 1, 276 Abs. 2, 338 S. 2, 499 Abs. 1), damit die rechtlichen Regelungen auch den Anforderungen an eine Bestätigung nach der EuVTVO genügen. Die Anpassungen gelten für sämtliche Verfahren nach der ZPO.

Der Schuldner muss nach nationalem Verfahrensrecht in der Lage sein, die *Einhaltung dieser Mindeststandards* in der Zustellung *überprüfen zu lassen* (Art. 19 EuVTVO), ohne dass die Verordnung Näheres zur notwendigen Ausgestaltung der Überprüfungsmöglichkeit sagen würde. In Deutschland genügt dem die Regelung über die Wiedereinsetzung nach den §§ 233 ff., die auch die von Art. 19 Abs. 1 lit. b EuVTVO geforderte Überprüfung gewährt, wenn der Schuldner aufgrund höherer Gewalt an einem fristgerechten Verteidigungsvorbringen gehindert war. Die Verordnung verlangt im Übrigen die unverzügliche Einlegung des hiergegen statthaften Rechtsbehelfs, da ansonsten die Bestätigung als Europäischer Vollstreckungstitel gleichwohl möglich ist. 753

Gegen die Ausstellung einer Bestätigung gibt es keinen Rechtsbehelf (Art. 10 Abs. 4 EuVTVO). Die Verordnung räumt dem Schuldner aber die Möglichkeit ein, beim Ausgangsgericht Berichtigung zu verlangen, wenn Titel und Bestätigung nicht übereinstimmen (z. B. Schreibfehler). Darüber hinaus hat der Schuldner die Möglichkeit, den Widerruf einer „eindeutig" zu Unrecht ergangenen Bestätigung zu verlangen (Art. 10 Abs. 1 EuVTVO, § 1081). Für die Dauer eines solchen Verfahrens kann der Schuldner Vollstreckungsschutz beantragen (Art. 23 EuVTVO, § 1084).

Dagegen können die Mitgliedstaaten einen Rechtsbehelf gegen die Verweigerung der Bestätigung zulassen. Hiervon hat der deutsche Gesetzgeber Gebrauch gemacht und verweist in § 1080 Abs. 2 auf die entsprechenden Bestimmungen für das Klauselverfahren (Erinnerung nach §§ 573 Abs. 1, 572 Abs. 1 und sofortige Beschwerde nach § 567 Abs. 1).

754 Ein solchermaßen bestätigter Titel kann in allen Mitgliedstaaten *nach dem dort geltenden Vollstreckungsrecht* (Art. 20 S. 1 EuVT-VO) vollstreckt werden. So bedarf er in Deutschland *keiner weiteren Vollstreckungsklausel* (§ 1082). Im Vollstreckungsverfahren können weder der Titel als solcher noch dessen Bestätigung angegriffen werden. Hiervon macht Art. 21 S. 2 EuVTVO nur für den Fall eine Ausnahme, dass es ein früheres Urteil in der gleichen Sache mit einem widersprechenden Inhalt gibt, das von einem Gericht im Vollstreckungsstaat ergangen oder jedenfalls in diesem anerkannt ist, sofern der Schuldner dies vor dem Ausgangsgericht weder geltend gemacht hat noch hätte geltend machen können. Im Übrigen stehen dem Schuldner die allgemeinen, nach Vollstreckungsrecht statthaften Rechtsbehelfe zu; das sind die Erinnerung nach § 766 sowie die sofortige Beschwerde nach § 793, aber auch die Vollstreckungsgegenklage (s. § 1086), da diese sich nicht gegen den Titel als solchen, sondern die Vollstreckung aus ihm richtet, die für unzulässig erklärt werden soll (hierzu ausführlich *Wagner*, IPRax 2005, 401, 407ff.). Da die Vollstreckbarkeit gerichtlicher Vergleiche oder öffentlicher Urkunden nach Art. 24 Abs. 2 und Art. 25 Abs. 2 EuVTVO im Gegensatz zum nationalen deutschen Recht nicht angefochten werden darf, sieht § 1086 Abs. 2 vor, dass § 767 Abs. 2 auf diese Vollstreckungstitel entsprechend anzuwenden ist. Damit soll den genannten Titeln nicht eine ihnen nicht zustehende materielle Rechtskraft zugebilligt, sondern sichergestellt werden, dass gegen sie nur nachträgliche materielle Einwände erhoben werden. Gegenüber dem nationalen Recht kommt es allerdings zu einer wenig überzeugenden Differenzierung, wenn man bedenkt, dass die Vollstreckung aus demselben Titel, soweit er nicht als Europäischer Vollstreckungstitel bestätigt wurde, mit der Klage nach § 767 ohne die Beschränkung nach § 767 Abs. 2 bekämpft werden kann.

In **Fall 1** kann A den Vollstreckungstitel nach Art. 24 Abs. 1 EuVTVO als Europäischen Vollstreckungstitel vom Landgericht Hannover bestätigen lassen. Voraussetzung dafür ist, dass der Vergleich ein Vollstreckungstitel ist. Dies ergibt sich aus § 794 Abs. 1 Nr. 1. Zuständig ist für die Ausstellung der Bestätigung das Landgericht Hannover als Prozessgericht, vor dem der Vergleich geschlossen wurde. Auf die von B gerügte Verletzung von Art. 5 Nr. 1 lit. a EuGVVO kommt es nicht an, da es sich nicht um eine ausschließliche Zuständigkeit handelt; selbst wenn dies aber der Fall wäre, wäre er im Rahmen der Bestätigung eines Prozessvergleichs nach Art. 24 Abs. 3 EuVTVO nicht zu beachten. Mangels gegenteiliger Anhaltspunkte ist von der Wahrung der übrigen Bestätigungsvoraussetzungen des Art. 6 Abs. 2 und 3 EuVTVO auszugehen. Aus diesem Titel darf A auch in den übrigen Mitgliedstaaten ohne Vollstreckbarerklärung vollstrecken, und die Vollstreckbarkeit kann nicht angefochten werden (Art. 24 Abs. 2 EuVTVO).

§ 95. Das Europäische Mahnverfahren (Der Europäische Zahlungsbefehl)

Literatur: *Hess/Bittmann,* Die Verordnung zur Einführung eines Europäischen Mahnverfahrens und eines Europäischen Verfahrens für geringfügige Forderungen – ein substantieller Integrationsschritt im Europäischen Zivilprozessrecht, IPRax 2008, 305; *Freitag,* Rechtsschutz des Schuldners gegen den Europäischen Zahlungsbefehl nach der EuMahnVO, IPRax 2007, 509; *Preuß,* Erlass und Überprüfung des Europäischen Zahlungsbefehls, ZZP 122, 3; *Salten,* Das neue Europäische Mahnverfahren, MDR 2008, 1141; *Sujecki,* Das Europäische Mahnverfahren, NJW 2007, 1622.

Die EuMVVO bietet ebenfalls einen Weg zur Erlangung eines europäischen Vollstreckungstitels – den sog. Europäischen Zahlungsbefehl – an. Das Mahnverfahren der EuMVVO tritt neben die Vorschriften der ZPO zum Auslandsmahnverfahren der §§ 688 Abs. 3, 32 AVAG (§ 688 Abs. 4; s. auch Art. 1 Abs. 2 EuMVVO) und gilt für grenzüberschreitende Sachverhalte (Art. 3 Abs. 1 EuMVVO) in Zivil- und Handelssachen. Bestimmte Ansprüche wie bspw. solche aus außervertraglichen Schuldverhältnissen (außer sie sind Gegenstand einer Vereinbarung zwischen den Parteien oder eines Schuldanerkenntnisses) werden vom Anwendungsbereich der EuMVVO ausgeschlossen (s. im Einzelnen Art. 2 EuMVVO). Darüber hinaus muss es sich um bezifferte und zur Antragstellung fällige Geldforderungen handeln (Art. 4 EuMVVO). Für die internationale Zuständigkeit verweist Art. 6 Abs. 1 EuMVVO auf die Regeln der EuGVVO, für Verfahren gegen einen Verbraucher gilt jedoch die ausschließliche Zuständigkeit des Art. 6 Abs. 2 EuMVVO (Wohnsitzstaat des Verbrauchers). Die weiteren Zuständigkeiten (sachliche, örtliche und funktionelle) bestimmen sich nach dem jeweiligen nationalen

Recht. In Deutschland ist grds. das Amtsgericht Wedding in Berlin ausschließlich (§ 1087) und funktionell der Rechtspfleger zuständig (§ 20 Nr. 7 RPflG) Für arbeitsrechtliche Streitigkeiten richtet sich die Zuständigkeit hingegen nach den allgemeinen Vorschriften (s. § 46b Abs. 2 ArbGG). In Verfahren nach der EuMV-VO besteht grds. kein Anwaltszwang (Art. 24 EuMVVO).

Die Beantragung des Zahlungsbefehls hat unter Verwendung eines Formblatts zu erfolgen (Art. 7 Abs. 1 EuMVVO; Formblatt A, wie alle weiteren Formulare zu laden über http://ec.europa.eu/justice_home/judicialatlascivil/). Darin sind u.a. die Gründe für die Zuständigkeit und den grenzüberschreitenden Charakter der Rechtssache, die Beweise und der Streitgegenstand einschließlich eines Sachverhalts, die Forderungshöhe und Angaben zu Zinsen sowie Name und Anschrift der Beteiligten zu benennen. Der Antrag ist grds. zu unterzeichnen (Art. 7 Abs. 6 S. 1 EuMVVO; für eine evtl. zulässige elektronische Einreichung s. Art. 7 Abs. 5, Abs. 6 S. 2 EuMVVO, § 1088). Das Gericht prüft anschließend die formellen Anforderungen des Antrags (Art. 8 EuMVVO) und fordert den Antragsteller ggf. zu Vervollständigung oder Berichtigung auf (Art. 9 EuMVVO). Liegen die Voraussetzungen für den Erlass eines Europäischen Zahlungsbefehls danach immer noch nicht vor oder ist der Antrag offensichtlich unbegründet, so weist das Gericht den Antrag (ggf. teilweise, s. Art. 10 EuMVVO) zurück (Art. 11 EuMVVO). Andernfalls wird das Gericht den Zahlungsbefehl so bald wie möglich und in der Regel binnen 30 Tagen erlassen (Art. 12 Abs. 1 EuMVVO). Das geschieht ebenfalls mittels eines Formblatts (E). Der Zahlungsbefehl ist dem Gegner zuzustellen. Die Zustellung muss den Mindestanforderungen der Art. 13 ff. EuMVVO entsprechen (s. dazu § 1089).

Gegen den Zahlungsbefehl kann der Antragsgegner innerhalb von 30 Tagen beim Ursprungsgericht Einspruch einlegen (Art. 16 EuMVVO; ggf. unter Verwendung des Formblattes F, das ihm zusammen mit dem Zahlungsbefehl zugestellt wird). Der Einspruch muss nicht begründet werden (Art. 16 Abs. 3 EuMVVO). Ein fristgerechter Einspruch hat grds. die Weiterführung des Verfahrens vor den zuständigen Gerichten des Ursprungsstaates als ordentlichen Zivilprozess zur Folge (für Deutschland s. § 1091), es sei denn, der Antragsteller hatte für diesen Fall beantragt, das Verfahren zu beenden (Art. 17 Abs. 1 EuMVVO). Nach Ablauf der Einspruchsfrist ist lediglich noch eine außerordentliche Überprüfung gem. Art. 20 EuMVVO möglich (Entscheidung durch unanfechtbaren Beschluss; § 1092 Abs. 1). Eine Wiedereinsetzung schließt in Deutschland § 1092 Abs. 4 ausdrücklich aus.

Das Ursprungsgericht erklärt den Europäischen Zahlungsbefehl gem. Art. 18 EuMVVO unter Verwendung des Formblatts G für vollstreckbar, wenn der Antragsgegner keinen Einspruch innerhalb der Frist von Art. 16 Abs. 2 EuMVVO einlegt. Dieser vollstreckbar gewordene Europäische Zahlungsbefehl wird in den anderen Mitgliedstaaten anerkannt und vollstreckt, ohne dass es einer Vollstreckbarerklärung bedarf und ohne dass die Anerkennung angefochten werden kann (Art. 19 EuMVVO). In Deutschland findet die Vollstreckung eines Europäischen Zahlungsbefehls ohne eine Vollstreckungsklausel statt (§ 1093; s. auch § 794 Abs. 1 Nr. 6).

Wesentlicher Unterschied des Europäischen Mahnverfahrens zum nationalen Mahnverfahren (s. Rn. 462 ff.) ist damit seine Einstufigkeit nach dem Vorbild des französischen Rechts. Dabei gehen die Angaben, die ein Antrag gem. Art. 7 Abs. 2 EuMVVO enthalten muss, über die Anforderungen des § 690 Abs. 1 hinaus. So besteht insbesondere eine Pflicht zur Bezeichnung der Beweise, die zur Begründung der Forderung herangezogen werden (Art. 7 Abs. 2 lit. e EuMVVO). Im Übrigen kennt die EuMVVO keine dem § 688 Abs. 2 vergleichbare Regelung, die das Mahnverfahren für bestimmte Forderungen ausschließt (insb. für Anspüche die von einer noch nicht erbrachten Gegenleistung abhängen oder Ansprüche eines Unternehmers aus einem Verbraucherdarlehensvertrag, dessen Jahreszins den bei Vertragsschluss geltenden Basiszinssatz nach § 247 BGB um mehr als zwölf Prozentpunkte übersteigt, s. dazu o. Rn. 463).

§ 96. Das Verfahren über geringfügige Forderungen

Literatur: *Hau*, Das neue europäische Verfahren zur Beitreibung geringfügiger Forderungen, JuS 2008, 1056; *Jahn*, Das Europäische Verfahren für geringfügige Forderungen, NJW 2007, 2890.

Schließlich kennt das Europäische IZVR nunmehr auch ein zügiges und kostengünstiges, streitiges Erkenntnisverfahren zur Erlangung eines Titels, der in den anderen Mitgliedstaaten der Ver- 756 ordnung ohne Vollstreckbarerklärung vollstreckt werden kann. Dieses Verfahren nach der EuGFVO betrifft grenzüberschreitende (Art. 3 EuGFVO) Zivil- und Handelssachen. Ihr sachlicher Anwendungsbereich gem. Art. 2 EuGFVO deckt sich weitgehend mit dem der EuGVVO (dazu *Jahn*, NJW 2007, 2890, 2891 f.). Aufgrund der Beschränkung auf einen Streitwert bis 2.000,– Euro (Art. 2 EuGFVO) ist im Vergleich zur EuMVVO der sachliche Anwendungsbereich der EuGFVO zwar einerseits geringer, andererseits aber auch durch die Erfassung von anderen als bezifferten Zahlungsansprüchen umfangreicher. Die internationale Zuständigkeit für Verfahren nach der EuGFVO richtet sich nach der EuGVVO, die sachliche Zuständigkeit nach den nationalen Regeln (*Hau*, JuS 2008, 1056, 1058). Das Verfahren findet grds. schriftlich statt. Die Parteien können eine mündliche Verhandlung nicht erzwingen (Art. 5 EuGFVO). Ein Anwaltszwang besteht nicht.

Wie die EuMVVO sieht die EuGFVO vielfach verpflichtend die Verwendung einheitlicher Formulare vor. So verlangt Art. 4 Abs. 1 EuGFVO die Klageerhebung mittels des Formblatts A (in einer Sprache des angerufenen Gerichts, Art. 6 Abs. 1 EuGFVO). Dieses und die weiteren Formblätter sind im Internet (http://ec.europa.eu/justice_home/judicialatlascivil/) in allen Amtssprachen der EU mit Ausfüllhinweisen versehen veröffentlicht und abrufbar. Bei unzureichenden Angaben oder einem falsch ausgefüllten Formular kann das Gericht gem. Art. 4 Abs. 4 EuGFVO eine Frist zur Ergänzung oder Berichtigung setzen. Offensichtlich unbegründete oder offensichtlich unzulässige Klagen darf es abweisen (Art. 4 Abs. 4 EuGFVO). Ein ordnungsgemäß ausgefülltes Formblatt stellt das Gericht (ebenfalls unter Verwendung eines Formblatts) gem. Art. 13 EuGFVO dem Beklagten zu, der innerhalb von 30 Tagen erwidern kann (Art. 5 Abs. 3 EuGFVO). Auch eine Widerklage ist möglich (Art. 5 Abs. 6, 7 EuGFVO; Formblatt A).

Soweit notwendig führt das Gericht eine Beweisaufnahme durch. Art. 9 EuGFVO sieht hierbei weitgehend einfache Formen des Beweises insbesondere den Freibeweis vor. Eine mündliche Verhandlung ist über Video-Konferenz oder andere Kommunikationstechnologien möglich (Art. 8 EuGFVO). Generell hat das Gericht den einfachsten und kostengünstigsten Weg für eine Beweisaufnahme zu wählen (Art. 9 Abs. 3 EuGFVO). Sachverständigenbeweise oder mündliche Aussagen sind nur zuzulassen soweit sie erforderlich sind (Art. 9 Abs. 2 EuGFVO). Eine Entscheidung des Gerichts ergeht nach Lage der Akten und in Form eines Urteils (s. Art. 7 EuGFVO). Für das Urteil ist kein Formblatt vorgesehen.

Damit verdrängt die EuGFVO für die von ihr geregelten Sachverhalte wichtige Vorschriften der ZPO. So richtet sich die Form der Klagerhebung nach Formblatt A und nicht nach den Anforderungen des § 253. Das auf Verfahrensbeschleunigung und Kostenersparnis ausgerichtete Verfahren nach Art. 5 EuGFVO beschneidet nicht unerheblich die unter Geltung der ZPO zur Verfügung stehenden Beweismittel, wie insbesondere den Zeugenbeweis. Auch im Vergleich zu einem nationalen Verfahren gem. § 495 a gilt daher ein vergleichsweise geringer Rechtsschutzstandard.

Die Anfechtung des Urteils richtet sich nach dem jeweiligen nationalen Recht (Art. 17 EuGFVO) und folgt daher in Deutschland den allgemeinen Regeln von Berufung und Revision. Das Urteil wird wie der Europäische Zahlungsbefehl in allen Mitgliedstaaten anerkannt und vollstreckt, ohne dass es einer Vollstreckbarerklärung bedarf und ohne dass die Anerkennung angefochten werden kann (Art. 15, 20 Abs. 1 EuGFVO). Lediglich eine außerordentliche Überprüfung ist für die wenigen Fälle des Art. 18 EuGFVO möglich (z.B. unverschuldetes Nichtbestreiten aufgrund höherer Gewalt, keine Formblattzustellung etc.). Eine Bestätigung wird ohne zusätzliche Gebühren ausgestellt (Art. 20 Abs. 2 EuGFVO). Diese Bestätigung ersetzt in Deutschland die Vollstreckungsklausel (*Vollkommer/Huber*, NJW 2009, 1105, 1108). Die Vollstreckung und die dort zulässigen Rechtsbehelfe richten sich nach dem Recht des Vollstreckungsmitgliedstaats (Art. 21 Abs. 1 EuGFVO; s. dazu z.B. §§ 1109 Abs. 2, 1086).

Sachregister

(Die Zahlen verweisen auf die Randnummern des Buches,
die fetten Zahlen beziehen sich auf die Hauptfundstelle)

Abänderungsklage 150, **368**, 380, 593
Abgabe von Willenserklärungen, Vollstreckung 510, 539, **707 ff.**
Abgesonderte Verhandlung über Prozessvoraussetzungen 157, 179, 322
Ablehnung
– von Richtern 22, **72 f.**, 258
– von Sachverständigen 304
Ablieferung des Geldes durch den Gerichtsvollzieher 625, 627, **630**
Abstammungssachen 288, 293, 431, **479**
Abteilungen beim Amtsgericht 59
Abwendung der Zwangsvollstreckung durch Sicherheitsleistung 530 ff.
Akteneinsicht 34, 74, 408
Aktenlageentscheidung 203, 331, 376, 528
Aktivlegitimation 98, 174
Allgemeine Geschäftsbedingungen 89
Allgemeines Persönlichkeitsrecht 288
Amtsbetrieb 178, 183
Amtsgericht 59 f., 81, 85
– Verfahren 120, 141, 379, **458**
– als Vollstreckungsorgan **516**, 666
– Zuständigkeit **85**, 463, 469
Amtspflichtverletzung des Gerichtsvollziehers 504, **514**, 604
Anerkenntnis 11, 44, 193, 208, 215, 218, **233 ff.**, 339, 388, 445, 452, 460, 472, 481, 528
Anerkennung
– ausländischer Urteile 355
– s. auch EuGVVO

Anfechtbarkeit
– inkorrekter Entscheidungen 392
– von Parteihandlungen wegen Willensmangel 204, **215**, 235, 378
– des Prozessvergleichs 248, **254 f.**
Anfechtung
– außerhalb der Insolvenz nach dem Anfechtungsgesetz 509, 612, **620**
– der Vaterschaft 480
Angriffsmittel 179, 189, 395, 401, 452
Anhängigkeit 138, 166
Anhörung der Parteien 195 a, **314**
s. auch Gehör, rechtliches
Anhörungsrüge 35 ff., 196, 378, 380, 407, 425
Anordnung anderer Verwertungsart 631
Anordnungen, einstweilige
– in Familiensachen 474
– in der Zwangsvollstreckung 519, 533, **567 f.**, 589, 605
Anscheinsbeweis 279 ff.
Anschluss
– berufung 390
– beschwerde 390 f., 422
– rechtsmittel 390 f.
– revision 390 ff.
Anschlusspfändung 624
Anspruch, prozessualer **160 ff.**, 237, 322, 361, 440
Anspruchsgrund s. Klagegrund
Anspruchshäufung s. Klagenhäufung
Anspruchskonkurrenz 146, **161 ff.**, 361
Antrag, bestimmter 142

Anträge, eventuelle s. Eventualanträge
Anwaltsgebühren 79, **494 f.**, 500
Anwaltsprozess 120, 123, 193, 201, 372, 378, 500
Anwaltsvergleich 492 e, 538 f., 549, 592
Anwaltszwang 76, 94, 113, 119 f., 245, 250, 378, 395, 407, 458, 473, 476
Anwartschaft, Pfändung 597, **661 f.**
Anteil am Gesamthandsvermögen, Pfändung und Verwertung 552 f., 657 f.
Arbeitseinkommen, Pfändbarkeit 508, 636, **638**
Arglisteinrede 616
Arrest 528, 543, **715 ff.**
- anspruch 717
- grund 717
- pfandrecht 720
- Rechtsbehelfe 719
Arrestatorium 644
Auffinden neuer Urkunden 431
Aufhebung eines Termins 180, 190
Aufklärungspflicht
- der Parteien 23
- richterliche 21 f., 25, 41, 73, 179, 196, 458
Aufnahme des Verfahrens 104, 201
Aufrechnung 179, 204, 207, 214, **226 ff.**, 327, 387, 389, 401, 535
- in der Berufungsinstanz 401
- Gesamtzuständigkeit 227 f.
- Rechtshängigkeit der Gegenforderung 231
- Rechtskraftwirkung bzgl. der Gegenforderung 230
- und Vorbehaltsurteil 229
- mit rechtswegfremder Forderung 227
Augenschein 190, 283, **291 ff.**, 310, 317
Ausfertigung 74
- vollstreckbare s. vollstreckbare Ausfertigung

Ausforschungsbeweis 287
Auskunftspflicht des Drittschuldners 651
Ausländische Urteile
- Anerkennung 355
- Vollstreckbarkeit 537
- Vollstreckungsklausel 748 s. auch Anerkennung ausländischer Urteile
Auslegung, vertragsautonome 732
Ausnahmegerichte 53
Aussagepflicht des Zeugen 299 f.
Ausschließliche Zuständigkeit s. Zuständigkeit
Ausschluss
- von Richtern 72
- von Vorbringen s. Präklusion von Vorbringen
Außergerichtlicher Vergleich 200, 250, 492 ff.
Außergerichtliche Streitbeilegung 153 a, 485 ff.
Außerordentliche Beschwerde s. Beschwerde
Aussetzung des Verfahrens 104, 179, **200 f.**, 227
- der Verwertung 618
Austauschpfändung 516, 617
AVAG 745 ff.
Beauftragter Richter 65, 225, 250, 289
Bedingungen
- bei Klage **213**, 238
- bei Prozesshandlungen 204, **212 ff.**
- bei Urteilen 157, 229, 324, 327, 355, 461
Beendigung der Vollstreckung 572 f., 630
Befangenheit, Ablehnung wegen,
- s. Ablehnung von Richtern, Sachverständigen
Befriedigungsverfügung 724 f.
Beginn der Vollstreckung 566, 603
Begründetheit
- der Berufung 398 a ff.
- der Beschwerde 423

Sachregister

- der Rechtsmittel (allgemein) 383
- der Revision 411 ff.
- der Wiederaufnahmeklage 435

Begründung
- bei Berufung 186, **395**, 399
- bei Revision 186, **408**

Behauptungen s. Tatsachen
Behauptungslast 23, 274, 277
Beibringungsgrundsatz
s. Verhandlungsmaxime
Beiderseitige Erledigungserklärung
s. Erledigung der Hauptsache
Beiladungswirkung 457 a
Beiordnung eines Rechtsanwalts 500
Beitritt
- des Nebenintervenienten 451
- einer Partei 110

Belehrung 22, 89, 182, 193, 241, 300, 375, 458, 466, 752
Bereicherungsanspruch nach Vollstreckung 594, 604, 616, 628, 630
Berichtigung des Urteils 341, 395, 396 b, 401, 407
Berücksichtigung von Amts wegen 20, 90, 115, 124, 131, 149, 151 f., 259, 264 f., 353, 372, 383, 397, 410, 412
Berufung 35, 45, 376, 378, 382, 386 ff., **393 a ff.**, 478 a, 481, 482
- schrift 395
- streitgenössige 598 a
- Wert- 396
- Zulassungs- 396 f.

Beschlagnahme 608, 642, 673
Beschleunigung des Verfahrens 27, 31, 64, **188 ff., 194,** 459, 462
Beschluss 29, 179, 318, **320,** 350, 357, 373, 397, 406, 410, 422, 424, 474, 490, 499
Beschränkung der Haftung 559, 579
Beschränkung der Vollstreckung
s. Vollstreckungsbeschränkung
Beschwer 386 ff., 390 f., 396 f., 405 ff., 421 a, 428

Beschwerde 421 a ff.
- außerordentliche 34, 35 a, 37 a, 567
- einfache 520
- gegen Nichtzulassung der Revision, s. Nichtzulassungsbeschwerde
- Rechtsbeschwerde 380, 390, 393, 397, 421 a, **425 f.,** 492, 549, 585
- sofortige 35, **422,** 518 f., 549, 580, 585, **581 ff.,** 643, 666, 670, 684, 706
- Zulässigkeit und Begründetheit 156

Beschwerdegegenstand 396 f.
Beseitigung der Rechtskraft 370
Besetzung der Gerichte 59, 68
Besitz bei Pfändung beweglicher Sachen 623
Bestreiten 16 f., **218 ff.**
- mit Nichtwissen, s. Nichtwissen
- substantiiertes 219

Beteiligte in der Zwangsversteigerung 667
Betragsverfahren 324, 346
Betreuter 114
Beugemaßnahmen 702, 704

Beweis
- antritt 22, **284,** 292, 296, 306, 311, 316
- aufnahme 32 a, 42, 190, 197, 259, 269, 283, 289 f., 314, 401, 415, 472
- bedürftigkeit **16 ff.,** 20, 41, 218, 223 f., **263 ff.**
- Begriff 256
- beschluss 285
- erhebungstheorie 228
- des ersten Anscheins s. Anscheinsbeweis
- Freibeweis 32 a, 42, 259
- führer 284
- führungslast **276,** 283, 285
- gegenstand 260
- des Gegenteils **261,** 266
- kraft von Urkunden 312
- last 22, 42, 224, 261. **275 ff.**
- maß 257 f.
- mittel 259, **291 ff.**
- mittelbarer (Indizienbeweis) 262

– regeln **268**, 312 f.
– sicherung 317
– Strengbeweis 259
– unmittelbarer 262
– vereitelung 282
– verfahren 283 ff.
– verfahren, selbständiges 317
– verordnung, Europäische 289, 729
– verwertungsverbot 288
– würdigung 42, **267 ff.**, 286, 300, 308, 312 f., 314
Bewirkungshandlungen 208, 217
BGB-Gesellschaft, s. Gesellschaft bürgerlichen Rechts
Bindung des Gerichts
– an den Antrag 8, 360
– an eigene Entscheidungen 319, **346**, 418, 423, 426
– an fremde Entscheidungen 55, 70, 94, 351 ff., 417, 421, 457 a
– an Tatsachenfeststellung 401, 457 a
– an zugestandene Tatsachen 16, **223 f.**
Bundesgerichtshof 50, 59, 81, 84, 108, 238, 317, 382, 406, 421,
Bürgerliche Rechtsstreitigkeiten 51 f.
Bürgerlich-rechtliche Erklärungen
– im Verfahren 207
Darlegungslast 274, 287
Deckungsprinzip 675
Deutsche Gerichtsbarkeit 58, 149 f., 342
Devolutiveffekt 45, 380, 428
Dispositionsmaxime 5 ff., 218, 233, 245, 249, 259, 389, 472, 503, 540
Drittgewahrsam
– bei Herausgabevollstreckung 621, 698
– bei Sachpfändung 621
Drittschuldner 633, 649 ff., 655
Drittstaaten, Angehörige von 734
s. auch EuGVVO, Anwendungsbereich
Drittwiderklage, isolierte 239

Drittwiderspruchsklage 573, **595 ff.**, 607
Duldung der Zwangsvollstreckung, Urteile auf 665
Duldungsansprüche, Vollstreckung 703 ff.
Durchbrechung der Rechtskraft s. Beseitigung der Rechtskraft
Ehegatte
– Gewahrsam 555, **621**
– Zwangsvollstreckung gegen 555 ff.
Ehesachen 469, **471 ff.**
Eidesstattliche Versicherung 612, 694, 701, 711 ff.
Eigentumserwerb bei Versteigerung
– Immobiliarvollstreckung 682
– Mobiliarvollstreckung 628, 631
Eigentümergrundschuld, Vollstreckung in 660
Eigentumsvorbehalt, bei der Drittwiderspruchsklage **597**, 661
Einlassungsfristen 139, **182**
Einreden 220 f., 277, 363
Einseitige Erledigungserklärung s. Erledigung der Hauptsache
Einspruch 375 f., 466
Einstellung der Zwangsvollstreckung 567 ff., 586
Einstweilige Anordnungen s. Anordnungen, einstweilige
Einstweilige Verfügung 528, 543, **722 ff.**
Einwendungen 221, 277
– gegen den Anspruch 586 f., 590 ff.
– des Drittschuldners 649
– gegen die Vollstreckungsklausel 549
Einzelrichter 63 ff., 147, 289
– obligatorischer **63 a**, 147
– originärer **63 a**, 95, 147
Einzelvollstreckung 511 f.
Elektronisches Dokument 141 a, 279 a, 291 f., 310
Email 141

Sachregister

Endurteil 322, 355
- als Vollstreckungstitel 526 ff.

Entscheidungen
- Arten 318 ff.
- nach Lage der Akten 203, 331, 376, 528
- ohne mündliche Verhandlung 30, 193, 377 ff.
- des Vollstreckungsgerichts 518, 581 f.
- wirkungslose 58, 340 ff.

Entscheidungsgründe 333, 338 f.
- und Rechtskraft 230, 361 ff.

Entscheidungsverbund 469, 475, 476 ff.

Entstrickung 609

Erben
- Titelübertragung 524, 560 f.
- Vollstreckung gegen 559, **564**
  s. auch Rechtsnachfolge, Vollstreckungsklausel und Klage auf Erteilung der Vollstreckungsklausel

Erbteil, Pfändbarkeit 563, 657 f.

Erfahrungssätze 15, 223, **260**, 265, 279 ff., 305, 415

Erfolgshonorar des Anwalts 494

Ergänzungsurteil 341, 395, 401, 407

Erinnerung 75, 515 f., 518, 542, 549, 565, 572, 579 f., **581 f.**, 644

Erkenntnisverfahren 1, **38 ff.**, 502

Erlass des Urteils 330 ff.

Erledigung der Hauptsache 44, 173, **244 ff.**, 473

Erlös, Rechtsverhältnisse am **629 f.**, 682

Ermittlung von Amts wegen
s. Berücksichtigung von Amts wegen

Ersatzvornahme 700

Erscheinen der Parteien, persönliches 190, 218, **314**, 371, 473

Ersteher in der Versteigerung 626, 628, 676, 682

Ersuchtes Gericht (ersuchter Richter) **66**, 289

Erwachsenheitssumme 396

Erwirkungshandlungen 208, 217

EuGFVO 756

EuGVVO
- Anerkennung 355, 745 ff.
- Anwendungsbereich 733 ff. s. auch Drittstaaten, Angehörige von
- Auslegung s. Auslegung, vertragsautonome
- internationale Zuständigkeit 738 ff.
- allgemeine Zuständigkeit (Wohnsitz, Sitz der Gesellschaft) 738
- besondere Zuständigkeiten (der Belegenheit des Grundstücks, des Erfüllungsortes, der unerlaubten Handlung, der Verbraucherverträge) 734, 739 f.
- Zuständigkeitsvereinbarung 742
- Inlandssachverhalte 734
- Prozessaufrechnung 736
- Vollstreckung 748 ff.
  s. auch Vollstreckbarerklärung u. ausländische Urteile (Vollstreckungsklausel)
- Zuständigkeiten 737 ff.
  s. auch Zuständigkeit (EuGVVO)

EuMVVO 755

Europäische Beweisverordnung 729

Europäisches Mahnverfahren 755

Europäischer Vollstreckungstitel 182 a, 193, 372, 375, 537, 543, 589, 592, 729, **751 ff.**

Europäischer Zahlungsbefehl 755

Europäisches Zivilprozessrecht, einheitliches 730

Europäische Zustellungsverordnung 729

EuVTVO 751 ff.

Eventualanträge 213

Eventualaufrechnung 214

Eventualmaxime 28, 189

Exemtionen 58

Experimentierklausel 394

Exterritoriale 58

Faires Verfahren 35 a f., 407

Fakultative mündliche Verhandlung
s. mündliche Verhandlung, fakultative
Familiengericht 7, 394, 458, 469 f., 473, 483
Familiensachen 85, 458, 469 ff.
– andere 469, **476**
– kraft Prozesszusammenhang 470
– kraft Sachzusammenhang 470
Fehlerhaftigkeit
– der Klageerhebung 148
– von Prozesshandlungen 217
– von Vollstreckungsakten 513, 517, 574 ff., 628
Fax s. Telefax
Feststellungsinteresse 126, 130 ff., 150, 152, 156, 158, 244
Feststellungsklage/-urteil
– Klage 47, **126 ff.**, 165, 167, 244, 247, 540
– Urteil 126, **328**
Folgesachen 476
Forderungen
– übertragbare 635
– unpfändbare 635, 637
– Vollstreckung in 633 ff.
Formalismus in der Zwangsvollstreckung 504 ff., 521, 586 f.
Fragepflicht, richterliche
s. Aufklärungspflicht, richterliche
Freibeweis 32 a, 42, 151, 259, **259 f.**, 264, 397
Freie Beweiswürdigung 267 f.
Freihändiger Verkauf 636
Fristen **181**, 183, 185 ff., 191 f., 350
Früher erster Termin zur mündlichen Verhandlung 27, 39, 139, **191**
Funktionelle Zuständigkeit, s. Zuständigkeit
Gebot
– Bar- **676**, 682, 685
– geringstes **675 ff.**, 681
– Meist- 676 ff.
– Mindest- 678
Gefahrübergang 629, 682

Gegenbeweis 261, 266, 281
Gegenvorstellung 35 f.
Gehör, rechtliches **35 ff.**, 138, 189 c, 265, 308, 373, 489
Gehörsrüge s. Anhörungsrüge
Geldforderungen
– Vollstreckung in s. Forderungen
– Vollstreckung wegen 510, **618 ff.**
Gemeinsamer Senat 421
Gerichte 59 ff.
– besondere 53
– ordentliche 50
Gerichtsbarkeit 48 ff.
– deutsche s. Deutsche Gerichtsbarkeit
– freiwillige 7, 53
Gerichtskosten **493**, 500
Gerichtskundige Tatsachen 265
Gerichtsstand
– allgemeiner **86**, 463
– ausschließlicher **83**, 89
– besonderer **87**, 236
Gerichtsstandsvereinbarung 88 f.
vgl. auch EuGVVO
Gerichtsvollzieher 506, **513 ff.**
Gesamtgut 556 f.
Gesamtmandat 121
Gesamtvollstreckung 512
Geschäftsverteilung 63 a, 80, **95 ff.**
Gesellschaft bürgerlichen Rechts, 78 a, 86, 112
– Vollstreckung gegen 552
Gesellschaft mit beschränkter Haftung 119
Gesetzesverletzung (Revision) 414 f.
Gesetzlicher Richter 96 f., 156, 400, 407, 425
Gestaltungs
– klagen 47, **135 ff.**, 158, 165, 588, 605
– urteile und -beschlüsse 135 ff., **328**, 347, 356, 433
– Rechtskraft der – 137, **356**
– Vollstreckbarkeit der – 526
– wirkung 135, 328, **347**, 356, 359, 437

Sachregister

Gestaltungsrechte bei der Vollstreckungsgegenklage 591
Geständnis 16, 20, 23, **223 ff.**, 264, 314, 472
Gewahrsam 507, 595, **621**
Gewerkschaft, Parteifähigkeit 112
Glaubhaftmachung 187, 258, 499, 717
Gleichheitsgrundsatz 37 c, 407
Großer Senat für Zivilsachen 421
Grund des Anspruchs, s. Klagegrund
Grundbuchamt 520, 666, 672
Grundsätzliche Bedeutung einer Rechtssache 64, 398 a, **406 f.**, 421, 425
Grundurteil 324, 346, 536
Gütestelle 1, 150, 153 a, 492 b
Güteverhandlung 65, **195 a**
Haager-Übereinkommen 727
Handelsrichter 59, 68
Handlungen, Erzwingung von 519, 699 ff.
Härteklausel 619
Hauptbeweis 261
Haupttermin 39, 188 ff.
Heilung von fehlerhaften
- Prozesshandlungen 148, **217**
- Vollstreckungsakten 576
Hemmung
- der Rechtskraft s. Suspensiveffekt
- der Verjährung 148, 169, 200, 205, 448
Herausgabeanspruch
- Vollstreckung von 691 ff.
- Vollstreckung in 655
Hilfsantrag 213
Hilfsvollstreckung 653
Hinterlegung 625, 632, 650, 655, **663**
Hinweispflicht, richterliche s. Aufklärungspflicht
Hypothek, Vollstreckung in 653
Indizienbeweis 262
Inhibitorium 644
Inkorrekte Entscheidungen (Anfechtbarkeit) 392

Inquisitionsmaxime 14 ff., 20, 264, 276, 283, 287, 472, 481
Insolvenz 512
- bei Sicherungseigentum 598
- bei Vorbehaltseigentum 597
Insolvenztabelle 541
Instanzenzug 50, 81 f.
Internationales Zivilverfahrensrecht 727
Interventionswirkung **453**, 455, 457
Irrtum
- bei Prozesshandlungen 204, **215**, 235
- beim Prozessvergleich 254
iudicium rescindens, rescissorium (Wiederaufnahmeverfahren) 435 f.
ius novorum 400
Justizgewährungsanspruch 1, 35 a
Justizverwaltung 49
Kahlpfändung 508
Kammern
- für Handelssachen 59, 63, **68**, 400
- der Landgerichte **59**, 64
Kapitalanleger-Musterverfahren (KapMuG) 457 a
Kassatorische Entscheidung 403, 417
Kassatorische Klausel 251, 548
Klage 125 ff.
- änderung 106, 160 ff., **170 ff.**, 239, 247, 401, 413
- arten 125 ff.
- erhebung 102, **138 ff.**, 458
- auf und gegen Erteilung der Vollstreckungsklausel 549 f.
- erweiterung (-beschränkung) **171**, 173
- erwiderung 191 ff.
- grund 146, 164 f., 171
- inhalt 141 ff.
- auf künftige Leistung 150, **159**, 368
- leugnung 219
- rücknahme 10, 44, 107, 173, **241 ff.**
- rücknahmeversprechen 243
- schrift 138 ff.

– verzicht 6, 11, 44, 173, 208, 215, 233 ff., 528
– auf vorzugsweise Befriedigung 596, 598, **607**
– zustellung 102, 138 ff.
Klagenhäufung 160 ff., **439 ff.**
– eventuelle 442
– kumulative 439 ff.
– objektive 160 ff., **439 ff.**
– subjektive 443
Kollegialgerichte 60 ff., 330 ff.
Kompetenzkonflikt 55
Kontradiktorische Verhandlung 40, 218
Kosten 154, **493 ff.**
– entscheidung 345, **495 ff.**
– erstattungsanspruch 247, 496
– festsetzungsbeschluss 496, 538
– Gerichts-, s. Gerichtskosten
– der Zwangsvollstreckung 580
Ladung 182
Ladungsfrist 181 f.
Laienrichter 67 f.
Landgericht 59, 81, 85, 394
Lebenspartnerschaft, eingetragene 469 f., 476
Leistung
– künftige **547,** 565
– Zug um Zug 547, 565
Leistungsansprüche, Vollstreckung in 654 ff.
Leistungs
– klage 47, **125,** 130
– urteil 125, **328**
Letzte Tatsachenverhandlung 152, 331, **367,** 368, 378, 401, 412, 590 ff.
Löschungsprinzip 676
Lohnpfändung 636 ff.
Lohnschiebungsvertrag 641
Lokalisation 77
Lugano-Übereinkommen 729
Lügendetektor 286
Mahnbescheid 6, 38, **463**
Mahnverfahren 75, **462 ff.**
– Europäisches 755

Mängel
– der Klageerhebung 140 f., 148
– von Urteilen 340 ff.
– des Verfahrens 408, **416 f.,** 430
Mediation 1, 147, 195 a, 492 f
Mehrfache Pfändung 632
s. auch Anschlusspfändung
Meistbegünstigung 392, 425
Mietsachen (sachliche Zuständigkeit) 85, 87
Minderheitsvotum 62
Miterbe, Vollstreckung gegen 563
s. auch Erbteil
moot court 1
Mündliche Verhandlung 25 ff., **188 ff.**
– Einheit der 28
– fakultative 29, 320
– notwendige (obligatorische) 29, 320
– im Vollstreckungsverfahren 503, 642
Mündliches Vorverfahren 39
Mündlichkeit 5, **25 ff.,** 377 f.
Musterprozess 360, 407
Musterverfahren für Kapitalanleger 457 a
Nachholung von mangelhaften oder versäumten Parteihandlungen 148, 187, 217
Nachlass, Vollstreckung in 559 ff.
Nachverfahren
– nach Grundurteil 324
– nach Vorbehaltsurteil
– bei Prozessaufrechnung 229, 327
– im Urkunden- und Wechselprozess 461
Nebenintervention 449 ff.
ne bis in idem 353
Negative Feststellungsklage 129 f., 244
– Prozessvoraussetzungen bei 130 f.
Neue Ansprüche
– in der Berufungsinstanz 401
– in der Revisionsinstanz 391 a, 413
Nichtbestreiten 195 a, 223, 264

Sachregister

Nichtige Urteile s. wirkungslose Entscheidungen
Nichtige Vollstreckungsakte 513, 574, 576
Nichtigkeitsklage 429 ff.
Nichtrechtsfähiger Verein 112
– Vollstreckung gegen 554
Nichturteil 342
Nichtwissen, Erklärung mit 219
Nichtzulassungsbeschwerde 322, 349, 380, 398, 407
Nießbraucher 558
non-liquet 275
Notfristen 181, 186, 422
Oberlandesgericht 59, 63, 81 f., 394, 475, 535
Objektive Grenzen der Rechtskraft 360 ff., 453
Objektive Klagenhäufung s. Klagenhäufung, objektive
Obligatorische mündliche Verhandlung s. mündliche Verhandlung, notwendige
Offenbarungsversicherung s. Eidesstattliche Versicherung
Offene Handelsgesellschaft 553
– Vollstreckung gegen 553
Offenkundige Tatsachen 265, 412
Öffentliche Urkunden 312 f.
Öffentlichkeitsgrundsatz 33 f., 473
Offizialbetrieb s. Amtsbetrieb
Ordentlicher Rechtsweg 51 ff.
Ordnungsmäßigkeit der Klageerhebung 141 ff., 150, 153
ordre public (EuGVVO) 750
Organisationsverschulden 79
Örtliche Zuständigkeit s. Zuständigkeit
Partei
– änderung 102, 104 ff., 110, 239
– begriff 98 ff.
– beitritt 110
– bestimmung 102
– betrieb 178, 183
– bezeichnung 102

– fähigkeit 20, 111 ff., 115 ff., 150
– handlungen 129, 204 ff.
– kraft Amtes 100, 369
– öffentlichkeit 34, 290
– prozess 120
– vernehmung 285, 298, 314 ff., 459
– wechsel 104 ff.
Parteien der Vollstreckung 524
Partnerschaftsgesellschaft 78 a, 112, 119
Perpetuatio fori 92, 168
Pfändung 608 ff.
– gläubigereigener Sachen 616
Pfändungsbeschluss 640, 644
Pfändungsfreigrenzen 638 f.
Pfändungspfandrecht 575, 608, 610 ff., 616, 621, 629, 645, 655, 673
Politische Partei, Parteifähigkeit 112
Postulationsfähigkeit 113, 119 f., 149, 210, 372
Präjudizialität (Rechtskraft) 46, 134, 352, 362
Präklusion von Vorbringen 35, 160, 189 ff., 193 f., 229, 286, 367, 400 f., 589
prima-facie-Beweis s. Anscheinsbeweis
Prinzip der Meistbegünstigung 392
Prioritätsprinzip 511, 610
Privates Wissen des Richters 265
Privaturkunden 312 f.
Prorogation s. Gerichtsstandsvereinbarung
Protokoll 74, 199, 250, 303, 333, 411, 458
Protokollurteil 403
Prozessabweisung 155 ff.
Prozessaufgaben 1 ff.
Prozessaufrechnung s. Aufrechnung, s. EuGVVO
Prozessbetrieb s. Amts-, Parteibetrieb
Prozessbevollmächtigter 119 ff.
Prozessfähigkeit 20, 113 ff., 210, 473
– in der Vollstreckung 522

Prozessförderungspflicht
- des Gerichts 190
- der Parteien **189 ff.**, 282
Prozessführungsbefugnis 99 ff., 174, 176
Prozessgericht 519, 583, 700, 702 f.
Prozesshandlungen der Parteien 204 ff.
Prozesshandlungsvoraussetzungen 116, 119, 124, 210
Prozesshindernde Einreden s. verzichtbare Rügen
Prozesshindernisse s. verzichtbare Rügen
Prozesskosten s. Kosten
Prozesskostenhilfe 186, 258, 422, **498 ff.**
Prozessmaximen 2, **5 ff.**
Prozessleitung 178, 195
Prozessökonomie 32, 32 a
Prozessrechtsverhältnis 149
Prozessstandschaft 99 ff., 174, 176, 648
Prozessstoff 8, 14 f.
Prozessualer Anspruch s. Anspruch
Prozessurteil 93, **155**, 325, 372
- Rechtskraft 155, 325, 355, 358 f.
Prozessvergleich 12, 195 ff., 215, **248 ff.**, 503, 506, **539**
Prozessverträge 206
Prozessvertreter 76, 77 a, **120 ff.**
Prozessvollmacht 121 ff.
Prozessvoraussetzungen s. Zulässigkeitsvoraussetzungen
- echte 140, 149
Prüfung von Amts wegen s. Berücksichtigung von Amts wegen
Qualifiziertes Geständnis 223
Rang der Pfändungspfandrechte 610 f., 618, 624, 632, 650, 663
Rangordnung in der Immobiliarvollstreckung 674 f.

Rechtliches Gehör 35 ff., 138, 153, 265, 308, 316, 373, 376, 401, 407, 424, 489, 518
- in der Zwangsvollstreckung 503, 642
Rechtsanwalt 76 ff., 119 ff.
- europäischer 77 a
Rechtsanwaltskammer 77
Rechtsbehelfe 504, 518, 550, 566, **581 ff.**, 684, 719
Rechtsbeschwerde, s. Beschwerde
Rechtsfortbildung 398 a, **406 f.**, 421, 425
Rechtsgespräch 37, 196
Rechtshängigkeit 129, 138, **166 ff.**, 228, 242
Rechtshemmende Tatsachen 221
Rechtshilfe 57, 66
Rechtshindernde Tatsachen 221
Rechtskraft
- Durchbrechung der 370
- Erstreckung auf Dritte 101, 174, 176, **369**, 446, 457 a
- formelle 46, 324, **348 ff.**, 464, 527
- materielle 46, 134, 230, 324, **351 ff.**, 374, 402, 427, 437, 453, 464, 525, 590 f.
- objektive Grenzen der **360 ff.**, 453
- subjektive Grenzen der 369
- theorien 358 f.
- Umfang der 247, 360 ff.
- zeitliche Grenzen der 367, 374, 437, 590 f., 592
- Zweck der 351 ff.
Rechtsmittel 45, 75, 342, **380 ff.**
Rechtsmittelklarheit, Grundsatz der 35 a, 407
Rechtsnachfolge 174, 369, 446, 450
- Vollstreckungsklausel 524, 543, **545 f.**
Rechtspfleger 75, 506, 509, **518 f.**, 549, 585, 634, 663, 666
Rechtsprechende Gewalt 49
Rechtsquellen des Vollstreckungsrechts 509

Sachregister

Rechtsschutz
- anspruch 1
- bedürfnis/-interesse 20, 130, 150, 158, 353, 717
- monopol 1

Rechtsverletzung (Revision) 408, 414f.
Rechtsvermutungen 266
Rechtsvernichtende Tatsachen 221
Rechtsweg 51 ff.
reformatio in peius 389, 417
Regelungsverfügung 724
Relevanztheorie 175
Replik 222
Restitutionsklage 215, **429 ff.**, 479
Revision 45, 382, **405 ff.**
Revision au fond, Verbot der (nach EuGVVO) 750
Richter **67 ff.**
- beauftragter **65**, 225, 250, 289
- entscheidender 64, 199
- ersuchter **66**, 225, 250, 289
- obligatorischer und originärer Einzel-, s. Einzelrichter
- vorbereitender 64, 199
- Vorsitzender 9, 61

Rubrum 105, 337
Rücknahme
- der Klage, s. Klagerücknahme
- von Rechtsmitteln 393

Rügelose Einlassung/Verhandlung 20, 84, 89f., 148, 151, 289, 742
Rügeverzicht 89, 124, 173, **217**
Ruhen des Verfahrens 200 ff.
Sachlegitimation 99, 174f.
Sachliche Zuständigkeit, s. Zuständigkeit
Sachpfändung 613 ff.
Sachurteil 43, **325**
Sachurteilsvoraussetzungen s. Prozessvoraussetzungen
Sachverhalt 13, 41, 162 f.
Sachverständige 190, **304 ff.**
Sachverständiger Zeuge 297
Säumnis 372 ff.
- beider Parteien 203

- bei Einspruch gegen Vollstreckungsbescheid 721
- Berufungsverfahren 374, 404
- Streitgenossen 445, 448

Schadensersatz
- bei Arrest und einstweiliger Verfügung 721
- bei Vorbehaltsurteil 229, 461
- bei vorläufiger Vollstreckbarkeit 535 f.

Schadensschätzung 269 ff.
Scheidungsfolgesachen s. Folgesachen
Scheidungsverfahren s. Ehesachen
Scheinurteil 342
Schiedsabrede 486
Schiedsgericht 485, 487, 488 f.
Schiedsgutachtervertrag 487
Schiedsklausel 486
Schiedsrichter 485, 488 f.
Schiedsspruch 485, 490, 538, 592
- Aufhebung 492
- ausländischer 491

Schiedsstelle 492b
Schiedsverfahren 485 ff., 489
Schiedsvergleich 492
Schiedsvertrag 485 ff.
Schlüssigkeit 150, 186, 196, 218 f., 221, 223, 233, 263, 273 f., 287, 317, 370, 373 f., 376, 395, 404, 434 f., 460, 635

Schriftliches Verfahren 30, 377 f.
Schriftliches Vorverfahren 27, 39, 139, **193 f.**
Schriftlichkeit 25 ff.
Schriftsätze
- bestimmende 141
- Fristen 26, 181, 186, 192 ff.
- vorbereitende 26, 141, 189 ff., 373

Schriftsatznachlass 196
Schuldnerschutz 507 ff., 614 ff., 636 ff., 691, 696
Schwarze Liste 714
Sekundäre Behauptungs-/Darlegungslast 219

Selbständiges Beweisverfahren, s.
  Beweis
Selbsthilfe, Verbot der 1, 381, 501,
  504
Selbstkontrolle des Gerichts 35 a
Sequester 656
Sicherheitsleistung 154, **527 ff.**, 547,
  565, 580, 718
Sicherungseigentum 598, 616
Sicherungshypothek 656, 665,
  668 ff.
Sicherungsverfügung 722
Sicherungsvollstreckung 530, 532,
  562, 565
Signalwirkung 407
Signatur
  – qualifizierte elektronische **141 a**,
  279 a, 291
Sitzungspolizei 61
Sofortige Beschwerde
  s. Beschwerde
Sozietät 78 a, 119, 121
Spruchkörper 59, 80. 95
Sprungrevision 380, 385, 406, **420**
Statthaftigkeit
  – der Beschwerde 422
  – des Einspruchs 375 f.
  – der Rechtsmittel 385, 392
  – der Wiederaufnahmeklage 433 f.
Statussachen
  s. Abstammungssachen
Stellvertretung
  s. Vertreter
Stillstand des Verfahrens 200 ff.,
  567 ff.
Strafandrohung 703 ff.
Streitbefangener Gegenstand 174 ff.
Streitbeilegung,
  – außergerichtliche 195 a
  – obligatorische außergerichtliche
  153 a
Streitgegenstand
  s. Anspruch, prozessualer
Streitgenossenschaft
  – einfache 38, 103, **443 ff.**
  – notwendige 443, 446 ff.

Streitgenössische Nebeninterven-
  tion 454
Streitverkündung 455 ff.
  – im selbständigen Beweisverfahren
  317
Streitwert 85, 142, 147, 232, 396 f.,
  406, **493 f.**
Strengbeweis 42, **259**
Stufenklage 143
Stuhlurteil 339, 403
Stuttgarter Modell 26
Subjektive Grenzen der Rechtskraft
  369
Subordinationstheorie 52
Substantiierungslast 219
Surrogation 629, 682
Suspensiveffekt 45, 380, 407, 428
Tatbestand des Urteils 199, **338 ff.**,
  360, 366, 374, 411
  – Berichtigung des – 341, 395, 401,
  407
Tatbestandsurkunden 312 f.
Tatbestandswirkungen von Urteilen
  344, 369
Tatfrage in der Revision 415
Tatsachen
  – allgemeinbekannte/-kundige 22,
  265
  – Begriff 260
  – entscheidungserhebliche 263, 287
  – gerichtsbekannte/-kundige 22, 265
  – offenkundige 265
  – rechtshemmende 221
  – rechtshindernde 221
  – rechtsvernichtende 221
Tatsachenvermutungen 266
Teilklagen **144**, 360
Teilungsplan 663, 685, 689
Teilurteil **326**, 346, 355, 403, 441
Teilzahlungsvereinbarung 515
Telefax 141 f., 183, 186
Tenor des Urteils **337**, 360, 366
Terminfestsetzung 139 f., 180, 182,
  190 f., 195 a, 198, 333
Testamentsvollstrecker 546, 551,
  558, 602

Sachregister

Tonbandaufnahmen
- als Beweismittel 288, 291
- bei der Protokollführung 199, 303

Trennung von Prozessen 179, 441, 444

Treu und Glauben im Zivilprozess 216, 243, 365

Übereignung der gepfändeten Sache 628

Übernahmeprinzip 676

Überpfändung 608

Überraschungsentscheidung 397

Überweisung
- zur Einziehung 647, **648**, 653, 655
- an Zahlungs statt **647**, 653, 655

Überweisungsbeschluss 646, 649, 653, 655

Umkehr der Beweislast 224, 277, 281 f.

Unabhängigkeit der Gerichte und Richter **70 ff.**, 308, 485

Unbezifferter Klageantrag 142 f.

Unmittelbarkeit
- der Beweisaufnahme 31 f., 66, **289**, 305
- der Verhandlung **31 ff.**, 32 a, 331

Unpfändbarkeit
- von Forderungen s. Forderungen, unpfändbare
- von Rechten 657
- von Sachen 614 ff.

Unterbrechung des Verfahrens 104, 123, **200 f.**

Unterhaltsansprüche
- Vollstreckung in 637
- Vollstreckung wegen 638

Unterlassungsanspruch 519, 566, 699, **703 ff.**

Unterlassungsklagengesetz 100

Unterlassungsverfügung 725

Untersuchungsgrundsatz/-maxime s. Inquisitionsmaxime

Unterwerfung unter die sofortige Vollstreckung 540

Unvertretbare Handlungen 510, 519, 699, **701 f.**

Unwirksamkeit
- von Parteihandlungen 116, **217**
- des Prozessvergleichs 254 f.

Unzuständigkeit 90 f. s. auch Rügeverzicht und Verweisung

Urkunde 19
- vollstreckbare, s. vollstreckbare Urkunden
- Vorlage, s. Vorlage von Urkunden

Urkundenbeweis 279 a, 282 f., 291, 307, **310 ff.**, 459

Urkundenprozess 150, 327, **459 ff.**, 528

Urkundsbeamter der Geschäftsstelle **74**, 199, 542, 549

Urteil 318 ff.
- Arten 322 ff.
- Erlass s. Erlass des Urteils
- Form **336 ff.**, 403

Urteilsformel s. Tenor des Urteils
- mängel 340 ff.

Vaterschaft, Feststellung der 293 f., **479 ff.**

Veräußerung des streitbefangenen Gegenstandes **174 ff.**, 205, 369

Veräußerungshinderndes Recht 596 ff.

Veräußerungsverbot
- als Wirkung der Pfändung 608, 645
- bei Zwangsversteigerung 673

Verbandsklage 100

Verbindung von Prozessen 179, 441, 444 f.

Verbundsachen, s. Entscheidungsverbund

Vereidigung
- der Partei 315
- des Sachverständigen 307
- des Zeugen 301

Vereinheitlichung der Rechtsprechung 398 a, **406 f.**, 421, 425

Vereinigte Große Senate 421

Verfahren ohne mündliche Verhandlung, s. Entscheidungen ohne mündliche Verhandlung

Verfahrensgrundsätze s. Prozessmaximen
Verfahrensmängel 400 f., 408, 425
– verzichtbare Rügen s. dort
– s. auch Verzicht auf
Verfügungen
– einstweilige s. Einstweilige Verfügung
– richterliche 321, 422
Vergleich, s. Anwaltsvergleich, außergerichtlicher Vergleich, Prozessvergleich
Verhältnismäßigkeitsgrundsatz 508, 619
Verhandlungsmaxime 5, 13 ff., 41, 223, 264, 274, 287, 472
Verkündung von
– Beschlüssen 335, 378
– Urteilen 198, 331, 333, 378
Verlegung von Terminen 180
Vermögensrechtliche Streitigkeiten 30
Vermögensverzeichnis 612, 712 f.
Vermutungen s. Rechtsvermutungen, Tatsachenvermutungen
Vernehmung der Partei s. Parteivernehmung
– des Zeugen 302
Versäumnis
– urteil 35, 124, 193, 218, 290, 329, 339, 355, 372 ff., 464, 472, 481, 528
– verfahren 36, 371 ff., 460
– verfahren in der Berufungsinstanz 404
– verfahren in der Revisionsinstanz 419
Versäumung von Prozesshandlungen 185 ff.
Verschleiertes Arbeitseinkommen 641
Versicherung an Eides statt 258
Verspätetes Vorbringen s. Präklusion
Versteigerung beweglicher Sachen 513, 626 ff., 632, 655

Versteigerungs
– antrag 672
– bedingungen 681 f.
– beschluss 680
– erlös s. Erlös und Verteilung des Erlöses
– termin 678 ff.
– vermerk im Grundbuch 677
Verstrickung 575, 608 f., 616, 621, 645
Vertagung 190
Verteidigungsmittel 179, 189, 218 ff., 395, 401, 452
Verteilung des Erlöses 610, 632, 663, 682
Verteilungsverfahren 516, 632, 663, 685
Vertretbare Handlungen 510, 519, 699 f.
Vertreter
– bevollmächtigter s. Prozessbevollmächtigter, Prozessvollmacht
– gesetzliche 113, 121, 298
Verwaltungsgerichtsbarkeit 50 ff., 227
Verweisung 56, 94, 458
Verwertung
– Aufschub 618
– der Anwartschaft 661
– beweglicher Sachen 625 ff.
– der Eigentümergrundschuld 660
– von Forderungen 646 ff., 655
– der Hypothek 653
– anderer Vermögensrechte 659
Verzicht
– auf Anspruch s. Klageverzicht
– auf Rechtsmittel 116, 339, 350, 393
– auf Rüge von Verfahrensmängeln s. Rügeverzicht
– auf Schuldnerschutz 578, 615
Verzichtbare Rügen 22, 149 ff., 154 f., 400
Verzichtbare Verfahrensverstöße 217
Verzögerungsbegriff 189 c
Videoüberwachung 288

Sachregister

Video-Verhandlung 32a
Video-Vernehmung 32a, 66
Vollmacht s. Prozessvollmacht
Vollständigkeitspflicht 23, 299
Vollstreckbare Ausfertigung 542, 544, 565
– von Urkunden 503, **540**, 549, 565, 589, 592, 709
Vollstreckbarerklärung, ausländischer Urteile 748
Vollstreckbarkeit, vorläufige 527 ff.
Vollstreckungs
– anspruch 504 ff.
– auftrag 514
– bescheid 370, 376, 464 ff., 538, 543, 589
– beschränkung 579
– ermächtigung 545
– gegenklage 506, 519, 573, 579, **586 ff.**, 593
– gericht **516 ff.**, 581, 585, 617, 631 f., 634, 658 f., 672, 680 f., 687 ff.
– klausel 506, 537, **542 ff.**, 565, 577
  – titelergänzende – **547 f.**, 565
  – titelübertragende – **545 f.**, 565
  – Verfahren bei Erteilung der – 549 f., 585
– organ 503 f., 506, **513 ff.**, 666, 672
– standschaft 101, 545
– titel,
  – allgemein, **523 ff.**, 574, 577, 580, 665, 668, 697
  s. auch Endurteil als – und ausländische Urteile (Vollstreckbarkeit)
  – andere – 538 ff.
  – Europäischer s. Europäischer Vollstreckungstitel
– urteil 537
– vereinbarungen 577 ff.
– verfahren 502 f., 506, **566 ff.**
– voraussetzungen 504, 506, 521 f., 547, **565**
Vollziehung
– des Arrestes 720
– der einstweiligen Verfügung 726

Vorabentscheidung über den Grund s. Grundurteil
Vorbehaltsurteil **229**, 327, 461
Vorbereitung der mündlichen Verhandlung 26 f., **188 ff.**
Vorlage von Urkunden 19, 190, 311
Vorläufige Vollstreckbarkeit s. Vollstreckbarkeit, vorläufige
Vorpfändung 652
Vorschuss
– von Auslagen 296
– der Verfahrensgebühren 149
Waffengleichheit der Parteien 103, 192
Wahrheitspflicht
– der Parteien 22, **23**, 224, 315
– des Zeugen 299
Wechselprozess **459 ff.**, 528
Wegnahme durch Gerichtsvollzieher 603, **622**, 625, 653, 691, 710
Wertpapiere 613, 631
Widerklage 134, **236 ff.**, 326, 360, 401, 459, 535
Widerruf
– von bindenden Parteihandlungen 215
– des Geständnisses 23, **224**
Widerspruch
– gegen Arrest und einstweilige Verfügung 719, 726
– gegen Mahnbescheid 463 ff.
Widerspruchsklage 663
Wiederaufnahme des Verfahrens 46, 118, 124, 150, 370, 412, **427 ff.**, 568
Wiedereinsetzung in den vorigen Stand 181, **185 ff.**, 395, 568
Wiedereröffnung der geschlossenen Verhandlung 36, 179, 196, 198
Wiederkehrende Leistungen, Verurteilung zu 159
Willenserklärung, Urteil auf Abgabe von s. Abgabe von Willenserklärungen
Willensmängel bei Parteihandlungen 204, 215

Willkürverbot 37 c, 94, 398 a, 407, 498
Wirkungslose Entscheidungen 58, 340 ff.
Wohnsitz (Gerichtsstand) 86, 738
Wohnungseigentumssachen 484 a
Zahlung, freiwillige, an Gerichtsvollzieher 514
Zeitliche Grenzen der Rechtskraft 367, 437, 590 f., 592
Zeuge 190, **296 ff.**
Zeugnisurkunden 312 f.
Zeugnisverweigerungsrecht 19, 300, 322
Zivilgerichtsbarkeit 50 ff., 227
Zug um Zug – Verurteilung s. Leistung, Zug um Zug
Zulässigkeit des Rechtsweges 51 ff.
Zulässigkeit und Begründetheit 40, 155 f., 383
Zulässigkeitsvoraussetzungen 90, 115, 131, 141, **149 ff.**
– in der Zwangsvollstreckung 522
Zulassung
– neuen Vorbringens 28, **189 ff., 401**
– der Berufung 396
– der Klagerücknahme s. Klagerücknahme
– der Revision 407
– des Widerspruchs 465
Zulassungsrevision 407
Zurückverweisung 323, 355, 398 a, **403, 417, 424**
Zurückweisung
– von Angriffs- und Verteidigungsmitteln, s. Präklusion
– des Antrags auf Versäumnisurteil 372 f.
– von Rechtsmitteln 383, 403, 417, 424
Zuschlag 541, 627, 681 ff.

Zuständigkeit 80 ff., 400
– ausschließliche (s. auch Gerichtsstand, ausschließlicher) **83**, 742
– ausschließliche (s. EuGVVO, Gerichtsstandsvereinbarung)
– Bestimmung der 87 a, 94
– funktionelle 82, 149, 400, **516**, 522, 574, 577
– internationale 84, 400, 414, 737 ff. s. auch Gerichtsstand (EuGVVO)
– örtliche 81, **86 ff.**, 400
– sachliche 81, **85**, 237, 400
– vereinbarte 85, **88 f.**
Zuständigkeitsabkommen, internationale 84
Zuständigkeitskonzentration beim Familiengericht 469
Zustellung
– Europäische Verordnung 729
– Formen der 183
– der Klage 139 f., 149, 183
– der Ladung 183
– öffentliche 74, 183 f.
– des Pfändungsbeschlusses **644**, 649, 658
– des Urteils 183, **334**
– des Vollstreckungstitels 506, 521, **565**
Zwangshypothek 520, 665, **668 ff.**
Zwangsversteigerung 671 ff.
Zwangsverwalter 688
Zwangsverwaltung 686 ff.
Zweiparteienprinzip/-system 38, 103
Zweites Versäumnisurteil 376
Zwischenfeststellungsklage 134, 150, 362
Zwischenstreit 322
Zwischenurteile 157, 187, 241, **322 ff.**, 385, 536